谨以此书献给

为湖北高速公路发展事业作出贡献的决策者、建设者、管理者

Record of Expressway Construction in
── **Hubei** ──

图1 1991年2月,武黄高速公路花湖互通建成

图2 1995年9月28日,汉宜高速公路建成通车

湖北
高速公路建设实录

图3　1998年12月30日，沪蓉国道主干线湖北省宜昌至黄梅高速公路建成通车（黄黄高速公路黄梅立交）

图4　2001年9月19日，宜昌长江公路大桥建成通车

图5　2001年12月15日，军山长江大桥建成通车

Record of Expressway Construction in
Hubei

图6　2001年12月15日，京珠高速公路北段建成通车

图7　2002年10月1日，荆州长江大桥建成通车

图8　2003年12月26日，襄十高速公路郜营互通至许家棚段建成通车

Record of Expressway Construction in
Hubei

图9　2003年12月26日，襄十高速公路建成通车

图10　2004年6月26日，襄荆高速公路建成通车

图11 2004年12月，武汉绕城高速公路东北段建成通车

Record of Expressway Construction in
Hubei

图12　2005年3月28日，襄荆高速公路连接线建成通车

图13　2005年9月，樊魏高速公路建成通车

图14　2005年9月28日，孝襄高速公路建成通车

Record of Expressway Construction in
Hubei

图15 2006年12月,荆东高速公路建成通车

湖北
高速公路建设实录

图16　2006年12月12日，汉孝高速公路建成通车

图17　2007年9月，神农架科技环保示范公路建成通车

图18　2007年12月26日，随岳高速公路中段建成通车

图19　2007年12月26日，阳逻长江公路大桥建成通车

图20　2007年12月31日，十漫高速公路建成通车

图21　2008年1月11日，荆宜高速公路建成通车

湖北
高速公路建设实录

图22　2009年4月16日，大广高速公路北段建成通车

图23　2009年6月28日，随岳高速公路北段建成通车

图24 2009年12月19日,沪蓉西高速公路宜恩段建成通车

湖北
高速公路建设实录

图25　G50沪渝高速公路沪蓉西段四渡河特大桥

图26　2009年12月19日，沪渝高速公路宜长段建成通车（宜昌长阳段）

图27　2009年12月24日，武英高速公路建成通车

图28　沪蓉西高速公路铁罗坪特大桥

图29 2010年3月10日，随岳高速公路南段建成通车

图30 2010年5月28日，武荆高速公路建成通车

图31 2010年7月27日,麻武高速公路建成通车

图32 2010年9月28日,鄂东长江大桥建成通车

图33 2010年12月9日,荆岳长江公路大桥建成通车

湖北
高速公路建设实录

图34 2010年12月31日,三峡翻坝高速公路建成通车

图35 2011年6月28日,麻竹高速公路大悟至随州段建成通车

Record of Expressway Construction in
Hubei

图36　2011年6月30日，杭瑞高速公路湖北段建成通车

湖北
高速公路建设实录

图37　2011年12月19日，黄冈大别山红色旅游公路建成通车

图38　2012年5月，大广高速公路黄石段建成通车

Record of Expressway Construction in
Hubei

图39 2012年12月30日，汉鄂高速公路建成通车

图40 2013年10月1日,襄阳汉江三桥建成通车

图41 2013年12月,十白高速公路建成通车

图42 2014年6月1日,宜巴高速公路兴巴段高岚互通建成通车

图43 2014年6月1日，宜巴高速公路神农溪大桥建成通车

图44 2014年9月28日，保宜高速公路宜昌段建成通车

图45　2014年9月29日，武深高速公路通界段建成通车

图46　2014年12月2日，恩来高速公路建成通车

图47　2014年12月26日，谷竹高速公路建成通车

Record of Expressway Construction in
Hubei

图48 2014年12月26日,湖北谷竹高速公路潭口水库大桥建成通车

图49 2014年12月26日,恩黔高速公路咸黔段建成通车

图50 2014年12月28日,宜巴高速公路建成通车

图51 2015年2月6日，麻武高速公路建成通车

图52 2015年2月6日，麻武高速公路建成通车

图53 2015年2月10日，麻竹高速公路随州均川枢纽互通建成通车

图54 2015年2月10日，郧十高速公路建成通车

图55　2015年7月10日，咸宁幕阜山区生态旅游公路

图56　2015年8月9日，国内首条水上生态环保公路——古夫至昭君桥高速公路连接线工程建成通车

图57　2016年2月6日，保康至宜昌高速公路襄阳段建成通车

图58　2016年2月6日，麻竹高速公路宜城至保康段建成通车

图59 谷竹、麻竹、保宜三条高速公路保康县城关镇牌坊湾互通

图60 麻竹高速公路保康土门大桥

Record of Expressway Construction in
Hubei

图61 高速公路与普通公路交织

图62 2016年3月，武深高速公路武汉段建成通车

图63　竹山公路相互交织的绚丽画面

图64　2016年7月1日，麻竹高速公路宜城至保康段建成通车

图65　2016年10月15日，十房高速公路建成通车

图66　2016年10月，武深高速公路嘉通段建成通车

图67　2016年12月7日，江北高速公路与建设中的沙公高速公路互通

Record of Expressway Construction in
Hubei

图68 2016年12月，利万高速公路湖北段建成通车

图69 2017年4月8日，丹江口汉江大桥建成通车

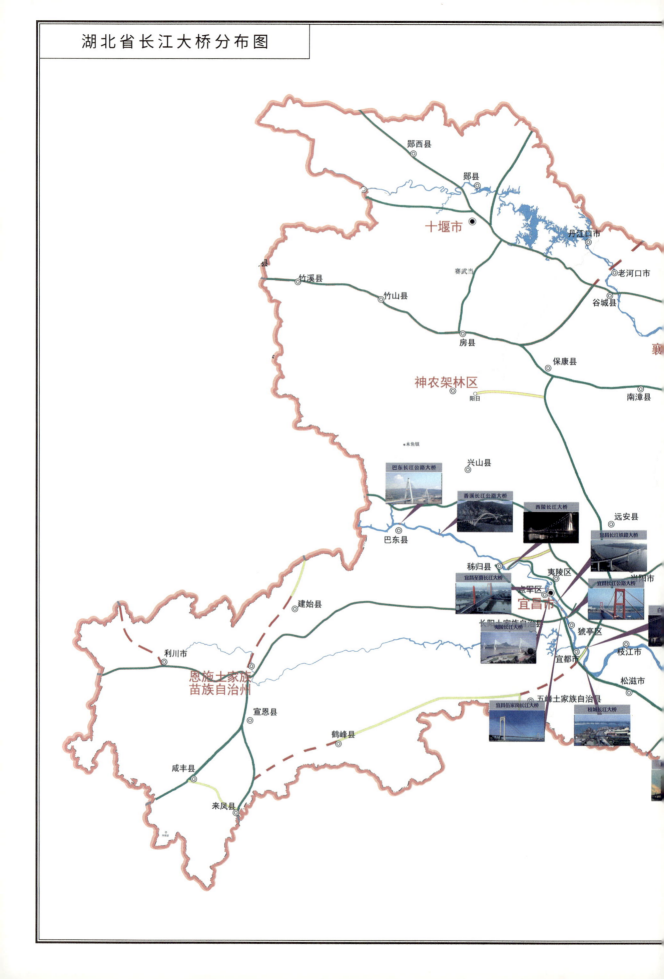

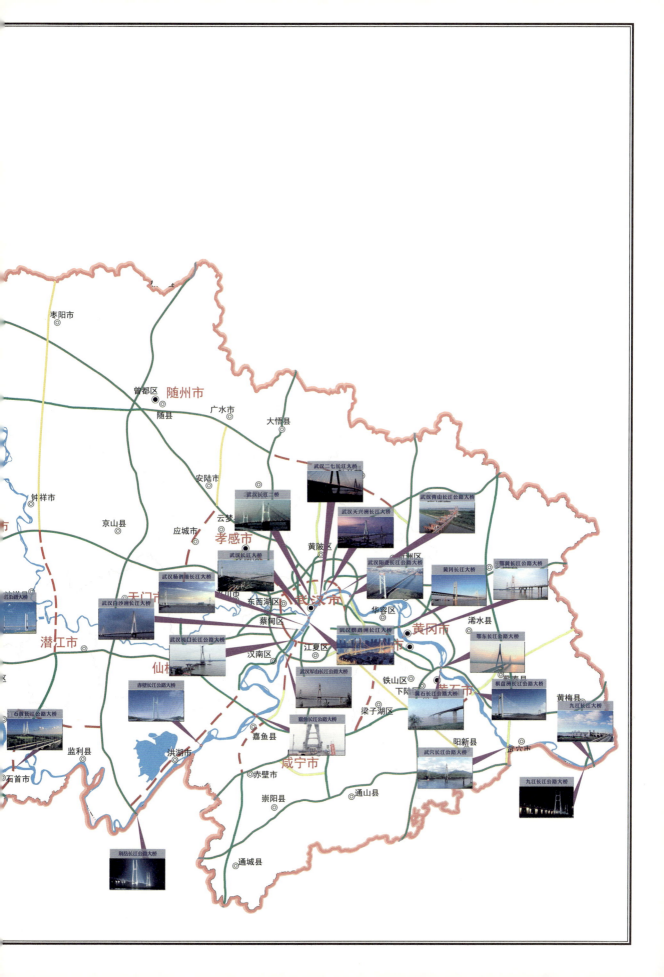

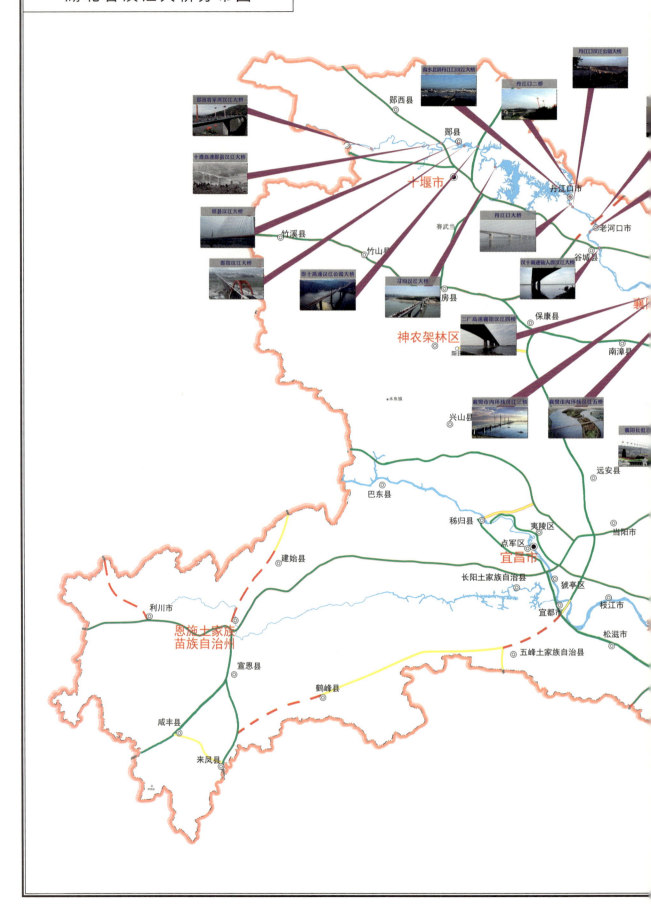

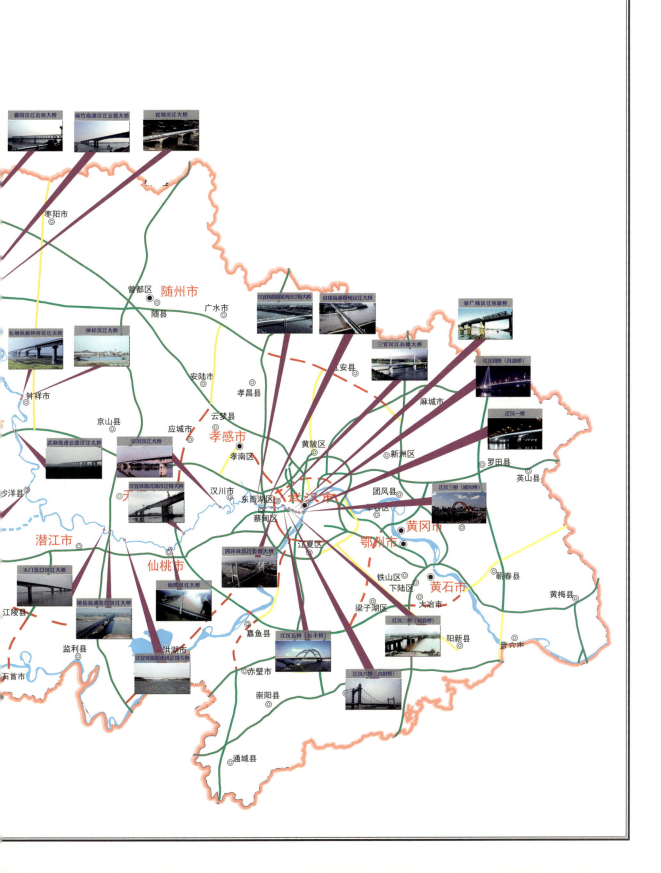

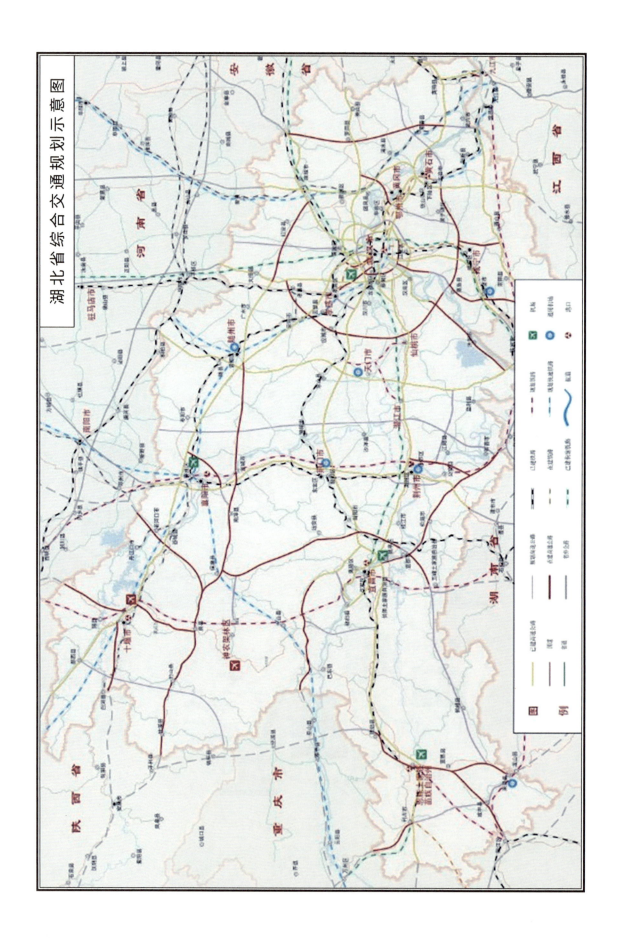

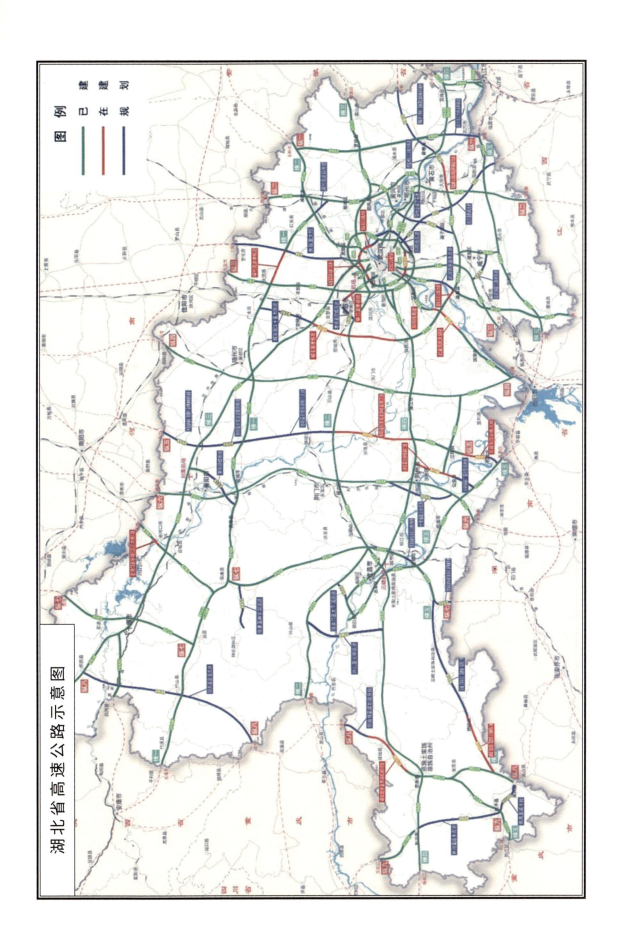

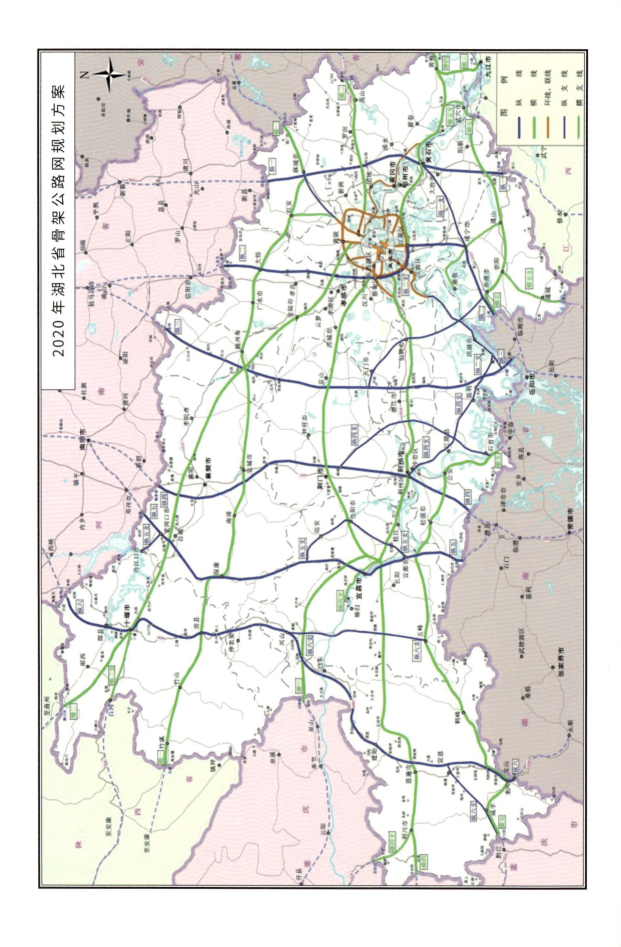

"十三五"国家重点图书出版规划项目
中国高速公路建设实录

Record of Expressway Construction in
Hubei

湖北
高速公路
建设实录

湖北省交通运输厅

内容提要

本书是《中国高速公路建设实录》系列丛书之湖北卷,内容分为五篇,第一篇发展篇包括湖北高速公路建设历程与成就和湖北高速公路的地位作用与特点;第二篇通途篇包括国家级高速公路、地方高速公路和重点桥隧项目;第三篇科技篇包括湖北高速公路科技创新与成果应用、高速公路理论研究与应用和高速公路适应"两型社会";第四篇管理篇包括高速公路建设管理和高速公路运营管理;第五篇人文篇包括文明创建和高速公路文化;湖北省高速公路建设大事记等附录。

本书全面系统总结了湖北高速公路建设发展成就,详细记述了高速公路建设过程中的管理经验、科技创新、文化传承以及项目建设实情,具有很强的史料价值。本书可供交通运输建设行业相关人员阅读、学习与查询参考。

图书在版编目(CIP)数据

湖北高速公路建设实录 / 湖北省交通运输厅组织编写. — 北京:人民交通出版社股份有限公司,2018.11
ISBN 978-7-114-14834-7

Ⅰ. ①湖… Ⅱ. ①湖… Ⅲ. ①高速公路—道路建设—湖北 Ⅳ. ①U412.36

中国版本图书馆 CIP 数据核字(2018)第 137563 号

"十三五"国家重点图书出版规划项目
中国高速公路建设实录

书　　名:	湖北高速公路建设实录
著 作 者:	湖北省交通运输厅
责任编辑:	刘永超　石　遥　蒋明耀
责任校对:	刘　芹
责任印制:	张　凯
出版发行:	人民交通出版社股份有限公司
地　　址:	(100011)北京市朝阳区安定门外外馆斜街 3 号
网　　址:	http://www.ccpress.com.cn
销售电话:	(010)59757973
总 经 销:	人民交通出版社股份有限公司发行部
经　　销:	各地新华书店
印　　刷:	北京雅昌艺术印刷有限公司
开　　本:	787×1092　1/16
印　　张:	73.5
字　　数:	1420 千
版　　次:	2018 年 11 月　第 1 版
印　　次:	2018 年 11 月　第 1 次印刷
书　　号:	ISBN 978-7-114-14834-7
定　　价:	480.00 元

(如有印刷、装订质量问题的图书,由本公司负责调换)

《湖北高速公路建设实录》

主 编

何光中

副 主 编

姜友生　陈　新

专家审核委员会

（按姓氏笔画排序）

丁望星　王远璋　白山云　卢生涛　付克俭

刘立生　庄春梅　周炎新　周佑林　姜友生

胡小庄　徐　健　黄大元

《湖北高速公路建设实录》
编纂工作委员会

主　　任：姜友生

副 主 任：陈　新　　周炎新

委　　员：王　伟　　王　炜　　王凡昌　　王汉荣　　王同庆
（按姓氏笔画排序）
　　　　　　王阳红　　方晓睿　　尹寿林　　石　斌　　田晓斌
　　　　　　冯学斌　　乔　亮　　向　阳　　李　敢　　余建平
　　　　　　沈　辉　　沈雪香　　张　磊　　陈　飙　　陈云先
　　　　　　陈方晔　　林　浩　　周大华　　周文卫　　周宇红
　　　　　　周秀汉　　周佑林　　周拥军　　周爱民　　郑　建
　　　　　　胡树江　　胡焰华　　洪文革　　姚　沅　　桂永胜
　　　　　　钱　兵　　徐文学　　徐海洋　　陶维号　　曹传林
　　　　　　曹慧娟　　章征春　　韩宏伟　　覃万兵　　詹建辉
　　　　　　简海云　　裴炳志　　熊友山　　戴光驰

《湖北高速公路建设实录》
编辑室

主　　　任：陈　新
副　主　任：王汉荣
编　　　辑：吴新华　王　敏　黄　河　陈惠芳　石　慧
统　　　稿：陈　新　王汉荣　吴新华
参编人员：丁思月　丁望星　卫晓强　马日福　王　成
（按姓氏笔画排序）
　　　　　　王　伟　王　勇　王　犇　王　雷　王　静
　　　　　　王昌福　王蓉蓉　甘慧萍　卢全均　叶红英
　　　　　　付文翔　冯　泉　成长庆　朱文琪　朱正海
　　　　　　朱立明　朱启文　乔　纯　任小月　刘　松
　　　　　　刘青文　刘振华　汤　纯　杜　炜　杜　涛
　　　　　　李　晔　李永红　李伏保　李克恭　李虎子
　　　　　　杨　民　杨丽权　杨金荣　邹双双　汪　妮
　　　　　　张　岚　陈　莉　陈传革　陈晓桥　孟　静
　　　　　　林　青　罗　羽　罗红燕　周　帆　周　霄
　　　　　　庞　宏　郑　欢　郑晓牧　胡　珊　胡　娟
　　　　　　胡国华　查丽萍　姜仁康　祝　巍　徐冰冰
　　　　　　高　斌　黄一平　黄雄兵　戚　元　彭永东
　　　　　　蒋　青　蒋　蓝　程建国　曾　军　湛　勇
　　　　　　谢　津　谢五珍　谢华栾　詹　枫　裴大菊
　　　　　　谭　辉　熊万全

历史见证辉煌

锦绣中华,富庶荆楚,九州通衢,日新月异。

通车里程6204km、"七纵五横三环""一卡走遍全国"……湖北高速公路建设一次次实现新的跨越。

高速公路飞跃式发展的历史,见证了改革开放的宏伟进程,见证了湖北省经济社会发展的沧桑巨变,见证了"三个服务"带给人民群众的巨大获得感,见证了祖国繁荣富强的锦绣辉煌。

从"七五"开始起步,1991年1月伴随着湖北省第一条高速公路武黄高速公路通车,湖北高速公路先后经历起步提速、迅猛发展、快速崛起、高位跨越等历史阶段。每一发展阶段都展示出独特的亮点,创造了骄人的业绩。

截至2017年底,湖北省公路总里程突破26万km,位居全国第一方阵,相当于绕赤道6圈;高速公路突破6250km,居全国第七。现如今,除鹤峰县、神农架林区以外所有县市均通高速公路。放眼今天的荆楚大地,路网纵横、四通八达,一条条高速公路把湖北各地区紧密串联起来,把湖北与全国联系起来,全省高速公路基础设施得到极大改善,湖北交通人用辛勤和汗水铺就了快捷、绿色崛起的幸福大道,用一份份优秀的答卷回应着民生的期盼。

改革开放以来,面对省委、省政府有关抢抓机遇,大力推动交通格局改善的要求,面对难得的历史发展机遇,面对人民群众和社会经济发展的紧迫需求,湖北交通人摩拳擦掌,如箭离弦。近六年来,全省高速公路通车里程连续跨越4000km(2011年)、5000km(2014年)、6000km(2015年)三大历史性台阶,构建了便捷的经济交通圈,湖北正从"九省通衢"升级为"九州通衢",祖国"立交桥"正巍然耸立。

透过历史的脉络,可以清晰地看到,在这艰苦卓绝的历程中,每一阶段都有着共同的特点和印记,那就是以经济建设为中心,紧紧围绕湖北经济发展规划,谋篇布局,主动先行;结合省情国情,挖掘禀赋,拓展通途;着眼国家战略,既谋一域,更观全局;苦干实干,铁血担当,民生己任。唯如此,湖北交通人才巧夺天工地绘就了高速公路笔走龙蛇的壮美画面,在荆楚大地生动地展示了一道道路景融合的靓丽风景。

"九省通衢"之美誉,形象地概括了湖北及武汉的交通区位优势和突出的枢纽地位;在全国大交通格局中彰显了湖北以中部之战略方位、辐射全国的重要支点作用。打开中国地图,沿着对角线对折,然后重新打开,交叉点正好对准湖北,这就是湖北的交通区位优势——坐拥长江经济带龙骨,兼具"得中""得水"条件,承担"承东启西、纳南接北"功能。以武汉为圆心画圆,北到北京、南到广州、东到上海、西到成都及西安,距离都在1000km左右,在这个范围内约有70多个大中城市,10亿人口,包括了全国80%的经济总量。自古以来,"湖北通则中部通,中部通则中国通",湖北及武汉,具有天然的资源组织优势和空间配置条件。因而国家把湖北的交通运输能力定位为"全国综合交通运输枢纽",其基本内涵是:建成完善的运输通道网络和换乘枢纽网络,使湖北成为全国重要的客货运输集散地和换乘中心。

加快湖北经济社会发展凸显交通先行。中央、省委省政府高度重视湖北交通发展。2005年8月,时任中共中央总书记胡锦涛同志视察湖北期间,专门视察高速公路,听取了湖北骨架公路网规划专题汇报。这既充分体现了国家和省里对湖北高速公路建设成绩的肯定,也体现了高速公路在国民经济和社会发展中具有的重要作用。"十二五"期间,湖北全社会固定资产投资完成10万亿元,全省综合交通固定资产投资(不含城市交通、管道和邮政)达到5217亿元,在全省扩内需、稳增长中发挥了主力军作用。大规模投资之下,区位优势转化为交通优势,交通优势转化为经济发展的优势,包括全省生产总值增速、市场主体总户数等多项经济指标重回中部第一,来鄂投资的世界500强企业达到228家,这反映出湖北的经济发展越来越有活力,后劲越来越足,其中交通运输所起到的"保障有力"功不可没。

保障全国高速路网畅行凸显湖北担当。高速公路堪称交通发展的大动脉。国务院《综合交通网中长期发展规划》提出建设"五纵五横"10条综合运输大通道,涉及湖北的有3条,4条国际区域运输通道中涉及湖北的也有3条。2008年,我国南方大部分城市遭遇特大冰雪灾害,湖北是7个受灾最为严重的省份之一。雪灾导致南北向大动脉京广铁路湖南段电气化列车无法通行,京珠高速公路湖南段因道路大面积结冰而封闭，数万车辆滞留。湖北交通人成功探索了"除雪清障、重车碾压、路警开道、结队通行、限载限速、科学调度"24字高速公路低速行驶疏导法，保证了整个雪灾期间全省高速公路基本畅通，没有发生车辆大面积滞留现象，确保了应急物资和返乡群众顺利通行，受到中央和交通部领导的赞誉和肯定。

引领城镇化、城乡一体化建设凸显交通贡献。"十二五"时期，城镇化进程加快，湖北全面推进武汉城市圈"两型社会"建设，湖北高速公路在打通武汉出口高速公路、发挥中心城市的辐射和带动功能方面发挥了极大的优势。目前，全省已经打通24个高速公路出省通道，实现了与周边省份快速对接，大武汉实现高速畅达九州。至2017年底，全省已建和在建高速公路总里程已突破7500km。

实施四大片区（武陵山、大别山、秦巴山、幕阜山）脱贫攻坚凸显交通责任。湖北山多，老少边穷地区多，扶贫攻坚一直是省委省政府的重要议题、重点扶持方向、重要政策取向。湖北交通人主动顺应民生需求，着力解决山区人民群众出行难、出行慢、出行贵问题，把难事担在肩上干，撸起袖子干，甩开膀子干，高速公路进山、进村、进寨，山门一打开，财源滚滚来，让农业产业优势变成了商品优势。高速公路为城乡一体化，为资源的优化配置带来了巨大的乘数效应。

纵观湖北高速公路的发展历史，充分展现了现代交通发展的新态势。

——向综合交通发展。全力加大铁水公空管融合发展、协调发展，完善和改进全省综合交通运输体系，为建成"祖国立交桥"砥砺前行。以武汉为中心的"米"字形高铁网形成，从武汉坐高铁可直达全国25个省会城市，拉近了武汉与长三角、珠三角、京津冀、成渝城市群等地的距离。6204km高速公路东至安徽，南通江西、湖南，西连重庆，北接河南，西北承接陕西，"七纵五横三环"高速公路网基本形成。地面交通之外，武汉开通国际和地区直飞航线39条，成为中部地区唯一"外国人72小时过境免签"城市。武汉冲刺全国航空"第四城"，神农架、武当山机场相继建成，形成了"一主五支四通用"机场发展格局，民用机场覆盖全省70%以上县级城市、75%以上的人口。武汉阳逻、宜昌白洋、黄石棋盘洲、荆州盐卡等一批规模化、专业化港区建成。加快推进多式联运发展，已初步形成武汉至上海洋山江海直达班轮运输、三峡库区宜昌至重庆载货汽车滚装运输、武汉至沪渝地区商品汽车滚装运输、"汉新欧"铁路国际货运专线等多条成熟的多式联运线路。

——向"信息高速公路"发展。2015年6月底，湖北省高速公路成功与全国高速公路联网，实现"一卡走遍全国高速公路"。湖北还成立了全国首个综合交通公共信息联盟,公路长途客运联网售票全面推广,高速公路ETC与全国联网、与武汉市路桥ETC(电子不停车收费)紧密对接,湖北省水上搜救应急管理系统投入应用,智能交通发展成效显著。

——向经济社会的深度融合发展。"要致富,先修路"是老百姓从心底里发出的由衷赞叹。湖北"十二五"期建成高速公路2530km,恩施至来凤、十堰至房县、谷城至竹溪等高速公路相继通车,"七纵五横三环"高速公路网基本建成,实现了武汉城市圈各县市15min上高速公路,鄂西生态文化旅游圈基本实现30min上高速公路,98%的建制乡镇通二级及以上公路,100%的行政村通沥青水泥路和村村通客车。全省客运量、旅客周转量、货运量、货物周转量分别较"十一五"末增长49%、60%、69%和64%,高铁、民航等高质量客运出行和铁路、水路等大能力货运在综合交通中的比重显著提升。放眼湖北,无论是大别山、武陵山,还是江汉平原、鱼米水乡,已然车水马龙,路通人和。

——向服务和落实国家战略发展。紧扣国家级战略做足文章,服务国家重大战略实施新要求,加快推进综合交通基础设施互联互通。步入新世纪以来,湖北抢抓国家深入推进中部崛起、"一带一路"、长江经济带、长江中游城市群等战略机遇,充分发挥地处"一带一路"的联结地带和长江经济带、长江中游城市群核心区域的区位优势,交通发展主动融入,以打造沿江综合立体交通走廊为重点,加快构建与长江中游城市群、全国各大经济区及"一带一路"沿线重要国家高效衔接、互联互通的开放型综合运输大通道,为湖北打造内陆开放新高地提供有力支撑,多方合力共建"祖国立交桥"成绩可喜。

在国家中部崛起战略中,湖北一直被定位为"支点",国家希望通过湖北这个战略支点,撬动整个中部地区发展崛起。随着湖北"九州通衢"区位优势的不断提高,随着湖北新的战略定位的不断强化,湖北正面临一个新的发展机遇——一个在中部率先崛起的机遇,一个在全国第一方阵中不断跃进的机遇,更是一个在新时代中奋勇搏击、长袖善舞的机遇。

党的十九大提出了建设"交通强国"的宏伟目标,吹响了"交通强国"建设的号角。湖北将从"九省通衢"迈向"九州通衢",从建设"祖国立交桥"到建成"祖国立交桥",一字之差,却是千斤重担。交通建设、管理和发展永远在路上。"十三五"期间,湖北省将在党的十九大精神引领下,紧紧围绕湖北经济社会发展规划,提前实现全面建成小康社会交通发展目标,率先构建现代综合交通运输体系,基本建成"两中心两枢纽一基地",即基本建成武汉长江中游航运中心、全国铁路路网中心、全国高速公路网重要枢纽、全国重要航空门户枢纽、全国重要物流集散基地,形成立足湖北、辐射中部、沟通各大重要经济区、联通国际的综合交通运输发展新格局。用"建成支点、走在前列"的艰苦实践,续写湖北交通和经济社会发展的辉煌篇章;用"富庶湖北、绿色湖北、幸福湖北"的纷呈亮点,为中国梦的实现增添浓墨重彩;以更强的历史责任和使命担当,更强的行动力和创造力,开创湖北交通美好的未来。

湖北省交通运输厅党组书记、厅长:

2017 年 12 月 7 日

编写说明
Compiling Introduction

一、《湖北高速公路建设实录》为《中国高速公路建设实录》省区市分卷之一。其断限、内容、体例、版式按交通运输部统一要求编撰。

二、本书上起1985年，下讫2016年，少数资料适当上溯下延。

三、本书体例采用编年体"实录"形式分类记述。

四、本书篇目结构设计采用篇章节目四个基本层次，共设发展、通途、科技、管理、人文五篇。篇前设概览，篇后设大事记等附录，并辅以图、表等，以全方位反映高速公路建设成就与特色。

五、本书"通途篇"采用条块结合方式。"条"按国务院2013年批准的"71118"国家高速公路网规划即G字头编号排列，"块"以地方高速公路（S头编号）立章，按放射线、纵线、横线、环线及连接线排列，逐条记述全省高速公路建设成就。国家高速公路与地方高速公路共线时，在国家高速公路中详细介绍，国家高速公路网与国家高速公路共线时，哪条国家高速公路网所占比重大，即在哪条国家高速公路中介绍，另一条国高中备注。

六、本书为了突出湖北桥梁大省的特色，"通途篇"第三章设"重点桥隧项目"专章，境内长江大桥、汉江大桥，不论是否建在高速公路上，本章都予简要记述。凡属高速公路建设的桥隧，另在"通途篇"第一、二章各节中详细介绍。

七、本书各项统计数据、编号、里程等截至2016年，采用湖北省高速公路管理局印发的《湖北省高速公路电子地图统计资料》所载数据。计量单位使用《中华人民共和国法定计量单位》。

八、本书科技篇所列获奖项目表收录省部级以上奖项，人文篇中先进模范人物数收录省部级以上劳模。

九、本书附录收录大事记、重要文件选编、纪实赋诗选录等。根据有关规定，国家级公路建设法律法规由交通运输部编主卷收录；本卷仅收录国家发改委《关于印发〈国家公路网规划（2013年—2030年）〉的通知》；湖北省地方有关公路建设管理的法规；湖北省交通运输厅行业管理有关文件。仅以表录文件记述主要内容。

十、本书图片按交通运输部统一要求以工程建设图片为主。

目录 Contents

概览 ·· 1

第一篇 发展篇

第一章 高速公路建设历程与成就 ····················· 21
 第一节 公路发展溯源 ································· 21
 第二节 高速公路发展轨迹 ··························· 24

第二章 高速公路的地位作用与特点 ················· 46
 第一节 高速公路的效益 ······························ 46
 第二节 高速公路建设的特点和经验 ·············· 52

第二篇 通途篇

第一章 国家高速公路 ···································· 65
 第一节 北京—香港澳门高速公路（G4） ········ 68
 第二节 武汉—深圳高速公路（G4E） ············ 100
 第三节 许昌—广州高速公路（G4W2） ········· 109
 第四节 上海—成都高速公路（G42） ············ 138
 第五节 上海—武汉高速公路（G42S） ·········· 175
 第六节 麻城—安康高速公路（G4213） ········ 190
 第七节 大庆—广州高速公路（G45） ············ 215
 第八节 上海—重庆高速公路（G50） ············ 232
 第九节 恩施—广元高速公路（G5012） ········ 302
 第十节 二连浩特—广州高速公路（G55） ····· 308
 第十一节 张家界—南充高速公路（G5515） ·· 334
 第十二节 杭州—瑞丽高速公路（G56） ········· 339
 第十三节 呼和浩特—北海高速公路（G59） ·· 347

第十四节　安康—来凤高速公路（G6911） ······ 375
　　第十五节　福州—银川高速公路（G70） ······ 382
　　第十六节　十堰—天水高速公路（G7011） ······ 419
第二章　地方高速公路 ······ 435
　　第一节　放射线 ······ 436
　　第二节　纵线 ······ 473
　　第三节　横线 ······ 502
　　第四节　环线及连接线 ······ 534
第三章　重点桥隧项目 ······ 545
　　第一节　长江大桥 ······ 547
　　第二节　汉江大桥 ······ 588
　　第三节　峡谷桥 ······ 624
　　第四节　高速公路隧道 ······ 639

第三篇　科　技　篇

第一章　高速公路科技创新与成果应用 ······ 657
　　第一节　高速公路建设科技创新综述 ······ 657
　　第二节　获奖科技成果 ······ 681
第二章　高速公路理论研究与应用 ······ 746
　　第一节　科研队伍 ······ 746
　　第二节　理论研究成果 ······ 759
第三章　高速公路适应"两型社会" ······ 776
　　第一节　"两型交通"建设的破题上路 ······ 776
　　第二节　山区高速公路勘测设计新思路 ······ 784
　　第三节　"两型交通"在高速公路建养中的实践 ······ 795

第四篇　管　理　篇

第一章　高速公路建设管理 ······ 801
　　第一节　公路建设投融资改革 ······ 801
　　第二节　建设管理体制 ······ 806
　　第三节　项目管理模式 ······ 809
第二章　高速公路运营管理 ······ 830
　　第一节　机构设置 ······ 830

  第二节 收费管理 ·· 853
  第三节 养护管理 ·· 884
  第四节 路政管理 ·· 901
  第五节 应急管理 ·· 911
  第六节 服务区 ·· 923

第五篇 人 文 篇

第一章 文明创建 ·· 941
  第一节 交通精神文明建设综述 ································ 941
  第二节 高速公路文明创建 ·· 948

第二章 高速公路文化 ·· 957
  第一节 高速公路文化特色 ·· 957
  第二节 高速公路品牌创建 ·· 962

附 录

附录一 湖北高速公路大事记(1985—2017年) ················ 989
附录二 重要文件选编 ·· 1008
附录三 纪实赋诗选录 ·· 1070

参考文献 ·· 1112
编后记 ·· 1114

概　　览

　　湖北省位于中国中部,地处长江中游。东邻安徽,南界湖南、江西,西连重庆,西北与陕西接壤,北与河南毗邻。东西长740.6km,南北宽470.2km,面积18.59万 km^2,占全国总面积的1.94%。湖北省是东西互动、南北对接必经之地和中国经济板块重心"北上西进"的交汇点,省会武汉素有"九省通衢"之称。"湖北通则中部通,中部通则全国通"。交通在湖北经济和社会发展中起着重要的先行作用。中部要崛起,经济要发展,道路要先行。新中国成立以来,特别是改革开放以来,湖北交通借路"突围",20世纪80年代末,湖北在全国率先吹响高速公路建设号角。经过三十载的筚路蓝缕,至"十二五"期末,6204km高速公路已经延伸覆盖至老少边穷地区,挺进秦巴山区,纵横江河湖网地区。今天,当我们重新踏上曾是山重水复、路断人隔的坎坷之地时,不能不被"一丘一壑旧形藏,千姿万态新模样"的景象所激动,一幅幅高路入云、长虹飞架、车船竞发的多彩画面,生动地展示了湖北交通的巨大变化。"七纵五横三环"高速公路网密织在荆楚大地,湖北正在实现由"九省通衢"向"九州通衢"的辐射,由"九州通衢"向"祖国立交桥"的跨越。

一

　　湖北河流众多,水资源丰富,自古有"千湖之省、鱼米之乡"之美誉。长江横贯东西,省内流程1041km;汉江蜿蜒南北,省内流程858km。两江在武汉交汇,武汉又称"江城"。全省除长江、汉江干流外,各级河流5km以上的有4228条。其中河长在100km以上的有42条,面积百亩以上的湖泊755个。举世瞩目的三峡水利枢纽工程位于宜昌三斗坪,装机容量2250万kW,是世界上规模最大的水利水电枢纽工程;长江第一大支流汉江上崔家营航电枢纽工程,以及沟通长江、汉江航运的引江济汉通航工程的建成,为水资源的综合利用创造了典范。

　　动植物资源种类繁多。湖北植被既具南北过渡特征,同时又处在中国东西植物区系的过渡地带,是中国生物资源较丰富的省份之一。全省植物资源有3800余种,动物种类达700余种,其中国家珍稀保护动物50多种,特有的珍稀动物有白鱀豚、中华鲟等。尤其是神农架林区更是驰名中外的天然动植物园,有"绿色宝库"之称,是中国首个获得联合国教科文组织人与生物圈自然保护区、世界地质公园、世界遗产三大保护制度共同录入的

"三冠王"名录遗产地。

人文旅游资源丰厚。湖北省是炎帝神农的诞生地,是中华民族的发祥地之一,历史悠久,文化源长,自然景观和历史遗存遍布全省,在长达近千年的历史中,楚国创造了光辉灿烂的古代文明,世界四大文化名人、楚文化杰出代表屈原出生于湖北秭归县,其代表作《离骚》是我国诗坛上的千古绝唱;被誉为"东方第八大奇迹"的编钟出土于湖北随州擂鼓墩;堪称古代世界青铜冶炼技术高峰的铜绿山古矿冶炼遗址和越王勾践剑等,分别出土于鄂东及江汉平原;工艺精湛的漆绘、木雕和古代丝绸大都出土于荆州江陵;震惊学界的秦简首次在云梦睡虎地出土;古三国的历史遗迹和传说故事在荆楚大地广为分布和流传;具有土家族特色的巴文化,在鄂西南地区延续和发展。被誉为诗圣的杜甫,祖籍襄阳;发明了活字印刷的毕昇,出自英山;著有医学经典《本草纲目》的李时珍,出自蕲春;著名的茶圣陆羽,出自天门……这些都汇聚成独特的源远流长的楚文化。湖北是名副其实的旅游资源大省,境内驰名世界的自然风景名胜有雄伟壮丽的长江三峡、有被联合国教科文组织列入"世界文化和自然遗产目录"的武当山、明显陵和原始森林神农架,有佛教"天下祖庭"的五祖寺,有国务院公布的历史文化名城——荆州、襄阳等五座古城。楚文化、三国文化、巴土文化争奇斗艳,吸引八方来客。随着湖北经济社会快速发展和交通基础设施日益完善,湖北旅游发展正迎来前所未有的新机遇。

产业基础稳固。湖北是中国重要的工农业生产基地之一,经济社会发展综合水平在中部地区居领先地位。近代工业门类齐全,布局合理,工业综合配套能力较强,以信息技术为标志的高新技术产业快速成长。自中部崛起战略实施以来,湖北生产总值连续10年实现两位数增长,2015年全省生产总值逼近3万亿元,排名全国第8,位居中西部省区市前列。与全球160多个国家和地区建立了经贸往来关系,来湖北投资的世界500强企业达到228家。

科教实力雄厚。"惟楚有才"正成为创新发展的不竭源泉。省会武汉是全国第三大教育中心、第二大智力密集区。2015年,全省科学研究与实验发展(R&D)经费支出565亿元。武汉"光谷"围绕光电子器件、集成电路、平板显示、创新创业、重大科技基础设施建设等领域,加大项目策划和争取力度,共争取国家高新技术和战略性新兴产业相关项目40个,争取国家资金71.2亿元。

湖北得天独厚的区位优势,丰富的人文资源优势,稳固的产业基础优势,领先的科技创新优势,靠前的经济实力优势,形成了湖北经济发展的"大底盘"。湖北交通人的重要任务和光荣使命,就是要不断地用优质、高效、完善的交通基础设施,承载和打牢湖北经济社会发展的"大底盘",建成立足支点、辐射全国的"祖国立交桥"。

概 览

二

湖北自古交通发达。《尚书·禹贡》载："浮于江、沱、潜、汉，逾于洛，止于南河"，说的就是荆州贡道。贡运货物大体是自长江、汉江上溯，再经陆路转运黄河水系。明隆庆、万历时期，湖北沙市"蜀舟吴船，欲上下者，必于此贸易，以故万舫栉比，百货灯聚"。明袁宏道在《答沈伯函》中说："犹记少年过沙市时，器虚如沸，诸大商巨贾，鲜衣怒马，往来平康间，金钱如丘，绨锦如苇。"清代刘献廷在《广阳杂记》中这样感慨："荆州沙市，明末极盛，列巷九十九条，每行占一巷，舟车辐辏，繁盛甲宇内。即今京师、姑苏皆不及也。"武汉地处长江中游，依水而立、因港而兴。早在明代，汉口就依托纵横交错的水运交通，成为中国四大名镇之首，赢得"货到汉口活"的口碑。20世纪初，汉口港为中国四大通商口岸之一，曾创造"十里帆樯依市立，万家灯火彻宵明"的盛景，享有"中国内陆第一大码头"和"东方芝加哥"的美誉。全省陆路交通先后形成以江陵、襄阳、汉阳、江夏（武昌）为中心网络，夷陵为入川的中转站。襄阳是辐射豫陕之枢纽，穿"南（阳）襄（阳）隘道"，北通京洛，顺汉水而下，南抵江湖，历史上就有"南船北马""七省通衢"之称。江夏（武昌）则作为州、府治所在地，成为车马驿道的交汇之处。

随着开埠港口的形成，1875年，招商局在汉口设立轮船公司，标志着民族轮船运输业在长江中立足，木帆船运输向轮机船运输发展；1895年修建的大冶铁路，成为中国第一条地方政府修建的铁路；1905年贯通的芦汉铁路为中央政府修建的第一条铁路；20世纪30年代修建的襄阳至沙市汽车路是省内第一条汽车公路，成为湖北近代公路建设之首。

中华人民共和国成立初期，组建湖北省交通厅及所属公路、航运机构，组织力量紧急抢修公路、桥梁，恢复水陆运输，在改善公路航道条件的同时，着手兴建一批支线和山区公路，至1956年，全省公路通车里程已超过6000km。

1957年，武汉长江大桥通车，天堑变通途。国省道建设开始起步，到20世纪70年代初，经历了近5个"五年计划"的生产建设和调整巩固提高后，湖北交通呈现出稳步发展态势，至1978年，全省公路通车里程达到44508km，其中等级公路21550km，等级公路比重达48.4%。全省铁路、公路、水路、民用航空、管道运输5种运输方式初步形成。

湖北交通从1979年至1992年的恢复振兴到2003年以来的快速崛起，改革开放把湖北交通带入历史新纪元。

2005年8月21日，时任中共中央总书记胡锦涛视察湖北，听取了省交通厅厅长林志慧关于湖北骨架公路网规划汇报，强调要把湖北打造成中部崛起的战略支点。

在此后的几个五年计划中，武汉城市圈被国务院批准为"两型社会"综合配套改革试验区,省委省政府决定开展武汉城市圈交通网、武汉新港、仙洪新农村试验区交通、鄂西生态旅游圈交通建设。湖北交通全面创新规划、体制和机制,实践交通科学发展观,立足"九省通衢"区位优势,利用长江"黄金水道"自然禀赋,紧紧围绕全省"一元多层次"宏观战略体系和"五个交通"(综合交通、民生交通、智慧交通、绿色交通、平安交通)目标,制定了"打牢发展大底盘、建设'祖国立交桥'"的整体发展战略,作为引领湖北交通运输中长期改革发展的顶层设计,强力推进交通基础设施建设,以大改革促大发展,努力打造全省交通发展升级版。

2013年,中共中央总书记习近平视察湖北,提出湖北要"建成支点,走在前列",把长江打造成"黄金水道"。2014年9月25日,国务院发布《关于依托黄金水道推动长江经济带发展的指导意见》,这标志着长江经济带与"一带一路"、京津冀协调发展一起,正式成为我国区域经济发展的三大国家战略。随后,湖北抢先谋篇布局,主动积极作为,2015年5月29日,湖北省政府出台《关于国家长江经济带发展战略的实施意见》(以下简称《意见》),提出要依托长江经济带,打造承东启西、连南接北的"祖国立交桥"和内陆开放新高地,努力把湖北建设成中部地区崛起重要战略支点,成为支撑长江经济带发展的"龙腰",建成长江中游核心增长极。意见提出的具体目标是"全面建成武汉长江中游航运中心、全国铁路路网中心、全国高速公路路网重要枢纽、全国门户枢纽机场和全国重要物流基地"。推进武汉建设成为全国性综合交通枢纽、襄阳建设成为汉江流域综合交通枢纽、宜昌建设成为长江中上游重要综合交通枢纽,构建综合立体交通运输体系。

湖北深得天时地利人和之禀赋,抢抓全力加快综合交通运输体系建设之机遇,从构建"大通道、大枢纽、大网络、大物流、大平台"着手,省交通主管部门扎实推进"四个全面"战略布局的贯彻落实,为确保"十二五"圆满收官和为"十三五"持续发展奠定基础,科学规划了一批"十三五"以至2030年的重大交通项目,主动对接"一带一路"、长江经济带、长江中游城市群开放开发等重大发展战略,并依托长江黄金水道建设,推进形成长江中游区域内多节点、网格化、全覆盖的综合交通运输网络,加快综合运输通道枢纽建设。与此同时,全省加快推进现代物流发展、综合交通运输管理体制改革、交通运输法治政府部门建设、推动交通运输基本公共服务均等化,助力全省经济社会平衡协调发展。2016年,湖北省综合交通网总里程达到28万km,综合交通网密度达150.6km/100km^2。湖北交通呈现全新的发展态势:

公路四通八达。截至2016年底,公路通车总里程26万km,其中高速公路6204km,位居全国第五位;一级公路5459.90km,二级及以上公路达到3.4万km,分别位居全国第七和第四位。国家高速公路网湖北境内规划路段全面建成,高速公路已建、在建和规划省际出口通道达到30余个,与周边安徽、河南、陕西、重庆、江西、湖南等省市实现有效衔接,省内重点地区的高速公路通行能力大为提升,全省高速公路网络整体效能得以充分发挥,"七纵五横三环"高速公路网形成。

水运通江达海。长江自西向东流贯省内26个县市,通航里程达1041km,占干流通航里程的三分之一。2016年,全省内河通航里程8638km,其中三级以上高等级航道里程1880km。全省共有武汉、宜昌、荆州、黄石、襄阳五大枢纽港口,拥有生产性港口泊位总数1826个,2016年完成港口吞吐量3.51亿t。长江中游航道整治规划目标已提前实现,全省已形成810km"高等级航道圈"。港口货物通过能力达到3.11亿t,集装箱能力达到542万TEU(2016年集装箱吞吐量141.4万TEU),均居长江中上游前列。武汉、黄石、荆州、宜昌等港口先后对外开放,海轮可直航我国的香港、澳门特别行政区,以及日本、韩国、新加坡等国家。以武汉新港为核心,武汉城市圈为依托,长江中游经济带为支撑的武汉长江中游航运中心初具规模。

航空翱翔国际。2016年,武汉天河国际机场三期扩建工程基本建成,湖北国际物流核心枢纽机场、荆州机场前期工作全面推进。武汉天河国际机场为我国中部地区最大的空港,已开通美、法、日、韩等国际航班。全省航线网络不断拓展,开通41条国际航线,其中民航机场旅客吞吐量2403万人次。武汉天河机场旅客吞吐量突破2000万人次,其中国际及地区230万人次,排名中部第一。神农架、武当山、随州等机场相继建成,宜昌、襄阳、恩施、神农架等地拓展空路相继开通了连接全国各地的空中通道。

铁路驰骋九州。京九、京广、武广高铁,焦枝、枝柳铁路纵贯南北,武大、汉宜、汉丹、襄渝、长荆、宜万等铁路横穿东西。更有高铁武广客运专线、石武客运专线等新兴运力装备的兴起。2012年,武汉市成功开通了"汉新欧"国际铁路货运大通道,这是武汉市积极融入"一带一路"倡议和长江经济带国家战略、建设亚欧经济廊道的体现。至2016年底,全省铁路运营里程4128km,其中高速(含城际)铁路1300km,高铁、动车覆盖除荆门、神农架以外的所有市州。全省境内在建和新开工铁路项目共11个,主要包括武西高铁武汉至十堰段、蒙华铁路、武九高铁大冶北至阳新段、天门至仙桃铁路支线、潜江铁路支线、汉孝城际铁路、郑万高铁等项目。全年铁路建设完成投资252亿元,同比增长51%,创历史新高。城际铁路建设取得突破。经过近8年的不懈努力,汉孝城际铁路于2016年12月1日建成开通。至此,武咸、武黄、武冈、汉孝4条城际铁路全部建成运营,以武汉为中心放射状武汉城市圈城际铁路大格局基本形成。全省城际铁路线路规模达到267km,实现了从无到有的跨越式发展。

管道干支相连。川气东送、西气东输三线工程等项目建设加快推进,武汉市天然气高压外环线、武汉至宜昌天然气输气管道等支线、联络线覆盖全省。北京至广州同轴电缆、南京至重庆光纤电缆在武汉交汇,形成了辐射全国的现代通信网络。2016年,全省油气输送管道完成投资15亿元,全省现有石油天然气长输管道总里程超过6800km,其中,包括原油输送管道910km、成品油输送管道780km、天然气长输管道5131km(国家级干线2139km、支干线655km、省内支线及联络线2337km、各类天然气配套站场75座)。

作为全国综合交通运输改革试点省份,湖北以"走在全国前列,当好先行示范"为目标,坚持高位推动、破立并举,扎实稳步推进改革试点,突出深度融合、协调发展,整合交通资源,发挥综合效能,提升服务水平,为率先全面建成小康社会提供坚实的交通保障。

三

高速公路作为公路网的重要组成部分,是干线公路网中的快速通道,是具有较高技术标准和完善安全设计的交通设施,为汽车快速、安全、舒适、连续运行创造了条件。高速公路的发展速度体现的是经济社会发展的程度,成为衡量一个国家、一个地区经济发展和现代化水平的重要标志。

1986年5月,湖北省委省政府着眼于全省经济发展布局,提出构建武汉、宜昌、襄樊"大三角"经济区的战略构想和先期修建宜黄高速公路的决策。1987年4月,宜黄高速公路武汉至黄石段70km率先开工,经过4年鏖战于1990年12月建成,1991年3月4日正式通车。宜黄高速武黄段的建成,标志着湖北高速公路实现了"零"的突破,被誉为"楚天第一路",是全国第4条高速公路。

1989年宜(昌)黄(石)公路东仙段58km破土,1991年仙江段122km开工。为支援三峡工程,1992年湖北省委省政府决定最后一段——江宜段100km从"九五"提前到"八五"上马,1995年9月28日全线贯通。1995年11月11日,全长350km的宜黄高速公路全线通车。时任国务院总理李鹏、副总理邹家华亲自为宜黄高速公路全线通车剪彩。宜黄高速公路东起黄石,西抵宜昌,与三峡工程专用公路相接,将湖北省东部的重工业基地,中部的轻工业商品基地,西部的能源基地连成了一个整体。

"楚天第一路"诞生后,人们不仅感受到高速公路的快捷舒适,更看到了沿线新城镇、新经济的崛起,"大路大富,高速公路快富"成为共识。思想观念的转变带来湖北高速公路的空前发展,一个个项目纷纷上马。

1998年,全长142km、"一路连三省"的黄(石)黄(梅)高速公路主线建成通车,湖北高速公路首次打通皖赣省界。2001年12月16日,时任湖北省委书记俞正声宣布,全长229km的京珠高速公路湖北北段及武汉军山大桥建成通车。2002年9月28日,全长110km的京珠高速公路湖北南段建成通车。至此,京珠高速公路湖北段全线贯通,成功连接湘豫。2003年,京珠高速公路通过竣工验收,全省高速公路里程突破1000公里大关。2005年10月1日,时任交通部部长张春贤宣布,孝(感)襄(阳)高速公路和(襄)樊魏(集)高速公路全线通车,湖北交通人向共和国56岁华诞献上了一份厚礼。"十五"期间,累计新增京珠高速公路湖北段、襄(阳)十(堰)、襄(阳)荆(州)、孝襄、樊魏、武汉绕城高速公路东北段、汉十襄荆高速公路连接线、襄荆高速公路至荆州大桥连接线和沪蓉西高速公路宜长段等9条高速公路共1080km。至此,全省高速公路通车里程达1631km,居全国第8位。

"十一五"时期,省政府规划的"四纵四横一环"高速公路主骨架网基本形成。新增高速公路里程突破2000km,超过2005年以前全省高速公路建成里程的总和。高速公路连通除神农架外所有市(州)。建成了以沪渝高速公路宜恩段为代表的一批全国科技示范工程和以鄂东、荆岳等为代表的一批世界级长江公路大桥。2007年,一年内通车"九路一桥"(随岳中、十漫、荆宜和沪蓉西高速公路白氏坪至高家堰段及高坪至吉心段,青郑、汉蔡、汉麻、汉英、汉洪高速公路出口路及阳逻长江公路大桥),新增高速公路558km,全省高速公路突破2000km。2008年,随岳中高速公路与随岳南、随岳北高速公路联为一体,为江汉平原腹地系上一条完整的经济纽带。2009年底,沪蓉西高速公路全线贯通,为鄂渝增添一条快速通道。全省高速公路突破3000公里。2010年,平行于京珠国道主干线(G4京港澳高速公路)纵贯湖北省的又一条南北大通道——随(州)岳(阳)高速公路开通,使随州、京山、天门、仙桃、潜江便捷相连,同时又与汉十、汉宜首尾相接。2010年5月28日,由国家发改委核准的BOT(建议—经营—转让)项目——全长185.339km的沪(上海)蓉(成都)高速公路武(汉)荆(门)段正式开通运营。2010年,国家公路主骨架"71118网"上海至成都高速公路的重要组成部分,全长101.378km的麻(城)武(汉)高速公路正式通车,该项目将沪蓉高速公路安徽段、大庆至广州高速公路湖北段、武汉至麻城高速公路武汉段及武汉市绕城高速公路联网成片。2010年,贯通我国东、中、西的沪渝高速公路大通道实现全线双向通行。截至2010年底,湖北省高速公路总里程达到3674km,由2006年的全国第10位、中部第4位跃居全国第6位、中部第2位。

"十二五"时期,受国际金融危机等因素影响,经济下行压力增大,交通稳增长投资乏力,建设成本不断攀升,要素制约不断加剧,土地、建材、人工等成本硬约束压力不断增大,生态、环保、安全等软约束不断硬化,交通建养资金短缺矛盾日益突出,困难更多、挑战更大,湖北交通处在爬坡过坎的关键时期。直面困难与挑战,湖北以"打牢发展大底盘,建设祖国立交桥"为目标,加大改革力度,加大筹资力度,保持了高速公路快速发展的势头不减,取得了逆势上行、高端进位的丰硕成果。全省除鹤峰、神农架以外,实现所有县(市)通高速公路,省域内国家高速公路网基本建成。高速公路建成通车里程实现了新突破,建成和续建的高速公路达到了52条3128km,总投资2747亿元。2011年杭(州)瑞(丽)高速公路湖北段、麻(城)竹(溪)高速公路大随段、武汉机场北接线3条(段)高速公路建成通车试运行,大(庆)广(州)高速公路湖北南段、(武)汉鄂(州)高速、宜(昌)巴(东)高速公路白河至雾渡河段3条(段)高速公路基本建成,新增里程332km,全省高速公路总里程达到4006km。新开工银(川)北(海)高速公路建(始)恩(施)段、利(川)万(州)高速公路湖北段、武汉四环线西段、城市圈环线高速公路仙桃段、黄(州)鄂(州)高速公路延长线、麻(城)阳(新)高速公路麻(城)武(穴)段、嘉(鱼)通(城)高速公路、麻竹高速公路襄阳东段、随州西段等9个项目约542km。2012年,武(汉)深(圳)高速公路武汉段、宜(昌)张(家界)高速公路当阳枝江段等8条高速公路231km开工建设,累计在建里程达到2496km。2013年建成8个高速公路项目,新增里程327km,全省高速公路总里程达到4333km。十(堰)白(河)、九江二桥、黄(冈)咸(宁)、咸(宁)通(山)、宜巴高速公路等建成通车,打通湖北省至西北、东南和西南的新通道。2014年,新建成谷(城)竹(溪)、江南等10条高速公路,新增高速公路里程763km,新增5条高速公路出省大通道。全省高速公路通车总里程达到5096km。2015年,新建成麻竹、利万、武(汉)深(圳)等16条高速公路,建成高速公路1108km。"十二五"期间,全省共建成高速公路2531km,总里程达到6204km。五年内高速公路里程实现了连续突破4000km(2011年)、5000km(2014年)、6000km(2015年)三级跳。

四

高速公路是资金和技术密集型产业,工程建设浓缩了工程质量、技术创新、科技进步永续发展的不懈追求与生动实践。公路通达程度越深,科技含量越高,科学技术第一生产力的强大引擎作用越明显。回顾湖北交通建设发展历程,就是一个科技不断创新的过程,处处可见科技创新对交通建设发展的引领和推动作用。改革开放以来,湖北交通开展了国家级725项科技项目的研究和开发,其中获国家科技进步奖5项,部省科技成果、科技进步奖419项,国家级、省级优秀设计奖7项。其中宜昌长江公路大桥获省科技进步一等奖、詹天佑奖;军山长江公路大桥获第四届詹天佑奖、交通运输部优秀勘察设计奖、省优秀设计一等奖;京珠高速公路湖北北段获交通部优秀勘察奖和优质工程奖;巴东长江公路大桥获国家优质工程奖银奖;襄十、十漫高速公路获詹天佑奖等10多项国家级奖项;"沪蓉国道主干线湖北宜昌至恩施公路四渡河特大桥"被评为2010年度"公路交通优秀设计二等奖";沪蓉西《复杂地形地质条件下山区高速公路建设成套技术》获2011年国家科技进步二等奖。

创新促进湖北高速公路科技含量的提升。1987年,依托宜黄高速公路,开展了"公路膨胀土路基防治技术研究",采用弱膨胀土掺石灰或固化剂改良路基土壤取得显著效果,为高速公路治理膨胀土路基积累了经验;1991年,开展了"湖相沉积地区高等级公路软土地基处理研究",为平原湖区高速公路软弱地基的处治提供了宝贵经验;1996年,依托黄黄高速公路,开展了沥青玛蹄脂混合料SMA在高速公路的应用研究,填补了湖北在这种新型沥青路面结构材料上的空白;开展了"水泥混凝土路面滑模施工技术的研究",引进了德国维特根的水泥混凝土滑模摊铺机等成套先进设备,为湖北省高速公路大型机械化施工奠定了物质基础;1998年依托京珠高速公路,大胆借鉴美国高级路面技术,开展了"京珠高速公路岩石高边坡优化设计及施工工艺研究",采用穿索压浆工艺解决了锚固问题;依托十漫高速公路,针对断裂带地质灾害防治、大断裂区域软岩隧道动态设计施工等方面展开技术攻关;依托全国投资规模最大、建设周期最长、地质最为复杂、施工最为艰难的沪蓉西高速公路,在建设实践中开展了特长隧道、高墩大跨径桥梁、高路堤、高边坡等一系列关键技术研究,为交通部西部科技项目研究提供了重要成果,特别是施工单位利用"火箭弹远程抛送"导索仅用不到3分钟,就成功解决建设跨度达900m,桥面距谷底深500m以上的悬索桥导索过河的施工难题。2006年10月9日,中央电视台《新闻联播》栏目对此曾作了专题报道。

创新促进长江汉江大桥建设自主创新能力的提升。湖北是桥梁大省,长江及其第一大支流汉江贯穿湖北,其独特的地理条件决定了桥梁数量多,跨径大,建造技术复杂。1957年武汉建成全国首座长江大桥,华夏儿女千百年来跨越天堑的梦想得以实现。改革开放以来,随着长江沿线经济带的高速发展,长江大桥如雨后春笋般修建起来。湖北境内1041km的长江上,建成长江大桥23座、在建11座、平均每隔27km就有一座长江大桥,长江已成为现代桥梁艺术的"长廊"。全省桥梁建设呈现出"桥型种类齐全、单跨跨径大、技术难点多、科技含量高"的显著特点,创新多项世界领先技术。1993年建成的郧县汉江大桥是当时国内首座主跨突破400m的PC(预应力混凝土)斜拉桥,荣获国家优秀设计银质奖、省科技进步一等奖;2001年建成通车的湖北宜昌长江公路大桥,是湖北省交通部门自主建设的第一座长江大桥,也是国内第三大跨度悬索桥;军山长江公路大桥成功研究和应用了"斜拉桥索塔锚固区小半径环向预应力体系";2002年建成的荆州长江公路大桥是当时国内首座主跨达到500m的预应力混凝土斜拉桥;2007年建成的武汉阳逻长江公路大桥,主跨1280m,是当时居国内第三、世界第八的悬索桥,成功建造了外径73m、深61m的"神州第一锚",在国内首创主塔"剪刀撑"新结构;鄂黄长江公路大桥480m主跨居同类型桥梁世界第三、亚洲第二;2010年通车的鄂东长江公路大桥为主跨926m的混合梁斜拉桥,是完全国内自主设计、自主施工、自主建设的千米级混合梁斜拉桥,在当时同类型桥梁中主跨位居世界第二,为湖北第一桥,并创造了特大型桥梁多项"首次"佳绩;2010年通车的荆岳长江公路大桥为主跨816m的高低塔非对称混合梁斜拉桥,在当时位列同类型桥梁世界第六。鄂东长江公路大桥、荆岳长江公路大桥的通车,标志着湖北从桥梁大省向桥梁强省的跨越。峡谷桥和隧道众多,是湖北西部山区高速公路建设中的突出难点和一大特色。桥隧比例之大为全国之最。1998年后,湖北交通人克服山高谷深的恶劣地质条件,大规模开展了峡谷桥和隧道建设,在沪渝高速公路鄂西段、沪蓉高速公路宜巴段、恩黔等多条高速公路桥隧建设中取得创新成果,创造建设奇迹。

创新推动"两型交通"发展。交通行业作为一个资源依赖型和能源消耗型的传统行业,对不可再生资源的依赖性较强,对环境影响较大。为此,湖北省交通运输主管部门坚持将打造"两型交通"(资源节约型、环境友好型)作为交通发展的第一选择并积极付诸实施,努力实现"五个转向":从重工程建设转向重生态环保,从重项目规模转向重资源节约,从重单纯出行转向重服务民生,从重学习借鉴转向重集成创新,从重方便施工转向重安全便民。打造出"路在林中展、溪在路边流、车在景中行、人在画中游"的全国首条生态景观路——神宜公路。交通运输部要求全国交通系统学习神宜公路的建设经验,探索"两型交通"发展之路。为适应"两型社会"要求,高速公路提出了"绿色生态环保"的设计理念,将道路沿线景观与周边自然环境融合设计,将公路沿线人文历史文化融入设计,充分运用地形与本土植物,彰显本土文化与景观特色,打造自然和谐的高速公路景观。湖北高速公路不再仅是冰冷的钢筋水泥设施,而是洋溢人文温暖、体现绿色元素的文明作品。

在"两型交通"建设中,沪蓉西高速公路最具典型代表。针对鄂西山区地形、地貌等特点,建设者高度重视绿色环保理念的落实,敢于打破传统建设思维的束缚,明确提出了标准选线、地形选线、地质选线、环保选线、运营安全选线及实行严格的耕地保护政策选线的理念,在线位布设上充分结合地形、地质、环保等因素,大范围、多层次、同深度开展了路线方案比选。积极通过"展线、降高、减跨"提高结构安全性、工程可行性和施工可靠性。建成后的沪蓉西高速公路桥梁如玉带透迤,隧道与青山掩映,边坡现姹紫嫣红,建筑展土苗文化,景观显万种风情,诠释着工程与自然的和谐,为鄂西独特的人文环境和自然生态资源平添新彩。在随岳高速公路中段的建设中,高度重视自然、人文景观的保护,全长153km,从仙桃到随州,沿线经过大洪山旅游风景区、绿林旅游区、天宝寨自然保护区、汤池温泉、惠亭山水风景区、空山洞景区、石家河文物保护区等7处旅游胜景,在京山境内,公路向东绕开了天宝寨自然保护区和京山特有的"对节白蜡"二级珍稀植物集中生长区,其线形走向与山川、河流的走势相吻合,不强拉直线,硬切山梁,给人舒适的视觉效果。此外,杭瑞高速公路在景观设计中突出"原生态旅游景观路"理念;十漫高速公路在设计中系统打造生态、环保、人文路;汉十高速公路将沿途生态、人文旅游资源一线穿珠,构建人与自然景观,路与文化景点的和谐交融之美;三峡翻坝高速公路,工程建设与生态防护同步进行;早期建设的宜黄高速、黄黄高速公路通过养护管理,再造绿色、生态、环保、景观路。无论是山区还是平原,湖北境内的条条高速公路,"两型"同建,景路一体,意趣盎然,满眼生机,成为荆楚大地一道道靓丽的风景。

五

改革创新是推动交通发展的不竭动力。湖北交通经历并推进了高速公路建设和管理体制改革、投融资体制改革、成品油和燃油税费改革以及取消政府还贷二级公路收费等深层次体制机制改革,为湖北交通科学发展注入动力与活力。

交通资金是交通事业发展的物质基础和重要支撑。改革开放以前,湖北交通建设仅靠政府一家投资。20世纪80年代中后期,开始探索多元化多渠道多方办交通的投融资改革。从最初单一的政府和部门独家办到全社会合力办,政府投入、社会投资、商业贷款、世行贷款、交通规费投入和证券市场融资等多渠道、多元化筹融资渠道越走越宽。

贷款修路。1984年,为加快公路建设发展,缓解公路建设资金紧缺的矛盾,国务院制定出台了"贷款修路、收费还贷"政策,为湖北公路建设发展开辟了新的重要渠道。以"八五"时期为例,贷款建设公路的路子在全省相继打开。五年中,各地市自筹资金超过2.9亿元,累计贷款23.4亿元,占"八五"交通投资总规模的25.6%。

设立公路建设专项资金。1987年4月,动工兴建湖北省第一条高速公路——武黄高速公路。为解决资金难题,省政府开辟多方筹资渠道:把全省汽车养路费征收标准由每月105元/t,提高到120元/t;1990年又调整到货车130元,客车150元,调增部分作为宜黄公路建设专项资金。争取交通部补助投资7800万元,国内贷款7500万元。省政府发文对征地动迁补偿标准作了严格规定,并对工程所需钢材、木材、水泥各按省拨价供应50%计划指标,为"楚天第一路"提前建成通车及时提供了资金物资保障。

引进港台及境外资金。"八五"期,公路建设引进外资力度进一步加大,黄石长江公路大桥引进37亿日元贷款。又先后有107国道孝感段、106国道黄石段、武汉市318国道东升段等,共引进港方投资1亿多元。1995年省交通厅将武黄高速公路收费经营权转让给马来西亚投资商,转让资金用于湖北新建公路。"九五"期间,通过转让公路收费经营权、国内BOT、招商引资等方式,极大缓解了交通建设资金不足的压力。其中,引进港台、外资19.2亿元。

引进民营资本。(襄)樊魏(家集)高速公路是二(连浩特)广(州)高速公路在湖北与邻省连接的重要路段,线路全长24km,是湖北省首条引进民营资本建成的高速公路。之后相继有襄荆、荆东、荆宜、武荆、随岳南、大广南、武汉市6条出口路等多条高速公路依靠民营和社会资本投资相继建成。

引进世界银行贷款。1995年湖北省交通厅组建世界银行贷款项目办公室,开始利用世行贷款进行交通基础设施建设。2002年以来新增世行贷款5.5亿元,在全国交通名列第一。截至2015年2月,向世行融资共计11亿美元,建设国家重点工程6个,建设项目在全省高速公路骨架网以及内河航电枢纽梯级开发等领域发挥了重要作用,为湖北省交通事业实现跨越发展增添了新的动能。

创建湖北交通GEB投融资平台。"十一五"时期,交通运输部对湖北投资突破210亿元,是"十五"的3倍。省交通运输厅最大程度整合以省高速公路管理局为主体的政府融资平台、以省高速公路集团为主体的企业融资平台、以楚天高速公路上市公司为主体的市场融资平台,形成"以政府投资为主导、以企业融资为补充、以银行信贷为支撑"的湖北交通GEB投融资平台,财政资金、社会资本和银行信贷的比较优势得到充分发挥,积极构建符合交通实情、科学规范、有序有效的湖北交通投融资模式。

上市融资。楚天高速公路上市是湖北省推进交通投融资体制改革,实现直接融资的重要突破。经中国证监会核准,公司于2004年2月24日向社会公开发行2.8亿股A股股票。2004年3月10日,公司股票正式在上海证券交易所挂牌上市,上市融资8.1亿元。此后,楚天公司与地方政府、项目出资人、社会投资平台等成功地进行了资本运作。2008年11月9日,随州市政府与楚天公司签订麻竹高速公路大悟至随州段84km,38亿元的投资协议;2009年9月8日,楚天高速与控股股东湖北省高速公路集团有限公司、湖北省十堰市人民政府三方,就合作投资建设湖北省十堰至房县高速公路签署了《投资协议》。项目资本金按项目估算总投资49.70亿元的35%计17.4亿元,其中,楚天高速及集团公司分别出资8.7亿元、5.22亿元,分别占总出资额的50%、30%;十堰市政府授权十堰市国有资产经营公司或类似机构作为出资人,出资比例为20%。这些举措有效地盘活了存量,激发了增量,形成了资金的积聚和放大效应。

湖北省交通运输主管部门注重对项目建设的管理,管理模式几经变革。对列入中长期规划的高速公路建设项目以及地方区域高速公路,鼓励以地方政府为主体组建项目业主,实施招商引资和建设,进一步推动"部门办交通"向"社会办交通"转变,形成"政策引领、多方筹资、合力建设、加快发展"的新格局。2009年1月9日,汉鄂高速公路举行奠基仪式,标志着湖北高速公路招商引资由"以省为主"转向"以市州为主"的建设和投融资体制改革取得突破。除了原已开工的省厅主导建设的宜巴、谷竹、保宜、郧十等8个项目于2014年2月将项目后续的建设事宜全部移交省交通投资集团公司外,2012年2月后新开工的高速公路项目均以市州政府为主体进行招商引资。虽然经历了金融危机的考验,面对了宏观经济下行的压力,但通过投融资体制改革,社会投资项目与省交投投资项目齐头并进,湖北省高速公路建设逆势上扬。

湖北高速公路建设管理,经过了一个不断创新实践的过程。宜黄高速公路"政府投资、交通组织、多方支持、共做贡献"的指挥部模式;湖北荆州至东岳庙高速公路采用政府与企业合作共建的管理模式;武英、麻武、杭瑞为代表的一批政府投资的高速公路建设项目,以及襄(樊)至魏(家集)高速公路湖北段民营投资项目试行项目代建模式;武荆高速公路采取"政府政策扶持、民营投资建设、项目法人运作、专业团队管理"的BOT模式。湖北省在高速公路建设中,探索出一套"业主负责、政府服务、行业监督、依法行政"的全新管理模式。

随着高速公路的建设发展,高速公路管理机构从无到有,逐步建立健全。30年来,经历了从湖北省高等级公路管理处、湖北省高等级公路管理局、湖北金路高速公路建设开发有限公司、湖北省高速公路集团有限公司、湖北省高速公路实业开发公司、湖北省交通厅高速公路管理局的嬗变,其性质经历了从事业到企业再到事业的变革。湖北各高速公路由于投资体制不同,管理方式各异,按单位类型分为事业和企业管理两类。至2015年底全省高速公路共有企事业管理单位44家,其中事业单位10家,企业单位34家。

在高速公路"多元化投资、一体化管理"的行业管理格局中,湖北省在全国率先对民营和社会资本投资建设的高速公路项目实行委托管理。目前,全省已有15个民营和社会资本投资建设项目实行了委托管理,适应了高速公路高效特管的需要,实现了管理效率与经济效益的"双赢"。

在运营管理上,成立湖北高速公路联网收费中心,形成"一卡通行荆楚"的联网收费管理模式。截至2015年底,全省281个收费站,建成ETC车道553条,ETC覆盖率达到94.3%,提前实现90%覆盖率的目标。ETC客服网点达到1400多个,覆盖到所有县级行政区。湖北ETC系统建设和联网工作得到了交通运输部、省政府的充分肯定和社会的高度赞誉。

在路政管理上,成立路警联合指挥调度中心,形成确保突发事件快速接警、快速救援、快速清理和道路畅通。高速公路联合管理遵循"资源共享、信息互通、人员互动、优势互补"的原则,以"一个窗口办案、一张表格审批、一个声音调度、一流形象执法、一套制度体系、一路高速畅通"的路警共建新机制,实行统一指挥、统一调配,形成职责清晰、互相配合、依法有效的联合管理制度体系。2008年成功抗击特大冰雪灾害,并总结了"除雪清障、重车碾压、警车开道、结队放行、限载限速、科学调度"24字抗冰雪、保安全畅通的高速公路低速行驶法;一大批"刚毅"青年突击队、抢险队在抗冰雪一线不分昼夜、连续作战,最大限度保障了交通大动脉和运输生命线的安全畅通,得到了中央、省委省政府的充分肯定。2009年"12·5"京珠高速公路和2014年"6·22"福银高速公路汉十段黑火药爆炸事件发生后,在第一时间得到成功处置。2015年,"东方之星"客船翻沉事故发生后,全省高速公路第一时间启动应急预案,按照"特事特办、救援优先"原则,开设应急救援专用通道,并从其他路段紧急抽调人员增援随岳高速公路,确保了随岳高速公路救援通道的畅通。中央电视台等新闻媒体多次对湖北省高速公路抗击雪灾和应急反应的经验进行了报道。2012年成功承办全国公路交通联合应急演练,这次演练以高速公路网联动为主题,是湖北省历年来参演单位最多、人数最多、设备最多、范围最广的一次大型综合演练,充分展示了湖北公路交通应急处置和服务公众的能力水平,探索建立部省联动、区域联动、警地联动、部门联动等应急处置机制,推动路网管理平台体系和综合交通服务保障体系建设,有效提升了交通运输队伍的综合保畅能力。

六

　　国民之魂,文以化之;国家之神,文以铸之。党的十八大报告提出"提高国家文化软实力,发挥文化引领风尚、教育人民、服务社会、推动发展的作用"。习近平总书记强调,要努力展示中华文化的独特魅力,"系统梳理传统文化资源,让收藏在禁宫里的文物、陈列在广阔大地上的遗产、书写在古籍里的文字都活起来"。这些重要指示,为新时期文化建设指明了方向。

　　湖北是楚文化的发源地,历史文化底蕴深厚,是名副其实的文化资源大省。广袤的荆楚大地,深厚的历史积淀,孕育了璀璨的交通文化。一条条历史脉络如涓涓细流,穿越高山、跨越丛森、淌过溪石,时而平静如镜,时而浪花溅起,汇入湖北交通历史文化长河,为荆楚文化的浩瀚注入了一股不竭的源泉。一条条高速公路如一条条五彩丝带,串起湖北历史文化的颗颗珍珠。各地文化景观因高速公路的建成吸引了大量游客,高速公路也因这些景观而体现出丰富多彩的文化特色。如汉十高速公路沿线从中国传统文化中汲取精粹,将《道德经》中的"自强者强、知足者富"与廉德理念做了整合对接,通过景观、传媒等载体将孝感忠孝文化、随州炎帝文化、襄阳诸葛文化和武当道教文化作了形象生动的展示,其中,以诗仙李白酒隐安陆、神农故里开创中华农业文明、誉为"世界奇迹"的楚国编钟、卧龙诸葛隆中谋定天下、抗日名将张自忠殉国枣阳等历史文化为题材,矗立起18座现代化雕塑,展现着汉十高速公路沿线独特的历史典故和文化传承。同样,京珠、沪蓉、沪渝、杭瑞等国家高速公路将设计者的奇思妙想、指挥者的宏大手笔、建设者的忘我奉献、管理者的服务理念巧妙地融合,构建了一条条文化长廊,把湖北高速公路沿线装扮得多姿多彩,处处渗透着湖北交通行业独特的文化魅力,一大批内涵日益完善,外延不断丰富,有特色、有品位、有影响的文化品牌群体蜂蝶竞芳,春色满园。

　　"微笑京珠、情满荆楚",是京珠人永不止步的服务追求;"千里汉十、温馨相伴",凝练升华了以"道至善,为行远"为核心的"善为·治道"文化品牌,被评选为八大"全国交通运输优秀文化品牌"之一;"和谐鄂西、绿色之旅",倡导路与自然和谐发展;"阳光相随、大爱如岳",体现了随岳高速公路承载温暖、奉献爱心的行业形象;"活力黄黄、激情绽放",传递黄黄高速奋发有为、激情跨越的创业意志;"真情武黄、路畅人和",引领职工全员读书,大力提升全员素质,成为行业风尚;"开辟通途、永无止境",是楚天高速公路作为上市公司,对管理创新、生存发展所倡导的核心理念。

　　修路的过程,既是创造出行高速的过程,更是打造精神高地的过程。全省第一条高速路,造就了"艰苦奋斗、团结协作、从严求实、争创一流"的"武黄精神";宜黄高速公路江宜段,提前100天圆满完成了省委、省政府交付的任务,为三峡工程打开了陆上大通道,时任国务院总理李鹏亲自为宜黄公路通车剪彩;沪蓉西高速公路建设成为湖北省唯一获得交通运输部批复的山区公路勘察设计典型示范工程,成为交通部四个全国科技示范工程之一;杭瑞高速公路,探索"廉政阳光六同长效"机制,推行"刚毅工法"等标准化施工法,建成全省"廉政阳光示范工程"。

1995年以来,湖北省高速公路设计建设中有4人先后获"全国劳动模范"称号;汉十、京珠、黄黄等7个高速公路单位获"全国五一劳动奖状";7人获"全国五一劳动奖章";3个单位获"全国工人先锋号";6人获"湖北省劳动模范";29人获"湖北省五一劳动奖章";17个单位集体获"湖北省五一劳动奖状";14个单位集体获"湖北省工人先锋号"荣誉;汉十、京珠、黄黄、楚天、武黄等23条高速公路获得"省级文明路"称号。

2015年9月,在交通运输部组织的"全国百佳示范服务区"评选中,汉十孝感、随岳天门、汉宜潜江3对服务区被评为全国百佳示范服务区;京珠孝感、咸宁等12对服务区被评为全国优秀服务区;其余服务区100%达标。

七

党的十八大以来,新一届党中央提出了为实现"两个一百年"的奋斗目标、实现中华民族伟大复兴的中国梦而奋斗,出台了一系列具有战略性、创新性的新举措。在新的世情国情背景下,湖北被确定为全国综合交通运输改革试点省份,必将为湖北交通发展提供持续强劲的创新动力和发展机遇。

抢抓好"十三五"交通发展机遇,湖北交通立足"打牢交通大底盘、建成'祖国立交桥'"的高端站位,攻坚克难,务实重行,全力保发展、保重点、保民生、保安全、保开局。2016年是"十三五"开局之年,全年新完成公路水路固定资产投资1010亿元,其中高速公路382.3亿元,普通公路428.6亿元,港航66.5亿元;枣潜高速公路荆门北段等8个项目开工建设,已建在建高速公路里程达7105km,建成一级公路549km,二级公路1330km,新建农村公路13822km。湖北"十三五"综合交通运输发展规划、交通扶贫规划等相继发布,胜利实现了"十三五"良好开局。

展望未来,作为全国综合交通运输改革试点省份,湖北交通使命光荣,任重道远。湖北以"走在全国前列,当好先行示范"为目标,做足"综合"大文章,构建交通大格局,到2020年,全省综合交通总体上达到中部领先、全国先进水平,基本建成"两中心两枢纽一基地"(即武汉长江中游航运中心、全国铁路路网中心、全国高速公路网重要枢纽、全国重要航空门户枢纽、全国重要物流基地),形成立足湖北、辐射中部、沟通各大重要经济区、联通国际的综合交通运输发展新格局,支撑湖北成为"一带一路"、长江经济带的枢纽和门户,用打牢交通大底盘的恢宏构架,为湖北"建成支点,走在前列",建成"祖国立交桥"提供有力的交通支撑。

具体目标为实现"五个中部领先":

交通基础设施整体水平中部领先。所有市州通快速铁路,所有县市通高速公路,所有建制乡镇通二级及以上公路,所有行政村(含撤并村)通沥青(水泥)路;所有市州均建有综合客货运枢纽,所有沿长江、汉江县市有高等级航道覆盖,所有沿江重要港口均建有现代化码头,所有乡镇均设置有邮政快递网点。到2020年,全省高速公路里程达到7500km,二级及以上公路里程达到36000km,普通国省道二级以上公路比例达到80%以上;全省铁路营业里程达到5500km以上,其中高速(城际)铁路里程达到2100km;高等级航道里程达到2000km,全省港口货物吞吐能力、集装箱通过能力分别突破4亿t和500万TEU;全省机场旅客吞吐量达到3500万人次,力争达到4000万人次,"两主多辅"的机场格局基本形成;全省货邮吞吐量达到180万t;全省油气管道达到10000km以上。

交通运输整体服务水平中部领先。民航航线覆盖全球五大洲和全国重要城市,航空服务(100km或1h车程范围内)覆盖所有市州;高铁服务4~5h覆盖全国主要经济区,1~2h覆盖"一主两副"及长株潭、皖江、昌九、中原等周边城市群;城区常住人口100万人以上城市建成区实现公共交通站点500m内覆盖;邮政快递服务覆盖所有行政村。

交通转型升级整体成效中部领先。投资结构调整,铁路、民航、水路、站场投资占综合交通比重明显上升;运输结构调整,铁路客运周转量和水路货运周转量在综合运输体系中的比重明显上升;交通与信息化融合发展,综合交通联网售票取得突破性进展,高速公路ETC覆盖率达到100%,内河主要港口电子数据交换系统(EDI)覆盖率达到100%;交通绿色低碳发展成效明显,交通运输碳排放强度下降7%。

交通安全保障能力中部领先。在安全监管方面,力争实现铁路和民航枢纽、重要高速公路和国省干线、重点水域、重要公路客运站场和港区监控覆盖率达到100%,邮件快件100%实名寄递、100%开箱验视、100%过机安检,综合交通事故死亡人数下降5%;在应急救助方面,综合交通救援到达时间、应急抢通时间明显缩短,综合运输应急联动机制全面完善。

交通行业治理能力中部领先。基本形成大交通管理格局,实现同级交通审批"一站式"集中办理,搭建行政审批网上"高速公路",实现省市县三级网上审批;打破区域与部门分割,打通与发展改革部门重大项目联审平台通道,构建共享交换平台,提高信息资源综合利用水平;会同河南、重庆等7省市,率先开展跨省大件运输并联许可试点;建立健全全省首个综合交通公共信息联盟,为公众出行、物流服务提供即时信息;推进跨区域跨部门协同,推动交通与邮政、供销、商务、农业等部门农村物流融合发展;法治交通建设形成体系,执法机构和队伍建设在改革中创新;交通文明创建活动覆盖交通全行业,交通人才素质得到全面提升。

在构建全省综合交通运输体系的大交通格局中,进一步凸显高速公路的地位和作用。新时期全面创新高速公路与"互联网+"智能化服务,形成互联互通、衔接顺畅、高效智能的高速公路网,大力实施高速公路网络优化工程,重点围绕"建成国高网,扩容拥堵路,打通省际路"为重点,构建"九纵五横三环"高速公路骨架网,至2020年,全面实现县县通高速公路,湖北与全国各大城市群高效连通,武汉与中部省会城市半日到达,武汉城市圈相邻城市1h通达。

斗转星移,时新势异,荆楚大地,勃发生机。在新一轮改革开放大潮中,湖北交通人将紧紧围绕党的十九大提出的宏伟战略目标,以服务国民经济和社会发展、服务人民生产生活,建设交通强国为己任,抢占先机,主动作为,全力落实省委省政府"建成支点,走在前列"这一重大目标任务,积极投身国家实施"一带一路"倡议、长江经济带、长江中游城市群等伟大实践,奋力推进"综合交通、民生交通、智慧交通、绿色交通、平安交通"建设,打牢交通大底盘,建成"祖国立交桥",努力构建立足湖北、辐射中部、沟通各大重要经济区、联通国际的综合交通运输发展新体系,为中部崛起、圆梦中华谱写湖北篇的精彩华章。

Record of Expressway Construction in
Hubei
湖北高速公路建设实录

第一篇
发 展 篇

篇 首 语

  20世纪80年代末至90年代初,中央明确把加快交通运输发展作为事关国民经济全局的战略性和紧迫性任务,交通迎来了大发展的历史机遇。从"八五"开始,我国公路建设进入了发展速度快、建设规模大、科技含量高的新时期。年均新增通车里程由初期的几百公里增长到近期的几千公里。高速公路发展从20世纪80年代末开始起步,逐年加快,发展迅猛,至今已走在世界前列。湖北与全国同步,随着高速公路及其他高等级公路的建设,交通环境极大改善,区位优势明显发挥,服务国民经济和社会的能力显著增强,为湖北乃至全国的发展担当了交通先行。

第一篇
发展篇

第一章
高速公路建设历程与成就

20世纪30年代,湖北修建了第一条汽车公路——襄阳至沙市汽车路,至新中国成立前,交通发展缓慢。1949年,中华人民共和国成立,湖北公路交通事业有了长足发展,至1978年,全省公路里程达45508km,其中等级公路21550km,但高速公路、一级公路仍是空白。

1978年,党的十一届三中全会以来,湖北公路事业蓬勃发展。公路建设从"以普及为主"到"以提高为主",实现由数量型向质量型的转变,公路等级提高,路网结构优化,高速公路从无到有,从有到优。至2016年底,全省公路通车里程达260179km,其中等级公路249819km,等级公路比重为96.02%。其中高速公路达6204km。

第一节 公路发展溯源

回顾湖北公路发展历程,大致经历了四个大的发展阶段。即1930—1949年的现代公路建设发端阶段,1949—1978年的普及与曲折发展阶段,1979—2000年的联通与提等升级阶段,2001—2016年的升级达标与联网配套阶段。

一、现代公路建设发端(1930—1949年)

民国时期,在旧有驿道基础上,湖北修建了第一条汽车公路——襄阳到沙市汽车路,这是湖北近代公路建设之发端。此后,京川国道鄂境段、汴粤国道鄂境段和洛韶国道鄂境段等3条国道及其支线相继建成。由于战事频繁,公路时修时毁,至1949年,全省通车公路仅为997km,其中晴雨通车里程不到一半,大部分为泥结碎(砾)石、天然混合料或砖渣路面。

二、公路普及与曲折发展(1949—1978年)

1949年,中华人民共和国成立,湖北公路交通事业翻开了崭新的一页。

1949年湖北全境解放时,公路已是百孔千疮。当时交通部门的中心任务是公路的抢修与恢复。各级人民政府组织公路沿线人民群众抢修公路,主要恢复了襄(阳)沙(市)、汉(口)小(界岭)、汉(口)宜(昌)、长(江埠)孟(家楼)等主要干线公路。至1952年底,公路由新中国成立初的997km恢复到3330km,有力地支持了中国人民解放军南下和国民经济的恢复。

1957年夏,中共湖北省委和省人民政府组织考察团,在省长张体学带领下,步行350km,考察山区交通状况。随后制定了南漳、保康、房县、竹溪、宜都、五峰、鹤峰、来凤等以山区公路为主的公路建设计划,采取民办公助、分段修筑的办法动工兴建。至1966年底,湖北省公路里程达到23111km。

1966—1978年,湖北公路建设虽受到严重干扰,但由于国家抓紧三线建设,仍在曲折中发展。1975年,全省新改建工程中规模最大的汉(口)渔(泉口)公路亦称管道公路建成。至1978年底,全省公路通车里程达到45508km,其中等级公路21550km,等级公路比重达48.4%。

三、公路联通与提等升级(1979—2000年)

党的十一届三中全会以来,公路建设进入改革开放的新时期,从"以普及为主"到"以提高为主",大力改建新建高等级公路,实现公路由普及向提高的转变。首先对行车密度大的国省道干线、城市出口路、省际断头路及跨江独立大桥进行重点建设;集中力量对107国道、207国道襄沙段、汉十公路、柳界公路等4条主要经济干线进行了二级路改造。1984年,湖北公路实行计划体制管理改革,大规模公路建设再度兴起,湖北省交通厅采用以工代赈方式修建边远贫困山区公路。1984—1985两年间,集资4100万元修建了896km乡村公路。1986—1990年,继续贯彻"以工代赈、民工建勤、民办公助"的政策,修建县乡公路和边远贫困地区公路共6581km。

1984年,国务院制定了"贷款修路、收费还贷"政策,为湖北公路建设发展注入了新的活力。当年,湖北省第一条收费还贷公路咸宁至通山公路动工,第二年完工,并设立了湖北省第一个收费站。此后,全省公路系统打破由单一交通规费投资的模式,采用贷款、融资等方式修建公路。

1986年,湖北开始修建武汉—黄石市一级专用公路、武汉—黄陂一级专用公路,纵贯鄂南、鄂北的207国道和107国道等。至1990年底,全省公路通车里程达47511km,其中等级公路24532km;等级公路中有一级公路196km,二级公路1973km。1991年1月,武(汉)黄(石)一级汽车专用公路通车试运行,后改名为武黄高速公路,是湖北第一条高速公路,也是国内第三条高速公路。

1992年,小平同志南方谈话掀开了中国改革开放的新篇章。中国共产党第十四次全国代表大会第一次明确提出了建立社会主义市场经济体制的目标及"三个有利于"标准,提出加快国民经济和社会发展,重点发展基础工业、基础设施和第三产业等,先后做出了长江流域开放开发、西部大开发和加入WTO(世贸组织)的重大决策。宏观政策的驱动和支持,为湖北交通加快发展提供了强劲动力,湖北公路建设进入加快发展时期。

在此期间,投入产出"大包干"政策推动湖北省掀起前所未有的大规模公路建设热潮。全省公路建设开始由数量型向质量型的转变。"八五"期间,公路建设完成投资66.85亿元,为"七五"期间投资的374.93%。全省加快以宜黄高速公路为主的高等级公路建设,围绕"上等、升级、达标"要求,5年新增二级以上公路3739km,相当于前41年的1.58倍。其中5年建成高速公路392km,位居全国前列;建成一级公路445km、二级公路2994km。"九五"期间是湖北省高等级公路快速发展时期,全省建成高等级公路9091km。在高速公路明显换挡提速的同时,1998年,湖北省政府抓住国家实施积极财政政策的机遇,提出"湖北省加快公路建设发展五年规划",拉开路网建设序幕,公路路网加快密织。至2000年底,全省公路通车里程达5.78万km,其中等级公路4.80万km,等级公路比重为83%;一、二级公路达到8522km,高速公路达到569km。

四、公路升级达标与联网配套(2001—2016年)

中国共产党第十六次全国代表大会描绘了全面建设小康社会的宏伟蓝图。这一阶段,湖北公路以"联网、配套、升等、扩口"为重点,加快湖北高速公路网、国省道干线公路网和县乡公路网三个层次路网建设,掀起了以三年为一个周期的全省路网建设高潮。

"十五"期间,全省完成交通固定资产投资791.2亿元,为"九五"的3.2倍。其中交通部投资72.3亿元,组织国内外银行贷款372.2亿元,分别较"九五"增长77.2%、191.9%、218.3%。楚天高速公路上市融资8.1亿元;高速公路建设招商引资64.5亿元。截至2005年底,新增高速公路1080km,建成宜昌、荆州等11座长汉江公路大桥。全省公路通车总里程达到91131km 其中高速公路1649km,一级公路1093km,二级公路15225km,较"九五"末增长97%。等级公路比重达到83.48%。"十五"以来,湖北实行"258"定额补助政策,即国省干线二级公路改造按每公里路基20万元、沥青路面50万元、水泥路面80万元实施定额补助。分两个三年完成路网建设投资136.3亿元,创历史最高水平。基本形成了连接城市、通达乡村、干支结合的公路网络,公路交通对国民经济发展的瓶颈制约得到基本缓解。

"十一五"期间,全省完成交通固定资产投资突破1900亿元,是"十五"投资的2.41倍,相当于新中国成立后交通55年交通投资总和的1.6倍。其中交通部对湖北投资突破210亿元,是"十五"的3倍。2010年底,公路通车总里程达到206211km,其中高速公路3674km,一级公路2210km,分别为"十五"末的2.23倍、2.02倍,建设县乡二级公路1506km,全省国省干线公路基本达到二级以上标准。公路密度为110.93km/100km^2,等级公路187812km,等级公路比重为91.1%。"四纵四横一环"高速公路网基本形成。新增高速公路里程突破2000km,超过2005年以前全省高速公路建成里程的总和。全省高速公路里程达到3673km。全国科技示范工程和一批世界级长江公路大桥相继建成。

这一时期,以全国科技环保示范路——神宜公路为标志的"两型交通"建设成效明显,国省干线公路凸显优质环保。

这一时期,交通建设投资市场全面开放,企业投资高速公路占全省高速公路通车里程的48%,占在建高速公路的44%;"以政府投资为主导、以企业融资为补充、以银行信贷为支撑"的湖北交通GEB投融资平台为加快湖北交通建设提供了重要保障。

这一时期,农村公路变化翻天覆地。湖北省政府每年向全省人民承诺的农村公路建设任务全面超额完成,新增通村沥青水泥路突破10万km;除恩施州外,全省实现100%的行政村通达沥青水泥路、100%的行政村通达客车、100%的乡镇渡口达标,农民群众行路难、乘车难、过渡难问题得到解决。全省交通运输与国民经济社会发展的关系实现了由"基本缓解"向"总体适应"的转变。

"十二五"期间,是湖北交通加快转变发展方式,调整交通运输结构,构建综合交通运输枢纽,发展现代交通运输业的重要成长期。全省交通运输与国民经济社会发展的关系由"总体适应"向"全面适应"跨越。

这一时期,高速公路建设以"建成国高网,扩容拥堵路,打通省际路"为重点,继续推进"九纵五横三环"(2011—2030年)高速公路网建设,骨架高速公路网结构进一步完善。新建成谷竹、江南等10条高速公路,新增高速公路里程773km,新增5条高速公路出省大通道。全省高速公路通车总里程达到6204km,位居全国第一方阵。

全省普通国省干线公路改造力度加大。普通国省干线改造规模为28000km。主要省际通道,重要经济区的过境路段,部分高速公路连接线以及主要港口、机场、铁路枢纽通道达一级公路标准,实现一级公路里程翻番,由2210km增长到5231km;建制乡镇通二级以上公路。农村公路网结构进一步完善,加强断头路、循环路及农、林、渔场公路建设,在有条件的地区实施通自然村公路建设,打造安全舒适、畅洁绿美的170000km社会主义新农村公路网。

截至2016年底,全省高速公路、干线路网建设稳步推进,继续保持良好态势。截至2016年底,湖北省全省公路总里程为260179km,其中高速公路6204km(加上连接线,全省高速公路实际通车里程达到6311.881km),一级公路5460km、二级公路22005km、三四级公路216150km,等级公路比重为96.0%。普通公路的发展,为高速公路与普通公路的衔接配套创造了条件,有力地促进了路网结构的优化和高速路网的深度通达。

第二节 高速公路发展轨迹

1986年5月,湖北做出先期修建宜(昌)黄(石)(现沪渝G50下同)高速公路的决策。1987年4月,武黄段70km开工,1991年3月正式通车,湖北高速公路实现了"零"的突破。这在当时,属于率先启动高速公路的省份,适应了湖北省委省政府构建武汉、宜昌、襄阳"大三角"经济区的战略需要。2005年8月21日,中共中央总书记胡锦涛在湖北调研期间,视察了湖北高速公路,并专门听取了省交通厅厅长林志慧关于湖北骨架公路网规划汇报。这既是对湖北交通的肯定,也是对湖北交通的鞭策。这之后的整个"十五"期,湖北交通人主动加压,奋发有为,新增高速公路1080km,达到1649km,位居全国第10位。"十一五"期,湖北交通投资规模、建设速度、经济社会效益、发展环境等均创出新的纪录。建成了以沪渝高速宜恩段为代表的一批全国科技示范工程,以鄂东、荆岳等为代表的一批世界级长江公路大桥,"四纵四横一环"高速公路网基本形成。高速公路通车里程达到3673km,位居全国第6位。"十二五"期,湖北交通人克难奋进,挑战高位。2015年底,湖北省高速公路总里程达6204km,跃升全国第4位。其中,纳入"71118"国高网的线路有16条,省高网37条。2016年,湖北省高速公路已建在建高速公路7105km。高速公路出省通道达到30余个,与周边安徽、河南、陕西、重庆、江西、湖南等省市实现有机衔接,全省"七纵五横三环"高速公路规划网基本建成,响应了湖北省委省政府"打牢交通大底盘,建设祖国立交桥"的号召,实现从"九省通衢"向"祖国立交桥"的跨越。湖北省高等级公路发展情况见表1-1-1。

湖北省高等级公路发展情况　　　　　　　　　　表1-1-1

时　期	年　度	公路通车总里程(km)	等级公路里程(km)	等级公路比重(％)	高速公路里程(km)	一级公路里程(km)	备　注
七五	1990	47511	24532	51.6		196	
八五	1991	47661	26077	54.7		194	此阶段高速公路与一级公路合并统计
	1992	47892	26634	55.6		273	
	1993	48008	28582	59.5		336	
	1994	48349	29228	60.5		450	
	1995	48728	30910	63.4		641	
九五	1996	49757	33477	67.3		751	
	1997	50779	35489	69.9		924	
	1998	52989	38537	72.2	428	501	
	1999	55389	44120	79.6	538	557	
	2000	57850	48062	83.1	569	611	
十五	2001	85757	66048	77.0	805	812	
	2002	86098	67290	78.2	943	822	
	2003	87813	69914	79.6	1074	876	
	2004	89673	72757	81.8	1353	973	
	2005	91131	76075	83.4	1649	1093	
十一五	2006	181791	135828	74.7	1747	1278	
	2007	183780	147152	80.1	2356	1371	
	2008	188366	153665	81.6	2719	1566	
	2009	197196	168834	85.6	3283	1725	
	2010	206211	187812	91.1	3674	2210	

续上表

时　期	年　度	公路通车总里程(km)	等级公路里程(km)	等级公路比重(%)	高速公路里程(km)	一级公路里程(km)	备　注
十二五	2011	212747	196452	92.3	4006	2354	
	2012	218151	203145	93.1	4006	2515	
	2013	226912	212893	93.8	4333	2789	
	2014	236933	224184	94.6	5096	3345	
	2015	252980	240936	95.2	6204	5231	

一、起步提速阶段：构建大三角经济区高等级公路主骨架(1986—2000年)

1986年5月，湖北省委省政府着眼于全省经济发展布局，提出构建武汉、宜昌、襄阳"大三角"经济区的战略构想，以"敢为天下先"的勇气，做出修建宜黄高速公路的决策。1987年4月，宜黄高速公路武(汉)—黄(石)一级汽车专用公路率先动工。

1989年7月18日至20日，交通部以新的视角，站在新的高度，在辽宁沈阳召开了全国高速公路发展史上具有里程碑意义的"高等级公路建设经验交流现场会"。沈阳现场会为高速公路建设扫清了观念和实践上的障碍，明确了中国必须发展高速公路，以及如何发展高速公路。在这次会议的推动下，湖北高速公路建设进入起步提速阶段，呈现出快速勃兴的势头。

"八五"期间，交通部因势利导，乘势而上，于1993年6月18日至23日，在山东济南召开了我国高速公路发展史上具有重要推动作用的全国公路建设工作会议。时任国务院副总理邹家华出席会议并讲话。会议确定了我国公路建设将以高等级公路为重点实施战略转变，同时明确2000年前我国应集中力量抓好高等级公路建设，实现"两纵两横"国道主干线以高等级公路贯通的主要目标。

在济南会议的推动下，湖北掀起了高速公路建设高潮，把湖北省高速公路建设推到了一个新的发展阶段。1995年11月11日，全长350km、横贯全省西部重要城市的宜黄高速公路全线贯通，被称为"楚天第一路"。同时公路桥梁建设步伐加快：1991年，武汉长江二桥和黄石长江公路桥开工建设，1995年建成；三峡工程前期关键项目之一的西陵长江大桥于1993年12月开工，1996年8月建成。

"九五"期间，围绕国家西部大开发战略，湖北省公路建设以"联网、配套、升等、扩口"为重点，实施以"扩展大中城市出口路、改善县乡公路、加速公路上等升级、提高路网运载能力"为目标的路网建设。在此期间，为应对东南亚金融危机对我国的不利影响，党中央、国务院做出"实施积极财政政策，加快基础设施建设，扩大内需"的决策，决定1998年重点实施公路、铁路、通信、环保、农林及水利等基础设施建设，公路建设成为重中之重。1998年6月20日至23日，交通部在福建福州召开高速公路发展史上具有标志性意义的全国加快公路建设工作会议，提出扩大公路投资建设规模，加快推进高速公路建设项目，银行贷款开始大规模进入公路建设领域,在福州会议的推动下,湖北省政府抓住国家实施积极财政政策的机遇,提出"湖北省加快公路建设五年规划",高速公路建设规模迅速扩大。1996年5月开工建设黄(石)黄(梅)高速公路,路线全长110.34km,1998年12月30日通车试运行,湖北高速公路首次打通皖赣省界,实现"一路连三省";1998年12月25日,开工建设(北)京珠(海)高速公路湖北段,全长339km,2002年9月28日建成通车;1999年,分4段建设汉十高速公路,分别为武许段、襄武段、襄荆连接线和孝襄段。同时开工建设6座长江大桥(建成通车4座),在中国建桥史上前所未有。至"九五"期末,高速公路总里程达到569km。全省"大三角"经济区高速公路主骨架初步形成。

(一)宜(昌)黄(石)高速公路武黄段建成,高速公路实现零的突破(散花西—花湖西段属G45和G50的共用段,花湖西—豹澥段属G50,关山—豹澥段属S8。下同)

宜(昌)黄(石)高速公路(以下简称宜黄高速公路)全长350km,是国家""七五"和"八五"重点建设项目。它东起湖北黄石,由东向西穿过鄂州、武汉、汉川、仙桃、潜江、江陵、荆沙、枝江、宜昌等十个市、县(区),在宜昌市与三峡工程专用公路相接;宜黄高速公路东段(又称武黄高速公路)自武汉市武昌的关山起,经鄂州市到黄石市,长70.3km;宜黄高速公路西段(又称汉宜高速公路)自武汉市的汉阳东岳庙起,途经蔡甸、仙桃、潜江、荆州、枝江等9个县市(区),至宜昌,全长278km,为武汉至宜昌的主要通道。

1986年5月,湖北省政府组建省宜黄高速公路建设指挥部,省政府领导出任建设指挥长,省交通厅具体负责组织实施;沿线市、县成立分指挥部,分期分段施工。1986年11月,决定提高技术标准为封闭式的一级汽车专用公路。1990年4月,决定同步建设防撞、通信等设施,达到高速公路技术标准。武黄段70km于1987年4月开工,1990年12月建成,1991年3月4日正式通车。东仙段58km于1989年开工,1991年仙江段122km开工;为支援三峡工程,1992年湖北省委省政府决定将最后的江宜段100km从"九五"提前到"八五"上马。宜黄高速公路的建设贯彻了"政治动员,行政保障,经济补偿,多方支持,共做贡献"的建设总方针,采用"小标段、大兵团、蚂蚁啃骨头"的方式,历时10年,耗资近30亿元,于1995年9月28日全线贯通。1995年11月11日,国务院总理李鹏、副总理邹家华为宜黄高速公路全线通车剪彩。

宜黄高速公路途经之地,西向属山地岗丘地带,沿途有大量的高填方,大挖方路段;东向属河湖水网地带,鄂东南和江汉平原人称"水袋子",地下水位高,软基多,路基沉降大,缺土源无砂石。在这样极其不利的地质条件下,修建第一条高速公路,面临诸多难以想象的困难。广大建设者愚公移山、精卫填海、啃骨头、攻难关,在软基处理,桥头跳车等方面取得了一大批科技成果,研制采用了一批新材料、新技术、新工艺,探索了成功可行的施工管理经验,经有关部门检测,各项指标均达到部颁标准。武黄段、东仙段被评为省优良样板工程。实现了当初预定的"修一条现代化公路,出一批科技成果,锻炼一支队伍"的目标。

宜黄高速公路连接了湖北省东西经济最发达地区,构成了三峡工程对外交通的陆上主通道,形成湖北长江经济带的运输大动脉,成为沪蓉(上海至成都)高速公路的重要组成部分。

(二)黄(石)黄(梅)高速公路,打通皖赣省界——路连三省(现属沪渝高速 G50、福银高速 G70 的重要组成部分　下同)

宜黄高速公路通车后,邻近湖北的安徽省也在快马加鞭修建高速公路。按照交通部国道主干线规划,宜昌至上海的高速公路将连为一体,因此,湖北境内黄石至黄梅百余 km 的及时贯通显得特别重要。

黄(石)黄(梅)高速公路(以下简称黄黄高速公路)是国家规划建设的沪渝高速公路、福银高速公路的重要组成部分,也是湖北省"九五"计划重点工程建设的启动项目。公路主线西起黄石长江大桥北岸桥头接线,东止于鄂皖交界的界子墩,途经浠水、蕲春、武穴、黄梅四个县(市),全长 109.65km,与安徽省高界高速公路相接;另建有黄(梅)小(池)高速至九江长江公路大桥支线,长 31.37km,与江西省昌九高速公路相连。

1996 年 11 月 8 日,省委省政府在武穴大金镇举行黄黄高速公路开工典礼,黄黄高速公路建设全面启动。公路主线于 1998 年底投入试运行,全线于 2000 年元月正式贯通。黄黄高速公路是湖北第一条通向革命老区黄冈的高速公路;第一条把高速公路修出省界,实现一路连三省,对于服务革命老区建设,促进鄂东与东部发达省份的快速联通具有重要意义。在湖北高速公路建设史上,黄黄高速公路的建设,第一次开启大标段机械化施工;第一次试铺 30km 的沥青混凝土路面,实现路面结构创新;第一次采用"菲迪克"条款,用国际标准对工程设计、投资、建设、供应、监理及运营进行全过程质量控制;第一次全面实行公路建设的"四制"(项目法人责任制、招投标制、工程监理制、合同管理制),使黄黄高速公路建设成为湖北高速公路建设向现代施工管理方式转变的重要转折点。

二、迅猛发展阶段:打造"两纵两横一环"高速公路主骨架("十五"期:2001—2005 年)

"十五"期间,湖北省开始实施"构建促进中部地区崛起的重要战略支点"及"1+8"武汉城市圈两型社会综合配套改革战略,对交通建设提出更高目标,湖北高速公路进入全面迅猛发展阶段。完成交通固定资产投资 791.2 亿元,为"九五"的 3.2 倍。

"十五"期,以楚天高速公路上市为标志,湖北省交通建设多元化筹融资取得突破性进展。全省交通部门拓宽筹资渠道,通过上市融资、银行贷款、招商引资、社会募集、个人捐款、企业捐资、出台优惠政策等方法,多方筹集路网建设资金。共完成交通规费收入

268.7亿元,争取交通部投资72.3亿元,组织国内外银行贷款372.2亿元,分别较"九五"增长77.2%、191.9%和218.3%。楚天高速上市融资8.1亿元;高速公路建设招商引资64.5亿元。"十五"期间,全省共筹措到位贷款资金120.1亿元,其中省统贷资金73.6亿元,支持市州自贷46.5亿元,保证了路网建设资金的需要。

"十五"期,累计新增京珠湖北段、襄十、襄荆、孝襄、樊魏、武汉绕城高速公路东北段、汉十襄荆高速公路连接线、襄荆高速公路至荆州大桥连接线和沪蓉西高速公路宜长段等9条高速公路共1080km,全省高速公路总里程达到1649km,为"九五"末的2.85倍,位居全国第10位;相继建成宜昌、荆州、军山、鄂黄、巴东等5座长江公路大桥和将军河、贾家洲、仙人渡、丹江口二桥、仙桃、蔡甸等6座汉江公路大桥;初步形成以武汉为中心,连接全省经济大三角及周边省会城市的"两纵两横一环"高速公路主干架。

(一)(北)京珠(海)高速公路湖北段,首条纵贯全省南北的大通道(G4、G50)

京珠高速公路湖北段,又称京港澳高速公路(G4),是71118国高网中7条放射线之一,处于国道主干线北京—珠海高速公路的中枢位置,是我国南北交通的大动脉,也是湖北省"九五"规模最大、技术标准最高的重点交通建设项目。总投资121亿元,是湖北省交通第一次利用世界银行贷款,第一次全线采用沥青混凝土路面,第一次设置完善的路基路面排水系统和超限运输管理系统,第一次对环境保护以及全线景观进行专项建设,第一个将高速公路服务设施、机电工程与土建工程同步建成开通的高速公路项目。京珠湖北段的建设,对加快国道主干线及中南地区干线公路网络的建设进程,充分发挥湖北省的地理区位优势,改善投资环境,促进沿线地区的经济发展具有重要意义。该项目的建成,为湖北省乃至全国以"两纵两横"为主骨架的高速公路主干线的形成奠定了坚实的基础。

京珠高速公路湖北段全长339km,起点于孝感大悟县的九里关进入湖北;终点于咸宁赤壁市新店镇土城村。由北向南纵贯孝感、武汉、咸宁三个市的九个县(市、区),是湖北省连接华南、华北的重要交通走廊,在武汉市与东西走向的沪蓉(上海—成都)国道主干线形成十字交叉,两条国道主干线共用武汉军山长江公路大桥跨越长江。湖北京珠高速由京珠北段(大悟九里关—武汉市郑店)、京珠南段(武汉市郑店—赤壁市土城)、武汉军山长江公路大桥三个项目组成。

京珠北段起于鄂、豫两省交界点大悟县九里关,经过孝感市大悟县、孝昌县、孝南区、武汉市东西湖区、蔡甸区、沌口开发区,经江夏郑店,止于江夏区豹㺍,主线全长224.4km。项目由世行项目和内资项目两部分组成,九里关至大悟互通28.5km为内资建设项目,大悟互通以南195.9km为利用世行贷款建设项目,即"国道项目Ⅲ"。在国道项目Ⅲ中,江夏豹㺍—郑店段、沌口全力—蔡甸永安段45.7km属于沪渝高速公路(G50),全力—郑店24.654km(不包括军山长江公路大桥)属于京珠、沪渝两条高速公路的共用段,另外国道项目Ⅲ还包括大悟、花园、孝感三条总长为31.7km的二级公路联络线。项目概算68.21亿元,其中利用世界银行贷款2.5亿美元(折合人民币20.75亿元)、国家开发银行贷款10.59亿元、建设银行贷款6亿元、工商银行贷款6亿元、交通部拨款11.34亿元、中央国债1亿元、湖北省自筹资金6.09亿元、地方国债资金6.45亿元。建设工期48个月。该项目于1998年12月25日正式开工,2001年11月20日通过交工验收,2001年12月15日开通试运营,2003年8月10日通过竣工验收,全省高速公路总里程突破1000km大关。

京珠南段北起于武汉市江夏区郑店,经咸宁市咸安区、赤壁市,止于鄂、湘交界的赤壁市土城,主线全长110.07km。另有鞍山、张公、甘棠、泉口4条总长29km的二级公路联络线。项目概算41.42亿元,其中交通部投资7.99亿元、湖北省自筹7.98亿元、建行贷款13亿元、世界银行贷款1.5亿美元(折合人民币12.45亿元)。该项目于2000年3月正式开工,2002年9月20日通过交工验收,2002年9月28日开通试运营,2004年8月通过竣工验收。

武汉军山长江公路大桥于位于武汉市西南郊,武汉关上游28km处,南岸江夏区金水乡,北岸蔡甸区军山镇,是武汉第4座长江大桥,同时也是188km的武汉外环高速公路的过江大桥,是京珠、沪蓉两条国道主干线跨越长江的共用特大桥梁。项目全长4881.178m,其中:桥长2847m,引道长2034.178m。主桥部分为五跨连续双塔双索面半漂浮体系钢箱梁斜拉桥,五跨连续长964m,其中主跨长460m,钢箱梁全宽38.8m,为当时国内同类型桥梁中最宽的桥梁,引道宽35m,设双向六车道。项目概算投资13.005亿元,其中:中央投资1.3亿元,地方国债3.05亿元,国内银行贷款5.05亿元。建设工期48个月,于1998年12月30日正式开工,2001年11月通过交工验收,2001年12月15日开通试运营,2003年8月10日通过竣工验收。

京珠高速公路湖北段的建成,全面提升了湖北交通的形象,标志着湖北交通建设水平跃上了一个新的台阶。

(二)襄(阳)荆(州)、樊(城)魏(集)高速公路,构筑湖北第二条纵向通道(G55)

襄(阳)荆(州)高速公路(以下简称襄荆高速)、樊(城)魏(集)高速公路樊(樊魏高速)是二广高速公路(G55)的重要组成部分。二连浩特至广州高速公路湖北段是湖北高速公路网中的第二纵。

襄荆高速公路北起襄阳市襄城区贾洲村,与汉十、襄荆高速公路连接线相连,经荆门市,南至江陵县龙会桥,与沪蓉高速公路相交,纵贯襄阳、荆门、荆州三市,全长185.44km。总投资41.79亿元。由葛洲坝股份有限公司通过竞标获得开发权,经过项目融资和与湖北省内外有经济实力企业的联系、磋商、协商,最后确定由葛洲坝股份有限公司(占55%股份)、湖北省高速公路建设总公司(占20%股份)等5家具有独立法人资格的国有企业共同发起组建的湖北襄荆高速公路有限责任公司承建。该项目于2001年1月正式开工,

2004年6月26日建成。是湖北省第一条由多家国有企业共同投资组建项目法人建设的高速公路项目,也是湖北省由国家批复立项已建成通车的第一个大型高速公路BOT项目。

樊魏高速公路即襄阳至南阳高速公路湖北段,是鄂西北地区一条重要的出省通道,也是二广高速公路的组成部分,南起于襄(阳)、十(堰)高速公路襄阳互通,北止于鄂豫交界的襄阳市襄州区黄集镇长王村(鄂豫交界的河南魏家集附近),全长22.813km,于2005年建成通车。

樊魏高速公路是湖北省第一条利用民营资本建设的高速公路,由湖北东方投资有限公司和香港恒茂集团有限公司共同投资4.6亿元建设。采取"委托建设"的模式,工程于2002年11月24日正式开工,2005年9月30日建成通车。

樊魏高速公路通车后,打通了湖北到汉南的高速出口,提高了襄阳的城市辐射功能,改善了投资环境,加强湖北省与河南省的联系与交流,促进两省特别是襄阳市的经济社会发展。

(三)(武)汉十(堰)高速公路,连接湖北省中西部的又一横向通道(G70)

汉十高速公路是福银高速公路(G70)湖北段的一部分。福银高速公路湖北段由黄黄、武黄、汉十、十漫等路段组成,是一条承东启西,横贯南北的大通道。

汉十高速公路起于孝感市孝南区三汊镇,经随州市、襄阳、十堰市,止于陕西云岭隧道,是国家西部大开发重点线路,建设里程全长566.888km,其中属G70福银线的485.754km,属G55二广高速公路的22.926km,属G7011十天高速公路的58.208km。汉十高速公路始建于2000年,由孝襄段、襄荆连接线、襄十段分段建设,其中,孝襄高速公路,2002年11月开工,2005年9月28日通车;襄十高速公路,1999年12月26日开工,2003年12月26日通车;襄荆高速公路连接线,2001年3月开工,2003年12月26日通车。

汉十高速公路孝襄段东与京珠高速公路互通,经京珠高速公路与武汉城市经济圈相连,并接上沪蓉高速湖北段的宜(昌)黄(梅)高速公路;西与已通车的襄(阳)荆(州)高速公路连成一体,组成了湖北腹心地带的高速公路网。汉十高速公路是我国"十五"规划中八条西部开发大通道之一,该项目的实施,对完善湖北省高速公路网,增进西部省份与中部省份乃至东南沿海的经济技术交流,促进湖北汽车工业辐射全国具有重要意义。

(四)武汉绕城高速公路东北段,湖北高速骨架网中的第一环

根据经济社会发展战略和公路交通发展需要,湖北省规划"两纵两横一环"高速公路主骨架,其中的"一环"就是武汉绕城公路(编号G4201,为G4、G42、G50、G70共用段)。

随着京珠、沪蓉国道主干线湖北段的建设,形成武汉绕城公路西南段。进一步建设绕城公路东北段及阳逻长江大桥,可使绕城公路形成闭合环,将所有进出武汉的公路连接起来,形成环形放射状公路网络,使区域路网与国家路网有机结合,可快速疏散过境交通和出入境交通,充分发挥绕城公路保国、省道畅通的作用。

武汉市绕城高速公路东北段起于东西湖互通,与京珠高速公路相接,终于豹澥互通,与武黄高速公路相接,全长 103.477km,其中新集互通—东西湖互通 46.50km 属 G42 沪蓉高速公路之一段,豹澥互通至新集互通段 56.977km 属 G70 福银高速公路之一段。该项目于 2001 年开工建设,2004 年 12 月建成通车。武汉绕城公路将"四纵两横"中在建的京珠国道主干线、沪蓉国道主干线、拟建的汉十高速公路、规划的黄冈至天河机场的江北高速公路形成有机的联系,优化并完善了湖北省公路网布局,凸显了中心城市的辐射功能。

三、快速崛起阶段:扩展"四纵四横一环"高速公路网("十一五"期:2006—2010 年)

"十一五"期间,交通部提出公路水路交通发展必须坚持"以人为本、好中求快、全面协调、科技创新、可持续发展"的导向。湖北以"六个并举"的交通发展观为统领(即:坚持高速公路和农村公路建设并举、坚持水陆并举、坚持建设和运输并举、坚持建养管并举、坚持交通建设与生态环保并举、坚持科教兴交和依法治交并举),统筹湖北交通全面协调可持续发展,紧扣湖北成为中部地区崛起重要战略支点的宏伟目标,湖北省交通厅制定了重点推进"六纵五横一环"骨架公路网中"四纵四横一环"高速公路建设,使大部分出省高速公路大通道形成贯通的完整格局,高技术难度的山区高速公路建设取得突破性进展,湖北高速公路进入快速崛起阶段。

这一时期,交通固定资产投资规模创历史新高。"十一五"湖北省完成交通固定资产投资突破 1900 亿元,是"十五"投资的 2.41 倍,相当于新中国成立后 55 年交通投资总和的 1.6 倍,其中,高速公路建设 855 亿元。建成了以沪渝高速公路宜恩段为代表的一批全国科技示范工程和以鄂东、荆岳等为代表的一批世界级长江公路大桥。高速公路网辐射全省 90% 的县市区、96% 左右的人口。国省干线路网服务功能明显提高,公路总里程居全国第 4 位,国省干线公路里程居全国第 5 位,公路网密度居全国第 7 位,神宜公路被评为全国科技环保示范路。

这一时期,湖北交通推出多项改革新举措,变"部门办交通"为"社会办交通"、变"大包干"为"资金跟着项目走、项目跟着规划走";高速公路招商引资及建设由"以省为主"转向"以市州为主";交通筹融资由"招商引资"转向"招商选资";交通建设管理由以"指挥部为主"转向"项目代建制"等多种模式。

这一时期,筹融资能力大幅增强。"十一五"期间,全省高速公路共征收通行费 314 亿元,其中政府还贷高速公路通行费 151 亿元,为"十五"期间的 3.4 倍。争取交通部"十一五"期对湖北投资突破 210 亿元,是"十五"的 3 倍。交通建设投资市场全面开放,企业投资高速公路占全省高速公路通车里程的 48%,占在建高速公路的 44%;"以政府投资为主导、以企业融资为补充、以银行信贷为支撑"的湖北交通 GEB 投融资平台为加快湖北交通建设提供了重要保障。

这一时期,高速公路建设呈现崛起态势。2006年,全长58.4km的荆州至公安(东岳庙)高速公路,全长32.247km的汉孝高速公路建成通车。2007年,成就了一年之内有汉十、随岳等"九路一桥"通车的大手笔,一年之间新增高速公路558km。2008年,荆门至宜昌高速公路建成通车,随岳中高速公路与随岳北高速公路联为一体。2009年,全长147.58km的麻城至浠水高速公路通车,为国家高速网大庆至广州(G45)高速公路湖北段的重要组成部分,湖北高速公路再添一纵。2010年,湖北高速公路一路高歌猛进,贯通我国东、中、西的沪汉渝蓉高速公路(G50沪渝高速公路湖北段)、麻城至武汉高速公路、三峡翻坝高速公路相继通车。湖北"四纵四横一环"的交通格局基本形成,全省高速公路里程居全国第6位,中部第2位。在高速公路里程全方位快速拓展中,湖北高站位适应了全国高速公路路网建设需要,为湖北乃至全国的经济社会发展提供了有力支撑。

(一)一年9条高速公路通车,成就湖北高速公路建设大手笔

2007年,"九路一桥"通车,一年之间新增高速公路558km,湖北省高速公路突破2000km关口,达到2356km。"九路一桥"分别为随(州)岳(阳)中段(G4W2)高速公路153km、荆(门)宜(昌)(G42)高速公路95km、十(堰)漫(川关)(G70)高速公路107km、沪蓉西(G50)高速公路白氏坪至高家堰段及高坪至吉心段90km、武汉青郑(S11)高速公路15.57km、汉蔡(S15)高速公路36.02km、汉洪(S13)高速公路46.09km、汉麻(G42+S3)高速公路27.94km、汉英(G42S)高速公路27.29km及阳逻长江大桥4km。随岳中高速打通了湖北省北上南下的快捷通道,十漫高速公路使武汉至西安的行车时间缩短了4h。沪蓉西高速公路白高段和高吉段建成,结束了恩施州没有高速公路的历史。招商引资建设的荆宜高速公路,则是湖北省交通市场改革开放的硕果。武汉7条高速公路出口路已建成6条,6条呈放射状的高速出口路,形成武汉到周边城市1h交通圈,拉近了武汉城市圈1+8的时空距离。阳逻长江公路大桥的通车,标志着188km的武汉外环高速公路如期成环。

"九路一桥"路线经过地区涉及湖北省武汉、宜昌、恩施、十堰、荆门、随州、天门、仙桃等8个市州,地形兼具平原和山区,走向涵盖江河与湖泊,是湖北高速公路建设发展史上的扛鼎之作。

(二)随(州)岳(阳)高速公路,湘鄂两省共同打造南北大通道(G4W2)

随(州)岳(阳)高速公路是湖北省"十一五"规划并建成的"四纵四横一环"高速公路主骨架网中的"一纵",与京珠国道主干线(G4京港澳高速公路)平行,间隔约120km,为国家级高速公路许广高速公路(G4W2)湖北境内的一段,位于京港澳高速公路(G4)和二广高速公路(G55)之间,是继京港澳高速公路之后,湘、鄂两省共同规划建设的一条南北大通道。北起湖北随州,与河南焦桐高速公路相接;南至湖南岳阳,与岳临高速公路(岳

阳至临武)相接,途经随州、京山、天门、仙桃、监利等县市,与荆岳长江公路大桥连接后进入湖南岳阳,全长335km,于2010年全线建成通车。2013年纳入国家高速公路网,从南至北分别与G70福银高速公路(福州至银川,汉十段)、G42沪蓉高速(上海至成都,武荆段)、G50沪渝高速(上海至重庆,汉宜段)三条国家高速公路交叉联网,是湖北省高速公路网的重要组成部分,在全国公路网中具有重要地位。

随岳高速公路于2005年9月开工建设,整条公路分成5段:随岳北(随州—淮河镇)、随岳中(随州—毛嘴)、随岳南(毛嘴—荆岳长江大桥)、荆岳长江大桥和随岳湖南段。随岳中152.88km于2007年12月26日建成通车;随岳南于2010年3月10日建成通车;随岳北于2009年6月28日建成通车;湘鄂两省交界的荆岳长江大桥于2010年12月9日正式通车。随岳高速公路湖南段于2011年12月26日正式通车。随岳北段、中段及荆岳大桥由湖北省交通运输厅分别投资约27亿元、53.5亿元、23.42亿元修建,随岳南段经招商引资由民营企业百荣投资控股集团有限公司投资约53亿元修建。随岳高速公路湖北省北段(以下简称随岳北项目),是随岳高速公路的重要组成部分。随岳北项目原为招商引资项目,因原项目公司建设资金不到位,项目建设无法推进。为加快工程建设,2006年7月7日,湖北省发展和改革委员会根据省人民政府批准意见,同意变更随岳北项目资本金来源,通过湖北省交通运输厅明确由湖北省随岳中高速公路建设管理处作为新的项目法人,由湖北省随岳高速公路中段建设指挥部承担该项目的建设管理职责,为解决类似高速公路建设管理中的问题提供了宝贵经验和借鉴。

(三)沪(上海)蓉(成都)西高速公路,全国交通首批生态科技示范工程(G50)

沪蓉西高速公路是原国家规划建设的"7918"高速公路网东西干线上海至成都公路的重要组成部分,现为国家高速公路网G50沪渝高速公路组成部分。沪蓉西高速公路东起宜昌长江公路大桥,西至恩施利川鱼泉口,全长320km,跨越宜昌市、恩施州两个地级行政区,途经宜都、长阳、巴东、建始、恩施、利川六个县市。工程分宜恩段、恩利段两个项目建设,分别于2004年8月20日和2005年11月开工建设,2009年11月和2009年12月19日建成通车。全省高速公路总里程突破3000km,达到3283km。

沪蓉西高速公路是中国乃至世界地质最为复杂、工程最为艰巨、建设难度最大的高速公路,是交通运输部首批科技生态示范工程,是向世界展示中国高速公路技术水平的标志性工程。这条路从宜昌一路向西,穿越崇山峻岭,飞越峡谷绝壁,挺进在秦巴高原的莽莽群山之中。仅宜恩段线路就跨越13个深切峡谷,穿越18座陡峭高山,加上原有铁路、管道等工程相互影响,线路布设十分困难。建设者把握山区特色难点,体现以人为本精神,确立了把沪蓉西项目建设成为一条适宜人们出行需要的山区高速公路的建设目标。针对鄂西山区地形、地貌等特点,打破传统建设思想定势的束缚,明确提出了标准选线、地形选线、地质选线、环保选线、运营安全选线及实行严格的耕地保护政策选线的理念,并首次采用勘设招标制、总体协调制、设计双院制、标段互验制、地勘监理制、道路安全设计审查制、施工图合同委托审验制。在线位布设上充分结合地形、地质、环保等因素,大范围、多层次、同深度开展了路线方案比选。高度重视地质勘查、技术指标选用对工程自身结构及后期运营安全的决定性作用,积极通过"展线、降高、减跨"提高结构安全性、工程可靠性和施工可行性。

建设中,贯穿了全新的安全理念。在全省重点工程建设领域率先提出了涵盖设计、施工、构造物、驻地以及后期运营的"全寿命整体安全"新概念,第一次在国内对项目设计成果进行了道路安全性审查。开展了项目走廊建设用地地质灾害危险性评价,合理选择线位和工程方案,对大于3%的纵坡设置爬坡车道或避险车道,科学、合理配置隧道监控、照明、救援及通风系统,功能齐全的服务区和停车场,也以人性化的便民和安全措施满足人们的出行需求。

建设中,践行了科学环保的理念。在设计中贯彻"原始的就是最美的,不破坏就是最好的保护"的理念。尽量避开村镇、环境敏感建筑物和不良地质地段,尽量避免由于公路阻隔影响道路两侧居民的往来、农耕和水资源利用,尽量避免大规模的拆迁安置。合理选用技术指标,在设计中不刻意追求高标准平纵线型,而是充分利用地形,顺应地势,使路线尽量融入自然;在施工中根据项目存在生态脆弱,农田稀少珍贵,工程弃渣量大的实际,改变传统的重建设、轻环保;重使用、轻恢复的做法。全程采取"先支挡再起渣,先支固再开挖,施工过程中最低程度的破坏,施工后最大程度恢复"的保护措施,实行工程建设与环境保护并举,着力建成一条环保之路、景观之路、生态之路。

建设中,科技创新成为亮点。沪蓉西全线,桥梁、隧道比例达52.1%,部分路段桥隧比超过80%;全线共有370座桥梁,总长93km,涵盖斜拉桥、悬索桥、钢管混凝土拱桥、大跨径连续刚构桥、钢筋混凝土箱形拱桥等多种桥型。全线有46座隧道,总长78km,技术复杂的高墩大跨桥梁49座,超3km的特长隧道达10座。被喻为"桥梁隧道博物馆"。其中,龙潭河大桥桥墩高达178m,属世界最高墩连续钢构桥梁,同时该桥有6座桥墩超过156m;四渡河大桥跨径达900m,桥面与河谷高差达560m,当时属世界最高桥,该桥在建设中,为克服谷深壁陡,先导索无法用人工过岸的难题,在世界上首次创新采用火箭抛送先导索技术;支井河大桥跨径达430m,为上承式钢管拱大桥世界第一跨径;水南特大桥人工挖拱桩深达103m。龙潭隧道,穿越复杂地质带,长达8.7km,居全国第三;乌池坝隧道达6.7km,最大埋深达455m;齐岳山隧道长达4.09km,遇大小溶洞285个。项目启动以来有针对性地开展了30项科技攻关项目和专题研究,其中交通部西部科技项目承担了5个,参与了3个高风险岩溶隧道地质勘查,深切峡谷悬索桥,结构健康监测系统等一大批关键技术的实施和在该项目的直接应用。指挥部鼓励各参建单位广泛采用"四新技术",GPS

(全球定位系统)航测遥感、CAD(计算机辅助设计)集成技术及深层地震反射等勘探技术和液压自爬模系统、可移动混凝土泵送系统、垂直提升200m的混凝土泵送技术等。沪蓉西高速公路建设创新和首次使用的结构技术工艺工法超过50项,联合培养博士数十人、硕士50余人。生态环保和科技创新构成了沪蓉西高速公路最重要的特色。

(四)十(堰)漫(川关)高速公路建成,跨出省界连接陕西(G70)

十漫高速公路是国家规划建设的福(州)银(川)高速公路在湖北境内的最西段,也是武汉—西安两座省会城市之间最便捷的公路通道。十漫高速公路全长105.373km,起于十堰市许家棚,接已建成通车的襄十高速公路,途经郧县、郧西,止于鄂陕交界处的漫川关,接陕西省漫川关至商州高速公路。整条高速公路桥隧比例高达45%,全线共有特大桥、大桥115座,长度共计69971.7m;隧道共28条,共计13570m。其中,特长隧道1条,长3089.5m;长隧道4条,长度共计6110.5m;中短隧道23条,共计4370m。

十漫高速公路项目位于秦岭山脉南麓,山体呈西北向展布。由于山高坡陡,地形起伏频繁,一般相对高差在40~480m,海拔高度在140~1596m,沿线丘壑纵横,山体陡峻,峡谷众多;线路所经之处,越高山、跨深谷,勘测设计难度大;全线跨越两郧、襄广等7条地质断裂带,只能在约400m宽的狭窄通道里施工,加上沿线存在多处滑坡、崩塌等地质灾害,施工难度非常大;地处丹江口库区上游,地质、生态环境脆弱,环保任务繁重。由于公路穿越南水北调中线工程的水源地丹江口水库,丹江口水库是国家南水北调中线工程水源区,属京津地区民用水源,加上线路全部位于淹没线以上,对水土保护和防治污染提出了更高的要求,施工污水必须严格按标准排放。同时为了保护沿线植被,工程部门边开挖边植护,裸露空间全部绿化;位于郧县境内的青龙山恐龙蛋化石群落自然遗址保护区,是湖北省8个国家级自然保护区之一,原先设计的十漫高速公路,距离恐龙蛋遗址保护区仅有50m。后来,为保护这一地质遗产,线路南移了100m,使两者间距扩大到150m。

十漫高速公路的建成,意味着银武(银川至武汉)通道在湖北省全部建成。穿越这条鄂陕两省最便捷的公路运输通道,从武汉至西安只需8h。十堰至西安之间由原来的8h缩短至4h,两大旅游名城实现亲密"牵手",武当山旅游开发空间进一步拓展。十堰成为鄂、豫、陕、渝四省(市)的区域性物流中心,人流、物流、资金流、信息流随交通条件改善而迅速放量,其辐射作用直接促进西部地区经济的开放开发。

(五)武(汉)荆(门)高速公路,湖北首家BOT项目(G42)

武荆高速公路是国务院批准的国家高速公路"7918网"的一横,上海至成都高速公路的重要组成部分。上海至成都高速公路湖北段的荆(门)宜(昌)高速公路已于2008年1月16日建成,但由于武荆段未建成,江汉平原地区仍存在交通瓶颈。

为把困扰江汉平原经济交流的快速通道打通,2005年6月25日,湖北省委、省政府果断决策,采取招商引资的方式,选择利嘉实业(福建)集团有限公司为主组建的湖北武荆高速公路发展有限公司投资建设。

2005年6月13日,国家发改委以发改交〔2005〕1021号文核准立项的武荆高速公路成为国家实行投资体制改革后,由国家发改委核准的湖北首家国内BOT项目。工程于2006年9月1日正式开工,2010年5月28日投入试运行。

武荆高速公路的运作,严格按BOT项目融资的运作程序进行。在武荆高速公路工程建设、运营期间由投资方注册成立的湖北武荆高速公路发展有限公司(以下简称"武荆公司")负责武荆高速公路的建设、运营管理工作。"武荆公司"成立"武荆高速公路发展有限公司建设指挥部",负责武荆高速公路工程实施的具体组织指挥工作。该项目作为全省高速公路第一个BOT建设项目,从筹备到开工建设,始终得到省委、省政府及省交通厅的领导和沿线地方各级党委、政府,各有关部门和广大人民群众的大力支持。建设指挥部以"追求特色,超越竞争,双赢正和,兼善天下"的企业理念,围绕"建设一条优质、高效、和谐、生态的高速公路"的总体目标,探索和完善一套政府政策扶持,民营投资建设,项目法人运作,专业团队管理的高速公路建设管理的新模式,促进建设管理的科学化、规范化和现代化。

武荆高速公路的建成,拉近了时空距离,增强了武汉市的辐射功能,从武汉到周边县市仅需1h,武汉"8+1"城市圈间的联系更加紧密,与鄂西生态文化旅游圈的来往更加便捷。武荆高速的通车,打通了湖北西部与东部交流的瓶颈,密织了以武汉为中心,以襄阳和宜昌为副中心,以黄石、十堰、荆州等六个城市为支撑的经济网。同时,进一步开拓了以县域经济为基础,竞相发展、互相促进的鄂中经济区域发展新格局。

(六)杭(州)瑞(丽)高速湖北段,湖北省廉政阳光示范工程(G56)

杭(州)瑞(丽)高速公路为国家高速公路,总长约3405km,跨越浙江、安徽、江西、湖北、湖南、贵州、云南七省,与贯穿黄石市的大广高速公路交叉,形成"十"字形高速公路骨架网。

该项目在湖北贯穿阳新、通山、崇阳、通城四县,主线全长200km,投资97.13亿元。项目于2008年12月28日开工建设,2010年12月31日提前通车。杭瑞高速公路湖北段的建成通车使鄂东南地区结束了无高速公路的历史。现在驱车从阳新至通城,只需2h左右;向东至江西、福建、浙江,向西至湖南、贵州、云南等省,分别只需约7h、13h、22h,有力地改善了鄂东南县域经济发展的硬环境。

湖北杭瑞高速公路建设之初即被列为省纪委监察厅跟踪督查政府投资重大项目,时任省委常委、省纪委书记黄先耀主抓的"廉政阳光示范"创建联系点,是交通运输部工程建设领域突出问题专项治理联系点,也是省交通运输厅"廉政效能建设"联系点。建设过程中,杭瑞高速公路建设指挥部积极探索推行"廉政阳光六同长效"监督制约机制,探索出"廉政阳光工程工作法":即优质高效目标与廉政阳光目标同确立,建设合同与廉政合同同签订;质量安全进度与廉政阳光公开同考核;两型交通建设与基层党的建设同探索;建设施工、监理、设计与纪检、检查、司法、审计联动机制同建立;经济社会效应与"刚毅"品牌效应同发挥。这一套制度的建立,使监督部门从源头上直至整个施工全工程中,直接参与工程建设。工程建设到哪里,廉洁风险防控管理就延伸到哪里;权力行使到哪里,监督制约措施就跟进到哪里;资金使用到哪里,内控机制和外部审计监督机制就覆盖到哪里,保证了预防腐败工作与工程建设同步推进,体现了机制的长效,实现了源头防腐。经过全体建设者两年半夜以继日奋力拼搏,实现了工程建设安全、质量、进度与党风廉政等各项工作同步推进。指挥部先后荣获"湖北省文明单位""湖北省五一劳动奖状"和全省交通建设"廉政阳光工程创建示范单位""省直系统先进基层党组织"等殊荣,圆满完成了创建"廉政阳光示范工程"的各项目标任务。

四、高位跨越阶段:密织"七纵五横三环"高速网("十二五"期:2011—2015,"十三五"初期:2016 年)

"十二五"时期,湖北省抓住国际及沿海发达地区资本和产业加快向内陆地区转移,国家大力实施促进中部地区崛起和西部大开发,特别是"一带一路"倡议的机遇,以"两圈一带"为抓手,全面推进武汉城市圈"两型社会"建设,鄂西生态文化旅游圈建设,和长江经济带新一轮开放开发。高速公路的通达深度快速提升,全面实现城市出口路、省际出口路、省内重要旅游景区公路、重要物流园区和沿江通道高速化。

围绕湖北省经济布局,"十二五"时期,湖北全省综合交通固定资产投资(不含城市交通)达到 5228 亿元,比"十一五"激增近 2000 亿元。其中,湖北省公路水路交通固定资产投资规模为 3059 亿元。"七纵五横三环"高速路网如期建成,高速公路里程达到 6204.29km,位居全国第 4 位,其中:国高网 4791.73km。全省公路总里程突破 25 万 km,一级公路达到 5248km,二级及以上公路达到 3.3009 万 km,均位居全国第一方阵。

这一时期,成功进行了投融资体制改革。湖北省高速公路建设逐步实行了由"以省为主"转向"以市州为主"的建设和投融资体制改革,除了原已开工的省厅主导建设的宜巴(G42)、谷竹(G4213+S73)、保宜(G59)、郧十(G59)等 8 个项目于 2014 年 2 月将项目后续的建设事宜全部移交省交投公司外,2012 年 2 月后新开工的高速公路项目均以市州政府为主体进行招商引资。虽然经历了国际金融危机和经济下行的压力,但湖北省高速公路建设逆势上扬,社会投资项目与省交投投资项目齐头并进,取得了裂变放大效应。

这一时期,面对前所未有的资金筹措难、偿债压力大等困难,全省交通系统坚持以干求助、以诚求援,成功完成了建设资金筹措,继续保持投资规模快速增长势头。"十二五"期间通行费收入实现"五连增",由"十一五"的 314 亿元增长到 665 亿元,是"十一五"的

2.1倍,年均增幅达13.2%。主动争取省政府领导到高速公路建设一线进行调研。省政府于2013年2月和2014年12月连续两年专题召开全省高速公路建设推进会;省政府督查室向高速公路项目建设目标滞后的武汉、襄阳等市政府发出督查通知要求加快推进滞后项目建设;省政府金融办出面协调社会投资项目融资难、融资贵的问题;积极争取金融办和银行等金融机构支持,确保重点建设项目信贷资金落实。成立了高速公路融资专班,建立了高速公路项目与银行联席协商机制,协调相关银行重点对老谷、洪监等社会投资项目予以支持,帮助组建银团,调解银行贷款审查审批过程中遇到的问题,为高速公路项目融资争取宽松政策,促进项目的融资难题得到了极大的破解。同时,积极争取增加地方政府财政投入,为项目建设多渠道提供资金保障。

这一时期,成功地在高速公路建设中推行标准化管理。大力推进程序化作业、工厂化生产、标准化施工、精细化管理,组织开展交通产业大军质量安全大宣教、专业技能大培训、操作规程大比武和工艺工法大创新,高速公路建设标准化文件体系基本形成,从源头夯实质量基础,全面加强工程质量监管,提升工程品质。建立健全了目标责任制、领导联系制、巡检督办制、现场观摩制、分析通报制、驻点督办制等推进项目的机制,实现了从具体项目的建设管理到全省重点项目的行业管理的转变,湖北高速公路管理水平普遍上了台阶。

这一时期,成功实现了全方位的科技创新。新技术广泛应用于高速公路的方方面面,ETC收费、信息化路政、应急指挥,科技化养护(四新技术、机器人、无人机应用于养护工作中);公路运输管理服务信息系统、高速公路联网不停车ETC系统等建设加快,交通运输部示范项目"湖北省公路交通信息资源整合与服务工程"通过验收。沪渝高速鄂西段"复杂地形地质条件下山区高速公路建设成套技术"荣获国家科技进步二等奖,鄂东长江大桥"超大跨径混合梁斜拉桥建造技术"荣获全国公路科学技术特等奖。

这一时期,湖北"十二五"规划的"七纵五横三环"高速公路网基本建成。"七纵":即麻城至阳新(S29),全长174km;麻城至通山,国家高速公路网大广(G45)高速公路湖北段,全长266km;大悟至赤壁,国家高速公路网京港澳(G4)高速公路湖北段,全长294km;随州至岳阳(G4W2),全长335km;襄阳至公安,国家高速公路网二广(G55)高速公路湖北段,全长311km;郧县至宜昌(G59),全长449km;建始至来凤(G6911),陕西安康至广西铁山港高速公路湖北段,全长174km。"五横":即麻城至竹溪(G4213),全长569km;麻城至巴东,国家高速公路网沪蓉(G42)高速公路湖北段,全长594km;英山至郧西(G42S+G70),全长678km;黄梅至利川,国家高速公路网沪渝(G50)高速公路湖北段,全长822km;阳新至来凤(G56+S64),全长540km。"三环":即武汉市九峰至吴家山,全长135km,是沟通武汉市六大新城群、水港、空港、保税港、物流园区、产业园区等的快速通道;武汉市高速公路外环,全长191km,是沟通武汉市远城区的快速通道;武汉城市圈高速公路环线由东环:G45大广高速公路麻城至黄石段、南环:S78蕲嘉高速公路黄石至咸宁段、西环:S43孝洪高速公路孝感—仙桃—咸宁段、北环:G4213麻竹高速公路麻城至大悟段组成,全长554km,是连接"1+8"城市圈外围8个城市的快速通道。

"十二五"期间,湖北省共建成高速公路2531km。在一个五年计划期间高速公路总里程连续实现了突破4000km(2011年)、5000km(2014年)、6000km(2015年)的三级跳。长江上建成武汉二七长江大桥(2011年)、九江长江二桥(2013年,横跨鄂赣两省)、武汉鹦鹉洲长江大桥(2014年)、黄冈长江大桥(2014年)。

截至2016年底,湖北省高速公路总里程6204km(未计连接线里程),位居全国第四位。全省高速公路线路达41条,其中国高网16条,省高网25条。高速公路出省通道达30余个,与周边安徽、河南、陕西、重庆、江西、湖南等省市实现有效对接,湖北高速公路内联外通的能力大为增强,全省高速公路网络整体功能得以充分发挥。

(一)湖北大(庆)广(州)南高速公路,采用BOT方式建设的又一条南北大通道(G45)

大庆至广州高速公路(简称大广高速公路),国家高速公路网编号为G45,属国家高速公路"71118"《国家高速公路网规划》纵向的第五条线,起点在大庆,终点在广州,全长3429km。大广高速公路湖北省段全长约267km,由麻城至浠水段147km(称湖北北段)、鄂东长江公路大桥13km、黄石至通山段107km(称湖北南段)共三个项目组成。湖北北段,起于鄂豫交界处周家湾,南止鄂东长江公路大桥北岸桥头,途经麻城、新洲、团风、黄州、浠水,全长147.4km,于2009年4月通车。鄂东长江大桥是沪渝高速公路和大(庆)广(州)高速公路在湖北黄石段的共用过江通道,于2010年9月全面建成通车。至"十一五"期末,仅剩湖北南段尚未通车。

湖北大广南高速公路项目北接沪蓉高速的武黄段(花湖互通),往南在黄石市阳新县境内有星潭互通与杭瑞高速公路相连,再往南经咸宁市通山县境内的鄂赣隧道进入江西省后直驱广州,既贯通南北,又连接东西.全长107.08km。是湖北省采用国内BOT方式组织实施的又一高速公路建设项目。

2006年8月29日,交通部以交公路发〔2006〕450号文件《关于黄石至通山〈鄂赣界〉公路初步设计的批复》批复了工程概算49.637亿元,其中资本金17.374亿元,占该项目总概算的35%,由湖北阿深南高速公路发展有限公司负责项目筹划、资金筹措、建设实施及经营管理,采用国内BOT方式组织实施(湖北阿深南高速公路发展有限公司是由广东省大型国有企业——广东省广晟资产经营有限公司以90%股份控股经营的公司)。国内银行贷款32.266亿元,占项目总概算的65%。项目于2008年12月开工建设,2012年5月正式建成通车。

湖北大广南高速公路通车后,打通了湖北连接河南、江西新的通道,大幅缓解了京珠高速公路、沪蓉高速公路黄黄段、九江长江大桥的交通压力。湖北大广南高速公路与沪蓉公路(武黄高速公路)、武汉外环高速公路、和左高速公路、鄂东长江大桥、大广北、江西省的九瑞公路、昌九公路、九景公路、武吉高速公路形成互通网络,成为贯通南北的又一条高速公路大通道。

(二)宜(昌)巴(东)高速公路,标志沪(上海)蓉(成都)高速全线通车(G42)

宜巴高速公路是沪蓉高速公路(上海至成都)的重要组成部分,是国家高速公路网规划中18条横向干线之一。宜巴高速公路起于荆宜高速公路白河服务区约3km处,止于鄂渝交界的火烧庵,途经宜昌市的夷陵、兴山、秭归和恩施州巴东县等四个区县,全长173km。其中桥梁138座,隧道39座,占全线长度的74.5%,项目总投资166.7亿元,其中世界银行贷款1.5亿美元。

项目于2009年7月9日开工,2012年9月宜巴高速公路夷陵区(白河至雾渡河)62.07km开通试运行。2014年6月1日,宜巴高速公路高岚至巴东段试运行。至此,除了界岭隧道,宜巴高速公路基本实现建成通车。2014年12月27日,全长5681m的宜巴高速公路界岭隧道贯通。界岭隧道的建成,攻克的是世界公认的地质难题,标志着全长1966km的G42沪蓉高速公路全线通车。

宜巴高速公路全线通车后,从宜昌走公路至巴东只要1.5h,宜昌与巴东2h经济圈形成,从武汉市区出发5h可以到达巴东,从宜昌到巫山只需2h多,从宜昌到重庆也只需6h多。该工程穿越三峡走廊,途经昭君故里、屈原故里、神农溪、大小三峡、神农架,倚靠神农雄峰,如一线穿珠将鄂西生态文化旅游圈内的人文景观、风景名胜有机的串起,使湖北重要的生态、文化旅游资源得到整合。同时,该工程的建设进一步完善了国家高速公路网,强化了东中西部联系,加快了三峡库区乃至西部开放开发。

(三)十(堰)房(县)高速公路,"省、市州共建"的重要成果(G59)

十房高速公路是湖北省骨架公路网规划的"六纵五横一环"(六纵分别为:麻城至通山;大悟至赤壁;随州至岳阳;襄阳至荆州;老河口至宜都;十堰至恩施)中的第六纵十堰至恩施公路的一段,是湖北省西部地区贯穿南北出省大通道的重要组成路段,是鄂西生态文化旅游圈连接湖北省"一江两山"的精品旅游线路,也是福州至银川和十堰至天水(南通道)两条高速公路之间的重要连接线。该工程北起丹江口市六里坪镇,连接福银高速公路汉十段,经丹江口市官山镇、房县土城镇,南至房县城关镇,与谷(城)竹(溪)高速公路相连。路线全长63.93km,2010年5月正式开工建设,2014年3月18日,十房高速公路高架桥穿越襄渝铁路桥路段贯通,2014年12月26日全线建成通车。

该公路是湖北省高速公路建设由"以省为主"转向"省、市州共建"的重要成果,是十堰市政府招商引资建设的第一条高速公路,对探索湖北省以地方政府为主体,多方合作建设高速公路的新模式,推动交通骨干企业进一步做大、做强、做优具有重要的示范效应。

该公路的成功建设,进一步完善了湖北省骨架公路网布局,适应了鄂西生态文化旅游圈建设的需要。

(四)7 条高速公路出口,打造"1+8"武汉城市交通圈

武汉城市圈,又称"1+8"城市圈,是指以武汉为圆心,包括周边黄石、鄂州、黄冈、孝感、咸宁、仙桃、天门、潜江 8 个城市所组成的城市圈。其面积不到全省的三分之一,但集中了湖北省一半的人口、六成以上的生产总值总量,不仅是湖北经济发展的核心区域,也是中部崛起的重要战略支点。城市圈的建设,涉及工业、交通、教育、金融、旅游等诸多领域。加快城市圈的建设与发展,有利于形成湖北乃至中部地区经济发展的强劲增长极。2007 年 12 月 7 日,国务院正式批准武汉城市圈为"全国资源节约型和环境友好型社会建设综合配套改革试验区"。武汉为城市圈中心城市,黄石为城市圈副中心城市。

围绕国家和湖北省"1+8"城市圈发展战略,城市圈 9 市政府部门主动拆除市场壁垒,搭建合作平台。工商、人事、教育等部门承诺在市场准入、人才流动、子女入学、居民就业等方面,建立一体化的政策框架,提高城市圈的整体竞争力。湖北省交通主管部门把全方位打开城市圈的高速出口路作为先行任务,优先落实。

2011 年,武汉至孝感高速公路机场北连接线(S2)通车,路线全长为 2.44km。该路连通盘龙城大桥、三环线东北部,使得汉孝高速公路与天河机场无缝连接,方便孝感等省内西北部城市部分车辆可直接进入天河机场。

2012 年,武汉至鄂州高速公路(S7)武汉左岭至鄂州花湖公路项目建成通车,路线全长 54.46km。在武汉至鄂州之间形成快速通道。汉鄂高速公路与已通车的和左高速公路相连,统称为武鄂高速公路(S7)。汉鄂高速公路通车后,武汉与外界联系最快捷的东大门随之打开,可分流武黄高速公路 1/3 车流量,有效缓解了武黄高速公路行车压力。

2013 年,咸宁至黄石高速公路(S78)通车试运行,全长 56km。该项目对缓解沪渝高速公路部分路段交通压力,加强黄石、咸宁两市之间的联系,促进梁子湖地区发展等具有直接作用。

2013 年,咸宁至通山高速公路(S33)建成通车,全长 50km。该项目有效沟通了京港澳高速公路和杭州至瑞丽高速公路,并在咸宁市区东部形成环线,同时还与武汉至江夏公路共同形成一条武汉南向出口通道。不但加强了武汉城市圈与长株潭城市群、珠三角都市连绵区的交通联系,而且显著发挥出咸宁作为城市圈南大门的区位优势,凸显开发幕阜山区自然资源及旅游资源的潜能。

2014 年,黄冈至鄂州高速公路(S31)建成通车,全长 29.22km。是连接"大广北"和"汉鄂"两条高速公路的重要纽带,是黄冈与武汉城市圈紧密联系的控制性工程。该项目的建设加强了武汉市、鄂州市与鄂东北之间的经济来往,改善了鄂东城市群的路网布局,

满足了过江交通和区域对外出行迅速增长的需要。

2014年,通城至界上(鄂湘界)高速公路(G4E)通车试运行,全长24km,该项目是武(汉)深(圳)高速公路的一部分,是连接武汉城市圈、长株潭城市群和珠三角地区的重要通道。

2014年,武汉城市圈环线孝感段高速公路(S43孝昌至洪湖高速公路)开工建设,全长135.4km,"圈环线"孝感段的规划建设,对改善孝感路网结构,提升该市交通运能,发挥武汉西向的城市辐射功能具有直接的作用。

(五)多条山区高速公路建成,"七纵五横三环"高速骨架网形成

恩施至重庆黔江高速公路宣恩至咸丰段(鄂渝界)(S89)、咸丰至黔江段(G5515),是国家高速公路网安康至来凤高速公路(G6911)和张家界至南充高速公路(G5515)的连接线,全长70.91km,概算投资61.58亿元,建设工期48个月,2014年12月26日建成通车。

恩施至来凤高速公路是国家高速公路网银川至百色高速公路(G69)联络线安康至来凤高速公路(G6911)的重要组成部分,是湖北省规划(2011—2030年)的"九纵五横三环"骨架公路网的第八纵,全长86.14km,概算投资78.69亿元,工程起于恩施谭家坝,与沪渝高速公路谭家坝互通相接,向南经六角亭、芭蕉、椒园,在宣恩县西南方设宣恩互通与宣黔高速公路相接,再经两河口、匠科、高罗、当阳坪、李家河、来凤县翔凤镇,止于湖北来凤县马家园鄂湘界,与湖南龙山至吉首公路相接。于2011年8月22日开工建设,2014年12月26日与恩施至重庆黔江高速公路宣恩至咸丰段(鄂渝界)同时建成通车。

郧(阳)十(堰)高速公路(G59)起于郧阳区刘洞镇鹁鸽峪村的鄂豫省界,经郧阳区的刘洞、谭山、白桑关、杨溪铺、茶店、青山镇和十堰市茅箭区,在十堰经济技术开发区回船沟村与福银高速公路汉十段相接,全长66.93km。该项目控制性工程于2011年9月17日开工建设,2012年6月28日全线正式开工建设,项目总投资64.79亿元,于2015年2月10日建成通车,比批复总工期提前6个月完成建设任务。全线共建设桥梁64座(含匝道、立交桥等),隧道14座,桥隧比高达53.26%。该项目是国家中部崛起交通项目山西省侯马市至湖北省十堰市高速公路的组成部分,是福州至银川和上海至西安两条高速公路之间的重要连接线,是湖北省西部地区贯穿南北出省大通道的重要组成路段,是鄂西生态文化旅游圈连接湖北省"一江两山"精品旅游线路。

谷城至竹溪高速公路(G4213,S69),于2009年12月开工建设,2014年12月建成通车,全长229.46km(其中襄阳境内长62.4km)。谷竹高速公路是湖北省规划的"七纵五横三环"高速公路网布局的重要组成部分,起于谷城县石花镇倒座庙,与福银高速公路相接,经保康、房县、竹山、竹溪等地,止于鄂陕交界处的罗汉垭附近,与陕西省平利至安康高速公路相接。

利川至万州高速公路(G5012),于2012年11月开工建设,2016年建成通车,全长

42.11km，是连接湖北省利川市和重庆市万州区的重要干道，是国家高速公路网中沪渝高速公路和沪蓉高速公路的重要连接通道，是国家西部大开发战略交通规划53条重点经济区干线公路广元至利川公路的东南段。

老河口至宜昌高速公路（S73）老河口至谷城段，于2013年7月开工建设，2016年5月建成通车，全长35.25km，该项目起于豫鄂省界，途经老河口市、谷城县，终点与谷城至保康段高速公路于谷城西枢纽互通相接。是湖北省主骨架公路网规划"五纵五横两环"中"纵五"（老河口至宜昌）的起始段，也是襄阳市高速公路网规划中二横（汉十高速公路、麻竹高速公路）二纵（襄荆高速公路、老宜高速公路）的"井"字形交叉公路网规划布局中的二纵之一。

岳阳至宜昌高速公路（S88）石首至松滋段高速公路（江南高速），全长106.45km，2011年10月8日开工建设，2014年12月18日建成通车试运行，是国家"7918网"高速公路主干线杭瑞、二广、沪渝的横向联络线，是湖北省"七纵五横三环"高速公路网的组成部分，是第一条长江荆江段"曲回肠"南岸沿江高速公路，第一批湖北荆州"壮腰工程"重要基础设施建设项目之一。江南高速公路建成通车后，不仅结束了石首市、松滋市不通高速公路的历史，而且对完善荆州市"四纵三横"高速公路网络，提高荆江分蓄洪区应急保障能力，促进江汉平原和洞庭湖平原经济发展，鄂西生态文化旅游圈建设，长江经济带开发，实现湖北"建设支点、走在前列"战略目标等方面都具有重要作用。

多条山区高速公路建成的重要意义在于：紧紧围绕并适应了湖北省建设鄂西生态文化旅游圈经济发展的需要，极大地改善了山区的通行条件，有力地促进了中西部地区的联系与交流，圆满实现了"七纵五横三环"高速公路网建成的目标。

湖北省高速公路主骨架规划及建设情况见表1-1-2。

湖北省高速公路主骨架规划及建设情况一览表 表1-1-2

时期	规划	类型	路线编号	路线现称	建设期名称
七五—九五期（1986—2000年）	大三角经济区高速公路主骨架	横线	G50	上海—重庆（沪渝）	武（汉）至黄（石）
					汉（口）至宜（昌）
					黄（石）至黄（梅）
十五期（2001—2005年）	两纵两横一环	纵线	G4	京港澳高速公路	（北）京珠（海）高速公路湖北段
			G55	二连浩特—广州（二广）	襄（阳）荆（州）高速公路 樊（城）魏（集）高速公路
		横线	G70	福州—银川（福银）	（武）汉十（堰）高速公路
			G50	上海—重庆（沪渝）	沪蓉西高速公路宜昌长阳
		环线	G42 G70	共用线	武汉绕城高速公路东北段

续上表

时期	规划	类型	路线编号	路 线 现 称	建设期名称
十一五期 (2006—2010年)	"四纵四横一环"	纵线	G4	京港澳高速公路	(北)京珠(海)高速公路湖北段
			G55	二连浩特—广州(二广)	荆门至公安(东岳庙)
			G4W2	许昌—广州(许广)	随岳高速公路为国家级高速公路许广高速公路(G4W2)位于湖北境内的一段,随(州)岳(阳)高速公路
			G45	大庆—广州(大广)	大广北(麻城至浠水段)
		横线	G56	杭州—瑞丽(杭瑞)	杭瑞高速公路湖北段
			G70	福州—银川(福银)	十(堰)漫(川关)
			G42	上海—成都(沪蓉)	武(汉)荆(门)高速公路
					荆(门)宜(昌)高速公路
					麻(城)武(汉)
			G50	上海—重庆(沪渝)	沪蓉西高速公路
		环线	G42 G70	共用线	武汉绕城高速公路东北段
十二五期以来 (2011~2016年)	省规划七纵五横三环	省网规划纵线	G4	京港澳高速公路	京珠高速公路湖北段大悟至赤壁
			G4W2	许昌—广州(许广)	随岳高速公路为国家级高速公路许广高速公路(G4W2)位于湖北境内的一段,随(州)岳(阳)高速公路
			G45	大庆—广州(大广)	大广南高速(麻城—通山)
			G55	二连浩特—广州(二广)	荆(州)东(岳庙)高速公路
			G59	呼和浩特—北海(呼北)	郧县—十堰、十堰—房县 房县—保康、宜昌—张家界
			G6911	安康—来凤(安来)	建始陇里—恩施罗针田段 恩施—来凤
			S29	麻城—阳新高速公路	麻城—武穴段
		横线	G42	上海—成都(沪蓉)	宜(昌)巴(东)高速公路
			G42S G70	上海—武汉(沪鄂) 福州—银川(福银)	英山—郧西
			G4213	麻城—安康(麻安)	麻(城)竹(溪)高速公路
			G50	上海—重庆(沪渝)	黄梅至利川
			G56 S88	杭州—瑞丽(杭瑞) 岳阳—宜昌(岳宜)	阳(新)来(凤)高速公路
		放射线	G4E	武汉—深圳(武深)	武深高速公路
		环线	S40 环一	武汉四环线高速公路	武汉市九峰至吴家山
			环二	武汉高速公路外环	武汉绕城高速公路
			环三	武汉8+1城市圈外围通道	

第二章
高速公路的地位作用与特点

湖北高速公路的发展是经济社会发展和人民群众出行需求日益强烈的结果。改革开放以来,全省经济区域之间的互动增加,湖北作为内陆省份与东部沿海及西北各省区市联系增加。普通公路打通了省际出口,运输量与运输节奏快速增长的趋势日益明显,助推了高速公路的产生。同时高速公路也对社会经济发挥起到放大、提速作用,深受社会各界欢迎。为湖北中部崛起,沿江开发等战略实施夯实了交通发展硬环境,改变了人们的生活方式,提高了生产生活水平。

第一节 高速公路的效益

"大路大富,高速公路快富"。高速公路"快速、经济、安全、舒适"的特点为大幅度提高社会经济效益提供了条件,促进了人流、物流、信息流的快速流动和效率提升,良好的社会经济效益得到充分体现。进一步凸显了交通在湖北经济社会发展中,湖北在全国交通格局中的战略地位。

一、服务地方经济,促进开放开发

被称为"楚天第一路"的宜(昌)黄(石)高速公路(以下简称宜黄)建成后,宜黄两地空间距离大大缩短,与原来12h行车时间相比可节约8h在途时间,每年仅因缩短运距、提高效率、降低消耗等,可为社会创造效益5.4亿多元;宜黄公路"快速、经济、安全、舒适"的特点为交通运输企业大幅度提高经济效益提供了条件,沿线地区的投资环境大大改善,促进了人流、物流、信息流的快速流动和效率提升,深刻影响和改变了人们的生活方式,促进了地方经济发展。宜黄高速通车前,黄石市仅有10来家三资企业,1995年迅速发展到250家,引进外资1.14亿元;鄂州市泽林镇,通车前工业产值仅2000万元,1995年则达1亿元。此外,仙桃、潜江、荆沙、宜昌等县市,随着公路的全线贯通,都制订了依托宜黄公路发展地方经济的战略规划。明星城市潜江为体现这一发展战略,市委、市政府整体搬迁到宜黄公路旁。宜黄公路被称为加快长江经济带开放开发,支援三峡工程建设的服务之路。

黄(石)黄(梅)高速公路(以下简称黄黄)建成后,带动了老区经济的发展。地方政府和一批知名企业,依托高速公路的进出优势,纷纷在沿线抓招商、投项目、扩规模、创品牌。美尔雅集团、武汉中百集团在黄冈市散花工业园投资建厂;蕲春县大打李时珍品牌,全县医药产业年产值突破10亿元;武穴市广济药业由最初的小厂成长为上市公司,核黄素产量占全球的三分之二;黄梅县关山大胜工业园和龙感湖工业园更是发展迅猛,年创利税一年一个新台阶。黄黄高速公路经济带已成为鄂东经济新的增长点。

(武)汉十(堰)高速公路(以下简称汉十高速公路)的全线通车,串起国内最大"汽车走廊",使二汽生产的汽车能迅速输送到全国各地市场;汉十高速公路沿线有神农架、十堰武当山、襄樊古隆中、枣阳九连墩、随州大洪山、曾侯乙古墓、武汉东湖、黄鹤楼、归元寺等众多知名旅游风景区,高速公路把这些风景区以及长江连成一串,大大缩短了各景点之间的距离,形成旅游大通道。汉十高速公路提升了鄂北的区位优势,随州市借高速公路招商引资,引进了一批汽车配套设施生产企业落户,并将市政府行政中心从老城区北迁至汉十高速公路随州联络线附近的北郊,在此处建成随州新城。同时,鄂东北、鄂西北山区的优质农副土特产品可以更快捷地进入武汉市场。据专家测算,汉十高速公路建成后,直接影响沿线区域约为2万km^2,区域内的地区生产总值飙升至800多亿元。

麻(城)武(汉)高速公路(以下简称麻武),一头由武汉向西,往宜昌、巴东进发,直趋我国中西部地区腹地;一头穿越大别山向东挺进,经安徽一路奔驰入沪。它是连接上海、江苏、安徽等省市与中西部地区交通运输的大动脉,也是湖北省武汉城市圈与欠发达鄂东北地区间连通的重要高速大通道。它的建成,将沪蓉高速公路安徽段,大庆至广州高速公路湖北段和武汉市绕城高速公路联网成片,对完善国家和湖北省骨架公路网布局,促进黄冈大别山腹地社会经济发展,增强武汉城市圈的辐射功能,加强我国东部地区与中西部地区的经济联系具有举足轻重的作用。在湖北麻武高速公路麻城至武汉段通车前夕,时任国家主席李先念在北京专程听取了省交通运输厅对项目建设情况的汇报。得知麻武高速公路直接将当年的鄂豫皖苏区红安、麻城、金寨与我国东部地区紧密联系在一起,同时改写了红安不通高速公路的历史后,非常高兴,欣然题字:"红色高速路"。

麻武高速公路的建设,吸引了各类资金投资旅游开发。红安县引进宜昌红坪公司开发的对天河探险漂流景区,日接待游客高峰时达5000人,成为武汉城市圈"第一漂"。引进深圳宝安集团整体开发天台山景区,重点打造六大旅游产品,成为AAA景区。山门打开,红安土布、花生、红薯、野菜等特产,成为俏销旅游产品。2009年,全县接待游客近百万人次,实现旅游收入2.5亿元。高速公路已经成为旅游经济的助推器,一个以武汉为中心的华中旅游圈正在形成。

武(汉)荆(门)高速公路(以下简称武荆)通车后,武汉至荆门市只需1.5h的车程,使荆门市作为湖北省中、东、西部枢纽的区位优势日益凸显。汉川市有武汉的"后花园"之称,武荆高速公路通车后,该市成为承接武汉工业项目转移的重要区域,如全国知名的小商品批发市场武汉汉正街工业园等项目在此迅速落地。

高速公路推动沿线城镇建设与发展,加快城乡一体化进程。以恩施野三关镇为例,自沪蓉西高速公路开工建设以来,因为集镇区域交通枢纽的地位日渐突出,集镇面积迅猛扩张,集镇人口迅速增加,集镇面貌日新月异。3年中,集镇面积由121hm²拓展到236hm²,扩张了95%;集镇人口由12942人增长到20310人,增加了56.9%。因为得天独厚的交通优势,巴东县工业园区也在该镇落户,规划集镇建设面积15km²。随着沪蓉西高速公路和宜万铁路的建成,野三关镇正在成为巴东县江南的经济中心和物流中心。"九五"和"十五"期间,不但是湖北高速公路发展的黄金十年,也是湖北县域经济和城镇化高速发展的黄金十年。

(北)京珠(海)高速公路(以下简称京珠),是湖北最繁忙的路段,也是国家最繁忙的南北主干道。京津地区和珠江三角洲两大经济发达地区,通过这条主干道,在每天的车水马龙中,实现着产业的互动和财富的聚积。十(堰)漫(川关)高速公路与汉十高速公路和武(汉)英(山)高速公路连接在一起,一头遥接西安,一头拥抱合肥,成为横跨荆楚东西向的一条经济走廊。同样蛰伏在大山中的恩施,是个矿产资源、旅游资源、农副产品资源丰富的地区,也依托沪蓉西高速公路的建成通车,结束了没有高速公路的历史,将群山之中的恩施拉进了东西经济大走廊。

借力逐渐加密的高速路网,麻城市引资3.2亿元,开发龟峰山、五脑山、九龙山和杏花村,使龟峰山"人间四月天,麻城看杜鹃"成为享誉全国的品牌。在第二届"中国·麻城杜鹃文化旅游节"上,60多名国际专家集体建议申报龟峰山古杜鹃群落为世界自然遗产。由于运输逐渐便利,麻城市的油茶产业走向全国,2009年10月,该市被中国经济林协会授予"中国油茶之乡"。目前,全市共有油茶种植面积31万亩[1],6家精炼油企业。麻城除享有麻武、麻竹和已开通的大广这3条高速公路,还有106国道贯穿全境,湖北省"十二五"规划还建设了麻城—通山、麻城—阳新高速公路(麻阳高速公路)、麻城至武穴高速公路,另外麻城市已成为京九铁路、沪汉蓉高速铁路和京九京广联络线3条国家级铁路线的重要节点,麻城市"交通新城"的交通区位优势明显体现。虽然受金融危机影响,麻城市的招商引资仍达到了20%的突破性增长。借麻武高速公路的"辐射"效应,革命老区红安大手笔策划,争取省政府批准了新型产业园18km²的发展规划,开发区面积一下子从3km²扩大到21km²。仅2009年一年,红安全县就引进86个项目,协议投资55.13亿元,到位资金12.45亿元,创历史最高水平。

高速公路与港城的联动,与保税及物流园区的联动,与其他运输方式的联动,适应了"一带一路"和对外开放的需要,构筑了航空、物流枢纽和多方位快速进出口通道。汉新欧国际班列实现双向运营;新开通武汉至大阪、莫斯科、旧金山等国际航班;黄石棋盘洲保

---

[1] 1亩=666.6667m²,后同。

税物流中心封关运行。湖北进出口贸易总额达到430亿美元,增长18.4%。来鄂投资的世界500强企业新增16家,达到228家。企业"走出去"迈出新步伐。长江中游城市群省际合作深入推进。南水北调十堰水源地与京津冀对口合作、鄂台经贸文化交流取得新成效。

二、发挥高速公路功能,提升运输效率

交通运输借力交通基础设施的高速化,以加快实现运输市场的"两个转变"为目标,市场管理从解决深层次矛盾入手,市场建设从源头入手,客货运站场的支持保障作用得到明显加强。早在"九五"期间,伴随宜黄高速公路的通车,湖北推出了宜黄客运示范线"五个一流"的工程建设,以一流的车、一流的站、一流的服务、一流的管理与之配套,把宜黄线建设成快速、安全、舒适的客运示范线,通过"五个一"工程的实施,宜黄线实现车辆中高级,车站上星级、售票网络化、服务规范化、运输快速化、管理现代化,1996年宜黄线中高级运营客车占85%,沿线客运站已有3个站达三星级,4个站申请挂牌经营,以汉光为首的客运公司的优质服务在社会上获得了良好的赞誉,是客运发展由运力数量大发展向优质服务发展的一个重要里程碑。

为适应运输高速化的需要,从"十五"开始,社会资本大量进入运输领域,道路运输企业改制步伐加快,县以上国有运输企业改制面达到30%以上,市场开放水平和程度明显提升,运输市场化程度不断提高,以湖北省省客集团,黄石交运集团、宜昌交运集团、荆州先行集团、恩施交通集团、神州运业等一大批企业为代表,高速公路沿线大容量快速直达客运班线迅速兴起,运输工具向高档化、舒适化、大型化、专业化方向发展,国省主干线上中高级客车比例达到70%以上,特种、重型等专用货车占货车总数的11.4%。运输方式向多样化、新型化发展,快速客运、快速货运稳步发展壮大。伴随高速公路的不断拓展。高速公路良好的运输效益得到充分的发挥,主要体现在:一是缩短时空距离,密切地域联系。高速公路大大提高了车辆行驶速度,使平均时速可达100km左右。如以前恩施到宜昌,走318国道,行车时间8小时;高速公路的建成,使恩施至宜昌的距离缩短至200km左右,2h即可到达。以前恩施至省会武汉,走318国道,两地相距645km,乘车需12h以上,高速公路投入运营后,恩施与武汉间距离缩短至498km,清晨出发到武汉办事,晚上即可返回恩施。二是高速公路的通车为运输增加新动能创造了条件。高速公路的建设与发展,改变了现有的交通运输结构,把交通引入一个高速客运、高速货运的发展阶段,带动大吨位、集装箱货车和高档客车纷纷涌现,冷链运输、鲜活运输,甚至定制化的运输业态相继呈现,有效串联物流服务,大大提高公路运输与其他运输方式的竞争力。交通运输已不再满足于"走得了",而是着眼于"快速、高效、安全、便捷"。三是大大降低运输成本。由于车速的提高、路线的缩短大大减少了旅客、货物的在途时间,加速了人员流动频率,加快了

资金周转,减少了人员滞留和货物积压,节约了仓储费用。同时因为通行条件的改善,减少了包括单位运距油耗、车耗、轮胎损耗等的各种损耗,大大降低了运输成本,提高了运输效率。

三、扩大城市辐射,形成区域协同

长期以来,作为武汉东出口的武黄高速公路,是连接武汉与长三角经济带、京珠经济走廊的重要通道。随着武汉重工业布局东移,其复线武(汉左岭)鄂(州花湖)高速公路的建设非常必要。为实施"1+8"武汉城市圈战略,从2004年起,湖北省启动7条武汉高速公路出口路建设,即汉孝、汉洪、汉蔡、武麻、武英、青郑、和左,打造武汉"外交通"格局。2006年,武汉被交通部确定为全国45个公路主枢纽城市,2009年被国家发改委批准为全国首个综合交通枢纽研究试点城市。在武汉城市圈的建设中,湖北紧扣国家定位,采取环形加放射状的城市圈高速公路骨架网建设,在规划布局上不但考虑区域协同,而且考虑省际协同。

2007年,武汉市有5条高速公路出口路接连建成,补齐188km武汉大外环的阳逻长江大桥如期通车,5条出口路,让武汉城市圈内城市群高速公路相连;同时快速连接随岳中高速公路、襄荆高速公路、十漫高速公路等几条外延通道,让城市圈能够畅快地"深呼吸","1+8"进入畅快地流动和无缝对接,"1+8"与外围的十堰、襄阳、宜昌、恩施等增长极血脉相连。黄石、黄冈、鄂州、孝感、咸宁、潜江、仙桃、天门,圈内8个城市如众星捧月般散布在武汉周边。

湖北高速公路网现状图(2005年)

2011年,武汉市7条高速公路出口路全部建成通车。从武汉出发,北上孝感、麻城,有汉孝、汉麻高速;南下咸宁、长沙,有青郑高速;东去黄冈、鄂州、黄石,有武英、和左高速;西去仙桃有汉蔡高速,去洪湖、监利有汉洪高速。这7条高速出口路犹如7条动脉,向武汉城市圈延伸,并全部与武汉外环"联网",使得武汉与周边8座城市及邻近县区,车程都在1~2h以内。由此形成了武汉到省内周边城市100km、1h交通圈,到邻省周边城市500km、4h交通圈。在城市群和省际出口高速公路迅猛发展的同时,湖北的高铁、航空等运输方式同步快速发展,促进了大中小城市和小城镇协调发展。更快速率更高效能地利用了武汉的环线资源,充分发挥中心城市对周边城市的聚集和辐射功能,使武汉市与全省,全省与全国的高速公路实现内联外通。

四、借力高速公路,带动地方脱贫

高速公路与带动脱贫有着明显的正相关作用。"大路大富,高速公路快富"在湖北乃至全国已经成为现实。按照"交通发展带动扶贫开发"的工作思路,湖北省交通运输厅立足4个贫困片区的产业特征和资源优势,在大别山、秦巴山、武陵山、幕阜山4个片区各建设一条需求最迫切、经济效益最好的特色公路并推进片区内高速公路建设和国省干线公路改造。首先,在规划上对这四大片区交通建设科学谋篇布局,予以重点倾斜。在大别山区,围绕建设"两纵四横"的交通运输主通道,加快形成连接武汉、合肥、郑州等中心城市的综合运输通道,重点建设麻阳高速公路、麻竹高速公路、黄鄂高速公路团凤段、棋盘洲长江大桥、蕲太岳高速公路;在武陵山片区,构筑宜昌"1h交通圈",建设恩施、利川、来凤等区域性交通枢纽。加快宜巴、恩来、建恩、利万、宣黔、宜张高速公路建设;在秦巴山片区,重点建设十天、郧十、麻竹、谷竹、保宜等高速公路;在幕阜山片区,以大广、杭瑞、106国道、长江黄金水道和京九铁路干线为依托,构建该片区四县连接武汉、长沙、南昌以及周边黄石、咸宁、九江、岳阳等大中城市的高等级交通骨架。以此为基础,《湖北省集中连片特困地区区域发展与扶贫攻坚规划(2011—2020年)》获省政府批准。

交通对扶贫开发作用巨大,靶向精准,效果明显。黄冈位于湖北省东部、大别山南麓,长江中游北岸,是著名的革命老区。新中国成立初期,黄冈交通闭塞,对外交通主要靠水运;公路里程少等级低,人们出行靠羊肠小道,那里丰富的矿产、土特产运不出去,外面的物资运不进来;旅游资源得不到开发,物资极为匮乏,人民群众处于温饱线以下。"要想富,先修路",老区期盼修通出山之路,将散发着大别山灵气的物产优势变为商品优势销往山外,让山外的人们到大别山来领略山奇险峻,释放创业激情。2012年大别山红色旅游路通车后,黄冈市旅游业发展呈"井喷"之势,接待游客1362万人次,同比增长34%,实现旅游收入75亿元,同比增长35%。武麻高速是黄冈继大别红色旅游路、黄冈长江大桥、黄鄂高速公路、武冈城际铁路、黄冈大道后,黄冈交通建设史上的又一个里程碑式的项目。武麻高速公路途经的麻城、罗田、浠水、蕲春5个县市15个乡镇,大多为贫困乡镇、贫困村。武麻高速公路的建成,大大改善了沿途230万群众出行条件,为大别山振兴发展提供强劲的支撑。蕲春李时珍医药集团每年百万吨的物料和产品通过武麻高速运往各地。罗田县河铺镇滞销的板栗畅销于各地,"罗田板栗"成为全国知名的品牌农产品。

地处中西结合部的武陵山腹地的恩施,被誉为蓊郁葱茏的鄂西林海,芳香盈野的华中药库,驰名中外的烟草王国,独一无二世界硒都,是一方充满宝藏、充满少数民族风情的厚土。过去,恩施交通不便,信息不灵、发展不够。改革开放前从恩施到武汉需要两天,往返四天。扶贫攻坚,交通先行。省交通运输厅把恩施所辖的六县二市和宜昌市所辖的秭归、长阳、五峰三县纳入集中连片特困地区,把交通基础设施建设列为扶贫攻坚的重中之重,加大投入,优化布局,完善体系。2009年,沪渝高速公路通车,恩施州结束了不通高速公路的历史;2014年6月1日,宜巴高速公路通车,开车从巴东到宜昌只需不到3h。四通八达的交通网唤醒了恩施州境内的巍巍群山,古老而神秘的恩施焕发出勃勃生机,山外的人流、资金、技术、产业不断通过交通要道涌向这片热土。恩施自治州通过特色农业、资源性新型工业和生态文化旅游业发展产业扶贫,建成500万亩特色产业基地,全省最大的烟叶、茶叶、高山蔬菜基地,280家规模以上农产品加工企业。2013年,全州生产总值达到552.5亿元,与10年前相比增长2.92倍。武陵山、大别山、秦巴山和幕阜山四个片区完成地区生产总值2854亿元,地方财政一般预算收入289亿元,农民人均纯收入5210元,分别比上年增长12.4%、15.8%、17.5%。

在交通扶贫开发中,交通部门重视世行贷款高速公路建设项目的示范带动作用。通过对农村扶贫的介入,带动和加大了交通部门对贫困人口的关注和投资力度。世行通过参与农村扶贫道路的建设,在农村路网建设改造中也引入了世行的设计、招标、环境、安置、少数民族发展等理念,不仅提高了扶贫道路的建设质量和管理水平,还帮助市、县交通管理部门逐步树立起项目管理和可持续发展的理念。从京珠国道项目开始,到十漫高速公路为止,列入世行贷款项目下的农村道路升级项目共12个,总里程达827.438km。这12个项目基本上分布在湖北省经济发展较为落后的贫困山区。随着这些项目的相继建成,为老少边穷地区的人民早日脱贫致富开启了巨大的引擎,为早日建成小康社会做出了"交通先行"的有力贡献。

第二节 高速公路建设的特点和经验

高速公路飞跃发展的历史,见证了改革开放的宏伟进程,是湖北社会经济发展需要的结果,是湖北省委省政府战略规划、科学布局,政策支持的结果,是交通人主动作为,改革创新,抢抓机遇,趁势而上的结果,是敢为人先,科技兴路,人才强路,"两型"靓路的结果。湖北交通部门在较短的时间内快速推动建设项目并成功实施,利用国家发展建设的各项机遇,争取政策、争取资金,在不断提速的同时,构建良好的网络布局,形成了众多成功经验,确保建设顺利推进。

一、改革创新,抢抓机遇,趁势而上

高瞻远瞩,敢为人先修高速。20世纪80年代中期,当专家们还在讨论"中国要不要修建高速公路"之时,湖北省委省政府高瞻远瞩,敏锐认识到高速公路是重要的国家资源,对于促进国家经济增长、提高人民生活质量、维护国家安全等都具有重要意义。高速公路的发展不仅仅是经济的需要,也是人类文明和现代生活的重要组成部分。发达的高速公路网不仅是交通现代化的主要标志,也是一个国家现代化的重要标志。1986年,湖北省委省政府了出于构建武汉、宜昌、襄樊"大三角"经济区的战略需要,果断决定举全省之力,建设武(汉)—黄(石)高速公路。

抓观念更新机遇,实现高速公路"零"的突破。1989年7月18日至20日,交通部在辽宁沈阳召开了全国高速公路发展史上具有里程碑意义的"高等级公路建设经验交流现场会"。沈阳现场会为高速公路建设扫清了观念和实践上的障碍。湖北省交通部门,抓住机遇,推动高速公路建设快速发展。1991年3月武黄高速公路建成通车,湖北高速公路实现了"零"的突破。

抓三峡工程机遇,建成楚天第一路。1993年6月18日至23日,国务院在山东济南召开了我国高速公路发展史上具有重要推动作用的全国公路建设工作会议。会议确定了我国公路建设将以高等级公路为重点实施战略转变。在山东会议推动下,湖北抓住三峡工程上马机遇,把宜黄高速公路最后一段——江宜段从"九五"提前到"八五"上马,1995年11月11日,全长350km的"楚天第一路"——宜黄高速公路全线贯通。

抓住国家扩大内需等战略机遇,果断扩大高速公路建设规模。1997年下半年,为应对东南亚金融危机对我国的不利影响,党中央、国务院做出"实施积极财政政策,加快基础设施建设,扩大内需"的决策;1998年6月交通部在福建福州召开高速公路发展史上具有标志性意义的全国加快公路建设工作会议。"五纵七横"中大部分路段高速公路项目相继开工建设,银行贷款开始大规模进入公路建设领域。在福建福州会议的推动下,湖北省政府抓住国家实施积极财政政策的机遇,提出"湖北省加快公路建设五年规划",拉开路网建设的序幕,高速公路建设规模迅速扩大。先后开工建设黄(石)黄(梅)高速公路、(北)京珠(海)高速公路湖北段、汉十高速公路、同时开工建设6座长江大桥(建成通车4座),在中国建桥史上前所未有。

抓"促进中部地区崛起"战略机遇,建成湖北省高速公路主骨架。"十五"期间,湖北省开始实施"构建促进中部地区崛起的重要战略支点"及"1+8"武汉城市圈两型社会综合配套改革战略。交通部门抓住机遇,对交通建设提出更高目标,湖北高速公路进入全面迅猛发展的新阶段。初步形成以武汉为中心,连接全省经济大三角及周边省会城市的"两纵两横一环"高速公路主干架。

2008年由美国次贷危机引发的国际金融危机影响巨大,经济发展处于"弯道"期,湖北高速公路建设改革创新,抢抓机遇,进一步加大力度、加快发展,坚持以超前的眼光和敢于担当的气势,瞄准沿海先进发达地区高速公路建设水平,进一步明确湖北高速公路发展目标、路径及举措。自2009年起,实现高速公路建设由"以省为主"转为"省市(州)共建",省交通部门负责提前实施纳入国家高速公路网的项目,各市、州人民政府负责提前实施境内其他"十一五""十二五""十三五"规划建设的高速公路项目,形成省和市州合力推进的新局面。2010年,受国际金融危机影响,国家金融政策发生重大变化,湖北高速公路建设陷入最困难时期,"十一五"期间计划开工的18条高速公路未能开工,在建7个项目处于停工、半停工状态。面对困局,省委省政府果断决策,改革交通投融资体制,于当年10月28日成立省交投集团,承担起全省"十二五"期间80%以上的高速公路投资建设任务。2015年,省政府出台《关于扩大有效投资促进经济稳定增长的若干意见》,创新重点领域投融资机制,除法律、法规和规章规定的特殊情形外,重大工程建设运营一律向社会资本开放,引导和鼓励社会资本以特许经营、参股控股等多种方式参与项目建设运营。千方百计开辟多元化筹资渠道,将资金、资本、资源向高速公路建设倾斜,坚持规矩服从效率、程序服从效果,以超常规、超常态的工作力度和举措,加快推进项目前期工作;以争分夺秒、只争朝夕、特事特办、务求实效的作风确保项目落地。既是扩内需、保增长的应急之举,也是抢机遇、加快发展速度实现"弯道超越"的谋远之策。

党的十八大以来,湖北高速公路在交通运输部、省委省政府的正确领导和社会各界的大力支持下,牢牢把握中部地区崛起、长江经济带、长江中游城市群、新型城镇化、集中连片地区扶贫开发等重大机遇,紧紧围绕"五个交通"的发展要求,砥砺奋进、勇于担当,全面完成各项目标任务,有力促进了湖北"两圈一带"重大发展战略的顺利实施,"九省通衢"传统优势的巩固和发挥,以及打造"四基地一枢纽"、建设促进中部崛起重要战略支点目标的实现。

二、规划引领,科学布局,谋定后动

30年来湖北高速公路建设发展,始终坚持规划引领,加强与国家公路网规划衔接,建立覆盖全域、相互衔接、执行有力的高速公路规划体系。谋定后动、有序建设,总体规划统领、专项规划支撑、详细规划管控,以科学规划作为切入口,引领高速公路建设。切实做到"一张蓝图"总览,形成"规划一批、论证一批、建设一批、储备一批"的良性循环机制。

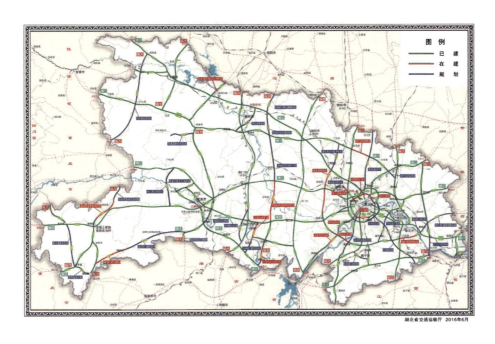

湖北高速公路网现状图(2016年)

"七五"至"九五"期间,省委省政府和湖北省交通厅制定《1986—2000年湖北省大三角经济区高速主骨架规划》;"十五"期间,为加快全省交通发展,省政府颁布《湖北省公路水路交通发展战略规划》《湖北省骨架公路网规划》,明确2001—2005年湖北省建成"两纵两横一环"高速公路的目标。"十一五"期间,制订《2006—2010湖北高速公路"四纵四横一环"规划》;2009年,省政府出台《关于加快全省高速公路建设的意见》(鄂政发〔2009〕40号)。2012年9月,省政府印发《湖北省"十二五"综合交通发展规划》(鄂政发〔2012〕81号),确定了"七纵五横三环"的高速公路主框架,提出"实现县县通高速公路"的目标。2016年10月,省政府印发《湖北省综合交通运输"十三五"发展规划》,明确"到十三五末,全省综合交通总体上达到中部领先、全国先进水平;建成全国高速公路网重要枢纽;全省高速公路里程达到7500km;所有县市通高速公路;高速公路ETC覆盖率达到100%"。

高速公路规划始终围绕省部不同时期的经济社会发展规划。如1991年通车、被称为"楚天第一路"的武黄高速如同"脐带"般将鄂州、黄石、黄冈与武汉紧紧相连;1994年建成、途经湖北9个县市(区)的汉宜高速一通车就承载了巨大的车流量,及时地适应了湖北"金三角"经济规划布局的需要,以一线串珠的形式将沿线城市、产业布局有机连接。《武汉城市圈区域发展规划(2013—2020年)》获国家发改委批复后,全长560km的武汉城市圈环线高速公路分段实施,打造武汉至8个城市的1h交通圈,至周边重要城市的2h交通圈。完善大别山试验区、仙洪试验区、武陵山试验区、"中国农谷"先行区和江汉平原腹地路网布局,促进城市之间"快捷畅通、高效运行"。

高速公路规划布局始终围绕湖北既发挥大中城市的辐射作用,又与山区和老少边穷地区的脱贫和改善民生相结合。武汉城市圈路网不断加密,大中城市等都规划和建设有绕城高速公路。"十一五""十二五"期间,湖北高速公路规划不忘脱贫,面对扶贫攻坚难啃的硬骨头,一条又一条"天路"挺进秦巴山区、大别山区、武陵山区、幕阜山区,湖北交通为以上四大国家级和省级特困山区的20多个贫困县百姓带来脱贫希望。

高速公路规划始终围绕内联外通、联片成网进行,以发挥公共服务均等化和高速公路的整体功能。湖北部分高速公路一到省界便"断头",这些尴尬局面曾延续多年。2013年,"中三角"四省(湖北、湖南、江西、安徽)打造长江中游城市群,在高速公路建设上率先连通,湖北将省际"断头"高速路建设列入"十二五"重点工程,17条省际"断头"高速公路在3年内逐一打通。2016年初,沪鄂高速公路岳(西)武(汉)段建成通车、武(汉)英(山)高速公路鄂皖省界站投入运营,标志着湖北与相邻省的高速公路"断头路"全部打通,湖北省与赣、湘、皖、陕、渝、豫6省市的24个省际高速公路收费站全部启用,大武汉实现高速畅达九州。为避免再次出现省际高速公路"断头"路的情况,四省交通主管部门达成共识:在建设同步之前,首先做到规划同步。

三、政府重视,行业担当,社会合力

湖北高速公路的迅猛发展,首先得益于省市党委政府的高度重视和大力支持。随着市场经济的发展,各级党委、政府和人民群众更加深刻体会到发展交通对搞活经济、改变城乡面貌的重要性。"要想富、先修路""发展快、高速带"被更多人认同。湖北省交通厅因势利导,把交通发展始终置于党委政府的领导之下,依靠政府、社会力量推动高速公路建设,变交通发展部门行为为政府行为和社会行为,由"要我发展"转变为"我要发展",努力创造各级领导大力支持、奋力推进交通,人民群众高度关注、积极参与、全社会踊跃投资、大办交通的良好发展环境,形成"政府亲自管、社会多家办、交通组织干、合力发展交通事业"的格局。历任省委、省政府领导大力支持交通发展。省委领导亲任高速公路建设指挥部指挥长,为高速公路建设协调服务。

相对湖北在全国交通发展格局中的定位而言,湖北高速公路建设面临"前有标兵、后有追兵"的巨大压力,各市州政府、各相关部门切实把思想统一到省委省政府的决策部署上来,锁定各时期高速公路的目标任务不动摇,坚定完成目标任务的信心,明确责任,真抓实干,明确责任部门(单位)和责任人,切实加强对高速公路建设的组织协调。为了保证高速公路的建成,各级政府相应成立了协调指挥部,以政府名义制定出台征迁政策文件,指挥部成员都是从地方政府各部门抽调的精英骨干,通过他们下基层、到田角、进农户的艰苦工作,有效地完成了各项征地拆迁协调任务。同时实事求解决后续征地拆迁遗留问题。做到了沿线各级政府满意、沿线群众满意、各施工单位满意。高速公路建设业主积极筹资"反哺"沿线老百姓,让人民分享惠民成果。

2009年6月,省委省政府召开全省加快高速公路建设动员大会,时任省长李鸿忠出席会议并作动员报告,并成立由省长李鸿忠任组长的湖北省高速公路建设领导小组,重点研究并协调解决高速公路建设中出现的矛盾和问题。在谋划"十三五"规划的关键时期,2014年省政府再次召开全省高速公路项目建设推进会。省人民政府与各有关市州人民政府、省政府有关部门签订《关于抢抓机遇扩大内需加快高速公路建设目标责任书》,使高速公路建设真正成为硬指标、硬任务,定期调度、督办。省交通运输厅落实高速公路行业监管职责,省交投公司担负起高速公路融资建设主力军作用,省交通重点建设领导小组各成员单位积极支持,加强协调,做好服务工作,积极为高速公路建设排忧解难。无论投资主体是谁,政府还贷高速公路也好,经营性高速公路也好,都立下高速公路ETC建设"军令状",无条件服从大局,不折不扣按期完成ETC车道建设任务。一批路书记、路市长、路县长倾情高速公路发展;部省共建、厅市共建、多元共建,广大群众倾力高速公路建设,心无旁骛,形成合力,出钱出力出政策,为湖北省高速公路建设众人拾柴,添砖加瓦,各负其责,勇当先行。

四、解放思想,聚财借力,破解难题

打破传统思维定式,开辟新的筹融资方式。"八五"期,湖北省交通建设坚持"民工建勤、民办公助"和全社会办交通的方针,解放思想,大胆筹措资金,投资结构进一步改善,筹资渠道进一步拓宽,社会筹资有新拓展。跨地市、跨行业、多家出资合股组成的有限责任公司开始投入公路建设;发行交通建设债券、利用日元贷款相继出现。"九五"期间,采取了国内银行贷款、转让公路收费经营权、国内BOT、动员各方面筹资和民工建勤等多种方式,缓解了高速公路建设资金不足的压力。"十五"期间,楚天高速上市融资8.1亿元成为湖北省第一家公路上市公司,襄荆高速公路成为国内第一个大型BOT公路项目,荆东高速公路采用民营投资、政企合作共建的运作方式建设,鄂东长江公路大桥在省内特大桥建设项目中首次试水"多元化投资管理"模式。

步入"十一五"期,湖北全面开放高速公路建设市场,无论内资、外资,无论国有、民营,均可参与高速公路的建设和经营。按照"谁投资、谁受益"的原则,通过公开招标方式,鼓励和吸引国内外各类经济组织以独资、合资、合作、联营等形式,参与高速公路建设。无论是政府投资项目,还是企业投资项目,各级政府、各有关部门要为投资者和建设者提供无差异化的全程服务。各地积极制定采取BOT、BT等方式建设高速公路的优惠政策,为高速公路建设创造良好环境,如2011年1月,省交通运输厅与国开行、工行、建行、农行、中行等五家银行签署了1500亿元金融合作协议;2015年5月,武汉至深圳高速公路嘉鱼北段、赤壁长江公路大桥列入交通运输部PPP（公私合作）试点项目，由咸宁市交通运输局负责实施。

充分发挥省级国有投融资平台的投资、融资、管理、资本运营功能，吸引并带动大量社会资本参与高速公路建设。2010年湖北交投集团成立之初，即以京港澳高速湖北段为抵押，通过融资租赁的方式，向国银租赁公司融资50亿元，使得全省高速公路全线复工。随后，各品种的融资模式纷纷运用至湖北高速建设中，私募债130亿元、中期票据120亿元、保险资金债权计划100亿元、企业债85亿元，湖北高速路网建设，从单一依靠银行信贷融资转变为从资本市场直接融资。仅2014年，湖北交投集团实现融资570亿元，占全省社会融资总量的近十分之一，直接融资占全省五分之一。2010至2016年，湖北交投通过各种办法累计融资2419亿元、投资2225亿元，平均每天融资1亿元，为高速公路建设提供了源源不断的资金支持；投融资规模连续多年居中部第一、全国前三。湖北交投集团通过"政府主导、企业主体、市场运作"的思路和办法筹措建设资金推进项目建设，有效盘活划转千亿行政事业性交通存量资产，融资成果屡创全省、全国同行业之最，呈现出额度大、品种多、渠道宽、地域广、成本低、期限长等特点。2008年9月，由联投控股和武汉城市圈九市国资委为主要出资人，成立省联合发展投资集团。成立伊始，省政府将打通包括青郑、汉英、和左、汉洪在内的4条"冰封"多年的高速出口通道任务交给省联投集团。之后两年，省联投集团又投入23亿元实施道路建设，相继建成、通车出口高速公路。2016年，省联发投成功牵手国开金融公司，设立全国规模最大的城市圈发展基金，基金总规模达200亿元。

借力国际金融组织低息贷款。从1995年至今，湖北高速公路共引进世行贷款10亿美元，其中包括京珠湖北段项目（4亿美元）、孝襄项目（2.5亿美元）、十漫项目（2亿美元）、宜巴高速（1.5亿美元），建设里程863km。目前，湖北交通利用世行贷款总额占全国交通世行贷款总额的13%，名列第一。世行贷款不仅拓宽了湖北交通发展的融资渠道，加快了高速公路建设步伐，而且还为湖北交通注入了科学发展观，使创新成为提速创优的高效助推器。

五、科技兴路，人才强路，"两型"靓路

科技创新鼎力高速公路。作为一种规律性的认识，湖北交通人对"科技第一生产力"的体会尤其深刻。湖北兼有大面积高山和湖网，地质条件多样而复杂。无论是穿越鄂东南、江汉平原湖网软基地质带的武黄、黄黄、汉宜、京珠等高速公路；还是跨越崇山峻岭桥隧比占50%以上险峻地质条件的沪蓉西、宜巴等高速公路，湖北的交通建设者始终把科技攻关摆在第一位。在高速公路建设中，积极开展科技创新和科学研究，大力推广应用新技术、新材料和新工艺，优化设计方案，解决施工难题，加快了公路建设进度，提高了公路建设质量。实现了"修一条现代化公路，出一批科技成果"的目标。

"八五""九五"是高速公路建设起步阶段。当时建设的武黄、宜黄高速公路地处平原湖区,重点解决了在软土地基及膨胀土路基上修建高速公路的技术难题。在黄黄高速公路建设中创造了当时多个全国高速公路建设的"第一",交通部专门在黄黄高速公路召开现场会,向全国推介黄黄路的做法。以军山、宜昌长江公路大桥建设为依托,开展大跨径斜拉桥、悬索桥关键技术研究、钢箱梁成桥全断面焊接、钢桥面高性能SMA(沥青玛碲脂碎石混合料)铺装体系等关键技术与应用课题研究,为在长江、汉江建设特大型桥梁解决了重大技术难题。在山区高速公路建设中,探索出特长隧道(群)建设、高墩大跨桥梁建设、高路堤、高陡边坡防护等成套关键技术。2010年建成的沪蓉西高速公路,作为全国科技示范工程有60多项技术是在湖北省乃至全国首次应用,成功打造出世界"桥梁博物馆""隧道博览会""路桥大学堂"和世界第一高桥、世界第一高墩、世界第一跨、神州第一锚的四渡河大桥,亚洲第二的金龙隧道等经典力作;"十二五"期,全省交通完成科技成果200余项,获得省部级以上科技进步奖12项,取得专利授予权等知识产权100余项,成为高速公路创新发展的宝贵资源。湖北与河南、广东、贵州作为2015年第一批ETC联网省份,当年6月底正式并入全国联网,建成230个站449条ETC车道,其后,新开通的路段也陆续建设ETC车道,湖北ETC车道覆盖率达95%以上。在省界站方面,连通邻省高速公路的18个省界站33条ETC车道均已建成并投入使用,实现跨省走高速不必再停车缴费。

人才队伍支撑高速公路。高速公路建设既是资金技术密集型行业,也是各类人才密集型行业。湖北交通主管部门高度认识人才在高速公路建设、运营、管理中的重要性,牢固树立人才资源是第一资源的理念,实施"人才素质工程",建立"以人为本、自主创新、结构优化、素质精良"的队伍建设机制。树立人才资源是第一资源的观念。抓住培养、吸引、使用三个环节,加强人才引进和培养力度。省交通厅实施"百、千、万人才培养工程",重点加强科技创新人才、技能型人才培养,建立了中青年科技人才库,充分发挥交通专家委员会作用。一方面创新人才培养机制,坚持推荐和考试选拔相结合,选拔人才到高速公路建设等重点工程挂职锻炼;通过挂职锻炼、学习深造等方式,逐步建立不同岗位、不同层次的人才队伍梯次培养平台。湖北沪蓉西高速公路作为全国科技示范工程,不仅攻克了一批技术难题,取得了一批科研成果,而且培养了一批懂技术善管理的专业队伍,集聚了一批多学科高层次专家院士。相继制定了《湖北省交通科技创新体系建设纲要》《"十一五"湖北省交通科技发展规划》,着力加强管理人才、专业技术人才和技能人才三支队伍的建设,大力实施"百千万"交通人才工程,鼓励引进高素质人才,委托大专院校培养人才,建立专家库和专家咨询委员会,在高速公路开展以"优胜杯"为主要内容的劳动竞赛活动,通过一年一度的"十行百佳"评选活动发现和激励人才脱颖而出。在高速公路建设过程中,力图建成一条高速公路,锻造一支过硬队伍,培养一批高素质人才,使高速公路"建管养运"与高速公路的发展相匹配,成为高速公路持续健康发展的有力保证。高速公路的建设过程也是树立标杆人物的过程,先后培树了交通部授予"交通工程技术人员的楷模"荣誉称号的陈刚毅,蒋雪峰、王书凤等一批"刚毅式"英模人物。

生态环保植入高速公路。现代高速公路的美不仅在于它的巍峨壮观,透迤多姿,更在于它与环境的有机融合,在于它因地制宜的生态再造。高速公路建设是一项庞大的系统工程,难免会对生态环境有所影响。湖北高速公路建设中坚持"保护、利用、恢复、再造",将绿色、生态、环保的理念根植高速公路规划建设之中。在设计方案时把影响控制在最低程度,在施工中把保护措施做到最大程度,在施工后按最大程度全面恢复。如全长52.96km的神宜公路(连接神农架林区和宜昌市兴山县),"路景相融、自然神宜",成为全国首条科技环保示范路。"十二五"期建设的宜巴高速公路,在全国首次通过招投标引入独立环保监理,对环保实行全方位监控,为保护一片珍稀红豆杉,将线位偏移8km;为保护当地最古老的一棵树,巴东服务区修改了匝道设计方案;为保证长江水质安全,全线特大桥梁专门设计排水系统,并进行污水处理,避免污水直接排入河流。2014年底,穿越三峡画廊、途经昭君故里、傍倚神农雄峰的宜巴高速公路全线建成通车,被称作"最美高速公路"。随岳高速公路中段全长153km,绕开了天宝寨自然保护区和京山特有的二级珍稀植物——对节白蜡集中生长区;53.5亿元的项目建设资金中,有3亿元直接用于水土保持和环境保护,高速公路沿线的绿化率达到100%。2017年,建恩高速公路、宜鹤高速公路、利万高速公路、恩来高速公路四个项目同时开展绿色工地活动,在项目驻地、拌和站、钢筋加工场、梁场、弃渣场、主线及施工便道上下坡等地点进行绿化,主要购置大量桂花、刺槐等树苗及草籽,做到草槐结合,永久性绿化。在湖北,高速公路已全面的把资源节约和环境友好从理念变为现实,从无情的钢筋水泥变为有人文情感的美学阐释。

六、理顺体制,推行标准,高效特管

坚持改革创新是湖北交通运输的源泉动力。湖北交通行业,按照"整合资源、合力发展、统筹规划、科学预算、政策引导、分级管理,依法行政、公平和谐"的交通发展理论,深化交通改革。创新管理体制,完善运行机制,提高行政能力,建立高效科学充满生机与活力的发展机制。

理顺管理体制机制。1988年5月,省编制委员会批准成立湖北省高等级公路管理处,1990年9月,改名为湖北省高等级公路管理局。主要职责是负责对全省高等级公路建设、管理、养护、费收管理,行使对全省高等级公路的集中领导、统一管理。

"九五"期间,湖北积极稳妥推进政府机构改革和交通经济体制改革。1999年,湖北金路高速公路建设开发有限公司成立,较好地发挥了资本运营和筹融资作用,标志着全省交通资产运营形成新的运作模式。2000年12月18日,通过对湖北省高管局、黄黄管理处、武黄管理处等实行改制,成立了由金路公司控股的"湖北宜黄高速公路经营有限公司"和"湖北楚天高速公路股份有限公司",从2001年开始按公司制规范运作。通过实践探索,加快了养护单位企业化管理的步伐,公路养护招投标范围进一步扩大,路段承包、国路民养、专业公司养护不断拓展。

2006年,经湖北省机构编制委员会批准,组建成立省高速公路管理局(省高速公路路政执法总队),具体承担全省高速公路的收费、路政、养护、资产、投资等行业管理职能;对经营性收费公路,通过与投资方协商签订委托管理合同等方式,实现了高速公路集中统一管理。积极争取省政府法制办、省人大支持,2009年修订出台了《湖北省高速公路管理条例》,理清了高速公路管理机构、交通安全管理机构、高速公路经营者、其他相关管理部门、服务单位等各方职责。探索实施区域路政派驻管理模式,对新开通路段统一派驻路政管理机构和人员,实现了路政管理由单路段向区域化管理、由分散向集中管理的转变,为全省高速公路路政管理工作科学快速发展奠定了良好基础。省高管局依法向各高速公路派驻路政支队15个、路政大队59个,现有路政执法人员约1000名。

推行高速公路施工标准化。自2011年2月交通运输部印发《关于开展高速公路施工标准化活动的通知》以来,不论是政府投资项目还是企业投资项目,全面推进标准化施工。2011年4月,在谷竹高速公路召开全省交通重点工程调度会暨高速公路标准化现场建设推进会。2013年1月在江南高速(荆州)召开湖北省高速公路标准化推进会。按照"完善制度、典型引路、重点突破、全面推进、整体提升"的工作思路,湖北高速公路建设标准化工作由试点开展推向全面实施。建立标准化体系文件,重点推进"勘察设计标准化、标准管理合同化、材料设备准入化、现场布置规范化、钢筋加工工场化、混凝土拌和集中化、构件预制精细化、工艺工法系统化、监理检测程序化、工程管理信息化",不断深化标准化建设的内涵,实现了工程质量、工程安全、经济效益、工地形象明显提升。

建立标准统一、规范一致的业务体系。积极解决路政业务规范不统一、执法形象不一致等问题,健全制定了执法管理、行政许可、超限治理、内业规范等管理制度,全面实施标准化大队、规范化内业、统一化形象建设,规范统一了路政服装、执法文书、执法标准、执法形象。开展文明执法窗口创建,完善便民服务设施,推广路政许可"一个窗口受理""一站式审批",推进路政管理三级业务平台建设,应用GPS指挥调度系统、移动视频无线传输系统、电子智能化巡查等新技术,研究开发路产损失赔补偿费票据管理系统,实现全省高速公路任一执法服务窗口均可办理路产损失赔偿案件结案手续。2013年出台高速服务区管理意见,明确了服务区服务质量保障的8项基本标准;2017年省政府将《湖北省高速公路服务区管理办法》列入立法计划,全力打造湖北高速公路服务区品牌。

实施联动联合、联勤联管的警路共建模式。坚持开展"平安大道""文明交通示范路"创建,深化拓展共建领域,整合融合警路资源,多层次、多领域开展警路联合执法,警路共建由浅入深从单纯业务协作向全面管理联动转变,由下至上从基层自发性需要向部门决策性需求转变,形成了较完善的警路共建体系,警路共建已成为湖北省高速公路管理的行业特色和重要品牌。

完善科学保畅、系统应急的安全管理体系。制定湖北省高速公路突发事件应急处置预案,建立集中统一调度的应急组织保障体系;组建了以应急养护中心、清障施救企业、社会专业力量为主要力量的应急救援体系;形成了以96576服务热线、公众出行服务网、927路况播报为载体的应急信息发布体系。有效应对了2008年严重雨雪冰冻灾害及2009年12月5日京珠高速公路黑火药爆炸事件,成功探索了"除雪清障、重车碾压、路警开道、结队通行、限载限速、科学调度"24字"高速公路低速行驶疏导法"。组织开展"联动—2010"全省高速公路路网联动应急演练,基本形成了"统一指挥、科学调度、信息通联、整体互动、区域响应、梯级支援"的路段、路网、区域、省际联动应急机制,成功应对2010年3月9日黄黄高速公路危化品泄漏等重大应急事件,受到交通运输部、省委省政府的充分肯定。由交通运输部、湖北省人民政府、武警交通指挥部共同主办,湖北省交通运输厅承办的2012年度公路交通联合应急演练在湖北省武(汉)英(山)高速公路英山县境内成功举行,集中展示了高速公路组织到位、体系到位、协同到位、装备到位、时效到位的现代应急保障能力。

Record of Expressway Construction in
Hubei
湖北高速公路建设实录

第二篇
通 途 篇

篇 首 语

1991年武黄高速公路通车以来,湖北省高速公路建设迅猛发展。截至2016年12月31日,湖北省高速公路及其连接线通车里程达到6311.781km,其中:国高网4791.729km,省高网及其他高速公路1412.463km,高速公路连接线107.589km;高速公路总里程6204.292km,一级公路里程70.854km,二级公路里程36.735km;高速公路八车道46.403km,六车道324.115km,四车道5833.774km;高速公路沥青混凝土路面6256.527km,水泥混凝土路面55.354km。

湖北省高速公路桥梁达10945座1708260.49m,其中:一类桥梁9131座1234492.23m,二类桥梁1805座467747.26m,三类桥梁9座6021m;特大桥272座547140.91m,大桥3101座972133.26m,中桥1702座108834.17m,小桥5870座80152.15m;高速公路主线桥梁10894座1700101.43m,连接线桥梁51座8159.06m。高速公路隧道702座856411.2m,其中:特长隧道76座342359.8m,长隧道180座300392.5m,中隧道195座138106.3m,短隧道251座75552.6m。

高速公路网以形成集约高效的运输网为指引,覆盖全省所有规划20万人口以上城市并实现"县县通高速";武汉与市州之间实现当日往返,市州、大中城市之间实现当日到达;与相邻省市至少形成2条以上高速公路通道,武汉至相邻西部省会城市实现当日到达,至周边其他省会城市实现当日往返;"两圈一带"高速公路网建设加强,"一主两副"高速公路网络加密,重要城市形成高速公路环线。

第一章
国家高速公路

国家高速公路采用放射线与纵横网格相结合的布局方案,形成由中心城市向外放射以及横贯东西、纵贯南北的大通道。根据2013年6月国家发展改革委批准印发的《国家公路网规划(2013—2030年)》国家高速公路由7条首都放射线、11条北南纵线、18条东西横线,以及地区环线、并行线、联络线等组成,约11.8万km,称为"71118"国高网。至2016年湖北省纳入国高网的线路有16条,计4791.729km。

1. **北京—香港澳门高速公路**(G4,京港澳高速),北京—保定—石家庄—邯郸—新乡—郑州—漯河—信阳—武汉—咸宁—岳阳—长沙—株洲—衡阳—郴州—韶关—广州—深圳—香港(口岸),2285km。

京港澳高速公路湖北段北起于孝感市大悟县九里关(里程桩号1016),南止于咸宁市的赤壁市土城(里程桩号1309.664),途径大悟、孝昌、孝感、武汉、江夏、咸宁、赤壁,全长293.664km。

2. **武汉—深圳高速公路**(G4E,武深高速),武汉—嘉鱼—赤壁—崇阳—通城—平江—浏阳—长沙—醴陵—攸县—茶陵—衡东—炎陵—桂东—汝城—仁化—始兴—龙门—博罗—东莞—深圳,1083km。湖北段全长147.770km。由三条高速公路组成:

嘉通高速公路,起点嘉鱼镇新街镇蜀山村(里程桩号53.751),终点通城县太平镇达凤村(里程桩号144.726),全长90.975km;通界高速公路,起点通城县太平镇达凤村,终点界上村(里程桩号168.521);全长23.795km;武嘉高速公路,起点武汉市洪山区青菱乡(里程桩号000),终点武汉市江夏区法泗街(里程桩号33),全长33km。

3. **许昌—广州高速公路**(G4W2,许广高速),湖北段为随州—岳阳段(简称随岳高速),起点随州市曾都区(里程桩号000),终点云溪区道仁矶(里程桩号335.014),全长335.014km。

4. **上海—成都高速公路**(G42,沪蓉高速),上海—苏州—无锡—常州—南京—合肥—六安—麻城—武汉—孝感—荆门—宜昌—万州—垫江—南充—遂宁—成都,1960km。沪蓉高速公路湖北段东起鄂皖省界麻城市木子店镇长岭关(里程桩号687),西至恩施州巴东县沿渡河镇枫木村(里程桩号1281.675),贯穿了湖北东西全境,全长约594.05km。由以下高速公路组成:

麻武高速公路,起点麻城市木子店(桩号687.000),终点黄陂区长岭岗(里程桩号788.378),里程长101.378km;汉麻高速公路,起点黄陂区长岭岗,终点黄陂区新集互通

(里程桩号788.378)，里程17.687km；武汉绕城高速公路，起点黄陂区新集互通，终点东西湖区东西湖互通（里程桩号852.565），里程46.500km；武荆高速公路，起点东西湖区东西湖互通，终点荆门郑家冲枢纽互通（里程桩号1035.779），里程183.214km；荆宜高速公路，起点荆门郑家冲枢纽互通，终点宜昌夷陵鸦鹊岭猇亭枢纽互通（里程桩号1108.417），里程72.638km；宜巴高速，起点宜昌夷陵鸦鹊岭，终点恩施州巴东县沿渡河镇枫木村（里程桩号1281.675），里程173.258km。

5. 上海—武汉高速公路（G42S，沪鄂高速），上海—太仓—常熟—张家港—江阴—常州—金坛—溧水—马鞍山—巢湖—庐江—岳西—英山—罗田—团风—武汉。湖北段全长158.514km。由以下路段组成：

汉新高速公路，起点新洲区周铺互通（里程桩号131.141），终点黄陂区平安互通（里程桩号158.514），里程27.373km；武英高速公路，起点鄂皖省界，终点新洲区周铺互通，里程131.141km。

6. 麻城—安康高速公路（G4213，麻安高速），麻城—红安—大悟—广水—随州—宜城—南漳—保康—房县—竹山—竹溪—平利—安康。麻安高速公路湖北段全长529.312km。由以下路段组成：

麻红高速公路，起点位于与麻武高速公路相接的宋埠互通（里程桩号30）；终点红安县新集镇（里程桩号73.000），里程43km；麻竹大悟段（在建），起点红安县新集镇，终点孝感市大悟县芳畈村（里程桩号111.770）；大随高速公路，起点孝感市大悟县芳畈村，终点随州市何店镇（里程桩号196.159），里程84.389km；随襄高速公路，起点随州市何店镇，终点保康县城关镇（里程桩号402.711），里程206.552km；谷竹高速公路，起点保康县城关镇，终点十堰房县窑淮镇（里程桩号470.156），里程67.445km；谷竹高速公路，起点十堰房县窑淮镇，终点十堰竹溪蒋家堰镇（里程桩号598.082），里程127.926km。

7. 大庆—广州高速公路（G45，大广高速），大庆—松原—双辽—通辽—赤峰—承德—北京—霸州—任丘—衡水—濮阳—开封—周口—麻城—黄石—吉安—赣州—龙南—连平—广州，3550km。大广高速公路湖北省段由河南大广高速公路入境麻城市顺河镇周家湾（里程桩号2320），终点由通山鄂赣隧道（桩号2586.185）出境至江西。湖北境内全长约267km，由麻城—浠水段147km（称湖北北段）、鄂东长江公路大桥15.149km、黄石—通山段107km（称湖北南段）共三个项目组成。湖北境内已于2012年5月3日正式全线通车，在黄石鄂赣收费站与江西已经联通。

8. 上海—重庆高速公路（G50，沪渝高速），上海—湖州—宣城—芜湖—铜陵—安庆—黄梅—黄石—武汉—荆州—宜昌—恩施—忠县—垫江—重庆，1900km。沪渝高速公路湖北段东起黄梅县独山镇界子墩（里程桩号679），西至鄂渝交界利川市白羊塘（里程桩号1500.681），全长787.017km。

9. **恩施—广元高速公路**（G5012，恩广高速），恩施—万州—开县—达州—巴中—广元。湖北段起于利川市凉雾乡旗杆村，经过凉雾乡、南坪乡、谋道镇，止于渝鄂两省市省界接点田家垭口，与重庆段相接，全长 42.109km。

10. **二连浩特—广州高速公路**（G55，二广高速），二连浩特—集宁—大同—太原—长治—晋城—洛阳—平顶山—南阳—襄樊—荆州—常德—娄底—邵阳—永州—连州—广州，2685km。襄荆高速公路，北起襄阳市襄阳区长王龚家营西侧（里程桩号1517），经襄阳、荆门、荆州三市八县（市、区），向北与（武）汉十（堰）高速公路、樊魏（襄樊—南阳）高速公路相连，向南与沪蓉国道主干线相接，并通过荆州长江大桥连接荆（州）东（岳庙）高速公路通往湖南省，全长 311.313km。

11. **张家界—南充高速公路**（G5515，张南高速），张家界—来凤—黔江—石柱—忠县—梁平—大竹—营山—南充。湖北段即来咸高速公路，起于宣恩县李家河镇二虎寨村（接恩来高速），止于咸丰县高乐山镇小模村（接宣黔高速），全长 27.339km。

12. **杭州—瑞丽高速公路**（G56，杭瑞高速），杭州—黄山—景德镇—九江—咸宁—岳阳—常德—吉首—遵义—毕节—六盘水—曲靖—昆明—楚雄—大理—保山—瑞丽（口岸），3405km。湖北段起点阳新县枫林镇，终点通城县北港镇，全长 199.718km，与贯穿黄石市的大广高速公路交叉，形成"十"字形高速骨架网。

13. **呼和浩特—北海高速公路**（G59，呼北高速），呼和浩特、和林格尔、右玉、朔州、岢岚、吕梁、吉县、运城、灵宝、卢氏、十堰、房县、保康、宜都、慈利、张家界、新化、武冈、新宁、资源、荔浦、平南、玉林、北海（铁山港）。湖北段起点郧县刘洞鹁鸽村（里程桩号1100），终点：宜都市王家畈镇（里程桩号1548.02）。

呼北高速公路湖北段由湖北的七条省高速公路组成：郧十高速公路，起点刘洞鹁鸽村（里程桩号1100），终点十堰东互通（里程桩号1166.931），里程66.931km；汉十高速公路，起点十堰东互通，终点丹江口市六里坪镇（里程桩号1181.636），里程14.705km；十房高速公路，起点丹江口市六里坪镇，终点十堰房县城关镇（里程桩号1245.570），里程14.705km；谷竹高速公路，起点十堰房县城关镇，终点保康县寺坪镇（里程桩号1291.889），里程46.299km；襄随高速公路，起点保康县寺坪镇，终点保康县城关镇（里程桩号1313.015），里程21.146km；保宜高速公路，起点保康县城关镇，终点当阳市王店镇（里程桩号1456.104），里程143.089km。宜张高速公路，起点当阳市王店镇，终点宜都市王畈镇（里程桩号1548.020），里程76.225km。

14. **安康至来凤高速公路**（G6911，安来高速），平利—巫溪—建始—恩施—来凤。建恩高速公路建始（陇里）至恩施松树坪段66.8km，在建；恩施松树坪至来凤段起点恩施市松村坪村（里程桩号392.589），终点来凤县西水河（里程桩号485.369），全长92.774km。

15. **福州—银川高速公路**（G70，福银高速），福州—南平—南昌—九江—黄梅—黄石—武汉—孝感—襄樊—十堰—商州—西安—平凉—固原—中宁—银川,全长2485km。福银高速公路湖北段起于九江长江公路大桥(也称九江长江二桥)北岸(鄂赣界)(里程桩号708+704)止于云岭隧道(鄂陕界)(里程桩号1475+070),全长775.43km,经黄石、鄂州、黄冈、武汉、孝感、随州、襄阳、十堰等县市。湖北段由九江长江公路大桥北岸接线8.189km,黄小高速公路30.761km(在G70网26.194km),黄黄高速公路91.5km,鄂东长江公路大桥15.149km,武黄高速公路50.9km,武汉绕城高速公路豹澥枢纽互通至横店枢纽互通段75.5km,汉十高速公路404.6km,十漫高速公路106.41km各段组成。

16. **十堰—天水高速公路**(G7011,十天高速),十堰—安康—汉中—天水。湖北段为十白高速公路,起于湖北十堰市张湾区茅坪,接十漫高速公路,止于鄂陕交界处的郧县胡家营镇鹰咀岩隧道东口,接G7011陕西省白河(鄂陕界)至安康高速公路,全长58.208km。

第一节 北京—香港澳门高速公路(G4)

北京—香港澳门高速公路(以下简称京珠高速公路),现名京港澳高速公路,国家高速公路网编号为"G4",是中国一条连接首都北京至南部重要城市广州及珠海的高速公路,全长约2285km,双向四车道。沿线经过北京、保定、石家庄、邢台、邯郸、安阳、新乡、郑州、许昌、漯河、信阳、驻马店、武汉、长沙、广州、珠海、深圳、香港、澳门等城市。G4全程路线由原高速公路主干线京珠高速公路全段和新辟路线广州至香港和珠海至澳门两段组成。G4现分为主线及并行线两段,主线由北京到香港,并行线广澳高速公路编号G4W,由广州到澳门。湖北京珠高速公路是国道主干线北京至珠海高速公路的重要组成部分。

功能定位:湖北京珠高速公路(又称京港澳高速公路,以下简称京珠高速湖北段),是"71118"国高网中7条放射线之一,处于国道主干线北京至珠海高速公路的中枢位置,是我国南北交通的大动脉,是国家"九五""十五"交通重点建设项目之一,是湖北省交通第一次利用世界银行贷款,第一次全线采用沥青混凝土路面,第一次设置完善的路基路面排水系统和超限运输管理系统,第一次对环境保护以及全线景观进行专项建设,第一个将高速公路服务设施、机电工程与土建工程同步建成开通的高速公路项目。京珠高速湖北段的建设,对加快国道主干线及中南地区干线公路网络的建设进程,充分发挥湖北省的地理资源优势,改善投资环境,促进沿线地区的经济发展具有重要意义。该项目的建成,加速了我国以两纵两横为基本骨架的高速公路主干线的构成,同时,为湖北省交通主骨架的形成奠定了坚实的基础。

线路走向:京珠高速湖北段起于孝感大悟县的九里关(里程桩号1016.000),止于咸宁赤壁市新店镇土城村(里程桩号1309.664),全长293.664km。由北向南纵贯孝感、武汉、咸宁三个市的九个县(市、区),是湖北省连接华南、华北的重要交通走廊,在武汉市与东西走向的沪蓉(上海至成都)国道主干线形成十字交叉,两条国道主干线共用武汉军山长江公路大桥跨越长江。

湖北京珠高速由京珠北段(大悟九里关—武汉市郑店)、武汉军山长江公路大桥、京珠南段(武汉市郑店—赤壁市土城)三个项目组成。

京港澳高速公路京珠北段(G4)

一、京珠北段

(一)项目概况

线路走向:京珠高速公路湖北北段北起鄂、豫两省交界点大悟县九里关,经过孝感市大悟县、孝昌县、孝南区、武汉市东西湖区、蔡甸区、沌口开发区、江夏郑店,止于江夏区豹澥,主线全长224.4km。

建设规模:项目由世行项目和内资项目两部分组成,九里关—大悟互通28.5km为内资建设项目,大悟互通以南195.9km为利用世行贷款建设项目,即"国道项目Ⅲ"。在国道项目Ⅲ中,江夏豹澥—郑店、沌口全力—蔡甸永安45.7km为沪蓉国道主干线,全力—郑店17.8km(不包括军山长江公路大桥)为京珠、沪渝两条国道的共用段,另外国道项目Ⅲ还包括大悟、花园、孝感三条总长为31.7km的二级公路联络线。项目桥梁及构造物包括:大桥、特大桥17座,中、小桥62座。独立涵洞742道,其他构造物206道、立交44道、通道400道,天桥85座。附属区、安全设施、绿化和机电工程包括:互通16处,服务区4处,停车区4处,养护工区4处,和224.4km的交通安全设施、绿化以及通信、监控、收费、超限运输系统。

投资规模:项目批复概算68.21亿元,其中利用世界银行贷款2.5亿美元(折合人民币20.75亿元)、国家开发银行贷款10.591亿元、建设银行贷款6亿元、工商银行贷款6亿元、交通部拨款11.34亿元、中央国债1亿元、湖北省自筹资金6.086亿元、地方国债资金6.45亿元。

主要技术指标:路基宽度分别为26m/28m/35m;路幅设置中央分隔带2m/3m,左缘带0.75m,行车道2×3.75m,紧急停车带3.5m,硬路肩0.75m;设计时速100km/h、120km/h;行车道宽3.75m;最小平曲线半径2000m;最大纵坡3.1%,桥涵设计荷载汽车超—20级,挂—120;桥涵设计洪水频率特大桥1/300大、中、小桥及桥涵1/100;路面结构形式及厚度,面层沥青混凝土,基层水泥稳定级配碎石,底基层水泥稳定碎石。另外,3条联络线均按照二级公路技术标准建设,路基宽度12m,设计时速80km。

主要工程数量:主线224.4km、联络线31.7km,主线土方20085km^3、联络线586km^3、主线石方11620km^3、联络线252km^3、主线防护工程683.4km^3、联络线15.4km^3、主线特、大桥17座、联络线2座,主线中桥30座、联络线3座、主线小桥32座、联络线3座、主线独立涵洞742道、联络线62道、主线其他构造物206道、互通式立交16处、分离式立交28处、通道400道、天桥85座、主线基层5699km^3、联络线168km^3、主线沥青混凝土面层6008m^3、联络线154.8m^3、主线波形梁护栏864332m、防眩板27098m、绿色浸塑隔离栅464153m,主线标志1423处、联络线50处、主线标线287504m^3、联络线15216m^3、主线服务区4处、停车区4处、养护工区4处、收费站16处、绿化198.8km、声屏障3处。

自然地理特征:路线所经地区总体地势是北高南低,高程介于18~289m之间,地形、地貌从北到南依次可分为:重丘区分布在大悟县境及孝昌县境北部;平原微丘区分布在孝昌县南部及孝南区;冲积湖泊平原湖区分布在武汉市东西湖区;剥蚀堆积丘陵垄岗地区分布在武汉市蔡甸江夏区。项目所经地区,年平均气温15~17℃,1月最冷,月均气温2~5℃,极端低温-18.1℃,7~8月最热,月平均气温29℃,全年无霜期230~260天。雨量充沛,年降雨量为1100~1450mm,最多高达2262mm,最小仅657mm。路线经环水河、府河、沦河、野猪湖、王母湖、汉江、后官湖、株山湖、通顺河、长江、西粮湖等河流湖泊;穿越三个分蓄洪区(民垸),分别为东风垸分蓄洪民垸、东西湖蓄洪区、周家墩分蓄洪垸。

(二)项目前期工作

决策背景:京珠高速公路是我国南北交通大动脉,湖北段处于京珠大动脉的中枢位置,该项目建成能加速我国以两纵两横为基本骨架的高速公路主干线构成,推动武汉城市圈发展。

决策过程:1997年7月5日,国家计划委员会以计交能〔1997〕1111号文件下达《印发国家计委关于审批京珠国道主干线湖北省北段公路项目建议书的请示的通知》。湖北省交通规划设计院于1997年7月完成该可行性研究报告的编制工作。

第二篇
通途篇

1998年5月18日,国家发展计划委员会以计交能〔1998〕832号文件《印发国家发展计划委员会关于审批京珠国道主干线湖北省北段工程可行性研究报告的请示的通知》。1998年7月29日,中华人民共和国交通部以交公路发〔1998〕464号文件批复了京珠国道主干线湖北省北段公路初步设计。2000年3月3日,湖北省交通厅以鄂交计〔2000〕116号文件下达了京珠国道主干线湖北省北段、南段、军山长江公路大桥等2000年公路重点建设项目年度计划。

立项审批情况见表2-1-1。

立项审批情况 表2-1-1

可行性研究报告的批准	计交能〔1997〕1111号
工程可行性研究报告的批准	计交能〔1998〕832号
初步设计文件的批准	交公路发〔1998〕464号
施工图设计文件	1998年8月完成设计、12月完成审查
资格预审结果的批准	公建设字〔1998〕132号
招标文件的批准	公建字〔1998〕136号
招标结果的批准	公建字〔1998〕170号
土地使用批准	鄂土字〔1999〕019~058号
开工报告的批准	计投资〔1998〕1497号

征地拆迁情况见表2-1-2。

拆迁基本情况表 表2-1-2

路 段	征用土地面积(亩)	拆迁房屋面积(m²)	补偿费用(万元)
京珠北段	22330.97	235771.76	27382.3
京珠南段	9613.53	112859.74	16995.37
军山大桥	601.42	2760	3422.4
合计	32545.92	351391.50	47800.07

在征迁协调工作中,京珠指挥部坚持实事求是的工作思路。一是加强宣传力度,依靠地方政府推进征迁工作,分别在半月内完成了全线339km的征迁任务,涉及3市10县区62个乡镇328个村,累计征用永久性土地3.4万亩,拆迁房屋35万m²、地坪4.7万m²、水井700口、坟墓2万座、高压线杆3400多杆。二是通过地方政府结合农村土地承包情况在宏观上进行合理调整,确保群众耕种土地平衡;出台优惠政策,为拆迁户无偿提供房屋重建地,无偿解决水、电、通信、道路等配套设施;组织设计部门设计多种房型供群众参考、选择;结合城乡建设统一规划,对重建宅地进行土地平整,提前拉通电力、通信专线,修建道路、供水塔、变压器房,为群众解决后顾之忧。三是政策公开,将征迁资金纳入双系统控制,要求补偿资金严格遵循补偿标准、补偿数量、补偿金额"三公开",对拆迁户实行了一户一卡,一次性直接将拆迁户的全部补偿金存入银行,确保资金全部落实到位,中间环节没有截留现象。据统计,拆迁前楼房户比率为18.1%,还建后比率为80.3%,提高了62

个百分点;拆迁前;砖混结构面积占全部面积的40.2%,拆迁后占总面积的91%,提高了51个百分点。

（三）项目建设情况

组织机构:1995年3月,湖北省交通厅以鄂交人〔1995〕088号文成立湖北省交通厅世界银行贷款项目办公室,代行京珠国道主干线湖北段业主职责,负责该项目的筹资和前期准备工作。1998年7月31日,湖北省人民政府以鄂政办发〔1998〕82号文成立以副省长周坚卫为指挥长,省政府、省交通厅和孝感、武汉、咸宁部分领导为副指挥长,省直有关部门负责人为成员的"湖北省京珠高速公路建设指挥部",负责京珠湖北段的建设管理工作。1998年4月,湖北省交通厅党组决定,由时任副厅长任必年牵头,负责京珠湖北段项目的建设管理工作。根据菲迪克条款的原则,指挥部组建了湖北省京珠高速公路总监理工程师办公室(以下简称总监办)与指挥部一门两牌,任必年任总监理工程师,负责该项目的施工监理。指挥部(总监办)设常务副指挥长(总监)1名,副指挥长若干名(其中1名兼任副总监),总工程师(副总监)1名,下设5处2室。为加强建设现场的管理、调度,北段设立5个工作站,南段设立2个工作站,军山长江公路大桥设立军山大桥项目部。

主要参建单位:建设单位为湖北省京珠高速公路建设指挥部;设计单位为湖北交通规划设计院;监督单位为湖北省交通建设质量监督站;监理单位:北京育才交通工程咨询监理总公司、湖北省公路工程咨询监理中心、育才—布朗交通咨询监理有限公司、湖北省公路水运工程咨询监理公司、湖南省交通建设工程监理公司、北京中通公路桥梁工程咨询发展有限公司;施工单位:交通部第二公路工程局第四工程处、襄樊公路建设有限责任公司、中国建筑第三工程局、武汉东交路桥工程集团有限公司、湖北孝感公路工程建设开发总公司、广西区公路桥梁工程总公司、湖北省潜江市公路建设工程公司、铁道部第十三工程局、交通部第一公路工程公司第一工程公司、吉林省公路工程局、山西省路桥建设总公司、铁道部第二工程局、河南省交通公路工程局、湖北省路桥公司、中国第十九冶金建设公司、铁道部第五工程局、交通部第二公路工程局、新疆昆仑路港工程公司、中国第十五冶金建设公司。

实施过程:批复建设工期48个月。1998年12月25日正式开工,2001年11月20日通过交工验收,2001年12月15日开放交通试运营,2003年8月10日通过竣工验收。1998年4月,京珠高速公路湖北段建设机构开始筹建。1998年7月,征地拆迁工作全面启动,半个月完成全线征迁任务。1998年12月,项目Ⅲ1-8、11-12共10个标段正式开工。1999年5月,项目Ⅲ9标、10标及大悟北段正式开工,至此京珠北段实现全线开工。2000年4月,路基土石方、小型构造物及大、中、小桥全部完成并通过初验。2000年5月,二期工程基层开工,8月份油面层相继开工,10月份交通安全设施同步开始实施。2001年5月,特大桥全部合龙,油面层施工全面展开。2001年10月,全线工程全部结束。

湖北京珠指挥部根据工程的实际,在借鉴、吸收以往经验的基础上,按照"坚持科技创新,争创精品工程"的奋斗目标,将科技创新分为6个系列分步实施:一是以高速公路总体景观设计为中心,全面开展工程外观、水土保持、生态环境等涉及景观及文化内涵的系统的课题研究;二是以路基路面排水、软基处理、高边坡防护为主要内容,开展高速公路路基工程实施技术的研究;三是以应用美国超级路面技术为重点,开展沥青路面工程关键技术的研究;四是以长、大桥为载体,全面开展桥梁结构设计、施工工艺、混凝土外表涂装等关键技术的研究;五是以机电工程为重心,开展交通工程有关技术的研究;六是以工程、质量、财务管理为中心,开展信息系统的研究。这六大系列涵盖了路基、路面、桥梁、景观、信息管理等多方面的内容,较好地提升了工程的内在质量和外在形象。4年来,指挥部先后申请和设立了64项科研课题,目前已有12项通过鉴定评审,其中1项国际领先,7项国际先进,4项国内领先,9项获省政府科技进步二、三等奖。共组织国内外专家进行专题咨询论证68次,完成专题试验54项。

在基层与面层施工工艺研究中,将面层工艺用于基层摊铺,基层用料一律厂拌,并用进口DF140CS沥青摊铺机进行基层摊铺;面层施工中借鉴美国超级路面superpave12.5技术进行沥青混凝土摊铺,运用此项技术,采取双摊铺机梯队单幅单层一次成型方式,主线标准段无纵向接缝,横向平接缝由横向碾压改为斜向45°碾压,采用SBS改性沥青,控制拌和时间和温度,运用滑靴施工法和采取高温、紧跟、高频、低幅碾压技术,保证了良好的平整度和足够的压实度,并创造了甘铺沥青路面$48800m^2$的京珠速度。在路面压实中,引进了国际上振荡压实工艺,既保证了压实度、提高了平整度,同时也减少了对构造物的损伤。通过采用稀浆封层施工工艺,提高了基层与面层的封水能力和黏结性能。按照创精品工程要求,调整相关技术标准,提高面层技术指标,将沥青面层的平整度由规范的1.2mm提高到0.8mm,将沥青面层抗高温车辙性能的动稳定度指标由规范的3000次/mm提高到5000次/mm。

工程交工、竣工验收:2001年11月19~20日,京珠北段工程通过交工验收,工程质量得分96.3分,标段工程合格率为100%,工程质量等级评定为优良。2003年1月20日,京珠北段附属区工程通过交工验收,工程总体质量等级优良。2002年12月5日,京珠北段、南段、军山长江公路大桥交通机电工程专项通过交工验收,北段工程评定结果为:通信系统99分、监控系统98分、收费系统96分,机电系统单位工程97.5分,质量等级评定为优良。2003年3月18日,京珠北段建设项目档案专项工程通过验收,等级评定优良。2002年12月24日,京珠北段环境保护专项工程通过交工验收。2003年3月10日~5月30日,湖北省审计厅对京珠北段和军山长江公路大桥建设项目竣工决算进行了审计。2003年8月9~10日,京珠北段和武汉军山长江公路大桥通过竣工验收,工程质量评分为96.8分,等级评定为优良。

路面摊铺基层

路面摊铺底面层

(四)复杂技术工程

1. 滞洪地区软土地段施工

滞洪地区软土地段施工是该路建设的难题,施工中开展滞洪区软基高速公路粉煤灰路堤关键技术研究。通过采用粉煤灰填筑路堤,解决了土源问题,减少了粉煤灰对环境的污染。同时,采用粉喷桩及投石压浆无砂混凝土小桩技术,处理软基路段桥头及稳定路基,很好地解决了滞洪地区软土地。

2. 改善桥头跳车和稳定强风化高边坡

在构造物和边坡施工中,有效地克服了以往施工中的一些"瓶颈问题":开挖台阶,采用透水性材料分层填筑碾压,有效地改善了桥头跳车现象;倒虹吸圆管涵结构首次在国内公路行业采用预应力混凝土结构,并将管节接头进行优化设计,克服了以往设计的倒虹吸管易渗漏、对路基稳定不利的弊端;对于高边坡处理,全线施工按要求采用喷锚防护工艺稳定了强风化高边坡。

二、武汉军山长江公路大桥

(一)项目概况

线路走向:武汉军山长江公路大桥位于武汉市西南郊,武汉关上游28km处,南岸江夏区金水乡,北岸蔡甸区军山镇,是京珠、沪蓉两条国道主干线跨越长江的共用特大桥。

建设规模:项目全长4881.178m,其中:桥长2847m,引道长2034.178m。主桥部分为五跨连续双塔双索面半漂浮体系钢箱梁斜拉桥,五跨连续长964m,其中主跨长460m,钢箱梁全宽38.8m,为当时国内在建同类型桥梁中最宽的桥梁,引道宽35m,设双向六车道。

投资规模:项目批准概算投资13.005亿元,其中:中央投资1.3亿元,地方国债3.05

亿元,国内银行贷款5.05亿元。

主要技术指标:计算行车速度:120km/h;主桥及引桥桥面宽度(主桥不含斜拉索锚固区宽度)33.5m;其中行车道宽度:2×3×3.75m;中央分隔带宽度:2.0m;左侧路缘带宽度:2×0.75m;紧急停车带宽度:2×3.25m;外侧护栏带宽度:2×0.5m;荷载:汽车—超20级,挂车—120;通航水位:设计最高通航水位27.1m(黄海高程,以下同),设计最低通航水位10.32m;通航净空:桥下通航净高为最高通航水位以上不小于18m,通航净宽为双向通航不小于350m,单向通航不小于150m;风荷载:桥位区20m高度处重现期100年10min平均最大风速27.6m/s;温度荷载:索、梁温差±10℃,索、塔温差±15℃,梁上、下缘温差±10℃,结构体系升温25℃,体系降温38.1℃;地震荷载:基本烈度6°,按7°设防;船舶撞击荷载:主墩设计船撞力顺水方向15930kN、垂直水流方向7970kN,边墩设计船撞力顺水方向11600kN、垂直水流方向5800kN;桥面纵坡:3%,桥面横坡:2%;设计洪水频率:1/300。

主要工程数量:武汉军山长江大桥全长4881.178m,路基土方265.868km³、石方17.573km³、防护工程6.577km³,特大桥、大桥2847m/1座(钢箱梁16596t、斜拉索1081t、钢桥面改性沥青混凝土33705m²、混凝土桥面改性沥青混凝土57092m²),中桥106m/2座,独立涵洞149/3道,路面底基层69.616km³、基层68.734km³、沥青混凝土面层67.829km³,独立通道3道,天桥1座,波形梁护栏8596m、防眩板2838m、绿色浸塑电焊隔离栅5074m、标志111处、标线1685m²、绿化1.919km。

自然地理特征:桥位处长江军山段单一河段上,河道顺直,常水位时江面宽为1000m,两岸堤间距离为1170m。桥位主河槽河床无覆盖层,表面为3~4m的推移质砂层。A合同段位于K175+449处有断裂带,规模较大,宽度为15~20m;岸地地表为黏土、亚黏土、淤泥质亚黏土、亚砂土、粉细砂所覆盖,北岸下伏砂质泥岩。主5号墩位于长江左侧河床,表层为松散状粉细砂层,局部地段底部夹少量砂砾石,厚0.75~1.3m,下伏基岩为粉砂质泥岩,岩面平缓,其中强风化层厚2.78~5.74m;弱风化层厚约18.42~22.00m;微风化层基岩稳定,无不良地质现象。粉砂质泥岩抗压强度最高为19.6MPa,最低为3.2MPa,平均为11.8MPa。桥位区属副亚热带到北亚热带过渡的湿润季风气候,具有四季分明,无霜期长,水源充沛等特征。春季天气易变,气温上升剧烈,雨量集中,梅雨明显;盛夏时节天气晴朗酷热,多伏旱;秋季气温下降较快,冬季寒冷少雨,常有大风雪,时有冻害。

(二)项目前期工作

湖北省交通规划设计院据鄂交计[1992]466号《关于下达1993—1995年交通基本建设重点工程前期工作计划的通知》进行预可行性研究报告;1996年交通部以交基发[1996]753号文批复关于武汉军山长江公路大桥通航净空尺度和技术要求;1997年4月

8日,国家环境保护局以环监〔1997〕207号文批复京珠国道主干线武汉军山长江公路大桥工程环境影响报告书;1998年国家发展计划委员会以特急计基础〔1998〕1552号文审定了关于京珠国道主干线武汉军山长江公路大桥项目建议书(代可行性研究报告),向国务院请示;同时计划委员会以计基础〔1998〕1599号文印发给湖北省计委;1998年12月2日交通部以交公路发〔1998〕743号文批准初步设计;1998年10月14日国家计划委员会下达1998年(国务院批准的)第五批基本建设新开工大中型项目计划的通知。

立项审批情况见表2-1-3。

武汉军山长江公路大桥基建程序审批表 表2-1-3

预可行性研究报告的批准	计基础〔1998〕1599号
工程可行性研究报告的批准	计基础〔1998〕1599号
初步设计文件的批准	交公路发〔1998〕743号
施工图设计文件	1998年12月完成施工图设计
资格预审结果的批准	交公建设字〔1998〕100号
招标文件的批准	公建设字〔1998〕131号
招标结果的批准	招标结果已报交通部备案
土地使用批准	省直国用(2002)字第033~038号 省直他项(2002)字第022号
开工报告的批准	计投资〔1998〕1976号

征地拆迁:(见京珠北段)

(三)项目实施

组织机构:(见京珠北段)

主要参建单位:建设单位为湖北省京珠高速公路建设指挥部;监督单位为湖北省交通基本建设工程质量监督站;施工单位为中国路桥集团第二工程局、中港集团第二航务工程局、国营武昌造船厂、上海浦江缆索厂、中国矿业大学大正表面新技术公司、天津市第五市政公路工程公司、武汉亚太欧照明工程有限公司、湖北新发展园林工程有限公司、北京航材百慕材料新技术工程公司、长安大学、武汉701船舶研究所等;设计单位为中国交通部公路规划设计院、湖北交通规划设计院、重庆交通科研设计院、北京交通公路勘察设计院、厦门高格桥梁景观设计研究中心等;试验、测试和监控单位为中国交通部公路规划设计院、湖北省公路工程咨询监理中心、铁道部大桥局桥梁研究院、西南交通大学、湖南大学、柳州欧维姆建筑机械有限公司、湖北省公路科研所等;监理单位为铁道部第四勘测设计院监理公司。监理为全桥统一一个监理。

武汉军山长江公路大桥,共分为5大项合同段进行组织施工,其中A,B两土建合同段以钢箱梁斜拉桥纵向对称中心线划分,北段为A合同段,南段为B合同段。C合同段为钢箱梁制造与安装焊接。D合同段为斜拉索制造。E合同段共细分为6个小合同段。

京港澳高速公路军山长江公路大桥(G4)

实施过程:武汉军山长江公路大桥建设工期48个月,于1998年12月开始建设,1998年12月30日正式破土动工,2001年11月建成交工,2001年12月15日开放交通试运营,2003年8月10日通过竣工验收。

工程交工、竣工验收:(见京珠北段)

(四)复杂难点工程

1. 施工图设计阶段桥跨布置优化

1998年10月,进行了武汉军山长江公路大桥的地质详勘工作,在主桥范围内布设了41个墩位孔和2个断层验证孔共43个钻孔。通过地质钻探,对桥位处的地质情况做了进一步探明和验证,发现在F2断层附近存在着一条新的断层F2-1,该断层破碎带真厚度约2m,倾角约为72°,其走向与桥轴线的交角约为83°。军山长江大桥主桥采用48m+204m+460m+204m+48m五跨连续双塔双索面半漂浮体系钢箱梁斜拉桥。桥面纵坡为3.0%,位于$R=20000m$、切线长$T=600m$、外矢距$E=9m$的竖曲线上。一个索塔基础由19根直径2.5m的钻孔灌注桩组成,承台直径为30m,厚6m。基础采用异形钢围堰施工,钢围堰直径33m,高30.5m。索塔采用分离式倒Y形,索塔总高度为163.5m。塔柱分下塔柱、中塔柱和上塔柱及斜拉索锚固区,在两塔柱之间设置下、中、上三道横梁。辅助墩及过渡墩采用钻孔灌注桩基础,薄壁墩。主梁为全焊流线型扁平钢箱梁,梁高3.0m,钢箱梁全宽38.8m。桥面板为正交异性结构,钢箱梁为薄壁单箱三室结构,全桥共设四条纵腹板,钢箱梁总长为962.12m,钢箱梁标准梁段长度为12m,全桥共分87个梁段,梁段最大吊装重量为211.8t。斜拉索采用高强度低松弛平行钢丝外挤包高密度双层聚乙烯护层制成的扭绞型拉索,标准索距为12m,最大索长250.793m,重19.16t。全桥共设有6对竖向支座,分别设于主3号、主4号、主5号、主6号、主7号、主8号墩上;2对横向抗风支座,分别设于主5号、主6号墩(两索塔)处;4组纵向限位支座,设于主5号、主6号墩(两索塔)与钢箱梁风嘴间。顺桥向不设固定支座,在主3号、主8号墩处各设一道位移量为1440mm的伸缩缝。军山长江大桥南过渡孔桥为(30+56+48+48)m,总长度182m的预应力混凝土连续箱梁,桥梁起讫桩号为K176+293~K176+475。北过渡孔桥为(30+56+48)m,总长度134m的预应力混凝土连续箱梁,桥梁起讫桩号为K175+195~K175+329。采用分离式双幅桥,钻孔灌注桩基础。为了增加景观效果,墩身采用花瓶形薄壁墩,单幅桥预应力混凝土箱梁宽:16.25m,梁高为2.9m,箱梁为斜腹板单箱单室断面,腹板厚0.55m,顶、底板厚0.25m。

军山长江大桥北引桥为两联7孔30m的预应力混凝土连续箱梁,桥梁起点桩号为K174+771.5,终点桩号为K175+195,桥长423.5m;南引桥为两联7孔30m和三联8孔30m的预应力混凝土连续箱梁,桥梁起点桩号为K176+475,终点桩号为K177+618.5,桥长1143.5m。采用分离式双幅桥,单幅桥箱梁宽度为16.25m,梁高为1.75m。军山长江大桥引道路基宽度为35m,北引道起点桩号为K173+200,终点桩号为K174+771.5,长度为1571.5m;南引道起点桩号为K177+618.5,终点桩号为K178+081.178,长度为462.678m。引道路基宽度为35m。路面采用沥青混凝土结构。

2. 大直径异型钢围堰基础施工

武汉军山长江公路大桥其中两个主塔墩(主5号墩、主6号墩)基础均属于深水基础。由于主塔处河床无覆盖层,初步设计阶段通过对钢管桩平台钢吊箱、钢围堰等施工方案的综合经济技术比较,决定主塔墩基础采用钢围堰方案施工。由于桥面宽度达38.8m,按常规设计,主塔需要向两边延伸,钢围堰的直径将达到44m。军山大桥桥位区主航道较窄,钢围堰直径过大会影响通航,同时会改变桥位区水文条件。为了减小钢围堰的规模、减小阻水断面、节省造价,同时满足塔柱下端施工要求,设计首次创造性地提出了异形钢围堰结构,采用异形钢围堰增加了设计施工难度:下塔柱施工时,钢围堰由圆形结构转换为异形结构,受力体系发生变化;同时,异形结构受力状况差,结构应力复杂;圆形结构下沉定位只需对准中心位置,异形结构还需要定位上下游角度,增加了下沉定位及着床难度;异形结构对水体扰动严重,拼装接高和下沉就位易产生振动。

技术内容:武汉军山长江公路大桥两个主塔墩(主5号墩、主6号墩)基础均属于深水基础。由于主塔墩处河床无覆盖层,初步设计阶段通过对钢管桩平台钢吊箱、钢围堰等施工方案的综合经济技术比较,经相关研究决定主塔墩基础采用钢围堰方案施工。由于桥面很宽,同时又要保证索塔造型,按常规设计,钢围堰的直径将达到44m。为了减小钢围堰的规模、方便施工、节省造价,设计首次创造性地提出了异形钢围堰结构,将围堰外径缩小到33m。为了保证施工过程中的钢围堰结构安全,需对异形钢围堰进行研究。

技术方案:钢围堰在桥梁深水基础施工中起着钻孔、封底和承台施工过程的围水作用、钻孔和混凝土作业平台的支承作用、减小桩基自由长度作用。

采用的异形钢围堰结构在圆形钢围堰上焊接两个簸箕形构造,巧妙地将圆形和异形结构结合在一起,以满足不同施工阶段的需要。该结构在承台施工高水位差的情况下为圆形结构受力,充分发挥了圆形钢围堰结构受力条件好的特点。在下塔柱,施工时,按施工计划长江水位较低,抽空簸箕形构造与圆形构造之间的水,切割与下塔柱相干扰的部分钢围堰,钢围堰就由圆形结构转化成异形结构,以适应下塔柱施工需要。

钢围堰主要构造为:采用双壁自浮式,总高度30.5m,内径30m,外径33m。簸箕形构造分二期制作安装,实际施工时二期簸箕形构造没有制作焊接。圆形钢围堰分6个节段,每个节段分8个环块共3种类型。钢围堰壁舱内填注水下混凝土。

本桥钢围堰外径33m,内径30m,高30.5m,并在上、下游塔肢处设置外置式簸箕耳板大型钢结构。围堰的圆筒部分分成五个节段,为1个刃脚段,3个加强段和1个标准段。围堰除满足受力要求外,还有良好的水密性,每个节段分成8个独立隔舱。

在设计上主要解决钢围堰切割过程中各工况异形钢围堰的结构安全;采取先进施工方法和技术手段和措施,保障围堰的制作、浮运、拼装、下沉、着床、封堵等工序施工顺利进行,有效缩短工期,减少对航道的影响;在下部结构施工过程中钢围堰整体抗滑、抗倾覆及抗浮稳定性。

综合比较:钢围堰深水基础施工方法自产生以来,在国内外许多著名特大桥上使用。如武汉长江二桥、黄石长江公路大桥、芜湖长江大桥、南京长江二桥的深水基础均采用此法设计与施工。这些桥的钢围堰的共同特点均采用圆形结构,利用圆形受力均匀的特点。据目前资料反映,军山长江公路大桥钢围堰异形结构为国内外首创。若按常规设计,圆形钢围堰的直径将达到44m。

应用情况:针对主塔结构特点,经方案优化比较,选用大型异形双壁钢围堰的设计,在满足主塔基础及下塔柱施工需要的前提下,与常规圆形钢围堰相比,大幅度减小了围堰规模,显著降低了造价。结构新颖,设计具有创新性。结构分析及计算工况、计算模型合理。

在深水、大流速、薄覆盖层的条件下,大型异形双壁钢围堰所采用的施工工艺流程合理,主要施工方法、技术手段先进。钢围堰的制作、浮运、拼装、下沉、着床、封堵等措施得力,安装质量高,施工速度快。并采用施工监测,保证了施工安全。

这些成果的应用节省了大量工程材料用量,减小了规模,降低了施工难度,经济效益十分明显。异形双壁钢围堰目前在国内外桥梁深水基础施工中属于首创,结构新颖,构思巧妙,其在本桥的成功应用为今后国内相类似桥梁深水基础的钢围堰设计施工提供了新的设计思路和方法,丰富了桥梁设计、施工技术。

3. 斜拉桥索塔锚固区横向小半径环向预应力布置

武汉军山长江公路大桥是京珠、沪蓉两条国道主干线跨越长江共用的特大桥,是国家"九五"重点工程之一。项目里程4881.178m,其中:桥梁全长2847m,主桥为48m+204m+460m+204m+48m五跨连续双塔双索面半漂浮体系钢箱梁斜拉桥,长964m,桥面为双向六车道,净宽33.5m,是目前国内最宽的跨长江大桥。设计行车速度为120km/h,设计荷载为汽车—超20级,挂车—120级。该桥斜拉索设计索力接近"千吨"级,索塔锚固区截面受到极大的限制,这无疑给设计带来了新问题。设计单位以确保结构安全、控制工程造价为前提,根据本桥的技术特点、最大索力以及索塔锚固区的截面特性进行综合分析后,进行锚固区设计。提出了新的大吨位小半径环向预应力体系。为了对索塔锚固区小半径环向预应力体系进行深入研究,进一步验证索塔锚固区的设计方案,确保该体系的成功应用,争创精品工程,湖北省京珠高速公路指挥部组织湖南大学、中交公路规划设计院等单位组成专班,从1999年5月起开展本科技项目的研究。

创新点:武汉军山大桥索塔锚固区采用的大吨位小半径($R=1.5m$)U形环向预应力体系,首次将U形预应力钢束张口横桥向布置,使预应力体系更趋合理,使设计和构造更为合理,取得明显的经济效益;首次对大吨位小半径环向预应力束的张拉伸长量做出了合理的分析,为大吨位小半径环向预应力束张拉伸长量的控制提供了可靠的依据,对充实设计与施工验收规范、推广这类体系的应用有大的参考价值。

综合比较:武汉军山大桥索塔锚固区采用的小半径($R=1.5m$)U形环向预应力体系,首次将U形张口横桥向布置,使预应力体系更趋合理,比同类桥梁节省预应力钢绞线材料数量25%。进行的索塔锚固区空间应力分析节段模型各组成部分尺寸与相对空间位置与原结构完全一致。在模拟实桥结构,尤其是在锚块及索孔的保留与空间布置方面,较以往的计算模型有较大的改进与提高。

根据武汉军山长江大桥索塔锚固区工程完成后的初步统计,研究成果为工程降低工程造价近291万元;同时研究成果在大规模的索塔施工中起到了很好的借鉴作用,索塔速度平均为1m/天,较计划工期提前40天。由于军山大桥索塔工程保质保量地顺利完成,为整个大桥的提前建成奠定了基础,间接经济效益与社会效率十分巨大。大桥的提前建成,将使投资效益更快地得到发挥,更重要的是可使京珠国道主干线湖北省境内段得以如期贯通。

4. 斜拉桥钢箱梁成桥全断面焊接连接新技术

斜拉桥属高次超静定结构,成桥线形和结构恒载内力与所采用的施工方法和安装程序有着密切的联系。另一方面,在施工阶段随着斜拉桥结构体系和荷载状态的不断变化,结构内力和变形也随之不断变化,因此应用正确的安装施工技术,从而达到保证结构的受力和变形始终处于安全的范畴内,也确保成桥后的结构内力和线形符合设计要求的目的。

结合武汉军山长江公路大桥钢箱梁成桥焊接的需要,湖北省京珠高速公路建设指挥部与国营武昌造船厂共同向湖北省交通厅申报斜拉桥钢箱梁成桥全断面焊接连接施工技术的研究与应用科研项目,湖北省交通厅以鄂交科教〔2001〕495号文批准立项。

技术方案:主桥钢箱梁成桥安装采用悬臂吊装法,全桥87个带纵横加劲肋的梁段在工厂预制后用船运至桥下吊装就位,焊接连成全桥。该桥钢箱梁悬臂安装施工共经历秋、冬、春三个季节,而武汉地区属北、中亚热带过渡性气候,季节温差较大,日温差也较大,且空气相对湿度较高,雨量充足且雨水呈酸性,这给钢箱梁全断面焊接施工带来很大困难。同时,全焊接接头,钢箱梁斜拉桥与混凝土斜拉桥的成桥线形的实现相比,主梁标高的调整,可通过调整钢箱梁顶、底板焊缝宽度来实现梁端悬臂标高及倾角的微调,因此钢箱梁梁段之间焊接技术的应用及焊接质量的控制,对于全桥的成桥线形及内力体系的影响非常重要。

武汉军山长江公路大桥系我国目前首次采用全断面焊接连接技术的钢箱梁斜拉桥。虽然钢箱梁的制造总成施工工艺技术已趋成熟,但斜拉桥钢箱梁安装的受力体系不同于悬索桥,成桥安装运用全断面焊接连接技术在国内尚无先例,在世界桥梁界亦罕见报道,其钢箱梁安装方式为采用桥面吊机进行悬臂安装,并且该桥地处气候变化无常、日温差较大且雨水较多、湿度较大的武汉市,因此,认真研究钢箱梁成桥全断面焊接连接施工技术是实现设计意图,确保钢箱梁成桥质量的关键所在。并针对斜拉桥钢箱梁成桥安装技术的施工特点及全断面环形焊缝在施焊中的力学特性,通过大量的工艺试验和技术论证后,确定:研究陶质衬垫CO_2自动焊(FCAW)单面焊双面成形技术,为斜拉桥钢箱梁全断面焊接连接施工技术研究及应用的主攻难点,并随之开展相关的关键技术的研究。

关键技术:为了使钢箱梁斜拉桥成桥全断面焊接连接施工技术的研究成功并顺利推广应用,在钢箱梁制造全部工艺过程中必须有若干个关键技术作为支撑,以达到项目研究及应用的目的,从以下几个关键技术,展开优化设计、开发、试验和研究:焊接方法的优化设计;焊接坡口的设计与陶质衬垫的应用研究;药芯焊丝CO_2气体保护自动焊的研究应用;焊接工艺评定试验;焊接工艺程序研究与运用;全断面焊接质量控制;实现全断面焊接的保障基础。

推广应用情况:根据大跨径斜拉桥钢箱梁成桥连接施工技术的需要,湖北省京珠高速公路建设指挥部与国营武昌造船厂结合军山长江公路大桥实际情况,同时兼对今后斜拉桥钢箱梁具有示范效应,完善了一整套在大温差、高湿度自然条件下斜拉桥钢箱梁成桥全断面焊接连接施工技术。钢箱梁全断面焊接作为一种科学、先进、可靠的斜拉桥成桥安装方法,为今后我国建造同类桥梁增添了一种新的工法,并有效提高了大桥运行的安全性、经济性。研制的斜拉桥钢箱梁成桥全断面焊接连接施工技术的有效应用,在国内尚属首次,为工厂探索出一种全新的造桥模式,同时也取得了明显的经济效益,增强了工厂在桥梁市场上的竞争能力。

实施效果:全断面焊接连接施工技术的研究与应用使钢箱梁成桥建造质量及成桥线形满足设计规范要求,焊接质量可靠;首次在斜拉桥钢箱梁环缝上应用了陶质衬垫CO_2气体保护全自动焊技术,规范了全断面焊接技术的参数指标及程序,并有效提高了工效,降低了制造成本,取得了较高的经济效益。研制的环缝刚固工装,保证了悬臂吊装钢箱梁的刚性和稳性,确保了全断面焊接的质量;全断面焊接方法较全断面栓接或栓焊混合方式具有较大的经济效益,与全栓结构的斜拉桥钢箱梁成桥建造成本相比较,可节省费用近1000万元。

创新点:首次在国内进行斜拉桥钢箱梁成桥的全断面焊接连接施工技术的有效研究及应用,使钢箱梁成桥建造质量及成桥线形满足设计规范要求,焊接质量可靠,并有效提高了大桥运行的安全性、经济性和行车的舒适性;首次在斜拉桥钢箱梁成桥施工中应用了陶质衬垫CO_2自动焊单面焊双面成形技术;完善一整套大温差、高湿度条件下斜拉桥钢箱梁成桥全断面焊接施工技术,保证了桥梁建造周期,降低了制造成本,取得了较高的经济效益,已达到国际先进水平。

研究成果的先进性:根据查新结果,全断面焊接技术在钢箱梁悬索桥上已有应用,但陶质衬垫CO_2自动焊技术在斜拉桥钢箱梁成桥施工中应用未见先例。经专家评定,本科研成果达到国际先进的技术水平;焊接技术:在各种产品制造业中,焊接是一种十分重要的加工工艺,焊接已广泛地应用于机械制造、造船、石油化工、航天航空、电力、建筑等方面,随着钢结构桥梁、涵洞工程新施工技术的应用推广,目前焊接技术也已广泛地用于桥梁工程;陶质衬垫药芯焊丝CO_2气体保护自动焊工艺:熔极化气体保护电弧焊(如CO_2气体保护焊)可以方便地进行各种位置的焊接,并具有焊接速度快、熔敷率较高、焊缝成形美观等优点。在造船、水工、港口、桥梁等工程中已广泛应用,而陶质衬垫药芯焊丝CO_2气体保护自动焊单面焊双面成形技术,除具有上述熔极化气体保护电弧焊的优点外,由于药粉的作用,使其更具优点,加上陶质衬垫单面焊双面成形技术,避免了仰位焊接,大大降低了工人劳动强度,改善了作业环境,降低了成本,大幅提高了生产效率;斜拉桥钢箱梁的装焊程序:军山桥钢箱梁采用悬臂吊装,各区域梁段受力状态不一致,且完全不同于悬索桥,其装配、焊接方法和程序的控制精度直接影响着成桥线型和主桥钢箱梁的内力体系。该项目研究、实施结果:全断面焊接质量优良,合格率为100%,成桥线型和内应力体系均有效控制在设计规范范围内。

应用情况:该项目关键解决了斜拉桥钢箱梁全断面焊接连接施工技术,使得该项目在军山桥钢箱梁成桥中顺利实施,为今后国内计划或其他在建钢箱梁斜拉桥的成桥施工产生较大影响。

全断面焊接连接施工技术已广泛用于悬索桥成桥施工,该项目研究的陶质衬垫 CO_2 自动焊单面焊双面成形技术,在工厂已逐步应用于桥梁制造、水工、民船以及其他钢结构产品制造中,大大提高了制造生产效率,降低了工人的劳动强度,缩短了生产周期,并大幅提高了经济效益。

全断面焊接连接施工技术在国内首次成功应用于大跨径钢箱梁斜拉桥的成桥安装施工,为斜拉桥钢箱梁增添了一种新的工法,与其他工法(如全栓形式)相比较,取得了较大的经济效益,降低了劳动强度,提高了生产效率,缩短了造桥周期。

5. 钢箱梁大面积自动电弧喷铝防腐技术

武汉军山长江公路大桥主梁为全焊扁平流线型钢箱梁,全宽(包括风嘴)38.8m,高3m,全长962.12m,分为87个梁段。主体结构采用Q345C钢,风嘴采用Q235B钢。根据桥址环境特征、工期要求、涂装技术成熟程度和耐腐蚀寿命等因素选定和实施钢箱梁长效防腐方案。

早期建造的钢桥均采用油漆防腐,防腐寿命8~10年,每隔3~5年维护一次,每10~15年重新进行防腐,维护费用巨大。我国钢桥的设计使用寿命约100年。重防腐油漆涂层防腐蚀寿命短,电镀、热浸镀防腐寿命仅为10年,仅适用于中、小零件防腐。在热喷涂领域,等离子喷涂、超音速喷涂、爆炸喷涂,虽然涂层质量优良,但由于设备投资大,流动施工困难,喷涂效率低,生产镉,显用作功能涂层。火焰喷涂和传统电弧喷涂在长效防腐应用较多,但由于喷涂效率低,对于工期较紧的大型钢桥梁防腐,应用受到严重限制。

机械化大功率电弧喷涂被认为是技术新、效率高、自动化程度高、操作简单、涂层质量均匀、防腐效果好,是很有发展前途的长效防腐技术。电弧喷涂技术最突出问题是:电弧喷涂设备喷枪与主机基本一体,不能适应远距离喷涂和大规模现场喷涂防腐的流动施工,喷涂工艺不稳定。电弧喷涂技术不能在钢桥梁上应用的主要原因是:传统电弧喷涂设备自动化程度低、喷涂效率低,很难保证工期紧、质量要求严格的钢桥梁长效大面积施工技术要求。推广大面积机械化电弧喷涂防腐技术,以军山大桥为例,钢箱梁外表面50000m^2,钢桥面35000m^2,电弧喷涂初期投资较油漆防腐增加费用450万元,但在100年内减少油漆失效需重新刷油漆防腐达9次以上,节约油漆维护防腐费用近1.3亿元,国家、地方受益,符合我国技术发展政策。

结合军山大桥钢箱梁长效防腐的需要,湖北省京珠高速公路建设指挥部与中国矿业大学共同向湖北省交通厅申报电弧喷铝涂层寿命及钢箱梁桥机械化大面积自动喷涂技术的研究与应用科研项目,湖北省交通厅以鄂交技〔2000〕1320号《关于下达2000年省交通科技项目计划的通知》批准立项。

技术关键:钢箱梁桥电弧喷铝复合涂层方案研究;通过对国内外电弧喷涂设备、工艺、标准、长效防腐应用效果、钢桥梁其他防腐方法的检索、调研,完成军山大桥电弧喷铝长效防腐技术论证,确定钢箱梁桥电弧喷铝复合涂层方案和涂装总体技术方案。电弧喷铝在武汉军山长江公路大桥钢箱梁的首次应用,为我国钢桥梁长效防腐提供推广应用示范。它与现有几种钢桥防腐技术相比,具有耐腐蚀寿命长、涂层结合力高、抗紫外线、耐老化、生产效率高、无环境污染等特点;电弧喷铝涂层耐蚀性及剩余寿命试验研究:在国内外首次采用弱极化腐蚀电流密度技术对电弧喷铝涂层耐腐蚀寿命和剩余寿命进行试验研究,其结论对钢箱梁桥长效防腐涂层的工程维护提供指导性建议,技术水平处国际领先;钢箱梁大面积电弧喷铝装备研制及应用:结合武汉军山长江公路大桥钢箱梁防腐,在国内外首次研制并采用机械化喷涂设备对钢箱梁进行大面积电弧喷铝长效防腐施工,实现对喷涂速度、步进距离、喷涂工艺参数等进行连续稳定工程化控制,实现对钢桥梁大面积电弧喷铝涂层质的稳定控制,从而确保大面积电弧喷铝涂层厚度均匀和结合牢靠,技术水平处国际领先。

技术措施:根据大跨径钢桥现场加工、现场安装、现场防腐实际情况,湖北省京珠高速公路建设指挥部与中国矿业大学结合军山大桥实际情况,同时兼对其他钢桥具有辐射效应,设计制作机械化大功率自动电弧喷涂设备进一步分体制造,用于现场焊缝和破损部位的现场补喷,确保钢桥任何部位都能获得等寿命长效防腐;企业建设保障措施:以电弧喷涂技术的依托成立的中国矿业大学大正表面新技术公司,加强企业发展,从技术、人力和资金等多方面积极完善自我,获得建设部二级资质施工企业,培养出一批技术熟练、经验丰富、责任心强、敢打硬仗的施工队伍,完成一批国家重点工程钢结构电弧喷涂层长效防腐施工任务。以防腐技术先进、资金充足、管理科学、经验丰富一举在军山大桥防腐工程中标。企业建立一支营销队伍,以武汉军山桥为示范点,向全国交通系统辐射,通过参观、录像等手段宣传机械化电弧喷涂技术在大跨径钢桥梁上的应用,使电弧喷涂技术在钢结构长效防腐领域获得健康有效的推广。建立一套行之有效的质量保障措施,企业通过IS9002质量体系国际认证,并在施工过程中贯彻执行,从人、机、料、法、环方面进行全员工程质量管理。建立电弧喷涂施工岗位责任制,操作工艺流程、质量测评标准和各类作业指导书等,对施工质量进行动态控制。

实施效果:机械化大功率自动电弧喷涂装备在武汉军山大桥长效防腐施工过程中,应用成功,效果优良,全部或部分超过原设计指标,设备运行可靠、涂层质量稳定,生产效率高,有效施工工期比计划工期提前1/3。主要效果:①电弧喷涂自动化水平提高,大大减轻工人劳动强度,提高工效4倍以上,为大面积电弧喷涂防腐施工工期提供最有力保证。②机械化电弧喷涂设备性能稳定,故障率下降80%以上,使用结实、工艺稳定。③涂层质量均匀、稳定、外观致密、涂层结合力达15MPa以上。因此机械化大功率自动电弧喷涂技术在钢桥梁长效防腐中具有无可比拟的优越性和竞争力。

通过武汉军山长江公路大桥的应用后,电弧喷涂技术又已成功应用于京珠国道主干线武汉318国道跨线桥、江苏邳州大桥、广东佛陈大桥等长效防腐。

创新点：在国内外首次研制成功机械化大功率自动电弧喷涂装置，并首次应用于国内大跨径钢箱梁桥长效防腐施工。从技术上彻底解决喷涂效率与建桥工期矛盾，突破钢桥梁长效防腐禁区；在国内首次用电化学方法对电弧喷涂层耐蚀寿命和剩余寿命进行评估，复合涂层耐蚀寿命达100年；在国内首次设计制造了电弧喷涂反馈保护器，在电弧喷涂过程中自动调整电弧喷涂速度，减少设备故障，成功解决电弧喷铝、电源静特性控制在2V/100A，提高喷涂过程中熔化、雾化、喷涂全过程稳定性；创造性的技术推广措施，从技术上保证及配套性、施工质量控制、经济技术方案对比，防腐涂层设计都为技术推广奠定良好的基础。

根据查新结果，电弧喷铝技术在钢结构上已有应用，但是，大功率机械化电弧喷铝技术在钢结构桥梁上的应用未见先例，使用弱极化腐蚀电流密度技术对电弧喷铝涂层耐腐蚀寿命和剩余寿命进行试验研究也未见先例。本科研成果达到国际领先的技术水平；电弧喷涂设备：美国公司电弧喷涂设备没有机械化自动电弧喷涂系统，手持式电弧喷枪统治长效防腐市场。国内传统电弧喷涂仅被使用在零件修复和喷锌防腐上，喷枪传送丝机构基本为一体，不方便现场流动施工，不能连续喷铝。该项目在国内外首次研制成功机械化大功率自动电弧喷涂装置，并进行大面积生产应用；手持式电弧喷涂设备将喷枪与送丝机构完全分开，适应远距离焊缝处理；电弧喷涂反馈保护器实现当喷涂电流过大时，喷涂电流自动减少和延时断开后自动恢复功能，提高设备瞬时承载能力，有效进行电弧喷铝。电弧喷涂处理：美、日等国公司采用石英砂、碳化硅、铸铁砂、合金钢砂等，国内大多采用矿渣、铸铁砂，其破碎率高，颗粒度不稳定，除锈效果差，效率低，粉尘大。该项目对磨料定量化，为硬度HV550~600，粒度0.6~1.4mm的合金砂，破碎率低，可多次循环使用，除锈清洁度Sa3级，粗糙度Rz40~80pm，除锈效率达10~15m^2/(h·台)。电弧喷涂工艺：受铝材条件限制，国内外电弧喷铝不能连续稳定工作，而氧-乙炔喷涂效果无法和电弧喷涂相比。该项目低电压(24~40V)、大电流(200~500A)喷涂，丝材熔化温度由电压、电流调节，喷涂工艺参数(电压、电流、送丝速度、雾化效率、喷涂速度等)集中控制，自动化程度高，杜绝工人质素和操作熟练程度影响涂层质量。电弧喷涂层性能：日本测试涂层结合力，同时还测涂层抗180°弯曲、抗冲击不脱落。国内仅要求测涂层结合力6N，其他项目没有规定。该项目喷铝结合力17.4~25.1N，抗弯曲180°不起皮，抗冲击不脱落，抗剪切不分层，弱极化腐蚀电流测试耐腐蚀寿命100年；经济指标：美国生产的电弧喷涂设备在中国售价2万~4万美元/台，单位成本35~45美元/m^2，生产效率4~5m^2/h。国内传统电弧喷涂设备售价4万元，生产效率4~5m^2/h，单位成本60元/m^2；该项目机械化大功率自动电弧喷涂设备生产效率30~40m^2/h，单位成本60元/m^2。

应用情况：项目关键解决机械化大功率自动电弧喷涂系统，同时解决电弧喷铝技术，使得该项目在军山桥顺利实施,并提前 1/3 的工期,为国内计划或在建其他钢桥的长效防腐产生较大的影响。

机械化大功率自动电弧喷涂设备,与手持式电弧喷涂设备相比,在喷涂效率和喷涂层质量稳定性方面获得提高。成功解决传统手持式电弧喷涂长效防腐质量与工期的矛盾,在国内首次成功应用于大跨径钢桥的长效防腐,促进我国钢桥梁长效防腐应用技术的进步。军山长江大桥是京珠和沪蓉共用的特大桥,车流量 6 万辆,设计使用寿命 100 年,传统防腐技术已无法满足要求。项目完成单位成功开发并应用机械化大功率自动电弧喷涂技术,对军山桥进行全面整体长效防腐处理。初期防腐费用仅比刷油漆涂装增加 300 多万元。防腐寿命却比油漆防腐的 15 年提高到 100 年以上。在 100 年内将节约维修涂装费用 3.66 亿元,新增加过桥费收入 7.56 亿元(涂装防腐将每隔 15~20 年一次桥面维修造成交通中断)。

中国矿业大学自 1998 年以来,对传统的手持式电弧喷涂设备不断进行改进应用。其中机械化电弧喷涂设备分别用于武汉军山长江公路大桥、宝钢集团马迹山码头钢桩等工程的长效防腐,累计实现产值达 7136 万元,实现利润 1427 万元。

中国矿业大学大正表面新技术公司应用自行开发的传统手持式电弧喷涂设备,自 1991 年以来,积极推广,为国家创造了巨大经济效益,其中在 1994—1996 年连续三年推广措施得力,成绩显著,从已取得经济效益证明统计为国家新增产值 23668.9 万元,新增利税 2686 万元,为国家节约钢材、油漆、更换安装等费用达 3116.77 万元。本成果除了可以应用于钢箱梁以外,还可推广应用于钢管拱、钢管桩、水工、船舶、集装箱等的机械化大面积电弧喷涂长效防腐。

6. 单导向船精确定位大型异位钢围堰技术

武汉军山长江大桥主 6 号墩为索塔墩,基础为 19 根 $\phi 2500$ 嵌岩钻孔桩,桩顶为 6m 厚的混凝土承台,为此设计的外径 $\phi 33m$,内径 $\phi 30m$,高 30.5m 的大型异形双壁钢围堰,因结构和投资所需,在塔柱上、下游向的围堰上各增设一簸箕形耳板。

由于主 6 号墩位在长江中低水位时离南岸约 250m,长江主流冲向南岸,使得河床表面无覆盖层,河床表面为裸露的强风化泥岩。在近乎裸露河床地质条件下施工,增加了船舶抛锚和钢围堰定位困难。长江中游地区洪水、枯水变化较大,每年 11 月份至次年 4 月份为长江的枯水期,为确保主墩施工安全,必须抢在长江洪水期前有桩渡洪,必须迅速、安全完成钢围堰的拼接、定位及封底工作。故钢围堰的施工成为桥梁主塔施工的难点、重点,直接关系到主桥的成败。

目前,国内外对大型钢围堰深水一般采用双导向船定位,尚未见单导向船的报道。由于墩位处主航道较窄,主 5、6 号墩同时施工,侵占水域太多。特别是主 6 号墩所在位置离主航道很近,在施工期减少施工水域、减少碍航工程船舶是本工程在几个月施工中重要的安全保证。经过系统考察和缜密分析,决定突破传统双导向船定位大型钢围堰方法,采用单导向船精确定位钢围堰,这样与双导向船定位对比有预留大型船舶施工水域供围堰分节整体拼装、减少锚缆设置时施工占用水域和进度快等特点。

详细科学技术内容:为了保证钢围堰在长江洪水期间的安全,要求在1999年5月10日必须完成主6号墩4根工程桩作为渡洪桩的施工任务。时间十分紧迫,必须迅速完成钢围堰的拼接、着床和稳固,为后续工序的施工赢得时间。经过系统考察和缜密分析,决定突破传统双导向船定位钢围堰方法,采用单导向船精确定位钢围堰,同时腾出围堰一侧水域供大型浮吊整体拼装钢围堰。这样可以减少设备投入,抢回时间。研究单导向船精确定位大型异形双壁钢围堰方法的目的,就是充分考虑各种工况下的各种因素,制定出安全稳妥的施工细则以指导施工,确保钢围堰快速、安全、稳妥地着床定位。

技术方案:单导向船精确定位大型异形双壁钢围堰是通过上游群锚调节钢围堰受力和上、下游围堰的位置,满足抗滑、抗倾要求;通过左、右舷的独立锚缆系统,调整钢围堰左右位置,抵抗船行波浪力;下游锚缆起着对钢围堰在上、下游方向微调作用。其锚碇定位方案是:锚碇系统由定位船(航工打桩船)、导向船(350kN起重船)及其上面的锚缆设备、主锚、边锚、尾锚、导向架组成。该系统的导向船和定位船均自成体系,其稳定性和调节能力强,能抵抗水流力、风浪力及船舶的撞击力,通过定位船来抵抗围堰所受到的水流力,通过导向船来稳定和调节围堰,并在围堰上设拉缆平衡稳定围堰。导向船与钢围堰间采用柔性连接,避免船只对围堰的直接碰撞。围堰接高采用2500kN浮吊整体分节拼装。在围堰内侧对称安装4根调平钢管桩和反力牛腿,着床后通过调平装置调整围堰垂直度。通过围堰刃脚处倒装的钢牛腿和岩面垫放的钢支墩,使围堰着床受力均匀,并在垫墩与倒牛腿处堵塞麻袋混凝土,使围堰结构稳定。采取的主要措施:针对裸露岩石表面锚固难问题,结合二航局在长江水域施工经验,合理布设锚碇系统。定位船、导向船、岸上拉缆均自成体系。上游水域进行抛锚控船,根据单锚群锚控船情况分析,确定围堰上拉缆布设方案;测量平面位置,布置围堰锚缆系统和作业船舶位置;测量水位,分析水位涨落趋势,测定不同位置江水流速,确定围堰水力特性;针对桥位处河道狭窄顺直,河床无覆盖层,枯水位时间短,稍纵即逝,马上就面临5月份洪水等问题,创造性制定单导向船精确定位方法。同时发挥二航大型船舶优势,合理利用现场有限的水域,实现钢围堰分节制作、拼装与整节吊装平行作业,最大限度提高作业速度,缩短枯水的施工时间。通过测量岩面标高,确定刃脚处理措施;通过对覆盖层和岩石取样,确定吸泥和垂直度调整处理措施。设置上、下游拉缆解决围堰抗滑、抗倾要求,通过收放拉缆调节平面位置和垂直度;单导向船岸侧拉缆抵抗风载和船行波,调节平面位置和垂直度。在钢围堰内侧安装调平装置,着床后调整围堰垂直度;堵塞刃脚与岩面空隙,通过刃脚处倒装的钢牛腿与岩面垫放钢支墩,使围堰着床受力均匀。经调平系统调整后,在垫墩与倒牛腿处堵塞麻袋混凝土,增加结构稳定性。导向船与钢围堰间采用柔性联结,避免船只对围堰的直接碰撞和干扰。

实施效果:钢围堰从 1999 年 1 月 15 日第 1 节下水到 3 月 11 日钢围堰防护完成,历时 55 天,完成拼接钢围堰 5 节,钢围堰着床精度高,施工速度快。完成袋装混凝土封堵 80m^3,抛钢筋石笼 1000m^3,抛大块石 5000m^3。完成后续封底及舱壁混凝土施工共 6300m^3 施工,并于当年 5 月 10 日前顺利完成省直下达的完成 4 根渡洪桩目标:单导向船精确定位大型异形钢围堰在技术上主要解决了如下问题:钢围堰上游锚碇系统易走锚,锚缆系统必须提供足够的水平力抵抗围堰不利荷载组合所产生的滑动、倾覆和摆动。锚缆应力较双导向船大。通过现场实地试验,选用 ϕ39 和 ϕ42 两种钢丝绳。首端均加 20~30m 锚链,增加拉缆重度,提高锚体抗拔力。因河床表面无覆盖层,基岩为裸露的强风化泥岩,钢围堰刃脚不能插入一定深度,抗滑性能差。因两个主墩同时施工,过水断面本来狭窄的河段流速将进一步加大,江水将淘刷刃脚外侧,施工过程中防护存在问题。采用单导向船突破了传统的双导向船定位钢围堰的方法,创造了一种新工法(单导向船精确定位大型钢围堰法)。采用稳妥的锚碇系统,稳定、安全地使钢围堰在水深 22m 的无覆盖层河床着床。

创新点:针对施工水域的水文、河床覆盖层、航道及主塔基础钢围堰的结构特点,根据汛期工期要求,经过充分的研究、论证、方案比选确定单导向船定位大型钢围堰施工方案,突破了传统的双导向船定位下沉大型钢围堰的方法,创造了一种新工法(单导向船精确定位大型钢围堰法);本工法通过复杂、清晰的锚锭系统控制一侧导向船和大型钢围堰,成功地解决了单侧水域有限和深水无覆盖层河床中非对称阻水结构的稳定、安全和准确定位等关键技术问题,实现了精确定位,施工质量满足规范要求;本工法充分地分析施工边界条件,合理地选择工艺和大型船舶机械,安全、质量和进度都有基本的保证,社会、经济效益显著;本工法拓宽了大型桥梁深水围堰的施工技术,在流体中常规双导向船控制大型钢围堰下游形成涡流引起剧烈摆动,难以快速、准确定位的历史难题。在类似的地质、水文等条件下有推广应用价值。

与当前国内外同类研究、同类技术的综合比较:自从产生钢围堰施工方法以来,传统施工方法均为在上、下游布置定位船,围堰左右舷布置双导向船控制系统。在此系统的调控之下,钢围堰整体安装或者在导向船的支架上分节分块拼装。如此方法的前提条件是有宽阔水域;有充裕时间进行拼装。覆盖层厚,可供围堰刃脚插入适当深度,满足抗滑、抗倾条件。

军山大桥主 6 号墩在不十分有利的地形、地质和水文条件下,在汛期来临前,迅速、稳妥完成水下工程,关系到大桥全局。经过系统考察,对施工环境缜密分析,二航局军山大桥项目部和军山大桥项目部因地制宜,提出切合现场实际的单导向船精确定位大型异形钢围堰的方法,突破传统双导向船方法,丰富了大桥水下基础施工技术。

应用情况：单导向船定位大型异形双壁钢围堰的技术方案，成功地解决了在狭窄航道进行水上施工的航运安全、无覆盖层河床围堰定位、沉放、着床和稳固等一系列复杂难题。施工中没有干扰正常长江航运，还发挥大型浮吊优势，分节整体吊装、拼接。为深水基础后续工序争取了主动，节省了时间，为本桥深水主墩在汛期前完成4根渡洪桩做出了重大贡献。

经济效益：采用单导向船精确定位钢围堰，大型浮吊分节整体拼装接高的施工方法，通过集中使用大型工程船舶，主要工序平行作业，最大限度地提高现场施工强度，有效利用枯水期施工。在类似的地质、水文条件下，较传统工艺有明显的间接经济效益和直接经济效益。

对传统的双导向船定位和单导向船定位的方案比较：间接经济效益：自1998年12月30日开工到1999年5月10日汛期来临，施工时间仅有120天时间。钢围堰只用88天就顺利着床，为4根渡洪桩的施工提供了充足的时间。大型船舶集中使用，工程重点各个击破，涉及主7号、8号墩总体施工有较大自由度。3个水中主墩使用的船舶水域可调剂使用。大型钻机（$\phi 2.5m$、$\phi 2.2m$、$\phi 1.8m$）可依次使用水上混凝土储料、搅和站、电力和后勤保障。直接经济效益：较传统双导向船分节安装或双导向船整体分节拼装，工期提前25~40天。提前工期可节省船舶机械费约200万元，电力材料约50万元，人工费约120万元，合计370万元。

社会效益：军山大桥水中有4个主墩，南岸3个主墩在水中，其中主6号墩为南塔基础，工况条件最复杂，技术难度最大。此墩钢围堰为工程关键线路节点之关键。它的成败关系到工程能否全面展开，关系到后续主塔、次年低水位临时存梁、第三年钢箱梁在设计要求低温状态合拢等受省指挥部确定的关键节点，能否按期完成，因此称作为京珠高速公路湖北段控制工程不为过。此方法的成功，树立了良好的京珠形象，提高工程人气。同时此方案从提案、形成到实施全过程，体现出工程各单位通力合作，科学务实，因地制宜可以超越常规，可以超越自我。严格地证明，在大江大河深水基础施工，它拓展了双导向船传统工艺，开创了一种新颖工法。

7. 钢桥面高性能SMA铺装体系先进技术

钢桥面铺装一直是世界性的难题，各国桥梁界都在不断探索。针对军山大桥交通量大、重载车多、极端温度差较大等特点，为了提高钢桥面铺装的使用寿命和使用性能，增强防腐、铺装层与钢桥面之间的结合力。展开钢桥面高性能SMA铺装体系关键技术研究，才有可能保证钢桥面沥青铺装层的正常工作。在常温下，铺装层与钢桥面板之间的剪应力主要由竖向荷载引起。开发的W-29号黏结剂的黏结强度和剪切强度高，使用性能突出，能够满足军山大桥的使用要求。研制的D-7改性沥青达到PG82-22，K-9改性沥青达到PG82-28等级，足以满足铺装层对高低温性能的要求，这两种沥青的研制成功，填补了我国此项高性能沥青的空白。

首次采用有机合成纤维增加高黏度改性沥青混合料,提高了 SMA 混合料的高温抗车辙、低温抗裂性、抗水损害性能和耐疲劳性能。从组合梁试件的疲劳方程分析,随着荷载引起的铺装表面应变的增加,疲劳寿命呈指数关系的下降,超轴载汽车将极大地降低铺装的使用时间。这是因为正交异性钢桥面板的局部变形较大,对铺装的性能要求非常苛刻,而军山桥的标准梁段的桥面系钢板是按汽—超 20 级的标准荷载进行设计的。

该项科技成果于 2001 年在军山长江公路大桥钢桥面铺装中得到了全面的应用,并取得了良好的使用效果,到目前为止,桥面铺装的使用情况良好,未发生开裂、牛车辙、脱层、松散等病害,桥面平整密实,具有良好的抗滑和降噪性能,该研究对推动我国钢桥面铺装技术向前发展,促进长大跨径钢桥的成功建设与发展,起到更加重大的作用,具有显著的工程意义。鉴于该研究取得的重大成果,重庆交通科研设计院已将该研究中的部分技术指标引入编制中的交通运输部规范《钢桥向沥青铺装设计与施工规程》。

通过深入系统地研究,成功地研制并在实体工程中应用溶剂型黏接封闭剂,PG82-28 高黏度改性沥青和有机合成纤维增强 SMA 混合料等关键技术,有效地提高了钢桥面与 SMA 改性沥青铺装层的结合力,增强了铺装层对钢桥面板的适应性,对防止层间高温剪切变形有着重要意义。为在大交通量、大温差条件下钢桥面沥青铺装层材料和结构设计提供了关键的技术支撑。其中 PG82-28 高黏度改性沥青在我国属首创,为目前性能指标最高的改性沥青材料。其成果经鉴定评审,达到国际先进水平。

创新点:在钢桥面板防腐施工完毕后,采用了溶剂型黏结封闭剂对喷锌表面进行封闭,并给铺装层提供了良好的黏结界面,使铺装的黏结强度增加到 2.9MPa,在钢桥面铺装中是目前国内同类材料的最高水平;首次采用有机合成纤维增加高黏度改性沥青 SMA 混合料,提高了 SMA 混合料的高温抗车辙、抗水损害性能和耐疲劳性能;研制了适合军山大桥特殊环境的 PG82-28 的高黏度改性沥青,填补了我国特高黏度改性沥青的空白。以上三点,已在军山长江大桥的桥面铺装得以应用。现该桥桥面铺装使用较好,经充分证实,与上述创新点直接相关。

综合比较:该项目将 SMA 改性沥青用于钢桥面铺装且采用双层式结构,在喷锌层上采用溶剂型封闭剂,采用有机合成纤维作稳定剂提高了 SMA 混合料的高温抗车辙、抗水损害性能和耐疲劳性能,采用 PG82-28 级改性沥青为结合料,国内外未见相关文献报道。

经过室内试验和现场测试结果比较,SMA13 比环氧沥青混凝土水稳定性和高温稳定性好;低温开裂应变更大,说明 SMA13 低温柔性更好,抗裂能力更强;SMA13 具有更大的构造深度,在雨雪天防滑和行车安全方面更好。从施工难易来看,SMA13 施工方便,普通沥青混凝土施工设备即可施工,而环氧沥青混凝土要严格控制碾压温度和碾压时间,控制不好,难以碾压密实。日本本四桥曾经采用环氧沥青混凝土作比较方案,室内试验表现出非常好的耐疲劳性能,但是使用两年后就出现疲劳开裂,分析认为环氧沥青混凝土对施工工艺要求严格,实施中难以达到试验效果。此外环氧沥青混凝土需要一定的养护时间。

应用情况:钢桥面高性能SMA铺装体系关键技术研究与应用的研究已成功地在武汉军山长江公路大桥钢桥面双层SMA铺装施工中得以应用,工程质量优良,并且重庆交通科研设计院正在编制《钢桥面沥青铺装设计与施工规程》,该研究中的部分成果应用于规程的编制中。

工程直接效益美国环氧沥青混凝土方案造价:1000元/m² 高性能SMA铺装方案造价:360元/m² 节支总额(与环氧沥青铺装结构相比)(1000 - 360元/m²) × 30000m² = 1920万元;运营期效益采用SMA体系,工期缩短87天,按每天收取通行费35万元计。共取得运营期35万元×87 = 3045万元共取得运营期35万元,以上两项共4965万元。

8. 混凝土防腐涂装技术研究与应用

研究与应用:钢筋混凝土结构由于不可避免地受到各种腐蚀因子的侵蚀,造成混凝土碳化、钢筋锈蚀、混凝土开裂等多种病害,必然直接影响到结构的安全。由于腐蚀而造成混凝土桥梁破坏或损毁的例子也不鲜见。为此,发达国家对混凝土结构桥梁的表面防护涂装从20世纪70年代即已开始,90年代后我国一些跨江跨海大桥也相继进行了防护涂装,但总体来看,施工前对涂层/混凝土间的相容性、涂层体系的综合防护效果、涂装施工的质量控制、涂层体系的长期耐候性等关键技术的系统研究仍较欠缺,特别是涂层体系的选择存在一定的随意性和单纯经验性。

环氧封闭漆的研制:封闭漆作为涂层体系的底层,应该具有良好的渗透性能,致密的结构,良好的耐碱性,良好的柔韧性,与复合体系的其他部分良好的结合力,以及便于施工。根据以上原则,选取了环氧树脂/聚酰胺为主的体系作为封闭的主要黏结剂。通过对固化剂进行改性和添加适当的助剂,提高封闭漆的渗透性能,并对分子量、黏度与渗透深度的关系、不同配方间的力学性能、适用期、与配套材料的配套性能的比较,研制出了符合要求的混凝土封闭漆。部分性能如下:渗透深度可达2~3mm;柔韧性1mm;抗冲击性50cm;透氧气系数和透二氧化碳系数远小于$1.42 \times 10^{-17}/m^2$;正向渗透和反向渗透的渗强度均过S15;与体系的配套性能良好。涂层系统的配套研究:针对军山桥处在热丰、水富、光足的武汉地区,并参考在三峡地区对丙烯酸聚氨酯漆、醇酸类漆、氯化橡胶漆、烯烃类漆、聚氨酯类漆和其他的涂层类型大气环境的腐蚀试验结果,选择了881封闭漆 + 881-Z环氧云铁中间漆 + 881-YM丙烯酸聚氨酯面漆作为武汉军山长江公路大桥混凝土桥墩和混凝土部分箱梁的防护体系。该体系的主要特点是:封闭漆能够有效地封住混凝土表面深达2~3mm的空隙,并能在高碱度的混表面固化成膜,透气系数低,抗渗强度高;881-Z环氧云铁中间漆具有良好的阻止水、湿气、氧、二氧化碳、氯离子以及硫酸根离子侵入的性能。881-YM丙烯酸聚氨酯面漆不仅与环氧云铁中间漆的结合力良好,而且具有良好的耐候性,同时具有极佳的装饰性能。

经过研究对比,该体系的性能如下:透 CO_2、O_2 系数远低 $1.42 \times 10^{-17}/m^2$,抗渗强度大于 S15;远远高于普通的 SPC 涂层,比未涂装的混凝土至少低 100 倍,因此 881 混凝土涂层体系能够有效地防止碳化和钢筋的锈蚀,提高钢筋混凝土的使用寿命。

配套性能好:该体系的室内紫外光/冷凝加速老化试验(5000h)的结果表明:失光率,失光等级 22% 属 2 级;试验前后色差值为 1.3,变色属 0 级;粉化等级为 1 级。与国内外同类产品相比,其综合性能指标优于国内同类产品;在模拟混凝土孔隙碱液的试验中,该涂料体系经过 4000h 的模拟碱液侵蚀后,混凝土/涂层结合强度仅下降了 14%,而且起始强度较高,外观无任何变化,优于同类的国内和国外知名品牌产品。通过比较武汉地区的大气数据纪录和紫外/冷凝试验的结果,并参考其他的工程实例和文献资料,对 881 混凝土涂层体系的寿命进行了评价,认为该防护体系的防护寿命可达 15 年以上。涂装工艺及其质量控制:涂层是否能达到预期的效果,在很大程度上取决于涂装工艺的合理性及其过程的控制。在涂装质量控制方面,主要的工作有:施工工艺规程的制定;原材料的入场检验:包括外观检查和性能测试(包括柔韧性、抗冲击性和附着力的检验);涂料的配制方面,对配制的过程进行了格式化规定,设计了配料表;基层检查,包括混凝土表面 pH 值控制,含水率控制;基层处理,包括对表层污物清除和平整。涂装过程中的通过对施工环境监测、湿膜厚度和用量的控制、现场附着力检查以及外观检查等,来控制涂装质量,并制定了专门的施工检查表格。

创新点:在国内首次研制了混凝土表面防护的低黏度、高渗透性环氧封闭漆(渗透型);在国内首次采用了环氧封闭漆 + 环氧云铁中间漆 + 丙烯酸聚氨酯面漆的混凝土表面防护体系,首次系统性地完成了混凝土防腐体系的性能研究和防护寿命评估;在国内首次制订了混凝土结构防腐施工质量规范,提出了现场混凝土表层的 pH 值、含水率、检验涂层的湿膜厚度以及现场拉开法附着力检验等方法。首次制订了混凝土结构防腐涂装施工工艺规范,并将施工规范表格化。

综合比较:该项目采用环氧类型的封闭漆作为渗透剂,避免了硅烷类渗透剂封闭效果差,施工要求高的缺点,成本比用甲基丙烯酸酯类原位聚合法低得多;从系统的角度来组成涂层体系,包括隔离性能高的环氧云铁中间漆和耐候性能好的丙烯酸聚氨酯面漆;本着防护与装饰功能并重的原则,采用了脂肪族聚氨酯;该项目将材料研制和施工工艺以及质量控制进行系统研究;对质量控制进行了表格化,制订了相应的施工规范。

应用情况:涂层体系的防护寿命可达 15 年以上,仅武汉军山长江公路大桥工程项目就创造经济效益 1033 万元。从社会和环境效益上讲,由于采用本技术,延长了大桥的使用寿命,相当于降低了高能耗、高污染的混凝土、金属等材料的使用,有利于社会的可持续发展;通过该项目的实施,增强了军山长江大桥的美观。

经济效益:采用普通涂层体系,平均寿命只有5年,即每5年需要重新涂装,按2001年可比价格,每次需投资1033万元,每15年需涂装3次,涂装投资3099万元,而军山桥采用的涂层体系,防腐寿命达到15年,每15年涂装一次,即每15年可节约投资2066万元。

社会效益:经涂层体系性能试验论证,采用881环氧封闭漆+881-Z环氧云铁中间漆+881-YM丙烯酸聚氨酯面漆的武汉军山长江公路大桥的混凝土结构涂层防护体系,预计防腐寿命达到15年以上,较好地解决了军山大桥钢筋混凝土的防腐蚀问题。

由于采用了混凝土涂装防护技术后,可以有效防止钢筋混凝土结构腐蚀病害,延长钢筋混凝土的使用寿命,也可以将这种技术推广到水工、海工、市政等大气和水环境下混凝土等结构的钢筋混凝土结构需要防护的行业。因此具有广阔的应用前景。

9. 斜拉桥临时墩淹没式钢围堰基础施工技术

武汉军山长江公路主桥为48m+204m+460m+204m+48m五跨连续双塔双索面半漂浮体系钢箱梁斜拉桥,全长964m,主跨460m,主桥钢箱梁全宽38.8m。本桥钢箱梁采用悬臂拼装法施工,施工时,在两边跨距主塔中心100m处设置临时墩,临时性与桥梁固结,改善受力状况,保证施工安全。因桥址处长江主流偏向南槽,临时墩位覆盖层几乎全冲刷,墩位下为裸露的强风化泥岩,表面有薄薄一层推移质流沙(主6号、7号墩施工即发现此情况),施工水深在24m以下。采用常规高桩承台方案,无覆盖层水下桩嵌岩难度大,工期长、造价高;如果用混凝土重力结构基础,使用完后处理困难,费用高,给通航留下隐患。针对墩位处水位、地质、地形、航运和上构钢梁安装等情况及临时墩各种施工方案对临时墩结构进行了全面研究,对常见重力墩、直接打入桩或浮式平台钻孔桩诸方案进行方案比选,提出了适宜本桥南临时墩一种新结构形式——淹没式钢围堰基础。

主要难点:仅3m高60t重的轻型钢结构在24m水深无导向定位;24m水深钢管桩柱插入钢结构中而不影响结构位置,保证桩平面位置;设计和施工面临临时墩基础嵌固困难和结构尺寸与施工水深不相称的问题;钢箱梁受力和焊接要求墩顶与桥梁固结精度相当高。

技术内容:临时墩可以降低斜拉桥施工风险性;增加施工阶段桥梁的整体刚度;减少施工过程中主桥的位移量,同时还可以减少施工过程中风力对结构的影响。研究范围是主6号墩至主7号墩间(桩号K176+141.000)南临时墩设计和施工方案形成过程;临时墩在施工过程中的作用效果。因桥址处长江主流偏向南槽,临时墩位覆盖层几乎全冲刷,墩位下为裸露的强风化泥岩,表面有薄薄一层推移质流沙(主6号、7号墩施工即发现此情况),施工水深在24m以下。设计和施工面临临时墩基础嵌固困难和结构尺寸与施工水深不相称、钢箱梁受力和焊接要求墩顶与桥梁固结精度相当高等问题。针对上述困难,对无覆盖层河床临时墩结构两种形式(高桩承台式和淹没式钢围堰基础)进行设计、施工方案比选和技术、经济分析最终选择淹没式钢围堰基础作为南临时墩方案。主要解决好适宜于当地的水文地质条件临时墩结构,使施工(安、拆)顺利,确保临时墩的功能完全发挥。技术原理:斜拉桥钢箱梁安装到设计最大悬臂时,在次边跨中设置临时墩,墩顶与钢梁连接。钢梁受主塔下横梁临时支座和临时墩两个支点作用。这样在次边跨合龙前,改善下横梁处塔柱弯矩,同时增加了桥梁整体刚度,有效地抵抗施工过程中不利外荷载,是一种施工安全措施。次边跨合龙后,消除临时墩附加给桥梁的应力,快捷地将次边跨支座与钢梁连接,解除临时墩与钢梁连接,临时墩作用完毕。

由于主6号墩与7号墩之间的临时墩址处无覆盖层,又有地质破碎带,且施工水位深,临时墩基础嵌固困难,故采取3m高双壁淹没式钢围堰作墩的扩大基础,插入4根钢管桩,然后在围堰内浇注水下混凝土,起封堵、定位和配重作用。在围堰内的钢管桩内钻孔锚桩,锚桩上制作钢承台。临时墩设两个独立墩柱,每个墩柱设4个锚桩,每个承台上设置2根φ1.4m钢管柱作墩身,两个钢管柱间横向加连接杆,增加墩身横桥向的刚度。

采取的主要措施:依据临时墩设置条件,并满足桥梁施工和通航要求,选择和优化适宜于墩位处的地质、水文条件的结构,对此结构进行设计完善,确定了临时墩结构。加强对环境因素的观测和分析,明确设计体系转换过程和监控的基本要求,掌握关键的控制时间。布设合理的定位导向及锚碇系统,对淹没式钢围堰进行精确而又迅速的下沉、着床及调平定位,在流态水力作用下进行封底、稳定和初步锚固墩身钢管桩。在钢管桩内采用冲击法成孔、成桩,实现在无覆盖层并存在地质破碎带河床上的锚桩。分节段安装高度为28m的墩身钢管,确保受力安全。空中完成墩身与钢箱梁的固结,消除临时墩附加应力,在次边跨合拢后解除约束。墩身作用完毕后,空中截断钢管并分节吊装至水面船中,凿除钢管桩内混凝土至一定高度后,水下切割桩基。

实施效果:因无覆盖层河床和超深水位所需,由中港二航局军山大桥项目部研制、施工的南临时墩,采取新颖的淹没式钢围堰基础方案,使用过程中完全达到设计和监控要求,满足次边跨、边跨和中跨合拢需求,保证全桥87个节段钢箱梁高效、优质安全到位。

创新点:针对武汉军山公路大桥斜拉桥施工临时墩所处的水文、河床条件经过认真研究及方案优化,采用淹没式钢围堰形成重力基础,内设钢管桩嵌岩承受拉力的临时墩基础,技术新颖、可靠,结构简单,工艺先进,施工方便,节省造价,完工后清障简便易行;在深水无覆盖层的施工条件下所研究的淹没式钢围堰基础技术的综合运用科学合理,安全可靠,保证了斜拉桥施工安全及安装控制需要;据查新,在国内外未见相同报道。

综合比较:临时墩的设置根据风洞试验成果、施工最大悬臂状态的静力计算结果以及施工状态的稳定性等因素综合确定,国内外几座斜拉桥在临界状态均设置不同结构形式的临时墩。

施工工况:采用淹没式钢围堰和锚桩基础结构的临时墩在斜拉桥悬臂拼装中应用;施

工水深23.5m,钢围堰高度3m,型高和水深比较1:7.8;淹没式钢围堰在无覆盖层河床着床、锚固。据查新:国内外桥梁施工中采用临时墩有相应报道,但均与所研究的施工方法及工况条件有所不同。国内报道中只有钢管临时墩在斜拉桥顶推法施工中应用,对淹没式钢围堰基础在斜拉桥悬臂拼装中应用未见报道;国外文献中未见无覆盖层地质情况下,采用水下淹没式钢围堰(钢围堰高3m,施工水位23.5m)锚桩基础结构的临时墩在斜拉桥悬臂拼装中应用未见报道。

应用情况:斜拉桥临时墩淹没式钢围堰基础设计施工技术方案,成功地解决了深水位、无覆盖层河床临时墩基础嵌固及钢箱梁最大双悬臂结构安全性和桥梁固结精度等一系列复杂难题。施工中没有干扰正常长江航运,快速安全为后续工序争取了主动,节省了时间,满足了安全、质量、进度和环境要求,取得较好经济效益。该技术在深水、高流速区域工程基础设计与施工中有广泛应用前景。

三、京珠南段(即国道项目Ⅳ)

(一)项目概况

线路走向及主要控制点:北起于武汉市江夏区郑店,经咸宁市咸安区、赤壁市,止于鄂、湘交界的赤壁市土城,主线全长110.066km。另有鞍山、张公、甘棠、泉口4条总长29km的二级公路联络线。

京港澳京珠高速公路武汉南互通(G4)

建设规模:项目桥梁及构造物包括:大桥、特大桥12座、中桥25座、小桥14座、倒虹吸19道、天桥47座、涵洞338道、通道205道。附属区、安全设施、绿化和机电工程包括:互通6处、服务区1处、停车区1处、养护区1处,和110km的交通安全设施、绿化以及通信、监控、收费、超限运输系统。

投资规模:项目批复概算41.42亿元,其中交通部投资7.99亿元、湖北省自筹7.98亿元、建行贷款13亿元、世界银行贷款1.5亿美元(折合人民币12.45亿元)。

主要技术指标:路基宽度28m(中央分隔带3m);路幅设置中央分隔带3m、左缘带0.75m、行车道2×3.75m、紧急停车带3.5m、硬路肩0.75m;设计时速120km/h;行车道宽3.75m;最小平曲线半径2000m;最大纵坡3.1%;桥涵设计荷载汽车超—20级、挂—120;桥涵设计洪水频率特大桥1/300大、中、小桥及桥涵1/100;路面结构形式及厚度面层沥青混凝土,基层水泥稳定级配碎石,底基层水泥稳定碎石;立交桥净空标准:跨等级公路,一、二级公路净高不小于5.0m、三、四级公路净高不小于4.5m;汽车通道宽×高(不小于)8m×3.2m;农机通道宽×高(不小于)6m×2.7m;人行通道宽×高(不小于)5m×2.2m;与铁路交叉按"铁规"和铁路主管局政策性的函件及本路线标准执行。另外,4条联络线均按照二级公路技术标准建设,路基宽度12m;计算行车速度80km/h。

主要工程数量:主线总里程110.066km、联络线29km,主线土方11600km^3、联络线土方1239km^3,主线石方3425.4km^3、联络线石方307km^3,主线防护工程221.1km^3、联络线防护工程34km^3,主线涵洞339道、联络线81道,主线互通式立交6处、分离式立交6处、联络线分离式立交3处,主线通道193道、天桥39座,主线基层2517.1km^3、联络线基层874km^3,主线沥青混凝土面层2741.4km^3、联络线沥青混凝土面层428km^3,主线波形梁护栏406000m、防眩板13100m、绿色浸塑隔离栅217093m、标志468处、标线119016m^2、声屏障3处,主线绿化91km、联络线绿化15km。

自然地理特征:路线位于湖北省东南部,东部为大幕山和幕阜山脉,长江中下游南岸地区冲积平原。地势总体上东南高、西南低,基本上属垄岗低山丘陵地貌,间以小河溪流的冲积谷地与平畈,斧头湖一带属平原湖区。本区域地质情况复杂,因为下伏基岩多为泥岩、灰岩、砾岩、砂岩、褶皱、断裂相对发育,且伴有不同规模的岩浆活动,地震活动频繁但较弱。所以该地区岩溶较为发育,溶洞多、分布广、结构复杂。本区雨量充沛,地表水系发育,水资源丰富,赋有多种类型的地下水。本工程内除长江外,鲁湖、斧头湖、西凉湖、陆水湖、黄盖湖等构成本区主要的地表水系。地下水则以长江沿岸及较大的河流两岸第四系湖积冲积层空隙水为主;地下水质类型主要为重碳酸钙水和重碳酸钙镁水。路线所经地域地震为4.5~5级,烈度为6度区。一般构造物按基本裂度采用抗震措施。对于抗震重点工程,采用比基本裂度提高一度设防。

路线所经地段处于亚热带大陆季风性温润气候地区。具有四季分明,无霜期长,日照充足,水源充沛,湿光同季、雨热同季的气候特征。一月最冷,平均气温1~5℃。七月最热,平均气温27~30℃;年平均气温15~17℃。年平均降水量1223~2000mm,降雨多集中在每年的4~8月,年蒸发量800~1300mm。实测最大24h降雨量为289.9mm(1959—1996年间),最大风速29.6m/s,风向为西北,最大风力可达10级。

(二)项目前期工作

决策背景:1998年1月8日,经国务院批准,国家发展计划委员会以计交能〔1998〕

1037号文件审批了京珠国道主干线湖北省南段公路项目建议书。

决策过程：1999年8月12日，业经国务院批准，国家发展计划委员会以计交能〔1999〕1005号文件审批了京珠国道主干线湖北省南段工程可行性研究报告。1999年中华人民共和国交通部以交公路发〔1999〕495号文件批复了京珠国道主干线湖北省南段公路初步设计。1999年11月19日，湖北省交通运输厅以鄂交函〔1999〕180号文件，报省计委《关于报送京珠国道主干线湖北省南段开工报告的函》，已具备国家计委规定的九个开工条件，项目开工报告已编制完成。2000年3月3日，湖北省交通厅以鄂交计〔2000〕116号文件下达了京珠国道主干线湖北省北段、南段、军山长江公路大桥等2000年公路重点建设项目年度计划。

立项审批情况见表2-1-4。

立项审批情况表 表2-1-4

预可行性研究报告的批准	计交能〔1998〕1037号
工程可行性研究报告的批准	计基础〔1999〕1005号
初步设计文件的批准	交公路发〔1999〕495号
施工图设计文件	1998年8月完成施工图设计
资格预审结果的批准	公建设字〔1999〕166号,世行表示不反对
招标文件的批准	1999年8月23日,世行表示不反对
招标结果的批准	公建字〔1999〕243号,2000年3月世行表示不反对
土地使用批准	鄂土字〔1999〕059~067号
开工报告的批准	交公路发〔2000〕162号

征地拆迁：(见京珠北段)

(三)项目建设情况

组织机构：1995年3月，省交通厅以鄂交人〔1995〕088号文成立湖北省交通厅世界银行贷款项目办公室，代行京珠国道主干线湖北段业主职责，负责该项目的筹资和前期准备工作。1998年7月，成立湖北省京珠高速公路建设指挥部(总监办)，副省长周坚卫任指挥长，省交通厅副厅长任必年为常务副指挥长兼总监理工程师，副指挥长由省政府副秘书长夏贤忍、省交通厅厅长王远璋、省交通厅副厅长任必年、武汉市副市长涂勇、孝感市副市长李金平、咸宁地区行署副专员熊隆寿、省交通厅外事处处长邵洪山、省交通厅科技处处长张学锋组成，省交通厅世行办副主任陈建阳总为工程师。

主要参建单位：建设单位为湖北省京珠高速公路建设指挥部，设计单位为湖北交通规划设计院，监督单位为湖北省交通建设质量监督站，监理单位：北京华宏路桥咨询监理公司、湖北省公路工程咨询公司、湖南省交通建设监理有限公司；施工单位：中铁第十一工程局、潜江市公路建设工程公司、中铁二局集团有限公司、贵州桥梁工程总公司、中铁第二十工程局、中港第二航务工程局、襄樊市公路建设有限责任公司、中铁大桥工程局、天津市政公路工程有限公司、武汉市江夏路桥工程总公司、湖北省工业建筑机械化施工公司、湖北兴达交通建设股份有限公司、中铁第四工程局、中国路桥集团第二公路工程局、武汉铁路工程总公司。

实施过程：1998年4月，京珠高速公路湖北段建设机构开始组建。1999年11月，征地拆迁工作全面启动，半个月完成全线征迁任务。2000年3月，京珠南段9个标段正式开工。2001年，工程建设整体推进，至年底，主线及联络线一期工程完成交验，二期路面工程转入规模生产，大桥、特大桥全线贯通。2002年6月，全线三期工程、附属工程基本完成，路面基层全部完成。2002年8月底，油面层全部完成。2002年9月，全线工程全部结束。

建设过程中，京珠指挥部将六大系列科研成果广泛运用于生产实际，全面提升了工程的质量。运用沥青路面的研究成果，完成了全线339km的沥青路面的铺筑；运用整体景观研究成果，在湖北段形成了景不断链的风景线；运用桥梁研究成果，完成了30km以上的特大桥梁的施工及一座长江公路大桥的建设。创下了京珠南段2385根桩基Ⅰ类桩2342根，占桩基总量的98.2%，Ⅱ类桩43根，全线无1根Ⅲ类桩的好成绩。

工程交、竣工验收：2002年9月20～21日，京珠南段工程通过交工验收，工程质量得分96.8分，标段工程合格率为100%，工程质量等级评定为优良。2003年3月11日，京珠南段附属区工程通过交工验收。2002年12月5日，京珠国道主干线湖北省北段、南段、军山长江公路大桥交通机电工程专项通过交工验收，南段评定结果为：通信系统97.5分、监控系统98分、收费系统96分、配电照明系统97.3分，机电系统单位工程97.2分，质量等级评定为优良。2003年12月22日，京珠南段建设项目档案专项工程通过验收，等级评定为优良。2003年12月24日，京珠南段环境保护专项工程通过交工验收。2004年4月6日～5月28日，湖北省审计厅对京珠南段建设项目竣工决算进行了审计。2004年8月通过竣工验收。2006年1月18日，湖北省交通厅对京珠湖北段竣工财务决算进行了批复。

（四）复杂技术工程

京珠高速湖北段全线主要复杂技术工程为桥梁工程。全线共有特大桥16座，其中：北段主线特大桥8座，计22079m；大桥9座，计1435m；中、小桥62座，计2638m。桥梁总长26152m，占北段总里程的11.7%。另还有互通立交桥16处。南段主线特大桥7座，计10178m；大桥5座，计1172m；中、小桥39座，计1510m。桥梁总长12860m，占南段总里程的11.6%。另有分离式立交桥15座，互通式立交桥6座。武汉军山长江公路大桥作为京珠、沪蓉共用跨长江特大桥，独立建设完成。

京珠高速湖北段沿线桥梁，除武汉军山长江大桥外，有预应力混凝土简支桥（包括T

梁、工形梁、空心板)、预应力混凝土连续刚构桥、钢筋混凝土拱桥及连续箱梁结合梁桥等五类桥型。为圆柱式、钢筋混凝土双薄壁式、肘板式、埋置式、U形重力式。

全线大桥、特大桥由北向南包括：上冲大桥、东新河大桥、姚店河大桥、高店河大桥、大悟大桥、红河大桥、沙窝河大桥、青山河大桥、府河大桥、东山大桥、东西湖北桥、十一支沟大桥、东西湖南桥、汉江大桥、后官湖大桥、通顺河大桥、军山长江大桥、豹澥河大桥、株山大桥、K202+796大桥、苏公岭大桥、斧头湖大桥、宝塔大桥、向阳湖大桥、汀泗河大桥、叶家湾大桥、南溪大桥、陆水河大桥、白墅港大桥、K293+600大桥。

1. 蔡甸汉江大桥复杂技术工程

蔡甸汉江大桥下构二主墩为钢筋混凝土双薄壁墩。大桥上构为三跨一联三向预应力混凝土变截面箱型连续刚构，每侧悬臂各为26节段，体系转换、张拉工艺复杂，施工难度大、技术要求高。北岸农道桥上构为15孔30m预应力混凝土T形组合梁，南岸为17孔30m预应力混凝土T形组合梁，均为桥面连续。主线桥分左、右幅，桥面净宽为12m，由7片T形组合梁组成，农道桥桥面净宽为7m，由4片T形组合梁组成。主桥左右幅分别为单箱单室箱梁和单箱双室箱梁。大桥设$R=20000$m的竖曲线、双向坡，竖曲线变坡点桩号为K142+483.0，变坡点高程为51.743m。

蔡甸汉江大桥桥面施工

蔡甸汉江大桥桥址位于汉江平原东部冲积—湖积平原(北岸)与剥蚀低垄岗(南岸)交界地带，桥轴在汉江微弯间的直线段中部通过，桥址处堤内北岸地形较平坦，南岸较陡峭，南岸22号主墩位于深泓线附近，洪水期河床宽约330m，枯水期河床宽约130m。南岸蔡甸区工程地质层从上至下依次为：亚黏土、黏土、含砾亚黏土、栖霞组灰岩，该层灰岩岩芯相对完整，单轴饱和，抗压强度较高，裂隙发育程度较弱，承载力高，为较好的桩基持力层。北岸东西湖区受古地形地貌、构造和岩性控制影响，该区地层迥异于南岸地层，其灰岩埋置较深，岩体破碎状，局部溶蚀现象发育，局部有煤层夹层，工程地质条件较差。

蔡甸汉江公路大桥施工中，湖北省路桥公司联合高等院校进行专项课题研究，自行设计了万能杆件拼装悬臂式穿巷吊机和悬浇挂篮(最大悬浇重量达260t)进行预应力混凝土变截面连续刚构箱梁施工,并应用神经网络预测控制理论进行桥梁施工监控,使主跨180m的汉江大桥全桥合龙时高差精度仅10mm,保证了主梁标高、内力的准确和结构线形顺畅,其专题科研项目《蔡甸汉江公路大桥施工监测监控及技术研究》被列为湖北省交通科技项目,并获得了专家的肯定和好评。采用轻集料高性能混凝土桥面铺装,使桥梁内力更趋合理化。

2. 陆水河大桥复杂技术工程

该桥位处岩溶发育发达,存在断裂、褶皱等构造作用,基岩裂隙发育,地下水通畅交替,易产生溶蚀。而且由于构造、岩性变化及岩溶地质的作用,基岩面起伏较大,在其中相对较缓的地段,溶蚀作用轻微,局部起伏较大的段落,溶蚀作用强烈。

桥跨布置:主桥为80m+3×125m+80m预应力混凝土箱形变截面连续梁,两岸引桥为六孔30m一联(桥梁北段引桥)和二孔30m一联(桥梁南段引桥)的预应力混凝土T形简支梁。桥跨布置为18×30m+80m+3×125m+80m+2×30m,桥梁起点:K279+936.72,终点:K281+078.44,桥梁全长1141.72m。

陆水河大桥基岩为石灰岩,岩溶十分发育,从每根桩基于L位地质小孔资料来看,几乎每个孔都有溶洞,溶洞是横向贯通,纵向成串,填充物也不规则,有半填充,有全填充,也有空溶洞,最大溶洞高度达13m,溶洞串最多达8个。处理方法:技术人员及钻机人员充分掌握地质资料情况,每个孔位的地质柱状图列在钻机上,让施工人员随时都知道溶洞的位置、大小、充填情况;钻—离溶洞顶部1m左右时,钻机冲程变为1~1.5m,逐渐将溶洞顶击穿,防止卡钻;击穿溶洞顶后,把做成泥球的黏土和片石按1:1的比例投入,加大泥浆的相对密度到1.4左右,如果出现漏浆情况,随时准备补浆,并小冲程冲砸,当泥浆漏失现象全部消失后才正常钻进。

裂隙漏浆的处理:采取的主要处理措施为:入岩前,准备充足的水源和水泵;准备足够的黏土,并将黏土做成泥球,直径20cm左右;准备充足的片石;密切注意护筒内泥浆面的变化情况,当泥浆面在迅速下降时,证明在漏浆,首先尽快补水,然后投入泥球和片石,高度为2m,再反复小冲程冲砸,这样,砸碎的片石和大颗粒可将裂隙堵住。

第二节 武汉—深圳高速公路(G4E)

武汉—深圳高速公路(以下简称武深高速公路),国家高速公路网编号为G4E,是中国高速公路网中的一条中部—南部纵线。它起于湖北省武汉市洪山区青菱湖西路,止于广东省深圳市盐田区盐田港。武深高速沿线经过武汉、嘉鱼、赤壁、崇阳、通城、平江、浏阳、醴陵、攸县、茶陵、炎陵、桂东、汝城、仁化、始兴、龙门、博罗、东莞、深圳,全长约1083km,基本与京港澳高速公路平行,是一条联系我国中部和南部地区的纵向运输通道,建成后有效缓解京港澳高速公路的交通压力。

武深高速公路湖北段,长约147.7km,起于武汉四环线,止于咸宁通城县湘鄂界。该项目是湖北省"十二五"交通发展规划"七纵五横三环"中的重要"一纵",其建成通车将进一步完善湖北省高速公路主骨架,有效缓解京港澳高速交通压力,提高高速公路网的通达性,同时进一步拓宽包括咸宁在内的武汉城市圈与长株潭城市群、珠三角都市圈的联系通道。

武深高速公路湖北境内路段由北向南分为武汉段、嘉鱼北段、嘉鱼—通城段、通城—界上(鄂湘界)段四个部分,武汉—嘉鱼段、嘉鱼北段正在建设;通界高速公路总长23.815km,起于通城县大坪乡(桩号144+700),止于界上(鄂湘界桩号:168+495),2010年12月开工建设,2014年9月29日建成通车;嘉鱼—通城段全长91km,起于嘉鱼县新街镇,北接武嘉(武汉—嘉鱼)高速公路入武汉,终点位于通城县大坪乡,南接通界(通城—界上)高速公路入湖南。

武深高速公路武汉段(G4E)

一、武深高速公路武汉段

(一)项目概况

功能定位:武深高速公路武汉段是国家高速公路网项目G4E武深高速公路的重要组成部分,是《湖北长江经济带综合交通规划》中沿江综合运输大通道,也是《武汉城市圈"两型社会"建设综合配套改革试点区综合交通规划纲要》中"三圈七通道"之一。该项目的建设对优化武汉市路网格局,增加快速出口公路网密度,有效缓解京港澳高速公路压力,进一步拉近武汉城市圈,长株潭城市群,对全省构建"祖国立交桥"和武汉市建设国家中心城市发展战略具有十分重要意义。

路线走向:路线起于洪山区青菱乡,对接城市道路,在洪山区内沿规划的城市道路走廊进入江夏区,向西南依次与四环线(设置石咀互通)、武锅—阿尔斯通大件运输铁路(规划)、凤杨大道(设置长山互通)、绕城高速(设置金水互通)、新南环线(设置后石湖互通)相交;路线向南从后石湖东侧经过,与范谌线(规划一级路)相交(设置鲁湖互通);经鲁湖西侧,跨越鲁湖湖汊,在法泗镇设置法泗互通与法五线相连;路线跨越金水河后进入嘉鱼境内。主要控制点:规划的四环线、京港澳高速、青菱湖、后石湖、鲁湖、斧头湖、西凉湖及沿线的城镇(青菱、石咀、金口、法泗)

建设规模:项目路线长为33.032km,大桥、特大桥14346.5m/10座,中、小桥167m/3座,涵洞41道,互通式立体交叉6处,分离式立体交叉2处,通道28道,天桥6座,安全设施33.141km,主线收费站1处,服务区、停车区1处(鲁湖服务区),监控分中心1处(与服务区合建),养护工区1处(与收费站合建),连接线12.587km。

投资规模:该项目为政府投资项目。资本金占投资估算25%,由国家、湖北省、武汉市政府拨款,金额约为14.06亿元;其他75%投资考虑国内银行贷款,贷款资金额42.19亿元,长期贷款年利率6.55%。

主要技术指标:设计交通量66181辆/天,采用设计速度120km/h、平曲线最小半径3000m,最大纵坡1.8%,行车道宽度6×3.75m,路基宽度34.5m,汽车荷载等级公路-Ⅰ级,桥梁宽度2×16.75m,双向六车道高速公路标准。

主要工程数量:占用土地3985亩,土方4925254km^3,石方29453km^3,土石方平均276044km^3/km,排水及防护46335km^3,沥青混凝土路面558800m^2,水泥混凝土路面23910m^2。

(二)项目前期工作

决策背景:武汉至深圳高速公路武汉段是武汉—长沙—深圳高速公路的一段,武汉—长沙—深圳高速公路(以下简称"武深高速公路")是计划申报为国家高速公路网的项目之一。从武深高速公路建设进展来看,湖北通城至界上段(鄂湘界)、湖南平江(鄂湘界)至汝城段已经开工建设,作为武深高速公路的重要组成部分,武汉至嘉鱼至赤壁至通城段的建设,已经具备了良好的路网环境和外部机遇。

决策过程:2009年8月,先后接到武汉市交通运输委员会和咸宁市交通运输局的委托,武汉市公路勘察设计院和湖北省交通规划设计院联合开始启动武汉至深圳高速公路武汉至嘉鱼段的工程可行性研究工作,并于2012年3月通过了专家审查会。

(三)项目建设情况

实施过程:根据湖北省交通主管部门对该项目的实施计划安排和项目前期工作的进

展情况及该项目建设的难易程度,该项目在2012年12月开工建设。

2014年,完成投资8.24亿元,占年计划8亿元的103%;累计完成投资19.35亿元,占概算总投资54.24亿元的34.74%;累计完成路基土石方227.7万m^2,占全线工程量的28%;桥梁完成全线工程量的44.7%。

2015年,武嘉高速项目完成投资13亿元,为年度目标13亿元的100%,累计完成投资32.35亿元,为总投资54.141亿元的60%。2017年12月28日,武汉段建成通车。

2016年,项目完成投资16.11亿元,完成投资计划的100%,累计完成投资50.52亿元,占概算总投资的93%。一期工程除石嘴互通外,其他合同段施工任务基本完成;二期路面完成43%;收费站和服务区全部开工建设。

二、武深高速公路嘉鱼北段(在建)

(一)项目概况

功能定位:武汉至深圳高速公路嘉鱼北段是《国家公路网规划(2013—2030年)》中规划的武汉至深圳国家高速公路(编号G4E)的重要组成部分。

线路走向:武汉—深圳高速公路嘉鱼北段起点位于武汉市江夏区法泗镇长虹村与咸宁市嘉鱼县潘家湾镇螺丝桥村交界处,与武汉—深圳高速公路武汉段对接,路线向南延伸,在渡普与G51相交,设渡普互通;路线在新街镇蜀山村附近接武汉城市圈环线高速公路,并对接武汉—深圳高速公路嘉鱼—通城段,设嘉鱼互通。主要控制点:斧头湖、西凉湖、嘉鱼蔬菜基地、金水河、武汉城市圈环线高速公路、沿线的城镇(渡普口、潘家湾、新街)。

建设规模:路线总长21.124km,占用土地1875.8亩,拆迁房屋11635间,大桥、特大桥21098m,互通式立体交叉2处,安全设施21.214km,环境保护工程21.214km,连接线3.172km(咸宁境内,一级公路标准)。

投资规模:该项目投资考虑由资本金和国内银行贷款两部分组成。资本金占投资估算的20%;国内银行贷款按80%考虑,长期贷款年利率4.90%。估算总额42.5389亿元,平均每km造价2.0138亿元,其中建筑安装工程费为30.7951亿元。

主要技术指标:与该项目相接高速公路中武汉至深圳高速武汉段以及嘉鱼至赤壁段设计速度均为120km/h,加之该项目所在地区地势平缓,地形条件较好,可采取相对较高的设计速度。因此,综合考虑交通量规模和高速公路技术标准衔接因素,该项目全线选用设计速度120km/h,双向六车道高速公路标准进行建设。设计交通量62733辆/天,平曲线最小半径4500m,最大纵坡1.2%,路基宽度34.5m,行车道宽度6×3.75m,汽车荷载等级公路-Ⅰ级,桥梁宽度2×16.75m。

自然地理特征:项目沿线地势总体北高南低;主要由冲湖积平原、堆积岗状平原和剥蚀低丘三种地貌单元。相对简单的地形给工程施工带来了诸多方便，施工条件相对较好，施工场地布置较为容易。项目位于亚热带季风气候区，日照充足，四季分明，降水主要集中于夏季，这样的气候特征比较有利于施工。项目沿线水源丰富，施工、生活用水方便。

（二）项目前期工作

决策背景：武深高速公路湖北省境内路段由武汉段、嘉鱼北段、嘉鱼至通城段及通城至界上段所构成，其中，通城至界上段已于2014年通车，武汉段于2012年12月开工建设，嘉鱼至通城段于2013年6月开工建设，嘉鱼北段是武汉段和嘉鱼至通城段之间的连接路段，其已经具备了良好的路网环境和外部机遇，同时也具有较强的紧迫性。

武深高速公路咸宁段走向(G4E)

决策过程：2009年8月，受武汉市交通运输委员会和咸宁市交通运输局的委托，湖北省交规划设计院和武汉市公路勘察设计院联合开展工作，将武汉至深圳高速公路武汉段和嘉鱼北段作为一个整体（既武汉至嘉鱼段）进行工程可行性研究工作，并于2012年3月通过了由湖北省发展改革委和交通运输厅组织的专家咨询会。随后，由于所属行政区域不同，根据投资主体需要，项目组将武深高速公路武汉至嘉鱼段工可报告拆分为：武汉至深圳高速公路武汉段工可报告和武汉至深圳高速公路嘉鱼北段工可报告。2016年4月，项目组根据最新的内、外部环境，按照《公路工程技术标准》JTG B01—2014要求，对武汉至深圳高速公路嘉鱼北段工可报告进行了修编。

征地拆迁：新增占地面积1686.12亩，其中农用地1490.84亩、建设用地195.28亩、无未利用地；法泗连接线咸宁境段全长3.172km，采用设计速度80km/h，双向四车道一级公路标准，路基宽24.5m，新增占地面积189.7亩，其中农用地185.4亩、建设用地4.3亩、无未利用地。各类型占地面积具体数量见表2-1-5。

(三)项目建设情况表

根据湖北省交通主管部门对该项目的实施计划安排和项目前期工作的进展情况,以及项目建设的难易程度,该项目在2016年下半年开工建设,拟定2019年年底建成通车,建设工期42个月。路线总里程21.124km,全为桥梁,另包含渡普互通、嘉鱼互通两处互通及法泗互通3.172km(一级公路)。项目建设情况见表2-1-5。

项目建设情况表　　　　　表2-1-5

序号	占地类型		主线占地数量(亩)	连接线占地数量(亩)	合计
1	农用地	水田	73.42	15.30	88.72
2		旱地	3.64	0	3.64
3		菜地	1240.10	170.10	1410.2
4		苗圃	1.46	0	7.46
5		果园	1.14	0	1.14
6		园地	87.30	0	87.30
7		鱼塘	16.78	0	16.78
8		河沟	61.00	0	61.00
9	建设用地	宅基地	33.38	4.3	37.68
10		老路	161.90	0	161.90
11	未利用地	荒地	0	0	0
	合计		1686.12	189.7	1875.82

三、武深高速公路嘉鱼—通城段

(一)项目概况

功能定位:武汉—深圳高速公路整体位于京港澳高速公路以东,是纵贯南北的省际大通道,它将湖南和广东境内的在建或建成的平江—浏阳—醴陵—攸县—茶陵—炎陵—桂东—汝城—仁化—翁源—新丰—博罗—深圳这些作为京港澳复线的路段整体连接起来,并在湖北境内由平江—通城段向北延伸到武汉,作为连接武汉城市圈、长株潭城市群和珠三角经济圈另一条交通要道。从区域高速公路网布局来看,平江—通城—赤壁—嘉鱼—武汉走廊在路网中可以有效改善武汉—珠三角之间大区域路网配置的合理性;在完善区域高速公路网的同时,改善咸宁市与内部城市之间的交通条件以及内部城市对外交通环境,进一步强化区域优势,打造武汉与咸宁市及内部城市间具备较为便捷的高速公路通道。

线路走向:该项目起点位于嘉鱼县新街镇蜀山村,衔接武汉城市圈环线高速公路,并对接武嘉高速;终点位于通城县大坪乡达风村,衔接杭瑞高速公路,并对接通界高速。沿线主要控制点:起点(新街)、嘉鱼县城、赤壁市、茶庵岭镇、崇阳县、终点(大坪)。

建设规模:该项目路线全长90.975km,全线大中桥梁共17931m/49座,占路线总长的19.31%,其中,特大桥2241m/2座,大桥15663m/46座,中桥27m/1座;小桥592m/16座,涵洞95道;全线隧道总长6645m/5座,占建设里程的7.16%,其中长隧道5526m/3座,中隧道664m/1座,短隧道455m/1座,互通式立体交叉8处,分离式立体交叉4处,通道98道;收费站5处,监控通信分中心1处,服务区2处,停车区3处,养护区3处;全设置交通工程及沿线设施。

投资规模:投资总金额为67.336亿元;平均每km造价0.725亿元。该项目投资资金考虑由资本金、国内银行贷款两部分组成,其中资本金16.834亿元,占总投资的25%,负债融资50.502亿元,占总投资的75%,通过国内银行贷款解决。

主要技术标准:根据项目在路网中的功能和地位,结合交通量预测结果和沿线地形,采用四车道高速公路标准建设。起点至赤壁西互通段(K2+736.375—K47+400)设计速度采用120km/h,整体式路基宽度28.0m、分离式路基宽度13.75m;赤壁西互通—终点段(K47+400—K95+596.11),设计速度采用100km/h,整体式路基宽度26.0m、分离式路基宽度13.0m。

自然地理特征:项目区位于湖北省东南部、长江中游南岸,整个地势由东南向西北呈梯级分布,幕阜山脉横亘于路线东南部,以东西向延伸。线路终点通城以北至赤壁一带为侵蚀剥蚀低山地貌,最高海拔600m,一般海拔在300~500m,往北至崇阳县为剥蚀堆积低山丘陵地貌特征,至赤壁嘉鱼一带逐渐过渡为剥蚀堆积丘陵,起点嘉鱼县境内为堆积平原地貌特征。项目沿线地形条件总体简单,地形起伏不大,适于公路建设。该项目穿越地层较多,区内主要的不良地质现象有危岩与崩塌、滑坡、岩溶、采空区、断裂带等,特殊性岩土有软土,地质条件复杂。

(二)项目前期工作

决策背景:2009年12月,咸宁至通山高速公路开工建设。2010年12月,通城至界上(鄂湘界)高速公路开工建设。2011年3月,杭瑞高速公路通山至通城段正式通车运营。如此,以武汉至咸宁一级公路、咸通高速公路、杭瑞高速公路、通界高速公路以及平江—汝城—翁源—深圳为路径的、连接武汉城市圈、长株潭城市群和珠三角经济圈的通道基本形成。但是,湖北境内,武汉—咸宁—通城—通山路径出省的通道需绕道咸宁、通山,并经由东西向的杭瑞高速公路到达通城,路径绕行较远,线路不顺直。

2009年,武汉至深圳高速公路大通道的概念被初步提出,并在2009—2012年湖北高速公路行动计划中,制定了2011年12月建设武汉至深圳高速公路武汉至嘉鱼段的开工计划。2010年末,明确了武汉—深圳高速公路通道定位,并把它列入了湖北省"十二五"高速公路网规划中。

武汉至深圳高速公路湖南、广东两省境内路段都已开工建设或建成通车,湖北境内建设稍显滞后,其中北段武汉至嘉鱼段正在进行前期研究,2012年开工建设;中段嘉鱼至通城段也即是该项目;南段通城至界上(鄂湘界)高速公路于2010年开工建设,2014年建设通车。由此可见,嘉鱼至通城段的建设为贯通整个南北大通道有重要意义,因此,咸宁市交通局于2011年1月委托中交第二勘察设计研究际有限公司承担该项目的工程可行性研究工作。

决策过程:该项目定于2011年6月前完成工程可行性研究,2011年7—11月完成初步设计及施工图设计,2011年11月9—10日,咸宁市长任振鹤就武深高速公路嘉鱼至通城段、咸嘉新城项目合作事宜赴京拜访中国交通建设集团有限公司。市委常委黄剑雄、副市长王济民、市政府秘书长李逸章陪同,任振鹤会见了中国交通建设集团有限公司董事长周纪昌、副总裁陈奋健一行,并就相关项目合作进行深入洽谈,初步达成了武深高速公路嘉鱼至通城段投资意向。

征地拆迁:2013年2月1日,咸宁市委市政府组织召开武深高速嘉通段征迁动员大会,会上,市政府与沿线4县市政府签订了征迁工作《目标责任书》。随后,沿线各县市分别召开征迁动员会,层层签订责任书。沿线征地均严格执行省政府鄂政发〔2009〕46号文件精神,市、县政府均成立了协调机构,结合各地实际,制定了具体征迁补偿标准,从县市到村组层层得到落实。武深高速嘉通段里程91.39km,涉及嘉鱼、赤壁、崇阳、通城4个县市14个乡镇46个村,拆迁房屋约11万 m^2。征迁工作从2013年10月开始,2014年6月基本结束,施工图实际征地数量9937.41亩,共计支付征迁资金7亿元。

(三)项目建设情况

组织机构:成立中交资产管理有限公司湖北区域管理部,由党工委书记、总经理负责,下设统合管理部、人力资源部、财务资金部、收费管理部、运行稽查部、路产维护部。

参建单位:中交第二公路勘察设计研究院有限公司、中交投资有限公司、中交第二航务有限公司、中交第三航务有限公司、中交第三公路工程局有限公司。

实施过程:2011年11月10日,湖北省政府正式批准采用BOT+EPC方式建设武深高速公路。2012年5月,完成投资人的招标工作,6月份控制性工程开工,2012年9月22日,省长王国生、中交集团董事长周纪昌共同启动按钮,武深高速公路嘉鱼—通城段开工,当年完成投资6亿元。截至2016年嘉鱼至通城段完成路基土石方3388万 m^3,占全线工程量的100%;完成涵洞、通道393道,占全线工程量的97%;完成桥梁桩基3912根,占全线工程量的100%;全线分部项分部工程合格率100%,未发生重大安全生产事故。

四、武深高速公路通城—界上段

(一)项目概况

功能定位:通界高速公路是湖北省"七纵五横三环"交通骨架网和武汉城市圈综合交通体系的组成部分,也是武(汉)深(圳)高速公路湖北与湖南跨省连接段,是连接武汉城市圈、长珠潭城市群和珠三角地区的重要通道。通界高速公路建设对于完善湖北高速公路规划网,加强武汉城市圈和长株潭城市群,珠三角都市群的经济交通联系十分重要。

路线走向:通界高速公路起于杭(州)瑞(丽)高速公路通城境内的大坪乡,往南经石南、隽水、马港等五个乡镇,止于界上(鄂湘界)并连接湖南平汝(平江至汝城)高速公路平江境内段。

建设规模:通界高速公路总长 23.795km,全线共有桥梁 24.776m/6 座,中桥 420m/6 座,小桥 20m/1 座,涵洞 59 道(含倒吸虹 2 道)互通式立交 2 处,服务区 1 处,治超站 1 处,匝道收费站 1 处,主线收费站 1 处,分离式立交 462.72m/9 座,通道 37 道,天桥 1 座。

投资规模:批复概算为 14.497 亿元。

技术标准:采用双向四车道高速公路标准,设计时速 100km/h,路基宽 26.0m。

(二)项目前期工作

决策背景:2009 年,武汉至深圳高速公路大通道的概念被初步提出,并在 2009—2012 湖北高速公路行动计划中,制定了 2011 年 12 月建设武汉至深圳高速公路武汉至嘉鱼段的开工计划。2010 年末,明确了武汉至深圳高速公路通道定位,并把它列入了湖北省"十二五"高速公路网规划中。2009 年,武汉至深圳高速公路湖南、广东两省境内路段相继开工建设或建成通车,湖北境内建设分为武汉段、北段武汉至嘉鱼段、中段嘉鱼至通城段;南段通城至界上段(鄂湘界)高速公路作为与湖南的省际率先于 2010 年开工建设。

该项目 2009 年 11 月完成工程可行性研究报告编制;湖北省发展改革委于 2011 年 1 月 27 日以鄂发改交通〔2011〕65 号文核准该项目;2011 年 6 月 10 日,该项目初步设计获得湖北省发展改革委批复。

(三)项目建设情况

组织机构:该项目由中交四航局、中交二公院两家股东共同投资建设,双方股东分别出资 70% 和 30%,并于 2010 年成立咸宁四航建设有限公司作为项目法人;湖北省人民政府以鄂政办涵〔2010〕110 号文批准采用 BOT 模式(建设—经营—转让)建设。另同意咸宁市人民政府采用 EPC(投资—设计—施工—运营一体化)模式组织开展投资人招标工作。

2010年12月28日,通界(鄂湘界)高速公路签约及控制性工程开工仪式在咸宁市通城县五里镇举行。2011年6月20日,发布监理招标公告,2011年7月18日,开标并评标,2011年,公布评标结果,北京中交公路桥梁工程监理有限公司中标。

实施过程:该项目工程于2012年5月全线施工展开,工程施工进展较为顺利,质量、安全等控制良好。2014年为通界高速公路施工建设的收官之年,全年完成固定资产计划投资64270万元,2014年度实际完成投资额达64270万元,占年计划投资的100%,占自开工建设累计完成投资152730万元的42.08%。主要工程形象进度为:完成一期路基桥涵工程剩余所有施工任务。完成路面工程水稳底基层502493m^2,占全线设计工程量659622m^2的76.2%,累计完成100%;完成水稳基层612696m^2,占全线设计工程量614600m^2的99.7%,累计完成100%;完成粗粒式沥青混凝土下面层550121m^2,中粒式改性沥青混混凝土中面层666000m^2,细粒式改性沥青混凝土上面层666000m^2,均为全线设计工程量的100%。完成各类护栏101720m,隔离设施62520m,防眩板2383块,各类标志牌315套,各类标线46586m^2,突起路标5112个;MTC车道工控机16套,收费岛、收费亭22套,硅芯管30681m,镀锌钢管(含过桥玻璃钢管箱)4002m;景观绿化植株46661株;均为全线设计工程量的100%。2014年9月29日,咸宁通界高速公路通车仪式举行,比《通城—界上(鄂湘界)高速公路特许经营权协议》协议工期提前了7个月交工通车。

交工验收及通车:2014年9月18—19日,召开了通界高速公路项目交工验收会。湖北省交通运输厅、湖北省交通运输厅工程质量监督局、咸宁市公安局交警支队、中交四航局工程管理部和投资事业部、项目各参建单位等有关人员参加了会议。会议听取了项目建设、设计、监理、施工单位的工作汇报,湖北省交通运输厅工程质量监督局宣读了项目交工验收质量检测意见。会议讨论并通过了《通界高速公路工程交工验收报告》,一致认为通界高速公路项目符合交工验收标准,质量等级评定为合格,同意交工。

第三节 许昌—广州高速公路(G4W2)

许昌至广州高速公路(简称许广高速公路),国家高速公路网编号为G4W2,是国家高速京港澳高速公路(G4)的一条并行线,是2013年印发的《国家公路网规划(2013—2030年)》中的一条新增国家高速公路,许广高速呈南北走向,自北向南依次经过河南、湖北、湖南、广东4省。沿线主要控制点为:许昌、叶县、泌阳、随州、天门、潜江、监利、岳阳、汨罗、长沙、衡阳、常宁、临武、连州、清远、广州。随岳高速公路为国家级高速公路许广高速公路(G4W2)位于湖北境内的一段,位于京港澳高速公路(G4)和二广高速公路(G55)之间,是继京港澳高速公路之后,湘、鄂两省共同规划建设的一条南北大通道。

功能定位:随(州)岳(阳)高速公路是湖北省"十一五"规划并建成的"四纵四横一环"高速公路主骨架网中的"一纵",与京珠国道主干线(京港澳高速公路G4)平行,间隔约120km,全长335km,2013年7月正式被纳入国高网许(昌)广(州)高速公路G4W2。北至南分别与G70福银高速公路(福州至银川,汉十段)、G4213麻安高速(麻城至安康,麻竹段)、G42沪蓉高速(上海至成都,武荆段)、G50沪渝高速(上海至重庆,汉宜段)四条国家高速公路交叉联网。于2010年全线建成通车,是湖北省高速公路网的重要组成成分。

线路走向:湖北随岳高速北连河南,起于随州市淮河镇,南接湖南,止于湖南省岳阳市道仁矶镇,途经湖北随州、京山、天门、仙桃、监利等地市。

主要出入口:含18个互通、4个枢纽互通:淮河互通、天河口互通、封江互通、随县互通、柳林互通、三里岗互通、三阳互通、宋河互通、京山互通、天门互通、岳口互通、珠玑互通、陈场互通、新沟互通、监利互通、朱河互通、白螺互通、荆岳大桥互通;枢纽互通:均川枢纽互通、麻竹高速随州南互通、钱场枢纽互通、珠玑枢纽互通;6对服务区、3个停车场、17个匝道管理所、2个主线收费站。

建设规模:随岳高速公路分北、中、南、荆岳长江大桥四段,中段长152.877km,北段长76.295km,南段长98.06km,荆岳大桥长5.42km。其中随岳北段、中段及荆岳大桥由湖北省交通运输厅分别投资约27亿元、53.5亿元、23.42亿元修建,随岳南段经招商引资由民营企业百荣投资控股集团有限公司投资约53亿元修建。

随岳高速公路于2004年开始分成4段陆续开工建设。随岳中于2007年12月26日建成通车,随岳南于2010年3月10日建成通车,随岳北于2009年6月28日建成通车,湘鄂两省交界的荆岳长江大桥于2010年12月9日正式通车。随岳高速湖南段于2011年12月26日正式通车运营,是湖南省首条双向六车道高速公路。

随岳中高速公路

第二篇
通途篇

一、随岳高速公路北段

(一)项目概况

线路走向:位于湖北省随州市境内,呈南北向延伸,北起于鄂豫两省交接的随州市淮河镇,经淮河、殷店、厉山、北郊、新街、安居、均川等乡镇,止于随州市均川镇,与汉十高速公路相交的随州枢纽互通,南接随岳高速公路湖北省中段。

建设规模:主线全长76.295km,另设封江至高城的二级公路连接线10.774km。全线共有大桥25座,中桥18座,小桥3座,涵洞206道,互通式立交4处,分离式立交6处,通道72道,天桥17座。附属区、安全设施、绿化和机电工程包括:互通4处,服务区1处,停车区1处,匝道收费站4处,主线收费站1处,养护管理站1处,76.295km的交通安全设施、绿化以及通信、监控、收费、超限运输系统。

投资规模:项目概算总投资22.99亿元,补充批复概算为25.6亿元。该项目资金来源为湖北省交通厅资本金和国内银行贷款。省交通厅投资由公路规费投资、襄十高速公路结余资金投资、高速公路通行费投资、国家开发银行资本金贷款四部分组成;银行贷款由开行、工行、民生行三家国内银行提供。其中资本金占概算总投资的35%,国内银行贷款占概算总投资的65%。

主要技术指标:公路等级双向四车道高速公路,设计速度100km/h,荷载标准公路Ⅰ级,地震设防6度,路基宽度26m,设计洪水频率特大桥1/300,大中小桥涵及路基1/100,平曲线最小半径1000m,最大纵坡3.5%。

主要工程数量:项目全长76.295km,土石方1641万m^3,大桥31/6614座/m,中桥15/863座/m,小桥6座,涵洞320道,通道148道,天桥14座,防护工程62万m^3,排水工程289km,分离式立交桥7座,互通式立交4处,服务区1处,停车区1处,路面底基层188万m^2,路面下基层161万m^2,路面上基层162万m^2,路面下面层148万m^2,路面中面层182万m^2,路面上面层182万m^2,绿化直喷草42万m^2,绿化三维网直喷草20万m^2,绿化客土喷播42万m^2,连接线二级公路10.774km。

自然地理特征:随岳高速公路北段项目地处我国中部,在地貌单元份区上随州以北属桐柏山南坡,随州以南属大洪山脉,淮河以北属山间盆地。根据地貌成因、形态及组合特征,将区内地貌划分为三个单元,其中,淮河—天河口段为构造剥蚀低山区,冲沟成宽"V"字形,山体呈尖山顶,鱼背脊,以侵蚀剥蚀为主;天河口—厉山以北为构造剥蚀丘陵区,山顶多呈浑圆的馒头状,冲沟呈宽"U"形谷,以侵蚀剥蚀为主。地形呈垄岗状,以低丘为主;厉山及河南为河谷冲积平原区,由府河冲积平原组成,地形平坦开阔,最低点为东南涢水出境处的河床,高程47m。河流两岸高漫滩、一、二级阶地发育。

(二)项目前期工作

决策背景:为了应对东南亚金融危机,国家实施了扩大内需、拉动国民经济增长的重大举措,原计划2020年完成的国道主干线在东部和中部大部分省份在"十五"期末基本完成。为了适应新形势发展的要求,交通部于2001年底制定了国家重点公路建设规划:国家重点公路由13条纵向线路和15条横向线路组成,考虑到其中间两纵——京珠国道主干线(孝感、武汉、咸宁)、太原至澳门国家重点公路(襄樊、荆州)由北至南纵贯湖北省,在湖北省境内相距200km以上,其中间区域为湖北省"大三角"经济布局的腹地,北属鄂北岗地,南为江汉平原,都是我国重要的商品粮基地;该区域内既有随州、仙桃、潜江等省规划城市人口超过50万的大城市和天门、京山、监利等经济较发达的中等城市,又有以大洪山国家级风景名胜区等为代表的旅游名胜,还有石油、岩盐、卤水、重晶石等矿藏资源,无论从已有的经济基础,还是从资源开发潜力,国内省内重点建设项目的投向等方面,都属于或将要成为经济高速增长区域,处于影响全省经济发展水平的举足轻重地位。因此,从路网布局以及地域经济发展状况看,上述两条南北向通道间距明显过大,其间增设一条南北向通道非常必要。

基于以上考虑,结合湖北省交通厅提出的江汉平原地区率先实现交通现代化的总体要求,以及荆岳长江大桥立项工作进展顺利等有利条件,提出了建设随州至岳阳高速公路通道的规划设想,并将其作为湖北省"一环五纵三横"公路主骨架网中的"一纵"纳入《湖北省2020年重点建设公路规划》中。

决策过程:2002年12月6日,湖北省交通厅组织有关领导、专家对随岳高速公路及其相关问题进行了专题研究。要求湖北省交通规划设计院尽快提出随岳高速公路通道专题研究报告,并分段开展随岳高速公路预、工可研究。2003年1月下旬湖北省交通规划设计院提交了《随州至岳阳高速公路通道方案研究》(送审稿),2003年11月完成了预可报告,2003年11月30日,省交通厅组织有关专家对预可报告进行了技术咨询。在完成以上工作的基础上,结合技术咨询会专家组意见,开展了该项目的工程可行性研究工作。

湖北省发展和改革委员会于2004年8月11日《关于随州至岳阳高速公路湖北省北段工程可行性研究报告(代项目建议书)的批复》(鄂发改交通〔2004〕756号),批复了项目可行性研究报告,随岳高速公路湖北省北段项目获准立项。2005年3月29日,湖北省发展和改革委员会以《关于随州—岳阳高速公路湖北省北段初步设计的批复》(鄂发改重点〔2005〕238号),批复了项目初步设计。2005年8月4日,湖北省交通厅以《关于随岳至岳阳高速公路湖北省北段土建工程施工图设计的批复》(鄂交基〔2005〕334号),批准了施工图设计。

2006年7月7日,湖北省发展和改革委员会以《关于变更随州—岳阳高速公路湖北省北段项目资金来源的批复》由交通厅负责组建项目法人;2006年7月10日,湖北省交通厅以《关于明确随岳北高速公路建设项目法人的通知》明确由湖北省随岳中高速公路建设管理处作为随岳北高速公路项目建设法人。2007年3月6日，湖北省交通厅正式批准项目开工建设。审批情况见表2-1-6。

各阶段审批情况表　　　　表2-1-6

报批项目	审批文号	审批单位
文物保护规划报告	鄂文物综〔2003〕60号	省文物局
环境影响评价大纲	鄂环函〔2004〕25号	省环保局
环境影响报告书	鄂环函〔2004〕337号	省环保局
水土保持方案	鄂水土保〔2004〕62号	省水利厅
压覆矿产调查报告	鄂土资函〔2004〕34号	省国土厅
地质灾害危险性评估报告	鄂土资函〔2004〕42号	省国土厅
随岳北高速公路工程用地预审意见	鄂土资函〔2004〕276号	省国土厅
工程可行性研究报告（代项目建议书）	鄂发改交通〔2004〕756号	省发展改革委
初步设计文件	鄂发改重点〔2005〕238号	省发展改革委
施工图设计文件	鄂交基〔2005〕334号	省交通厅

征地拆迁：随岳北项目永久性征地6902.559亩，拆迁房屋55430.695m^2。该项目由于特殊原因，导致征地拆迁拖延很长时间，指挥部对各类征迁补偿严格执行"三公开"，兑现落实一卡到户，确保了国家补偿政策落实；抓好"七个结合"即：劳动力安置与农村二轮土地延包相结合，认真做好土地调整工作，从根本上解决了被征地农民的生活出路问题；房屋还建与小城镇建设规划相结合，并出台优惠政策，群众住房质量和生活环境全面提高；施工便道建设与农村路网建设规划相结合，推进了沿线村级公路改造升级；施工单位取土与农业产业结构调整相结合，既优化了农村经济发展结构，又消除了施工单位土地复垦之忧；施工单位弃土与改田造田相结合，扩大了农业种植资源；水系统恢复与农田水利设施建设相结合，增强了沿线农田水利设施排灌功能；电力拆迁还建与电网改造相结合，改善了沿线农民用电条件。项目开工建设以来，沿线没有发生一起群众上访事件，没有发生一起群体阻工事件，征地拆迁协调工作做到了沿线各级政府满意，沿线群众满意，各施工单位满意。征地拆迁数量见表2-1-7。

随岳北项目征地拆迁汇总表　　　　表2-1-7

项目	单位	随州市曾都区
一、永久性征地	亩	6902.559
二、房屋拆迁	m^2	55430.695
三、土地附着物		
地坪	m^2	5579.245
水井	口	251
围墙	m	4169.5
坟墓	座	5573
沼气地	个	15

续上表

项 目	单 位	随州市曾都区
大树	株	343208
小树	株	1128539
挂果树	株	37661
未挂果树	株	7732
苗圃	亩	28.635

(三)项目建设情况

组织机构:随岳北项目原为招商引资项目,因原项目公司建设资金不到位,项目建设无法推进。2006年7月7日,湖北省发展和改革委员会根据省人民政府批准意见,同意变更随岳北项目资本金来源,由湖北省交通运输厅明确由湖北省随岳中高速公路建设管理处作为新的项目法人,由湖北省随岳高速公路中段建设指挥部承担该项目的建设管理职责。根据湖北省交通厅鄂交人劳〔2006〕287号文《关于明确随岳北高速公路建设项目法人的通知》,随岳中管理处组建现场专班于2006年8月26日进驻随州,开始履行该项目建设职责。随岳中管理处接管随岳北任务后,省指挥部组织领导系统未变。仍由杨志波任指挥长、沈雪香、张其斌、曹永久等任副指挥长,张业红任总工程师,叶强筠任总会计师。2007的1月,杨志波因故辞职,由沈雪香任指挥长。随州市地方政府以及交通、林业、国土等部门人员组成随州市随岳高速公路随淮段建设协调指挥部,在省指挥部和各级地方党委、政府的共同领导下负责做好征迁和建设协调工作。

主要参建单位见表2-1-8。

随岳北参建单位一览表　　　　表2-1-8

序号	标 段	单 位 名 称
	一、勘察设计单位	
1	设计1、2标	湖北省交通规划设计院
2	机电单位	北京交科公路勘察设计研究院
	二、土建监理单位	
3	A标	湖北华捷工程咨询监理有限公司
4	B标	湖南省交通建设工程监理有限公司
	三、房建监理单位	
5	C标	武汉威仕工程监理有限公司
	四、机电监理单位	
6	D标	北京泰克华诚技术信息咨询有限公司
	五、公铁立交监理单位	
7	公铁立交监理	武汉铁路工程建设监理有限公司
	六、一期土建施工单位	
8	第一合同段	湖北天浩公路工程有限公司
9	第二合同段	中铁十六局集团第三工程有限公司

续上表

序号	标 段	单 位 名 称
	六、一期土建施工单位	
10	第三合同段	中铁十九局集团第一工程有限公司
11	第四合同段	中铁二十局集团有限公司
12	第五合同段	湖南路桥建设集团公司
13	第六合同段	道遂集团工程有限公司
14	第七合同段	中铁七局集团有限公司
15	第八合同段	湖北长江路桥股份有限公司
16	第九合同段	中铁五局集团第三工程有限责任公司
17	连接线	湖北省路桥有限责任公司
18	公铁立交	襄樊铁路金利工程有限公司
	七、二期路面施工单位	
19	路面1标	东盟营造工程有限公司
20	路面2标	湖北省路桥有限责任公司
	八、三期绿化施工单位	
21	绿化1标	武汉华天园林艺术有限公司
22	绿化2标	河南开元林生态实业有限公司
	九、三期交安施工单位	
23	交安1标	北京路安交通科技发展有限公司
24	交安2标	邢台路桥建设总公司
	十、房建土建施工单位	
25	房建1标	武汉鑫源建筑工程有限公司
26	房建2标	荆门市建筑工程总公司
27	房建3标	武汉市黄陂第二建筑工程有限公司
	十一、房建装修施工单位	
28	装修1标	深圳市新鹏都装饰工程有限公司
29	装修2标	湖北特艺装饰工程有限公司
30	装修3标	武汉市鑫金建筑安装装饰工程有限公司
	十二、收费天棚施工单位	
31	天棚1标	武汉市十建集团有限公司
32	天棚2标	徐州鹏程钢结构工程有限公司
	十三、机电施工单位	
33	机电工程	亿阳通信股份有限公司
	十四、上跨天桥表面涂装施工单位	
34	涂装工程	武汉首园建筑装饰设计工程有限公司
	十五、监督单位	
35	监督单位	湖北省交通基本建设质量监督局
	十六、招标代理单位	
36	招标代理	华杰工程咨询有限公司

实施过程：2006年9月28日，随岳北高速公路正式破土动工，拉开了该项目建设的序幕。2006年8月30日~10月20日，随岳中指挥部与随岳北高速公路项目原9家中标施工单位及3家中标监理单位分别进行了多轮会谈并达成一致意见。9月20日，指挥部对进场的施工、监理单位的驻地单位建设、人员和设备进行检查。9月28日，在第8合同段举行了开工仪式。2006年，共完成投资0.3亿元，占概算总投资的1.3%。其中承包人驻地建设和临时工程全部完成，主线便道、清表工作全部完成，路基土石方完成8%；构造物施工队伍全部进场，圆管涵及倒虹吸完成15%，通道及盖板涵完成8%；桥梁施工队伍全部进场，完成场地硬化和准备工作，桩基完成10%，基坑开挖完成50%，基础混凝土浇筑完成15%。

随岳高速公路北段施工现场

2007年3月6日，一期土建工程开工，标志着随岳北项目全面开工。同年，共完成投资8.55亿元，累计完成投资8.85亿元，占概算总投资的38.5%，提前完成省厅下达的计划任务目标。其中，完成路基土石方76%，小构施工85%，桥梁桩基96%、基础混凝土64%、墩柱台60%、梁板预制40.5%。

2008年，共完成投资8.3亿元，累计完成投资17.05亿元，占概算总投资的74.1%。其中一期土建工程路基交验和桥梁工程基本完成；二期路面工程完成基层66%，下面层备料完成80%，下面层施工目标配合比、生产配合比全部完成；三期房建工程完成主体结构封顶，绿化工程基本完成上边坡生物防护，交安、机电工程完成招标。2009年，6月15日，所有工程项目全部完工，共完成投资5.94亿元，累计完成投资22.99亿元，占概算总投资的100%。6月28日，开始试运营。

交工、竣工验收：2009年6月，湖北省交通厅工程质量监督局对随岳北高速公路进行了全面检测，并出具了检测意见。随岳北共有单位工程149个，分部工程810个，子分部工程1674个，分项工程10635个，子分项工程23496个，交工验收评分97.8分，评定为合格。2011年12月湖北省水利厅组织对该项目水土保持设施进行了验收；2012年5月湖北省环境保护厅组织对该项目的环境保护进行了验收,2012年9月通过了湖北省档案局的工程项目档案专项验收。

二、随岳高速公路中段(随京段)

(一)项目概况

线路走向:随州至京山段高速公路北起于汉十高速公路与随岳高速公路交叉的随州均川枢纽互通,经随州市曾都区的均川镇、柳林镇、三里岗镇和荆门市京山县的三阳镇、宋河镇、罗店镇等地,止于京山县石板河大桥以南,与随岳高速公路京山至仙桃段相接,长74.280km。

许广高速公路湖北随岳中段(G4W2)

建设规模:全线采用双向四车道高速公路标准,沥青混凝土路面,设计速度100km/h,路基宽度26m,线路全长74.280km。主线设有特大桥1座,大桥20座,中桥22座,小桥17座,桥梁总长16370.29m(不含主线上跨分离式1008.42m/7座),桥长占路线长的20.83%(含主线上跨分离式为22.11%);主线共设有独立涵洞163道,设有渡槽1处。互通式立交匝道及连接线(京山连接线、天门连接线、荷沙连接线、318国道连接线)共设大桥10座,中桥7座,小桥3座,桥梁总长3218.39m;涵洞108道,其中:钢筋混凝土圆管涵74道,盖板涵34道。全线共设置通道128道。附属区、安全设施、绿化和机电工程包括:互通4处,枢纽互通2处,服务区1处,匝道收费站4处,74.280km的交通安全设施、绿化以及通信、监控、收费、超限运输系统。

投资规模:项目概算22.971亿元人民币。项目资金来源为省交通厅资本金投资和国内银行贷款。省交通厅资本金投资由汉宜转让收入、公路规费收入、交通部补助、国家开发银行资本金贷款四部分组成。银行贷款由开行、中行、建行、浦发行,其中资本金占概算总投资的35%,国内银行贷款占概算总投资的65%。

主要技术指标:公路等级双向四车道高速公路,设计速度100km/h,荷载标准公路Ⅰ级,地震设防6度,路基宽度26m,设计洪水频率特大桥1/300,大中小桥涵及路基1/100,平曲线最小半径1000m,最大纵坡3.9%。

主要工程数量:项目全长74.28km,土石方1520万m^3,大桥31/5627座/m,中桥9/452座/m,小桥82座,涵洞160道,天桥10座,防护工程26万m^3,排水工程142km,分离式立交桥5座,互通式立交4处,服务区2处,停车区1处,路面底基层159万m^2,路面下基层185万m^2,路面上基层177万m^2,路面下面层152万m^2,路面中面层184万m^2,路面上面层184万m^2,绿化直喷草63万m^2,绿化三维网直喷草15万m^2,绿化客土喷播72万m^2,连接线三级公路6.538km。

自然地理特征:该项目位于鄂中低山丘陵—垄岗地貌区,地貌构造格局,是在燕山期伸展构造造山作用基础上,经新生代构造运动(主要为隆升—降落运动)改造,经风化(剥蚀区)溶蚀,冲刷作用而呈现出的构造地貌情形。区域性断裂控制着盆地的形成及其边界,区内主要涉及随州盆地、古城畈盆地、江汉盆地、柳林低山至丘陵、岔河低山至丘陵等。路线区内发育有少量变形体、采空区、崩塌、岩石空洞等不良地质现象,规模大小不一、分布范围较小。路段属大陆亚热带季风型气候区,干湿交替较为明显。垄岗地段表层分布第四系中更新统冲洪积黏性土,褐黄色,硬塑—坚硬状,通过对沿线各里程段土体分别取样分析,膨胀土的自由膨胀率在41%~68%之间,具有弱膨胀潜势,胀缩等级为Ⅰ级。

(二)项目前期工作

决策背景:见随岳高速公路北段前期决策背景。

决策过程:2002年12月6日,湖北省交通厅组织有关领导、专家对随岳高速公路及其相关问题进行了专题研究。2003年1月下旬湖北省交通规划设计院于提交了《随州至岳阳高速公路通道方案研究》(送审稿),2003年2月16日,省交通厅召开了通道方案评审会,随后,省交通规划设计院开展了随岳高速公路湖北省中段(该项目)和北段的预可行性研究工作,并于11月30日举行了专家咨询会。

立项审批:湖北省发展和改革委员会于2004年8月11日《关于随州至岳阳高速公路随州至京山段工程可行性研究报告(代项目建议书)的批复》(鄂发改交通〔2004〕761号),批复了项目可行性研究报告,随州至京山段项目获准立项。2004年11月12日湖北省发展和改革委员会以《关于随州至岳阳高速公路随州至京山段工程初步设计的批复》(鄂发改重点〔2004〕1113号),批复了项目初步设计。2005年7月21日,湖北省交通厅以《关于随岳高速公路随州湖北省中段一期土建工程施工图设计的批复》(鄂交基〔2005〕319号),批准了施工图设计。2005年8月11日,湖北省交通厅正式批准项目开工建设。各阶段审批情况见表2-1-9。

各阶段审批情况表 表 2-1-9

报 批 项 目	审 批 文 号	审 批 单 位
文物保护规划报告	鄂文物综〔2003〕64 号	省文物局
环境影响评价大纲	鄂环函〔2004〕38 号	省环保局
环境影响报告书	鄂环函〔2004〕350 号	省环保局
水土保持方案	鄂水土保〔2004〕63 号	省水利厅
压覆矿产调查报告	鄂土资函〔2004〕35 号	省国土厅
地质灾害危险性评估报告	鄂土资函〔2004〕41 号	省国土厅
随岳中高速公路工程用地预审意见	鄂土资函〔2004〕277 号	省国土厅
工程可行性研究报告(代项目建议书)	鄂发改交通〔2004〕761 号	省发展改革委
初步设计文件	鄂发改重点〔2004〕1113 号	省发展改革委
施工图设计文件	鄂交基〔2005〕319 号	省交通厅

征地拆迁：随京段项目永久性征地 8070.87 亩，拆迁房屋 82105.07 m^2（见表 2-1-10）。工程建设中，指挥部坚持把群众利益放在首位，不断创新征迁协调工作理念，以有情征迁、和谐安置为原则，为项目建设营造了良好施工环境。主要做法与随岳北段相同。

随岳中高速公路随京段征地拆迁统计表 表 2-1-10

项　目	单位	随 京 段		
		合计	随州市	京山县
一、永久性征地	亩	8070.874	3830.526	4240.348
二、房屋拆迁	m²	82105.065	43828.61	38276.455
三、土地附着物		0		
地坪	m²	2379.29	1614.96	764.33
水井	口	345	230	115
围墙	m	4048.39	2289.4	1758.99
坟墓	座	4004	2319	1685
大树	株	449106	292135	156971
小树	株	486281	415258	71023
挂果树	株	49368	23471	25897
未挂果树	株	18774	11826	6948

(三)项目实施过程

组织机构：2004 年 1 月 30 日，湖北省交通厅成立了"随岳高速公路湖北省中段指挥部筹备组"，负责该项目的前期筹备工作，并撤销了原招商单位——"随岳高速公路湖北省随州—毛嘴段(中段)工程项目(筹备组)"。2005 年 3 月 29 日，省交通厅成立了湖北省随岳中高速公路建设管理处(鄂交人劳〔2005〕19 号)。明确由管理处担任随岳中高速公路项目建设的法人。同年,4月18日,省交通厅成立了湖北省随岳高速公路中段建设指挥部(鄂交人劳〔2005〕128号)。省指挥部由杨志波任指挥长,沈雪香、张其斌、曹永久、罗铭、刘进华、王和平、孙建国等任副指挥长,张业红任总工程师,叶强筠任总会计师。管理处与指挥部合署办公,负责随岳高速公路中段建设的地方协调,承担项目法人资格,协助有关部门负责工程招标,监督检查建设项目的工程质量。由省交通厅选派以及随州、荆门、天门、仙桃四个市政府有关领导组成省指挥部。负责湖北省随岳高速公路中段项目建设的宏观决策和组织领导。根据省厅鄂交人劳〔2005〕176文件精神,省指挥部组建了湖北省随岳高速公路中段总监理工程师办公室(以下简称总监办),与指挥部一门两牌,合署办公。由杨志波同志任总监理工程师,负责该项目的施工监理。沿线各市、县地方政府以及交通、土地等部门的人员组成随岳高速公路中段建设协调指挥部,在省随岳高速公路中段建设指挥部和各级地方政府的共同领导下负责做好征迁和建设协调工作。随岳中高速公路建设指挥部(总监办)内设一室六部,即:办公室、工程管理部、技术管理部、质量督察部(下设中心试验室)、材料设备部、征迁协调部、财务管理部。

主要参建单位:建设单位为湖北省随岳高速公路中段建设指挥部;设计单位为华杰工程咨询有限公司、中国公路工程咨询监理总公司;监督单位为湖北省交通基本建设质量监督局;土建监理单位为云南省公路工程监理咨询公司、山西省交通建设工程监理总公司;房建监理单位武汉威仕工程监理有限公司;机电监理单位陕西公路交通科技开发咨询公司。一期土建施工单位为湖北长江路桥股份有限公司、湖北省路桥有限责任公司、中天路桥有限公司、中铁十一局集团第一工程有限公司、中铁十三局集团第三工程有限公司。二期路面施工单位为东盟营造工程有限公司、沈阳高等级公路建设总公司。三期绿化施工单位为潢川县金珠园林绿化工程有限公司、宜昌汇中环境工程有限责任公司、武汉森茂生态绿化工程有限公司、确山县残联苗圃花木有限公司。三期交安施工单位为中国公路工程咨询监理总公司海南公司、湖北省路路通公路设施工程有限公司。

实施过程:设计合同建设工期42个月,开工时间为2005年8月11日,竣工时间为2007年12月24日,2007年12月26日开始试运营,实际工期29个月。2005年上半年,完成全线征地拆迁和一期土建监理和施工单位的招标工作,7月份,完成一期土建施工单位进场准备工作和施工图审查工作,8月11日下达开工令,正式开工建设;同年完成概算投资约3.52亿元人民币,占概算总额的15.3%;其中,一期土石方工程完成总量的35%,桥梁桩基工程完成总量的约40%。2006年,一期土建工程累计完成总量的约80%,土石方和小构施工基本完成;同时并完成二、三期工程的招标工作,路面基层施工部分段落全面启动;完成概算投资约7.3亿元人民币,占概算总额的31.8%,累计完成概算投资10.82亿元人民币,占概算总额的47.11%;2007年,一期土建工程完成全线桥梁梁板预制安装、桥面附属和防护排水等工程;二期路面、三期绿化、交安、房建和机电工程完成。整个项目完成概算投资10.63亿元人民币,占概算总额的46.27%,累计完成概算投资21.45亿元人民币,占整个概算投资的93.38%。

工程交、竣工验收:随岳高速公路随京段共有单位工程89个,分部工程731个,分项工程6475个,交工验收评分98.59,评定为合格。2009年11月27日,通过环保验收。2010年2月2日,通过湖北省档案局档案验收。2010年3月30日,省国土厅核准了建设用地手续,并颁发了土地证。

三、随岳高速公路中段(京仙段)

(一)项目概况

线路走向:线路起于荆门市京山县石板河,与随岳高速公路随京段相接,经荆门市京山县的曹武镇、永兴镇、钱场镇,天门市的石河镇、黄潭镇、侨乡开发区、白茅湖农场、岳口镇和仙桃市毛嘴镇,止于随岳与汉宜两条高速公路相交的仙桃珠玑枢纽互通,与随岳高速公路南段相接。

建设规模:全线采用双向四车道高速公路标准,沥青混凝土路面,设计速度100km/h,路基宽度26m,线路全长78.597km。另建设京山连接线12.917km,一级公路标准;天门连接线3条:天仙路连接线3.124km,一级公路标准;荷沙线连接线3.738km,二级公路标准;天门西至竟陵连接线3.344km,一级公路标准。主线设有特大桥1座,大桥20座,中桥22座,小桥17座,桥梁总长16370.29m(不含主线上跨分离式1008.42m/7座),桥长占路线长的20.83%(含主线上跨分离式为22.11%);主线共设有独立涵洞163道,设有渡槽1处。互通式立交匝道及连接线(京山连接线、天门连接线、荷沙连接线、318国道连接线)共设大桥10座,中桥7座,小桥3座,桥梁总长3218.39m;涵洞108道,其中:钢筋混凝土圆管涵74道,盖板涵34道。全线共设置通道128道。附属区、安全设施、绿化和机电工程包括:互通4处,枢纽互通2处,服务区2处,停车区1处,匝道收费站4处,养护管理站1处,监控分中心1处,78.597km的交通安全设施、绿化以及通信、监控、收费、超限运输系统。

投资规模:批复概算投资为30.52亿元人民币。项目资金来源为省交通厅资本金投资和国内银行贷款。省交通厅资本金投资由汉宜转让收入、公路规费收入、交通部补助、国家开发银行资本金贷款四部分组成。银行贷款由开行、工行、招行、华夏行,其中资本金占概算总投资的35%,国内银行贷款占概算总投资的65%。

主要技术指标:公路等级双向四车道高速公路,设计速度100km/h,荷载标准公路Ⅰ级,地震设防Ⅵ度,路基宽度26m,设计洪水频率特大桥1/300,大中小桥涵及路基1/100,平曲线最小半径2229m,最大纵坡2.74%。

主要工程数量：项目全长 78.597km，土石方 1033 万 m^3，大桥 21/14789 座/m，中桥 24/1397 座/m，小桥 147 座，涵洞 167 道，天桥 8 座，防护工程 8 万 m^3，排水工程 252km，分离式立交桥 10 座，互通式立交 4 处，服务区 1 处，停车区 1 处，路面底基层 195 万 m^2，路面下基层 164 万 m^2，路面上基层 169 万 m^2，路面下面层 158 万 m^2，路面中面层 187 万 m^2，路面上面层 213 万 m^2，绿化直喷草 71 万 m^2，绿化三维网直喷草 39 万 m^2，绿化客土喷播 16 万 m^2，连接线一级公路 16.04km、二级公路 5.62km。

自然地理特征：该项目南部位于长江以北的江汉平原盆地边缘地带，该地区地形平坦，地势开阔，局部有湖塘分布，线路经过地区属广阔而略有起伏的河流冲积及湖泊堆积平原地形，海拔一般 25～35m；北部为丘陵岗地，海拔一般 90～150m。线路由北向南穿越丘陵岗地、长江、汉江一、二级阶地江汉平原区。根据不同的地层沉积环境，河湖变迁影响及场地表观特征，勘察区地貌产分为丘陵地貌、山前平原地貌、河流冲积平原地貌、河流冲积湖泊堆积平原地貌、牛扼湖地貌等 5 个地貌类；该项目地震基本烈度为Ⅵ度，一般构造物进行简易设防，特大桥按Ⅶ度设防；因勘察区地貌单元的变化，地下水赋存条件差异很大，由此带来的影响地下水位理深差异较大。在丘陵地貌单元，地下水以基岩孔隙、裂隙、岩溶水为主，含水量较小。

(二)项目前期工作

决策背景：见随岳高速公路北段。

决策过程：见随岳高速公路中段(随京段)。

立项审批：湖北省发展和改革委员会于 2004 年 8 月 11 日以《关于随州至岳阳高速公路京山至仙桃段工程可行性研究报告(代项目建议书)的批复》(鄂发改交通〔2004〕941 号)，批复了项目可行性研究报告，随岳中项目获准立项。2004 年 12 月 31 日湖北省发展和改革委员会以《关于随州至岳阳高速公路京山至仙桃段工程初步设计的批复》(鄂发改重点〔2004〕1330 号)，批复了项目初步设计。2005 年 7 月 21 日，湖北省交通厅以《关于随岳高速公路随州湖北省中段一期土建工程施工图设计的批复》(鄂交基〔2005〕319 号)，批准了施工图设计。2005 年 8 月 11 日，湖北省交通厅正式批准项目开工建设。2007 年 12 月，湖北省交通厅以《关于随州至岳阳高速公路湖北省中段天门西至竟陵连接线较大设计变更的批复》(鄂交基〔2007〕71 号)，批复将随州至岳阳高速公路湖北省中段天门西至竟陵连接线的终点由天仙一级公路与皂毛公路交叉处，延伸到皂毛公路与城区南外环路交叉处，增加建设里程 3.344km，按一级公路标准建设，路基宽度 24.5m，计算行车速度 80km/h，荷载标准公路-Ⅰ级。同时，指挥部严格按照国家基本建设程序完成了招投标、土地申报、农田占补平衡、环境监测与评价、地质灾害评估以及沿线水文、文物、矿产、森林植被等报批手续。各阶段审批情况见表 2-1-11。

随岳中高速公路京仙段项目审批情况一览表

表 2-1-11

报批项目	审批文号	审批单位
文物保护规划报告	鄂文物综〔2003〕64号	省文物局
环境影响评价大纲	鄂环函〔2004〕38号	省环保局
环境影响报告书	鄂环函〔2004〕362号	省环保局
水土保持方案	鄂水土保〔2004〕63号	省水利厅
压覆矿产调查报告	鄂土资函〔2004〕35号	省国土厅
地质灾害危险性评估报告	鄂土资函〔2004〕41号	省国土厅
随岳中高速公路工程用地预审意见	鄂土资函〔2004〕278号	省国土厅
工程可行性研究报告(代项目建议书)	鄂发改交通〔2004〕941号	省发展改革委
初步设计文件	鄂发改重点〔2004〕1330号	省发展改革委
施工图设计文件	鄂交基〔2005〕319号	省交通厅

征地拆迁:京仙段项目永久性征地7828.206亩,拆迁房屋165280.02m^2,见表2-1-12。征地拆迁中采取与随岳北段相同的措施:对各类征迁补偿严格执行"三公开",抓好"七个结合";在施工过程中,清表弃土严格按照规定堆放,为以后农田复耕提供优质的土壤;对占用的水塘与当地村民协商,按照村民的意愿就近还塘或补偿,京仙段还塘775亩;对临时用地在合同中予以明确要求复垦,已复垦耕地700余亩,为沿线村民造田50多亩。禁止大填大挖,尽量不破坏农田水系,尽量做到低资源占用、低环境污染,以最小的资源环境代价建成高速公路。尽可能地保护原生生态与自然环境,做到最大限度地保护,最小范围地破坏,最大限度地恢复,实现高速公路建设与自然生态和谐发展。结合征迁实际,开展了《高速公路征地拆迁的政策与社会主义新农村建设相结合的实践研究》。该课题的研究对总结和提炼高速公路征地拆迁工作融入并推动社会主义新农村建设的方式和途径,为同类项目征地拆迁工作提供借鉴和参考。对现行征地拆迁工作相关的法规政策做出系统研究,提出完善相关制度和政策的有价值的研究成果。

随岳中高速公路京仙段征地拆迁统计表

表 2-1-12

项目	单位	京仙段			
		合计	京山县	天门市	仙桃市
一、永久性征地	亩	7828.206	3568.265	3566.281	693.66
二、房屋拆迁	m^2	165280.02	51560.32	86579.39	27140.31
三、土地附着物		0			
地坪	m^2	15520.74	8673.47	5328.37	1518.9
水井	口	509	118	326	65
围墙	m	20580.65	13660.65	6418.3	501.7
坟墓	座	2483	1532	858	93
大树	株	121990	99843	14690	7457

续上表

项　　目	单位	京仙段			
		合计	京山县	天门市	仙桃市
小树	株	194232	170148	14572	9512
挂果树	株	12296	7354	4122	820
未挂果树	株	10708	8448	1500	760

(三)项目实施过程

组织机构:见随岳高速公路中段(随京段)项目。

主要参建单位:设计单位为湖北省交通规划设计院、中国公路工程咨询监理总公司;监督单位为湖北省交通基本建设质量监督局;土建监理单位为武汉大通公路桥梁工程咨询监理有限责任公司、湖北省公路水运工程咨询监理公司/湖北顺达公路工程咨询监理有限公司;一期土建施工单位为天津五市政公路工程有限公司、中铁四局集团第四工程有限公司、中铁一局集团第一工程有限公司、中铁三局集团第五工程有限公司、路桥集团第二公路工程局第一工程处、中铁大桥局股份有限公司、中铁二十局集团第四工程有限公司、湖北省路桥有限责任公司、京山县路桥建设有限公司、黄冈市楚通路桥工程建设有限公司、宜昌市宏发路桥建设有限责任公司、中铁三局集团第五工程有限公司;二期路面施工单位为湖北省路桥有限责任公司、路桥集团第二公路工程局;三期绿化施工单位为湖北绿源风景园林工程有限公司、湖北四季青景观园林建设有限公司、潜江市绿大园林工程有限公司、黄石市园林绿化工程有限公司;三期交安施工单位为江西省公路管理局交通工程公司、天津市环路公路设施有限责任公司。

实施过程:批复建设工期42个月。工程于2005年8月11日正式开工,同年完成概算投资约4.67亿元人民币,占概算总额的15.3%;其中,一期土石方工程完成总量的35%,桥梁桩基工程完成总量的约40%。2006年,一期土建工程累计完成总量的约80%,土石方和小构施工基本完成;同时并完成二、三期工程的招标工作,路面基层施工部分段落全面启动;完成概算投资约9.706亿元人民币,占概算总额的31.8%,累计完成概算投资14.380亿元人民币,占概算总额的47.11%。2007年,一期土建工程完成全线桥梁梁板预制安装、桥面附属和防护排水等工程;二期路面、三期绿化、交安、房建和机电工程完成。整个项目完成概算投资14.123亿元人民币,占概算总额的46.27%,累计完成概算投资28.499亿元人民币,占整个概算投资的93.38%。2007年12月26日全线通车,提前一年进入试运营。

京仙段项目在工程建设中对全新的理念、全新的模式、全新的机制、又好又快地高速公路建设管理模式进行了有益的探索:开全省交通重点工程委托招投标代理先河,首次采用合理低价法评价,首次采取对分包工程招标,首次对工程保险实行招标;首次采用环保景观设计前置,首次聘请国外景观专家对环保景观工程进行咨询,首次采用全生态的绿色防护,首次采取浅蝶型暗埋边沟;首次全路段采用 SMA 路面技术,首次进行 OGFC 路面结构试验研究;首次采用地源空调和生物污水处理技术;在全国首次使用安迈 5000 型高性能沥青混凝土拌和站,首次全线采用沥青混凝土转运车进行面层摊铺;首次与审计厅实行审计共建,对该项目工程实行全过程跟踪审计;创新建设管理理念,工程管理实行直达式、招投标实行委托代理制、设计变更实行集权制、工程计量实行多方核实制、材料采购实行自主制、征迁资金拨付实行直通式、建立了"五位一体"的廉政网络;创新施工组织,实现了一、二、三期工程无缝衔接的新突破,对展开持续开展劳动竞赛,强力推进工程进展的方式进行了探索。

工程交、竣工验收情况:随岳高速公路京仙段共有单位工程 125 个,分部工程 940 个,分项工程 13084 个,交工验收评分 98.4 分,评定为合格。2009 年 11 月 27 日,通过环保验收。2010 年 2 月 2 日,通过湖北省档案局档案验收。2010 年 3 月 30 日,省国土厅核准了建设用地手续,并颁发了土地证。

四、随岳高速公路南段

(一)项目概况

线路走向:随岳南高速公路北起沪渝高速公路 G50(汉宜高速公路桩号 K117+547)珠玑枢纽互通,经仙桃、监利 2 个县市,途经毛嘴镇、剅河镇、陈场镇、新沟镇、龚场镇、分盐镇、毛市镇、福田镇、汴河镇、上车镇、朱河镇等 14 个乡镇,终点与荆岳长江公路大桥北岸接线。

许广高速公路随岳南段(G4W2)

建设规模:项目全长 98.06km。桥梁及构造物包括:全线设有特大、大桥 23 座,中桥 50 座,小桥 63 座,独立涵洞 187 道,天桥 4 座,通道 135 道。

附属区、安全设施、绿化和机电工程包括:互通式立交 5 处,分离式立交 5 处,服务区 2 处,停车区 1 处,匝道收费站 4 处,98.06km 的交通安全设施、绿化以及通信、监控、收费、超限运输系统。

投资规模:该项目概算为 39.16 亿元,补充批复为 52.9 亿元。该项目资本来源为项目公司资本金投资和国内银行贷款。项目公司资本金由百荣投资控股集团有限公司和百荣世贸商城管理有限公司筹资,国内银行贷款由国家开发银行湖北省分行、中国民生银行武汉分行、湖北省老河口市农村信用联社、中国银行荆门市分行四家国内银行提供。其中资本金占概算总投资 35%,国内银行贷款占概算总投资的 65%。

主要技术指标:全线采用双向四车道高速公路标准,沥青混凝土路面,设计速度 100km/h,路基宽度 26m,行车道宽度:2×7.5m,桥涵设计荷载:公路-Ⅰ级。另建设监利连接线 13.823km,一级公路标准。

主要工程数量:土石方 1117 万 m^3,特大桥 13478.41m/9 座,大桥 6782.75m/14 座;中桥 2897.96m/50 座;小桥 1836.42m/63 座;涵洞 5914.6m/187 道;通道 3594.1m/135 道;天桥 317.99m/4 道;分离式立交桥 6 座;互通式立交 5 处;防护工程 128.4km^3;排水工程 145.773km 服务区 2 处;匝道收费站 4 处;路面底基层 2152.787km^3;路面下基层 1719.480km^3;路面上基层 1880.4km^3;路面下面层 1650.67km^3;路面中面层 2450.82km^3;路面上面层 2448.38km^3;房建总面积 24387m^2。连接线一条,一级公路标准,13.823km。二级公路改线 2.775km;三级公路改线 3.294km。

自然地理特征:项目位于长江以北的江汉平原盆地边缘地带,地势平坦开阔,水网密布、湖泊沟渠众多。线路经过地区属广阔而略有起伏的河谷及湖泊平原地形,海拔一般 20~30m;西、南临近鄂西、湘南山区的山前地带,海拔一般 50~100m。线路由北向南穿越长江北岸一级阶地,沿途跨越地貌单元主要为河流冲积、湖积平原;本路线软土的成因类型多为河漫滩相、牛轭湖相及湖相。勘察区软土岩性主要为淤泥质亚黏土、淤泥质亚砂土、淤泥及饱和软黏土为主。该项目全线地震基本烈度为Ⅵ度。特大桥按Ⅶ度设防;工程地处亚热带湿润季风气候区。夏季盛行偏南风,湿润多雨,气温高,湿度大;秋季盛行偏北风,为西伯利亚干冷空气团所控制,天气寒冷,干燥少雨。降水:根据工程附近气象站资料统计分析,降水多集中在夏季,冬季雨量最少。

(二)前期准备工作

决策背景:见湖北随岳高速北段前期决策背景。

决策过程:2002 年 12 月 6 日,湖北省交通厅组织有关领导、专家对随岳高速公路及其相关问题进行了专题研究。2003年1月下旬湖北省交通规划设计院于提交了《随州至岳阳高速公路通道方案研究》(送审稿),2003年4月和编制完成了《随岳高速公路湖北省南段预可行性研究报告》,并于4月底通过了省计委、交通厅联合组织的审查。随后,湖北省发展计划委员会以鄂计交通〔2003〕883号文对项目建议书进行了批复。

立项审批:2003年9月17日湖北省发展计划委员下达《省计委关于随州至岳阳高速公路湖北省南段项目建议书的批复》(鄂计交通〔2003〕883号),批复了项目建议书,随岳高速公路湖北省南段项目获准立项;2003年12月9日湖北省计划委员会下达《省计委关于随州至岳阳高速公路湖北省南段工程可行性研究报告的批复》(鄂计交通〔2003〕1175号),批复了项目工程可行性研究报告,同意建设随岳高速公路湖北省南段项目,其建设资本金由百荣投资控股集团有限公司、湖北查马斯投资有限公司和湖北恒通投资有限公司三家国内企业共同组建的项目公司筹措,其余申请国内银行贷款。2004年6月28日湖北省发展和改革委员会下达《省发展改革委关于随州至岳阳高速公路湖北省南工程段初步设计的批复》(鄂发改重点〔2004〕584号),批复了项目初步设计。在初步设计的基础上,设计单位进行了施工图设计,通过专家评审后,项目公司于2004年12月16日正式开工先行按照评审后施工图设计组织一期工程的施工;2008年4月7日湖北省交通厅下达《关于随(州)至岳(阳)高速公路湖北省南段施工图设计的批复》(鄂交基〔2008〕195号),批准了施工图设计。2008年11月26日和2009年1月5日,湖北省交通厅又分别下达《关于随州至岳阳高速公路湖北省南段工程较大设计变更的批复》(鄂交基〔2008〕733号)和《湖北省交通厅关于随州至岳阳高速公路湖北省南段工程项目较大设计变更的批复》(鄂交基〔2009〕5号)对随岳南项目较大设计变更予以了批复。各阶段审批情况见表2-1-13。

湖北随岳南段项目审批情况一览表　　　　　　　表2-1-13

报批项目	审批文号	审批单位
项目建议书	鄂计交通〔2003〕883号	省发展计划委
环境影响评价大纲	鄂环函〔2003〕235号	省环保局
环境影响报告书	鄂环函〔2004〕94号	省环保局
水土保持方案	鄂水利保复〔2003〕161号	省水利厅
文物保护规划报告	鄂文物函〔2003〕49号	省文物局
压覆矿产调查报告	鄂土资函〔2003〕127号	省国土厅
地质灾害危险性评估报告	鄂土资函〔2003〕164号	省国土厅
工程可行性研究报告	鄂计交通〔2003〕1175号	省发展计划委
勘察设计招标资格预审文件	鄂交基〔2003〕258号	省交通厅
勘察设计招标资格预审结果	鄂交基〔2003〕359号	省交通厅
勘察设计招标文件	鄂交基〔2003〕360号	省交通厅

续上表

报 批 项 目	审 批 文 号	审 批 单 位
初步设计文件	鄂发改重点〔2004〕584号	省发展改革委
工程建设用地批复	鄂土资批〔2005〕298号	省国土厅
施工图设计文件	鄂交基〔2008〕195号	省交通厅
施工图设计较大变更	鄂交基〔2008〕733号	省交通厅
施工图设计较大变更	鄂交基〔2009〕5号	省交通厅
特许经营权批复	鄂政函〔2009〕2号	省人民政府
概算调整	鄂发改重点〔2009〕205号	省发展改革委
概算补充调整	鄂发改重点〔2012〕147号	省发展改革委

征地拆迁：随岳南项目永久性征地8414亩，拆迁房屋241525.71m^2，砍伐各类树木85400株，迁移各类杆线375处。工程建设以来，项目公司始终坚持把群众利益放在首位，积极主动做好与地方政府的沟通协调工作，充分发挥征地拆迁协调人员的工作积极性，实事求是的开展各项征地拆迁协调工作，不断创新征地拆迁协调工作理念，以有情征地拆迁、和谐安置为原则，为项目建设营造了良好施工环境。主要做法：一是公司领导重视，各位同仁努力。在省政府文件下发后，公司上下全力围绕开工第一步的征地拆迁工作展开了卓有成效的工作，通过下派指标，成立巡检组等方式有效地保证了施工单位的进场作业面。二是地方各级政府积极配合。为了保证随岳南高速公路的建成，各级政府相应成立了协调指挥部，指挥部成员都是从地方政府各部门抽调的精英骨干，有做基层工作的经验，有独当一面的工作能力，有指导全面的政策水平，通过他们下基层、到田角、进农户的艰苦工作，有效地完成了各项征地拆迁协调任务。三是企地配合，执行政策过硬。征地拆迁协调工作政策性强，涉及范围广，协调工作难度大。与地方各级政府如不密切配合，很难保证工作正常开工，随岳南项目公司讲诚信、守合约、保证征迁补偿资金的及时拨付；各级政府讲政策，做工作，保证了征迁工作的顺利开展。四是实事求是解决后续征地拆迁遗留问题。在大面积征地拆迁工作基本完成，施工单位进场施工后，随岳南公司与地方协指一同积极面对征地拆迁协调工作的实际，陆续进行了三次房屋拆迁，有效解决了施工受阻的难点。通过项目公司与地方协调指挥部的共同努力，在保证工程顺利建成的同时，征地拆迁协调工作也做到了沿线各级政府满意，沿线群众满意，各施工单位满意。拆迁统计见表2-1-14。

湖北随岳高速南段征地拆迁统计表　　　　表2-1-14

项　目	单位	合计	仙桃市	监利县
一、永久性征地	亩	8414.07	2685.71	5728.36
二、房屋拆迁	m^2	241525.71	87149.46	154376.25
地坪	m^2	7701.79	3290.67	4411.12

续上表

项 目	单位	合计	仙桃市	监利县
水井	口	415	213	202
围墙	m²	4010.5	2237.3	1773.2
坟墓	座	2285	167	2118
大树	株	27973	11911	16062
小树	株	47268	13726	33542
挂果树	株	6595	4174	2421
未挂果树	株	3565	2964	601
苗圃	亩	645.87	9.57	636.3
低压380V以下	杆	212	68	144
500kV超高压	杆	5	3	2
长途通信电杆	杆	126	36	90
市话	杆	10		10
广播	杆	22	3	19

(三)项目建设情况

组织机构:该项目按照"法人负责、政府服务、行业监管、依法行政"的改革原则,实行项目法人自主负责项目建设管理。随岳南高速公路由投资商依法注册成立的项目公司(法人)——湖北随岳南高速公路有限公司进行建设及运营管理。总经理:杨志波;副总经理:黄一平,黄槐轩,董明发;总经济师:朱青云。

沿线的仙桃市、监利县政府分别组建协调指挥部负责协调服务,为项目建设创造良好的投资环境;投资主管部门及相关行业主管部门依法实施行政和行业监管,对项目建设过程实行监督管理。根据"项目法人责任制、招标承包制、工程建设监理制、合同管理制"的规定,随岳南公司下设办公室、财务部、技术部、工程部(下设中心试验室)、房建机电部、合同部和协调部等机构。

主要参建单位:建设单位为湖北随岳南高速公路有限公司。设计单位:湖北省交通规划设计院、中铁第四勘察设计院集团有限公司,中国公路工程咨询监理总公司三家单位为该项目的设计单位和设计咨询单位;质量监督单位为湖北省交通基本建设质量监督局;监理单位为湖北省公路水运工程咨询监理公司、湖南湖大建设监理有限公司、黑龙江公路工程监理咨询公司;土建施工单位为中铁十八局集团第三工程有限公司、中铁十六局集团第三工程有限公司、中国铁路工程总公司、温州交通建设集团有限公司、湖北省路桥集团有限公司、中国建筑第八工程局、中国建筑第四工程局、腾达建设集团股份有限公司、衡水路桥工程有限公司、沈阳高等级公路建设总公司；交安和绿化施工单位为北京路安交通科技发展有限公司武汉分公司（珠玑互通交安与部分机电工程）、北京深华科交通工程有限公司、湖北高速公路实业开发有限公司、湖北建通交通开发有限公司、武汉桦泰置业有限公司、湖北楚通生态园艺工程公司、武汉虹达环艺景观装饰公司。

实施过程：本工程于2004年12月16日正式开工，2010年3月10日全线通车，进行试运营。2004年12月16日，该项目通过新闻发布会的方式宣布开工，实质性的施工从2005年4月份开始，初步设计批复工期4年，要求在2008年底建成通车，但是由于工程处于较严重软土地区，初步设计要求对87.5%的路段进行软基处理，预压期较长，规定在一年以上，施工图设计调整为对全路段进行软基处理，处理任务加重，同时，本工程又处于江汉平原湖区，地下水位高，土源奇缺，路基填筑取土非常困难，加之，2008年下半年至2009年上半年全球性金融危机的影响，省厅要求2009年底基本建成，实际建设工期为5年。随岳南高速公路于2010年3月底建成通车试运营。

工程交、竣工验收：2010年2月5日，随岳南高速公路召开交工验收会，项目质量综合评定得分98.8分。15个施工合同段单位工程质量等级全部为合格，质量等级评定为合格，顺利通过专家组的交验评审。2010年3月湖北省档案局以《关于同意随州至岳阳高速公路湖北省南段工程项目通过档案专项验收的批复》（鄂档函〔2013〕4号）同意批准该项目通过档案验收。2012年7月3日，湖北省水利厅以《关于印发随岳高速公路湖北省南段工程水土保持设施验收鉴定书的函》（鄂水利保函〔2012〕691号）同意通过竣工验收。2012年6月至2012年7月湖北省交通运输厅工程质量监督局对该项目进行了竣工质量鉴定，工程质量鉴定得分为89.3分，工程质量等级合格。2012年12月18日湖北省环境保护厅同意在整改完成后通过竣工环境保护验收。2013年2月16日湖北省环境保护厅以《关于随岳高速公路湖北省南段竣工环境保护验收意见的函》（鄂环审〔2013〕107号）同意通过环境保护竣工验收。2013年4月10日，湖北省交通运输厅对随岳南高速公路的财务决算批复同意。2013年4月18—19日，湖北省交通运输厅组织有关部门并邀请有关专家对该项目进行了竣工验收。经竣工验收委员会检查和评议，同意该项目通过竣工验收，竣工验收工程质量评分为91.05分，工程质量等级优良。

五、荆岳长江公路大桥

（一）项目概况

荆岳长江公路大桥位于湖北、湖南两省隔江相望的长江城（城陵矶）—螺（螺山）河段上，是湖北省"六纵五横一环"骨架公路网中随州至岳阳高速公路跨越长江的特大型桥梁工程，上距荆州长江公路大桥256km，下距武汉军山长江公路大桥189km。

功能定位：项目的建设，对于有效改善长江中游的过江交通条件，优化长江过江通道布局，完善鄂湘两省公路交通网络；促进江汉平原和洞庭湖平原资源整合，实现产业优势互补；提高湖北省荆州沿江县市以及湖南省洞庭湖区域防洪、抢险、救灾的交通运输能力；促进中部崛起与"两型社会"建设，以及打通我国西北至华南（新国高网许昌至广州高速公路）的最短通道均具有重要意义。

路线走向：荆岳长江公路大桥项目起自湖北省监利县白螺镇王李村，跨长江后止于湖南省岳阳市云溪区道仁矶镇大鼓山。

建设规模：建设总里程5.419km，其中长江大桥总长4302.5m，设白螺互通式立交和收费管理养护中心各一处。桥跨布置：大桥主体工程为跨南汊深泓主桥和跨北汊滩桥：主桥为主跨816m高低塔混合梁斜拉桥，跨度布置为(100+298)m+816m+(80+2×75)m，桥塔为H型，南塔高224.5m，北塔高265.5m。北滩桥为100m+5×154m+100m七孔预应力混凝土连续梁桥。

投资规模：批复概算投资为234189万元人民币。项目资金来源为湖北省交通厅资本金投资和国内银行贷款。省交通厅投资由交通部补助、公路规费收入、高速公路通行费收入、省高管局投资和资本金贷款等五部分组成。银行贷款由工行、开行、农行提供。其中资本金约占概算总投资的35%，国内银行贷款约占65%。建设期间，指挥部有效做好资金筹措和资金管理，做到了项目不超概并节约项目投资0.54亿元，另外节约利息支出约0.50亿元。通车以来，荆岳大桥优良资产的效应充分显现，项目投资效果上佳。

主要技术指标：公路等级：双向六车道高速公路；设计速度：100km/h；桥面宽度：33.5m（主桥不含布索区）；设计荷载：汽车荷载：公路Ⅰ级；抗风设计标准：基本风速V_{10}=29.0m/s；设计温度：基准温度15℃，最高温度40℃，最低温度-12℃；船舶撞击力：顺水流向16000kN，垂水流向8000kN；基岩地震动峰值加速度：100年超越概率水平10%时94.5cm/m^2，超越概率水平5%时146.6cm/m^2；通航：通航净高不小于18m；通航净宽：右汊主通航孔单向通航不小于450m，左汊备用通航孔单向通航不小于125m；设计水位：设计洪水位34.75m。

主要工程数量：主桥1座，为主跨816m高低塔混合梁斜拉桥。滩桥1座，为七孔预应力混凝土连续梁桥。互通区共有中桥3座，桥长（含互通匝道桥2座）199.62m，小桥2座，通道2道，涵洞5道。

自然地体特征：长江中游城—螺河段汛期的最大流量为78800m^3/s，最小35200m^3/s，多年平均洪峰流量49700m^3/s。枯水季节最大流量7020m^3/s，最小流量4060m^3/s，多年平均为5400m^3/s。历年最高水位34.95m，历年最低水位15.56m，多年平均水位为23.36m。最高水位与最低水位之差为19.39m。桥位地处长江中游江汉冲积湖平原和江南低山丘陵过渡地带；北岸以平原为主，南岸主要是低山丘陵地形；深泓偏于河道南侧，相对宽缓的浅滩位于河道北侧。桥位两岸大堤间距约为2330m。1998年洪水位33.81m时,断面宽约2280m。

项目滩桥段表部广泛分布第四系覆盖层,多为全新统Q4al地层。北主桥段上部主要为松散状细砂,下部为含卵石、砾石粗砂、卵石,覆盖层厚度12~20m。下伏基岩面总体上较为平缓,略向北岸倾斜。项目南主桥段覆盖层主要为第四系全新统冲积层,总厚度21~26m,以枯性土为主,夹有透镜状砂类土层,局部存在人工填土、淤泥质黏土、粉土等。大桥南段基岩面平缓,主要为中硬状变佘粉砂质泥岩,岩体内发育有大量的层间剪切带,构成软硬相间甚至混杂的岩体结构特征。项目北段基岩主要为白云岩、角砾状白云岩。下部微风化带岩体一般较完整,岩质坚硬状,岩体工程地质分类以A、B类为主,但局部夹有C或D类破碎岩体。基岩中局部存在溶蚀现象。桥位区存在特殊性岩土和不良地质的问题有:断层、揉皱破碎带、岩溶、岩体风化、砂土液化及软土等。

(二)项目前期工作

决策背景:荆州地处汉江平原,岳阳地处洞庭湖平原,毗邻两地为我国两湖平原重要的商品粮基地。荆、岳两市区域内河网、湖泊密布,水产、水利资源十分丰富,农、林、牧、副、渔五业得天独厚,自古以来就是著名的鱼米之乡,发展潜力巨大。由于受长江天堑的制约,基础设施(尤其是交通设施)建设十分薄弱,这一低于的经济发展比较迟缓。江汉平原特别是监利、洪湖、江陵等地的资源优势不能转化为经济优势,两湖平原不能顺畅地进行经济交流。随着国家开发建设长江经济带的战略计划的逐步实施,这一地域的交通发展现状已越来越不适应形式的需要。建成荆岳长江公路大桥将对构建江汉平原与洞庭湖平原交通环路、完善两湖平原对接、实现区域经济腾飞起着关键作用。

决策过程:2001年3月30日,湖北省监利县召开专题会议,决定组建专班筹建长江公路大桥。5月9日,监利县政府筹建长江公路大桥领导小组办公室挂牌展开工作。2001年5月24日,荆州、岳阳两市召开联席会议,就兴建"荆州长江公路大桥"达成共识,并联合成立了荆岳长江公路大桥前期工作领导小组,办公室设在监利县。随后,项目申报的各项准备工作全面推开。2001年10月,设计部门完成预可行性研究报告的编制,并通过了航道、水文等方面的技术论证。11月,荆州市计委、交通局和岳阳市计委、交通局分别向湖北省计委、交通厅,湖南省计委、交通厅报送了关于审查荆岳长江公路大桥预可行性研究报告的请示。2002年5月4日,湖北省计委、湖北省交通厅在武汉主持召开《荆岳长江公路大桥预可行性研究报告》预审会,预可报告通过了专家评审。2002年7月12日,湖北省计委、交通厅和湖南省计委、交通厅联合向国家发改委上报《关于审批荆岳长江公路大桥项目建议书的请示》(鄂计交通[2002]737号)。2003年年初,湖北省交通厅组建荆岳长江公路大桥筹备组,负责项目的立项申报,并启动了相关专题研究报告的编制与审批工作。

立项审批：2005年7月4日，国家发展和改革委员会以发改交运〔2005〕1198号文对荆岳长江公路大桥项目建议书进行了批复，并于2006年4月25日以发改交运〔2006〕724号文批准荆岳长江公路大桥可行性研究报告。交通部于2006年8月29日以交公路发〔2006〕449号文批准荆岳长江公路大桥初步设计。此后，根据交通部委托，湖北省交通厅分阶段批准施工图设计，长江委、海事、航道、水利、堤防、土地、环保、林业、文物等部门的报批手续也相继完成。交通部于2007年1月9日批准大桥的施工行政许可申请。各阶段审批情况见表2-1-15。

荆岳长江公路大桥项目审批情况一览表　　　　　表2-1-15

批准项目	批准文号	审批单位
文物保护方案	湘文物函〔2003〕7号	湖南省文物局
地震安全性评价	鄂震安评〔2003〕008号	湖北省地震局
矿产资源压覆评价	鄂土资函〔2003〕143号	湖北省国土厅
地质灾害危险性评估	鄂土资函〔2003〕163号	湖北省国土厅
水土保持方案	水保监方案〔2003〕116号	水利部水土保持监测中心
大桥桥位批复	长江务〔2004〕143号	水利部长江委
环境影响报告	环审〔2004〕160号	国家环保总局
建设用地预审	国土资厅函〔2004〕570号	国土资源部
项目立项	发改交运〔2005〕1198号	国家发展改革委
通航净空尺度	交水发〔2005〕561号	交通部
可行性研究报告	发改交运〔2006〕724号	国家发展改革委
项目法人	鄂交人劳〔2006〕329号	湖北省交通厅
初步设计	交公路发〔2006〕449号	交通部
施工图设计	《关于荆岳长江公路大桥第一阶段施工图设计的批复》（鄂交基〔2006〕549号）	湖北省交通厅
水上水下施工作业	《中华人民共和国水上水下作业施工许可证》（准字〔2006〕第009号）	岳阳海事局核发
开工报告	批复荆岳长江公路大桥建设项目开工报告	交通部
工程建设用地	国土资函〔2007〕225号	国土资源部
占用河道许可	鄂水利堤复〔2007〕144号	湖北省水利厅
占用河道许可	湖南省建设项目占用河道位置界限许可证（湘水许〔2007〕103号）	

征地拆迁：该项目征永久性征地713.33亩，拆迁房屋41栋、10600m²；搬迁货场码头5座，迁移民坟300余座，砍伐各类树木17000余株，落实临时用地280亩；搬迁电力、电信、广播、电线拆迁35处，280基（杆）；完成两岸6000kW双回路开闭所建设与北岸汽渡码头迁建工程。

该项目"一桥牵两省",两省风土人情、补偿标准不同,征迁协调难度很大。指挥部紧紧依靠荆州、岳阳两市各级领导,建立从县(区)、镇、村三级行政体系到各部门的横向服务体系;加大宣传力度,反复宣传大桥建设是一项"利弥两湖、惠及八方"的德政工程和国家征迁补偿政策;坚持以疏导为主打击为辅,维护群众正当利益。对湖南和湖北相关民众不同的诉求,协调机构不搞"一刀切",并严格执行各类征迁补偿"三公开"与"一卡到户";指挥部要求施工单位取土、弃土等临时用地尽可能不占或少占农田。退场前对因施工临时使用的耕地必须按标准全部复垦。

(三)项目建设情况

组织机构:荆岳长江公路大桥建设工程由湖北、湖南两省联合申请立项。经湖北、湖南两省协商并经国家批准,项目由湖北省筹资建设并管理。2006年7月,经湖北省交通厅与湖南省交通厅及荆州、岳阳两市政府会商后,湖北省人民政府同意组建成立"湖北省荆岳长江公路大桥建设指挥部",并相继设立临时党委和团委。指挥部共有管理人员28人,其中指挥部领导6人,省厅选调人员20人,借调人员2人。肖跃文任指挥长、总监、党委书记,陈璋任常务副指挥长,陈浩任副指挥长,黄代红任党委副书记、纪委书记,裴炳志任总工程师,余学斌任总会计师。

内设机构为一室五部,即:办公室、工程技术部(总工程师办公室)、质量安全部(总监理工程师办公室)、计划合同部、征迁协调部、财务部。总监办与指挥部一门两牌。另设立中心试验室。设计代表处常驻指挥部办公服务。

主要参建单位:建设单位为湖北省荆岳长江公路大桥指挥部;项目勘察设计单位为湖北省交通规划设计院和中国公路工程咨询集团监理总公司;监督单位为湖北省交通基本建设质量监督局;测量中心为长江水利委员会水文局、三峡水文资源勘测局;项目建设的一期工程主要分为5个标段(其中,土建分为3个标段):四川路桥建设股份有限公司、中交集团第二公路工程局有限公司、湖南公路桥梁建设集团公司分别承建土建一、二、三标段;武船重型工程有限公司承担的钢箱梁制造为第四标段;江苏法尔胜股份有限公司承担的斜拉索制作为第五标段。项目建设的二期工程由天津城建集团公司承担桥(路)面铺装;江苏中矿正大表面工程技术有限公司承担钢箱梁防腐涂装;中国公路工程咨询集团有限公司承担机电工程设计,陕西公路交通科技开发咨询公司承建桥梁机电系统,江苏中压电气工程有限公司承建供电照明系统。

湖北省公路水运工程咨询监理公司、湖南湖大建设监理有限公司分别承担土建施工监理;北京兴通交通工程监理有限责任公司承担机电工程监理。武汉理工光科股份有限公司、紫光捷通科技股份有限公司承担健康与安全监测;长沙理工大学、湖南大学负责施工监控。

此外,同济大学、东吴大学、长沙理工大学、武汉理工大学、湖南大学、中铁大桥局武汉桥梁科学研究院、中交武汉港湾设计研究院等院校和科研单位,承担项目科研开发与新技术新材料应用试验。由11名国内外知名桥梁专家组成的顾问组,为项目设计与施工的关键技术把关。

实施过程:国家对于该项目批准的建设工期为48个月。主要控制性工程节点:2006年11月9日,指挥部和参建单位进驻现场。2006年12月26日,建设工程第一根基桩破土动工。2007年2月27日,第一、第二土建合同段联合搭建的长达1080m的施工栈桥贯通。2008年5月15日,全桥所有墩台完成水下结构施工。2009年6月7日,南、北索塔顺利封顶。2010年2月6日,滩桥左幅桥全桥合龙;3月23日,右幅桥全桥合龙。至此,联长970m的滩桥顺利完成主体工程。2010年5月5日,816m主桥上部构造采用世界首创的"单缝合龙法"技术精准合龙。2010年8月22日,主桥钢箱梁高性能环氧沥青桥面铺装完成;10月30日,桥面与接线道路路面铺装工程,以及所有附属工程全面完工。2010年11月5日,完成桥梁动(静)载试验。2010年11月18日,项目通过交工验收。经湖北省政府批准,荆岳大桥于2010年12月9日通车试运营,项目圆满实现预定目标,比国家批准工期提前一个月完成建设任务。

交竣工验收:2010年11月18日,指挥部组织开展交工验收,对中标段工程质量进行了检验评定,最高分为98.8分,最低分为97分,总体质量评分为98.36分,建设工程质量符合设计文件和施工技术规范要求;2013年1月通过长江航道局组织的通航验收;2013年12月通过水保专项验收;2013年7月完成项目决算并提供竣工决算报告;2015年2月通过竣工验收。工程质量的总体评价:该项目实施过程中,质量管理机构健全,制度完善,责任明确,体现出较强的质量控制能力。质量总体评分为98.36分,质量等级评定为合格。其中分项工程合格率、分部工程合格率、单位工程合格率均为100%,圆满实现了精品工程的质量目标。

(四)复杂技术工程

1. 复杂岩溶地质条件下大直径钻孔灌注桩冲击成孔、成桩技术

塔基上游墩北侧分布一条性状较差的断层,大体顺长江流向展布,按产状推测在基岩顶面出露的位置距北塔北侧一排桩(桩号K3+101)的距离6~10m,仅北塔北侧各桩中的上游两根桩的桩端持力层选择受该断层影响。钻孔SZK88孔(13号桩)深46.20~49.22m,以钻孔ZK43孔靠近推测12号桩在高程-50~-60m处和有该断层出露;塔基范围分布有岩溶现象,主要分布于上、下游墩之间。塔基部位岩溶洞穴分布并不普遍,未发现较大规模对塔基稳定与安全明显不利的岩溶空洞。发现明显岩溶空洞的仅有两个钻孔,即ZK32和ZK44。其中钻探揭示ZK32孔深76.7~78.86m段、溶洞高度2.16m,推测

其水平方向宽度约0.5m。该孔不在桩位,ZK44离最近的桩基至少有10m;桩孔穿过段岩体完整性差异大,风化破碎岩体有可能在施工过程中出现塌孔现象,需采取有效的护壁措施。施工中采用φ330cm,壁厚2cm的钢护筒,在管桩平台上相应的桩孔位置布置定位、导向架,由动臂式塔吊起吊护筒节段插入定位、导向架内实施现场对接并振动下沉。第一节钢护筒振动下沉是否准确就位是控制倾斜度的关键,护筒下放着床时用两台经纬仪准确校正其纵横垂直度,再用振动锤激振下沉。如遇下沉困难,采取护筒内吸泥下沉,直至下沉至施工设计深度;桩基成孔施工选用14台冲击钻同时作业实施成孔施工。成孔技术采用冲击正循环成孔工艺,实施先导孔技术,泥浆循环系统的合理布置,漏浆涌砂的处理,对于大型溶洞,能采取护筒二次跟进处理的就直接实施处理,钻压(冲程)控制,防止偏斜孔、防止钻进过程中的掉钻卡钻,塌孔的处理。

2. 大直径分离式双壁钢围堰施工技术

先完成围堰安装前的拼装平台(基准面)钢管的焊接工作,并将原钻孔平台改制后布置好吊点横梁。各环块之间组焊成围堰环后,再利用手动葫芦整体下放至围堰自浮。在围堰自浮状态浇筑刃脚混凝土,浇筑后在围堰内注水下沉,调整好围堰姿态后进行围堰着床,再利用浮吊或者动臂吊机吊装第二节段的围堰环块,调整好围堰位置后,进行围堰水平、竖直焊缝的焊接,并及时浇注夹壁混凝土。完成浇注后,注水下沉,辅助以吸泥。在完成下沉后,利用浮吊或者动臂吊机完成第三节段的围堰拼装,其后浇注水下混凝土至设计高程,待混凝土达到一定强度后,安装第四节段钢围堰,最后进行封底混凝土浇筑工作。

许广高速公路荆岳长江大桥斜拉索PVF缠绕施工(G4W2)

平台改造:在大部分基桩完成后将平台按照钢围堰的内径进行改造,拆除干扰部分。在平台周边设置围堰拼装悬挑装置,同时在已完成的基桩钢护筒上设置围堰下沉定位、导向架。围堰组拼：工厂加工完成的围堰分块通过船舶运输至墩位处，由浮吊起吊安装就位并临时固定，通过精确调位后分块实施现场焊接，如此将围堰分块组焊成型。

围堰下沉：首节段围堰组焊完成后通过设置于平台上的链条滑车下放围堰入水，后续围堰节段组焊完成后采用在夹壁内浇注混凝土、注水和吸砂等助沉措施。为尽量减少上下游围堰的相互干扰，下游围堰先于上游围堰下沉。在围堰外侧也采用吸泥管进行吸砂下沉，确保围堰不会在砂土压力下发生倾斜。

3. 大体积混凝土（围堰封底、承台）施工技术

荆岳长江公路大桥北塔位于长江河床边滩上，设计为分离式圆形双壁钢围堰桩基承台基础。两个承台直径均为 $D=30.0\text{m}$，厚度为 8.0m；分离式圆形钢围堰内、外直径分别为 30.0m 和 33.0m，围堰壁厚 1.5m，围堰封底混凝土厚度为 6.8m。围堰封底混凝土、承台均为大体积混凝土，围堰特殊的施工环境使得其施工技术更具难度，质量控制更为困难。

围堰封底混凝土施工技术：在拼装完成第四节围堰，进行围堰内清基后即可进行封底混凝土的浇注施工。封底混凝土的浇注采用在平台上设中心集料斗经梭槽至各导管的方案进行。在浇注期间，由中心集料斗经梭槽均布于 15 个导管浇注混凝土即可。下游围堰于 2008 年 5 月 4 日完成封底混凝土浇筑，上游于 2008 年 5 月 10 日完成封底混凝土浇筑工作。

4. 北主桥钢箱梁吊装技术

钢箱梁吊装：根据荆岳大桥的具体环境和结构特征等情况，项目部制定的北主桥上部钢箱梁架设方案，采用桅杆吊和变幅式桥面吊机实施塔区梁段和其余部位梁的吊装。在索塔下横梁布置梁段安装支撑托架和纵向移动轨道，首先起吊 NT3 梁段至托架顶面以上，桅杆变幅使梁段重心和支撑点置于托架之上，在纵向移动轨道内对应梁段支撑点的位置布置 4 个位移器，将梁段下放并落于位移器上，托架的一端上、下游各布置一台液压千斤顶，通过牵引梁段至其安装位置。同样的工艺安装完成 NT1 梁段，NT2 梁段的就位无须在托架轨道内牵引就位，桅杆吊直接起吊、变幅到达安装位置。

5. 软硬混杂陡立破碎岩体大型群桩基础施工技术

荆岳大桥主桥双塔之一的南塔位于长江岳阳岸滩地上。南塔为 H 形塔，其基础结构为基桩、承台组合形式。南塔基础所在地面在枯、中水期时处于岸上，地层覆盖层厚度为 21.1~24.7m，以黏性土为主。项目部根据以往特大型桥梁长大桩基的施工经验，在荆岳大桥南主塔 29 号墩采用钢管桩、贝雷架、型钢形式的钻孔平台，采用旋转钻机钻进成孔。钻孔过程采用优质泥浆护壁，采用正循环方式开孔、气举反循环方式钻进。

受上述不良地质条件影响，在荆岳大桥南主塔开钻的第一根桩 24 号桩钻孔施工中，

出现了钻孔进度慢、钻孔偏斜、钻孔塌孔等问题,导致钻孔施工周期大大延长,影响整体施工进度,无法保证南主塔基础施工的工期目标。必须针对复杂的地质情况和桩孔特点更换钻具,改善钻孔工艺,加强钻孔施工过程监控,防止孔斜和塌孔事故,缩短钻孔周期,提高施工效率和经济效益。为确保南塔桩基成孔质量,加快施工进度,项目部向指挥部和湖北省交通运输厅申报并确立了《软硬混杂陡立破碎岩体复杂地质长大桩基施工技术》的科研任务,组织了技术攻关小组,针对钻孔施工中出现的塌孔和偏孔问题,经过探索、研究并实施应用,提出了相应的解决方法,形成了一套解决此类复杂地质条件下长大桩基钻孔施工的塌孔和偏孔问题的关键技术。

在南塔桩基钻进施工中,引入了"自导向"钻头的概念,自行设计加工了旋转钻机使用的自导向牙轮钻头。其特征是:在常规牙轮钻头主体上焊接超前裙板,在超前裙板前端焊接钻齿,钻孔施工时,裙板钻齿先接触岩体,在岩体上切割一道环形导向槽,钻头的其他钻齿沿导向槽跟进破岩钻进成孔,实现钻头的自导向定位功能。通过具体应用,自导向钻头能够很好地保证成孔的垂直度,防止钻孔偏孔的发生;钻孔给进:钻孔给进是旋转钻孔施工中控制进尺速度和偏孔程度的重要技术。为准确掌握给进量的大小,应适时对钻机悬吊系统进行标定工作。通过标定可准确掌握钻头对岩层的施压压力,从而选择既能有效钻进又能保证不偏孔的正确施压参数值。在破碎带与完整岩体交接处,对给进的控制也很关键。在交接处,在给进前,应先悬吊钻杆不给进或只少量给进,使钻头进行一段时间的扫孔工作,将倾斜岩面磨出一个台阶面,此后再给进。台阶面可使钻头在进尺过程中不会沿斜坡面下滑,从而保证钻孔不发生偏斜。

第四节 上海—成都高速公路(G42)

上海至成都高速公路(以下简称沪蓉高速公路),国家高速公路网编号为G42,东起上海市,西达四川省成都市,自东向西途经上海、江苏、安徽、湖北、重庆、四川6省市。沪蓉高速公路横贯中国东西,全长1966km,是国家规划的"五纵七横"国道主干线公路网的重要组成部分。2014年12月27日23时58分,G42沪蓉高速湖北宜昌雾渡河—高岚段通车,标志着G42沪蓉高速全线贯通。

1990年交通部提出《国道主干线系统规划》,旨在重点建设国道主干线,连接全国主要城市、经济中心、交通枢纽和对外口岸。1993年6月,全国公路建设工作会议再次明确了十二条国道主干线是全国公路网的主骨架,是全国综合运输大通道的重要组成部分,提出用三十年左右时间建成公路主骨架,并要求在2000年前首先建成北京—京珠、同江—三亚、上海—成都、连云港—霍尔果斯四条国道主干线,即十二条国道主干线中的"两纵两横"。

上海至成都国道主干线(简称沪蓉线)是国家要求首批建成的"两纵两横"国道主干线之一。途经湖北省境内,东起鄂皖交界处界子墩,经黄冈地区、黄石市、鄂州市、武汉市、荆州市、宜昌市、鄂西土家族苗族自治州22个县(市),过利川进入四川省。湖北省境全长约594.05km。沪蓉线湖北省段既是湖北省东西向主要公路干线,亦是湖北省社会经济发展的主轴。

沪蓉高速公路湖北段由六段组成:武麻高速公路东段,木子店镇长岭关鄂皖省界至麻城,43.396km,于2011年1月14日通车;武麻高速公路西段:麻城至武汉黄陂长岭岗,57.991km,2010年7月27日建成通车。长岭岗至武汉绕城高速新集互通段,17.687km,2008年11月29日通车。武汉绕城高速段新集互通至东西湖互通,46.50km,2004年12月建成。武荆高速公路段东西湖枢纽至荆门郑家冲枢纽,183.214km,2010年5月28日建成通车。荆宜高速公路段荆门郑家冲枢纽—宜昌夷陵鸦鹊岭猇亭枢纽,72.638km,2008年1月16日正式通车。宜巴高速公路段宜昌夷陵鸦鹊岭至恩施州巴东县刘家垭火烧庵渝鄂省界,173.258km,2009年7月9日开工。其中夷陵段鸦鹊岭镇至雾渡河镇于2012年9月30日通车。雾渡河至兴山高岚段于2014年12月27日通车。兴山高岚至重庆巫山省际段于2014年7月20日贯通。

沪蓉高速公路麻城到武汉段(G42)

一、沪蓉高速公路湖北省麻城到武汉段

(一)项目概况

功能定位:沪蓉高速公路湖北省麻城到武汉段(以下简称麻武高速公路)是国家公路

主架"71118 网"上海至成都高速公路的重要组成部分,是湖北省高速公路651(六纵五横一环)公路骨架中的重要一横,是连接上海、江苏、安徽等省市与中西部地区交通运输的大动脉,也是武汉"8+1"城市圈的辐射线路。麻武高速公路的建成对促进黄冈大别山革命老区的经济社会发展、增强武汉城市圈的辐射功能,加强我国中西部地区与东部发达地区的经济联系均具有十分重要的意义。

线路走向:湖北麻武高速公路起于鄂皖交界的麻城市木子店镇长岭关(桩号K687+000),连接沪蓉高速公路安徽省大顾店至长岭关段,经过红安县、木子店镇、麻城市、永佳河镇、麻城市木子店镇长岭关,止于武汉市黄陂区和红安县交界的长岭岗(桩号K788+378),主线全长101.1km。湖北麻武高速主要出入口(含1个互通、2个服务区、5个收费站):麻城枢纽互通;中馆驿服务区、木子店服务区;红安收费站、木子店收费站、麻城东收费站、永佳河收费站、鄂东收费站。

建设规模:主线101.378km,项目桥梁隧道及构造物包括:特大桥、大桥12398.98/41m/座,中桥916.12/17m/座,小桥183.4/5,独立涵洞300道,独立通道56道,天桥23座,特长隧道4838.82/1m/座,长隧道1299.15/1m/座,中短隧道1516.5/3m/座;附属区、安全设施和环境保护工程包括:互通式立交5处,分离式立交16处;沿线设置收费站5处,服务区、休息区3处,养护工区1处,监控中心1处。

投资规模:项目批准概算投资43.624亿元人民币,资本金15.268亿元,占投资总额的35%,其中国家安排中央专项基金7.55亿元,湖北省交通厅安排交通规费7.718亿元;国内银行贷款28.356亿元,占投资总额的65%。其中:一期土建工程投资24.390亿元,二期路面工程投资5.793亿元,三期绿化工程投资0.269亿元,房建工程投资0.551亿元,交安工程投资1.762亿元,设备购置费0.885亿元,征地拆迁费3.102亿元,管理费1.036亿元,其他费5.836亿元。

主要技术指标:麻武高速公路主线采用全封闭、全立交、完全控制出入的双向四车道沥青混凝土路面高速公路标准。公路汽车荷载等级公路-Ⅰ级;计算行车速度100km/h;路基宽度整体式路基宽度26m,分离式路基宽度13m;平曲线一般最小半径1200m;缓和曲线最小长度85m;竖曲线最小长度315m;最大纵坡4%;最短坡长250m;最小停车视距160m;地震设防标准震动峰值加速度系数0.05(简易设防);设计洪水频率特大桥1/300,其他桥梁及路基1/100;另外,麻城东互通立交连接线3.59km采用二级公路标准建设,红安互通立交连接线3.06km采用一级公路标准建设。路基及大、中桥涵1/100,特大桥1/300;

主要工程数量:路基土方9682.117km³、石方9350.019km³,防护工程 km³,路面工程底基层2207.8km²、下基层4315.5km²、上基层1822.9km²、沥青混凝土面层7082.4km²,互通式立体交叉5处,分离式立体交叉16处,波形梁护栏292918m,防眩板6575m,隔离栅

198926m，标志 485 处，标线 102073m²，绿化 101.378km，声屏障 23 处。

自然地理特征：地形地貌：麻武高速公路经过地带分属第三、四系沉积垄岗地层和构造剥蚀中低山重丘区，兼具山岭重丘与平原微丘高速公路特色，施工特点和难点十分突出。地形起伏大，路基施工多为高填深挖和半填半挖，最大切深达 50m，最大填方高近 25m，地质构造复杂，沿线多处路段通过破碎岩层、滑坡山体、地下溶岩、绢云母片岩和膨胀土等不良地质地带，须综合治理，土石方量大，且调配不均衡，平均每 km 路基土石方达 188 万 m³，弯、坡、斜桥梁施工工艺复杂，构造物密集，占路线总里程的 21%，防护工程数量大、形式多，全线多处高边坡须综合采用多项防护技术。

(二)前期准备工作

决策背景：2004 年 12 月 28 日，湖北省发展和改革委员会、交通厅在武汉共同主持召开了《武汉—麻城高速公路预可行性研究报告》（以下简称《报告》）审查会议。

决策过程：2007 年 12 月 28 日，国家发展改革委以发改交运〔2007〕3672 号文件批复了该项目可行性研究报告；2008 年 4 月 9 日，交通运输部以交公路发〔2008〕21 号文件批复了该项目初步设计；2008 年 6 月，湖北省交通厅批复了该项目施工图设计；2008 年 6 月，交通运输部批准该项目控制性工程开工。立项审批情况见表 2-1-16。

立项审批情况 表 2-1-16

预可行性研究报告的批准	改交运〔2007〕3672 号
工程可行性研究报告的批准	改交运〔2007〕3672 号
初步设计文件的批准	交公路发〔2008〕21 号
施工图设计文件	2008 年 6 月，湖北省交通厅批复了该项目施工图设计
土地使用批准	鄂土资函〔2008〕315 号文批复

征地拆迁情况见表 2-1-17。

麻武高速公路麻城至武汉段征地拆迁数量统计表 表 2-1-17

项 目	单 位	数 量	备注
一、永久性占地	亩	8516	
二、房屋拆迁	m²	10568.73	
三、地上附着物			
地坪	m²	3361.35	
水井	口	397	
围墙	m²	4904.1	
坟墓	座	10671	
线外余基	m²	8697	
干砌块石	m²	5358.69	

续上表

项　目	单　位	数　量	备　注
大材树	株	140745	
小材树	株	186924	
挂果树	株	70401	
未挂果树	株	99946	
茶园、苗圃	亩	209.07	
化粪池	处	191	
沼气池	处	10	
四、三杆改迁			
50万V	基	3	
11万V	基	2	
3.5万V	基\杆	20	
1万V	杆	73	
万V以下	杆	138	
电线杆	杆	157	
广电杆	杆	73	

（三）项目建设情况

组织机构：根据国务院《关于投资体制改革的决定》和交通部《公路建设市场管理办法》等政策法规规定，省厅鄂交人劳〔2008〕81号文同意湖北省高速公路管理局委托湖北省高速公路集团有限公司对麻武高速公路实行项目代建。同意由高路集团组建麻武高速公路建设项目部，按交通部新的项目管理规定实行总监制，张世飙任指挥长，冯知斌、陈光新任副指挥长、冯光乐任总工。麻武高速公路建设组织管理体系按协调与建设两条线设置，省指挥部和项目建设部一门两牌，即以协调服务为主线的省指挥部、地方各级协调指挥机构；以工程建设为主线的项目建设部总监办、驻地办、施工单位四级建设管理机构，在省指挥部的统一指导下，各负其责，相互配合，共同完成建设任务。麻武指挥部按照国家有关公路建设管理的法规和省政府、省交通运输厅确定的建设目标和要求，具体负责麻武高速公路工程建设阶段的项目筹划、资金筹措前期工作项目实施及建设管理工作。

麻武高速建设指挥部内设综合办公室（含财务）工程管理处建设协调处、设代处等4个部门，同时根据交通部新的监理规范要求，通过招标形式确立湖北麻武高速公路总监理工程师办公室（以下简称总监办），其组织机构采取矩阵制的方式，即：指挥部根据工程管理需要进行动态的人力资源调配和管理，保持和优化项目管理的人员构成，实行因事设岗，精干高效，动态管理麻武高速公路建设管理工作。

主要参建单位：建设单位为麻武高速公路建设指挥部；设计单位为湖北交通规划设计

院、华杰工程咨询有限公司;监督单位为湖北省交通运输厅工程质量监督局;监理单位为湖北省公路水运工程咨询监理公司、湖北高路公路工程监理咨询有限公司、湖北顺达公路工程咨询监理有限公司;土建施工单位为中铁二十局集团第四工程有限公司、四川公路桥梁建设集团有限公司、中铁七局集团第三工程有限公司、中铁十五局集团第五工程有限公司、广东省长大公路工程有限公司、中天路桥有限公司、湖北省路桥集团有限公司、湖北兴达路桥股份有限公司、宜昌市宏发路桥建设有限责任公司、湖北长江路桥股份有限公司、黄冈市楚通路桥工程建设有限公司;交安施工单位:辽宁省路桥建设一公司、湖北利航交通开发公司、湖北省高速公路实业开发有限公司;绿化施工单位:荆门市林苑园艺工程有限责任公司、河南春泉园林绿化工程有限公司、河南百绿园林工程有限公司;连接线施工单位:湖北省路桥集团有限公司、湖北长江路桥股份有限公司。

实施过程:批复建设工期30个月。麻武高速公路麻城城区至武汉段总工期为24个月,其中一期工程建设工期为18个月(2008年8月—2010年3月),完成所有路基土石方、防护工程、桥涵工程。二期工程建设工期为12个月(2009年6月—2010年6月),完成所有沥青混凝土路面。三期交安设施、机电、房建、绿化工程为16个月(2009年3月—2010年7月)。2008年8月10日正式开工,西段58km于2010年7月28日建成通车,东段43km于2010年12月31日建成通车。2010年10月29日,通过交工验收。目前尚未完成竣工验收。

工程交工、竣工验收:2010年7月27日和2010年12月29日,在麻城市分别召开了湖北省麻武高速公路麻城东互通—武汉段、鄂皖界—麻城东互通段交工验收会,2010年12月29日审议并通过了《湖北省麻武高速公路工程交工验收报告》,工程质量评分为98.16分,等级评定为合格。

(四)复杂工程

麻武高速公路全线主要复杂技术工程为桥梁和隧道工程。全线共有特大桥、大桥、中小桥及天桥86座计15138m,其中特大桥两座,即位于K4+699处的祠堂铺特大桥(右),桥位桩号K0691+699,跨径组合孔:16×40+28×3,桥长1487.79m,位于K14+769处的观石河特大桥(右)桥位桩号K0701+769,跨径组合孔:(9×40+67+3×120+67+8×30)m,桥长1101.79m;隧道5座计7705m,桥隧总长占全线总里程的22.5%。

1. 观石河大桥复杂技术工程

观石河大桥位于湖北省麻城市木子店镇铜车湾,跨越观石河和木博公路,是国家西部大开发八条省际公路通道之一的沪蓉高速公路上的一座重要桥梁。全桥由双向四车道分离的两座桥构成,其中左线全长1131.79m,右线桥全长1101.79m,最高空心薄壁墩墩高95m。

观石河大桥主桥上部结构为(67+3×120+67)m五跨预应力混凝土连续刚构箱梁，箱梁根部高7.0m，跨中高度2.5m，箱梁根部底板厚100cm，跨中底板厚32cm，箱梁高度以及箱梁底板厚度按二次抛物线变化。下部结构10号~13号桥墩为左、右半桥分离的薄壁墩，其中11、12号桥墩墩身采用双肢变截面矩形空心墩，肢间净距3m，主墩承台厚4.5m，基础采用直径2.5m的钻(挖)孔灌注桩。主引桥之间9号、过渡墩采用等截面矩形空心薄壁墩，14号过渡墩采用等截面矩形空心墩。

2.大别山隧道复杂性技术工程

大别山隧道是沪蓉高速公路的重要组成部分，是麻武高速公路第一长隧道，是全线重点控制性工程。该隧道位于麻城市东北部木子店镇天井山村境内，左线隧道长4908m；右幅隧道长4889m。隧道最大埋深约456.29m，隧道进口为圆弧形削竹式洞门，出口为端墙式洞门。围岩级别主要为Ⅱ、Ⅲ、Ⅳ、Ⅴ级围岩。本隧道合同价值10023.66万元，隧道净宽0.75+0.5+2×3.75+0.75+0.75=10.25m，隧道净高5.0m，计算行车速度100km/h。该隧道为上下线分离的四车道高速公路隧道，建筑限界净宽10.75m，净高5.0m，采用六心圆曲墙式衬砌，在隧道内侧(左侧)检修道下设置一个尺寸为90cm×60cm的电缆沟，外侧(右侧)设一70cm×60cm的电缆沟。隧道内任何设备均不得侵入建筑限界。

沪蓉高速公路麻武段大别山隧道施工(G42)

项目施工重点及难点控制：隧道开挖监控量测控制，该隧道量测项目有：洞内观察、拱顶下沉、地表下沉、围岩位移、爆破震动监测等项目，通过量测收集施工信息，对量测数据进行处理反馈加以指导施工。2008年8月9日开工，2010年12月28日交工。单位工程质量得分99.6分。

二、汉麻高速公路长岭岗—武汉绕城高速新集互通段

(一)项目概况

功能定位：武汉—麻城高速公路武汉段是武汉市八条高速出口公路之一，是武汉市东

北部重要的进出口通道,其中长岭岗—武汉绕城高速新集互通段17.687km是沪蓉高速公路的重要组成部分。建设该项目,对于均衡区域内快速骨架路网布局,发挥武汉市中心城市作用,促进武汉城市圈的建设和发展,加强武汉市中心城市与北部、东北部地区的联系,充分发挥武汉市的经济辐射功能等,均具有十分重要的作用。

路线走向:该项目起自黄陂区三里街长堤附近,设三里桥互通与武汉—英山高速公路谌家矶—周铺段顺接,向北经高家湾后路线转向北偏东方向,经肖李湾东侧,在小陈湾跨武汉绕城高速公路(设新集互通)后路线转向北面,在任家湾上跨318国道(设骆驼铺互通),然后路线再次转向北偏东方向,经周傅湾东侧、张家墩西、汪家下湾,在丁家大湾跨京九铁路麻汉联络线和沪汉蓉高速铁路,经黄应林西侧、周林家田,在鞍古岗下穿熊许公路后,设熊许互通,经徐家河西侧,在夏家岗与沪蓉高速公路麻武段对接。

建设规模:该项目全长27.891km(其中长岭岗—武汉绕城新集互通段17.687km属G42沪蓉高速公路),桥梁共26座,其中:特大桥1059m/1座(丁家大湾高架桥);大桥4座,中桥18座,小桥3座。分离式立交6座。全线小型结构物共167道。其中通道61道,涵洞95道,天桥10座,渡槽1处。全线共四处互通工程,其中起点三里桥互通与汉英高速公路相接;S3:K21+670处新集互通与武汉绕城高速公路相接;G42:K802+026处骆驼铺互通与318国道相连,设黄陂东匝道收费站;G42:K790+450处熊许互通与熊许公路相接,设黄陂北匝道收费站,一个长岭岗服务区。

投资规模:该项目概算总投资14.87亿元人民币,实际投资16.52亿元人民币,全部由投资方湖北武麻高速公路建设有限公司通过资本金和国内银行贷款筹措。

技术标准:该项目采用平原微丘区双向四车道高速公路标准,设计速度100km/h,路基宽度26.0m,桥涵设计荷载采用公路-Ⅰ级。全线(除收费广场外)均采用沥青混凝土路面,全线大、中、小桥、涵洞、路基均采用1/100设计洪水频率。特大桥采用1/300设计洪水频率。

主要工程数量:计价土石方397.7万m^3,路基长度为35.5km,其中主线路基23.2km,匝道路基12.3km。路基挖土方96.9万m^3;路基填方348.2万m^3;清淤数量16.27万m^3。软基处理塑料排水板24万m,预压土方2.6万m^3。全线路面面层为厚5cm的SMA-16(SBS改性沥青)上面层,685110m^2;厚6cm的AC-20(SBS改性沥青)中面层,685110m^2;厚7cm的AC-25(普通70号沥青)下面层,642670m^2。上、中面层间设橡胶沥青应力吸收层,中、下面层间设改性乳化沥青黏结层,下面层以下依次为黏结层(改性乳化沥青)、稀浆封层(普通乳化沥青)、透层(稀释沥青)。面层总厚度18cm。全线路面基层为厚18cm水泥粉煤灰稳定级配碎石上基层712140km^2;厚18cm水泥粉煤灰稳定级配碎石下基层727580m^2;厚20cm水泥稳定级配碎石底基层792490m^2。基层总厚度56cm。

(二)项目前期工作

决策背景: 为缓解武汉城市出口交通压力,武汉市决定修建八条出口高速公路,武汉至麻城高速公路武汉段是武汉市八条高速出口公路之一列入规划。

决策过程: 武汉至麻城高速公路武汉段工程可行性研究由武汉市公路勘察设计院完成,初步设计和施工图设计由中交第一公路勘察设计研究院有限公司承担完成。2004年10月20日,湖北省发展改革委员会发文《省发展改革委关于武汉至麻城高速公路武汉段工程可行性研究报告的批复(代核准)》(鄂发改交通〔2004〕914号)。2005年6月14日,湖北省发展改革委员会发文《省发展改革委关于武汉至麻城高速公路武汉段初步设计的批复》(鄂发改重点〔2005〕473号)。2007年4月9日,中华人民共和国国土资源部发文《关于武汉至麻城高速公路黄陂段工程建设用地的批复》(国土资函〔2007〕202号)。

征地拆迁: 全线征地总数为2717.08亩。全线红线内房屋拆迁总量为14750.97m^2。黄陂区属"三杆"共102处,其中:电力47处;电信23处;移动4处;联通4处;广播电视21处。部队3处。武麻高速公路红线内涉及4处高压线迁升,其中35kV三处,为黄陂区属电力线路;500kV一处,为葛洲坝输往华东的重点线路。

(三)项目建设情况

组织机构: 为了确保武汉市指挥部对该项目工程建设的有效监督和管理,成立武麻工作站作为派出机构,行使对该项目建设的监督和管理职能。武麻公司派驻现场管理机构,设立武麻高速公路总监理工程师办公室。武麻公司与武汉市交委采取了合作建设的管理模式,将下设的工作站、武麻公司派驻机构与总监办一门三牌,合署办公,设立了"湖北武麻高速公路建设项目管理部",管理部下设:综合管理处、财务管理处、工程技术处、征迁协调处、机料管理处、设计代表处、中心试验室等职能部门。根据湖北武麻高速公路有限公司与市交委协议,武汉市交委派人进驻武麻高速公路,全面负责武麻高速公路的建设全过程的管理工作。

主要参建单位: 建设单位为湖北武麻高速公路有限公司;设计单位为中交第一公路勘察设计研究院;监督单位为武汉市交通基本建设工程质量监督站;监理单位为武汉市交科交通咨询监理中心、陕西公路交通科技开发咨询公司、武汉平安建设工程监理有限责任公司、武汉华立建设监理有限公司;土建施工单位为岳阳市公路桥梁基建总公司、武汉市市政建设集团总公司、湖北省路桥集团公司、中铁七局集团有限公司;路面施工单位为北京鑫实路桥建设有限公司、湖南省怀化公路桥梁建设总公司;绿化施工单位为湖北正源市政公用事业有限责任公司、枣阳智杰环境工程建设有限公司、湖北林业松涛园林有限公司;交安施工单位为湖北楚通公路工程有限责任公司、江苏宜兴公路交通设施有限公司。

实施过程:该项目由湖北武麻高速公路有限公司负责建设和经营管理,批复建设工期42个月。2006年4月30日,武汉市交委下达开工令,正式开工建设,2008年11月29日,三里桥—黄陂北段通车试运营,2010年7月28日,全线建成通车。

针对一期工程施工进度缓慢的状况,建设项目管理部先后四次致函土建一标岳阳路桥公司和土建四标中铁七局,与两家公司主要负责人商谈,通报他们施工项目部的情况和存在的问题,协商解决办法。中铁七局经过几次约谈,增派了驻工地领导,更换了项目经理。增加了施工机械,促进了控制性工程丁家大湾高架桥的施工;岳阳路桥公司通过几次约谈,为一标解决了300万元的施工资金,起到了一定的作用。对于全年的施工目标,先后多次召开生产调度会和动员会,对各阶段的施工计划,分旬分月进行细化分解,要求各施工单位将计划层层分解—施工队、作业组,采用专业承包形式,对落实目标发挥了关键性的作用。

工程交工、竣工验收:该工程项目共划分为42个单位工程,315个分部工程,2476个分项工程。根据《公路工程(交)竣工验收办法》(交通部2004第3号令)、《关于贯彻执行公路工程交竣工验收办法有关事宜的通知》(交公路发〔2004〕446号)和《公路工程质量检验评定标准》(JTG F80/1—2004)的有关规定进行了评定。评定结果为:工程质量等级为合格。

2011年12月2日,通过武汉市档案局、武汉市交通运输委员会、武汉市交通基本建设工程质量监督站组成验收组,对武麻高速公路武汉段建设项目档案进行了检查验收。武汉市档案局颁发的档案验收合格证书编号:42-1-Z36。2012年5月28日,通过湖北省水利厅组织的水土保持设施验收。《鉴定书》编号:2012-15。2012年7月5日,通过湖北省环境保护厅组织的环境保护检查验收。2012年10月,市交通基本建设工程质量监督站颁发了《机电工程质量检测意见书》。

(四)复杂难点工程

1. 三里桥路段软基问题

项目部在钻孔取样和沉降观察资料的基础上,先后举行了三次专家分析咨询会,根据专家意见,采取多种措施:部分路基边坡出现滑动地段,采取3m长松木梅花桩基础上浇筑重力式混凝土挡墙;钢管抗滑桩。三里桥A匝道局部发生路基滑动,导致路面位移和下沉,长30m,在钻探取样试验的基础上,采取在路面上垂直打下6~10m的钢管抗滑桩,并对边坡采用水泥浆防护,防止雨水渗透。此后,路基不再滑动,经一段时间的下沉后,趋向稳定。以后,按路面设计高程进行了路面恢复;为避免路面雨水沿裂缝下渗,养护单位经常性地对发展情况进行观察并及时进行灌缝处理。目前未发现裂缝的进一步扩展。

2.设施完善问题

增设圬工防护,在原防护设计变更为生态防护后,由于部分路段路基遇暴雨后出现冲刷,因地制宜增设了部分急流槽、浆砌边沟等。

对不合要求的波形护栏板进行更换。在试运营中,发现部分波形护栏的板厚只有3mm左右(设计4mm),其防撞性能达不到设计要求,便及时责成原施工单位逐一更换,全线共更换护栏板4558块;2011年结合"国检",共更换各类标志、里程牌、百米牌版面655块,增设标志牌50块;2009—2011年共补植和更换不合格笔柏2500株。

三、武汉绕城高速公路东北段(新集互通—东西湖互通)

(一)项目概况

功能定位:武汉绕城高速公路东北段是京珠和沪蓉两条国道主干线在武汉形成的环形公路,是湖北省规划的"四纵两横一环"公路主骨架的重要组成部分,是湖北省及武汉市规划的公路主骨架之一,是分流过境交通的重要通道。武汉市绕城高速公路东北段起于东西湖互通,与京珠高速公路相接,终于豹澥互通,与武黄高速公路相接。

路线走向:武汉绕城高速公路东北段起于红羽村,接京珠国道主干线湖北省北段,经天河、黄欧、仓阜、施岗、阳逻长江公路大桥、北菊、花山,止于豹澥,与沪蓉国道主干线黄石至武汉公路和武汉绕城公路南段相连。主要出入口:全线在红羽村咮西湖、王家湾(机场路)、碾子湾、甘棠、施岗、北湖、花山设置七处互通式立交;改扩建豹澥互通式立交;增设与张柏公路连接的柏泉互通式立交,与该项目同步实施。

建设规模:武汉绕城高速公路东北段全长103.477km,其中新集互通—东西湖互通46.50km属G42沪蓉高速,豹澥互通至新集互通段56.977km属G70福银高速。特大、大桥9座长11294m,中桥6座长431m,小桥17座长359m,涵洞407道;互通立交8处,分离式立交16处,通道128道,天桥22座。另建甘棠、花山互通立交连接线长8.90km。

投资规模:该项目资金来源于国内银行贷款和资本金,其中资本金来自交通部补助和省、市自筹。国内银行贷款222450万元,约占总投资的65%,贷款利率5.94%;资本金119790万元,占总投资的35%,估算工程投资34.22亿元;不含9.355km的阳逻长江大桥及其接线,总投资38.1亿元,其中国内银行贷款24.538亿元。

主要技术标准:全线采用四车道高速公路标准建设,计算行车速度120km/h,路基宽度28m,桥涵与路基同宽;平曲线最小半径3000m,最大纵坡3%,全线桥涵设计车辆荷载采用汽车—超20级、挂车—120,地震基本烈度六度,其余技术指标应符合部颁《公路工程技术标准》(JTD B01—97)规定值;连接线采用二级公路标准建设,计算行车速度80km/h,

路基宽度12.0m。

主要工程数量见表2-1-18。

武汉绕城公路东北段(路线部分)主要工程数量表　　　表2-1-18

项　　目	数　　量	单　　位	备　　注
项目总里程	93.125	km	
路基土石方	1733	万 m³	
特大桥	9	座	桥梁总长20354m
大桥	10	座	
中桥	21	座	
互通式立交	9	处	其中：桥5744m/24座
分离式立交	45	座	其中人行天桥3座
通道	124	道	
涵洞	326	道	
服务区	1	处	
养护工区	1	处	
收费站	7	处	
监控中心	1	处	

自然地理特征：路线所经地区大部分地形属湖泊河流堆积平原和剥蚀堆积岗垄状平原，东南部青山—江夏区部分为构造剥蚀丘陵，地形、地貌较简单。武汉地区河湖沉积区近表普遍有层"硬壳层"黏土，基岩最大埋深40~60m，其余地段为较硬的更新世老黏土、沙砾土，并有一些基岩路段。总体而言，沿线工程地质条件较宜于工程建设。不良地质条件主要是淤泥质软土，且分布较广(主要在东西湖、后湖—五通口、武湖一带)，此外部分地段老黏土中存在膨胀土。

(二)项目前期工作

决策背景：随着京珠、沪蓉国道主干线湖北段的建设，武汉绕城公路西南段正在形成，绕城公路东北段及阳逻长江大桥的建设将使绕城公路形成闭合环，绕城公路可将所有进出武汉的公路连接起来，形成环形放射状公路网络，使区域路网与国家路网有机结合，可以快速疏散过境交通和出入境交通，充分发挥绕城公路保国、省道畅通的作用；同时根据武汉市城市总体规划，在绕城公路沿线将重点建设阳逻、北湖、宋家岗等七个新城，绕城公路可将上述新城、天河机场、阳逻港及多条干线公路联网。项目建设符合中共中央实施加快中西部地区经济发展的方针政策，符合公路网建设和城市规划布局要求，项目的实施对于拉动经济的增长、对于湖北省"四纵两横一环"公路主骨架的形成、对于实施经国务院批准的武汉市城市规划布局具有重要作用。张(公堤)柏(泉农场)公路南连武汉市规划中环线，北接东西湖大堤，是武汉市重要的交通干道，且柏泉农场为武汉市重要农产品生产基地,其间高效农业及加工业企业较多,出行交通量大,若通过京珠国道上的打靶堤互通立交出行,绕行距离长达10km以上,运营成本高。

决策过程:1999年1月,中国公路工程咨询监理总公司和武汉市公路勘察设计院着手京珠、沪蓉国道主干线武汉绕城公路东北段可行性研究报告的准备工作,1999年9月完成了预可行性研究报告,1999年10月,省计委、省交通厅在武汉主持会议对该项目"预可报告"进行了预审,并在此基础上向交通部上报了项目建议书。2000年,湖北省交通厅《关于报送国道主干线武汉绕城公路东北段初步设计文件的请示》(鄂交基〔2000〕696号)及初步设计文件,2000年,交通部交规划发〔2000〕406号文确定的建设规模、技术标准和总投资;2001年,交通部下发《关于国道主干线武汉绕城公路东北段初步设计的批复》(交公发〔2001〕186号)文件。

征地拆迁:2002年元月国土资源部正式下发了《关于武汉绕城公路东北段工程建设用地的批复》(国土资函〔2002〕11号)。武汉绕城公路东北段发生永久性征地11499.837亩,房屋拆迁102539.475m^2,合计征迁补偿资金2.3亿元。

在征迁工作中,指挥部始终以工程建设为中心,依靠沿线各级地方政府和广大群众的理解和支持,顺利完成了各项征地拆迁工作,为工程建设打开了工作面,保证了工程进度;严格执行《关于武汉绕城公路东北段征地拆迁补偿标准》(武政办〔2000〕220号),本着"公平、公正、公开"的原则,确保征迁资金专款专用,及时将征迁补偿资金落实到征迁户的手中,保障拆迁户的权益。指挥部始终坚持"依法依规、有情操作"的原则,结合绕城公路征迁工作实际,在确保工程建设质量和工程进度的前提下,切实解决"三农"问题。在征迁过程中,指挥部始终得到了绕城公路沿线东西湖、黄陂、新洲、洪山、江夏等区政府及沿线乡、村地方的支持,配合指挥部做了大量艰苦细致的工作,及时化解了矛盾,创造了一个良好的施工外部条件和环境。同时,我们本着拆迁不能拆掉群众利益的宗旨,十分注重为当地老百姓办实事,办好事,力所能及地解决他们的困难。妥善解决了征地后的土地调整问题和劳力安置问题;解决并完善了部分农民灌溉水系问题,沿线征迁范围内的水系得到了恢复和升级;解决了部分受损道路修复问题,大部分的列养公路和非列养公路都得以还建或修复,如黄陂区部分列养路,东西湖区吴东路等,保证了施工道路畅通及当地交通畅通;解决了少数征迁遗漏和整体搬迁遗留问题,保障了农民和拆迁户和利益,提高了沿线地方百姓的生产、生活环境和发展机,保证了沿线稳定工作,创造了良好的社会效应,真正使绕城公路成为广大人民群众心目中的精品路、阳光路、致富路。

(三)项目建设情况

组织机构:2000年8月,武汉市人民政府以武政办〔2000〕159号文成立了以市长为指挥长,分管副市长、市交委主任和市直有关部门负责人,以及东西湖区、黄陂区、新洲区、洪山区、江夏区等5个区政府副区长为副指挥长的"武汉绕城公路建设指挥部",负责京珠、沪蓉国道主干线武汉绕城公路东北段的建设管理工作。常务副指挥长、市交委副主任林汉清。2001年4月,从全市交通系统抽调了一批精干的技术骨干和管理人员,负责武汉绕城公路东北段项目的建设管理工作。从而形成四大管理系统:

建设领导系统。由武汉市政府、市交委、市规划土地局、市公安局、市监察局及沿线各区政府有关领导组成的建设领导系统,全面协调工程建设;

建设指挥系统。由常务副指挥长带领指挥部工作人员长驻施工现场,具体负责工程各阶段的组织实施工作,形成现场建设指挥系统;

工程监理系统。由总监理工程师办公室、高级驻地监理工程师办公室组成工程监理系统,对工程建设进行全过程监理;

协调保障系统。由该项目途经的东西湖区、黄陂区、新洲区、洪山区、江夏区等五个区,分别成立了以主管交通的副区长为指挥长,交通、国土、公安、林业等部门负责人为成员的各区武汉绕城公路建设协调指挥部,组成协调保障系统,具体负责辖区内的征地拆迁,协调项目实施中的地方关系,保障建设施工环境。

指挥部组建武汉绕城公路总监理工程师办公室,由林汉清常务副指挥长兼任总监理工程师,负责组织领导该项目的工程监理。指挥部(总监办)设常务副指挥长(总监)1名,副指挥长若干名,总工程师(副总监)1名,副总工2名,下设五处、二室,即:工程管理处、技术管理处、财务管理处、机料管理处、征迁协调处、中心试验室、办公室。

主要参建单位:项目建设单位:武汉绕城公路建设指挥部;项目设计单位:中国公路工程咨询监理总公司;质量监督单位:湖北省交通基本建设质量监督站;施工、监理单位见武汉绕城公路东北段一、二期工程各合同段施工、监理单位一览表(表2-1-19和表2-1-20)。

武汉绕城公路东北段一期工程施工、监理单位一览表　　　　　表2-1-19

标段	施工单位名称	路线长度(km)	监理单位名称
1	中国铁路工程总公司	0.77	铁道部第四勘测设计院工程建设监理公司
2	中铁第十九局第二工程处	1.82	
3	中铁第十二局第三工程公司	1.865	
4	中国有色金属建设集团公司	1.858	
5	路桥集团一局第五工程公司	7.9	
6	中港第二航务工程局	2.00	
7	中铁第十四工程局	7.05	北京华宏路桥咨询监理公司
8	南昌铁路局工程总公司	9.00	
9	路桥集团一局第一工程公司	6.90	
10	铁道部大桥工程局	1.35	

续上表

标段	施工单位名称	路线长度(km)	监理单位名称
11	成都市路桥工程公司	8.488	育才-布朗交通咨询监理有限公司
12	中铁第十四工程局第二工程处	8.00	
13	路桥集团国际建设股份公司	4.00	
14	四川公路桥梁建设集团公司	11.9	
15	中铁十八局二公司	3.164	山西省交通建设工程监理总公司
16	辽宁省路桥建设总公司	2.04	
17	中铁第十三工程局第一工程处	7.7	
18	中国第十九冶金建设公司	7.277	

武汉绕城公路东北段二期工程施工、监理单位一览表　　　表2-1-20

标段	施工单位名称	路线长度(km)	监理单位名称
1	天津五市政公路工程有限公司	16.550	铁道部第四勘测设计院工程建设监理公司
2	四川路桥建设股份有限公司	24.300	北京华宏路桥咨询监理公司
3	湖北长江路桥股份有限公司	32.348	育才-布朗交通咨询监理有限公司
4	路桥集团第二公路工程局	20.227	山西省交通建设工程监理总公司

工程进展情况：该项目工程分三期实施，一期工程包括路基土石方、桥梁、涵洞、通道、立交及防护工程共十八个合同段（因当时阳逻大桥设计方案未定，先期开工十六个合同段，15、16合同段于2002年12月开工）；二期工程主要是路面工程，分四个合同段；三期工程包括交通工程（标志、标线和安全设施）、机电工程（收费、监控、通讯及供电照明系统）、附属区建设、生物防护及绿化工程等。

2000年8月，组建武汉绕城公路建设指挥部；

2001年4月，征地拆迁工作主线路线部分基本完成；

2001年10月，该项目一期工程16个合同段正式动工；

2003年6月，工程建设整体推进，一期工程基本完成，大桥、特大桥全线贯通；

2003年7月，二期工程全面铺开，进入规模生产；

2003年8月，三期工程开工；

2004年11月，二期工程全部完成；

2004年12月，三期工程全部完成，具备通车试运营条件。

交竣验工收：2003年7月20日指挥部组织施工、监理、设计、政府监督等单位分别在对一期（土方路基）工程各参建单位的工程进行了交工验收；2004年11月20日对二期（路面）工程各单位的工程进行了交工验收；2004年12月10日对三期（交安）工程各参建单位的工程进行了交工验收，并分别下发了各合同段的交工证书。依据交通部《公路工程竣(交)工验收办法》《公路工程质量验评评标准》(JTJ 071—98)和交通部颁发的相关规范,以及项目业主有关质量管理文件要求,经检验评定,该项目所有分项、分部、单位工程全部合格,优良率100%,合同段工程质量评分均在95分以上,满足设计质量标准。

(四)复杂难点工程

1. 工程地质、水文情况复杂

项目经过武汉市的蓄滞洪区里程长,水文地质复杂。路线走向要结合公路网布局,地形、地质条件,以及沿线城镇规划、环保等情况进一步深化。要处理好与京珠、沪蓉、汉十公路等项目的衔接。特别是软基等不良地质路段对工程施工有较大影响合理确定软基处理的临界高度有难度。

2. 阳逻大桥桥位与接线衔接问题

因阳逻大桥的桥位选择、标准规模与该项目关系密切,阳逻长江大桥及接线约10km作为独立建设项目报批后,两个项目的前期工作统筹,两端的衔接方案更显突出。

四、武汉—荆门高速公路

(一)项目概况

功能定位:上海—成都高速公路湖北武汉—荆门段(以下简称武荆高速公路),是国家高速公路"71118网"的一横,沪蓉高速公路(国家高速公路网编号G42)的重要组成部分,也是湖北省"六纵五横一环"(简称"651")公路主骨架网的重要组成路段。位于湖北省中部,穿越湖北省经济大三角的腹地。它的建设对于完善国家骨架公路网布局,加快湖北省经济社会发展,增强武汉市的辐射功能,促进武汉城市圈的形成和发展,推进湖北省江汉平原地区率先实现交通现代化进程,都具有十分重要的意义。武荆高速公路是国家实行投资体制改革后由国家发改委核准的首家BOT高速公路项目,也是湖北省招商引资的重点建设项目。

路线走向:该项目东起于京珠高速公路与武汉市外环线相交的东西湖枢纽互通处,途经东西湖区、汉川市、应城市、天门市、京山县、钟祥市、东宝区、掇刀区等县市(区),西止于荆宜高速公路与襄荆高速公路交叉的荆门互通。分别与京珠高速、武汉外环高速、随岳高速、襄荆高速和荆宜高速相连。主要出入口:东西湖、新沟、汉川、长江埠、应城、天门北、钱场、京山、太子山、钟祥、石牌、荆门互通式立交共12处(其中东西湖、钱场、荆门互通为枢纽互通)。

建设规模:建设里程全长185.339km(公路里程183.214km,起止桩号K852+565~

K1035+779),主线共设置特大桥16779.08m/10座(不含跨越京珠国道左、右线高架桥5871.195m/2座)、大桥11088.462m/42座、中桥1771.924m/36座、小桥689.5m/21座、分离式桥20座、通道196道、天桥103座、涵洞316道。互通式立交12处、分离式立交20处。监控与管理分中心1处:京山管理分中心。服务区3处:汉川服务区、天门服务区、钟祥服务区。停车区3处:应城停车区、京山停车区、石牌停车区。养护工区2处:应城养护工区、钟祥养护工区。

投资规模:2005年10月10日,湖北省发展和改革委员会以鄂发改重点〔2005〕867号文批复了该项目的初步设计,项目计划总工期4年,概算总投资为658079万元。2009年12月15日,湖北省发展和改革委员会以鄂发改重点〔2009〕1670号文批复了该项目调整概算,调整后概算总投资为848675万元,较原批复概算增加190596万元。该项目投资来源为项目公司资本金投资和国内银行贷款。项目公司资本金由湖北武荆高速公路发展有限公司筹资,投资方为利嘉实业(福建)集团有限公司;国内银行贷款由国家开发银行湖北省分行等国内银行提供。其中原批复概算的资本金占原概算总投资35%,国内银行贷款占原概算总投资65%;新增加概算的资本金占新增概算投资的25%,国内银行贷款占新增概算投资的75%。武荆高速公路总投资约88.21亿元。

主要技术指标:该项目采用双向四车道全封闭高速公路标准建设,设计时速120km/h,路基宽度28m,行车道宽度2×7.5m,桥面净宽2×12m,路面为沥青混凝土结构,设计车辆荷载等级公路-Ⅰ级,设计洪水频率1/100、1/300(特大桥),平曲线最小半径极限值650m(一般值1000m),最大纵坡3%。

主要工程量:土石方1466.89万m^2,防护工程30.45万m^2,排水工程360720延米,路面底基层461.69万m^2、路面下基层406.52万m^2、路面上基层390.63万m^2、路面下面层367.34万m^2、路面中面层453.09万m^2、路面上面层449.64万m^2、绿化三维网直喷草237.03万m^2、绿化客土喷播13.81万m^2。全线共设连接线3条(28.25km):汉川连接线6.747km,应城连接线6.226km,钟祥连接线15.277km。

(二)项目前期工作

决策过程:国家发展与改革委员会2005年6月13日以《国家发展改革委关于湖北省武汉至荆门公路项目核准的批复》(发改交运〔2005〕1021号),批复了项目可行性研究报告,武汉至荆门段高速公路项目获准立项。2005年10月10日,湖北省发展改革委员会以《省发展改革委关于武汉至荆门高速公路初步设计的批复》(鄂发改重点〔2005〕867号),批复了项目初步设计。2005年11月9日,湖北省交通运输厅以《上海至成都高速公路武汉至荆门段一期土建施工图设计的批复》(鄂交基〔2005〕552号),批准了施工图设计。2006年9月1日,武荆高速公路正式开工建设。立项审批情况见表2-1-21。

第二篇 通途篇

立项审批情况表　　　　　　　　　　　　　　　　　表 2-1-21

报批项目	审批文号	审批单位
工程可行性研究报告	发改交运〔2005〕1021 号	国家发展改革委
初步设计文件	鄂发改重点〔2005〕867 号	省发展改革委
施工图设计文件	鄂交基〔2005〕552 号	省交通运输厅
环境影响报告书	鄂环函〔2004〕332 号	省环保局
水土保持方案	鄂水土保复〔2004〕60 号	省水利局
文物保护规划报告	鄂文物综〔2003〕31 号	省文物局
地震安全性评价报告	鄂震安评〔2004〕17 号	省地震局
建设用地预审意见	鄂土资厅函〔2004〕715 号	省国土厅

征地拆迁：武荆高速公路项目占地 1166.405hm²，房屋拆迁 12.24 万 m²。工程建设以来，我们坚持把群众利益放在首位，不断创新征地拆迁协调工作理念；同时，在沿线各市、县人民政府及建设协调指挥部的大力支持下，为项目建设营造了良好施工环境。主要做法：一是对各类征迁补偿严格执行"三公开"，兑现落实一卡到户，确保了国家补偿政策落实。二是抓好"七个结合"，确保了受影响群众生产生活条件在短时间内得以恢复并提高。"七个结合"即：劳动力安置与农村二轮土地承包相结合，认真做好土地调整工作，从根本上解决了补征地农民的生活出路问题；房屋还建与小城镇建设规划相结合，并出台优惠政策，群众住房质量和生活环境全面提高；施工便道建设与农村路网建设规划相结合，推进了沿线村级公路改造升级；施工单位取土与农业产业结合，即优化了农村经济发展结构，又消除了施工单位土地复垦之忧；施工单位弃土与改田造田相结合，扩大了农业种植资源；水系恢复与农田水利设施建设相结合，增强了沿线农田小型设施排灌功能；电力拆迁还建与电网改造相结合，改善了沿线农民用电条件。项目开工建设以来，沿线没发生一起群众上访事件，没有发生一起群体阻工恶性事件，征地拆迁协调工作做到了沿线各级政府满意，沿线群众满意，各施工单位满意。拆迁统计见表 2-1-22。

武荆高速公路征地拆迁统计表　　　　　　　　　　　　表 2-1-22

项目	单位	武荆高速公路									
		合计	东西湖区	汉川市	应城市	天门市	京山县	钟祥市	屈家岭	东宝区	掇刀区
一、永久性征地	hm²	1166.41	112.19	149.43	194.55	113.16	235.86	299.77	23.68	13.83	23.92
二、房屋拆迁	m²	122448.3	1184.6	5319.2	16719.4	19784.4	30023.2	45154.9	4262.27		
三、土地附着物											

续上表

项目	单位	武荆高速公路								
		合计	东西湖区	汉川市	应城市	天门市	京山县	钟祥市	屈家岭	东宝区	掇刀区
水井	口	296	7	24	40	62	47	107	9		
围墙	m	5980.25	23.8	364.28	644.47	815.15	1237.75	2725.42	153.38		
坟墓	座	3253	1	285	1470	348	880	199	70		
大树	株	57130	7196	1025	6589	5036	18930	8161	10193		
小树	株	65047	4340	3643	5936	13523	25640	7007	4958		
挂果树	株	42357	10863	214	2228	6320	20254	1357	1121		
未挂果树	株	15344	4373	5	423	2808	3246	375	4114		

(三)项目建设情况

武荆项目是国家实行投资体制改革后由国家发改委核准的首家 BOT 高速公路项目,也是湖北省招商引资的重点建设项目。该项目是由利嘉实业(福建)集团有限公司、福建博美诗邦地产有限公司和湖北经纬通发展有限公司共同组建的湖北武荆高速公路发展有限公司建设经营。

组织机构:武荆高速公路工程建设、运营期间由投资方注册成立的湖北武荆高速公路发展有限公司,负责武荆高速公路的建设、运营管理工作。湖北武荆高速公路发展有限公司(以下简称"武荆公司")成立"湖北武荆高速公路发展有限公司建设指挥部",驻地设在京山县城,负责武荆高速公路工程实施的具体组织指挥工作。武荆公司董事长游祖雄,总经理兼工程总监王昌华,副总经理兼指挥长彭嵩洲,副总经理王命达、陈恩银,副总经理兼财务总监王开国,行政总监齐玉生,总工程师王先强武荆公司在武汉总部内设综合部、资金部、会计部、稽核部、人事部、监察室;在建设指挥部(京山县)内设综合部、工程管理部、技术管理部、质量安全部(下设中心试验室)、材料部、协调部、京山财务工作部;另外在汉川、京山、钟祥派设 3 个工作站。

主要参建单位:建设单位为湖北武荆高速公路发展有限公司;设计单位为湖北省交通规划设计院、中交第二公路勘察设计研究院有限公司;监督单位为湖北省交通基本建设质量监督站;检测单位为湖北省公路工程咨询监理中心;中心试验室为湖南省交通科学研究院;监理单位为湖北省公路水运工程咨询监理公司、内蒙古交通建设监理咨询有限责任公司、北京双环工程咨询有限责任公司、安徽省高等级公路工程监理有限公司、长沙华南交通工程咨询监理公司;土建施工单位为中交一公局第六工程有限公司、中铁七局集团有限公司、中交一公局第五工程有限公司、湖南怀化公路桥梁建设总公司、中铁十局集团有限公司、路桥集团第一公路工程局有限公司、新疆兴达公路工程部、核工业华南建设工程集团公司、中国交通建设集团有限公司、福建省第二公路工程公司、中国第四冶金建设公司、核工业西北建设工程总公司、岳阳市公路桥梁基建总公司、中国核工业中原建设公司、山东黄河工程局、道隧集团工程有限公司;路面施工单位为山东黄河工程集团有限公司、道隧集团工程有限公司;交安施工单位为北京颐和安迅交通技术有限公司、荆州市平安交通设施有限公司;绿化施工单位为荆门市大森林绿化工程有限公司、湖北四季青景观园林建设有限公司。

实施过程:该项目于2006年9月1日正式开工,于2010年5月28日正式建成并投入试运营。指挥部采取科学调度,精心组织,合理交叉,立体推进的方式稳步推进项目建设,确保了工期目标。在工程进度管理中主要采取了以下有效措施:一是加强计划管理,科学组织合理调度。二是专项整治转包和违法分包,规范建设市场秩序。三是工作专班跟踪督办,整体推进工程进展。四是抓住重难点工程,协调施工关系,立体推进工程进度。五是严格合同管理,加强施工调度,促进施工单位诚信履约。六是建全规章制度,严格现场管理,确保安全文明施工。

指挥部建立了健全的安全管理制度和网络,设置各级安全管理机构和专职安全管理人员,始终把安全管理作为工程建设的第一保障;始终把"抓生产必须抓安全,生产必须安全"作为安全管理的第一要务,始终把安全就是效益作为安全管理的第一理念;从源头上抓安全,从巡检上抓安全,从共创上抓安全,从定期考核兑现上促安全。强化工程全过程、全方位、各环节、各工点的安全管理,确保安全文明施工,实现了工程施工零事故、零死亡的目标。实现了"四个先行",即"安全管理,体系先行;安全管理,方案先行;安全管理,教育培训先行;安全管理,现场先行"。

工程交、竣工验收:为实现建设一条优质、高效、和谐、生态的高速公路的目标,制定了创新质量理念、倡导精雕细琢、追求内在质量优、外观形象美的质量方针,确定了分项、分部、单位工程合格率100%,各合同段、建设项目工程质量交工验收评定为合格的质量目标。经交工验收质量评定,该项目分项、分部、单位工程质量合格率100%,交工验收建设项目质量评分97.3分,评定为合格。武荆高速公路于2010年5月25日通过了湖北省交通运输厅交工验收。2010年5月25日,武荆高速公路机电工程通过了湖北省高速公路联网管理部并网检测。2013年8月20日,武荆高速公路水土建设工程通过了湖北省水利厅验收。2013年11月29日,武荆高速公路环境建设工程通过了湖北省环境保护厅验收。2013年11月29日,武荆高速公路交通安全设施竣工专项验收通过湖北省交通运输厅、省交通运输厅工程质量监督局、省交通运输厅高速公路管理局等单位有关专家评审验收。2013年12月6日,武荆高速公路工程建设档案通过了湖北省档案局验收合格。2013年12月20日,湖北省国土资源厅分发了武荆高速公路及沿线收费所、服务区、停车区附属设施等土地使用证。2014年5月15日,武荆高速公路通过了湖北省交通运输厅的竣工验收。

工程决算审计：2013年12月5日，湖北省交通运输厅审计办公室以《审计通知书》（鄂交审通字〔2013〕10号）委托湖北众信工程造价咨询有限公司对该项目竣工决算进行审计复核。湖北省交通运输厅审计办公室对该项目竣工决算进行了批复。2009年12月，《省发展改革委关于上海至成都高速公路武汉至荆门段概算调整的批复》（鄂发改重点〔2009〕1670号）批准调整概算为848674.923万元，其中：建筑安装工程投资637741.535万元，设备投资9116.253万元，其他费用182209.248万元。省交通运输厅审计办公室复核该项目竣工决算投资为882144.455万元，其中：建筑安装工程投资694363.633万元，设备投资8808.896万元，其他费用178971.925万元。

（四）复杂技术工程

汉江特大桥33、34、35号三个水中墩的承台顶高程位于河床以下3～6m，是施工的重点和难点，采取钢板桩围堰施工方法，研发了水下吸砂设备，利用气举法原理，制造了水下吸砂设备用于钢板桩围堰内水下土（石）方开挖，解决了这一难题。

汉江特大桥采用预应力变截面现浇连续箱梁设计，施工单位对现浇连续箱梁0号块托架法施工技术进行了研究，通过在墩身两侧对称设置三角形托架，把0号块施工时的各种自重及施工荷载直接传递给墩身的施工技术，有效解决连续箱梁水上高墩现浇0号块的各种施工困难。

为保证特殊弯坡斜匝道桥及钢箱梁桥面与沥青混凝土桥面铺装层黏结效果，指挥部要求推广应用反应型防水黏结层。水泥混凝土桥面铺装层表面抛丸处理后，设置反应型防水黏结层；钢箱梁桥面抛丸处理后，设置环氧富锌漆层和反应型防水黏结层。采用该技术后，使防水黏结层达到防水及黏结的作用，保证了该类桥面铺装层的质量。

在软土地基处理中，根据软土地基条件、分布范围、厚度、路堤高度、所处位置及工程可能的工期，不同路段分别采用水泥搅拌桩、塑料排水板、土工格栅及预压等新型材料及软基处理技术，有效解决软基处理方法既符合规范要求又能结合工程实际的问题，保证了软土地基的处理效果和计划工期。

五、荆门—宜昌高速公路

（一）项目概况

功能定位：荆宜高速公路东与沪蓉高速武荆段、二广高速（G55）襄荆段，西与宜昌长江公路大桥、沪渝高速（G50）鄂西段、汉宜高速相接，沿线与宜巴、保宜、宜张高速交汇，成为湖北省内兼顾东西和南北走向的重要通道。它不仅是上海—成都高速公路（沪蓉高速)的重要组成部分,也是湖北省公路网规划"六纵五横一环"主骨架的主要"一横"。

路线走向:荆宜高速公路全长94.998km(其中荆门互通至白河互通72.638km属G42沪蓉高速),荆宜高速公路荆门至当阳段起于荆门市郑家冲,与湖北省襄荆高速公路相接,起始里程为K2+961.581,止于当阳市,终止里程为K51.432+400,全长为48.470Km;当阳至宜昌段起于当阳市,起始里程为K50+600,止于宜昌市高家店与汉宜高速公路和宜昌长江大桥相接。途经荆门市掇刀区、东宝区和宜昌市的当阳市、夷陵区、猇亭区。全线设1处收费分中心,6处匝道收费站,共有12条入口车道,14条出口车道,育溪、当阳、双莲、鸦鹊岭4个收费站8条入口。

建设规模:湖北省荆宜高速公路荆门—当阳段起于荆门市郑家冲,与湖北省襄荆高速公路相接,起始里程为K2+961.581,止于当阳市,终止里程为K51.432+400,全长为48.470km;当阳—宜昌段起于当阳市,起始里程为K50+600,止于宜昌市高家店与汉宜高速公路和宜昌长江大桥相接,终止里程为K97+127.996,全长为46.528km,中间长链832.351m。线路走向从东北向西南。全线采用双向四车道全封闭高速公路建设标准。全线设8处互通立交,1处管理中心,1处服务区,6处收费站。

投资规模:资金筹措项目资本金:占项目建设资金的35%,其中1/2由湖北省凯比特投资有限公司负责筹措,1/2由北京京浩投资有限公司负责筹措;负债筹资:占项目建设资金的65%。其中1/2由湖北省凯比特投资有限公司负责申请国内银行贷款解决,1/2由北京京浩投资有限公司负责申请国内银行贷款解决。竣工决算总投资为荆门至当阳13.56亿元,当阳至宜昌14.22亿元。

主要技术标准:全封闭、全立交、双向四车道高速公路标准建设。荆门至当阳段计算行车速度100km/h,公路等级高速公路,行车道宽$4×3.75$m,路基宽度26m,平曲线最小半径5000m,平曲线最小长度520m,最大纵坡3.9%,荷载标准公路-Ⅰ级,设计洪水频率特大桥1/300,路基、一般桥涵1/100,路面结构沥青混凝土;当阳—宜昌段计算行车速度80km/h,公路等级高速公路,行车道宽$4×3.75$m,路基宽度24.5m,平曲线最小半径3000m,平曲线最小长度487m,最大纵坡3.7%,荷载标准公路-Ⅰ级,设计洪水频率特大桥1/300,路基、一般桥涵1/100,路面结构沥青混凝土。

主要工程数量:土石方工程1825.9万m^3,其中挖方959.7万m^3,填方866.2万m^3;大桥24座6788m,中桥16座1003.17m,小桥54座1613.599m;分离式立交桥65座8847.34m;互通式立交8处,通道115道4147.09m,涵洞262座8920.41m,渡槽13道670.64m。改性沥青混凝土上面层221.75万m^2;改性沥青混凝土中面层221.39万m^2;沥青混凝土下面层186.32万m^2;水泥级配碎石上基层222.70万m^2;水泥级配碎石下基层229.85万m^2;水泥级配碎石底基层245.12万m^2。机电设备安装工程,监控系统、通信系统、收费系统、交通安全及沿线设施工程、房建工程等。

自然地理特征:荆宜高速公路位于湖北省江汉盆地西侧的郑西山区,为大巴山脉的荆山余脉向江汉平原的延伸地带。Ⅰ级地貌单元属于鄂西山区与江汉平原之间的丘陵地带。沿线途经的行政区主要是当阳市和宜昌市,地貌上总体呈西北高,东南低之势。路线所经区域主要为荆当盆地,地势东西高,中间低。沿线海拔高程在 50～230m 之间。沿线所经行政区域当阳市、宜昌市位于中纬度北亚热带季风气候带,雨量充沛,阳光充足,无霜期长。春季温湿,夏季炎热,秋季干凉,冬季寒冷,四季分明,雨热同季。年均气温 15.9～16.4℃,极端最低气温 -14.0℃,最高气温 40.9℃,最冷月均气温 0.9℃。无霜期 260～270 天。年平均降水量 936～1048mm,年平均日照 1850～1989h,年平均蒸发量为 1815.3mm。全年春秋短,冬夏长;夏季多梅雨,初冬至早春冷空气及寒期活动频繁。

(二)项目前期工作

决策背景:湖北荆宜高速公路是 2005 年 1 月经国务院批准、交通部颁发的"国家高速公路网规划"中上海—成都高速公路的重要组成部分,是 2004 年 12 月省政府批准的湖北省骨架公路网规划"六纵五横一环"主骨架的主要"一横",为拓宽建设资金渠道,湖北省政府将此项目纳入首批采用非政府全额投资建设的高速公路之一,采用以"业主负责、行业监督、政府服务、依法行政"的新建设模式建设。

决策过程:2002 年 11 月 26 日,湖北省发展计划委员会以《荆门至宜昌高速公路荆门至当阳段工程可行性研究报告(代项目建议书)的批复》(鄂计交通〔2002〕1340 号)和以《荆门至宜昌高速公路当阳至宜昌段工程可行性研究报告(代项目建议书)的批复》(鄂计交通〔2002〕1341 号)批复了荆门至宜昌高速公路工程可行性研究报告(代项目建议书)。2003 年 1 月 10 日,湖北省环境保护局以《荆门至宜昌公路工程环境影响报告书的批复》(鄂环函〔2003〕3 号)批复了荆门至宜昌公路工程环境影响报告书。2002 年 4 月 16 日,湖北省水利厅以《省水利厅关于荆门至宜昌公路工程(水土保持方案报告书)的批复》(鄂水保复〔2002〕37 号)批复了荆门至宜昌公路工程《水土保持方案报告书》。2003 年 4 月 14 日,湖北省发展计划委员会以《省计委关于荆门至宜昌公路当阳至宜昌段初步设计的批复》(鄂计投资〔2003〕325 号)和以《省计委关于荆门至宜昌公路荆门至当阳段初步设计的批复》(鄂计投资〔2003〕326 号)批复了荆门至宜昌高速公路荆门至当阳段初步设计和荆门至宜昌高速公路当阳至宜昌段初步设计。2003 年 4 月 22 日,湖北省交通厅以《关于荆门至宜昌公路当荆门至当阳段施工图设计的批复》(鄂交基〔2003〕378 号)和以《关于荆门至宜昌公路当阳至宜昌段施工图设计的批复》(鄂交基〔2003〕379 号)批复了荆门至宜昌高速公路施工图设计。

征地拆迁:湖北省荆宜高速公路建设指挥部严格按照国家《土地法》的有关规定,认真执行《关于国务院批准建设用地审查报批工作有关问题的通知》(国土资〔2000〕201

号)文件精神,通过层层审核,国土资源部于2004年10月24日下发了《关于荆宜高速公路建设用地的批复》(国土资函〔2004〕391号),批准建设用地585.5834hm^2,实际占地514.664hm^2。

在征迁工作中,指挥部始终以工程建设为中心,依靠沿线各级地方政府和广大群众的理解和支持,顺利地完成了各项征地拆迁任务,共拆迁房屋171141m^2;苗木1271208棵等。为工程建设打开了工作面,保证了工程进度。

严格执行湖北省人民政府办公厅2002年12月20日下发的《省人民政府办公厅关于荆东、荆宜、宜长高速公路建设征地拆迁补偿标准的通知》(政办函〔2002〕164号),本着"公平、公正、公开"的原则,确保征迁资金专款专用,及时将征地拆迁补偿金落实到征迁户手中,保障了征迁户的合法权利。拆迁情况见表2-1-23。

荆宜高速征地拆迁情况表　　　　表2-1-23

	序号	种	类	单位	数量	备注
全线拆迁一览表	1	果树	挂果树	棵	102172	
			未挂果树	棵	154124	
	2	树木	成林树	棵	253314	
			未成林树	棵	761598	
	3	其他经济林		亩	169.641	
	4	砖混结构房屋		m^2	51763.595	
	5	砖木结构房屋		m^2	90282.726	
	6	土木结构房屋		m^2	18448.565	
	7	简易房		m^2	10646.4095	
	8	场院		m^2	21799.304	
	9	围墙		m^2	12240.99	
	10	坟墓		座	1934	
	11	水井		口	522	
全线征地	12			亩	7719.966	

(三)项目建设情况

组织机构:2002年9月10日,湖北省交通厅以《关于成立湖北荆宜高速公路工程项目部(筹备组)的通知》(鄂交人劳〔2002〕440号)批准成立荆门至宜昌高速公路工程项目部(筹备组)。2002年9月29日,湖北省交通厅以《关于同意设立湖北省荆宜高速公路建设项目部的批复》(鄂交人劳〔2002〕482号)批准设立荆门至宜昌高速公路建设指挥部。2002年11月12日,湖北省人民政府办公厅(以下简称:省政府办公厅)下发《关于成立湖北荆宜高速公路建设指挥部的通知》(鄂政办函〔2002〕142号),省政府副省长韩忠学任指挥长,省政府副秘书长夏贤忍、省交通厅副厅长张学锋、宜昌市副市长胡家法、荆门市副市长何忠琦任副指挥长，张世飙任常务副指挥长。成员：宜昌市交通局长段贤赋、荆门市交通局长王诚、省交通厅陈光新、张世德、付克俭（兼总工程师）。

由于工程进展缓慢，2004年年底湖北省荆宜高速公路建设指挥部撤出。2005年3月11日荆宜高速公路的建设管理工作由投资方改组后的荆宜高速公路有限公司承担，投资方由北京首都机场集团公司、航港金控投资有限公司、金浩集团有限公司三方组成。董事会行使了组织领导职能；董事会和总监理工程师办公室行使工程实施职能；协调部行使保障职能；工程监理系统继续履行监理职能。

主要参建单位：设计单位为中交第二公路勘察设计研究院；监督单位为湖北省交通厅工程质量监督局；交工检测单位为天津市政工程质量检测中心；土建、绿化、路面、交安监理单位：荆门-当阳段K2+961.581～K51+432.351全长48.470km由山西省交通建设工程监理总公司承担工程监理工作；当阳-宜昌段K50+600～K97+127.996全长46.528km由沈阳公路监理有限责任公司承担工程监理工作；公路机电设备安装工程监理由北京泰克华城技术信息咨询有限公司承担；白河服务区房建工程由北京京盛工程建设监理有限公司承担工程监理；玉泉管理中心，荆门南收费站、育溪收费站、当阳收费站、玉泉收费站、双莲收费站、鸦鹊岭收费站的房建工程由北京磐石建设监理有限责任公司承担工程监理。路基及绿化环保工程施工单位为中国云南公路桥梁总公司、中铁隧道集团二处有限公司、中铁十三局集团有限公司、湖北路桥公司、中铁十六局集团第五工程有限公司、中铁十一局集团有限公司、中铁十二局集团有限公司、北京市公路桥梁建设公司、湖北省路桥集团有限公司；路面施工单位为路桥集团第二公路工程局、武汉东交路桥工程有限公司、北京城建道桥工程有限责任公司、山东省路桥集团有限公司；全线机电设备安装工程由紫光股份有限公司承担施工任务。交安施工单位为湖北省高速公路实业开发有限公司、北京华凯交通科技有限公司、山西交研科学实验工程有限公司、杭州京安交通工程设施有限公司。

实施过程：2005年6月16日，在湖北省交通厅举行了湖北荆宜高速公路特许权签署仪式，省交通厅及公司主要领导人参加了该仪式。仪式上，由徐佑林副厅长代表省交通厅同公司法人代表张科双方正式签署了《湖北荆宜高速公路特许权协议》，湖北荆宜高速公路有限公司获得特许经营权30年。2003年6月30日上午，湖北省荆宜高速公路建设指挥部在当阳召开荆宜高速公路工程建设开工新闻发布会。省政府副省长、省指挥部指挥长韩忠学宣布湖北荆宜高速公路工程建设开工并按动开工按钮。

该项目共分三期建设，一期工程为路基、绿化环保、桥涵工程，二期工程为路面工程，三期工程为房建工程、交安工程、机电工程。计划总工期为42个月，实际工期为51个月，延期9个月建成通车。2003年6月30日举行了开工典礼，2003年10月20日试验段开工建设，2006年8月一期工程主体工程基本完成。2005年8月16日试验段开工建设，2007

年5月完成。2003年6月30日开工,2007年12月26日完工。2008年1月11日,荆宜高速公路全线通车,于零时并网试运营。

工程交、竣工验收:2007年12月7日,完成该项目主体工程(路基、桥涵、路面、交安、房建、绿化)的交工验收工作。在试运营阶段先后完成了机电工程、档案、环评、水保、工程质量等专项验收工作。2008年8月起,业主根据各期工程的建设情况,按照分期建设、分期验收的方式组织该项目工程的交工验收工作;2011年12月26日,湖北荆门至宜昌高速公路竣工验收会在宜昌半山酒店召开。验收委员会一致同意荆宜高速公路荆门至当阳段及当阳—宜昌段通过验收。

(四)复杂技术工程

1. 采用水泥喷桩加固处理软土地基

软基处理:荆宜高速公路部分路段处于软土地基上,为了保证路堤稳定,根据软土地基条件、分布范围、厚度、路堤高度等所处位置(桥头、涵洞、通道、一般路堤),采取了不同的软基处理方法。在K63+200~K63+265、K63+445~K63+662路段,施工中发现此路段广泛分布着软土地基。该区0.0~8.6m范围内为流-软塑状淤泥、淤泥质土,为低强度、高压缩性土,不宜直接作为公路路基、路堤持力层。为此,对K63+200~K63+265、K63+445~K63+662路段软土地基采用水泥粉喷桩加固处理。

2. 膨胀土地段路堑边坡处理

荆宜高速公路部分地段处于膨胀土地段,尤其是在挖方或零填方地段,针对不同部位不同程度的弱、中、强膨胀土采取了不同的处理方法,保证路基CBR值等指标满足规范及设计要求。

对于荆宜高速公路路堑边坡处于膨胀土路段,处理方法有①中、弱性膨胀土路堑边坡,采用先卸载,后增加坡脚挡土墙的方式进行处理。②荆宜高速公路K10+820~K11+260、K67+890~K68+015,为强膨胀土路堑边坡。两侧卸载不具备条件。因膨胀土层厚度最深10m,坡脚挡土墙不能保证坡面稳定。经反复论证,在坡脚挡土墙下设置混凝土桩。具体布置为:挡土墙基础下设两排直径1m、间距1.2m,梅花形布置。K10+820~K11+260桩长6m,K67+890~K68+015桩长3m。③坡面及台背回填。挡土墙后清走的膨胀土用掺石灰土改性后分层回填、压实,每层之间设土工隔栅。按上述方案完成施工后,路堑边坡稳定,终于解决了膨胀土亲水性带来的边坡坍塌的危害。

六、宜昌至巴东高速公路

(一)项目概况

功能定位:湖北宜昌—巴东高速公路是《国家高速公路网规划》(7918网)中18条东

西横向线之一的"上海至成都"高速公路湖北省西段;在此之前是交通部规划的国家重点干线公路"十三纵十五横"中的"横九线"湖北省西段,也是2020年湖北省骨架公路路网规划"六纵五横一环"主骨架中"三横"的西段;"三横"连接着黄石、鄂州、武汉、荆门、宜昌等大、中型工业城市,是平行于宜黄公路,横卧于湖北金三角的腰部、南依江汉平原,北托鄂北山岗地,连接着湖北省东、中、西三大农业区和两大工业走廊的骨架公路,经济政治地位极其重要。该项目的修建可将上海、武汉、重庆、成都等城市和西部紧密地联系在一起。

线路走向:宜昌至巴东高速公路起自宜昌市白河,接荆门至宜昌高速公路,经宜陵、兴山、秭归、巴东等四县区,止于巴东火烧庵(鄂渝界),接重庆市巫山(鄂渝界)至奉节高速公路。

建设规模:路线全长173.258km。其中桥梁总长69640.6m/138座,占40.3%,隧道总长59028.2m/39座,占34.2%,全线桥隧比高达74.5%。主要改、扩建的连接线有3条,总长为45.4km。其中:兴山连接线10.2km,二级公路标准,巴东连接线28.5km,二级公路标准,神农溪连接线6.7km,三级公路标准。

全线设置1处监控通信中心、3处养护工区、3处服务区、2个停车区、5处隧道监控管理所、1处省市界主线收费站及6处匝道收费站。核定全线管理、养护及服务房屋建筑面积29.434m²,占地351亩。

投资规模:初步设计批复总投资16676803412元(约167亿元),建安129.96亿元。其中,资本金49.6亿(交通部补助24.05亿,湖北省交通规费25.55亿),世行贷款1.5亿美元(折合约10.35亿元人民币),国内贷款81.75亿元人民币。初步设计概算156亿元人民币。

主要技术指标:公路等级双向四车道高速公路,设计速度80km/h,主线整体式路基宽24.5m,主线分离式单幅路基宽12.25m,兴山连接线路基宽8.5m,神农溪连接线路基宽7.5m,路面形式沥青混凝土路面,隧道净高5m,最大纵坡3.85%,设计荷载公路-Ⅰ级,设计洪水频率特大桥1/300,其他桥涵和路基1/100,地震动峰值加速度系数0.05g。

主要工程量:路线里程173.258km,路基土石方9959784m²、路基防护838074m²、路面4176478m²、特大桥19241.1m/13座、大桥42319.3m/114座、中桥943.06m/11座、涵洞49道、隧道61264.476m/39座、互通式立体交叉7处、分离式立体交叉26座、通道41道、桥隧比例74.5%。

自然地理特征:项目区地处秦岭山脉东南麓,区域地势复杂,地形起伏变化大,沿线地势总体呈东南低,向西北渐高的趋势,山地高程多在200~1800m,相对高差100~1000m不等,山体走向以北东为主,与背斜轴向近一致,发育多级剥离面,丘陵-构造剥蚀低山—构造剥蚀中山地貌。沿线沟谷多呈U型宽谷或V型窄谷及峡谷,其中起点—黄花(K30)

段山势相对较缓,高程多在100～200m之间,主要属构造侵蚀剥蚀丘陵地貌,黄花—平邑口(K115)段山势陡峻,高程多在500～1000m之间,主要属构造侵蚀剥蚀低中山地貌,平邑口(K115)—终点(巴东火烧庵)段山峰高耸,高程多在800～1500m之间,主要属构造侵蚀剥蚀中山地貌;项目区构造运动总体稳定,区内分布的主要断裂、褶皱相对稳定,根据《中国地震动参数区划图》(GB 18306—2001)工程区50年超越概率10%,地震动峰值加速度为0.05g,特征周期为0.35s。相应的地震基本烈度为Ⅵ度。项目区位于长江以北,地表水系均为长江水系,大河小溪呈树枝状展布,主干流大多呈近南北向展布,最后汇入长江。区内河流均属山区河流,落差大、水流急、冲刷强、切割深,流域段常形成狭长河谷,降雨量直接影响河溪流量,大雨后常有山洪。区内除长江以外,较大河流有柏临河、黄柏河、香溪河、神农溪等。

(二)项目前期工作

决策背景:上海—成都高速公路穿越6个省市(上海、江苏、安徽、湖北、重庆和四川),全长1970km。至2007年,已有1109km建成通车,688km正在建设,仅有宜昌—巴东高速公路段(即该项目)的173km还未开始建设,该项目建设已迫在眉睫。

决策过程:2008年10月29日,国家发展改革委员会以发改基础〔2008〕2865号文件批复了项目可行性研究报告,同意建设该项目。2009年4月20日,交通运输部以交公路发〔2009〕183号文件上批复了项目初步设计,明确了项目建设标准、投资规模、线路走向、主要控制点、主要建筑物及主要技术指标。2009年6月24日,湖北省交通运输厅鄂交基〔2009〕294号下达了《关于宜昌—巴东(鄂渝界)公路第一和第二设计合同段施工图设计的批复》。批复称:经审查,上报的施工图设计执行了工程可行性研究和初步设计批复意见,符合公路工程强制性标准,有关技术规范和规程要求,达到了规定的技术深度要求,同意使用。2008年5月23日,中华人民共和国国土资源部《关于湖北宜昌—巴东公路建设用地预审意见的复函》(国土资预审字〔2008〕166号),原则同意通过用地预审。2009年6月18日,国土资源部办公厅《国土资源部办公厅关于宜昌—巴东(鄂豫界)公路控制工期的单体工程先行用地的复函》(国土资厅函〔2009〕528号),同意3座大桥、5座隧道、1处互通、1个停车区和1段路基工程先行用地41.72hm^2(含耕地19.35hm^2)。2009年2月,国家财政部、湖北省政府、省交通厅在华盛顿与世界银行举行了项目协定和贷款协定谈判。世界银行董事会于3月31日通过了项目协定、贷款协定。

(三)项目建设情况

组织机构:2009年3月9日,湖北省交通运输厅发文正式组建成立湖北省宜昌至巴东高速公路建设指挥部,指挥部领导成员由宋继宏、施载玲、王杨红、王敬平、杜金烈、唐汉春、傅克俭、叶道清、胡建民等九人组成。宋继宏任指挥长、总监,王敬平任副指挥长、副总监。宜巴指挥部下设7处2室1专班(即:综合办公室,技术管理处,计划合同处,质量管理处,安全管理处,财务管理处,征地拆迁协调处,机务材料处,中心试验室,巡检专班),设5个业主代表处。根据管理需要,后又成立了房建、机电、路面、交安、环保绿化等5个工作专班。该项目设置总监理工程师办公室,下设高级驻地监理工程师办公室5个,国际监理工程师办公室和环境监理工程师办公室各1个,房建、机电监理工程师办公室各2个。

总监理工程师办公室(总监办)由建设单位组建。招标组建立五个高级驻地监理工程师办公室(高驻办)。宜昌至巴东高速公路途经的两个市州(宜昌市、恩施土家族苗族自治州),四个区县(夷陵区、兴山县、秭归县、巴东县),十二个乡镇(宜昌十个、恩施两个)都组建了协调管理机构。

主要参建单位:建设单位为湖北省宜昌至巴东高速公路建设指挥部;设计单位为湖北交通规划设计院、中交第二公路勘察设计研究院有限公司;监督单位为湖北省交通建设质量监督站;国内监理:武汉中交路桥设计咨询有限公司、湖北高路工程监理咨询有限公司、湖北省公路水运工程咨询监理公司、湖北顺达公路工程咨询监理有限公司、湖北省公路工程咨询监理中心;国际监理:加拿大超豪公司;环境监理:长安大学、湖北省公路工程咨询监理中心;试验检测:湖北省交通规划设计院、中交路桥技术有限公司、湖北省公路工程咨询监理中心、湖北省高速公路实业开发有限公司;监控监测:长江水利委员会长江科学院、武汉理工大学、湖北省协诚交通环保有限公司、湖北省工程咨询监理中心、中铁大桥局集团武汉桥梁研究院有限公司、招商局重庆交通科研设计院有限公司、湖北省交通规划设计院、山东大学、中国地质大学。

土建施工单位有湖北长江路桥股份有限公司、湖北中南路桥有限责任公司、中天路桥有限公司、中铁十七局集团第一工程有限公司、东盟营造工程有限公司、云南第二公路桥梁工程有限公司、中铁十四局集团第二工程有限公司、中铁二十局集团有限公司、安徽省公路桥梁工程公司、湖北省路桥集团有限公司、中铁十七局集团有限公司、北京市海龙公路工程有限公司、江西省交通工程集团公司、成都市路桥工程股份有限公司、中交第四公路工程局有限公司、云南第二公路桥梁工程有限公司、武汉东交路桥工程有限公司、中铁十二局集团有限公司、中铁十四局集团有限公司、中铁五局集团第三工程有限责任公司、辽宁省路桥建设一公司、中铁五局(集团)有限公司、中铁七局集团有限公司、辽宁省路桥建设有限公司、中交一公局桥隧工程有限公司、中交第二公路工程局有限公司、中交路桥北方工程有限公司、中交第三公路工程局有限公司、中铁十一局集团第一工程有限公司、北京路桥瑞通养护中心;路面施工单位:东盟营造工程有限公司、湖北省路桥集团有限公司、中天路桥有限公司、北京市市政一建设工程有限责任公司、葛洲坝集团第五工程有限公司;交安施工单位:湖北省路桥集团有限公司、辽宁省路桥建设第一有限公司、湖北省路路通公路设施工程有限公司、南京公路防护设施工程有限责任公司、北京路桥瑞通养护中心；绿化施工单位：信阳市光州园林绿化工程有限公司、江苏八达园林建设有限公司、重庆上城园林景观艺术有限公司、武汉长江绿色工程科技研究开发有限公司、河南绿亚园林工程有限公司、浙江新禾景观工程有限公司。

  实施过程：2009年3月，宜巴高速公路建设机构开始筹建。2009年5月，宜巴高速公路指挥部同湖北省国土资源厅签订了宜巴高速公路土地统征包干协议书；2009年5月6日，省指挥部在宜昌召开了征地拆迁动员会，到6月8日，基本完成了全线挖沟放线，7月1日，全面完成了全线实物数量清点，并已完成房屋及建筑物拆迁10000余平方米。2009年7月9日，在夷陵区雾渡河镇举行隆重的开工典礼。2009年8月，省指挥部（总监办）驻地建设基本完成，于8月底整体进驻兴山县古夫镇正式办公。2009年8月9日，17标高岚河特大桥，全线第一个桥梁桩基开始施工。2009年10月4日，18标峡口隧道开工，率先进行隧道施工。2009年10月20日，10标AK0+400～AK0+800段，全线第一段路基开始施工。2009年10月20日，16标高岚互通1号桥，全线第一根桥梁桩基成孔，10月22日，全线第一根桥梁桩基开始灌注。2009年12月17日，26标核桃树大桥，全线第一根桥梁墩柱浇筑完成。2010年1月，土建1-8合同段控制性工程开工。2010年4月10日，22标梁场，预制全线首片30mT梁；2010年5月23日，22标周家山大桥T梁架设开始，全线首片T梁架设，6月23日，全桥架设全部完成，全线首座桥梁的T梁架设完成；2010年9月30日，22标周家山大桥浇筑，完成全线第一板桥面现浇层浇筑；2010年1月26日，13标凤凰关隧道贯通，全线首个隧道贯通；2010年10月19日，22标白家山隧道贯通，全线首座1km以上的隧道贯通；2011年4月20日，21标郑家垭隧道贯通，全线第一座特长隧道贯通，其中，2010年9月2日，共掘进31m，创造了单日隧道开挖施工之最，2010年12月21日，左线掌子面掘进19m，创造了单日单个掌子面隧道开挖施工之最；2011年6月，夷陵区段土建1-10标基本贯通；6月，夷陵区段二期工程试验段开工；11月，夷陵区段路面、交安工程开工；12月，夷陵区段61km基本建成，全线一期基本贯通。2012年9月29日，宜巴高速白河至雾渡河段试运营。2012年12月30日上午，宜巴高速控制性工程神农溪特大桥主桥中跨胜利合龙。2013年1月18日，宜巴高速控制性工程香溪河特大桥正式合龙。2014年6月1日，宜巴高速高岚至巴东段试运行。2014年10月14日，宜巴高速控制性工程界岭隧道贯通。2014年12月28日，宜巴高速公路全线开通试运营。

（四）复杂技术工程

1. 香溪河特大桥

  香溪河特大桥位于三峡库区内兴山县峡口镇泗湘溪村境内，跨越长江三峡一级支流香溪河，路线与河谷底最大高差约80m。该桥主墩基础按深水施工工艺进行施工，设计采用钢管桩平台及钢套箱方案进行主墩桩基及大体积混凝土浇筑承台施工。桥的施工难度大,施工工艺复杂,投入设备多,材料物资就位困难,是全线关键线路控制点及重点控制性工程。

自然地理条件:由于本桥位于分离式路基段,平面为圆弧曲线同时桥墩相对不是太高,桥型选择受到较大限制,悬索桥、斜拉桥、拱桥等方案因路线分离、桥宽过窄,稳定性和经济性差,显然不合理,方案设计以连续刚构桥为主,节段悬浇刚构桥对施工场地要求不高、易满足平面线形。桥宽按分离式路基设计。桥址区地貌单元为构造剥蚀丘陵地貌及河谷斜坡地貌,地面标高在131~230m之间,桥轴线大致呈80°跨越香溪河。该处河谷宽约220m,二侧桥台均处于丘坡较陡部位,地表植被发育,山丘边坡较陡,宜昌台—香溪河段为凸形斜坡,坡面倾向西东,坡度10°~30°,香溪河—巴东台为河谷斜坡地貌,路线位于河谷西侧斜坡地带,巴东台坡面倾向东,坡度20°~35°。

据区域地质资料及地质调绘,场地地质构造属于鄂西秭归向斜盆地亚区,地处秭归向斜盆地东翼,地层属杨子小区,上部覆盖层为第四系冲积+洪积(Q4al+pl)砂砾石层、残坡积(Qel+dl)碎石层,下伏岩层为侏罗系聂家山组(11-2n)粉砂岩与砂岩互层,岩层产状为278°∠46°,呈单斜构造;粉砂岩易风化,砂岩节理较发育,主要发育节理产状为93°∠68°;根据现场地质调查和资料收集,桥址区内C4K111+290~C4K111+340发育一不稳定斜坡,该斜坡坡面倾向南西,倾角约30°,坡体为块石、碎石等公路弃渣,呈松散状态,施工时清除表层浮土,锚索加固护坡进行处理;巴东桥台所在斜坡上方有第四纪崩塌、坡积混合堆积体,施工时进行清除;根据《中国地震动参数区划图》(GB 18306—2001),湖北省兴山县抗震设防烈度属6度区,桥址区属Ⅱ类建筑场地,地震动峰值加速度$a=0.05g$,地震动反应谱特征周期$T=0.35s$;依据《公路抗震设计规范》(JTJ 004—89)的有关规定,拟建构筑物为重要工程,按地震烈度7度进行设防,其地震峰值加速度$a=0.10g$,地震动反应谱特征周期$T=0.35s$。

桥位处路线平纵面:本桥平面前段位于分离式路基段内,左线位于$R=2500m$的右偏圆曲线,右线位于$R=2500m$的右偏圆曲线。

设计桥型方案:方案设计结合桥位纵面地形,考虑到工程的经济性和安全性,采用主跨170m跨径连续刚构桥方案。主桥170m主跨连续刚构箱梁,半桥箱梁顶板宽12.25m、底板宽6.5m,悬臂翼缘长2.875m,单箱单室结构。箱梁根部梁高10.5m,跨中梁高3.5m,箱梁根部底板厚100cm,跨中底板厚32cm,箱梁高度以及箱梁底板厚度按1.8次抛物线变化。箱梁顶板厚28cm,腹板厚度由跨中40cm分段变化到根部的70cm。主桥上部构造按全预应力混凝土设计,采用三向预应力。主墩采用空心墩,基础为钻孔桩基础。为减少主墩承台开挖方量,避免对环境的过多破坏,岸上主墩承台底贴近地面,露出地面部分桩基可采用模板施工,承台悬空部分设计裙板以改善景观效果。

为减少主墩承台开挖方量,避免对环境的过多破坏,岸上主墩承台底贴近地面,露出地面部分桩基可采用模板施工,承台悬空部分设计裙板以改善景观效果。

方案的引桥上部构造采用30m预制预应力混凝土T梁,先简支后刚构。桥墩根据墩高分别采用双柱墩,基础为钻(挖)孔桩基础。桥台采用U型台,基础为明挖扩大基础。

施工方案考虑:主桥上部构造采用挂篮悬浇逐段施工,箱梁0号块待桥墩施工完成后,在墩顶旁利用托架浇筑。0号块施工完毕后,在其上拼装挂蓝,逐段悬浇箱梁节段,每一节段的施工包括挂篮前移、浇筑混凝土及张拉预应力等三项内容。主桥箱梁采用先边孔后中孔的顺序合龙,边跨现浇段采用过渡墩旁设支架或托架现浇施工,边孔及中孔合龙梁段均采用吊架施工;引桥上部构造主梁均采用预制吊装法施工,先简支后墩梁固结形成连续刚构体系。预应力混凝土T梁就近预制;下部构造采用常规方法施工,但高桥墩施工时应严格做好施工控制。引桥桩基施工可采用人工挖孔或机械钻孔施工,主桥桩基施工可采用机械钻孔施工;桥墩采用滑模或爬模法施工。

2. 神农溪特大桥

桥址处为构造侵蚀剥蚀斜坡及峡谷地貌。桥梁垂直跨越神农溪,神农溪东侧桥址区为斜坡山脊地貌,桥梁平行于山脊线而行,桥台斜坡坡向298°,坡度角约32°左右,往神农溪边渐陡。神农溪为"U"形峡谷,两侧坡度较陡,达30°~45°,最大切割深度100m左右,神农溪西侧桥址区为斜坡地貌,坡向109°,坡度角32°;桥址所在地区为单斜地质构造区,桥址区覆盖层较薄。根据钻探及区域构造分析资料,桥址岩体中无断层发育,岩层产状较为稳定。根据桥址区岩层产状测量资料,平均产状为175°∠47°,岩层走向与路线走向间的夹角约为10°;桥址地形为U形峡谷地形,桥址区地表水河流主要为神农溪,神农溪是长江左岸一级支流,山高谷深,坡陡流急,以峡谷为主,流域面积1031.5km^2,多年平均径流量11.6亿m^2;其主要支流为石柱河、三道河、红砂沟、罗溪河、绵竹河和牛场河等,桥址区其他地表水为冲沟的间歇性水流。桥址地下水类型为孔隙潜水和基岩裂隙水两种。由于覆盖层较薄,孔隙潜水贫乏,且随大气降水的情况而改变;根据钻孔观测,钻孔未见地下水,基岩裂隙水含量较少。地下水隔水边界为自然地貌分水岭和较完整岩体。地下水的补给来源主要是大气降水。地下水的动态变化与季节和降雨持续时间关系最为密切,但水位变化幅度不大。地下水的运动方向主要向神农溪谷底汇集;根据国家《建筑抗震设计规范》(GB 50011—2001)附录A公布的资料,桥址所在的巴东地区抗震设防烈度(基本烈度)为6度,设计基本地震加速度值为0.05g,设计地震分组为第一组,按7度设防。

桥型方案构思:桥址跨越原神农溪风景区,龙王庙位于该桥址附近。桥址周边有村庄,水、陆交通便利。神农溪峡谷路线与谷底最大高差达200m,桥梁规模大,施工难度较大。施工场地条件较狭小,高差大,需开辟施工便道至主要工地,桥型方案设计以降低施工运输及场地要求,工艺成熟、施工便捷为原则,体现山区桥梁工程建设的特点。主桥采用斜拉桥和悬浇连续刚构箱梁桥方案,桥跨布置以施工安全可靠为中心;引桥以服从节约投资为原则,采用预制 T 梁先简支后刚构体系,选用经济桥跨,施工快速、方便。

路线与河谷高差 100m 以上的区域达 385m,呈较陡峻的 V 形峡谷,采用大跨有利于降低墩高,而采用高墩则有利于减少主跨跨度,综合施工安全与工程规模方面的考虑,采用主桥主跨 320m 预应力混凝土双塔斜拉桥配副主跨 150m 的连续刚构方案。双塔斜拉桥方案:全桥桥跨布置:(4×30)+(80+150+80)+(140+320+140)+(2×30)m 主桥为 140+320+140m 预应力混凝土双塔斜拉桥;副主桥为 80+150+80m 预应力混凝土连续刚构;引桥为先简支后结构连续预应力混凝土 T 梁。

主桥斜拉桥部分:主梁:采用箱形截面,主梁顶面宽 27.1m,设有 2% 的横坡。梁高 3m,顶板厚 28cm,底板厚 30~50cm,斜底板厚 25~35cm。横隔梁间距为 8m 和 5m,斜拉索索距 8m 和 5m。边跨现浇段长 1.95m,边跨合龙段长 2m,中跨合龙段长 2m。主梁设纵向预应力钢索,横隔梁设横向预应力钢索,预应力钢索采用符合 GB/T 5224—1995 标准规定的低松弛钢绞线,标准强度 1860MPa,设计锚下张拉控制应力 1395MPa,钢束每股直径 15.2mm。

主塔:由于地形的原因,主塔较高,又由于桥面较宽,斜拉索采用双索面,主塔采用空心塔,顺桥向采用独柱式,横桥向采用双柱式,在上塔柱斜拉索锚固区设环向预应力钢索,预应力钢索采用符合 GB/T 5224—1995 标准规定的低松弛钢绞线,标准强度 1860MPa,设计锚下张拉控制应力 1339.2MPa,钢束每股直径 15.2mm。

斜拉索:斜拉索采用直径 $\phi 7mm(f_{pk}=1670MPa)$,外包 PE 套的高强钢丝束。斜拉索在工厂加工完成成盘运抵工地。

主塔基础:勘探资料表明,塔基础处覆盖层为碎石土,基岩为弱风化灰岩。结合地质条件本桥主塔基础采用钻孔灌注桩形式。一个主塔采用 24 根直径为 2.4m 的基桩。承台为 22.2×33.8×5m 整体式承台。为了减少开挖和边坡防护并不破坏当地的地形地貌,承台露出地面线外,承台底贴近地面,露出地面部分桩基可采用模板施工,承台悬空部分设计裙板以改善景观效果。

副主桥连续刚构部分:由于边跨现浇段高度较高,为避免支架式施工,尽量减小边跨现浇段的长度,以适应导梁或托架式施工,边跨与主跨的比值以墩不出现过大拉力为原则,采用 0.53,边跨长度为 80m,跨长度为 150m。边跨现浇段和合龙段总长度为 6m。箱梁单箱单室结构,采用常规挂篮悬臂浇注施工。

箱梁顶宽 12m,底宽 6.5m,顶板悬臂长度 2.75m,顶板悬臂端部厚 15cm,根部厚 75cm。箱梁根部高度 8.9m,跨中高度 3.2m,箱梁根部底板厚 110cm,跨中底板厚 32cm,箱梁高度以及箱梁底板厚度按 2 次抛物线变化。箱梁腹板根部厚 70cm,跨中厚 40cm,利用四个箱梁节段直线变化;箱梁顶板厚度 28cm。箱梁顶设有 2% 的横坡,箱梁浇筑分段长度依次分别为:14m 长 0 号段 +7×3.5m+5×4m+5×4.5m,边跨合龙段长采用 2m,中跨合龙段长采用2m,边跨现浇段长4m。主桥上部构造按全预应力混凝土设计,采用三向预应力,纵、横向预应力采用符合GB/T 5224—1995标准规定的低松弛钢绞线,标准强度1860MPa,设计锚下张拉控制应力1395MPa。箱梁纵向钢束每股直径15.2mm,大吨位群锚体系;顶板横向钢束每股直径12.7mm,扁锚体系;竖向预应力采用精轧螺纹钢筋。预应力束管道采用预埋塑料波纹管成孔。

主墩墩顶与箱梁固结,主桥与引桥过渡墩箱梁底设GPZ盆式滑动支座。墩高最大88m,高墩带来整体屈曲稳定性和薄壁局部屈曲稳定性问题以及高墩低频风振对施工、运营阶段安全性影响等问题,经计算分析,采用双薄壁空心墩形式。

桥墩基础采用钻(挖)孔桩基础,主墩桩基直径2.2m,嵌入弱风化岩层。为减少主墩承台开挖方量,避免对环境的过多破坏,主墩承台底贴近地面,露出地面部分桩基可采用模板施工,承台悬空部分设计裙板以改善景观效果。

连续刚构部分下构:主墩墩顶与箱梁固结,主桥与引桥过渡墩箱梁底设GPZ盆式滑动支座。

主桥墩高最大133m,高墩带来整体屈曲稳定性和薄壁局部屈曲稳定性问题以及高墩低频风振对施工、运营阶段安全性影响等问题,经计算分析,采用双薄壁空心墩形式。为增强薄壁空心墩柱的稳定性,每隔40m设一道横撑。桥墩基础采用钻(挖)孔桩基础,主桥主墩桩基直径2.5m,副主桥主墩桩基直径2m,嵌入弱风化岩层。为减少主墩承台开挖方量,避免对环境的过多破坏,主墩承台底贴近地面,露出地面部分桩基可采用模板施工,承台悬空部分设计裙板以改善景观效果。

施工方案考虑:双塔斜拉桥、三塔斜拉桥;主塔桩基及承台:平整现场,开挖基坑,钻孔灌注桩,施工承台。承台、塔座、塔墩、下塔柱底部实心段以及横梁与柱连接处实体段均为大体积混凝土,为有效地控制其水化热,施工中应采取设置冷却管等有效措施,以防施工过程中出现裂缝,保证混凝土质量。塔身内设劲性骨架、滑模固定于骨架上,边浇边提升。近桥面时搭支架现浇中横梁(包括固接在中横梁内的主梁段),调整模架,滑模垂直向上提升施工上塔柱。主塔是斜拉桥施工的关键工程之一,严格控制索塔的变位,严格执行施工规定,保证施工质量至关重要。

主梁:主塔处主梁0号节段采用支架现浇,支架现浇段长30m,然后用前支点挂篮悬浇,在悬浇同时,适时在过渡墩上安装支架,并在支架上现浇梁段。先合龙边跨后,再主跨合龙。

连续刚构:上部构造采用挂篮悬浇逐段施工,箱梁0号块待桥墩施工完成后,在墩顶旁利用托架浇筑,因0号块结构及受力均较为复杂,加之纵向及竖向预应力管道集中,钢筋密集,混凝土方量大,为了确保结构强度并防止有害裂缝出现,浇筑时需采取必要措施控制混凝土水化热的影响,采用分层浇筑时,应注意合理确定分层的位置。

主桥箱梁采用先边孔后中孔的顺序合龙,由于边墩较高,边跨现浇段采用墩旁支架施工,边孔及中孔合龙梁段均采用吊架施工,合龙段施工采用预埋劲性骨架支承,两端悬臂须采取压重措施(如水箱),在浇筑混凝土的同时同步卸除压重,待混凝土强度达到80%混凝土标号时张拉合龙段钢束,形成连续刚构体系,合龙温度应控制在15℃±5℃。

引桥上部构造主梁均采用预制吊装法施工,先简支后墩梁固结形成连续刚构体系。预应力混凝土T梁就近预制,由于桥位地势相对较缓,预制场可分别设于两岸桥头附近。

本桥跨越神农溪风景区,所有方案均避开了水中基础,因此下部构造可采用常规方法施工,但应注意满足环保方面的要求,同时特高桥墩施工应严格做好施工控制。

3. 龙颈寨大桥

桥址所处地貌属于构造侵蚀、剥蚀中低山区。桥址及周边主要为斜坡、冲沟地貌,以斜坡为主,两条深切割的冲沟垂直于桥梁轴线。桥址为两条冲沟与斜坡交替的"W"地形。冲沟最大切割深度约100m,地势北低南高,东高西低。桥梁跨越冲沟及山脊线而行。本桥宜昌岸桥台及周边自然地貌为剥蚀斜坡地貌,斜坡为凸形坡,左幅坡向为30°,坡脚为42°左右,右幅坡向270°,坡脚为35°左右;巴东岸桥台及周边为凹形坡斜坡地貌,左幅坡向为355°,坡脚为34°左右,右幅坡向140°,坡脚为28°左右。桥址区可见半径为5.0m的圆形岩溶漏斗及暗河出口等岩溶现象,周围植被较发育。桥址地基地层自地表往下依次是:第四系全新统(Q_4)松散堆积层(覆盖层),下三叠统嘉陵江组(T_1j)盐溶角砾岩、泥质灰岩等。桥址所在地区为背斜褶皱区,覆盖层均不发育。桥址岩体中无断层发育,岩层产状较为稳定。冲沟东侧产状为40°∠22°,西侧平均产状为220°∠28°,岩层走向与路线走向间的夹角约为11°~17°。桥址区地表发育两条由南至北的冲沟,冲沟内常年性地表流水,水量很小。桥址地下水类型为孔隙潜水和岩溶裂隙水两种。由于覆盖层厚度薄,孔隙潜水贫乏;钻孔观测未见地下水,说明岩溶裂隙水贫乏。地下水的补给来源主要是大气降水。大气降水后,大部分地表水随着自然地貌分水岭汇集到冲沟,少量地表水顺着基岩节理裂隙与岩溶裂隙渗入地下,最后以裂隙水或暗河的方式向外排泄。不同含水岩组的界面及风化带界面,一般都是相对富水部位,是地下水在运动过程中的相对排泄场所。地下水的运动方向主要与地形条件和节理裂隙发育及岩溶溶洞发育情况、岩层走向等有关。

抗震设防烈度(基本烈度)为Ⅵ度,设计基本地震加速度值为$0.05g$。桥址地基覆盖层可列为Ⅲ类场地土,强风化层可列为Ⅱ类场地土,弱风化岩石列为Ⅰ类场地土。

桥型方案:龙颈寨大桥跨越冲沟与斜坡交替的"W"形地形,场地狭窄,地形较陡。桥型方案设计,以降低施工运输、场地要求,工艺成熟方便为原则,体现山区高速公路建设特点。主桥选择悬浇连续刚构箱梁方案,桥跨布置以施工安全可靠为中心,引桥以服从节约投资为原则,采用预制T梁先简支后连续体系,选用经济桥跨,施工便捷。

根据地形,冲沟最大切割深度约100m,且宽度均达150m左右,客观上不可避免地需要选择高墩大跨桥型方案,宜以两个大跨跨越两个深冲沟,由于"W"地形中间山脊桥面设计高程较高,拱桥方案与地形配合较差,比较适合的大跨径桥型为箱梁连续刚构桥。综合施工安全与工程规模方面的考虑,采用串联的两座主跨120m的连续刚构方案。

桥跨设计,方案主桥为(65+120+65)+(65+120+65)m两座串联的预应力混凝土悬浇箱梁连续刚构。由于地形中部为突起高峰,从经济性考虑,在此处设置过渡墩。为避开墩前搭设高支架进行现浇施工的风险,边跨不设置合拢段,现浇段采用从主"T"悬臂端伸出的托架进行施工,边跨与主跨的比值采用0.54,边跨长度为65m,边跨现浇段长度为6m,箱梁按分离式路基宽12.25m设计,单箱单室结构,采用常规挂篮悬臂浇注施工。

截面尺寸,箱梁顶宽12.25m,底宽6.5m,顶板悬臂长度2.875m,悬臂板端部厚15cm,根部厚70cm。箱梁根部高度7.2m,跨中高度2.5m,箱梁根部底板厚80cm,跨中底板厚30cm,箱梁高度以及箱梁底板厚度按1.7次抛物线变化。箱梁腹板根部厚70cm,跨中厚50cm,利用一个箱梁节段直线变化,箱梁顶板厚度28cm。箱梁顶设有2%的横坡,箱梁浇筑分段长度依次分别为:9m长0号段+4×3m+5×4m+5×4.5m,中跨合拢段长采用2m,边跨现浇段长6m。主桥上部构造按全预应力混凝土设计,采用三向预应力,纵、横向预应力采用美国ASTM A416—90A标准270级高强度低松弛钢绞线,标准强度1860MPa,设计锚下张拉控制应力1395MPa。箱梁纵向钢束每股直径15.24mm,大吨位群锚体系;顶板横向钢束每股直径15.24mm,扁锚体系;竖向预应力采用精轧螺纹钢筋。预应力管道采用预埋塑料波纹管,真空吸浆工艺成孔。

桥墩,主墩墩顶与箱梁固结,主桥与引桥过渡墩箱梁底设GPZ盆式滑动支座。

该桥第一方案墩高达87m,经计算分析,采用实心薄壁墩形式。主墩截面采用9×6.5m的矩形,单片实心薄壁墩截面尺寸为2.5×6.5m。主桥桥墩基础采用钻(挖)孔桩基础,主墩桩基直径2.2m,穿透上层的强风化泥质灰岩或盐溶角砾岩,进入相应弱风化岩层。

引桥设上构:两个方案引桥上构均采用30m预制预应力混凝土T梁,先简支后连续。30m T梁横向布置5片,间距2.45m,梁高2.0m。翼缘板边缘厚16cm,支点截面梁肋厚50cm,跨中截面梁肋厚20cm。引桥下构:引桥下构采用钢筋混凝土双悬臂墩帽,视墩高采用直径1.3~1.6m的圆形双柱墩,基础采用钻(挖)孔灌注桩基础,桩基直径1.5~1.8m。桥台采用重力式U台,基础为明挖扩大基础。

施工方案:上部构造采用挂篮悬浇逐段施工,箱梁0号块待桥墩施工完成后,在墩顶旁利用托架浇筑,因0号块结构及受力均较为复杂,加之纵向及竖向预应力管道集中,钢筋密集,混凝土方量大,为了确保结构强度并防止有害裂缝出现,浇筑时需采取必要措施控制混凝土水化热的影响,采用分层浇筑时,应注意合理确定分层的位置;主桥箱梁采用先边孔后中孔的顺序合龙,由于边墩较高,边跨现浇段采用墩旁支架施工,边孔及中孔合龙梁段均采用吊架施工,合龙段施工采用预埋劲性骨架支承,两端悬臂须采取压重措施(如水箱),在浇筑混凝土的同时同步卸除压重,待混凝土强度达到80%混凝土标号时张拉合龙段钢束,形成连续刚构体系,合龙温度应控制在15℃±5℃;引桥上部构造主梁均采用预制吊装法施工,先简支后墩梁固结形成连续刚构体系。预应力混凝土T梁就近预制,由于桥头地势相对较缓,预制场可分别设于两岸桥头附近。

4. 界岭隧道

界岭隧道长5673m,属于特长隧道。隧道进口位于宜昌市夷陵区雾渡河镇观音村一组,出洞口位于兴山县水月寺镇李村坪村三组,隧道走向大致呈273°,呈近东西向展布,最大埋深约270m。洞门形式进口为削竹式,出口为台阶式。

地形地貌:隧道走向近东西向,隧道区地貌单元属构造剥蚀的中低山区,隧道穿越区微地貌形态有山峰、山脊、分水岭、冲沟,地面高程大多在775~1000m之间,局部隧道段地面高程在1000m以上,最高处地面高程达1070m,总体地势沿线路方向东高西低。地形上表现为山顶坡度较缓、山坡较陡,地形坡度约15°~35°,山坡植被较发育,水土保持较好,主要为松树、灌木;据区域地质资料及现场地质调绘结果,桥址区大地构造位置属扬子板块台地区,位于黄陵背斜的核部,广泛出露基底岩变质系,基底变质岩系具中深层次、多期次韧性剪切、褶皱叠加变形变质构造特征,构造复杂。桥址区出露基岩为中太古界野马洞岩组(Ar_2y),岩性为黑云(绿泥)角闪片岩、黑云斜长片麻岩、云母片岩、石墨片岩及石英片岩等。

水文地质条件:隧道区内地表水系不发育,无常年性地表水体,地表水主要为大气降水形成的地表面流,水量受季节性影响变化较大,其自然排泄畅通;隧道进、出口位于山体东西两侧斜坡位置,地表水对隧道施工影响较小;但应注意暴雨期间地表面流对洞口的冲刷破坏作用,宜采取截流、疏排措施。隧道分布区地下水主要类型有基岩裂隙水及少量第四系孔隙水。隧道通过段地下水主要类型为基岩裂隙水,赋存于基岩的风化裂隙及构造裂隙中,总体含水量贫乏,局部地段由于裂隙发育,裂隙水补给条件较好,隧道开挖时可能存在渗水现象,但水量较小,且与降水关系较密切。其次为残坡积碎石中的孔隙水,该类型地下水含水层总体厚度小,分布稳定,处于斜坡地带,贮水条件较差,易渗透流失,仅季节性有水,旱季多呈干涸状,该层分布于隧道区浅表层,对隧道施工影响小。根据区域水文资料及邻近工点试验资料,隧址区地表水、地下水对混凝土无腐蚀性,对钢结构具弱腐蚀性。

施工工期控制:该项目总工期为42个月,特长隧道(界岭隧道)施工工期以右洞为例进行计算。左洞:Ⅴ级围岩175m,Ⅳ级围岩1480m,Ⅲ级围岩4040m(右洞:Ⅴ级围岩170m,Ⅳ级围岩1510m,Ⅲ级围岩3970m),以相对较长的左洞计算(右洞平行作业),参考与该项目相近的沪蓉西高速公路以及国内已完成山区高速公路的施工进度,独头掘进Ⅴ

级围岩20m/月，Ⅳ级围岩按45m/月，Ⅲ级围岩按120m/月的进度计算，该隧道共需工期37.6个月，在总工期控制范围内，对总工期不控制。

第五节　上海—武汉高速公路（G42S）

上海至武汉高速公路（以下简称沪鄂高速公路），国家高速公路网编号为G42S，起点上海，终点武汉。途经江苏太仓、常熟、江阴、常州、金坛、溧水、安徽马鞍山、巢湖、庐江、岳西、湖北英山、罗田、团风，终点在湖北武汉。建成后拉直上海到武汉高速线路，是继沪蓉高速（G42），沪渝高速（G50）之后，更为快捷的出沪通道。

沪鄂高速公路湖北段为武英高速，湖北省内编号S5，是湖北省"十一五"规划中交通发展重点工程建设项目，国家"十三纵十五横"重点公路规划中的"一横"——上海—武威公路武汉至刘安支线湖北境内路段，也是湖北省"五纵三横一环"公路主骨架的组成部分，2013年升格为国高网71118中的横线（并行线）。该项目的建成通车，对于贯通武汉至英山、岳西至合肥高速公路，完善鄂皖骨架路网布局，加强湖北与安徽等地的联系和交流，增强武汉市的辐射功能，促进武汉城市经济圈建设，缓解沪蓉国道主干线交通压力，加快鄂东地区经济社会和旅游业发展、沿线老区人民过上殷实生活和全面建设小康社会步伐，都具有十分重要的意义。

武英高速公路全长约158.514km，起于武汉市新洲区周铺，与武汉绕城高速公路东北段和汉英高速公路谌（家矶）—周（铺）段相接，在黄冈市团风县境内与大（庆）广（洲）北高速公路麻城至浠水段相交，经团风、浠水、罗田和英山，止于鄂皖交界处的英山县大枫树岭，与安徽省的岳西至英山高速公路相接。武英高速公路由新洲至罗田和罗田至英山两个项目分段建设。

沪鄂高速公路武英段凤凰关水库高架桥（G42S）

一、新洲—罗田段

(一)项目概况

路线走向:新洲—罗田段起于新洲区周铺,经新洲区汪集镇、新冲镇,团风县淋山河镇、总路咀镇、但店镇,浠水县团陂镇,止于罗田县城关镇以南的范家冲。全长78.808km。其中,新洲25.386km、团风31.755km、浠水16.94km、罗田4.727km。

建设规模:全线共计特大桥3座,计4786.2m;大桥28座,计7617.54m;中桥19座,计1562.8m;小桥5座,计66m。桥梁总长14032.54m,占新洲—罗田段总里程的17.8%。涵洞132座、互通式立交6处、分离式立交6处、通道119座、天桥24座。设服务区1处,停车区1处,养护工区1处,管理中心1处。设置了完善的收费、通信、监控、安全、养护、管理系统。

投资规模:项目批准投资总概算28.3161亿元,其中法人资本金9.91亿元,银行贷款18.41亿元。项目建设工期48个月。

主要技术指标:设计行车速度100km/h;路基宽度26m;桥梁设计荷载汽车—超20级,挂车—120;设计洪水频率路基、大中桥、涵洞1/100、特大桥1/300;地震基本烈度Ⅵ度,按Ⅶ度设防;其他各项技术指标按交通部颁布的《公路工程技术标准》(JTJ 001—97执行)。

主要工程数量:项目主线总里程78.808km、联络线8.788km,路基挖方7620km³,路基填方14070km³,沥青混凝土上面层2027970m²,沥青混凝土中面层2025907m²,沥青混凝土下面层1254988m²,水泥混凝土面层446214m²,水稳底基层2176168m²,水稳下基层1768999m²,水稳上基层1669343m²,波形护栏309832m,防护网3761m,隔离珊159720m,标志牌2798个,防眩板17401个,诱导标46681个,标线91325m²。

自然地理特征:武汉—英山高速公路位于湖北省东部,在行政区划上自西向东经过武汉市新洲区、黄冈市团风县、浠水县、罗田县、英山县。地貌上处于大别山中段及其南麓道江汉平原东北缘,受地质构造控制,地势由西向东逐渐增高,地形切割不深,山势以北东和北北东向为主,以淋山河—团风一线以西为略带起伏的平原及垄岗地貌,以东至罗田县城为丘陵(低山)地貌。

项目地处中纬度区,属大陆亚热带季风气候,四季温差较大,冬冷夏热,冬干夏雨。年平均气温16.4~16.9℃,7月最热平均温度为27~28℃,气温大于37℃的高温日数平均每年有5~11天,1月最冷月平均温度为2~3℃。年降水量大于1200mm,降水量6月或7月最大,月降水量超过200mm,平均年暴雨数4~5天。

(二)项目前期工作

决策背景:为了加强湖北与安徽等地的联系和交流,增强武汉市的辐射功能,促进武汉城市经济圈建设,缓解沪蓉国道主干线交通压力,加快鄂东地区经济社会和旅游业发展,让沿线老区人民过上殷实生活,2005年8月,湖北省发展和改革委员会以《省发展改革委于武汉至英山高速公路新洲至罗田段工程可行性研究报告(代项目建议书)》(交鄂发改交〔2005〕669号)批复了该项目可行性研究报告,该项目正式立项。

决策过程:2005年12月,湖北省发展和改革委员会以《省发展改革委员关于武汉—英山高速公路新洲—罗田段工程初步设计的批复》(鄂发改重点〔2005〕1182号)批复了该项目初步设计。2006年8月,湖北省省交通运输厅以鄂交基〔2006〕323号文批复该项目施工图设计。2004年11月,国土资源部、湖北省国土资源厅以《湖北省国土资源关于武英高速武汉至罗田段建设预审意见的函》(鄂土资函〔2004〕318号)批复了该项目用地。审批情况见表2-1-24。

项目审批情况表 表2-1-24

工程可行性研究报告的批准	交鄂发改交〔2005〕669号
初步设计文件的批准	鄂发改〔2005〕1182号
施工图设计文件批准	鄂交基〔2006〕323号
土地使用批准	鄂土资函〔2004〕318号
开工报告的批准	湖北省交通厅2006年9月30日
开工日期	2006年10月9日

(三)项目建设情况

武英高速公路是湖北省第一条代建制建设的高速公路。根据国务院《关于投资体制改革的决定》精神,湖北省人民政府《省人民政府关于武汉—英山高速公路试行代建制有关问题的批复》(鄂政函〔2006〕111号)和湖北省交通运输厅《关于武英高速公路建设有关事宜的通知》(鄂交人劳〔2006〕142号)中明确湖北省高速公路集团有限公司作为武英高速公路项目的代建单位,负责代建武英高速公路项目。湖北省高速公路集团有限公司组建并授权湖北省武英高速公路项目建设部负责项目代建工作。

组织机构:湖北省武英高速公路项目建设部(简称:省建设部)和湖北省武英高速公路项目总监理工程师办公室(简称:总监办)合署办公。设5个职能部门:综合管理办公室、财务管理办公室、协调管理办公室、总监现场管理办公室、合同管理办公室。

省建设部实行集体领导下的指挥长分工制,指挥长(总监)为省建设部最高行政领导,对项目工程建设管理全面负责,设有指挥长及总监1名、副指挥长5名(包括总会计师1名、总工程师及副总监1名)、书记1名。

主要参建单位:新洲—罗田段建设单位为湖北省武英高速公路项目建设部;设计单位为湖北省交通规划设计院、北京交科公路勘察设计研究院有限公司;监督单位为湖北省交通基本建设质量监督站;检测单位为湖北省交通规划设计院、湖北省公路工程咨询监理中心;监理单位:湖北省公路工程咨询监理中心、云南省公路工程监理咨询公司;土建施工单位:武汉市市政建设集团有限公司、山东琴通路桥集团有限公司、辽宁省路桥建设一公司、中铁电气化局集团西安铁路工程有限公司、天津第三市政公路工程有限公司、吉林省交通建设集团有限公司、辽宁省路桥建设总公司、河北路桥集团有限公司、黄冈市楚通路桥工程建设有限公司;路面、交安施工单位:中铁十局集团第二工程有限公司、山东富博交通设施有限公司、武汉市市政建设集团有限公司;绿化施工单位:武汉市洪山区园林绿化开发公司、河南开元园林生态实业有限公司。

实施过程:湖北省武汉至英山高速公路新洲至罗田段分二期实施,一期工程包括路基土石方、桥梁、涵洞、通道、立交及防护工程九个合同段;二期工程主要是路面及交安工程,分二个合同段,以及机电、房建、绿化等附属工程。2006年4月,组建湖北省武英高速公路项目建设部;2006年10月,该项目一期工程黄冈段5个合同段正式动工;2006年12月,该项目一期工程新洲段4个合同段正式动工;2008年6月,工程建设整体推进,一期工程基本完成,大桥、特大桥全线贯通;2008年7月,二期工程全面铺开,进入规模生产;2009年9月,二期工程等全部完成。2009年12月24日建成通车。

工程交工、竣工验收:2009年9月、12月,省建设部按照《公路工程竣(交)工验收办法》(交通部令2004年第3号)的有关规定要求,组织各施工、监理单位进行了交工验收。省交通运输厅工程质量监督局委托湖北省公路水运工程测试中心对该项目全面交工验收前进行了质量检测工作。根据《公路工程质量检验评定标准》,新洲至罗田段质量综合评定为99分、罗田至英山段质量综合评定为98.16分。13个合同段单位工程质量等级全部为合格,质量等级评定为合格。

二、罗田—英山段

(一)项目概况

路线走向:罗田—英山段起于罗田县城关镇以南的范家冲,经罗田县骆驼坳镇、凤山镇、大河岸镇、匡河乡,英山县的红山镇、杨柳镇、温泉镇,止于鄂皖交界处的大枫树岭。

建设规模：全长52.248km，全线共计特大桥2座，计2386.3m；大桥42座，计13915.05m；中桥3座，计130.34m；小桥28座，计221m；隧道4座，计4460m。桥梁总长12860m，占南段总里程的31.8%。涵洞58座、互通式立交3处、分离式立交1处、通道7座、天桥5座。设服务区2处，养护工区1处，管理中心与新洲—罗田段共用。设置了完善的收费、通信、监控、安全、养护、管理系统。投资规模：项目批准投资总概算25.2364亿元，其中法人资本金8.83亿元，银行贷款16.41亿元。建设总工期48个月。

主要技术指标：全线采用高速公路标准建设，双向4车道，全封闭，全立交。起点（K80+000）至杨柳互通终点（K121+500），设计时速100km/h、路基宽度26m，杨柳互通终点（K121+500）至第14合同段终点（K132+248），设计时速80km/h、路基宽度24.5m。其中，罗田26.14km、英山26.108km。桥梁设计荷载汽车—超20级，挂车—120；设计洪水频率路基、大中桥、涵洞1/100、特大桥1/300；地震基本烈度：6度，按7度设防。其他各项技术指标按交通部颁布的《公路工程技术标准》（JTJ 001—97执行）。

主要工程数量：项目主线总里程52.248km、连接线10.699km，路基挖方10000km^3，路基填方14400km^3，沥青混凝土上面层1269541m^2，沥青混凝土中面层1247426m^2，沥青混凝土下面层851554m^2，水泥混凝土面层253838m^2，水稳底基层1292117m^2，水稳下基层1043992m^2，水稳上基层1239622m^2，波形护栏201981m，防护网396m，隔离珊118582m，标志牌1273个，防眩板12007个，诱导标29018个，标线68486m^2。

自然地理特征：本路段位于长江中游北岸大别山南麓之间的鄂东北低山丘陵区，按地貌单元、岩土成因类型、强度差异和工程地质性质等综合考虑分为两个区：Ⅰ类区低山丘陵区，为早元古代变质侵入岩，平湖片麻杂岩，属于巨厚—块状、半坚硬—坚硬岩类；Ⅱ类区中低山区，为早元古代变质侵入岩，龟峰山片麻杂岩，属于块状坚硬岩类。测区路段内出露的地层主要为第四系覆盖层和变质侵入岩。该项目所在区域位于秦岭褶皱系，属于大别山构造分区和新洲凹陷，区内断裂较发育。路段内地下水根据路线走廊带内含水介质、空隙、地下水赋存状态和水动力特征，分为第四系空隙潜水和基岩裂隙水两类；地表水系发育由深水河、西河、东河及大小不一的支流构成羽毛状和树枝状水系，其总体流向由北东而南西向。人工湖泊有凤凰关水库、杨树坳水库等。

项目所在区域属于亚热带大陆性湿润季风气候，冷暖交替，四季分明，光照充足，7月最热平均温度27~28℃；1月最冷月平均温度为2~3℃；热量丰富，降水充沛；年平均气温16.3℃；年平均降雨量1223~1493mm；本区年平均风速2.1~3.2m/s，最大风速29.6m/s，最大风力可达10级。

(二)项目前期工作

决策背景：为了加强湖北与安徽等地的联系和交流，增强武汉市的辐射功能，促进武汉城市经济圈建设,缓解沪蓉国道主干线交通压力,加快鄂东地区经济社会和旅游业发展和全面建设小康社会步伐,让沿线老区人民过上殷实生活,2005年8月,湖北省发展和改革委员会以交《省发展改革委于武汉至英山高速公路罗田至英山段工程可行性研究报告(代项目建议书)》(鄂发改交〔2005〕668号)批复了该项目可行性研究报告,项目正式立项。

决策过程:2005年12月,湖北省发展和改革委员会以《省发展改革委员关于武汉至英山高速公路罗田至英山段工程初步设计的批复》(鄂发改重点〔2005〕1183号)批复了该项目初步设计。2006年8月,湖北省省交通运输厅以鄂交基〔2006〕323号文批复该项目施工图设计。2004年11月,国土资源部、湖北省国土资源厅以《湖北省国土资源关于武英高速罗田—英山段建设预审意见的函》(鄂土资函〔2004〕335号)批复了该项目用地。审批情况见表2-1-25。

项目审批情况表 表2-1-25

工程可行性研究报告的批准	交鄂发改交〔2005〕668号
初步设计文件的批准	鄂发改〔2005〕1183号
施工图设计文件批准	鄂交基〔2006〕323号
土地使用批准	鄂土资函〔2004〕335号
开工报告的批准	湖北省交通厅2006年9月30
开工日期	2006年10月9日

(三)项目实施过程

组织机构(同新洲—罗田段)

参建单位主要情况:罗田—英山段建设单位为湖北省武英高速公路项目建设部;设计单位为中交第二公路勘察设计研究院、北京交科公路勘察设计研究院有限公司;监督单位为湖北省交通运输厅工程质量监督局;检测单位为湖北省交通规划设计院、湖北省公路工程咨询监理中心;监理单位:湖北省公路水运工程咨询监理公司、湖北高速公路工程监理咨询有限公司、铁四院工程监理咨询公司;土建施工单位:中铁十三局集团有限公司、中铁十七局集团有限公司、中铁一局集团有限公司、蕲春县通兴路桥工程有限责任公司、中铁四局集团有限公司、中铁十一局集团第一工程有限公司、中铁十五局集团有限公司、福建路桥建设有限公司、湖北省路桥有限责任公司;路面、交安施工单位:东盟营造工程有限公司、武汉东交路桥工程有限公司、北京路安交通科技发展有限公司;绿化施工单位:襄阳国邦实业有限公司、武汉市东湖磨山植物园园林工程有限公司。

工程施工进度:湖北省武汉至英山高速公路罗田至英山段分二期实施,一期工程包括路基土石方、桥梁、涵洞、通道、立交及防护工程9个合同段;二期工程主要是路面及交安工程,分2个合同段,以及机电、房建、绿化等附属工程。2006年4月,组建湖北省武英高速公路项目建设部;2006年10月,该项目一期工程主线7个合同段正式动工;2008年6月,工程建设整体推进,一期工程基本完成,大桥、特大桥全线贯通;2008年7月,二期工程全面铺开,进入规模生产;2009年9月,二期工程等全部完成。2009年12月24日建成通车。

工程交工、竣工验收:见新洲—罗田段。

审计及竣工验收:根据《中华人民共和国审计法》的规定,湖北省审计厅组织审计组于2011年8月29日~11月12日对湖北省武英高速公路建设项目竣工结算进行了就地审计,并核实了项目投资,针对可能存在的问题,延伸调查了有关单位。并于2011年12月出具审计报告(鄂审投报〔2011〕365号),提出了相关整改问题及审计建议。根据审计报告的要求,省建设部对存在的问题均按时予以了整改。

三、武汉市谌家矶—周铺互通段

(一)项目概况

武汉至英山高速公路武汉市谌家矶—周铺段是国高网G42S之一段,是武汉向东辐射的出口通道,主要连接省内黄州、英山等地,由湖北汉英高速公路公司投资建设。

功能定位:为促进区域经济的快速协调发展,湖北省委、省政府提出了"依托全省发展武汉,发展武汉带动全省,尤其是武汉周边城市发展"的重要决策,推动"武汉经济圈"的发展战略。为顺应此发展战略,武汉市大力进行基础设施建设,规划建设七条快速出口公路,武汉至英山高速公路武汉市谌家矶至周铺段工程(以下简称汉英高速)就是武汉市七条快速出口公路之一;该项目的建设将使武汉市环线与出口公路之间的交通转换更加快捷,极大地优化区域路网结构,提高路网的运行效益,改善区域的交通环境;有利于加强武汉市与东部地区的联系,增强路网集散能力,充分发挥武汉市的辐射功能,对促进武汉市城区、黄冈地区等周边城市社会经济发展有着重要意义。

路线走向:该项目起点位于江岸区平安铺,与武汉市规划建设的中环线相接,经黄陂区三里桥镇、新洲区武湖农场等地,止于新洲区周铺,与武汉绕城高速公路和湖北省武汉—英山高速公路新洲(周铺)至英山段相接,实际全长26.255km。

建设规模:汉英高速公路谌周段全长27.373km,平原微丘区高速公路标准设计,设计行车速度为100km/h。其中平安铺至三里桥11.189km,为双向六车道,路基宽33.5m,三里桥至周铺段16.184km,为双向四车道,路基宽26m。桥梁工程:桥梁共42座,总长度7749延米,其中:特大桥5222m/2座、大桥1535m/3座、中桥631.28m/9座;分离式立交桥132.08m/2座,小桥229m/26座。小型构造物:全线小型构造物共95道。其中:圆管涵50道,倒虹吸10道,盖板涵14道,通道11道,天桥9座,渡槽1座。互通工程:全线共三座互通工程,其中起点平安铺互通共六条匝道,分别与汉施公路、武汉中环线相接;K5处巨龙互通与巨龙大道相接;终点周铺互通4条匝道,分别与绕城高速和武英高速周英段相接。

投资规模:该项目概算总投资为14.45亿元,2009年10月23日,武汉市发展与改革委员会下发《武汉市发展改革委关于武汉至英山高速公路谌家矶至周铺段工程初步设计概算调整的批复》(武发改设审〔2009〕603号)同意将工程概算调整为19.75亿元,其中资本金4.94亿元,其余14.81亿元申请国内银行贷款。截至2011年9月30日,项目实际到位资金20.36亿元,其中资本金5.06亿元,银行借贷资金15.3亿元。2012年3月,《市交通运输委关于武汉至英山高速公路谌家矶至周铺段竣工决算的批复》(武交复〔2012〕62号)审定项目总投资194740.35万元。

主要技术指标:采用设计速度为100km/h的高速公路标准建设。路基宽33.5m,行车道宽$2\times11.25m/2\times7.5m$。其最小平曲线半径为700m,最大纵坡4%。路面结构类型是沥青混凝土,设计洪水频率:特大桥1/300、其桥梁和涵洞1/100,设计荷载为公路-Ⅰ级。

主要工程数量:路基长度18.725km,路基挖土方37.5万m^3;路基填方314.1万m^3;清淤数量91.36万m^3。软基塑料排水板处理长度81.32万延米,里程长度2.75km,预压土方12.9万m^3。软基CFG桩处理34.6058万延米。路面基层为厚20cm水泥稳定级配碎石底基层621829m^2;厚20cm水泥稳定级配碎石下基层564435m^2;厚20cm水泥稳定级配碎石上基层549489m^2;路面面层沥青混凝土结构和SMA结构,一般路段上面层为厚4cm沥青混凝土,总面积559725m^2;中面层为厚6cm沥青混凝土,总面积519209m^2;下面层为厚8cm沥青混凝土,总面积525534m^2;特大桥和大桥桥梁铺装层为SMA结构,总面积192764m^2,收费广场为28cm厚水泥混凝土面板,总面积为32204m^2。全线热熔2号标线36609m^2,标志标牌250套,普通波形护栏64943延米。隔离栅54678延米。

(二)项目前期工作

决策背景:该项目位于武汉市江岸区、黄陂区及新洲区境内。这一地区的交通量增长较快。据预测,2008年该项目的交通量为17378辆(折算成小客车,下同)2010年为21000辆、2020年为38873辆、2028年为49069辆。建设该项目,对于适应交通量增长的需要,解决武汉市中心城区往东方向出城难的问题,加强武汉与黄州等地的联系与交流,充分发挥武汉市的经济辐射功能,改善投资环境和路网布局,带动沿线社会经济发展,促进武汉城市圈的建设和形成,促使武汉市率先实现交通现代化,具有十分重要的意义。

决策过程:2004年,武汉市计委武计基袖〔2003〕132号和省交通厅对该报告的审查意见(鄂交函〔2004〕77号)等文件向省发展改革委报送《关于审批武汉—英山高速公路武汉市谌家矶—周铺段工程可行性研究报告的请示》。2004年12月20日,省计委下发《关于武汉—英山高速公路武汉市谌家矶—周铺段工程可行性研究报告的批复(代核准)》(鄂发改交通〔2004〕916号)文件,同意建设武汉—英山高速公路武汉市谌家矶—周铺段。2005年6月21日,湖北省发展和改革委员会下发《省发展改革委关于武汉至英山高速公路武汉市谌家矶至周铺段初步设计的批复》(鄂发改重点〔2005〕491号)。武汉市交通委员会下发《市交委关于武汉至英山高速公路武汉市谌家矶至周铺段施工图设计的批复》(武交复〔2006〕16号)。汉英高速公路工程可行性研究由武汉市公路勘察设计院完成,初步设计和施工图设计由中交第四航务工程勘察设计院承担完成。武汉市发展和改革委员会发文《武汉市发展改革委关于武汉至英山高速公路谌家矶至周铺段工程初步设计概算调整的批复》(武发改设审〔2009〕603号);中华人民共和国国土资源部发文《关于武汉至英山高速公路工程建设用地的批复》(国土资函〔2007〕564号);湖北省水利厅发文《关于武汉至英山高速公路谌家矶至周铺段工程水土保持方案报告书的批复》(鄂水利保复〔2004〕171号);湖北省环境保护局发文《关于武汉至英山高速公路谌家矶至周铺段环境影响报告表审查意见的函》(鄂环函〔2004〕225号);武汉市交通委员会发文《市交委关于武汉至英山高速公路谌家矶至周铺段施工许可申请的批复》(武交复〔2006〕179号)。

征地拆迁:全线征地总数2600.262亩。其中:黄陂区征地1540.7565亩,新洲区征地933.8385亩。江岸区征地125.667亩(其中16.3695亩为新河河滩地)。全线红线内房屋拆迁总量(江岸除外)为15893.92m^2,其中:黄陂区房屋拆迁数量为:9142.96m^2。新洲区房屋拆迁数量为6750.96m^2。"三杆"迁移:黄陂区属三杆共56处,其中:电力25处;电信10处;移动5处;联通3处;广电13处。新洲区属三杆32处,其中:电力24处;电信4处;移动1处;广电3处。光缆迁移:汉英高速设计路线K1+650~K1+850(新河河床内)处敷设有上海武汉、东环光缆,而汉英高速新河特大桥桥墩占压该处光缆,因此该处的光缆必须作迁移处理,经与湖北省电信有限公司长途电信传输局就迁改方案进行多次磋商,最后拟定挂靠老新河大桥,光缆拆迁长度3km多。高压线迁升:汉英高速公路红线内有市属三杆共7条线路13座高压塔需拆迁。该13座塔主要集中在汉英高速K1+100~K10+000范围内,其中,有1座塔位于江岸区平安铺村境内,11座塔位于黄陂区武湖境内,1座塔位于黄陂区三里桥境内。

(三)项目建设情况

汉英高速项目法人为湖北汉新高速公路有限责任公司。该公司成立于2004年10月19日,由湖北省投资公司、葛洲坝股份有限公司、湖北通发科技有限公司共同组建,注册资本6000万元,2005年11月,通过清算和股权转让,湖北投资公司、葛洲坝股份有限公司和湖北通发科技开发有限公司将持有的汉新公司全部股份转让给武汉交通建设投资有限公司(持股90%)和武汉阳逻开发有限公司(持股10%)。2008年12月18日,湖北省国有资产监督管理委员会发《省国资委关于协议转让湖北汉洪、汉新、武汉青郑高速公路开发公司股权的批复》(鄂国资产〔2008〕246号)。2009年4月30日,武汉交通建设投资有限公司将其持有的90%国有股份、武汉阳逻开发有限公司将其所持有的10%股份,转让给湖北省联合交通投资开发有限公司。

组织机构:湖北汉新高速公路有限责任公司为该工程项目的建设投资方,在工地现场设里了工程建设管理部,管理部在武汉市城市高速出口公路建设指挥部的统一领导下进行项目的实施和管理,管理部设置总经理1人,副总经理2人,综合办公室3人;工程技术处5人;财务部3人;征迁办公室3人;司机班8人,后勤人员4人,合计29人。

主要参建单位:建设单位为湖北汉新高速公路有限责任公司;质量监督单位为湖北省交通运输厅工程质量监督局、武汉市交通基本建设质量监督站;检测单位为武汉九通交通工程检测有限公司;设计单位为中交第四航务工程勘察设计院;监理单位为中国公路工程咨询监理总公司;土建施工单位为四川省公路桥梁建设集团有限公司、中铁十七局集团第一工程有限公司、中铁十三局集团第四工程有限公司、中港四航局第四工程公司、武汉东交路桥工程有限公司;路面施工单位为湖北长江路桥股份有限公司、湖北中南路桥有限公司、武汉公路桥梁建设集团有限公司、中天路桥有限公司、武汉市市政建设集团有限公司路桥工程公司;交安施工单位为无锡交通设施有限公司、湖北利航交通开发公司、湖北省高速公路实业开发有限公司、湖南同力交通实业有限责任公司;绿化施工单位为武汉长江绿化工程科技研发公司、武汉大花山生态园林工程有限公司、武汉洪山广场园林景观工程有限公司。

实施过程:该项目于2005年9月13日正式开工建设,2007年12月30日,K0+898.505~K27+373段工程完工,即从黄陂巨龙大道上汉英高速巨龙收费站至新洲周铺互通与武汉绕城高速连接贯通。2008年9月通车试运营。K0+000~K0+898.505(平安铺互通)于2009年2月1日开工建设,2009年12月24日全线贯通。

工程交、竣工验收:2010年4月6日武汉市交通基本建设工程质量监督站组织有关人员对汉英高速公路(谌家矶段)进行了竣工验收试验检测;武汉市档案局(武档〔2012〕22号)对武汉至英山高速公路(谌周段)公路工程建设项目档案通过专项验收;湖北省档案局鄂档办函〔2014〕3号对青郑高速公路、汉蔡高速公路、汉英高速公路、汉洪高速公路工程项目档案专项验收;湖北省环境保护厅(鄂环函〔2011〕1016号)对武汉至英山高速公路谌家矶至周铺段竣工环境保护验收;湖北省水利厅(鄂水利保函〔2012〕1058号)对武汉至英山高速公路谌家矶至周铺段工程水土保持验收;武汉市交通基本建设工程质量监督站对武汉至英山高速公路谌家矶至周铺段机电工程检测;武汉市交通运输委员会

(武交复[2012]62号)对武汉至英山高速公路谌家矶至周铺段竣工决算批复。

(四)复杂技术工程

武英高速全线主要复杂技术工程为桥梁及隧道工程。全线共有主线特大桥5座、大桥70座、中桥22座、小桥33座、隧道4座、互通式立交9座、分离式立交7座。武英高速沿线桥梁有预应力混凝土简支桥(包括T梁、工形梁、空心板)、钢筋混凝土拱桥等桥型。桩柱式、Y形薄壁式桩基础;肋板式、承台分离式、U形重力式桥台。

1. 倒水河特大桥

倒水河大桥位于武汉市新洲区倒水河西岸大周柳堤至东岸金佳湖处,为武汉至英山高速公路上的一座特大桥,起点桩号K5+339.73,讫点桩号K7+274.27,桥梁全长1934.52m。全桥由两幅完全分离的平行桥梁组成,大桥采用(16×20m)空心板+(3×40m)T梁+(42+65+42m)连续箱梁+(9×40m)T梁+(49×20m)空心板,引桥段(1~18号、23~79号)两墩柱间设置系梁进行联系,全桥共设盖梁154个,其中交接墩(16号墩、31号墩)盖梁4个,过渡墩(19号、22号墩)盖梁4个,桥面铺装混凝土均采用C50混凝土,其中20m空心板铺装厚度10cm,40mT型梁铺装厚度为12cm、连续箱梁铺装厚度为8cm。

倒水河大桥40m T型梁安装采用轮式桥梁运输车运梁,架桥机吊装的方案,架桥机型号为JQG20/40型,由纵导梁、前临时支腿、前支腿(含升降机构)。中支腿装置,尾支腿(含升降机构),纵移行车、起重小车、横移轨道,液压系统,电器控制系统等部件组成。桥梁运输车为QLO-120型二轴轮胎式运梁车。

2. 举水河特大桥复杂技术工程

举水河特大桥是武汉至英山高速公路新洲至罗田段跨举水河的特大桥,举水河特大桥起点桩号为K22+038.96,终点桩号为K23+684.54,大桥中心桩号为K22+862;主桥起点桩号为K22+962.5,终点桩号为K23+111.5,主桥中心桩号为K23+037;桥全长1645.58m。

举水河特大桥采用(23×40m)T梁+(42+65+42m)连续箱梁+(19×30m)T梁,桥梁总长1645.58m,桥面总宽26m,中间设置2m中央分隔带。全桥由两幅完全分离的平行桥梁组成。引桥为30m先简支后结构连续体系T梁和40m先简支后结构连续体系T梁;主桥上部构造由三跨一联双幅预应力混凝土变截面连续箱梁组成,桥孔布置为42m+65m+42m,主桥长149m,梁底设$R=245.753m$的圆曲线,桥面横坡2%;举水河特大桥武汉方向引桥为40m先简支后结构连续的预应力混凝土T型梁桥,英山方向为30m先简支后结构连续的预应力混凝土T型梁桥,30mT型梁梁高1.8m,40m T梁梁高2.4m,武汉方

向桥跨布置为 $5-4\times40m+1-3\times40m$,共 6 联,起点桩号为 K22+038.96;英山方向桥跨布置为 $3-5\times30m+1-4\times30m$,共 4 联,终点桩号为 K23+684.54;大桥起终点桩号为 K22+038.96~K23+684.54;举水河特大桥上构采用预应力混凝土变截面连续箱梁,为三向预应力结构,在纵、横、竖向配有预应力钢束。箱梁为分离的单箱单室截面,顶宽 12.75m,底宽 7.0m,两侧翼缘宽 2.875m。每幅桥面单向 2% 的横坡。中跨墩顶支点处梁高 4.0m,跨中最小梁高为 2.1m,跨中梁高与跨径之比为 1/30.95,支点处厚为 65cm,跨中厚为 30cm。底板上缘曲线也为单圆曲线,圆曲线半径为:$R=300.856m$,顶板厚度均为 30cm;腹板厚度从支点向跨中由 65~40cm 渐次变化。为提高边跨端部抗剪能力,腹板由跨中间向边支点处加大到 55cm。横隔板的布置:本桥只在主墩支点和边墩支点上布置横隔板。支墩支点处横隔板厚度为 140cm,边墩支点处横隔板厚度为 140cm,横隔板与箱梁连接处均设有承托;下部构造:0 号桥台为分离式肋板桥台,钻孔灌注桩。45 号桥台为桩式桥台,30m T、40m T 梁引桥桥墩为分离式双柱式桥墩,分简支墩和连续墩两种。基础钻孔灌注桩,主桥桥墩墩身为实体矩形墩身承台尺寸 $850cm\times830cm\times300cm$,基础采用钻孔灌注桩,墩身为分离式实体墩,基础采用钻孔灌注桩。

举水河特大桥 40m T 梁移梁技术。举水河特大桥 40m T 梁自重达到 120t,并且梁板底板窄、腹板高,存梁区必须靠近制梁场。而制梁场左侧为施工便道,右侧为沼泽地,经多方比选只能将存梁区放在右侧沼泽地上,将梁横移出制梁场地存放在存梁区上。沼泽地地继承力难以达到承梁要求的值,并结合梁体的自重,工程技术部门通过计算得出此条形基础的自身强度和抗剪程度,确保其不被压裂、压断,同时还结合现场施工,条形基础宽度必须保证有轨道、起顶和临时支墩的位置。最后,经过周密的计算确定该基础结构为:宽 200cm、深 60cm 的 C25 钢筋混凝土,钢筋为上下两层 $\phi16$ 的螺纹钢做成的封闭骨架。由于梁体要在基础上行走,为防止出现裂缝,在骨架顶层还布置了等间距的横向钢筋,并且每条轨道布置了两道走形轨,另外考虑梁体横移可能出现两个卷扬机不同步的情况,在平车的顶面设置了转盘,确保梁板两端出现不同步时不会给梁体带来外部应力。顺利解决了因存梁影响工程进度的问题,加快了施工进度。

3. 沙河特大桥复杂技术工程

沙河特大桥横跨沙河河道,并且跨越武汉市新洲区及黄冈市团风县,桥梁与河道成 90°交角,里程桩号:K26+518.96~K27+719.04,桥梁长 1206.08m,设计车速 100km/h,桥面宽度 $2\times12.75m$,外侧护栏为 0.5m,桥面净宽 $2\times11.5m$,桥面横坡一般为 2%。设计荷载:公路 I 级,设计洪水频率 1/300,上下行分离,无通航要求。

沙河特大桥下部构造采用钻孔灌注桩基础、桩柱式桥墩;桥台采用肋板式桥台,钻孔灌注桩基础。上部构造桥墩采用 $40\times30m$ 预应力混凝土先简支后连续 T 梁,横向采用 12 片主梁。桥面宽为 11.5m,桥面铺装混凝土 C50,厚度 12cm。

沙河特大桥工程较大,桥梁 15～29 号桥墩在沙河河道内,而且沙河为蓄泄洪河,一般每年都有汛期,因此沙河特大桥河道内桥梁基础及下部构造施工为本桥施工的重点之一,为保证施工进度,因此水中灌注桩基础采用筑岛围堰的方法进行施工,先向桩位处抛填土袋,然后填筑素土,以灌注桩桩位中心填筑成可以作为钻机工作平台的土岛,土岛上部土方分层压实,每层不大于 20cm,土岛标高高于水面 50cm,然后定位桩位,埋设护筒,进行钻孔桩施工。

该桥共有预制梁 1056 片,预制梁生产任务较重,采取措施为:在沙河特大桥南岸灌注桩施工完成后,在 0～11 号之间进行场地平整,作为预制梁场,在桥位处统一进行预制梁生产。南岸灌注桩完成施工后,进行 11～14 号下部结构及上部结构预制安装施工。11～14 号上部构造预制 T 梁安装采用龙门吊进行,安装完成后,在已安装完成的 T 梁上组装架桥机,龙门吊运输梁片,架桥机分别向南北架设。

4. 石桥铺特大桥复杂技术工程

石桥铺特大桥中心桩号为左:K104+202(右:K104+197),交角 90°,桥梁总长左:1076.06m,右:1073.06m。依次上跨城镇道路、石桥铺河和县道 309,交叉桩号和交角分别为 K104+157、120°,K104+712.6、115。桥梁 1/100 频率的设计洪水位 124.600m。

上部构造左幅为 24×20m+4×30m+19×20m+3×30m,右幅为:24×20m+4×30m+20×20m+2×30m;20m 跨径为预应力混凝土宽幅空心板,先简支后结构连续;30m 跨径为预应力混凝土 T 梁。预应力混凝土宽幅空心板和 T 梁可采用架桥机或其他可靠设备架设。采用 D80 型伸缩缝。

下部构造为 20m 跨径采用单排双圆柱式桥墩,钻孔灌注桩基础,柱径 1.1m,桩径 1.3m;30m 跨径采用 Y 型薄壁式桥墩,钻孔灌注桩基础,桩径 1.5m。武汉岸桥台为承台分离式桥台,钻孔灌注桩基础,桩径 1.0m;英山岸桥台为 U 型重力式桥台,扩大基础。

石桥铺特大桥所在区域属于亚热带大陆性湿润季风气候,江淮小报气候区。四季光热界限分明。全年无霜期在 237～278 天之间。年平均降雨量 1223～1493mm,降雨日数(≥0.1mm 日数)在 115～147 天之间。光照丰富,雨量充足。气候分布不均匀,常有洪涝、干旱、低温冷冻、高温等自然灾害。

施工方法:预应力钢束采用张拉力和引申量双控施工,张拉过程中随时注意上拱度的变化;先简支后结构连续施工采用预制吊装,先简支后现浇墩顶连续段,再体系转换成结构连续;预制板(梁)与现浇桥面板混凝土时间差控制在三个月内,避免板与现浇桥面的混凝土产生过大收缩差效应;对预制板(梁)顶面进行拉毛处理,做成凹凸不小于 6mm 的粗糙面,保证预制板(梁)与现浇桥面的有效结合;桩柱式桥台、承台分离式桥台、位于水塘中的桥台或涵洞通道采用先填路基土经碾压达到设计要求的压实度后,再进行桥台桩基的钻孔施工或涵洞通道施工,以减少台后、涵背工后沉降。

5. 东河特大桥复杂技术工程

东河特大桥位于武汉至英山高速公路罗田至英山第十二合同段(K116+570～K122+703)范围内,左半桥起点桩号 K121+390.55,终点桩号 K122+685,桥长 1294.5m;右半桥起点桩号 K121+374.75,终点桩号 K122+685,桥长 1310.25m。该桥 K121+374.75～K121+450 位于杨柳互通范围内。该桥平面位于 $R-1600m$ 的右偏圆曲线、$A=640$ 的右偏缓和曲线及 $L=1149.567m$ 的直线上,纵面依次位于 $i=-1.5\%$ 的直坡、$i=-0.5\%$ 直坡和 $i=2.4\%$ 的直坡上。该桥依次跨越杨柳互通 A 匝道,交叉桩号 K121+425.85=AK0+312.294,交角65°;跨越汽车通道,交叉桩号 K121+460,交角49°;跨越堤顶公路,交叉桩号 K122+101,交角125°;跨越新318国道,交叉桩号 K122+551.4,交角135°。

桥址处在古老变质岩丘陵区河谷地带,地基松散覆盖层厚最大厚度为13.8m,下伏基岩风化带发育,两岸地形较陡峭。在 K121+460 附近发现有一走向近南北,倾向东,倾角40°～60°;可见宽度2～3m 的构造破碎带,同时在钻孔 SK13、SK14 以南约40m 处发现一条次级小断裂。

该桥所处区域为亚热带大陆性季风气候,四季光热界限分明。西北部日照高于东南部,全是日照率为43%～49%之间,平均气温为15.7～17.1。全年无霜期在237～278天之间,年平均降雨量1223～1493mm,年降水总量222.37亿 m^3,降雨日数(>0.1mm 日数)在115～147天之间。光照丰富,雨量充足。气候要素分布不均匀,也常有洪涝、干旱、低温冷冻、高温等自然灾害。

该桥 K121+383～K121+450 段位于杨柳互通内变宽段。第一跨采用20m 钢筋混凝土箱梁,第二跨和第三跨左半桥采用40m 组合 T 梁,左半桥的第二跨和第三跨之间为桥面连续,左半桥第三跨40m 组合 T 梁外边悬臂长度从110cm 渐变为91cm,以适应杨柳互通的需要;左半桥第二跨外边梁悬臂长度为110cm,内边梁长度为91cm;右半桥第二跨内边梁悬臂长度为91cm,跨中部分悬臂长度根据平面曲线半径 $R=1600$ 而变化,翼板纵向钢筋间距适当变化;右半桥第二跨外边梁悬臂长度为91cm,不随平面曲线而变化,以方便杨柳互通二期工程的加宽。第一跨20m 钢筋混凝土箱梁悬臂长度与第二跨组合 T 梁悬臂长度保持一致,以利于桥的美观。

K121+450～K122+683 桥梁宽度为12m 等宽度,采用30m 和40m 预应力 T 梁,先简支后结构连续,桥台采用 U 台、扩大基础,桥墩30m 预应力 T 梁下部构造采用 Y 形桥墩、桩基础;40m 预应力 T 梁下部构造采用柱式桥墩、桩基础。

桥面 K121+450～K122+683 段左半桥从15.328m 渐变到12.25m;右半桥从20.027m 渐变到12.25m,K121+450～K122+683 段桥梁宽度24.5m,每幅桥宽12m,间距0.5m。

总体施工技术下部桩基根据地质情况,4～36 号墩采用冲击钻成孔,其余墩桩基础采用人工挖孔施工,钢筋笼采用吊车配合人工进行安装,钻孔桩采用导管法灌注水下混凝土,挖孔桩格局孔底涌水量大小采用灌注水下混凝土或者干灌,超声波无损检测桩基质量,其中13~22号墩水中钻孔桩安排在旱季围堰筑岛施工。承台和系梁基础采用挖掘机开挖,人工配合修整基坑,人工绑扎,大块钢模板模筑施工。普通双柱桥墩采用大块整体钢模板,人工配合吊车安装;Y形墩采用定型钢模板,下部直线采用一次或两次浇筑,上部分叉部分分两段两次浇筑。第一跨20m现浇梁采用满堂支架现浇,其他30m/40mT梁在预制场预制,采用架桥机架设。

6.蒙蒙山隧道复杂技术工程

蒙蒙山隧道位于罗田县凤山镇与匡河镇交界处。县道309与隧址走向由远及近于YK99+340处相交,最远相距约280m,附近有机耕道穿于隧道间。本隧道为上、下分离式四车道高速公路隧道。左线起讫桩号为ZK98+425~ZK99+630,长1205m;右线起讫桩号为YK98+430~YK99+615,长1185m。隧道左、右线均为直线+$R-2500m$的圆曲线组成的复合线形。左、右线纵面为-0.82%的单向坡,隧道最大埋深约99m。

隧道断面方案采用分离式路基上、下行分离的双洞断面。隧道断面组成:隧道净宽(0.75+0.50+2×3.75+1.00=10.75m),隧道净高5.0m,设计车速为100km/h。采用单心圆曲墙式衬砌断面,设双侧检修道。隧道内侧(左侧)检修道下设尺寸为50×60cm的电缆沟,外侧(右侧)设一70×60cm的消防沟及$\phi 20cm$的圆形排水边沟。隧道路面下纵向设置$\phi 500mm$的中心水沟。

沪鄂高速公路武英段蒙蒙山隧道(G42S)

隧道按照规范及安全要求设置3处人行横洞、2处行车横洞。行人横洞净空2.0m(宽)×2.5m(高),行车横洞净空4.5m(宽)×5.0m(高)。

隧道路面采用沥青复合式路面,路面结构形式为:4cm厚(AC-13)细粒式阻燃沥青混凝土表层、6cm(AC-20)厚中粒式改性沥青混凝土,下面层采用25cm普通水泥混凝土板基层,底层为15cm厚C20混凝土整平层。隧道装修洞内两侧3.0m采用浅色防火涂料,拱顶部分采用深色防火涂料。

蒙蒙山隧道采用新奥法施工,拱部采用光面爆破,边墙采用预裂爆破;正洞Ⅴ、Ⅳ级围岩开挖采用短台阶法或一般台阶法施工,台阶长度根据围岩情况适当调整,采用注浆锚杆及药卷锚杆支护,开挖采用人工配合机械开挖或弱爆破法开挖;Ⅲ级围岩开挖采用全断面法,超前锚杆支护,钻爆法施工,光面爆破;Ⅱ级围岩采用全断面法施工,使用钻孔台架,人工钻孔,光面爆破;二次衬砌采用自行式液压模板车整体灌注。

第六节 麻城—安康高速公路(G4213)

麻城—安康高速公路(以下简称麻安高速公路),国家高速公路网编号为G4213,是G42沪蓉高速公路的一条联络线。麻安高速公路大致呈东西走向,自东向西依次经过湖北、陕西两省。根据《国家公路网规划(2013—2030年)》中国家高速公路网路线方案表,麻安高速公路路线主要控制点为:麻城、红安、大悟、广水、随州、宜城、南漳、保康、房县、竹山、竹溪、平利、安康。它为陕西安康和湖北鄂西地区通达湖北、湖南、广东提供了另一条便捷通道。

麻城至竹溪高速公路是新增国家高速公路网麻城至安康高速公路(G4213)的重要组成部分,是《湖北省公路水路交通发展战略规划》和《湖北省骨架公路网规划》中规划的"七纵五横三环"高速公路网横贯湖北省中北部的一条东西向省际通道,是促进湖北省东西部经济交流、推动区域经济快速发展的重要交通基础设施。规划东起鄂皖交界处的麻城长岭关,经红安、大悟、广水、随州、宜城、南漳、保康、房县、竹山,止于鄂陕交界处的竹溪关垭子,全长约529.312km。

在国家宏观政策指导下,麻竹高速公路正分段逐步实施。其中,该项目东边的省界长岭关至宋埠段约75km与沪蓉高速公路麻城至武汉段共线,已建成;麻城至至红安段43km;大悟段37.869km,在建;大悟至随州段84.4km,已建成;随州西段(随州至枣阳)55.228km已建成;枣阳至宜城段58.672km,宜城至保康段约114.11km已建成;保康(寺坪)至竹溪(终点关垭子)段约174.012km与谷城至竹溪高速公路共线,已建成。

一、麻竹高速公路麻城—红安段(在建)

(一)项目概况

功能定位:麻竹高速公路麻城—红安段贯穿红安、麻城两县市7个乡镇。麻城—红安段作为麻竹通道的组成路段,是鄂西北、陕南、川渝北等地与我国中东部地区之间的跨区域交通出行的便捷通道之一。

路线走向:红安段全长约43km,起于麻城宋埠镇以东,在宋埠镇以东周德与麻武高速公路(K73+900处)相接,设置麻城东枢纽互通,走野鸡岗南,经余秦跨喻家河进入红安县永佳河镇境内,麻城境内里程约6km。在山背余以北跨尾斗山水库干渠,走永佳河镇北。跨永河—叶河公路,经小西张元、窑口,在桃花以北袁家湾跨省道宋长线,设置桃花互通,经碾子湾、冯家田跨倒水河,在黄英咀跨淮(南)武(南)线天然气管道,在祠堂口跨麻武高速红安一级公路连接线,设置高桥互通。路线经胡家田与卢家坳之间穿线,走楼陈北、徐文益南,在白家田以北跨金沙河干渠,经王家田、张家田,跨二程至桐柏公路,经学堂凹,在古家湾跨省道宋长线,走北冲,在黄家岗跨澴水河后基本进入孝感市大悟县河口镇境内,红安境内里程约37km。建设工期42个月。

建设规模:G4213麻竹高速黄冈段43km。大桥11座,中桥7座,三处分离式立交互通区,服务区1处,管理中心1处。麻竹高速公路麻城—红安段设置麻城东枢纽互通、桃花互通、高桥互通。

投资规模:项目总投资21.757亿元,资金来源:企业自筹5.757亿,国内银行贷款16亿元。

主要技术指标:全线采用双向四车道高速公路标准建设,路基宽26m,设计时速100km/h。桥涵设计汽车荷载等级采用公路-Ⅰ级。

(二)项目建设情况

组织机构:麻竹高速公路麻城—红安段是以市州为主建设的高速公路招商引资项目,该项目由黄冈市人民政府招商引资,并经湖北省人民政府批准采取BOT方式建设。项目投资商为天津国泰恒生发展有限公司。

主要参建单位:项目管理单位为湖北通顺高速公路有限公司;勘察设计单位为湖北省交通规划设计院;监理单位为湖南汇林工程建设监理有限责任公司;施工单位为中铁十八局集团有限公司。

实施过程:2013年1月1日开工建设,全长43km,2014年,完成投资26229万元,占总投资的56.30%。2015年完成投资4.29亿元,占年计划的35.84%,累计完成投资16.54亿元,占总投资的76%。

二、麻竹高速公路大悟段(在建)

(一)项目概况

路线走向:麻竹高速公路大悟段是湖北省"651"骨架公路网第一横(麻竹通道)的一段,同时也是武汉市圈环线高速公路的组合部分。该公路起于孝感市大悟县与黄冈市红安县交界处的河口镇,与麻城—竹溪高速公路麻城—红安段相接,经刘集、夏店等地,止于大悟县芳畈镇,在京港澳高速公路 K47+100 处与麻城—竹溪高速公路大悟—随州段相接。

建设规模:该公路全长 37.869km。全线共有大桥 5242.48m/19 座,中、小桥 466.4m/6 座,独立涵洞 62 道,隧道 2685.1m(左洞长 2690m)/2 座,互通式立交 4 处,主线分离式立交 417.04m/3 处,通道 60 道,天桥 11 座,服务区 1 处,监控管理中心 1 处、养护工区 1 处及匝道收费站 3 处。互通式立交 4 处,分别为河口互通(A 型单喇叭式互通)、夏店互通(B 型单喇叭式互通)、芳畈互通(A 型单喇叭式互通)、大悟南互通(枢纽互通)。夏店镇设有服务区 1 处。

投资规模:该公路估算总投资 25.7327 亿元,其中项目资本金为 6.4332 亿元,约占项目总投资的 25% 由深圳诚坤投资有限公司出资;其余 19.2995 亿元资金利用国内银行贷款解决。

主要技术标准:全线采用双向四车道高速公路标准建设,设计速度 100km/h,路基宽度 26m。桥涵设计汽车荷载等级采用公路-Ⅰ级。其他技术指标按原交通部颁发的《公路工程技术标准》(JDG B01—2003)规定执行。

(二)项目前期工作

决策背景:为了完善湖北省高速公路网络,改善区域交通条件,发挥麻城—竹溪高速公路和武汉城市圈环线高速公路作用,促进沿线地区经济社会发展,加快武汉城市圈建设,同意建设麻城—竹溪高速公路大悟境段。

决策过程:2010 年,孝感市发展改革委和孝感市交通运输局上报《关于申请麻(城)竹(溪)高速公路大悟段建设项目核准的请示》(孝发改交通〔2010〕311 号),湖北省交通运输厅印发《关于麻竹高速公路大悟境段建设项目核准意见的函》(鄂交函〔2010〕270 号)等文件材料。省发展改革委 2011 年 1 月 6 日下达《关于麻城—竹溪高速公路大悟境段项目核准的通知》予以批复。

征地拆迁:麻竹高速公路大悟段占地 3475.785 亩,耕地 2177.4615,其中 1222.878 亩。房屋拆迁共计 17848.14m²。主要做法:与孝感市签订协调工作协议,明确协调工作职责。与大悟县协调指挥部签订《房屋拆迁协议》委托其组织实施房屋拆迁及补偿工作。

(三)项目建设情况

该公路由深圳诚坤投资有限公司负责建设、经营和养护管理。经营期内,收取车辆通行费作为投资回报。经营期满后,将该公路及相关配套设施无偿移交给有关交通管理部门。

项目于2015年3月开工建设,计划2018年建成通车。至2016年,一期土建工程:路基土石方累计完成104.8万 m^3,占总量的100%;全线桥梁基础累计完成1379根,占总量的100%;桥梁墩台累计完成738根,占总量的87%;梁板预制累计完成1355片,占总量的72%。隧道工程完成洞身开挖及支护4965m,占总量的96%;二次衬砌483m,占总量的93%。路基工程完成底层15.98万 m^2,占总量的27%;完成下基层14.05万 m^2,占总量的24%;完成上基层12.43万 m^2,占总量的22%;房建项目临建全部完成,部分房建基础完成。

三、麻竹高速公路大悟—随州段

麻安高速公路大悟至随州段(建设时期名称为麻竹高速公路大悟至随州段,以下简称"大随高速公路"),2009年6月29日,大随高速公路正式开工,起于京港澳高速公路大悟南枢纽互通,终于福银高速公路孝襄段随州东枢纽互通,全长约84.4km。

麻安高速公路大随段(G4213)

经湖北省人民政府批准,大随高速公路由湖北楚天高速公路股份有限公司(以下简称"楚天公司")采用BOT方式筹资建设。2008年11月,经省交通运输厅批准,楚天公司注册成立全资子公司"湖北楚天鄂北高速公路有限公司",为大随高速公路的项目法人,负责大随高速公路的融资、投资和运营。

楚天公司取得大随高速公路投资、建设、经营权,开创了"三个第一":湖北省第一个"以市州为主"的高速公路建设招商引资项目,随州市迄今为止第一大招商引资项目,楚天公司上市后第一个投资建设项目。大随高速公路的建设,结束了广水市没有高速公路的历史,使随州市提前实现"县县通高速"的目标,对于推动随州区域经济腾飞具有历史性的意义。

(一)项目概况

功能定位:大随高速公路是麻竹高速的重要组成部分,是湖北省首个"以省为主"转向"以市州为主"的高速公路建设项目。对于地处国家"两型社会"综改试验区武汉城市圈、中原城市群和鄂西生态文化旅游圈节点的随州市,大随高速公路建设为进一步扩大"中国专用汽车之都"品牌和"炎帝神农故里、编钟古乐之乡"名片效应、开发境内特色资源和产业提供了刚性支撑。

线路走向:大随高速公路起于大悟县方畈镇,设大悟南枢纽互通与京港澳高速公路相连,并与麻竹高速孝感境段相接,经孝感大悟县方畈、随州广水市杨寨、李店、骆店、城郊、关庙、马坪,随州曾都区淅河、何店等乡镇,止于随州市何店镇椒藤河,设随州东枢纽互通与福银高速公路相连。根据《国家公路网规划(2013—2030年)》中国家高速公路网路线方案表,麻安高速公路路线主要控制点为:麻城、红安、大悟、广水、随州、宜城、南漳、保康、房县、竹山、竹溪、平利、安康。

建设规模:大随高速公路路线全长84.4km,另建广水一级公路连接线2.5km,关庙二级公路连接线4.64km。桥涵构造物及沿线附属设施:共设特大桥1087m/1座,大、中桥6310.59m/38座,涵洞通道365道,天桥(含渡槽1座)54道,分离式立交14处;共设互通式立交6处(其中枢纽互通2处),服务区1处,停车区2处,匝道收费站4处,设置有完善的通信、安全、养护、管理系统。

投资规模:大随高速公路是湖北省首个"以省为主"转向"以市州为主"的高速公路招商引资建设项目,采用BOT方式筹资建设,由湖北楚天鄂北高速公路有限公司为投资人。项目批准概算37.20亿,其中项目资本金13.02亿,由湖北楚天鄂北高速公路有限公司出资,占项目总投资35%,其余24.18亿为银行贷款,占项目总投资65%,分别从国开行、工行、建行、浦发行、农行等五家银行贷款。

主要技术指标:大随高速公路采用全部控制出入的双向四车道高速公路。设计速度100km/h,路基宽度26m,平曲线最小半径1500m/处,平曲线占路线总长59.2%,直线最大长度1474.345m,最大纵坡3.27%/处,最短坡长430m,竖曲线最小半径凸形10000m/2处、凹形10000m/2处,竖曲线占路线总长54.9%,设计车辆荷载汽车—Ⅰ级。

主要工程数量:路线总长84.4km,路基土石方11175.64km^3,防护工程及排水工程360km^3,沥青混凝土路面上面层2091km^2,中面层2089.2km^2,下面层1804.3km^2。

自然地理特征:大随高速公路横贯湖北省北部,从东向西由大别山脉西部、经桐柏山脉东段南麓与大洪山的余脉结合部,地势起伏较小,地形条件相对较好。根据地貌成因、形态及组合特征,项目区地貌划分构造剥蚀丘陵地貌、构造剥蚀残丘、构造剥蚀准平原地貌、构造侵蚀河谷冲洪积平原地貌等三个单元。

(二)项目前期工作

决策背景:在湖北省高速公路逐步建设成网的有力条件下,为推动麻竹通道随州东段尽快贯通,加强随州市与广水市的联系,改善广水市路网结构,促进随州市社会经济快速发展。2007年7月,随州市政府以《随州市人民政府关于授权启动麻城至竹溪高速公路随州东段建设的请示》(随政〔2007〕29号)报省政府,省政府主要领导作了批示。同月,随州市政府委托湖北省交通规划设计院开展麻城—竹溪高速公路大悟至随州段工程可行性研究。

决策过程:2004年10月18日至2004年11月7日,湖北省交通规划设计院有关人员对项目沿线主要控制点进行实地踏勘,完成《麻城至竹溪公路通道方案研究报告(送审稿)》。2007年7~8月,为配合大悟至随州高速公路工程可行性研究,以2004年《麻城至竹溪公路通道方案研究报告》为蓝本,结合近年来省内相关骨架公路和高速公路的规划建设实际情况,对麻竹通道方案进行补充研究,重点在麻城(宋埠)至南漳之间。在此研究的基础上,进一步深入研究麻竹通道随州东段与孝襄高速公路、随岳高速公路、京港澳高速公路的交叉节点以及节点形成的走廊方案,为麻竹高速公路大悟至随州段的工程可行性研究的顺利开展打好基础。

立项审批:2008年6月,湖北省人民政府发文《省人民政府关于麻城至竹溪高速公路随州东段建设有关问题的批复》(鄂政函〔2008〕115号);2008年9月,随州市人民政府《随州市人民政府关于推荐麻城—竹溪高速公路大悟至随州段项目建设投资人的请示》(随政〔2008〕44号);2008年9月,湖北省人民政府《关于随州市人民政府关于推荐麻城至竹溪高速公路大悟至随州段项目建设投资人的请示的回复意见》;2008年9月,湖北省发展和改革委员会《省发展改革委对〈随州市人民政府关于推荐麻城至竹溪高速公路大悟至随州段项目建设投资人的请示〉的意见》(鄂发改交通函〔2008〕757号);2008年11月,随州市政府与湖北楚天高速公路股份有限公司签署《麻城至竹溪高速公路大悟至随州段建设项目投资协议书》;2008年12月,湖北省发展和改革委员会《省发展改革委关于麻城至竹溪高速公路大悟至随州段项目核准的通知》(鄂发改交通〔2008〕1543号);2009年4月,湖北省发展和改革委员会《省发展改革委员会关于麻城至竹溪高速公路大悟至随州段初步设计的批复》(鄂发改重点〔2009〕478号);2008年10月,湖北省林业局《省林业局关于麻城—竹溪高速公路大悟至随州段工程使用林地可行性报告的批复》(鄂林资函〔2008〕314号);2009年6月,湖北省交通运输厅《关于麻竹高速公路大悟至随州段施工图设计的批复》(鄂交基〔2009〕295号);2009年9月,湖北省交通运输厅正式批准《麻城至竹溪高速公路大悟至随州段施工许可申请书》(大随指〔2009〕25号);2008年7月,湖北省环保局《关于麻城—竹溪高速公路大悟至随州段环境影响报告书的批复》(鄂环函

〔2008〕433号);2008年11月25日,完成项目主线设计外业调查;2009年1月6日,完成项目初测初勘外业验收;2009年3月18日,项目初步设计通过专家评审,同年4月获得省发展改革委的批复。

征地拆迁:2009年12月,湖北省国土资源厅《湖北省国土资源厅关于转发国土资源部关于麻城至竹溪(大悟至随州段)公路工程建设用地的批复》(鄂土资函〔2009〕1862号);2009年5月28日,基本完成主线拆迁工作。拆迁基本情况见表2-1-26。

拆迁基本情况表　　　　　表2-1-26

项　　目	单　位	随州市、孝感市
一、永久性征地	hm²	516.5659
二、房屋拆迁	m²	98763.64
三、三杆拆迁	处	481
四、地上附着物		
地坪	m²	17566.56
水井	口	538
机井	口	32
围墙	m	17060.74
坟墓	座	2761
大树	株	90551
小树	株	212202
挂果树	株	13916
未挂果树	株	12139
沼气池	口	8

(三)项目建设情况

组织机构:2008年11月,湖北省交通运输厅《关于成立湖北楚天鄂北高速公路有限公司的通知》(鄂交人劳〔2008〕688号);2009年4月9日,省交通运输厅发文成立麻竹高速公路大悟至随州段建设指挥部(总监办)。祝向军任指挥长、总监办总监,王南军、舒鄂南、付汉林、唐建华任副指挥长,刘道斌任总工程师,舒鄂南兼任副总监,徐小文任纪委书记。2010年1月,王南军因工作需要调离指挥部。2010年9月,刘道斌因工作需要调离指挥部,由舒鄂南任常务副指挥长、总工程师、副总监,2011年7月至2013年11月,张宗保接任指挥部常务副指挥长,负责工程收尾及竣工验收等工作。

随州市和孝感市分别设置协调指挥部,相关市、区成立协调分指挥部、乡(镇)协调机构以及村协调工作专班,在省指挥部的统一领导下负责辖区的协调工作。省指挥部内设六部一室,即:综合管理部、工程技术部、计划合同部、财务资产部、监督稽核部、中心试验室。

主要参建单位:大随高速公路主要参建单位均按省发展改革委鄂发改交通〔2008〕1543号文件规定方式通过招标确定。勘察设计单位为湖北省交通规划设计院,双院制审查单位为中交第二公路勘察设计研究院有限公司,公铁立交设计单位为中铁二院武汉勘察设计研究院有限责任公司;质量监督为湖北省交通运输厅质量监督管理局,质量检测鉴定单位为湖北省公路水运工程检测中心地勘监理为中交第二公路勘察设计研究院有限公司,土建监理单位为湖北省公路水运工程咨询监理公司、湖北顺达公路咨询监理有限公司、湖北省公路工程咨询监理中心,公铁立交监理单位为武汉铁道工程建设监理有限责任公司,房建监理单位为湖北亚太监理建设有限责任公司,机电监理单位为北京泰克华诚技术信息咨询有限公司;土建施工单位为湖北中南路桥有限责任公司、贵州省公路桥梁工程总公司、中铁五局集团第三工程有限责任公司、中铁十六局集团第二工程有限公司、湖北省路桥集团有限公司、山东省公路桥梁建设有限公司、武汉市市政建设集团有限公司、湖北兴达路桥股份有限公司、江西公路机械工程局、武汉东交路桥工程有限公司、江苏恒基路桥有限公司、中铁二十局集团有限公司、中铁十六局集团第三工程有限公司;绿化施工单位为武汉市格韵园林有限公司、浙江天堂建设有限公司、江苏山水建设集团有限公司,交安施工单位为北京市高速公路交通工程有限公司、海南中咨泰克交通工程有限公司、北京路安交通科技发展有限公司。

实施过程:2009年6月28日,控制性工程广水河特大桥开工;2009年7月25日,全线一期土建施工单位进场,开展施工准备,包括驻地建设、路基清表、修建主线贯通便道以及材料采购与相关试验工作;2009年9月15日,总监办发出工程开工令,一期工程全面开工。

麻安高速公路大随段路面施工(G4213)

2010年1月3日,桥梁工程第1片梁板由10标段成功架设;2010年4月10日,徐家河3号桥贯通,成为全线第一座贯通的桥梁;2010年6月6日,路面底基层试验段铺筑成功,标志着路面工程正式开工;2010年8月11日,全线施工风险最大的跨京广铁路桥桥孔大梁全部安全吊装完毕;2010年9月30日,全线房建工程正式开工;2010年10月9日,沥青碎石柔性基层试验段铺筑成功,标志着沥青混合料各结构层将陆续开工;2010年10月1日,机电、绿化工程开工;2010年11月15日,安全设施开工;2010年12月25日,经过20多天连续挑灯夜战,跨汉丹铁路桥在铁路通行密度大的情况下,成功完成梁板架设,标志着全线路基、桥涵工程全部完工;2010年12月31日,淅河互通至随州东枢纽互通20km创先争优示范段建成;2011年6月18日,主线沥青混凝土面层全部铺筑完成;2011年6月25日,房建、交安、绿化、机电工程陆续全面完成。大随高速公路通过省交通运输厅质监局交工检测;2011年6月28日,大随高速公路全线建成投入试运营;2011年7月12日,大随高速公路交工新闻发布会在随州市举行。实际建设工期24个月。

工程交工、竣工验收:2013年5月27~28日,大随高速公路项目水保工作顺利通过专项验收;2011年6月,大随高速公路土建、交安、绿化、公铁立交、机电工程通过交工验收,工程质量等级为合格;2012年11月20日至2013年1月30日,大随高速公路工程结算由北京建友工程造价咨询有限公司和北京中迪信众华工程造价咨询有限公司组成的造价审计组对施工单位的工程结算造价进行了全面审计,并提交了审计报告;2013年6月22日,大随高速公路建设档案顺利通过专项验收;2013年7月1~2日,大随高速公路建设环境保护顺利通过专项验收;2013年10月17日~2013年11月16日,大随高速公路竣工决算由武汉众环海华会计师事务所进行了全面审计,提交了审计报告,并经省交通运输厅授权湖北东方宏宇工程咨询有限责任公司进行了认定;2013年11月29~30日,大随高速公路通过竣工验收,竣工验收工程质量评分:92.69分,质量等级优良,项目综合评价等级为优良。

(四)复杂工程

1. 京广铁路特大桥

京广铁路特大桥位于广水市杨寨乡刘畈村境内,跨越京广铁路及广水河,与铁路交叉处公路桩号为K13+695;广水河设计水位(1/300)为54.24m。该桥上构为30m预应力钢筋混凝土T梁和40m预应力钢筋混凝土小箱梁(跨铁路),采用先简支后结构连续体系;桥台处用D80型伸缩缝,过渡墩处采用D160型伸缩缝。连续墩处采用普通板式橡胶支座,桥台处和过渡墩处设四氟滑板式橡胶支座。支座安装总高度为30cm。下部构造:采用双柱式墩身,摩擦桩基础。桥台均采用了简易式桥台。

2. 汉丹铁路大桥

汉丹铁路大桥位于淅河镇老湾村内,本桥跨越汉丹铁路,与铁路交叉处公路桩号为 K66+180。桥平面为直线;纵面位于半径 $R=25000\mathrm{m}$ 的竖曲线上。桥跨布置为 3×40(小箱梁)$+6\times30$(T 梁),桥梁起点桩号为 K66+116.5,终点桩号 K66+423.5,桥长 307m。最大墩高 10.1m。该桥上构为 30m 预应力钢筋混凝土 T 梁和 40m 预应力钢筋混凝土小箱梁(跨铁路,由铁路部门另行设计),采用先简支后结构连续体系;桥台及 6 号桥墩处用 D80 型伸缩缝,3 号过渡墩处采用 D160 型伸缩缝,连续墩处采用普通板式橡胶支座,桥台处和过渡墩处设四氟滑板式橡胶支座。支座安装总高度为 30cm。下部构造采用双柱式墩身,摩擦桩基础。桥台均采用了肋板式桥台。

四、麻竹高速公路随州西段(随州—枣阳段)

(一)项目概况

路线走向:该项目起于麻竹高速公路大随段和福银高速公路汉十段交叉处的随州东枢纽,与麻竹高速公路大随段对接,经何店镇、均川镇接随岳高速公路,再向西经三里岗镇、洪山镇,止于随县与枣阳市交界处的刘家岗附近,接麻竹高速公路襄阳东段。

建设规模:路线长 55.258km,全线设互通式立交 4 处(随州东枢纽、随州南枢纽、长岗互通、洪山互通)、匝道收费站 2 处、服务区 1 处、养护工区 1 处、监控管理分中心 1 处。大桥 7504.2m/33 座,中桥 1153m/16 座,隧道 500m/1 座,桥隧长度占路线长度的 16.58%;另新建长岗连接线长 15.886km,设大桥 498m/3 座,中桥 300m/4 座,隧道 451m/1 座,桥隧长度占连接线长度的 7.86%。改建设洪山连接线长 6.477km,设小桥 20m/1 座。

投资规模:该项目初步设计总概算核定为 39.126 亿元。

主要技术标准:全线采用双向四车道高速公路标准建设,设计速度 100km/h,路基宽度 26m;桥涵设计汽车荷载等级采用公路-Ⅰ级;设计洪水频率 1/100;地震动峰值加速度 0.05g。其余技术指标按《公路工程技术标准》(JTG B01—2003)执行。长岗连接线采用二级公路标准新建,设计速度为 60km/h,路基宽度 10m;洪山连接线采用二级公路标准改建,设计速度为 60km/h,路基宽度 10m。主线路面采用 18cm 沥青混凝土面层(4cm AC-13C 细粒式沥青混凝土上面层 +6cm AC-20C 中粒式沥青混凝土中面层 +8cm AC-25C 粗粒式沥青混凝土下面层),上、中面层均采用改性沥青。

自然地理特征:该项目位于湖北省中北部,路线走廊总体呈东西向;路线依次展布于随州市曾都区、随县等行政区,地形地貌上主要是大洪山余脉的构造剥蚀低山丘陵区,地势总体由东向西倾斜。所经区域属亚热带季风气候,气候温和,四季分明,光照充足,年平均气温15.51℃,极端最高气温40.31℃,极端最低气温-17.31℃;经过的主要河流有均河、涓水等,均无通航要求。

（二）项目前期工作

决策背景:在湖北省高速公路逐步建设成网的有利条件下,为推动麻竹通道宜城至保康段尽快贯通,加强襄阳市与宜城、南漳、保康及以西十堰市各县、市的联系,改善襄樊市路网结构,促进襄樊市社会经济快速发展,2008年12月,襄樊市政府委托湖北省交通规划设计院开展麻城至竹溪高速公路宜城至保康段的工程可行性研究工作。2009年6月,编制完成《麻城至竹溪高速公路宜城至保康段工程可行性研究报告(送审稿)》。2009年6月24日,襄樊市发展和改革委员会在襄樊主持召开了该项目预审会,在此基础上,结合麻竹通道总体进展情况,2009年10—11月又补充收集襄樊宜城相关资料、进行外业踏勘,以及补充完善相关专题报告,于2009年11月完成了报告的编制工作。2009年12月23日,省发展改革委、省交通厅在武汉共同组织召开了该项目的工可专家咨询会,随后根据专家组意见,修编完成了工可报告。

决策过程:2010年12月完成工程可行性研究,2011年10月底完成初步设计,12月底完成全部施工图设计。2011年,随州市发展改革委和随州市交通运输局上报《关于审批麻城至竹溪高速公路随州西段工程可行性研究报告的请示》(随发改〔2011〕178号);省交通运输厅报送《关于麻城至竹溪高速公路随州西段工程可行性研究报告审查意见的函》(鄂交函〔2012〕1号)等文件材料。2012年,随州市发展改革委向省发展改革委上报《关于审批麻竹高速公路随州西段工程两阶段初步的请示》(随发改〔2012〕44号)。2012年3月23日,省发展改革委批复核准《关于麻城至竹溪高速公路随州西段工程可行性研究报告》(鄂发改交通〔2012〕292号)。省交通运输厅报送《关于麻城至竹溪高速公路随州西段初步设计审查意见的函》(鄂交函〔2012〕113号)。省发展改革委下发《省发展改革委关于麻城至竹溪高速公路随州西段初步设计的批复》(鄂发改重点〔2012〕671号)。

征地拆迁:2011年底前完成征地拆迁以及开工准备工作。

（三）征地拆迁情况

麻竹高速公路随州西段房屋拆迁涉及南郊、洪山、均川、何店、三里岗5个乡镇,主线红线内征地面积6044.451亩,红线外("三改"用地)362.164亩。主线房屋拆迁316户,面积78543.3m²,红线外房屋拆迁71户,面积18822.04m²。

详细征地拆迁数据见表2-1-27。

征地拆迁数据表　　　　　　　　　　　　　　　　表 2-1-27

项　　目	数　　量	单　　位
一、永久性征地	6044.451	亩
二、房屋	62702.97	m²
砖混凝土	11051.09	m²
砖木	25337.52	m²
土木	7000.7	m²
简易	19313.66	m²
三、土地附着物		
地坪	9482.89	m²
水井	197	口
围墙	4047.88	m²
坟墓	3805	座
大材树($\phi \geq 10cm$)	89344	株
小材树($3 < \phi < 10cm$)	166053	株
挂果树	25220	株
未挂果树	807	株
苗圃	77.81	亩
沼气池	6	口

(四)项目建设情况

1.组织机构

2012年11月29日,襄阳市政府与省交通投资有限公司签订麻竹高速公路襄阳东段、随州西段投资协议,2012年5月3日,湖北省交通投资有限公司发文成立湖北交投襄随高速公路建设指挥部(以下简称指挥部),全面负责该项目的建设管理。

襄随高速公路建设指挥部采取"集约化高效管理,大标段精细施工,标准化平安建设,控成本效益保证,拒腐败廉洁奉献"建设理念,实行大标段项目群管理模式,指挥部设有六部一室、四个业主代表处、五个设计代表处、一个中心试验室。襄随指挥部组织机构框图见附件。同时。指挥部(业主)筹建成立总监理工程师办公室(简称"总监办"),实行一门两牌。

领导成员:陈璋任指挥长、党委书记;胡龙任常务副指挥长、总监;施正银任副指挥长;何雨微任副指挥长,兼任纪委书记;唐建华任副指挥长;徐华任总工程师。2012年9月4日,李世杰任副指挥长;2014年3月,陈璋、胡龙、唐建华因工作需要先后调离指挥部。由施正银任指挥长;何雨微任纪委书记、副指挥长、总监;李世杰任副指挥长;徐华任总工程师;李彦堂任副指挥长。

2. 主要参建单位

该项目主要参建单位总共13家,均按照省发展改革委鄂发改交通〔2008〕543号文件规定方式通过招标确定。其中:

勘察、设计单位:湖北省交通规划设计院;
设计咨询单位:中铁第四勘察设计院集团有限公司
土建监理单位:沈阳公路工程监理有限责任公司;
土建施工单位:中铁二十局集团有限公司;
房建监理单位:武汉工程建设监理咨询有限公司
房建施工单位:湖北冶金建设有限公司、武汉鼎吉建筑工程有限责任公司;
机电监理单位:北京兴通工程咨询有限公司;
机电施工单位:湖南省湘筑交通科技有限公司;
绿化施工单位:深圳城绿园林工程有限公司;
交安施工单位:湖北省高速公路实业开发有限公司、大成工程建设有限公司;
中心试验室:湖北省高速公路实业开发有限公司。

3. 实施过程

2012年7月22日,开始挖沟放线,标志着项目建设正式启动。

2012年8月25日,项目施工图设计审查会在武汉召开。

2012年9月19日,协调指挥部在随州召开房屋及地上附着物征迁工作布置会。

2012年9月22日,房屋及地上附着物征迁工作正式启动。

2012年10月26日,房屋拆迁工作全部结束。

2012年11月29日,隧道魁峰山隧道正式开工,标志着项目施工正式开始,2014年5月22日隧道双幅贯通。

2012年12月20日,路基开始清表。

2013年1月15日,桥梁第一根桩开钻

2013年8月19日,第1片梁成功架设。

2013年12月14日,茨林湾大桥、宜家湾大桥同时贯通,成为全线首次贯通的桥梁。

2013年12月23日,首段路基通过湖北省交通运输厅工程质量监督局交验组和指挥部交验。

2014年3月17日,路面底基层试验段完成,标志着路面工程正式启动。

2014年4月8日,绿化工程开工。

2014年6月8日,收费站房建工程开工。

2014年6月18日,沥青下面层试验段成功铺筑。

2014年6月23日,交安工程开工。

2014年8月4日,机电工程开工。

2014年9月2日,服务区房建工程开工。

2015年2月3日,完成一期路基土石方、桥涵工程、隧道工程,二期路面工程,三期交安工程。

4. 交工验收

湖北交投襄随高速公路建设指挥部从2014年11月上旬开始,依照交通部《关于印发公路工程竣交工验收办法实施细则的通知》(交公路发〔2010〕65号)和《关于进一步加强高速公路竣(交)工验收有关工作的通知》(鄂交建〔2014〕283号)要求,对随州西段今年建成交工的1个土建合同段和2个交安合同段履行交工验收检查程序,截至2015年2月4日,交工验收检查工作已全部结束。交工的1个土建合同段和2个交安合同段已完成合同约定的各项工程内容,工程质量评定为合格,施工单位和相关监理单位已完成工作总结,内业资料满足交工要求。湖北交投襄随高速公路建设指挥部组织交工验收,验收委员会主任委员黄大元。经审议同意上述55.285km交工,投入试运营。工程质量评分表见表2-1-28。

公路工程交工验收合同段工程质量评分一览表 表2-1-28

项目名称:麻城至竹溪高速公路随州西段

施工合同段号	自检评分	监理评分	监理合同段号	设计合同段号	备注
MZTJ-1	99.4	98.1	MZJL-1	随州西段,湖北省交通规划设计院	
MZJA-1	98.4	98.2			
MZJA-2	99.0	98.8			

(五)复杂难点工程

1. 土石方数量大,平纵线指标偏高

该项目主线土石方数量较大,局部路段填挖较高;长岗连接线沿线地形复杂,平纵线形指标偏高,施工中根据地形地质条件优化平纵线形,减少工程规模,有效保护环境。减少耕地占用,强化水土保持,完善高填、深挖、陡坡等路段工点设计;

2. 处治不稳定斜坡、膨胀土、软土特殊路基路段

深化和优化不稳定斜坡、膨胀土、软土等特殊路基路段工点设计;加强K98+000~K98+130段不稳定斜坡地质分析,核实边坡的整体稳定性,采取合适的处治措施;加强膨胀土路段地质勘查工作,查明其分布范围及相关指标,并补充膨胀土胀缩总率,优化处治方案。

3. 改善隧道洞口条件

该项目魁峰山隧道穿越地层为板岩,最大埋深仅70m左右,目前采用的连拱或小净距隧道形式施工难度大、造价高;长岗连接线郭家湾隧道进洞洞口存在偏压现象,根据洞口地形及地质条件,优化隧道平纵面线形,改善隧道洞口条件。

五、麻竹高速公路襄阳东段(枣阳—宜城段)

(一)项目概况

功能定位:麻竹高速襄阳东段、西段是湖北省高速公路规划"七纵五横三环"中横一线麻城至竹溪的重要组成部分,也是鄂西生态文化旅游圈规划的重点项目。麻竹高速襄阳东段和西段的建设,对于进一步完善湖北省骨架公路网,改善枣阳、宜城、南漳、保康等沿线县市交通环境,增强襄阳辐射能力,推动鄂西生态文化旅游圈经济社会发展、提升区域竞争力具有重大意义。

路线走向:该项目起点对接麻城至竹溪高速公路随州西段,在随县洪山镇刘家岗附近进入枣阳后,在平林镇新集以南鲍畈村光坡岭坡脚布线,之后经陈家院子、杜家岗,至粉坊跨省道随南线,设置平林互通,利用一段省道随南线(2.2km)再改建现有县道唐宋线(10.991km)连接平林镇区。之后过罗家榜,经周家咀,跨大冲后于新屋场附近进入宜城市境。其中,枣阳市境内路线里程11.85km。路线进入宜城后,一直向西北方向前行。在板桥镇境内基本沿随南线北侧布线,过关子窑后依次跨莺河一库、高干渠,之后走田集北,经蛮力海,过板桥镇北,至东冲跨随南线(S306),之后路线继续向西,经新屋场,跨莺河二库,至竹林子跨省道襄钟线(S218),设置板桥互通。路线进入南营办事处,过小龙潭水库北端,再跨黑石沟水库,过榨屋岗,跨齐家冲,至连泗洪北跨县道王万线,设置王集互通。路线进入王集镇,在李家洲南跨汉江,在荣河泵站南跨国道G207,同时设置宜城互通。之后路线经东张家岭,至黄家湾到达该项目终点,接襄荆高速公路,同时,与麻竹高速公路宜城至保康段对接。宜城境内路线里程46.694km。起点(鲍畈,襄阳与随州行政区划界)、板桥镇、汉江桥位、终点(宜城北,襄荆高速公路交叉点)。

建设规模:全长58.672km,土石方6211.392km^3,排水防护245.9km^3,沥青混凝土路面1015.2km^2,特大桥4494/2m/座,大桥8304/29.5m/座,中、小桥626/9m/座,涵洞123(37含通道带涵),桥隧比例21.93%,分离式6处,互通5处,通道(天桥)60(38)道(座),管理监控中心1处,收费管理站4处,养护工区1处,服务区1处,停车区1处,二级公路连接线10.991km。

投资规模:该项目估算总投资36.877亿元,其中申请交通运输部补助4.65亿元、省交通投资有限公司自筹4.569亿元,共计9.219亿元作为项目资本金,占总投资的25%;其余27.658亿元资金利用国内银行贷款解决,占总投资的75%。

主要技术标准:全线采用设计速度为100km/h的双向四车道高速公路标准,路基宽度26m,行车道宽度2×7.5m,桥面净宽2×11.5m,汽车荷载等级公路-Ⅰ级,设计洪水频率路基1/100、特大桥1/300,地震动峰值加速度0.05g,最大纵坡4%。

自然地理特征:该项目起点—K99+100属于丘陵岗地地貌,K99+100—终点属于汉江冲积平原地貌,路线跨越的主要河流有汉江、莺河等。位于北亚热带大陆性季风气候区,气候温和,四季分明,光照充足,雨量充沛,这样的气候特征比较有利于施工。

(二)项目前期工作

决策背景:麻城—竹溪高速公路襄阳东段是湖北省"十二五"规划的"七纵五横三环"高速公路网之横一线的重要中间路段,也是湖北省鄂西生态文化旅游圈综合交通规划的"六大综合运输通道"之横一(武汉经随州、襄阳至十堰方向综合运输通道)。麻城—竹溪高速公路是横贯湖北省中北部的一条东西向省际通道,其建设有利于促进湖北省东西部"两圈"地区经济交流,推动鄂西北部地区经济快速发展。

决策过程:湖北省交通规划设计院接受委托后,有关工程技术人员以2004年《麻城至竹溪公路通道方案研究报告》为蓝本,结合近年来省内相关高速公路的规划建设实际情况,对麻竹通道方案进行补充研究,提交了该项目工可报告。省发展改革委《关于麻城至竹溪高速公路襄阳东段工程可行性研究报告的批复》(鄂发改交通〔2012〕298号)立项,2012年,襄阳市发展改革委和市交通运输向省发展改革委上报《关于审查麻竹高速公路襄阳东段初步设计的请示》(襄发改交通〔2012〕208号),湖北省交通运输厅报送《关于麻城至竹溪高速公路襄阳东段初步设计审查意见的函》(鄂交函〔2012〕133号)。湖北省发展改革委下发《关于麻城至竹溪高速公路襄阳东段初步设计的批复》(鄂发改重点〔2012〕684号)。

征地拆迁:征地拆迁占地共5458.5亩,拆迁房屋32805m²。农用地4531.45亩,其中水田1726.14亩,旱地1668.06亩,菜地32.80亩,水塘66.66亩,经济林地211.78亩,林地826.01亩;建设用地93.04亩,其中宅基地71.17亩,道路用地21.87亩;未利用地878.06亩,其中灌木林地及荒地735.06亩,河流143亩。

(三)项目建设情况

1.组织领导机构

该项目经湖北省人民政府以鄂政办函〔2011〕56号文批准,该项目由湖北省交通投资有限公司采用BOT方式建设。2012年5月3日,湖北省交通投资有限公司成立襄随高速公路建设指挥部具体负责麻竹高速公路随州西段、襄阳东段、宜城至保康段项目建设管理。2014年3月11日,湖北省交通投资有限公司成立襄随高速公路有限公司负责麻竹高速公路随州西段、襄阳东段、宜城至保康段运营管理。

2. 主要参建单位

该项目主要参建单位总共 14 家,均按照省发展改革委鄂发改交通〔2008〕543 号文件规定方式通过招标确定。其中:

勘察、设计单位:湖北省交通规划设计院;
设计咨询单位:中铁第四勘察设计院集团有限公司
土建监理单位:武汉桥梁建筑工程监理有限公司;
土建施工单位:中交第二公路工程局有限公司;
房建监理单位:武汉工程建设监理咨询有限公司
房建施工单位:中集建设集团有限公司、金晟建设集团有限公司;
机电监理单位:北京兴通工程咨询有限公司;
机电施工单位:亿阳信通股份有限公司;
绿化施工单位:深圳城绿园林工程有限公司;
交安施工单位:河北龙威交通工程有限公司、北京路安交通科技发展有限公司;
中心试验室:湖北省高速公路实业开发有限公司;
档案咨询单位:湖北诚信英达档案技术有限公司。

3. 工程进度

2012 年 7 月 2 日,开始挖沟放线,标志着襄阳东段项目建设正式启动。

2012 年 9 月 9 日,项目施工图设计审查会在武汉召开。

2012 年 11 月 1 日,襄阳市人民政府召开麻竹高速公路襄阳段房屋及地上附着物征迁工作布置会,11 月 1 日下午房屋及地上附着物征迁工作正式开始,11 月 30 日房屋拆迁工作全部结束。

2012 年 11 月 15 日,汉江特大桥第一根桩正式开钻,标志着项目拉开了建设的序幕,同时也标志着全线工程已经正式铺开。

2012 年 11 月 15 日,路基开始清表。

2013 年 10 月 10 日,第 1 片梁成功架设。

2013 年 10 月 13 日,横冲中桥贯通,成为全线第一座贯通的桥梁。

2013 年 12 月 19 日,首段路基交验通过湖北省交通运输厅质量监督局交验组和指挥部联合检查。

2013 年 12 月 28 日,路面底基层试验段施工完成,标志着路面工程正式启动。

2014 年 4 月 8 日,绿化工程开工。

2014 年 5 月 27 日,沥青稳定下面层试验段成功铺筑。

2014 年 6 月 8 日,收费站房建工程开工。

2014年6月23日,交通设施工程开工。

2014年8月4日,机电工程开工。

2014年9月2日,服务区房建工程开工。

2014年10月31日,汉江桥右幅合拢,标志着汉江桥半幅贯通。

2014年12月31日,汉江桥左幅合拢,标志着汉江桥全幅贯通。

2015年2月10日,麻竹高速襄阳东段已部分性(连接随州西段—南营段)正式通车。2015年6月18日,麻竹高速襄阳东段的宜城特大桥开通,襄阳东段由南营收费站延长至宜城收费站。

4. 交工验收

2015年2月5日,湖北交投襄随高速公路建设指挥部组织对麻城至竹溪高速公路襄阳东段桩号为K142+475~K189+390计46.915km交工验收,涉及1个土建合同段(MZ-TJ-2标)和2个交安合同段(MZJA-3、MZJA-4标)。验收委员会主任委员黄大元,经审议交工的1个土建合同段和2个交安合同段已完成合同约定的各项工程内容,工程质量评定为合格,同意上述46.915km交工,投入试运营。2015年8月25日,对剩余段落11.757km交工验收,涉及1个土建合同段(MZTJ-2标)和1个交安合同段(MZJA-4标),交工桩号为K189+390~K201+146.658。验收委员会主任委员刘丹,经审议同意上述11.757km交工,投入试运营。

(四)复杂难点工程

该项目属襄阳市招商引资项目。起点与麻城—竹溪高速公路随州西段对接,涉及不同区划下的行政协调,其协调效率与协调难度一定程度影响施工进展。终点与襄荆高速公路交叉,涉及对现有高速公路局部路段改建及对其运营造成一定干扰,同时,终点需新建枢纽互通,涉及与麻城—竹溪高速公路宜城—保康段项目进行互通工程量分割、投资及管理等方面的协调沟通工作量大;汉江特大桥采用变截面连续梁结合连续T梁的结构形式,施工工艺相对复杂,工期相对较长。汉江特大桥全长3408m,其中堤内主副墩共35个,地质钻探以及桩基础钻孔工作量较大,由于汉江是湖北省防洪重点河道,每年5~11月汛期严禁钻探作业,钻探时间有限,对工期有一定的影响。

六、麻竹高速公路宜城—保康段

(一)项目概况

功能定位:麻竹高速公路宜城—保康段(以下简称该项目)是麻城—竹溪高速公路的重要组成部分,与二广(襄荆)高速、保宜高速、谷竹高速联网。麻城—竹溪高速公路是

《湖北省公路水路交通发展战略规划》中规划的"651"骨架公路网第一横,是横贯湖北省中北部的一条东西向省际通道,是对国家高速公路网规划的有益补充和完善,其规划有利于促进湖北省东西部地区经济交流,推动西北部地区经济快速发展。

路线走向:项目起点位于宜城市小河镇,接麻竹高速襄阳东段,通过宜城北枢纽互通与二广高速襄荆段联通,经宜城市的朱家庄进入南漳县境,路线向西经南漳县的九集,再向西进入保康县,在窑其湾附近接保宜高速公路,绕保康县城关镇西南侧,最后接谷竹高速公路。起点(与襄荆高速公路交叉点)、焦柳铁路、南漳县九集镇、涌泉铺、南漳县城、三道河水库、孔家畈、长坪镇、保康县黄堡镇、金盘洞水库及土门变电站、与保康—宜昌高速公路交叉点、保康县城、寺坪镇、终点(谷城—竹溪高速公路)。

建设规模:路线全长114.11km,全线设互通式立交7处(宜城北枢纽、九集、南漳、长坪、保康南枢纽、保康、保康北枢纽),设置匝道收费站4处、服务区2处、养护工区1处、管理监控分中心1处。

投资规模:该项目初步设计总概算核定121.833亿元。批准建设工期48个月。

主要技术标准:采用四车道高速公路标准建设,K0+900~K31+660段设计速度为100km/h,路基宽度26m,K31+660~115+300.336设计速度80km/h,路基宽度24.5m;汽车荷载等级采用公路-Ⅰ级,洪水频率为1/100,地震动峰值加速度0.05m/s^2。其余技术标准按《公路工程技术标准》(JTG B01—2003)执行。

主要工程数量:路基土方3627.7km^3,路基石方5784.184km^3,沥青混凝土路面1117.718km^2,排水防护工程868.771km^3,特大桥8614m/6座,大桥22866m/59座,中、小桥176m/2座,涵洞79道,特长隧道7638m/2座,长隧道16470m/9座,中、短隧道7486m/17座,互通式立交7处,分离式立交6处,通道27处,天桥12座,桥隧长度比例55.05%。

自然地理特征:项目地处湖北省西北部,项目所经区域海拔50~1581m,由东往西呈平原、丘陵、山地变势,阶梯式延伸。大部分属鄂西北中山-低山区,为武当山脉西南坡与大巴山脉东段东北坡的连接地带,山脉呈北西向横列路线区北、南两侧,根据地貌成因、形态及组合特征,该项目区划分为襄阳断陷盆地、剥蚀丘陵区、构造剥蚀低山区、构造剥蚀中山区、4个基本地貌单元;沿线局部属低山丘陵区地貌,大部分属山岭重丘地貌,路线跨越的主要河流有清凉河、蛮河、清溪河、渡叉河、南河等;项目区域属亚热带季风气候区,气候温和,四季分明,雨量充沛,自东向西,地势逐渐升高,气温逐渐降低。总的气候条件对项目建设影响不大,但受海拔高度、坡向等地形地貌因素影响,区内山地小气候具多样性,夏季灾害性天气较多,常有干旱、暴雨-强降雨出现,其中暴雨-强降雨,可引发山体滑坡、崩塌等地质灾害。

(二)项目前期工作

决策背景:在湖北省高速公路逐步建设成网的有利条件下,为推动麻竹通道宜城至保康段尽快贯通,加强襄樊市与宜城、南漳、保康及以西十堰市各县、市的联系,改善襄樊市路网结构,促进襄樊市社会经济快速发展,2008年12月,襄樊市政府委托湖北省交通规划设计院开展麻城至竹溪高速公路宜城至保康段的工程可行性研究工作。2009年6月编制完成《麻城至竹溪高速公路宜城至保康段工程可行性研究报告(送审稿)》。2009年6月24日,襄樊市发展和改革委员会在襄樊主持召开了该项目预审会,在此基础上,结合麻竹通道总体进展情况,2009年10—11月又补充收集襄樊宜城相关资料、进行外业踏勘,以及补充完善相关专题报告,于2009年11月完成了报告的编制工作。2009年12月23日,省发展改革委、省交通厅在武汉共同组织召开了该项目的工可专家咨询会,随后根据专家组意见,修编完成了工可报告。

决策过程:2011年,襄阳市发展改革委和襄阳市交通运输局向省发展改革委上报《关于呈报麻城至竹溪高速公路宜城至保康段工程可行性研究报告的请示》(襄发改交通〔2011〕705号);湖北省交通运输厅先后报送《关于麻城至竹溪高速公路宜城至保康段建设项目审查意见的函》(鄂交函〔2010〕230号)、《关于麻城至竹溪高速公路宜城至保康段补充审查意见的函》(鄂交函〔2012〕2号)等文件材料。2012年3月23日,省发展改革委以《关于麻城至竹溪高速公路宜城至保康段工程可行性研究报告的批复》(鄂发改交通〔2012〕297号)同意建设。2012年7月11日,省发展改革委下发《关于麻城至竹溪高速公路宜城至保康段初步设计的批复》(鄂发改审批〔2012〕39号)。

征地拆迁:麻竹高速公路宜城至保康段房屋拆迁涉及小河、九集、城关、长坪、李庙、黄堡、寺坪7个乡镇,主线红线内征地面积8525.937亩,红线外("三改"用地)736.9157亩。主线房屋拆迁587户,面积179598.994m²。红线外房屋拆迁126户,面积40379.737m²。

详细征地拆迁数据见表2-1-29。

征地拆迁数据表　　　　　　　　　　　　　　　　表2-1-29

项　目		数　量	单　位
一、永久性征地		8525.937	亩
二、房屋		219978.73	m²
砖混凝土		120804.51	m²
砖木		53871.47	m²
土木		24019.79	m²
简易		21282.97	m²
三、土地附着物			
地坪		45929.4	m²
水井	水井	454	口
	机井	57	口
围墙		47079	m²

续上表

项　　目	数　　量	单　　位
坟墓	2328	座
大材树（φ≥10cm）	388821	株
小材树（3＜φ＜10cm）	765752	株
挂果树	17198	株
未挂果树	10294	株
苗圃	198.3	亩

在征迁工作中，指挥部充分保护被征地、被拆迁农民的根本利益，及时为拆迁户提供临时过渡房，对还建安置的电、路、水"三通"等涉农事项积极扶持，最大程度的降低对拆迁群众生产、生活的影响。为优化全线"三改"工程和构造物的位置，指挥部组织相关人员多次对全线沟、路进行实地调查，根据具体情况调整优化了部分"三改"工程和构造物的位置、交角、形式、孔径和净高，充分提高构造物的服务功能，采用"一物多用"的多功能构造，在一个工程构造物内设置排水沟、灌溉渠，有的还设置人行道或行车道。对特殊地段，增设了部分涵洞和泵站等设施，保证了沿线群众生产生活的需要。

(三)工程建设情况

1. 组织管理机构

该项目为政府还贷公路，由湖北省交通投资公司负责项目的建设和经营管理；指挥部采取"集约化高效管理，大标段精细施工，标准化平安建设，控成本效益保证，拒腐败廉洁奉献"建设理念，实行项目群大标段管理模式，设有六部一室、四个业主代表处、五个设计代表处、一个中心试验室。同时，指挥部筹建成立总监理工程师办公室(简称"总监办")，实行一门两牌。指挥部历任领导成员(见随州西段)。

2. 参建单位

该项目主要参建单位总共22家，均按照省发展改革委鄂发改交通〔2008〕543号文件规定方式通过招标确定。其中：

勘察、设计单位：中铁第四勘察设计院集团有限公司、湖北省交通规划设计院；

设计咨询单位：中铁第四勘察设计院集团有限公司、湖北省交通规划设计院；

土建监理单位：铁四院（湖北）工程监理咨询公司、湖北省公路水运工程咨询监理公司；

土建施工单位：中铁十一局集团有限公司、中交第一公路工程有限公司；

房建监理单位：武汉威仕工程监理有限公司；

房建施工单位：武汉市黄陂建筑集团有限公司、湖南鑫成建设有限责任公司；

机电监理单位：北京兴通工程咨询有限公司；

机电施工单位：北京瑞华赢科技发展有限公司、中铁武汉电气化局集团有限公司、葛洲坝集团电力有限责任公司、北京市亚太安设备安装有限责任公司（联合体牵头人）甘肃紫光智能交通与控制技术有限公司（联合体成员）；

绿化施工单位：陕西新鸿业生态景观设计工程有限公司、河南荣基园林工程有限公司；

交安施工单位：湖北省路桥集团有限公司、湖南金安交通设施亮化景观建设有限公司、湖北楚通公路工程有限公司；

中心试验室：湖北省高速公路实业开发有限公司。

3. 工程进展情况

2013年4月28日，下发开工令，标志着项目正式开工。2013年10月8日，曾家坡隧道单洞贯通，成为全线第一座单洞贯通的隧道。2013年11月14日，第1片梁成功架设。2014年3月5日，大坪2#大桥贯通，成为全线第一座贯通的桥梁。2014年3月28日，佛岭隧道贯通，成为全线第一座贯通的隧道。2014年8月24日，省交通运输厅质量监督局委托省公路水运工程测试中心完成首段路基交工检测。2014年8月26日，路面工程基层试验段铺筑成功，标志着路面工程正式启动。2015年1月4日，沥青稳定下面层试验段成功铺筑。2015年4月21日，机电工程开工。2015年5月8日，房建工程开工。2015年5月10日，交安工程开工。2015年5月20日，绿化工程开工。2015年12月31日，项目起点段93.747km建成通车，剩余路段于2016年7月1日建成通车。

4. 交工验收

2016年1月22日，湖北交投襄随高速公路建设指挥部组织有关部门进行交工验收，工程质量合格，同意交工，投入试运营。工程质量评分表见表2-1-30。

公路工程交工验收合同段工程质量评分一览表　　表2-1-30

项目名称：麻城至竹溪高速公路宜城至保康段

施工合同段号	自检评分	实得分（监理评分）	监理合同段号	设计合同段号	备注
MZTJ-3	99.00	98.46	MZJL-3	中铁第四勘测设计院集团有限公司	
MZJA-5	98.00	97.00			
MZJA-6	98.50	97.30			
MZTJ-4	98.90	97.64	MZJL-4	湖北省交通规划设计院	
MZJA-7	98.70	98.10			

(四)复杂难点工程

1. 桥隧比大，地形复杂，施工难度大

该项目全线桥隧比约55.05%，其中桥梁31656m/7座，长度占公路总里程的

27.55%,隧道31594m/28座,占路线里程约27.50%,桥隧工程是施工组织的重点。该项目尽管长大隧道与特殊结构特大桥相对较少,但受制于路段地形地貌差别影响,刘坪、高垭、黄堡、三溪沟、云溪沟等路段约43km,地形地质条件困难,桥隧大量集中,且多桥隧相接,总体施工难度较大;另外两座特长隧道较长,施工组织与工期控制较为困难。

长度大于1000m的隧道24108m/11座,占全线里程约20.98%,规模较大,工期相对较长,其中老湾隧道长3140m,雷家坡隧道长4498m,属特长隧道,是该项目控制性工程的关键所在。根据地勘资料显示,隧道围岩以灰岩为主,裂隙较发育,可能存在溶洞和岩溶水,鉴于隧道里程过长以及地质钻探的局限性,影响隧道施工诸多不确定性因素难以预见,建设中做好保证工期的各种施工预案。

2. 对滑坡地段采取处理措施

滑坡是项目区内不良地质的主要表现,而且项目区也是湖北省滑坡地质灾害高发区,该项目对规模较大的滑坡基本上以避让为主,对路线有产生实际影响的滑坡规模相对较小,且都采取了一定工程处理措施。

七、谷竹高速保康—竹溪段

(一)项目概况

功能定位:谷竹高速公路是国家和湖北省规划的"六纵五横一环"骨架公路网的重要组成路段,它起于谷城县石花镇倒座庙,与已经建设的福银高速公路襄樊至十堰段相接,谷竹高速公路的建设,对实施中部崛起和西部大开发两大战略,构建鄂西生态文化旅游圈,加强中西部地区的联系与交流,改善中西部山区交通条件有十分重要的意义。

路线走向:谷竹高速起于谷城县石花镇倒座庙,与已建的福银高速公路相接,经保康县、房县、竹山县、竹溪县等地,止于鄂陕交界处的罗汉垭附近,与陕西省平利—安康高速公路相接。其中保康—竹溪174.012km属G4213麻安高速。

建设规模:谷竹高速公路路线全长226.454km,全线设谷城西枢纽、房县枢纽,预留保康北枢纽,设石花、大薤山、寺坪、青峰、军店、窑淮、竹山、宝丰、竹溪、蒋家堰10处互通式立交;匝道收费站10处,主线收费站1处,管理分中心1处,管理所2处,服务区5处,大型养护基地1处,养护工区2处。

主要技术标准:全线采用双向四车道高速公路标准建设,设计速度80km/h,路基宽24.5m,双向四车道,行车道宽2×7.5m,桥涵设计汽车荷载等级采用公路-Ⅰ级,设计洪水频率为特大桥1/300、大中小桥涵和路基1/100。其余技术指标按《公路工程技术标准》(JTG BG1—2GG3)执行。沥青混凝土路面,面层厚度18cm,即4cm SMA-13上面层、6cm AC-20C中面层、8cm AC-25C下面层,上、中面层均采用改性沥青。

自然地理特征：路线区位于鄂西北中山-低山区，处于武当山脉西南坡与大巴山脉东段东北坡的连接地带，山脉呈北西-南东向横列路线区两侧，沿线山体海拔高度一般在100～1240m，路线经过区域海拔高度多在500～800m。路线区地貌以丘陵-垄岗、低山、低中山、冲积平原区为主。项目区基本上为汉江流域，沿线河流多坡陡流急，洪水主要由山间汇流暴雨形成，河流水位暴涨暴落，随季节变化幅度较大。沿线主要河流有马栏河等。

(二) 项目前期工作

决策背景：谷竹高速项目的建设，对于完善公路网布局，实施促进中部地区崛起战略和西部大开发战略、构建鄂西生态文化旅游圈，加强中、西部地区的联系与交流、改善交通条件与投资环境，适应交通量增长的需要，加快沿线地区经济社会发展，均具有重要意义。

决策过程：湖北省交通规划设计院于2008年9月完成该可行性研究报告的编制工作。2009年7月8日，经湖北省发展改革委批准，以鄂发改交通〔2009〕898号文件审批了谷城至竹溪高速公路工程可行性研究报告。2009年，湖北省交通运输厅高速公路管理局以向省发展改革委报送《关于审批谷城至竹溪高速公路初步设计的请示》（鄂高管〔2009〕121号），省交通运输厅报送《关于谷城至竹溪高速公路初步设计审查意见的函》（鄂交函〔2009〕269号），2009年11月9日，省发展改革委下发《省发展改革委关于谷城—竹溪高速公路初步设计的批复》（鄂发改重点〔2009〕1332号）。其他相关批复见表2-1-31。

项目相关批复 表2-1-31

审批日期	审批项目	批文文号	审批部门
2009.07.08	工程可行性报告批文	鄂发改交通〔2009〕898号文	省发展改革委
2009.11.09	初步设计批文	鄂发改重点〔2009〕1332号	省发展改革委
2010.01 2010.09	施工图设计批文	鄂交基〔2010〕47号（控制性工程） 鄂交建〔2010〕465号	省交通运输厅
2012.06.20	项目建设用地批文	国土资函〔2012〕456号	国土资源部
2009.06.15	项目建设用地预审批文	鄂土资预审函〔2009〕35号	省国土厅
2009.12.25	项目建设先行用地批文	国资厅函〔2009〕1252号	国土资源部
2008.03.27	地质灾害批文	备案资料，无文号	省国土资源厅
2008.05.30	压覆矿产批文	鄂土资函〔2008〕350号	省国土资源厅
2009.06.25	环境评价批文	鄂环函〔2009〕43号	省环境保护厅
2009.07	水土保持批文	鄂水利函〔2009〕331号	省水利厅
2008.2.21	文物保护批文	鄂文物综〔2008〕29	省文物事业管理局
2008.03.19	地质公园等影响批文	土资函〔2008〕187号	省国土资源厅
2010.08.20	林地保护批文	林资许准〔2010〕256号	国家林业局

征地拆迁：全线征用土地16900亩；主线内房屋拆迁2085户，红线外房屋拆迁518户，房屋拆迁面积66.17万m²。拆迁情况见表2-1-32。

谷竹高速公路拆迁基本情况表　　表 2-1-32

路　　段	征地拆迁面积(亩)	拆迁房屋面积(m²)	补偿费用(万元)
谷竹高速公路	16900	661700	94500

(三)项目建设情况

组织机构：谷竹高速公路项目管理实行项目法人制。2009 年 10 月 20 日，湖北省交通运输厅以鄂交人劳〔2009〕527 号文批准成立谷竹高速公路建设指挥部，履行项目法人职责。2012 年 2 月 21 日，湖北省发展改革委以鄂发改交通〔2012〕116 号文件批复项目法人变更为湖北省交通投资有限公司。湖北省谷竹高速公路建设指挥部，与湖北省谷竹高速公路总监理工程师办公室采用一门两牌，负责谷竹高速公路建设管理及履行总监理工程师办公室工作职责。指挥部(总监办)内设 6 部 1 室，即综合办公室、财务管理部、计划合同部、工程技术部、安全管理部、工程管理部、征迁协调部。组织机构和组成人员满足资格标准和建设管理需要。

主要参建单位：建设单位为湖北省谷竹高速公路建设指挥部，设计单位为湖北交通规划设计院、中交第二公路勘察设计研究院有限公司、中国公路工程咨询集团有限公司，监督单位为湖北省交通建设质量监督站。施工、监理单位情况见表 2-1-33。

谷竹高速公路施工、监理单位一览表　　表 2-1-33

合　同　段	长度(m)	施　工　单　位	监　理　单　位
GZTJ-10	7.5	中天路桥有限公司	湖北省公路水运工程咨询监理公司
GZTJ-11	4.6	中铁十三局集团第一工程有限公司	湖北省公路工程咨询监理中心
GZTJ-12	8.4	湖北省路桥集团有限公司	湖北省公路工程咨询监理中心
GZTJ-13	5.2	中铁十四局集团第二工程有限公司	湖北省公路工程咨询监理中心
GZTJ-14	4.0	辽宁省路桥建设一公司	湖北省公路工程咨询监理中心
GZTJ-15	6.1	中铁十一局集团第一工程有限公司	湖北省公路工程咨询监理中心
GZTJ-16	6.3	中铁一局集团第四工程有限公司	湖北省公路工程咨询监理中心
GZTJ-17	6.6	中交二公局第一工程有限公司	湖北省公路工程咨询监理中心
GZLM-2	28.2	中交第二公路工程局有限公司	湖北省公路水运工程咨询监理公司
GZLM-3	41.1	华通路桥集团有限公司	湖北省公路工程咨询监理中心
GZLHFH-02	边坡绿化防护施工	湖北省林业勘察设计院	湖北省公路水运工程咨询监理公司
GZLHFH-03		任县园林绿化有限公司	湖北省公路工程咨询监理中心
GZFJ-1	房建施工	湖北辉玲建筑工程有限公司	武汉威仕工程监理有限公司
GZFJ-2		荆门市建筑工程总公司	
GZJA-2	交安施工	郑州市大道公路工程有限公司	湖北省公路水运工程咨询监理公司
GZJA-3		中交第二公路勘察设计研究院有限公司	湖北省公路工程咨询监理中心

续上表

合同段	长度(m)	施工单位	监理单位
GZJD-1	机电施工	北京瑞华赢科技发展有限公司	北京兴通工程咨询有限公司
GZJD-2		烽火通信科技股份有限公司	
GZJD-3		葛洲坝集团电力有限责任公司	西安金路交通工程科技发展有限责任公司
GZJD-5		盛云科技有限公司、甘肃紫光智能交通与控制有限公司	北京兴通工程咨询有限公司
GZLH-1	绿化施工	杭州爱立特生态环境科技有限公司	湖北高路公路工程监理咨询有限公司、湖北省公路水运工程咨询监理公司
GZLH-2		河南省豫建市政园林工程有限公司	湖北省公路工程咨询监理中心
GZSSF-1	伸缩缝安装	衡水市橡胶总厂有限公司	湖北高路公路工程监理咨询有限公司、湖北省公路水运工程咨询监理公司
GZSSF-2		衡水恒力通工程橡胶有限公司	湖北省公路工程咨询监理中心
GZSDZS-1	隧道洞门装饰	武汉常阳新力建设工程有限公司	武汉威仕工程监理有限公司
GZSPZ-1	声屏障施工	山西森太科技有限公司	湖北高路公路工程监理咨询有限公司、湖北省公路水运工程咨询监理公司、湖北省公路工程咨询监理中心

实施过程:批复总工期48个月。2009年11月,谷竹高速公路建设机构开始筹建。2010年4月30日控制性工程土建十七合同段开工,2010年10月30日一期土建工程开工;2013年8月1日,二期路面工程开始施工;2014年12月完工(青峰隧道右洞除外);2014年12月26日,谷城—竹溪高速公路全线顺利通车。至此,鄂西北保康、房县、竹山、竹溪等四县结束不通高速公路的历史。

工程交工验收:2014年12月21日,谷竹高速申请整体交工验收的合同段(除青峰隧道右线剩余工程外)质量合格;项目交工验收工程质量评定98.07分,符合国家验收标准。青峰隧道右洞工程于2015年10月12日通过了单位工程交工验收,全线通车。全线分项分部工程质量合格率100%,

(四)复杂工程

谷竹高速公路主要复杂技术工程为隧道工程,房县至保康段穿越著名的青峰主要断裂带,区域岩体兼具火成岩、沉积岩、变质岩三大岩性,岩层扭曲多变,岩体断裂破碎,多处路段通过破碎层、滑坡山体、绢云母片岩、红砂岩和膨胀土等不良地质地带,须综合治理。谷竹高速房县至保康段共有13座,其中:长隧道、特长隧道共计4座。

第七节 大庆—广州高速公路(G45)

大庆至广州高速公路(简称大广高速公路),国家高速公路网编号为G45,是国家

"71118"高速公路规划网中纵向的第五条线,起点在大庆,途经松原、双辽、通辽、赤峰、承德、北京、霸州、衡水、大名、濮阳、长垣、开封、周口、潢川、麻城、黄石、吉安、赣州、龙南、连平、终点在广州,全长3429km。2015年12月31日全线贯通。

大广高速公路湖北省段是省交通建设"十一五"规划网中境内北段骨架,由河南大广高速入境麻城,终点由通山出境至江西。湖北省段全长约267km,全路共设桥梁95座,隧道2座,互通立交9处,分离式立交30处。另设主线收费站1处,匝道收费站8处,停车区2处,服务区2处,养护工区2处和通信监控分中心1处。

大广高速公路湖北省段由麻城至浠水段(称湖北北段)、鄂东长江公路大桥、黄石至通山段(称湖北南段)共三个项目组成。麻城至浠水称为湖北北段,全长147.4km。于2009年4月通车。鄂东长江大桥是沪渝高速和大(庆)广(州)高速在湖北黄石段的共用过江通道,于2010年9月建成通车。黄石至通山称为湖北南段,2012年5月建成通车,并与江西省的武吉高速、杭瑞高速(九瑞段、湖北段)成功对接。大广高速湖北境内全线贯通,打通了湖北省连接河南、江西新的通道,对缓解福银高速公路昌九段特别是九江长江大桥的交通压力、促进长江中游城市群建设具有重要意义。

大广高速公路湖北段(G45)

一、大广北高速公路(麻城—浠水段)

(一)项目概况

功能定位:大广北高速公路项目是国家"71118"高速公路规划网中的纵五线.大庆至广州高速公路湖北省麻城至浠水段,是交通部规划的大庆至广州国家高速公路(国道G45)的重要组成部分,也是湖北省交通厅规划的"五纵三横一环"公路主骨架的重要组成部分。大庆至广州高速公路湖北省麻城至浠水段位于湖北省东北部,是贯穿南北的大通道,途经黄冈市麻城、团风、黄州总计14个乡镇,是一条引领老区人民奔小康的幸福路、致富路。对于提升黄冈区位优势,提升旅游资源的影响力,扩大招商引资成果有着重要的意义。

线路走向:湖北大广北高速公路北起鄂豫交界处的麻城市周家湾,在黄冈市团风县境内与已建成的武英高速公路相交,经麻城市、武汉新洲区、团风县、黄州区、浠水县五个县市区,止于鄂东长江大桥散花枢纽互通,与湖北大广南高速公路相连,和黄黄、武黄高速公路贯通。

主要出入口:全线共有8个匝道收费站,分别是:乘马岗站、麻城站、铁门站、新洲站、团风站、黄州站、巴河站、兰溪站。

建设规模:主线全长147.115km,大桥50/13332.76座/m,中桥37/2225.29座/m,小桥9/204.27座/m,隧道2/1050座/m,涵洞529道,通道248道,天桥46座,分离式立交桥26座,互通式立交9座,服务区2处,停车区2处,另建两条一级公路连接线19.79km,其中浠水连接线15.744km,城市公路团风连接线4.05km。

投资规模:初步设计概算47.25亿元,批准的调整概算为54.028亿元,工程总造价54.015亿元。

主要技术指标:主线全长147.115km。工程全线双向四车道高速公路,全封闭,全立交,设计速度为100km/h,路基宽度26m,平曲线最小半径1080m,最大纵坡3.802%。

主要工程数量:土石方2213.49万m^3,防护工程26.75万m^3,排水工程394km,路面底基层422万m^2,路面下基层390.85万m^2,路面上基层388.69万m^2,路面下面层290.87万m^2,路面中面层410.68万m^2,路面上面层416.23万m^2,绿化直喷草173.31万m^2,绿化三维网直喷草25.25万m^2,绿化客土喷播44.34万m^2,铺植草皮67.59万m^2。

自然地理特征:路线位于湖北省东北部,海拔高程30~65m,一般相对高差5~15m,坡角5°~15°,植被多为农作物。项目区从北到南,由低山丘陵—垄岗—丘陵—平原过渡,呈现明显的北东高南西低的特点。项目区南部为长江,受自然气候、地形地貌、地理条件和地质构造的影响,区内地表水系较发育。区内湖泊主要有望天湖、连二湖;人工湖泊较多,自北向南依次有万义水库、放牛出洞水库、浮桥河水库、明山水库等,其他水库零星分布,规模较小。区内河流主要有浮桥河、举水河及其支流沙河,均为常年性河流,其他多为季节性河流,所有河流均汇于长江。

(二)项目前期工作

决策背景:大广高速公路是连接东北、华北、华中与华南的交通大动脉,也是京、港、澳高速公路的重要的辅助通道,对开发大别山自然资源和旅游资源具有重大意义。

决策过程：国家发展和改革委员会于 2005 年 7 月 25 日以《国家发展改革委关于湖北省麻城至浠水公路项目核准的批复》（发改交运〔2005〕1355 号），批复了项目可行性研究报告，大广北高速公路获准立项。2006 年 1 月 13 日，交通部以《关于湖北省麻城至浠水公路初步设计的批复》（交公路发〔2006〕11 号），批复了项目初步设计。2006 年 3 月 1 日，湖北省交通厅以《关于〈大庆至广州高速公路湖北省麻城至浠水段施工图设计文件〉的批复》（鄂交基〔2006〕66 号），批准了施工图设计。2006 年 8 月 15 日，湖北省交通厅正式批准项目开工建设。2007 年 7 月 5 日，湖北省交通厅以《关于大庆至广州高速公路湖北省麻城至浠水段 K110+670.32～K111+072.96 段设计变更的批复》（鄂交基〔2007〕275 号），批复将 K110+670.32～K111+072.96 段路基变更为桥梁，桥梁上构采用 20m 空心板。

湖北大广北高速公路有限责任公司严格按照国家基本建设程序完成了招投标、土地申报、农田占补平衡、环境监测与评价、地质灾害评估以及沿线水保、文物、矿产、森林植被等报批手续。审批情况见表 2-1-34。

各阶段审批情况表 表 2-1-34

报批项目	审批文号	审批单位
工程可行性研究报告	发改交运〔2005〕1355 号	国家发改委
初步设计文件	交公路发〔2006〕11 号	国家交通部
施工图设计文件	鄂交基〔2006〕66 号	省交通厅
环境影响评价大纲	鄂环函〔2004〕54 号	省环保局
	鄂环函〔2004〕336 号	省环保局
	环办函〔2004〕678 号	国家环保总局
水土保持方案	鄂水利保复〔2004〕65 号	省水利厅
文物保护规划报告	鄂文物综〔2004〕14 号	省文物局
压覆矿产调查报告	鄂土资函〔2004〕38 号	省国土厅
地质灾害危险性评估报告	鄂土资函〔2004〕18 号	省国土厅
大广北高速公路工程用地预审意见	国土资函〔2004〕732 号	国土资源部
大广北高速公路工程建设用地批复	鄂土资批〔2007〕83 号 国土资函〔2007〕326 号	省国土厅 国土资源部

征地拆迁情况见表 2-1-35。

大广北高速公路拆迁基本情况表 表 2-1-35

拆迁项目	单位	设计拆迁数量	实际完成数量		备注
一、永久性征地	亩	14156.63	12740.78		
二、房屋拆迁	m²	144553.10	砖混结构楼房	43060.23	84708.81	
			砖木结构平房	24405.41		
			土木结构平房	13821.26		
			简易房屋	3421.91		

续上表

拆迁项目	单位	设计拆迁数量	实际完成数量	备注
三、土地附着物				
地坪	m²	6500.10	15520.74	
水井	口	288	338	
坟墓	座	3322	6795	
电线杆	根	1429	960	
大树	株	99343	77711	
小树	株	117870	170210	
挂果树	株	40550	25438	
未挂果树	株	30540	20419	

(三)项目建设情况

组织机构：2004年，由葛洲坝股份有限公司和武汉葛洲坝实业有限公司共同出资成立了湖北大广北高速公路有限责任公司，作为项目法人进行项目建设管理。葛洲坝股份有限公司总经理、湖北大广北高速公路有限责任公司董事长张金泉，具体分为组织领导系统、工程实施系统、支持保障系统（沿线各市、县地方政府以及交通、土地等部门的人员组成湖北大广北高速公路协调指挥部，在公司和各级地方政府的共同领导下负责做好征迁和建设协调工作）。公司设置综合部、计划合同部、工程技术部、总监理工程师办公室、机电物资部、征迁协调部、财务部等职能部门，同时下设三个工作站，作为公司派出机构。

主要参建单位：设计单位为湖北交通规划设计院、湖南省交通规划设计院；监理单位为北京华路捷公路工程技术咨询有限公司、重庆锦程工程咨询有限公司、湖北顺达公路工程咨询监理有限公司、武汉市公路工程咨询监理公司；路基施工单位为中国葛洲坝水利水电工程集团有限公司、中铁七局集团有限公司、深圳市市政工程总公司、广东冠粤路桥有限公司、中铁三局集团第二工程有限公司、中国铁路工程总公司、福建省第二公路工程公司、中铁十四局集团有限公司、湖北省路桥有限责任公司、中铁十九局集团有限公司；路面施工单位为中交第二公路工程局有限公司、中铁十六局集团有限公司、葛洲坝集团第五工程有限公司；绿化施工单位为荆门市大森林绿化工程有限公司、湖北绿源风景园林工程有限公司、宜昌市葛洲坝风景园林有限公司；交安施工单位为湖北省高速公路实业开发有限公司、湖北省路路通公路设施工程有限公司、中国葛洲坝集团机械船舶有限公司。

实施过程：2005年12月28日上午，大庆至广州高速公路湖北段麻城至浠水段试验路段破土动工。实施阶段：该项目工程分三期实施。一期土建工程共划分为12个施工合同段；二期路面工程划分为4个施工合同段；三期工程划分为4个绿化工程施工合同段、4个交安设施工程施工合同段、1个机电工程施工合同段和3个房建工程施工合同段。该项目于2006年8月15日开工，2009年3月22日通过交工验收，2009年4月16日通车试运营。

工程交工、竣工验收:2009年3月,公司按照《公路工程竣(交)工验收办法》(交通部令2004年第3号)的有关规定要求,组织各施工、监理单位进行了交工验收。省交通运输厅工程质量监督局从2007年12月~2009年3月委托湖北省公路水运工程测试中心对该项目全面交工验收前进行了质量检测工作。评定结果表明:湖北大广北高速公路外观形象好,内在质量优,资料收集整理齐全完整。工程质量得分为97.9分,各分部、分项、单位工程合格率100%,优良率100%,项目工程质量评定为合格。

(四)复杂技术工程

大广北高速公路沿线地形、地质条件较为复杂,而特重、超重车辆密度大,对路面的使用品质提出了更高的要求。为在设计上确保路面在设计年限内能满足足够的承载能力、耐久性、舒适性、安全性和经济性等要求,项目根据大广北高速公路的地理环境、气候、交通状况以及地材分布特点,对路面面层、基层材料结构类型的选择、原材料优选和材料组成与结构设计进行了探讨和研究。

1. 路面基层材料组成与研究

在保证水泥稳定粒料强度下,从粒料级配、水泥品种与掺量以及混合料含水量等方面采取措施,尽可能降低其收缩系数,并提出相应的施工要求;同时通过长期强度、劈裂强度、回弹模量、水稳定性和抗冲刷性全面分析基层材料的路用性能;以保证基层强度和减少基层裂纹为目的进行研究,通过比较研究洒水养生、麻袋覆盖养生、塑料薄膜覆盖养生、养生膜养生技术和经济效果,选定养护方法;提出各级基层材料组成配合比和施工细则,完善施工控制与管理,进行技术指导。

2. 沥青面层材料结构和材料组成设计研究

调查沿线石料分布,分析石料的矿物成分、孔隙率、压碎值、洛杉矶磨耗损失、粘附性、坚固性、磨光值、针片状、棱角性,优选集料并提出相应的技术要求;根据项目所在地区路面最高与最低设计温度的计算参数,制定相关温度分布,选择沥青性能等级。采用不同沥青、结合沿线石料,研究沥青混合料级配、油石比及其配合比,同时分析不同厚度、不同级配类型的沥青混凝土的组合性能,重点采用室内模拟试验,分析疲劳特性,抗水损害能力以及抗高温车辙性能,进行技术性能比较,确定最终路面材料结构组成。

3. 片麻岩沥青混凝土应用研究

工程建设沿线优质石料资源匮乏,但蕴藏着丰富的片麻岩资源,进行片麻岩沥青混凝土制备与性能研究,有利于节省工程造价和合理环保地利用资源。该项目从片麻岩石料结构特性分析入手,研究有效的改善片麻岩石料黏附性措施,制备高性能片麻岩沥青混凝土并进行水稳定性、黏弹特性、疲劳性能等性能评价,开展片麻岩沥青混凝土施工技术研究,确定合适的配合比方案,提出合理的系统配置、施工设备工作参数和拌和工艺。

4. 湖沥青及其混合料应用研究

在基质沥青优选与湖沥青最佳掺量及湖改性沥青的改性工艺研究的基础上制备湖改性沥青,通过测量沥青胶结料的复数剪切模量(G^*)和相位角(δ)来表征沥青胶结料的黏性和弹性特征,并进行湖改性沥青混合料设计与性能研究及跟踪观测,为大广北高速公路建设提供更高效的技术方案。

5. 路面施工机械及施工控制研究

根据材料共振原理和压实度随碾压次数增长特性的关系及夯锤工作特性,确定了多功能摊铺机的合理作业区段。按照以摊铺作业质量为目标的机械化施工设备匹配技术的基本原则建立了核心设备、主要设备和辅助设备合理匹配的计算模型。控制温度变异、减小离析可以通过提高搅拌设备热料出料温控系统的控温精度、减小传感器的标定误差和加强原材料管理进行控制。理论分析和工程实践证明,预防离析,应充分重视材料性能和设备结构与使用,材料与设备的相互作用特性,施工管理等方面,并对材料离析,温度离析,碾压离析进行综合控制。

二、鄂东长江大桥

鄂东长江公路大桥是国家高速公路网福银高速公路(G70)、沪渝高速公路(G50)和大广高速公路(G45)在湖北东部跨越长江的共用过江通道。大桥位于长江水道中游黄石市与黄冈市交界区域,黄石长江公路大桥上游(直线距离0.95km)。

(一)项目概况

鄂东长江公路大桥路线全长15.149km,沿线跨黄冈市、黄石市、鄂州市三地,见表2-1-36。

鄂东长江公路大桥沿线情况　　　　　表2-1-36

序号	桩号范围	路线长度(m)	地域
1	K0+460~K6+514	6054	黄冈市浠水县散花镇
2	K6+514~K11+122	4608	黄石市黄石港区
3	K11+122~K15+610	4488	鄂州市花湖镇、汀祖镇

其中长江大桥全长5.762km。主桥为主跨926m的混合梁斜拉桥;北岸接线长5.380km,南岸接线长4.007km。全线设散花、花湖2处互通,设监控管理中心1处、养护工区1处及匝道收费站2处。

鄂东长江公路大桥的建设,对完善国家和湖北省干线公路网,解决国道主干线在湖北黄石过江通道的瓶颈问题,促进沿江地区特别是鄂东地区经济快速发展,改善湖北省经济布局和投资环境,构件武汉城市圈,实现湖北"中部崛起"战略构想,具有十分重要的战略意义。

建设规模:鄂东长江公路大桥由主桥、滩桥、引桥、接线构成,大桥及其滩、引桥全长约6.203km。主桥为3×67.5+72.5+926+72.5+3×67.5m 九跨连续半飘浮体系的双塔双索面混合梁斜拉桥,全长1.476km。索塔采用"凤翎"式结构,包括上塔柱、上中塔柱连接段、中塔柱、中下塔柱连接段、下横梁和下塔柱。北塔总高度为242.5m,南塔总高度为236.5m,高跨比为0.221。索塔基础采用钻孔灌注桩基础方案。南岸索塔位于岸滩处,采用28根直径2.5m 钻孔灌注桩,桩长76m。北岸索塔位于水中,采用33根直径2.8~2.5m 变截面钻孔灌注桩,桩长71m。主梁为钢箱梁与预应力混凝土箱梁组成的混合梁,为分离式双箱单室结构。边跨为预应力混凝土箱梁,主跨为钢箱梁,两者分界面位于主跨侧,距主塔中心线12.5m。钢箱梁外形与混凝土箱梁相一致,梁高3.8m。横桥向两根斜拉索在桥面处的中心距为34.4m,包括风嘴箱梁全宽38m。桥面板设2%双向横坡。斜拉索采用平行钢丝斜拉索,斜拉索索面为按扇形布置的斜索面,每一扇面由30对斜拉索组成,中跨标准索距15m,边跨标准索距7.5m;主跨钢混结合梁段钢箱梁采用大型浮吊吊装,其余梁段采用悬臂拼装施工;边跨混凝土梁采用支架现浇施工。

投资规模:鄂东长江公路大桥是我省第一个多元化投资的特大型桥梁工程。由湖北华银实业集团有限公司、湖北省交通投资集团有限公司、湖北省长江产业投资有限公司、黄石市鼎城资产管理有限公司等四家单位共同投资建设,其出资比例分别占54.61%、38.39%、3.5%、3.5%。项目批准总概算为27.52亿元。工程建设期间由于设计变更,材料价格上涨等原因,工程投资增加2.62亿元,项目实际总投资为30.14亿元。项目资金来源为:企业投资、国有投资和银行贷款。于2006年11月20日开工,2010年9月28日建成通车,建设工期4年。

主要技术标准:平原微丘地形,主线设计速度100km/h,路基宽度33.5m(共用段)、24.5m(其他路段),桥面宽度33.0m(共用段)、24.0m(其他路段),行车道宽度2-3×3.75、2-2×3.75m,梁桥设计荷载公路-Ⅰ级,桥面横坡2%,通航标准通航净高不小于24m,通航净宽:一跨跨过通航水域,设计洪水频率1/300,最高通航水位艾家湾:23.88m,最低通航水位艾家湾:7.30m。

主要工程数量:土石方286万m^3;混凝土72万m^3;钢材12.54万t。路面:改性沥青混凝土路面62万m^3,环氧沥青混凝土路面3万m^3,水泥混凝土路面14万m^3。跨线桥、天桥、高架桥:11座。中小桥:25座。涵洞,通道47道。

桥位水文、地质:桥位河段上起迴风矶,下止西塞山,呈"S"形弯曲河道,长约15km。桥位处正常水位时江面宽约1040m,平均水深20m左右。桥位区地形地貌属长江中下游滨湖丘陵区,大别山南麓,桥位区覆盖层主要是第四系覆盖层,桥位区第四系覆盖层岩性分布有如下特征:南岸以黏土、亚黏土为主,河床以砂层为主,主河槽及底部有砂砾石层。

北岸上部为亚黏土、亚砂土,部为砂层,底部有 0~35m 左右砾、卵石层。北岸基岩比较单一,主要为弱~微风化泥灰质粉砂岩。南岸基岩主要为弱~微风化泥灰质粉砂岩、粗砂岩和安山岩,岩体完整性较好,但局部破碎。

(二)项目前期工作

项目工可阶段对桥位、技术标准、建设规模和总投资等进行了深入研究,确定大桥采用艾家湾桥位方案,按六车道高速公路标准建设,全线设两座互通式立交,主桥采用一跨跨过有效通航水域的大跨径桥梁方案。

立项审批:2002 年 12 月,该项目前期工作正式启动。2004 年 4 月,由湖北省交通规划设计院编制完成了《湖北沪蓉高速公路鄂东长江公路大桥工程可行性研究报告》。同年 12 月,国家发展改革委对鄂东长江公路大桥工程可行性研究报告进行了批复。2005 年 10 月,湖北省交通规划设计院中标承担了鄂东长江公路大桥全线土建工程初步设计。2006 年 8 月,交通部对鄂东长江公路大桥初步设计进行了批复。2006 年 4 月湖北省交通规划设计院与中交公路规划设计院联合中标承担该项目技术设计和施工图设计工作。

征地拆迁:2004 年 12 月 2 日国土资源部国土资厅函〔2004〕714 号文批准土地预审,2007 年 4 月 9 日国土资函〔2007〕226 号文批准建设用地,2006 年 6 月与省国土厅签订征地统征包干协议。鄂东长江公路大桥永久性征地 1610.58 亩,其中:黄石市 197.74 亩、鄂州市 721.17 亩、黄冈市 691.67 亩;征用林地 177 亩,其中:黄石市 11、黄冈市 46 亩、鄂州市 120 亩。

鄂东长江公路大桥拆迁协调工作涉及两岸、三市(黄石、黄冈、鄂州),四个县(区),三个经济开发区(黄石经济开发区、鄂州花湖开发区和浠水散花工业园区),6 个乡镇街道办事处、33 家工厂、14 个村、217 户被拆迁户。鄂东长江公路大桥拆迁的组织由省指挥部牵头,所辖"三市"市、区(县)协调指挥部具体运作。省指对黄石市拆迁采取费用包干的形式实施,黄冈市、鄂州市是在详细调查的基础上,省指与鄂城区政府、散花镇政府签订拆迁合同,区、镇与拆迁户签订拆迁合同的形式实施。鄂东长江公路大桥拆迁资金实行双合同制管理,省指挥部(公司)不仅同黄石、黄冈、鄂州地方协调指挥部签订了拆迁协议,还同相关各方及银行签订了《征迁资金管理协议》。在资金管理协议中,明确了各地方协调指挥部应随时提供其账户余额、资金收支明细、资金用途及收款单位等情况,定期向省指报送征迁资金使用计划,并根据省指审查批复的计划使用征迁资金,确保了征迁资金专户管理、专款专用,有效维护了地方和人民群众利益,杜绝了以权谋私和套取、挪用、克扣拆迁补偿资金的现象发生。

鄂东长江公路大桥实际拆迁房屋 76847.8m²,其中:黄石市 44257.4m²、黄冈市 11171.9m²、鄂州市 21418.5m²。改迁地下水管、油管 3549m,搬迁坟墓 1350 座,补偿各类树木51894棵,以及数量众多的路灯、花坛、水井、水池等。改迁万伏电力线杆153处,其中:黄石市74处、鄂州市67处、黄冈市12处。涉及黄石供电公司、鄂州供电公司、黄冈供电公司和浠水县电力公司。改迁地下光缆35060m(包含国防光缆11120m),其中:黄石市境内800m,鄂州市境内29660m,黄冈市(浠水)境内2260m。涉及中国联通、中国网通、中国移动、中国铁通、中国电信、地方广电以及高管局等9家单位。另改迁挂空光缆71处,通信线杆73处。

鄂东长江公路大桥征地拆迁总费用为2.63亿元,其中:征地补偿0.49亿元,拆迁补偿2.14亿元。其资金具体使用情况如下:征地(林地及耕地税)费用为4915.92万元(由省国土局支付给"三市")。其中:征地费4592.4万元,耕地占用税195.1万元,林地费为78.48万元。黄石市征迁包干费用1.26亿元。鄂州市拆迁包干合同及省指直接支付拆迁工厂等费用4006.39万元。浠水县拆迁费用616.07万元。"三杆"拆迁费用1445.32万元。其他征迁费用2870.19万元。

(三)项目建设情况

组织机构:鄂东长江公路大桥由鄂东长江公路大桥有限公司投资建设和运营,运营管理采取的是"收费委管、路政派驻、养护社会化"的运管模式。大桥通行费征收:鄂东长江公路大桥路线全长15.149km,全线设黄石和散花两个收费站,其中:委托省交通运输厅武黄高速公路管理处管理黄石收费站费收业务,委托省交通运输厅黄黄高速公路管理处管理散花收费站收费业务。由鄂东大桥有限公司支付相应的委托管理费用。大桥路政执法:由湖北省交通运输厅高速公路路政执法总队武黄支队派驻第二大队具体实施。大桥养护:通过公开招标,选取优秀的检测、养护专业单位承担项目各项检测和养护工作。鄂东长江公路大桥有限公司对检测、养护单位进行管理并进行大桥健康监测、应急管理。

主要参建单位:主体工程设计单位:湖北省交通规划设计院、中交公路规划设计院有限公司联合体;设计双院制审查单位:中铁大桥勘察设计院有限公司、北京交科公路勘察设计研究院有限公司;设计咨询:日本长大株式会社;中心试验室:湖北省高速公路实业开发有限公司;测量中心:长江三峡勘测研究院有限公司。监理:第一高驻办:西安方舟工程咨询有限责任公司;第二高驻办:湖北省公路水运工程咨询监理公司;房建监理:鄂州市工程建设监理公司;机电监理:西安金路交通工程科技发展公司。施工单位为中交第二公路工程局有限公司、中交第二航务工程局有限公司、中铁大桥局股份有限公司、四川公路桥梁建设集团有限公司、湖北路桥集团有限公司、中铁山桥集团有限公司、中铁宝桥股份有限公司、江苏法尔胜股份有限公司、武汉东方建筑集团有限公司、武汉鑫源建筑工程有限公司、陕西公路交通科技开发咨询公司、江苏中压电气工程有限公司、上海宝达工程机械有限公司、江苏万宝桥梁构件有限公司、中铁大桥局集团武汉桥梁科学研究院、北京奇太振控科技发展有限公司、北京毛勒桥梁设施技术有限公司、衡水宏力工程橡胶有限公司、老人涂料(深圳)有限公司、广东立乔交通工程有限公司、蒙特空气处理设备(北京)有限公司、湖北路路通公路设施工程有限公司、武汉森茂生态绿化工程有限公司、中国十五冶金建设有限公司、湖北路桥集团有限公司、广东长大公路工程有限公司、湖北华禹工程有限公司、武汉金牛水利水电工程有限公司。

实施过程：鄂东长江公路大桥建设计划工期48个月,实际工期46个月(2006年11月20日开工,2010年11月20日完工)。工程按照"一年基础、二年索塔、三年上部构造、四年桥面及附属工程"的总体目标控制。全线30个承建单位均按期完成合同任务。主要控制性分项工程进度如下：边跨PC宽箱梁浇筑2009年6月21日完工；索塔及基础2009年7月15日完工；钢混结合段2009年8月1日完工；主桥中跨钢箱梁安装于2010年4月6日合拢；主桥钢桥面铺装2010年7月25日完工；武黄主线改造2010年8月31日完工。

工程交、竣工验收：鄂东长江公路大桥2010年9月21日全桥顺利通过交工验收,于2010年9月28日提前52天建成通车。2010年9月28日建成投入试运行,2014年1月16日通过了交通部组织的竣工验收。项目综合评分为94.92分,综合评价等级为优良。自竣工验收之日起,鄂东长江公路大桥投入正式运营。

(四)复杂技术工程

鄂东长江公路大桥主跨跨径大、技术复杂,大桥建设面临众多技术难点和复杂技术工程施工。复杂技术工程主要有：大直径长嵌岩桩基础、大体积混凝土承台、超高混凝土索塔、主桥边跨PC宽箱梁混凝土、主桥钢混凝土结合段箱梁、超重钢箱梁安装、超长斜拉索安装、钢锚箱安装、正交异性钢桥面铺装。

1. 大直径长嵌岩桩基础

鄂东长江公路大桥南、北塔桩基为大直径长嵌岩桩,其直径大,嵌岩深,施工技术复杂。

主5号墩桩基础由33根钻孔灌注桩组成,覆盖层内直径为2.8m,基岩内直径2.5m,长度71m,入岩深度为38~41m。基岩主要为弱—微风化泥灰质粉砂岩。主5号墩位于水中,采用从北岸主3号墩位置开始搭设栈桥一直到主5号墩位置的方法,变水上施工为陆上施工,并搭设钢护筒钻孔平台辅助完成桩基施工。钻孔采用气举式反循环回旋钻孔工艺和泵吸式反循环冲击成孔工艺结合的方式,采用优质PHP泥浆,上游区平台集中制浆、分散净化排渣并循环使用,采取二次清孔、优质泥浆并控制终孔含砂率等措施确保零沉淀。钢筋笼后场采用长线法、12m标准节分节预制,经栈桥运输至主塔。混凝土在后场采用4台75m³/h拌和站集中拌制,采用5台罐车,经栈桥运输至现场,泵送施工,现场刚性导管法水下灌注。

2.大体积承台混凝土施工

鄂东长江公路大桥南北塔基础承台均为大体积混凝土,施工难度较大。主5号墩位于北岸深水区,其河床面高程为+5.0m,高桩承台,承台厚8m,顺桥向宽29.5m,横桥向长42m,为矩形承台。根据施工情况和水文地质的条件,主5号承台基础采用有底围堰方案进行施工。封底厚度1.5m,采用水下封底一次性连续浇筑完成。承台分两层浇筑,单次厚度4m,浇筑方量4956方,按大体积混凝土进行温控计算,并综合应用双掺技术、冷却管布置等温控措施。混凝土由后场统一拌制,4台8方罐车运输,两台卧泵送入模。承台钢筋对应的分两次安装,承台顶层钢筋及塔柱预埋筋采用骨架定位。钢筋在后场加工场进行预制制作,分批经栈桥运到承台现场进行安装。

3.超高混凝土索塔施工

索塔采用"凤翎"式结构,包括上塔柱,上、中塔柱连接段,中塔柱,中、下塔柱连接段,下横梁和下塔柱(包含元宝形混凝土块1、块2)。塔顶高程257.5m,塔底(即承台顶面)高程北塔为15.0m,南塔为21.0m,北塔总高度为242.5m,南塔总高度为236.5m;两塔除下塔柱相差6.0m外,其余结构完全相同。桥面以上塔高均为204.82m,高跨比为0.221;上塔柱高度均为92.5m,中塔柱高度均为126.0m,南塔下塔柱高18.0m,北塔下塔柱高24.0m;中塔柱横桥向外侧斜率均为1/6.70070,内侧斜率均为1/7.10408,下塔柱横桥向外侧斜率均为1/3.71655。

索塔采用C50混凝土,中、下塔柱为普通钢筋混凝土结构;上塔柱索塔锚固区内设置钢锚箱,为钢—混凝土组合结构;上、中塔柱连接段与下横梁为预应力混凝土结构。

4.钢锚箱制造及安装

钢锚箱制造在中铁宝桥安庆钢结构制造基地进行下料、组装、焊接、端面机加工、预拼装及涂装等作业,完成后运输至鄂东桥位,协助安装单位进行节段连接。

钢锚箱安装:钢锚箱采用专用运输船驳运进场,运输船将钢锚箱运输到索塔根部,然后采用大塔吊吊装。在钢锚箱吊装施工中摒弃了传统的直接采用钢丝绳加楔扣的吊装方法,采用新型吊装梁进行吊装。吊具采用钢扁担结构,由钢板焊制。根据钢锚箱的外形尺寸变化特点,即短边长度不变,长边逐段缩小,为适应长边吊具间距的变化,在长边吊架耳板上开不同间距的吊孔,吊索(包括上吊索及下吊索)均采用钢丝绳。

三、大广南高速公路(黄石—通山段)

(一)项目概况

功能定位:大庆—广州高速公路湖北省黄石—通山段项目是国家高速公路"71118"

网南北向的纵5线—大庆—广州公路在湖北境内的最南段,也是湖北省"六纵五横一环"公路主骨架的重要组成部分。项目的实施,对加快国家高速公路网的建设,改变鄂东南地区缺少南北快速通道的状况,完善湖北省公路主骨架布局,加强区域森林、矿产、旅游等资源的综合开发、开辟鄂东南、赣西北地区进入长江的便捷通道、发展沿线地区经济、优化产业结构、促进社会进步等,都具有重要的意义。

大广高速公路南段(G45)

线路走向:项目北起鄂州市花湖,与已建成的武黄高速公路(G50/G70)、鄂东长江大桥(G45/G50/G70)、武鄂高速公路(S8)在花湖西枢纽互通相接,止于鄂赣交界处的王家畈,沿途与蕲嘉高速(S78)和杭瑞高速(G56)相交,南边穿过鄂赣隧道接大广高速公路江西省段。另建有"铁山下陆"及"大冶"两条一级公路连接线11.934km。途经鄂州市(鄂城区)、黄石市(下陆区、铁山区、大冶市、阳新县)、咸宁市(通山县)等3个地级市,6个县级行政区及多个乡镇级行政区。

主要出入口:全线共有10处出入口,除该项目上的6处匝道收费站(从北到南分别为黄石西、大冶、殷祖、三溪、龙港、洪港),1处主线省界站(鄂赣)外,还有起点(花湖枢纽互通)、大冶枢纽互通(出入蕲嘉高速)、星潭枢纽互通(出入杭瑞高速)等3个出入口。

建设规模:大广南高速公路主线设计全长107.006km。全线设9座隧道长12188m,其中特长隧道1座3021m(不含江西省境内长度),长隧道3座6530.5m,中、短隧道5座2637m;桥梁73座长16750m,其中特大桥1088m/1座,大桥14418m/51座,中小桥1244m/21座;互通式立交7处(其中枢纽互通一处),分离式立交14处,涵洞216道,通道164道,天桥10座,主线桥隧总长27.815km,桥隧比为25.98%。全线设服务区2处、停车区1

处、养护区2处,通讯监控分中心1处,匝道收费站6处,主线收费站(半幅)1处。

投资规模:2006年8月29日,交通部以《关于黄石至通山〈鄂赣界〉公路初步设计的批复》(交公路发〔2006〕450号)批复了工程概算49.637亿元人民币,其中资本金17.374亿元,占该项目总概算的35%,由湖北阿深南高速公路发展有限公司负责项目筹划、资金筹措、建设实施及经营管理,采用国内BOT方式组织实施(湖北阿深南高速公路发展有限公司是由广东省大型国有企业——广东省广晟资产经营有限公司以90%股份控股经营的公司)。国内银行贷款32.266亿元,占项目总概算的65%,建设工期48个月。因方方面面原因造成实际建设期为2009—2012年,因征地拆迁的政策性调价、物价大幅上涨,实际投资约65亿元。

主要技术指标:全线双向四车道高速公路全封闭全立交,设计速度为100km/h,路基宽度26m,沥青混凝土路面,平曲线最小半径1200m,最大纵坡3.5%,汽车荷载等级公路-Ⅰ级,震动峰值加速度系数0.05(简易设防),设计洪水频率特大桥1/300,大中小桥涵、路基1/100,与公路分离式立体交叉:上跨一、二级公路桥下净高≥5m;上跨三、四级公路桥下净高≥4.5m;通道净空(宽×高):汽车通道≥6×3.5m;农机通道≥4×3.2m;人行通道≥4×2.2m。

主要工程数量:路基填土方1138.1万m^3,挖土方1276.4万m^3,沥青混凝土路面约250.7万m^2,房屋拆迁163349.8m^2,永久占地10171亩。

自然地理特征:该项目位于湖北省的东南角,北靠大武汉,向北向东经黄冈分别与河南、安徽接壤,向南与江西相临,行政区划分属鄂州市、黄石市及咸宁市。项目测区为鄂东南低山丘陵垄岗地貌区,位于东西向的幕阜山山脉北坡,地势总体呈南高北低的特征,地形较复杂。路线及其两侧存在采空区及岩溶塌陷、岩溶、滑坡、崩塌、危岩体、膨胀土及软土等。

(二)项目前期工作

决策背景:见大广北高速公路。

决策过程:2004年12月,国土资源部以国土资厅函〔2004〕733号批复土地预审;2005年7月,国家发改委以《国家发展改革委员会关于湖北省黄石至通山(王家畈)公路项核准的批复》(发改交运〔2005〕1400号)核准项目;2006年8月29日,交通部以《关于黄石至通山〈鄂赣界〉公路初步设计的批复》(交公路发〔2006〕450号)批复了项目初步设计;2008年2月,湖北省交通厅以鄂交基〔2008〕54号批复该项目施工图设计。

征地拆迁2009年1月,国土资源部以国土资厅函〔2009〕78号批复项目用地;项目永久性占地10561.765亩,拆迁房屋26.9万m^2,企业54家,"三杆"及其他地面附属物证迁合计补偿资金74316.8万元。

征迁工作中,公司本着"公开、公平、公正"的原则,通过银行监管,采取银行转账、点对点定向支付方式,确保征地拆迁资金专款专用,及时将征地拆迁补偿资金落实到征地拆迁户的手中,保障拆迁户的权益。同时也坚持"依法依规、有情操作"的原则,结合征地拆迁工作实际,在确保工程建设质量和工程进度的前提下,切实解决"三农"问题。在征地拆迁过程中,沿线鄂州、黄石、咸宁等市政府及沿线乡、村地方的支持,做了大量艰苦细致的工作,及时化解了矛盾,创造了一个良好的施工外部条件和环境。同时,本着拆迁不能拆掉群众利益的宗旨,十分注重为当地老百姓办实事,办好事,力所能及地解决他们的困难,妥善解决了征地后的土地调整和劳力安置问题;通过三改方式,重建和完善部分农村道路和灌溉水系,全线三改从设计时的几十处增加到 710 处,使沿线征迁范围内的道路、水系得到了恢复和升级;委托地方公路管理部门对施工所涉及的列养公路和非列养公路进行还建或修复,保证了施工道路畅通及当地交通畅通;结合新农村建设,鼓励拆迁户实行集中安置,公司出资近千万元,对沿线 18 个还建点进行平整,对还建点进出道路,供水和拆迁户"五线"恢复进行补偿的同时,连续两年对拆迁户以每户发放 500 元现金的方式进行慰问,最大限度地保障了拆迁户的合法利益。

(三)项目实施情况

经国家发改委核准,大广南高速公路由湖北阿深南高速公路发展有限公司采取国内BOT 方式负责筹资、建设及经营管理。2008 年 3 月,国土资源部以《关于大庆至广州高速公路黄石—通山段控制工期的单体工程先行用地的复函》(国土资厅函〔2008〕180 号);2008 年 7 月,交通运输部准予控制工期的单体工程先行开工。

组织机构:项目管理机构由广晟集团、广东中人及沿线各区政府有关领导组成建设领导系统,全面协调工程建设;建设指挥系统由董事长、总经理带领公司工作人员长驻施工现场,具体负责工程各阶段的组织实施工作,形成现场建设指挥系统;工程监理系统由总监理工程师办公室、高级驻地监理工程师办公室组成工程监理系统,对工程建设进行全过程监理;协调保障系统由该项目途经的黄石、咸宁等市分别成立了各区大广南协调指挥部,组成协调保障系统,具体负责辖区内的征地拆迁,协调项目实施中的地方关系,保障建设施工环境。

由阿深南公司组建大广南项目总监理工程师办公室(以下简称总监办),由林清副总经理兼任总监理工程师,负责组织领导该项目的工程监理。公司设总经理 1 名,副总经理若干名,总工程师 1 名,下设六部二室,即:计划合同部、技术管理部、工程监察部、协调部、财务部、设备材料部及综合办公室、总监办中心试验室。

主要参建单位:

项目建设单位:阿深南高速公路发展有限公司;

质量监督单位：湖北省交通基本建设质量监督局。

施工、监理单位见表 2-1-37。

主要参建单位一览表　　　　表 2-1-37

施工单位合同号	施工单位名称	各合同段起止桩号	各标段长度	监理单位合同号及名称	设计单位合同号及名称
一期土建第一合同段	中铁十五局集团第六工程有限公司	K160+000～K166+500	6.500km	第一驻地办　山东省交通工程监理咨询公司	设计第一合同段 湖北省交通规划设计院
一期土建第二合同段	中交二公局第一工程有限公司	K166+500～K171+900	5.400km		
一期土建第三合同段	湖北兴达路桥股份有限公司	K171+900～K186+000	14.100km		
二期路面施工第一合同段	中冶交通技术有限公司	K160+000～K186+000	26.000km		
三期绿化工程第一合同段	河南绿亚园林工程有限公司	K160+000～K186+000	26.000km		
一期土建第四合同段	云南云桥建设股份有限公司	K186+000～K196+734.880	10.735km	第二驻地办　中国公路工程咨询集团有限公司	
一期土建第五合同段	广东省长大公路工程有限公司	K196+734.880～K202+800	6.065km		
一期土建第六合同段	安徽省公路桥梁工程公司	K202+800～K216+008.151	13.208km		
二期路面施工第二合同段	江西省路桥工程集团有限公司	K186+000～K216+008.151	30.008km		
三期绿化工程第二合同段	潢川县佳美园林工程有限责任公司	K186+000～K216+008.151	30.008km		
一期土建第七合同段	中铁十三局集团第五工程有限公司	K216+000～K220+000	4.000km	第三驻地办　浙江公路水运工程监理有限公司	设计第二合同段 中铁第四勘察设计院集团有限公司
一期土建第八合同段	中铁五局一公司	K220+000～K224+000	4.000km		
一期土建第九合同段	安徽省交通建设有限责任公司	K224+000～K231+500	7.500km		
一期土建第十合同段	核工业西南建设集团有限公司	K231+500～K243+000	11.500km		
二期路面施工第三合同段	葛洲坝集团第五工程有限公司	K216+000～K243+000	27.00km		
三期绿化工程第三合同段	广州市造园园林工程有限公司	K216+000～K243+000	27.00km		

续上表

施工单位合同号	施工单位名称	各合同段起止桩号	各标段长度	监理单位合同号及名称	设计单位合同号及名称
一期土建第十一合同段	广东中人集团建设有限公司	K243+000~K256+200	13.200km	第四驻地办 安徽省科兴交通建设工程监理有限公司	设计第二合同段 中铁第四勘察设计院集团有限公司
一期土建第十二合同段	中铁十七局集团第一工程有限公司	K256+200~K262+000	5.800km		
一期土建第十三合同段	中铁隧道集团有限公司	K262+000~K267+006.340	5.006km		
二期路面施工第四合同段	广东中人集团建设有限公司	K243+000~K267+006.340	24.006km		
三期绿化工程第四合同段	咸宁市林业科学研究所	K243+000~K267+006.340	24.006km		
三期机电工程第一合同段	北京瑞华赢科技发展有限公司	全线通讯、收费、监控系统	全线	三期机电工程监理驻地办 西安金路交通工程科技发展有限责任公司	西安交通规划设计院
三期机电工程第二合同段	葛洲坝集团电力有限责任公司	全线电力、通讯、照明系统	全线		
三期机电工程第三合同段	湖北博士来消防科技有限公司	全线隧道、消防系统	全线		
三期机电工程第四合同段	广东中人集团建设有限公司	全线通讯管道铺设、人手孔开挖	全线		
三期房建工程第一合同段	广东中人集团建设有限公司	大冶市管理与监控分中心		三期房建监理第一驻地办 武汉威仕工程监理有限公司	湖北省交通规划设计院
三期房建工程第二合同段	湖北建工程总承包有限公司	黄石西收费站、大冶服务区、大冶收费站			
三期房建工程第三合同段	湖南省长盛建设有限公司	殷祖收费站、三溪停车区、三溪收费站		三期房建工程监理第二驻地办 湖北亚太建设监理有限公司	中铁第四勘察设计院集团有限公司
三期房建工程第四合同段	湖北红旗建筑工程有限公司	龙港收费站、洪港收费站、省界收费站			

实施过程:该项目分三期进行建设:一期工程为路基土石方、桥涵、隧道、立交及防护工程等十三个合同段,二期工程主要为路面工程,分四个合同段;三期工程为交通工程(标志、标线和安全设施)、机电工程(收费、监控、通信及供电照明系统)、生物防护及绿化环保、附属区建设等。

2008年2月,湖北省交通厅以鄂交基〔2008〕54号批复该项目施工图设计;2008年4月,完成监理服务及一期土建工程施工招标工作;2008年7月,交通运输部准予控制工期的单体工程先行开工。2008年7月23日大广南项目控制性工程开工。2008年12月大广南项目非控制性工程根据征地拆迁进度逐段开工。2010年6月,工程建设整体推进,一期土方路基工程基本完成;2010年9月,二期路面工程全面铺开,进入规模生产;2011年8月,三期交安、机电工程开工;2012年5月,工程全部完成,具备通车试运营条件。

工程交、竣工验收:为严格检查大广南高速公路各施工合同段合同执行情况,阿深南公司严格按照《公路工程竣(交)工验收办法与实施细则》文件规定,对各施工合同段进行了竣(交)工验收。

(四)复杂技术性工程

1. 公路大孔径钢波纹通道技术在大广南高速公路中的研究应用

大广南高速公路所经地段为鄂东南低山岗地丘陵地貌,部分涵洞填土高,在鸡爪沟地形和冲沟形成的软基地区修建常规的钢筋混凝土结构涵洞通道时多设计为拱涵和盖板涵,技术相对复杂、工程费用高、施工时间长,工程存在不均匀沉降和变形导致破坏的安全隐患,施工中采用金属钢波纹管涵代替钢筋混凝土涵洞,波纹管涵洞是采用波纹状管或由波纹状弧形板通过连接、拼装形成的一种涵洞形式。新工艺钢波纹管涵的应用,以其性能稳定、安装方便、有利环保、造价低等优点在公路施工中代替钢筋混凝土涵洞,其发展前景非常广阔。

2. 无桥台桥梁在大广南高速公路中的应用及关键技术研究

无桥台斜腿刚架桥(简称无桥台桥梁)研究、其形式从最初的正桥发展至斜桥(最大斜度30°),单孔中跨跨度(L_2)已达41m,桥梁长度($L_1+L_2+L_1$)达90余米,材料类型由主要为普通钢筋混凝土发展至预应力钢筋混凝土。

湖北大广南高速公路依托跨线桥工程,开展针对性的研究,在台后填土沉降控制及结构与土的耦合作用机理,大跨度无桥台桥梁预应力关键技术力求取得突破。该项目的研究,不仅可提高工程质量,推动该桥型的发展,对V形刚架、传统斜腿刚架桥的建设也可起到借鉴作用,同时台后填土沉降控制及结构与土的耦合作用机理研究对其他桥梁的建设更具有参考意义。

第八节 上海—重庆高速公路(G50)

上海—重庆高速公路(简称沪渝高速公路),国家高速公路网编号为G50。路线途径:上海—湖州—宣城—芜湖县—芜湖—铜陵—池州—安庆—黄梅—黄石—武汉—荆州—宜昌—恩施—忠县—垫江—重庆,全线1786km。贯穿我国东、中、西三大经济板块。沪渝高速公路,是我国"71118"高速公路路网中一条重要的横线,2010年1月18日,沪渝高速公路实现全线双向通车运营。

沪渝高速湖北段全长787.187km。由黄梅至黄石高速界子墩(鄂皖界)至散花西互通段110.544km、大广高速散花西互通至花湖西互通(里程计入G45)、武黄高速公路花湖西互通段至豹澥互通段48.54km、武汉绕城高速豹澥互通至郑店互通段37.786km、武汉绕城高速郑店互通—武汉绕城高速全力(里程纳入G4)、武汉绕城高速全力互通至汉宜高速虎牙互通265.346km、宜昌长江公路大桥段5.426km、沪蓉西高速公路宜昌至恩施段197.439km、沪蓉西高速公路恩施至利川段122.106km组成。

沪渝高速公路湖北段黄梅互通(G50)

一、黄(梅)—黄(石)高速公路(建设期:1996—1998年)

(一)项目概况

功能定位:沪渝高速湖北黄梅至黄石段(以下简称黄黄高速)是国家和湖北省"九五"规划两纵两横其中一横,原为沪蓉国道主干线组成部分,2010年国家高速公路统一命名调整作为沪渝高速(G50)组成路段。沪渝高速湖北黄梅—黄石段是"71118"国家高速公路网中18条东西横线其中之一,处于国道主干线沪渝高速的中枢位置。项目与福银高速黄梅—小池段同期建设(统称黄黄高速公路,分别称为主线及联络线),是湖北省"九五"计划重点建设工程的启动项目。项目的建成是落实国家在2000年基本建成"二纵二横"国道主干线的重要举措,对开发长江经济带、呼应浦东开发、服务三峡工程建设、促进中部崛起、支援西部大开发都将起到重要作用;对湖北构筑现代公路交通主骨架、改善投资环境、建设"1+8武汉城市圈"、振兴湖北经济以及带动鄂东老区社会经济发展有着十分重要的意义。同时,也为组织和实施重大工程建设项目及科技创新积累了丰富经验。

路线走向：项目起于鄂皖交界的黄梅县界子墩（K679+000），自东向西与 G70 福银高速小池至黄石段并线交于黄梅互通（K737+352），依次经过黄梅县、武穴市、蕲春县、浠水县，并线后止于黄石鄂东长江大桥北岸桥头接线（K786+451），在网 G50 路线长度为107.451km。（备注：①建设期长度 110.339km，2010 年鄂东桥通车，并网后散花高架桥部分剔除国高网，②黄梅互通立交至黄石段为 G70 福银高速共线段，共线长为 78km）线路另上跨上跨合九铁路立交于 K700+197，上跨京九铁路立交于 K730+048，上跨 105 国道立交于 K701+203，与麻阳高速（S29）互通立交于 K735+779。

主要出入口：含黄梅互通、花桥互通、武穴互通、蕲春互通、麻阳互通、散花互通 6 处；界子墩收费站、黄梅收费站、花桥收费站、武穴收费站、蕲春收费站、散花收费站所 5 处；界子墩服务区、黄梅服务区、蕲春服务区 3 处。

建设规模：建设期长度 110.339km，项目桥梁及构造物包括：特大桥 2295.6/1m/座，大桥 2094.87/8m/座，中桥 751.612/12m/座，小桥 962.59/43m/座，涵洞 370 道，互通式立交 5 处，分离式立交 13 处，农机、人行通道 208 道，天桥 42 座；分离式立交 13 处，互通立交 5 处（含黄梅互通立交）；沿线设置收费站所及管理养护设施 6 处，服务区 3 处。

投资规模：项目与小池—黄梅段（G70）以同一建设项目立项、批复及建设。拆分后该项目投资 16.60 亿元，项目建设资金主要来源为交通部补助、中央国债、省自筹拨款、银行借款、地方国债转贷等。项目与福银高速（G70）湖北黄梅段作为建设期同一项目主体，其建设资金主要来源为部、省资金、各种银行借款、中央国债等，累计资金来源 272471 万元（含福银高速 G70 湖北黄梅段）。其中部、省资本金 130791 万元，占 48.07%；各种借款 141500 万元，占 51.93%。

主要技术标准：全线采用平原微丘区汽车专用一级公路标准（后竣工评定为高速公路），设计行车速度 100km/h，其中除浠水至蕲春段（现 G50K756+341～K789+323）为软基，铺筑沥青混凝土路面，路面结构上面层为 AC-16Ⅱ，中下面层为 AC-25Ⅰ，其余路面均为水泥混凝土路面；路基宽度 24.5m（黄石至黄梅段）、26.5m（黄梅至界子墩段）；桥涵设计车辆荷载汽车—超 20 级、挂车—120；设计洪水频率路基及大、中桥涵 1/100，特大桥 1/300。

为进一步改善黄黄高速公路的安全性和舒适性，2005 年 4 月至 2006 年 5 月，对 K756+341～K678+985 段 75.36km 水泥混凝土路面进行沥青混凝土路面改建，路面结构形式为 SMA-13 上面层、AC-20G 中面层、AC-25G 下面层，现全线为沥青混凝土路面。

主要工程数量：建设长度 110.339km，占用土地 9064.27 亩，拆迁建筑物 148.515km²，软基处治 9.722km，土方工程 9117.352km³，石方工程 4313.292km³，防护、排水 280.749km³，沥青混凝土路面 646.784/28.714km³/km，水泥混凝土路面 1657.854/75.357km³/km，污水净化站 2 座，垃圾处理站 1 座，噪声屏障 6.623km，钢护栏、混凝土护墙 110.339km,隔离网、墙 210.963km,标志、标线 110.339km。

自然地理特征:黄黄高速公路穿越湖北省黄石市、浠水县、蕲春县、武穴市、黄梅县。路线大致呈东西走向,位于湖北黄石至江西九江的长江北岸,大别山南麓与长江之间的山前微丘和冲积平原地带,地势北高南低,自北向南倾斜,北部山峦起伏,南部河湖密布,水网如织,是湖北省在水网地区修建的高速公路。黄黄高速公路所经地区为亚热带季风气候,光照充足,气候温和,雨热同步,四季分明。春季多阴雨,气温升降剧烈,初夏雨量集中,湿度大,盛夏闷热晴旱,秋季则秋高气爽,冬季寒冷少雨。年平均气温 16.8℃,年降雨量 1200~1800mm,无霜期 238~278 天,降雪日 7~8 天,结冰日平均 38 天。四季主导风向分别为:春夏季为东南风,秋冬季为西北风。黄黄高速公路行经地区河流、湖泊、水库星罗棋布,地表水系发育。沿线地下水主要有三种:基岩裂隙水、残坡积层孔隙水、松散堆积层孔隙水;公路跨越的主要河流有茅山港、蕲河、乐斯河、大金河、团山河、赤东湖排灌渠、百米港、梅济港、老县河、胡六河、八一港等;沿线附近的主要湖泊水库有:策湖、赤西湖、赤东湖、武山湖、太白湖、龙感湖、大金水库、仙人坝水库、永安水库、龙坪水库、古角水库。

(二)项目前期工作

决策背景:20 世纪 90 年代初,我国经济迅猛发展,社会经济产生了一系列深刻变化,从而对公路交通提出了更高、更新的要求。为此,交通部于 1990 年提出《国道主干线系统规划》,旨在重点建设国道主干线,连接全国主要城市、经济中心、交通枢纽和对外口岸。1993 年 6 月全国公路建设工作会议再次明确了十二条国道主干线是全国公路网的主骨架,是全国综合运输大通道的重要组成部分,提出用三十年左右时间建成公路主骨架,并要求在 2000 年前首先建成北京至京珠、同江至三亚、上海至成都、连云港至霍尔果斯四条国道主干线,即十二条国道主干线中的"两纵两横"。

当时规划的上海至成都国道主干线(时简称沪蓉线),东起上海,经江苏、安徽、湖北、西—四川成都。该项目的建成,将成为我国南部东西方向的主要公路交通大动脉,是国家要求首批建成的"两纵两横"国道主干线之一。途经湖北省境内,东起鄂皖交界处界子墩,经黄冈地区、黄石市、鄂州市、武汉市、荆州市、宜昌市、恩施土家族苗族自治州 22 个县(市),过利川进入四川省。湖北省境全长约 975km。沪蓉线湖北省段既是湖北省东西向主要公路干线,亦是湖北省社会经济发展的主轴。湖北省政府及省交通厅十分重视沪蓉国道主干线的建设,在"六五"期间,提出了分段实施沪蓉湖北段的战略设想。自"七五"开始,历经"八五""九五",分期、分段修建了沪蓉国道主干线的宜昌至黄石段、黄石长江公路大桥。因此,该项目的建设对于完善国道主干线及湖北省区域路网,有着重要意义。

决策过程:根据交通部关于沪蓉国道主干线建设项目前期工作的总体布置,湖北省交通厅发文《关于下达 1993~1995 年交通基本建设工程前期工作计划的通知》(鄂交计

〔1992〕466号),1994年2月原湖北省计委、湖北省交通厅联合编制了《沪蓉国道主干线湖北省黄石至黄梅段项目建议书》,1994年7月湖北省交通规划设计院完成了《沪蓉国道主干线湖北省黄石至黄梅段工程预可行性研究报告》。

立项审批情况见表2-1-38。

各阶段审批情况表　　　　表2-1-38

预可行性研究报告的批准	计交能〔1996〕1738号
工程可行性研究报告的批准	计交能〔1997〕2599号
初步设计文件的批准	交公路法〔1998〕148号
施工图设计文件	1996年2月完成设计
开工报告的批准	计投资〔1998〕850号

征地拆迁:征用土地面积黄石市24466.667m^2、浠水县562413.333m^2、蕲春县1883446.668m^2、武穴市1619080.001m^2、黄梅县1953440.001m^2;拆迁房屋面积浠水县6839.61m^2、蕲春县49475.6m^2、武穴市55457m^2、黄梅县17705.54m^2。拆迁情况见表2-1-39。

黄黄高速公路拆迁基本情况表　　　　表2-1-39

所属县(市)	征用土地面积(m^2)	拆迁房屋面积(m^2)	补偿费用(万元)
黄石市	24466.667		
浠水县	562413.333	6839.61	
蕲春县	1883446.668	49475.6	7036.18
武穴市	1619080.001	55457	
黄梅县	1953440.001	17705.54	

(三)项目建设情况

组织机构:试行项目法人责任制,湖北省人民政府办公厅以鄂政办函〔1996〕4号文明确了黄黄高速公路建设的领导机构和成员:由时任湖北省交通厅厅长王远璋任指挥长,副厅长林志慧任常务指挥长,以省高速公路管理局为主体组建黄黄指挥部,按照项目法人责任制的形式建设黄黄高速公路。省指挥部设常务副指挥长1名,副指挥长3名,总工程师1名,下设三处二室:工程技术处、财务材料处、设计代表处、总监理办公室、综合办公室。指挥部驻地设于项目路线中段蕲春县境内。沿线各级地方政府也层层组建机构,黄冈市成立了由市政府主要领导任组长、相关领导任成员的建设领导小组;浠水县、蕲春县、武穴市、黄梅县、沿线19个乡镇、农场分别成立了指挥部和指挥所。

主要参建单位:建设单位为黄黄高速公路建设指挥部;设计单位为湖北交通规划设计院;监督单位为湖北省交通建设工程质量监督站;监理单位为湖北省公路工程咨询监理中心、华南交通工程咨询监理公司湖北分公司、湖北省公路水运工程咨询监理公司;土建施工单位为浠水县公路段路桥工程处、武汉市政二公司、通山县公路段、黄石市公路总段、罗田县公路段、汉阳市政工程公司、一冶特种公司、仙桃市公路段、南京海福园工程中心、蕲春县公路段、成都四海工程公司、潜江市公路局、襄樊市公路总段施工处、湖北省路桥公司、红安县公路段、孝感市公路总段、武汉市公路总段路桥公司、温岭市政公司、钟祥市公路段、神农架林区基建公司、湖南省路桥公司、黄冈市公路总段、通城县公路段、宜昌市公路局城区分局、铁道部大桥局第三基础公司、广东海外、中南物业、交通部公路二局、铁四局五处、葛洲坝七公司、广水市公路段、武穴市公路段、大冶市施工处、汉川油田城建总公司、大悟县公路段、云梦县公路段、十六冶、湖北省武汉市东西湖道桥公司、铁十一局、鄂州市路桥工程公司、汉川市公路段、省经协工程公司、十堰市公路总段、五峰县公路段、武警交通第五支队、铁四局；路面施工单位为天津路桥总公司、潜江市公路总段、黄冈公路总段、湖北省路桥公司、广水市公路段、钟祥市公路段、恩施市公路总段、武穴市公路段。

实施过程：批复建设工期36个月。1995年11月28日，湖北省政府在浠水县主持召开了黄黄高速公路建设协调委员会，正式拉开了黄黄高速公路建设的序幕；1996年2月2日，完成黄黄公路109.65km的征地动迁放线工作；1996年2月8日，在蕲河大桥工地举行开钻仪式，标志工程建设开始启动；1996年3月17日，召开路基、桥涵工程评定会，确定铁道部四局二处等二十七家企业为中标单位；1996年3月，开始征地动迁工作，施工单位进场开展施工前期工作；1996年11月8日，湖北省政府在武穴市大金镇举行黄黄高速公路建设开工典礼，黄黄高速公路进入一个新的发展阶段；1997年8月9日，完成一期工程路基土石方95％、构造物99％，二期工程将进场；1997年12月，完成主线路基工程102km，主线桥涵工程80％；1998年12月30日建成通车试运营。

黄黄高速公路建设中应用了一批新技术、新材料、新工艺、实现六大创新：在路面和桥梁结构上创新，试铺30km沥青混凝土路面；在施工技术上采用当时世界上最先进的滑模摊铺技术。在国内首次采用滑模摊铺悬臂式施工硬路肩并连体一次性铺筑缘石，创造了日滑模摊铺水泥路面1.6km的全国最快纪录；在水泥路面中利用粉煤灰改善水泥混凝土的工作性和收缩性，在沥青路面施工中采用沥青玛蹄脂混合料(SMA)；在施工设备上引进德国、美国生产的一批成龙配套先进设备；开展技术创新与质量控制双向共振、良性循环；在湖北省公路建设中率先落实"四制"，实行高速公路项目法人责任制、征地动迁合同管理制、工程招投标制、工程建设社会监理制。机制体制的创新推动建设模式的改革，促进质量管理的规范化，取得良好的社会经济效益。

工程交工、竣工验收情况：根据交通部《公路工程竣工验收办法》的规定，黄黄高速公路交工验收由原湖北省计委和交通厅联合主持召开了黄黄高速公路主线交工验收会议，成立了由湖北省重点办、防汛办、水利厅、土地局、环保局、档案局、工行、南昌铁路局，交通基本建设工程质量监督站、交通基本建设造价管理站、公路局、航务局，黄黄高速公路管理处,黄冈市人民政府、原市计委、市交通局,浠水县、蕲春县、武穴市、黄梅县交通局以及建设、设计、施工、监理单位的领导、专家和代表参加了会议,并组成了交工验收委员会。1999年5月8日~9日,在蕲春召开了黄黄高速公路主线工程交工验收会议。

按照交通部《公路工程质量检验评定标准》(JTJ 071—94)评定,整个建设项目工程质量评分为90.7分,工程质量等级评定为优良。其中路基工程91.9分,路面工程90.5分,桥梁工程92.1分,互通立交工程91.7分,交通安全设施93.4分。

(四)复杂技术工程

软土地基处理:项目在初步设计划分的不良地质地段的基础上,详勘时对不良地基进行了进一步的勘探。沿线布置了触探、钻探及横剖面的地质勘探。查明该路段不良地基主要为河、湖相沉积的暗灰色和灰绿色淤泥、淤泥质亚黏土、淤泥质黏土,具有天然含水量大、压缩性高、强度低、透水性差的特点。在路基荷载作用下沉降变形大,地基承载力不能满足高等级公路要求。全线软土地基总长度达32km,其中主线路段软土地基长13.80km(浠水县境9.91km,蕲春县境3.53km,黄梅县境0.36km),软土深度2~26m不等,含水量最高达74.9%,容许承载力40~100kPa。

根据湖北省高等级公路软基处理的实践,主要采用预压与排水固结处理,桥头部分采用粉喷桩复合处理。采用圆弧滑动法对路基进行稳定性验算,用分层总和法计算地基中点的沉降量,并用多级等速加载计算固结度,地基处理的计算结果为:稳定性验算 $K = 1.3 \sim 1.5 > 1.25$,总沉降量 $S_c = 46 \sim 134$cm,工后沉降可控制在30cm以内,2000天后固结度 U:84.9%~97.5%,剩余沉降小于10cm。

1. 处理软土地基

根据黄黄高速公路的软土路基特点,对软基分别采用塑料排水板、袋装砂井排水固结、砂桩或砂垫层加土工格栅以及水泥粉喷桩等方法进行处理。

塑料排水板或袋装砂井排水固结处理深层软基:根据地质调查资料和湖北省高速公路软土地基处理的实践,对深层软基(软土深度大于5m)采用塑料排水板或袋装砂井进行排水固结处理,排水板采用 100×4mm 的聚氯乙烯(聚乙烯、聚丙烯)板。袋装砂井采用直径7.0cm的土工编织袋,灌以(中)粗砂,排水板及砂袋井,平面均呈正三角形布设。边长为1.3m(即路基横向1.1m纵向1.3m),处理深度根据软土性质和深度通过计算确定;砂桩及砂垫层加土工格栅处理浅层软基:砂桩及砂垫层加土工格栅处理浅层软基,适用于软土深度小于5m的软基段,砂桩设置于地表有硬壳层的浅层软基段,砂桩直径20cm,灌以中粗砂,布置间距 2×2m,砂桩处理深度应穿透软土层,地表无硬壳或硬壳较薄软基段则不需砂桩,只铺砂垫层和土工格栅即可。砂垫层及土工格栅的设置通过稳定计算确定;粉喷桩处理桥台处软基:为了克服软基段桥头跳车的缺点,采用水泥粉喷桩对台前台后地基进行复合处理,台后处理长度为15m,并与设置塑料排水板或袋装砂井的路段设置15m长的过渡段,台前处理至坡脚以外3m,粉喷桩桩直径采用50cm,桩间距为1.3m,置换率为16%,其桩长根据沉降要求和承载力要求验算确定。

2. 不同软基处理方法的效果

在不同的地质条件、外荷条件下因地制宜采用经优化的软基处理方法取得良好成效:

对深层软基(软土深度大于5m)采用塑料排水板或袋装砂井进行排水固结处理,加固效果实在、消除工后沉降作用明显。

砂垫层加土工格栅不仅能起到排水固结作用,还能有助于减少总沉降量、防止泥污染,使沉降较均匀。采用土工格栅的砂垫层厚度可由50cm减薄至30cm;砂料可用渗透系数大于地基土2个数量级的透水性材料替代。

水泥粉喷桩能减少桩身范围的沉降量、抗侧向变形能力强和加快工期等优点,但价格较高,适用于桥头高填土及结构物软基处理段。在不能穿透软土层的条件下,不应使用。

在实施中,还采用了多种方法相结合来有效减小总沉降量,并使总沉降量消除在施工期内,取得了明显效果。

3. 工后沉降观测

为不断总结经验,验证黄黄高速公路全线软土路基处理的质量,管理单位在工后一期沉降观测的基础上,继续进行工后二期沉降的跟踪观测,先后于2000年9月、2005年5月和2006年5月集中观测了三次,主要观测19个沉降点的沉降速率及沉降增量,观测资料显示:除K29+200路中沉降速率为1.58mm/月、路肩沉降速率为1.42mm/月和K33+096路中沉降速率为1.57mm/月、路肩沉降速率为1.26mm/月以外,其余观测点月沉降速率均小于1mm/月,最小沉降速率是K10+000路中观测点其沉降速率为0.17mm/月。观测结果显示2000年以后黄黄公路软基沉降趋于稳定,软基技术处理和施工方案是成功的。

二、大广高速公路散花西互通至花湖西互通段(已列入G45)

见第七节大广北高速公路(麻城—浠水段)。

三、武(汉)黄(石)高速公路(其中花湖西互通至豹澥互通段48.54km属沪渝高速公路G50)

(一)项目概况

武黄高速公路是被誉为"楚天第一路"的宜(昌)黄(石)高速公路之首段。宜黄高速公路东起黄石,西抵宜昌,与三峡工程专用公路相接,途径鄂州、武汉、汉川、仙桃、潜江、荆州等地市,把湖北省东部的重工业基地,中部的轻工业商品基地,西部的能源基地联成了一个整体,全线新建里程350km,居全国第二。1986年武黄段70.299km率先动工兴建,1989年东仙段58km破土,1991年仙江段122km开工,1992年江宜段100km提前上马,分四段建设,历时十年,于1995年9月28日全线贯通。

1991年,武黄高速公路建成通车(沪渝高速G50武黄段)

功能定位:武黄高速公路是国家71118高速公路网之横线沪渝高速的中枢线。是交通部和湖北省"七五"期间的重点建设项目。武黄高速公路的建成,使湖北省高速公路实现了零的突破,被誉为"楚天第一路"。它也是湖北省第一条自筹资金、自行设计、全部采用国产设备材料的高速公路。它的建成通车,不仅大大缩短了省内武汉、鄂州、黄石三个重要工业城市的时空距离,而且与随后建成的汉宜、黄黄、京珠高速公路连接,缩短了与华东城市及西部开发区的距离,亦使到北京、上海、广州(珠海)的"朝发夕至"不再是梦想。

通车后的武黄公路,其社会和直接经济效益都十分显著。行车里程比老武黄路缩短1/4(31km),平均车速提高2倍,开放运行后,创社会效益(仅计加速货物周转、节约旅客时间)8000万元以上,实现费收1233万元。武黄路开通至今(截至1993年6月底),共通行车辆597.54万车次(绝对值以下同),日交通量由开通时的2177辆猛增到7053辆(1993年上半年日均交通量),最高达9290辆,创直接经济效益7316万元(1993年12月31日统计),获间接社会效益2.39亿元。

武黄公路的实践,为湖北省建设有中国特色、符合湖北实际的高速公路开拓了途径,提供了样板,积累了经验,锻炼提高了设计施工队伍。工程建设实现了"三高一低"(即高速度、高质量、高效益、低造价),被赞誉其为"振兴之路"、"崛起之路"、"希望之路"。

路线走向:武(汉)黄(石)一级汽车专用公路(简称武黄公路)是宜(昌)黄(石)公路的东段,全长70.299km,跨武汉、鄂州、黄石三个行政区,起于黄石(沪渝线桩号798+560),止于省会武汉(沪渝线桩号847+924),是国家规划的2000年内建设"两纵两横"国道主干线之一沪蓉线的组成部分,被列为国家和湖北省"七五"期间重点交通建设项目。从全局看,武黄公路向东经黄石长江大桥延伸—黄梅、合肥,与合宁、沪宁高速公路相连;向西,在武汉与京珠国道主干线交叉后,伸展—宜昌,与三峡专用公路相连延伸—三峡大坝,亦将延伸—重庆与成渝高速公路相接,从而构成横贯中华大地的陆上交通大通道。这对服务举世瞩目的三峡工程、开发长江经济带,发展华东、华中、西南地区的政治、经济、文化,对巩固国防和加强民族团结,均具有极其重要的意义。就湖北省而言,武黄公路建成后,解决了武汉、鄂州、黄石等工业城市之间长期以来公路交通阻塞问题,扭转了湖北省没有高等级公路的落后局面;对促进湖北省经济大三角地区的改革开放和经济发展,加速改造湖北省干线公路网、推动公路运输向快速化、现代化发展,具有重要作用。

主要出入口:庙岭互通,主线桩号842.805,单喇叭型,连接庙岭收费站;蒲团互通,主线桩号831.007,单喇叭型,连接蒲团收费站;路口互通,主线桩号825.880,单喇叭型,连接路口收费站;鄂州互通,主线桩号814.624,单喇叭型,连接鄂州收费站;汀祖互通,主线桩号805.845,单喇叭型,连接汀祖收费站。鄂州服务区,位于沪渝高速K846+500处。武东收费站,庙岭收费站,蒲团收费站,路口收费站,鄂州收费站,汀祖收费站6处。

建设规模:武黄公路全长70.299km。大桥2座,中小桥29座,涵洞342道;分离式立交108处,互通式立交6处;

投资规模:新建一级汽车专用公路70.299km,工程造价批准概算34972.71万元,实际造价34972.0万元,平均每km造价497万元。建设资金除交通部给予的补助外,自筹70%;由省交通规划设计院勘察设计、省内较大的建筑企业和公路系统队伍施工;全部采用国产设备和材料。

主要技术标准:设计时速100km/h,最小平曲线半径3000m,最大纵坡3.02%,最小纵坡0.2%,最小停车视距160m;路基宽24m,中央带宽2.5m,双向双车道宽2×7.5m,硬路肩宽2×2.5m,桥涵荷载标准汽车—超20级、挂—120;通行净高5m;设计洪水频率1/100;全部控制出入;设计通行能力每昼夜2.5万车次。

主要工程量:竣工统计完成主要工程量为:路基土石方652.934万m^3,水泥混凝土路面51.432km(87.43万m^2),(软基段)沥青过渡路面18.86km(33万m^2);浆砌片石防护工程11.486万m^3,防撞钢护栏、标志、标线、隔离、绿化防眩等安全设施70km;管养设施8处;超高频大区制简易通信系统一套。共耗用钢材11393t,水泥111595t(不含管涵用水泥),木材6981m^3,沥青4560t。

(二)项目前期工作

决策背景:改革开放,带来经济的腾飞。人们对公路交通的需求较高,飞速发展的经济在呼唤高速公路的诞生。1985年底,湖北省委、省政府从开发长江经济带、实现湖北

"在中部崛起"战略高度,决定举全省之力,修建宜昌—黄石高速公路。组建省宜黄高速公路建设指挥部,省政府领导出任建设指挥长,省交通厅具体负责组织实施。武黄公路连接武汉、鄂州、黄石三个重要工业城市,这是湖北冶金、矿产、建材、机电、化工、轻纺工业基地,工业总产值占全省38%左右,是湖北经济大三角中最重要一角。武黄公路又是省会武汉的重要出口,它东去江西,通向华东沿海,向东北过江连大别山老区,接318国道,通向合肥、南京等地。而原有武黄公路路线迂回(较新线长31km)、标准低(少数路段不够三级),阻车现象严重,交通事故频繁,远远不能适应经济发展的需要,如不尽快改造,势必影响鄂东乃至全省经济发展目标的实现。省委、省政府把武黄公路同汉川电厂、隔河岩水电站并列为"七五"重点工程中的重点,并把这个正确决策,通过大量的工作,变成各级党和政府、各个方面和广大群众的共识。在几年的奋斗过程中,虽然遇到了许多困难,决心一直不动摇。而且从思想政治的、经济的、行政的乃至法律的各个渠道,千方百计地解决问题,积极克服前进中的阻力和困难,取得了最后的胜利。

决策过程:在执行决策中,省政府采取了一系列政策措施保证了工程建设的顺利进行。资金筹措是工程建设中的最大难题,政府采取多方集资的聚财之道。一是把全省汽车养路费由每月105元/t,提高到120元1990年又调整到货车130元,客车150元,调增部分作为宜黄公路建设专项资金。二是争取交通部补助投资7800万元,三是国内贷款7500万元。省政府发文对征地动迁补偿标准作了严格规定,并对工程所需钢材、木材、水泥各按省拨价供应50%计划指标。几年来,省政府多次召开省长办公会议,听取汇报,专题研究武黄公路建设问题。每当工程遇到难题、每在工程进展的关键时刻,省和部的领导同志都亲临第一线。武黄公路是省委、省政府的正确决策和上级的支持,是各级领导和广大工程建设者,坚定地执行决策结出的硕果。交通部、省委、省政府对宜黄一级公路建设的决策、政策、指示情况见表2-1-40。

交通部、省委、省政府对宜黄一级公路建设的决策、政策、指示 表2-1-40

序号	文 号	责 任 者	题 名	日 期
1	(47)	省政府办公厅	省长办公会议纪要	1985.12.11
2	第40号	省委常委	关于交通工作的讨论纪要	1986.12.16
3	(20)	省政府办公厅	省长办公会议纪要	1987.09.12
4	(7)	省政府办公厅	省长办公会议纪要	1988.11.09
5	鄂政阅〔1990〕5号	省政府办公厅	关于筹措宜黄公路建设资金的会议纪要	1990.02.24
6	鄂政阅〔1991〕2号	省政府办公厅	关于加强武黄公路管理问题的会议纪要	1991.01.14
7	政府快报第99期	省政府办公厅	湖北省宜黄一级汽车专用公路建设情况	1989.06.05
8	鄂宜黄指〔1986〕006号	省宜黄指	关于印发《段永康同志在宜黄公路建设指挥部指挥长会议上的讲话》的通知	1986.10.16
9		省交通厅	省委书记关广富听取全省交通工作汇报时的讲话(根据记录整理)	1988.01.30

续上表

序号	文号	责任者	题名	日期
10		省交通厅	省委书记关广富在听取全省交通工作会议汇报时讲话的主要精神（根据记录整理）	1988.01.30
11		省交通厅	钱永昌部长在听取湖北省交通工作汇报时的讲话要点（根据记录整理）	1988.11.11
12	鄂交办〔1989〕287号	省交通厅	关于印发郭振乾同志讲话的通知	1989.09.03
13		省交通厅	关于印发《徐鹏航副省长、王连东厅长在下查埠大桥工地与工程队负责同志座谈时讲话》的通知	1990.07.16
14		省交通厅	王展意副部长在湖北视察"七五"交通重点建设工程时的讲话摘要（根据录音和记录整理）	1990.11.14
15	鄂宜黄指〔1986〕08号	省宜黄指	转发鄂政办发〔1986〕70号文的通知〔宜黄公路建设指挥部会议纪要〕	1986.11.19
16	鄂宜黄指〔1986〕58号	省政府办公厅	关于宜黄公路建设工程征地及动迁补偿问题的通知	1986.09.20
17	鄂宜黄指〔1986〕004号	省宜黄指	关于宜黄公路建设工程征地及动迁补偿政策的请示报告	1986.08.15
18	鄂宜黄指〔1986〕009号	省宜黄指	关于宜黄公路武黄段建设工程临时用地补偿问题的通知	1986.11.20
19	鄂交计〔1986〕第203号	省计委省财政厅省交通厅	关于调整部分车辆公路养路费征收标准的通知	1986.06.12
20	交函计字〔1989〕119号	交通部	关于湖北省水运、公路交通建设有关问题的复函	1989

关于武黄高速公路初步设计的批复和关于调整概算的批复情况见表2-1-41。

关于武黄高速公路初步设计的批复和关于调整概算的批复　　　表2-1-41

序号	文号	责任者	题名	日期
1	鄂计基管字〔1986〕第871号	省计委	关于宜（昌）黄（石）公路武汉~黄石段初步设计的批复	1986.11.02
2	鄂交函〔1986〕156号	省交通厅	关于上报武汉~黄石一级公路初步设计补充审查意见的函	1986.10.15
3	鄂交计〔1986〕329号	省交通厅	关于上报武昌~黄石一级公路初步设计文件的函	1986.09.08
4	鄂计基管字〔1990〕第527号	省计委	关于宜黄一级公路武汉~黄石段调整初步设计概算（含初步高速化增加投资）的批复	1990.08.20

续上表

序号	文号	责任者	题名	日期
5	鄂交函〔1990〕145号	省交通厅	关于上报宜黄公路武汉—黄石段调整概算的函	1990.07.30
6	鄂交函〔1990〕145号	省交通厅	关于宜黄公路武汉—黄石段调整概算的报告	1990.06.06
7	鄂宜黄指办〔1990〕42号	宜黄办	关于宜黄公路武汉—黄石段调整概算的报告	1990.07.16

征地拆迁：广泛深入宣传武黄公路建设的意义，激发社会各界支持工程建设的热情。当时，尽管政府规定的补偿标准不高，但沿线、乡村政府、群众在短短两个月内便完成了5298亩土地征用和30523m² 房屋拆迁工作，补偿费用1689.5万元，电力、电信、水利等部门也积极配合，按期迁移了有干扰的建筑物和设施，为工程顺利动工提供了条件。在施工期间，沿线干部想工程之所想，急工程之所急，即使凌晨两点，工地发生纠纷，也及时奔赴现场协调解决；沿线群众挖祖坟、腾住房、让水井以满足工程需要。在开通运营后，沿线群众遵守交通法规和"护路公约"，积极维护公路设施、保障交通安全。

采取必要的行政保证措施。省政府领导一再强调：要把保质保量、按期完成武黄公路建设任务作为考核沿线市、区、县政府政绩指标之一。除担任指挥部的政府领导主管外，在重大问题和关键时刻地方党政主要领导也要过问，亲自解决问题。个别地方在征地动迁方面不能及时配合，省市党政主要领导出面动员说服。个别村组和个人长期顶着不办，在政府统一领导下，有关部门进行必要的行政干预。对完成协调任务好的乡镇、村组给予奖励。对无理取闹、强打恶要、盗窃哄抢建筑物资、破坏公路设施等违纪违法行为，根据情节轻重，给予行政处罚或绳之以法。

严格执行经济补偿政策。为了保证工程建设的顺利进行，省政府采取了一系列政策措施，其中专门发文对征地动迁补偿标准作了严格规定：征用的各类工地按平均每亩600元给予补偿。工程建设需动迁的各类房屋，属个人所有的，按平均每平方米30元补偿；公房不予补助。征地范围内需动迁的线杆，平均每批补偿标准是：电力线杆400元，照明线杆50元，长途通信线杆400元，县（市）内通信线杆200元，广播线杆50元。征地范围内需砍伐的树木、成年果树按平均每棵50元补偿，其他成材树按平均每棵5元补偿。动迁直接关系集体和个人利益，我们按标准如实计量兑现，不准克扣；对迁移户妥善安置，动员全村劳力帮助盖房搬家，并合理调整责任田不误其生产和生活；对行动快、按时搬迁给予奖励；对因工程施工不能及时排灌而局部造成农业损失，给以补偿。这样，既做到了国家、集体、个人三者利益兼顾，又体现了沿线群众对公路建设的支援。

武黄公路实践证明，在计划经济向社会主义市场经济过渡的历史条件下，从湖北省实际情况出发,别是对施工线长、涉及面广的高等级公路建设来说,建立工程指挥系统,执行"二十字"建设方针是正确的、必要的。

(三)项目建设情况

组织机构:武黄公路是湖北省自主修建的第一条一级汽车专用公路,省委省政府十分重视,成立宜黄公路建设指挥部,由副省长段永康、王汉章、徐鹏航任指挥长,湖北省交通厅厅长王连东、政府副秘书长方贤华、省计委主任肖全涛、省计委副主任何永松、省经委主任罗德润、省经委副主任苏国安、省财办主任韩宏树、省财办副主任齐树勋、省军区副司令王毅、武汉市副市长刘泽清、武汉市副市长吴厚溥、黄石市副市长陈日进、鄂州市副市长王兴隆、荆州区副专员顾远扬、孝感地区副专员黄玉立、沙市市副市长赵祖福任副指挥长,有关委、办、厅、局、省建行、建材总公司等各一名领导任成员。省指下设办公室,由交通厅一名副厅长任主任,从交通厅直属单位抽调40多名技术、业务和管理人员组成总工程师和四个处室。公路沿线的武汉、鄂州和黄石三市相应成立分指挥部,由一位副市长任指挥长,市、交通局一名局长任分指办主任。沿线各乡镇也相应成立指挥所。省指挥部对省政府负责,主要职责是:安排计划,组织施工,督促检查,协调关系。市分指挥部在省指领导下,主要负责多完成辖区路段的征地动迁和施工中的地方协调配合任务。其中,武汉、黄石两段共20km由分指按概算包干完成路基、桥涵施工;全线路面工程则采取以分指为主、省市指挥部共同负责组织施工的方式。

省、市两级指挥部具有行政职能,可以通过政府发布行政命令,运用行政和法律手段解决建设过程中的问题;又可以用经济手段协商解决经济利益矛盾。各有关部门负责同志兼任指挥机构领导成员,从组织上提供了各部门、各方面支持武黄公路建设的有利条件,对及时协调解决征地动迁,以及公路与农田水利、工程建设、城镇规划等配合问题,排除施工干扰和保证资金、材料供应,发挥了重要作用。

武黄公路工程建设之所以能够顺利进行,除有强有力的指挥系统之外,还靠执行正确的建设方针。这就是"政治动员、行政保证、经济补偿、各方支持、共作贡献"的二十字方针。

主要参建单位:设计单位为湖北省交通规划设计院;施工单位为中国建筑第三工程局机械施工公司、交通部二航局船舶机械化施工公司、铁道部第十一工程局、冶金部第一冶金建设公司特种工程公司、交通部第二航务工程局科研设计所、水利电力部长江葛洲坝工程局、中国建筑第三工程局机械施工公司、铁道部第四勘测设计院、铁道部第四工程局机械筑路处、湖北省工业建筑总公司土石方工程公司、武汉铁路分局武汉桥隧工程段、中国公路桥梁工程公司湖北分公司、铁道部第十一工程局第二工程处、蒲团乡指挥所、鄂州市公路段、铁道部第十二工程局第三工程处、省路桥公司第一工程队、黄冈地区公路总段、襄樊市公路总段、宜昌地区公路工程处、江夏区公路管理段、武汉市第二市政工程公司、武汉市住宅建设总公司市政工程处、湖北省咸宁市公路管理段、湖北省京山县公路管理段、葛洲坝工程局第七工程公司、咸宁地区崇阳公路段、上海市科发城建技术承包公司、湖北省通城县公路段、省路桥分公司、铁四局机筑处、黄石市公路总段、北京交通运输科技服务公司、无锡县交通设施厂、天津市公路管理处机修汽车运输队、深圳招科现代交通设施有限公司、鄂州市第二建设工程公司、武汉市建筑总公一公司、西南铝武汉联合公司。

实施过程：本工程1986年勘察设计，1987年4月陆续动工，1990年12月建成，1991年元月通车试运行。在湖北省公路建设中，首次推行招标发包、实行合同管理。为便于管理、控制质量。指挥部根据各分部工程的特点以及主要工艺、设备、材料的区别，将整个工程分为：一期工程路基和桥涵、二期工程路面路肩及中央带、三期工程沿线交通工程与管养设施等三个阶段分期实施。由于各路段工程进展有别，所以就全线来说，三个工期又不截然分开、一刀切，而是相互穿插进行。这样做一是为办试点，总结推广好的经验；二是可以避免材料需求高峰，出现供不应求和运力紧张状况，也利于确保材料的数量和质量。一期工程公开招标，优选了铁道部十一工程局等13家一、二级企业施工；对专业性较强的工程（如袋装砂井和土工布处理软基等），则采用招标、邀标相结合的方式选择技术、设备、信誉均较好的二航局、铁四院科研所施工，并在填土加载全过程进行软基物理力学变化观测，既指导安全施工，又取得大量理论验证数据；对两座技术要求高、工程难度大的大桥，则以指令性任务交给设备较先进、经验丰富、施工能力较强的省路桥公司完成。二期工程专业性较强，仍以招标、议标方式，分段、分批发包给省公路系统比较有经验的18个单位施工。三期工程主要是沿线设施，是从省内外挑选合格的专业队伍承包施工。各路筑路大军并肩奋战武黄线上，为实现省政府提出的两大目标战酷暑，顶严寒，风餐露宿，精心施工。特别是在1989年冬季的软基桥涵施工中，时逢阴雨连绵，筑路职工冒着雨雪、满身泥泞，排水挖基，日夜奋战一个多月，胜利完成最后一批建桥任务；在1990年夏季的路面施工高潮中，气温高达40℃，为保工期，保质量，白天不能施工，只得连续通宵夜战，不少干部工人累倒了，爬起来喝口水又支持干下去。武黄公路正是上万名不知疲倦、不辞辛苦的筑路职工奉献精神的结晶。

科学管理：首先是严格控制投资，保证资金有效使用。对招标发包工程，坚持在充分协商的基础上，按合理的原则确定包价；对执行指令性计划的公路专业队伍，坚持在严格审查工程预算的基础上实行包干。所有工程均以合同形式明确规定工程内容及数量、包价以及工期、质量要求。在结算上，坚持按当月完成并经检验合格的工程量支付进度款。对执行概算包干的分指挥部，制订和执行统一的财务管理制度，在认真审核验工报表的基础上按进度拨款。

把合同工期与目标工期奖罚结合起来，加强计划管理。武黄公路地处长江中游多雨区，正常年平均降雨日为124～132天。1987年和1988年雨天又多于常年。同时，施工线长而广,社会干扰大。这些都给按合同工期严格实行计划管理带来一定的客观困难。加上少数施工单位不能正确处理企业效益与国家利益的关系,履行合同义务不够严肃。因此在一、二期工程施工中,都曾出现过进度很不理想的徘徊状态。为扭转这种停滞不前的局面,我们在总结经验的基础上,反复开会动员提出"三到现场"(即要求施工单位的领导、技术人员坚持到现场,机械设备和物质材料到现场)、"四个结合"(即晴天与雨天、白天与黑夜、土法与洋法、苦干与巧干相结合)。同时,实事求是地确定工期目标,倒排工期计划,并实行相应的质量进度奖罚制度,逐月考核,在下月初的生产调度会上及时兑现。此外,还半年开展一次总结评比,对质量好、进度快的单位给予奖励。另外,加强地方协调、治安工作,在深入细致地做好思想工作的同时,运用行政、法律手段以排除外部干扰。通过上述措施,极大调动了筑路职工和沿线干部、群众的积极性和奉献精神。甲乙双方协同奋战,曾分别获得了月产土石方 68 万 m^3,完成货币工作量 1000 万元,月铺水泥路面 14km,完成 1728 万元的高产。从 1990 年 4—9 月的半年时间内保质保量地铺筑水泥混凝土路面 50km,创造了湖北省公路建设速度的新纪录。

  质量管理:对武黄公路建设,省政府提出:必须要在 1990 年建成;创部优工程两大目标。为实现这两个目标,指挥部一方面抓勘察设计和设备、材料及资金筹措,一方面研究制订工程管理办法、规章制度和优选施工队伍。在科学组织施工的基础上,采取多种有效措施加强管理。

  精心设计、认真比选。武黄一级汽车专用公路,是湖北省第一条全部控制出入、基础设施齐全的高等级公路,无论是设计、施工、管理等方面都是首次,在全国范围内,高等级公路还处于起步阶段,国家既无设计规范可以遵循,又无成熟的经验可以借鉴,在这种困难情况下,省交通规划设计院领导及技术人员迎难而上,他们抽调最有经验的工程技术人员组成设计组,深入调查研究,从工程可行性研究到初步设计,直到出施工图,仅花了一年多一点的时间,圆满完成了设计任务。

  整个设计过程中运用了最新技术,采用控制导线网,航测地形图等先进勘测手段,在取得地质资料的基础上,纸上定线,并应用计算机 CAD 技术成图,远红外测距仪放样等,提高了测设质量,做到方案正确、布线合理、线型优美、环境协调。特别是在方案比较上,突破了梁子湖软基路段不能修建铁路和高等级公路的禁区,大胆采用软基处理新技术,使武黄一级公路的行车里程,由原来老公路的 102km,缩短到 70.3km,短了 31.6km。正因为武黄公路技术先进、布线合理、造型优美、荣获湖北省 1993 年优秀设计一等奖;荣获交通部 1991 年优秀勘察三等奖。

  武黄公路在湖北省公路建设中首次推行工程施工监理制。根据交通部制订的"公路工程监理办法"的要求,结合湖北省武黄公路建设实际,建立相应的工程监理制度。省指挥部设工程监理总站,各分指挥部设工程监理分站和各施工单位成立监理专班,构成三级监理网络。省监理总站配有专职监理工程师3~5人(视路段长短不等)和一个设备较齐全的试验室,负责技术质量管理,现场检查指导,评定工程质量以及解决技术质量有关问题。分指监理分站根据管辖里程多少配足监理人员,按各标段执行旁站或跟踪监理,把住材料、工艺、工序和计量等四道关口。在路面施工阶段,武黄全线平均每公里有监理1.1人(含试验人员)。监理人员在上岗之前都经过了培训。此外,我们又提出"预防为主,消除事故"的质量管理原则和目标,强调施工质量自检自控的作用。在合同上规定施工单位应配备专职质检人员和相应的检测试验仪器设备。

根据交通部颁发的有关规程、规范和办法,结合武黄路工程实际,先后制订了各种实施细则、办法以及计量支付、变更设计程序等共十六个文件,做到质量及投资控制有章可循。

坚持"严格监理、热情服务、秉公办事、一丝不苟"的方针,搞好施工监理。

在武黄公路施工队伍中,有相当一部分是铁路、建筑行业的,对公路建设不够熟悉;即使是公路系统的队伍,也未掌握修筑高等级公路的技术要求。针对此情况,我们采取"先教后管,帮字当头,管在其中"的监理工作方法和步骤。其做法:一是施工单位进场后即进行详细的技术交底,内容包括设计图纸、施工要点、材料质量规格要求、合理的场地布置及工序安排,以及规范规定的工艺要求和质量检验方法及评定标准等等。使施工单位领导尤其是技术人员知其所以然。二是统一购发交通部颁发的有关施工技术规范和试验规程,印发"武黄公路施工监理实施细则"等十多种文件。三是培训施工单位质检及试验人员。四是要求施工单位根据各自施工项目办试验路段、试验点,取得经验并积累必要的施工参数。在此基础上,提出包施工组织设计、工艺流程设计、施工计划等内容的开工报告。然后方能正式开工。通过以上四方面的工作,使全体筑路员工踏强责任感,增强质量意识,明确施工方法和要求。

工程交、竣工验收:初验工作:1993年3月,湖北省交通厅组织有关单位,成立武黄一级公路交工验收委员会,按交通部"公路工程验收办法"和"公路工程质量检验评定标准"分线路路基(含小桥涵)、路面、桥梁、沿线设施及内业五个小组,逐项进行抽验,按分项工程,分部工程,单位工程三个层次进行评分。水泥路面共抽查24km,占总量的34.1%;大桥全部检验;中桥2座,占总量28.6%,互通式立交2座,占33.3%,沿线设施全检,共获得了近10万个检测数据、最后评定:路基工程得91.0分,路面工程得91.1分,大桥94.1分,中桥94.8分,分离式立交92.1分,互通式立交86.4分,沿线设施91.1分,总分为91.5分,达到优良工程等级。

(四)复杂技术工程

1. 柯家墩大桥施工

宜黄公路柯家墩大桥全长146.3m,上构为一联三跨预应力连续刚构的梁式桥,施工采用挂篮悬臂现浇工艺,下构为 $\phi50$ 钻孔桩基础与柱式墩身,桩尖嵌岩深度为 $3.2\sim4.5m$,施工采用自制的冲击锥。全桥整个施工过程,体现了"土洋结合",在湖北省当时具体条件下走"机械化施工"的途径。柯家墩大桥位于宜(昌)至黄(石)公路武(汉)黄(石)段鄂州市境内。桥型为上、下行分离式一联三跨预应力混凝土变截面箱形连续钢构梁式桥。设计荷载:汽车—超 20 级、挂车—120。人群荷载 $350kg/m^2$。

下部构造施工:考虑到中墩下土质较差,(如附图 2)中间夹 $3\sim4m$ 的淤泥层,成孔时间长,振动力大,为避免塌孔,采用钢护筒护壁。扩筒用振动打拔桩锤打至 $\Delta2.00$(打拔桩锤为上海工程机械厂生产的 DE 型 20 型)。打入护筒时未采用专门的导向架。只是用四根缆索控制护筒打入,钻孔时很少有钻头碰擦现象,表明护筒基本上是铅垂下沉的。

全桥基桩均采用冲击钻成孔,钻机锥头重 3t。最大嵌岩深度达 4.5m。在无钻架的情况下,工地用常备件"贝雷"拼装的龙门架代替。

因为钻架下设平车,故移动方便,使用效果良好。

钻孔初期,根据以往的经验,使用"钨金套"来消除钢丝绳股现象。工地上为防止钢丝绳破断而掉钻头,在钢丝绳最容易破断的部位安上了保险绳。这样一来,"钨金套"失去了自由转动的功能。另外,"钨金套"使用寿命短,钻一个孔需要 $4\sim5$ 个。经研究,工地用"牛鼻转"代替"钨金套"。实践证明,该装置加工容易,经济实用。

上构施工:上构箱梁采用现浇工艺。箱梁 0 号块、1 号节段在用桁架片常备件,拼装的支架上浇筑。$2\sim8$ 号节段在悬挂篮上浇筑。中间合龙段的浇筑在简易托架上进行。边跨 13m 节段在用桁架拼装的支架上现浇。

本桥采用的挂篮结构形式为"钢板梁斜拉钢带式"。它具有刚度大,变形少和便于操作等特点。挂篮允许承载力为 280t;本桥挂篮前移采用聚四氟乙烯滑块滑道,前移方便。但聚四氟乙烯滑块破损现象严重,成本较高,尚有待改进。本桥挂篮前支撑长度为 1.3m。基本上能满足运送混凝土的小推车和施工人员在下穿行的需要。经过施工检验,前支撑高度的确立是适当的;本桥挂篮使用了楔形组合块装置,调整底模高度简便易行。此法比用千斤顶安全可靠、经济;挂篮上的销子大都采用螺母夹紧。虽然安全可靠,但给施工带来了诸多不变,如果采用带有锥头的销检会方便施工,且也是安全的;挂篮第一次拼装时,在没有大吨位吊车的情况下,土洋结合,用 8t 吊车配合木质独脚扒杆进行,很费时,拼装一对挂篮需 20 多天,在下行桥合拢后,如果将挂篮拆卸后再拼装在上行桥上,必然要大量花费时间,势必延长工期。经研究,决定采用整体横移方案。即桥面以上部分在桥上横移桥面以下部分即底模落在用水箱拼装的船上,然后移至挂篮上提升。为减轻施工荷载,在第二节段以后,各节段采用一次浇筑成形工艺。(0、1、2 号均用 2 次浇筑成形)这样,一方面不需在挂篮前端悬挂为避免二次浇筑开裂的水箱。另一方面外表更光滑,且缩短了工期。本桥一个周期 12 天左右。

箱梁悬臂浇筑,因受日照,温度等自然因素的影响,为保证箱梁的空间位置的准确性,施工过程中的控制测量是很重要的。

桥轴线控制点和水准点的设置:考虑到中墩受日照,温度及加载的影响,桥轴线控制点和高程控制点设在两岸桥台上;高程控制测量:高程控制测量避开当天的最高、最低温度进行。随着季节的变化,找出了变化规律,箱梁各节段的立模标高＝箱梁顶面中心线设计标高＋箱梁预拱度＋挂篮重量产生的挠度;中线控制:后视点设在0号块上,正倒镜观测。各节段中线偏差控制在5mm以内。由于强调了控制测量,两T梁合拢时,端头高差约为5mm,中线偏位2mm。自然合拢。

柯家墩大桥已顺利建成。通过该桥的施工,省施工单位积累了"T构"连续梁、T构连续梁现浇施工的经验和教训,具备了采用现浇工艺施工大跨度桥的施工能力(以往的类似的大跨度桥均采用预制悬拼工艺),培养了一批年青的技术力量,为以后的工作打好基础。

2. 运用和发展软基处理技术

武黄公路经过梁子湖等五个湖的多处湖滨港汊,穿过软土地段总长达18.6km,软土层厚1～19m以上。根据国内外有关资料和湖北省公路建设的实践,必须妥善治理,否则病害无穷。从勘探资料分析,属于内陆湖相沉积为主的软土层,呈软塑、流塑状,色深灰,富含腐殖质。其排水固结的速率比海相沉积、洪积软土层低,治理难度高。参考国内外有关资料(多属治理海相沉积软基的),经计算,深15m以上软基,采用袋装砂井或插板排水固结,要等8～10年才能达到允许剩余沉降。究竟采用哪些治理措施比较经济合理、安全可靠？需要从理论和实践上做出回答。通过详勘,在摸清不同段落、不同层厚的软土物理力学特征基础上,结合填土高度(并曾探索用粉煤灰以减轻填土容量,因不经济而舍弃),经过深入研究,确定根据软土层的性质和厚度,以及料源和施工条件、分别采用袋装砂井、塑料插板、超载预压、置换和土工布垫等五种治理措施。其中,置换又采用挖泥船冲淤和高压射水冲淤抛石等两种方法。土工布垫法治理效果良好。

在砂井固结软基路段设置三处共6个代表性观测断面,派人驻守观测两年(每8h观测一次)直至路基竣工,取得1.15万个数据。这对指导安全填筑路堤(主要是控制填土速率),对验证砂井(插板)排水固结软基理论和评估治理效果,均起到十分重要的作用。

通过对观测资料的整理分析,主要是荷载—沉降—时间关系,荷载—侧向位移—深度关系及荷载—孔隙水压力关系,认识了内陆湖相沉积软基在路堤荷载作用下的变形规律及其特征,从而充实和完善了砂井(或插板)的设计理论。

地表沉降在恒载作用期间,可分为速率衰减段和稳定段两个阶段;衰减段一般持续15～55天,稳定段的沉降速率为1～2mm/d;深层沉降的部位主要在淤泥及淤泥质土层,约占总沉降量的94.8%,其持力层并无影响。这表明,砂井或插板不必穿过软土层;深层侧向位移对加载量及加载速率反应敏感。即填土愈快、愈高,深层侧向变形愈快愈大,停止加载后 1~2 个月内仍有蠕变。这对攒导安全施工、防止滑坡意义重大。事实也是如此。例如,左家边湖汊内设计采用砂井治理,为赶工期改用直接填石;蔡家畈湖汊设计砂井深 8m,施工单位偷减为 3m,结果两处路堤施工中均产生大范围滑坡;侧向位移量与深度成反比。并且随深度增加而衰减显著,地表下 3~4m 内衰减较慢;地表下 8m 衰减很快,到 12~13m 处位移量为 1.5~2mm。

由此可见,在采用沉降经验系数 m 值时,除土质条件外,还应考虑深度因素。这表明,在内陆湖泊沉积软基上填土 3~4m 高的情况下超过 12m 深的砂井或插板,作用不大。同时,进一步说明,过去按穿过软土层沉降量计算持力层下 2~3m 的理论缺乏科学依据,其计算结果有失经济合理。

根据上述设计理论的突破,在施工过程中,我们大胆地将原设计作了一些修改。

将砂井设计深度普遍提高了 2~3m;软土层厚 3~5m 的,将砂井改为土工布垫(软土层厚 4~5m)或射水冲淤抛石(厚 3m 左右);将岱家坝湖汊 700m(已退湖还田,软土层厚 2~3)置换改为砂垫层填土预压。

实践表明,这些修改是成功的,既加快了工期,并节省投资 1700 余万元,使用效果良好。

3. 就地取材,优化路面结构设计

经过大量调查研究和材料组合试验,确定利用碎石场的废渣(俗称灰屑)和热电厂的废料(粉煤灰)取代原设计灰土下基层和水泥稳定级配碎石上基层。变更后的结构组合大体如下:

下基层采用水泥:石灰:灰屑 = 4:4:92、水泥:灰屑 = 6:94,或石灰:粉煤灰:碎石 = 8:40:52、水泥:石灰土:砂 = 4:15:81

上基层采用水泥:灰屑:碎石 = 6:74:20。

上述结构投资省,抗压强度均高于设计值,且水稳性好,又便于雨季施工。

4. 桥路结合,优化大桥设计

在以往的公路设计中有一种倾向,就是重桥轻路。即使是长度不大的一般桥梁,也往往因强调桥位、桥型而损害路线形态致使走向偏移。武黄公路的大桥设计则突出体现了桥路配合的原则,具有以下特点:

全线有大桥 2 座,在水文与地质条件许可的情况下,桥位均随路线走向确定。在满足通航及建筑高度的前提下,桥面纵坡均按路线设计纵坡确定。特别是柯家墩大桥,为降低桥头路堤高度,(属软基段),需在桥上设置凸形竖曲线,并采用 3 孔 56.m 变截面预应力连续箱梁以减少建筑高度。不仅体现了路线设计者与桥梁设计者的密切协作,而且桥形美观,并节省远运(运距6km)土方2万 m³ 以上。柯家墩大桥跨过长港,两岸村庄相连,居民来往均靠渡船。乃在大桥两侧设隔离式人行道和上下楼梯,方便居民过河。并利用富余岸孔供支线公路通过。体现了设计上的群众观点。柯家墩和长岭两大桥,前者处于软基段,采用桩基柱式墩台配以铆钉板挡土墙;后者桥高但覆盖层较薄,则采用3孔40m预应力T形梁(其上游200m有座双曲线拱桥)两者设计都十分经济合理,且造型美观,景观协调。

5. 防止桥头跳车病害

由于桥梁明涵面与桥头填土两者刚度相差悬殊,在高速行车轮胎冲击作用下,后者因残余变形集累而逐渐下沉,产生错台。并且呈恶性循环,跳车日趋严重,增大机械油料损耗,危害乘客安全舒适。目前,国内外公路的类似病害比较普遍。我们在设计中为提高桥台台背构造物(含路基、路面)的刚度,防止产生跳车病害,曾设想了许多方案。经分析比较后采用:①用天然砂砾灰屑或负灰土回填台背,严格夯实到96%以上;②设置带、枕梁或肋梁的钢筋混凝土桥头搭板;③将桥面铺装留待混凝土路面一并施工(便于控制高程和平整度)等措施综合治理,效果较好,运行三年后,出现桥头跳车的约仅占桥(明)涵总数的1/100。

四、武汉绕城高速公路豹澥—武汉绕城高速公路郑店互通段长 37.786km,纳入湖北京珠高速公路同步建设(详见本章第一节)

五、武汉绕城高速公路郑店互通—全力互通段(已列入 G4)

六、汉(口)宜(昌)高速公路(武汉绕城高速公路全力互通—汉宜虎牙互通段)

沪渝高速武汉绕城高速公路全力互通—汉宜高速公路虎牙互通段全长 263.373km。原为宜黄高速公路东岳庙—宜昌夜明珠段即汉宜高速公路,现分为两段:沪渝高速公路武汉—宜昌段 G50(蔡甸永安镇—猇亭区高家店互通)K918+851~K1175+228 和三峡高速公路 S58(高家店互通—西陵区夜明珠段):K0+000~K23+046。宜黄高速公路东岳庙—夜明珠段全长 278.872km,双向四车道。沿线经过途经蔡甸、仙桃、潜江、荆州、枝江等 9 个县市(区)。

(一)项目概况

湖北宜黄高速公路(东岳庙—夜明珠段),从 1987 年开始建设,是国家"七五"和"八五"重点建设项目。它不仅连接了湖北省东西经济最发达地区,形成湖北长江经济带的运输大动脉,而且构成了三峡工程对外交通的陆上主通道,同时还是国家规划的"两纵两横"国道主干线之一的沪蓉(上海—成都)公路的重要组成部分。宜黄公路的开通,对服务三峡工程、促进湖北省长江经济带的开发,带动公路沿线市、县经济发展发挥着重要作用。

1995年9月28日,沪渝高速公路汉宜段全线通车(G50)

线路走向:湖北宜黄高速公路(东岳庙—夜明珠段)东起湖北蔡甸东岳庙,由东向西穿过武汉、汉川、仙桃、潜江、江陵、荆沙、枝江、宜昌等九个市、县(区),与宜昌市与三峡工程专用公路相接。宜黄公路公路实行全封闭、全立交,路面均为上下行四车道,昼夜通过能力为2.5万车次,设计速度为100km/h。湖北宜黄高速公路(东岳庙—夜明珠段)由东仙段(东岳庙—仙桃)、仙江段(仙桃杜柳—江陵小北门)、江宜段(江陵小北门—花艳)、花明段(花艳—夜明珠)四个项目组成。湖北省宜黄高速公路主要出入口:设汉阳永安互通、汉川北河互通、仙桃杜柳互通;毛嘴互通、潜江互通、后湖互通、丫角互通、锣场互通、小北门互通;枝江互通、安福寺互通、猇亭互通、伍家岗互通、八岭立交(未完工程)(太川互通式立交);宜昌互通式立交,共15处互通。潜江服务区、枝江服务区、伍家岗服务区,共三处服务区。永安收费站、北河收费站、仙桃收费站;毛嘴收费站、潜江收费站、后湖收费站、丫角收费站、锣场收费站、小北门收费站;枝江(仙女庙)收费站、安福寺收费站、猇亭收费站、伍家岗收费站、(荆州区八岭山)太川收费站、宜昌(廖家湾)收费站。共15个收费站。

汉宜高速公路由东岳庙—仙桃、仙桃—江陵,江陵—宜昌分期建设。1989年东仙段58.368km破土,1991年仙江段121.59km开工,1993年1月7日宜黄公路江宜段87.827km工程正式开工。

1. 东仙段

线路走向及主要控制点:东仙段东起武汉市蔡甸区东岳庙,西至仙桃市杜柳村,途经蔡甸区永安镇、侏儒镇、汉川市北河乡、仙桃市下查埠、蔡帮至杜柳。主线全长58.368km。

建设规模：宜黄公路武汉至宜昌的一段，为全封闭、全立交一级汽车专用公路58.368km。项目桥梁及构造物包括：分离式立交7处、大桥1座、中、小桥19座。独立涵洞275道、立交3道、各类通道65道、天桥3座。附属区、安全设施、绿化和机电工程包括：互通3处，收费设施3处，管养房屋3处，2013年新增仙桃服务区。

投资规模：项目批复概算37925.22万元，实际投资37922万元，共收到基建拨款32446万元，其中宜黄专项资金21031.02万元，交通部补助款11300万元，银行存款利息114.98万元，收到基建借款5476万元，其中招商银行贷款1500万元，省建行贷款1000万元，省工行贷款1437万元，清欠贷款1539万元。1989年5月动工，1991年10月路基、桥梁工程完工，1992年7月路面、交安工程完工，1992年7月28日建成通车。

主要技术指标：公路等级平原微丘一级汽车专用公路，设计速度100km/h，路基宽度24m（2×7.5m行车道）+2×3.0m（硬路肩）+2m（中央分隔带）+2×0.5m（土路肩），平曲线最小半径1000m，最大纵坡3.5%，桥梁设计车辆载荷汽车—超20级，挂车—120，路面结构面层24cm水泥混凝土，上基层20cm水泥稳定石屑，下基层20cm石灰土，垫层15cm贫石灰土（软基路段），地震烈度8度，路基、桥涵设计洪水频率特大桥1/100，路面结构形式主要为水泥混凝土路面，沥青混凝土过渡路面（软土路基段）。

东仙段主要工程数量：项目总里程58.368km，石方370.26km^3，软土路基处理5.42km，防护工程34696.7m^3，水泥路面335646m^2，复合路面694312m^2，沥青路面644910m^2，防撞钢护栏55.772km，中央分隔带55.521km，封闭刺丝网100.49km，各类标牌209块，标线58.368km。

自然地理特征：沿线地表均属第四纪湖积、冲积土，多数为黏土、亚黏土，少数地段为细沙、粉砂土。出潜江县后湖一带土壤的腐殖质含量较高（呈灰黑色）外，大都成浅黄、鸟黄色。地表广为种植，地下水位一般距地表1m上下。项目所经地区，气候温和，无霜期长230~270天，年平均气温5~7℃，年平均降雨量为1100mm。

2. 仙江段

线路走向及主要控制点：本段线路连接东仙段，东起仙桃杜柳，经过潜江南、浩口、后湖、西止于江陵的小北门。

建设规模：项目全长121.59km。项目桥梁及构造物包括：大桥8座、中桥17座、小桥93座；分离式立交15座，通道184道，涵洞556道、互通式立交6处；收费管理所6处，综合服务区1处。

投资规模：项目批复概算112162万元，其中宜黄公路53892万，交通部补助31500万，建设银行贷款16206万，工商银行贷款6523万，清欠贷款4041万，批复建设工期三年半。1991年3月正式开工，1994年2月分段开放交通试运营，1994年9月28日全线建成通车,1996年6月通过交工验收。

主要技术指标:采用一级公路技术标准,路基宽度24m,路幅设置中央分隔带1.5m、左缘带0.5m、行车道2×3.75m、紧急停车带3m、硬路肩2×0.5m、土路肩0.75m,设计时速100km/h,行车道宽3.75m,最小平曲线半径2000m/2个,最大纵坡1615m/2处(2%),设计车辆荷载汽车—超20级,挂车—120,路面结构形式及厚度面层24cm水泥凝土,上基层20cm,水泥稳定石屑下基层20cm石灰土,垫层15cm贫石灰土(软基路段)。

仙江段主要工程数量:项目总里程121.6km,土方14925km³,防护工程363301km³,基层土方14925km³,水泥混凝土面层2718m³。软土地及处理26.16km,中央防撞墙106.3km,中央绿化带11.69km,波形钢护栏91.64km,警示柱38.85km,防眩板104.5km,标志牌627套,标线92469m²。

自然地理特征:仙江段地处江汉平原,地势低洼,降雨量大,具有软基多、缺土源,无砂石,地下水位高构造物密集等五大工程特点。所经地区处于长江中游,汉水下游之间的平原湖区,气候温和,雨量充沛,河流湖泊相连。沿线地表均属第四纪湖积,冲积层,多数为黏土、亚黏土,少数地段为砂土粉砂土。除潜江后湖一带土壤的腐殖土含量较高外,大量都呈浅黄、鸟黄色。地表广为种植,地下水位距地表1m以下。项目所经地区,年平均气温15~17℃,全年无霜期230~270天。气候温和,雨量充沛,年降雨量为1100mm。

3. 江宜段

线路走向及主要控制点:江陵至宜昌段是宜黄高速公路的最西段,成东西走向,起于荆州市小北门,经江陵、枝江及宜昌市城区,止于宜昌市花艳,设计里程88.504km,实际竣工里程87.827km。

建设规模:江陵至宜昌路段是宜黄公路的最后一段,为全封闭全立交一级汽车专用公路87.827km。它通过花明段,与三峡工程对外交通专用公路相接,直接构成了三峡工程对外交通的陆上主通道。项目桥梁及构造物包括:大桥5座,中桥14座、小桥26座,涵洞260道、上跨主线立交桥22座(不含2座上跨主线的互通匝道桥),公铁立交1处、下穿主线通道166座,分离式立交23座,互通立交5处。

投资规模:项目批复概算92941.13万元,其中省自筹专项基金33654万元、交通部投资25000万元、银行贷款20187万元、车购费补助14100万元。实际投资92941.00万元,收到基建拨款合计86416万元(高等级公路专项资金47316万元+交通部补助25000万元+车购费14100万元)以及基建借款合计6525万元(工商银行借款6040万元+建设银行借款485万元)。批复建设工期36个月,1993年1月7日正式开工,1995年9月24日竣工,1995年9月25日开放交通试运营,1996年11月5日—6日通过交工验收,1997年5月通过竣工验收。

主要技术指标:路基宽度全路段一致采用24.5m,包括行车道2×7.5m+中央分隔带

2.5m(含左侧路缘带2×0.5m)+硬路肩2×2.75m(含右侧路缘带2×0.5m)+土路肩2×0.75,设计时速100km/h(枝江市境内120km/h),行车道宽7.5m,最小平曲线半径1000m(山岭重丘区700m),最大纵坡4%,桥涵设计荷载汽车超—超20级,挂车—120,路面结构形式及厚度面层24cm水泥混凝土,上基层20cm水泥稳定砂砾、长江砂砾,下基层20cm石灰土、砂砾,垫层15cm贫石灰土(软基路面)。

江宜段主要工程数量:附属区、安全设施、绿化和机电工程包括:服务区2处,管养设施5处,超高频大区制通信系统一套,防护工程25.9万 m^3,中央防撞分隔带85.851km,安全防护设施87.827km,标志375套,标线66.82千 m^2,环保设施上设隔音防噪墙332m,植树2.6万株,植草皮5.1万 m^2。

自然地理特征:路线东部为江汉平原的西部边缘,西部为江汉平原与黄陵山地接壤的丘陵地带,地势总体上自南东向北西渐次升高。起点江汉平原(江陵小北门),这里河流交叉、湖泊众多,地势较低(海拔30m左右)。进入枝江到达端点宜昌,地势逐渐升高,最高点达海拔225m左右。沿线区域属亚热带地区,气候温和,雨量充足。年平均气温15～17℃。无霜期长达230～292天。年平均降雨量为1019～1100mm。年平均蒸发量为1368mm。平均干旱指数为1.33,属亚温润区。本区域内河流均系长江水系,较大的有玛瑙河与沮漳河,现在玛瑙河基本不通航,沮漳河为等级外河道,偶有民用船舶通行,有关部门规划沮漳河为五级航道。本路线跨越的河流河床比降小,洪水期河水猛涨,溢满滩地,枯水期深不盈尺。

沪渝高速公路宜黄高速江宜段终点——伍家岗(G50)

(二)项目前期工作

1. 东仙段

决策背景:1985年底,湖北省委省政府从开发长江经济带,实现湖北在"中部崛起的战略高度",决定分段建设宜昌至黄石一级公路。省计委、省交通厅下发鄂交计[1985]228号文,给省交通规划设计院及沿线市、县有关部门正式下达可行性研究任务,省交规院于1986年3月完成该可行性研究报告的编制工作,湖北省交通厅于1986年3月27日下达《关于上报宜昌至黄石公路(汉阳)东岳庙至(江陵)西门段设计任务书的函》(鄂交计〔1986〕100号)。

项目审批情况见表2-1-42。

东仙段立项审批文件　　　　　　　　　　　表2-1-42

关于黄石—武汉—宜昌公路东岳庙—江陵西门段设计任务书的批复	省计委计交字〔1986〕266号
关于宜黄公路汉阳东岳庙—沔阳段初步设计的批复	省计委鄂计基管字〔1986〕186号
关于宜黄一级公路汉阳东岳庙—沔阳段初步设计审查的补充报告的批复	省计委鄂计基管字〔1988〕1014号
关于宜黄公路环境影响报告书的批复	国家环保局环监字(1989)324号

2. 仙江段

决策背景:1985年底,湖北省委省政府从开发长江经济带,实现湖北在"中部崛起的战略高度",决定分段建设宜昌至黄石一级公路。湖北省交通厅于1986年3月27日下达《关于上报宜昌至黄石公路(汉阳)东岳庙至(江陵)西门段设计任务书的函》(鄂交计〔1986〕100号)。

决策过程:湖北省计划委员会、交通厅于1985年下达《关于开展主要干线公路新(改)工程可行性研究和部分路段测设工作的通知》(鄂交计〔1985〕228号),湖北省交通厅于1985年下达《关于下达一九八五年度交通基本建设前期工作计划的通知》(鄂交计〔1985〕97号);湖北省交通厅于1985年下达《关于下达一九八五年度交通基本建设前期工作调整计划的通知》(鄂交计〔1985〕224号),湖北省规划设计院于1986年3月完成该可行性研究报告的编制工作。立项审批情况见表2-1-43。

仙江段立项审批文件　　　　　　　　　　　表2-1-43

设计任务书的批准	计交字〔1990〕371号
初步设计文件的批准	交工字〔1991〕364号
开工报告的批复	鄂宜黄指〔1991〕1号
调整概算的批准	交公路发〔1994〕576号

3. 江宜段

决策背景:黄石至宜昌公路是规划中国道主干线上海至成都线中的一段,黄石至武汉段已建成,武汉—江陵段正在建设,江陵—宜昌段是黄宜公路剩余的最后一段。现有江陵至宜昌公路为三级标准,不适应交通发展量的需要。鉴于长江三峡工程已纳入十年规划,黄石至宜昌公路必将成为三峡工程的主要运输通道之一,因此修建江陵—宜昌路段,使黄宜公路全线贯通很有必要。

决策过程:1992年6月1日,交通部发文《关于江陵至宜昌公路项目建议书的批复》(交计发〔1992〕414号),批准江宜段工程立项;1992年11月21日,《关于江陵至宜昌公路项目可行性研究报告的批复》(交计发〔1992〕1091号)批准工可报告。

立项、初设、调概审批情况见表 2-1-44。

江宜段立项、初设、调概审批文件　　　　表 2-1-44

发文单位	文件名称	文　号	时　间
交通部	关于江陵—宜昌公路项目建议书的批复	交计发〔1992〕414 号文	1992.6.1
交通部	关于江陵—宜昌公路可行性研究报告的批复	交计发〔1992〕1091 号文	1992.11.21
交通部	初步设计文件的批复	交工发〔1993〕788	1993.8.7
国家环保局	关于宜黄公路江陵—宜昌段工程环境影响评价大纲审查意见的复函	环监建字〔1992〕203 号文	1992
国家环保局	关于宜黄公路江陵—宜昌段环境影响报告书审批意见的复函	环监〔1994〕589 号文	1994

征地拆迁：江宜段征地拆迁和施工协调工作十分艰巨。指挥部坚持拆迁与开发并重，思想动员和经济兑现并举，目前和长远兼顾开展组织协调工作，在一个月内基本顺利完成 20.1 万 m^2 以上民房的拆迁、92.6 万多株经济林木的砍伐、8230 多亩土地的永久征用、1786 基电力、电信和广播杆计 400km 线路的迁移工作。

（三）项目建设情况

1. 东仙段

组织机构：1986 年 5 月，省政府印发《关于成立湖北省宜黄公路建设指挥部的通知》（鄂政函〔1986〕55 号），宜黄公路建设指挥部指挥长王连东，施工单位宜黄公路东仙段指挥部常务副指挥长邱银锁。本着立足本省，锻炼队伍的指导思想，从省交通规划设计院抽调一批技术力量，组成质检站，常年驻在工地，同县（市）指挥部监理人员和各施工单位建立专班构成三级监理网络，但工程监理由指挥部统一领导，东仙段监理机构共计 52 人，平均每公里 1 人。

主要参建单位：建设单位为湖北省宜黄公路建设指挥部；设计单位为湖北交通规划设计院、辽宁交通设计院；监督单位为湖北省质量监督部门；监理单位为湖北省宜黄公路建设指挥部；土建施工单位有铁十二局一处、水电十一局建筑工程处、铁十二局三处、铁大桥局、铁十一局四处、三三零工程局、二汽第二修建处、中建三局、中建五局、省路桥公司、铁十一局一处、二航局；路面设施施工单位：武汉市政二公司、浙江温岭市政工程处、武汉市政总公司工程处、武汉铁配公司、武汉市政三公司、咸宁市公路段、蕲春公路段、东西湖路桥公司、汉南区公路段、汉阳市公路段、陆水工程局、省路桥公司、云梦县公路段、汉阳区市政工程三公司、汉川公路段、葛洲坝七公司、葛洲坝基础公司、武汉市政一公司、省第三建筑公司、崇阳县公路段、广水公路段、汉南市政公司。

实施过程：1989 年 5 月，宜黄高速东仙段动工。1991 年 4 月，路面工程开始准备工作,东仙段征用土地面积4283.2亩,拆迁房屋面积13057m²,补偿费用2654.37万元。1991年7月路面工程正式开工。1991年10月,路基、桥梁工程完工。1991年10月交通工程开工。1992年7月交通、路面工程完工。1992年7月28日全线建成通车。

工程交工、竣工验收:1994年12月12日~14日湖北省计委和省交通厅对宜黄公路东仙段组织了交工验收。1996年6月,湖北省交通基本建设工程质量监督站对东仙段进行了质量检查鉴定,各单位工程质量评分见表3.3。合格率100%,优良率83.8%,东仙段工程建设项目工程质量评分为86.75分,评为优良工程。

2. 仙江段

组织机构:1990年10月9日交通部发文《关于成立宜黄高速汉沙段指挥部的通知》(交公字〔1990〕8号)。宜黄公路建设指挥部指挥长王连东,设计单位湖北省交通规划设计院副院长陈建阳,施工单位宜黄公路汉沙段指挥部常务副指挥长经德良。

主要参建单位:建设单位为湖北省宜黄公路汉沙段指挥部;设计单位为湖北交通规划设计院;监督单位为湖北省交通建设质量监督站;监理单位为湖北省公路咨询监理中心;施工单位有仙桃干河办事处、云梦县公路段、仙桃袁市办事处、仙桃市公路段、咸宁公路总段、黄冈公路总段、襄樊公路总段、京山县公路段、潜江市公路段、黑龙江路桥公司、嘉鱼县公路段、广水市公路段、大悟县公路段、大兴安岭公路公司、宜昌公路总段、荆门装卸公司、湖北路桥公司、罗田县公路局、鄂西公路总段、黄石公路总段、随州市公路段、荆门市公路段、沙市公路段、江陵县公路段。

实施过程:1990年完成拆迁,仙江段征用土地面积44562.19亩,拆迁房屋面积110954.27m²,补偿费用2237.69万元。1991年3月开工。1992年12月,完成全线路基和构造物。1994年1月,仙桃杜柳至潜江杨市50.8km公路建成通车。1994年9月28日全线交付使用。

工程交工、竣工验收:1996年6月13~14日,仙桃至江陵段工程通过交工验收,工程质量得分92.53分,标段工程合格率为100%,工程质量等级评定为优良。

3. 江宜段

组织机构:江宜段工程建设采取省和地方分别承包的方式,荆州市境21km(含沮漳河大桥),由原荆州行署建江陵西段指挥部包干完成;宜昌市境67km由省江宜段指挥部负责建设。

该路段以省指副指挥长邱银锁为指挥长,任必年为常务副指挥长,黄大元副指挥长,省指办总工尹其潜为总工程师,以参加过宜黄公路建设的人员为主,组建了江宜段工程建设指挥部,按照省政府确定的"三自一包"(省交通系统自己设计、自己施工、自己管理,质量、工期、投资总承包)的原则,具体负责组织实施。1992年9月18日组建宜黄公路荆州地区江陵西段(全长21.165km)建设指挥部。由原行署专员徐林茂任指挥长,原行署秘书长罗贤才、交通局局长陈志勋任副指挥长。在省指挥部的指导下,江陵西段指挥部成立以后紧接着成立了沿线的纪南、八岭、李埠、太湖四个乡镇、场的指挥所。

江宜段工程建设指挥部设6处1室,分别为技术监理处、工程管理处、材料财务处、地方协调处、培训中心建设处、设计院设计代表处、办公室。

监理工作采取由指挥部自行监理的方式。具体监理工作中,以指挥部各级组织为依托,以行政和政治手段为保证,以菲迪克模式为样板,以部颁规范为依据,以确保质量、加快进度、降低造价为目标,通过三级监理体系和监测网络的共同努力,做好对整个工程建设的投资、进度、质量控制,抓好合同信息和管理工作。监理工作分别由江陵西段指挥部和江宜段指挥部具体组织实施。监理和检测体系共由157人组成,平均每公里1.58人,构成了覆盖全线各个施工现场、施工环节的监理和监测网络。

主要参建单位:建设单位为湖北省宜黄公路江宜段指挥部、江陵西段指挥部;设计单位为湖北省交通规划设计院;监督单位为湖北省交通建设质量监督站;监理单位有湖北省宜黄公路江陵西段、江宜段指挥部工程技术监理处、湖北省公路工程咨询监理中心主监理;路基路面及人工构造物施工单位有省公路局路桥公司、宜昌、荆州、孝感、咸宁、黄冈、襄樊、黄石、荆门、鄂西、潜江、仙桃、随州、天门、神农架林区公路总段(局、段),铁道部第十一工程局一处、二处,太原铁路局工程公司,襄樊铁路局工程处,核工业二二公司,葛洲坝工程总公司,第一冶金建设总公司,湖北省第三建筑总公司,武汉市政汉阳、青山、东山区公司,宜昌市政公司,安陆市政公司,荆州、荆门、云梦、武昌水利工程公司。交通工程施工单位:交通部科学研究技术所、北京华伟交通工程公司、湖北省公路建设总公司、湖北省高等级公路实业开发公司、湖北交通经济技术开发公司、红星建筑工程公司、凌云建筑装饰工程公司、第16冶金建筑工程公司一工程处、武汉第一建筑工程公司。

实施过程:1993年1月7日宜黄公路江宜段工程正式开工;1995年9月24日宜黄公路江宜段工程正式竣工;1995年9月25日宜黄公路江宜段开放交通试运营;1996年11月5日进行宜黄公路江宜段工程通过交工验收,评定单位工程合格率为100%,优良率为93.9%,整个建设项目评定为优良工程。1992年9月18日组建宜黄公路荆州地区江陵西段(全长21.165km)建设指挥部。1992年10月10日宜黄公路江陵西段开工动员大会,一个月时间就完成了征地拆迁,宜黄公路江宜段征用土地面积7720.45亩,拆迁房屋面积163990.77m^2,补偿费用5089.8581万元。1992年11月下旬,各施工单位相继进场,全面做好开工前的准备工作。

1993年元月开工。工程分三期工程,第一期工程:路基工程和中小桥涵及大桥下构,建设期12个月;第二期工程:路面工程,大桥上构及桥面铺装,建设期15个月;第三期工程:防护工程,交通设施等,建设期6月。1995年9月23日完工,建设工期33个月。1995

年9月28日正式通车,比原计划三年的工期提前了三个月。

工程交工、竣工验收:1996年9月8日,质量监督部门完成工程质量检测和检验,评定宜黄公路江宜段工程质量评分89.3分,质量等级"优良"。1996年10月3日,江宜段竣工文件及各项档案资料经省档案局验收,合格率、完整率、准确率均在98%以上。1996年11月5~6日,宜黄公路江宜段通过交工验收。工程质量得分89.30分,工程合格率为100%,优良率93.9%,工程质量等级评定为优良。1996年11月,工程竣工决算经省审计厅审计通过。1996年10月,环境保护工作经省环保局验收通过。1996年11月7日起由湖北省高等级公路管理局接管养护。1997年5月,江宜段通过竣工验收,综合计算工程质量评分为90.06分,等级评定为优良。

(四)复杂技术工程

湖北宜黄公路全线复杂技术工程为桥梁工程,以及东仙段和仙江段的软土路基处治、江宜段的膨胀土路基处置。宜黄公路全线共有大桥4786.41m/14座(包括2座小北门互通式立交匝道大桥),中小桥5650.459m/181座,涵洞1091道。全线大桥由东向西包括:下查埠大桥、通顺河大桥、电排河大桥、东荆河大桥、东干渠大桥、丫角大桥、太湖港大桥(东)、太港湖大桥(西)、沮漳河大桥、玛瑙河大桥、临江溪大桥、花艳大桥。

1. 公路软土路基处治

湖北省宜(昌)至黄(石)一级汽车专用公路有37km断续通过膨胀土分布区,根据勘探和开挖路段的土壤试验资料,其天然含水量一般在22%~32%之间,液限在50%~60%左右,天然原状土膨胀量为8.7%,自由膨胀率90%~100%,属高液限,中等膨胀土。由于膨胀土路段长,范围广,在路基施工中不可能全部进行换土处理。而大量工程实践表明,中、强膨胀土对铁路、公路、桥梁、房屋等工程建筑物的危害十分严重,并且治理困难,除了昂贵的支挡防护措施外,还没有经济可靠的办法。江宜段枝江市及宜昌市境内膨胀土路段在路线设计时无法避免,而在如此长的膨胀土路段上修筑高等级公路,不仅在湖北省是第一次,在其他省份也是罕见的。

东仙段软土路基处置5.42km。东仙段采用塑料排水板处理软土地基5.42km,其中选取3.44km,采用碾压混凝土过渡,即在基层上铺筑厚度为18cm的碾压混凝土,在通车一年后又将表面覆盖6cm厚沥青混凝土,转成正式路面。

仙江段软土路基处治:仙江段全部为高填方,且有四分之一路段是软土地基,全线297座(道)明构造物有桥头跳车问题,这是仙江段的主要复杂技术工程。全线地基处理长达26.16km,打塑料插板297万m。对淤泥层后5m以上的路段,采用打入竖向塑料排水板加砂垫层或竖向排水板加横向排水板处理;淤泥层在3~5m的路段采用砂垫层处理。塑料排水板入土深度最大为12m,一般为6~8m,砂垫层厚度60cm,上层20cm粉细砂,下层40cm中粗砂,对于少量工期紧迫路段和桥头两端还采用机械夯实,加速沉降。为防止和减少桥头跳车发生,对桥头填土采取了加长桥头搭板、设置枕梁,桥头填土换砂,机械夯实,增设土工格栅,大碎石桩等技术处理。

江宜段枝江市及宜昌市境内膨胀土路基处治:1993年3月25日湖北宜黄公路江宜段指挥部提交《关于申报膨胀土路基病害防治技术攻关项目的报告》(鄂江宜指枝〔1993〕37号),向交通部科学技术司上报《交通部行业联合科技攻关计划项目申报书》。1993年5月正式签订交通部行业联合科技攻关计划"宜黄以及公路膨胀土路基病害防治技术研究"合同。1994年底再一次对全线路基现状,特别是对膨胀土路基实施更为严格的质量和土质普查,并进行了膨胀土土质分析;1993年开始先后三次进行了小规模的室内外种植试验,开展边坡稳定植生带的研究(该项是由交通部信息中心研究所承担的科研任务);1994年5月进行膨胀土路堑(含路堤)封闭层的经济结构及厚度的研究。

整个项目总体上采用行业联合、各展所长、共同攻关的方式进行。按照室内外试验相结合的原则,设置试验路段超前或同步于施工,并借助施工中各种类型的大量检测数据,通过点、面结合,短、长期结合,动、静态变化观测数据进行综合分析、研究,提出了卸载、加压、封水、保湿、改性、置换等多种手段进行了综合治理的方案。通过几年来通车运行的检验,路况良好,在技术上解决了如何在膨胀土地段确保高等级公路的路基、路面稳定的技术难题,并为后续汉(口)—老(河口)高速公路的修建提供了膨胀土处理的技术保障。

2. 沮漳河大桥复杂技术工程

沮漳河大桥是湖北省宜黄以及公路江陵西段指挥部的重点工程,该桥由湖北省交通规划设计院勘测设计,由湖北省路桥公司第二桥梁施工处施工。全长608.44m,跨径布置为20×30m预应力钢筋混凝土T梁。基础下构为直径1.5m的桩基,柱式桥墩。全桥分左、右双幅。该桥位于竖曲线段内,竖曲线采用二次抛物线。由于沮漳河大桥地质情况复杂,有些桩出现了断桩事故,还有些桩出现了夹泥、缩径、离析及不连续等缺陷。经指挥部同意分别采取了加桩或钻小孔,钢筋加强等处理措施。处理加桩经过动测检查合格;补强桩抽检合格;所有处理过程经现场监理工程师鉴定后均合格。

主要技术措施:基础钻孔桩,针对该桥地质条件,采取了多种钻孔试钻,全面开花的措施,最多时上了冲击钻,正反玄幻钻、冲抓钻、冲积筒分次成孔等14台钻机。1994年下半年,在总结上半年经验后选取了冲击筒分次成孔,冲击成孔,反循环成孔三种可行的方法,钻孔效果良好,达到了预期目的。上构施工,T梁预制采用木模,附着式振动器振捣,输送泵输送混凝土,在试验数据的指导下使用了泵送剂,整个T梁预制工作质量好,进度快。

3. 江宜段临江溪桥弯坡斜大桥

这是湖北省公路桥梁史上的第一座弯坡斜大桥。施工天气最为恶劣。当时路基土石方施工尚处于靠天吃饭的阶段,下一天雨,往往三五天后才能施工。而 1993 年却是宜昌地区百年未遇的灾害性天气,一年阴雨不断,连续十天左右不下雨的天气全年仅五次,在 7 月中旬至 11 月的 5 个月里,有效施工日仅 22 个。在如此困难的路段、特殊的气候和严格的质量控制之下,建设者们却仅用一年时间,就完成了通常要二年多才能完成的工程,全长 220m 以上的玛瑙河大桥,也在 11 个月内完成主体工程。

七、宜昌长江公路大桥(5.426km)

宜昌长江公路大桥是国家公路网主骨架沪渝国道主干线在湖北境内跨越长江的一座特大型悬索桥,是交通部和湖北省"九五"交通重点工程,也是宜昌城区跨越长江南北两岸的重要通道,获得了第五届土木工程学会最高奖"詹天佑"奖和建筑业协会最高奖"鲁班奖"。宜昌长江公路大桥的建成通车,对于加快沪渝国道主干线的建设步伐,改善国家公路网主骨架的"瓶颈"制约状况,服务三峡工程,促进西部大开发和推进宜昌城市建设发挥了十分重要的作用。

沪渝高速公路宜昌长江公路大桥(G50)

(一)项目概况

路线走向:宜昌长江公路大桥位于长江宜昌河段的猇亭虎牙滩,北岸距宜昌城区中心约 15km,距三峡工程坝址 40km,距三峡机场 8km,工程建设总规模 6074.948m。

建设规模:主桥为一跨过江钢箱梁悬索桥,全长 1188.314m,其中,主孔跨径 960m,南岸引桥长 99.50m,北岸引桥长 123.284m;北岸接线 4598.849m,南岸接线 287.785m。宜昌长江公路大桥全线共设三处互通式立交,平面线型总长 9885.746m。其中,高家店互通工程平面线型总长 3395.24m,北岸互通工程平面线型总长 2293.194m,南岸互通工程平面线型总长4197.312m(含对外接线600m)。

投资规模:宜昌长江公路大桥批准概算为89475万元,实际工程总支出89176万元,工程总支出与概算的89475万元相比,节余299万元。资金筹措:宜昌长江公路大桥所需建设资金近9亿元,除资本金2亿多元由国家投入外,余下的近7亿元完全要由公司自筹解决。为全面承担起筹措建设资金的责任,攻克资金匮乏的难点,他们抛弃传统筹资思路,实行多渠道、多层次、多方位筹措建设资金,改变过去"两眼向上、怕负债"的做法,拓宽思路,充分利用体制、机制、政策三大优势,采取积极争取资本金,内资、外资一起引,贷款、债券一起上的措施,先后争取到位工程建设资金91309万元,其中交通部、省交通厅、宜昌市人民政府投入资本金20989万元,国内银行贷款48000万元,国债资金借款15500万元,加拿大政府贷款8222037美元(折合人民币6805万元)。为确保资金安全使用,加强了财务监管,将资金控制目标层层分解,建立"分项保分块,分块保全局"的投资控制体系,请市夷陵国资公司派驻财务总监及开户行派驻客户经理参加大桥的建设管理工作。同时,严格按FIDIC条款规定支付工程款,大幅度压缩非生产性开支,杜绝计划外资金支出,严格货币资金管理,特别是借鉴金融系统的资金运作方式,在大桥工程项目中实行项目资金闭合运作管理办法,由业主及主办银行共同对承包商的资金拨入、拨出和使用进行全过程的监控,有效地保证了资金的安全运行,提高了资金使用效益。

主要技术指标:设计等级:一级公路;设计行车速度:80km/h;桥梁(路基)宽度:主桥宽30m(含布缆区),桥幅布置为2×10m(行车道)+0.5m+1.0m(中央分隔带)+0.5m+2×1.75m(布缆区)+2×2.25m(人行道),双向四车道,路侧设有紧急停车道;北岸接线高速公路路基宽24.5m,双向四车道,设中央分隔带1.5m,内侧路缘带0.5m,硬路肩2.75m,土路肩0.75m;荷载等级:汽车—超20,挂车—120,人群3.5kN/m²;通航标准:内河一级二类航道,根据航运专题报告,单孔双线通航最小净宽$B_0 \geqslant 360$m;单孔单线最小净宽$B_1 \geqslant 170$m,净高$\geqslant 18$m,航运部门要求主通航孔$\leqslant 450$m;通航水位:52.18m(黄海高程,$P=5\%$),最低通航水位:35.93m(99%保证率,重现期10年);设计洪水:设计洪水采用1/100频率值,同时按1/300频率进行校核,设计流量为83700m³/s和91000m³/s,相应平均流速3.2m/s和3.4m/s,设计水位54.96m(按频率$P=0.33\%$);设计风速:设计基准风速29m/s,成桥颤振检验风速为44m/s;地震烈度:基本烈度为6度,按7度设防;桥面坡度:纵坡为1.8%,横坡为2%。

主要工程数量:实际征用土地1098.78亩,全线设特大桥1188.314m/1座,大桥272.94m/1座,中桥172m/4座,涵洞及通道30座,互通式立交3处。大桥全线设有安全、通信、监控、供电、服务等设施,并配备景观照明和交通照明工程,经省政府批准,全线设收费站2处。

宜昌长江公路大桥工程项目主要工程数量一览表,见表2-1-45。

第二篇 通途篇

主要工程数量表

表 2-1-45

项目	工程项目	单位	工程数量	备注
主桥工程	混凝土浇筑	m³	127825	索塔、锚碇、引桥工程等
	土石方开挖	万 m³	75	索塔、锚碇、引桥工程等
	主索鞍制造及安装	t/套	357.1/4	
	散索鞍制造及安装	t/套	248.2/4	
	索夹制造及安装	t/对	154.7/216	
	主缆防护罩制造及安装	t/个	5.9/12	
	主索鞍鞍罩制造及安装	t/个	45.1/4	
	钢箱梁制造及安装	t/节	11220/80	
	检修车制造及安装	t/台	11/2	
主桥工程	支座制造及安装	套	10	
	镀锌钢丝加工	t	6668.4	
	平行钢丝束制造及安装	t	6668.4	不含锚头重量
	吊索制造及安装	t	188.2	不含锚头重量
主桥工程	桥面系喷砂除锈	m²	26403	
	改性沥青桥面铺装	m²	27474	
	人行道橡胶板铺装	m²	5507.6	含绕塔人行道
	钢防撞护栏制造及安装	t/m	225/3500	
接线工程	路基土石方	m³	1717804	
	防护工程	m³	84622	
	排水工程	m³	14914	
	大桥	m/座	272.94/1	
	中桥	m/座	172/4	
	沥青混凝土路面	m²	384059	
	水泥混凝土路面	m²	47131	
	涵洞	m/道	857.11/30	
	波形护栏	m	20860	
环保工程	桥梁涂装	m²	45264	主、引桥、下溪桥、跨线桥等
	铺设草皮	m²	81380	
	种植乔(灌)木	株	161200	
机电工程	主变配电站	座	1	站房、变压器、中压线路等
	灯杆	基	184	主桥、引桥、接线及收费广场
	灯具	套	820	184套为交通照明
	通信系统	套	1	程控交换机、移动通信系统
	收费系统	1套	1	江南匝道收费站
	称重系统	套	2	北岸主线和江南匝道收费站
房建工程	管理中心综合楼	m²	1900	
	收费站棚	m²/座	600/2	

自然地理特征：宜昌长江公路大桥位于葛洲坝下游20km的虎牙滩河段，长江河道呈北北西(350°)至南南东(170°)流向，北岸为临江陡崖倾坡内的逆向坡，南岸为阶坎状缓倾河床的顺向坡，坡角12°~15°，临江为陡崖，岸坡较低矮，整体较为稳定。桥位基岩为白垩系上罗镜滩组钙泥质及泥钙质胶结的厚——巨厚层状、块状砾岩，局部夹砂岩、粉砂岩透镜体，胶结紧密，质地坚硬，岩体较均一，风化和岩溶现象对岸坡的总体强度和稳定性无大影响。加之桥位区河道顺直，水流顺畅，近岸流速小，侧向侵蚀不强，临江市岩岸坡岩体基本完整，抗冲刷能力强，桥位岸坡无形成较大范围和大体积的危岩和崩塌体的条件，总体地质情况较好。

大桥北岸接线公路位于鄂西山区丘陵与江汉平原的接壤地带，地形起伏，沟谷纵横，斜坡一般较平缓，覆盖层薄。工程区基岩为中生界白垩系上统红花套组红色细碎屑岩系为主和其下的罗镜滩组上部杂色砾岩系，大多裸露岩层产状平缓，构造简单，断层、裂隙不发育，工程地质问题比较明确，主要是膨胀土的工程地质特性和边坡特别是高边坡的稳定问题。

大桥桥址区在地质构造上，处在鄂西扬子变形带与汉江——洞庭准裂谷盆地之间的"宜昌单斜构造带"上，地震稳定性较好，总体处于中等活动水平，桥位区的地震活动存在300年左右的活动周期，未来100年内，处于当前活动期的后期的和下一个活动期的平静期，但有发生5~6级地震的可能性。

(二)项目前期工作

决策背景：按交通部规划，沪蓉国道主干线东起上海，西至成都，全长约2270km。主要控制点是上海、南京、合肥、武汉、重庆、成都。根据湖北省交通规划部门研究并与四川省有关部门协商后的意见，沪蓉国道主干线川鄂两省交界为湖北利川的苏拉口，而湖北省宜昌和恩施是主干线鄂境西段的重要控制点。因此连通位于长江两岸的宜昌、恩施就必须在湖北西部选择恰当的过江地点。1994年5月，为加速沪蓉国道主干线湖北境西段的建设步伐，湖北省交通厅委托有关部门对鄂境西段的具体走向进行了专题调研，明确从宜黄公路黄龙寺下行，在宜昌东侧跨过长江，顺延古周公路于高家堰接318国道西进，2000年前借助318国道完成交通部规划的"两纵两横"。为此，作为湖北省1993—1998年交通基本建设重点工程，湖北省交通厅正式下达宜昌虎牙滩长江公路大桥前期工作计划，并于1994年12月上报项目建议书。1995年2月交通部以文计字〔1995〕101号文批复，同意在宜昌虎牙滩至古老背间的长江河段上建桥。

决策过程：1996年11月，交通部以交计发〔1996〕1001号文批复可行性研究报告，同意选择虎牙滩作为宜昌长江公路大桥桥位；1997年11月，交通部以交公路发〔1997〕650号文批复大桥初步设计文件，同意建设双塔单跨钢箱梁悬索桥；1998年2月19日，交通部正式批复宜昌长江公路大桥开工报告。1998年2月25日和1998年3月16日分别签发 A 合同段和 B 合同段开工令。

征地拆迁：宜昌长江公路大桥永久性征地 1568.49 亩，其中：猇亭区 905.66 亩、宜都市 662.89 亩。临时用地 195.16 亩，支付征地费用 2539.4 万元。宜昌长江公路大桥拆迁协调工作涉及两岸、两市（宜昌市、宜都市），实际拆迁房屋 25774.41m^2，水泥地坪 4213.15m^2，水粪池 1358.08m^3，搬迁坟墓 119 座，围墙 1809.7m^3，堡坎 2880.93m^3 等。接线猇 47 高压电线升高和接线路古 20 高压线升高，北岸架设 10kV 315kV 和 10kV 500kV 变压器各一台双回单电源供电。南岸架设 10kV 专线 6.89km。迁移改线光缆全长 2800m，改迁有线电视线路 2800m，电杆 20 根，拆除南岸长途通信江南线路，改迁接线长江专网干线 450m，电杆 8 根。共支付拆迁费用 683.2 万元。

（三）项目建设情况

组织机构：1997 年 9 月 2 日，经市政府研究同意，以宜府办文〔1997〕91 号文通知，成立"宜昌长江公路大桥建设指挥部"。指挥长：朱常渭（宜昌市副市长）；副指挥长：胡善鼎（市政府副秘书长）、黄传林（市交委主任）、周围（市计委主任）、王敬平（市交委副主任）。指挥部下设宜昌长江公路大桥建设管理处和建设协调处。建设管理处主要负责建设资金筹措和施工管理工作；建设协调处负责征地拆迁、安全保卫等地方协调工作。王敬平任建设管理处主任，龙德元、陈祥林、周昌栋任副主任。胡善鼎任建设协调处主任，周其斌、庞士益、王正国、苏国祯、廖显英任副主任。

宜昌长江公路大桥由宜昌长江公路大桥建设开发公司投资建设和运营，2011 年 12 月，经宜昌市人民政府批准，由宜昌长江公路大桥建设开发公司与宜昌夷陵长江大桥建设开发有限公司合并，成立国有独资公司宜昌长江大桥总公司，与宜昌长江大桥管理处（事业单位）一门两牌，全面负责宜昌长江公路大桥和夷陵长江大桥的经营管养各项工作。

主要参建单位：宜昌长江公路大桥项目由主桥和接线工程组成。主桥工程主要分为 8 个标段来实施，接线工程主要分为 5 个标段来实施，机电工程、环保工程和管理服务设施等根据工程施工实际情况进行标段划分。工程项目各标段情况见表 2-1-46。

宜昌长江公路大桥工程项目各标段情况表　　　　表 2-1-46

项目	标段	主要工作内容	施工单位	设计单位	监理单位	监督单位
主桥工程	A	南岸索塔、南岸锚碇和南引桥工程	四川省公路桥梁建设集团有限公司	湖北省交通规划设计院	铁科院工程建设监理部	湖北省交通基本建设质量监督站
	B	北岸索塔、北岸锚碇和北引桥工程	湖南省公路桥梁建设总公司			
	C	主索鞍、散索鞍、索夹、鞍罩及防撞护栏制造	北京重型电机厂			
	D	钢箱梁及支座制造	国营武昌造船厂			

续上表

项目	标段	主要工作内容	施工单位	设计单位	监理单位	监督单位
主桥工程	E	主缆预制平行钢丝束及吊索制造	上海浦江缆索有限公司		铁科院工程建设监理部	湖北省交通基本建设质量监督站
	F	主缆用镀锌钢丝制造	江阴华新钢缆有限公司、上海申佳金属制品有限公司			
	G	主桥上部结构安装	四川省公路桥梁建设集团有限公司、湖南省公路桥梁建设总公司			
	Ga	钢桥面及引桥桥面铺装	中国路桥(集团)总公司			
接线工程	H	北岸接线 K299+740~K300+170 段路基(含下溪大桥)	中铁十二局二处	湖北省交通规划设计院		
	I	北岸接线 K297+582~K299+740 段路基	宜昌市公路建设总公司		山西交科公路工程咨询监理有限公司	
	J	北岸接线 K295+765~K297+582 段路基(含高家店互通)	中铁十三局一处			
		南北岸互通路基工程	中建七局华南公司			
	K	接线公路全线路面工程	中国路桥(集团)总公司			
	N	全线交通工程	湖北省高等级公路实业开发公司			
机电工程		供电系统	江苏航空产业集团中压公司	江苏省电力设计院	宜昌宜电监理公司	
		监控系统	清华紫光股份有限公司			
		交通及景观照明系统	武汉亚太欧照明工程有限公司(景观照明)、宜昌供电局永耀工程公司(交通照明)	厦门高格桥梁景观设计有限公司		
环保工程		涂装工程	北京航材百幕新材料工程有限公司		铁科院工程监理部、山西交科公路工程咨询监理公司	
	M	接线路环保绿化工程	武汉马鞍山苗圃发展有限公司	宜昌市园林规划设计院	山西交科公路工程咨询监理公司	
房建工程		管理综合楼	中建七局五公司	宜昌市冶金设计院	宜昌市长信监理公司	
		收费站棚	江苏省盐城市大鹏交通有限公司	江苏省盐城市大鹏网架设计研究所		

第二篇 通途篇

实施过程:1998年2月开工建设,2001年9月19日通车试运行。宜昌长江公路大桥自1998年2月开工以来,通过一桥五方的辛勤努力与密切配合,各标段的各项工作都按照计划安排得以一一兑现。工程项目完成情况见表2-1-47。

宜昌长江公路大桥主要工程项目完成时间一览表 表2-1-47

项目	标段	主要工程内容	工程开完工时间及主要分部工程起止时间
主桥工程	A	南岸索塔、南锚碇、南引桥	1998年2月28日开工,1999年9月11日完成索塔施工;1999年12月30日完成锚碇施工
	B	北岸索塔、北锚碇、北引桥	1998年3月18日开工,1999年7月18日完成索塔施工,1999年11月15日完成锚碇施工
	C	主、散索鞍,索夹制造,主索鞍鞍罩制造安装,钢防撞护栏制造安装	1998年10月21日开工,1999年12月完成索鞍加工,1999年12月完成索夹及封闭罩加工,2001年6月20日完成索鞍封闭罩加工
	D	钢箱梁梁段制造、运输、工地焊接	1998年5月18日开工,2000年1月29日完成钢箱梁加工,2001年2月12日完成钢箱梁工地焊接
	E	主缆成品束股和成品吊索的制造和运输	1999年4月开工,2000年6月完成主缆索股制作,2000年10月30日完成吊索制作
	F	主缆用镀锌钢丝制造	1999年4月开工,1999年12月完成钢丝加工
	G	上部构造安装(猫道架设、主缆架设、钢箱梁架设及主缆涂装防护等)	2000年2月28日开工,2000年5月9日完成猫道架设,2000年8月24日完成主缆架设,2000年11月28日完成钢箱梁吊装
	Ga	钢桥面及引桥桥面铺装	2001年6月22日完成钢桥面铺装,2001年6月27日完成引桥铺装
接线工程	H	下溪桥施工、接线路基	1999年11月1日开工,2000年8月20日完成构造物,2000年9月20日完成路基土石方,2000年12月30日全线贯通
	I	接线路基	1999年11月15日开工,2000年12月31日完成路基土石方,2000年4月30日完成构造物、防护工程和排水工程
	J	接线路基(含高家店互通)	1999年11月15日开工,2001年2月22日完成路基土石方,2000年10月7日完成构造物施工,2001年4月7日完成防护工程和排水工程
		南北岸互通路基工程	2001年5月6日开工,2001年8月15日完成
	K	接线路面施工	2001年4月6日开工,2001年6月5日完成基层施工,2001年8月20日完成沥青混凝土铺筑
	L	南岸配套工程	2001年2月21日开工,2001年8月25日完成路基,2001年8月30日完成路面施工
机电工程		供配电系统	2001年11月30日完成场外电缆线路敷设;2001年12月26日完成中心变电站设备的安装、调试
		交通照明及景观照明系统	2001年9月13日完成钢箱梁、主缆、主塔、南北引桥景观灯安装、调试;2001年9月15日完成全线10m路灯安装、调试;2002年2月29日完成中杆灯、高杆灯、草坪灯的安装、调试
		监控系统	2002年1月28日完成可变情报板的安装、调试;2月2日完成车辆检测器的安装、调试;2月27日完成气象检测器的安装、调试;3月10日完成外场摄像机的安装、调试;2月4日完成模拟屏的安装、调试;3月20日完成监控计算机系统的安装、调试

续上表

项目	标段	主要工程内容	工程开完工时间及主要分部工程起止时间
机电工程		通信系统	2002年3月20日完成程控交换机的安装、调试;3月30日完成紧急电话系统的安装、调试;4月7日完成全部光电缆的敷设;3月27日完成广播系统的安装、调试
		收费系统	2002年2月18日完成收费车道设备的安装、调试;2月24日完成收费站房设备的安装、调试
环保工程		涂装工程	2001年7月开工,2001年8月结束
		绿化工程	2001年4月15日开工,2002年5月完工
房建工程		管理中心综合楼	2000年10月开工,2001年5月竣工
		收费站棚	2001年4月开工,2001年6月完成南岸收费站棚施工,2001年8月完成北岸主线收费站棚施工

工程交、竣工验收:宜昌长江公路大桥2001年9月14日通过交工验收,于2001年9月19日建成投入试运行,2004年9月3日通过交通部组织的竣工验收,项目综合评分为96.46分,综合评价等级为优良。自竣工之日起,宜昌长江公路大桥投入正式运营。

(四)复杂技术工程

1. 桩基工程

南岸桥塔基础位置处于江边,地质柱状图显示,在12m和17m处有软弱夹层。施工中采用筑岛围堰、人工挖孔方案,随着水位的上涨,围堰随之提高而达到施工渡洪的目的。北岸桥塔基础处地质为紫灰色砾石,地质情况好,采用松动爆破,人工开挖的施工方案全部桩基同时开工。南、北主塔桩基的开挖采用人工钻爆法施工,"新奥法"成孔。

2. 承台施工

南、北主塔承台采用为分离式承台,承台设计尺寸为19.1m×9.1m×7.0m,设计混凝土标号为$C=30$;混凝土总方$V=2×2433.4m^3$。每个承台混凝土分进行两次浇筑,每次浇筑3.5m,采用输送泵泵送。因承台为大体积混凝土,故在每次浇筑中均设置了一定数量的冷却水管,保证了混凝土的浇筑质量。

3. 南、北索塔施工中的关键技术及应用

研制出了大型整体高强度、高精度的钢模板,施工质量居国内领先水平;在主塔大跨度大型混凝土横梁施工中,采用了大直径钢管桩支撑体系和塔柱预埋牛腿搭设支架的新技术,混凝土浇筑后的支架系统压缩的弹性和非弹性变形仅为9mm,保证了混凝土的浇筑质量,施工质量居国内领先水平;高塔建筑混凝土的泵送能力与很多因素有关,如混凝土配合比材料必须符合要求(粗集料粒径、含砂率、保水性、和易性等),泵送管道应是高压管和高压接头卡,壁厚不低于5mm,管道布设应减少急弯,特别应减少上下波浪式弯道,减少弯道数量和曲率,必须选用高压泵,输送泵操作手的技术必须严格要求;设置了防裂钢筋网以防止高强混凝土大面积收缩裂纹。

4. 锚碇施工

根据地质条件和基坑设计方案,同时充分考虑基坑周围的环境条件及安全要求,北岸锚碇附近有宾馆、公路干线及大量居民住房等重要保护目标,故此,必须严格控制爆破时的飞石以及由爆破所产生的地震波。所以对锚碇基坑采用深孔分层松动爆破技术进行开挖坡面位置采用光面爆破。

除了合理地选择混凝土的配合比之外,解决大体积混凝土开裂问题的另一个重要手段是采取先进、科学的温控措施和合理分层分块的浇筑方式。要既能满足大体积混凝土温度控制要求又要考虑相邻两层混凝土浇筑时间,我们将锚体混凝土竖向分为24层,水平分为6块进行施工。就混凝土的温度控制方面,与武汉港湾工程设计研究院进行技术合作,制定了"宜昌大桥南北锚碇大体积混凝土施工温控方案及实施细则",对锚碇混凝土施工的全过程进行监控,确保混凝土内外温差在25℃之内,内部温升在35℃之内。

5. 主、散索鞍制造及安装

主、散索鞍采用铸焊结构,主索鞍共4套(件),每套分左右鞍头各1件,每套组合重量为89284.4kg。散索鞍共4套(件),每一套重量为62056.7kg;主索鞍和散索鞍的轮廓尺寸分别是5227mm×3200mm×2723mm,4000mm×2930mm×5000mm,鞍座体型面复杂,特别是散索鞍,其索槽为由小端到大端的三维空间曲面阶梯槽,加工难度很大;焊接施工空间小,焊接质量要求高,难度较高。

主、散索鞍吊装及精确定位:主索鞍为铸焊式结构,主要由三部组成:座板一块自重约17t,座体两块自重分别为31.1t和29.7t。北岸设计吊装支架采用空间桁架结构,由标准型钢现场全焊成型。桁架底脚与塔顶预埋钢板焊接,两片桁架之间用横向型钢连接形成整体。南岸设计吊装支架采用万能杆件拼装的空间桁架结构。为保证主索鞍吊装的绝对安全及检验支架的稳定性,在起吊主索鞍前对支架进行试吊,试吊荷载为主索鞍部件的最大质量1.5倍。同时利用全站仪监测支架受载后挠度及塔柱变化值。南岸散索鞍安装位置到锚前路堑处设计有一个7.0m宽的槽口,散索鞍索股理论交点与槽口上端路基交点处,高差9.3m,平距26m。散索鞍采用滑道下滑,在散索鞍安装位置上方设置型钢、万能杆件桁架,散索鞍下滑到位后,采用桁架上吊点提升散索鞍安装并精确调位。

6. 猫道架设

导索过江是猫道架设的先行工作。根据地形条件及现场实际情况,全桥只设一根先导索。在南、北两岸卷扬机、转向滑车、滚轮等准备工作完成后,使用300马力❶拖轮、定位

---

❶ 1 马力 = 735.499W。

驳船各一艘,另配一艘交通工作船,在全封航的状态下进行导索的过江牵引。

7. 主缆索股和吊索的制作及架设

宜昌长江公路大桥共有两根主缆,吊索 312 根。每根主缆由 104 股 $\phi 5.1 \times 127$ 的预制平行钢丝束组成,主缆直径约 655mm,主缆长度约 1574m,锚具为热铸锚形式。吊索采用韩国进口的钢丝绳,吊索钢丝绳由 G(6)×W(19)+CFRC 镀锌高强度钢丝右交互捻而成,锚具为冷铸锚形式。

吊索制作工艺设计:宜昌长江公路大桥采用钢丝绳吊索,吊索钢丝绳由 G(6)×W(19)+CFRC 镀锌高强度钢丝右交互捻而成,锚具为冷铸锚形式。

主缆架设:宜昌大桥由于受地理条件影响,主缆架设采用往复式的牵引方式将主缆索股由北向南进行牵拉。在北锚锚后设置索股存放区(可存索股 80 盘),并在存放区内设置 50t 龙门吊机和放索平台,主缆索盘的吊运、安装、拆卸均由 50t 龙门吊机来完成。放索时采用主、被动相结合的方式,边放索股边对索股散丝和鼓丝现象进行处理,减少了索股在牵引过程中的鼓丝和散丝现象的出现。

8. 钢箱梁制造工程及架设

宜昌长江公路大桥为 960m 跨度钢箱梁悬索桥,钢箱梁采用扁平封闭流线型钢箱梁,宽×高=30m×3.0m,全桥分 80 个梁段共 3 种类型梁段。标准梁段长 12.06m,跨中梁段 13.488m,端头梁段 7.332m,钢箱梁为正交异性全焊结构,结构焊缝多,所以钢箱梁制造的关键技术,一是焊接质量,二是几何尺寸精度的控制,必须采用先进的焊接工艺和焊接方法,严格焊接变形控制措施,才能确保钢箱梁制造质量。

沪渝高速公路宜昌长江公路大桥钢箱梁吊装(G50)

钢箱梁架设:宜昌长江公路大桥钢箱梁共 80 个节段,以中跨跨中为中心对称布置,南北各 40 个节段。钢箱梁吊装所用的缆载吊机是原虎门大桥钢箱梁吊装的缆载吊机。因主缆间距,钢箱梁节段划分及临时吊点设置不同,原缆载吊机的主梁及吊钩(动滑轮组和连接体)无法直接使用,故对其进行了新的设计和加工。将主梁、端梁设计为型钢焊接桁架结构以减轻自重,吊钩根据钢箱梁的重心设计为相对应的不对称扁担梁,为顺利、快速地连接吊钩和钢箱梁,特设置了销栓和快速锁定片。缆载吊机单台额定起吊能力190t,重载起升速度1m/min,2.5m/min,空载起升速度3m/min,适应作业倾角≤25°。

缆载吊机利用塔吊及塔顶门架上的三角支架配合卷扬机进行吊运拼装,拼装完成后,为确保钢箱梁吊装工作顺利进行,检验缆载吊机的整机性能和拼装质量,保证施工安全,我们对其进行了试吊和试运行。在钢箱梁吊装过程中,主索鞍需分阶段向河心侧顶推,采用在边跨侧设置两组4台YCW650型千斤顶将主索鞍向跨中方向顶推。每次主索鞍的顶推是在索塔顶部偏位接近7cm时进行,随着吊装节段的推进,索塔偏位可适当放大,顶推量由监控组提供数据。

9. 主缆的防护及检修道的安装

主缆的防护分为三个步骤:清洗后涂抹腻子;缠丝;多次涂涮防护漆。缠丝完成后,清洗干净缠丝表面密封膏及其他污物等,按顺序进行涂装,涂刷XF06-2磷化底漆一道,平均厚度10um。涂刷881D环氧云铁底漆二道,平均厚度80um。刮涂HM106聚硫密封剂,平均厚度250um。刷涂881YM聚氨酯面漆三道,平均厚度120um。主缆顶部50cm宽用881YM聚氨酯防滑面漆刷涂成防滑层。

10. 主、引桥桥面铺装工程

本工程共分为钢桥面(主桥桥面)铺装及引桥桥面铺装。钢桥面面积为21080m²,南北引桥铺装面积为6395m²,整个铺装面积为27475m²。行车道钢桥面板喷砂除锈达到Sa2.5级后,喷涂60~100μm富锌漆,然后在其上作防水黏结层,防水黏结层由0.8~1.2mm黏结剂和在其上撒布的2.36~4.75mm的预拌沥青碎石组成,铺装下层由防水黏结层和SMA10沥青混凝土组成,厚度为33mm,铺装上层为SMA13沥青混凝土,厚度为37mm。铺装上下层之间采用改性乳化沥青黏层(0.4~0.6L/m²),同时在边缘栏杆路缘、中央分隔带路缘与行车道铺装结合部位预留缝并填入热灌沥青填缝料(高弹性沥青类填缝料)。在行车道边缘设置纵向排水螺旋管,并与泄水井连通。铺装下层和防水黏结层以及螺旋排水管等构成桥面铺装结构的排水系统。钢桥面所用的基质沥青采用韩国SK沥青,由厂家直接送至工地在沥青改性站加工成改性沥青,通过沥青拌和站按配比将石料和沥青等搅拌均匀,然后用运输车将其运至现场卸入到沥青混合料摊铺机中,沥青混合料摊铺机熨平板将料铺开、整平到通过铝合金尺控制的合适高度,紧跟摊铺机后钢轮、胶轮进行碾压。

八、沪蓉西高速(沪渝高速沪蓉西段)

沪渝高速公路湖北西段(原名为沪蓉西高速),在建时是湖北省乃至全国地形地质最为复杂、建设条件最为艰难、工程规模最为宏大、难点工程最为集中、技术突破最为广泛的山区高速,所穿越地区集地质病害之大成,被地质界专家们长期视为工程禁区,2007年被交通运输部列为首批四个全国科技示范工程之一,也是全国高速公路勘测设计示范、廉政建设示范工程之一,2010年在交通运输部科技大会(杭州)上被誉为:山区高速公路的典范。湖北沪蓉西高速公路是湖北省"六纵五横一环"高等级公路规划的重要路段,也是我国东西中部地区连接重庆、成都等西南大城市的重要快速通道。它的建设,对于完善国家和湖北省主骨架公路网布局,沟通我国东西部交通,促进区域和湖北社会经济的发展,支持国家西部大开发战略的实施具有重要意义和经济价值。

湖北沪蓉西高速公路是沪渝高速的重要组成部分,沪蓉西高速公路全长319.542km,起点在宜昌长江大桥的终点,终点在利川鱼泉口,与重庆相接,全线共分为三段进行施工建设。

宜昌长江大桥终点—长阳县白氏坪镇(简称"宜长段")全长16.452km,作为整个沪蓉西项目的试验段于2003年开工建设,2005年底交工通车试运行。

白氏坪—恩施吉心段全长约181km,简称为"宜恩段"或"沪蓉西东段",于2004年8月20日正式开工建设,2009年12月19日全线交工通车试运行。

恩施吉心—利川鱼泉口全长约122.404km,简称为"恩利段"或"沪蓉西西段",于2005年底全面动工建设,2009年12月19日全线交工通车试运行。

(一)项目概况

功能定位:湖北沪蓉西高速公路作为沪渝高速的重要组成部分,也是湖北省高等级公路网"五纵三横一环"的重要组成部分,是我国东中部地区连接重庆、成都等大城市通往大西南的重要快速通道。它的建设,对于完善国家和湖北省主骨架公路网布局,沟通我国东中西部交通,促进区域和湖北省社会发展,支持国家西部大开发战略的实施将起到十分重要的作用。项目建成后,将使湖北省形成以武汉为中心,以京港澳和沪渝两条高速公路为主轴,连接湖北"大三角"经济区和周边省会城市的高速公路网络。同时把中国较发达的沿海东部地区,经济正在蓬勃发展的中部地区以及正在实施"西部大开发"的西部地区有机地结合在一起,成为我国东西部交通命脉和经济纽带。

路线走向:湖北沪蓉西高速公路东起湖北宜昌长江公路大桥,沿途经过宜昌市所属的宜都市、长阳县,恩施州所属的巴东县、建始县、恩施市、利川市,止于利川鱼泉口。路线经过的主要控制点渔洋溪、白氏坪、高家堰、贺家坪、堡镇、榔坪、野三关、高坪、红岩寺、崔坝、吉心店、耿家岩、白果坝、龙潭坝、青龙嘴、凉雾山、清江源、鱼泉口等与重庆石柱县相接。

沪渝高速公路沪蓉西段(G50)

建设规模：该路由宜昌长江大桥至恩施吉心段（简称宜恩段）和恩施吉心至利川鱼泉口段（简称恩利段）两个项目组成，全长319.542km,其中宜恩段197.138km（另补助建设长阳一级路连接线10km,建始二级路连接线23km）,恩利段122.404km（另建一级路连接线16.867km）。宜恩段主线桥梁227座（其中特大桥37座，大桥145座，中桥39座、小桥6座）单幅长度125599延米,连接线、匝道桥梁25座（其中特大桥1座,大桥14座,中桥10座）单幅长度4176延米;隧道31座单洞长度累计108930m,其中:特长隧道8座,长隧道8座,中短隧道15座;主线桥隧比达到60.1%,其中桥梁占32.4%,隧道占27.7%。恩利段主线桥梁总长50435.25m/98座（折算单幅长度）,占路线总长20.6%,其中特大桥9313.7m/5座,大桥37177.2m/62座;隧道46512.97/15座（左右幅合计）,占路线总长19%,其中特长隧道2座21580m,长隧道5座16276.27m;桥隧占路线总长39.6%。

投资规模：其中宜恩段批复概算132.44亿元,平均造价0.67亿元/km,决算总投资158.99亿元,平均0.81亿元/km,超概算投资26.55亿元。建设资金来源为国家投资、银行贷款和湖北省自筹;恩利段批复总概算72.08亿元,累计完成72.5亿元。其中资本金25.23亿元,占概算35%,国内银行贷款46.85亿元,占概算65%。按照国家发展改革委和交通部批复要求,资本金部分按1:1的比例由交通部、湖北省分摊,即交通部投资12.61亿元、省交通厅12.61亿元。

主要技术标准：主线采用四车道全封闭高速公路标准建设,计算行车速度采用80km/h,整体式路基宽24.5m(分离式路基宽12.5m),路幅设置中央分隔带2m/3m,左缘带0.75m,行车道2×3.75m,紧急停车带3.5m,硬路肩0.75m,行车道宽3.75m,隧道净宽

9.75m(恩利段加宽0.5m),净高5m,整体式桥梁净宽24m(分离式桥梁宽11.5m)。最小平曲线半径2000m,最大纵坡3.1%,桥涵设计荷载汽车超—20级、挂—120,桥涵设计洪水频率特大桥1/300 大、中、小桥及桥涵1/100,路面结构形式及厚度面层沥青混凝土基层,水泥稳定级配碎石,底基层水泥稳定碎石。恩利段连接线采用一级公路标准建设,计算行车速度采用60km/h,路基宽20m。

主要工程数量:根据施工图设计,全线路基土石方挖方2758万m^3,填方2217万m^3,排水防护工程226万m^3;主线桥梁342座,单幅长177927m,其中:中小桥75座8434m,大桥220座101883m,特大桥47座67610m;隧道44座155712m,其中:中短隧道20座25992m,长隧道14座37586m,特长隧道10座92134m;主线桥隧比为51.62%;互通式立交14处,通道165道,天桥31座,服务区4个,停车区5个。

自然地理特征:沪蓉西高速公路穿越我国第二道地质阶梯,沿途不仅穿越数十道高山、深谷,还要翻越平均海拔1100m的鄂西高原,且沿线存在滑坡、岩堆、危岩体、地下暗河、崩塌、顺层滑坡、断裂带与冲积扇等各种不良地质情况,号称集地质病害之大成。项目途经区域是土家、苗族等少数民族聚居区,沿线森林茂密,自然环境优美,生态环境脆弱,弃土弃渣都需要治理,环保水保工作的技术难度和投资都较大。

(二)项目前期工作

决策背景:湖北沪蓉西高速公路全长约320km,是国家高速公路网沪渝高速的重要组成部分。该路东接武汉—宜昌高速公路,进而经皖、苏联接上海,西接恩施—利川高速公路连接重庆,是联系我国西部、华中和华东地区的重要公路运输通道。项目直接影响区为宜昌市和恩施土家族苗族自治州。宜昌是三峡工程所在地,恩施是湖北省唯一的少数民族自治州,拥有丰富的旅游、水能、矿产等资源,但由于受自然交通等条件限制,经济发展相对缓慢。随着国家西部大开发战略的实施,对公路建设提出了更高要求。作为承东启西运输通道的组成部分,宜昌—恩施段现有的二级公路建设标准难以满足地区未来经济发展和远景交通量增长的需要,因此建设宜昌—恩施公路十分必要。湖北省交通运输厅印发《关于成立湖北沪蓉西高速公路工程项目部(筹备组)的通知》(鄂交人劳〔2002〕697号),由筹备组负责该项工程和前期筹备工作。

决策过程:宜恩段工可报告于2003年11月通过总理办公会审议,12月国家发改委以改交运〔2003〕2119号文批准立项;2004年6月,交通部以交改路发〔2004〕271号文批复初步设计文件,2004年8月20日开工建设。恩利段2004年12月国家发展改革委以发改运〔2004〕3074号文批复工程可行性研究报告,2005年7月交通部以交公路发〔2005〕301号文批复初步设计文件,2005年11月开工建设。

立项审批情况见表2-1-48。

宜恩段各阶段审批情况　　　　　　　　　　　　　　　　　　　　表2-1-48

项　　　目	批准文件及文号	批复部门	批复时间
可行性研究报告	发改交运〔2003〕2119号	国家发展和改革委员会	2003年12月
矿产资源调查报告	鄂土资函〔2002〕167号	湖北省国土资源厅	2002年11月
文物保护规划报告	鄂文物函〔2003〕19号	湖北省文物事业管理处	2003年3月
环境影响报告	环审〔2004〕161号	国家环境保护总局	2004年4月
水土保持方案	水函〔2004〕59号	水利部	2004年4月
初步设计文件的批准	交改路发〔2004〕271号	交通部	2004年6月
施工图设计文件	鄂交基〔2005〕108号	湖北省交通厅	2005年4月
建设用地预审	国土资厅函〔2004〕131号	国土资源部	2004年4月
建设用地审批	国土资函〔2005〕979号	国土资源部	2005年10月
项目法人批准文件	鄂交人劳〔2004〕368号	湖北省交通厅	2004年8月
法人的任职文件	鄂交党〔2004〕46号	湖北省交通厅	2004年11月
法人营业执照	事证第142000001261号	湖北省事业单位管理局	2005年11月

恩利段各阶段审批情况见表2-1-49。

恩利段各阶段审批情况　　　　　　　　　　　　　　　　　　　　表2-1-49

工程可行性研究报告	发改运〔2004〕3074号
初步设计文件的批准	交公路发〔2005〕301号
施工图设计文件	鄂交基函〔2005〕520号
水土保持方案	水保函〔2005〕244号
环境影响报告	环审〔2005〕650号
土地使用批准	国土资函〔2006〕301号
法人营业执照	事证第142000001261号
项目法人批准文件	鄂交人劳〔2004〕368号

宜恩段征地拆迁：2004年2月28日，省政府组织召开了沪蓉西高速公路征地拆迁动员大会，在征迁大会上，省指挥部与沿线两市、州签订了《征地拆迁工作责任状》。随后，沿线各级地方政府逐级召开了征地拆迁动员会，层层签订责任书，确定各级政府负责人为第一责任人。沿线各县市人民政府根据省政府鄂政函〔2004〕3号文件和省指挥部《湖北沪蓉西高速公路建设征地拆迁实施管理办法（试行）》，均成立了协调机构，各地结合地方实际，制订了具体的征地拆迁补偿标准和征地拆迁安置实施办法，从县市到村组层层落实了征迁措施。宜恩段征地里程131.295km，涉及2个市（州）长阳、巴东、建始、恩施4个县（市）12个乡（镇）53个村，5564户22343人，征地拆迁2322户8138人。宜恩段征地拆迁工作于2004年3月上旬开始，7月份基本结束，其施工图设计征地数量11493.78亩，实际征用土地15088.01亩，其中耕地7466.08亩，非耕地7621.93亩；拆迁房屋1588栋，计414759.94m²。宜恩段全线共计兑付征地拆迁补偿资金24852万元。

恩利段征地拆迁：恩利段征地拆迁工作于 2005 年 10 月开始，12 月基本结束，征地里程 109.66km，涉及 2 个市恩施、利川市 10 个乡（镇）60 个村，5576 户 27880 人，征地拆迁 2322 户 8138 人，实际征用土地 11911.04 亩，拆迁房屋 1579 栋，计 393773.3m²。恩利段全线共计兑付征地拆迁补偿资金 35352 万元。

（三）项目建设情况

组织机构：2003 年，由宜昌市交通局组成宜昌市宜长高速公路有限公司率先对宜昌长江公路大桥至长阳白氏坪 16.452 开工建设。2004 并入湖北沪蓉西高速公路建设指挥部统一管理。

为迅速推进沪蓉西高速公路建设，加强领导和协调力度，湖北省政府组建了湖北沪蓉西高速公路建设指挥部，负责统一组织领导湖北沪蓉西高速公路的建设，指挥部由省政府、省交通厅以及宜昌、恩施两级政府有关领导组成，时任省政府副省长韩忠学任指挥长，省政府副秘书长王国耀、省交通厅厅长任必年、省交通厅副厅长张学锋、省交通厅总工黄大元、恩施州州长周先旺、宜昌市副市长张建一、省交通厅基建处长白云山、省公路局调研员王敬平任副指挥长，省交通厅副厅长徐健任常务副指挥长兼总监，省公路局副局长曹传林任总工程师；按现代项目建设"四制"的要求，湖北省交通运输厅 2004 年 8 月组建了建设项目法人"湖北沪蓉西高速公路建设管理处"，与指挥部一门两牌合署办公。由湖北沪蓉西高速公路建设指挥部负责工程建设管理，下设工作站负责具体现场控制，通过公开招投标选定监理、施工单位具体实施；沿线各市、县地方政府以及交通、土地、环保等部门的人员组成湖北沪蓉西高速公路建设协调办公室（简称高路办或协调办），在湖北沪蓉西高速公路建设指挥部和各级地方政府的共同领导下负责做好征迁和建设协调工作。

沪渝高速公路宜恩段开工（G50）

指挥部内设七处、三室，即：工程管理处、技术管理处、质量管理处、财务管理处、机料管理处、协调管理处、安全管理处、综合办公室、中心试验室、纪检监察室,下设第一——第九共九个工作站,另设计单位派驻设计代表成立设代处。

根据湖北《省人民政府办公厅关于印发全省省级部分交通资产划转实施方案的通知》(鄂政办函〔2011〕81号)和湖北省交通运输厅《关于移交有关高速公路建设具体事宜的通知》(鄂交建〔2014〕61号)文件精神,沪蓉西高速公路建设指挥部在2014年11月正式将项目后期调概、竣工验收后评价等收尾工作全部移交给湖北省交通投资集团有限公司。

主要参建单位:沪蓉西高速公路宜恩段:建设单位为湖北沪蓉西高速公路建设指挥部;设计单位为中交第二公路勘察设计研究院、湖北省交通规划设计院、中国公路工程咨询监理总公司(机电设计)、中冶南方工程技术有限公司(房建设计);监督单位为湖北省交通运输厅工程质量监督局;监理单位有铁四院工程监理咨询公司、湖北省公路水运工程咨询监理公司、湖南金路工程咨询监理有限公司、湖北省公路工程咨询监理中心/铁四院工程监理咨询公司、铁二院咨询监理公司、北京华宏工程咨询监理有限公司、厦门港湾咨询监理有限公司(以上为一二期土建、路面等监理单位)、北京兴通交通工程监理有限责任公司(机电工程)、武汉科达建设监理有限责任公司(房建工程)、孝感天厦工程建设监理有限责任公司(房建工程);土建施工单位有中铁十二局集团第四工程有限公司、路桥集团第一公路工程局、中国铁路工程总公司、云南第二公路桥梁工程有限公司、中铁十一局集团有限公司、东北煤炭建设工程总公司、路桥集团一公局一公司、新疆昆仑路港工程公司、中铁十九局集团二公司、中铁十四局集团有限公司、湖北长江路桥股份有限公司、辽宁省路桥建设一公司、中铁十七局集团二工程有限公司、湖北省路桥有限责任公司、中铁一局集团第二工程有限公司、中国葛洲坝工程集团有限公司、路桥华南工程有限公司、中铁五局(集团)有限公司/中铁五局集团第一工程有限责任公司、湖北天浩公路工程有限公司、中铁十五局集团有限公司、中铁十一局集团第四工程有限公司、浙江省隧道工程公司、中铁十三局集团有限公司、中铁十六局集团第四工程有限公司、中交第二公路工程局有限公司、北京市海龙公路工程公司、贵州省公路工程总公司、安通建设有限公司、中铁十五局集团第一工程公司、中铁隧道集团有限公司、辽宁省路桥建设总公司、武汉东交道路桥梁工程集团有限公司、中铁十九局集团有限公司;路面施工单位:中交第二公路工程局有限公司、中交一公局第三工程有限公司、东盟营造工程有限公司、山西省路桥建设总公司;交安施工单位:湖北利航交通开发公司、江西省公路管理局交通工程公司、陕西高速交通工贸有限公司、湖北楚通公路工程有限责任公司;绿化施工单位:潢川县佳美园林工程有限责任公司与武汉大学设计研究总院、浙江经欣园林艺术有限公司与浙江佳境规划建筑设计研究院有限公司、武汉大学设计研究院、广州市造园园林工程有限公司、深圳市新华丰生态环境发展有限公司与深圳市耐卓园林科技工程有限公司。

沪渝高速公路湖北段利川互通（G50）

沪蓉西高速公路恩利段：建设单位为湖北沪蓉西高速公路建设指挥部；设计单位为湖北省交通规划设计院、中交第二公路勘察设计研究院；监理单位有湖北省顺达公路工程咨询监理有限公司/广东虎门技术咨询咨询有限公司、湖北省公路工程咨询监理中心、北京华通公路桥梁监理咨询公司、武汉交科交通工程咨询监理中心/育才—布朗交通咨询监理有限公司、铁二院咨询监理公司；土建施工单位有湖北省路桥有限责任公司、中交第二公路工程局有限公司、中铁五局集团第一工程有限责任公司、中国交通建设股份有限公司、中铁二十三局集团有限公司、中铁大桥局股份有限公司、中铁十七局集团有限公司、中交第四航务工程局有限公司、中铁三局集团有限公司、中铁二十局集团有限公司、湖南路桥建设集团公司、湖北长江路桥股份有限公司、中铁二十局集团第四工程有限公司；路面施工单位：中交一公局中路通隧道工程有限公司、东盟营造工程有限公司、中交第二公路工程局有限公司、江苏省交通工程集团有限公司；交安施工单位：南京公路防护设施工程有限责任公司、山西长达交通设施有限公司、湖北省路路通公路设施工程有限公司、辽宁省路桥建设公司；绿化施工单位：四川万达生态环境工程有限公司/四川绿坐标园林景观设计工程有限公司、武汉市虹达环艺景观装饰工程有限公司/武汉市建筑设计院、武汉森茂生态绿化工程有限公司/荆州市城市规划设计研究院、深圳市农科园林装饰工程有限公司、浙江红欣园林艺术有限公司。连接线施工单位：中交第一公路第六工程有限公司（土建）、四川川交路桥有限责任公司（土建）、中交一公局中路通隧道工程有限公司（路面）、南京公路防护设施工程有限责任公（交安）。

实施过程：宜恩段批复工期五年，2003年3月28日，宜昌长江公路大桥至长阳白氏坪段16km开工，2005年12月30日正式建成通车；白氏坪至恩施段2004年8月20日实现主体工程正式开工，2006—2007年除特大桥及特长隧道外一期土建主体工程完成，二期路面、三期交通安全设施、绿化、房建、机电施工分段进场，基本实现"贯通全线、建成两头"的目标,2007年12月31日,白氏坪至高家堰段建成通车;2008—2009年,土建工程重点攻坚特大桥梁及特长隧道,二期、三期施工全线展开,防护工程、环保绿化等相关工程交叉进行,2008年6月,高坪至吉心段建成通车,2009年10月,白氏坪至贺家坪、榔坪至高坪两段通过交工验收并通车,2009年11月,贺家坪—野三关段50km建成通车。

建设中的沪渝高速公路湖北宜恩段(G50)

恩利段2005年,高效完成国内基本建设程序批复、招投标工作,在2个月内完成全线征地拆迁90%的工作,主体控制性工程全面开工;2006—2007年,一期工程基本完工,除清江特大桥、小河特大桥、乌池坝隧道、齐岳山隧道四个控制性工程外,全线其他桥梁和隧道基本贯通,启动二期工程施工;2008年,一期工程收尾,二期工程全面展开,三期工程合理安排;2009年12月8日,所有工程项目全面完工。2009年12月19日,湖北沪蓉西高速公路全线建成交工验收通车试运行。

工程交工、竣工验收情况:宜昌长江公路大桥至长阳白氏坪段16km于2005年12月26日以96.5的高分通过指挥部组织的交工验收;宜昌至恩施,恩施至利川段2008年12月28日至2009年12月17日由沪蓉西高速公路指挥部级成交工验收小组,分期对土建、路面、交安工程进行交工验收。经湖北省交通工程质量监督局委托专业检验机构分段检验评定,该项目所有分部、分项、单位工程合格率100%、优良率95%,满足设计和质量标准,达到了业主创国优精品工程的目标。

(四)复杂难点工程

沪蓉西高速公路工程项目浩大,项目总投资及km造价均创湖北高速公路建设项目之最,所需钢材30万t,总投资204亿元人民币;地质地形处于云贵高原东北部的鄂西高原,山高坡陡,地形起伏频繁,项目穿越我国第二道地质阶梯,沿途不仅穿越数十道高山、深谷,还要翻越平均海拔1100m的鄂西高原,且沿线存在滑坡、岩堆、危岩体、地下暗河、崩塌、顺层滑坡、断裂带与冲积扇等各种不良地质情况,可谓"集地质病害之大成"。

桥梁、隧道里程占线路总长的一半以上,尤其是技术复杂的高墩大跨桥梁和特长隧道众多,深路堑边坡和高填石路堤也很突出,需突破的科研技术难点多,工程技术和安全、质量控制难度非常大,它的桥隧比例占整个路线总长的67%,最高桥墩达179m,最长隧道达8.7km;沿线公路坡陡弯急,设计载荷低,大件设备、材料运输困难;施工场地狭小,施工用砂、用水困难,筑路材料缺乏,工程造价控制难度大;公路、铁路、天然气管线工程施工相互干扰大;项目工点多,施工工艺复杂;民爆物品使用频繁,安全管理难度大;项目途经区域是土家、苗族等少数民族聚居区,沿线森林茂密,自然环境优美,生态环境脆弱,弃土弃渣都需要治理,环保水保工作的技术难度和投资都较大,修便道上山时,一个强壮工人一天只能肩背一包水泥。

沪渝高速沪蓉西全线桥梁包括梁式桥、拱式桥、斜拉桥、悬索桥、刚构桥等五类桥型。其中梁式桥主要为钢筋混凝土梁桥,拱式桥主要为钢筋混凝土拱桥和钢管混凝土拱桥,斜拉桥主要为钢筋混凝土梁斜拉桥,悬索桥主要为钢桁梁悬索桥,刚构桥主要为连续刚构桥。

全线多孔跨径总长大于1000m或单孔跨径大于150m的特大桥包括:魏家洲特大桥、渔泉溪特大桥、后河特大桥、龙潭河特大桥、铁罗坪特大桥、八字岭特大桥、两河口特大桥、四渡河特大桥、支井河特大桥、野三河特大桥、马水河特大桥、清江特大桥、桑树坝特大桥、三岔口特大桥、安家堡特大桥、小河特大桥。全线特大桥、大桥情况见表2-1-50。

沪渝高速沪蓉西段全线特大桥、大桥一览表　　　　表2-1-50

序号	桥梁名称	桥幅	桥长(m)	主跨长度(m)	桥底净高(m)	桥梁类型
1	智家湾大桥	左幅	171.936	30×5	31.107	梁式桥
	智家湾大桥	右幅	171.585	30×5		
2	渔洋溪1号桥	左幅	184.080	30×6	18.481	梁式桥
	渔洋溪1号桥	右幅	185.176	30×6		
3	渔洋溪2号桥	右幅	196.980	30×6	12.115	梁式桥
	渔洋溪2号桥	左幅	196.980	30×6		
4	渔洋溪3号桥	左幅	136.480	30×4	10.83	梁式桥
	渔洋溪3号桥	右幅	136.480	30×4		
5	渔洋溪5号桥	左幅	115.000	20×5	11.458	梁式桥
	渔洋溪5号桥	右幅	115.000	20×5		
6	渔洋溪6号桥	右幅	120.080	20×5	11.458	梁式桥
	渔洋溪6号桥	左幅	120.080	20×5		

续上表

序号	桥梁名称	桥幅	桥长(m)	主跨长度(m)	桥底净高(m)	桥梁类型
7	渔洋溪7号桥	右幅	162.940	20×7	14.744	梁式桥
	渔洋溪7号桥	左幅	160.000	20×7		
8	渔洋溪12号桥	右幅	126.514	30×4	11.132	梁式桥
	渔洋溪12号桥	左幅	106.000	30×3		
9	渔洋溪13号桥	右幅	119.530	20×5	10	梁式桥
10	大溪水库1号桥	右幅	244.240	30×8	23.205	梁式桥
11	大溪水库4号桥	左幅	250.940	30×8	23.205	梁式桥
12	大溪水库3号桥	右幅	196.120	30×6	23	梁式桥
13	大溪水库5号桥	左幅	248.100	30×8	32.46	梁式桥
14	白岩溪1号桥	右幅	181.280	20×8	18	梁式桥
15	乌鸦溪5号桥	左幅	247.680	30×8	15.182	梁式桥
16	乌鸦溪6号桥	右幅	164.080	30×5	13.587	梁式桥
17	乌鸦溪3号桥	右幅	140.400	20×6	6	梁式桥
18	清草湾1号桥	右幅	291.400	20×14	20	梁式桥
19	清草湾2号桥	左幅	295.000	20×14	10	梁式桥
20	枇杷溪大桥	左幅	517.640	30×17	11	梁式桥
	枇杷溪大桥	右幅	517.640	30×17		
21	骡马溪大桥	左幅	255.860	30×8	22	梁式桥
	骡马溪大桥	右幅	253.880	30×8		
22	王家湾2号桥	左幅	492.000	20×23	12	梁式桥
23	王家湾1号桥	右幅	112.000	20×5	16	梁式桥
24	背垭口大桥	左幅	282.850	30×9	18	梁式桥
	背垭口大桥	右幅	277.680	30×9		
25	河家溪2号桥	右幅	159.880	30×5	10	梁式桥
	河家溪2号桥	左幅	159.880	30×5		
26	咬草溪大桥	右幅	346.080	30×11	22	梁式桥
	咬草溪大桥	左幅	348.890	30×11		
27	偏岩坪大桥	左幅	129.467	30×4	28	梁式桥
	偏岩坪大桥	右幅	127.680	30×4		
28	丹水1号桥	左幅	287.040	40×7	15	梁式桥
	丹水1号桥	右幅	287.460	40×7		

续上表

序号	桥梁名称	桥幅	桥长(m)	主跨长度(m)	桥底净高(m)	桥梁类型
29	丹水2号桥	左幅	247.810	40×6	14	梁式桥
30	丹水3号桥	右幅	253.010	40×6	39	梁式桥
31	丹水4号桥	右幅	286.970	40×7	34	梁式桥
32	丹水5号桥	左幅	322.540	40×8	18	梁式桥
33	八个岭大桥	左幅	222.080	30×7	20	梁式桥
	八个岭大桥	右幅	222.080	30×7		
34	牛风冲大桥	左幅	138.189	20×6	21	梁式桥
	牛风冲大桥	右幅	156.000	20×7		
35	罗家冲大桥	右幅	322.535	30×10	39	梁式桥
36	佑溪大桥	右幅	312.080	30×10	24	梁式桥
	佑溪大桥	左幅	303.970	30×10		
37	茅坪大桥	左幅	232.000	20×11	10	梁式桥
	茅坪大桥	右幅	209.368	20×10		
38	石洪乡大桥	左幅	172.000	20×8	17	梁式桥
	石洪乡大桥	右幅	172.000	20×8		
39	西岔溪1号桥	右幅	158.880	30×5	13	梁式桥
40	西岔溪2号桥	左幅	526.580	30×17	13	梁式桥
	西岔溪2号桥	右幅	344.500	30×11		
41	西岔溪3号桥	左幅	157.680	30×5	14	梁式桥
	西岔溪3号桥	右幅	157.680	30×5		
42	马家沟1号桥	右幅	561.695	30×18	21	梁式桥
43	小峡夷大桥	左幅	257.630	30×8	17	梁式桥
	小峡夷大桥	右幅	252.840	30×8		
44	流溪1号桥	右幅	487.762	30×16	15	梁式桥
	流溪1号桥	左幅	489.940	30×16		
45	邓家坡大桥	左幅	318.266	30×10	15	梁式桥
	邓家坡大桥	右幅	312.480	30×10		
46	流溪2号桥	左幅	644.080	30×21	24	梁式桥
	流溪2号桥	右幅	583.643	30×19		
47	流溪5号桥	右幅	450.509	20×22	33	梁式桥
48	流溪3号桥	左幅	436.654	30×14	21	梁式桥

续上表

序号	桥梁名称	桥幅	桥长(m)	主跨长度(m)	桥底净高(m)	桥梁类型
49	魏家洲特大桥	右幅	552.00	2×20+110+200+110+4×20	219	刚构桥
	魏家洲特大桥	左幅	535.820	30+110+200+110+4×20		
50	渔泉溪特大桥	右幅	530.257	3×30+66+120+66+6×30	87	刚构桥
	渔泉溪特大桥	左幅	410.025	2×30+66+120+66+3×30		
51	石家坳大桥	左幅	250.846	30×8	11	梁式桥
	石家坳大桥	右幅	246.980	30×8		
52	钟家湾大桥	右幅	167.983	20×8	11	梁式桥
	钟家湾大桥	左幅	144.585	20×7		
53	后河特大桥	左幅	645.025	2×40+85+150+85+3×40+3×40	69	刚构桥
	后河特大桥	右幅	645.025	2×40+85+150+85+3×40+3×40		
54	贺家坪互通主线桥	右幅	838.000	5×30+5×40+4×40+5×40+1×40+2×40	32	梁式桥
	贺家坪互通主线桥	左幅	668.000	5×30+5×40+4×40+5×30		
55	古树屋场桥	右幅	367.680	30×5+30×4+30×3	16	梁式桥
	古树屋场桥	左幅	133.880	30×4		
56	贺家坪1号桥	右幅	286.000	20×14	19	梁式桥
57	贺家坪2号桥	右幅	246.000	20×12	17	梁式桥
58	贺家坪4号桥	左幅	406.000	20×20	19	梁式桥
59	贺家坪5号桥	左幅	346.000	20×17	25	梁式桥
60	贺家坪6号桥	左幅	4047.680	86×30+11×40+21×30+3×40+9×30	25	梁式桥
61	贺家坪7号桥	右幅	5108.82	123×30+11×40+22×30+3×40+6×30	25	梁式桥
62	清岩沟1号桥	左幅	189.190	30×6	6	梁式桥
63	清岩沟2号桥	右幅	550.137	30×18	22	梁式桥
64	清岩沟3号桥	右幅	187.680	30×6	9	梁式桥

续上表

序号	桥梁名称	桥幅	桥长(m)	主跨长度(m)	桥底净高(m)	桥梁类型
65	跨铁路桥	右幅	142.859	30×4	10	梁式桥
	跨铁路桥	左幅	109.080	30×3		
66	清岩沟4号桥	右幅	428.000	30×14	28	梁式桥
	清岩沟4号桥	左幅	373.050	30×12		
67	四方田大桥	右幅	169.507	20×8	8	梁式桥
	四方田大桥	左幅	166.000	20×8		
68	清岩沟6号桥	左幅	285.010	30×9	36	梁式桥
	清岩沟6号桥	右幅	282.006	30×9		
69	清岩沟7号桥	右幅	337.760	30×11	45	梁式桥
70	清岩沟8号桥	左幅	159.860	30×5	21	梁式桥
71	清岩沟9号桥	左幅	128.480	30×4	18	梁式桥
72	沙坪大桥	左幅	487.000	40×12	27	梁式桥
	沙坪大桥	右幅	488.238	40×12		
73	马鞍岭大桥	右幅	106.489	20×5	20	梁式桥
	马鞍岭大桥	左幅	105.330	20×5		
74	槐树坪大桥	左幅	149.155	20×7	3	梁式桥
	槐树坪大桥	右幅	146.000	20×7		
75	支角石1号桥	右幅	157.680	30×5	13	梁式桥
	支角石1号桥	左幅	157.680	30×5		
76	支角石2号桥	右幅	107.350	20×5	18	梁式桥
	支角石2号桥	左幅	105.330	20×5		
77	皮村河大桥	右幅	333.285	40×8	28	梁式桥
	皮村河大桥	左幅	655.852	40×16		
78	镇头河1号桥	左幅	667.120	30×22		梁式桥
	镇头河1号桥	右幅	638.660	30×21		
79	镇头河2号桥	左幅	654.360	30×21	18	梁式桥
80	镇头河3号桥	右幅	277.819	30×9	17	梁式桥
81	镇头河4号桥	右幅	127.680	30×4	14	梁式桥
82	镇头河大桥	右幅	255.804	30×3+30×5	10.58	梁式桥
	镇头河大桥	左幅	337.071	30×11		

续上表

序号	桥梁名称	桥幅	桥长(m)	主跨长度(m)	桥底净高(m)	桥梁类型
83	榔坪特大桥	左幅	2198.986	$(7\times30)+9\times(6\times30)+(5\times30)+(5\times40)$	10.68	梁式桥
	榔坪特大桥	右幅	2141.20	$10\times(6\times30)+(4\times30)+(5\times40)$		
84	榔坪互通1号桥	左幅	442.242	$5\times40+2\times40+3\times40+30$	11	梁式桥
	榔坪互通1号桥	右幅	448.063	$5\times40+6\times40$		
85	榔坪互通2号桥	左幅	415.035	$3\times30+2\times37.5+6\times40$	11	梁式桥
	榔坪互通2号桥	右幅	394.262	$30+2\times37.5+7\times40$		
86	凤凰山1号桥	左幅	310.982	$2\times(5\times30)$	10.58	梁式桥
	凤凰山1号桥	右幅	254.494	$5\times30+3\times30$		
87	凤凰山2号桥	左幅	849.950	$(40.227+2\times40.453+40.417)+(40.318+40.219+40.12+40.039)+(2\times40.197+2\times40.198+40.197)+(40.198+40.197+40.198+40.197)+(40.197+40.198+40.143+40.025)$	10.6	梁式桥
	凤凰山2号桥	右幅	811.251	$(40.227+2\times40.453+40.417)+(40.318+40.219+40.12+40.039)+(2\times40.197+2\times40.198+40.197)+40.198+40.197+40.198+40.098+(40.099+40.143+40.025)$		
88	凤凰山3号桥	左幅	212.551	40×5	11.5	梁式桥
	凤凰山3号桥	右幅	212.795	40×5		
89	黄坪岭大桥	左幅	691.331	$5\times40+6\times30+2\times(5\times30)$	11.25	梁式桥
	黄坪岭大桥	右幅	536.642	$5\times40+30+30+4\times30+5\times30$		
90	龙潭河特大桥	左幅	1182.000	$5\times40+106+3\times200+106+4\times40$	192	刚构桥
		右幅	1143.000	$4\times40+106+3\times200+106+4\times40$		
91	铁罗坪特大桥	左幅	883.380	$6\times30+140+322+140+3\times30$	211	斜拉桥
		右幅	877.180	$6\times30+140+322+140+3\times30$		

续上表

序号	桥梁名称	桥幅	桥长(m)	主跨长度(m)	桥底净高(m)	桥梁类型
92	关口垭1号桥	左幅	486.323	40×8+30×5	67.5	梁式桥
	关口垭1号桥	右幅	472.612	40×8+30×5		
93	关口垭2号桥	左幅	164.128	30×5	51.75	梁式桥
	关口垭2号桥	右幅	152.237	30×5		
94	关口垭3号桥	左幅	318.040	82+150+82	56	刚构桥
	关口垭3号桥	右幅	326.020	82+150+82		
95	双河口特大桥	右幅	861.08	30×4+(90+2×170+90)+30×7	162	刚构桥
	双河口特大桥	左幅	733.780	30×3+(90+2×170+90)+30×4		
96	八字岭特大桥	左幅	958.070	40×6+40×17	64.8	梁式桥
97	八字岭1号桥	右幅	165.130	40×4	36	梁式桥
98	八字岭2号桥	右幅	161.680	40×4	38	梁式桥
99	八字岭3号桥	右幅	132.580	40×3	14	梁式桥
100	八字岭4号桥	右幅	281.754	40×7	54	梁式桥
101	四渡河特大桥	左幅	1100.000	900+5×40	560	悬索桥
	四渡河特大桥	右幅	1100.000	900+5×40	560	
102	青山大桥	左幅	159.472	30×5	8.70	梁式桥
	青山大桥	右幅	155.249	30×5	10.20	
103	水南大桥	左幅	917.5	(3×30)+(1×60+5×110+1×60)+(5×30)	77.62	刚构桥
	水南大桥	右幅	953.23	(3×30)+(1×60+5×110+1×60)+(6×30)	80	
104	野三关大桥	左幅	649.338	30×21	25.40	梁式桥
	野三关大桥	右幅	670.084	30×22	24.10	
105	杨家坪1号大桥	左幅	187.855	30×6	25	梁式桥
	杨家坪1号大桥	右幅	218.959	30×7	24	
106	杨家坪2号大桥	左幅	170.076	30×8	6	梁式桥
	杨家坪2号大桥	右幅	276.897	30×13	9.20	
107	三尖角大桥	左幅	452.028	40×11	34.28	梁式桥
	三尖角大桥	右幅	650.57	40×16	33	

续上表

序号	桥梁名称	桥幅	桥长(m)	主跨长度(m)	桥底净高(m)	桥梁类型
108	河坪大桥	左幅	673.736	30×22	29.45	梁式桥
	河坪大桥	右幅	570	30×19	29.95	
109	坪坦村大桥	左幅	311.424	30×10	24.70	梁式桥
	坪坦村大桥	右幅	248.356	30×8	24	
110	岔儿坪大桥	左幅	751.302	20×37	16.90	梁式桥
	岔儿坪大桥	右幅	428.018	20×21	11	
111	花天河大桥	左幅	122.5	96×1	34.62	上承式箱板拱桥
	花天河大桥	右幅	134.2	96×1	35.47	
112	支井河特大桥	左幅	545.54	36+430+2×27.3	277	上承式钢管混凝土拱桥
	支井河特大桥	右幅	545.54	36+430+2×27.3	277	
113	七道沟大桥	左幅	426.5	40×10	58	梁式桥
	七道沟大桥	右幅	426.5	40×10	58	
114	袁家坝大桥	左幅	561.022	40×14	55	梁式桥
	袁家坝大桥	右幅	535.919	40×13	55	
115	白果坝大桥	左幅	451.01	40×11	48	梁式桥
	白果坝大桥	右幅	451.01	40×11	48	
116	野三河大桥	左幅	963	30×2+106+200+106+30×16	180	刚构桥
	野三河大桥	右幅	993	30×2+106+200+106+30×17	180	
117	潭沟大桥	左幅	276.08	30×9	35	梁式桥
	潭沟大桥	右幅	336.58	30×11	35	
118	黄口坝大桥	左幅	135.84	20×6	12	梁式桥
	黄口坝大桥	右幅	175.64	20×8	12	
119	黄坝大桥	左幅	130.221	20×6	16	梁式桥
	黄坝大桥	右幅	175.41	20×8	16	
120	广福桥1号大桥	左幅	189.8	20×9	13	梁式桥
	广福桥1号大桥	右幅	190.7	20×9	13	
121	广福桥2号大桥	左幅	186.04	20×10	15	梁式桥
	广福桥2号大桥	右幅	198.4	20×10	15	
122	三涧溪大桥	左幅	161.5	25×6	15	梁式桥
	三涧溪大桥	右幅	190.6	25×7	15	

续上表

序号	桥梁名称	桥幅	桥长(m)	主跨长度(m)	桥底净高(m)	桥梁类型
123	太子沟大桥	左幅	195.04	30×6	13	梁式桥
	太子沟大桥	右幅	256	30×8	13	
124	镇龙坝大桥	左幅	235.8	20×9	19	梁式桥
	镇龙坝大桥	右幅	340.1	20×16	19	
125	沙子坝大桥	左幅	191.3	20×9	17	梁式桥
	沙子坝大桥	右幅	255.5	20×12	17	
126	干溪沟大桥	左幅	89.9	20×5	19	梁式桥
	干溪沟大桥	右幅	112.2	20×5	19	
127	米冲谷大桥	左幅	188.5	20×9	17	梁式桥
	米冲谷大桥	右幅	212.5	20×10	17	
128	后槽大桥	左幅	231.4	20×11	11	梁式桥
	后槽大桥	右幅	293.5	20×14	11	
129	蔡家湾1号大桥	左幅	166	30×5	24	梁式桥
	蔡家湾1号大桥	右幅	255.29	30×8	24	
130	蔡家湾2号大桥	左幅	186	30×6	22	梁式桥
	蔡家湾2号大桥	右幅	216	30×7	22	
131	麻坑槽大桥	左幅	365.42	20×18	21	梁式桥
	麻坑槽大桥	右幅	483.73	20×24	21	
132	河畔溪1号大桥	左幅	218.06	30×7	25	梁式桥
	河畔溪1号大桥	右幅	216.04	30×7	25	
133	河畔溪2号大桥	左幅	164.4	20×8	9	梁式桥
	河畔溪2号大桥	右幅	44.5	20×2	9	
134	瓦厂槽大桥	左幅	330.52	20×16	6	梁式桥
	瓦厂槽大桥	右幅	330.92	20×16	6	
135	落水洞大桥	右幅	153.5	20×7	4	梁式桥
136	天坑坎大桥	左幅	306	30×10	18	梁式桥
	天坑坎大桥	右幅	307.4	30×10	18	
137	藤树坦分离式立交	左幅	410	30×7+40×5	23	梁式桥
	藤树坦分离式立交	右幅	412	30×7+40×5	23	
138	红岩特大桥	左幅	552.6	20×27	15	梁式桥
	红岩特大桥	右幅	548.3	20×27	15	
139	秋桂村1号大桥	左幅	366	30×12	9	梁式桥
	秋桂村1号大桥	右幅	367.51	30×12	9	
140	秋桂村2号大桥	左幅	249.120	30×8	11	梁式桥
	秋桂村2号大桥	右幅	249.120	30×8	11	

续上表

序号	桥梁名称	桥幅	桥长(m)	主跨长度(m)	桥底净高(m)	桥梁类型
141	猫儿牙大桥	左幅	396.95	30×13	18	梁式桥
	猫儿牙大桥	右幅	396	30×13	18	
142	毛淌坝大桥	右幅	109.67	20×5	11	梁式桥
143	红岩寺大桥	左幅	216.4	30×7	51	桥梁式
	红岩寺大桥	右幅	216.4	30×7	51	
144	观淌分离式立交	左幅	563.870	5×20+15×30	53	梁式桥
	观淌分离式立交	右幅	563.870	5×20+15×30	53	
145	韭菜湾大桥	左幅	306.4	30×10	43	梁式桥
	韭菜湾大桥	右幅	306.4	30×10	43	
146	椅子湾大桥	左幅	193.12	30×6	14.5	梁式桥
	椅子湾大桥	右幅	105.5	30×3	14.5	
147	谢家湾分离式立交	左幅	469.8	5×30+5×30+5×32	11	梁式桥
	谢家湾分离式立交	右幅	468.3	5×30+5×30+5×32	11	
148	新屋场1号大桥	左幅	206.5	20×10	11	梁式桥
	新屋场1号大桥	右幅	206.5	20×10	11	
149	新屋场2号大桥	左幅	366	20×18	20.4	梁式桥
	新屋场2号大桥	右幅	446	20×22	20.4	
150	杆龙潭大桥	左幅	531.08	25×21	26.8	梁式桥
	杆龙潭大桥	右幅	530.33	25×21	26.8	
151	大槽大桥	左幅	366	20×18	25	梁式桥
	大槽大桥	右幅	366	20×18	25	
152	帽湾大桥	左幅	126.04	30×4	18.4	梁式桥
	帽湾大桥	右幅	246.04	30×8	18.4	
153	腰牌大桥	左幅	281.73	30×9	20.12	梁式桥
	腰牌大桥	右幅	286.44	30×9	20.12	
154	榨尾湾大桥	左幅	258.19	30×8	19.47	梁式桥
	榨尾湾大桥	右幅	255.69	30×8	19.47	
155	侯家湾大桥	左幅	156.54	30×5	23.58	梁式桥
	侯家湾大桥	右幅	156.54	30×5	23.58	
156	干沟大桥	左幅	156.08	30×5	17.78	梁式桥
	干沟大桥	右幅	156.08	30×5	17.78	
157	新淌坪1号大桥	左幅	192	20×9	17.62	梁式桥
	新淌坪1号大桥	右幅	151.1	20×7	17.62	
158	新淌坪2号大桥	左幅	377.64	30×12	40.35	梁式桥
	新淌坪2号大桥	右幅	403.58	30×13	40.35	

续上表

序号	桥梁名称	桥幅	桥长(m)	主跨长度(m)	桥底净高(m)	桥梁类型
159	大地龙1号大桥	左幅	376.063	30×12	40.5	梁式桥
	大地龙1号大桥	右幅	380.025	30×12	40.5	
160	大地龙2号大桥	左幅	292.866	20×14	23.02	梁式桥
	大地龙2号大桥	右幅	297.84	20×14	23.02	
161	施家梁子1号大桥	左幅	888.53	30×29	49.06	梁式桥
	施家梁子1号大桥	右幅	874.4	30×29	49.06	
162	施家梁子2号大桥	左幅	289.012	20×14	20.84	梁式桥
	施家梁子2号大桥	右幅	285.469	20×14	20.84	
163	二台坪大桥	左幅	335.78	20×16	39.22	梁式桥
	二台坪大桥	右幅	296.51	20×14	39.22	
164	付家坡1号大桥	左幅	126	30×4	19.48	梁式桥
	付家坡1号大桥	右幅	96	30×3	19.48	
165	付家坡2号大桥	左幅	606.5	40×15	53	梁式桥
	付家坡2号大桥	右幅	168.02	40×4	48	
166	付家坡3号大桥	左幅	87.8	40×2	15	梁式桥
167	肖家坪大桥	右幅	127.3	40×3	24	梁式桥
168	马水河特大桥	左幅	875.55	110+3×200+110+45	162	刚构桥
	马水河特大桥	右幅	994	3×40+110+3×200+110+45	162	
169	夏马台大桥	左幅	440.492	30×14	29.3	梁式桥
	夏马台大桥	右幅	402	30×13	29.3	
170	石槽大桥	左幅	233.5	20×11	19.06	梁式桥
	石槽大桥	右幅	343.625	20×16	19.06	
171	寨角坝大桥	左幅	419.655	20×20	25.16	梁式桥
	寨角坝大桥	右幅	416.691	20×20	25.16	
172	尹壁槽大桥	左幅	166.09	20×8	18.17	梁式桥
	尹壁槽大桥	右幅	188.33	20×9	18.17	
173	文家湾大桥	左幅	153.08	20×7	19.72	梁式桥
	文家湾大桥	右幅	156.558	20×7	19.72	
174	朝阳坡大桥	左幅	370.72	30×12	30.9	梁式桥
	朝阳坡大桥	右幅	377.887	30×12	30.9	
175	西照坡1号大桥	左幅	252.666	20×12	17.51	梁式桥
	西照坡1号大桥	右幅	334.88	20×16	17.51	
176	西照坡2号大桥	左幅	125.52	20×6	17.6	梁式桥
	西照坡2号大桥	右幅	126.72	20×6	17.6	

第二篇 通 途 篇

续上表

序号	桥梁名称	桥幅	桥长(m)	主跨长度(m)	桥底净高(m)	桥梁类型
177	金家岩大桥	左幅	652.89	40×16	73.5	梁式桥
	金家岩大桥	右幅	648.91	40×16	73.5	
178	沈金淌大桥	左幅	190.38	30×6	18.1	梁式桥
	沈金淌大桥	右幅	215.88	30×7	18.1	
179	石柱槽大桥	左幅	364.53	30×12	20.7	桥梁式
	石柱槽大桥	右幅	372.42	30×12	20.7	
180	白果园1号大桥	左幅	302.81	20×15	16.36	梁式桥
	白果园1号大桥	右幅	333.903	20×16	16.36	
181	白果园2号大桥	左幅	159.28	20×7	15.78	梁式桥
	白果园2号大桥	右幅	155.38	20×7	15.78	
182	花石板大桥	左幅	216	20×10	18.68	梁式桥
	花石板大桥	右幅	213.5	20×10	18.68	
183	大转拐大桥	右幅	285.19	30×9	9.9	梁式桥
184	雷神庙大桥	左幅	188.8	30×6	11.6	梁式桥
	雷神庙大桥	右幅	164.145	30×5	11.6	
185	椿树槽大桥	左幅	343.3	30×11	21.78	梁式桥
	椿树槽大桥	右幅	306.282	30×10	21.78	
186	G318分离式立交桥	左幅	160.56	36+2×42+36	15	梁式桥
	G318分离式立交桥	右幅	160.56	36+2×42+36	15	
187	吉心1号大桥	左幅	444	30×14	30	梁式桥
	吉心1号大桥	右幅	444	30×14	30	
188	吉心2号大桥	左幅	391	30×13	20	梁式桥
	吉心2号大桥	右幅	393.5	30×13	20	
189	二坡村大桥	左幅	221	30×7	30	梁式桥
	二坡村大桥	右幅	213.5	30×7	30	
190	黄家槽大桥	左幅	246	30×8	12	梁式桥
	黄家槽大桥	右幅	246	30×8	12	
191	老岩大桥	左幅	324.68	20×16	17	梁式桥
	老岩大桥	右幅	324.68	20×16	17	
192	阳雀坝1号大桥	左幅	396	30×13	10	梁式桥
	阳雀坝1号大桥	右幅	426	30×14	10	
193	阳雀坝2号大桥	左幅	161	30×5	22	梁式桥
	阳雀坝2号大桥	右幅	161	30×5	22	
194	七里坪互通主线跨E匝桥	左幅	187	22×8	10	梁式桥
	七里坪互通主线跨E匝桥	右幅	187	22×8	10	

湖 北

续上表

序号	桥梁名称	桥幅	桥长(m)	主跨长度(m)	桥底净高(m)	桥梁类型
195	核桃村大桥	左幅	156	30×5	20	梁式桥
	核桃村大桥	右幅	156	30×5	20	
196	通天洞1号大桥	左幅	164.56	20×8	21	梁式桥
	通天洞1号大桥	右幅	122.81	20×6	21	
197	通天洞2号大桥	左幅	164.56	20×8	23	梁式桥
	通天洞2号大桥	右幅	204.56	20×10	23	
198	猫儿槽大桥	左幅	153.5	30×5	13	梁式桥
	猫儿槽大桥	右幅	156	30×5	13	
199	清江特大桥	左幅	380.4	40+40+70+220	120	斜拉桥
	清江特大桥	右幅	380.4	40+40+70+220	120	
200	黄土坎1号桥	左幅	186	30×6	31	连续T梁
	黄土坎1号桥	右幅	126	30×4		
201	黄土坎2号桥	左幅	156	30×5	20	连续T梁
	黄土坎2号桥	右幅	156	30×5		
202	黄土坎3号桥	左幅	366	30×13	19	连续T梁
	黄土坎3号桥	右幅	366	30×13		
203	恩芭公路分离式立交桥	左幅	156	30×5	23	连续T梁
	恩芭公路分离式立交桥	右幅	153.5	30×5		
204	黄土坎4号桥	左幅	151	30×6	23	连续T梁
	黄土坎4号桥	右幅	151	30×6		
205	龙洞湾大桥	左幅	550.15	30×10+40×4+30×2	43	连续T梁
	龙洞湾大桥	右幅	553	30×10+40×4+30×2		
206	白林湾1号桥	左幅	306	30×10	27	连续T梁
	白林湾1号桥	右幅	306	30×10		
207	白林湾2号桥	左幅	698	40×12+30×7	44	连续T梁
	白林湾2号桥	右幅	698	40×12+30×7		
208	白林湾3号桥	左幅	186	30×6	12	连续T梁
209	猪草湾特大桥	左幅	706.12	40×16+2×30	73	连续T梁
	猪草湾特大桥	右幅	713.08	40×17+30		
210	桑树坝特大桥	左幅	1711.14	30×2+40×4+30×5+30×6+30×7+30×7+30×7+40×4+40×5+40×4	63	连续T梁
	桑树坝特大桥	右幅	247.92	30×2+40×3+30×2		

续上表

序号	桥梁名称	桥幅	桥长(m)	主跨长度(m)	桥底净高(m)	桥梁类型
211	三岔口特大桥	左幅	1267.16	30×4+30×4+30×7+30×5+30×5+40×4+30×3+30×4+30×5+30×5	30	连续T梁
	三岔口特大桥	右幅	2316	5×30+5×30+6×30+5×30+5×30+5×40+6×40+5×30+5×30+5×30+5×30+5×30+5×30+3×40+2×30		
212	沙口驿大桥	左幅	367.08	40×9	23	连续T梁
	沙口驿大桥	右幅	367.08	40×9		
213	白果坝2号桥	左幅	161.5	20×8	13	空心板
214	关口槽1号桥	左幅	378.04	30×12	11	连续T梁
	关口槽1号桥	右幅	108.04	30×3	9	
215	关口槽2号桥	左幅	396	30×13	9	连续T梁
	关口槽2号桥右幅1	右幅	186	30×6	9	连续T梁
216	安家堡大桥左幅1号	左幅	203.5	30×3+60×2	21	连续箱梁
	安家堡大桥左幅2号	左幅	708.5	30×23	21	连续T梁
	安家堡大桥	右幅	1069	30×3+60×2+30×28		
217	鸭子塘大桥桥	左幅	610.8	40×15	20	连续T梁
	鸭子塘大桥桥	右幅	616	40×15		
218	冯家槽1号桥	左幅	250.08	30×8	20	连续T梁
	冯家槽1号桥	右幅	227.08	30×7		
219	冯家槽2号桥	左幅	996	30×(2×5)+30×(2×6)+30×5+30×6	20	连续T梁
	冯家槽2号桥	右幅	996	30×(2×5)+30×(2×6)+30×5+30×6		
220	唐家院子1号桥	左幅	99	26+40+26	15	连续箱梁
	唐家院子1号桥	右幅	99	26+40+26	15	
221	洪家槽立交桥	左幅	104.56	20×5	20	空心板
	洪家槽立交桥	右幅	104.56	20×5		
222	小转拐大桥	左幅	614.5	30×20	15	连续T梁
	小转拐大桥	右幅	583.3	30×9+38.5+21.5+30×8		
223	小河特大桥	左幅	501.35	4×16+338+3×20	190	钢管混凝土拱桥
	小河特大桥	右幅	501.35	4×16+338+3×20	190	
224	乌池坝大桥	左幅	426	30×14	39	连续T梁
	乌池坝大桥	右幅	426	30×14		

续上表

序号	桥梁名称	桥幅	桥长(m)	主跨长度(m)	桥底净高(m)	桥梁类型
225	把水寺大桥	左幅	710.14	30×8+55+100+55+30×8	50	连续刚构
	把水寺大桥	右幅	830.14	30×12+55+100+55+30×7		连续刚构
226	柴家湾1号桥	左幅	367.34	30×12	8	连续T梁
	柴家湾1号桥	右幅	367.34	30×12		连续T梁
227	柴家湾2号桥	左幅	220.07	30×7	10	连续T梁
	柴家湾2号桥	右幅	192.4	30×6		连续T梁
228	柴家湾3号桥	左幅	132.84	20×6	30	空心板梁板
	柴家湾3号桥	右幅	129.406	20×6		空心板梁板
229	白果坝2号大桥	左幅	111.184	20×5	11	空心板梁板
	白果坝2号大桥	右幅	111.091	20×5		空心板梁板
230	元堡河大桥	左幅	226.06	20×11	11	空心板梁板
	元堡河大桥	右幅	226.06	20×11		空心板梁板
231	木栈大桥	左幅	206.06	20×10	10	空心板梁板
	木栈大桥	右幅	206.06	20×10		空心板梁板
232	清崖河大桥	左幅	206.06	20×10	5	空心板梁板
	清崖河大桥	右幅	206.06	20×10		空心板梁板
233	陈谷大桥	左幅	188.7	20×9	10	空心板梁板
	陈谷大桥	右幅	188.7	20×9		空心板梁板
234	旗杆大桥	左幅	246.6	20×12	15	空心板梁板
	旗杆大桥	右幅	246.6	20×12		空心板梁板
235	凉雾大桥	左幅	186.06	20×9	15	空心板梁板
	凉雾大桥	右幅	186.06	20×9		空心板梁板
236	香树坝大桥	左幅	106.25	20×5	10	空心板梁板
	香树坝大桥	右幅	106.25	20×5		空心板梁板
237	雪屋滩大桥	左幅	126.1	20×6	15	空心板梁板
	雪屋滩大桥	右幅	126.1	20×6		空心板梁板
238	石朝门1号桥	左幅	332.06	20×16	22	空心板梁板
	石朝门1号桥	右幅	354.06	20×17		空心板梁板
239	石朝门2号桥	左幅	108.06	20×5	21	空心板梁板
	石朝门2号桥	右幅	108.06	20×5		空心板梁板
240	转角塘1号桥	左幅	547.27	30×18	30	连续T梁
	转角塘1号桥	右幅	547.27	30×18		连续T梁
241	转角塘2号桥	左幅	104.44	30×3	13	连续T梁
	转角塘2号桥	右幅	122.6	30×4		连续T梁

续上表

序号	桥梁名称	桥幅	桥长(m)	主跨长度(m)	桥底净高(m)	桥梁类型
242	转角塘3号桥	左幅	244.21	30×8	30	连续T梁
	转角塘3号桥	右幅	244.21	30×8		
243	转角塘4号桥	左幅	488.57	30×16	30	连续T梁
	转角塘4号桥	右幅	488.57	30×16		
244	玉家湾1号桥	右幅	122.6	30×4	20	连续T梁
245	玉家湾2号桥	左幅	756.9	30×25	35	连续T梁
	玉家湾2号桥	右幅	760.24	30×25		
246	清江村2号桥	左幅	550.74	30×18	25	连续T梁
	清江村2号桥	右幅	580.77	30×19		
247	清江村3号桥	左幅	152.1	30×5	25	连续T梁
	清江村3号桥	右幅	151.64	30×5		
248	清江源大桥	左幅	555.88	30×4+55+100+55+30×7	45	连续钢构
	清江源大桥	右幅	555.88	30×4+55+100+55+30×7		
249	周家湾1号桥	左幅	304.83	30×10	20	连续T梁
	周家湾1号桥	右幅	304.83	30×10		
250	周家湾2号桥	右幅	191.45	30×6	10	连续T梁
251	周家湾3号桥	右幅	125.56	30×4	10	连续T梁
252	白羊塘大桥	左幅	166.06	20×8	9	空心板梁板
	白羊塘大桥	右幅	166.06	20×8		

而它创造出多项世界之最,有龙潭河大桥墩高179m位列世界第一,被中国世界纪录协会收录为世界最高桥墩候选世界纪录。有四渡河大桥跨径达900m位列隧道锚钢桁架梁同类桥型世界第一,此桥桥面距地面高度为560m,为世界最高桥。

沪渝高速公路恩施野三河大桥(G50)

全线超过3000m的特长隧道包括：金龙隧道、鱼泉溪隧道、八字岭隧道、野三关隧道、张家冲隧道、香炉山隧道、大水井隧道、云雾山隧道、齐岳山隧道，具体见表2-1-51。

沪渝高速沪蓉西段隧道一览表 表2-1-51

序号	隧道名	方向	中心桩号	长度(m)	隧道分类	备注
1	殷家岩隧道	右幅	1184.823	181	短隧道	
		左幅	1184.823	181	短隧道	
2	章家槽隧道	右幅	1188.447	1074	长隧道	
		左幅	1188.525	912	中隧道	
3	白岩溪隧道	右幅	1191.204	1182	长隧道	
		左幅	1191.238	1182	长隧道	
4	女娘山隧道	右幅	1194.496	1970	长隧道	
		左幅	1194.514	1580	长隧道	
5	刘家坳隧道	右幅	1199.162	740	中隧道	
		左幅	1199.189	799	中隧道	
6	王子石隧道	右幅	1205.453	672	中隧道	
		左幅	1205.453	678	中隧道	
7	百步垭隧道	右幅	1208.940	724	中隧道	
		左幅	1208.943	614	中隧道	
8	父子关隧道	右幅	1216.841	890	中隧道	
		左幅	1216.879	1061	长隧道	
9	扁担垭隧道	右幅	1225.417	3371	特长隧道	
		左幅	1225.455	3346	特长隧道	
10	渔泉溪隧道	右幅	1230.291	5234	特长隧道	
		左幅	1230.239	5127	特长隧道	
11	朱家岩隧道	右幅	1233.647	1294	长隧道	
		左幅	1233.571	1306	长隧道	
12	长岭1号隧道	右幅	1238.879	272	短隧道	
		左幅	1238.860	261	短隧道	
13	长岭2号隧道	右幅	1239.394	707	中隧道	
		左幅	1239.062	672	中隧道	
14	金龙隧道	右幅	1250.961	8654	特长隧道	
		左幅	1251.010	8693	特长隧道	
15	榔坪隧道	右幅	1273.861	1040	长隧道	
		左幅	1273.867	1044	长隧道	
16	关口垭隧道	右幅	1276.625	379	短隧道	
		左幅	1276.629	422	短隧道	

续上表

序号	隧道名	方向	中心桩号	长度(m)	隧道分类	备注
17	八字岭隧道	右幅	1280.441	3544	特长隧道	
		左幅	1280.462	3521	特长隧道	
18	野山关隧道	右幅	1286.912	3665	特长隧道	
		左幅	1286.909	3700	特长隧道	
19	象鼻山隧道	左幅	1295.281	36	短隧道	
20	张家冲隧道	右幅	1296.998	3624	特长隧道	
		左幅	1297.471	3382	特长隧道	
21	米汤山隧道	右幅	1299.871	1823	长隧道	
		左幅	1299.869	1820	长隧道	
22	漆树槽隧道	右幅	1301.494	1255	长隧道	
		左幅	1301.484	1263	长隧道	
23	庙垭隧道	右幅	1303.929	2510	长隧道	
		左幅	1303.939	2529	长隧道	
24	香炉山隧道	右幅	1307.611	3964	特长隧道	
		左幅	1307.666	4023	特长隧道	
25	葛耳山隧道	右幅	1312.323	926	中隧道	
		左幅	1312.311	917	中隧道	
26	红岩寺隧道	右幅	1334.319	418	短隧道	
		左幅	1334.323	420	短隧道	
27	崔坝隧道	右幅	1341.649	287	短隧道	
		左幅	1341.645	285	短隧道	
28	付家坡隧道	右幅	1354.718	330	短隧道	
		左幅	1354.727	331	短隧道	
29	大水井隧道	右幅	1358.538	3424	特长隧道	
		左幅	1358.555	3415	特长隧道	
30	沈金淌隧道	右幅	1370.107	314	短隧道	
		左幅	1370.107	314	短隧道	
31	石柱槽隧道	右幅	1370.971	746	中隧道	
		左幅	1370.971	749	中隧道	
32	谭家坝隧道	右幅	1401.206	841	中隧道	
		左幅	1401.206	853	中隧道	
33	马尾井隧道	右幅	1407.031	573	中隧道	
		左幅	1407.017	565	中隧道	
34	猪草湾隧道	右幅	1408.648	1013	长隧道	
		左幅	1408.655	1023	长隧道	

续上表

序号	隧道名	方向	中心桩号	长度(m)	隧道分类	备注
35	岩湾隧道	右幅	1425.620	2773	长隧道	
		左幅	1425.656	2765	长隧道	
36	薛湾1号隧道	右幅	1427.755	412	短隧道	
		左幅	1427.755	412	短隧道	
37	薛湾2#隧道	右幅	1429.020	853	中隧道	
		左幅	1428.975	697	中隧道	
38	乌池坝隧道	右幅	1431.322	6693	特长隧道	
		左幅	1431.355	6708	特长隧道	
39	齐心坪隧道	右幅	1437.460	768	中隧道	
		左幅	1437.438	789	中隧道	
40	把水寺隧道	右幅	1438.649	1353	长隧道	
		左幅	1438.657	1375	长隧道	
41	柴家湾隧道	右幅	1440.179	338	短隧道	
		左幅	1440.349	310	短隧道	
42	白果坝1号隧道	右幅	1442.877	403	短隧道	
		左幅	1442.879	402	短隧道	
43	白果坝2号隧道	右幅	1445.677	1157	长隧道	
		左幅	1445.687	1205	长隧道	
44	寒坡岭隧道	右幅	1449.071	1782	长隧道	
		左幅	1449.111	1803	长隧道	
45	转角塘隧道	右幅	1489.911	221	短隧道	
		左幅	1489.911	221	短隧道	
46	齐岳山隧道	右幅	1495.908	4087	特长隧道	
		左幅	1495.920	4092	特长隧道	

1.八字岭特长隧道复杂技术工程

首创公路分岔隧道结构形式新概念：首次提出公路分岔隧道的结构形式，突破了隧道对山区高速公路线型设计的制约，丰富了隧道结构形式与山区高速公路的线形布置方法。解决了山区特大跨径桥梁与隧道的连接形式，大幅度地节约了桥梁建设资金。通过经验类比和数值计算的方法，提出分岔隧道在不同围岩条件下的最优施工工序，并得到成功应用。首次提出近距离隧道循环风相互影响的计算方法和工程处治措施。揭示了分岔隧道围岩稳定及应力分布特性在国内首次研制了新型组合式大型三维地质力学模型试验台架装置和高压加载控制系统，该系统可推广应用于各种复杂山区隧道的结构力学试验。利用该系统对依托工程三个分岔隧道进行了三维地质力学模型试验，得到了分岔隧道开挖应力分布特征，对分岔隧道安全施工具有重要指导作用。

2. 金龙特长隧道复杂技术工程

金龙隧道右幅全长8599m,左幅全长8693m,是湖北省最长的公路隧道,独头掘进里程全国第一。施工中,建立了公路隧道围岩变形监测与反分析技术体系:针对长大公路隧道复杂地应力场和地质条件特点,建立了围岩变形监测与反分析技术体系,自行研发了光纤光栅监测锚杆等监测设备,提出了基于进化神经网络法的地应力场及围岩参数反演新方法,实现了围岩力学参数的准确辨识,为长大隧道信息化施工提供了可靠的参考与指导。开展了运营通风系统的大比例尺相似物理模型试验:针对国内第一座左右双洞均采用2座竖(斜)井、分三段两单元送排式通风的隧道,开展了运营通风系统的大比例尺相似物理模型试验,揭示了长大隧道通风的特点和规律,对我国长大隧道通风设计具有重要的示范作用。开发了突水专家评判系统:通过研究隧道岩溶突水基本规律以及岩溶发育规律,建立了岩溶隧道突水专家评判系统,该专家系统在依托工程中的多个高风险岩溶隧道突水突泥灾害预测实践中得到了成功的应用,多次准确预报了突水突泥灾害,为实现复杂水文地质条件下隧道突涌水灾害的准确预测提供了可行有效的途径。

3. 支井河特大桥复杂技术工程

创立了大跨度上承式钢管混凝土拱桥双拱肋无风缆节段拼装工法。针对"V"形峡谷桥址施工场地狭小,无法设置缆风,施工和交通运输极为困难的特点,创立了"大跨度上承式钢管混凝土拱桥双拱肋无风缆节段拼装工法"(国家一级),顺利实现了高难度拱桥的安装施工,为其他采用缆索吊装的拱式结构桥梁施工提供了借鉴和指导。

形成了机制砂配制自密实钢管混凝土技术。通过原材料的选择和配合比优化设计,研制出高强、高流态、微膨胀与耐久的C60自密实钢管机制砂混凝土,满足了钢管混凝土材料的施工条件和性能要求,取得了较大的经济效益。

4. 四渡河特大桥复杂技术工程

建立了桥隧相连隧道锚设计体系。开展了基于大尺寸隧道锚模型试验,获得了超张拉试验、张拉流变试验、极限超张拉试验以及长期锁定流变试验等相关测试成果;建立了隧道锚围岩多块体刚体极限平衡分析模型,提出了隧道锚围岩多块体极限平衡分析方法;提出了隧道锚围岩流变变形稳定收敛时间,得出了隧道锚围岩多块体极限平衡分析为主的隧道锚岩体力学特性及隧道锚承载能力(包括长期承载能力)评价综合研究方法。形成了锚体尺寸拟定、预应力锚固系统选择、岩体力学模型概化方法、隧道锚承载能力量化判定、隧道锚与公路隧道相互作用最小安全间距取值等系统成果,提供了隧道锚设计的指导性方案和实例,为隧道锚推广应用奠定了基础。

首次开展山区公路桥梁风特性研究。研究设立了山区复杂地形全天候测定深切峡谷风特性的联网风观测塔,并结合地形模型风洞试验进行山区风特性研究。并采用桥梁抗风性能模型风洞试验、桥位风特性大比例(1:3000)山区地形模型风洞试验与桥位现场风特性观测相结合的方法进行山区特大跨度桥梁抗风研究,获得了山区风场特性,验证了桥梁抗风性能。研究成果直接指导了四渡河深切峡谷悬索桥的抗风设计,对公路桥梁抗风设计规范的山区桥梁抗风设计部分进行了完善,填补了山区特大跨度桥梁抗风设计研究的空白。

首次采用特征正交分解(POD)方法,实现了与规范设计反应谱相容的多点激励人工地震波模拟,使桥梁线性与非线性地震反应分析更加精细化。

特征正交分解(POD)型谱表示法,是近年来在对原型谱表示法进行重大改进的基础上提出的,核心是以对功率谱矩阵的特征值分解取代 Cholesky 分解。在随机积分的概率刻画下,它的物理机制有明确的解释,而且具有速度快、精度高等特点。它可用来模拟一维多变量随机过程。在两种超越概率水准的地震下,分别考虑了沿顺桥向,横桥向与竖向3 个方向输入的地震动,进行了精细化的桥梁线性与非线性地震反应分析。

首创火箭远程抛送先导索技术。建立了火箭牵引变质量软索抛送系统飞行阻力计算模型、弹道参数修正计算模型,编制了火箭牵引变质量软索抛送系统仿真软件,仿真计算与飞行结果吻合。首创的火箭远程抛送软索技术,提供了大跨度悬索桥在复杂环境下快速、经济、安全抛送先导索施工新技术。

首创悬索桥锚索单根可换式预应力技术,实现了悬索桥锚索的可检测、可维护、可更换性,获得国家发明专利;首次完成了悬索桥锚碇大吨位锚垫板锚下传力试验,改进了传统的锚垫板构造形式。

第九节 恩施—广元高速公路(G5012)

恩施—广元高速公路(以下简称恩广高速公路)国家高速公路网编号为 G5012,是沪渝高速公路(G50)的联络线,是《国家高速公路网规划(2013—2030 年)》中的一条国家高速公路。恩广高速公路穿过一个直辖市两个省,是恩施到重庆万州、广元以及达州到重庆万州之间运行时间最短的高速公路。国家高速恩广高速公路大致呈东西走向,自东向西依次经过湖北省、重庆市、四川省3 省区。是连接湖北省、重庆市和四川省重要干道,是国家高速公路网中沪渝高速公路(G50)、沪蓉高速公路(G42)和京昆高速公路(G5)和兰海高速(G75)的重要连接通道。截至 2016 年 2 月,恩广高速四川段已全通,重庆和湖北段均因万州到利州段继续施工而未通车。

恩广高速公路起于湖北省恩施土家族苗族自治州利川市—渝鄂两省市省交接点田家垭口,经重庆市万州、开县至止于渝川两省交界点猴子岩,再过四川省达州、巴中,止于广元黑水塘枢纽互通立交。湖北段由沪渝高速公路恩施到利川段为共线,利川到万州段暂称利万高速公路组成。

恩广高速公路湖北利万段(G5012)

一、利万高速公路

(一)项目概况

功能定位:利万高速公路湖北段是《国家高速公路网规划(2013—2030年)》恩施至广元高速公路(G5012)的重要组成部分,也是《湖北省省道网规划纲要(2011—2030年)》中"九纵五横三环"中的"纵九"的组成部分,并列入交通运输部《深入实施西部大开发战略公路水路交通运输发展规划纲要(2011—2020年)》。项目的建设,对于完善区域综合运输网络,优化高速公路网结构,促进国家西部大开发战略的实施,加强鄂西与重庆市经济社会发展联系,加快沿线丰富自然资源和旅游资源的开发利用,带动沿线经济社会发展,都具有十分重要的意义。

路线走向:利万高速公路路线起自利川市凉雾乡旗杆村彭家院子,与沪渝高速公路T形相交,并跨越宜(昌)万(州)铁路,设置利川西枢纽连通沪渝高速公路。起点桩号为K0+000。路线向西北展布,在猫耳洞石灰场东侧跨越326省道,在大坝垭口附近设置凉雾互通,并向东设置利川连接线连通规划的利川绕城公路和326省道。穿越狮子山设置隧道,经狮子山村五组,在水莲洞南洞口下游2km处跨越清江,设置清江大桥。走盘龙村、长乐村、双水村,经白岩槽,在木家塘设置南坪服务区,于黄龙坳跨越318国道,经衰家田、竹园坝,于郭家大院西侧设置南坪互通,连接南干大道及318国道。在覃家院子和朱家院子之间进入齐岳山,设置齐岳山隧道、磨盘山隧道,于花园湾跨越磁洞沟,设置磁洞沟大桥。路线向北进入隧道,设置长度约6.5km的大庄特长隧道,隧道出口在马扎滩。路线沿沟谷西侧向北展线,跨沟谷(田家垭口)至重庆境。湖北和重庆以田家垭口为界,对应桩号为 K43+350(田家垭口隧道出口附近),暂定田家垭口隧道出口为该项目终点,终点桩号为 K43+400。路线全长为 42.056km。

建设规模:利万高速亦称万利高速,路线起于利川市凉雾乡旗杆村十一组(彭家院子),止于利川市谋道镇朝阳村田家垭口,是连接湖北利川和重庆万州两地的跨省省级高速公路,沪渝高速、沪蓉高速两条国家高速公路的连接线,全长 97.059km,利川境内 42.109km,万州境内 54.95km(含万州绕城高速公路东南段马鞍石立交至火车东站 17.05km)。互通式立交 3 处,分离式立交 4 处,通道、天桥 28 道。设服务区 1 处,管理养护区 1 处,通讯监控分中心 1 处,匝道收费站 2 处,主线收费站(半幅)1 处,省际治超站 1 处。设置连接线 10.061km/2 条。全线控制性工程:利川西枢纽互通、凉雾互通、清江大桥、南坪互通、齐岳山隧道、磁洞沟大桥、大庄隧道。

投资规模:估算总投资为 51.952 亿元。其中项目资本金为 12.988 亿元,占项目总投资的 25%,由湖北省交通投资有限公司出资;其余 38.964 亿元资金由湖北省交通投资有限公司利用国内银行贷款解决。初步设计总概算核定为 52.424 亿元。

主要技术标准:根据该项目工可研究报告结论及批复意见,该项目采用设计速度 80km/h 的双向四车道高速公路技术标准,路基宽度整体式路基 24.5m,分离式路基 12.25m,平曲线最小半径 700m,最大纵坡 4%,最小竖曲线半径 8000m,荷载标准公路-Ⅰ级,设计洪水频率特大桥 1/300、其他桥梁和路基 1/100。其他技术指标按部颁《公路工程技术标准》(JTG B01—2003)执行,并严格执行《工程建设标准强制性条文》(公路工程部分)要求。

主要工程数量:路基土石方 2865.6km³,沥青混凝土路面 798.3km³,排水防护工程 209.2km³,全线设置特大桥 616m/1 座,大桥 4961.6m/21 座,中小桥 278m/4 座,涵洞 11 道,特长隧道 9911.5m/2 座,长隧道 10751m/7 座,中、短隧道 1798.5m/6 座。桥隧总长为 28.224km,桥隧比约为 67.1%。

自然地理特征:项目区为鄂西南褶皱山地,海拔高度 1650~650m 不等,山势陡峻,山高谷深,槽谷切割深度多在 100~600m 之间,相对高差大。受地质构造影响,项目所在区域地质条件较为复杂,路线区涉及的不良地质现象主要有岩溶、危岩与崩塌、采空区等。区域复杂的地质条件将给隧道、桥梁等构造物施工带来困难。该项目地处鄂西山区,受海拔高度、坡向等地形地貌因素影响,山地小气候具多样性,降水集中、降雨强度大是当地一大气候特点,致区内滑坡、崩塌、泥石流及洪灾多发。

(二)项目前期工作

决策背景:湖北、重庆同处我国最具活力、最具发展潜力的长江经济带,加快鄂渝省

(市)际公路大通道建设,对于推进长江经济带的发展,促使湖北真正成为"中部崛起的重要战略支点",重庆真正成为"长江上游经济中心"具有十分重要的意义。2002年8月,原交通部长黄镇东视察恩施时,根据恩施州交通发展现状提出了建设利川至万州高速公路的构想。2009年5月19日,湖北省交通厅与重庆市交委签订了《关于推进三峡区域经济与旅游发展加强省市公路通道建设的协议书》。按此协议,两地将在2012年建成连接鄂渝的8条旅游公路和地方公路外,到2014年,两地还将建成沪渝、沪蓉、恩黔、利万(该项目)等4条高速公路通道。利川至万州高速公路湖北段是连接鄂渝边区的又一条快速通道,项目的建设对推动湖北恩施及以南地区与重庆万州及以北地区之间的经济交通往来,加强经济合作和交流,促进共同发展具有重要意义。利川—万州高速公路湖北段(该项目)是连接鄂渝边区的又一条快速通道,项目的建设对推动湖北恩施及以南地区与重庆万州及以北地区之间的经济交通往来,加强经济合作和交流,促进共同发展具有重要意义。2008年11月下旬,湖北省交通规划设计院受恩施州交通局和利川市政府委托,承担利万工可工作。

决策过程:2009年1月5日、5月19日、7月30日,项目组成员三次专程赴恩施利川召开协调会,向恩施州及利川市相关部门汇报了项目的基本概况并与相关部门进行了充分的沟通;2009年5月和2010年3月,项目组两次赴重庆与重庆市交委、重庆市交通规划勘察设计院就省界接点、项目界面划分等问题进行磋商,先后形成了2份备忘录;2009年7月完成了《利川至万州高速公路湖北段工程可行性研究报告》(送审稿),2010年3月补充了省际接点相关资料,正式送审;2010年4月2日,省发展改革委、省交通运输厅在武汉共同组织召开了《利川至万州高速公路湖北段工程可行性研究报告》专家咨询会议,会议形成了《利川至万州高速公路湖北段工程可行性研究报告咨询会专家组意见》;2010年5月13日,恩施州交通局在利川市主持召开了利万高速公路湖北段路线方案现场技术咨询会,会议邀请了技术专家及有关领导并组成了专家组,听取了汇报,踏勘了现场,查阅了资料,经认真研究和讨论,形成了咨询意见,对路线走廊、局部路线比选、谋道互通设置、穿越龙船水乡景区等问题提出了意见和建议;2010年11月,根据省厅要求,根据上述专家意见,按红卫桥接点、取消谋道互通的方案,完成了一稿修编报告;2011年5月23日,湖北省和重庆市交通主管部门签订了省际接点协议,项目终点定在田家垭口,标高668m。2011年5月底按田家垭口接点、设置谋道互通的方案,完成了又一稿修编报告;2011年6月初,根据恩施州政府(恩施州政函〔2011〕41号)的请求、项目业主(湖北省交通投资有限公司)于2011年6月8日主持召开的该项目工可修编咨询会专家组意见,终点采用田家垭口、取消谋道互通、改建318国道齐岳山路段(即设置南坪互通—谋道镇连接线),设计单位对工可报告再一次修编,形成《利川至万州高速公路湖北段工程可行性研究报告》(修编稿);2012年恩施州发展改革委和恩施州交通运输局上报《关于审批〈利川至万州高速公路湖北段工程可行性研究报告〉的请示》（恩施州发改交〔2012〕127号）、省交通运输厅报送《关于利川至万州高速公路湖北段工程可行性研究报告的审查意见》（鄂交计〔2011〕296号）等文件及材料。2012年3月28日，省发展改革委以鄂发改审批〔2012〕621号批复《利川至万州高速公路湖北段工程可行性研究报告》。

征地拆迁：该项目征地拆迁永久占地3352.47亩，其中农用地3128.74亩，建设用地83.12亩，未利用地140.62亩；拆除建筑物73710m²，树木118538棵，电力电讯设施1377杆。

恩广高速公路利万段开工（G5012）

（三）项目建设情况

组织机构：2010年5月13日，恩施土家族苗族自治州人民政府代表州长杨天然与湖北省交通投资有限公司总经理龙传华签订投资协议。项目组织机构为省交投公司鄂西高路建设指挥部。按照与省交投公司投资协议，全州成立了1个州高路办、1个市高路办、4个乡镇高路办、27个村委会构成的宝塔式征迁协调机构体系，为协调工作提供了强有力的机构组织保障。主要领导：鄂西指挥部：雷承、黄桥连、倪四清、沈典栋（历任指挥长）；恩施州高路办：张志奇、谭世东（历任常务副主任）；利川市高路办：周银娣、牟春华（历任主任）。

主要参建单位：主要施工单位有中铁十四局集团有限公司、中铁一局集团有限公司、武汉市市政路桥有限公司。

实施过程：项目于2012年11月开工建设，起点段19km于2015年底建成通车，其余路段2016年底土建工程全部完成，路面、交安、机电、绿化项目基本完成，累计完成投资54.42亿元。2017年12月26日正式通车试运营。

（四）复杂工程

1. 清江大桥

桥址区位于利川市境内，桥梁起点接凹儿槽隧道出口，终点与茶园隧道进口相连，在凉雾乡狮子村和李子村交界处跨越清江。桥址区属构造剥蚀溶蚀低中山区,山顶高程1270~1300m不等,相对高差约200m,山体呈浑圆状线性延伸,山势陡峻,平均坡度约35°,河谷两侧坡度达到50°以上。山间河床狭窄,河谷宽约100m,局部基岩出露,两端桥台均位于斜坡上。桥址区出露地层主要为三叠系嘉陵江组(T1j)地层及局部第四系残坡积物(Q4el+dl)。清江大桥主桥为65+120+65m 的预应力混凝土悬浇箱梁连续刚构方案,主桥主跨为120m,边跨65m,主墩采用箱型空心墩,墩顶与箱梁固结。前进与后退岸引桥采用1×30m 与3×30m 预应力混凝土 T 梁。

2. 磁洞沟大桥

桥址区位于利川市境内,桥梁起点接磨盘山隧道出口,终点与桂花坪隧道进口相连,在谋道镇万里村梨树坪跨越磁洞沟。桥址区属构造剥蚀侵蚀低中山地形,山顶高程1220m 左右,相对高差200m 左右,山体呈尖棱状线形延伸,山势较陡,平均坡度约35°,局部可达45°以上。山间河床狭窄,宽约50m。植被较发育,局部基岩直接裸露,多数表层有残积物覆盖。附近有民居、农田及耕地。桥址区出露地层主要为三叠系上统须家河组砂岩、侏罗系珍珠冲组细粒岩屑石英砂岩及第四系残坡积物。磁洞沟大桥无通航要求,为适应地形条件,满足跨越要求,磁洞沟大桥主桥为85+150+85m 的预应力混凝土悬浇箱梁连续刚构,主桥墩采用箱型空心墩,墩顶与箱梁固结,主墩高度为123~130m。引桥上部结构采用40m 预应力混凝土连续 T 梁。

3. 齐岳山隧道

齐岳山隧道为双向四车道分离式隧道,位于湖北省利川市齐岳山。隧道长度约3382m(右幅计),隧道进、出口均采用台阶式洞门。下伏基岩为二叠系灰岩、硅质灰岩,夹煤层及页岩及三叠系灰岩,局部夹薄层页岩。隧道穿越齐岳山背斜。齐岳山背斜具两翼不对称,岩性以灰岩为主,间夹有页岩及煤层,背斜核部出露地层为长兴组中厚层状灰岩,且两翼在背斜核部以断层接触,系岩溶极发育地段。拟建隧址场区洞身发育着两条断层,断层带内主要表现为岩溶发育,有大型溶洞存在可能,对本隧道的建设影响较大。

4. 大庄隧道

大庄隧道为双向四车道分离式隧道,位于湖北省利川市谋道镇上坝村。隧道长度6570m(右幅计),隧道进、出口均采用端墙式洞门。基岩为侏罗系中统沙溪庙组紫红色泥岩、长石砂岩及侏罗系中统下沙溪庙组石英砂岩。隧址区位于马头场复向斜南东翼,主要表现为单斜地层,岩层倾斜角度较缓;未见断层穿越隧道区地层。隧道区主要不良地质体为危岩体及崩塌堆积体,其中对隧道影响较大的为隧道进出口上方的危岩体和崩塌堆积体。

5.万州利川段赶场隧道

赶场隧道左线全长1070m,右线全长1095m,属于双洞分离式隧道。青山隧道总长2640m,其中左洞长1314m,右洞长1326m,为万利段重要控制性工程。

第十节 二连浩特—广州高速公路(G55)

二连浩特—广州高速公路(以下简称二广高速公路),国家高速公路网编号G55,是国家高速公路网(71118网)中的第6纵,北起中蒙边境的内蒙古自治区锡林郭勒盟二连浩特市,南至广东省广州市。沿途经过乌兰察布、大同、朔州、忻州、太原、长治、晋城、济源、洛阳、平顶山、南阳、襄阳、荆门、荆州、常德、益阳、娄底、邵阳、永州、清远、肇庆、佛山,终点至广东省广州市,全长共2685km,是纵贯中国南北的大动脉。

二广高速湖北段310.564km,由樊魏22.813km、襄荆208.341km。襄荆连接线13.12km、荆州大桥段4.416km、荆东58.403km、东岳庙至卷桥段3.471km六个项目组成。

二广高速公路(G55)

一、樊魏高速公路

(一)项目概况

功能定位:襄樊—南阳高速公路湖北段为国家高速公路骨干网二连浩特至广州的重要路段,也是湖北省"大三角经济区"高速公路主骨架的重要组成部分,该项目北接河南省南(阳)邓(州)高速公路,南接汉(口)十(堰)、襄(阳)荆(州)两条高速公路相交的郜营枢纽互通。

投资规模:该项目概算为46117万元;该项目由湖北东方投资有限公司投资建设,其中总投资的35%由湖北东方投资有限公司作为项目资本金投入,其余资金由项目公司通过银行贷款解决。

主要技术标准:全线采用双向四车道高速公路标准,计算速度100km/h,路基宽度26m,设计荷载汽车—超20级,挂—120,路线全长22.81274km。

主要工程数量:22.813km,路基土方257.3万m^3,防护工程2.886万m^3,大桥321.58/3m/座,中桥394.16/6m/座,通道1524.3/53m/座,独立涵洞1873.01/51m/道,路面底基层591385m^2,下基层526457m^2,上基层526385m^2,沥青混凝土面层541248m^2,互通式立体交叉1处,分离式立体交叉2处,独立通道53道,天桥5座,波形梁护栏91097m,防眩板1375m,隔离栅50628m,标志115处,标线25323m^2,服务区1处,收费站2处,养护工区1处,监控中心1处,绿化22.813km,隔离墙2处。

(二)项目前期工作

决策过程:2001年6月15日,湖北省发展计划委员会下达《关于襄樊—南阳高速公路湖北段工程可行性研究报告(代项目建议书)的批复》(鄂计交通〔2001〕614号),同意建设襄樊—南阳高速公路湖北段;2001年11月21日,湖北省环境保护局下达《关于〈襄樊至南阳高速公路湖北段环境影响报告表〉批复意见的函》(鄂环函〔2001〕145号),同意该项目建设;2002年7月3日,湖北省发展计划委员会下达《关于襄樊至南阳高速公路湖北段初步设计的批复》(鄂计投资〔2002〕693号);2002年7月17日,湖北省交通厅下达《关于印发〈襄樊至南阳高速公路湖北段施工图设计审查意见〉的通知》(鄂交基〔2002〕351号)。

征地拆迁:该项目永久性征用土地2095亩,其中水田135亩、旱地1918亩、宅基地24亩、其他18亩;拆迁房屋10309m^2,电力电信线路42处。在各级党委、政府的正确领导和高度重视下,指挥部认真贯彻执行《中华人民共和国土地法》《中华人民共和国森林法》等相关的法律法规,以及国家和省有关征地拆迁补偿安置的政策法规,依法及时办理征地手续、严格各项补偿资金的兑现,切实解决好施工过程中出现各类矛盾和问题,使项目影响区的群众生活、生产条件和环境得到了最大限度的保障和改善,创造了和谐稳定的建设环境,确保了工程项目施工建设顺利完成。

(三)项目建设情况

组织机构:为加强对樊魏高速公路建设的管理,2002年6月,湖北省人民政府成立了湖北省樊魏高速公路建设指挥部。为了确保工程建设顺利进行,项目投资方——湖北东方投资有限公司成立了湖北樊魏高速公路有限公司。具体负责该项目的资金筹措和建设管理。同时,业主还成立了"襄樊至南阳高速公路湖北段总监理工程师办公室",具体负责该项目的质量管理、进度控制和投资控制。湖北省樊魏高速公路有限公司法人代表：李华平；樊魏高速指挥部指挥长：熊友山。

主要参建单位：该项目的设计单位为湖北省交通规划设计院，监理单位为北京华宏路桥咨询监理公司，检测单位为湖北省公路工程咨询监理中心，施工单位为中铁十一局集团有限公司、天津五市政公路工程有限公司、中港第二航务工程局、湖北省路路通公路设施工程有限公司。

实施过程：该项目计划建设工期为36个月。2002年11月24日正式开工建设。2004年4月，土建主体工程全部完成，路床通过初验。2004年4月25日，路面工程开始施工。2004年10月，交通安全设施工程开始进场施工；2005年3月，绿化与景观工程开始进场施工；2005年5月，房建工程开始动工兴建；同时，机电工程开始安装施工。2005年9月，所有工程全部完成。实际建设工期34个月，比原计划提前2个月完成。

质量控制措施与效果：工程质量的控制按照"四级质保体系"进行控制。各施工单位从原材料检测到各施工工序质量把关，实行全方位的质量控制，在其自检合格后方可向监理报检，并做到自检率100%。监理单位对所有的施工实行跟踪监督，各项工程只有在监理检查合格后才能转入下道工序，并保证抽检率大于30%。业主的中心实验室对现场的质量随机实行抽检核查，共抽查15619个点（组、批次），保证抽检率大于5%，并对抽检中发现的问题不定期发布质量通报。省交通工程质量监督站派出樊魏工作组，对该项目定期进行原材料、成品件、压实度等的抽检，真实掌握该项目的质量情况。经检测评定，工程质量合格率达100%。

交工验收：2005年9月19日，湖北樊魏高速公路有限公司在襄阳主持召开了襄樊至南阳高速公路湖北段工程交工验收会，与会委员、代表认真听取了建设、设计、施工、监理及质量监督等单位的工作汇报，检查了工程现场，审阅了交工验收文件和有关资料，经过认真讨论和评审，交工验收委员会一致认为：根据交通部《公路工程竣（交）工验收办法》和《公路工程质量检验评定标准》的规定，同意该项目通过交工验收。

(四)复杂技术工程

1. 膨胀土在项目沿线广泛分布

针对该项目选用膨胀土作为路基填料的特点，业主与华中科技大学联合开展了"樊魏高速公路膨胀土路基处治研究"，并将研究成果直接应用于工程建设中，为该项目的建设提供了强有力的技术保障。

2. 控制路面车辙

路面结构中，针对在该项目通行的大中型车辆所占比重较高的特点，分别采用

SP-12.5和SP-19作为沥青混凝土上面层和中面层结构形式,为更好地控制路面车辙提供了保障。

二、襄阳到荆州高速公路

(一)项目概况

功能定位:湖北襄荆高速公路是国高网G55二广高速的组成部分,是湖北省"五纵三横一环"高速公路路中荆襄高速公路(魏集—襄阳—宜城—荆门—荆州—东岳庙)的重要路段,是沟通湖北、湖南两省乃至中原地区南北交通的大动脉,项目建设与沪蓉国道主干线汉十高速公路、荆宜高速公路连接成网,对完善湖北公路网骨架、发挥路网整体效益,加快长江经济带的开放开发,促进湖北经济发展具有十分重要的意义。襄荆高速公路全线开通后从襄阳到荆州只需1.5h。至此,襄阳市的高速公路形成了与全国高速公路的连接。这对于促进襄阳乃至湖北全省国民经济的发展有着极其重要的意义。它不仅构建了湖北省高速公路三角形主骨架,同时进一步完善了全国的路网建设,使襄阳市的投资环境大大改善。

路线走向:襄荆高速是国家规划建设的二连浩特至广州高速主干线的重要组成部分,北起襄阳市襄阳区长王龚家营西侧1517,经襄阳、荆门、荆州三市八县(市、区),南止于荆州市龙会桥卷桥1828.313,途经襄阳市襄城区、宜城市、荆门市及钟祥市、东宝区、掇刀区、沙洋县、荆州市荆州区。向北与(武)汉十(堰)高速公路、樊魏(襄阳至南阳)高速公路相连,向南与沪蓉国道主干线相接,并通过荆州长江大桥连接荆(州)东(岳庙)高速公路通往湖南省,全长185.42km。

二广高速公路襄荆段(G55)

建设规模：建设路线全长185.432km[2015年并入国高二广高速，核定里程208.341km（含襄荆连络线22.926km）]。构造物中，特大桥1座，大桥5座，中桥36座、小桥54座，涵洞595道，互通9处，互通式立体交叉9处，分离式立体交叉22处，通道385处，天桥52座；收费站9处，服务区2个，监控中心1个。

投资规模：国家批复概算为417918.62万元，其中建筑安装工程费307761.03万元；设备及工具、器具购置费6387.11万元；其他基本建设费用84647.68万元；预留费用18268.7万元；环境监测设备费244万元；文物勘探保护费610万元。竣工决算：全部完成投资370172.61万元，其中建筑安装工程费284992.18万元；设备及工器具购置费7246.06万元；其他基本建设费用77934.37万元。

主要技术标准：襄荆高速公路设计为四车道全立交、全封闭，设计速度100km/h。路基宽26M，桥梁宽度与路基同宽，其中中央隔离带2m，平曲线极限最小半径400m，最大纵坡4%，桥涵设计荷载汽车超—20，挂—100。

主要工程数量：路基土方2009.424万m^3，石方282.169万m^3；防护工程63.795万m^3；路面工程底基层492.214万m^2，下基层447.719万m^2，上基层428.680万m^2，沥青混凝土面层434.732万m^2；波形梁护栏786715m，防眩板10286m，隔离栅413061m，标志889处，标线189039m^2；主要材料实际消耗钢材38094t、水泥596755t、沥青85851t。

（二）项目前期工作

决策背景：湖北省襄阳至荆州高速公路项目是我国国家规划高速公路主干线二连浩特至广州高速公路的重要组成部分，湖北省"十五"期间的重点工程，该项目的建成通车，对加快我国高速公路网的建设，发挥湖北省"得中独厚"的地理区位优势，促进沿线经济和旅游资源的开放、开发，推动湖北省社会和国民经济的发展具有重要意义。

决策过程：国家计划委员会《印发国家计委关于审批湖北襄荆高速公路工程可行性研究报告（代项目建议书）的请示的通知》（计基础[1999]2386号）；交通部《关于襄樊至荆州高速公路初步设计的批复》（交公路发[2000]252号）；交通部《关于襄樊至荆州高速公路路面变更设计的批复》（部公路字[2002]259号）；国家环境保护总局《关于襄樊—荆州高速公路环境影响报告书审批意见的复函》（环函[1999]289号）；国家计委2001年5月18日以《国家计委关于下达2001年第三批基本建设新开工大中型项目计划的通知》批准《湖北襄樊至荆州高速公路开工报告》。

征地拆迁：国土资源部于2004年1月18日下发的文件《关于襄樊至十堰（武当山）高速公路工程建设用地的批复》，批复将丹江口市、老河口市、谷城县、襄阳区农村集体用地632.5561hm^2（其中耕地410.0481hm^2）转化为建设用地并办理征地手续，另征用农村集体建设用地19.9125hm^2、未利用地8.4679hm^2；同意将国有农用地4.3367hm^2（其中耕地

$0.244hm^2$)转化为建设用地,同时使用国有建设用地 $5.3012hm^2$。

以上共计批准建设用地 $670.5744hm^2$。全线永久性征地 1951.06 亩,拆迁各类建筑物 2.3 万 m^2,拆迁费用 0.3784 亿元。

(三)项目建设情况

组织机构:襄荆高速公路是湖北省第一条多家企业共同投资组建项目法人建设的高速公路项目,是由国家批复立项已建成通车的第一个大型高速公路国内 BOT 项目,该项目由葛洲坝股份有限公司通过竞标获得开发权,经过项目融资和与湖北省内外有经济实力企业的联系、磋商、协商,最后确定由葛洲坝股份有限公司(占55%股份)、湖北省高速公路建设总公司(占20%股份)等5家具有独立法人资格的企业风险共担、利益共享、共同发起组建项目业主——湖北襄荆高速公路有限责任公司。襄荆(建设期)组织机构主要领导:总经理刘金焕、副总经理肖昌清、杨建林,总监理工程师王延伟,总工程师秦安昌,总会计师崔大桥。

主要参建单位:项目业主为湖北襄荆高速公路有限责任公司;承建单位有工程由葛洲坝股份有限公司、湖北省公路建设总公司、荆州市投资公司、湖北省投资公司、襄阳市交通建设资产管理公司。

实施过程:襄荆高速公路全长 185.4km 概算总投资 44.8 亿元,2001 年 1 月正式开工,2004 年 6 月 26 日建成投入运营,襄荆高速公路通过企业化、市场化的运作,不仅工期提了前半年,并取得了投资节省 11.2% 的效果。开工日期 2001 年 1 月 1 日,竣工日期 2004 年 6 月 22 日。

工程交竣工验收:根据交通部《公路工程竣工验收办法》(交公路发〔1995〕1081 号)和《公路工程质量检验评定标准》(JTJ071—98)的规定,湖北省交通厅工程质量监督站于 2004 年 6 月组织了湖北省襄樊—荆州高速公路工程的交工质量鉴定。2004 年 6 月 21—22 日,湖北省交通厅组织有关部门对该项目进行了交工验收,经交工验收委员会评审确认,湖北省襄樊至荆州高速公路项目工程质量评分为 89.7 分。

根据交通部《公路工程竣(交)工验收办法》(交通部令 2004 年第 3 号)、《关于贯彻执行公路工程竣交工验收办法有关事宜的通知》(交公路发〔2004〕446 号),交通部基本建设质量监督总站会同湖北省交通厅工程质量监督站于 2006 年 6 月对该项目进行了竣工质量鉴定,工程质量鉴定得分为 91.60 分,工程质量等级为优良。

2006 年 6 月 21~22 日,交通部组织有关部门并邀请专家,对湖北省襄樊至荆州高速公路工程进行了竣工验收。竣工验收委员会认真审阅了工程建设有关文件和竣工验收资料,对全线工程进行了实地查看,听取了建设、设计、施工、监理和质量监督单位的工作情况介绍。经评议认为:本工程经过 2 年多的通车试运营,路线平纵线形顺适、选用指标恰当;路基及边坡稳定,路面平整密实均匀;路基、路面排水设计合理;互通形式合理,规模适当;桥梁、通道及涵洞等构造物总体质量好,桥路衔接平顺;交通安全设施完备,监控、通信、收费系统运转正常;沿线服务管理设施功能完善;档案资料完整、规范、齐全;交工验收报告中提到的问题和建议已得到处理和落实。

竣工验收委员会对湖北省襄樊至荆州高速公路工程项目进行认真审议后认为该项目已按批准的设计文件完成了各项建设任务,经过通车试运营和质量检测表明,工程质量各项指标符合设计要求,按国家有关规定完成了环保、水保和档案等专项验收,竣工决算通过审计,交工验收遗留问题得到处理,同意该项目通过竣工验收。经综合评定和审议,对参建单位综合评分如下建设管理综合得分95.07分,设计质量综合得分95.81分,监理工作综合得分94.52分,施工管理综合得分:94.12分,经评定,建设项目综合得分:92.67分,评定该工程建设项目综合评价等级为优良。

三、襄(阳)荆(州)高速公路至荆州长江大桥连接线

襄(阳)荆(州)高速公路至荆州长江大桥连接线(下简称连接线)工程是湖北省十·五规划建设的交通重点工程,是受湖北省交通厅委托,由荆州市地方承建的首个高速公路项目,同时也是完全按照交通部"四制"模式建设的工程项目。

二广高速公路襄荆高速至荆州长江大桥连接线(G55)

(一)项目概况

路线走向:工程整体成北南走向,北接襄荆高速公路,南通过荆州长江大桥连接207国道通往湖南省,东西与沪蓉国道主干线(宜黄公路)、318国道连通。路线起点为荆州区纪南镇雨台村夹巷子,终点为荆州市沙市区太岳路南段金龙路口。路线全长为13.12km。

建设规模:路线总长13.120km;占用土地1549亩;拆迁建筑物78195m²;特大桥、高架桥4座,长4004.9m;大桥1座,长127.0m;小桥1座,共长12.7m;涵洞30道;互通2处,

即荆州互通和荆沙互通;分离式立交4处;通道20道;服务区1处;管理养护区1处;收费站1处(荆沙互通匝道收费站)。

投资规模:连接线总投资为66414.6万元,建筑安装工程费49020万元,其中,路基工程投资4957.5万元,路面工程投资4129.9万元,桥梁、涵洞工程16911.6万元,交叉工程14202.3万元,其他工程及沿线设施3054.9万元,临时工程283万元,管理、养护及服务房屋1283.5万元;设备工器具购置费1873.5万元;工程建设其他费用12583.5万元,其中土地补偿和安置费4852.8万元,建设单位管理费1108万元,设计费716.2万元,建设期利息5585万元。

省交通厅对连接线一期工程重大工程变更(引江济汉渠大桥及主线不良地质路段变更设计)批复概算为13000万元,扣除原工程量后约增加概算8000万元。

资金来源:申请交通部投资10000万元,省交通厅投资9300万元,荆州市自筹4598万元,共计23898万元,为项目资本金,占总投资的35%;申请国内银行贷款44381万元,占总投资的65%。因引江济汉大桥等变更,顺达公司2004年12月向省厅申请增加资本金3000万元。

主要技术指标:连接线按计算行车速度100km/h高速公路标准建设,双向四车道,全封闭、全立交,路面设计为沥青混凝土路面,路基、桥梁宽度26m(太岳路高架桥宽18.5m),其中央分隔带宽2m,行车道宽2×7.5m,平曲最小半径4100m,最大直线长度2396.827m,平均每km平曲线交点数0.15个,平曲线占路线总长67.8%,路线增长系数1.163,最大纵坡1.7%,最短坡长500m,凸型竖曲线极限最小半径16000m,凹型竖曲线极限最小半径20000m,竖曲线占路线总长55%,桥梁设计荷载汽车—超20,挂车—120,设计洪水频率特大桥1/300、路基及其他构造物1/100,与公路分离式立体交叉上跨一、二级公路净高≥5m,上跨三、四级公路净高≥4.5m,与铁路分离式立体交叉上跨铁路桥净空按铁路规定通道净空(宽×高)汽车通道≥4×3.2m;农机通道≥4×2.7m;人行通道≥4×2.2m。

主要工程数量:一期工程路基土石方工程260.03万m^3,防护工程4.84万m^3,结构物水泥混凝土18.5万m^3;二期路面水泥稳定砂砾基层14.1777万m^3,面层沥青混凝土4.878万m^3,水泥混凝土7397m^3;波形梁护栏51419m,防眩板5689m,隔离栅17889m,标志251处,标线17897.7m^2,并设置有完善的通信、监控及安全、养护、管理系统。

(二)项目前期工作

决策过程:2000年11月,湖北省发展计划委员会以《关于襄荆高速公路—荆沙长江大桥连接线工程可行性研究报告(代项目建议书)的批复》(鄂计交通[2000]1187号),批复了可行性研究报告;2001年5月,又以《关于襄荆高速公路—荆沙长江大桥连接线工程可行性研究报告(代项目建议书)的补充批复》(鄂计交通〔2001〕481号),对工可进行了补充批复;2000年底,湖北省交通规划设计院完成了《襄荆高速公路—荆沙长江大桥连接线工程初步设计》;2001年2月,湖北省计委、交通厅在荆州共同主持召开了襄荆高速公路—荆沙长江大桥连接线工程初步设计审查会议,形成了《襄荆高速公路—荆沙长江大桥连接线初步设计审查意见》(鄂计交通〔2001〕416号);2001年5月,湖北省交通厅以《关于襄荆高速公路—荆沙长江大桥连接线初步设计的批复》(鄂交基〔2001〕283号)批复了初步设计。批准总概算为6.64亿元,批准工期为40个月;2001年8月,湖北省交通厅以《关于襄荆高速公路—荆沙长江大桥连接线施工图设计的批复》(鄂交基〔2001〕454号),批复了施工图设计;2001年10月,湖北省交通厅正式批准了连接线工程开工建设;连接线开工以后,发生了两次较大工程变更。省交通厅分别以《关于襄荆高速公路—荆沙长江大桥连接线主线不良地质路段变更设计的批复》(鄂交基〔2002〕406号)和《关于襄荆高速公路荆沙长江大桥连接线引江济汉大桥等变更设计的批复》(鄂交基〔2004〕509号)予以了批复。

征地拆迁:连接线工程全线共征用土地1639亩。荆州区境内总征地面积为369.66亩,其中水田(鱼池)289.57亩,旱地69.69亩,其他土地10.4亩,落实施工用取土场22.86亩。沙市区境内计划征地总面积为1039.36亩;连接线工程拆迁各类房屋建筑物7万多m^2。其中,荆州区涉及了2镇4村12个村组的农户,拆迁建筑总面积8680.94m^2,其中楼房609.53m^2,附房1919.17m^2,简易房1132.46m^2;全线共下拨各类补偿费用达2700万元,其中拆迁补偿费945.36万元;征地补偿费1099.64万元;其他费用655万元,补偿资金全部落实到个人和单位。

由于线路大部分在城区或城郊,涉及纪南文物古墓群、中心城区管线迁移,而且征用土地复杂,涉及鱼塘、藕塘等养殖基地达1400多亩,农民占有土地面积少,使得征迁工作难度很大,再加上补偿标准远低于群众的期望值、部分群众面临失去土地的困境,使得征迁更是难上加难。面对困难,采取广泛宣传、晓之以理;对于棘手的事情,现场办公;对于久拖不决的事情,则请公安、土地等部门协助强制执行,打开施工僵局。经过半年,在200多名领导干部的共同努力下,终于啃下了城郊征地拆迁这块"硬骨头",且控制住了征迁费用。

(三)项目建设情况

组织机构:工程于2001年10月28日开工,荆州市顺达高速公路建设有限公司作为项目的业主单位。

主要参建单位:设计单位为湖北省交通规划设计院,监督机构为湖北省交通质量监督站,检测单位为湖北省宜昌市公路工程质量检测中心,主体工程监理为育才——布朗监理咨询有限公司,房建监理为湖北楚元工程建设咨询有限公司,机电监理为北京兴通交通工程监理有责任公司,施工单位为荆州市公路桥梁建设总公司、铁道部第二工程局第五工程处、中港第二航务工程局第一工程公司、上海建设工程管理有限公司、湖北省路桥公司、湖北路桥与荆州公路桥梁总公司联合体、潜江市绿大园林工程有限公司、湖北省交通科学研究所、湖北省高速公路实业开发有限公司、荆州市城建集团、荆州市荆建集团。

机构设置及职能:荆州市顺达高速公路建设有限公司,按照《公司法》和建立现代企业制度的要求成立了股东会、董事会、监事会,同时按照精简、高效的原则和严格定编、定岗、定员的程序组建了综合办公室、协调处、工程管理处、总工程师办公室、监理处、材料处和财务处等七个职能部门。

沿线区、乡、村在市指挥部的统一领导下,分别成立了各级征迁协调机构,具体负责工程建设前期的征地拆迁和施工期间的外部协调工作。

实施过程:2001年10月28日,连接线项目开工,连接线建设实施总工期为40个月,工程总体分三期实施。一期路基工程实施工期为24个月,即2001年10月—2003年10月,完成路基土石方、防护、桥涵及边坡绿化工程;二期工程实施工期为12个月,即2003年11月—2004年11月,完成路面、机电管线预埋等工程;三期房建、交通安全设施、机电、绿化工程,实施工期为12个月,即2004年2月—2005年2月。2005年3月底,连接线工程已圆满完成各项工程建设任务,并通过了交工验收。2005年3月28日进入通车试运行阶段。

加强关键线路施工时间的控制。为了克服引江济汉工程对连接线工程的影响,按计划工期完工,公司决定一期扫尾、二、三期工程交叉进行,平行推进,充分利用时间差,使施工工序衔接紧密,工作衔接紧凑。

交工、竣工验收:交工验收前,湖北省交通基本建设工程质量监督站对连接线工程全线进行了质量抽检,并根据抽检结果和施工、监理单位提供的质检、试验等原始资料,结合省质监站驻项目监督办日常巡检结果,对连接线工程质量进行了认真评定,出具了该项目的《工程质量检测意见报告》。经交工验收委员会认真审核,认为连接线项目工程符合《公路工程竣(交)工验收办法》(交通部令〔2004〕第3号)第二章交工验收应具备的条件,同意其交工验收。襄荆高速公路—荆州长江大桥连接线项目工程质量得分为98.1分,各分项、分部、分项工程合格率均为100%,优良率均为100%,项目工程质量等级为优良。襄荆高速公路连接线工程建设项目各合同段评分为:第一合同段(荆州市公路桥梁建设总公司)97.6分;第二合同段(铁道部第二工程局第五工程处)98.1分;第三合同段(中港第二航务工程局第一工程公司)97.6分;第四合同段(上海建设工程管理有限公司)98.3分;第五合同段(湖北省路桥公司)97.7分;引江济汉大桥第一合同段(湖北省路桥公司)98.3分;引江济汉大桥第二合同段(荆州市公路桥梁建设总公司)98.4分;路面合同段(湖北路桥、荆州路桥联合体)97.9分;交安合同段(湖北省高速公路实业开发有限公司)98.9分;连接线一期工程于2004年5月交工验收;二、三期工程2004年12月整体交验。大量检测数据证明连接线工程外观形象好,内在质量佳,受到各方的好评。该项目工程质量得分为98.1分,各分项、分部工程合格率均为100%,优良率均为100%,项目工程质量等级为优良。

(四)复杂技术工程

1. 连接线项目桥梁里程长,结构形式多样

设计单位综合连接线项目的重点是大型互通和桥梁特点。连接线项目桥梁里程长,结构形式多样,结合城市高架桥和互通内曲线梁桥的特点,选择了结构轻巧,施工便捷的连续箱梁和连续板梁。连续箱梁和连续板梁的桥面横坡均通过桥墩高度调整,方便了施工中模板的设计和施工;空心板设计中重新设计了中、边板,减轻了空心板的重量和片数。该项目工程虽然里程不长,但因为在湖北高速公路路网中所处位置特殊,其中部分路段穿越荆州城区,情况较为复杂,施工过程中不可避免地出现了较多的设计变更。其中重大变更有荆沙铁路桥和引江济汉大桥,设计提供了强有力的技术支持。

2. 桩基及软土基施工

桩基施工全部采用旋挖钻机,节省时间成孔质量高;软土基、路面施工时采用土工格栅来提高土基承载力、分散车轮压过路面产生的压应力和拉应力,在层与层受力区域之间形成缓冲带,减少应力突变对沥青面层的破坏。路基施工中,坚持95区长断面大段落施工,严格控制平整度、拱度和压实度,解决了工后不均匀沉降问题,确保了路基施工质量。

3. 桥梁施工严格桩基施工质量

桥梁施工中,严格控制桩基施工质量,做到清孔彻底,灌桩连续,对大梁预制和吊装严格控制工艺,减少错位和误差。防护及排水工程施工中,认真把好级配和浇筑关,加强对小型预制块混凝土强度和砌体平面线型与勾缝的控制,确保密实顺直,美观光洁,保证了预制质量。

4. 路面施工解决好基层裂缝及施工缝处理

路面施工中,严格控制混合料的材质和级配,实行拌和楼、摊铺机和压路机的合理组合,解决好混合料离析、基层裂缝及施工缝处理、压实收光等问题,同时搞好保湿养生、交通管制和保洁防污,确保了路面铺筑质量。

四、荆州长江公路大桥

(一)项目概况

功能定位:荆州长江公路大桥是二广高速(G55)和207国道跨越长江的一座特大型

桥梁,是交通部和湖北省"九五"交通重点建设项目,是国家规划的太原至澳门高速公路的组成部分,北连襄(樊)荆(州)高速公路,南接荆(州)东(岳庙)高速公路。该项目主跨500m PC 斜拉桥位居同类桥梁国内第一,世界第二。它的建成通车,对于完善国家和湖北省路网布局,增添荆州市城市辐射和吸纳功能,增强荆州区位优势,构筑荆州市两岸三区水乡生态园林城市发展格局,促进江汉平原和洞庭湖平原的经济发展,增加长江防汛抗洪的快速反应能力等都具有十分重大的意义。

建设规模:大桥由北岸引桥、荆州大堤桥、北岸滩桥、北汉通航孔桥、三八洲桥、南汉通航孔桥、南岸滩桥、荆南干堤桥和南岸引桥等9个桥段组成,全长4397.60m,桥面宽24.5m,双向四车道,日通车能力可达2万辆以上。北汉通航孔桥为主跨500m PC 斜拉桥,其跨度居同类桥梁世界第二、亚洲第一;三八洲连续梁桥,主跨150m,连续长度1100m,是国内目前连续长度最长的连续梁桥。

投资规模:项目总投资12.5亿元。按照交通部确定的"地方自筹为主,国家补助为辅"的总原则,大桥累计到位资金124309.9万元。其资金来源构成:资本金19732.8万元(其中:交通厅16183万元);国债资金27000万元;中国银行贷款15000万元;日本输出入银行贷款49580.4万元;农业银行贷款8000万元;其他借款4996.7万元。

主要技术指标:设计等级:平原微丘区一级汽车专用公路;设计行车速度:100km/h。桥面宽度:行车道净宽21.50m,桥面总宽为24.5m(斜拉桥段26.5m,与太岳路高架桥相接部分18.5m),不设非机动车道和人行道,路基宽度24.5m。桥涵设计车辆荷载:汽车—超20,挂车—120。设计风速:纵桥向25.4m/s、横桥向29.2m/s。地震烈度:基本烈度为6度,按7度设防。设计洪水频率:300年一遇。通航标准:Ⅰ级二类航道,通航净高采用20年一遇最高通航水位以上不小于18m,北汉通航孔跨径500m,南汉通航孔跨径300m。桥面坡度:最大纵坡不大于3%,横坡为2%。

主要工程数量:混凝土270787m^3,沥青混凝土94727m^2,钢筋32113t,土方287239m^3。荆州长江公路大桥工程项目主要工程数量见表2-1-52。

荆州长江公路大桥主要工程数量统计表　　　表2-1-52

工程名称	工程内容	单位	数量
一、北岸匝道	1. 基础处理		
	(1)粉喷桩	m	3872
	(2)换土填砂	m^3	257
	2. 挡土墙		
	(1)混凝土数量	m^3	1352.6
	(2)普通钢筋	t	102.106
	3. 墙内填砂	m^3	6565.214
	4. 沥青混凝土路面	m^2	2385

续上表

工程名称	工程内容	单位	数 量
二、北岸引桥	1.孔跨径	m	28×20
	2.钻孔桩长	m	4247.2
	3.混凝土数量	m³	20771.57
	4.钢筋		
	(1)普通钢筋	t	1592.7
	(2)预应力钢筋	t	438.11
	5.沥青混凝土桥面铺装	m²	10704
三、荆江大堤桥	1.孔跨径	m	93+150+93
	2.钻孔桩长	m	1954.22
	3.混凝土数量	m³	17497.89
	4.钢筋		
	(1)普通钢筋	t	1615.29
	(2)预应力钢筋	t	754.24
	5.沥青混凝土桥面铺装	m²	7392
四、北岸滩桥	1.孔跨径	m	5×30
	2.钻孔桩长	m	681.2
	3.混凝土数量	m³	5734.84
	4.钢筋		
	(1)普通钢筋	t	416.42
	(2)预应力钢筋	t	51.06
	5.沥青混凝土桥面铺装	m²	3300
五、北汊斜拉桥	1.孔跨径	m	200+500+200
	2.钻孔桩长	m	3539.8
	3.承台混凝土	m³	10263.8
	4.主塔		
	(1)塔身混凝土	m³	19900.7
	(2)普通钢筋	t	3216.19
	(3)预应力钢筋	t	277.79
	5.主梁		
	(1)混凝土数量	m³	20244.17
	(2)普通钢筋	t	3712.97
	(3)预应力钢筋	t	774.48
	6.斜拉索安装	t	2750
	7.沥青混凝土桥面铺装	m²	19800

续上表

工程名称	工程内容	单位	数　　量
六、三八洲桥	1.孔跨径	m	100＋6×150＋100
	2.钻孔桩长	m	5445
	3.混凝土数量	m³	72573.65
	4.钢筋		
	(1)普通钢筋	t	6178.76
	(2)预应力钢筋	t	2420.96
	5.沥青混凝土桥面铺装	m²	24200
七、南汊斜拉桥	1.孔跨径	m	160＋300＋97
	2.钻孔桩长	m	2960
	3.承台混凝土	m³	5371
	4.主塔		
	(1)塔身混凝土	m³	9998.5
	(2)普通钢筋	t	2017.96
	(3)预应力钢筋	t	91.71
	5.主梁		
	(1)混凝土数量	m³	11882
	(2)普通钢筋	t	2177.45
	(3)预应力钢筋	t	395.04
	6.斜拉索安装	t	864
	7.沥青混凝土桥面铺装	m²	11976
八、南岸滩桥	1.孔跨径	m	8×30
	2.钻孔桩长	m	1337
	3.混凝土数量	m³	9957
	4.钢筋		
	(1)普通钢筋	t	730.06
	(2)预应力钢筋	t	81.62
	5.沥青混凝土桥面铺装	m²	5160
九、荆南干堤桥	1.孔跨径	m	50＋80＋50
	2.钻孔桩长	m	1680
	3.混凝土数量	m³	9256.8
	4.钢筋		
	(1)普通钢筋	t	899.68
	(2)预应力钢筋	t	212.58
	5.沥青混凝土桥面铺装	m²	3870

续上表

工程名称	工程内容	单位	数　　量
十、南岸引桥	1. 孔跨径	m	9×30
	2. 钻孔桩长	m	1292.29
	3. 混凝土数量	m³	6271.4
	4. 钢筋		
	(1) 普通钢筋	t	613.39
	(2) 预应力钢筋	t	91.82
	5. 沥青混凝土桥面铺装	m²	5940
十一、南岸接线	1. 借土填方	m³	283478
	2. 防护工程	m³	784.32
	3. 桥梁涵洞		
	(1) 涵洞	m	732
	(2) 小桥,通道宽24.5m,孔跨径	m	1−5m汽车通道,5+8+5m小桥, 1~3m农机通道
	4. 平面交叉	处	2
	5. 混凝土路面	m²	88496
十二、环保工程	1. 桥梁涂装	m²	248100
	2. 桥北花园、桥南广场绿化	m²	70944
	3. 种植乔(灌)木	株	103100
十三、三大系统及机电工程	1. 灯杆	基	324
	2. 监控系统	套	2
	3. 收费系统	套	1
	4. 通信系统	套	1
	5. 主变配电站	座	2
十四、房建工程	1. 管理、监控、南岸收费中心综合楼	m²	96800
	2. 收费站棚	m²/座	1240/1
合计	1. 钻孔桩长	m	23137
	2. 土石方工程	m³	287239
	3. 斜拉索	t/根	4400/396
	4. 沥青混合料	t	18423
	5. 预应力钢绞线与精轧螺纹钢	t	5943
	6. 型钢、钢板	t	11517
	7. 支座	个	3010
	8. 1440mm、1200mm、880mm、400mm伸缩缝	m/道	98/4
	9. SF-240mm、160mm、80mm型伸缩缝	m/道	320/20

续上表

工程名称	工程内容	单位	数量
合计	10.混凝土浇筑	m³	221076
	11.普通钢筋	t	23273
	12.锚具	套	13588
	13.沥青铺装	m²	94727

自然地理特征：桥址区地表出露地层以第四纪松软堆积层为主，第四系为一套由细到粗多韵律的河湖相沉积物，主要为黏土、砂、卵石、砾砂。桥位区下伏基岩为泥岩、粉细砂岩，基岩顶部埋深 116～128m。

(二)项目前期工作

决策背景：1989 年 6 月 2 日，湖北省政府、省军区交通战备领导小组办公室，以鄂交战字 04 号文，将沙市长江大桥建设纳入"八五"重点国防公路桥梁建设计划。7 月，荆州地区行署以荆行发 107 号文向省政府报送《关于修建荆沙长江大桥的请示》。12 月，根据《沙市市人民政府关于委托编制荆沙长江公路桥项目建议书的函》（沙政函 30 号文），沙市市交通局和铁道部大桥工程局勘测设计院联合编制完成《荆沙长江公路桥项目建议书》。

1990 年 7 月 8 日，省计委以鄂计发 450 号文，向国家计委报送了《关于申请批准荆沙长江公路桥立项的报告》。8 月，铁道部大桥工程局勘测设计院完成《大桥草勘工程地质报告》。9 月，长江科学院完成《大桥定床河工模型试验报告》。10 月，铁道部大桥工程局勘测设计院编制完成《大桥预可行性研究报告》。

1991 年 2 月，阮隆阳等六位省政协委员联名向省政协六届四次会议提交第 62 号提案，提出关于修建荆沙长江公路大桥迫在眉睫，呼请纳入全省"八五"规划的提案，省交通厅予以答复。6 月，省计委将荆沙长江公路桥编入《湖北省"八五"固定资产投资项目简介》。8 月，沙市市政府成立大桥前期工作领导小组，下设办公室。

1992 年 3 月 21 日，沙市市政府以沙政办函 10 号文，成立荆沙长江公路桥工程筹备领导小组。4 月 4 日，省交通厅以鄂交函 084 号文申请交通部将荆沙长江公路大桥纳入三年滚动计划，并向交通部报送了外资利用及偿还方案。6 月 10 日，省计委、交通厅联合在沙市主持召开了《大桥预可行性研究报告》预审会，并通过专家组初步预审。8 月 26 日，省政府以鄂政发 113 号文，在批转省计委《对"八五"重大基本建设项目实施专转负责制》报告中，要求荆沙长江公路大桥 1993 年立项，1995 年动工。10 月底，湖北省交通规划设计院完成荆沙长江公路大桥预可行性研究报告的修编。11 月 9 日，省计委、交通厅以鄂计交字 1512 号联合行文，向国家计委、交通部正式报送《大桥项目建议书》和《预可行性研究报告》，湖北省交通规划设计院于当年12月再次修改后报送，并申请立项。

1993年3月19日，交通部以交函计168号文致函国家计委，建议国家计委给予批准立项建设。5月17日，省政府以鄂政函35号文，对国家计委提出了申请利用日本政府贷款的担保函。2月-5月，武汉建材地质勘察院在新河口桥位进行工程地质勘查施工。5月31日，中国国际工程咨询公司对《大桥预可行性研究报告》进行了评估，并以咨交244号文提出评估报告。7月，交通部公路科学研究所完成《大桥环境影响评价大纲》。

决策过程：1994年2月，湖北省地震局提交《大桥新河口桥位地震安全性评价研究报告》。3月1日，国家计委以计交能243号文，批准荆沙长江公路大桥立项建设。4月，长江科学院完成《大桥河工模型试验研究报告》。5月6日，湖北省交通规划设计院完成《工程可行性研究报告》（初稿）。5月24~26日，省计委、省交通厅在荆州主持召开了《大桥工程可行性研究报告》预评估会。5月27日，省体改委以鄂改生57号文，批准成立湖北省荆沙长江大桥建设开发有限公司。

1995年1月17日，交通部通过对荆沙长江公路大桥工程可行性研究报告的审查，并以交函计473号函报国家计委。10月，长江水利委员会荆江水文水资源勘测局完成《荆沙长江公路大桥桥址河段河床演变分析》。

1996年7月23日，省交通厅向国家计委报送湖北省"九五"期间公路重点建设项目排序的函，荆沙大桥列第四位。12月27日，日本输出入银行与国家计委在北京签订对华第二批资金协力贷款协议，正式承诺包括荆沙长江公路大桥在内的若干个国家"九五"重点工程项目予以贷款。12月28日荆沙长江公路大桥试桩施工在长江北岸新河口市水泥厂院内正式开钻。

1997年7月3日，国家计委以计交能1108号文，正式通过对荆沙长江公路大桥《工可》审批。7月10日，省计委以鄂计建设字0545号文，同意荆沙长江公路大桥列为省重点建设预备项目。8月13日，省政府给荆沙大桥北岸用地发放了《建设用地批准书》，批准用地面积为1.5981hm^2。10月20日，交通部以647号文批复大桥建设初步设计文件。

立项审批：荆州长江大桥前期准备阶段历经了从规划至项目开工建设，历经工程可行性研究、初步设计和施工图设计等几个阶段，各阶段批准情况见表2-1-53。

荆州长江大桥各阶段审批情况表　　　　表2-1-53

预可行性研究报告的批准	计交能〔1994〕243号
工程可行性研究报告的批准	计交能〔1997〕1108号
初步设计文件的批准	交公〔1997〕647号

续上表

技术设计文件的批准	鄂交基[1997]750号
施工图设计文件	分上、下构由设计单位分批提供
资格预审结果的批准	鄂交基[1997]590号
招标文件的批准	主体工程、三大系统等分别由省厅下文
招标结果的批准	鄂交基[1999]391号
项目实施时间(开工—结束)	1998年3月28日至2002年10月1日

征地拆迁:大桥建设的征地拆迁和工作协调是确保大桥建设顺利进行的重要环节。在大桥动工前一段时间,征地拆迁曾经是大桥建设的中心工作,建设中也是工程中的一项重要工作。指挥部负责拆迁工作的同志,在有关部门和单位的协助下,通过精心细致的工作按期完成了桥区南北两岸的征地577.4亩,拆迁房屋25239.92m²。大桥建设中征地拆迁费用总共为69,108,552元。完成了省三建公司、荆州市装卸公司、荆州市水泥厂、荆州市自来水公司、沙市冰配厂、荆州市木材公司等多家的拆迁及搬迁工作,圆满完成了桥区内的"三通一平",实际征地703亩。荆州长江大桥征地拆迁数量见表2-1-54。

荆州长江大桥征地拆迁数量表　　　　表2-1-54

项　　目	单位	合计	江南	江北
一、永久性占地	亩	581.29	507.39	73.9
二、房屋拆迁	m²	25239.92	11523.92	13716
三、土地附物				
围墙	m	3256	3041	215
坟墓	座	72	72	
四、电杆拆(改)迁				
10kV	条	8	4	4
广播线	杆	44	44	
电线杆	条	2	2	

(三)项目建设情况

组织机构:1992年6月,湖北省交通厅成立"湖北省荆沙长江公路大桥前期工作领导小组"开始了该项目的筹资和前期准备工作。1994年8月,荆州市人民政府组建荆州长江公大桥建设开发公司,作为项目法人负责项目的资金筹措、建设实施工作。为了加强对项目建设的领导,1995年8月,荆州市市政府成立了荆州长江公路大桥建设指挥部。湖北省人民政府于1996年9月成立了湖北省荆州长江公路大桥建设指挥部,全权负责湖北省荆州长江公路大桥项目的建设管理工作。主要领导名单见表2-1-55。

荆州长江公路大桥建设期主要领导名单

表 2-1-55

成立时间	机构名称	指挥长(组长)	副指挥长(副组长)	办公室主任
1992.6.10	湖北省荆沙长江公路大桥前期工作领导小组	陈永鹏	邓述彻、唐逢庚、	赵全安
1995.8.23	荆沙市荆沙长江公路大桥建设领导小组	卢孝云	张道恒、袁良宽、张普华、刘耀清、郭大孝、赵仲涛、曾凡海、袁承煊	陈志勋
1995.8.25	荆沙市荆沙长江公路大桥建设指挥部	张道恒	陈永鹏、袁良宽、刘耀清(常务副指挥长)、袁承煊、陈志勋	陈志勋
1996.4.19	湖北省荆沙长江公路大桥建设指挥部	孟庆平	张维先、许凤山、王远璋、卢孝云、张道恒(常务副指挥长)	经德良
			刘如泉(常务副指挥长1997.3任)	

主要参建单位：该项目工程于1998年3月28日正式开工。桥梁工程及接线工程划分为A、B、C、D、E、F、G、H、I、J、K、L、M、N等19个合同段,通过公开招标,确定由湖北省路桥公司、中港集团第二航务工程局、湖南省公路桥梁建设总公司、中国路桥集团总公司、湖北天浩公路工程有限公司、中国路桥集团总公司等11家单位为施工(承包)单位;通过公开招标,确定由湖北省公路工程咨询监理中心、西安方舟工程咨询监理有限公司、湖南大学建设监理中心、荆州金鹿公路工程咨询监理有限公司等7家单位承担荆州大桥工程监理工作。设计单位为湖北省交通规划设计院,质量监督单位为湖北省交通基本建设质量监督站,监控单位为长沙理工大学。标段划分详见表2-1-56。

荆州长江公路大桥工程参建单位一览表

表 2-1-56

标段		合同内容	施工单位	监理单位
桥梁工程及引道工程	A	北引桥、荆江大堤桥、北滩桥下构工程,北汉北塔基础、索塔	湖北省路桥公司	湖北省公路工程咨询监理中心
	B	北汉南塔基础、索塔,三八洲桥下构工程	交通部第二航务工程局	西安方舟工程咨询监理有限责任公司
	C	南汉斜拉桥基础、索塔,南滩桥、荆南干堤桥、南引桥下构工程	湖南省公路桥梁建设总公司	湖南大学建设监理中心
	D	北引桥、荆江干堤桥、北滩桥、北汉斜拉桥北塔部分上构工程	湖北省路桥公司	西安方舟工程咨询监理有限责任公司
	E	三八洲桥、北汉斜拉桥南塔部分上构工程	中港第二航务工程局	
	F	南引桥、南滩桥、荆南干堤桥、南汉斜拉桥上构工程	湖南省公路桥梁建设总公司	湖南大学建设监理中心
	G、H	南岸接线路基路面工程	湖北天浩公路工程有限公司	荆州金鹿公路工程咨询监理有限公司

续上表

标段	合同内容	施工单位	监理单位
桥梁工程及引道工程	伸缩量880mm、1200mm、1400mm伸缩缝制作安装	德国毛勒索尼公司	西安方舟工程咨询监理有限责任公司
	伸缩量80mm、160mm伸缩缝制作安装	上海金环工程橡胶厂	
	钢防撞栏杆制作安装	武昌造船厂	西安方舟工程咨询监理有限责任公司
	不锈钢栏杆制作安装	四川亿赛建设工程有限公司	
	南汊斜拉索制造	上海埔江缆索有限公司	大桥局桥梁科学研究院监理公司
	北汊斜拉索制造	湖北长江缆索有限责任公司	
	斜拉索防护、内置减振器制作安装	无锡圣丰减震器厂	
	外置减振器设计制作安装	广东清华和昌减振技术咨询有限公司	
K	沥青混凝土桥面铺装	中国路桥集团总公司	西安方舟工程咨询监理有限责任公司
L	北引桥、荆江大堤桥、北滩桥、北汊斜拉桥涂装	广东高科力新材料有限公司（中铁大桥局集团第一工程公司）	荆州市江津建设监理有限公司
M	三八洲桥、南汊斜拉桥、南滩桥、荆南干堤桥、南引桥涂装	重庆长江涂装工程有限公司	
N	交通安全设施	湖北省路桥公司	荆州金鹿公路工程咨询监理有限公司
机电工程	I	全桥监控、通信、收费系统	陕西公路交通科技开发咨询公司	上海华运工程监理有限公司
	J	全桥供电照明系统	江苏航空产业集团中压系统工程有限公司	
房建工程	桥头堡、监控中心、收费广场	荆州市城建集团	荆州市工程建设监理公司

实施过程：1998年3月28日，大桥动工仪式在新河口隆重举行，2002年10月1日建成试通车。工程建设期间，荆州长江公路大桥建设指挥部充分发挥项目法人地工程建设中计划、组织、协调、控制、决策职能，履行基本建设程序，认真落实项目"四制"；坚持以科技为先导，组织完成"斜拉桥风洞试验""500m PC斜拉桥1∶30的铝合金模型静力稳定试验""300m PC斜拉桥仿真分析"等多项研究和"特大跨径斜拉桥深孔、大直径、大吨位荒地基试验"等专项课题研究；克服了1998、1999两年特大洪水和2000年、2001年夏季持续高温，2002年连续两个月雨天以及每年枯水期等一系列自然因素的影响，保证了工程施工的顺利进行。施工单位推行全面质量管理和项目管理，精心施工，提前半年全面完成施工任务。荣获"全国优秀施工单位"称号。该项目各关键施工节点进度情况见表2-1-57。

施工进度情况表

表 2-1-57

关键施工节点	日 期			
	北汊通航孔桥		南汊通航孔桥	
	北塔	南塔	北塔	南塔
钢管桩平台	1998年元月1日—1998年3月	1998年4月15日—	1998年7月7日	
钻孔	1998年3月28日—	1998年6月1日—1998年12月2日	1998年8月1日	1998年10月8日
桩基全部完成	1998年11月20日	1999年1月28日	1999年1月	1999年2月17日
第一节钢围堰下水		1999年2月1日	1999年1月29日	
封底		1999年4月6日—1999年4月8日	1999年4月27日	
承台施工	1999年3月16日—1999年4月10日	1999年5月17日	1999年6月5日	1999年5月6日
塔座	1999年4月26日—1999年4月30日	1999年5月25日	1999年6月17日	1999年6月2日
索塔出水		1999年6月1日	1999年8月3日	
下横梁浇注	1999年8月6日—1999年8月17日	1999年7月30日—1999年8月29日	1999年9月24日	1999年8月31日
上横梁浇注	1999年12月12日—1999年12月18日	1999年11月1日—1999年11月15日	1999年12月16日	1999年12月2日
索塔封顶	2000年3月10日	2000年1月8日	2000年3月30日	2000年3月7日
0号块施工	2000年6月	2000年5月23日	2000年7月7日	2000年6月25日
悬臂施工完成	2001年11月	2001年9月28日	2001年11月14日	2001年10月9日
合龙	2001年11月30日		2001年11月26日	
桥面系地伏	2002年1月—5月30日			
安全栏杆	2002年3月—8月31日			
防撞栏杆	2002年8月1日—9月22日			
桥面沥青混凝土施工	2002年6月1日—7月28日			

续上表

关键施工节点	日期			
	北汊通航孔桥		南汊通航孔桥	
	北塔	南塔	北塔	南塔
涂装施工	2002年5月1日—9月1日			
三大系统(通信、收费、监控)	2002年8月18日			
供电系统安装	2002年7月11日			
标志、标线施工	2002年9月1—22日			
建成试通车	2002年10月1日			
交工时间	2002年9月24—25日			
竣工时间	2005年7月10日			

工程交、竣工验收：2002年9月24~25日，省交通厅组成以总工程师黄大元为主任委员的"荆州长江公路大桥通过交工验收委员会"，评审认为：荆沙长江公路大桥按交通部批准的设计文件内容完成了工程建设，工程质量符合设计要求和规定，同意通过交工验收。交工验收委员会评一致认为：荆州长江公路大桥质量优、建设工期短、造价控制好，按交通部《公路工程质量检验评定标准》并建议项目名称由原荆沙长江公路大桥改为荆州长江公路大桥。荆州长江公路大桥项目工程质量综合得分95.6分，分项、分部及单位工程合格率均为100%，优良率分别为99.0%、98.2%和96.8%，项目工程质量等级为优良。

2005年7月10日通过湖北省交通厅组织的竣工验收。工程质量评分95分，工程质量等级评定为优良。

(四)复杂难点工程

主要复杂技术工程有：北汊通航孔桥施工、三八洲连续桥梁施工和南汊通航孔桥等工程。

1. 主塔基础施工

荆州长江公路大桥主桥32#墩基础由22根钻孔灌注桩组成，桩径2.5m，桩长90.6m，桩顶高程+19.6m(黄海高程，下同)，桩尖高程-71.0m，呈梅花形布置。主墩钻孔施工历时8个月，先后有七台钻机参与了钻孔，通过分析比较，3000型及3500型钻机在配重增加到20kN以上后，配备平底滚刀钻头钻进效率明显提高，是钻进该地层的理想机型。

2. 主塔承台施工

32号墩承台直径为33.2m，厚6m，体积大，为确保工程质量，防止有害裂缝产生，我们采取了以下工艺施工：采用自行研制开发的《大体积混凝土施工温度场及仿真应力分析程序》通过温控设计，承台埋设四层冷却水管，并在施工中对冷水流量、流速、进出口温度进行适时监控。分层浇注,将6m厚承台分二次浇注,3m一层。采用混凝土双掺技术优化混凝土配合比,减少水泥用量,降低水化热,控制混凝土入模温度。蓄水养护,即利用双壁围堰的有利条件,在壁仓内注水保温,在顶面蓄水保养,有效降低承台内表温差。

3. 索塔施工

北汉通航孔桥32号主塔(南索塔)外形为折线双肢H形,自塔座以上高146.75m(塔顶标高175.65m,黄海高程,下同。)由上、中、下塔柱及上、下横梁五部分组成,其中下塔柱为双肢中空、变截面、向外倾斜的柱体,内外立面的斜率为5.21837:1,侧壁斜率为30.32:1,柱底平面尺寸为12.83m×7m;中塔柱为双肢向内倾斜、空心、变截面柱体,内外立面的斜率为17.0246:1,柱顶外形尺寸为7m×4m;上塔柱竖直向上、中空、等截面,外形尺寸7m×4m,为斜拉索锚固区,预应力混凝土结构;上、下横梁亦均为空心预应力混凝土结构。

4. 上部构造

北汉通航孔桥为200+500+200m双塔双索面PC斜拉桥,主梁采用预应力混凝土肋板式连续梁,全桥主梁共分2×64个现浇节段,中跨设长2.8m的合龙段,主梁每一节段均设一道横隔梁,两梁端68m处各设有临时墩。全桥共设斜拉索252根,总重约2750t。主梁采用C60高强度预应力混凝土,除0-2号节段采用支架现浇外,其余节段均采用8m前支点挂篮悬浇施工。一个8m标准节段混凝土重约390t,最大悬浇混凝土重量约500t。

8m前支点挂篮采用的是由纵横箱形梁组成的平面刚架结构,由承载平台、牵索系统、行走系统、定位系统、锚固系统、操作平台、模板系统及预埋件系统等八部组成。

斜拉索的安装,根据本桥的特点及现场的施工条件,按其长度、重量以及上桥面的方式分为长索和短索采用不同的施工方法,短索直接用塔吊整盘吊至桥面后,再用塔吊解盘、安装,其他则通过滚筒支架上桥面,再通过设置在桥面及塔顶处5t和10t的起重机与塔吊、浮吊等相互配合来完成。该桥斜拉索均分三次张拉,同时根据每次张拉力的大小又分多级张拉至控制吨位。

5. 三八洲桥施工技术

三八洲桥8跨一联,总长1100m,是国内最长的连续梁桥。施工阶段梁体悬臂长、合拢次数多、体系转换频繁。部分桥墩位于三八滩上,部分桥墩位于水中,位于滩上的各墩在洪水期采用水上施工,枯水期采用陆上施工。在涨水期和落水期,三八滩上不具备施工船舶航行的条件,所以三八洲桥施工中有效工期短,材料、设备运输困难。同时三八洲各墩所处河床存在周期性冲淤变化,使得施工不定因素增多。

五、荆东高速公路

(一)项目概况

功能定位:荆东高速公路与襄(阳)荆(门)高速、宜(昌)黄(石)高速、318 国道连成一体,沟通河南、湖北、湖南三省,横贯中原腹地,连接华北、西北至南部沿海地区,实现中西部资源、技术优势互补,促进信息交流,进一步改善沿线投资环境,加速经济产业带的形成。另外,荆东高速公路是湖北省第 3 条按照 BOT 模式建设经营和管理的高速公路。经省政府批准,荆东高速公路可获特许经营权期 35 年。是扩大公路建设融资渠道、引入社会资本投资公路建设、建立现代公路建设管理体制的一个积极探索。

二广高速公路荆东段正式通车(G55)

路线走向:荆东高速公路位于湖北省荆州市,起于荆州长江公路大桥南岸收费站,经马市、金口、夹竹园、狮子口,止于东岳庙,与 207 国道相连,穿越荆江分洪区 33.745km。

建设规模:主线全长 58.403km,特大桥、大桥 9 座 18958m,中桥 16 座 858/64m,小桥 18 座 506/44m,涵洞 140 道,互通式立体交叉 2 处、分离式立体交叉 4 处,通道 81 道,天桥 3 座,收费站 3 处,管理中心 1 处,服务区 1 处、养护工区 1 处。

投资规模:2003 年 3 月,省发展计划委员会《关于荆州至公安(东岳庙)公路初步设计的批复》(鄂计投资〔2003〕211 号)批准项目总概算为 2220358974 元。工程建设期间,由于设计方案变更、建设期贷款利息增加、材料价格上涨等原因,造成工程投资增加。2005 年 12 月,《关于荆州—公安(东岳庙)公路初步设计概算调整的批复》(鄂发改重点〔2005〕1157 号)批准增加概算,将工程设计概算核定为 96 万元。项目资本金占总投资的国内银行贷款占总投资的 65%。总投资 24.81 亿元,于 2006 年 12 月建成通车。

主要技术指标:全线采用双向四车道高速公路建设标准,计算车速 100km/h,桥涵载荷(汽车—超 20 级,挂车—120),路基、桥梁宽度 26m。

主要工程数量:全线累计完成路基土方617万 m³,路面工程底基层101.5万 m²,下基层87万 m²,上基层93.2万 m²,沥青混凝土面层351万 m²,波形梁护栏161913m(单幅)、防眩板22360m、隔离栅87095m、标志426处、标线64290m²,征用土地4362.82亩,拆迁建筑物55827.09m²。

(二)项目前期工作

决策背景:2001年12月,交通部以《关于荆州至公安(东岳庙)公路项目建议书的批复》(交规划发〔2001〕708号)批准了项目立项。

决策过程:2002年11月,湖北省发展计划委员会以《关于荆州至公安(东岳庙)公路工程可行性研究报告的批复》(鄂计交通〔2002〕1293号)批准了工程可行性研究报告。2003年3月,又以《关于荆州至公安(东岳庙)公路初步设计的批复》(鄂计投资〔2003〕211号)批准了初步设计,同意按现行高速公路工程技术标准设计和建设,项目总工期42个月。同年3月,湖北省交通厅以《关于荆州至公安(东岳庙)公路施工图设计的批复》(鄂交基〔2003〕272号)批准了施工图设计。同年9月,湖北省交通厅批复了工程开工报告。

征地拆迁:荆东高速公路永久性征地4362.82亩,拆迁各种房屋建筑物55827.09m²,拆迁"三杆"475根(基),光缆3处485m,果树与树木53300棵。工程建设用地经国土资源部国土资函〔2004〕389号批准。建设征地拆迁补偿标准经省政府经鄂政办函〔2002〕164号批准。

征地拆迁工作政策性强,涉及面广,协调难度大。涉及7个乡镇,直接关系沿线单位(集体)、村组和群众的切身利益,做好了就会促进高速公路建设进程,反之就会影响整体建设目标的实现。因此,我们在执行过程中,一方面严格按照《中华人民共和国土地法》《湖北省土地管理办法》规定执行,另一方面依靠各级政府、部门的支持与配合。

(三)项目建设情况

组织机构:荆东高速公路既是国家重点工程,又是一项引入民营资本的建设项目。湖北荆东高速公路建设开发有限公司(以下简称荆东公司)是荆东高速公路建设的项目法人,由投资方依法注册成立。由省、市、县政府领导及相关部门负责人组成省指挥部,并设办公室负责日常工作。市、县设置各级地方协调指挥机构,在省指挥部指导下负责具体日常工作。指挥部主要职责是负责建设范围内的征地拆迁及协调工作。同时,湖北荆东高速公路建设开发有限公司作为项目法人(由投资方依法注册成立),对建设项目筹划、资金筹措、建设实施、运营管理、债务偿还和资产管理全过程负责。荆东公司组建了工程建设管理部,与省指挥部办公室一门两牌,合署办公,具体负责项目的建设管理。荆东管理机构内设综合办、工管处、技术质量管理处、协调处、财务处、机料处6个部。荆东高速建设期班子成员:经理田晓彬;副经理李道奎、张怀斌、高文、王晓荣;副总工潘忠良。

主要参建单位:建设单位为湖北荆东高速公路建设开发有限公司,设计单位为湖北省交通规划设计院,监理单位为湖南省交通建设工程监理有限公司、湖北省公路水运工程咨询监理公司,施工单位为中铁三局集团有限公司、湖北省路桥公司、中国铁路总公司、中铁十二局集团有限公司、广东中人企业(集团)有限公司、路桥集团第二公司工程局、中铁十六局集团有限公司、宜兴市公路交通设施总厂、湖北楚通公路工程有限责任公司、武汉市江城绿化工程公司、武汉新绿地园林工程有限责任公司、武汉市绿合苗圃绿化有限责任公司。

实施过程:荆东高速公路核准工期为42个月,实际工期为36个月,其中一期路基工程工期为20个月(2003年8月至2005年4月),桥梁工期为26个月(2003年9月至2005年10月),二期路面工程为12个月2005年6月~2006年6月,三期为15个月(从2005年4月至2006年7月)。另外,东岳庙至卷桥段3.471km,2015年12月建成通车。

工程交、竣工验收:荆东高速公路一期工程于2005年10月交工验收,二、三期工程于2006年8月整体交工验收。各施工、监理单位按照《公路工程质量检验评定标准》进行了严格的自检与抽检,施工单位自检合格,监理单位对工程质量评定合格。项目法人按照《公路工程竣(交)工验收办法》(交通部令2004年第3号)的有关规定要求,组织各施工、监理单位进行了交工验收。省交通厅质量监督站从2006年5~8月委托检测单位对该项目全面交工验收前进行了质量检测工作。大量检测数据证明荆东高速公路外观形象好,内在质量优,受到各方一致好评。该项目交工验收工程质量得分为97.7分,各分项、分部、单位工程合格率100%。

(四)复杂工程

1. 软基处理技术应用

荆东高速公路46.5km路段穿越软土地基,在建设、使用期间,为了保证路堤不会发生局部或整体破坏,沉降和不均匀沉降控制在规定范围。根据软土地基条件、分布范围、厚度、路堤高度、所处位置(桥头、涵洞、通道、一般路堤)及工程可能的工期,不同路段采取了不同软基处理方法,有效地解决了软基处理方法与路堤高度、地基条件问题;桥头接线软基处理长度与路堤高度、地基条件及工后沉降问题;地基沉降规律、加载速率问题;软基处理、预压荷载、预压期等问题。

2. 路基填砂方案及应用

荆东高速公路地处软土地基,沿线可取土场,绝大部分填料土质天然含水量大,CBR值小。经掺石灰和减水固化改善,虽可用作路基填料,但多数土场的改良土仍需进行晾晒,运距较远,成本较高。加之施工期间雨水频繁,施工进度还是极大地影响了总体目标的实现。经调查,沿线长江、虎渡河、松东河、松西河、洈水河,河砂资源较为丰富,用作路基填料具有施工不受雨季影响的优点,并满足设计要求。为了利用有利的资源条件,克服不利因素,确保路基填筑质量,指挥部在现场试验基础上,对砂质变化大、最大干密度具有不确定性影响,进行技术创新,优化填砂路堤施工工艺、微检测和施工性,部分路段采用河砂填筑路基,较好地解决了以上实际问题。

3. 大跨度桥梁施工监测监控

虎渡河特大桥(主跨连续梁 47m+70m+47m)、松西河(主跨等截面连续梁 40m+50m+40m)主跨均采用挂篮悬臂现浇施工。建设期间,委托武汉理工大学,承担两座特大桥上构混凝土施工过程的监测监控工作,通过采用动态的监测和监控,应变测量和应力分析、线形测量、预拱度控制,及时了解施工阶段实际受力状况和变形,采取响应技术措施,确保了桥梁结构的线型。两座特大桥主跨在合龙时,箱梁轴线偏差等技术指标均控制在标准范围内。

第十一节 张家界—南充高速公路(G5515)

张家界至南充高速公路(简称张南高速公路),中国国家高速公路网编号为 G5515,是国家高速二广高速公路(G55)的一条联络线,是《国家公路网规划(2013—2030 年)》中的一条新增国家高速公路,沿线主要控制点为:张家界、来凤、黔江、石柱、忠县、梁平、大竹、营山、南充。实际上 G5515 的起点并不在 G55 的正线上,而是在长沙—益阳—常德(G55 正线经过地)—慈利—张家界高速(中国国家高速公路网编号为 G5513,其中慈利—张家界与 G59 共线)的终点。

张南高速湖北段途经湖北省来凤县、宣恩县、咸丰县,由来咸高速公路(新建)、恩黔高速公路湖北段(咸丰互通枢纽—石门坎鄂渝界)组成。线路从恩来高速公路的李家河镇二虎寨村互通枢纽引出,止于咸丰县高乐山镇小模村,接恩黔高速小模枢纽互通,里程 37.133km;再由恩黔高速共线段向西南止于鄂渝界。

张南高速公路湖北恩黔段(G5515)

一、来凤—咸丰段(计划2017年下半年开工)

(一)项目概况

功能定位:来咸高速公路是《国家公路网规划(2013—2030)年》中张家界至南充国家高速公路G5515的重要组成路段,是湖北省"十二五"高速公路规划中期调整新增计划实施项目。建成后将连同湖北省"十二五"高速公路规划(七纵五横三环)的横五线(阳新至来凤)一起共同构建湖北省东西向省际通道,加强渝东、鄂西、湘西之间的交通联系,有效拉近重庆、成都至长沙、广州方向的出行距离,成为各相关国高网之间便捷联系和快速转换的重要通道。

路线走向:沿线经过恩施州宣恩、来凤、咸丰3县境内,起点位于宣恩县李家河镇二虎寨村,与恩来高速ELK81+600处设置T形交叉;向西北方向前行,在来凤县三胡乡以北设置三胡互通与S248相连;继续西北方向前行至咸丰县忠堡镇,在杨家店村设置忠堡互通与S248相连;路线继续向西北前行,沿倒流沟布设路线并在石灰窑设置咸丰南互通与S232相连,继续沿倒流沟至高乐山镇小模村,路线终于宣黔高速XQK82+100处,并在此处设置T形枢纽互通与宣黔高速相连。线路全长37.113km。

建设规模:全线设互通5座,连接线2条,匝道收费站3处(与互通对应,枢纽互通除外),服务区1处,养护管理中心1处。全线桥梁共19座,总计4178m,占建设总里程的11.26%。隧道共13座,总计19299m,占建设总里程的52.0%。通道/天桥10处,涵洞16道。互通5处:李家河枢纽互通、三胡互通、忠堡互通、咸丰南互通、小模枢纽互通;服务区1处:忠堡服务区。

连接线2条:1.三胡连接线:起于三胡互通,连接到S248,采用二级公路标准,设计速度40km/h,路基宽10m,里程1.97km。2.忠堡连接线:设置忠堡连接线接至S248,设计速度40km/h,路基宽10m,里程2.10km。

投资规模:估算总造价54.125亿元,平均每km造价1.46亿元。

主要技术指标:设计时速80km/h,路基宽度24.5m,双向四车道高速公路标准,设计载荷公路-Ⅰ级。

(二)项目前期工作

决策背景:咸来高速公路是纳入交通运输部新规划的西部地区53条经济干线来凤至康定的东段,有望纳入新增国家高速公路网调整规划,计划2011年底完成工可研究,2012年12月底具备开工条件。该项目建成后,将于其他相关路段一起,在西部地区形成一条新的连接重庆和湖南张家界的高速通道,对完善中西部地区和湖北省高速公路网布局,加强渝东南、鄂西、湘西等地区经济联系和交通联系,推进区域自然资源和旅游资源的整合开发,促进武陵山少数民族经济社会发展试验区建设等具有重要意义。

决策过程:2011年9月27—29日,州交通局运输局前期办陪同湖北省交通规划设计院、中交第二公路勘察设计院的专家现场踏勘了咸丰至来凤高速公路项目(简称咸来高速)的路线走廊带和主要控制点,并分别与咸丰县、来凤县政府及相关部门进行了座谈,标志咸来高速公路项目前期工作正式启动。2011年12月18日,湖北省交通运输厅与恩施州政府签订加快推进恩施武陵山少数民族经济社会发展试验区交通运输发展合作协议,支持恩施州加快启动来咸高速公路建设。

2012年3月16日,湖北省交通运输厅原则确定了来咸高速与恩来高速、宣黔高速衔接方案。2012年10月20日,《来凤至咸丰高速公路建设项目对忠建河大鲵国家级自然保护区影响生态专题评价报告》通过评审。

2013年该项目调整为国家高速公路,工可报告上报国家有关部委审批;2013年11月29日,《张家界至南充高速公路湖北来凤至咸丰段(简称来咸高速)工程可行性研究报告》在武汉通过专家预审。2014年11月21日,《张家界至南充高速公路湖北省来凤至咸丰段(简称来咸高速公路)水土保持方案报告书》通过了水利部在恩施组织召开的技术审查。2014年7月2日,完成来咸高速工可报告预审修编。2014年5月23日,《张家界至南充高速公路湖北省来凤至咸丰段(简称来咸高速公路)环境影响报告书》通过交通运输部在恩施组织召开的技术审查。

二、恩黔高速咸丰—黔江段

(一)项目概况

功能定位:恩黔高速,指湖北恩施—重庆黔江高速公路,是沪渝高速(G50)、长渝高速公路的连接线。该项目已纳入《湖北省骨架公路网规划》2010年开工的项目和《重庆综合交通规划(2006—2020年)》,是恩施高速公路规划"二横、一纵、二支"中的支线,是沪渝高速和包茂高速的连接线,是鄂西南地区进入渝、湘、黔的重要通道,同时也是鄂西南地区、渝东南地区、湖南湘西土家族苗族自治州、贵州省北部地区上沪渝高速通往东部地区的最快捷路径,分为湖北恩施和重庆黔江两段。

路线走向:湖北恩施至重庆黔江高速公路宣恩至咸丰(鄂渝界)段位于湖北省西南部,路线起于宣恩县晓关侗族乡倒洞塘村附近,接恩施至来凤高速公路宣恩枢纽,经宣恩县晓关和咸丰县的高乐山、丁寨、朝阳寺,止于鄂渝交界处石门坎,对接黔江至恩施高速公路重庆段,于黔江东互通连接包茂高速公路。沿途经过宣恩县晓关乡、咸丰县高乐山镇、丁寨乡、甲马池镇、朝阳寺镇。

建设规模:路线全长70.9km(其中属G5515张南高速22.65km,特大、大中桥48座19283m);隧道12座11420m,设互通式立交3处、收费站4处、服务区1处;批准概算投资61.5796亿元人民币。

主要技术标准:恩黔高速公路项目全线采用四车道高速公路技术标准,设计车速80km/h,整体式路基宽24.5m,分离式路基宽2×12.25m,桥梁设计荷载为公路-Ⅰ级,设计洪水频率:特大桥为1/300、其余桥梁和路基为1/100,平曲线一般最小半径400m,最大纵坡5%,凸形竖曲线半径4500m,凹形竖曲线半径3000m,停车视距110m。

主要工程数量:一期工程完成路基土石方2209万m^3;排水工程、防护工程均完成100%;桥梁基础2711根,墩台1711根,梁桥预制4500片,现浇节段392节;龙潭特大桥节段拼装20个节,全线隧道掘进支护22503m,均完成100%;二期路面完成底基层120.2万m^2,基层170.8万m^2,完成100%;三期房屋所有建筑物基础、主体结构、装修与总图均完成100%;三期交安工程完成隔离栅70.6km,完成100%;护栏、三期绿化、机电工程均完成70.6km,标志牌完成394个,完成100%。

自然地理特征:项目地处鄂西南低—中低山区和丘陵地区,总体地貌特征是山峦连绵、高低起伏、错落有致和丘陵叠置,海拔在450~1200m之间。地貌切割较为强烈,地形条件较为复杂。受区域构造、地层岩性、地形地貌及水文地质等条件影响,存在崩塌、岩堆、滑坡和岩溶等不良地质现象。

项目区地形复杂,山地小气候具有多样性,虽高度的变化垂直差异比较突出,形成立体气候,夏季灾害性天气较多,常有暴雨—强降雨出现,其中暴雨-强降雨可引发山体滑坡、崩塌等地质灾害,本合同段局部海拔大于1000m,存在冰雾区。

该项目段路线走廊带内最低海拔在宣恩椒园的堰塘坪处500m,最高海拔在咸丰晓关的蔡家堡高为1080m,路线需克服高差,部分路段平均纵坡大。

该项目沿线石灰岩、白云岩、页岩、砂岩等均有分布,大部分工程用石料均可就地采用,满足需要。但路面上面层材料较缺乏,据工可调查咸丰县小村乡小村出露硬质灰黑色中薄层状灰岩。区内中建河、唐崖河、曲江等主要河流河床基本无河沙出产,较好的中粗砂需远运,桥梁用优质的中粗砂可从宜昌调运(湖南岳阳长江抽砂)。

(二)项目前期工作

决策背景:恩黔高速公路是省委、省政府为促进鄂西少数民族地区经济社会发展而规划的重要交通项目,是恩施州委、州政府招商引资的重大基础设施工程,对于加快实施西部大开发与"中部崛起"战略、完善与加密国家和湖北高速公路网、推动"鄂西生态文化旅游圈"发展、促进武陵山少数民族经济社会发展试验区建设,都具有十分重要的意义。

决策过程:2010年,恩施州发改委、恩施交通运输局向省发展改革委上报《湖北恩施至重庆黔江高速公路宣恩至咸丰(鄂渝界)段项目申请报告的请示》(恩施州发改委〔2010〕43号),省交通运输厅报送《湖北恩施至重庆黔江高速公路宣恩至咸丰(鄂渝界)段项目核准的意见》(鄂交计〔2010〕54号);2010年11月11日,省发展改革委下发《关于湖北恩施—重庆黔江高速公路宣恩至咸丰(鄂渝界)段项目核准的通知》(鄂发改交通〔2010〕1480号);2010年,恩施州发改委、恩施交通运输局以向省发展改革委上报《湖北恩施—重庆黔江高速公路宣恩至咸丰(鄂渝界)段两阶段初步设计的请示》(恩施州发改委〔2010〕51号),省交通运输厅报送《湖北恩施至重庆黔江高速公路宣恩至咸丰(鄂渝界)段初步设计审查意见的函》(鄂交计〔2010〕241号);2010年11月22日,省发展改革委下发《关于湖北恩施至重庆黔江高速公路宣恩至咸丰(鄂渝界)段初步设计的批复》(鄂发改交通〔2010〕1517号)。

征地拆迁:路线全长70.932km,途径2个县,5个乡(镇),30个行政村,征用各类土地6923亩,拆迁房屋670户207484m²,迁改杆线1239杆(台,处),迁改铁塔130基,迁改地埋光缆21.55km,解决大的个案14个,协调三改工程248处,复垦临时用地1406亩,恢复地方道路113km,协调运营用水用电工程24处。

(三)项目建设情况

组织领导机构:恩黔高速公路由湖北省交通投资有限公司负责投资建设;项目业主为湖北高路鄂西高速公路有限公司。按照与省交投公司投资协议,全州成立了1个州高路办、2个县市高路办、5个乡镇高路办、30个村委会构成的宝塔式征迁协调机构体系,为协调工作提供了强有力的机构组织保障。建设期主要领导:鄂西指挥部历任指挥长:雷承、黄桥连、倪四清恩施州高路办历任常务副主任:隗祖锦、张志奇;宣恩县高路办历任主任:苏志勇、谢应富咸丰县高路办主任:刘兴华。

主要参建单位:设计单位为中交第二公路勘察设计研究院有限公司,监理单位为浙江通衢交通建设咨询监理有限公司、中铁一局集团有限公司、湖北省公路工程咨询监理公司,施工单位为辽宁省路桥集团有限公司、中铁一局集团有限公司、中铁大桥局集团有限公司。

实施过程:建设工期48个月。工程于2011年8月22日开工,当年完成投资113700万元。至2014年底建成。累计完成投资60.96亿元,为总投资的99%。2014年12月28日正式通车试运营。

(四)复杂难点工程

1. 地形地质险,施工困难多

项目地处鄂西南低山、中低山和丘陵地区,地貌切割严重,地形条件复杂。受区域构造、地层岩性、地形地貌及水文地质等条件影响,存在岩溶、岩堆等不良地质现象;加之山地气候复杂,夏季灾害性天气较多,容易引发山体滑坡、崩塌等地质灾害。山形地势险,地质灾害多,施工建设难。

2. 工程规模大,组织管理难

恩黔项目全长70.9km,批准概算投资61.58亿多元,仅路基总开挖量就达到826万m^3以上,工程规模较大,管理要求高,施工组织难。

3. 施工材料缺,保供压力大

奇缺的面层材料和钢材、水泥均需从外地运入,加之施工沿线山路崎岖狭窄,坡陡弯急路险,材料组织难,保供压力大。

4. 路线重合多,保畅要求高

恩黔高速路线分别与省道椒石线(S232)基本处于同一走廊带,且连续频繁交叉,涉及改线的段落和里程相对较多。保畅要求高,施工协调难。

5. 桥隧比例高,技术要求精

项目有特大、大中桥48座19283m;隧道12座11420m,桥隧比例高达43%。工程建设技术要求精,质量安全管理任务重。

第十二节 杭州—瑞丽高速公路(G56)

杭州至瑞丽高速公路(简称杭瑞高速公路),国家高速公路网编号G56,是《国家高速公路网规划》"71118网"中的第12条横线,全长3401km,途经7个省,起于浙江杭州,止于云南瑞丽,将我国东、中、西部地区有机地联系在一起。杭瑞高速公路湖北省阳新—通城段是湖北省"651"骨架公路网中"横五线"的组成部分,是武汉城市圈"两型社会"建设试验区中建设里程最长、投资规模最大、技术要求最高的高速公路建设项目。它的建设,对于早日形成浙江杭州—云南瑞丽国家经济和旅游大通道,构建完善湖北高速公路主骨架网,促进湖北社会与国民经济快速发展具有十分重要的意义。

杭瑞高速公路2008年12月28日开工建设,2011年6月30日建成通车,总投资约66亿元。

阳新—通城高速公路

杭瑞高速公路湖北段（G56）

（一）项目概况

功能定位：杭瑞高速公路湖北省阳新—通城段是国家重点工程，是《国家高速公路网规划》的第12条横线，也是湖北省"651"骨架公路网中的"横五线"，与贯穿黄石市的大广高速公路交叉，形成"十"字形高速骨架网。该项目的建成对全国和区域路网结构的完善，促进武汉城市圈建设，推动东中西一体化进程起到重要作用。

路线走向：路线经过黄石市阳新县境内枫林、木港、排市、龙港等乡镇，咸宁市通山县的慈口、黄沙铺、大畈、通羊、大路、楠林桥等乡镇，崇阳县的路口、白霓、天城、青山、石城、沙坪以及通城县的隽水和北港等乡镇。

建设规模：杭州至瑞丽高速公路湖北省阳新至通城段（原宁波至樟木高速公路湖北省段）工程路线起于阳新县与江西省九江至瑞昌高速公路相接的界首，终点在通城县大界接杭瑞高速湖南省段，路线全长199.722km。另建阳新连接线13.88km（一级）、排市连接线2.87km（二级）、隐水洞连接线2.4km（二级）、通山连接线6.788km（一级）、崇阳连接线2.38km（一级）、石城连接线2.97km（二级）、通城连接线7.34km（二级）。

主要出入口：该项目共设置枫林、阳新、排市、黄沙铺、隐水洞、通山、路口、崇阳、石城、通城、北港互通式立交共11处；收费站13处（含主线收费站2处）；管理分中心1处；养护工区3处；排市、通山、崇阳、通城服务区4处；枫林、黄沙铺、红石桥、沙坪停车区4处。

投资规模：该项目批复概算为9713338901.00元，其中建安费7172512869.00元，设备及工具、器具购置费125801517.00元，工程建设其他费用1992198003.00元，预备费422826512.00元。

主要技术指标：该项目为四车道高速公路标准，设计速度100km/h，路基宽度26.0m，荷载标准为公路-Ⅰ级，桥梁宽度为2×12.75m，隧道建筑限界为10.75×5.0m，洪水频率特大桥采用1/300、大、中、小桥、涵洞及路基采用1/100；地震动峰值加速度0.05g；其余技术指标均按交通部颁《公路工程技术标准》（JTG B01—2003）执行。

主要工程数量：路基：开挖土石方共计3209万 m³（其中土方1341万 m³，石方1868万 m³）；挖除非适用材料99万 m³；填筑土石方3077万 m³（其中土方1302万 m³，石方1775万 m³）；防护工程量为89万 m³。

桥涵：特大桥4座，共长6.71km；大中桥109座，共长21.73km；分离式立交20座，共长2.91km；桩基7000余根，共长116476m；基础混凝土90123m³（未含桩基）；下部结构混凝土271862m³，上部结构混凝土559140m³；圆管涵及倒虹吸管1734m；盖板涵通道、拱涵等32298m。

连接线：共7条38.554km，其中阳新13.730km（一级公路），排市2.873km，隐水洞2.473km，通山6.788km（一级公路），崇阳2.380km（一级公路），石城2.972km，通城7.338km。

隧道：共3座长5036.1m，其中上官隧道长1967.5m，鸡口山隧道长2976.6m，田家窝隧道长92m。

（二）项目前期工作

决策背景：2008年，湖北省为应对国际金融危机、拉动内需、推进武汉城市圈建设，决定修建此工程。工程完工后将大大加快黄石、咸宁融入武汉城市圈步伐。

决策过程：2008年国家发展改革委《关于湖北省阳新（赣鄂界）至通城（鄂湘界）公路可行性研究报告的批复》（发改交运〔2008〕1321号）文批准立项。2008年10月31日交通运输部《关于阳新（赣鄂界）至通城（鄂湘界）公路初步设计的批复》（交公路发〔2008〕420号）批准施工设计。2008年12月17日获交通部施工许可，国土资源部2009年10月18日批准建设用地。

征地拆迁：项目用地总面积1548.11hm²，其中农用地1360.76hm²（耕地730.68hm²，含基本农田482.8hm²）。项目建设用地预审于2008年1月24日由国土资源部批复。控制工期的单体工程先行用地于2008年12月3日由国土资源部批复。

杭瑞指挥部制定出台了征迁政策文件，开通征迁补偿直通农户"一折通"账户，指定专门银行统一发放，征地拆迁登记由省县两级指挥部、村组和户主五方签字会审，坚持征迁数量、补偿标准和安置政策"三公开"，并公示到自然村，"一户一卡"直接向农户补偿，接受群众监督。2万亩永久性征地，30余万建筑物、4万座坟墓、260多万株附着物在80天内全部拆除，拨付征地拆迁补偿资金8亿多元，未出现任何问题。

（三）项目实施过程

组织机构：湖北省交通厅以《关于成立湖北省杭瑞高速公路阳新至通城段建设项目

部的通知》(鄂交人劳〔2009〕4号)文组成项目部,委托代建单位为湖北省交通规划设计院进行项目建设管理。2009年1月5日,湖北省交通厅下发《关于成立湖北省杭瑞高速公路阳新至通城段建设项目部的通知》(鄂交人劳〔2009〕4号),明确了湖北省杭瑞高速公路阳新至通城段建设项目部领导成员名单。指挥长,姜友生;副指挥长兼总工程师,陈光新;副指挥长,孟建丹;副指挥长兼总会计师,周拥军;副指挥长,丁鹰。依照"精干、统一、高效"的原则,项目部内设五部一室:即综合办公室、质量技术部、计划合同部、巡检稽查部、征迁协调部、财务部。

主要参建单位:设计单位为湖北省交通规划设计院、中交第二公路勘察设计研究院有限公司;监督单位为湖北省交通运输厅工程质量监督局;主要监理单位为浙江通衢交通建设监理咨询有限公司、湖北高路公路工程监理咨询有限公司、湖北省公路水运工程咨询监理公司、育才—布朗交通咨询监理有限公司、湖北顺达公路工程咨询监理有限公司、重庆市交通工程监理咨询有限责任公司,一二期施工单位为江苏省交通工程集团有限公司(含路面)、中交一公局桥隧工程有限公司、中铁十一局集团第一工程有限公司、湖北长江路桥股份有限公司、中天路桥有限公司(含路面)、中交第一公路工程局有限公司、福建路桥建设有限公司、中铁大桥局股份有限公司、山东宏昌路桥工程有限公司、中铁七局集团有限公司、东盟营造工程有限公司(含路面)、中铁十一局集团第二工程有限公司、中铁二十局集团第四工程有限公司、北京城建道桥工程有限公司(含路面、连接线)、中交二公局第一工程有限公司、河南路桥建设集团有限公司、湖北兴达路桥股份有限公司(含路面、连接线)、中铁十五局集团第五工程有限公司、中交第二航务工程局有限公司、中国葛洲坝集团股份有限公司、武汉市市政建设集团有限公司(含路面、连接线)、广东省佛山公路工程有限公司、湖北省路桥集团有限公司(连接线),三期绿化施工单位为河南春泉园林绿化工程有限公司、武汉市汉维园林景观开发有限责任公司、湖北林业松涛园林有限公司、武汉森茂生态绿化工程有限公司、武汉市和园园林景观工程有限公司、湖北省太子山大地园林绿化工程有限责任公司,三期交安施工单位为安徽省现代交通设施工程有限公司、江西赣东路桥建设集团有限公司、广东立乔交通工程有限公司、湖北楚通公路工程有限责任公司、湖北省高速公路实业开发有限公司、陕西润辉交通设施有限责任公司等3家设计单位,10监理单位,53家施工单位。

实施过程:本工程批复计划工期48个月。2008年12月15日完成土建工程施工招标,2008年12月2日完成土建工程施工监理单位招标。2008年12月28日举行开工典礼,2009年3月,湖北省纪委将其列为13个重大项目跟踪督查点之一,并确定为省委常委、省经委书记黄先耀的联系点。3月28日下发开工令。建设过程中,对涉及工程建设征地拆迁、招投标、材料采购、分包管理、质量控制、安全生产、工程计量、设计变更、资金拨付、交竣工验收等环节进行了"十个覆盖"。至2010年12月30日建成156km,2011年6

月30日全线建成通车。

交竣工验收:2010年12月,湖北省交通运输厅工程质量监督局组织对杭瑞高速公路阳新至通城段主线 K0+800~K43+550,K86+480~K200+065,156.335km 及六处工程进行了交工验收检测,共涉及至23个施工合同段。最终确定单位工程133个,分部工程443个,实体抽检指标达65项,实测数据120678个(组),合格数据114457个(组),平均合格率为94.8%。2011年6月,湖北省交通运输厅工程质量监督局组织对杭瑞高速公路阳新至通城段主线 K43+550~K86+480 计42.93km 进行了交工验收检测,共涉及至8个施工合同段。最终确定单位工程48个,分部工程152个,实测数据47954个(组),合格数据45537个(组),平均合格率为94.96%。

(四)复杂技术工程

1. 泉口骆特大桥预应力管道高性能灌浆技术

桥梁全长2048.5m,最大墩高52.0m,上部结构采用40m正交预应力预制T梁,结构采用先简支后连续刚构。全桥共分13联。桥台处设置D80型伸缩缝,过渡墩处设置D160型伸缩缝。支座采用板式橡胶支座,过渡墩和连续墩支座安装总高度为25cm,固结墩支座安装总高度为3cm;下部构造采用双柱式桥墩、空心墩,桩基均采用摩擦桩;桥台处采用简易式桥台和肋板式桥台,其中左幅和右幅0号台均采用简易式桥台,左幅和右幅51号台均采用肋板式桥台,桥台桩基均为摩擦桩。40mT梁柱径为160cm或200cm,桩径为180cm或220cm。桥台桩径为120cm。

杭瑞高速公路泉口骆特大桥(G56)

在泉口骆特大桥连续刚构桥上部T梁预应力施工中,采用预应力管道高性能灌浆材料中桥-CG100,解决了流动性差、泌水率高和高膨胀的难题。保证了T梁管道灌浆的饱满、灌浆的密实。CG-100高性能管道灌浆材料在现场施工过程中有以下几个特点:传统压浆搅浆桶上一般没有刻度,需要用固定的容器控制用水量,控制不精确且速度慢,而CG-100的搅浆机上刻度准确,对用水量的控制精确;不需要另外加减水剂、膨胀剂等其他材料,直接加水搅拌即可;搅浆容易,CG-100高性能管道灌浆材料包装采用25kg/包,且包装袋有内胆,不容易受潮结块,且添加的材料少,用水量好控制,搅浆时间较传统灌浆工艺短,且无沉渣。

目前国内预应力桥梁施工过程中普遍存在预应力管道压浆不密实造成预应力钢筋锈蚀、端面锐减、断丝及预应力损失等质量通病。CG-100新型管道灌浆材料具有零泌水率、高流动度及灌浆后的高密实度,能够较好解决上述质量通病,保证预应力钢筋不锈蚀,保证其与混凝土构件之间应力的有效传递,使后张预应力钢筋与整体结构完整联结成一体。

2. 白果树特大桥复杂技术

本桥位于通山县慈口乡白果树村境内,桥长2201.5m,最大墩高40m。上部构造采用30m装配式预应力混凝土T梁,先简支后结构连续—刚构体系。桥台处采用D80型伸缩缝,过渡墩处采用D160型伸缩缝。采用板式橡胶支座的连续墩及简支墩处,支座安装总高度为30cm,桥台支座安装总高度为25cm;下部构造采用双柱式桥墩、薄壁空心墩,桩基均为嵌岩桩,其桩底深入弱风化层≥2.5d(m)(d为桩直径);起点桥台左幅采用U台、右幅采用桩柱式桥台,终点桥台均采用桩柱式桥台,桩基均为嵌岩桩。

杭瑞高速公路白果树特大桥(G56)

3. 下扬畈特大桥复杂技术

桥址所在地隶属湖北省通山县大畈镇下杨畈村。靠近村庄,桥址所在位置乡村小道纵横交错,且有县乡级公路在旁边通过,交通极为便利。桥梁跨越下杨河,跨径组合38×30m,预应力混凝土T梁,先简支后结构连续(固结)体系,全桥共8联,双幅桥长1145.58m,下部构造采用柱式桥台,桩基础。主梁均按理论跨径线径向布置,中跨梁长不变,边跨根据主梁梁端与伸缩缝端平行的原则调整梁长。

下扬畈特大桥是杭瑞高速公路湖北段重点控制性工程之一,桥墩最高墩身41m,墩身平均高达28.3m,桥址地貌险峻,地质复杂,岩溶众多,施工难度大。施工过程中,采用高压旋喷技术,利用高压旋喷水泥浆封堵地下岩层裂隙,固结流泥,保证成孔的安全质量,加快了施工进度。同时,还采用蒸汽发生器代替锅炉产生蒸汽养护桥梁梁板混凝土,保证了梁板混凝土强度质量,提高了制梁速度。下扬畈特大桥的线路纵坡在 2‰~6‰ 的范围,高差达到 40m 左右。在下扬畈特大桥架梁施工中,施工克服纵坡大的不利因素,采用两台架桥机从两头同时架梁,在瑞台方向架桥机的桁车上增加两台制动器,并改装炮车的刹车装置,有效控制了梁板起吊和就位的速度,安全、高效地完成了下扬畈特大桥 456 片 T 梁的架设任务。

4. 陆水河特大桥现浇混凝土箱梁施工技术

陆水河特大桥是湖北省杭瑞高速公路阳新—通城段重点控制性工程之一,位于湖北省崇阳县沙坪镇沙坪村。左幅跨径组合 $4 \times 25m + 6 \times 40 + 21 \times 25 + 28.5 + 30 + 23 + 10 \times 25(m)$ 预应力混凝土 T 梁、现浇箱梁,标准跨为先简支后结构连续体系,全桥 11 联,左幅桥长 1203.58m,下部构造采用柱式桥墩,桩基础;肋板式桥台,桩基础;桥梁右幅跨径组合 $4 \times 25 + 6 \times 40 + 21 \times 25 + 23 + 30 + 28.5 + 10 \times 25(m)$ 预应力混凝土 T 梁、现浇箱梁,标准跨为先简支后结构连续体系,桥梁位于 R-3200m 右偏圆曲线上,纵面位于 0.5% 的上坡路段、R-25000m 的凸曲线上及 -1.5% 的下坡路段、R-20000m 的凹曲线上。

现浇混凝土箱梁为陆水河特大桥第八联,从 31 号墩—34 号墩,全长 81.50m,其中 32 号—33 号墩横跨新 106 国道,箱梁纵轴线与新 106 国道斜交,交角 114°。现浇混凝土箱梁左幅跨径组合为 28.5m + 30m + 23m,左幅箱梁长 81.50m;右幅跨径组合为 23m + 30m + 28.5m,右幅箱梁长 81.50m。箱梁为单箱双室结构,设纵向预应力,梁高 1.7m,梁顶宽 12.75m,梁底宽 7.75m,两侧翼缘板各长 2.5m。顶板厚度为 22cm,底板厚度为 20cm,腹板厚度一般为 50cm,向梁端渐变为 90cm。新 G106 国道交通流量较大,在施工期间必须保证其畅通、安全。

5. 上官隧道重难点施工技术

上官隧道为上、下行分离的四车道高速公路分离式隧道,隧道进口位于上官坑村西,隧道出口位于东头杨村南。上官隧道左洞全长 1971m、右洞长 1967m,其中在隧道进口各设明洞 21m;主洞设 40m 长紧急停车带 2 处,2 处车行洞长 112.506m,3 处人行通道长 75.15m;隧道进口用削竹式洞门、出口采用端墙式洞门,洞门建筑 4 座。

隧道整体呈近东西向展布,平面线性呈缓 S 形。隧道穿越的山体最高海拔高程约为 265.0m,隧道最大埋深约 115m。隧道处于 S 形曲线上,左洞进口处于平曲线半径 R = 2656.589m 的左偏圆曲线上,洞身处于平曲线半径 R = 2020m 的右偏圆曲线上,出口处于平曲线半径 R = 2500m 的左偏圆曲线上。隧道路基最大超高值为 3%。纵面线形为 2.5% 的单向坡。

杭瑞高速公路上官隧道(G56)

上官隧道主要采用了砂浆锚杆、喷射混凝土为初期支护手段,并对洞口浅埋V级围岩进口段增加了 φ108 超前管棚,出口段设 φ42 超前注浆小导管,I18 型钢支撑,深埋 IV 级围岩段,增加了 φ22 超前锚杆,格栅钢支撑等施工辅助措施。

6. 鸡口山隧道重难点施工技术

岩溶和断裂破碎带围岩是鸡口山隧道主要的不良地质问题,不良地质段的开挖与支护是该隧道施工中的重难点。鸡口山隧道位于通山县黄沙铺镇中通村和大畈镇鸡口山村境内,是杭瑞高速公路湖北段全线最长的隧道,设计为分离式隧道,左洞全长2969m,右洞全长2984.2m,由中铁七局集团承建。施工过程中,围岩差,水量大,地质情况复杂多变,先后攻克了溶洞、塌方、涌水等诸多困难。隧道区地下水主要为第四系松散岩类孔隙水,基岩裂隙水,岩溶水。其中影响最大的主要为岩溶水,沿断层进入隧道,造成隧道涌水,对隧道影响较大。隧道范围内围岩级别为V、IV、III、II级,其中V级围岩占隧道长度4%;IV级围岩占36%;III级围岩占35%;II级围岩占25%。

根据溶洞的大小,会同甲方及设计单位,具体研究处置方案,技术对策见表2-1-58。

岩溶隧道技术对策表　　　　表2-1-58

序号	项　　目		技　术　对　策
1	超前预报		TSP系统、地质雷达、红外探水仪及其他地质仪器预测预报
2	岩溶预报		定性预测;平导超前预报;洞内超前钻孔预报;隧底预探预报
3	岩溶水处理方案		注浆堵水;暗沟排水;管道排水;涵洞、泄水洞排水;渗沟、铺砌排水
4	小型溶洞处理方案		浆砌封闭、回填压实;护拱防护;隧道回填;换填片石、加强衬砌;隧道底板梁
5	规模较大溶洞处理方案	支顶加固	支承墙加固;支承柱嵌补加固;拱桥支顶加固;挖孔桩支顶加固
		跨越	简支梁跨越;拱顶跨越;边墙拱跨越;整体浮放、支托跨越

续上表

序号	项 目		技 术 对 策
6	岩溶隧道施工	开挖(同软弱围岩)	微震爆破技术;预加固、短进尺、弱爆破、强支护、勤量测、快衬砌的方针;微台阶、短台阶
		支护	预加固;加强支护及初期支护
		衬砌防裂、防渗、防漏	预注浆堵水;设置防排水系统,衬砌采用防水混凝土;设置有效的排水系统;混凝土一次浇注成型;减少施工缝,施工缝设置止水带

定性预测方法及步骤:采用地貌、地质调查与地质推理相结合的方法,并进行定性预测。其具体方法及步骤见表2-1-59。

定性预测方法及步骤 表2-1-59

步骤	预 测 方 法
第一步	收集区域地形、地质、水文资料以及线路地质资料,通过这些资料分析岩溶地貌特征
第二步	对隧道所处地区的地表岩溶地貌,区域内出露的溶洞以及隧道施工已揭露的溶洞形态、规模、位置的调查,以及隧道的地质构造和岩性的调查,研究分析隧道所在地区的岩溶地貌规律,尤其是层状水平溶洞的发育规律,包括水平溶洞的层数,层的高程,各层溶洞的规模等
第三步	预测溶洞形态,将隧道高程与区域内水平溶洞高程对比,确定隧道是否处在地下水动力带,据此预测隧道可能遇到溶洞的形态,判定水平溶洞或竖直溶洞
第四步	预测溶洞规模,根据隧道已揭露的溶洞规模和隧道各段的岩性、出水规律、地质构造以及岩溶地貌发育的情况,推测隧道可能遇到的溶洞的规模
第五步	预测溶洞出现频率及位置,根据隧道各段的岩性、地质构造以及地表岩溶发育的情况,推测隧道溶洞出现频率、发育溶洞的位置或段落

除了上述几种预探预报方法外,在隧道施工期间还须加强对地表河床、断裂薄弱地带、已塌陷坑及洞内施工地质等观测,定期提出地质预报和决策建议,为制定岩溶整治方案提供依据。

第十三节 呼和浩特—北海高速公路(G59)

呼和浩特—北海高速公路(简称呼北高速),中国国家高速公路网编号为G59,起点在内蒙古呼和浩特,途经内蒙古和林格尔、山西右玉、朔州、岢岚、方山、吕梁、隰县、吉县、河津、运城、河南灵宝、卢氏、西峡、湖北十堰、房县、保康、宜昌、湖南慈利、张家界、安化、新化、武冈,广西桂林全州、桂林临桂、阳朔、荔浦、平南、桂平、玉林。终点在广西北海。呼北高速公路是交通运输部《促进中部地区崛起公路水路发展规划纲要》的重要路段,是中国国家高速公路,是中国11条南北纵向国家高速公路之一,为新增国家高速公路。

呼北高速(G59)湖北段经十堰、房县、保康、宜昌—湖南慈利,全长450.22km。由郧县—十堰,十堰—房县,房县—保康,保康—宜昌,宜昌—慈利五段组成。

呼北高速公路十房段房县枢纽互通(G59)

一、郧县—十堰段

(一)项目概况

功能定位:郧十高速公路是指湖北省境内郧县至十堰的高速公路,该线路是国家《促进中部地区崛起公路水路交通发展规划纲要》中山西省侯马至十堰高速公路的重要组成部分。是湖北省骨架公路网规划"五纵五横两环"中第五纵的重要路段。

路线走向:湖北省郧县(鄂豫省界)至十堰高速公路起于鄂豫省界鹁鸽峪,经郧县谭山、白桑关、杨溪铺、茶点、青山镇、十堰茅箭区,在十堰白浪经济技术开发区回船沟与福银高速公路汉十段相接,主要出入口:全线共设刘洞、白桑关、郧县北、郧县和十堰白浪(福银高速)5处互通,1个服务区。

建设规模:全长66.931km。全线设刘洞、白桑关、郧县、十堰东枢纽4处互通式立交,互通式立交(其中枢纽互通1处,不含预留的郧县北互通)、4处收费站(其中主线收费站1处)、1处管理监控分中心、1处服务区、1处养护工区、1处停车区。另建郧县连接线2.9km。

投资规模:该公路估算总投资60.38亿元,其中拟申请交通运输部投资6.93亿元、省交通运输厅自筹8.17亿元作为项目资本金,共计15.1亿元,约占总投资的25%;其余45.28亿元资金利用国内银行贷款解决。

主要技术指标:该项目全线采用高速公路标准,设计车速为80km/h,双向四车道,路基宽度24.5m,汽车荷载等级采用公路-Ⅰ级,其他技术指标按原交通部颁发的《公路工程技术标准》(JTG B01—2003)的要求。

主要工程数量:全线开挖土石方量 9904 万 m^3,特大、大中桥梁 63 座,总长 17905m,隧道 14 座,总长 15476m,桥隧比例达 50%。

(二)项目前期准备

1. 前期决策背景

湖北省人民政府于 2009 年 3 月 16 日发布《省人民政府关于郧县至房县高速公路建设有关问题的批复》(鄂政函〔2009〕65 号),同意该工程项目采用 BOT 方式建设,建设资金来源于企业投资。

2. 前期决策过程

湖北省交通厅下达了《关于"十一五"全省第一批交通重点项目前期工作计划的通知》(鄂交计〔2006〕15 号)。受湖北省交通厅的委托,华杰工程咨询有限公司(以下简称"华杰公司")承担郧县至房县高速公路可行性研究报告的编制工作。根据湖北省交通厅 2006 年 6 月项目前期工作协调会议的精神,将郧县至房县高速公路项目拆分为郧县(鄂豫省界)至十堰高速公路和十堰至房县高速公路两个项目,同步分别进行可行性研究。华杰公司于 2010 年 9 月完成该项目可行性研究报告的编制工作。

2010 年 10 月 20 日,湖北省发展和改革委员会以《省发展改革委关于湖北省郧县(鄂豫省界)至十堰高速公路可行性研究报告的批复》(鄂发改交通〔2010〕1538 号)批复了该项目可行性研究报告。

2010 年 11 月 20 日,湖北省发展和改革委员会以《省发展改革委厅关于湖北省郧县(鄂豫省界)至十堰高速公路初步设计的批复》(鄂发改重点〔2010〕1542 号)批复了该项目初步设计。

2012 年 11 月 20 日,湖北省交通运输厅以《关于湖北省郧县(鄂豫省界)至十堰高速公路一期土建工程施工图设计的批复》(鄂交建〔2012〕338 号)批复了该项目的施工图设计。各阶段审批情况见表 2-1-60。

各阶段审批情况表 表 2-1-60

工程可行性研究报告的批准	鄂发改交通〔2010〕1538 号
初步设计文件的批准	鄂发改重点〔2010〕1542 号
施工图设计文件	2012 年 12 月完成审查
土地使用批准	国土资函〔2012〕467 号
施工许可的批准	2011 年 9 月 10 日省交通运输厅批复

3. 征地拆迁（表2-1-61）

拆迁基本情况表　　　　　　　　　　　　　　　　　　　　　　　表2-1-61

路　段	征用土地面积（亩）	拆迁房屋面积（m²）	补偿费用（万元）
郧十段	5624.96	106024.58	2991.97
合计	5624.96	106024.58	2991.97

（三）项目建设情况

1. 项目建设组织机构

2010年12月4日，省交通运输厅以鄂交人劳〔2010〕615号文成立湖北省郧县至十堰高速公路建设指挥部负责郧十高速公路的建设管理工作。

指挥部根据菲迪克条款的原则，组建了湖北省郧县至十堰高速公路总监理工程师办公室（以下简称总监办），与指挥部一门两牌，由方贻立同志任总监理工程师，负责该项目的施工监理。

指挥部（总监办）设副指挥长2名，总工程师1名，纪委书记一名下设5处1室（表2-1-62）。

郧县至十堰高速公路建设指挥部（总监办）　　　　　　　　　　　表2-1-62

单　位	职　务	姓　名	任职时间	备　注
指挥部	指挥长	方贻立	2010年12月6日	
	副指挥长	曹传林	2010年12月6日	
	副指挥长	李方	2010年12月6日	
	总工程师	张曦	2010年12月6日	
	纪委书记	颜博文	2010年12月6日	

2014年1月29日，省交通投资公司以鄂交投发〔2014〕30号文任命胡龙同志为指挥长，设副指挥长3名，指挥长助理1名，下设一室六部（表2-1-63）。

郧县至十堰高速公路建设指挥部（总监办）　　　　　　　　　　　表2-1-63

单　位	职　务	姓　名	任职时间	备　注
指挥部	指挥长	胡龙	2014年1月29日	
	副指挥长	翟全礼	2014年1月29日	
	副指挥长	张曦	2014年1月29日	
	副指挥长	张晓波	2014年1月29日	
	指挥长助理	马明	2014年1月29日	

2. 主要参建单位

建设单位：湖北省郧县至十堰高速公路建设指挥部；

第二篇 通途篇

设计单位:湖北交通规划设计院、华杰工程咨询有限公司;

监督单位:湖北省交通运输厅工程质量监督局。

标段划分及施工、监理单位见各合同段施工、监理单位见表2-1-64~表2-1-66。

主线施工、监理单位一览表　　　　　　　　　　　　　表2-1-64

合同段	长度	施工单位	监理单位
(一)路基			
YSTJ-1	7.47	北京城建道桥建设集团有限公司	湖北省水运工程询价监理公司
YSTJ-2	4.435	中铁十七局集团第五工程有限公司	
YSTJ-3	3.515	中交一公局第二工程有限公司	
YSTJ-4	6.99	中铁十九局集团有限公司	
YSTJ-5	8.16	江西省公路机械工程局	
YSTJ-6	6.20	中铁十四局集团有限公司	
YSTJ-7	7.20	中铁十六局集团第二工程有限公司	西安方舟工程咨询有限责任公司
YSTJ-8	4.25	路桥华南工程有限公司	
YSTJ-9	5.75	湖北省路桥集团有限公司	
YSTJ-10	7.23	中铁港航局集团第三工程有限公司	
YSTJ-11	5.745	中交第二公路工程局有限公司	
(二)路面			
YSLM-1	36.77	湖南路桥建设集团公司	湖北省水运工程询价监理公司
YSLM-2	30.175	保定申成路桥有限责任公司	西安方舟工程咨询有限责任公司
(三)绿化			
YSLHFH-1	15.42	河南江海园林绿化产业有限责任公司	湖北省水运工程询价监理公司
YSLHFH-2	21.35	江西绿佳市政园林工程有限公司	
YSLHFH-3	12.98	湖北省高速公路实业开发有限公司	西安方舟工程咨询有限责任公司
YSLHFH-4	12.975	荆门天秀景观园林工程有限公司	
YSLH-1	36.770	河南春泉园林绿化工程有限公司	湖北省水运工程询价监理公司
YSLH-2	30.175	河南省豫南园林绿化有限责任公司	西安方舟工程咨询有限责任公司
(四)交安			
YSJA-1	36.770	北京汉威达交通运输设备有限公司	湖北省水运工程询价监理公司
YSJA-2	30.175	江苏中路交通发展有限公司	西安方舟工程咨询有限责任公司
(五)机电			
YSJD-1	66.931	亿阳信通股份有限公司	北京兴通工程咨询有限公司
YSJD-2	66.931	葛洲坝集团电力有限责任公司	
YSJD-3	66.931	盛云科技有限公司	北京兴通工程咨询有限公司

联络线施工、监理单位一览表   表2-1-65

合同段	长度	施工单位	监理单位
路基	6.858	中铁十五局集团有限公司	西安方舟工程咨询有限责任公司
路面	6.858	湖北天浩公路工程有限公司	

附属区施工、监理单位一览表   表2-1-66

合同段	项目	施工单位	监理单位
YSFJ-1	郧阳北、刘洞、白桑关收费站、隧道变电所、水泵房	武汉鼎吉建筑工程有限责任公司	武汉平安建设工程项目管理有限公司
YSFJ-2	郧阳服务区、郧阳南收费站、隧道变电所、水泵房	赤东建设集团有限公司	

3. 项目实施过程

批复建设工期48个月。2015年2月7日通过交工验收,2015年2月10日开放交通试运营。

2010年12月24日,郧十高速公路举行先行标开工仪式。

2011年3月,征地拆迁工作全面启动,10天内完成全线征地拆迁任务。

2011年9月17日先行标——一期土建七标发布开工令。

2012年6月28日一期土建其他10个标段发布开工令,全线正式全部动工。

2014年3月15日二期路面发布开工令。

一期土建土石方工程累计完成1080万 m^3,占总量的100%;防护工程累计完成49万 m^2,占总量的100%;排水工程累计完成182km,占总量的100%;桥梁基础累计完成3338根,占总量的100%;墩、台累计完成2211根,占总量的100%;梁板预制累计完成6126片,占总量的100%;梁板安装累计完成6126片,占总量的100%;现浇箱梁累计完成68孔,占总量的100%;小构累计完成150道,占总量的100%;隧道掘进累计完成31909m,占总量的100%;二次衬砌累计完成31909m,占总量的100%。

二期路面底基层累计完成1100 km^2,占总量的100%;下基层累计完成977 km^2,占总量的100%;上基层累计完成1022 km^2,占总量的100%;下面层累计完成734 km^2,占总量的100%;中面层累计完成1651 km^2,占总量的100%;上面层累计完成1651 km^2,占总量的100%。

三期房建基础工程完成100%,主体工程完成100%,装修与总图完成100%;交安工程隔离栅累计完成141km,占总量的100%;波形钢板护栏累计完成158km,占总量的100%;标志标牌累计完成1545个,占总量的100%。

临时工程完成100%,路基工程完成100%,路面工程完成100%,桥梁涵洞工程完成100%,交叉工程完成100%,公路设施及预埋管线工程完成100%,隧道工程完成100%,

绿化及环境保护工程完成100%,管理、养护及服务房屋完成100%。

2015年2月10日建成通车。

4. 工程交工、竣工验收情况

2015年2月7日,项目通过交工验收。

(四)复杂难点工程

1. 汉江特大桥

郧十高速公路汉江特大桥横跨郧县杨溪铺镇和青山镇,全长1031m,为斜拉钢构组合体系桥梁。

2. 平地院隧道复杂技术工程

2014年1月3日9时,中国中铁港航局三公司承建的湖北省郧十高速公路(郧县至十堰)三大重点控制工程之一、全线第二长隧道——平地院隧道,比计划提前28天实现双线贯通。

呼北高速公路湖北郧十段跨汉江特大桥(G59)

平地院隧道位于湖北省十堰市郧县青山镇境内,设计为分离式左、右双幅特长隧道。隧址地质复杂,为元古代武当群片岩,围岩破碎,穿越围岩稳定性极差的破碎带,受地表降雨量影响渗水量大,围岩遇水即呈粉末状,易坍塌,增加了施工难度。在施工过程中,该隧面临工期和进度矛盾的巨大压力。开工后,郧十高速公路项目部为保证工期进度及施工安全质量,多次开展方案讨论,优化施组,采用新技术新工艺,施工中采取环形台阶预留核心土开挖法,严格遵循"管超前、短进尺、弱爆破、强支护、早封闭、勤量测",强化过程控制,严格执行标准化管理。在日常工作中坚持安全质量意识教育延伸到生产第一线,严格交底制度,杜绝非法违规操作行为。倒排工期,加大人力、物力投入,坚持"5+2""白+黑"施工,项目领导、技术干部全过程监控指导,多次掀起劳动竞赛大干高潮,经过19个月的艰苦奋，为隧道施工画上了圆满的句号。

二、十堰至房县段

(一)项目概况

1. 功能定位

十堰至房县高速公路是国家高速公路网呼和浩特至北海高速公路(G59)的组成部分,是湖北省规划的"九纵五横三环"骨架公路网的第七纵,是贯穿鄂西生态文化旅游圈的快捷通道。项目的建设对于完善我省骨架公路网布局,打造鄂西生态文化旅游圈,加快西部特色经济开发,推动"两圈一带"发展战略,具有十分重要的意义。

2. 路线走向

十房高速公路起于丹江口市六里坪镇刘家湾(接福银高速公路汉十段),经丹江口市孤山、官亭、官山镇及房县店子河、两河口(设互通与209国道连接)、朱家嘴、邓家坡,止于房县城关镇(设互通,与拟建的谷竹高速公路相连)。十房高速公路全长68.31km(含4.34km联络线),2014年底建成通车。该高速公路是湖北省骨架公路网规划的"六纵五横一环"中第六纵郧县至来凤公路的一段,是湖北省西部地区贯穿南北出省大通道的重要组成路段,是鄂西生态文化旅游圈连接湖北省"一江两山"的精品旅游线路,也是福州至银川和十堰至天水(南通道)两条高速公路之间的重要连接线。

3. 主要出入口

六里坪(主线桩号1030.437),官山(主线桩号1198.337,由此可达官山、六里坪),土城(主线桩号1223.237,由此可达十堰、房县),房县(主线桩号1240.837,由此可达十堰、房县、神农架)。

4. 建设规模

路线全长63.933km,特大桥、大桥69座22455.52m,隧道10座10733.5m(桥隧比52.2%),设互通式立交4处,服务区、停车区各1处,养护工区2处,监控中心1处。批准概算52.584亿元、建设工期48个月。

5. 主要技术指标

十房高速公路设计为双向四车道,设计时速80km/h。

6. 主要工程量

十房高速公路全长63.933km,全线将开挖土石方968.7万 m^3,建设特大桥、大桥69座(22455.52m),开挖隧道10孔(10733.5m)。

7. 自然地理特征

该项目地处鄂西北山地，属秦巴山区东段，绝大部分路段分布在武当山区，区内为中部高、南北低的丘陵—山地地貌，山谷相间，地形连绵起伏，山高谷深，地形陡峻，河谷深切，横剖面呈"V"形。勘察区北端最低高程165m，相对高差100m左右；中部的清凉寺山，海拔高程1365m，相对高差逾800m；终点段处于房县盆地，地形相对较平缓，海拔高程410～580m，河床宽阔，阶地发育。

(二)项目前期准备

1. 前期决策背景

湖北省十堰至房县高速公路是我省骨架公路网规划的"九纵五横三环"骨架公路网的第七纵，是《国家公路网规划(2013—2030年)》国家高速公路网呼和浩特至北海高速公路(G59)的组成部分，是贯穿鄂西生态文化旅游圈的快捷通道，对完善我省骨架公路网布局，打造鄂西生态文化旅游圈，加快西部特色经济开发，推动"两圈一带"发展战略具有重大意义。

2. 前期决策过程

2009年10月10日，湖北省发展和改革委员会以鄂发改交通〔2009〕1359号文核准了十堰至房县高速公路工程可行性研究报告。2009年10月21日，湖北省发展和改革委员会以鄂发改重点〔2009〕1378号文批复了十堰至房县高速公路初步设计。2010年3月29日，湖北省交通运输厅以鄂交基〔2010〕160号文批复了施工图设计。2010年4月2日，湖北省交通运输厅批复了十房高速公路施工许可申请。

3. 征地拆迁情况

湖北省十房高速公路征地拆迁协调工作按照省厅、省指挥部的总体工作安排和部署，以保持和谐稳定建设环境为目标，以动态现场施工协调为主线，以临时用地复垦和"三改"建设恢复沿线群众生产生活条件为抓手，面对纠纷深入一线调查，正视困难敢于突破，正确处理建设、施工单位和受影响人的利益关系，以人为本抓协调，现场跟进搞服务，较好地完成了征地拆迁协调各项工作任务。办理永久性用地5764.923亩(其中补充征地674.5305亩)；拆迁房屋13.6623万m^2；地面附着物：地坪3.327万m^2，水井296口，围墙2.99万m^2，坟墓2549座，大树244200棵，小材树398953棵，挂果树7832棵，茶园、苗圃共18.886亩，化粪池2726处，沼气池55处。"三杆"迁移：11万伏供电塔34基；3.5万V供电52基/杆；1万伏供电杆214杆；1万伏以下供电电杆186杆，电信235杆，广电124杆。

(三)项目实施过程

1. 项目建设组织机构

十房高速公路由十堰市人民政府、湖北楚天高速公路股份有限公司、湖北高速公路集团公司三方投资共建(表2-1-67)。

十房高速公路建设指挥部(总监办)　　　　表2-1-67

单位	职务	姓名	任职时间	原单位、职务
指挥部	指挥长	刘毅学	2012.9	湖北高路集团
	副指挥长	万家捷	2012.9	
	副指挥长	沈峰	2012.9	
总监办	总监理工程师	熊平高	2012.9	

2. 主要参建单位

建设单位湖北省十房高速公路建设指挥部;设计单位湖北省交通规划设计院;监督单位湖北省交通建设质量监督局。

十房高速公路施工、监理单位见表2-1-68。

十房高速公路施工、监理单位一览表　　　　表2-1-68

序号	合同段	长度(km)	施工单位	监理单位
1	SFTJ-1	4.396	中交一公局桥隧工程有限公司	沈阳公路工程监理有限责任公司
2	SFTJ-2	4.160	中铁十二局集团有限公司	
3	SFTJ-3	4.561	中天路桥有限公司	
4	SFTJ-4	5.791	中铁十二局集团第三工程有限公司	
5	SFTJ-5	3.160	中铁十五局集团第五工程有限公司	
6	SFTJ-6	4.672	湖北中南路桥有限责任公司	
7	SFTJ-7	2.725	中铁三局集团第六工程有限公司	
8	SFTJ-8	2.829	湖北省路桥集团有限公司	
9	SFTJ-9	3.820	中铁七局集团第三工程有限公司	
10	SFTJ-10	4.080	中铁十七局集团有限公司	
11	SFTJ-11	7.004	湖北天浩公路工程有限公司	
12	SFTJ-12	8.546	湖北省路桥集团有限公司	
13	SFTJ-13	8.190	十堰市双环公路建设有限公司	
14	SFLM-1	63.933	湖北长江路桥股份有限公司	
15	SFFJ-1		湖北银环建设工程有限公司	武汉威仕工程监理有限公司
16	SFFJ-2		湖北远升建筑工程有限公司	
17	SFLH-1	36.134	绍兴市第一园林工程有限公司	沈阳公路工程监理有限责任公司
18	SFLH-2	27.82	江西省城市园林建设有限公司	

续上表

序号	合同段	长度(km)	施工单位	监理单位
19	SFJD-1	63.933	北京瑞华赢科技发展有限公司	北京兴通工程咨询有限公司
20	SFJD-2	63.933	云南青山消防电子工程有限公司	
21	SFJA-1	32.294	杭州公路交通设施工程有限公司	沈阳公路工程监理有限责任公司
22	SFJA-2	23.740	北京路安交通科技发展有限公司	

3. 工程实施进度

2009年11月18日，十房高速公路控制性工程（马蹄山一号特大桥、马蹄山隧道、房县互通）正式动工建设。这标志着十房高速公路建设帷幕正式拉开。省人大常委会副主任任世茂、省政府副秘书长彭勇、湖北省交通运输厅厅长林志慧、十堰市市长张嗣义参加开工典礼。2014年12月26日实现分段通连。2016年9月30日全部建成通车。

4. 交工验收情况

依据交通运输部《关于印发公路工程竣交工验收办法实施细则的通知》（交公路发〔2010〕65号）和省交通运输厅《关于进一步加强高速公路工程竣（交）工验收有关工作的通知》（鄂交建〔2014〕283号）要求，十房指挥部于2014年9月～12月、2016年9月～10月对十房高速公路全线履行交工验收程序，截止到2016年10月15日，已顺利完成各项交工验收工作。

经过施工单位自检评定、监理单位抽检评定、建设单位对监理评定结果的确认、设计单位工程符合性评价报告和省厅质监局的交工检测意见，十房高速公路工程质量符合规范及设计要求，内业资料齐全，符合交工验收条件，同意交工验收。

公路工程交工验收合同段工程质量评分见表2-1-69。

公路工程交工验收合同段工程质量评分一览表　　　　表2-1-69

施工合同段号	实得分	监理合同段号	设计合同段号	备注
SFTJ01	98.5	SFZDB	湖北省交通规划设计院	
SFTJ02	97			
SFTJ03	97.5			
SFTJ04	98.0			
SFTJ05	98.0			
SFTJ06	98.0			
SFTJ07	98.1			
SFTJ08	98.2			
SFTJ09	98.0			
SFTJ10	98.0			
SFTJ11	98.1			
SFTJ12	98.3			

续上表

施工合同段号	实 得 分	监理合同段号	设计合同段号	备 注
SFTJ13	98.1			
SFLM01	98.0			
SFJA01	96.7	SFZDB	湖北省交通规划设计院	
SFJA02	98			
SFLH01	96.0			
SFLH02	97.9			
工程项目质量评分		98.0		

(四)复杂难点工程

1. 桥隧比大,技术难度高

十房高速公路是北起丹江口市六里坪镇接汉十高速公路,南止于房县城关镇,与将建的谷竹高速公路相连,全长63.933km,项目计有土石方968.7万方;特大桥、大桥69座,22455.52m,最大跨度120m,最高主墩90m;隧道10座,10733.5m,是湖北省迄今最长的变质岩隧道。桥隧比占沿线总长52.2%,技术难度极为复杂。

2. 生态环保至为关键

项目土石方大量爆破,隧道深埋掘进,桥梁高空作业,施工安全管理难度骤然加大;所经之地为湖北省著名的"一江两山"精品生态文化旅游区,长江流域水土防护区,野生动植物保护区,项目生态环保至为关键。

三、谷竹高速房县至保康段

(一)项目概况

功能定位:谷竹高速公路是国家和湖北省规划的"六纵五横一环"骨架公路网的重要组成路段,它起于谷城县石花镇倒座庙,与已经建设的福银高速公路襄樊至十堰段相接,谷竹高速公路的建设,对实施中部崛起和西部大开发两大战略,构建鄂西生态文化旅游圈,加强中西部地区的联系与交流,改善中西部山区交通条件有十分重要的意义。

路线走向:公路途经十堰的房县,襄樊市保康。

建设规模:谷竹高速公路房县至保康段全长约47.521km,沿途桥梁座,开凿隧道座,主线采用沥青混凝土路面。设房县、寺坪互通式立交。

主要技术指标:全线设计速度80km/h,路基宽24.5m,双向四车道,行车道宽2×7.5m,桥涵设计汽车荷载等级采用公路-Ⅰ级,设计洪水频率为特大桥1/300、大中小桥涵和路基 1/100,其他技术指标按交通部颁发的《公路工程技术标准》(JTG B01—2003)规定取值。

主要工程量:谷竹高速公路房县至保康段公路全长 47.521km,全线将开挖土石方 490 万 m^3,建设特大桥、大桥座(15519.66m),开挖隧道 12 座(12061.5m)。

谷竹高速公路房县至保康主要工程数量见表 2-1-70。

谷竹高速公路房县至保康主要工程数量统计汇总表　　　　表 2-1-70

路基工程	土石方	填方	m^3	4285483
		挖方	m^3	4908461
	分离式路基		m/处	9286.5/47
	路基挖淤		m^3	17967
	排水工程	路堑边沟	m	27802.8
		路堤排水边沟	m	27122.9
		截水沟	m	15745.1
		急流槽及跌水	m^3	1861.2
		路基盲沟	m^3	2881.625
		改路改渠浆砌	m^3	14792.66
		C25 现浇混凝土	m^3	3430.1
		山体排水 ϕ75PVC	m	16820
	防护工程	浆砌片石护坡	m^3	91014.1
		预制混凝土护坡	m^3	2890.776
		现浇混凝土护坡	m^3	201
		M7.5 浆砌护面墙	m^3	10315.463
		混凝土护面墙	m^3	230.602
		浆砌挡土墙	处/m^3	35/95271.06
		片石混凝土挡土墙	处/m^3	22/74712.46
		ϕ25 砂浆锚杆边坡	m	M1605
路基工程	特殊路基	混凝土框架梁现浇混凝土	m^3	M3160.6
		混凝土框架梁现浇混凝土钢筋	kg	KG17254.3
		陡坡路堤与高路堤	m/处	2467/35
		高边坡	m/处	3279/14
		滑坡与崩塌	m/处	203/1
桥梁涵洞	桥梁工程	特大桥	延米/座	4902.55/4
		大桥	延米/座	10617.11/35
		中桥	延米/座	865.36/11
	通道涵洞	通道	延米/道	1260.278/28
		涵洞	延米/道	1680.41/34

续上表

隧道	小计	m/座	12061.5/12
	连拱隧道	m/座	640/2
	小净距	m/座	909/1
	分离式隧道	m/座	10512.5/9
交叉	互通式立交	处	2
	天桥	座	61.48/1
附属	服务区	处	1
	收费站	处	3

自然地理特征：路线区位于鄂西北中山—低山区，处于武当山脉西南坡与大巴山脉东段东北坡的连接地带，山脉呈北西—南东向横列路线区两侧，沿线山体海拔高度一般在 100~1240m，路线经过区域海拔高度多在 500~800m。路线区地貌以丘陵-垄岗、低山、低中山、冲积平原区为主。

项目所在区域为亚热带季风气候区，气候温和，四季分明，光热充足，雨量充沛，春夏雨热同步，秋冬阳光互补，气温多年平均值在 9℃~16℃，极端气温最高 43.4℃，极端最低气温 -17.6℃。日照时间长，年平均日照 1890h，严寒期短、无霜期长，年无霜期一般在 230 天左右。

本区降水多集中在夏季，冬季雨量最少，年平均雨量 920mm 左右，年最大为 1750mm，年最小为 470mm。本区风向六、七月份多为东南风，其余月份多为北风或偏北风，年平均风速 1.5~2.1m/s，最大风速为 27m/s，最大风力可达九级。

该项目区基本上为汉江流域，沿线河流多坡陡流急，洪水主要由山间汇流暴雨形成，河流水位暴涨暴落，随季节变化幅度较大。沿线主要河流有马栏河等。

(二) 项目前期准备

前期决策背景：谷竹高速项目的建设，对于完善公路网布局，实施促进中部地区崛起战略和西部大开发战略、构建鄂西生态文化旅游圈，加强中、西部地区的联系与交流、改善交通条件与投资环境，适应交通量增长的需要，加快沿线地区经济社会发展，均具有重要意义。

前期决策过程：湖北省交通规划设计院于 2008 年 9 月完成该可行性研究报告的编制工作。

2009 年 7 月 8 日，经湖北省发展和改革委员会批准，以鄂发改交通〔2009〕898 号文件审批了谷城至竹溪高速公路工程可行性研究报告。其他相关批复见表 2-1-71。

第二篇 通途篇

相 关 批 复 表　　　　表2-1-71

审批日期	审批项目	批文文号	审批部门
2009.07.08	工程可行性报告批文	鄂发改交通〔2009〕898号文	省发展改革委
2009.11.09	初步设计批文	鄂发改重点〔2009〕1332号	省发展改革委
2010.01 2010.09	施工图设计批文	鄂交基〔2010〕47号（控制性工程） 鄂交建〔2010〕465号	省交通运输厅
2012.06.20	项目建设用地批文	国土资函〔2012〕456号	国土资源部
2009.06.15	项目建设用地预审批文	鄂土资预审函〔2009〕35号	省国土厅
2009.12.25	项目建设先行用地批文	国土资厅函〔2009〕1252号	国土资源部
2008.03.27	地质灾害批文	备案资料，无文号	省国土资源厅
2008.05.30	压覆矿产批文	鄂土资函〔2008〕350号	省国土资源厅
2009.06.25	环境评价批文	鄂环函〔2009〕43号	省环境保护厅
2009.07	水土保持批文	鄂水利保函〔2009〕331号	省水利厅
2008.2.21	文物保护批文	鄂文物综〔2008〕29	省文物事业管理局
2008.03.19	地质公园等影响批文	土资函〔2008〕187号	省国土资源厅
2010.08.20	林地保护批文	林资许准〔2010〕256	国家林业局

征地拆迁工作：谷竹高速公路拆迁情况见表2-1-72。

谷竹高速公路拆迁基本情况表　　　　表2-1-72

路　段	征地拆迁面积（亩）	拆迁房屋面积（m²）	补偿费用（万元）
谷竹高速公路	16900	661700	94500

（三）项目建设情况

项目建设组织机构：谷竹高速公路项目管理实行项目法人制。2009年10月20日，湖北省交通运输厅以鄂交人劳〔2009〕527号文批准成立谷竹高速公路建设指挥部，履行项目法人职责。2012年2月21日，湖北省发展改革委以鄂发改交通〔2012〕116号文件批复项目法人变更为湖北省交通投资有限公司。

湖北省谷竹高速公路建设指挥部，与湖北省谷竹高速公路总监理工程师办公室采用一门两牌，负责谷竹高速公路建设管理及履行总监理工程师办公室工作职责。

指挥部（总监办）内设6部1室，既：综合办公室、财务管理部、计划合同部、工程技术部、安全管理部、工程管理部、征迁协调部。组织机构和组成人员满足资格标准和建设管理需要（表2-1-73）。

谷竹高速公路建设指挥部(总监办) 表 2-1-73

单 位	职 务	姓 名	任 职 时 间	原单位、职务
指挥部 (总监办)	指挥长、总监	范建海	2010.6～2014.2	湖北省公路管理局党委书记、局长
	常务副指挥长	方晓睿	2010.6～2014.2	湖北省公路管理局
	副指挥长	张春	2010.6～2014.2	湖北省公路管理局
		柴野	2010.6～2014.2	湖北省交通职业技术学院
	副指挥长、总工程师	关爱军	2010.6～2014.2	湖北省公路管理局
	纪委书记	秦家华	2010.6～2014.2	湖北省汉十高速公路管理处
	指挥长、总监	关爱军	2014.3～2014.12	湖北省公路管理局
	副指挥长	彭韬	2014.3～2014.12	
		沈峰	2014.3～2014.12	
		王寿治	2014.3～2014.12	
		张桂涛	2014.3～2014.12	

主要参建单位:建设单位为湖北省谷竹高速公路建设指挥部;

设计单位为湖北交通规划设计院、中交第二公路勘察设计研究院有限公司、中国公路工程咨询集团有限公司;监督单位为湖北省交通建设质量监督站。谷竹高速公路施工、监理单位见表 2-1-74。

谷竹高速公路施工、监理单位一览表 表 2-1-74

合 同 段	长度(m)	施 工 单 位	监 理 单 位
GZTJ-10	7.5	中天路桥有限公司	湖北省公路水运工程咨询监理公司
GZTJ-11	4.6	中铁十三局集团第一工程有限公司	湖北省公路工程咨询监理中心
GZTJ-12	8.4	湖北省路桥集团有限公司	
GZTJ-13	5.2	中铁十四局集团第二工程有限公司	
GZTJ-14	4.0	辽宁省路桥建设一公司	
GZTJ-15	6.1	中铁十一局集团第一工程有限公司	
GZTJ-16	6.3	中铁一局集团第四工程有限公司	
GZTJ-17	6.6	中交二公局第一工程有限公司	
GZLM-2	28.2	中交第二公路工程局有限公司	湖北省公路水运工程咨询监理公司
GZLM-3	41.1	华通路桥集团有限公司	湖北省公路工程咨询监理中心
GZLHFH-02	边坡绿化防护施工	湖北省林业勘察设计院	湖北省公路水运工程咨询监理公司
GZLHFH-03		任县园林绿化有限公司	湖北省公路工程咨询监理中心
GZFJ-1	房建施工	湖北辉玲建筑工程有限公司	武汉威仕工程监理有限公司
GZFJ-2		荆门市建筑工程总公司	

续上表

合同段	长度(m)	施工单位	监理单位
GZJA-2	交安施工	郑州市大道公路工程有限公司	湖北省公路水运工程咨询监理公司
GZJA-3		中交第二公路勘察设计研究院有限公司	湖北省公路工程咨询监理中心
GZJD-1	机电施工	北京瑞华赢科技发展有限公司	北京兴通工程咨询有限公司
GZJD-2		烽火通信科技股份有限公司	
GZJD-3		葛洲坝集团电力有限责任公司	西安金路交通工程科技发展有限责任公司
GZJD-5		盛云科技有限公司、甘肃紫光智能交通与控制有限公司	北京兴通工程咨询有限公司
GZLH-1	绿化施工	杭州爱立特生态环境科技有限公司	湖北高路公路工程监理咨询有限公司、湖北省公路水运工程咨询监理公司
GZLH-2		河南省豫建市政园林工程有限公司	湖北省公路工程咨询监理中心
GZSSF-1	伸缩缝安装	衡水市橡胶总厂有限公司	湖北高路公路工程监理咨询有限公司、湖北省公路水运工程咨询监理公司
GZSSF-2		衡水恒力通工程橡胶有限公司	湖北省公路工程咨询监理中心
GZSDZS-1	隧道洞门装饰	武汉常阳新力建设工程有限公司	武汉威仕工程监理有限公司
GZSPZ-1	声屏障施工	山西森太科技有限公司	湖北高路公路工程监理咨询有限公司、湖北省公路水运工程咨询监理公司、湖北省公路工程咨询监理中心

项目实施过程:批复总工期48个月。2009年11月,谷竹高速公路建设机构开始筹建。该项目控制性工程土建十七合同段开工日期为2010年4月30日,一期土建工程开工日期为2010年10月30日;2013年8月1日,二期路面工程开始施工;2014年12月21日,通过交工验收;2014年12月26日通车试运营(青峰隧道右洞除外);青峰隧道右洞工程于2015年10月12日通过了单位工程交工验收,全线通车。

工程交工验收情况:2014年12月21日,谷竹高速公路申请整体交工验收的合同段(除青峰隧道右线剩余工程外)质量合格;项目交工验收工程质量评定98.07分,符合国家验收标准。

谷竹高速公路交工验收委员会成员名单见表2-1-75。

谷竹高速公路交工验收委员会成员名单　　　　表 2-1-75

成　员	姓　名	所在单位	职务或职称
主任委员	汪来富	十堰市交通运输管理局	副局长、高工
委员	范建海	湖北省交通运输厅公路管理局	正高
委员	杨志波	湖北省交通投资有限公司	正高
委员	张世飚	湖北省交通投资有限公司	正高
委员	方晓睿	湖北省交通运输厅重点办	正高
委员	方贻立	湖北省交通运输厅高速公路管理局	正高
委员	盛正豪	湖北省交通运输厅工程质量监督局	正高
委员	刘毅学	十房高速公路建设指挥部	正高
委员	胡龙	郧十高速公路建设指挥部	正高
委员	李四清	襄阳市交通运输管理局	副局长、高工
委员	陈军	湖北省交通规划设计院	正高
委员	方黎君	湖北省交通运输厅重点办	高工
委员	秦豹	湖北省交通运输厅工程质量监督局	高工
委员	周玮韬	湖北省交通运输厅工程质量监督局	工程师
委员	朱信峰	湖北省交通运输厅高速公路管理局	副主任科员
委员	黄槐轩	湖北省交通投资有限公司	正高
委员	赵梅龙	中交第二公路勘察设计研究院有限公司	正高
委员	张泽文	湖北省高速公路开发实业有限公司	高工
委员	谭石康	湖北省公路水运测试中心	高工
委员	甘露	湖北省交通投资有限公司	高工
委员	关爱军	湖北省谷竹高速公路建设指挥部	正高
委员	苏青山	湖北省谷竹高速公路建设指挥部	高工

(四)复杂技术工程

谷竹高速公路主要复杂技术工程为隧道工程,房县至保康段穿越著名的青峰主要断裂带,区域岩体兼具火成岩、沉积岩、变质岩三大岩性,岩层扭曲多变,岩体断裂破碎,多处路段通过破碎层、滑坡山体、绢云母片岩、红砂岩和膨胀土等不良地质地带,须综合治理。谷竹高速公路房县至保康段共有13座,其中:长隧道、特长隧道共计4座。

谷竹高速公路隧道工程见表2-1-76。

谷竹高速公路隧道工程一览表　　　　表 2-1-76

序号	隧道名称	起讫桩号	长度(m)	结构形式
1	分水岭隧道	ZK37+128~ZK37+875;YK37+125~YK37+883.5	758.5	小净距隧道
2	黄林树垭隧道	ZK58+460~ZK58+945;YK58+441~YK58+930	489	小净距隧道
3	寺坪隧道	ZK56+995~ZK57+895;YK56+992~YK57+910	918	分离式隧道

续上表

序号	隧道名称	起讫桩号	长度(m)	结构形式
4	珠藏洞隧道	ZK60+248~ZK62+605;YK60+315~YK62+605	2357	分离式隧道
5	椰口隧道	ZK67+655~ZK68+147;YK67+660~YK68+150	490	小净距隧道
6	青峰隧道	ZK75+280~ZK77+222;YK75+280~YK77+223	1942	分离式隧道
7	八里匾隧道	ZK77+590~ZK78+320;YK77+600~YK78+340	740	分离式隧道
8	桃花山隧道	ZK78+558~ZK79+361;YK78+570~YK79+375	804	分离式、小净距
9	峪坪隧道	K80+100~K80+375	275	连拱隧道
10	梅花山隧道	ZK81+430~ZK82+430;YK81+430~ZK82+442	1012	分离式、小净距
11	戢家湾隧道	ZK84+975~ZK85+670;YK84+975~YK85+655	695	分离式
12	邵家台隧道	K87+785~K88+150	365	双连拱隧道
13	白鹤隧道	ZK90+890~ZK92+953;YK90+915~YK92+924	2063	分离式隧道

四、保宜高速公路襄阳段

(一)项目概况

功能定位:湖北省保康—宜昌高速公路是《国家高速公路网规划(2013—2030年)》呼和浩特—北海高速公路(G59)的重要组成部分,也是《湖北省省道网规划纲要(2011—2030年)》中"九纵五横三环"中的"纵七"的组成部分。项目的建设对完善湖北省高速公路网络,改善区域交通条件,促进沿线地区经济社会发展和旅游资源开发,加快中部崛起和鄂西生态文化旅游圈战略实施,具有十分重要的意义。

呼北高速公路保宜段(G59)

路线走向:该公路起于襄阳市保康县城关镇南部的窑其堰,接麻竹高速公路,经保康县城关镇、后坪镇、马良镇、店垭镇、南漳县峡口镇,止于南漳县百福头,与保宜高速公路宜昌段相接。

建设规模:路线全长74.646km,全线设保康南枢纽、歇马、黄坪、峡口4处互通式立交,设置服务区1处、停车区1处、养护工区1处,隧道管理所3处。

投资规模:该公路估算总投资73.425亿元,其中拟申请交通运输部投资7.543亿元、省交通运输厅自筹10.814亿元作为项目资本金,共计18.357亿元,约占总投资的25%;其余55.068亿元资金利用国内银行贷款解决。

主要技术标准:采用设计速度80km/h、路基宽度24.5m的双向四车道高速公路标准,路基宽度24.5m。汽车荷载等级采用公路-Ⅰ级,其他技术指标按原交通部颁发的《公路工程技术标准》(JTG B01—2003)规定执行。

(二)项目前期工作

决策背景:为了完善湖北省高速公路网络,改善区域交通条件,促进沿线地区经济社会发展和旅游资源开发,加快中部崛起和鄂西生态文化旅游圈战略实施,同意建设保康—宜昌高速公路襄阳段。

决策过程:2011年,襄阳市发展改革委和襄阳市交通运输局向省发展改革委上报《保康—宜昌高速公路襄阳段工程可行性研究报告的请示》(襄发改交通〔2011〕115号),湖北省交通运输厅报送《关于保康—宜昌高速公路襄樊段工程可行性研究报告审查意见的函》(鄂交函〔2010〕1228号)等文件材料,2011年5月24日,省发展改革委以鄂发改交通〔2011〕673号批复《保康—宜昌高速公路襄阳段工程可行性研究报告》。

征地拆迁:襄阳段征地面积5074.24亩。

(三)项目建设情况

襄阳段施工单位:中交一公局桥隧工程有限公司、中铁十一局集团有限公司、中铁十五局(集团)有限公司、中交第四公路工程局有限公司、湖北长江路桥股份有限公司、中铁十局(集团)第二工程有限公司中交第二公路工程局有限公司、中铁十五局集团第一工程有限公司、中铁十四局集团有限公司、中铁八局集团有限公司。

襄阳段监理单位:湖北高路公路工程监理咨询有限公司、武汉市公路工程咨询监理公司。

项目于2012年10月开工建设,2014年完成投资26.96亿元,占计划22亿元的122.57%,完成一期工程路基土石方的96%,桥梁下构全部完成,隧道开挖87.6%。2015年12月24日完成所有施工任务,12月31日通过项目交工验收,2016年2月进入通车试运营。

五、保宜高速公路宜昌段

(一)项目概况

功能定位:保(康)宜(昌)高速公路是湖北省"七纵五横三环"高速公路网布局中纵七线的一段,是鄂西生态文化旅游圈规划的重点项目。项目全线起于襄阳市保康县城关镇,接麻竹高速公路,经过襄阳市南漳县、宜昌市远安县,止于宜昌市当阳市双莲,接荆宜高速公路,路线全长143km。

路线走向:保康—宜昌高速公路宜昌段起点位于宜昌市远安县和襄阳市南漳县交界处的南襄,接保宜高速公路襄阳段,经远安县的洋坪镇、鸣凤镇、花林寺镇和当阳市的玉泉管理处、王店镇等地,在双莲枢纽互通接荆宜高速公路。

建设规模:路线全长68.244km.全线设4处互通式立交(洋坪、远安、当阳西、双莲枢纽)、1处服务区、1处养护工区、1处停车区、3处收费站。

投资规模:该公路估算总投资47.98亿元,其中拟申请交通运输部投资6.76亿元、湖北省交通运输厅自筹5.235亿元作为项目资本金,共计11.995亿元,约占总投资的25%;其余35.985亿元资金利用国内银行贷款解决。

主要技术标准:全线采用双向四车道高速公路标准建设,设计速度80km/h,路基宽度24.5m。汽车荷载等级采用公路-Ⅰ级,其他技术指标按交通部颁发的《公路工程技术标准》(JTG B01—2003)规定执行。

(二)项目前期工作

决策背景:为了完善湖北省高速公路网络,改善区域交通条件,促进沿线地区经济社会发展和旅游资源开发,加快中部崛起和鄂西生态文化旅游圈战略实施,同意建设保康至宜昌高速公路宜昌段。

决策过程:2010年,宜昌市发展改革委和宜昌市交通运输局上报省发展改革委《关于审批保康至宜昌高速公路宜昌段工程可行性研究报告的请示》(宜发改交通〔2010〕445号),湖北省交通运输厅报送《关于保康至宜昌高速公路宜昌段工程可行性研究报告审查意见的函》(鄂交函〔2010〕199号)等文件材料;2010年10月24日,省发展改革委以鄂发改交通〔2010〕1530号批复《保康至宜昌高速公路宜昌段可行性研究报告》。

征地拆迁:宜昌段征地面积5963.69亩;拆迁房屋224户,面积合计60231.17m^2。

(三)项目建设情况

参建单位:宜昌段施工单位:中交第一公路工程局有限公司、辽宁省路桥建设集团有限公司、湖北中南路桥有限责任公司、中铁十七局第四工程有限公司、湖北长江路桥股份有限公司、中交二公局萌兴工程有限公司、中铁大桥局(集团)有限公司。

宜昌段监理单位:湖北高路公路工程监理咨询有限公司、湖北顺达公路工程咨询监理有限公司。

2010年12月12日上午,保(康)宜(昌)高速公路控制性工程开工仪式在宜昌市远安县花林寺镇隆重举行。路基宽度24.5m,建设工期42个月。项目于2011年9月开工建设,2014年9月20日完成所有施工任务,9月28日通过项目交工验收,进入通车试运营。

六、宜昌—张家界高速公路当阳—枝江段

(一)项目概况

功能定位:宜昌至张家界高速公路当阳—枝江段是《国家高速公路网规划(2013—2030年)》呼和浩特至北海高速公路(G59)的重要组成部分,也是《湖北省省道网规划纲要(2011—2030年)》中"九纵五横三环"中的"纵七"的组成部分。该项目的建设对于优化区域高速公路网布局,充分发挥宜昌省域副中心城市的辐射带动作用,强化宜昌三峡枢纽和三峡物流中心地位,加强鄂湘两省经济和交通联系,推进"一江两山"与湖南张家界等知名景区的整体联动,促进国家武陵山经济协作区经济社会发展,特别是带动少数民族地区发展等,都具有十分重要的意义。

呼北高速公路宜张高速开工(G59)

路线走向:该项目起于当阳市王店镇双莲枢纽互通,与保宜高速公路对接,经鸦鹊岭镇、汉宜快速铁路、沪渝高速公路、安福寺镇、白洋工业园、318国道,止于白洋林场,接白洋长江公路桥。

建设规模:路线全长39.409km,全线设4处互通式立交、1处管理监控中心、2处收费

站、1处服务区、1处养护工区。

投资规模：该项目估算总投资25.677亿元,其中拟申请交通运输部补助资3.192亿元,省交通投资公司自筹3.2273亿元,共计6.4193亿元作为项目资本金,占总投资的25%；其余19.2577亿元资金利用国内银行贷款解决,占总投资的75%。

主要技术标准：路线全长39.409km,起点双莲—枝江枢纽互通段25.86km,采用设计速度100km/h、路基宽度26m的双向四车道高速公路标准建设；枝江枢纽互通—白洋林场段14.04km采用设计速度100km/h、路基宽度33.5m的双向六车道高速公路标准建设。全线桥涵设计汽车荷载等级采用公路-Ⅰ级,其他技术指标按交通部《公路工程技术标准》(JTG B01—2003)规定执行。

(二)项目前期工作

决策背景：宜张高速公路宜昌段是湖北省"753"骨架公路网中规划纵6线——郧县至五峰高速公路的组成部分；它北接保康—宜昌高速公路,南连宜昌—张家界高速公路湖南段,是《湖北省公路水路交通运输发展"十二五"规划》建设的重点项目。纵6线由郧县至十堰、十堰至房县、神农架至保康、保康至宜昌、宜昌至张家界等高速公路项目组成,路线走廊总体呈南北向,是一条纵贯湖北省西部地区的省际通道。目前,郧十、十房、保宜等高速公路项目均已开工建设,湖南省也在同步开展与宜张高速公路对接的高速公路前期工作,宜张高速公路的建设不仅具有了良好的条件,同时也具备了较强的紧迫性。

决策过程：2011年,宜昌市发展改革委和宜昌市交通运输局向省发展改革委报送《关于审批〈宜昌至张家界高速公路当阳—枝江段工程可行性研究报告〉的请示》(宜发改交通〔2011〕447号)；湖北省交通运输厅《关于宜昌—张家界高速公路当阳—枝江段工程可行性研究报告审查意见的函》(鄂交函〔2011〕272号)等文件及材料；2012年6月27日,湖北省发展改革委以鄂发改交通〔2012〕1046号批复《宜昌—张家界高速公路当阳—枝江段工程可行性研究报告》。

(三)项目建设情况

2012年9月26日,宜昌—张家界高速公路宜昌段正式开工。宜张高速通车后,张家界和长江三峡两旅游区将打破武陵山脉重重大山的阻隔,实现2h直达。

该项目为政府还贷公路,项目的建设和经营管理严格执行《公路法》《收费公路管理条例》及相关规定。项目单位按照建设环境友好、资源节约型公路的要求,通过加大新技术、新工艺、新材料、新理念的推广应用,优化设计,加强项目建设和运营期间的组织管理,落实建设资金和征地拆迁相应政策,把保护环境和生态、节约和集约用地、节能减排等工作落实到位,严格控制项目投资,确保工程质量和安全。

项目于2012年9月开工建设,于2016年2月6日正式建成通车。

七、白洋长江公路大桥(在建)

(一)项目概况

功能定位:宜昌至张家界高速公路是湖北省规划的"七纵五横三环"高速公路网中"纵六"的组成路段,北接保宜,南通湖南,是沟通鄂西、湘西地区的省际快速通道。为便于项目实施,拟将宜张高速公路分为当阳至枝江段、白洋长江公路大桥和宜都至鄂湘界段三个项目投资建设,其中白洋长江公路大桥是该通道的控制性工程,是国家公路网规划G59(呼和浩特至北海)的重要过江通道,也是湖北省规划的纵7线(郧县至五峰)跨越长江的重要桥梁。

路线走向:项目起点位于枝江市白洋林场附近,顺接宜张高速公路当阳至枝江段终点至白洋互通,在秦家河跨越长江,经宜都市陆城镇,止于枝城镇全心畈村,终点接宜张高速公路宜都至五峰渔洋关段宜昌至岳阳高速公路。

建设规模:项目路线全长15.691km,其中长江大桥2671m,两岸接线长13.020km;中桥5座,长800.25m,涵洞13道,设互通式立交1座,分离式立交桥6座,815.5m,天桥4座,通道16座。项目占地2004亩,拆迁房屋74803m²,设收费站、养护工区、监控分中心各1处。

投资规模:项目采用BOTEPC建设管理模式。项目估算总投资为34.65亿元(静态投资31.43亿元),其中项目资本金8.66亿元,约占总投资的25%,由湖北省交通投资有限公司、中交第二公路勘察设计研究院有限公司、四川公路桥梁建设集团有限公司、湖北省路桥集团有限公司按54.5%、1%、20%、24.5%的比例出资;其余资金利用国内银行贷款解决。

主要技术指标:全线采用六车道高速公路标准建设,设计速度100km/h,路基桥梁宽度33.5m(来含布索区),桥涵设计等级采用公路-Ⅰ级,基本风速29.0m/5,设计温度基准温度16℃,最高温度42℃,最低温度-10℃,地震动峰值加速度系数0.05g,按0.10g设防,设计通航水位(85国家高程,下同),最高通航水位秦家河桥位为50.43m,瓦渣河桥位为50.32m,最低通航水位秦家河桥位为35.53m,瓦渣河桥位为35.49m,通航净空通航净高不小于18m,通航净宽为一跨跨过有效通航水域,设计洪水频率长江大桥1/300,其他桥梁、涵洞、路基1/100,设计水位秦家河桥位为51.4m,瓦渣河桥位为51.1m,主桥桥面最大纵坡2%,接线最大纵坡2.9%,桥面(路面)横坡双向2%,通行净空标准上跨二级公路(或以上等级)≥5m、上跨三级公路(或以下等级)≥4.5m、支线上跨主线≥5.0m、汽车、机耕通道≥3.5m,人行通道≥2.5m。其他技术指标按《公路工程技术标准》(JTG B01—

2014)执行。

(二)项目前期工作

决策背景:2003年省委省政府将宜昌定位为省域副中心城市,逐步形成以武汉大都市圈为龙头、宜昌大都市区和襄阳大都市区为两翼的"一主两副"发展格局。2011年3月召开的湖北省"两会"上,"抓紧研究制订'一主两副'加快发展政策措施,发挥武汉及宜昌、襄阳核心增长极作用。"作为2011年的工作任务之一被明确写入《政府工作报告》。湖北要在"十二五"期间实现跨越式发展,武汉、宜昌、襄阳这"一主两副"具有举足轻重的地位。宜昌在湖北省一系列发展战略中都发挥着"战略支点"的作用,同时在宜昌市的总体规划中,要发挥资源优势,使宜昌市成为宜居与创业的城市;加强区域协作,完善旅游服务设施建设,建设世界水电旅游名城;使宜昌市经济实力和社会发展水平得到明显的提高,把宜昌市建设成为长江中上游的区域性中心城市,这无疑都为宜昌的发展带来了巨大机遇。受宜昌市委托,湖北省交通规划设计院开展了宜张高速公路工程可行性研究工作。根据项目划分,宜张高速公路划分为当阳—枝江段(简称宜张高速北段)、白洋长江大桥段、宜都—鄂湘界段(简称宜张高速南段)段三个项目。

呼北高速公路白洋长江公路大桥开工(G59)

宜昌市作为湖北省域副中心城市,城市人口增长,机动车拥有量、客货运输量增长迅猛,各类交通需求必将增加;综合交通需求将不断增大,建立完善的快速交通网络成为必然;宜昌要发挥省域副中心功能、区域交通枢纽,构建四通八达的交通运输网络是最基础的条件之一,而强化与周边经济体的紧密联系则是交通建设的重点。从以高速公路为代表的快速公路通道来看,通过已建或在建的高速公路项目,宜昌东与武汉、荆州(沪渝高速公路),北与襄阳、十堰(保宜高速公路),西与川渝地区(沪渝高速公路、沪蓉高速公路)都建立了快捷公路通道,而相比之下,宜昌往南与湖南湘西地区之间的联系则仍依靠地方道路来维系。现有道路的技术条件和运营状况仅能满足沿线地区基本出行的需要,不具备支撑区域经济开发和开放的交通功能,因此需要加快建设宜昌南向湘西地区的快速公路大通道。白洋长江公路大桥是宜昌—张家界高速公路在湖北省宜昌市境内跨越长江的通道。2011年1月,宜昌市委托湖北省交通规划设计院承担该项目工程可行性研究及报告编制工作,项目正式启动。

决策过程:2011年9月7日,湖北省交通运输厅在武汉组织召开了宜昌白洋长江公路大桥桥位方案论证会。会议组成了专家组认真审阅了白洋长江公路大桥桥位方案论证资料,听取了研究单位湖北省交通规划设计院的汇报;2014年湖北省发展改革委向国家发改委上报《关于申请核准宜昌—张家界高速公路白洋长江公路大桥段项目的请示》(鄂发改交通〔2014〕493号),2015年9月21日国家发改委以发改基础〔2015〕2132号核准批复立项,2015年10月13~14日湖北省交通运输厅组织召开初步设计省内预审会,2016年4月11~12日交通运输部组织召开初步设计审查会,2016年6月1日,交通运输部下达《关于湖北省白洋长江公路大桥初步设计的批复》(交公路函〔2016〕305号)。

征地拆迁:在房屋及附属设施入户调查、拆迁补偿协议已基本签订完成的基础上,积极争取地方政府大力支持,通过重点督办安置点建设,分片推进拆迁清障,让拆迁群众有基本生活条件,得到拆迁群众的理解及支持,仅历时三个月,红线内房屋拆迁工作全部完成,为施工单位全线拉通施工便道创造了条件。在完成红线内电力、通讯杆线调查的基础上,按照功能不减、等值还建原则,安排设计单位前期进行迁改方案策划、费用测算,并结合以往类似迁改项目实施经验,拟定了迁改工程可行性研究报告,为施工总承包询价提供依据,避免了盲目接受产权单位提出的迁改主张,有效控制了迁改规模及费用。项目红线内规模苗木种植户共有20余户,采取移栽与销售相结合,以减少种植户损失,加快清障交地进程。完成征地1833.738亩,拆迁房屋180户。

(三)项目建设情况

组织机构:该项目由湖北省交通投资有限公司、中交第二公路勘察设计研究院有限公司、四川公路桥梁建设集团有限公司、湖北省路桥集团有限公司依法组建的公司负责建设、经营和养护管理。经营期内,收取车辆通行费作为投资回报。经营期满后,将该项目全部设施无偿移交湖北省地方交通管理部门。

湖北白洋长江公路大桥有限公司,董事长、总经理:叶志华,副总经理:寇海平,纪检组长:朱胜明,总工程师:谢功元,副总经理:王冬魁,副总监:刘昌国。

实施过程:2016年6月3日,湖北省交通运输厅组织召开定测外业验收会。项目施工、监理单位也完成驻地、主桥三场临建工程的规划选址,进行驻地和主桥三场临建工程建设。投资进度、驻地、临建工程建设累计完成投资约2亿元,占项目总投资划的5.77%。项目2016年8月8日开工建设,预计2020年建成通车。

八、宜张高速公路宜都至五峰段

(一)项目概况

功能定位:宜昌至张家界高速公路宜都至五峰(渔洋关)段是《国家高速公路网规划(2013—2030年)》呼和浩特至北海高速公路(G59)的重要组成部分,也是《湖北省省道网规划纲要(2011—2030年)》中"九纵五横三环"中的"纵七"的组成部分。该项目的建设对于优化区域高速公路网布局,充分发挥宜昌省域副中心城市的辐射带动作用,强化宜昌三峡枢纽和三峡物流中心地位,加强鄂湘两省经济和交通联系,推进"一江两山"与湖南张家界等知名景区的整体联动,促进国家武陵山经济协作区经济社会发展,特别是带动少数民族地区发展等,都具有十分重要的意义。宜张高速公路宜都至五峰(渔洋关)段及其所属的高速公路通道将为宜昌提供更为快捷的南向省际出口,使以宜昌市为中心的三峡区域与湘西及其以南地区的联系更为便捷,有利于宜昌作为省域副中心功能的发挥,增强宜昌对鄂西南地区的经济辐射带动作用,改善当地投资环境,推动沿线地区资源开发和产业优化升级,实现区域经济协调发展。

路线走向:该项目起于宜都市枝城镇全心畈村羊角冲附近,对接白洋长江公路大桥南岸接线,交与岳宜高速公路宜昌段交叉,起点桩号K55+725(两高速公路交叉点),路线向南经宜都市姚家店、聂家河、王家畈、跨白马溪、破石河、全福河、路线止于宜都市王家畈乡全福河村姚家畈附近,与宜昌至张家界高速公路五峰(渔洋关)至鄂湘界段对接。

建设规模:路线全长36.271km,全线设置宜都南、王家畈、渔洋关3处互通式立交,其中宜都南为枢纽互通;全线设置2处收费管理站、1处养护工区、1处服务区(宜都)。

投资规模:该项目为政府还贷公路,估算总投资43.9亿元,其中项目资本金10.975亿元,占总投资的25%,拟申请交通运输部补助及省交通投资有限公司自筹解决;其余32.925亿元资金利用国内银行贷款解决,占总投资的75%;该项目业主为湖北省交通投资有限公司。

主要技术标准:宜都至五峰(渔洋关)段,全长37.075km。全线采用设计速度80km/h、路基宽度24.5m、行车道宽度2×7.5m、桥面净宽2×12m、汽车荷载等级公路-Ⅰ级、设计洪水频率1/100、平曲线最小半径789.957m、最大纵坡3.3%、最大坡长8470m、设计年限20年、双向四车道高速公路标准建设。另采用设计速度60km/h、路基宽度10m的二级公路标准改建王家畈连接线4.65km,采用设计速度60km/h、路基宽度20m的一级公路标准建设渔洋关连接线4.6km。

自然地理特征:该项目位于亚热带季风气候区,气候温和,四季分明,光照充足,雨量充沛;所处区域地质环境复杂,属湖北省地质灾害易发区。路线两侧存在滑坡、危岩体、崩塌与岩堆、岩溶等不良地质现象。特别是岩溶发育程度强,分布范围广,碳酸盐岩溶水出水量较大,补排关系复杂,对隧道影响大。

（二）项目前期工作

决策背景：为贯通宜昌—张家界高速公路,完善国家和湖北省高速公路网布局,打通宜昌南向快速出口通道,改善区域交通条件,发挥宜昌省域副中心城市的辐射带动作用,加强鄂湘两省的经济和交通联系,推进"一江两山"与张家界等景区的整合联动,促进鄂西生态文化旅游圈、武陵山少数民族经济社会发展实验区建设和沿线地区经济社会发展,同意建设宜昌—张家界高速公路宜都—五峰（渔洋关）段。

决策过程：2012年,宜昌市发展改革委和宜昌市交通运输局上报《关于送审〈宜昌至张家界高速公路宜都至五峰（渔洋关）段工程可行性研究报告〉的请示》（宜发改交通〔2012〕56号）,省交通运输厅印发《关于宜昌至张家界高速公路宜都至五峰（渔洋关）段工程可行性研究报告审查意见的函》（鄂交函〔2012〕350号）等文件材料。2012年12月5日,省发展改革委以鄂发改审批〔2012〕505号文批复宜昌—张家界高速公路宜都至五峰（渔洋关）段工程可行性研究报告。

（三）项目建设情况

组织领导机构：湖北交投宜张高速公路建设指挥部、指挥长：叶志华、副指挥长：寇海平、副指挥长：朱胜明。

主要参建单位：湖北省交通规划设计院、中交第二公路工程局有限公司、中国葛洲坝集团股份有限公司、武汉建工第一建筑有限公司、湖北远升建筑工程有限公司、北京汉威达交通运输设备有限公司、陕西新鸿业生态景观设计工程有限公司、亿阳信通股份有限公司、中铁七局集团电务工程有限公司、云南青山消防电子工程有限公司、山西四和交通工程有限责任公司、湖北省公路水运工程咨询监理公司、中国地质大学、湖北省公路工程咨询监理中心。

工程进度：项目于2012年9月开工建设,项目起点至王家畈互通约23km于2015年底建成通车,剩余路段计划2016年底建成通车。宜张高速公路宜五段属政府还贷性高速公路,自2016年2月6日试运行收费。收费期限为20年,自收费之日起计算。国高网路段编号为G59,分中心代码7300。

交工验收：该项目分别于2015年12月24日、2011年1月15日通过交工验收。

九、宜张高速公路五峰段—鄂湘界段

路线起于五峰（渔洋关）,止于鄂湘界段,路线全长17.65km,全线设计速度80km/h,路基宽24.5m,2017年下半年开工。

第十四节　安康—来凤高速公路（G6911）

安康—来凤高速公路（简称安来高速），中国国家高速公路网编号为 G6911，是国家高速银百高速公路（G69）的一条联络线，是《国家公路网规划（2013—2030 年）》中的一条新增国家高速公路，沿线主要控制点为：平利、巫溪、建始、恩施、来凤。

安来高速湖北境内由恩来、恩黔高速公路两段组成。恩来、恩黔高速公路建设是国家实施西部大开发与"中部崛起"战略的需要；是完善与加密国家高速公路网和湖北省高速公路网规划的需要；是推动"鄂西生态文化旅游圈"发展，开发与利用项目沿线地区自然、旅游资源的需要；是加强陕南、渝东、鄂西、湘西地区沟通联系，促进恩施成为武陵山区交通枢纽的需要；是完善区域综合运输网，构建州县"两 h 交通圈"的需要；是促进少数民族地区经济发展，构建和谐社会发展的需要。

安来高速公路湖北段

一、建恩高速鄂渝界—建始陇里段（2017 年下半年开工）

项目为国家公路网规划（2013—2030 年）的 G6911 安康—来凤高速公路的一段，也是湖北省"十二五"规划的"九纵五横三环"的"纵八"线。该项目的建设将在鄂西地区形成新的高速公路纵向通道，使恩施成为武陵山区真正的交通枢纽之一，从而为湖北省实施国家"西部大开发"以及"中部崛起"战略起到巨大的推动作用。项目是加快"鄂西生态文化旅游圈"建设、促进武陵山少数民族经济社会发展实验区建设、统筹区域协调发展的重要交通基础之一。

省界范围内，路线全长 10.8km，桥梁总长 11.546km/32 座，隧道总长 14.028km/8 座，桥隧比 70.0%；互通式立体交叉 1 处，主线收费站 1 处。投资估算总额为 32 亿元，平均每 km 造价 1.51 亿元。目前正在开展工可研究，工可报告已初步完成，所有专题均已批复，待两省（市）签订接线协议后对工可报告进行修编评审。

二、建始陇里—恩施罗针田段(在建)

(一)项目概况

功能定位:银川—北海高速公路建始(陇里)—恩施(罗针田)段是《国家高速公路网规划(2013—2030年)》安康—来凤高速公路(G6911)的重要组成部分,也是《湖北省省道网规划纲要(2011—2030年)》中"九纵五横三环"中的"纵八"的组成部分。项目的建设对于加强陕南、渝东、鄂西、湘西等地区经济和交通联系,推进区域自然资源和旅游资源的整合开发,促进沿线地区经济社会发展,加快鄂西生态文化旅游圈和武陵山少数民族经济社会发展试验区建设等,都具有十分重要的意义。

路线走向:路线起于建始县长梁乡陇里村幺河口附近,与银北高速公路鄂渝界—建始(陇里)段相接,路线自北向南,经陇里跨国道G209,走下坝、滴水崖、金银店,下穿宜万铁路文家茆1号桥,过安乐井、岩风洞跨马口河后设白杨坪枢纽互通,通过该项目白杨坪—徐家垭支线在徐家垭设枢纽互通与沪渝高速公路相接,主线向南经白杨坪、观音寺、梨子园、杉木坝、龙凤坝、虎岔口、下穿宜万铁路小龙洞大桥,经松树坪、高桥—罗针田,上跨沪渝高速公路,与银北高速公路恩施—来凤段罗针田枢纽互通对接。主要控制点:建始县城、白杨坪、龙凤坝、虎岔口、松树坪、罗针田。

建设规模:该项目路线全长74.525km,其中主线长度70.925km,支线长度3.600km。全线桥梁22039.3m/71座,其中,特大桥2640.6m/3座,大桥19024.7m/63座,中桥374m/5座;设隧道3001m/2座,长隧道2180m/1座,中隧道821m/1座,桥隧占路线总长的33%;设互通式立交8处(陇里、建始、白杨坪枢纽、徐家垭枢纽、白杨坪、龙凤坝、虎岔口、松树坪)、匝道收费站6处;设服务区2处、停车区1处、养护区1处、管理监控分中心1处、警营房1处。另建连接线3条,其中:建始连接线6.987km,设大桥993.5m/4座;龙凤坝互通连接线1.753km,设大桥493m/2座;松树坪互通连接线1.190km,设大桥160m/1座、枢纽互通(民主路枢纽互通)1处。

投资规模:该项目估算总投资835832万元,其中拟申请湖北交通运输部补助150000万元、湖北省交通投资有限公司自筹58958万元,共计208958万元作为项目资本金,占总投资的25%;其余626874万元资金利用国内银行贷款解决,占总投资的75%。

主要技术标准:主线与支线均采用双向四车道高速公路标准,设计速度80¹km/h、路基宽度24.5m;桥涵设计汽车荷载等级:公路-I级;设计洪水频率:特大桥1/300,其他1/100;地震动峰值加速度0.05g,其余技术指标按《公路工程技术标准》JTG B01—2003》执行。

连接线:建始连接线采用一级公路标准,设计速度60km/h,路基宽度20m;龙凤坝连接线和松树坪连接线均采用一级公路标准,设计速度60km/h,路基宽度23m。

(二)项目前期工作

决策背景:为贯通银川—北海高速公路,完善我国中西部地区和湖北省高速公路网布局,改善区域交通条件,加强陕南、渝东、鄂西、湘西等地区经济和交通联系,推进区域自然资源和旅游资源的整合开发,促进沿线地区经济社会发展,加快鄂西生态文化旅游圈和武陵山少数民族经济社会发展试验区建设,同意建设银川—北海高速公路建始(陇里)—恩施(罗针田)段。

决策过程:2011年,恩施州发展改革委和恩施州交通运输局向省发展改革委上报《关于审批〈银川—北海高速公路建始(陇里)—恩施(罗针田)段〉工程可行性研究报告的请示》(恩施州发改交〔2011〕26号);湖北省交通运输厅报送《关于银川—北海高速公路建始〔陇里〕—恩施(罗针田)段工程可行性研究报告审查意见的函》(鄂交函〔2011〕243号)、《关于银川—北海高速公路建始(陇里)—恩施(罗针田)段工程可行性研究报告补充审查意见的函》(鄂交函〔2012〕98号)等文件材料。2012年3月18日,省发展改革委下达《关于银川—北海高速公路建始(陇里)—恩施(罗针田)段工程可行性研究报告的批复》(鄂发改交通〔2012〕769号)。2012年8月17日,省发展改革委下达《关于银川—北海高速公路建始(陇里)—恩施(罗针田)段工程初步设计的批复》(鄂发改审批〔2012〕132号)。

征地拆迁:全线应拆迁房屋728户,应征收土地6943亩,应迁改通信杆线827杆、低压电力杆线760杆、高压电力线路15条、铁路供电专线4条。州、县市党委政府主要领导经常到工地一线调研督办,推动重大协调问题妥善解决。地方政府加大不合理诉求和阻工打击力度,如:长期制约工程推进的恩施市何功伟村弃土场个案,项目公司会同高路办在评估审计基础上与其协商达成补偿意向后,产权人拒绝签订协议并阻工,恩施市出动警力对8名阻工人员和现场设备进行清场并立案处理。项目公司主要领导随时与州、县市党委政府及重要部门领导保持沟通。对长期推进困难的州城规划区内房屋搬迁、公铁交叉施工等重大协调问题争取有关方面支持。项目公司定期梳理问题,制定督办任务清单,明确专人对接州、县市协调机构和相关职能部门,按照时间节点要求推动征迁工作,取得明显效果。

(三)项目建设情况

组织机构:该项目为政府还贷公路,由湖北省交通投资公司进行项目的建设和经营管理。按照与省交投公司投资协议,全州成立了1个州高路办、1个县市高路办、4个乡镇高路办、27个村委会构成的宝塔式征地拆迁协调机构体系,为协调工作提供了强有力的机构组织保障。主要领导:鄂西指挥部:倪四清、沈典栋(历任指挥长);恩施州高路办:张志奇、谭世东(历任常务副主任);恩施市高路办:柳景平、申琼、候义祥(历任负责人)。

参建单位:土建工程:中铁十二局集团有限公司、中铁十九局集团有限公司、湖北长江路桥股份有限公司、中国铁建大桥工程局集团、中交第二航务工程局有限公司。

实施过程：2013年6月1日，罗针田—松树坪段（JETJ-3合同段）7.41km率先开工。2015年底建成通车。2016年完成投资12.08亿元，占年度计划的63.6%，累计完成投资29.94亿元，占总投资计划的37.57%。路基土石方完成67%；圬土防护工程完成43%；桥梁基础完成17%；通道涵洞完成59%；未发生重大安全事故。

（四）复杂难点工程

爪龙坝大桥、清江河大桥

三、恩来高速公路

（一）项目概况

功能定位：湖北恩施至来凤高速公路是陕西安康至湖南吉首高速公路重要组成部分，起点与沪渝高速公路相接，向南接包茂高速公路、杭瑞高速公路，是71118国高网中G6911安来高速公路的重要路段。恩来高速公路是省委、省政府为促进鄂西少数民族地区经济社会发展而规划的重要交通项目，是恩施州委、州政府招商引资的重大基础设施工程，对于加快实施西部大开发与"中部崛起"战略、完善与加密国家和湖北高速公路网、推动"鄂西生态文化旅游圈"发展、促进武陵山少数民族经济社会发展试验区建设，都具有十分重要的意义。

路线走向：湖北恩施至来凤高速公路项目起于恩施谭家坝（桩号400+000），向南经六角亭、芭蕉、椒园，于宣恩县西南方设宣黔枢纽与宣黔高速公路相接，再经两河口、匠科、高罗、当阳坪、李家河、来凤县翔凤镇，止于湖北来凤县马家园鄂湘界（桩号：485+374），与湖南龙山—吉首公路相接。

建设规模：路线全长85.318km，工程土石方902m³，特大桥1921m/2座，大桥21004.8m/58座，中桥188.7m/2座，涵洞78道，特长隧道3300m/1座，长隧道4340m/3座，中隧道3493m/5座，短隧道370m/1座。互通式立交6处，服务区2处，收费站6处；批准概算投资79.65亿元人民币。

主要出入口：根据工可报告，结合沿线城镇分布、路网规划、交通流向分布及社会经济发展情况，在充分考虑被交道路等级、交通量分布，公路收费，以及地形、地质条件等因素后，该项目共设置互通式立交6处，即谭家坝互通、椒园互通、宣黔枢纽、高罗互通、当阳坪互通以及来凤互通。除宣黔枢纽为Y形互通，其余均为单喇叭互通。

谭家坝互通：谭家坝互通设置于恩施城区以南的谭家坝，距恩施市城区3km。谭家坝互通既是沪渝高速公路恩施南部出口（建设一级公路连接线进入市区），又是该项目的起点位置，该项目是未来恩施市南侧的主要干线通道。目前恩施市往南主要通过国道209线往湖南，通过省道椒石线往重庆，其中国道209线和省道椒石线在恩施市—椒园为共用段。该项目是沟通沪渝高速公路和包茂高速公路的连接线。沪渝高速公路和包茂高速公路在重庆市区通过城市环线连接、在湖北荆州市和湖南吉首通过二连浩特—广州高速公路和杭州—瑞丽高速公路连接。期间东西相距700km，通过该项目的沟通从而连接成高速公路网，才更好地发挥高速公路网的整体社会效益和经济效益，带动鄂西南、渝东南及湘西、贵北的发展。谭家坝互通与椒圆互通相距23.1km。

宣黔枢纽：宣黔枢纽位于宣恩县晓关乡枫林包西侧，交叉桩号YK33+976.316，主要服务于恩来高速公路和恩黔高速公路交通转换，与晓关互通相距13.046km，与高罗互通相距27.55km。为保证两条高速公路之间各转向交通的快速连接，各转向匝道均采用直连或半直连匝道，同时结合转向交通量和地形条件，平曲线最小半径采用150m、120m。两个方向均能满足60km/h设计速度要求，同时为减少次交通流向交通对主交通流向交通干扰，次交通流向匝道（C匝道）从右侧并入主交通流向匝道（A匝道）。受地形限制，互通只能利用枫林包西侧狭窄山谷布线，互通采用三层，为减少ZK33+500~K33+700左侧山体开挖，B匝道上跨主线，C匝道下穿主线和B匝道，D匝道采用较大半径靠右侧山边布线。

主要技术标准：恩来高速公路项目全线采用四车道高速公路技术标准，设计车速80km/h，整体式路基宽24.5m，分离式路基宽2×12.25m，桥梁设计荷载为公路-Ⅰ级，设计洪水频率：特大桥为1/300、其余桥梁和路基为1/100，平曲线一般最小半径400m，最大纵坡5%，凸形竖曲线半径4500m，凹形竖曲线半径3000m，停车视距110m。

自然地貌特征：地形复杂，存在不良地质现象。项目地处鄂西南低山、中低山和丘陵地区。山峦起伏，错落有致，丘陵叠置。地貌切割较为严重，地形条件较为复杂。受区域构造、地层岩性、地形地貌及水文地质等条件影响，存在岩溶、崩塌、岩堆、滑坡等不良地质现象；资源富集，资源保护意义重大。项目区域内资源富集。恩施州被誉为"鄂西林海""种子基因库""华中药库"；还有丰富的矿产资源和水资源；更有独特的旅游资源，有山青、水秀、石美、洞奇的自然生态环境，有五彩缤纷、独具特色的人文景观，有举世闻名的恩施大峡谷，有被誉为"神州第一漂"的清江闯滩，有国家级自然保护区宣恩县七姊妹山，有国家级森林公园坪坝营、咸丰的唐崖土司皇城遗址等众多的人文旅游资源。路线方案选定前应加强压覆矿产资源的调查，尽可能予以绕避，工程建设应尽量不破坏自然水资源及旅游资源；项目区山地小气候具有多样性，对设计施工影响较大。项目区地形复杂，山地小气候具有多样性，因高度的变化垂直差异比较突出，形成立体气候，夏季灾害性天气较多，常有暴雨—强降雨出现，其中暴雨—强降雨可引发山体滑坡、崩塌等地质灾害，本合同段局部海拔大于1000m，存在冰雾区。在设计中需要重点进行边坡防护及路基桥梁、排水设计，确保，在后期施工和运营期安全管理；路线所经区域相对高差大，长大纵坡对车辆的行驶安全产生较大的影响。该项目段路线走廊带内最低海拔在来凤县境酉水河处约500m，最高海拔在大匠科特长隧道进口大堰沟高为850m，路线需克服高差，部分路段平均纵坡大。方案设计应重视行车安全,尽量减少交通事故。

(二)项目前期工作

决策背景:恩来高速公路是省委、省政府为促进鄂西少数民族地区经济社会发展而规划的重要交通项目,是恩施州委、州政府招商引资的重大基础设施工程,对于加快实施西部大开发与"中部崛起"战略、完善与加密国家和湖北高速公路网、推动"鄂西生态文化旅游圈"发展、促进武陵山少数民族经济社会发展试验区建设,都具有十分重要的意义。为了完善湖北省高速公路网络,加强鄂西与湘西等地的联系,改善这一地区的交通条件,促进沿线民族地区经济社会发展和旅游资源开发,加快鄂西生态文化旅游圈和武陵山少数民族经济社会发展实验区建设,同意建设恩施—来凤高速公路。

决策过程:2012年,恩施州发展改革委和恩施州交通运输局上报《关于审批〈恩施—来凤高速公路工程可行性研究报告〉的请示》(恩施州发改交〔2012〕28号),省交通运输厅报送《关于恩施—来凤高速公路工程可行性研究报告的审查意见》(鄂交计〔2010〕541号)等文件及材料。2012年3月28日,省发展改革委以鄂发改审批〔2012〕620号文件批复《恩施—来凤高速公路工程可行性研究报告》。

征地拆迁:开工之年,恩施州政府召开三次专题会议推动征迁工作。项目途径3个县(市),7个乡(镇),58个行政村,征用各类土地9038亩,拆迁房屋976户271444m^2,迁改杆线1702杆(台,处),迁改铁塔67基,迁改地埋光缆7.85km,解决大的个案18个,协调三改工程375处,复垦临时用地1734亩,恢复地方道路90km,协调运营用水用电工程24处。

(三)项目建设情况

组织领导机构:恩来高速公路由湖北省交通投资有限公司负责投资建设,所需建设资金来源于企业投资及国内银行贷款项目出资比例为企业投资25%、国内银行贷款75%。建设单位为湖北省交通投资有限公司下属的湖北高路鄂西高速公路有限公司。按照与省交投公司投资协议,全州成立了1个州高路办、3个县市高路办、7个乡镇高路办、58个村委会构成的宝塔式征地拆迁协调机构体系,为协调工作提供了强有力的机构组织保障。建设期主要领导如下。

鄂西指挥部历任指挥长:雷承、黄桥连、倪四清;恩施州高路办历任常务副主任:陶祖锦、张志奇;恩施市高路办主任:柳景平;宣恩县高路办历任主任:苏志勇、谢应富;来凤县高路办主任:杨万杰。

实施过程:2010年12月18日,在湖北省恩施州宣恩县椒园镇,恩来(恩施到来凤)高速公路开工典礼隆重举行。2012年9月20日,宣恩境内高速公路建设完成T梁制作400余片;朱鹏程调研恩来高速公路安全隐患处置工作。2012年11月1日恩黔、恩来高速占线还建工程破土动工。2013年5月8恩来高速、恩黔高速公路第五合同段李家槽隧道左线贯通。2013 年 9 月 16 日,恩来高速、恩黔高速公路椒园—宣恩县城连接线工程正式开工建设。2014 年 3 月 10 日,湖北省恩来高速恩黔高速大坪大桥 T 梁架设完成。2014 年 5 月 8 日,恩来高速恩黔高速最大标段贯通全线年底将通车。2014 年 7 月 15 日恩来高速、恩黔高速路政派驻工作专班进行现场调研。2014 年 12 月 2 日湖北省恩来恩黔路面三标主线全标段率先贯通。2014 年 12 月 28 日正式通车试运营。

(四)复杂技术工程

恩来项目全长 85.318km,批准概算投资 79.65 亿元,仅路基总开挖量就达到 902 万 m^3 以上,管理要求高,施工组织难;奇缺的面层材料和钢材、水泥均需从外地运入,加之施工沿线山路崎岖狭窄,坡陡弯急路险,材料组织难,保供压力大;恩来高速公路路线分别与国道 G209 和省道椒石线(S232)基本处于同一走廊带,且连续频繁交叉,涉及改线的段落和里程相对较多。保畅要求高,施工协调难;项目有特大、大中桥 63 座 23113m,隧道 10 座 11503m,桥隧比例高达 40% 以上。工程建设技术要求精,质量安全管理任务重。

安来高速公路恩来段贡水河特大桥(G6911)

1. 仙人脚板大桥

位于恩施市芭蕉乡,桥址区上跨天桥河,属构造溶蚀侵蚀中低山峰丛地貌区,地形为深切"V"形峡谷,两岸地势陡峻,地形起伏较大,区内最大地面标高在 525m 左右,最低地面标高在 402m,相对高差约 123m。大桥主桥为 65m + 120m + 65m 的预应力混凝土悬浇箱梁连续刚构方案,主墩采用箱型空心墩,墩顶与箱梁固结。前进与后退岸引桥采用 3 × 20m 与 6 × 20m 预应力混凝土 T 梁。

2. 高洞子大桥

高洞子大桥位于恩施市芭蕉乡,桥址跨越一浅"V"字形冲沟及其两侧斜坡,地形较陡,桥位上跨甘溪河、巴甘公路及甘溪镇公路。桥址区属构造溶蚀侵蚀低山峰丛地貌区,地形起伏较大。甘溪河常年流水,为季节性山区河流,河道较宽,卵石河床,路线与河沟底最大高差达 105m。

甘溪河无通航要求,为适应地形条件,满足跨越要求,高洞子大桥主桥为 65m +

120m+65m 的预应力混凝土悬浇箱梁连续刚构,主桥墩采用箱型空心墩,墩顶与箱梁固结。引桥上部结构采用 30m 预应力混凝土连续 T 梁。

3. 石板溪大桥

石板溪大桥位于恩施市芭蕉乡,桥址上跨 G209 和小贝河。桥址区属构造溶蚀侵蚀低山峰丛地貌区,地形起伏较大,桥轴线经过段地面高程在 468.0~586.0m 之间,相对高差约 118m。该拟建大桥两侧自然坡度较陡。桥址区地表水不发育,主要为坡表冲沟中汇集的大气降水,雨季时有流水,水量大小与降水量直接相关,旱季无水。

桥址处于大溪沟向斜西翼、羊头山背斜的东翼,地层主要为三叠系下统大冶组(T1d)灰岩。

为适应地形条件,满足跨越要求,石板溪大桥主桥采用 65m+2×120m+65m 的预应力混凝土悬浇箱梁连续刚构,主墩采用整体式双薄壁空心墩。前进与后退岸引桥采用 3×40m 与 8×40m 预应力混凝土 T 梁。

4. 康家河特大桥

康家河特大桥康家河特大桥位于匠科东北角,上跨康家河,桥址区属构造侵蚀剥蚀地形切割较深,沟谷呈"V"形,河流弯曲多变,地势较为险要。大桥轴线经过地段地面标高最大高差约 165m,路线与河谷高差 80m 以上的区域达 300m。

为适应地形条件,满足跨越要求,康家河特大桥主桥为 65m+120m+120m+65m 的预应力混凝土悬浇箱梁连续刚构,箱梁按分离式路基宽 12.0m 设计,单箱单室结构。主墩需采用双肢薄壁空心墩,墩顶与箱梁固结。引桥上构采用 40m 预制预应力混凝土 T 梁,先简支后连续–刚构。

5. 大茅坡隧道

大茅坡隧道隧址区位于狮子关斜歪向斜西北翼、核部及东南翼。隧道区属构造溶蚀侵蚀中低山峰丛地貌区,主要出露志留系下统龙马溪群、中统罗惹坪群、上统纱帽群的砂、页岩;地形起伏较大,山脊多呈尖棱状,山体西南侧坡面宽缓,东北侧山体陡峻,多为陡崖,凹凸相间;沟谷深切狭窄,呈"V—U"字形,两侧山坡较陡,覆盖层薄,剥蚀作用较强烈。隧道所穿越地面最大高程 1337.4m,洞身最大埋深 503.8m。

大茅坡隧道为分离式隧道,隧道全长 3295m(以右线计),属特长隧道。左幅隧道起讫桩号为 ZK46+750~ZK50+045,进口端采用削竹式,出口端采用端墙式;右幅隧道起讫桩号为 YK46+730~YK50+035,进出口均采用端墙式。隧道设置人行横洞 5 处,车行横洞 4 处,采用灯光照明,机械通风。

第十五节　福州—银川高速公路(G70)

西部开发通道福州至银川高速公路(简称福银高速公路),中国国家高速公路网编号为 G70,途经福建、江西、湖北、陕西、甘肃、宁夏,沟通了我国的华南、华中与西北地区,全长 2485km。福州至银川国家高速公路是国家高速公路网中东西横向线的第 14 条,是一条承东启西、贯穿南北的运输大动脉。

福银高速公路(G70)湖北段(鄂赣界)起于九江长江公路大桥(也称九江长江二桥)北岸(桩号:708+704)止于云岭隧道(鄂陕界)(1475+070),经黄石、鄂州、黄冈、武汉、孝感、随州、襄阳、十堰等县市。湖北段由九江长江公路大桥北岸接线 7.769km,黄小高速公路 30.761km(在网长度 26.194km),黄黄高速公路 87.736km,鄂东长江公路大桥 10.045km,武黄高速公路 51.428km,武汉绕城高速公路豹澥枢纽互通至横店枢纽互通段 73.18km,汉十高速公路 404.152km,十漫高速公路 107.63km 各段组成。

福银高速公路湖北襄十段(G70)

一、九江长江公路大桥北岸接线

(一)项目概况

功能定位:九江长江公路大桥北引道是福州至银川高速公路的重要接线,它的建设对完善江西、湖北高速公路网,分流省际交通流量,拉动区域经济发展,促进区域整体协调发展具有重要的作用。

路线走向:九江长江公路大桥北引道工程起于九江长江公路大桥北岸引桥终点,依次经过小池镇汪埠村、彭家桥、桥下村、杨家墩、泥池村,终点接黄(梅)小(池)高速公路小池收费站北侧。

建设规模:全长 25.19km。其中跨江大桥长 5.53km,江西福银高速连接线 11.47km;

湖北岸接线8.189km(在网长度7.769km)。长江大桥及南岸接线由江西省建设,北岸接线由湖北省建设。全线在七里湖、九江西、分路、小池4处设置互通式立。北岸工程路基土石方150万 m³,软基处理2500m,特大桥3座计3546m,大中桥2座,涵洞16道,通道10道,互通式立交2处,服务区1处。

投资规模:批准概算总投资7.16亿元。九江大桥北引道工程总投资7.1661亿元。资本金2.5亿元,占投资总额的34.9%,其中中央投资0.72亿元,省投资1.78亿元。银行贷款4.6661亿元,其中固定资产贷款4.6661亿元,占投资总额的65.1%。

主要技术标准:全线采用高速公路标准建设,设计速度100km/h。其中起点至分路互通段17.3km采用六车道,路基宽度33.5m(不含长江大桥布索区宽度);分路互通至终点段7.845km采用四车道,路基宽度26m。桥涵设计汽车荷载标准采用公路级,其余技术指标按《公路工程技术标准》(JTG B01—2003)执行。

(二)项目前期工作

决策背景:为完善国家和区域高速公路网,贯彻落实国家促进中部地区崛起战略部署,合理布设过江通道,增强长江两岸社会联系,促进区域经济社会协调发展,江西、湖北两省拟共建九江长江公路大桥。

决策过程:2008年,江西、湖北两省发展改革委向国家发展改革委上报《关于呈报福州至银川高速公路九江长江大桥工程可行性研究报告的请示》(赣发改运字〔2008〕234号),2009年1月24日,国家发展改革委下发《关于九江长江公路大桥可行性研究报告的批复》(发改基础〔2009〕293号);2009年,江西、湖北两省交通运输厅向交通运输部上报《关于审批福州至银川高速公路九江长江大桥初步设计的请示》(赣交计字〔2009〕48号),2009年8月25日,交通运输部以交公路发〔2009〕437号文批复《九江长江公路大桥可行性研究报告》。

(三)工程建设情况

组织机构:福银高速公路九江长江公路大桥北引道工程建设指挥部:指挥长:谭石海,副指挥长:阳晏、张江华、张艳平

主要参建单位:项目设计单位:湖北省交通规划设计院;质量监督单位:湖北省交通运输厅工程质量监督局;交工检测单位:湖北省公路水运工程测试中心;竣工检测单位:湖北省公路工程咨询监理中心;监理单位:湖北顺达公路工程监理咨询有限公司、湖北东泰建设管理咨询有限公司、北京兴通工程咨询有限公司

工程进度:2009年12月开工。2013年10月28日九江长江大桥及北引道工程同步建成通车。累计完成投资7.17亿元,完成路基土石填筑135万 m³,软基处理粉喷桩

235841.6m；预制箱梁上部结构现浇整体化混凝土9808m³，现浇箱梁6001m³；中桥2座，涵洞16道，通道494.06m/10道，路面底基层319979m²，路面沥青面层完成259072m²，房建工程11719m²。全线分项分部工程合格率100%，安全生产稳定，未出现质量和安全事故。

交竣工验收：2013年10月27日通过交工验收。2016年12月13日通过竣工验收。

（四）复杂难点工程

该工程重难点工程是三座特大桥：汪垾特大桥，全长1357.16m，54孔25m预制小箱梁；关湖港特大桥，全长1132.16m，45孔25m预制小箱梁；杨家墩特大桥，全长1057.16m，42孔25m预制小箱梁。

二、小池—黄梅段

（一）项目概况

路线走向：G70福银高速公路湖北小池—黄梅段，起于九江长江大桥北岸的小池镇，与江西省接壤，向北经龙感湖农场，止于黄梅互通立交。线路基本走向为南北向，与105国道平行，项目建设期间，以黄石—黄梅汽车专用一级公路黄梅至小池联络线名义建设，2013年国高网划归为G70的组成部分。在网路线长度26.194km（建设期长度为30.761km，部分划归为S7001小池接线）。

建设规模：项目桥梁及构造物包括大桥、特大桥2座，中桥8座，小桥17座，天桥4座，涵洞53道，通道32处；互通立交1处；沿线设置收费站2处；配套设施机电工程同步建成。

投资规模：项目与G50沪渝高速黄梅—黄石段作为建设期同一项目主体，其建设资金主要来源为部、省资金、各种银行借款、中央国债等，累计资金来源272471万元（含G50沪渝高速黄梅—黄石段）。其中部、省资本金130791万元，占48.07%；各种借款141500万元，占51.93%。本工程竣工决算财务支出7.61亿元。

主要技术指标：公路等级汽车专用一级（后竣工评定为高速公路），计算行车速度100km/h，路基宽度24.5m，桥涵设计车辆荷载汽车—超20级、挂车—120，设计洪水频率路基及大、中桥涵1/100，特大桥1/300。2005年4月~2006年5月，为进一步改善路段安全性和舒适性，对黄梅至龙感湖大桥（K736+600~K728+220）段8.39km水泥混凝土路面进行沥青混凝土路面改建，现全线为沥青混凝土路面。

主要工程数量：建设长度30.761km，占用土地2109.43亩，拆迁建筑物58.044×10³m²，软基处治13.297km，土方工程2414.92×10³m³，石方工程56.004×10³m³，防护、排水30.446×10³m³，沥青混凝土路面150.685×10³m³/6.727km，水泥混凝土路面286.462×

$10^3 m^3/13.021km$,特大桥、大桥9906.81m/2座,中桥511.2m/8座,小桥594.44m/17座,涵洞53道,互通式立交1处,农机、人行通道32座,天桥4座,绿化工程26.52km,钢护栏、混凝土护墙30.761km,隔离网、墙32.602km,标志、标线30.761km,管养站、所2处,通信光缆30.761km。

自然地理特征:本路段位于湖北省最东部、居长江中下游北岸与大别山南麓之间,全境地形是一个由北向南倾斜的坡形,以芭茅屋山(K735+300)为界,北部为微丘,中南部为河湖相冲积平原。从黄梅县城南到长江边的小池经济开发区,自北向南方向贯穿黄梅县、龙感湖农场、小池经济开发区,中部龙感湖区地势最低(海拔高程11~13m);K731+700~K737+750地表覆盖层为黏土、亚黏土、卵石土和砾石土覆盖层下为强风华的石英砂岩、泥岩,K731+700以南段地表覆盖为黏土、亚黏土和种植土,覆盖层下为淤泥、淤泥质黏土、淤泥质亚黏土,间夹粉砂和粉细砂;本地区地震烈度为6度,根据《公路工程抗震设计规范》仅考虑简易设防;

测区属亚热带季风气候,光照充足,气候温和,雨热同步,四季分明,春天多阴雨,气温升降剧烈,初夏雨量集中,湿度大,盛夏闷热晴旱,秋季则秋高气爽,冬季寒冷少雨,年日照1884~2110h,年平均气温16.8℃,极端最低气温(1~2月)-15.6℃,极端最高气温(7~8月)-41.2℃,年平均降水1276mm,无霜期238~278天,降雪日7~8天,结冻日平均38天,四季主导风向分别为春夏季为东南风,秋冬为西北风,平均风速1.9m/s,极端最大风速17m/s。所经地区为华阳水系的龙感湖内渍区,测区内最大河流有新东港和梅济港,梅济港是连接太白湖和龙感湖的一条人工河流,新东港是通向长江的一条人工河流,另外还有后河、老梅济港、中排干、丰收港、大堰河、泥池港、扬港、长列新港、段桥港等渠化河流。

(二)项目前期工作

决策背景、决策过程:与G50黄梅至黄石段以同一项目名义批复。各阶段审批情况见表2-1-77。

各阶段审批情况　　　　　　　　　　　　　表2-1-77

预可行性研究报告的批准	计交能[1996]1738号
工程可行性研究报告的批准	计交能[1997]2599号
初步设计文件的批准	交公路法[1998]148号
施工图设计文件	1997年4月通过预审、1997年9月完成设计
开工报告的批准	计投资[1998]850号

征地拆迁:黄梅县征用土地面积1119533.333m²,拆迁房屋面积52820.2m²;龙感湖农场征用土地面积286753.333m²,拆迁房屋面积2287m²,补偿费用共计1982.92万元。

(三)项目建设情况

组织机构:试行项目法人责任制,湖北省人民政府办公厅以鄂政办函[1996]4号文确定了黄黄高速公路建设的领导机构和成员：由时任省交通厅厅长王远璋任指挥长，副厅长林志慧任常务指挥长以省高管局为主体组建黄黄指挥部，按照项目法人责任制的形式建设黄黄高速公路。省指挥部设常务副指挥长1名，副指挥长3名，总工程师1名，下设三处二室：工程技术处、财务材料处、设计代表处、总监理办公室、综合办公室。指挥部驻地设于蕲春县境内。为便于工程就近管理，指挥部另设黄小联络线工程管理处，负责该项目的建设管理工作。沿线各级地方政府也层层组建机构，黄冈市成立了由市政府主要领导任组长、相关领导任成员的建设领导小组；黄梅县、龙感湖农场、沿线乡镇及分场区分别成立了指挥部和指挥所。

主要参建单位：建设单位为黄黄高速公路建设指挥部；设计单位为湖北交通规划设计院；监理单位为湖北省公路工程咨询监理中心；监督单位为湖北省交通建设工程质量监督站；路基施工单位为铁道部第十二工程局第三工程处、湖北省天河集团公司、湖北省机械化施工公司、湖北省经协工程公司、孝感市公路工程建设开发总公司、成都四海建筑公司、湖北省航务局航道处工程公司、湖北省红安县公路段、中国有色第十五冶金建设公司、江西省九江公路分局；路面施工单位为孝感市公路工程建设开发总公司、潜江市公路建设工程公司、天津路桥总公司、潜江市公路总段、黄冈公路总段、湖北省路桥公司、广水市公路段、钟祥市公路段、恩施市公路总段、武穴市公路段；桥梁施工单位为湖北省路桥公司、交通部第二航务工程局第一工程公司、湖南省公路桥梁建设公司、武汉市市政总公司/武汉市汉阳市政工程公司、交通部第二公路工程局、铁道部第十七工程局第三工程处/铁道部第十八工程局第二工程处、中国葛洲坝水利水电工程集团、铁道部第四工程局第五工程处、中国第一冶金建设公司、铁道部第十二局、湖北省鄂州路桥工程公司、湖北省天门市公路管理段、孝感市公路工程建设总公司、湖北省咸宁公路总段、黄石道路桥梁工程公司、湖北省罗田县公路段路桥工程处。

实施过程：1995年11月28日湖北省政府在浠水县主持召开了黄黄高速公路建设协调委员会，拉开了黄黄高速公路建设的序幕；1997年5月启动黄梅至小池联络线(即该项目，下同)征地动迁工作，1997年11月13日，签订《黄黄公路征地动迁补充协议》，将黄梅至小池联络线工程的征地动迁工作委托给黄冈市负责完成，工程的征地动迁工作进入实质性的实施阶段；1997年11月18日，召开黄梅至小池联络线路基施工企业评审会，确定各标段的施工单位；1997年12月8日，举行联络线工程管理处挂牌仪式，黄小线建设任务的管理处正式运转，工程全面开工；2000年1月18日通过交工验收，2000年1月22日通过竣工验收并通车运营。

交工、竣工验收情况：根据交通部《公路工程竣工验收办法》的规定，黄黄高速公路交工验收由原湖北省计委和交通厅联合主持召开了黄黄高速公路主线交工验收会议，成立了由湖北省重点办、防汛办、水利厅、土地局、环保局、档案局、工行、南昌铁路局，交通基本建设工程质量监督站、交通基本建设造价管理站、公路局、航务局、黄黄高速公路管理处、黄冈市人民政府、原市计委、市交通局、浠水县、蕲春县、武穴市、黄梅县交通局以及建设、设计、施工、监理单位的领导、专家和代表参加了会议,并组成了交工验收委员会。2000年1月17~19日,在蕲春召开了黄梅至小池联络线工程交工验收会议;按照交通部《公路工程质量检验评定标准》(JTJ 071—94)评定,整个建设项目工程质量评分为92.6分,工程质量等级评为优良。其中路基工程91.8分,路面工程94.8分,桥梁工程92.5分,互通立交工程91.6分,交通安全设施94.3分。

(四)复杂技术工程

该项目主要复杂技术工程为龙感湖特大桥。大桥位于黄冈市黄梅县及龙感湖农场境内,分离式立交桥,桥梁总长为9633.9m,主桥长9600m,引桥长33.9m;设计速度为100km/时,设计荷载汽-超20,桥面宽22m,双向四车道高速公路桥;主桥结构采用为预应力混凝土简支梁,跨度组合为480×20全宽24.5m。1996年11月开工建设,2000年01月建成通车。上构采用宽板新结构,桥面铺装采用双层钢筋网,同时使用三辊轴提浆平整施工技术,经检测平整度标准差平均值达到1.30mm。桥面两侧设纵向排水沟,桥梁中央分隔带在防撞钢板中间种植盆栽花草树木,既有吸音、防眩效果,又使桥路绿化浑然一体,增添了司机、旅客的舒适感。

福银高速公路小池—黄梅段龙感湖特大桥(G70)

大桥结构特点:大桥为上、下行两座独立的桥梁,跨径多为20m,上部结构采用带悬臂空心板,下部采用双柱式桥墩,互通范围内部分为多柱式桥墩,桩径均为1.25m,柱径均为1.0m,桥台为多柱式桩柱桥台,桩柱一体,桩柱直径为1.25m。桥台、桥墩桩基础均按摩擦桩设计。标准段20m跨径半幅桥横断面为4块空心板,30m跨径为5块空心板,互通区间桥面为变宽,横断面为4~6块空心板,利用调整相邻空心板间现浇接缝的宽度及空心板的块数来适应桥面宽度的变化,盖梁长亦随之变化。

空心板按部分预应力 A 类构件设计,除 30m 跨径采用后张法施加预应力外,其余均采用先张法施加预应力,20m 跨径空心板跨中上拱度为 3.4cm,30m 跨径空心板跨中上拱度为 3.7cm,为减小成桥后的上拱度,施工时 20m、30m 空心板均预留 2cm 的反拱;盖梁均采用普通钢筋混凝土盖梁,左、右幅盖梁完全分开;桥墩按柔性墩理论设计,桩内力按"m"法计算;桥面铺装采用 7cm 厚 40 号防水混凝土和 6cm 厚沥青混凝土,桥面铺装钢筋采用武汉市汉阳桥实业公司生产的金属扩张网,泄水管顶部与水泥混凝土铺装层齐平;桥面多采用八跨一联,少数为六跨或七跨一联,桥台处不设伸缩缝,桥面连续采用主梁顶板纵向钢筋连接的形式。

三、福银高速公路与其他高速公路路线共用路段简介

(1)福银高速公路黄梅互通至散花西互通起点桩号 737.352,止点桩号 825.088,全长 87.736km 与 G50 沪渝高速公路重复(相关内容见第一节 G50 沪渝高速公路)。现管养单位为黄黄高速公路管理处。

(2)福银高速公路散花西互通中心至浠水县散花大广北互通中心,起点桩号 786.451,止点桩号 789.677,全长 3.226km 与 G50 沪渝高速公路重复。现管养单位为鄂东大桥管理处。

(3)福银高速公路浠水县散花大广北互通中心至鄂东桥南引道终点,起点桩号 789.677,止点桩号 796.496,全长 6.819km,与 G45 大广高速公路重复(相关内容见第七节 G45 大广高速公路)现管养单位为鄂东大桥管理处。

(4)福银高速公路鄂东桥南引道终点至花湖西互通,起点桩号 796.496,止点桩号 798.560,全长 2.064km,与 G45 大广高速公路重复(相关内容见第七节 G45 大广高速公路)。现管养单位为湖北武黄高速公路经营有限公司。

(5)福银高速公路花湖西互通至江夏区豹澥互通,起点桩号 798.560,止点桩号 847.924,全长 49.364km,与 G50 沪渝高速公路重复(相关内容见第七节 G50 沪渝高速公路)。现管养单位为湖北武黄高速公路经营有限公司。

(6)福银高速公路江夏区豹澥互通至新集互通,起点桩号 886.561,止点桩号 943.538,全长 56.977km,属武汉绕城高速公路。现管养单位为武汉绕城高速管理处。

(7)福银高速公路新集互通至黄陂区横店互通,起点桩号 943.538,止点桩号 963.288,全长 19.75km,与 G42 沪蓉高速公路重复,现管养单位为武汉绕城高速公路管理处。

(8)福银高速公路黄陂区横店互通至孝南区三汊镇,起点桩号 963.288,止点桩号 989.316,全长 26.028km,为 S2 汉孝高速公路之一段,由湖北汉孝高速公路建设经营有限

公司管养。

(9)福银高速公路丹江口市六里坪镇至十堰东互通,起点桩号1352.735,止点桩号1367.44,全长14.705km,与G59呼北高速公路重复,现管养单位为汉十高速公路管理处。

四、孝襄高速公路

(一)项目概况

功能定位:湖北省孝感至襄樊高速公路是国高网福银高速的重要组成部分,也是湖北省重点建设的汉口至十堰高速公路组成部分。汉口至十堰高速公路东起武汉,在孝感市附近与京珠高速相连,西连陕西进而与西部地区沟通,是联系西部地区的一条重要通道东起武汉,西止十堰,路线所经过的区域涉及武汉市、孝感市、随州市、襄阳市、十堰市五个地级市,穿越孝感、云梦、安陆、随州、枣阳、襄阳、老河口、谷城、丹江口、十堰、陨西等区县,主线全长210.215km。其中孝南区三汊镇至陨西云岭隧道(省界)起点桩号989.316,止点桩号1475.070,全长485.754km为福银高速公路的重要组成路段。现经营管理单位为湖北汉十高速公路管理处经营管理。汉十高速公路全线划分为孝襄、襄十、十漫三个项目分段实施(其中襄十高速公路项目中的襄荆连接线位于国高网G55,另作介绍)。

福银高速公路孝襄段(G70)

路线走向:孝襄高速公路起点位于孝感至襄樊高速公路与京珠国道主干线相交叉的孝南互通式立交处,沿线经孝感市(孝南区、孝昌县、云梦县、安陆市)、随州市(曾都区)、襄樊市(枣阳市、襄阳区),终点设在与孝襄高速公路相接的襄(樊)十(堰)高速公路起点的部营互通式立交处。

建设规模:主线全长242.177km,其中孝感市境82.046km,随州市境70.477km,襄阳市境90.993km;沿线设云梦、随州、枣阳三条连接线共31.166km;全线设互通立交15处,分离式立交34处,服务区和停车区各4处,收费站13处,养护工区3处,管理中心1处。

投资规模:该项目概算总投资约72.6亿元,依照国家投资政策的有关要求及湖北省交通厅意见,投资资金由资本金、世界银行贷款、国内银行贷款三部分组成。其中资本金包含国家用专项基金安排8.98亿元,湖北省交通建设资金安排15.52亿元,共计24.5亿元,占总投资额的35%;世界银行贷款2.5亿美元,折合人民币20.75亿元,其中2.4亿美元用于该项目的建设,其余0.1亿美元用于地方道路屯堡至板桥等4个公路项目的建设,世行贷款本息及付费由湖北省负责偿还;利用国内银行贷款25.58亿元,其中中国建设银行贷款12.79亿元,中国工商银行贷款12.79亿元。

主要技术标准:公路等级高速公路,地形类别平原微丘,计算行车速度120km/h,路基宽度28m(中央分隔带3m),行车道宽度双向四车道2×7.5m,平曲线最小半径401769m处,最大纵坡2.941%,路面类型沥青混凝土路面,设计荷载汽—超20级、挂—120,桥涵宽度与路基同宽,设计洪水频率路基及大、中、小桥涵采用1/100,特大桥采用1/300,立交桥净空标准跨等级公路,一、二级公路净高不小于5m,三、四级公路净高不小于4.5m。

主要工程数量:湖北省孝襄高速公路全长243.516km,路基土石方$51992×10^3m^3$(土方$35283×10^3m^3$、石方$16709×10^3m^3$),防护工程$1190×10^3m^3$,排水工程$338×10^3m^3$,特大桥、大桥23107.9m/54座,中桥2642m/41座,小桥1430.5m/56座,独立涵洞674道,路面工程底基层$7034×10^3m^2$,基层$6118×10^3m^2$,沥青混凝土面层$6343×10^3m^2$,互通式立体交叉15处,分离式立体交叉34处,通道419道,天桥104座,波形梁护栏942483m,防眩板15309m,隔离栅501831m,标线270302m,标志1662处,服务区、停车区8处,收费站13处,养护工区3处,绿化243.516km,声屏障7处。

自然地理特征:项目地域跨度大,路线走廊带内岗地、河谷平原、丘陵、低山等兼有,不良地质和特殊性岩土有分布于枣阳、襄阳境内的膨胀土、分布于孝感枣阳境内的软土地基,分布于安陆、随州境内的风化变质岩层的顺层滑坡等。路线自东向西跨越了三个地貌特征区。孝南、孝昌、云梦及安陆以东路段位于江汉平原东北部边缘,地形开阔平坦,为剥蚀堆积垄岗平原区,地面高程在20~80m之间。安陆以西及随州市境路段位于大洪山北部,地势较高,为构造剥蚀低山丘陵区,地面高程稍高,高程在100~165m之间。枣阳、襄阳路段位于南襄盆地东南部,隶属汉江一、二级阶地,地势波状起伏,为剥蚀堆积岗地低山丘陵区,地面高程在75~150m之间;水文地质条件比较复杂,地下水类型较多,根据含水岩组含水性、水资源、地下水类型、地下水补径排运动规律并于路线结合分段分区。①起点至K120+000:地下水类型主要是碎屑岩孔隙裂隙水;②K120+000~K208+000:地下水类型主要主要是岩浆岩变质岩裂隙水;③K208+000~260+000:地下水类型主要是碎屑岩孔隙裂隙水;④K260+000~K277+000:地下水类型主要是唐白河河谷平原区的松散岩孔隙潜水和承压水;⑤K277+000~终点:地下水主要类型是碎屑岩孔隙裂隙水;路线所穿越的区域属于华南地震区长江中下游地震亚区麻城—常德地震带,地震烈度为6度。

福银高速公路汉十段（G70）

（二）项目前期工作

决策背景：湖北省政府于1994年以鄂政发〔1994〕145号文，要求交通部门争取早日开工，湖北省委办公厅于1996年在"关于探讨振兴汽车工业具体措施的函"中将汉十高速公路纳入湖北省交通建设重点。

决策过程：1998年，湖北省交通厅下达了《关于汉十高速公路前期工作有关问题的通知》（鄂交计〔1998〕593号），决定根据汉十高速公路的不同特点，采用不同的融资方式进行建设，汉十高速公路的前期工作也因此对应分解为数个项目开展。该项目即为分解后的汉十高速公路的一段——孝感至襄阳高速公路。2001年7月，经国务院批准，国家计委以计基础〔2001〕1180号文批准了孝感至襄阳公路项目建议书，同意该项目可行性研究报告，被国家计委列入世行贷款项目。

立项审批：2001年7月，经国务院同意，原国家计委以计基础〔2001〕1180号文件批准了孝感至襄阳公路项目建议书，同意该项目可行性研究报告，被原国家计委列入世行贷款项目。审批情况见表2-1-78。

湖北省孝襄高速各阶段审批情况表 表2-1-78

工程可行性研究报告的批准	计基础〔2002〕359号文
初步设计文件的批准	交公路发〔2002〕201号文
资格预审结果的批准	鄂交基〔2002〕231号文
招标文件的批准	鄂交基〔2002〕140号文
招标结果的批准	鄂交基〔2002〕327、446号文
土地使用的批准	国土资厅〔2002〕54号文

征地拆迁：根据《关于成立湖北省孝襄高速公路征地拆迁领导小组》（鄂政办〔2000〕180号）的精神，2000年9月省交通厅、各市县（区）及所辖乡镇均成立了征地拆迁办公室。孝襄高速公路征地拆迁协调工作按照"实事求是"的工作原则和对广大人民群众负责任的态度，妥善安置受影响农户，创造良好的施工环境，极大地促进了施工建设的顺利进行。全线涉及32个乡178个行政村，共征用土地27241.48亩，拆迁房屋391919.56m^2。

（三）项目建设情况

组织机构：根据省政府的统一部署，遵照我国基本建设的管理原则，结合世界银行贷款项目的运作程序，组建湖北省孝襄高速公路建设指挥部（湖北省孝襄高速公路经营有限公司），负责统一组织领导孝襄高速公路的建设。

湖北省孝襄高速公路建设指挥部指挥长周坚卫（副省长）；副指挥长：夏贤忍（省政府副秘书长）、任必年（省交通厅厅长）、李金平（孝感市副市长）、肖伏清（随州市副市长）、赵振（襄樊市副市长）。

湖北省孝襄高速公路经营有限公司（筹）董事长：陈继松（常务副指挥长）；总经理宋继宏；副总经理韩宏伟；总监理工程师：宋继宏（兼）；总工程师：张业红（兼）。

湖北省孝襄高速公路建设实行指挥部与公司一门两牌，同时运作的管理体制。具体分为三个系统：由省政府、省交通厅以及孝感、随州、襄樊三市政府有关领导组成。在省委、省政府的直接领导下，负责孝襄高速公路工程建设的宏观决策和组织领导；由孝襄高速公路建设指挥部常务副指挥长带领省孝襄高速公路建设指挥部（公司）的全体工作人员驻施工现场，负责工程实施的具体组织指挥工作；沿线各市、县（市、区）地方政府以及交通、土地等部门的人员组成孝襄高速公路建设协调指挥部，在省孝襄高速公路建设指挥部和各级地方政府的共同领导下负责做好征迁和建设协调工作。

依照"精干（因事设岗、依岗定责、依责定人）、统一（民主决策、集中指挥、政令统一）、高效（权责明确、高效运转、奖罚分明）"的原则，省指挥部（公司）内设五处、二室，即：工程管理处、技术管理处、财务管理处、机料管理处、征迁协调处、中心实验室、办公室，下设孝感、随州、襄樊三个工作站。

主要参建单位：建设单位为湖北省孝襄高速公路建设指挥部（湖北孝襄高速公路经营有限公司）；设计单位为湖北省交通规划设计院、长安大学环境工程设计研究院、中国公路工程咨询监理总公司、武汉钢铁设计研究总院、湖北省测绘局二院、中交第二公路勘察设计院、武汉神农地质工程勘察院、郑州铁路局、武汉勘察设计院；质量监督单位为湖北省交通厅工程质量监督局；监理单位为湖北省公路水运工程咨询监理公司、育才—布朗交通咨询监理有限公司、湖北省公路工程咨询监理中心、北京华通公路桥梁监理咨询公司、河北华达公路工程咨询监理有限公司；施工单位为中铁大桥局集团有限公司、贵州省桥梁工程总公司、孝感市公路工程建设开发总公司、中铁三局集团有限公司、中港第二航务工程局、湖北长江路桥股份有限公司、中铁十二局集团第三工程有限公司、湖北省路桥有限责任公司、中铁五局集团第三工程有限责任公司、吉林省交通建设集团有限责任公司、中铁一局集团有限公司、辽宁省路桥建设一公司、中铁四局集团有限公司、路桥集团第二公路工程局第一工程处、中铁十一局集团有限公司、孝感市公路工程建设开发总公司、湖北省广水市路桥工程公司、随州市公路工程有限责任公司、中铁路桥有限公司。

实施过程：2002年实现主体工程开工，形成规模生产。在短短30天内高速度完成了全线征地拆迁工作；抓住湖北公路施工黄金季节，主体工程全面开工，路基土石方、小型构造物、桥梁桩基各完成50%。年度完成投资6亿元，超年计划15%；2003年整体推进，除特大桥外，路基工程基本完成，路面基层试验段及相关工程开工，年底精品工程初具雏形。一期工程基本完工，全线桥梁半幅贯通，二期工程全面启动，基层用料准备充足，生产任务全面落实。年度完成投资21亿元人民币，占年计划的110%；累计完成投资27亿元，占总概算投资的37%；2004年二期路面施工全线展开，桥梁工程收尾，防护工程、环保绿化等相关工程交叉进行，绿色环保初见成效，按照"精心组织、科学调度、合理交叉、平行推进"，全面实现年度生产目标，一期工程全面完工，路面中下面层基本完成，附属区工程主体完成，机电工程做好开工前准备，线外绿化基本完成，交安工程开工。年度完成投资23.5亿元，占年计划的110%；累计完成投资50.5亿元，占总概算投资的70%；2005年采取倒计时的方式分解生产计划，统筹安排；抓住孝南互通、随岳互通主线等控制工程，重点突破，雕塑和景观工程与主体工程同步完成，9月10日，所有工程项目全面完工，9月28日，开始试运营。年度完成投资20亿元人民币，累计完成投资70.5亿元，占总概算投资的97%。

工程交、竣工验收：根据《公路工程竣（交）工验收办法》（中华人民共和国交通部令2004年第3号），依据《公路工程质量检验评定标准》（JTJ 071—98），湖北孝襄高速公路建设指挥部（总监办）组织高驻办对工程进行了交工评定，建设项目工程质量评定为98.0分，质量等级合格；根据湖北省审计厅2007年12月出具的孝襄项目竣工决算审计报告（鄂审外报〔2007〕160号），项目实际建设总投资为66.87亿元，实际投资完成额比概算少5.725亿元。项目实际到位资金69.079亿元，其中，交通部投资8.98亿元；湖北省自筹资金104.067亿元；国内银行贷款27.184亿元；资本金贷款4.4亿元；世界银行贷款18.11亿元。根据审计审定投资，孝襄项目投资结余资金2.2亿元；顺利通过了国家环保总局组织的环保专项验收（环验〔2007〕062号文）；顺利通过了交通部档案馆和省档案局联合组织的档案专项验收（鄂交办〔2007〕432号文）；顺利通过了机电工程专项验收和房建工程的行业备案。

(四)复杂技术工程

1. 孝南互通匝道斜拉桥复杂技术工程

孝南互通是开启孝襄高速公路的一扇大门,因主线与京珠高速公路交叉,多有匝道穿行,且分合流部位设计复杂。设计时对造型和技术性含量做了认真比选,最后拟定主线桥主跨采用60m连续箱梁,桥下跨越京珠留7m净空。A、B匝道桥采用主跨140m无背索弯坡钢箱梁斜拉桥。项目于2003年7月正式开工建设,2005年9月建成通车。孝南互通匝道斜拉桥是我国首座在互通匝道上修建的弯坡斜拉桥,它是我国最大跨径的无背索弯坡斜拉桥,也是我国首座采用主梁悬臂拼装与索塔悬臂浇筑交叉进行的施工方法的斜拉桥。

根据桥位建设条件,科学合理地采用两座一跨跨京珠高速公路的独塔无背索斜拉桥桥型方案,满足了孝南互通枢纽互通的功能和京珠高速公路通行要求,并实现了桥梁与周围景观的最好协调。首次在弯道和陆地上修建无背索弯坡斜拉桥,其主跨跨度居世界同类桥型第一,取得了无背索斜拉桥建造技术的一项重大进展;首次全面研究和总结了无背索弯坡斜拉桥的技术特点,并进行了大量的分析比较和优化,验证了结构形式的合理性,取得了该桥型的初步建造经验;在塔、梁的钢—混凝土结合段的关键部位设计中,合理选择钢-混凝土结合段的形式和位置,并首创锚固钢筋与高强螺栓配合使用的连接技术,成功实现了塔、梁之前的可靠固结;在无背索斜拉桥中,首次采用主梁悬臂拼装与索塔悬臂浇筑交叉的施工方法,研究出一套不同以往的无背索斜拉桥建造技术,为特大跨无背索斜拉桥发展积累了经验。

2. 唐白河特大桥复杂技术工程

唐白河大桥位于孝襄高速公路,起点桩号K271+096.16,终点桩号K273+733.84,全长2637.68m,是孝襄高速公路的控制性工程。

主桥上部结构设计:桥孔布置为 $5 \times 30m + (40+60+60+40)m + 76 \times 30m$,主桥为 $(40+60+60+40)m$ 预应力混凝土箱型变截面连续梁,主桥全长200m,主桥桥面中心设计标高为82.167m,引桥上部结构采用部分预应力混凝土连续T梁,共分25联,共计972片T梁。主桥上部构造采用四跨一联预应力混凝土变截面形连续梁,箱梁高为3.40m(支点)、180m(跨中)。竖向预应力筋采用 $\phi32mm$ 的冷拉Ⅳ级精轧螺纹粗钢筋,轧丝锚具,上端张拉并锚于顶板顶面,控制张拉力为503kN,竖向预应力筋顺桥向间距为50cm,边跨现浇段加密为30cm。

张拉程序:悬臂浇"T"梁:按悬浇节段顺序,纵向对称于墩中心,先WC束、后TC束张拉。

主梁施工程序,6~8号主墩采用墩梁临时固结形成3个"T"构,用挂篮悬臂浇筑施工,同时在两个边墩处10.0m箱梁段用支架现浇施工;合龙40m边孔,解除墩梁临时固结形成两个单悬臂和1个"T"构体系;同时合龙两个主孔,解除墩梁临时固结,完成四孔一联连续梁,然后施工桥面系;箱梁节段施工应严格控制对称平衡施工,由于本桥设有纵坡,所以在同一"T"的对称节段标高不等,施工应严格控制。箱梁采用C50混凝土,当其强度大于设计强度的75%时,方可施加预应力。箱梁内预埋管道应严格放样,并每隔一定间距用定位钢筋将其固定在顶、底板或腹板的不同钢筋上。

唐白河大桥T梁吊装(G70)

3. 膨胀土路段治理

孝襄高速公路膨胀土路段长86km,为冲积平原及垄岗地貌,地形平缓开阔,以弱—中膨胀土体为主,强膨胀土零散分膨胀土路基在施工时强调控制挖方深度、路基填料的改良、合适的坡率、合理的边坡防护;针对膨胀土的特性,对路基的防护工程做特殊处理,对路堑段在坡脚处设置3m的矮挡墙,上方边坡坡率1:1.5~1:2.0,并采取浆砌骨架防护;在填方路段,尽量避免采用膨胀土填筑路堤,取土困难时采用弱膨胀土填筑,对于弱膨胀土填筑的路堤,路堤高度小于8m时,其边坡坡率1:1.75;当高度大于等于8m小于等于20m时,自上而下6m一级,分级设置2m的边坡平台,第一级坡率采用1:1.5,余下各级采用1:2;对弱膨胀土路基上层进行掺石灰、粉煤灰改良处理,使其CBR值、回弹模量等指标达到规范要求后,再按一般路堤进行处理;软基路段采用换填、打粉喷桩,施工中还采用了无砂混凝土小桩进行路基加固。孝襄高速公路膨胀土边坡最高不超过12m,即不超过2级边坡,坡顶平缓。另外孝襄高速公路要求全线生态环保,针对此情况,膨胀土路堑边坡主要采取四种方式整治:削坡放缓、抗滑桩加固、锚杆加固坡面、抗滑挡土墙加固。

4. 高坪特大桥

位于郧西县上津镇的高坪特大桥长度列十漫全线各桥之首,右幅桥长为2030.68m,

左幅桥长 2046.16m,平均桥高 35m,最高处 43m,是十漫全线重点控制性工程之一。上部构造采用 30m、40m 预应力混凝土 T 梁、20m 预应力钢筋混凝土分体箱梁,先简支后结构连续—刚构,跨径组合:左幅(2×40+24×39.9)、(11×40+40.2+40.4+40.5+7×30.4+20.2+20.1+20.2+20.1+6×20.2+20.3m);右幅 2×40+25×40.2+9×40.1+2×40+2×39.9+10×29.9+6×19.9m。下部结构:桥墩采用十字墩、双圆柱墩,挖孔桩基础,桥台采用肋板式桥台,桩基础。

5. 干沟特大桥

位于汉十高速十漫段上,中心桩号 K1447+000,2004 年 12 月开工,2007 年 12 月竣工,桥梁全长 1314.1m,为四车道高速公路桥梁,设计速度 80km/h,设计荷载为汽车超—20 级、挂车—120,造价为 8000 万元,桥面全宽 24.5m,桥跨组合为(30.2m+5×30.4m)+(40.5m+40.3m+40.1m+40m)+(3×30m+2×29.9m)+5×29.9m+6×29.9m+(3×29.9m+2×30m)+(42.2m+76m+42.2m)+(5×30.4m+30.2m)预应力混凝土 T 梁。

五、襄十高速公路—武许段

(一)项目概况

功能定位:襄十高速公路武许段是汉十高速公路分期建设的第一段,也是国家西部开发省际通道银(川)武(汉)高速公路的重要组成部分,更是湖北省重点建设大三角经济区的高速公路主骨架。该项目的建成通车,对于服务西部开放开发,扩大内需,拉动经济增长,优化和完善国家和湖北省公路网布局,提高国道通过能力,改善湖北省西北部的交通环境,加快武汉—襄樊—十堰汽车工业走廊的建设和发展,开发鄂西北资源,带动旅游事业发展,促进鄂西北山区早日脱贫致富,促进湖北和十堰市经济发展都具有十分重要的意义。

路线走向:该项目起于丹江口市武当山特区,经六里坪镇、韩家垭,止于十堰市茅箭区许家棚,与十堰市市区连接线及 209 国道复线相接,为全封闭、全立交高速公路。

建设规模:建设里程 27.683km,特大桥、大桥 14 座 4048.82 延米,中小桥 21 座 1101.25 延米,涵洞 67 道,通道 26 处,上跨天桥 1 座;分离及互通式立交 2 处,养护工区 1 处,收费站 3 处,并设置了完善的通信、监控及安全、养护、管理系统。

投资规模:该项目为国内筹资项目,批准概算投资 10.13 亿元,其中资本金 6.078 亿元,占总投资的 60%,国内银行贷款 4.052 亿元,占总投资的 40%。实际累计到位资金 10.16 亿元,其中:国家开发银行贷款 4.08 亿元,交通部拨款 0.248 亿元,湖北省自筹资金 3.45 亿元,法人资本金(高路集团投资)2.38 亿元。

主要技术指标:路基宽度 23m,路幅布置中央分隔带 1.5m、路缘带 2×0.25m、行车道

2×(2×3.75m)、硬路肩2×2.5m、土路肩2×0.5m,设计时速80km/h,行车道宽3.75m,最小平曲线半径400m,最大纵坡5%,桥涵设计荷载汽车—20级、挂—120级,桥涵设计洪水频率特大桥1/300、中、小桥涵1/100,路面面层沥青混凝土16cm,基层水泥稳定碎石54cm。

主要工程数量:路段全长27.683km,路基土方3082.3km³,石方5586.8km³,防护工程402.5km³,特大桥、大桥4048.82m/14座,中桥726.55m/10座,小桥374.70m/11座,独立涵洞67道,路面底基层608.01km³,下基层570.01km³,上基层544.52km³,沥青混凝土面层632.86km³,独立通道26道,天桥1座,波形梁护栏94850m,防眩板6897m,隔离栅64740m,标志421处,标线37819m²,绿化27.683km,声屏障5处。

自然地理特征:该项目位于武当山山脉西部,总体地势西北高,东南低。路线经过地带属构造剥蚀中低山重丘区,其地面海拔在149~604m之间,地势高低起伏较大,河沟发育,地形破碎,地面横坡陡,部分路段经过丹江口水库南水北调工程实施后淹没区。路线平行行进于白河—谷城断裂及两郧断裂,地质条件复杂,主要不良地质现象有:滑坡、滑塌等;路线所经过地区属亚热带大陆性季风性湿润气候,日照充足,四季分明,年无霜期为235天,多年平均气温15℃,极低气温-18℃,最高气温42℃。路线所经地区的主要河流为汉江支流,有剑河、官山河及泗河。主要水库有丹江口水库和石卡水库。

(二)项目前期工作

决策背景:湖北省于1994年以鄂政发〔1994〕145号文对汉十高速公路建设提出了具体要求:要抓紧武汉至十堰高等级公路的规划、设计、勘察等前期准备工作,争取早日开工。湖北省委办公厅于1996年10月24日在"关于探讨振兴汽车工业具体措施的函"中也提出了:将汉口—十堰段作为"汽车专用一级公路",纳入全省"九五"交通建设重点,争取早日开工建设。据此,湖北省交通厅《关于编制汉口至老河口公路预可行性研究报告的函》(鄂交函〔93〕008号)和《关于补充下达1995年交通基本建设重点工程项目前期工作计划的通知》(鄂交计〔1995〕513号)正式下达了汉十公路预可行性研究任务,湖北省交通规划设计院于1993年2月12日正式开展工作,于1997年11月完成了预可报告。1997年12月,省计委、省交通厅联合对预可报告进行了审查。随后湖北省交通规划设计院根据审查意见于1998年6月完成修编报告并上报交通部。

1998年11月初,省交通厅下达了《关于汉十公路前期工作有关问题的通知》(鄂交计〔1998〕593号),将汉十公路分解为汉十公路汉口至孝感段、汉十公路孝感至随州段、汉十公路随州至襄樊段、汉十公路襄樊至十堰段四个项目,其中随州至襄樊段设计里程新增汉十公路在襄樊与襄荆公路的连接线。四个项目的建设方式初步确定为:汉口至孝感段和襄樊至十堰段拟采用国内资金建设,孝感至随州段拟采用BOT方式建设,随州至襄樊段拟采用60%的国内资金和争取40%的世界银行贷款建设。根据交通厅的文件精神,在预可报告的基础上,按照交通部1988年6月颁布的《水运、公路建设项目可行性研究报告编制办法》有关要求,参考交通部1996年12月提出的《公路建设项目可行性研究报告编制办法》(讨论稿),湖北省交通规划设计院于1999年2月编制完成了汉十高速公路襄樊至十堰段工程可行性研究报告。考虑到汉十高速公路襄樊至十堰的末段(武当山至十堰段)处于重丘区,是汉十高速公路襄樊至十堰段中交通量最大、地形地质条件也很复杂的一段,为及时有效地发挥汉十高速公路的作用,便于对重点难点路段集中投入和管理,建设单位提出将此段作为一个独立项目进行建设管理。按照建设单位的要求,湖北省交通规划设计院编制完成汉十高速公路武当山至十堰段工程可行性研究报告。

决策过程:1998年8月5日,湖北省交通规划设计院开始拟建高速公路工可研究的准备工作,收集项目影响区经济交通发展资料和地质水文普查资料、各种比例的地形图等。8月19日,项目组赴项目影响区收集经济交通发展现状及规划、铁路运输及航运发展现状与规划、城镇规划、地形、地质、气象、水文、筑路材料单价及来源和料场分布情况、征地拆迁等方面的资料,赴工地现场对各路线比选方案进行了实地踏勘,对不良地质地段进行了普查,对重点人工构造物地点进行了地质勘探,并于9月15—16日在项目影响区内进行了交通量OD调查,还委托交通部二航院环保所开展了本段公路的环境评价工作。在此基础上于1999年8月编制完成了汉十高速公路武当山至十堰段工程可行性研究报告。

立项审批:湖北省计委1999年9月24日以《关于汉十高速公路武当山至许家棚段工程可行性研究报告(代项目建议书)的批复》(鄂计交字〔1999〕0849号)批复项目建议书和可行性研究报告,1999年12月1日以《关于汉十高速公路武当山至许家棚段初步设计的批复》(鄂计基管字〔1999〕1250号)批复项目初步设计文件,批准总概算101300万元,计划工期4年。该项目严格执行基本建设程序,各阶段审批情况见表2-1-79。

武许段工程项目审批表　　　　　表2-1-79

主要程序	审批文号	批准单位
工程可行性研究报告的批复	鄂计交字〔1999〕0849号	省计委
初步设计文件的批复	鄂计基管字〔1999〕1250号	省计委
一期工程施工招标资格预审结果的批复	鄂交基〔1999〕666号	省交通厅
土建工程监理招标资格预审结果的批复	鄂交基〔1999〕667号	省交通厅
一期土建工程施工招标文件的批复	鄂交基〔1999〕668号	省交通厅
土建工程监理招标文件批复	鄂交基〔1999〕670号	省交通厅
二期路面招标文件的批复	鄂交基〔1999〕591号	省交通厅
土地使用批复	国土资函〔2001〕357号	国土资源部
林地使用批复	林资发〔2000〕265号	国家林业局
环境评估报告的批复	鄂环函〔1999〕178号	省环保局
开工报告的批复	鄂计资〔2000〕0163号	省计委

征地拆迁：1999年11月3日，湖北省指挥部在十堰召开襄十高速公路武许段征迁动员大会，全面启动武许段的征迁工作。十堰市分别成立了以交通、水利、国土、林业等部分负责人为成员的各级协调指挥部，具体负责辖区内的征地拆迁，协调项目实施中的地方关系。根据项目实施结果，项目永久性征地3586.405亩，拆迁房屋74689.03m^2，林木263865株，拆迁"三杆"601杆（基）。上报征地拆迁费用为5477.55万元，而征地拆迁概算批复为3141.1万元。实际支出为5009.59万元，实际支出超概算批复费用的59.49%。在工程建成以后，湖北省国土资源厅对项目用地情况进行了严格的地籍测量工作，并于2004年3月，根据有关法律法规，对项目用地颁发《国有土地使用证》。

征地拆迁：1999年11月3日，省指挥部在十堰召开襄十高速公路武许段征迁动员大会，全面启动武许段的征迁工作。十堰市分别成立了以交通、水利、国土、林业等部分负责人为成员的各级协调指挥部，具体负责辖区内的征地拆迁，协调项目实施中的地方关系。根据项目实施结果，项目永久性征地3586.405亩，拆迁房屋74689.03m^2，林木263865株，拆迁"三杆"601杆（基）。上报征地拆迁费用为5477.55万元，而征迁概算批复为3141.1万元。实际支出为5009.59万元，实际支出超概算批复费用的59.49%。

在工程建成以后，湖北省国土资源厅对项目用地情况进行了严格的地籍测量工作，并于2004年3月，根据有关法律法规，对项目用地颁发《国有土地使用证》。

（三）项目建设情况

组织机构：湖北省成立襄十高速公路建设指挥部，由副省长周坚卫任指挥长；副指挥长：夏闲忍（省政府副秘书长）、王远璋（省交通厅厅长）、罗辉（襄樊市市长）、马荣华（十堰市市长）、户文宪（十堰市委副书记）、赵振（襄樊市副市长）、夏国玺（十堰市副市长）、闫新明（省土地局副局长）、蔡潮（省交通厅助理巡视员）、张忠宝（省公路局局长）、马军（省公路局常务副局长）；指挥部下设办公室，马立军兼任办公室主任。

主要参建单位：建设单位为湖北省襄十高速公路建设指挥部；设计单位为中交第二公路勘察设计研究院；监督单位为湖北省交通建设质量监督站；监理单位为武汉大通公路桥梁工程咨询监理有限公司、湖北省公路工程咨询监理中心、湖北省公路工程咨询监理中心；土建施工单位为潜江市公路建设工程公司、交通部第二公路工程局第一工程处、湖北省路桥公司、湖北省孝感市公路工程建设开发公司、广西壮族自治区公路桥梁工程总公司、湖北兴达交通工程建设股份有限公司、武汉东交道路桥梁工程有限公司、中港第二航务工程局；路面施工单位为湖北省路桥公司；交安施工单位为湖北省路路通公路设施工程有限公司、湖北省路桥公司。

招投标及标段划分：项目严格执行国家《招投标法》和公路工程实行招投标制的有关要求，采用国内竞争性招标，选择承包商。一期路基工程划分为6个合同段，选择了国内

8家施工单位和2家监理单位作为合法的中标人,二期路面工程划分为一个合同段,房建工程划分为三个施工合同段和一个监理合同段,交安、绿化工程各划分为两个合同段,机电工程与襄武段一期实施招标。武许段在建设工程中,共进行8次招投标活动,并严格依法按程序进行,较好地贯彻了"公开、公平、公正、择优、诚信"的原则。该项目按照工程监理制的要求,通过国内竞争性招标,选择了2家具有公路工程监理资格的监理单位,在总监办的领导下,按照国家有关规定,受项目法人委托对施工承包合同的执行、工程质量、进度、投资等方面进行监督与控制。

实施过程:计划工期为3年(自开工之日起),2000年3月20日正式开工建设,2003年3月29日通过交工验收,2003年4月26日开放交通试运营。1999年8月,武许段建设机构开始筹建,11月初进驻现场,仅用半个月时间完成了全线征迁任务。2000年3月正式开工,年底完成土石方334.8万 m^3,占工程量的62%,通道、涵洞完成100%,桥梁完成50.7%,年度完成投资3.98亿元人民币。2001年11月,路基土石方、大中桥梁、小型构造物、防护工程全部完成并通过初验,与此同时,二期路面、三期绿化、房建施工队伍进场并相继开工。年度完成投资2.81亿元。2002年1月,路面基层施工开始进行,6月开始油面层施工,交安设施工程也进入同步设施阶段,到年底,除机电工程须与襄武段同步实施外,武许段各项工程全部结束,累计完成投资9.32亿元。2003年3月29日,项目通过交工验收,交工验收评定为:分项、分部、单位工程合格率100%,优良率100%,工程质量评分97.84分,工程质量等级优良。2003年4月26日,开放交通试运营。它是湖北省第一条山岭重丘区高速公路,也是湖北省第一次采用抗滑桩等技术综合治理公路地质灾害,第一次将工程防护与生态防护相结合整体实施环保工程,第一次全线实施彩色诱导、震标警示、声屏降噪的高速公路项目。

福银高速公路襄十高速襄(樊)武(当山)段(G70)

工程交工、竣工验收:2003年3月29日,襄十高速公路武许段工程通过交工验收,工程质量得分96.4分,各标段共计800个分项合格率为100%,优良率为99.4%;186个分部工程合格率为100%,优良率为99.5%;43个单位工程合格率为100%,优良率为100%;项目工程质量等级评定为优良。

2004年5月10日,襄十高速公路武许段建设项目档案专项工程通过验收。2004年6月24日,襄十高速公路武当山至许家棚段环境保护专项工程通过交工验收。2004年5月11日至7月4日,湖北省审计厅对襄十高速公路武许段建设项目竣工决算进行了审计。

六、襄十高速公路襄(樊)武(当山)段

(一)项目概况

功能定位:湖北省襄十高速公路襄(樊)武(当山)段(以下简称襄武段),是国家西部开发省际通道银(川)武(汉)高速公路的重要组成部分,也是国家和省交通重点建设项目。它是湖北省第一条山岭重丘区高速公路,也是湖北省第一次采用双联拱技术进行隧道施工,第一次运用抗滑桩、预应力锚索等技术综合治理公路地质灾害,第一次将工程防护与生态防护相结合整体实施环保工程,第一次全线实施彩色诱导、震标警示、声屏降噪的高速公路项目。该项目的建成通车,对服务西部开放开发,扩大内需,拉动经济增长,改善湖北省西北部的交通环境,完善湖北省路网布局,加快武汉—襄樊—十堰汽车工业走廊的建设和发展,推动湖北省及襄樊、十堰两市经济、社会和旅游事业的发展,促进鄂西北山区早日脱贫致富,具有十分重要的意义。同时对湖北省积累山区高速公路的建设经验,推进山区高速公路新技术及科研成果应用具有积极作用。

路线走向:起于襄樊市伙牌镇邰营,经襄阳区龙王集、老河口市仙人渡镇、谷城县石花镇、丹江口市土关垭镇、丁家营镇,止于十堰市武当山特区,与已建成的襄十高速公路武(当山)许(家棚)段相连接。

建设规模:路线全长107.61km。特大桥、大桥23136m/57座,中桥1163m/18座,小桥81m/4座,隧道581m/3座,分离式立交12处,互通立交5处,通道166道,涵洞201道,天桥18座。分离及互通式立交17处,服务区2个,养护工区1个,配套设置了完善的绿化、环境保护、交通安全设施及通信、监控、照明、收费管理系统。

投资规模:该项目为国内筹资项目,批准概算投资39.30亿元,其中资本金13.76亿元,占总投资的35%,国内银行贷款25.54亿元,占总投资的65%。资金筹措:项目批准总概算393033.61万元,决算总投资298128.17万元,实际累计到位资金384083万元,其中:1.基建拨款105544万元;2.法人资本金22339万元,其中:湖北金路集团19239万元,

湖北省高速集团 3000 万元,湖北省路桥公司 95 万元,湖北省公路物资设备公司 5 万元;3. 银行贷款 256200 万元,其中:国家开发银行贷款 181100 万元,中国工商银行贷款 75100 万元。

主要技术指标:路基宽度 24.5m、26m;行车道宽 3.75m;路幅布置中央分隔带 1.5m、2m、路缘带 2×0.5m、行车道 2×(2×3.75m)、硬路肩 2×2.75m;土路肩 2×0.75m;设计时速 80km/h、100km/h;最小平曲线半径 640m;最大纵坡 3.3%;桥涵设计荷载汽车—20 级,挂—120 级;桥涵设计洪水频率特大桥 1/300、中、小桥涵 1/100;路面面层沥青混凝土 16cm、基层水泥稳定碎石 54cm。

主要工程数量:襄武段全长 107.612km,路基土方 10788.89km³,石方 6513.23km³,防护工程 550.49km³,特大桥、大桥 23136.3m/15 座,中桥 1163.1m/18 座,小桥 81.4m/4 座,独立涵洞 201 道,路面底基层 2207.99km³,下基层 2161.04km³,上基层 2108.67km³,沥青混凝土面层 2602.05km³,独立通道 166 道,天桥 18 座,双连拱隧道 581m/3 座,波形梁护栏 375356m,防眩板 30549m,隔离栅 241192m,标志 1224 处,标线 92101m²,服务区、休息区 2 处,收费站 4 处,养护工区 1 处,绿化 107.612km,声屏障 10 处。

自然地理特征:襄樊至谷城,路线位于湖北省中西部地区的南襄盆地南部边缘,跨越襄樊市襄阳区、老河口市、谷城县。总体地势西北高东南低,勘测区内最高点海拔高程为 160m,最低点为汉江,海拔高程 70m 左右。从起点至 K333+500 路段,为汉江的二、三级阶地,其地面高程一般在 75~150m 之间,地势波状起伏。从 K333+500 至终点谷城互通路段,为汉江的一、二级阶地,其地面高程一般在 75~95m 之间,地势宽阔平坦。

根据湖北省地震烈度区划图可知,勘测区地震基本烈度为 6 度。其中老河口市西北部、丹江口市南部达到 7 度,襄阳区、谷城县和老河口市其他地区为 6 度。鉴于仙人渡汉江大桥为跨越汉江的特大型桥梁,设防烈度选用七度。

路线所处地区属亚热带大陆季风性湿热气候,日照充足,四季分明,无霜期长,多年均霜日 60 天,平均结冰日 59 天,均以一月份出现日数最多,多年平均气温 15℃,极端最低气温 -17.2℃,历年最高气温可达 41℃,冬有严寒,夏有酷热,多年平均降雨量 841mm,最大年降水量为 1245mm,最小年降水量为 474mm,相差 2.63 倍,本地区年平均风速平均 1.5~3.3m/s,最大风速为 17.7m/s。

谷城至十堰,位于湖北省西北部,路线大致呈东西走向,并稍由南偏北,路线东西向位于东经 111°10′~110°50′之间,南北向位于北纬 32°30′~32°38′之间。路线走廊所经地区位于武当山脉西部,总体地势西北高东南低;路线经过地带依次为北河冲积平原区、风化剥蚀砂岩低丘区、构造剥重丘区及构造剥蚀低丘区,其地面海拔在 149~604m 之间,地势起伏较大、地形破碎、局部陡峭,地面横坡陡,沿线沟谷纵横,大多呈"V"形谷,部分呈"U"形谷,因此路线路基土石方及防护工程量较大。

路线所经地区属亚热带大陆季风性湿热气候,日照充足,四季分明,无霜期长,年无霜期为235天,年平均气温15℃,极端最低气温-18℃,极端最高气温42℃。降雨量为800~1500mm,多集中在7~9月,雨季降雨量占全年降雨量的75%左右。本地区风速平均2.6~2.9m/s,最大风力可达十级,风向6~7月多为偏南风。

沿线地表水主要为北河、四道河、殷家河、浪河、丹江水库库尾库水等河水,以及山间小溪、灌溉沟渠、溪沟等,受大气降水及基岩裂隙水的补给,流量随季节变化。根据1990年国家地震局颁布的《中国地震烈度区划图(湖北部分)1990年》,本区的50年超越概率10%的地震基本烈度为6度。公路建筑物一般不设防,特大桥按7度设防。

(二)项目前期工作

决策过程:2000年,交通部以《关于襄樊至十堰(武当山)公路项目建议书的批复》(交规划发〔2000〕203号文)批准了襄十高速公路襄武段工程项目的立项。同年,交通部《关于襄樊至十堰(武当山)公路可行性研究报告的批复》(交规划发〔2000〕358号)批准了襄十高速公路襄武段工程项目的工可报告,并以《关于襄樊至十堰(武当山)公路初步设计的批复》(交公路发〔2000〕559号文)批准了襄十高速公路襄武段工程项目的初步设计。

立项审批情况见表2-1-80。

襄十高速公路襄武段工程项目审批表 表2-1-80

主要程序	审批文号	批准单位
工程可行性研究报告的批复	交规划发〔2000〕358号	交通部
公路项目建议书的批复	交规划发〔2000〕203号	交通部
初步设计文件的批复	交公路发〔2000〕559号	交通部
施工图设计批复	鄂交基〔2000〕650号	省交通厅
一期工程施工招标资格预审文件的批复	鄂交基〔2000〕573号	省交通厅
一期工程施工招标资格预审结果的批复	鄂交基〔2000〕682号	省交通厅
土建工程监理招标资格预审文件的批复	鄂交基〔2000〕572号	省交通厅
土建工程监理招标资格预审结果的批复	鄂交基〔2000〕683号	省交通厅
一期土建工程施工招标文件的批复	鄂交基〔2000〕651号	省交通厅
土建工程监理招标文件批复	鄂交基〔2000〕652号	省交通厅
二期路面资格预审文件的批复	鄂交基〔2002〕235号	省交通厅
二期路面资格预审结果的批复	鄂交基〔2002〕342号	省交通厅
二期路面招标文件的批复	鄂交基〔2002〕353号	省交通厅
绿化工程施工招标文件的批复	鄂交基〔2002〕593号	省交通厅
交通安全设施工程施工招标文件的批复	鄂交基〔2002〕592号	省交通厅
房建施工招标文件的批复	鄂交基〔2002〕701号	省交通厅

续上表

主要程序	审批文号	批准单位
房建监理招标文件的批复	鄂交基〔2002〕702号	省交通厅
土地使用批复	国土资函〔2003〕491号	国土资源部
林地使用批复	鄂林地审〔2001〕062号	省林业局
环境评估报告的批复	环函〔2000〕206号	国家环保局
开工报告的批复		

征地拆迁:2000年10月,襄武段征迁工作全面启动。襄樊、十堰两市分别成立了以交通、水利、国土、林业等部门负责人为成员的各级协调指挥部,具体负责辖区内的征地拆迁,协调项目实施中的地方关系。根据项目实施结果,项目永久性占地9665.14亩,拆迁房屋99451.23m²,林木544132株,拆迁"三杆"1171杆(基)。襄十高速公路襄武段征迁资金概算批复为16357万元,实际支出为16097万元,实际支出比概算批复费用节余260万元。项目建设用地经国土资源部(国土资函〔2003〕491号)和湖北省国土资源厅(鄂土资批〔2004〕131号、132号)批复,工程建成以后,湖北省国土资源厅于2004年3月对项目用地情况进行了地籍测量,于2006年1月,根据有关法律法规,对项目用地颁发《国有土地使用证》。征地拆迁工作过程:1999年11月,湖北省人民政府批准成立襄十高速公路建设指挥部,负责武许段的施工管理和襄武段、襄荆连接线的前期筹备,2000年10月,襄武段沿县(市区)成立征地拆迁协调指挥部。2000年10月12日,省指挥部根据工程设计,组织沿线征地拆迁放线,开挖边沟,办理用地手续。2000年11月20日全线开始房屋迁建。2001年5月16日至7月中旬,协调处理电力、电信、光缆等重要电力、电信设施拆迁问题。2001年3月31日,工程全面展开施工。2001年3月31日至2003年12月,施工协调。2003年12月26日,项目建成试运营。2004年1月1日,国土资源部对项目建设用地进行批复。

2004年3月4日,湖北省国土资源厅对项目用地进行批复。2004年3月14日,省国土资源厅对项目进行地籍测量。

(三)项目建设情况

组织机构:1999年10月,省交通厅确定省公路局作为项目业主,成立湖北省襄十高速公路武当山至许家棚项目经理部,先期负责武许段的筹资和建设工作。1999年11月,湖北省人民政府以鄂政办发〔1999〕151号文成立了湖北省襄十高速公路建设指挥部,与省公路局相应成立的襄十高速公路有限责任公司(项目业主)一门两牌,负责襄十高速公路(武许段、襄武段、汉十、襄荆高速公路连接线)的建设管理工作。

湖北省襄十高速公路建设指挥部按照国家有关公路建设管理的法规和省政府、省交通厅确定的建设目标和要求,具体负责襄十高速公路工程建设阶段的项目筹划、资金筹措、前期工作、项目实施及建设管理工作。常驻工地的常务副指挥长兼任公司经理,直接负责项目的组织实施。指挥部和公司内设综合协调办公室、总监办公室(含中心实验室)、工程管理处、财务管理处、机料管理处、设计代表处等6个部门,下设3个工作站。其组织机构采取矩阵制的方式,即:指挥部(公司)根据工程管理需要进行动态的人力资源调配和管理,保持和优化项目管理的人员构成,实行因事设岗,精干高效,动态管理。

主要参建单位:建设单位为湖北省襄十高速公路建设指挥部;设计单位为中交第二公路勘察设计研究院、湖北省交通规划设计研究院;监督单位为湖北省交通建设质量监督站;监理单位为湖南省交通建设工程监理有限公司、湖北省公路水运工程咨询监理公司、沈阳公路工程监理有限责任公司、北京育才交通工程咨询监理公司华中分公司、重庆正大工程监理有限责任公司、陕西公路交通工程监理咨询有限公司;土建施工单位为中国水利水电第五工程局、中铁第十一工程局、辽宁省路桥建设集团总公司、湖北省荆州市公路桥梁建设总公司、湖北神路桥公司、铁道部大桥工程局、河南省驻马店地区公路工程开发总公司、浙江省交通工程建设集团有限公司、中国路桥(集团)总公司、贵州省桥梁工程总公司、交通部第一公路工程总公司第一工程公司、孝感市公路工程建设开发总公司、中铁第十七工程局第一工程处、中铁第十七工程局第三工程处、中铁十二局集团有限公司、中铁一局集团有限公司、中港第二航务工程局;路面施工单位为河北路桥集团有限公司、交通部第二公路工程局第四工程处、湖北省路桥公司、湖北长江路桥股份有限公司;交安施工单位为四川金城栅栏工程有限公司、湖北省路桥公司、北京深华科交通工程有限公司、湖北利航交通开发公司、武汉市交通安全设备有限公司。

工程招投标:该项目通过竞争性招标,选择了国内2家具有一级公路勘察设计资质的设计单位进行工程的前期设计和后续设计服务。

该项目严格执行国家《招投标法》和公路工程实行招标制的有关要求,采用国内竞争性招标,选择承包商。一期路基工程划分为18个合同段,选择了国内18家施工单位作为合法的中标人,二期路面工程划分为4个合同段,房建工程划分6个施工合同段,交安、绿化工程各划分6个合同段,机电工程与汉十、襄荆高速公路连接线合为1个施工合同段。建设过程中,共进行9次招投标活动,并严格依法按照程序进行,较好地贯彻了"公开、公平、公正、择优、诚信"的原则。招投标工作结束后,没有受到任何单位的投诉和质疑,社会反响良好。

该项目按照工程监理制的要求,通过国内竞争性招标,选择了9家具有工程公路监理资格的监理单位,在总监办的领导下,按照国家有关规定,受项目法人委托对施工承包合同的执行、工程质量、投资等方面进行监督与控制。

实施过程:计划工期为3年。2001年3月20日正式开工建设,2003年12月20日通过交工验收,2003年12月26日开放交通试运营。1999年11月,指挥部正式成立。2001

年3月正式开工,年底完成土石方952万 m³,占工程量的58%,通道、涵洞完成91%,桥梁完成32%,年度完成投资10.48亿元人民币。2002年10月底,路基土石方、大中桥梁、小型构造物、防护工程全部完成并通过初验,与此同时,二期路面、三期绿化、房建施工队伍进场并相继开工。年度完成投资10.5亿元。2003年1月,路面基层施工开始进行,5月开始油面层施工,交安设施工程也进入同步实施阶段,到年底,襄武段各项工程全部结束,累计完成投资32.6亿元。2003年12月19日,项目通过交工验收,交工验收评定为:分项、分部、单位工程合格率100%,优良率100%,工程质量评分96.51分,工程质量等级优良。2003年12月26日,开放交通试运营。

工程交、竣工验收:2003年12月19~20日,工程通过交工验收,工程质量得分96.51分,各标段共计2706个分项合格率为100%,优良率为99.04%;760个分部工程合格率为100%,优良率为100%;123个单位工程合格率为100%,优良率为100%,项目工程质量等级评定为优良。2004年6月25日,襄十高速公路襄武段房建工程通过交工验收;2004年12月21~22日,襄十高速公路襄樊至武当山段环境保护专项工程通过交工验收;2005年3月7~6月10日,湖北省审计厅对襄十高速公路襄武段及汉十襄荆连接线建设项目竣工决算进行了审计。

(四)复杂难点工程

襄十高速公路襄武段工程建设技术重点和课题难点集中体现在不良地质灾害防治、高填深挖路基施工、桥隧施工、膨胀土处治等多个方面,为此,成立了20个攻关组,对滑坡及高边坡防护、高填深挖路基施工、复杂地层双联拱隧道施工、膨胀土路基治理、辉绿岩细砂混凝土研究、"三灰"基层材料、山区景观绿化、工程管理等多个方面有针对性地开展技术和课题攻关,其中《山区高速公路滑坡和路堑边坡整治综合技术研究与应用》获省科技进步一等奖,《山区高速公路沥青路面关键技术研究》获省科技进步二等奖,《高速公路复杂地层双联拱隧道施工关键技术研究与应用》等四项成果获省科技进步三等奖,形成了一批有价值、有实际指导意义的论文20多篇;全方位推广"四新"成果。在三座双联拱隧道的施工过程中,按照"弱爆破、强支撑、短进尺、勤测量"的原则,坚持洞口开挖支护、导洞掘进领先、洞身衬砌跟进、主洞单洞双向掘进、双模双向浇铸拱圈的工序,并采用国内领先的位移观测和收敛观测技术监控围岩变形,确保了隧道施工质量和安全;在多处地质灾害的治理中,运用信息化施工技术,采取钢筋混凝土和钢轨抗滑桩给山体强筋健骨钉住山体,通过预应力锚索挂网喷浆给山体穿上"铁背心",较好地稳定了滑坡山体;在山区爆破施工中,广泛采用了预裂和光面爆破技术,较好解决了路基边坡稳定保形问题;在桥梁基础施工中,针对不同地质特点,采用了德国磨旋钻机、旋挖钻机、反回旋钻、冲击钻、挖孔加井下爆破、刮板钻等技术和设备,提高了成孔效率。

七、汉十高速公路十(堰)漫(川关)段

(一)项目概况

功能定位:十(堰)漫(川关)(以下简称十漫高速公路)高速公路是国家规划的西部开发省际公路通道银川至武汉公路在湖北省境内的最西段,也是湖北省公路主骨架的组成部分,连接了我国西北与华中地区,是武汉与西安之间最便捷的高速公路通道,在国家和区域路网中具有重要地位。该项目的实施对于贯彻落实西部大开发战略部署,完善国家及湖北干线公路网,加强鄂陕两省乃至我国西北地区与华中、华东、华南地区的经济联系,促进区域资源开发和经济等均具有重要意义。

路线走向:十漫高速公路,起点位于十堰市茅箭区许家棚,经茅箭、张湾、郧县、郧西等四县区,止于鄂陕交界处的陕西省山阳县漫川关镇,路线全长107.63km。

福银高速公路十漫段(G70)

建设规模:全线路基土石方1763万 m^3,特大桥、大桥115座69972m,特长隧道1座3090m,长隧道4座6111m,中短隧道23座4370m;分离式立交21座4032m,互通式立交6处,服务区一处,停车区2处,养护工区2处,监控中心1处,互通立交匝道收费站5处,漫川(鄂陕界)主线收费站1处。全线设置完备的交通安全、机电系统及环保设施。

投资规模:项目概算总投资54.44亿元,其中资本金约19.04亿元人民币,占总投资的35%;世界银行贷款2亿美元,国内银行贷款约18.76亿元人民币,占投资总额的65%。一期土建工程投资35.55亿元,二期土建工程投资4.49亿元,三期机电、房建工程投资2.52亿元,设备购置费1.1亿元,征地拆迁费1.92亿元,管理费1.52亿元,其他费用7.34亿元。

主要技术标准:公路等级双向四车道高速公路,计算行车速度80km/h,路基宽度整体

式24.5m,分离式12.5m,桥涵设计荷载汽—超20级、挂—120,特大桥设计洪水频率1/300,构造物及路基设计洪水频率1/100,地震烈度6度,大型构造物7度。

自然地理特征:十漫高速公路位于秦岭山脉南麓,山高坡陡,地形起伏频繁,一般相对高差在40~480m,海拔高度在140~1596m,沿线丘壑纵横,山体陡峻,峡谷众多。

气候为北亚热带季风性气候,属大陆性气候,日照充分,降水丰富,四季分明。年平均气温为14.5~16℃,最低月平均气温2.7℃,最极端气温-14.9℃;最高月平均气温27.5℃,最高气温41.1℃。年均降水量884.9mm,最大积雪深度160mm。年均无霜期248天,年平均日照时数1889h,最大风速29.6m/s,风力可达10级。

公路跨越两郧、襄广等7条地质断裂带,地处丹江口水库上游,属于南水北调水源区,地质、生态环境脆弱,沿线现有公路坡陡弯急、设计荷载低,大件设备材料运输困难;同时施工用材、用水苦难,需远距离调运。整条高速公路近一半是桥隧,桥隧比达45.7%,防护工程数量大,形式多,工程技术和质量、安全控制难度大。

(二)项目前期工作

决策背景:随着西部大开发战略的提出和实施,国家提出力争用10年左右时间使西部地区基础建设有明显进步,为此,交通部在经过充分调查研究基础上提出了加快西部公路建设的奋斗目标。2002年,交通部规划司组织有关专家经过现场调研,进一步确立银武线湖北陕西两省的衔接点为漫川关,西部开发省际公路通道银武通道银武线在宁夏、甘肃境内长402km;其中银川至同心217km已建成,同心至沿子段工程可行性研究报告已得到国家有关部门批准。甘肃境内296km的可行性研究已完成。陕西省境内341km中,西安至蓝田24km高速公路已建成通车,蓝田至商洛段64km即将开工建设;其余路段将也陆续开工。湖北省境内485km中,十堰至武汉378km高速公路已建成通车,这样银武线西安至武汉段仅余商洛至十堰约200km左右路段尚未开工(其中湖北境内约106km)。因此加快十漫高速公路前期工作进程,促西安至武汉高速公路早日全线贯通,以充分发挥该通道效益,已迫在眉睫。

决策过程:2000年,湖北省交通厅将西部开发省际公路通道银武线十堰至西部省界段的前期研究工作纳入2000年度工作计划,并责成湖北省公路局具体实施这项工作(鄂交计〔2000〕118号文)。受湖北省公路局委托,湖北省交通规划设计院在完成西部开发省际公路通道银武线十堰至漫川关段的预可行性研究工作,并于2000年12月通过了湖北省计委、交通厅的联合审查后,于2001年9月开展可行性研究工作,2002年6月编制完成可行性研究报告,2002年9月,湖北省发展计划委员会、交通厅联合主持审查了《西部开发省际公路通道银武线十堰至漫川关段工程可行性研究报告》。根据审查意见,湖北省交通规划设计院于2002年10月完成修编工作。2002年9月16—17日,湖北省发展计划委员会、省交通厅召开预审会议,形成《银川西安武汉公路大通道十堰至漫川关段工程可行性研究报告预审会专家组意见》(鄂计交通〔2002〕1051号),2003年4月7日至27日,受国家发展和改革委员会委托,中国国际工程咨询公司组织专家组队湖北省交通规划设计院编制的《西部开发省际公路通道银武线十堰至漫川关段工程可行性研究报告》进行现场调研评估。2003年8月13日,十漫指挥部发布"湖北省十漫高速公路工可报批情况说明";2003年9月18日交通部对可行性研究报告审查意见进行批复(交函规划〔2003〕273号);2004年2月20日国家发改委对可行性报告进行批复。2004年2月,国家发展和改革委员会以《印发国家发展改革委关于审批湖北省十堰至漫川关(鄂陕界)公路可行性研究报告的请示的通知》(发改交运〔2004〕291号)批准了十漫高速公路项目的工可报告,同年7月,交通部以《关于十堰至川关(鄂陕界)公路初步设计的批复》(交公路发〔2004〕421号)批准了十漫高速公路工程项目的初步设计,9月,湖北省交通厅以鄂交基〔2004〕400号文批准了该项目的施工图设计。

立项审批情况见表2-1-81。

湖北省十漫高速各阶段审批情况表   表2-1-81

工程可行性研究报告的批准	发改交运〔2004〕291号文
初步设计文件的批准	交公路发〔2004〕421号文
施工图设计的批准	鄂交基〔2004〕400号文
土地使用的批准	国土资函〔2006〕124号文
环境环保报告的批复	环函〔2004〕142号文

征地拆迁:坚持以人为本,依法、有情、经济、合理推进征迁安置工作。在对沿线征地拆迁情况进行进行实地调查的基础上,编写了《十漫高速公路安置行动计划》,科学合理制定造地计划,改善沿线地区的生产生活条件,以优先安置与移民安置相结合的多途径安置方针,使得沿线拆迁群众均得到妥善安置,保证了弱势群体利益。省指挥部与省国土资源厅及沿线政府签订了土地统征包干协议,确定了以土地部门为主办理征地手续,由地方政府牵头负责补偿兑现及劳动力安置的工作思路,明确规定了资金拨付渠道、拨付时限、补偿兑现监督等方法和措施,兼顾了各方利益,体现了人文关怀。十漫高速公路永久性征地10651.7万亩,拆迁各类建筑物30.1万m^2,征地拆迁费用1.92亿元。

(三)项目建设情况

组织机构:2003年6月,省政府批准十漫高速公路建设指挥部作为项目建设单位。2004年4月,注册成立十漫高速公路经营有限公司,作为项目业主。此外,结合世行项目管理特点,成立了十漫高速公路总监理工程师办公室。指挥部、公司、总监办一门三牌,一套班子运作,负责十漫高速公路的建设管理工作。

福银高速公路十漫段郧县南互通（G70）

湖北省十漫高速公路建设指挥部领导成员：常务副指挥长、总监、公司经理、党委书记：范建海；副指挥长、总工程师：张世飙；副总经理：周大华、陈传革；党委副书记、纪委书记：罗寿龙。

主要参建单位：建设单位为湖北省十漫高速公路建设指挥部（湖北十漫高速公路经营有限公司），设计单位为湖北省交通规划设计院和中交第二公路勘察设计研究院，质量监督单位为湖北省交通厅工程质量监督局，监理单位为铁四院监理咨询公司/武汉公路监理公司联合体、重庆正大工程监理咨询有限公司、陕西公路交通监理公司、北京泰克华诚技术信息咨询有限公司，施工单位：湖北省路桥集团有限责任公司、中铁大桥局股份有限公司、中铁十二局集团三公司、湖北省路桥集团有限责任公司、孝感市公路工程建设开发总公司/中铁十五局集团有限公司、中铁隧道集团二处有限公司、中天路桥有限责任公司、湖北省兴达交通工程建设股份有限公司/中铁十九局集团第一工程有限公司、中交二公局第一工程有限公司、中铁二十局集团第二工程有限公司、中国铁路工程总公司、湖北长江路桥公司/湖北省路通公司、湖北中南路桥有限责任公司/湖北楚通公司、中铁二十局二公司/湖北省高开公司、清华紫光股份有限公司。

工程招投标情况：建设项目采取设计与施工分离，分专业分期建设实施。即：由项目业主组织招标，签订设计、施工、监理合同，按一期土建工程（路基土石方、桥隧、防护工程、绿化工程）、二期土建工程（路面、交安和绿化）、机电工程、沿线房建工程等专业组织工程施工，分别招标采购，交叉实施。

项目严格执行国家《招投标法》和世界银行招投标规则及程序，委托招投标代理机构，通过 ICB 方式招标选择了 15 家承包商负责土建一、二期工程和机电工程施工，通过 NCB 方式选择了 5 家承包商负责房建工程和连接线工程施工，按照世行 QCBS 方式选择了一家外国咨询公司作为项目国外监理，按照国内程序招标选择了 6 家国内咨询公司负责项目的监理工作。建设过程中,严格依法按程序进行招投标活动,较好贯彻了"公开、公平、公正、择优、诚信"的原则,招投标工作结束后,没有受到任何单位的投诉和质疑,社会反响良好。

实施过程:该项目原定建设工期为48个月,于2004年11月开工,2007年12月部分建成通车,2008年5月全线建成通车。为了落实省委、省政府加快发展的指示精神,以2007年底建成通车为目标,对原有总体施工组织进行了调整部署,确保该项目提前一年建成通车;以2007年底完工为计划调整主线,合理确定一期工程建设工期,超前部署二期路面、机电工程和沿线设施等后续招标和准备工作,交叉安排一、二、三期工程建设。一期工程结合山区地形特点,制定了"隧道单幅贯通、桥梁单幅架通、全线单幅先通"的施工组织方案。二期路面工程充分利用一期提供的有效路基断面,实行"分期、分段、分幅、分层"的四分小循环作业施工方法,及时铺筑路面结构层,确保整体施工进度;交安、房建、机电等工程合理交叉,步步紧跟,实现了工程的协调同步;其中,2005年、2006年连续两次汉江特大洪水,袭击了汉江特大桥桥墩桩基,大桥工程进展延期半年,至2007年9月14日,十漫高速公路最后一重点控制性工程——汉江路高架桥架通,标志着十漫高速公路实现全线贯通,2007年12月31日18时,十漫高速公路建设指挥部常务副指挥长范建海宣布实现部分路段开通试运营;2008年10月完成汉江大桥加筋换底工程,2009年10月16日,漫川关示范窗口进行揭牌仪式,标志西(安)十(堰)高速公路正式全线贯通。

工程交、竣工验收:2009年7月,经湖北省交通厅同意,十漫高速公路建设指挥部在十堰召开十漫高速公路交工验收会议,会议组成交通验收委员会,与会委员、代表进过认真讨论和评审,一致同意对十漫高速公路进行交工验收。

(四)复杂难点工程

汉十高速公路主要桥梁见表2-1-82。

汉十高速公路主要桥梁一览表　　　　表2-1-82

路线编号	桥梁名称	分段	桥梁中心桩号	跨径总长	跨径分类
G4W2	均河大桥	孝随	78.800	330	大桥
G70	孝南互通主线特大桥	孝随	992.170	1139	特大桥
	蔡家河中桥57.6	孝随	997.900	100	大桥
	群立水库大桥	孝随	1002.284	210	大桥
	沙店黄特大桥	孝随	1008.300	2726	特大桥
	环水河特大桥	孝随	1012.700	1327	特大桥
	郭家湾大桥1013.91	孝随	1013.910	100	大桥
	女儿港大桥	孝随	1019.050	120	大桥
	滚子河大桥	孝随	1031.700	120	大桥

续上表

路线编号	桥梁名称	分段	桥梁中心桩号	跨径总长	跨径分类
G70	汉丹铁路高架桥	孝随	1032.080	890	大桥
	K78+791大桥	孝随	1034.050	210	大桥
	冷水港大桥	孝随	1038.450	180	大桥
	府河大桥	孝随	1040.300	740	大桥
	陈家河大桥	孝随	1041.200	200	大桥
	佰花水库大桥	孝随	1045.690	120	大桥
	长棚大桥	孝随	1061.770	120	大桥
	董家冲大桥	孝随	1063.250	270	大桥
	随安路跨线桥	孝随	1064.100	360	大桥
	李家咀大桥	孝随	1068.200	166	大桥
	彭家凹大桥	孝随	1069.350	210	大桥
	清水河水库大桥	孝随	1069.700	270	大桥
	清水河大桥	孝随	1071.500	300	大桥
	八家棚大桥	孝随	1073.700	150	大桥
	三屋冲大桥	孝随	1076.370	120	大桥
	洛阳镇大桥	孝随	1076.800	330	大桥
	王家冲大桥	孝随	1077.950	120	大桥
	刘家桥大桥	孝随	1078.980	240	大桥
	黄土堰大桥	孝随	1085.000	180	大桥
	金花岭大桥	孝随	1086.600	120	大桥
	庵堰角大桥	孝随	1087.300	120	大桥
	刘店河大桥	孝随	1088.350	150	大桥
	皮家档大桥	孝随	1089.400	180	大桥
	响水河大桥	孝随	1093.600	450	大桥
	随应路大桥	孝随	1103.100	240	大桥
	随岳主线桥167.753	孝随	1107.580	137	大桥
	解家河大桥	孝随	1108.900	210	大桥
	均河大桥	孝随	1109.700	240	大桥
	灯草湾大桥	孝随	1111.250	120	大桥
	碾子湾大桥	孝随	1112.850	210	大桥
	陨水河大桥	孝随	1115.200	150	大桥
	易家湾大桥	随襄	1122.900	180	大桥
	柴沟河大桥	随襄	1126.300	300	大桥
	垭子湾大桥	随襄	1128.780	150	大桥
	桂花树大桥	随襄	1132.300	210	大桥

续上表

路线编号	桥梁名称	分段	桥梁中心桩号	跨径总长	跨径分类
G70	英河大桥	随襄	1150.420	120	大桥
	华阳河特大桥	随襄	1155.000	1267	特大桥
	孟家河大桥	随襄	1159.400	120	大桥
	吴店高架桥	随襄	1163.900	1357	特大桥
	和平档大桥	随襄	1166.280	120	大桥
	东干渠大桥	随襄	1174.000	210	大桥
	沙河大桥	随襄	1181.500	840	大桥
	张凹水库大桥	随襄	1194.550	450	大桥
	芦坡大桥	随襄	1196.800	160	大桥
	老官沟大桥	随襄	1204.410	100	大桥
	唐白河大桥	随襄	1212.000	2637	特大桥
	河冲坝大桥	随襄	1230.600	120	大桥
	焦柳铁路桥	随襄	1231.600	1267	特大桥
	排子河大桥	襄十	1245.400	140	大桥
	仙人渡汉江特大桥	襄十	1274.000	5346	特大桥
	北河大桥	襄十	1280.842	280	大桥
	分离式立交1282.8	襄十	1282.800	120	大桥
	高家冲高架桥	襄十	1287.300	320	大桥
	华家湾高架桥	襄十	1288.600	680	大桥
	羊皮冲高架桥	襄十	1291.850	176	大桥
	钉耙沟高架桥	襄十	1292.900	280	大桥
	油坊沟高架桥	襄十	1294.280	144	大桥
	倒座高架桥	襄十	1294.780	120	大桥
	石家河1号高架桥	襄十	1295.700	220	大桥
	石家河2号高架桥	襄十	1296.700	200	大桥
	巩湾大桥	襄十	1297.900	160	大桥
	黄土沟大桥	襄十	1299.700	320	大桥
	梨树沟大桥	襄十	1301.000	140	大桥
	黄家营大桥	襄十	1301.300	280	大桥
	四道河高架桥	襄十	1301.800	240	大桥
	铁庙沟大桥	襄十	1301.900	420	大桥
	柏果树大桥	襄十	1302.680	340	大桥
	红马庙1号高架桥	襄十	1304.250	620	大桥
	红马庙2号高架桥	襄十	1304.850	416	大桥
	大桥1307.4	襄十	1307.400	600	大桥

续上表

路线编号	桥梁名称	分段	桥梁中心桩号	跨径总长	跨径分类
G70	界牌垭2号高架桥	襄十	1308.400	390	大桥
	界牌垭3号高架桥	襄十	1308.700	180	大桥
	河湾高架桥	襄十	1309.480	240	大桥
	界牌垭4号高架桥	襄十	1310.000	510	大桥
	杨家湾1号高架桥	襄十	1310.750	120	大桥
	杨家湾2号高架桥	襄十	1310.850	120	大桥
	土关垭1号高架桥	襄十	1311.150	360	大桥
	熊家湾高架桥	襄十	1311.880	180	大桥
	土关垭2号高架桥	襄十	1312.200	240	大桥
	土关垭3号高架桥	襄十	1312.800	150	大桥
	粉坊湾高架桥	襄十	1314.550	270	大桥
	油坊湾高架桥	襄十	1316.200	180	大桥
	锦鸡高架桥	襄十	1316.880	300	大桥
	碾子沟高架桥	襄十	1318.350	120	大桥
	羊胡子沟1号高架桥	襄十	1319.380	360	大桥
	羊胡子沟2号高架桥	襄十	1319.700	100	大桥
	张家院高架桥	襄十	1320.100	600	大桥
	鄢家垭高架桥	襄十	1321.200	200	大桥
	鄢家垭分离式立交	襄十	1321.700	270	大桥
	鄢家沟高架桥	襄十	1322.000	529	大桥
	小庙沟高架桥	襄十	1324.400	180	大桥
	浪河大桥	襄十	1325.300	600	大桥
	丁家营特大桥	襄十	1328.500	690	大桥
	杨家沟大桥	襄十	1328.900	120	大桥
	3545高架桥	襄十	1329.500	140	大桥
	梅子沟1号桥	襄十	1333.200	390	大桥
	梅子沟2号桥	襄十	1333.800	360	大桥
	梅子沟3号桥	襄十	1334.280	330	大桥
	K401+444高架桥	襄十	1335.500	200	大桥
	庙包高架桥	襄十	1336.000	510	大桥
	丹江口水库大桥	襄十	1337.000	1120	特大桥
	马家沟大桥	襄十	1338.610	270	大桥
	金花树大桥	襄十	1339.700	330	大桥
	遇真宫大桥	襄十	1340.100	150	大桥
	西沟大桥	襄十	1340.580	210	大桥

续上表

路线编号	桥梁名称	分段	桥梁中心桩号	跨径总长	跨径分类
G70	东沟大桥	襄十	1341.100	180	大桥
	窑沟大桥	襄十	1341.400	210	大桥
	剑河大桥	襄十	1345.450	480	大桥
	红花沟大桥	襄十	1346.900	180	大桥
	蒿口塘大桥	襄十	1348.000	270	大桥
	彭家湾特大桥	襄十	1350.150	600	大桥
	江家沟大桥	襄十	1352.630	210	大桥
	刘家湾大桥	襄十	1357.300	180	大桥
	石卡水库大桥	襄十	1358.000	600	大桥
	周家沟1号大桥	襄十	1358.800	120	大桥
	周家沟2号大桥	襄十	1360.800	150	大桥
	万家营大桥	襄十	1362.400	210	大桥
	三岔河大桥	襄十	1364.480	330	大桥
	鸳鸯河大桥	襄十	1366.000	360	大桥
	王家湾大桥	襄十	1367.500	100	大桥
	许家棚大桥	十漫	1368.450	130	大桥
	陈家湾分离式立交桥	十漫	1369.650	160	大桥
	付家湾分离式立交桥	十漫	1370.500	180	大桥
	张湾1号桥	十漫	1371.050	400	大桥
	张湾2号桥	十漫	1372.000	360	大桥
	城皇沟大桥	十漫	1372.400	320	大桥
	张沟大桥	十漫	1374.400	240	大桥
	马家沟2号大桥	十漫	1374.850	120	大桥
	马家沟3号大桥	十漫	1374.951	120	大桥
	泰山庙大桥	十漫	1376.070	140	大桥
	蔡家沟大桥	十漫	1377.400	150	大桥
	汉江路大桥	十漫	1378.000	670	大桥
	溪沟口1号大桥	十漫	1378.800	390	大桥
	溪沟口2号大桥	十漫	1379.220	240	大桥
	双楼门大桥	十漫	1380.230	598.34	大桥
	竹家沟大桥	十漫	1380.500	270	大桥
	茅坪大桥1386.25	十漫	1383.700	150	大桥
	窑场分离式立交桥	十漫	1384.700	300	大桥
	梁家窝1号大桥	十漫	1385.600	260	大桥
	梁家窝2号大桥	十漫	1385.800	160	大桥

续上表

路线编号	桥梁名称	分段	桥梁中心桩号	跨径总长	跨径分类
G70	凤凰沟1号大桥1388	十漫	1386.050	180	大桥
	凤凰沟2号大桥1388.4	十漫	1386.250	200	大桥
	石洋河1号分离式立交桥	十漫	1386.950	280	大桥
	石洋河2号分离式立交桥	十漫	1387.370	200	大桥
	快活岭大桥	十漫	1387.600	210	大桥
	杨家湾1号桥	十漫	1387.868	180	大桥
	杨家湾2号大桥	十漫	1388.150	270	大桥
	杨家湾3号大桥1391.6	十漫	1388.400	300	大桥
	柳家河1号大桥	十漫	1388.820	380	大桥
	柳家河2号大桥1392.6	十漫	1389.250	520	大桥
	郭家湾0号大桥1393.65	十漫	1390.550	100	大桥
	郭家湾大桥1394.1	十漫	1390.820	150	大桥
	郭家湾分离式立交桥1394.3	十漫	1391.600	280	大桥
	母龙咀大桥	十漫	1392.600	540	大桥
	舒家沟0号大桥1397.15	十漫	1393.650	120	大桥
	舒家沟3号大桥1399.55	十漫	1394.300	390	大桥
	舒家沟4号大桥1400.55	十漫	1394.900	480	大桥
	朱家沟大桥1401.25	十漫	1397.150	390	大桥
	汉江特大桥	十漫	1398.550	950	大桥
	姜家沟1号大桥	十漫	1399.550	270	大桥
	姜家沟2号大桥	十漫	1399.850	210	大桥
	塘沟大桥	十漫	1400.550	160	大桥
	巷子口大桥	十漫	1401.250	480	大桥
	唐家沟分离式立交桥	十漫	1403.200	180	大桥
	下院分离式立交桥	十漫	1403.850	300	大桥
	雷家洼大桥	十漫	1404.450	330	大桥
	陈家沟大桥	十漫	1405.000	420	大桥
	龚家沟大桥1408.9	十漫	1405.900	180	大桥
	龚家垭大桥1409.8	十漫	1406.200	150	大桥
	青曲大桥1410.4	十漫	1407.600	450	大桥
	郭家沟1号桥	十漫	1408.150	300	大桥
	郭家沟2号桥	十漫	1408.600	280	大桥
	郭家沟3号桥	十漫	1408.900	320	大桥
	寺坪分离式立交桥1416.4	十漫	1409.800	400	大桥
	寺坪大桥	十漫	1410.400	420	大桥

续上表

路线编号	桥梁名称	分段	桥梁中心桩号	跨径总长	跨径分类
G70	箭流铺分离式立交(右)	十漫	1413.300	240	大桥
	七里岗分离式立交桥	十漫	1416.400	270	大桥
	张家沟大桥1418.3	十漫	1417.200	240	大桥
	铺河1号大桥1420.3	十漫	1418.300	300	大桥
	铺河2号大桥1420.9	十漫	1418.600	300	大桥
	穆家院大桥1421.5	十漫	1420.300	600	大桥
	柯家院大桥1424.5	十漫	1420.900	240	大桥
	铺河3号大桥1425.2	十漫	1421.500	560	大桥
	芦茨沟1号大桥	十漫	1424.500	340	大桥
	芦茨沟2号大桥	十漫	1425.200	300	大桥
	芦茨沟1号分离式立交桥	十漫	1425.550	180	大桥
	芦茨沟2号分离式立交桥	十漫	1425.800	150	大桥
	芦茨沟3号分离式立交桥	十漫	1426.100	210	大桥
	芦茨沟3号高架桥	十漫	1427.200	884	大桥
	石梯子高架桥	十漫	1428.200	210	大桥
	庵沟高架桥	十漫	1429.250	181.5	大桥
	天池庵高架桥	十漫	1429.600	192.45	大桥
	鳖盖子高架桥1431.05	十漫	1429.850	150	大桥
	天河1号高架桥	十漫	1430.500	554.1	大桥
	丰村分离式立交桥	十漫	1431.050	100	大桥
	天河2号高架桥	十漫	1432.000	300	大桥
	天河3号高架桥	十漫	1433.650	440.4	大桥
	天河4号高架桥	十漫	1434.500	140	大桥
	汇河高架桥	十漫	1439.600	280.9	大桥
	柯家湾高架桥1443.4	十漫	1441.100	180	大桥
	铁梨沟高架桥	十漫	1443.400	440	大桥
	土门水库高架桥1445.2	十漫	1444.500	564.7	大桥
	店房沟高架桥1445.42	十漫	1445.420	120	大桥
	谭家湾高架桥	十漫	1445.700	220	大桥
	柯家院高架桥	十漫	1445.950	260.4	大桥
	干沟特大桥1446.6	十漫	1446.600	1314.1	特大桥
	八亩地高架桥	十漫	1448.700	195	大桥
	木瓜沟高架桥	十漫	1449.700	228.9	大桥
	下香口大桥	十漫	1450.300	470.8	大桥
	漂湖沟高架桥1451.4	十漫	1451.400	312.2	大桥

续上表

路线编号	桥梁名称	分段	桥梁中心桩号	跨径总长	跨径分类
G70	河口高架桥1453	十漫	1453.000	360	大桥
	关路沟高架桥1453.9	十漫	1453.900	300	大桥
	李师关1号分离式立交桥1454.8	十漫	1454.800	260	大桥
	李师关2号分离式立交桥	十漫	1455.700	343.2	大桥
	黄龙洞高架桥	十漫	1456.800	420.2	大桥
	黄云铺高架桥	十漫	1457.700	180.5	大桥
	绞肠关1号高架桥1463.3	十漫	1463.300	320	大桥
	绞肠关2号高架桥1463.7	十漫	1463.700	300	大桥
	梯子沟1号高架桥	十漫	1463.900	70	中桥
	梯子沟2号高架桥	十漫	1464.270	450	大桥
	夏家大院高架桥	十漫	1464.700	790	大桥
	高坪特大桥	十漫	1466.000	2020	特大桥
	伞河1号高架桥	十漫	1467.800	302.8	大桥
	伞河2号高架桥1468.36	十漫	1468.360	202.6	大桥
	伞河3号高架桥	十漫	1469.600	340	大桥
	伞河4号高架桥1470.1	十漫	1470.100	100	大桥
	伞河5号高架桥	十漫	1470.600	200	大桥
G55	清河大桥	襄十	1542.500	360	大桥
	汉丹铁路桥1548.1	襄十	1548.100	240	大桥
	襄樊汉江四桥	襄十	1559.000	4618	特大桥

第十六节 十堰—天水高速公路（G7011）

十堰至天水高速公路（以下简称十天高速公路）。东起湖北十堰市，西至甘肃天水市，连接湖北、陕西、甘肃三省，总里程约750km。十天高速公路属于国家71118高速公路网中的横向连接线。

一、项目概况

福州至银川高速公路十堰至天水高速公路联络线起自湖北十堰，经陕西安康、汉中至甘肃天水，全长约530km，连接福州至银川、二连浩特至广州、包头至茂名、北京至昆明、连云港至霍尔果斯等多条国家高速，是联系我国中西部地区的一条新的公路通道，编号为G7011。湖北省十堰至白河（鄂陕界）公路（原称"福银高速公路十天联络线湖北省段"，以下简称"该项目"）是国家高速公路网规划中福州至银川高速公路十堰至天水联络线在湖北省境内的路段。

十天高速公路十白段（G7011）

功能定位：该项目是湖北省"六纵五横一环"高速公路网中的组成路段,对加强我国中西部地区间的经济交往,完善国家和鄂西北、陕南、甘南地区高速公路网布局,改善西部地区交通条件和经济发展环境,促进国家西部大开发战略的实施都具有十分重要的意义。

线路走向：该项目路线起点位于十堰市汉江街办茅坪村,接已建成通车的福银高速公路湖北省十堰至漫川关段（福银高速公路 K15+000 附近）,并设置茅坪互通与福银高速公路相接。起点桩号为 K0+000,路线经过张湾区汉江街办的茅坪、凤凰沟、梁家沟、刘家沟,至张湾区红卫街办的石桥村,后穿越张湾区花果街办的小岭、茶店、大路村、陈家村、安沟、花园沟至十堰市西北郊的杨家沟姚子岩,在汪家沟设张湾互通；之后路线总体向北西延伸,经过张湾区西城开发区、柏林镇后,在黄龙镇以北约 1.5km 处跨越堵河,在堰塘池设黄龙互通；继续西行经郧县鲍峡镇的姚家湾村,在姚家湾设鲍峡服务区；继续西行经过花园村、郭家店村、大庙村、分水岭村、鲍家店村、桦栎村、水西村、余家河村后,至郧县胡家营镇的陈庄,在鲍家店设鲍峡互通；后顺着郧县胡家营镇的富家河展线至路线终点鹰咀岩附近,对接在建的白河（鄂陕界）至安康高速公路,项目终点桩号为 K58+207.930,全长 58.299km（含长链 91m）。

主要出入口：茅坪互通（十漫高速公路与十白高速公路连接通道,主线桩号 K0+000,由此可达西安、武汉）；张湾互通（十白高速公路与十堰市区连接通道,主线桩号 K9+028,由此可达十堰市区,连接 316 国道）；黄龙互通（十白高速公路与十堰市黄龙镇连接通道,主线桩号 K22+963,由此可达十堰市张湾区黄龙镇,连接 316 国道）鲍峡互通（十白高速公路与十堰市鲍峡镇连接通道,主线桩号 K44+300,由此可达十堰市郧阳区鲍峡镇,十堰市郧西县,连接 316 国道）鄂陕界站（十天高速湖北段与陕西段连接收费站,主线桩号 K44+800,由此可达陕西白河县、安康）。

第二篇 通途篇

建设规模：该项目主线长58.299km,包括互通区共有路基土石方1255.5万m³,沥青混凝土面层334.5万m²,隧道22456m/34座,大桥11445.86m/40座。全线设置互通立交4处(茅坪、张湾、黄龙、鲍峡),服务区1处(鲍峡),养护工区1处,十堰管理分中心1处,互通立交匝道收费站3处,鲍峡(鄂陕界)主线收费站1处,以及58.299km交通安全设施、绿化以及通信、监控、收费、照明、供配电、消防系统。

项目批复概算57.84亿元,其中国家安排中央专项基金(车购税)以及湖北省从中央转移支付的燃油税作为项目的资本金,约占总投资的35%,其余资金利用国内银行贷款解决。

主要技术指标：路基宽度：整体式路基为24.5m,分离式路基为12.25m 路幅设置：中央分隔带2m 路缘带0.5m 行车道2×3.75m 硬路肩2.5m/0.75m 土路肩0.75 设计时速：80km/h 行车道宽：3.75m 最小平曲线半径：720m 最大纵坡：3.8% 桥涵设计荷载：公路-Ⅰ级 桥涵设计洪水频率：特大桥1/300 大、中、小桥及桥涵1/100 路面结构形式及厚度 面层：沥青混凝土18cm(4cm SMA-13型沥青玛蹄脂碎石混合料上面层,6cm AC-20型沥青混凝土中面层,8cm AC-25型沥青混凝土下面层) 基层：36cm 水泥稳定级配碎石(18cm 水泥稳定级配碎石上基层,18cm 水泥稳定级配碎石下基层) 底基层：20cm 级配碎石/水泥稳定级配碎石。

主要工程数量：见表2-1-83。

主要工程数量表　　　　　　　　　　　　　表2-1-83

项目	单位	数量		备注
		主线	联络线	
项目总里程	km	58.299	2.813	
挖土石方	km³	4656.461		
利用土石方填筑	km³	7898.644		
防护工程	km³	703.647		
特、大桥	座	40		
中桥	座	11		
小桥	座	0		
独立涵洞	道	82		
隧道	座	34		
互通式立交	处	4		
分离式立交	处	11		跨国省道桥梁
通道	道	52		
天桥	座	1		
基层	km³	412.969		

续上表

项 目	单 位	数 量		备 注
		主线	联络线	
沥青混凝土面层	m³	216879.44		
波形梁护栏	m	91357		
防眩板	m	7957		
绿色浸塑隔离栅	m	45052		
标志	处	538		
标线	m²	85055		
服务区	处	1		
停车区	处	0		
养护工区	处	1		
收费站	处	4		
绿化	km	24.397		
声屏障	处	11		

项目建设批复概算与投资完成情况：2010年1月15日，交通运输部办公厅印发了《关于十堰至白河（鄂陕界）公路初步设计批复》（交公路发〔2010〕38号）文件，对十白高速公路建设规模及技术标准、路线、路基路面、桥梁、隧道、互通立交、交通安全及沿线设施等工程及概算情况予以批复。核定建筑安装工程费为4407515928元，核定设备及工具、器具购置费为93579723元，核定工程建设其他费用为1027341994元，核定基本预备费为255744962元，初步设计总概算核定为5784182607元（含建设期贷款利息413538399元及政策性调整费用447196769元），见表2-1-84。

各项目概算执行情况表

表2-1-84

单位：元

序号	工程或费用名称	项目概算投资	备 注
	第一部分 建筑安装工程费	4407515928	
一	临时工程	37994520	
二	路基工程	433042993	
三	路面工程	231689369	
四	桥涵工程	801373428	
五	交叉工程	613889984	
六	隧道工程	2027085360	
七	公路设施及预埋管线工程	191153770	
八	绿化及环境保护工程	39121816	
九	管理、养护及服务房屋	32164688	

续上表

序号	工程或费用名称	项目概算投资	备注
	第二部分 设备及工器具购置费	93579723	
一	设备购置费	92560925	
二	办公及生活用家具购置	1018798	
	第三部分 工程建设其他费用	1027341994	
一	土地征用及拆迁补偿费	385877096	
二	建设项目管理费	121367641	
1	建设单位(业主)管理费	27936551	
2	工程监理费	88150319	
3	设计文件审查费	4407516	
4	竣(交)工验收试验检测费	873255	
三	研究试验费	6400000	
四	建设项目前期工作费	96655100	
五	专项评价(估)费	1000000	
六	联合试运转费	2203758	
七	生产人员培训费	300000	
八	建设期贷款利息	413538399	
	第一、二、三部分费用合计	5528437645	
	预备费	255744962	
	概算总金额	5784182607	

地形与地貌概况:该项目位于湖北省鄂西北地区十堰市境内,路线走廊总体呈东西向,地理坐标位于北纬32°38′~32°45′,东经110°10′~110°48′,行政区划隶属十堰市。

十堰市位于湖北省西北部,地处秦巴山区腹地,汉江中上游,在历史上曾有"南船北马、川陕咽喉、四省通衢"之称。她东与湖北襄樊接壤,西与陕西安康为邻,南与湖北神农架和重庆万州交界,北与陕西商洛和河南南阳相连。

该项目路线区位于湖北省西北部的十堰市境内,沿线山体山顶高程一般在350~750m,山体呈尖棱状—浑圆状线形延伸,山势陡峻,沟谷切割较深,切割深度多在50~250m,相对高差较大,山坡坡度多20°~35°,局部可达40°~60°。植被较发育,多以灌木为主。所处区域地貌单元属构造剥蚀丘陵—低山地貌。

二、项目前期工作

1. 前期决策背景及过程

湖北省十堰至白河(鄂陕界)公路是国家高速公路网规划中福州至银川高速公路十堰至天水联络线在湖北省境内的路段,也是湖北省"六纵五横一环"高速公路网中的组成路段。为完善国家和湖北省高速公路网络,改善区域交通条件,贯彻落实国家促进中部地区崛起和西部大开发战略部署,加强区域间互动合作,促进沿线地区资源开发和经济社会协调发展,2009年12月8日,国家发展和改革委员会对《湖北省十堰至白河(鄂陕界)公路可行性研究报告》(发改基础〔2009〕3075号)予以批复。

2010年1月15日,交通运输部对《十堰至白河(鄂陕界)公路初步设计》(交公路发〔2010〕38号)予以批复。

2010年3月10日,湖北省交通运输厅对《十堰至白河(鄂陕界)公路一期土建工程施工图设计文件》(鄂交基〔2010〕116号)予以批复。

2010年3月26日,国土资源部对《十堰至白河(鄂陕界)公路建设用地》(国土资厅函〔2010〕280号)予以批复。

批复情况见表2-1-85。

相 关 批 复 表　　　　　　　　　　表2-1-85

工程可行性研究报告的批准	发改基础〔2009〕3075号
初步设计文件的批准	交公路发〔2010〕38号
施工图设计文件	鄂交基〔2010〕116号
土地使用批准	国土资厅函〔2010〕280号
开工报告的批准	交公路施工许可〔2010〕5号

2.征地拆迁工作(表2-1-86)

十白高速公路拆迁基本情况表　　　　　　　表2-1-86

路　段	征用土地面积(亩)	拆迁房屋面积(m²)
张湾区段	2349.37	63548
郧县段	2169.17	102470
合计	4518.54	166018

三、项目建设情况

1.项目建设组织机构

2009年8月26日,湖北省高速公路实业开发有限公司向交通厅报送《关于恳请承担福银高速公路十天联络线湖北段项目建设管理的请示》(鄂高发〔2009〕77号),经交通厅批准后负责该项目的筹资和前期准备工作。

2009年10月14日,湖北省人民政府,对《福(州)银(川)高速公路十(堰)天(水)联络线湖北段工程实行代建制》(鄂政函〔2009〕231号)予以批复,授权湖北省交通运输厅高速公路管理局作为福(州)银(川)高速公路十(堰)天(水)联络线湖北段工程项目法人,委托湖北省高速公路实业开发有限公司担任代建单位,负责该项目的建设与管理工作。

2009年10月20日,湖北省交通运输厅以鄂交人劳〔2009〕525号文批准成立福银高速公路十天联络线湖北段工程建设指挥部,决定由时任湖北省高速公路实业开发有限公司总经理余彬任指挥长,负责福银高速公路十天联络线湖北段工程的建设管理工作。

2009年12月24日,湖北省交通运输厅以鄂交人劳〔2009〕697号文批准将福银高速公路十天联络线湖北段建设指挥部更名为"湖北省十堰至白河高速公路建设指挥部"。指挥部根据菲迪克条款的原则,组建了湖北省十堰至白河高速公路总监理工程师办公室(以下简称总监办),与指挥部一门两牌,由余彬任总监理工程师,负责该项目的施工监理。

指挥部(总监办)设常务副指挥长(副总监)1名,副指挥长2名(其中1名兼任总工程师),纪委书记1名,下设5部1室。

为便于与地方沟通、协调,地方成立了十堰市征迁协调指挥部、张湾区征迁协调指挥部、郧县征迁协调指挥部(表2-1-87)。

湖北省十堰至白河高速公路建设指挥部(总监办)　　表2-1-87

单位	职务	姓名	任职时间	原单位、职务
指挥部(总监办)	指挥长	余彬	2009年10月至今	高发公司总经理
	常务副指挥长	周大华	2009年10月~2013年12月	省交通厅计划处长
	副指挥长	谭惠农	2009年10月~2011年12月	高发公司副总经理
		王永红	2011年12月~2013年12月	长江路桥
	副指挥长、总工程师	刘松	2009年10月~2012年9月	高发公司副总经理
	纪委书记	邹从义	2009年10月~2013年12月	省交校办公室主任
	副指挥长、总工程师	翟全礼	2012年9月至今	高路监理公司总经理

2.主要参建单位

项目法人(建设单位):湖北省十堰至白河高速公路建设指挥部。

设计单位:湖北省交通规划设计院(除机电系统外)、中国公路工程咨询集团有限公司(机电系统)。

监督单位:湖北省交通运输厅工程质量监督局。

监理单位:湖北高路公路工程监理咨询有限公司(土建监理),湖北省公路水运工程咨询监理公司(土建监理),武汉平安建设工程项目管理有限公司(房建监理),北京兴通工程咨询有限公司(机电监理)。

施工单位:包括一、二、三期共29家单位,其中一期土建施工单位11家,交通安全设施施工单位2家,绿化施工单位1家,路面施工单位2家,隧道内壁装饰工程施工单位3家,隧道洞门装饰施工单位1家,机电施工单位5家,房建施工单位3家,公益性标志标牌施工单位1家。

十白高速公路项目各单位基本情况见表2-1-88。

十白高速公路项目各单位基本情况一览表　　　　　表2-1-88

序号	合同段	施工单位名称	长度（km）	合同金额（万元）	监理单位
1	SHTJ01	浙江省交通工程建设集团有限公司	4.18	42155.11	湖北高路公路工程监理咨询有限公司
2	SHTJ02	中交二局第一工程有限公司	5.32	39671.83	
3	SHTJ03	中铁十七局集团二公司	4.84	34338.71	
4	SHTJ04	东盟营造工程有限公司	4.156	32106.08	
5	SHTJ05	中交第二公路工程局有限公司	4.214	28699.56	
6	SHTJ06	中铁七局集团第三工程有限公司	3.71	25947.85	
7	SHLM-1	浙江正方交通建设有限公司	26.42	16565.10	
8	SHSDZS-1	武汉建工第二建筑有限公司		928.2	
9	SHSDZS-2	重庆盛世涂料有限公司		679.8	
10	SHJA-1	山西路众道桥有限公司		2263.2	
11	SHDMZS	武汉圣晖工程技术有限公司		308.3	
12	SHLH-1	宜昌市葛洲坝风景园林有限公司		1774.59	
13	SHTJ07	湖北省路桥集团有限公司	4.98	35438.56	湖北省公路水运工程咨询监理公司
14	SHTJ08	中铁十一局集团第五工程有限公司	9.7	43778.02	
15	SHTJ09	中铁十七局第三工程有限公司	6.75	40561.83	
16	SHTJ10	福建路桥建设有限公司	4.25	27455.07	
17	SHTJ11	中天路桥有限公司	6.108	25293.41	
18	SHLM-2	湖北中南路桥有限责任公司	31.788	21720.20	
19	SHDMZS	武汉圣晖工程技术有限公司			
20	SHJA-2	湖北省高速公路实业开发有限公司		2860.42	
21	SHLH-1	宜昌市葛洲坝风景园林有限公司			
22	SHSDZS-3	宝鸡市铁军化工防腐安装有限公司		944.9	
23	SHGGP-1	湖北银环建设工程有限公司		238.212	
24	SHFJ-1	湖北新南洋建设工程有限公司		3103.4	武汉平安建设工程项目管理有限公司
25	SHFJ-2	荆门市建筑工程总公司		2919.4	
26	SHFJ-3	江苏省江建集团有限公司		2218.2	
27	SHJD-1	江苏智运科技发展有限公司		5210	北京兴通工程咨询有限公司
28	SHJD-2	中铁电气化局集团第三工程有限公司		3029.6	
29	SHJD-3	中铁四局集团电气化工程有限公司		6498.7	
30	SHJD-4	浙江永通科技发展有限公司		6584.04	
31	SHJD-5	宜昌市国安消防工程有限公司		2360.76	

注：武汉圣晖工程技术有限公司负责全线洞门装饰工程施工，宜昌市葛洲坝风景园林有限公司负责全线绿化工程施工，由湖北高路公路工程监理咨询有限公司和湖北省公路水运工程咨询监理公司共同分段监理。

3. 项目实施过程

批复建设工期为 48 个月。

2009 年 8 月,十白高速公路项目建设机构开始筹建。

2009 年 11 月征地拆迁全面启动,2010 年 6 月完成全线征迁任务。

2010 年 5 月,该项目一期土建控制性工程 5、6、7 标共 3 个标段正式开工。

2010 年 6 月,该项目一期土建 1~4 标,8~11 标正式开工,至此十白高速公路项目实现全线开工。

2012 年 9 月,路基土石方、小型构造物及大、中、小桥.隧道全部完成并通过初验。

2012 年 9 月,二期路面工程基层开工,2013 年 1 月份交通安全设施同步开始实施。

2013 年 12 月,全线工程全部结束。

2013 年 12 月 25 日,十白高速公路项目通过交工验收,评定为项目合格率 100%、优良率 100%,工程质量等级优良。

2013 年 12 月 26 日,十白高速公路项目开通试运营。

该项目 2010 年 5 月开工建设至 2013 年 12 月建成通车试运营,建设工期约为 43 个月。

各分项工程进度见表 2-1-89。

各分项工程进度表 表 2-1-89

项 目	批准工期(月)	实施工期(月)
路基	24	18
桥梁	24/30	24/30
隧道	24	24
路面底基层	3	3
路面基层	6	6
路面面层	8	8
交通工程	10	9
绿化	10	10
房建工程	12	11
机电工程	8	8
项目施工工期	48	43

4. 工程交工、竣工验收情况

2013 年 12 月 25 日,十白高速公路项目通过交工验收,工程质量得分 99 分,标段工程合格率为 100%,工程质量等级评定为合格。

2013年12月25日,十白高速公路项目房建工程通过交工验收,工程总体质量等级合格。

2014年11月28日,十白高速公路项目交通机电工程专项通过交工验收,质量等级评定为合格。

目前正在做竣工前的各项准备工作。

公路工程交工验收合同段工程质量评分见表2-1-90。

公路工程交工验收合同段工程质量评分一览表 表2-1-90

项目名称:湖北省十堰至白河(鄂陕界)高速

施工合同段号	实得分	监理合同段号	设计合同段号	备注
SHTJ-1	98.8	湖北高路公路工程监理咨询有限公司 SHJL-1 驻地办	湖北省交通规划设计院	
SHTJ-2	98.7			
SHTJ-3	99.0			
SHTJ-4	98.9			
SHTJ-5	99.2			
SHTJ-6	98.9			
SHLM-1	98.6			
SHJA-1	98.7			
SHTJ-7	99.2	湖北省公路水运工程咨询监理公司 SHJL-2 驻地办		
SHTJ-8	98.8			
SHTJ-9	99.6			
SHTJ-10	99.6			
SHTJ-11	98.9			
SHLM-2	99.2			
SHJA-2	98.5			
SHJD-1	97.5	北京兴通工程咨询有限公司 SHJDJL-1 驻地办	中国公路工程咨询集团有限公司	
SHJD-2	97.6			
SHJD-3	97.3			
SHJD-4	97.7			
SHJD-5	97.1			

四、复杂工程

十白高速公路项目全线主要复杂技术工程为桥梁工程和隧道工程。全线共有大桥40座,计11446延米;隧道34座,计22456延米。占全线总里程的58.2%。另还有互通立交桥8处。

沿线桥梁,除部分匝道桥外,均为预应力混凝土简支T梁桥。下构为钢筋混凝土圆柱式、钢筋混凝土薄壁式、钢筋混凝土十字墩、肋板式、U形重力式桥台,桩基础、扩大基础。

沿线隧道有分离式隧道、连拱隧道、小间距隧道等形式。隧址区出露、揭露的地层主要为中元古界武当山群片岩,按其风化程度分为:全风化片岩、强风化片岩、中风化片岩,片岩极易风化、水化,片理发育、节理、裂隙发育,岩体破碎,结合程度差,施工过程中极易变形塌方。特别是花石沟隧道地处秦岭褶皱系,工程地质条件复杂,在施工过程中,地质条件发生较大变化,出现大量碳质泥质片岩,碳质泥质片岩具有变形量大、变形持续时间长、变形不收敛等特性,施工过程中极易出现坍塌或变形侵限等问题,施工难度极大。

全线桥梁、隧道由东至西见表2-1-91。

十白高速公路桥梁、隧道一览表　　　　　　　　　表2-1-91

标　段			桥梁(中心桩号) 隧道起讫桩号	桥梁名称 (隧道名称)	全长 (m)	备　注
起讫桩号	里程(km)	部位				
第1合同段 YK0+000 (ZK0+000) ~ YK4+180 (ZK4+175)	4.18	茅坪互通	AK0+925.500	A匝道桥	480.00	上跨十漫高速、209国道
			BK0+537.000	B匝道桥	356.00	上跨209国道
			CK0+436.500	C匝道桥	479.00	上跨十漫高速、209国道
			DK0+435.000	D匝道桥	631.50	上跨209国道
			ZK0+815~ZK0+998	小溪沟隧道	183	分离式隧道
			YK0+795~YK1+000		205	
			ZK1+260.000	凤凰沟大桥左幅	211.60	改路
			YK1+260.000	凤凰沟大桥右幅	190.00	改路
			ZK1+375~ZK1+865	凤凰1号隧道	490	分离式隧道
			YK1+381~YK1+855		474	
			ZK1+975~ZK2+130	凤凰2号隧道	155	分离式隧道
			YK1+960~YK2+120		160	
			ZK2+270.000	阳坡边大桥左幅	253.00	改路
			YK2+280.000	阳坡边大桥右幅	304.80	改路
			ZK2+400~ZK2+732	梁家沟隧道	332	分离式隧道
			YK2+440~YK2+790		350	
			ZK3+108.000	梁家沟1号大桥左幅	157.80	
			YK3+152.000	梁家沟1号大桥右幅	189.92	改路
			ZK3+240~ZK3+960	黄家沟隧道	450	分离式隧道
			YK3+260~YK3+680		420	
			ZK3+815.000	段家沟大桥左幅	160.50	
			YK3+800.000	段家沟大桥右幅	184.80	
			ZK3+910~ZK4+170	段家沟隧道	260	分离式隧道
			YK3+900~YK4+160		260	

续上表

标 段			桥梁(中心桩号) 隧道起讫桩号	桥梁名称 (隧道名称)	全长 (m)	备 注
起讫桩号	里程(km)	部位				
第2合同段 YK4+180 (ZK4+175) ~ YK9+500 (ZK9+500)	5.32	主线	ZK4+348.000	刘家沟大桥左幅	346.50	改路
			YK4+443.000	刘家沟大桥右幅	251.50	改路
			ZK4+580~ZK5+189	两家庄隧道	609	分离式隧道
			YK4+590~YK5+185		595	
			ZK5+437~ZK5+998	大沟水库隧道	561	分离式隧道
			YK5+447~YK6+005		558	
			ZK6+213.000	小岭1号大桥左幅	403.00	改路
			YK6+095.000	小岭1号大桥右幅	164.50	
			YK6+336.000	小岭2号大桥	151.60	
			ZK6+426~ZK6+770	小岭隧道	344	分离式隧道
			YK6+413~YK6+770		357	
			ZK7+005.000	小岭3号大桥左幅	163.50	改路
			YK6+980.000	小岭3号大桥右幅	191.00	改路
			K7+315.000	茶店大桥左幅	285.00	改路
			K7+330.000	茶店大桥右幅	311.80	
			K7+882.000	茶店水库大桥左幅	277.00	改路
			K7+882.000	茶店水库大桥右幅	337.00	
		张湾互通	K8+455.000	大路河大桥左幅	394.30	
			K8+455.000	大路河大桥右幅	396.80	
			K9+029.000	汪家沟中桥左幅	97.00	跨A匝道
			K9+028.000	汪家沟中桥右幅	97.00	跨A匝道
			AK1+348.000	汪家河口大桥	0.00	地方政府施工
第3合同段 YK9+500 (ZK9+500) ~ YK14+340 (ZK14+350)	4.84	主线	ZK9+720	刘家沟中桥左幅	67.08	变更
			YK9+720	刘家沟中桥右幅	67.08	变更
			ZK9+783~ZK10+046	刘家沟隧道	263	分离式隧道
			YK9+836~YK10+009		173	
			ZK10+325.000	陈家沟大桥左幅	157.00	跨村道
			YK10+322.000	陈家沟大桥右幅	157.00	跨村道
			ZK10+405~ZK10+582	中院隧道	177	分离式隧道
			YK10+415~YK10+564		149	
			ZK10+775.000	安沟大桥左幅	187.00	跨村道
			YK10+767.000	安沟大桥右幅	217.00	跨村道
			ZK11+065.000	梁家沟2号大桥左幅	307.00	跨村道
			YK11+065.000	梁家沟2号大桥右幅	247.00	跨村道

第二篇 通途篇

续上表

标段		部位	桥梁(中心桩号)隧道起讫桩号	桥梁名称(隧道名称)	全长(m)	备注
起讫桩号	里程(km)					
第3合同段 YK9+500 (ZK9+500) ~ YK14+340 (ZK14+350)	4.84	主线	ZK11+341~ZK11+515	安沟隧道	174	分离式隧道
			YK11+327~YK11+500		173	
			ZK11+859.000	花园沟大桥左幅	342.00	跨村道
			YK11+835.000	花园沟大桥右幅	364.80	跨村道
			ZK12+445~ZK12+775	卢家沟隧道	330	分离式隧道
			YK12+417~YK12+751		334	
			ZK12+882.000	杨家沟大桥左幅	194.50	跨村道
			YK12+860.000	杨家沟大桥右幅	214.30	跨村道
			ZK13+013~ZK13+266	杨家沟隧道	253	分离式隧道
			YK12+976~YK13+258		282	
			ZK13+422~ZK14+104	四沟隧道	682	分离式隧道
			YK13+410~YK14+072		662	
			ZK14+220.000	鲍花沟大桥左幅	193.50	跨村道
			YK14+177.000	鲍花沟大桥右幅	193.00	跨村道
第4合同段 YK14+340 (ZK14+350) ~ YK18+496 (ZK18+501)	4.156	主线	ZK14+456~ZK14+958	青龙山隧道	502	分离式隧道
			YK14+451~YK14+929		478	
			ZK15+253~ZK15+641	庙沟隧道	389	分离式隧道
			YK15+225~YK15+629		404	
			ZK15+737~ZK16+426	简池沟隧道	689	分离式隧道
			YK15+685~YK16+387		702	
			ZK16+558.000	阳南沟大桥左幅	247.00	跨村道
			YK16+535.000	阳南沟大桥右幅	288.50	跨村道
			ZK16+708~ZK17+786	阳南沟隧道	1078	分离式隧道
			YK16+688~YK17+760		1072	
			ZK17+890.000	泰山沟大桥左幅	174.00	跨村道
			YK17+870.000	泰山沟大桥右幅	174.00	跨村道
			ZK17+987~ZK18+501	泰山沟隧道	514	分离式隧道
			YK17+965~YK18+498		533	
第5合同段 YK18+496 (ZK18+501) ~ YK22+710 (ZK22+715)	4.214	主线	ZK18+610~ZK21+358	黄龙隧道	2748	分离式隧道
			YK18+565~YK21+329		2764	
			ZK21+518.500	堵河大桥左幅	321.80	黄方公路改路
			YK21+526.000	堵河大桥右幅	367.00	跨黄方公路
			ZK21+692~ZK22+547	堵河隧道	855	分离式隧道
			YK21+725~YK22+505		780	

续上表

标 段			桥梁(中心桩号) 隧道起讫桩号	桥梁名称 (隧道名称)	全长 (m)	备 注
起讫桩号	里程(km)	部位				
第6合同段 YK22+710 (ZK22+715) ~ YK26+420 (ZK26+435)	3.71	黄龙互通	ZK22+968.000	黄龙中桥左幅	67.00	跨村道、跨A匝道
			YK22+962.500	黄龙中桥右幅	67.00	跨A匝道
			AK1+030.000	石子沟大桥	747.00	两桥台处先填后做
			AK1+588.000	黄龙滩大桥	167.08	
		主线	ZK23+733~ZK26+185	狮子沟隧道	2452	分离式隧道
			YK23+730~YK26+164		2434	
第7合同段 YK26+420 (ZK26+435) ~ YK31+400 (ZK31+400)	4.98	主线	ZK26+695.000	小峡沟中桥左幅	97.00	改路
			YK26+695.000	小峡沟中桥右幅	97.00	改路
			ZK26+785~ZK28+681	小峡沟隧道	1896	分离式隧道
			YK26+767~YK28+713		1946	
			ZK28+890.000	青石沟大桥左幅	207.00	改路
			YK28+856.000	青石沟大桥右幅	250.50	改路
			ZK29+305~ZK29+627	栗石沟隧道	322	分离式隧道
			YK29+315~YK29+626		311	
			ZK29+781.000	汪家沟大桥左幅	287.00	变更
			YK29+721.000	汪家沟大桥右幅	167.00	变更
			ZK30+027~ZK30+442	汪家沟隧道	415	分离式隧道
			YK30+047~YK30+445		398	
			ZK30+678.000	回龙大桥左幅	447.00	跨村道
			YK30+685.000	回龙大桥右幅	447.00	跨村道,改路
			ZK30+922~ZK31+400	回龙隧道	478	分离式隧道
			YK30+920~YK31+400		480	
第8合同段 YK31+400 (ZK31+400) ~ YK41+100 (ZK41+100)	9.7	主线	ZK31+400~ZK32+294	回龙隧道	894	分离式隧道
			YK31+400~YK32+290		890	
		鲍峡服务区	ZK32+792.500	姚家湾大桥左幅	187.00	跨316
			YK32+809.000	姚家湾大桥右幅	187.00	跨316
			ZK33+379.000	姚家湾中桥左幅	67.00	
			YK33+366.000	姚家湾中桥右幅	67.00	
			ZK33+646.000	陈家庄中桥左幅	97.00	跨316
			YK33+637.000	陈家庄中桥右幅	97.00	跨316
			AK0+454.000	A匝道桥	67.00	
			BK0+141.000	B匝道桥	67.00	
		主线	K36+496.150	襄渝铁路跨线桥左幅	799.20	跨G316、跨铁路
			K36+525.800	襄渝铁路跨线桥右幅	739.50	跨G316、跨铁路

第二篇
通 途 篇

续上表

标 段			桥梁(中心桩号) 隧道起讫桩号	桥梁名称 (隧道名称)	全长 (m)	备 注
起讫桩号	里程(km)	部位				
第8合同段 YK31+400 (ZK31+400) ~ YK41+100 (ZK41+100)	9.7	主线	K37+376.000	大庙大桥左幅	185.50	跨村道
			K37+376.000	大庙大桥右幅	191.50	跨村道
			K38+906.000	张家院大桥左幅	424.30	
			K38+921.000	张家院大桥右幅	460.50	
			K40+334~K40+632	宋家湾隧道	298	连拱隧道
第9合同段 YK41+100 (ZK41+100) ~ YK47+850 (ZK47+855)	6.75	主线	K42+067.000	黑石沟大桥左幅	127.08	跨村道、改路
			K42+089.000	黑石沟大桥右幅	107.08	跨村道、改路
			K42+398.000	窑二沟大桥左幅	227.16	
			K42+378.000	窑二沟大桥右幅	267.16	
			K43+746.000	大西沟中桥左幅	97.00	
			K43+735.000	大西沟中桥右幅	91.60	
		鲍峡 互通	K43+928.000	大西沟1号桥左幅	110.00	跨316
			K43+940.000	大西沟1号桥右幅	107.60	跨316
			K44+391.000	大西沟2号桥左幅	277.00	跨316
			K44+391.000	大西沟2号桥右幅	277.00	跨316
			BK0+298.000	B匝道桥	67.00	上跨D匝道,
			CK0+279.000	C匝道桥	52.50	上跨D匝道
		主线	K45+090.000	东河大桥左幅	184.30	跨S236,跨河
			K45+090.000	东河大桥右幅	184.30	跨S236,跨河
			K45+183~K45+490	鲍家店隧道	307	连拱隧道
			K45+713.000	龙洞沟1号大桥左幅	247.50	跨G316
			K45+706.000	龙洞沟1号大桥右幅	249.80	跨G316
			K46+075.000	龙洞沟2号大桥左幅	275.80	跨G316
			K46+080.000	龙洞沟2号大桥右幅	271.60	跨G316
			ZK46+715.000	老君沟大桥左幅	580.50	
			YK46+675.000	老君沟大桥右幅	607.00	
			ZK47+375.000	水西沟大桥左幅	402.50	跨河
			YK47+365.000	水西沟大桥右幅	426.50	跨河
			ZK47+577~ZK47+766	水西沟隧道	189	分离式隧道
			YK47+581~YK47+763		182	
			ZK47+816.000	王家湾中桥左幅	67.08	跨村道
			YK47+811.000	王家湾中桥右幅	67.08	跨村道

续上表

标 段			桥梁(中心桩号)	桥梁名称	全长	备 注
起讫桩号	里程(km)	部位	隧道起讫桩号	(隧道名称)	(m)	
第10合同段 YK47+850 (ZK47+855) ~ YK52+100 (ZK52+090)	4.25	主线	ZK47+906~ZK48+201	王家湾隧道	295	分离式隧道
			YK47+905~YK48+196		291	
			ZK48+480.000	余家河大桥左幅	367.00	跨河
			YK48+450.000	余家河大桥右幅	427.00	跨河
			ZK48+839~ZK49+110	余家湾隧道	271	分离式隧道
			YK48+844~YK49+105		261	
			ZK49+300.000	余家湾大桥左幅	337.00	跨河
			YK49+305.000	余家湾大桥右幅	367.00	跨河
			ZK50+262~ZK50+820	董家湾隧道	558	小净距隧道
			YK50+277~YK50+808		531	
			ZK51+154~ZK52+090	花石沟隧道	936	分离式隧道
			YK51+170~YK52+100		930	
第11合同段 YK52+100 (ZK52+090) ~ YK58+208 (ZK58+179)	6.108	主线	ZK52+090~ZK53+310	花石沟隧道	1220	分离式隧道
			YK52+100~YK53+306		1206	
			ZK53+940.000	陈庄大桥左幅	607.00	跨陈土公路
			YK53+956.300	陈庄大桥右幅	607.00	跨陈土公路
			K54+990.000	三关庙大桥左幅	187.00	陈土公路改路
			K55+008.000	三关庙大桥右幅	207.08	陈土公路改路
			K54+794	三关庙中桥左幅	43.5	变更
			K54+797	三关庙中桥右幅	39.5	变更
			K55+560.000	刘家洼中桥左幅	67.08	陈土公路改路
			K55+561.000	刘家洼中桥右幅	87.08	陈土公路改路
			ZK58+068.000	富家河中桥左幅	67.08	
			YK58+160.000	富家河中桥右幅	67.08	

第二章
地方高速公路

至2016年底,湖北省已建成高速公路及连接线32条里程达6331.88km;其中国高网4791.73km;省高网和其他高速公路共1412.463km,高速公路连接线107.59km。

湖北省级高速公路编号规则是:省会放射线编号,由正北开始按顺时针方向升序编排,号码区间为1～20;纵向路线,编号为2位奇数,由东向西升序编排,区间为21～89;横向路线,编号为两位偶数,由北向南升序编排,区间为22～90。湖北省境内国家高速公路网路线命名及编号见表2-2-1。

湖北省级高速公路的命名和编号(含规划线路)　　表2-2-1

路线类型	序号	全称	简称	编号	主要控制点
放射线	1	岱家山—黄陂高速公路	岱黄高速	S1	汉口岱家山、黄陂
	2	武汉—孝南高速公路	汉孝高速	S2	汉口岱家山、桃园集、横店
	3	武汉—麻城高速公路	武麻高速	S3	汉口谌家矶、新集
	4	武汉—鄂州高速公路	武鄂高速	S7	武汉青山、鄂州
	5	关山—豹澥高速公路	关豹高速	S8	关山、豹澥
	6	青菱—郑店高速公路	青郑高速	S11	青菱、郑店
	7	武汉—监利高速公路	武监高速	S13	汉阳、洪湖、监利
	8	汉阳—蔡甸高速公路	汉蔡高速	S15	汉阳、蔡甸
	9	硚口—孝感高速公路	硚孝高速	S17	硚口、孝感
	10	武汉天河机场高速公路	机场高速	S18	常青立交、天河机场
	11	武汉天河机场高速第二通道	机场二高速	S19	姑嫂树、天河机场
纵线	1	麻城—阳新高速公路	麻阳高速	S29	麻城、浠水、阳新
	2	黄冈—咸宁高速公路	黄咸高速	S31	黄州、梁子湖、咸宁
	3	咸宁—通山高速公路	咸通高速	S33	咸宁、通山
	4	孝昌—洪湖高速公路	孝洪高速	S43	孝昌、应城、仙桃
	5	枣阳—石首高速公路	枣石高速	S53	钟祥、沙洋、江陵
	6	双沟—尹集高速公路	双尹高速	S63	襄樊市双沟、尹集
	7	纪洪—冷集高速公路	纪冷高速	S73	老河口纪洪镇、谷城冷集镇
	8	宣恩—咸丰高速公路	宣咸高速	S89	宣恩、咸丰

续上表

路线类型	序号	全称	简称	编号	主要控制点
横线	1	三峡高速公路	三峡高速	S58	夷陵枢纽、高家店枢纽、夜明珠、三峡
	2	三峡翻坝高速公路	翻坝高速	S68	宜昌点军区、秭归
	3	监利—江陵高速公路	监江高速	S74	监利、江陵
	4	蕲春—嘉鱼高速公路	蕲嘉高速	S78	蕲春、大冶、嘉鱼
	5	岳阳—宜昌高速公路	岳宜高速	S88	石首、公安、松滋、宜都、宜昌长江大桥
环线	1	武汉四环线高速公路	四环线	S40	武汉市
	2	武汉三环线	三环线	Z006	武汉市
连接线	1	新滩接线		S1305	洪湖市新滩互通－洪湖市新滩镇
	2	黄石接线		S4503	鄂东桥南引桥终点－市辖区花湖
	3	浠水接线		S5002	浠水县散花镇－散花互通中心
	4	荆宜高速		S5801	夷陵区凤凰冠夷陵枢纽互通－猇亭区高家店
	5	小池接线		S7001	九江二桥与黄黄高速交接点－黄梅县小池镇
	6	机场北接线		S7004	黄陂区横店甘夏湾－黄陂区横店跃进水库

第一节 放射线

湖北省级高速公路省会放射线共11条,即岱黄高速、汉孝高速武麻高速、武鄂高速、关豹高速、青郑高速、武监高速、汉蔡高速、硚孝高速、机场高速、机场二高速。

一、岱黄高速公路(S1)(岱家山—黄陂)

(一)项目概况

功能定位:武汉汉口岱家山黄陂高速公路连接黄陂的一条经济要道。这条经济要道是通往木兰山、双凤亭旅游区的必经之路,带动高速沿线经济的迅速蓬勃发展。

路线走向:岱黄高速公路起于汉口岱家山三金潭(起点桩号:923.553),止于黄陂区黄陂城关(止点桩号:898.933)。其北临天河机场、南达武汉港,西通107国道及京珠高速公路,与武汉外环高速公路相通。主要控制点为汉口岱家山、黄陂。

主要出入口:全线共有4个收费站,分别是:府河站、乔店站、陵园站、黄陂站。

建设规模:岱黄高速公路,全长24.62,该路段上现有特大桥1座,长87402m;中桥1座,长79m;互通立交1处;通道共10道,总长28328m;涵洞共30道,总长75063m。

主要技术指标:主线为双向四车道,设计速度100 km/h,水泥混凝土路面,全线控制出入,采用封闭式交通管理。

自然地理特征:地势平坦、人烟稠密,区域内交通往来频繁。

(二)项目实施

组织机构:2000年9月,武汉市公路管理处与香港豪龙投资有限公司组建武汉华益路桥管理有限公司,合作经营岱黄公路和汉施公路(汉施公路新河收费站于2009年5月撤销),合作期25年。

二、汉孝高速公路(S2)(武汉—孝感)

(一)项目概况

功能定位:汉孝高速公路是国家规划的西部大开发"八大通道"之一福(州)银(川)通道的重要组成部分,也是湖北省高等级公路网规划"五纵三横一环"主骨架中主要"一横"——汉(口)十(堰)高速公路的起始段。由汉孝高速公路及汉孝高速公路机场北连接线(以下简称"机场北连接线")两部分组成。这是武汉通往城市圈7条高速出口公路中第一条通车的公路,从武汉市开车40min就可到孝感,比此前走107国道缩短约20min。

汉孝高速公路横店段(S2)

路线走向:汉孝高速公路起于武汉市黄陂区桃园集(起点桩号:1.281)与岱黄公路相接,止于孝感市孝南区三汊镇(止点桩号:33.528)与孝(感)襄(阳)段相连.途经武汉市黄陂区滠口街、横店街、天河街、祁家湾镇,孝感市区孝南区祝站镇、三叉镇、杨店镇。

建设规模:主线总长32.247,其中S2汉孝高速公路6.219桃园集横店互通为双向六车道,横店互通孝南互通段为双向四车道标准。设有桃园集、横店、张店三处互通,其中桃园集互通接岱黄公路;横店互通跨武汉市绕城高速公路;张店互通跨孝天公路,通达天河机场。项目桥梁及构造物包括:全线大桥3座,中桥7座,小桥2座,涵洞、通道245道,互通立交3处,其中桥梁9座,分离式立交17座(其中高架桥1座、公铁立交1处、公路立交桥3座,天桥12座)。

主要技术指标:公路等级高速公路;计算行车速度120/h;设计车辆荷载汽车－超20级,挂车－120;路基宽度双向六车道35m,双向四车道28m;行车道宽2×7.5(2×11.25)m;平曲线最小半径5500m;平曲线占线路总长的比例81.94%;最大纵坡20.35%;凸型竖曲线最小半径20000m;凹形竖曲线最小半径13500m;竖曲线占线路总长的比例61.717%;设计洪水频率路基、一般桥涵1/100。

主要工程数量:路基土石方全线768万m^3;桥涵全线大桥3座,中桥7座,小桥2座,涵洞、通道245道,互通立交3处,其中桥梁9座,分离式立交17座(其中高架桥1座、公铁立交1处、公路立交桥3座,天桥12座)。路面底基层988293m^2;路面基层860151m^2;路面底面层771810m^2;路面中面层891040m^2;路面上面层891040m^2。永久征地3320亩。

(二)项目前期工作

立项审批:汉孝高速项目严格执行公路工程基本建设程序,规范运作,各阶段审批情况见表2-2-2。

审 批 情 况 表　　　　　　　　　　表2-2-2

工程可行性研究报告的批准	鄂计交通[2003]882号
初步设计文件的批准	鄂计投资[2003]1051号
建设用地批准	鄂国土资函[2005]912号

征地拆迁:在征迁工作中,指挥部始终以工程建设为中心,依靠沿线各级地方政府和广大群众的理解和支持,顺利完成了各项征地拆迁工作,为工程建设打开了工作面。完成征地3320亩,房屋拆迁43972.34m^2,合计征地拆迁补偿资全0.92亿元。

(三)项目建设情况

组织领导机构:2003年1月3日,省人民政府以鄂政办函[2003]3号文成立以副省长韩忠学为指挥长、省政府、省交通厅、省交委和武汉、孝感部分领导为副指挥长,省直有关部门负责人为成员的"湖北汉孝高速公路建设指挥部",由武汉市交委副主任杨世羚担任常务副指挥长,负责汉孝高速公路的建设管理工作。

项目管理机构:2003年3月3日,由武汉福德路桥投资有限公司为汉孝高速公路项目法人,对建设项目筹划、资金筹措、建设实施、运营管理、债务偿还和资产管理过程负责。2003年12月1日,汉孝高速公路建设指挥部以汉孝指[2003]27号文件组建"湖北省汉孝高速公路工程项目部"。2004年6月24日,湖北汉孝高速公路建设经营有限公司组建汉孝高速公路工程建设管理部,与省指挥部工程项目部以"一门两牌"的形式,合署办公,共同负责汉孝高速的建设管理工作。2004年6月23日,成立湖北省高速公路总监理工程师办公室,以建立健全汉孝高速公路工程建管理保障系统即总监办、高监办、驻地办三级工程建设管理系统。总监办与省汉孝高速公路工程建设管理部合署办公,总监由省高速公路工程建设管理部副总经理刘祖国担任,副总监由省汉孝高速公路工程建设部副总经理严发智担任。

主要参建单位:建设单位为湖北汉孝高速公路建设经营有限公司;设计单位为湖北省交通规划设计院、武汉市公路勘察设计院;监督单位为武汉市交通基本建设工程质量监督站;监理单位为中国公路工程咨询监理总公司、湖北公路工程咨询监理中心;路基桥梁施工单位为中铁十七局集团有限公司、武汉公路桥梁建设集团有限公司、武汉市东交道路桥梁工程集团有限公司、中铁十一局集团有限公司,路面施工单位为中天路桥有限公司、武汉公路桥梁建设集团有限公司,交安施工单位为中天路桥有限公司、武汉公路桥梁建设集团有限公司、湖北省高速公路实业开发有限公司。

工程进度:该项目分三期建设,一期工程为路基、桥涵工程,2003年12月29日京广铁路跨线桥率先开工,2005年10月一期主体工程基本完成;二期工程路面工程,2005年开工,2006年10月完成;三期工程为绿化、环保、房建、交安、机电工程,2006年3月开工,2006年11月完成。计划总工期为42个月,实际工期为32个月,提前10个月建成通车。

工程交工、竣工验收:2005年5月起,项目法人根据各期工程的建设情况,按照分期建设、分期验收的方式组织该项目工程的交工验收工作,于2006年11月25日完成了主体工程交工验收工作。在试运营阶段先后完成房建、机电、绿化、档案、环保等专项验收工作。2008年7月21日,武汉市万里会计事务所有限公司对汉孝高速公路工程建设项目进行了审计;2009年4月,汉孝高速公路通过竣工验收(鄂发改交通〔2009〕487号)。

(四)复杂技术工程

(1)桃园集互通立交,设计采用半定向Y形互通形式,设计等级为一级互通标准。
(2)横店互通立交,采用半定向涡轮互通形式,设计等级为大型一级枢纽互通标准。
(3)张家店互通立交,采用A型单喇叭形式,设计等级为三级互通标准。
(4)盘踞龙大道分离式立交桥,桥长795.12m,上部结构采用$27 \times 25m + 14.043m + 4 \times 25m$预应力混凝土简支结构连续空心板,下部结构采用双柱式桥墩和肋板式桥台,墩、台均采用钻孔灌注桩基层。
(5)京广铁路立交桥,全长187.23m,上部续约采用$30m + 3 \times 40m + 30m$预应力混凝土空心板,结构简支桥面连续,下部结构采用柱式桥墩、肋板式桥台和桩基础。
(6)界河大桥,桥长207.1m,上部结构采用$8 \times 25m$预应力混凝土T梁,先简支后结构连续,下部结构采用柱式桥墩和肋板式桥台,桥墩采用扩大基础,桥台采用桩基础。
(7)石板沟水库大桥,全长107.06m,上部结构采用$4 \times 25m$预应力混凝土T梁,先简支后结构连续,下部结构采用柱式桥墩台,桩基础。

三、武麻高速公路(S3)(武汉—麻城)

(一)项目概况

功能定位:武汉麻城高速公路是武汉市八条高速出口公路之一,是武汉市东北部重要的进出口通道,也是沪蓉高速公路的重要组成部分。建设该项目,对于均衡区域内快速骨架路网布局,发挥武汉市中心城市作用,促进武汉城市圈的建设和发展,加强武汉市中心城市与北部、东北部地区的联系,充分发挥武汉市的经济辐射功能等,均具有十分重要的作用。

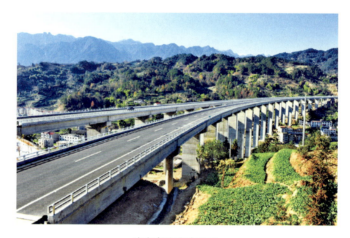

武麻高速公路(S3)

路线走向:该项目起自黄陂区三里街长堤附近,设三里桥互通与武汉英山高速公路谌家矶周铺段顺接,向北经高家湾后路线转向北偏东方向,经肖李湾东侧,在小陈湾跨武汉绕城高速公路(设新集互通)后路线转向北面,在任家湾上跨318国道(设骆驼铺互通),然后路线再次转向北偏东方向,经周傅湾东侧、张家墩西、汪家下湾,在丁家大湾跨京九铁路麻汉联络线和沪汉蓉高速铁路,经黄应林西侧、周林家田,在鞍古岗下穿熊许公路后,设熊许互通,经徐家河西侧,在夏家岗与沪蓉高速公路麻武段对接。

建设规模:该项目全长27.89km(其中S3武麻高速公路10.204km),计价土石方397.7万 m^3,桥梁26座,设三里桥、新集、骆驼铺、熊许四处互通,黄陂东、黄陂北两个匝道收费站,一个长岭岗服务区。

投资规模:该项目概算总投资14.870亿元人民币,实际投资16.519亿元人民币,全部由投资方湖北武麻高速公路建设有限公司通过资本金和国内银行贷款筹措。

主要技术指标:该项目采用平原微丘区双向四车道高速公路标准,设计速度100/km/h,路基宽度26.0m,桥涵设计荷载采用公路-Ⅰ级。全线(除收费广场外)均采用沥青混凝土路面,全线大、中、小桥、涵洞、路基均采用 1/100 设计洪水频率。特大桥采用 1/300 设计洪水频率。

主要工程数量:路基长度为 35.0,其中主线路基 23.2km,匝道路基 12.3km。路基挖土方 96.9 万 m^3;路基填方 348.2 万 m^3;清淤数量 16.27 万 m^3。软基处理塑料排水板 24 万延,预压土方 2.6 万 m^3。桥梁共 26 座,其中:特大桥 1059m/1 座(丁家大湾高架桥);大桥 4 座,中桥 18 座,小桥 3 座。分离式立交 6 座。小型结构物共 167 道。其中通道 61 道,涵洞 95 道,天桥 10 座,渡槽 1 处。共四处互通工程,其中 S3:起点三里桥互通与汉英高速公路相接;S3:K21+670 处新集互通与武汉绕城高速公路相接;G42:K802+026 处骆驼铺互通与 318 国道相连,设黄陂东匝道收费站;G42:K790+450 处熊许互通与熊许公路相接,设黄陂北匝道收费站。

路面面层为厚 5cm 的 SMA-16(SBS 改性沥青)上面层,$685110m^2$;厚 6cm 的 AC-20(SBS 改性沥青)中面层,$685110m^2$;厚 7cm 的 AC-25(普通 70 号沥青)下面层,$642670m^2$。上、中面层间设橡胶沥青应力吸收层,中、下面层间设改性乳化沥青黏结层,下面层以下依次为黏结层(改性乳化沥青)、稀浆封层(普通乳化沥青)、透层(稀释沥青)。面层总厚度 18cm。路面基层为厚 18cm 水泥粉煤灰稳定级配碎石上基层 $712140m^2$;厚 18cm 水泥粉煤灰稳定级配碎石下基层 $727580m^2$;厚 20cm 水泥稳定级配碎石底基层 $792490m^2$。基层总厚度 56cm。防撞护栏 104.241km,防眩板 2.773km,隔离栅 59.529km,各种标志牌 313 块(不含里程牌、百牌),标线 $29802m^2$。

(二)项目前期工作

决策过程:2004 年 10 月 20 日湖北省发展改革委员会《省发展改革委关于武汉麻城高速公路武汉段工程可行性研究报告的批复(代核准)》(鄂发改交通〔2004〕914 号)。2005 年 6 月 14 日湖北省发展改革委员会发文《省发展改革委关于武汉麻城高速公路武汉段初步设计的批复》(鄂发改重点〔2005〕473 号)。2007 年 4 月 9 日国土资源部发文《关于武汉麻城高速公路黄陂段工程建设用地的批复》(国土资函〔2007〕202 号)。武汉—麻城高速公路武汉段工程可行性研究由武汉市公路勘察设计院完成,初步设计和施工图设计由中交第一公路勘察设计研究院有限公司承担完成。

征地拆迁:全线征地总数为 2717.08 亩全线红线内房屋拆迁总量为 $14750.97m^2$ 黄陂区属"三杆"共 102 处,其中:电力 47 处;电信 23 处;移动 4 处;联通 4 处;广播电视 21 处。部队 3 处;武麻高速公路红线内涉及 4 处高压线迁升,其中 35kV 三处,为黄陂区属电力线路;500kV 一处,为葛洲坝输往华东的重点线路武麻高速公路先后办理了项目征地手续,矿产资源手续,林木砍伐手续,文物保护手续,水土保持手续以及上跨绕城高速公路、318 国道、熊许公路路政和交管手续等。这些手续办理得到了相关部门的大力支持。

(三)项目实施

组织机构:为了规范武麻高速公路项目建设管理,积极推行市场化的项目管理方式,进一步明确各方面的职责和关系,确保市指挥部对该项目工程建设的有效监督和管理。市指挥部组织成立的武麻工作站,作为市指挥部派出机构,行使对该项目建设的监督和管理职能,武麻公司派驻了现场管理机构,同时根据国家有关工程建设管理规定设立武麻高速公路总监理工程师办公室。为了加强工程建设管理,武麻公司与市交委采取了合作建设的管理模式,将下设的市指工作站、武麻公司派驻机构与总监办一门三牌,合署办公,设立了"湖北武麻高速公路建设项目管理部",管理部下设:综合管理处、财务管理处、工程技术处、征迁协调处、机料管理处、设计代表处、中心试验室等职能部门。

为了规范管理,湖北武麻高速公路建设项目管理部制定了管理文件汇编,明确了工作大纲和守则,针对机构设置制定了领导和各部门的职责。该项目设计、施工和监理单位均采取了公开招投标方式选取,招投标工作在省招标办及省交通厅、市交委监察部门和公证单位的监督下进行,在招投标工作中,严格执行了《工程建设招投标管理办法实施细则》,在公开、公平、公正的原则下,向社会公开招标。投标前一星期在各新闻媒体、网上刊登招投标公告。在进行公开招投标时,按规范程序严格把好投标单位资质关,通过公开招投标,选择了优秀的设计、监理、施工队伍,为该项目建设顺利开展奠定了基础。

一期土建工程、二期路面工程、机电工程、管理中心房建工程均采取了资格预审,设计、监理、交安和绿化等采取资格后审。

主要参建单位:建设单位为湖北武麻高速公路有限公司;设计单位为中交第一公路勘察设计研究院;监督单位为武汉市交通基本建设工程质量监督站;监理单位为武汉市交科交通咨询监理中心;施工单位为岳阳市公路桥梁基建总公司、武汉市市政建设集团总公司、湖北省路桥集团公司、中铁七局集团有限公司、北京鑫实路桥建设有限公司、湖南省怀化公路桥梁建设总公司、湖北正源市政公用事业有限责任公司、枣阳智杰环境工程建设有限公司、湖北林业松涛园林有限公司、湖北楚通公路工程有限责任公司、江苏宜兴公路交通设施有限公司。

实施过程:该项目由湖北武麻高速公路有限公司负责建设和经营管理,批复建设工期42个月。2006年4月30日市交委下达开工令,正式开工建设,2008年11月29日三里桥—黄陂北段通车试运营,2010年7月28日全线建成通车。

工程交、竣工验收:2011年12月2日,通过档案专项验收;2012年5月28日,武麻高速公路武汉段水土保持设施通过检查验收;2012年7月5日,武麻高速公路武汉段竣工环境保护通过检查验收;2012年10月,市交通基本建设工程质量监督站颁发了《机电工程质量检测意见书》。武麻管理中心房建、服务区南、北区房屋主体工程验收分别于2009

年9月15日、2010年6月23日进行,施工质量满足合同要求。2012年11月,经湖北正大会计事务有限责任公司审计,该项目累计投资支出16.5亿元。

(四)科研和新技术应用

2008年,武麻公司与湖北国创高新材料股份有限公司、湖北高速公路实业开发有限公司共同完成了湖北省交通厅科技攻关项目《橡胶沥青技术及应用研究》的科研课题,其中,完成橡胶沥青技术及应用课题实验路面2380m。湖北省科学技术厅认定该项研究成果为"湖北省重大科学技术成果",《鉴定证书》(鄂科鉴字〔2008〕第81373081号)意见:"研究成果总体达到国际先进水平"。

橡胶沥青的应用。经过对路面结构优化设计,武麻高速公路全线在路面上、中面层间设置橡胶沥青应力吸收层,取得较好效果。迄今为止,武麻高速公路基本未发现因路面结构而导致的裂纹。

四、汉鄂高速公路(S7)(武汉—鄂州)

汉鄂高速公路是湖北省"十一五"交通规划重点建设项目,该公路建成后将进一步优化湖北省高速路网布局和结构,缓解武黄高速公路因交通量饱和带来的车辆通行压力。就武汉而言,随着武汉外环线的合围建成及武汉快速出口通道和左高速公路的通车,高速客运专线和汉口、青山、武东等地的交通将可直接通过该项目通达东南沿海。就鄂州而言,它的建成还将进一步加快东湖高新区和葛店开发区的互动融合,推动鄂州加快承接大武汉的产业转移,促进区域经济整体协调发展,对鄂州实现"武、鄂、黄同城化、交通一体化",加快综合改革示范区建设将起到积极的推动和促进作用。

汉鄂高速公路的全面贯通,将加快武汉城市圈交通一体化进程,进一步推动鄂州与武汉在产业布局、城乡建设、基础设施、区域市场、环保和生态等方面的全面对接融合;既有利于借助武汉建设国家中心城市的发展机遇,推动两市在经济、文化等各方面的交流,又有利于全面推进武鄂两地各个领域的对接与融合。

(一)汉鄂高速公路(和平—左岭段)

1. 项目概况

功能定位:该项目位于武汉市洪山区,是武汉市规划建设的7条高速出口公路之一。是武汉市东部的重要出口通道,主要连接武汉城市圈内的鄂州、黄石等地区。其附近有武钢、葛化等大中型企业和武汉新客站、80万t乙烯工程等项目,并与已建成的武汉绕城高速公路和武汉市中环线东段相接。近几年,该地区的交通量增长较快。据测算,2027年其交通量全线平均为47703辆/日(小客车)。建设该项目,对于加强武汉市与鄂东地区的联系与交流,适应交通量日益增长的需要,充分发挥相关交通设施的作用和武汉市的经济辐射功能,改善投资环境和路网布局,带动沿线地区社会经济发展,促进武汉城市圈建设和发展,具有十分重要的意义。

路线走向:武汉市和平左岭高速公路起于武汉市洪山区和平乡白马洲,与武汉市规划建设的中北路延长线和中环线相接,经过和平乡桂庄湾(青化公路相交处)、花山镇邹黄村(武汉市绕城高速公路相交处)等地,止于左岭镇新桥村,与316国道相接。

建设规模:路线全长19.905km。在邹黄和新桥共设置互通式立交2处;全线设主线收费站1处,匝道收费站1处,监控通讯分中心及养护工区各1处。全线管理及养护房屋建筑面积11788m²,占地100亩。

投资规模:2010年1月7日,武汉市发展和改革委员会以《市发展改革委关于武汉市和平—左岭高速公路工程初步设计概算调整的批复》(武发改设审〔2010〕5号)对概算进行了调整。由原批复的12.92亿元调整为20.20亿元,共调增概算7.28亿元。资金来源:资本金7.23亿元(占总投资的35%),按照2006年《工可补充批复》意见,省交通厅出资1.74亿元,武汉市政府自筹5.49亿元,其余12.97亿元申请国内银行贷款。

主要技术标准:全线采用高速公路标准建设,设计速度100km/h,其中起点—邹黄互通8.9km采用双向六车道,路基宽度33.5m,邹黄互通终点11.005km采用双向四车道,路基宽度26。桥涵设计荷载采用公路-Ⅰ级,地震基本裂度Ⅵ度。

2. 项目前期准备

2005年3月7日,湖北省发展和改革委员会以《省发展改革委关于武汉市和平至左岭高速公路工程可行性研究报告的批复(代核准)》(鄂发改交通〔2005〕145号)批复了工程可行性研究报告。2005年6月7日,湖北省发展和改革委员会以《省发展改革委关于武汉市和平至左岭高速公路初步设计的批复》(鄂发改重点〔2005〕463号)对《武汉市和平至左岭高速公路初步设计报告》进行了审查、批复。

3. 项目建设情况

实施过程:建设工期为42个月,2005年开工建设,2010年10月18日,和左高速公路正式通车。

(二)汉鄂高速公路(武汉左岭—鄂州花湖)

1. 项目概况

功能定位:武汉左岭—鄂州花湖高速公路是武汉城市圈公路水路交通发展规划中的十七条射线之一,该项目的建设对促进武汉率先中部崛起,加快武汉"1+8城市圈"建设具有深远的历史意义;对武、鄂、黄城市一体化建设将起到极大的推动作用;对武汉化工新城、葛店开发区、鄂州经济开发区、花湖开发区及黄石主城区的协同发展起到重要的纽带作用;对湖北经济三驾马车之一的武钢势必向东的发展拓展了空间;对高速铁路客运专线武汉火车站客流起到快速集散的效果;同时,该项目也是武汉以东长江良港重要的疏港线。

  汉鄂高速公路是全省首条进行投资人招标并以BOT(投资、建设、经营)形式建设的高速公路。2007年12月31日,该项目通过面向全国招标选商,广东广晟资产经营有限公司一举中标。该公司是广东省国资委管辖的涉足矿业、酒店、电子高新技术、地产建筑等领域的大型国有企业。该公司实力雄厚,总资产近800亿元,公司在国内外有着良好的信誉和经营业绩,具备投资经营管理大型项目的能力和经验,在湖北投资建设了汉蔡、大广南和汉鄂三条高速公路,总投资120亿元,为湖北的基础设施建设做出了很大的贡献。广晟公司在鄂州投资BOT基础设施项目,对推动鄂州用新的思路促进大交通建设加快综改示范工作步伐,具有重要示范作用和指导意义。

  线路走向:汉鄂高速公路起自武汉左岭镇新桥村,接武汉市和平—左岭高速公路(和左高速)武汉段的终点,向东依次经过鄂州市葛店经济技术开发区、鄂州市华容区华容镇、胡林镇、蒲团乡、鄂州市鄂城区杜山镇、泽林镇、花湖镇,终点接大广高速公路鄂东长江大桥南引线之花湖互通,接大广高速公路和武黄高速公路的枢纽互通——花湖互通。路线跨越的主要道路有G316、葛店开发区发展大道、创业大道、沿湖路、华蒲路、樊吉公路、汽李线(S239)和武黄高速公路。

  主要出入口:全线共有5个匝道收费站,分别是葛店收费站、华浦收费站、鄂州西收费站、鄂州中收费站、鄂州东收费站(2013年2月正式开通)。

  建设规模:主线全长53.428km,全线设1个服务区、5个收费站,1个养护工区。为满足跨越河流、道路及路基填筑的沉降和稳定性要求,该项目共设特大桥1446.6/1座、大中桥11977.14/55座、小桥107.94/3座、涵洞67道、通道63道,天桥20座。

  投资规模:投资估算总金额为27.13亿元,概算总投资为31.35亿元。

  主要技术指标:道路等级双向四车道高速公路,设计车速100km/h,路基宽度整体式路基26m,分离式路基13m,最大纵坡2.9%,荷载标准公路-Ⅰ级,设计洪水频率特大桥1/300、其他桥梁和路基1/100。互通式立交匝道设计车速40km/h,最大纵坡1%。其他技术指标按部颁《公路工程技术标准》(JTG B01—2003)执行,并严格执行《工程建设标准强制性条文》(公路工程部分)要求。

  互通式立交设置情况见表2-2-3。

  主要工程数量:主线里程54.65km,路基土石方7553054m^3,路基防护及排水77036m^3,路面1267173m^3,特大桥1446.6m/1座、大桥10829.54m/38座、中桥1147.6m/17座、小桥107.94m/3座、涵洞67道、分离式隧道(左线)590m/1处、连拱隧道(双洞)550m/2处、互通式立体交叉6处、分离式立体交叉12座、通道63道、天桥20座、服务区1

处,停车区1处,主线收费站5处,桥梁(隧道)比例26.9%。

互通式立交设置一览表　　表2-2-3

序号	互通名称	中心桩号	被交路名称及等级	互通形式	互通间距
1	葛店互通	K5+100	创业大道、城市次干道	双喇叭	
2	华蒲互通	K14+815.610	华蒲路、三级	单喇叭	9.716km
3	鄂州西互通	K24+201.488	S239、二级	单喇叭	9.386km
4	鄂州互通	K16+129.641	G316、二级	单喇叭	4.14km
5	鄂州东互通	K21+524.45	汀花公路、三级	单喇叭	5.39km
6	花湖枢纽	K25+267.651	武黄大广、高速	混合型	3.74km

自然地理特征:该项目位于冲湖积平原区域,地形平坦开阔,地势低洼。鄂州地势东南高,西北低,中间平;最高点为汀祖的四峰山,海拔485.5m,最低点是梁子湖的梁子门,海拔11.7m。鄂州属于丘陵、滨湖地区,境内湖汊密布,沟渠纵横,水域辽阔,水质优良,素有"百湖之市"的美称,是享誉盛名的"武昌鱼"的故乡。全市现有湖泊面积31.46万亩,其中万亩以上大湖6个,千亩以上中型湖泊20个,百亩以上湖泊129个。路线所经河流沟渠纵横,湖垸众多。

2.前期工作

决策过程:2007年4月26日,湖北省发展和改革委员会、湖北省交通厅在武汉共同主持召开了《武汉左岭鄂州花湖公路工程可行性研究报告》(以下简称《报告》)审查会议。有关部门和单位的专家和代表参加了会议。会议组成了专家组(名单附后)。专家组认真审阅了《报告》文件及相关资料,听取了编制单位的介绍,本着"独立、公正、客观、科学"的原则,对《报告》进行了评审。湖北省发展改革委下发《省发展改革委关于印发"武汉左岭鄂州花湖公路公里"初步设计审查会专家意见的通知》(鄂发改重点〔2008〕1275号);湖北省交通厅《关于武汉左岭鄂州花湖公路初步设计审查意见的函》(鄂交函〔2008〕196号);湖北省发展改革委发文《省发展改革委关于武汉左岭鄂州花湖公路初步设计的批复》(鄂发改重点〔2008〕1390号)。2008年12月25日,通过省发展改革委、省交通厅联合组织的初步设计审查。

立项审批:湖北广晟汉鄂高速公路有限公司严格按照国家基本建设程序完成了招投标、土地申报、农田占补平衡、环境监测与评价、地质灾害评估以及沿线水保、文物、矿产、森林植被等报批手续。各阶段审批情况见表2-2-4。

项目审批情况表　　表2-2-4

报批项目	审批文号	审批单位
工程可行性研究报告	鄂发改交通〔2008〕477号	省发展改革委
初步设计文件	鄂发改重点〔2008〕1390号	省发展改革委

续上表

报批项目	审批文号	审批单位
施工图设计文件	鄂发函〔2008〕196号	省交通厅
环境影响评价大纲	鄂环函〔2007〕251号	省环保局
水土保持方案	鄂水利保复〔2007〕201号	省水利厅
文物保护规划报告	鄂文物综〔2007〕13号	省文物局
压覆矿产调查报告	鄂土资函〔2007〕30号	省国土厅
地质灾害危险性评估报告	鄂震安评〔2007〕06号	省地震局
工程用地预审意见	鄂土资预审函〔2008〕47号	省土资源厅
工程建设用地批复	鄂土资批〔2007〕83号	省国土厅
	国土资函〔2009〕1234号	国土资源部

征地拆迁：永久性征地 5088.93 亩，房屋拆迁 81914.64m²，土地附着物地坪 12858.8m²、水井 165 口、坟墓 2531 座、电线杆 207 根、大树 139638 株、小树 462398 株、挂果树 13789 株、未挂果树 318072 株。

3. 项目建设情况

组织机构：汉鄂高速公路是全省首条进行投资人招标并以 BOT（投资、建设、经营）形式建设的高速公路。2007 年 12 月 31 日，该项目通过面向全国招标选商，广东广晟资产经营有限公司一举中标。作为项目法人进行项目建设管理，实行"政府监督、法人负责、社会监理、企业自检"的管理体系。具体分为组织领导系统、工程实施系统（由湖北广晟汉鄂高速公路有限责任公司常务副总带领公司的全体工作人员驻施工现场，负责工程实施的具体组织指挥工作）、支持保障系统（综合管理部、综合协调部及鄂州市政府组建的市、区、街级协调指挥部，其中包含公安、国土、规划、交通等部门的成员组成）详见表 2-2-5。

汉鄂高速公路组织领导系统　　　　表 2-2-5

部门	姓名	职务	任职时间	备注
组织领导系统	王非凡	董事长	2008—2012	
	刘科	常务副总经理	2008—2011	
工程实施系统	余国华	总工兼副总经理	2008—2013	
	陈林	副总经理	2009—2013	
支持保障系统	刘科	常务副总	2008—2011	
	童澄波	总经理助理兼办公室主任	2008—2013	

依照"精干（因事设岗、依岗定责、依责定人）、统一（民主决策、集中指挥、政令统一）、高效（权责明确、高效运转、奖罚分明）"的原则，公司设置综合管理部、计划合同部、工程技术部、总监理工程师、机电物资部、机务材料部、综合协调部、计划财务部等职能部门。

主要参建单位:设计单位为中交第二公路勘察设计研究院有限公司、湖北省交通规划设计院;监理单位为山西路杰公路工程技术咨询有限公司、长沙华南土木工程监理有限公司;路基施工单位为武汉东交路桥工程有限公司、中交第二航务工程局有限公司、广东中人集团建设有限公司、中铁十局集团有限公司、湖南省建筑工程集团总公司、江西交建工程集团有限公司、湖北省路桥集团有限公司,路面施工单位安徽路桥工程集团有限责任公司、广东中人集团建设有限公司,绿化施工单位为武汉大花山生态园林工程有限公司、湖北君朋园林绿化工程有限公司,交安施工单位为湖北天浩公路工程有限公司、贵州省交通工程有限公司。

实施过程:该项目工程共分为三期工程,一期工程(路基、桥涵、隧道)土建工程8个施工合同段,二期工程路面工程2个施工合同段,三期工程交安设施工程2个施工合同段。2009年1月9日控制性工程正式动工,于2009年9月全线开工,2012年12月完工,2012年12月30日通车试运营。

工程交工验收:根据交通部《公路工程竣(交)工验收办法》(交通部令2004年第3号令)、交通部《关于印发公路工程竣(交)工验收办法实施细则的通知》(交公路发〔2010〕65号)的有关规定要求,组织各施工、监理单位进行了交工验收。省交通运输厅工程质量监督局从2011年1月~2012年12月委托湖北省公路水运工程测试中心严格按照《公路工程质量检验评定标准》对该项目实体工程的检测、外观检查、内业资料审查工作进行抽检,并对工程质量进行了评定。评定结果表明:湖北广晟汉鄂高速公路外观形象好,内在质量优,资料收集整理齐全完整,项目工程质量评定为合格。

4.新技术采用情况

在本阶段的勘察设计中,全面应用"国家九五重点科技攻关优秀成果、GPS、航测遥感、公路CAD集成技术",具体包括以下几方面:GPS技术:公路GPS测量与传统测量相匹配,应用于公路工程(路线、桥梁、隧道)测量外业;公路工程带状控制测量的GPS布网方法;沿测线路径曲线拟合法的GPS水准测量;遥感技术:栅格数据矢量化、遥感图像处理及地质解译,宏观地展现路线走廊带及周边地区的地形地貌及地质情况,为公路选线及方案比选提供地质依据。

数字地面模型:开放的数据接口,接受多种数据格式;海量数据顾及地形特征的快速三角建模;DTM粗差点/线探测与定位;DTM点/线实时编辑;纵横断面插值、等高线生成、点位查询等公路路线与互通立交CAD:从数据采集、数模公路设计全过程的系统集成;基于数模的三维几何设计和三维景观显示;开放、通用的AutoCAD图形平台;采用线元设计法的平面和纵面交互设计;平纵线形的动态设计和修改;智能化的横断面模板设计和可视化交互动态修改;可视化的交互边沟排水设计;土石方自动调配和可视化的交互修改调配。

五、关豹高速公路(S8)(关山—豹澥)(见本篇第一章第九节武黄高速公路 G50)

武黄高速公路是一条双向四车道的高速公路,自武汉市关山一路南环铁路桥黄石市黄石长江大桥,全长 70.30km,其中关豹高速公路 16.04km。武黄高速东连黄石长江大桥、黄石黄梅高速公路,是武汉城市经济圈的重要干道,并通过周边高速公路网和安徽的合肥—高河埠—界子墩高速公路、江西的南昌—九江高速公路、九江景德镇高速公路相通,西连宜昌—武汉高速公路,在武汉与南北贯通的北京—珠海高速公路、107 国道相连,不仅成为连接武汉黄石及湖北东部出省的重要骨干线,同时也是沪渝高速公路、福银高速公路的重要组成部分,具有显著的线位优势。

关豹高速公路(S8)

六、青郑高速公路(S11)(青菱—郑店)

(一)项目概况

功能定位:武汉青菱—郑店高速公路是武汉市规划的七条快速出口通道中的一条南部出口路,是武汉市中环与外环的高速公路连通通道。它的建设对缓解武汉市南部出城难的问题,加强武汉市与南部城市的联系,提升武汉城市功能和形象,加快武汉城市圈的建设,发挥武汉市的经济辐射功能起着重要的作用。同时,该项目对改善本区域的交通环境,增强路网聚散能力,构筑综合性、立体型、高速化、网络状的武汉交通新格局,促进湖北省经济持续稳定增长具有十分重要的意义。该项目位于武汉市洪山区、江夏区境内和中环线与外环线之间,并与武汉市中心城区主干道、京珠国道主干线相接,其所在的地区是武汉市重点开发建设的新区。

路线走向:青郑高速公路起点为武汉中环线青菱互通,与中心城区主干道武咸路相通,经红霞村、号房湾、菱角湖、何家湖、龙家湖、张麻雀湾,在姚家大山东侧跨南环线,止于江夏区瓷器山,终点与京珠、沪蓉国道主干线郑店互通相接,往南直通广东珠海。主要控制点:位于武汉市洪山区、江夏区境内和中环—外环之间,起于中环线青菱互通,经红霞村、何家湖、黄金大道等地,止于京珠国道主干线郑店互通。主要出入口:武昌收费站。

建设规模:项目长约15.57km,起点—红霞村与107国道共线段约3.43km采用双向六车道城市快速路标准,红霞村—郑店互通段约12.14km采用双向六车道高速公路标准。实际征用土地数1883亩。

投资规模:该项目估算总投资7.66亿元。该项目由武汉交通建设投资有限公司、武汉交通发展公司、湖北通世达公路开发有限公司和湖北国创高新材料股份有限公司(分别占60%、20%、15%和5%的股份)共同组建的项目公司投资、建设和经营管理。其资金来源为:项目资本金2.681亿元,占总投资的35%,由项目公司筹措;其余4.979亿元建设资金,申请银行贷款解决。2010年7月26日,武汉市发展和改革委员会以《市发展改革委关于武汉市青菱—郑店高速公路工程概算调整的批复》(武发改设审〔2010〕376号)对原概算进行了如下调整:由原批复的7.6亿元调整为9.16亿元,共调增概算1.56亿元。资金来源:资本金0.55亿元(占总投资的35%),其余1.01亿元申请国内银行贷款。

主要技术指标:起点金家铺与107国道共线段约3.43km采用双向六车道城市快速路标准(与城市规划一致,按八车道预留),路基宽43,设计速度为80km/h;金家铺郑店互通段约12.1km采用双向六车道高速公路标准,路基宽33.5m,设计速度为100km/h,行车道宽2×11.25的双向六车道高速公路标准,其最小平曲线半径为700,最大纵坡4%,桥面净宽2×16.25,路面结构类型:沥青混凝土,设计洪水频率:特大桥1/300,其桥梁和涵洞1/100,设计荷载:公路-Ⅰ级。

主要工程数量:全线路基挖方1479853m^3,填方1640697m^3;涵洞1886.55m/56道,通道514.45m/20道;桥梁2346.33m/10座;分离式立交439.64m/6座;隧道186m/1座;底基层591425.4m^2,基层517221.2m^2;下面层沥青混凝土417273m^2,中面层沥青混凝土548100m^2,上面层沥青混凝土548900m^2。全线共设备类标志6555块,标线22019m^2;钢护栏47688m,隔离栅30225m,防落网882m;声屏障559.2m。收费站房建工程3822.61m^2,网架2688m^2。

(二)项目前期工作

决策过程:2004年7月26日,《省发展改革委关于武汉市青菱—郑店高速公路工程可行性研究报告(代项目建议书)的批复》(鄂发改交通〔2004〕704号);2005年3月29日,《省发展改革委关于武汉市青菱—郑店高速公路初步设计的批复》(鄂发改重点〔2005〕237号);《市计委关于武汉市青菱—郑店高速公路工程可行性研究补充报告的批复》(武计基础〔2005〕62号);《市交委关于武汉市青菱—郑店高速公路施工图设计的批复》(武交复〔2005〕294号)。

征地拆迁:该项目征迁工作涉及洪山区、江夏区。经国土资源部国土资函〔2007〕201号文批准,建设总用地1883亩,拆迁房屋275户,加油站3个,采石场2座,机站8座,石灰窑6座,灰砂砖厂7处,迁移供电、有线和民用、军用通信杆线853根,迁移路灯杆30根,迁改自来水管4320m。

(三)项目建设情况

组织机构:该项目法人为武汉青郑高速公路建设开发有限公司,为搞好该项目的建设管理工作,组建了武汉青郑高速公路建设管理部(作为代建单位),为武汉青郑高速公路建设开发有限公司开展该项目建设管理工作的执行机构,负责整个工程建设期间的建设管理工作。

主要参建单:经公开招投标,该项目主要由2个设计单位、11个施工单位、2个监理单位完成,并由武汉市交通基本建设质量监督站对该项目进行监督。设计单位为武汉市公路勘察设计院、武汉中咨路桥设计公司、湖北省交通规划设计院(交安)、湖北省林业勘察设计院(绿化);监理单位为中国公路工程咨询监理总公司;施工单位为武汉路桥集团公司、中铁十局集团二公司、武汉市政集团公司、湖北四季青景观园林公司、湖北楚通园艺公司、武汉格韵园林公司、湖北建通交通开发公司、湖北路路通设施工程公司。

实施过程:2004年7月,对工程的勘察设计按照招投标的规定程序进行了公开招标,确定了中标单位,并于2004年8月与勘察设计中标单位武汉市公路勘察设计院签订了设计合同。施工单位招标分阶段分别对土建、路面、交通安全设施工程、绿化工程、机电工程、收费站收费广场(天棚)和收费站房建工程进行了公开招标。根据招标评标结果分别确定了各施工单位并签订了施工合同。监理单位招标就一、二、三期工程的施工整体对监理单位进行了公开招标,根据招标评标结果确定了监理单位——中国公路工程咨询监理总公司并签订了监理合同。

项目建设工期为3年。该项目于2005年11月14日正式开工建设,2007年12月28日建成并交工验收,历时26个月,提前10个月完工。

工程交、竣工验收2007年12月28日建成并交工验收,档案验收于2009年12月17日通过并取得验收合格证;绿化工程于2009年11月30日通过了市质监站的验收。环保工程已于2010年4月1日通过省、市、区三级环保部门的验收。

七、武监高速公路(S13)(武汉—监利)

武汉—监利高速公路是武汉八条快速出口通道的西南通道,也是国家高速G4京港澳高速公路复线。武监高速公路分为武汉—洪湖(汉洪高速公路)、洪湖—监利(洪监高速公路)两段进行建设。

武监高速公路汉洪段(S13)

(一)汉洪高速公路

1. 项目概况

功能定位:武汉市沌口—水洪口高速公路(以下简称"汉洪高速")是武汉市政府规划的 8 条快速出口通道之一,是武汉—监利高速公路(简称武监高速、路网编号 S6)(后改为 S13)武汉—洪湖段,也是"武汉经济圈"中的西南通道。汉洪高速的建成,对于缓解武汉出城的交通压力、完善武汉城市圈高速公路网络、促进武汉周边旅游业发展、加快武汉经济开发带的建设等都具有非常重要的意义。以前,从汉口城区驱车到洪湖约 190km,需 3h。汉洪高速通车后,从汉口驱车,走江城大道,上汉洪高速,经东荆河大桥到洪湖只有 120km,全程缩短 70km,不到 2h。

线路走向:起点为武汉经济技术开发区城市主干道江城大道,经开发区、蔡甸区、汉南区,终点接汉荆一级公路东荆河大桥,止于汉南区邓南镇向新村,与武监高速洪湖—监利段的东荆河大桥相接。工程建设里程 49.001km,另建汉南互通连接线 2.542km。

建设规模:路线全长 49.001km,沿途有小军山、汉南(纱帽)、(汉南)湘口、(洪湖)新滩 4 个进出收费站,另建汉南互通连接线 2.542km。南太子湖桥—沌口路 2.91km 路段按双向六车道公路标准兼顾城市道路功能建设,设计行车速度为 60km/h;沌口路—军山互通长 9.18km 段,设计路基宽 33.5m,双向六车道,军山互通—终点段长 36.85km,设计路基宽 26m,双向四车道,按平原微丘区高速公路标准设计,设计车速为 100km/h。

投资规模:汉洪项目法人为汉洪公司。前期工作由武汉市城市高速出口公路建设指挥部实施。汉洪公司是由葛洲坝股份有限公司、湖北省投资公司、重庆大溪河水电开发有限公司共同投资组建,成立于 2004 年 10 月 19 日,注册资本 8000 万元,注册号 420100000086775。

2005 年 7 月 13 日,汉洪公司股东变更为武汉交通建设投资有限公司(95%、7600 万元)、武汉交通发展有限公司(5%、400万元);2007年4月25日,股东变更为武汉交通建设投资有限公司(95%、7600万元)、武汉阳逻开发有限公司(5%、400万元);2008年12月5日,股东变更为武汉交通建设投资有限公司(100%、8000万元);2009年5月5日股东变更为湖北联合交通投资开发有限公司(100%、8000万元)。

2007年9月30日,新增路段及服务区建设增加通知估算为28680万元,资金来源:新增资金业主自筹35%;剩余65%申请国内银行贷款解决。

2011年10月20日,武汉市发展和改革委员会以《市发展改革委关于调整武汉市沌口水洪口高速公路初步设计概算的批复》(武发改设审〔2011〕631号)对工程概算进行了调整:由原批复的242615.96万元调整为306508.37万元,共调增概算63892.41万元。调增的建设资金来源:项目资本占25%,由建设单位自筹;其余申请国内银行贷款解决。

主要技术指标:南太子湖桥—沌口路2.91km路段主要技术标准如下:圆曲线最小半径1250m,最小凸曲线半径2000m,最小凹曲线半径3000m,主线最小坡长180m,主线最大纵坡1.665%,路面结构设计轴载BZZ-100kN标准轴载,抗震设防标准6度,抗滑标准摆式仪测定值$F_0=47$,TD=0.55mm,石料磨光值PSV=37,设计路面使用年限15年。道路红线按规划执行,宽度38~68m。

沌口路—终点工程主要技术标准如下:计算行车速度100km/h,公路等级高速公路,路基宽度K5+520—军山互通段33.5m、军山互通—终点段26m,平曲线最小半径2000m,平曲线占线路总长的比例72.1%,最大纵坡2.5%,凸形竖曲线最小半径14000m,凹形竖曲线最小半径4500m,竖曲线占线路总长的比例42.8%,桥涵设计车辆荷载公路-Ⅰ级,设计洪水频率特大桥1/300、大、中小桥1/100。

汉南连接线主要技术指标:最小平曲线半径为700m,最大纵坡4%,沥青混凝土路面,设计洪水频率特大桥1/300,其桥梁和涵洞1/100,设计荷载公路-Ⅰ级。

主要工程数量:路基土石方全线602.4万 m^3,桥涵全线特大桥2座、大桥17座、中小桥梁44座,桥梁总计12.6km,涵洞、通道212道,互通式立交3处,路面采用三层18cm厚沥青混凝土路面结构,路面基层91.42万 m^2,沥青面层124万 m^2(含沥青混凝土桥面铺装),征用土地4200亩。

自然地理特征:项目地处武汉市西南部,毗邻长江北岸,属江汉冲湖积平原,其又可划分为四种地貌单元:河漫滩区、剥蚀丘陵区、垄岗区、冲积平原区。沿线地势平坦、开阔,大部分辟为农田,残丘丘顶多呈圆形,坡度一般10°~30°。地面标高在19~47之间,相对高差约28。属长江水系,河道发育,湖塘众多。本区属亚热带季风气候区。冬季受欧亚大陆冷高压影响,夏季受西太平洋副热带高压影响,气候具有明显的季节性,冬有严寒,夏有酷热,四季分明,日照充足,雨量充沛,以气旋雨为主。

2. 项目前期工作

决策过程:2004 年 10 月 20 日湖北省发展和改革委员会批复工程可行性研究报告——《省发展改革委关于武汉市沌口—水洪口高速公路工程可行性研究报告的批复(代核准)》(鄂发改交通〔2004〕917 号);2005 年 3 月 29 日湖北省发展和改革委员会批复初步设计——《省发展改革委关于武汉市沌口—水洪口高速公路初步设计的批复》(鄂发改重点〔2005〕236 号);2005 年 11 月 12 日武汉市交通委员会《市交委关于武汉市沌口—水洪口高速公路施工图设计的批复》(武交复〔2005〕296 号);2005 年 11 月 12 日武汉市交通委员会《市交委关于青郑、汉洪、汉蔡、汉鄂高速公路公路招标文件的批复》(武交复〔2005〕297 号);2005 年 11 月 14 日武汉市交通委员会《市交委关于汉洪高速公路施工许可报告的批复(武交复〔2005〕243 号)》;2007 年 4 月 28 日国土资源部以《关于武汉市沌口—水洪口高速公路工程建设用地的批复》(国土资函〔2007〕297 号)批准了该项目工程建设用地;2007 年 9 月 30 日《市发展改革委关于沌口—水洪口高速公路工程可行性研究补充报告的复函》(武发改能交函〔2007〕134 号);2011 年武汉市发展和改革委员会下发《市发展改革委关于调整武汉市沌口—水洪口高速公路初步设计概算的批复》(武发改设审〔2011〕631 号)。

征地拆迁:汉洪高速公路征地拆迁工作从 2005 年 6 月开始启动,依据《省人民政府关于进一步加强征地管理切实保护被征地农民合法权益的通知》(鄂政发〔2005〕11 号)以及与省国土资源厅签订的《武汉—洪湖高速公路建设用地统征协议》对汉南、蔡甸(开发区含在蔡甸区内)两区的征地按照 21625 元/亩的标准进行补偿,共征用土地 4200 余亩,补偿资金 94291879 元。

依据武汉市人民政府 148、149 号令及市物价局、市房产管理局《关于印发武汉市房屋重置价格标准的通知》(武价房字〔2004〕74 号);汉南区物价局、房产管理局《关于印发武汉市汉南区房屋重置价格标准的通知》(汉价〔2004〕19 号);蔡甸区物价局、房产管理局《关于印发武汉市蔡甸区房屋重置价格标准的通知》(蔡价商字〔2004〕27 号)的规定,根据实际调查的情况综合测算后,确定汉南、蔡甸两区的房屋拆迁单价为 430 元/m^2,武汉经济技术开发区房屋拆迁单价为 1340 元/m^2,共计拆迁房屋 42700 余 m^2,补偿资金 48372760 元。

3. 项目建设情况

组织机构:汉洪高速由湖北联合交通投资开发有限公司投资建设,其组建的湖北汉洪高速公路有限责任公司具体负责工程项目的建设、管理和运营工作。2005 年 8 月,湖北汉洪高速公路有限公司吸收武汉市城市高速出口公路建设指挥部部分工程技术和管理人员联合成立汉洪高速公路工程建设管理部和总监理工程师办公室(简称总监办),一门二牌下设工程技术部、征迁协调办、计划合同部、质量监督组、综合部、财务部全面负责汉洪高速公路的工程建设和管理。

业主变更：该项目经国家发改委于2004年10月批复同意后由葛洲坝集团股份有限公司组建湖北汉洪高速公路有限责任公司负责项目建设的前期工作，完成了汉洪公司的组建、设计单位招标、征用土地、初步设计及其评审等工作。2005年5月20日，葛洲坝集团股份有限公司退出该项目的投资，由武汉交通投资有限公司接手投资建设。2008年10月业主变更为湖北联合交通投资开发有限公司。期间武汉市城市高速出口公路建设指挥部负责协调业主变更过程中的投资清算及保持汉洪高速工程建设的正常进行。

主要参建单位：工程可行性研究报告编制单位武汉市公路勘察设计院，初步设计和施工图设计单位铁道部第四勘察设计院；监督单位为武汉市交通基本建设工程质量监督站；交工检测单位为武汉九通交通工程检测有限公司、武汉市公路水运实验检测中心。

监理单位：第一高监办K5+520~K24+700段的路基、桥涵、路面、绿化、交安工程施工监理由湖北省公路水运工程咨询监理公司负责施工监理，第二高监办K24+700—K51+551.463段的路基、桥涵工程施工监理由湖北华捷工程咨询监理有限公司负责监理；土建施工单位：第HHSG-LJ-1合同段K5+520~K8+045，全长2.525km，由铁道部第一工程局桥梁工程处承建，第HHSG-LJ-2合同段K8+045~K14+600，全长6.555km，由路桥集团第二公路工程局第一工程处承建，第HHSG-LJ-3合同段K14+600~K17+000，全长2.4km，由路桥集团第二公路工程局承建，第HHSG-LJ-4合同段K17+000~K20+500，全长3.5km，由中铁十五局集团第四工程有限公司承建，第HHSG-LJ-5合同段K20+500~K24+700，全长4.2km，由中铁十三局集团公司第五工程有限公司承建，第HHSG-LJ-6合同段K24+700~K30+200，全长5.5km，由路桥集团国际建设股份有限公司承建，第HHSG-LJ-7合同段K30+200~K36+000，全长5.8km，由中国铁路工程总公司承建，第HHSG-LJ-8合同段K36+000~K45+000，全长9.0km，由中国葛洲坝水利水电工程集团有限公司承建，第HHSG-LJ-9合同段K45+000~K51+551.463，全长6.551km，由中国水利水电第八工程局承建。

路面施工单位：第HHSG-LM-1合同段K5+520~K24+700，全长19.18km由武汉公路桥梁建设集团有限公司承建，第HHSG-LM-2合同段K24+700~K51+551.463，全长26.851km，由武汉市市政建设集团有限公司承建；绿化施工单位：第一合同段K5+520~K14+600，全长9.08km，由湖北绿洲园林工程有限公司承建，第二合同段K14+600~K24+700，全长10.1km，由潢川县江海园林装饰工程有限公司承建，第三合同段K24+700~K41+900，全长17.2km，由武汉森茂生态绿化工程有限公司承建，第四合同段K41+900~K51+551.463，全长9.651km，由宜昌市葛洲坝风景园林有限公司承建；交安施工单位：第一合同段K5+520~K24+700，全长19.18km，由浙江登峰交通集团萧山久久交通设施有限公司承建,第二合同段 K24+700~K51+551.463,全长 26.851km,由北京路安交通科技发展有限公司承建。

实施过程:该项目工程共分三期建设,一期工程为路基、桥涵工程,二期工程为路面工程,三期工程为绿化环保工程、房建工程、交安工程、机电工程。计划总工期为 42 个月,一期路基、桥涵工程 2005 年 11 月 14 日由武汉市交通委员会批准同意开工;一期工程进度:2005 年 9 月 23 日汉洪总监办同意三标桥梁桩基试验开钻,至 2007 年底除五标汉南连接线上蚂蚁河大桥外,一期路基、桥梁工程主体工程基本完成;二期工程进度:2007 年 6 月开工基层施工,2009 年 4 月主体工程完成;三期工程进度:绿化工程 2008 年 5 月开工,2009 年 4 月完工;交安工程 2007 年 12 月开工,2009 年 5 月完工;2010 年 6 月新增 2.91km 路段建成通车,2012 年主线收费站完成迁移。建设工期为 42 个月。2005 年 9 月 23 日开工,已于 2009 年 5 月 26 日交工,2009 年 9 月 25 日全线通车。

(二)东荆河大桥

东荆河大桥位于洪湖市与武汉市汉南区的交界处,起于武汉市汉南区水洪镇,止于洪湖市新滩镇。2004 年 2 月正式动工建设,2009 年 9 月正式建成通车。桥梁总长 6300m,其中主桥长 4446m、接线长 1854m;设计速度 100km/h,设计荷载公路-I 级,桥面宽为 25.5m,四车道高速公路桥梁,主桥结构采用先简支后连续桥梁。

(三)武汉—监利高速公路(洪湖—监利段)

1. 项目概况

功能定位:武汉至监利高速公路洪湖至监利段是湖北省规划的"六纵五横一环"骨架公路网之纵二线的支线。该项目的建设,对于完善全省骨架公路网布局,实施促进中部地区崛起战略。加强武汉与洪湖、监利以及湖南岳阳等地的联系。适应交通量增长的需要。开发沿线旅游资源。加快洪湖、监利革命老区经济社会发展和全面建设小康社会步伐。提高洪湖分蓄洪区应急保障能力等都具有十分重要的意义。

路线走向:洪监高速公路起于新滩东荆河大桥,通过新滩互通连接新滩镇,之后路线从新滩工业园区西侧穿越,跨幸福沟和汉阳沟,于沈家湾处跨内荆河,至大沙湖五分场跨省道 103,并通过大同湖互通连接大同湖、大沙湖、龙口、老湾等乡镇,路线继续前行在老湾乡北侧跨黄(家口)老(湾)转移公路,于大同湖境内的四合垸处再次跨越内荆河,至乌林镇东方红七队处跨腰口隔堤,路线进入洪湖分蓄洪区中分块,跨内荆河,经小港进入洪湖城区边缘,与滨湖办事处红岭村一组处接洪湖市规划建设的迎宾大道并通过设置洪湖互通连接洪湖城区,之后路线基本平行于省道 103 前行,跨新堤河、新堤排水河、螺山干渠、螺山隔堤、分界河,于韩家埠进入监利县境内,跨杨林河,在毛桥村一组与随岳高速公路相交,到达终点。

2009年10月24日,武监高速公路洪监段奠基(S13)

项目路线起自洪湖市新滩镇东荆河大桥,止于监利县拓木乡赖桥村,与随州至岳阳高速公路相接。

建设规模:路线全长94.79km。其中洪湖境内约81.15km,监利境内段约13.65km。主线共设桥梁48631m/91座,其中,特大桥40382m/6座;大桥4597.28m/14座.中桥2790.78m/43座;小桥657m/28座;涵洞75道,通道42道。全线设互通式立交5处、分离式立交6座;设管理分中心1处、匝道收费站3处、养护工区2处,服务区2处。停车区2处、交警营房1处。另设连接线1条全长2.51km。

投资规模:批复概算金额为88.2685亿元。

主要技术指标:主线采用设计速度为100km/h的四车道高速公路标准,路基宽度26m。

2. 项目建设情况

实施过程:项目建设工期4年。2012年8月正式开工建设。当年完成投资66565万元,累计完成投资78800万元,占总投资的8.93%;2013年完成投资15.01亿元,累计完成投资22.90亿元,为总投资的25.9%;2014年完成投资20.05亿元,累计完成投资42.95亿元,为总投资的48.9;2015年建成通车。

3. 复杂难点工程

(1)桥梁多,全线主线共设桥梁48631m/91座,合计48.63km,占总里程的51.3%。其中项目起点连续高架桥长度为38.15km;

(2)软基路段多。全线基本为软基路段,软土厚度分布不均,差异较大,地质条件复杂,软基需要处理深度大部分在15~20m之间;

(3)涉及鱼塘多。洪湖是全国淡水养殖第一大县,全县涉及鱼塘路段约49.2km,占

全线里程52%,征用鱼塘约3200亩,影响鱼塘面积超过9000亩,征地和施工难度非常大;

(4)材料少。土源及砂石等地方材料匮乏,来源困难,要经过长江到南岸取运,施工组织难度大,成本高。

八、汉蔡高速公路(S15)(汉阳—蔡甸)

(一)项目概况

功能定位:湖北省武汉市汉阳区米粮山—蔡甸区侏儒高速公路(以下简称汉蔡高速公路)是武汉市规划的七条快速出口公路之一,是连接武汉市中环线和外环线并延伸—沪渝高速的一条重要的西部出口通道。它的建成使城市环线与出口公路之间的交通转换更加快捷,极大地优化区域路网结构,提高路网的运行效率,改善区域的交通环境,有效地解决了武汉市西向出城难的问题。而且有利于加强武汉市与西部地区的联系,增强路网聚散能力,充分发挥了武汉市的辐射功能,对促进武汉新区特别是蔡甸区社会经济的发展,具有十分重要的作用。

汉蔡高速公路(S15)

路线走向:该项目起点位于武汉市汉阳区米粮山互通,连接中环线及郭琴路,起点桩号为K0+556.479,止于蔡甸区内的汉宜高速公路永安段侏儒互通,与沪渝高速相接,终点桩号为K35+451.242。

建设规模:路线全长35.982km,全线桥涵共227座,设米粮山互通、红庙互通、索河互通、侏儒互通立体交叉工程以及琴台主线收费站、索河匝道收费站、监控通信收费分中心和西湖服务区等配套设施。

投资规模:该项目批准概算为17.805亿元,实际投资21.171亿元。全部建设资金来源于企业投资。

主要技术指标:该项目采用平原微丘高速公路标准,设计速度100km/h。路基宽度:米粮山—红庙10.74km段,采用双向六车道高速公路建设标准,路基宽度为33.5m,红庙—侏儒24.44km段采用双向四车道高速建设标准,路基宽度为26.0m,桥涵设计荷载采用公路-Ⅰ级,全线大、中、小桥、涵洞及路基均采用1/100设计洪水频率,特大桥采用1/300设计洪水频率。

主要工程数量:路基挖方1606788.14m^3、填方6987363.8m^3、粉喷桩761066.7m^3、预应力管桩152745.2m^3,路面底基层1001238.3m^2、下基层896235.14m^2、上基层860273.99m^2、下面层801838.6m^2、中面层983865.43m^2、上面层968431.21m^2、透层873510.02m^2、黏层1822105.85m^2、稀浆封层874464.17m^2,特大桥1座、大桥16座、中小桥34座、互通4处(米粮山互通、红庙互通、索河互通、侏儒互通)、防撞护栏137.297km、防眩板5.043km、隔离栅70.056km、标志牌565块、标线55817.22m^2、防落网2836m、声屏障249.5m,主线收费站1个、匝道收费站1个、监控通信收费中心1个、养护工区1个、服务区1个。

(二)项目前期工作

立项审批:该项目严格执行公路建设程序,依法依规,规范运作,各阶段审批情况表见表2-2-6。

汉蔡高速项目审批汇总表　　　　　表2-2-6

序号	内容	核批单位	文件名称	文号	批准时间
1	项目申请报告	武汉市人民政府	《市人民政府关于我市城市快速出口通道规划问题的批复》	武政〔2003〕62号	2003.7.1
2	工可报告	湖北省发展和改革委员会	《省发展改革委关于武汉市汉阳区米粮山至蔡甸区侏儒高速公路工程可行性研究报告(代项目建议书)的批复》	鄂发改交通〔2004〕705号	2004.7.27
3	初步设计批准	湖北省发展和改革委员会	《省发展改革委关于武汉市汉阳区米粮山至蔡甸区侏儒高速公路初步设计的批复》	鄂发改重点〔2005〕235号	2005.3.29
4	施工图设计批准	武汉市交通委员会	《市交委关于汉阳区米粮山至蔡甸区侏儒高速公路施工图设计的批复》	武交复〔2006〕21号	2006.2.10
5	建设用地批复	湖北省国土资源厅	《湖北省国土资源厅关于武汉汉阳米粮山至蔡甸区侏儒高速公路建设用地预审意见的函》	鄂土资函〔2004〕356号	2004.12.9

征地拆迁:国土资源部于2007年4月以国土资函〔2007〕298号文件正式对汉蔡高速公路建设用地下发了《关于武汉市汉阳区米粮山至蔡甸区侏儒高速公路工程建设用地的批复》,同意汉蔡高速公路发生永久性征地4239.72亩,房屋拆迁面积41799.76m^2。

为了确实保障被征迁户的合法权益,项目公司严格执行相关土地及附着物征地拆迁文件,以及武汉市交通委员会与湖北省国土资源厅签订的《汉阳至蔡甸高速公路建设用地统征协议》,本着"公平、公正、公开"的原则,确保征迁资金专款专用,及时将征迁补偿资金落实到被征迁户手中。

(三)项目建设情况

组织机构:项目法人为湖北省汉蔡高速公路有限公司,前身是湖北三环汉永高速公路有限公司,于2005年1月20日成立,2007年1月12日更名为湖北省汉蔡高速公路有限公司,由广东省广晟资产经营有限公司、泰鑫(武汉)投资有限公司、湖北天地投资开发有限公司共同投资组建。广东省广晟资产经营有限公司是项目公司的控股股东。在汉蔡高速公路建设阶段,由汉蔡公司行使项目法人的权限,独立承担相应民事责任,任命和聘请有关人员,负责该项目的建设工作。

项目公司设"七部一室",即办公室、人资监察部、会计资金部、机务材料部、计划合同部、综合协调部、工程技术部和质安监督部。中心实验室与质安监督部合署办公。汉蔡高速公路总监理工程师办公室(以下简称总监办)由业主代表成立,是该项目工程建设施工组织与管理的实施机构。对该项目采取项目公司与总监办"一门两牌,合署办公,统一管理,费用统一支出"的管理模式。

主要参建单位:建设单位为湖北省汉蔡高速公路有限公司;设计单位为中交第二航务工程勘察设计院;质量监督单位为武汉市交通基本建设工程质量监督站;监理单位为山西省交通建设工程监理总公司、湖北省公路水运工程咨询监理公司、武汉平安建设工程项目管理有限公司、湖北省交通科学研究所;施工单位为中交二公局第一工程有限公司、中铁五局(集团)有限公司、中铁十局集团第二工程有限公司、贵州省公路桥梁工程总公司、无锡市中英达交通设施工程安装有限公司、湖北省路桥有限责任公司、中天路桥有限公司、中铁十八局集团第一工程有限公司、广东冠粤路桥有限公司、广州市公路实业发展公司。

实施过程:该项目批复建设工期42个月,2004年3月开始筹备,2005年3月施工招标,2006年5月11日市交委下发开工令正式开工建设,2008年10月18日主线通车试运营,主线实际施工工期29个月,提前13个月完成,红庙互通于2009年2月与京珠贯通,2010年4月索河收费站开通收费,至此汉蔡高速公路全线整体贯通。

工程交工、竣工验收:为严格检查汉蔡高速公路各项目工程施工合同执行情况,评价工程质量是否符合技术标准及设计要求,鉴定是否满足通车要求,为此项目公司总监办按照《公路工程竣(交)工验收办法》(交通部2004年第3号令)及上级部门的有关规定,成立了汉蔡高速公路交工验收领导小组和工作专班,组织设计、施工、监理等单位在市交通基本建设工程质量监督站监督和指导下对各合同段进行了交工验收。

评定结果表明:经检验评定,所有分项、分部、单位工程全部合格,单位工程优良率

100%,满足设计和质量标准,可转入通车试运行。

(四)科研和新技术应用情况

汉蔡高速公路设计及施工过程中积极开展科研,并采用了一些新技术。

1. 无桥台斜腿刚架桥技术研究

汉蔡高速公路全线共有9座天桥,原设计为梁桥,业主同意由华中科技大学修改设计为无桥台斜腿刚架桥。无桥台斜腿刚架桥取消了斜腿两端桥台,加一支撑斜杆,能满足桥台的各项功能。此桥型结构合理,受力性能好,兼有拱式桥和梁式桥的某些优点,跨越能力大,且伸缩缝少,行车舒适平稳。无桥台斜腿刚架桥造型新颖、简洁、美观,用于跨超级高等级公路的跨线桥,在中央分隔带上不需设墩,视野开阔,还有一定美学效果和经济效果。出版了《无桥台斜腿刚架桥在汉蔡高速公路天桥中的优化应用及其预应力技术研究》。

2. 高密度电法及跨孔声波CT测试地质构造

汉蔡高速公路红庙互通地段为石灰岩地质,有溶洞发育,为了防止互通桥梁桥墩下出现溶洞,由长江水利委员会对桩尖地质情况采用高密度电法和跨孔声波CT测试地质构造。高密度电法是以地下介质的导电性差异为基础的一种物探方法。地下各种介质在施加人工电场作用下,由于介质的电性差异导致地下传导的电流分布也存在大差异。通过对供电电极供电,测量出接收电极之间的电位差,反演计算出地下岩土体视电阻率,然后通过对视电阻率的分布规律进行分析,来寻找地质目标体。跨孔CT测试采用一孔发射,另一孔接收方式,在两孔间布置一发多收的扇形观测体系,组成密集交叉的射线网络,然后根据射线的程度及成像精度划分规则的成像单元,运用射线追踪理论及ART反演算法,反演两孔间的纵波波速图像,确定两孔间岩体波速分布,根据波速分布的特征,结合地质资料进行推断解释。采用这两种方法得出的结论,经钻芯取样验证效果非常好。

3. 预应力管桩的应用

预应力混凝土管桩进行软基处理加强基础,在建筑行业中已经得到了广泛的应用,但在公路工程中尚未使用。我们经过改进,在管顶上混凝土桩帽,使管桩与桩间的土体共同形成柔性复合地基,作为路堤基础。这类路堤基础由于管桩其桩身混凝土强度高、适应性广、耐冲击性能好、穿透力强、承载力高、抗弯抗裂性能好、施工快捷方便、质量稳定可靠、耐久性好等优点,再加上在桩顶上设置混凝土桩帽使地基形成柔性复合地基联合受力,经处理过的深层软基能够达到高速公路对地基要求,既保证路基稳定性,又减少沉降值,避免了不均匀沉降。

4. 固化剂的应用

传统的粉喷桩是利用水泥作为固化剂的主剂,但我们项目公司使用的是土壤固化剂,

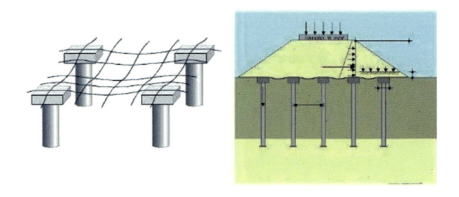

预应力混凝土管桩示意图

土壤固化剂是以工业废渣为主要原材料与其他多组成分复合而生成的一种高强耐水胶结材料,成功解决了常温固化土壤的水稳定性差的问题,成本高的问题和可持续发展问题。通过搅拌机械就地将软土和固化剂强制搅拌,利用固化剂和软土之间所产生的一系列物理与化学反应,使软土硬结成具有整体性、水稳性和一定强度的优质地基,从后期的沉降观测结果来看固化剂粉喷桩基本达到了软基处理的目的,效果良好。

5.钢箱梁桥面铺装技术

大跨径钢桥建设关键技术之一的正交异性钢桥面板的桥面铺装问题,一直是一个难点。传统桥面铺装技术,通车后容易产生推移、拥包、裂缝等各种病害,这不但影响到桥面的行车能力,而且钢板由于丧失了铺装的保护在雨水的侵蚀下还会引起钢箱梁结构的破坏,危及行车的安全。为了保证钢箱梁桥的质量,汉蔡高速四座钢箱梁桥:红庙互通主线桥及B匝道2号桥、D匝道2号桥,侏儒互通B匝道桥,共长492m。其桥面铺装采用了武汉理工大学专利技术方案:在钢箱梁桥面板上焊接 $\phi 10 \times 40mm$ 的剪力钉。并在剪力钉上绑扎焊接钢筋网,浇筑一层5.0cm的高韧性轻质混凝土,养护3d后,在混凝土桥面板上喷涂一层DPS防水材料,继续养护7d达到设计强度后,再喷涂一层SBR改性乳化沥青,待其完全破乳后,铺装上面层采用4cm的PG82-28改性沥青制备的SMA13。本技术采用轻质水泥混凝土与SMA沥青铺装层铺装方案、表面糙化处理与高黏度沥青SMA铺装两种典型的钢桥面沥青铺装技术方案,有效解决了传统钢箱梁桥面铺装存在的问题。

九、硚孝高速公路(S17)(硚口—孝感)

(一)项目概况

武汉市硚口—孝感高速公路路线走廊横跨京珠、武汉市三环线和绕城高速公路。路线起点与武汉市三环线相连接,之后渐往北、往西偏向张柏公路。在武汉市北郊的东西湖区东北侧跨过金山大道、武汉市绕城高速公路和京珠高速公路后,向北西延伸至东西湖区东山街道办,后跨沦河、府河—孝感市孝南区毛陈镇焦湖,再设联络线与107国道相接。硚口—孝感高速公路起于武汉三环线硚口区竹叶海公园东北角,沿线经过武汉市下辖的硚口区、东西湖区以及孝感市下辖的孝南区,止于孝感孝南区毛陈镇焦湖,跨武汉市和孝感市两个行政区域。

硚孝高速公路(S17)

路线走向:起点位于三环线硚口区规划竹叶海公园东北角,设古田互通,距离额头湾互通约1.5km。路线跨张公堤,顺其外侧边缘布线,沿张柏公路跨金山大道至径河,过径河后设主线收费站,继续沿张柏公路西侧向北,跨田园公路,设径河互通与张柏公路相接,经径河镇西南后,沿塔径路向西北方向绕过长江航道局规划用地,跨东流港及泥塘湖,跨绕城高速(里程桩号K6+300),设东柏互通。跨吴新干线,设吴新互通,经群力大队西、灯塔大队东侧,跨京珠高速公路(里程桩号K123+300),设灯塔互通。经东山街办胜利大队西南,于跃进大队东设东山互通,接上107国道及地方出口路。路线向北跨沦河、府河进入孝感市孝南区,经毛陈镇的王家湾、谢家岭,跨府环河至高速公路终点K34+470,路线总长34.51km。再设0.952km一级公路连接线接G107。主要控制点:起点古田、径河街办、东山街办、终点毛陈镇。

建设规模:全线长34.51km,其中六车道高速公路段落长12.77km,断面宽33.5m;四车道高速公路段落长21.7km,断面宽26m;另设四车道一级公路连接线长0.952km,断面宽23m。全线桥梁总长24167m/13座,占路线总长的70.1%,涵洞13道,互通式立交6处,地方道路张柏路、塔径路复建3.35km。

投资规模:该项目路线全长34.47km,估算金额为49.32亿元;平均每公里造价14308.89万元。在固定资产投资中,静态投资部分为44.60亿元,动态投资部分为4.72

亿元。一期工程为硚口—京珠高速段,估算金额为38.77亿元,二期工程为京珠高速—孝感段,估算金额为10.55亿元。依据国家投资政策的有关要求,该项目投资资金考虑由资本金、国内银行贷款两部分组成,其中资本金12.33亿元,占总投资的25%,负债融资36.99亿元,占总投资的75%,通过国内银行贷款解决。

主要技术指标:该项目起点古田至绕城高速公路段采用设计速度$v=100km/h$的六车道高速公路标准,路基宽度33.5m;绕城公路至焦湖段采用设计速度$v=100km/h$的四车道高速公路标准,路基宽度26.0m,最大纵坡4%;焦湖至107国道段采用设计速度$v=60km/h$的四车道一级公路标准,路基宽度23.0m,最大纵坡6%。设计水位频率特大桥1/300,大、中桥、涵洞、路基1/100,桥涵汽车荷载公路-Ⅰ级。

主要工程数量:征用土地3292.1亩,路线总长34.47km、路基宽度33.5/26m、路基土方数量1189311m^3、排水防护工程105232m^3、特殊路基处理10.738km、路面248405m^2、特大、大中桥24167m/13座、涵洞13道、互通式立体交叉6处、分离式立体交叉565m/3处、通道2道、沿线设施34.47km、收费所5处、养护中心1处、服务区1处。

自然地理特征:该项目直接影响区位于湖北省中部腹地江汉平原的东部,东与黄冈市、鄂州市、黄石市接壤,南与咸宁市相连,西与荆门市、仙桃市毗邻,北与随州市相接,地形以平原为主、丘陵为辅。地理位置东经113°41′~115°05′,北纬29°58′~31°22′,属亚热带湿润性季风气候,具有光照充足,热量丰富,雨量充沛,雨热同季,四季分明等特点。

该区域大部分属汉江流域,是湖北省河流密集、湖泊众多的地区。武汉市位于长江与其最大的支流汉水交汇处;东西湖区地处武汉市的西北近郊、长江北岸,汉江、汉北河及府河汇合之处;孝感市位于湖北省北部地区,与河南省交界,是湖北省重要的北上通道。

(二)项目前期工作

决策背景:为完善武汉市快速出口公路网规划,缓解武汉市西北向过境交通压力,武汉市交通委员会"十一五"公路规划建设一条西北向的快速出口通道,2006年6月委托中交第二公路勘察设计研究院有限公司研究古田至红羽村(接绕城)高速公路(为武荆高速公路延伸到汉口中心城区提供快速通道);2007年8月,根据新修编的城市总规构建的交通主骨架路网,武汉市交通委员会提出将古田至红羽村高速公路终点延伸至107国道,并命名为武汉市汉口至东西湖高速公路。

决策过程:2007年12月,武汉城市圈被批准为"两型社会"建设综合配套改革试验区后,省交通厅从战略高度确定终点止于孝感市毛陈镇。其功能是实现汉口中心城区与孝感城区交通对接,同时为武荆高速公路延伸到汉口中心城区提供快速通道;2008年2月22日,湖北省交通厅下发关于《汉东高速公路终点建设方案专题会议纪要》,确定终点止于孝感市毛陈镇,采用一级公路与107国道相接。2008年3月19日,湖北省发展改革委和交通厅组织专家召开了《武汉市汉口至东西湖高速公路工程可行性研究报告》咨询会,项目最终命名为"武汉市硚口—孝感高速公路"。根据咨询会专家意见进行完善,编制完成《武汉市硚口至孝感高速公路工程可行性研究报告》。

(三)项目建设情况

该项目全长34.51km,其中起点至—京港澳高速公路段22.5km、京港澳高速公路至终点段12.01km。项目计划分两期建设:一期工程从硚口至京港澳高速,全长22.5km,概算投资额37.71亿元;二期工程从京珠高速至—孝感孝南区,全长12.01km,概算投资额12.93亿元。

2016年,武汉硚口至孝感高速公路(起点至京港澳高速公路段)完成投资14.68亿元,为年度目标的103%。累计完成投资36.41亿元,为一期工程(37.71亿元)总投资97%。起点至京港澳高速段形象进度为:路基土石方完成85%(共完成116.08万 m^3);涵洞、通道完成97%(共完成36道);桥梁桩基完成75%(共完成桩基3970根,基础承台/系梁1824道),下部构造完成89%(墩柱2910根,墩台帽861个);预制梁板完成84%(4324片),安装完成81%(4168片);现浇箱梁完成95%(15256m);防撞护栏完成82%(79594m),完成桥面铺装30.22m^2。全线分项分部工程合格率100%,没有发生质量事故,无重大质量隐患;安全生产保持了稳定的发展势头,未发生重大安全生产事故。

(四)复杂难点工程

该项目路线桥梁情况见表2-2-7。

路 线 桥 梁 表　　　　　表2-2-7

序号	桥梁名称	中心桩号	跨径(m)	桥梁全长(m)	结构类型 上部构造	结构类型 下部构造 墩	结构类型 下部构造 台
1	古田互通主线桥	ZK0+700	13×25+4×50+47×25	1703	脊骨梁大悬臂展翼箱梁+钢箱梁	曲线形花瓶式桥墩	承台分离式
2	新桥高架桥	K3+275	110×25	2753	脊骨梁大悬臂展翼箱梁	曲线形花瓶式桥墩	承台分离式 承台分离式
3	径河高架桥	K12+829	301×25 (30+50+30)+13×30	8031	脊骨梁大悬臂展翼箱梁 钢箱梁+预应力混凝土T梁	双柱墩	承台分离式

续上表

序号	桥梁名称	中心桩号	跨径(m)	桥梁全长(m)	结构类型 上部构造	结构类型 下部构造 墩	结构类型 下部构造 台
4	西一大桥	K15+370	157×20	3146	预应力混凝土宽幅空心板	双柱墩	承台分离式
5	西二大桥	K18+350	75×20	1506	预应力混凝土宽幅空心板	双柱墩	承台分离式
6	灯塔高架桥	K22+110	51×30+30+50+30+10×30	1946	钢箱梁+预应力混凝土T梁	双柱墩	承台分离式
7	胜利高架桥	K24+250	45×20	906	预应力混凝土宽幅空心板	双柱墩	承台分离式
8	东风高架桥	K25+500	30×20	606	预应力混凝土宽幅空心板	双柱墩	承台分离式
9	伦河大桥	K27+835	24×30+30+50×30+21×30	1466	预应力混凝土T梁+预应力混凝土箱梁	双柱墩	承台分离式
10	府河大桥	K30+831	25×30+30+50×30+24×30	1586	预应力混凝土T梁+预应力混凝土箱梁	双柱墩	承台分离式
11	王家湾大桥	K32+400	4×20	86	预应力混凝土宽幅空心板	双柱墩	承台分离式
12	谢家岭中桥	K33+475	1×20	26	预应力混凝土宽幅空心板	双柱墩	承台分离式
13	府环河大桥	K34+160	20×20	406	预应力混凝土宽幅空心板	双柱墩	承台分离式
		总长		24167			

十、机场高速公路(S18)(武汉天河机场)

武汉机场路是武汉市第一条专用机场道路,在湖北省高速公路网编号为S18。武汉机场路于1992年开始建设,1994年建成通车,1995年4月15日正式收费运营,收费年限自1995年4月~2025年3月,共30年。运营管理单位为武汉机场路发展有限公司。

(一)项目概况

功能定位:被誉为"武汉第一路"的机场路是通往华中地区最大的、区域性枢纽的、国内4E级标准的航口港——武汉天河机场的主要通道,全长17.8km。享有机场旅客3000多万人次的吞吐量,每日车流量3.84万次,通行车辆主要集中在TAXI、豪华客车、私家车和公家车。机场专用公路双向四车道,路基宽约24~28.2m,是进出机场的主要通道。根据《天河国际机场总体规划》,规划中的天河机场环形快速通道全长37.6km,由三个路段组成:机场西线(新华下路-机场南门);机场北连接线(汤家湾—机场北门段);机场东线(谌家矶—汤家湾段)。

武汉机场高速公路(S18)

路线走向:武汉机场路建成后,北起天河机场南大门,经宋家岗,在李家墩处跨越府河,然后沿东西湖明渠,在张公堤黄家大湾闸处与市内常青路相接。

建设规模:道路共分为A、B、C三段,A段为0~6.4km(机场南大门—宋家岗);B段为6.4~12.8km(宋家岗—府河大桥南岸);C段为12.8~17.8km(府河大桥南岸—张公堤立交)。

武汉机场路沿线建有有三座大中型桥梁,五座小型桥梁,六座跨线桥,十九座通道。武汉机场路在宋家岗设置出入匝道,并与武汉绕城公路、武汉机场第二通道通过立交相通。

互通及沿线设施情况见表2-2-8。

互通及沿线设施一览表　　　　　表2-2-8

序号	中心里程(km)	设施名称	被交叉道路名称	互通形式
1	4.18	绕城公路立交	下穿武汉绕城公路	双喇叭形立交
2	5.98	主线收费站		
3	6.4	宋家岗立交	上跨巨龙大道	菱形互通
4	6.4	轨道交通立交	下穿轨道交通2号线	
5	7.76	临空港互通立交	上跨临空港大道	苜蓿叶形互通
6	9.4	汤云海路立交	上跨汤云海路	
7	10.85	汉孝城际铁路立交	下穿汉孝城际铁路	
8	11.06	机场二通道立交	下穿机场二通道	单喇叭A形互通
9	15.3	马池立交	下穿马池路	
10	16.65	金山路口平交	平交金山大道	
11	17.6	张公堤立交	下穿武汉三环线	苜蓿叶形互通

主要技术指标:A、B段位于黄陂区境内,所处地貌为微丘地形,道路按一级公路标准设计,设计车速100km/h,断面宽24m。C段位于武汉市东西湖区,地貌为平原地形,道路

按城市快速路标准设计,设计车速80km/h,部分路段40km/h,断面宽28.2m。平曲线一般最小半径300m,最大纵坡4%。

自然地理特征:该项目区域地处位于江汉平原东部边缘,属低垄岗倾斜平原,地貌单元多属第四系冲湖积平原,相间垄岗、剥蚀残丘地貌,多为相当于长江中游一级或三级阶地地貌,路线沿途地形起伏不大,较为平缓,地势较开阔,多为农田、湖汊、鱼塘等,植被发育较好。地面标高一般在海拔18.0~40.0m之间,相对高差在10m以内。公路沿线附近最高点为丰荷山,顶峰高度为98.5m,露甲山为58.8m。

(二)项目建设情况

组织机构:武汉机场路发展有限公司负责武汉机场路的经营管理工作。公司设有董事会、监事会以及党工团等机构。公司下设行政管理部、收费管理部、工程保障部、运营稽查部、计划财务部、安全保卫部、党群工作部等7个部门。

实施过程:武汉机场路于1992年开始建设,1994年建成通车,1995年4月15日正式收费运营。2001年、2002年,机场路进行了道路"黑色化"维修改造。2007年,机场路C段再次进行了维修改造。2007年,武汉机场二期扩建,机场路0~1.03km被机场占用,机场路收费站由机场南大门搬迁—机场路5.98km处。2014年,武汉机场三期扩建,机场路1.03~2.73km被机场占用,导致机场路不能直接连通机场,机场路2.73~4.7km路段被迫临时封闭。目前,机场路车辆可经机场二通道互通或武汉绕城高速互通进出天河机场。

2015年,经武汉市政府批准,武汉机场快速路改线工程正式启动,该工程西起马家湖立交,跨越马家湖后下穿汉孝城铁、地铁机场线,而后止于机场路,并与机场快速路设置环形交叉口。其中道路主线全长约3.365km,路基宽27m,宽50m,加上匝道桥后线路总里程为3.917km。采用一级公路标准,设计时速每80km/h;立交匝道40~50km/h。改线工程竣工后,武汉机场路将恢复机场专用道路的功能。

(三)复杂难点工程

主要桥梁情况见表2-2-9。

主要桥梁一览表　　　　　表2-2-9

序号	中心里程(km)	桥名	孔数及孔径(孔-m)	桥梁全长(m)	上部构造	桥墩及基础	桥台及基础
一	沿线大中型桥梁						
1	6.4	宋家岗立交	20+24+24+20连续	88	连续箱梁	柱式墩、桩基	U形桥台、扩大基础
2	12.2	府河大桥	31-30 40+60+40	1078	连续T梁+连续箱梁	柱式墩、桩基	U形桥台、扩大基础

续上表

序号	中心里程(km)	桥名	孔数及孔径（孔-m）	桥梁全长(m)	上部构造	桥墩及基础	桥台及基础
3	13	南加长桥	6-20	12	连续T梁	柱式墩、桩基	U形桥台、扩大基础
4	16.4	张公堤立交（南）	8-18	144	空心板	柱式墩、扩基	
二			沿线小型桥梁				
1	1.87	AK1+876桥	2-8	16	实心板	实体墩扩基	轻型桥台
2	3.6	AK3+504桥	4-8	32	实心板	柱式墩、扩基	U形桥台、扩大基础
3	5.29	AK5+289桥	2-8	16	实心板	实体墩扩基	轻型桥台
4	5.73	AK5+730桥	1-8	8	实心板		轻型桥台
5	7.51	BK1+095桥	1-8	8	实心板		轻型桥台
三			沿线跨线桥				
1	3.96	AK3+960人行桥	2-16	16	空心板	柱式墩、扩基	U形桥台、扩大基础
2	4.48	AK4+480车行桥	2-16	16	空心板	柱式墩、扩基	U形桥台、扩大基础
3	4.96	AK4+960车行桥	2-16	16	空心板	柱式墩、扩基	U形桥台、扩大基础
4	7.03	BK0+623车行桥	2-16	16	空心板	柱式墩、扩基	U形桥台、扩大基础
5	7.69	BK1+280车行桥	2-16	16	空心板	柱式墩、扩基	U形桥台、扩大基础
6	13.55	CK0+700人行桥	5-16+26+14+26+16	26	宽腹T梁斜腿	斜腿刚构，桩基	

十一、机场二高速公路(S19)(武汉天河机场第二通道)

武汉天河机场第二公路通道工程是湖北省和武汉市"十一五"交通发展规划重点项目。是连接武汉市区与天河机场的快速通道,同时也是武汉市环线上的一条放射线,是武汉市西北部的重要出口通道,在整个区域公路网中占据较为重要的地位。除满足城市圈进出机场交通快速进出天河机场外,同时兼顾武汉市出口公路的性质。

（一）项目概况

功能定位：该项目建成后,将为武汉市及周边地区进出机场车辆创造较好的交通条件,使航空与公路有机的协调起来;同时增加了武汉市西北部进出城通道,使武汉市出口公路分布更加合理,能更多地节约资源。武汉天河机场第二公路通道(以下简称"该项目")重点服务于武汉市及"武汉城市圈"快速进出机场的交通需求,也兼具出入境通道的功能。

2014年4月27日,机场第二高速出城段通车(S19)(姑嫂树立交桥横跨铁路线高架桥)

路线走向:该项目路线起于武汉市三环线姑嫂树立交,沿姑李路高架、于李家墩变电站以东、机场路府河大桥下游约1km跨越府河,在长咀岗附近跨现有机场路,沿府河西湖苑堤向西北前行,在黄花涝附近跨绕城高速公路,于马家湖接入机场规划南门。

主要控制点:起点—姑嫂树互通、起点段姑李路、李家墩变电站、规划地铁2号线常青车辆段、府河大桥、丰荷山互通、黄花涝互通、终点至机场规划南门。沿线主要城镇和河流:东西湖区养殖场,黄陂盘龙城开发区、天河镇;府河。

建设规模:路线全长16.007km。起点至绕城高速公路段为双向六车道,此后为双向八车道。全线设姑嫂树、黄花涝、长咀岗互通式立交3处。其中姑嫂树互通至黄花涝互通段采用双向六车道高速公路标准,黄花涝互通至机场南入口段采用双向八车道高速公路标准。全线桥梁有3座,长14602.5m,占总里程的93.9%。

投资规模:湖北省发展和改革委员会以《省发展改革委关于武汉天河机场第二公路通道项目初步设计的批复》(鄂发改重点〔2009〕1535号),核定该项目总概算为34.058亿元。其资金来源由两部分:一是项目资本金8.5145亿元,占总投资的25%。由武汉天河机场路投资发展有限责任公司股东武汉市城市建设投资开发集团有限公司、武汉市市政建设集团有限公司分别出资51%、49%,二是国内银行贷款25.5435亿元,占总投资的75%。

主要技术指标:公路等级高速公路,设计速度100km/h,路面等级高级(沥青混凝土),汽车荷载等级公路-Ⅰ级,主线路基宽度26.5/33.5/41m,平曲线一般最小半径700m,最大纵坡4%;匝道设计速度40/60km/h,路基宽度10/18.5m,行车道宽度3.5/

7.0m,平曲线一般最小半径60/150m,最大纵坡5/4%。

主要工程数量:该项目路线全长16.007,全线设姑嫂树、丰荷山、黄花涝3处互通式立交,1处服务区、1个管理中心(含1处养护工区)、1处主线收费站、1处匝道收费站。特大桥13129m/7座、大桥516m/1座。

自然地理特征:该项目区域地处位于江汉平原东部边缘,属低垄岗倾斜平原,地貌单元多属第四系冲湖积平原,相间垄岗、剥蚀残丘地貌,多为相当于长江中游一级或三级阶地地貌,路线沿途地形起伏不大,较为平缓,地势较开阔,多为农田、湖汊、鱼塘等,植被发育较好。地面标高一般在海拔18.0~40.0m之间,相对高差在10m以内。公路沿线附近最高点为丰荷山,顶峰高度为98.5m,露甲山为58.8m。

(二)项目前期准备

决策过程:2009年10月,湖北省发展和改革委员会批复了该项目立项请示,该项目正式立项;2009年11月,湖北省发展和改革委员会批复了该项目初步设计;2009年11月,武汉市交通运输委员会与武汉市市政建设集团有限公司、武汉市城市建设投资开发集团有限公司签署了投资协议书同意组建武汉天河机场路投资发展有限责任公司投资建设经营武汉天河机场第二通道工程;2010年8月,国土资源部批准了武汉天河机场第二公路通道工程建设用地。

2009年11月,湖北省发展和改革委员会批复了该项目初步设计;2010年5月,湖北省交通运输厅批复了该项目S3-S7合同段施工图设计;2010年10月,湖北省交通运输厅审批同意了武汉天河机场第二公路通道施工许可申请书;2012年11月,湖北省交通运输厅批复了该项目S1、S2、S7、S8合同段施工图设计;2013年1月,湖北省交通运输厅批复了该项目路面工程施工图设计;2013年3月,湖北省交通运输厅批复了该项目交安工程施工图设计;2013年6月,湖北省交通运输厅批复了该项目绿化工程施工图设计。

土地、林地征用及土石开挖、通航、环保、考古等批复:2007年10月,武汉市文化局批复同意了天河机场快速通道路线方案不对商代盘龙城遗址构成不利影响;2007年12月,湖北省地震局通过了武汉天河机场第二公路通道工程场地地震安全性评估报告。

2008年5月,湖北省国土资源厅通过了天河机场快速通道压覆矿产资源调查报告;2009年1月,湖北省环境保护局批复同意了武汉天河机场第二公路通道环境影响报告书;2009年1月,湖北省水利厅批复同意了武汉天河机场第二公路通道水土保持方案报告书;2008年5月,湖北省国土资源厅同意通过天河机场第二通道建设项目用地预审;2010年8月,国土资源部批准项目建设用地113.7705hm^2;2009年8月,水利部长江水利委员会批复同意了武汉天河机场第二通道(姑嫂树—天河机场高速公路)涉河建设方案。

征地拆迁:武汉天河机场第二快速通道项目,路线经过江岸区、江汉区、东西湖区和黄陂区,规划总面积1441474m²,约合2162.211亩,在征地过程中,我们紧密依靠沿线地方各级党委政府,以"坚持群众路线"为指针,认真贯彻执行《中华人民共和国土地法》以及国家和省市有关征地拆迁补偿安置的政策法规,依法及时办理征地手续并完成耕地占补平衡工作,严格把关征迁资金的拨付程序,切实解决好工程建设过程中的各类协调问题,妥善地解决了征地后土地调整问题和劳力安置问题,沿线征地范围内的受影响和破坏的水系得到及时恢复和升级,群众生产生活环境和条件得到了有效保障和较大改善,项目施工进展顺利,创造了和谐稳定的建设氛围。

(三)项目建设情况

组织机构:武汉天河机场路投资发展有限责任公司(简称:项目公司)和武汉天河机场第二公路通道工程项目总监理工程师办公室(简称:总监办)合署办公。设5个职能部门:综合管理部、财务部、征地拆迁部、工程管理部、合同计划部。

该项目为BOT项目,根据《建管协议》,由市交通委员会下辖的市城市高速出口公路建设指挥部全面配合武汉天河机场第二快速通道项目征迁和协调工作,投资方武汉天河机场路投资发展有限责任公司负责协调资金和负责征地拆迁、协调工作,武汉天河机场第二快速通道项目沿线各区由各区分管区长任指挥长,区交通局分管,成立了区征迁协调指挥部,负责沿线项目征地、拆迁以及建设期间的地方协调工作。城市高速出口公路建设指挥部、武汉天河机场路投资发展有限责任公司负责项目征地拆迁及施工协调的统一和组织指挥工作,各地方征迁协调指挥部和途经的各街道办负责项目具体征地拆迁及施工的实施工作。

主要参建单位:建设单位为武汉天河机场路投资发展有限责任公司;设计单位为湖北省交通规划设计院、武汉市公路勘察设计院、中国公路工程咨询集团有限公司、中信建筑设计研究总院有限公司;质量监督单位为武汉市交通基本建设工程质量监督站;检测单位为湖北省公路工程咨询监理中心、中交第二公路勘察设计研究院有限公司;监理单位为武汉广益交通科技股份有限公司、湖北中交公路桥梁监理咨询有限公司、武汉市公路工程咨询监理公司;施工单位为中南建设集团有限公司、中铁七局集团有限公司、中铁大桥局股份有限公司、武汉市桥梁工程有限公司、深圳市市政工程总公司、中交第二航务工程局有限公司、武汉江夏路桥工程总公司、山东东方路桥建设总公司、武汉市市政路桥有限公司、北京路安交通科技发展有限公司、河南春泉园林绿化工程有限公司。

实施过程:2009年12月,项目公司正式组建;2010年8月,S3、S4标开始进场;2010年10月,项目正式开工;2011年4月,S8标(止点)开始施工;2011年5月,S1标(起点)开始施工;2013年12月,工程建设整体推进,主体工程全线贯通;2014年3月,成桥荷载试验完成;2014年4月,S1-S4标二、三期工程基本完成;2014年7月,S5-S8标二、三期工程基本完成,具备通车试运营条件。

机场二通道工程自2010年10月开工建设以来,武汉天河机场路投资发展有限责任公司严格执行国家相关规定和基本建设程序,经过四年的努力,优质、安全、高效地完成了武汉天河机场第二公路通道工程项目建设,2014年7月,具备通车试运营条件。

第二节 纵 线

湖北省省级高速公路纵线计8条,即麻阳高速公路、黄咸高速公路、咸通高速公路、孝洪高速公路、枣石高速公路、双尹高速公路、纪冷高速公路、宣咸高速公路。

一、麻阳高速公路(S29)(麻城—阳新)

"十二五"期间,湖北省将进一步完善高速公路骨架建设,合理优化路网结构,形成较为完善的"七纵五横三环"主骨架及连接支线的高速公路网。麻城—阳新高速公路是规划的高速公路网中的纵一。

麻阳高速公路(S29)

(一)麻城—阳新高速公路(麻城—武穴段)

1. 项目概况

功能定位:麻城—阳新高速公路(麻城—武穴段)是《湖北省省道网规划纲要(2011—2030年)》中"九纵五横三环"高速公路网中"纵一"的重要路段,该项目全部位于黄冈市境内,是湖北省政府授权黄冈市承建的又一条地方高速公路项目,其建设有利于完善湖北省高速公路网布局,改善鄂东北地区对外交通出行条件,推动湖北大别山革命老区经济社会发展试验区快速发展,促进沿线地区自然资源开发和社会经济发展,有效推动大别山地区旅游业快速发展,具有重要意义。

路线走向:该项目作为麻城至阳新高速公路的一段,起点位于黄冈市麻城市沪蓉高速公路麻武段木子店互通以西约 1.6km，走木子店镇以东，穿搁船山至袁家冲，设古龙山互通与省道胜麻线相接，沿巴河东岸布线至铺鱼咀，经新屋咀、七道河、沿董家冲布线，穿茶林坳，跨巴河，沿县道 215 走廊至宜林西，三里畈互通与国道 318 相连，跨罗田河，沿罗田河西岸、华桂山省级自然保护小区东侧布线，在肖家湾附近设团陂东枢纽互通与武英高速公路相连，沿省道罗兰线走廊布线，经胡河西至快岭，关口互通与省道罗兰线相连，经吴家湾，跨浠水河，经艾家湾、紫微山至余堰东，跨省道中大线，浠水东互通与省道相连，经毛张院、龙井湾、姜家河、大塘湾、桂花坑至陈应垄，向南经下街头跨蕲水，经胡老先生，于卢家湾设蕲春互通与省道下蕲线相连，跨下蕲线，经刘谤湾、陈广水库进入武穴境内，在吴胜祖以西跨省道黄标线，设梅川互通与省道相接，向南经范应佑、长岭、饶雨冲水库西，于三里庙以西下穿京九铁路，经毛新湾，与麻阳高速公路武穴长江大桥北岸接线对接于上陶，终点位于黄冈武穴市四望镇附近武穴枢纽互通与沪渝高速公路黄黄段相连。

麻阳高速公路麻武段隧道

主要控制点为：起点（沪蓉高速公路交叉点）、木子店、三里畈、罗田、武英高速公路交叉点、浠水余堰、蕲春、京九铁路交叉点、终点（黄黄高速公路交叉点）。

建设规模：该项目位于黄冈市境内，沿线经过麻城、罗田、浠水、蕲春和武穴等 5 个县市，路线全长 141.125km，连接线两处共 14.13km，构造物包括：桥隧比例 20.03%，特大桥 2592m/2 座、大桥 20986m/66 座、中小桥 1572m/22 座、长隧道 2510m/2 座、涵洞 208 道、通道 178 道，互通 11 处，管理监控分中心 1 处，收费管理站 6 处。

投资规模：该项目初步设计总概算核定为 93.912 亿元，该项目总投资应控制在初步设计批复概算范围之内，最终工程造价以竣工决算为准。

主要技术指标：公路等级高速公路，设计速度 100km/h，路基宽度 26m，行车道宽度 $2 \times 7.5m$，桥面净宽 $2 \times 11.5m$，桥涵汽车荷载等级公路-Ⅰ级，设计洪水频率 1/100、1/300，地震动峰值加速度 0.05g，平曲线最小半径 700m，最大纵坡 4%。

主要工程数量见表2-2-10。

工程数量表

表2-2-10

序号	工程类别	单位	本项目	备注
1	路线里程	km	141.125	
2	占用土地	亩	14391.20	含连接线占地841.25
3	拆迁房屋	m²	156924	含连接线拆迁7262
4	土石方	×10³ m³	13971.722	
	土石方每公里	×10³ m³	123.137	扣除桥隧
5	排水防护	×10³ m³	718.435	
	排水防护公里	×10³ m³	6.332	扣除桥长
6	沥青路面	×10³ m³	2543.963	扣除桥长
7	特大桥	m/座	2592/2	包含互通区主线、分离式上跨桥
	大桥	m/座	20986/66	
	中、小桥	m/座	1572/22	
8	涵洞	道	208(172)	括号内为通道带涵
	平均每公里涵洞	道	3.349	扣除桥长
9	长隧道	m/座	2510/2	
10	桥隧比例		20.03	
11	分离式	处	46	
12	互通	处	11	含两处预留互通
13	通道(天桥)	道(座)	178(103)	
	每公里通道、天桥	道(座)	1.477	扣除桥长
14	连接线	km/处	14.13/2	
15	管理监控分中心	处	1	
	收费管理站	处	6	
16	总造价	万元	840193.66	含连接线造价
17	平均每公里	万元	5953.54	

2.项目前期工作

决策过程:2011年7月编制完成本工程可行性研究报告。2011年8月16日,由省发展改革委、交通厅共同组织了麻城—阳新高速公路麻城—武穴段工程可行性研究报告专家咨询会,并形成了专家组意见。根据咨询会专家组意见,本次修编将该项目名称更改为:麻城—武穴高速公路。2011年10月,项目组完成了《麻城—武穴高速公路工程可行性报告(修编版)》的编制工作;2012年6月18日,湖北省发展和改革委员会以鄂发改交通〔2012〕768号文件,批复了麻城—阳新高速公路麻城—武穴段项目工可;2012年9月11日,湖北省发展和改革委员会以鄂发改审批〔2012〕208号文件,批复了麻城—武穴高速公路项目初步设计。

3. 项目建设情况

该项目建设工期 39 个月(自开工之日起),项目于 2012 年 10 月开工建设,于 2015 年 12 月建成通车。

(二)麻城至阳新高速公路武穴长江公路大桥段(规划)

1. 项目概况

功能定位:武穴长江公路大桥是湖北省规划的"七纵五横三环"高速公路网中的"纵一线"麻城至阳新高速公路的组成部分,也是《国家公路网规划(2013—2030 年)》中国道 G220 东营至深圳公路跨越长江的控制性工程。麻城至阳新高速公路是鄂豫皖等省共同规划的、纵贯大别山的濮阳至阳新省际高速公路通道的湖北境段。

路线走向:路线起点与沪渝(黄黄)高速公路相交(黄黄高速桩号 K734+500),位于四望镇以西 2km 新屋岭附近(设武穴枢纽互通与黄黄高速公路相接),经陶家庄、桂家湾、吴义岭,上跨县道 X115,在周笃附近设四望互通与县道 228 相连,过竹林垸上跨县道 X115、经德里桥设隧道穿越仔猪山,过张才垸、文家山,经黄泥湖、铁炉咀、泉塘垸,设隧道穿越仙姑山,上跨郑席线 X112 后,从武穴陵园及蔡凹水库西侧过,在桥头桂附近设武穴互通与刊江大道相连后跨越省道 S240,过吕陆陈村、上洲村后,在武穴市长江干堤(桩号:鄂江左 K81+070 附近)跨越长江大堤,上武穴长江公路大桥后在阳新县和尚庙附近设富池互通与富池连接线(规划一级公路)相连,经上巢村设隧道穿越观音洞、丰山、柯家塘、下竹林塘,过背架山、程家铺后跨越省道 S303 和武九铁路,向南过双姑垄村后与杭瑞高速湖北段(国高网桩号 K561+887 附近)相交,终点位于枫林镇塘湾村附近(设阳新枢纽互通与杭瑞高速公路相接)。

主要控制点:沪渝(黄黄)高速公路、四望镇、县道 X115、仙姑山风景区、武穴陵园、蔡凹水库、郑席线 X112、省道 S240、黄广大堤、武穴长江公路大桥、上巢湖、下巢湖、丰山铜矿、省道 S303、武九铁路、枫林互通、枫林镇、终点杭瑞高速公路。

建设规模:建设里程为 31.293km,其中主体大桥全长 1958m,主桥斜拉桥长 1328m,武穴侧接线长 18.634km,阳新侧接线长 10.701km,山岭隧道 4 座,全长 6.389km。富池连接线 9.1km。主要构造物有:桥隧比例 55.35%、特大桥 5687m/2 座、大中桥 5208m/16 座、小桥 36m/1 座、长隧道 12778m/4 座、涵洞 15 道、通道 13 道、互通 5 处(武穴西、四望、武穴、富池、枫林东)、管理监控分中心 1 处、服务区 1 处、收费管理站 3 处。主线治超站 1 处、匝道治超站 2 处。

投资规模:项目估算总投资约为 57.33 亿元(静态投资 51.95 亿元),其中项目资本金为 14.33 亿元,约占总投资的 25%,由湖北省交通投资有限公司、湖北省交通规划设计院、中交第一公路勘察设计研究院有限公司、湖北省路桥集团有限公司、中国铁建大桥工程局集团有限公司按52%、1%、1%、24.5%、21.5%的比例出资;其余43亿元资金利用国内银行贷款解决。

主要技术标准:全线采用高速公路标准建设,设计速度采用100km/h,其中,武穴互通—富池互通段约5公里采用六车道标准,桥梁宽度采用33.5m(不含布索区);其余路段共约26km采用四车道标准,路基宽度采用26m。桥涵设计汽车荷载等级采用公路-Ⅰ级。大桥通航净高在设计最高通航水位以上不小于24m,同时应不低于上下游相邻桥梁实际通航净高;单向通航孔通航净宽不小于290m,双向通航孔通航净宽不小于550m。

2. 项目前期工作

决策背景:在2004年7月召开的全国长江干流过江通道会议上,武穴长江公路大桥就被初步规划确定为70座长江过江通道之一;根据2008年12月湖北省政府发布的《武汉城市圈"两型社会"建设综合配套改革试验区综合交通规划纲要》,麻城至阳新(含武穴长江大桥)公路规划等级为一级,规划建设年限为2015—2020年,其中武穴长江公路大桥为双向六车道公路大桥;"十二五"期间,湖北省为进一步完善高速公路骨架建设,合理优化路网结构,将形成较为完善的"七纵五横三环"主骨架及连接支线的高速公路网。

麻城至阳新高速公路是2011年8月湖北省政府发布的《湖北省公路水路交通"十二五"规划》高速公路网中的"纵一线",武穴长江公路大桥则是构建麻城至阳新高速公路的过江通道,是麻城至阳新高速公路的关键性控制工程。

立项审批:2015年6月2日,国家发展和改革委员会以发改基础[2015]1214号文件,批复了湖北省武穴长江公路大桥项目工可,2015年8月13-14日省交通运输厅组织召开初步设计省内预审会,2015年12月23日以鄂交建[2015]673号上报初步设计送审文件,2016年5月完成国家重点公路建设项目初步设计审批技术咨询服务招标(2016年度第二批)。

3. 项目建设情况

项目勘察设计单位定测详勘外业工作基本完成,项目施工、监理单位也已经完成驻地、主桥三场临建工程的选址,进行驻地和主桥三场临建工程建设。项目采用BOT+EPC模式投资建设,估算总投资57.33亿元,目前驻地、临建工程建设累计完成投资约3亿元,占项目总投资划的5.23%。项目计划2016年开工建设,2020年建成通车。

二、黄咸高速公路(S31)(黄冈—咸宁)

湖北省黄咸高速公路(S31)(原名黄鄂高速S38,2015年2月更名)起点接大广北高速公路,终点接武汉至鄂州高速公路,并与武汉至黄冈城际铁路共用过江通道黄冈长江大桥。采用设计速度100km/h、路基宽度26m的双向四车道高速公路标准。黄鄂高速公路是连接武鄂、大广、武英三条高速公路的纽带，于2014年6月建成通车。

（一）黄冈至鄂州高速公路团风段

1. 项目概况

路线走向：黄冈—鄂州高速公路团风段是"十二五"湖北交通重点项目，位于团风县境内，起于黄鄂高速公路黄州北枢纽互通与大广高速公路交叉处，与黄鄂高速公路对接，在向家园附近下穿京九铁路、武汉新港江北铁路及联络线，经罗家咀村、汪家湾、樊家楼，跨沙河，过桥子钣至马槽庙镇东设马槽庙互通连接G318，之后经瓦土库，止于总路咀镇郑家岗村，设黄冈北枢纽互通接武英高速公路。

黄咸高速公路黄鄂段黄冈收费站（S31）

建设规模：路线全长13.285km。全线设桥梁1639.96 m/9座，桥梁占路线长度的12.6%；设互通式立交3处（黄州北枢纽互通、马槽庙互通、黄冈北枢纽互通）、匝道收费站1处、养护工区1处（与匝道收费站合建）、监控管理分中心1处。全线设桥梁1639.96 m/9座，桥梁占路线长度的12.6%；设互通式立交3处（黄州北枢纽互通、马槽庙互通、黄冈北枢纽互通）、匝道收费站1处、养护工区1处（与匝道收费站合建）、监控管理分中心1处。

投资规模：该项目初步设计总概算核定为9.7356亿元，该项目总投资应控制在初步设计批复概算范围之内，最终工程造价以竣工决算为准。

主要技术指标：全线采用双向四车道高速公路标准建设，设计速度100km/h，路基宽度26m；桥涵设计汽车荷载等级采用公路-Ⅰ级；设计洪水频率：路基及大、中、小桥、涵洞等为1/100；地震动峰值加速度0.05g。

2. 项目前期工作

2011年11月22日，湖北省发展和改革委员会以鄂发改交通〔2011〕811号文件，批复了黄冈—鄂州高速公路团风段项目工可。2012年4月10日,湖北省发展和改革委员会以鄂发改重点〔2012〕397号文件,批复了黄冈—鄂州高速公路团风段项目初步设计。

3. 项目建设情况

项目总工期(自开工之日起)36个月。2012年11月全线施工展开,于2014年6月建成通车。

(二)黄鄂高速公路(含长江大桥)

功能定位:黄冈—鄂州高速公路是"1+8"武汉城市圈综合交通运输网络中规划的一条重要通道,是连接"大广北"和"汉鄂"两条高速公路的重要纽带,是黄冈与武汉城市圈紧密联系的控制性工程。该建项目路线方案符合规划,布局合理,建设该通道,对于密切黄冈市与武汉市乃至整个城市圈之间的相互联系,加强武汉市、鄂州市与鄂东北及其以北以东地区之间的经济来往,改善鄂东城市群的路网布局,满足过江交通和区域对外出行迅速增长的需要,促进武汉城市圈"两型社会"建设以及经济社会发展都具有重要意义。

建设规模:总里程29.222km,其中长江两岸高速公路26.656km、黄冈公铁长江大桥共建部分2.566km。全线设互通式立交6处(其中枢纽互通2处)、收费站4处、管理及监控分中心1处、服务区1处、养护工区1处。并建设黄冈一级公路连接线8.051km。

投资规模:该项目估算总投资核定为31.566亿元。

建设工期:2010年开工,2013年12月建成。

(三)鄂州—咸宁段(在建)

1. 项目概况

功能定位:该项目的建设将实现鄂州市所有县级区通达高速公路,推动城乡一体化和以高等级公路为骨架的市域网络化城镇体系建设;将大大缩短黄冈、鄂州与咸宁之间的距离,有效促进武汉城市圈一体化进程。对鄂州市、黄石市、咸宁市以及相邻区域的经济和社会的发展均具有十分重要的意义。

路线走向:鄂州—咸宁高速公路起点位于鄂州市华容区赵咀村,通过改造华容南枢纽互通,接汉鄂高速,与黄鄂高速公路相接,向南下穿武黄城际铁路,上跨吴楚大道,跨武黄高速公路,由红莲湖新城规划区东侧向南布线,从乍湖东侧穿过长港镇,沿G316东侧通道继续南下,跨长港,由东沟镇东侧通过,接着沿保安湖西侧湖岸布线,继续向南,跨越G316后到达沼山镇,路线继续沿S314西侧布线南下,由太和镇西侧通过后,路线转向西南,跨S314南下进入黄石市,跨S315,由金牛镇东侧通过,终点位于黄石大冶市金牛镇南侧余家畈,设置金牛枢纽互通与武汉城市圈环线高速公路黄石—咸宁段相接。跨鄂州市和黄石市两个行政区域。

主要控制点：黄鄂高速、汉鄂高速、武黄城际铁路、红莲湖新城、长港镇、梧桐湖新城、东沟镇、沼山镇、太和镇、金牛镇、武汉城市圈环线。

建设规模：项目核准全长63.365km，鄂州市境内54.867km，黄石市境内8.498km，桥梁全长16.815km，占路线总长度的26.54%，特大桥11939m/7座，大桥4206m/18座，中桥670m/10座；无隧道；互通式立体交叉8处（华容南枢纽互通、武黄枢纽互通、红莲湖互通、梧桐湖互通、梁子湖互通、太和互通、金牛东互通、金牛枢纽互通），分离式立交19处（含渡槽1处），涵洞133道，通道126道；匝道收费站5处，监控中心1处，养护工区1处，服务区1处，停车区1处。

投资规模：该项目路线全长63.365km，投资估算为63.287亿元，平均每公里造价9987.7万元。资金筹措：依据国家投资政策的有关要求，投资资金考虑由资本金、国内银行贷款两部分组成，其中资本金12.657亿元，占总投资的20%，负债融资50.630亿元，占总投资的80%，通过国内银行贷款解决。

主要技术标准：全线采用100km/h设计速度，双向4车道的高速公路设计标准，路基宽26.0m。汽车荷载等级采用公路-1级。地震动峰值加速度为0.05g，特征周期为0.35s，相应地震基本烈度6度。依据交通部颁发的《公路工程抗震设计规范》规定，沿线一般人工构造物设计可简易设防，重点桥梁按7度设防。

建设工期安排：2016年6月开工，工期42个月。

2. 项目前期工作

2015年3月27日，鄂州市人民政府以《鄂州市人民政府关于采取BOT+EPC方式建设鄂州—咸宁高速公路的请示》（鄂州政文〔2015〕12号）向湖北省人民政府请示鄂州—咸宁高速公路项目通过招标确定投资人并采用BOT+EPC方式建设；2015年5月8日，湖北省人民政府下发《省人民政府办公厅关于鄂州—咸宁高速公路项目建设有关问题的复函》（鄂政办函〔2015〕47号），同意鄂州—咸宁高速公路采用BOT+EPC模式，由鄂州市人民政府通过公开招投标方式，选择符合项目建设所需设计、施工总承包资质和能力，且具备相应投资能力的单位为项目投资建设人，并授权鄂州市人民政府与项目投资人商谈项目的特许权协议，报省人民政府批准后组织实施；2015年11月20日，鄂州市人民政府委托的招标代理机构在湖北公共资源交易信息网等多家网站发布了该项目招标公告；2016年1月25日，招标代理机构发布了该项目投资人中标候选人公示，公示期为2016年1月25日—2016年2月4日，公示期间无质疑投诉；2016年2月5日，鄂州市人民政府发布了中标通知书，由湖北省联合发展投资集团有限公司、湖北省路桥集团有限公司和中交第二公路勘察设计研究院有限公司组成的联合体中标；2016年2月6日，鄂咸高速公路项目法人湖北联投鄂咸投资有限公司正式注册成立，2016年4月19日省发展改革委批复项目核准；目前项目初步设计已报交通运输厅，正在审批过程中。

3.项目建设情况

2016年3月29日开工,至年底完成实体工程施工产值0.94亿元,征地拆迁协调工作完成投资5.4亿元,完成总投资近7.4亿元。形象进度:全线完成桥梁桩基50根,粉喷桩2000m,清表2000m,分项工程合格率100%。

三、咸通高速公路(S33)(咸宁—通山)

湖北省咸宁—通山高速公路是湖北省骨架公路网规划的"六纵五横一环"(简称'651')中横五线的支线一,同时有效沟通了国家高速公路网的一条纵线(京港澳高速公路)和一条横线(杭州—瑞丽高速公路),并在咸宁市区东部形成环线,同时还将与武汉—江夏公路共同形成一条武汉南向出口通道,此外,根据湖南省高速公路网布局规划,沿咸宁—通城—通山—平江也有望形成一条南北向通道。方案包含通山西连接线在内的项目投资总额为280768.54万元,按主线长度计算平均每公里5761.25万元。

(一)项目概况

功能定位:湖北省咸宁—通山高速公路(以下简称咸通高速公路)是湖北省"六纵五横一环"骨架公路网中横五线的支线,也是省政府批准的《武汉城市圈综合交通规划》中的重点建设项目。该项目的建设,对于完善国家和武汉城市圈高速公路网布局,加强武汉城市圈与长株潭城市群、珠三角都市连绵区的经济交通联系,实施促进武汉城市圈交通先导发展战略,引导咸宁市城市空间拓展和优化产业布局,充分发挥咸宁作为武汉城市圈南大门的区位优势,开发幕阜山优势自然资源和旅游资源,促进该区域经济社会又好又快发展,具有十分重要的意义。

2010年12月29日,咸通高速公路开工(S33)

路线走向:咸通高速公路起自咸宁市咸安区境内,以枢纽互通形式和京港澳高速公路接,向东跨过京广线、武广高铁、107国道至咸宁东互通与黄咸高速公路、武咸快速通道相接,折向南连接杭瑞高速公路、106 国道。途经咸宁市区、崇阳县、通山县,终于杭州—瑞丽高速公路,设枢纽互通完成两高速公路的交通转换,并通过通山西连接线连接 106 国道。主线路线全长 49.397km,通山西连接线长 1.227km。

建设规模:公路主线全长 49.397km,按路基宽度 26m 的双向四车道标准建设,设计时速 100km/h,设置咸宁西、张公、咸宁东、马桥、桂花、楠林桥等 6 处立体交叉式互通,分离式立交 9 座。全线设 1 个管理分中心、5 处收费站、1 个服务区、1 个养护工区。另采用一级公路标准建设通山西连接线约 2km。

主要构造物:特大桥 1134.18m/1 座,大中桥 6759.08m/34 座,分离式立体交叉桥 380.24m/7 座,互通立交桥 6 处,涵洞通道 218 道,隧道 1 座。桥梁结构主要为双柱墩、预制箱梁形式,涵洞通道主要以现浇盖板涵为主。

投资规模:该项目总投资核定为 32.18 亿元,其资金来源为:项目资本金 8.05 亿元,占项目总投资的 25%,由中交投资有限公司出资在咸宁注册的湖北中交成通高速公路有限公司投入;申请国内银行贷教 24.13 亿元,占项目总投资的 75%。

(二)项目前期工作

2010 年 6 月,湖北省发展改革委员会以鄂发改交通〔2010〕520 号文通过对该项目核准。

(三)项目建设情况

根据湖北省人民政府鄂政函〔2009〕87 号文批准采用 BOT 方式建设,咸宁市人民政府采用投资、设计、施工、运营一体化招投标模式组织开展投资人招标工作,咸宁市人民政府在国内对该项目的投资人进行公开招标。由中交投资有限公司中标,建设周期 42 个月。

本工程于 2010 年 8 月签订施工合同,2011 年 3 月开始施工,2013 年 12 月全线正式通车运行,合同工期为 42 个月。

四、孝洪高速公路(S43)(孝昌—洪湖)

孝洪高速公路仙洪湖段是武汉城市圈环线高速公路的一部分,起于仙桃市长埫口镇周陈村,对接已通车的武汉城市圈环线高速公路仙桃段,经洪湖市新滩镇、大沙湖农场,止于洪湖市燕窝镇团结村,对接在建的武汉城市圈环线高速公路嘉鱼长江公路大桥;全长 60.970km。

(一)项目概况

1. 城市圈环线仙桃段

功能定位:武汉城市圈环线高速公路仙桃段是《湖北省省道网规划纲要(2011—2030 年)》中"九纵五横三环"高速公路网中"环三"的重要路段。项目的建设对于完善我省骨架公路网布局、加强孝应安、仙潜天、咸赤嘉等城镇密集区之间的联系,缓解京港澳、沪渝高速公路部分路段交通压力,改善这一地区的交通条件,促进沿线经济社会发展,加快武汉城市圈建设,都具有十分重要的意义。

路线走向:项目起于孝感市(汉川市)与仙桃市交界的汉江特大桥南岸引桥起点,与武汉城市圈环线高速公路孝感段对接,经长躺口周陈村,跨318国道、汉宜高速公路,走西流河镇艾排村、苟美湖村,跨大兴北渠、沙湖电排河、通顺河,入杜家台分蓄洪区,—沙湖镇难湖村,止于仙桃市与洪湖市交界处的东荆河大桥,与武汉城市圈环线高速公路嘉鱼长江公路大桥北岸接线对接。

建设规模:路线全长41.322km,全线设互通式立交4处(仙桃东互通、仙桃枢纽互通、西流河互通、沙湖互通)、服务区1处(仙桃南服务区)、养护工区1处、监控分中心1处、匝道收费站3处。特大桥25649.5m/8座,大桥2087.0m/6座,819.0m/12座,桥梁占路线长度的69.1%。另建仙桃连接线5.306km(一级公路标准,路基宽度24.5m)、西流河连接线2.141km(二级公路标准,路基宽度12m)、沙湖连接线3.943km(二级公路标准,路基宽度12m)。

投资规模:该项目初步设计总概算核定为47.6607亿元。

建设工期:项目于2012年10月开工建设,于2015年12月建成通车。批准的建设工期48个月。

主要技术指标:全线采用双向四车道高速公路标准建设,设计速度100km/h,路基宽度26m。桥涵设计汽车荷载等级采用公路-Ⅰ级。设计洪水频率:特大桥1/300,路基及大、中、小桥、涵洞等为1/100。地震动峰值加速度$0.05g$。

立项审批:2012年2月24日,湖北省发展和改革委员会以鄂发改交通〔2012〕132号文件,批复了武汉城市圈环线高速公路仙桃段项目工程可行性研究报告。

2012年5月23日,湖北省发展和改革委员会以鄂发改重点〔2012〕672号文件,批复了武汉市城市圈环线高速公路仙桃段项目初步设计。

2. 城市圈环线洪湖段

功能定位:武汉城市圈环线高速公路洪湖段是《湖北省省道网规划纲要(2011—2030年)》中"九纵五横三环"的高速公路网规划中"三环",是构筑连接城市圈内其他八城市的辐射交通圈的重要组成部分,也是武汉城市圈新增过江通道的重要组成部分。该项目的建设对于完善区域高速公路网结构,满足过江需求和优化长江高速公路过江通道布局以及提高路网运营效率,实现武汉城市圈交通先导战略目标,强化武汉城市圈"咸赤嘉""仙潜天""孝应安"3个城镇密集发展协调区之间交通联系,促进沿线地区社会经济发展等,都具有十分重要的意义。

路线走向:项目起于洪湖市东荆河五湖南侧(仙桃市和洪湖市交界处),与武汉城市圈环线高速公路仙桃段对接,起点桩号K175+938,路线向东南延伸,跨东荆河南滩、东荆河南堤,与武汉—监利高速公路洪湖—监利段交叉,设洪湖东枢纽互通,之后,跨内荆河,经荻障,跨省道S329,设燕窝互通,止于燕窝镇团结村,接武汉城市圈环线高速公路嘉鱼长江公路大桥,终点桩号K195+734。

建设规模:路线全长19.796km,全线设桥梁19796m/12座,其中,特大桥19291m/8座,大桥505m/2座;设互通式立交2处,其中,枢纽互通1处(洪湖东枢纽互通)、一般互通1处(燕窝互通);设匝道收费站1处、服务区1处、养护工区1处。

投资规模:初步设计总概算核定为34.727亿元。该项目总投资为35.129亿元,其资金来源为:项目资本金8.782亿元,占项目总投资的25%,由湖北省交通投资有限公司出资;其余26.347亿元,占项目总投资的75%,申请国内银行贷款解决。

建设工期:总工期(自开工之日起)36个月。项目于2013年10月开工建设,于2015年12月建成通车。

技术标准:起点至洪湖东枢纽互通段采用双向四车道高速公路标准,设计速度100km/h、路基宽度26m;洪湖东枢纽互通至终点段采用双向六车道高速公路标准,设计速度100km/h、路基宽度33.5m;桥涵设计汽车荷载等级:公路-Ⅰ级;设计洪水频率:特大桥1/300,其他1/100;地震动峰值加速度0.05g。

(二)项目前期工作

建设背景:2007年12月,国家正式批准武汉城市圈为全国资源节约型和环境友好型社会(以下简称"两型社会")建设综合配套改革试验区,使武汉城市圈进入全国新一轮改革试验的最前沿。根据国家公路网规划和武汉城市圈总体规划,湖北省相应制定了《武汉城市圈"两型社会"建设综合配套改革试验区综合交通规划》《湖北省省道网规划(2011—2030年)》,经省政府批准已生效。

根据《湖北省省道网规划(2011—2030年)》,省内高速公路将采用放射线与纵横网格相结合的布局形式,形成以"九纵五横三环"为主体的高速公路网,其中"三环"分别为武汉四环线、武汉绕城高速公路及武汉城市圈环线高速公路。对于武汉城市圈而言,按照《武汉城市圈"两型社会"建设综合配套改革试验区综合交通规划》,城市圈将以"完善七通道、构筑三圈、打造六枢纽、建设一系统"为基本思路构建一体化的综合交通体系。

武汉城市圈环线高速公路作为《湖北省省道网规划(2011—2030年)》的重点工程项目,是城市圈内八城市之间的互联环线,总里程约560km,其中东环为大广高速公路麻城—黄石段(已建成通车),南环为黄石至咸宁高速公路(已建成通车),西环包括城市圈环线孝感市境段(前期工作)、仙桃市境段(开工建设)、洪湖段(开工建设)、嘉鱼长江公路大桥(前期工作)与咸宁西段(开工建设),北环为麻竹高速公路麻城至大悟段(开工建设)。

2009年,根据湖北省相关主管部门统筹安排,城市圈环线高速公路西环(孝感至仙桃段)拟按行政区划分孝感市与仙桃市两段由地方政府分别牵头建设,受孝感、仙桃两市委托,湖北省交通规划设计院同步开展了武汉城市圈环线高速公路孝感市境段、武汉城市圈环线高速公路仙桃市境段等两个项目的工程可行性研究工作,孝感市境段、仙桃市境段、仙桃至咸宁段(武汉城市圈外环线咸宁至洪湖高速公路暨咸宁嘉鱼长江大桥)等项目同步开展工程可行性研究。

2013年底,项目前期工作启动,根据相关方面的要求,武汉城市圈环线高速公路孝感市境段以福银高速公路为界,分孝感北段和孝感南段进行可行性研究工作。

立项审批:2012年12月26日,湖北省发展和改革委员会以鄂发改交通〔2012〕570号文件,批复了武汉城市圈环线高速公路洪湖段项目工可。2013年6月6日,湖北省发展和改革委员会以鄂发改交通〔2013〕487号文件,批复了武汉城市圈环线高速公路洪湖段初步设计。

(三)项目建设情况

该项目由仙桃段和洪湖段两部分组成,采取独立设项、统一管理,分段开工,分段建设方式。2013年5月1日,仙桃段正式开工;2013年10月1日,洪湖段开工。2014年,仙桃段完成投资15.94亿元;洪湖段完成投资3.96亿元。2015年12月,仙桃段全面建成,累计完成投资47.66亿元;洪湖段累计完成投资33.32亿元,为总投资的96%。

(四)复杂技术工程

该项目桥梁比例大,工程造价高。仙桃段桥梁总长31.2km,占路线长度的75.61%;洪湖段桥梁总长19.8km,全为桥梁结构;地质条件差,软土分布广。项目位于汉江下游、长江中游江汉平原腹地,地势低洼、沟渠纵横、水网密布,地下水位高,路基施工地质条件差,承载力低;填筑取土难,保供压力大;项目路线基本穿过汉江防洪区、农田、村庄、鱼塘,涉及大量拆迁,工程用地征用困难,协调难度大。

五、枣石高速公路(S53)(枣阳—石首)

为适应和促进湖北省交通基础设施建设的快速发展,省政府批复了《湖北省省道网规划纲要(2011—2030年)》,湖北省新一轮高速公路网规划将通过线路组合和调整,采用放射线与纵、横线相结合的布局形式,由9条南北纵线、5条东西横线、3条环线、14条武汉放射线以及20条联络线组成,总规模约8262km。该项目为湖北省省道网规划中的第五条纵线湖北枣阳至潜江高速公路,与潜石高速公路相接,形成枣阳—石首高速公路。沿线经过枣阳、钟祥、沙洋、潜江、江陵、石首等城市,串联了福银、麻竹、沪蓉、沪渝、宜岳等高速公路,在二广高速公路和随岳高速公路之间构建一条新的南北向高速公路通道,使得这一区域的南北向高速公路通道格局更加均衡。

功能定位:枣阳—潜江高速公路是《湖北省省道网规划纲要》中规划的"九纵五横三环"高速公路网的重要组成部分,对实现中部地区崛起,改善中原城市群、武汉城市圈、鄂西生态圈和长株潭城市群之间的交通条件,促进沿线地区的资源开发和经济发展均有着重要意义。枣潜高速起于福银高速公路襄阳段,途经襄阳市的枣阳市、宜城市和荆门市的钟祥市、沙洋县,终于沪渝高速公路潜江段(浩口),与潜江至石首高速公路对接,共同组成湖北省高速公路网中的"纵五"线。

(一)枣阳—潜江高速公路(襄阳南段)(规划)

1.项目概况

路线走向:枣潜高速襄阳南段是枣潜高速公路的重要一段,项目北起枣阳市东南侧的黄家庙村,与福银高速公路设置枢纽互通相交,经枣阳市吴店、平林等乡镇,设平林枢纽互通与麻竹高速公路相连,向南经宜城境流水镇,终点位于宜城与钟祥交界的梅家畈附近,在路基段与该项目的第二设计合同段—荆门北段对接。路线经过的乡镇有枣阳的吴店镇、车河镇、平林镇和宜城的流水镇、板桥镇等。河流水系河流不丰富,跨越的河流主要有:滚河、昆河、沿线大中型水库,均以桥梁跨越路线跨越。

路线交叉的主要公路:S216(G234)、S306、X050(平宋线、襄随连接线)、X004(青峰线)等。路线跨越的铁路有汉丹铁路(北延段,与正线无交叉)、西武客专(铁路均为向北延伸交叉,下穿预留)。

路线主要中间控制点:枣阳东枢纽互通(交叉汉十高速孝襄段)、吴店互通、平林互通、平林服务区、平林枢纽互通(交叉麻竹高速襄阳东段)、流水互通;余咀水库大桥、县道X050分离式、省道S306分离式、樊曾220kV高压线、文物古迹、古树名木、养殖畜牧区、经济作物等。

建设规模:全长约59.926km。

投资规模:项目总投资为36.3亿元,采用BOT+EPC模式投资建设。

建设工期:项目计划2016年开工建设,2019年建成通车。

主要技术指标:路基宽度:分别为26m;设计时速:100km/h;行车道宽:3.75m最小平曲线半径:2500m;最大纵坡:3.0%;桥涵设计荷载:汽车超—20级,挂车—120桥涵设计洪水频率:大、中、小桥及桥涵1/100;路面结构形式及厚度,面层:沥青混凝土,基层:水泥稳定级配碎石,底基层:水泥稳定碎石。

主要工程数量见表2-2-11。

主要工程数量表　　　　　　　　　　　　表 2-2-11

项　目		单　位	数　量	备　注
主要工程内容	路线长度	km	59.558	初设含北延衔接段
	路基土石方	km³	7133.5	不含互通
	排水与防护	km³	290.419	
	路面(沥青)	km²	1062.319	
	特大桥	m/座	0	不含互通主线桥
	大桥	m/座	4033/18	
	中桥	m/座	31/1	
	涵洞	道	70	未含互通区
	通道	道	68	
	天桥	座	60	
	隧道	m/座	0	
	互通式立交	处	5	含 2 枢纽
	分离式立交(主线上跨)	m/座	1981/6	
	分离式立交(主线下穿)	m/座	0	
	服务设施	处	1	
	拆迁建筑物	m²	25810	不含互通等服务设施
	占地	亩	3892.53	
	连接线	km	无	

自然地理特征:路线全部位于襄阳市境内,依次展布于枣阳市、宜城市两个县级行政区内,地形地貌属丘陵地貌和垄岗地貌两个单元。枣阳市南部和宜城市东部丘陵属大洪山余脉,地势由东北向西南倾斜。东北部玉皇顶为境内最高点,海拔778.5m,其余大都在400m左右;中部和西北为岗地和平原,连绵漫岗与襄北、光北组成湖北著名的"三北岗地"。

沿线区域地表水系发育程度一般,主要为滚河、莺河等水系及熊河水库、莺河一库、余咀水库、朝阳寺水库等水库;地下水主要为松散岩类孔隙水、基岩裂隙水及岩溶水。

根据区域水文地质资料及参考附近已建及高速公路(福银、麻竹等)项目,沿线地表水及地下水水质均较好,对混凝土结构和钢筋混凝土结构中的钢筋具微腐蚀性。

地下水的补给为大气降水、相邻含水层及大气降水与地表水的双重补给等三种形式。大气降水为主要补给来源。双重补给主要位于河流,溪流洼地、河流阶地前缘斜坡等地区。

2.项目前期工作

前期决策背景:根据党的十八大报告,继续推进"新型城镇化"建设、"加快实现中部地区崛起"是我国当下经济建设的发展目标和战略。随着我国城镇化进程的进一步推进,其工作重心逐步由沿海发达地区向中西部地区转移。我国中部地区是我国传统农业区,城镇化水平相对较低。推进中部地区新型城镇化建设,不仅有助于解决制约中部地区经济持续健康发展的重大结构性问题,而且有助于加快实现中部崛起、促进全国区域协调发展。

为适应交通运输部、湖北省重点规划和"打牢发展大底盘、建设祖国立交桥"战略需要,强化湖北综合交通运输枢纽地位,进一步适应我省"一主两副"经济发展的需求,湖北省交通运输厅于2013年9月,正式下发通知,对湖北省公路水路"十二五"规划中期重点项目库进行更新调整。本次调整中,枣阳至潜江高速公路成为我省"十二五"重点交通项目之一。

前期决策过程:2013年9月,省交通运输厅在汉组织召开了枣阳至潜江高速公路路线方案技术咨询会。会议对枣阳至潜江高速公路的通道方案进行了审议,正式明确由湖北省交通规划设计院承担枣阳至潜江高速公路襄阳南段的工程可行性研究工作。

2014年3月已经组织召开了工程可行性研究报告专家咨询会,形成了专家组意见,工可报告已修编完成。

2016年6月17～18日,省交通运输厅在枣阳市组织开展了该项目初测初勘外业验收会。

2016年7月21日,省交通运输厅在汉组织召开了该项目初步设计技术审查会。

3. 复杂难点工程

全线主要复杂技术工程为桥梁工程、互通式立交等见表2-2-12。

复杂工程一览表　　　　表2-2-12

序号	工程名称	中心桩号	起讫桩号	备注
1	枣阳东枢纽互通	K0+000	K0+000～K1+700	上跨汉十高速
2	滚河大桥	K2+050	K1+988～K2+112	非通航河流
3	昆河大桥	K3+695	K3+620～K3+780	非通航河流
4	凉水大桥	K6+235	K6+145～K6+323	跨老S216
5	省道S216分离式	K6+915	K6+840～K9+990	需改建省道
6	吴店互通	K7+425	K7+000～K7+950	单喇叭
7	仇家湾大桥	K13+215	K13+140～K13+290	
8	县道050分离式	K19+335	K19+140～K19+530	
9	平林东互通	K20+540	K20+000～K20+900	单喇叭

续上表

序号	工程名称	中心桩号	起讫桩号	备注
10	平林东服务区	K23+700	K23+500～K23+900	
11	麻竹连接线分离式	K24+540	K24+465～K24+615	县道050改造
12	余咀水库大桥	K25+805	K25+717～K25+892	
13	县道004分离式	K26+480	K26+455～K26+505	青峰线
14	车河大桥	K27+562	K27+449～K27+674	
15	平林枢纽互通	K34+855	K33+980～K35+800	先行实施
16	省道306分离式	K36+740	K36+620～K36+860	
17	猫子园大桥	K37+975	K37+837～K38+113	
18	桃园大桥	K38+642	K38+480～K38+805	
19	泉贩大桥	K43+540	K43+415～K43+635	
20	杨鹏大桥	K45+900	K45+800～K46+000	
21	杨杈贩大桥	K49+805	K49+680～K49+930	
22	大堰堂大桥	K51+020	K50+020～K52+020	
23	马集大桥	K53+125	K53+000～K53+250	
24	流水互通	K54+400	K54+000～K54+700	单喇叭
25	张台子大桥	K54+805	K54+730～K54+880	
26	梅家贩大桥	K59+000	K58+900～K59+100	

(二)枣阳—潜江高速公路(荆门北段)已开工建设

功能定位:枣阳—潜江高速公路是湖北省政府批复《湖北省省道网规划纲要(2011-2030)年》的"九纵五横三环"中的第五条纵线,是位于我省二广高速公路和随岳高速公路之间的一条新的南北高速公路通道。枣阳—潜江高速公路荆门北段是枣潜高速的重要组成部分,地处钟祥市境内,位于湖北省中北部,汉江中游,东与京山县为界,西与荆门市相邻,北接襄阳,南临江汉平原。

路线走向:项目起于荆襄界长寿镇的孙家垭,顺接枣阳—潜江高速公路襄阳南段,经长寿镇、洋梓镇、钟祥市东侧,止于夏家冲附近,设置钟祥枢纽互通与武荆高速公路交叉,对接枣阳—潜江高速公路荆门钟祥—潜江段。主要控制点:孙家垭、长寿镇、洋梓镇、长荆铁路、钟祥市、武荆高速公路。

建设规模:全长54.712km,共占用土地5003.20亩,设置大桥4385m/20座(整幅计,下同),中桥1159m/18座,桥梁总长5544m/38座(含互通区及分离立交主线桥),占路线长度的 10.3%；全线设置长寿、洋梓、钟祥东等 3 处单喇叭互通式立交；设置匝道收费站 3 处、服务区 2 处、监控管理分中心和养护工区各 1 处。

投资规模：总投资为 33.157 亿元。其资金来源为：资本金 8.289 亿元，占项目总投资的 25%，由湖北省交通投资集团有限公司、中国公路工程咨询集团有限公司、中铁二十四局集团有限公司、湖北省路桥集团有限公司共同出资；其余 24.868 亿元资金利用国内银行贷款解决。采用 BOT+EPC 模式投资建设，平均每公里投资 5608.2554 万元。

该项目由湖北省交通投资集团有限公司、中国公路工程咨询集团有限公司、中铁二十四局集团有限公司、湖北省路桥集团有限公司共同出资组建的项目公司负责建设、经管和养护管理。经营期内，收取车辆通行费作为投资回报。经营期满后，将该项目全部设施无偿移交有关交通管理部门。

主要技术标准：全长 54.712km，全线采用设计速度 100km/h、路基宽度 26m 的四车道高速公路标准，桥涵汽车荷载等级公路-Ⅰ级。

建设工期：计划 2016 年开工建设，2019 年建成通车，工期 36 个月。

（三）枣阳—潜江高速公路（荆门—潜江段）（在建）

功能定位：项目湖北省省道网规划（2011—2030）的重要组成部分，是国家实施"中部崛起"战略，促进中部地区经济社会发展的需要，对加强湖北与河南、湖南等中西部地区省际快速交通联系，推进汉江经济带的开放开发，带动沿线城镇优势资源开发和经济社会发展，促进两湖平原经济交流具有重要意义。该项目为湖北省省道网规划中的第五条纵线湖北枣阳—潜江高速公路荆门—潜江段，与潜石高速公路相接，形成枣阳—石首高速公路。沿线经过枣阳、钟祥、沙洋、潜江、江陵、石首等城市，串联了福银、麻竹、沪蓉、沪渝、宜岳等高速公路，在二广高速公路和随岳高速公路之间构建一条新的南北向高速公路通道，使得这一区域的南北向高速公路通道格局更加均衡。

路线走向：起于钟祥市罗汉寺与沪蓉高速公路武汉—荆门段衔接的枢纽互通，对接枣潜高速公路荆门北段，经罗集、柴湖、跨汉江进入沙洋县马良，经沙洋西、李市、潜江市积玉口、浩口，止于与沪渝高速公路武汉—宜昌段衔接的枢纽互通，对接潜石高速公路。主要控制点：起点、柴湖镇、马良镇、沙洋县、官垱镇、积玉口镇、浩口镇、终点。

建设规模：主线全长 81.342km，其中荆门钟祥市境内 20.44km，沙洋县境内 49.368km，潜江市 11.534km。特大、大、中桥梁总长 15724m/44 座（含互通主线桥），其中特大桥 6848m/4 座、大桥 7821m/25 座、中桥 1055m/15 座，桥梁占建设里程总长的 19.43%。全线设互通式立交 8 处，分别为旧口、马良、沙洋、沙洋南、积玉口、浩口 6 处单喇叭互通，钟祥枢纽和潜江西枢纽 2 处（钟祥枢纽计入该项目，潜江西枢纽计入往钟祥方向匝道的数量)匝道收费站6处;通道109座,涵洞136道;设置沙洋服务区、潜江积玉口服务区,设置交警营房1处,监控管理分中心1处,养护中心和养护工区各1处。

另于沙洋南互通设置沙洋连接线,采用一级公路21.5m路基标准,长5.9km;于积玉口互通设置高石碑连接线,采用二级公路12m路基标准,长15.835km。

投资规模:初步设计总概算核定为64.4890亿元,其中荆门段49.9848亿元、潜江段14.5042亿元。该项目总投资应控制在初步设计批复概算范围之内,最终工程造价以竣工决算为准;2015年11月20日,湖北省发展和改革委员会以鄂发改审批服务[2015]392号文件,批复了枣阳—潜江高速公路荆门钟祥—潜江段项目工可;2015年12月1日,湖北省交通运输厅以鄂交建[2015]621号文件,批复了枣阳—潜江高速公路、荆门—潜江段项目初步设计。

主要技术标准:主线采用设计速度100km/h、路基宽度26m的四车道高速公路标准;汽车荷载等级公路-Ⅰ级;设计洪水频率:特大桥1/300,其他1/100;地震动峰值加速度0.05g。沙洋连接线采用设计速度80km/h、路基宽度21.5m的四车道一级公路标准,高石碑连接线采用设计速度80km/h、路基宽度12m的二级公路标准。

建设工期:于2016年初开工建设,计划2018年建成通车,总工期36个月。

(四)潜石高速潜江—江陵段

潜江—石首高速公路简称"潜石高速",是湖北省"十二五"规划的"七纵五横三环"高速公路网的重要组成部分。潜石高速公路起于沪渝高速公路潜江段,途径潜江市、江陵县、石首市,终于江南高速公路石首段(高基庙)。该项目的建设对于促进两湖平原经济交流、推动区域经济一体化发展,建设鄂中地区纵向新通道,促进沿线城市群交通发展,加快荆州地区经济发展,推进湖北"壮腰工程",促进影响区内港口建设,发展区域综合运输体系,完善荆江地区应急保障通道,提高长江中游防洪减灾能力等方面有着重要意义。

为便于潜江—石首高速公路的顺利推进,依据我国高速公路及长江大桥建设的相关政策,湖北省交通投资有限公司作为业主承担潜江—石首高速公路的建设及运营工作,与潜江市、荆州市协商一致,将潜江—石首高速公路划分为潜江—石首高速公路潜江—江陵段(以下简称该项目)与潜江—石首高速公路石首长江公路大桥及南北两岸接线工程两段,委托湖北省交通规划设计院分别开展工程可行性研究工作。

2011年11—12月,湖北省交通规划设计院开始工程可行性研究工作的资料收集与外业准备工作,拟定通道方案,赴潜江、江陵等地开展通道研究外业踏勘及地方资料收集,形成了初步的通道研究成果;2012年1~3月,拟定了工可研究方案,于2012年4~5月完成《潜江—石首高速公路潜江—江陵段工程可行性研究报告》的编制工作;2012年6月11

日,由省发展改革委、交通厅共同组织了潜江—石首高速公路潜江—江陵段工程可行性研究报告专家咨询会,并形成了专家组意见。2012年8月,根据咨询会专家组意见,项目组完成了《潜江—石首高速公路潜江—江陵段工程可行性报告(修编版)》的编制工作;2012年12月,潜江市政府向省政府发函《潜江市政府关于潜江—石首高速公路增设浩口永兴互通的意见》申请增加永兴互通。湖北省发展改革委、湖北省交通运输厅、湖北省交通投资有限公司与潜江市政府等该项目有关各方经协商,就该项目增设永兴互通达成一致意见。2013年2月,潜江市增设永兴互通的申请获省政府批准。2013年3月,项目组依据相关文件,对该项目《潜江—石首高速公路潜江—江陵段工程可行性报告(修编版)》进行了修改。

路线走向:该项目起点位于潜江市浩口镇汪湖村附近,与G50沪渝高速公路汉宜段相交,对接规划的枣阳—潜江高速公路潜江段,起点桩号K5+000。路线向南经潜江市浩口镇、运粮湖管理区、张金镇和江陵县六合垸农场、白马寺镇,止于普济镇谭湾村附近,对接潜江—石首高速公路石首长江公路大桥北岸接线,终点桩号K47+204.500。

主要控制点:起点(沪渝高速公路)、永兴、张金镇、六合垸农场、白马寺镇、终点(普济镇西)。

建设规模:全长42.234km,其中潜江境内20.64km,江陵境内21.594km。设桥梁15938.16m/42座,其中,特大桥11679.32m/4座,大桥2461.28m/4座,中桥1797.56m/34座;设互通式立交4处,其中,枢纽互通1处(潜江西枢纽互通)、一般互通3处(张金互通、白马寺互通和普济互通);设匝道收费站4处(含起点临时收费站1处)、服务区1处、监控管理分中心1处、养护工区1处。另设连接线1条:张金连接线2.321km,设中桥75.1m/2座。

投资规模:总投资为38.436亿元,其资金来源为:项目资本金9.609亿元,占项目总投资的25%,由湖北省交通投资有限公司出资;其余28.827亿元,占项目总投资的75%申请国内银行贷款解决。初步设计总概算为42.257亿元。

主要技术标准:主线设计速度100km/h作、路基宽度26m;桥涵设计汽车荷载等级:公路-Ⅰ级;设计洪水频率:特大桥1/300,其他1/100;地震动峰值加速度0.05g;连接线张金连接线采用二级公路标准,设计速度80km/h、路基宽度12m。

建设工期:2013年9月开工建设,2015年12月建成通车。

立项审批:2012年12月26日,湖北省发展和改革委员会以鄂发改审批[2012]571号文件,批复了潜江—石首高速公路潜江—江陵段项目工可。2013年8月20日,湖北省发展和改革委员会以鄂发改审批[2013]660号文件,批复了潜江—石首高速公路潜江—江陵段项目初步设计。

(五)石首长江公路大桥(在建)

1. 工程概况

路线走向:石首长江公路大桥起自江陵县普济镇西,接潜江—江陵高速公路,止于石首市高基庙镇西,接岳阳—宜昌高速公路,于大垸镇北碾村跨越长江。

枣石高速公路石首长江公路大桥(S53)

建设规模:全长 39.723km。其中,其中长江大桥长 10.454km,北岸接线长 17.852km,南岸接线长 11.417km。石首长江公路大桥主桥采用双塔双索面单侧混合梁斜拉桥,桥跨布置(75+75+75)+820+(300+100)m,大桥位居世界同类桥梁前列。全线共设特大桥 5975m/5 座(不含长江大桥,不含分离式交叉 3045m/座 5)、大桥 3670.5m/14 座、中桥 324m/4 座,桥梁比例 59.3%;设大垸、石首东和高基庙互通 3 处,白莲服务区 1 处,横沟停车区 1 处,石首东大桥监控所 1 处,匝道收费站 2 处,养护工区 1 处。同时设置超限检测系统(含两处主线预检系统和两处匝道治超站)。

投资规模:石首长江公路大桥初步设计总概算核定为 752103.178 万元(含建设期贷款利息 75720.9869 万元)。该项目由湖北省交通投资有限公司、中交公路规划设计院有限公司、中交第二公路工程局有限公司、中国铁建大桥工程局集团有限公司、湖北长江路桥股份有限公司、中国葛洲坝集团股份有限公司共同出资组建的湖北石首长江公路大桥有限公司负责建设、经营和养护管理。

主要技术标准:全线采用高速公路标准建设,设计速度 100km/h。其中,大垸互通式立交—石首东互通式立交段(含长江大桥)12.385km,采用双向六车道标准,路基、桥梁宽度 33.5m(不含布索区)其余 27.338km 采用双向四车道标准,路基宽度 26m。桥涵设计汽车荷载等级采用公路-I 级。

建设工期:总工期(自开工之日起)4 年。项目于 2015 年 12 月开工建设,计划 2019 年建成通车。

2. 项目前期工作

决策背景：为适应湖北省"一主两副"经济发展的需求，湖北省交通运输厅于2013年9月，正式下发通知，对湖北省公路水路"十二五"规划中期重点项目库进行更新调整。本次调整中，枣阳—潜江高速公路列入湖北省"十二五"重点交通项目之一。

决策过程：2013年9月，省交通运输厅在汉组织召开了枣阳—潜江高速公路路线方案技术咨询会。会议对枣阳—潜江高速公路的通道方案进行了审议，正式明确由湖北省交通规划设计院承担枣阳—潜江高速公路襄阳南段的工程可行性研究工作；2014年3月已经组织召开了工程可行性研究报告专家咨询会，形成了专家组意见，工可报告已修编完成；2016年6月17~18日，省交通运输厅在枣阳市组织开展了该项目初测初勘外业验收会；2016年7月21日，省交通运输厅在汉组织召开了该项目初步设计技术审查会；截至2015年底项目工可主报告已审查并完成修编；项目投资建设人投标合作单位遴选已完成，地方政府投资人招标投标将于2016年6月开标。初测初勘工作已完成，已于2016年6月17-18日完成初测初勘外业验收会。

2015年11月20日，湖北省发展和改革委员会以鄂发改审批服务〔2015〕391号文件，批复了枣阳—潜江高速公路荆门北段项目工可。

截至2015年底，项目已获省发展改革委核准批复，初步设计已获交通运输厅批复；定测详勘外业验收会以完成；土建工程施工监理及中心试验室招标、造价咨询单位招标等已完成。

2015年1月30日，国家发展和改革委员会以发改基础〔2015〕250号文件，批复了湖北省石首长江公路大桥项目工可；2015年7月31日，交通运输部以交公路函〔2015〕565号文件，批复了湖北省石首长江公路大桥项目初步设计。

3. 复杂难点工程

全线主要复杂技术工程为桥梁工程、互通式立交等见表2-2-13。

桥梁一览表 表2-2-13

序号	工程名称	中心桩号	起讫桩号	备注
1	枣阳东枢纽互通	K0+000	K0+000~K1+700	上跨汉十高速公路
2	滚河大桥	K2+050	K1+988~K2+112	非通航河流
3	昆河大桥	K3+695	K3+620~K3+780	非通航河流
4	凉水大桥	K6+235	K6+145~K6+323	跨老S216
5	省道S216分离式	K6+915	K6+840~K9+990	需改建省道
6	吴店互通	K7+425	K7+000~K7+950	单喇叭
7	仇家湾大桥	K13+215	K13+140~K13+290	
8	县道050分离式	K19+335	K19+140~K19+530	

续上表

序号	工程名称	中心桩号	起讫桩号	备注
9	平林东互通	K20+540	K20+000~K20+900	单喇叭
10	平林东服务区	K23+700	K23+500~K23+900	
11	麻竹连接线分离式	K24+540	K24+465~K24+615	县道050改造
12	余咀水库大桥	K25+805	K25+717~K25+892	
13	县道004分离式	K26+480	K26+455~K26+505	青峰线
14	车河大桥	K27+562	K27+449~K27+674	
15	平林枢纽互通	K34+855	K33+980~K35+800	先行实施
16	省道306分离式	K36+740	K36+620~K36+860	
17	猫子园大桥	K37+975	K37+837~K38+113	
18	桃园大桥	K38+642	K38+480~K38+805	
19	泉贩大桥	K43+540	K43+415~K43+635	
20	杨鹏大桥	K45+900	K45+800~K46+000	
21	杨权贩大桥	K49+805	K49+680~K49+930	
22	大堰堂大桥	K51+020	K50+020~K52+020	
23	马集大桥	K53+125	K53+000~K53+250	
24	流水互通	K54+400	K54+000~K54+700	单喇叭
25	张台子大桥	K54+805	K54+730~K54+880	
26	梅家贩大桥	K59+000	K58+900~K59+100	

六、双尹高速公路(S63)(双沟—尹集)

该项目北接福银高速公路,与南内环东延线通过互通式立交对接,并与之形成闭合环,远期通过修建绕城高速公路南段与二广高速公路相接,最终形成外围的闭合环(绕城高速路线围绕东津新区展开,是适应东津新区开发的指导思想的基础设施建设,也是实施"四个襄阳"战略的城镇体系构建工程的具体工程实践。

建成后将成为襄阳市东部地区城镇空间与产业新区发展的重要依托,较好适应工业用地规划和产业集群向主城区以东发展布局的城市总体规划要求,形成主城区与新城区内联外通的快速通道。使襄阳快速蓄积和带动汉江流域乃—鄂豫陕渝毗邻地区经济社会发展的强大实力。

(一)襄阳绕城高速公路东段

1. 项目概况

功能定位:襄阳绕城高速公路东段是《湖北省省道网规划纲要(2011—2030年)》中

"九纵五横三环"高速公路网的重要组成部分。该项目的建设对于优化区域高速公路网布局,缓解城区交通疏解压力,拓展襄阳城市发展空间,促进襄阳尤其是东津新区开发,强化襄阳区域综合交通枢纽地位,增强省域副中心城市的辐射带动作用,落实省政府"四个襄阳"的战略部署,推进襄阳城市组群和产业集群的跨越式发展等,都具有十分重要的意义。

双尹高速公路襄阳绕城高速东段(S63)

路线走向:起于襄州区双沟镇陈湾村,接福银高速公路(汉十段)双沟互通(双沟互通改造为枢纽互通),起点桩号K0+000,向南经何岗、何营、孟集,跨滚河、梅新路、汉丹铁路,在谢家棚设东津互通,走杨家湾、肖家洼,在杨庄设峪山互通连接S218,路线止于襄州区峪山镇杨庄村,接襄阳绕城高速公路南段,终点桩号K0+16.221。主要控制点:福银高速(双沟互通)、东津镇、峪山镇。

建设规模:路线全长为16.221km,全线拟设桥梁1324.7m/12座,其中,大桥796.1m/4座,中桥528.6m/8座、涵洞21道、通道17道、天桥2座;设互通式立交3处,其中,枢纽互通1处(双沟互通)、一般互通2处(东津、峪山互通);设匝道收费站3处(含原双沟收费站改造)、服务区1处、监控管理分中心1处。

投资规模:襄阳绕城高速公路东段EX3+996.027~EX11+758.851初步设计概算为5.490亿元,估算总投资10.253亿元。依据国家投资政策的有关要求,该项目投资资金考虑由资本金、国内银行贷款两部分组成,其中资本金2.56亿元,占总投资的25%,负债融资7.69亿元,占总投资的75%,通过国内银行贷款解决。

主要技术标准:公路等级:双向四车道高速公路;设计速度:100km/h;路基宽度:26m 汽车荷载等级:公路-Ⅰ级;设计洪水频率:特大桥1/300,其余为1/100;地震动峰值加速度:0.05g,详见表2-2-14。

建设工期:2012年12月开工建设,于2015年12月建成通车。建设工期为42个月。

主要技术指标

表 2-2-14

序号	指标名称	单位	数量	备注
一	基本指标			
1	路线总长	km	16.2	
2	征用土地	亩	1933	
3	拆迁建筑物	m²	34200	
4	估算总额	万元	102531.171	
5	平均每公里造价	万元	6329.084	
二	路基路面			
6	路基宽度	m	26	
7	计价土方	万 m³	175.806	
8	计价石方	万 m³	0.642	
9	平均每公里土石方	万 m³	11.404	扣除桥隧长
10	排水防护圬工	1000m³	94.236	
11	路面	1000m³	356	
三	桥涵			
12	特大桥	m/座	/	
13	大桥	m/座	487/1	含互通主线桥
14	中桥	m/座	241/3	含互通主线桥
15	大中桥梁占路线比重	%	4.493	
16	涵洞	道	21	
四	隧道		无	
五	路线交叉			
17	互通式立体交叉	处	3	
18	分离式立体交叉	m/处	425/6	主线下穿
19	通道	道	17	
20	天桥	座	2	
六	交通工程			
21	安全设施、绿化	km	16.2	
22	管理、监控分中心	处	1	合建
23	养护工区	处	/	
24	服务区	处	1	
25	停车区	处	/	

2. 前期工作

立项审批:2012 年 12 月 10 日,湖北省发展和改革委员会以鄂发改交通〔2012〕503 号文件,批复了襄阳绕城高速公路东段项目工可;2013 年 3 月 22 日,湖北省发展和改革委员会以鄂发改审批〔2013〕256号文件,批复了襄阳绕城高速公路东段项目初步设计。

3. 项目进展情况

2017年2月15日,起于双沟,终于峪山互通,全长16.25km的襄阳绕城高速东段建成通车,该路作为襄阳市外环路的重要组成部分,被誉为"迎宾大道"。

(二)襄阳绕城高速公路南段(规划)

功能定位:襄阳绕城高速公路南段位于襄阳市南端,是湖北省"十二五"高速公路网规划中的双沟至尹集高速公路中的一段,也是襄阳市绕城高速公路的重要组成部分。起点通过襄阳绕城高速公路东段北接福银高速公路武汉至襄阳段,终点西接二广高速公路襄阳至荆州段。该项目实施后,将与襄阳绕城高速公路东段、已建成的福银高速公路、二广高速公路相关路段一起,共同构成襄阳绕城高速公路环线。

路线走向:路线起于襄阳市峪山镇杨庄村附近(K16+245.907),与襄阳绕城高速公路东段对接,经唐村—淳河村,设鹿门寺互通与东津新区南北轴线相接,沿鹿门山控制区北缘山坡布设,设置汉江特大桥跨越汉江,上跨襄阳火电厂专用铁路,设置余家湖互通与国道207相接,先后上跨国道207和焦柳铁路后沿岘山南侧山脚布设,上跨新建国道207后与其并行向西,经康咀、庞岗村,于千弓水库南侧通过,止于尹集乡熊庙村(K47+907.146),设枢纽互通接二广高速公路襄荆段。

建设规模:推荐方案路线全长31.635km。全线拟设特大、大、中桥7907m/13座,设互通式立交3处(鹿门寺、余家湖、熊庙枢纽)、停车区1处(鹿门寺)、养护工区1处、匝道收费站2处。

投资规模:襄阳绕城高速公路南段工程可行性研究报告投资估算总金额为282655.99万元;平均每公里造价8786.6万元。依据国家投资政策的有关要求,该项目投资资金考虑由资本金、国内银行贷款两部分组成,其中资本金7.07亿元,占总投资的25%,负债融资21.20亿元,占总投资的75%,通过国内银行贷款解决。

主要技术标准:主线采用设计速度100km/h、路基宽度26m的双向四车道高速公路标准。汽车荷载等级采用公路-Ⅰ级。地震动峰值加速度为$0.05g$,特征周期为0.35s,相应地震基本烈度Ⅵ度。

项目进展情况:项目计划2016年开工建设,2019年建成通车。工期42个月。2017年12月部分控制性工程开工。

(三)襄阳绕城—麻竹高速公路连接线(规划)

全长20.36km,估算投资11.89亿元。项目正在工可研究阶段,投资协议已签订;工可报告还在编制中,已完成地质灾害、压覆矿产、水土保持3项专题。

七、老宜高速公路(S73)(纪洪—冷集)

(一)老河口—宜昌高速公路[老河口—谷城(汉江大桥)段](在建)

老河口—宜昌高速公路老河口—谷城段是襄樊市高速公路网规划中二横(汉十高速、麻竹高速)二纵(襄荆高速、老宜高速)的"井"字形交叉型公路网规划布局中的二纵之一。该项目起始于豫鄂省界,中间经过老河口市、谷城县,终点与谷城—保康段高速公路于谷城西枢纽互通相接,是老宜高速中的老河口—谷城段。项目全长约39.276km。鲍家洲汉江特大桥桥长4.06km,主跨为(65.5+116+116+65.5)m连续刚构,引桥采用预应力小箱梁和预应力T梁。

(二)老河口—宜昌高速公路(老河口—谷城段35.249km)

1. 项目概况

功能定位:老河口—宜昌高速公路老河口—谷城段公路工程是湖北省主骨架公路网规划"五纵五横两环"中"纵五"(老河口—宜昌)的起始段,也是襄樊市高速公路网规划中二横(汉十高速公路、麻竹高速公路)二纵(襄荆高速公路、老宜高速公路)的"井"字交叉型公路网规划布局中的二纵之一。

路线走向:项目起点位于湖北省老河口市纪洪岗东北省界(鄂豫两省交界处)上,经老河口市以西,跨汉丹铁路、302省道,过汉江建特大桥一座,往西南与沈丹路、冷煤路相交,止于谷城县石花镇(接福银高速公路)。

建设投资规模:路线全长35.249km,投资估算总金额约23.23亿元。采用双向四车道高速公路标准建设。

2. 项目前期工作

征地拆迁:老谷公路全线提供红线内建设用地3551.47亩,为征用地总规模的95.68%,其中老河口市提供1875.53亩、谷城提供1673.21亩分别为征地计划的9406%和96.76%;全线应迁坟334座。

3. 项目建设情况

建设单位:湖北老谷高速开发有限公司。2015年9月8日,襄阳市人民政府与湖北老谷高速开发有限公司正式签订《BOT项目特许协议》。

2010年开工,2016年,累计完成投资20亿元,为总计划投资28.7亿元的69.7%。一期工程完成路基土石方工程的85%;路面工程9月正式施工,完成路面底基层8km基层的

6km。全年安全生产零事故。

(三)谷竹高速公路谷城—保康段52.9km

1. 项目概况

功能定位:该项目是国家和湖北省规划建设的重大交通项目,项目的建设,对于完善公路网布局,实施促进中部地区崛起战略和西部大开发战略、构建鄂西生态文化旅游圈,加强中、西部地区的联系与交流、改善交通条件与投资环境,适应交通量增长的需要,加快沿线地区经济社会发展,均具有重要意义。

老宜高速公路谷竹高速谷城—保康段将军坪大桥(S73)

路线走向:起于谷城县石花镇倒座庙,与已建的银武高速公路相接,经保康县、房县、竹山县、竹溪县等地,止于鄂陕交界处的罗汉垭附近,与陕西省平利—安康高速公路相接。

建设规模:谷竹高速公路路线全长226.454km。全线设谷城西、房县枢纽,预留保康北枢纽,设石花、大薤山、寺坪、青峰、化龙、窑淮、竹山、宝丰、竹溪、蒋家堰等10处互通式立交,10处匝道收费站,终点处设1处主线收费站,1个管理分中心,2个管理所,5个服务区,1个大型养护基地,2个养护工区。

投资估算与资金来源:初步设计总概算为:190.874亿元(含建设期贷款利息),该项目总投资应控制在初步设计批复概算范围之内,最终工程造价以竣工决算为准。

主要技术标准:全线采用设计速度80km/h、路基宽度24.5 m的双向四车道高速公路标准建设。桥涵设计汽车荷载等级采用公路-Ⅰ级。

建设工期:2009年12月26日开工。建设工期为48个月。

2. 项目前期工作

立项审批:2009年7月8日,湖北省发展和改革委员会以《省发展改革委关于谷城—

竹溪高速公路工程可行性研究报告的批复》(鄂发改交通〔2009〕898号)文件,批复了该项目工可。2009年11月10日,湖北省发展和改革委员会以鄂发改重点〔2009〕1332号文件,批复了谷城—竹溪高速公路项目初步设计。

3. 项目进展情况

2009年12月26日该段控制性工程开工,2014年12月26日通车。

八、宣咸高速公路(S89)(原恩黔中一段)(宣恩—咸丰)

(一)项目概况

路线走向:起于宣恩县晓关侗族乡倒洞塘村附近,接恩施至来凤高速公路宣恩枢纽,经宣恩的晓关和咸丰县的高乐山、丁寨、朝阳寺等地,最后在湖北与重庆两省(市)交界处的咸丰县朝阳寺镇石门坎附近对接重庆市的黔江—恩施高速公路重庆段。

建设规模:路线全长70.912km(其中48.262km属S89宣咸高速公路,其余22.65km属于G5515张南高速公路)。该项目设互通式立交3处(晓关互通、咸丰互通、黄泥塘互通)、主线收费站1处、匝道收费站3处、管理及监控分中心1处、服务区2处、养护工区1处、隧道管理所1处。

宣恩—咸丰高速公路(S89)

投资规模:该公路估算总投资59.55亿元,其中项目资本金为14.8875亿元,约占项目总投资的25%,由湖北省交通投资有限公司出资;其余44.6625亿元资金利用国内银行贷款解决。初步设计总概算核定为61.5796亿元。

主要技术标准:全线采用双向四车道高速公路标准建设,设计速度80km/h,路基宽度24.5m。桥涵设计汽车荷载等级采用公路-Ⅰ级。设计洪水频率:特大桥为1/300,路基及大、中、小桥、涵洞等为1/100。地震动峰值加速度0.05g。

建设工期：总工期48个月。项目总工期48个月，2010年开工。

（二）项目前期工作

立项审批：2010年11月11日，湖北省发展和改革委员会以鄂发改交通〔2010〕1480号文件，批复了湖北恩施至重庆黔江高速公路宣恩是咸丰（鄂渝界）段项目工可。2010年11月22日，湖北省发展和改革委员会以鄂发改重点〔2010〕1517号文件，批复了湖北恩施至重庆黔江高速公路宣恩至咸丰（鄂渝界）段项目初步设计。

（三）项目实施

该项目经批准之日起，建设工期48个月，于2014年12月建成通车。

第三节　横　　线

湖北省省级高速公路横线计5条，即三峡高速三峡翻坝高速公路、监江高速公路、蕲嘉高速公路、岳宜高速公路。

一、三峡高速公路（S58）

S58三峡高速公路全长58.406km，由三峡专用公路与汉宜高速高花段组成。

（一）三峡高速公路（原三峡工程对外专用公路）

1. 项目概况

三峡高速公路原为三峡专用公路，是三峡工程的配套工程之一。路线起于汉宜高速延伸段夜明珠，在此处高喇叭口与夜明珠路相连，初设终点与三峡坝区的江峡大道相连，全长28.64km。后延伸跨越西陵长江大桥至坝区终点与秭归交界处，全长35.36km。其中特大桥4座，大桥7座，中桥13座，跨线桥8座，小桥涵70道和10管分离式隧道，桥隧占总工程量的64.32%；公路荷载标准汽车—超20级，计算行车速度60km/h；整体式路基宽度19m，分离式路基宽度10m，路面结构为水泥混凝土。

2. 项目前期工作

1993年3月11日，国务院三峡工程建设委员会经论证三峡工程对外交通运输与公路为主，水运为辅的方案，确定由三峡专用公路、西陵长江大桥、杨家湾码头共同构成三峡对外交通体系。

3. 项目建设情况

该公路建设单位为中国长江三峡开发总公司，设计单位为铁道部第一勘察设计院，监

三峡高速公路（S58）

理单位为铁道部第四勘察设计院；由铁道部第十七工程局、核工业部22公司，铁道部大桥工程局等单位中标承建路基路面及桥隧工程；湖北省高等级公路管理局实业开公司承建沿线设施。该路于1994年1月开工，1996年10月1日通车；1997年3月由中国三峡总公司组织有关单位验收。全部工程 达到合格，部分为优良工程。

1996年10月1日建成通车后一直采用全封闭方式管理。2014年8月14日，三峡专用公路封闭运行18年后，对社会完全开。三峡专用公路对社会开放，将进一步畅达湖北西部交通，对发展长江黄金水道和旅游业和地方经济建设意义重大。

4. 项目特点及难点

三峡专用公路上的桥梁、隧洞的长度比例占了40%，而且桥梁设计各异，充分体现了现代桥梁的施工艺术，被称为"公路工程博物馆"。由于地质条件复杂，施工难度大，三峡工程建设者不怕困难，大胆采用了先进技术。全线四座特大桥，黄柏河特大桥，桥身长280m，跨度160m，为上承式桥梁。桥身下的黄柏河是长江葛洲坝水利工程上游的一条小支流，河水非常清澈。下牢溪特大桥是第二座特大桥，下牢溪位于宜昌市境内，长35km。溪两岸峰峦横峙，上合下开，河床由下向上逐渐变窄。溪水清澈碧透，曲折奔流，溪边有公路延伸。葛洲坝竣工以后，回水使下牢溪水位提高20m，下牢溪汇入长江的地方，就是长江三峡之西陵峡的入口——南津关峡口。乐天溪特大桥是第三座特大桥，跨越长江支流乐天溪出口处，系为配合三峡工程而建的一座4孔1联预应力混凝土连续梁桥，于1990年建成。大桥总长440.35m，宽15.5m。箱梁跨中与端段高3.2m，根部高7.7m，纵向与竖向采用预应力配筋。桥墩采用建于同一基础上的双壁式墩，最大载重为汽车—36级、挂车—100。莲沱特大桥全长340.87m，桥面总宽20m，主桥采用(48.3+114+48.3)m中承式钢管混凝土连续拱。主跨采用竖转新工艺，结构新颖，桥型优美，本桥设计荷载为汽车—36级，验算荷载为2000kN平板车组，建成于1996年。

有五条双管式隧道。仙人溪1号隧道,仅长175m,仙人溪2号隧道,长1442m,高7.5m,宽7.5m,隧道洞壁边有大、小两种拱门,小拱门为装置设备而建,而大拱门则有左右隧道的边通道。第三条隧道为碴盐山隧道,全长880m。第四条隧道长3610m,名为木鱼槽隧道。最后一条隧洞为天柱山隧洞,全长1170m。

(二)三峡高速公路(高夜段)

S58三峡高速高夜段❶ K0+000~K23+046,原为宜黄公路高家店—夜明珠段K281+160.675~K304+206.675,全长23.046km。

1. 项目概况

功能定位:花艳—夜明珠路段是宜黄公路的最后一段。为更好地服务三峡工程,遵照省人民政府和交通部领导的指示,经省交通厅与宜昌市政府协商并下发《关于宜黄公路建设终点由花艳延伸到夜明珠的通知》(鄂宜黄指〔1993〕01号文),决定将宜黄公路终点由花艳延伸至夜明珠。此为新建一级汽车专用公路,全长11.087km。花明段与三峡工程对外交通专用公路相接,直接构成了三峡工程对外交通的陆上主通道。

线路走向:宜黄公路花明段,东起宜昌市花艳互通立交桥,向西穿越市北郊的高山深壑,在西陵区夜明珠小学处与三峡工程对外交通专用公路相接,全程11.087km。主要控制点:花艳、东山开发区、夜明珠。

主要出入口:互通1个,宜昌互通式立交;收费站1个,宜昌(廖家湾)收费站。

建设规模:全长11.087km,桥梁及构造物包括:中桥7座、小桥5座、涵洞18道、分离式立体交叉(通道)12处,互通式立体交叉1处,公铁立交2处。附属区、安全设施、绿化和机电工程包括:交通安全设施11.087km;管理站房1处,收费站房1处;植树11.087km。

投资规模:批复概算17549.78万元,实际完成工程投资17428.82万元,收到基建拨款合计12258.815万元(宜黄集资金8258.815万元+交通部4000万元)以及基建借款合计5170万元(三峡总公司5170万元)。

主要技术指标:路基宽23m/21.5m,其中花艳互通立交至廖家湾段为23m,廖家湾至夜明珠段为21.5m;双向四车道2×7.5m,中央分隔带带1.0m,左侧路缘带2×0.5m;硬路肩2×2.5m和2×1.75m(其中路基宽23m,路段为2.5m),土路肩2×0.75m;设计时速100km/h(枝江市境内120 km/h);行车道宽:7.5m;最小平曲线半径:1000m,最大纵坡2.736%;桥涵设计荷载汽车—超20级,挂车—120;桥涵设计洪水频率:1/100;路面结构形式及厚度,面层:24cm水泥混凝土。

---

❶花明段和江宜段的一部分(高家店—花艳)组成现在的S58高速高夜段,因花明段是一个整体,为方便编写,本小节只取花明段为代表来介绍三峡S58高速高夜段。

主要工程数量见表2-2-15。

花明段主要工程数量表　　　　　表2-2-15

项　　目	单　位	实际竣工数量	备　　注
项目总里程	km	11.0865	
路基宽度	m	23.0/21.5	
路基土方	m³	239540	
路基石方	m³	1362818	
水泥混凝土路面	×10³m²	172.894	
水泥混凝土硬路肩	×10³m²	36.299	
涵洞	m/座	921.54/18	
中桥	m/座	364.314/7	
小桥	m/座	104.95/5	
分离式立体交叉工程	处	2	
互通式立体交叉工程	处	1	
路侧波形护栏	km	14.963	
钢筋混凝土防撞护栏	m	631	
防眩网	m	137.6	
中央分隔带单柱双索护栏	km	10.877	
环保植树防眩	km	10.0865	
封闭隔离	km	30.58	
金属反光标志牌	套	63	
路面反光标线	×10³m²	9.208	
房建	m²	19735	
收费站房	处	1	
管理站房	处	1	

自然地理特征：路线位于鄂西山地与江汉平原的过渡带,总体呈南东至北西向展布。地势为北高南低,山体亦多呈北南走向,横亘整个路段。地面标高一般在90~110m(黄海高程,下同)之间,最高点146.4m(百步岭),最低63.0m(起点),相对高程差在20~35m,丘、谷冲沟纵横,地面坡度一般在10°~35°之间;线路经过地带地层以透水、弱含孔隙水为主,基岩为隔水-极弱含水。地下水位深度一般为1~1.5m,其水源主要靠大气降水补给,其次为附近堰塘水侧补给。测区内主要水系有三叉河、运河、沙湖。

2. 项目前期工作

决策背景：为更好地服务三峡工程,遵照省人民政府和交通部领导的指示,经省交通厅与宜昌市政府协商,决定将宜黄公路终点由花艳延伸—夜明珠,发文《关于宜黄公路建设终点由花艳延伸到夜明珠的通知》(鄂宜黄指〔1993〕01号文)。花明段与三峡工程对外交通一级专用公路的起点夜明珠互通式立交相连接,由省宜黄公路江宜指挥部统一组织建设。其建设标准为一级汽车专用公路,执行宜黄公路全省统一的方针政策,建成后由省高管局统一管理。

决策过程:1992年11月,省交通规划设计院受宜昌市交通局委托完成初步设计,1993年元月8日经宜昌市审查批复,于1993年2月组织详测;1993年3月3日~4日根据国务院三峡委员会的决定,三峡对外交通公路采用全封闭、全立交、四车道高等级公路,并指令与宜黄公路衔接;1993年4月27日,发文《关于宜黄公路建设终点由花艳延伸到夜明珠的通知》(鄂宜黄指〔1993〕01号文);1993年9月18日,发文《关于宜黄公路花艳—夜明珠初步设计的批复》(鄂计基管字〔1993〕第1217号文)。

立项审批情况见表2-2-16。

花明段立项、初设、调概审批文件　　　　表2-2-16

发文单位	文件名称	文　号	时　间
湖北省计划委员会	关于宜黄公路建设终点由花艳延伸到夜明珠的通知	鄂计基管字〔1993〕1217号文	1993.9.18
湖北省计划委员会	关于增补宜黄公路花明段房间规模的批复	鄂计交字〔1996〕0299号	1996.4.19
湖北省计划委员会	关于执行交通部《关于江陵至—宜公路调整概算的批复》的通知	鄂交计〔1995〕298	1995.7.8

征地拆迁情况见表2-2-17。

花明段拆迁基本情况表　　　　表2-2-17

路段	征用土地面积(亩)	拆迁房屋面积(m²)	补偿费用(万元)
花明段	1013.85	31800	1781.23

(三)项目建设情况

组织机构:花明段工程建设由江宜段指挥部负责建设,以省内交通公路部门专业队伍为主进行施工,省公路工程咨询监理公司为主进行工程监理。投资按概算进行包干。

主要参建单位:建设单位为湖北省宜黄公路江宜段指挥部、江陵西段指挥部;主要设计单位为湖北省交通规划勘测设计院;主要监督单位为湖北省交通建设质量监督站;主要监理单位为湖北省宜黄公路江宜段指挥部工程技术监理处;主要施工单位有湖北省公路系统二十多个公路段或总段,如:广水市公路段、潜江市公路段、神农架林区公路段等,以及铁十一局二处、浙江温岭市政公司等。施工单位见表2-2-18。

宜黄公路花明段施工单位一览表　　　　表2-2-18

标　段　号	桩号/里程	施工单位	备　注
31	0.872km	云梦交通局	
31	0.32km	云梦交通局	
32	0.929km	广水公路段	
33	0.885km	宜昌市公路段	
34	1.015km	钟祥市公路段	
35	1.10km	宜昌公路总段	
36	1.5km	温岭市政	
37	1.0km	潜江县公路段	
38	0.602km	宜昌市政	
38	1.251km	宜昌市政	
39	0.498km	咸宁交通	
39	1.255km	咸宁交通	
40	0.990km	蕲春县公路段	
41	0.910km	林区公路	

实施过程：1993年10月14日花明段招标工作基本结束，13个中标单位已经开始组织进场；1993年10月31日，花明路路基工程试生产第一炮打响，自此花明路廖家湾以东路段承包单位试生产陆续展开；1994年1月1日宜黄公路花明段工程正式开工；1995年11月10日宜黄公路花明段工程正式竣工；1996年11月5～6日进行宜黄公路花明段工程通过交工验收，整个建设项目评定为优良工程。批复建设工期24个月，1994年1月1日正式开工，1995年12月31日竣工。实际1994年1月1日正式开工，1995年11月10日竣工，历时23个月。1996年11月5～6日通过交工验收，1996年11月7日起，由湖北省高等级公路管理局接管养护。

工程交工、竣工验收：1996年11月2日，花明段竣工文件及各项档案资料经省档案局验收，合格率、完整率、准确率均在98%以上；1996年11月5日至6日花明段同江宜段一起通过省计委、省建委、省交通厅、省土地局、档案局、建行、工行等单位联合组织的交工验收委员会的验收，评定单位工程合格率为100%，优良率为93.75%，整个建设项目评定为优良工程。

二、三峡翻坝高速公路（S68）

（一）项目概况

全长56.776km，设计速度80km/h，为四车道高速公路。公路经过三峡工程所在地——湖北省宜昌市的4个县区（秭归县、夷陵区、点军区、宜都市），起于三峡库首第一县秭归县的曲溪桥,止于宜昌长江公路大桥南岸。公路沿线属地质灾害易发区,水文地质条件复杂,桥隧占路线总长一半以上,施工任务较为艰巨,工程于 2010 年年底完成并正式通车。

三峡翻坝高速公路(S68)

功能定位:湖北省三峡翻坝高速公路,是国家缓解长江航运翻坝运输压力而立项建设的一条水陆联运重要通道,是湖北省首次实行指挥部与总监办分设、双控双管新的工程建设模式的项目。三峡翻坝高速公路的建成,对于提高三峡水利枢纽的运行安全,完善区域综合交通运输网络,充分发挥长江黄金水道的运营功能,加快库、坝区资源开发,促进社会经济的全面和谐发展,具有十分重要的战略、经济和社会意义。翻坝高速公路建成后可上通成渝,下达襄荆,南连粤桂,北抵中原,过往车辆不需要中途转运就可绕开大坝通过三峡库区,直接驶入国家高速公路网沪渝线,通行时间缩短到一个小时以内,大大缓解了三峡船闸的通行压力。对于提高三峡水利枢纽的运行安全,完善区域综合交通运输网络,充分发挥长江黄金水道的运营功能,加快三峡库区、坝区资源开发,构建长江南北两岸的立体交通体系,繁荣三峡库区经济具有重要意义。

线路走向:三峡翻坝高速公路位于湖北省宜昌市,起于宜昌市秭归县 334 省道的曲溪桥(里程桩号:K0+000),经过秭归县九里开发区、夷陵区三斗坪镇、点军区土城乡、桥边镇、联棚乡、艾家镇、宜都市红花套镇,止于宜昌长江公路大桥桥南(里程桩号:K56+776),接沪渝高速公路湖北省宜昌—恩施段。

三峡翻坝高速公路主要出入口:(含 4 个互通、1 个服务区、3 个收费站);互通:九里互通、桥边互通、联棚互通;服务区:点军服务区;收费站:茅坪收费站、车溪收费站、联棚收费站。

建设规模:全长 56.776km,联棚连接线长 3.71km。项目桥梁及构造物包括:特大桥 1 座,大桥 26 座,中桥 5 座,小桥 17 座,天桥 7 座。特长隧道 5 座,中隧道 4 座,短隧道 4 座,涵洞、通道92道。桥隧比约为55%;附属区、安全设施、绿化和机电工程包括:互通式立体交叉4处(九里、桥边、联棚、宜昌桥南),分离式立体交叉11座,收费站4处,管理分中心、服务区、养护工区各1处。沿线设置了完善的交通安全设施以及通信、监控、收费、消防等系统。

投资规模:工可批复项目估算总投资37.96亿元,其中资本金13.286亿元,占总投资的35%。经国务院副总理曾培炎协调有关部门,其资本金筹措方案为:国家三峡基金投资5.3144亿元,交通部投资3.9858亿元,省交通厅自筹3.9858亿元;国内银行贷款24.67亿元,占总投资的65%。根据初步设计批复,项目概算总投资为40.13亿元。

主要技术指标:路基宽度:整体式路基宽度为24.5m;分离式路基宽2×12.25m;路幅:中央分隔带2m,设计时速:80km/h;行车道宽:3.75m;最小平曲线半径:800m;最大纵坡:3.85%;设计荷载:公路-I级;桥涵设计洪水频率:特大桥1/300、大桥1/100;隧道:净宽9.75m,净高5m;路面结构形式及厚度面层:沥青混凝土,基层;水泥稳定级配碎石、级配碎石,底基层:级配碎石;另外,联棚连接线按照一级公路技术标准建设,路基宽度23m,设计速度60km/h。

主要工程数量见表2-2-19。

主要工程数量　　　　　　　　　　　　　　表2-2-19

名　　称	单　位	数　量	备　注
一、路基、防护			
路基土石方	×10³m³	14520	
平均每公里土石方	×10³m³	256	
防护工程	×10³m³	380	
二、桥梁、涵洞			
特大桥、大桥	m/座	8244.74/27	不含匝道桥及天桥
中桥	m/座	453.21/4	不含匝道桥及天桥
小桥	m/座	0	不含匝道桥及桥式通道、天桥
独立涵洞	道	65	含匝道内涵洞
平均每公里大中桥长	m	153.2	
平均每公里涵洞道数	道	1.1	
三、路面工程			
底基层	×10³m³	898.653	
下基层	×10³m³	835.491	含匝道内工程量
上基层	×10³m³	806.302	含匝道内工程量
沥青混凝土面层	×10³m³	1341.606	含匝道内工程量
四、路线交叉			含沥青混凝土桥面铺装
互通式立体交叉	处	4	

续上表

名　称	单　位	数　量	备　注
分离式立体交叉	处	11	
独立通道	道	43	
天桥	座	7	含匝道内通道
平均每公里通道天桥	道(座)	0.9	
五、隧道工程			
特长隧道	m/座	18274/5	
长隧道	m/座	0	
中短隧道	m/座	4351/8	
六、交通工程及沿线设施			
安全设施			
(1)波形梁护栏	延米	116191	
(2)防眩板	延米	5800	
(3)隔离栅	延米	67287	
(4)标志	处	427	
(5)标线	m²	104877	
服务设施			
(1)服务区、休息区	处	1	
(2)收费站	处	4	
(3)养护工区	处	1	
(4)监控中心	处	1	
七、环境保护			
绿化	km	56.776	
声屏障	处	1	

自然地理特征:位于宜昌市境内,依次经过秭归县、夷陵区、点军区、宜都市。宜昌市位于湖北西部,地处长江上游与中游的交汇处,鄂西山区向江汉平原的过渡地带,地跨东经110°15′~112°04′、北纬29°56′~31°34′之间,东西最大横距174.08km,南北最大纵距180.6km。东邻荆州市和荆门市,南抵湖南省石门县,西接恩施土家族苗族自治州,北靠神农架林区和襄樊市;勘察区属大陆亚热带季风气候,四季温差较大,冬冷夏热,冬干夏湿。项目所在区域全年平均气温为14.8℃~16.9℃,总降水量为907~1445mm,总雨日为125~158天,总日照时数1058~1556h。冬季冷暖呈现明显的阶段性。春季阴雨多,光照少,温度偏低。降水过程以连续性降水居多,降水量多,但强降水过程少,降水时空分布均匀。梅雨期较迟,降水集中。出梅后有一段高温伏旱天气8月中旬出现一次明显低温连阴雨。秋季降温早,气温升降反复无常,入冬时间正常。沿线各市、县、区有关气温、降水、日照及无霜期等气象资料详见表2-2-20。

气象资料表

表2-2-20

市县名	年平均气温（℃）	极端最高气温（℃）	极端最低气温（℃）	降水量（mm）	日照时数（h）	无霜期（天）
秭归县	18.0	42.0	-8.9	1439.2	1619.6	285
夷陵区	16.9			1177.3	1669.2	272
点军区	16.8	40.0	-5.0	1093		
宜都市	16.7	40.8	-13.8	1600	1704.5	273

项目地处鄂西山地向江汉平原过渡地带，总体地势西南高，北东低。项目总体走向呈东南向，而区域内的河谷走向大致呈东北向，基本上与项目的总体走向成垂直状，可供利用的沟谷不多。

（二）项目前期工作

决策背景：三峡工程2003年6月蓄水后，库区航道条件极大改善，川江航运呈爆发式增长。至2007年底，三峡坝区断面货物年通过量已突破6000万t，三峡双线五级船闸已成为客货船舶过坝的主要通道，但用时较长，平均为3.5h。为保证巨大的客货流快速过坝，保障世界上最大的水利枢纽运行安全，国家决定兴建三峡翻坝高速公路。

三峡船闸一直以来都是长江过坝货物的主要通道。自2000年开始，为缓解船闸运输压力，川江货物滚装船舶运输车辆实行"水—陆—水"翻坝转运方式，即：三峡大坝上游水域—绕坝公路—三峡大坝下游水域。10年来，三峡翻坝转运滚装车辆180万辆，转运旅客500多万人次，对发展长江航运发挥了重要作用，但陆路通道不畅的问题一直没能解决。

三峡翻坝高速公路通车后，三峡库首第一县秭归县将禁止载货车辆从县城内通行，滚装运输改"水—陆—水"为"水—陆"模式，车辆在三峡大坝上游秭归港下船后从三峡翻坝高速公路直接进入全国高速公路网络。

决策过程：2006年10月26日，省发展改革委分别以〔2006〕1101号文和〔2007〕711号文，对三峡翻坝高速公路工程可行性研究报告和初步设计文件进行了批复；2008年3月24日湖北省三峡翻坝高速公路建设指挥部上报了施工许可申请书，省厅3月27日批复同意开工建设；2008年3月湖北省三峡翻坝高速公路建设指挥部报送了《公路工程质量及施工安全监督申请书》，省厅质监局以鄂交质监〔2008〕30、31号批文正式对该项目实施政府监督；工程项目于2008年4月1日在秭归曲溪破土动工。工程设计由湖北交通规划设计院设计，项目施工由中铁二局、中交一局、葛洲坝集团等10个单位中标，工程监理由湖北省高速公路工程咨询有限公司等3个单位负责监理。

立项审批：项目严格执行了世行和国内两套基本建设程序。审批情况表2-2-21。

各阶段审批情况 表2-2-21

工程可行性研究报告的批准	鄂发改交通〔2006〕1101号
初步设计文件的批准	鄂发改交通〔2007〕711号
施工图设计文件	鄂交基〔2008〕164号
矿产资源调查报告的批准	鄂土资预审函〔2006〕44号
文物保护规划报告的批准	鄂文物综〔2006〕86号
环境影响报告的批准	鄂环函〔2006〕486号
水土保持方案的批准	鄂水利保复〔2006〕304号
建设用地审批	国土资函〔2008〕498号
项目法人批准文件	鄂交人劳〔2008〕82号

（三）项目建设情况

组织机构：项目采取分段分期建设的方式实施。即：由项目业主组织招标，签订设计、施工、监理合同，按路基、路面及交安、房建、绿化、机电三期建设分步交叉进行。2008年1月，经省交通厅批准成立湖北省三峡翻坝高速公路建设指挥部，负责三峡翻坝高速公路工程的建设管理工作。2008年6月，指挥部以鄂三峡翻坝指工〔2008〕50号文对总监办管理职责进行了授权。

主要参建单位：建设单位为湖北省三峡翻坝高速公路建设指挥部；设计单位为湖北交通规划设计院；监督单位为湖北省交通运输厅工程质量监督局。

标段划分及施工、监理单位：湖北三峡翻坝高速公路主线、附属区各合同段施工、监理单位见表2-2-22、表2-2-23。

三峡翻坝高速公路施工单位一览表 表2-2-22

合同段名称	长度（km）	施工单位	监理单位
土建第1合同段	4.62	中铁二局第五工程有限公司	湖北省公路工程咨询监理中心
土建第2合同段	5.88	中铁十一局集团第一工程有限公司	湖北省公路工程咨询监理中心
土建第3合同段	4	中铁十一局集团有限公司	湖北省公路工程咨询监理中心
土建第4合同段	4.5	中交一公局中路通隧道工程有限公司	湖北省公路工程咨询监理中心
土建第5合同段	6	中铁十七局集团第二工程有限公司	湖北省公路工程咨询监理中心
土建第6合同段	8.3	中交第二公路工程局有限公司	湖北省公路工程咨询监理中心
土建第7合同段	8.358	湖北省路桥集团有限公司	湖北省公路工程咨询监理中心
土建第8合同段	4.542	中铁十一局集团第三工程有限公司	湖北省公路工程咨询监理中心
土建第9合同段	6.3	中铁四局集团有限公司	湖北省公路工程咨询监理中心
土建第10合同段	4.276	葛洲坝集团第五工程有限公司	湖北省公路工程咨询监理中心

续上表

合同段名称	长度(km)	施工单位	监理单位
路面第 LM1 合同段	27.258	辽宁省路桥建设有限公司	湖北省公路工程咨询监理中心
路面第 LM2 合同段	29.518	湖北长江路桥股份有限公司	湖北省公路工程咨询监理中心
交安第 JA1 合同段	36	湖北利航交通开发公司	湖北省公路工程咨询监理中心
交安第 JA2 合同段	20.776	山西交研科学实验工程有限公司	湖北省公路工程咨询监理中心
机电第 FBJD1 合同段	56.776	中咨泰克交通工程有限公司	北京兴通交通工程监理有限责任公司
机电第 FBJD2 合同段	56.776	亿阳信通股份有限公司	北京兴通交通工程监理有限责任公司
机电第 FBJD3 合同段	56.776	葛洲坝集团电力有限责任公司	北京兴通交通工程监理有限责任公司
消防第 FBXF1 合同段	56.776	宜昌市国安消防工程有限公司	北京兴通交通工程监理有限责任公司
绿化第 FBLH1 合同段	36	湖北省环艺园林工程有限公司	湖北省公路工程咨询监理中心
绿化第 FBLH2 合同段	20.776	潢川县江海园林装饰工程有限责任公司	湖北省公路工程咨询监理中心

三峡翻坝高速公路监理单位一览表　　　　表 2-2-23

监理单位	中标单位名称	合同价(万元)	主要工程内容
总监办	湖北省公路工程咨询监理中心	4933	除机电工程外的全部工程
机电监理驻地办	北京兴通交通工程监理有限责任公司	185	机电工程
设计单位	中标单位名称	合同价(万元)	主要工程内容
三峡翻坝运输江南专用公路勘察设计	湖北省交通规划设计院	9200	一、二、三期公路工程的全部勘察设计以及设计概、预算的编制,并负责施工期间的后续服务及配合业主进行项目评估,报奖工作等

实施过程:2008 年 4 月 1 日正式开工建设;2008 年 5 月 8 日,三峡翻坝高速公路 S2 标段秋千坪隧道(全线七个控制性工程之一)施工便道正式破土动工,标志着 S2 标段协调工作取得实质性突破;2009 年 7 月,S7 标启动绿化施工,拉开了建设生态环保工程的序幕;2009 年 7 月 26 日,S10 标渔洋溪隧道进口左洞最后一仓 C25 防水混凝土浇筑完成,宣告渔洋溪隧道双幅二衬混凝土全部完成;2009 年 8 月 29 日,三峡翻坝高速公路首个特长隧道—龚家坝隧道顺利贯通,标志着工程建设取得重大进展;2009 年 12 月 6 日,首段路基通过交工验收;2009 年 12 月 31 日,三峡翻坝高速公路开始了路面工程试验段施工;2010 年 4 月 20 日,三峡翻坝高速公路最长隧道—鸡公岭隧道左幅贯通;2010 年 4 月 28 日,三峡翻坝高速起点收费站综合楼完成封顶;2010 年 5 月 13 日,三峡翻坝高速公路最长隧道—鸡公岭隧道双幅贯通;2010 年 8 月 28 日,三峡翻坝高速公路最后一个隧道—季家坡隧道左幅贯通,标志着三峡翻坝高速公路实现全线贯通;2010 年 12 月 31 建成通车试运营。

各分项工程进度情况见表2-2-24。

各分项工程进度表 表2-2-24

项 目	批准工期（月）	实施工期（月）
路基	30	18
桥梁	30	18
隧道	30	18
路面	15	10
交通工程	8	8
绿化	8	8
房建工程	24	24
机电工程	11	10
项目施工工期	48	33

工程交工、竣工验收情况见表2-2-25。

各合同段交工验收工程质量分数汇总 表2-2-25

序号	合同号	施工单位	自检得分	监理抽检得分	指挥部推荐评分
1	S1	中铁二局第五工程公司	99.1	97.9	96.9
2	S2	中铁十一局集团第一工程有限公司	97.7	96.8	95.8
3	S3	中铁十一局集团有限公司	99.2	97.4	95.4
4	S4	中交一公局桥隧工程有限公司	99.8	97.1	95.2
5	S5	中铁十七局集团第二工程有限公司	99	97.6	95.6
6	S6	中交第二公路工程局有限公司	98.4	97.6	95.6
7	S7	湖北省路桥集团有限公司	99.7	98.6	97.6
8	S8	中铁十一局集团第三工程有限公司	98.6	98.1	97.1
9	S9	中铁四局集团有限公司	98.3	97.2	96.2
10	S10	葛洲坝集团第五工程有限公司	98.2	97.1	96.1
11	路面1标	辽宁省路桥建设有限公司	98.8	97.6	95.6
12	路面2标	湖北长江路桥股份有限公司	99.2	98.6	97.6
13	交安1标	湖北利航交通开发公司	98.6	97.5	95.5
14	交安2标	山西交研科学实验工程有限公司	98.6	98.1	97.1
15	绿化1标	湖北省环艺园林工程有限公司	98.4	97.5	95.5
16	绿化2标	潢川县江海园林装饰工程有限责任公司	99.5	99.3	95.5
17	桥梁组合式护栏	宜昌博高建筑工程有限公司	96.7	94	95
18	FJ1	荆门市建筑工程总公司		90	92
19	FJ2	湖北中民建筑工程有限公司		87	91
20	FJ3	湖北省工业建筑总承包集团第三建筑工程公司		90	91
21	FJ4	武汉市十建集团有限公司		92	92
22	收费天棚TP1	宜昌博高建筑工程有限公司		96	95
23	收费天棚TP2	盐城市大鹏交通电力有限公司		90	95

三、监江高速公路(S74)(监利—江陵)

(一)项目概况

功能定位:监利—江陵高速公路是《湖北省省道网规划纲要(2011—2030年)》中"九纵五横三环"中规划的重点建设项目之一,也是湖北省实施"壮腰工程"战略中重点建设项目之一,项目的建设对于完善区域路网,促进两湖平原经济交往,加强沿线城市横向交通联系,推动"壮腰工程"实施,改善江汉平原东向出行条件,整合沿线地区资源开发,完善荆江地区应急保障通道,提高防洪救灾能力等,都具有重要意义。

路线走向:起点位于监利县分盐镇胡家村,与随岳高速公路相交(随岳K283+040),起点桩号K0+000(两高速公路交叉点),路线经监利县分盐镇、毛市镇、红城乡、周老嘴镇、黄歇口镇、汪桥镇、程集镇和江陵县的沙岗镇、白马寺镇、熊河镇及江北农场,与规划的沙市—公安高速公路交叉,止于熊河镇跃进村北侧,与荆监一级公路相接,终点桩号K68+925.749。路线全长约69.132km。

江北高速公路监利至江陵段(S74)

建设规模:路线全长约69.132km,全线设特大、大中桥23772m/84座;设互通式立交6处,其中枢纽互通3处(分盐互通、江陵东互通、荆州南互通)、一般互通3处(监利北互通、汪桥互通、江陵北互通);设监控管理分中心1处、服务区1处、养护工区1处、主线收费站1处、匝道收费站4处。另建连接线2条:监利连接线11.284km,设大桥132m/1座,中桥44m/1座;江陵连接线6.1km,设中桥92m/2座。

投资规模:该项目初步设计总概算核定为75.277亿元。项目估算总投资约为62.18亿元。

主要技术标准:主线采用双向四车道高速公路标准建设,设计速度100km/h、路基宽度 26m；汽车荷载等级：公路-Ⅰ级；设计洪水频率：特大桥 1/300、其他 1/100；地震动峰值加速度 0.05g；监利、江陵连接线均采用一级公路标准建设，设计速度 80km/h，路基宽度 24.5m。

(二)项目前期工作

2013 年 9 月 22 日，湖北省发展和改革委员会以鄂发改审批〔2013〕817 号文件，批复了监利—江陵高速公路项目工可；2013 年 10 月 25 日，湖北省发展和改革委员会以鄂发改审批〔2013〕858 号文件，批复了监利—江陵高速公路项目初步设计。

征迁工作坚持做到公开、公平、公正，不搞暗箱操作。在征迁计划安排上，按规定有步骤地进行，工作节奏上做到"先紧后松"、"先易后难""早谋划、早实施、早完成"。提早制定征迁工作实施方案，对工作出现的矛盾，不回避、不拖延、不积累，及时化解矛盾。在操作细节上，科学制定各项征迁工作的实施细则，使征迁工作做到有法有据，程序规范，步调一致。认真贯彻国家和地方的有关土地、林地占用等方面的法律、法规和文件，及时办理了相关手续。省人民政府颁布了《省人民政府关于公布征地统一年产值和区片综合地价的通知》(鄂政发〔2014〕12 号)的文件，及时向全线宣传实施新一轮征地补偿标准的重要性，营造良好的实施氛围，并按新征地补偿标准完成了征地补偿工作。

(三)项目建设情况

组织机构：湖北交投荆潜高速公路建设指挥部。

参建单位：勘测设计单位：湖北省交通规划设院；中交公路规划设计院。

土建施工：中铁十五局集团第五工程有限公司；中交第一公路工程局有限公司(含路面)；中铁二十局集团有限公司；中铁十四局集团有限公司(含路面)。

土建监理(含路面、交安、环保与景观)：湖北高路公路工程监理咨询有限公司；湖北顺达公路工程咨询监理有限公司。

交安施工：江苏中路交通发展有限公司；北京路路达交通设施有限责任公司。

环保与景观施工：华赣景观集团股份有限公司；

房建施工：武汉中袖建筑工程有限公司；武汉鑫源建筑工程有限公司；湖北冶金建设有限公司。

房建监理：襄阳华罡项目管理有限公司；

机电施工：成都曙光光纤网络有限责任公司；山西四和交通工程有限公司。

机电监理：西安金路交通工程科技发展有限责任公司。

该项目 2014 年 6 月 24 日开工，建设工期 48 个月，2014 年完成投资 21.02 亿元，占总投资的 27.92%，全线分项工程合格率 100%，没有发生重在质量及安全事故。

四、蕲嘉高速公路(S78)(蕲春—嘉鱼)

武汉城市圈环线高速公路即指规划的八城市之间的互联环线,总里程约560km。其中:东环为"大广"高速公路麻城至黄石段(目前已建成通车),南环为黄石至咸宁高速公路,西环为孝感—仙桃—咸宁高速公路(因前西环北段至孝感境段和仙桃境段已完成施工图设计,西环南段至咸宁至洪湖段已开展前期研究),北环为麻竹高速公路麻城至大悟段(其中麻城至宋埠段已建成通车,宋埠至红安段已批待建,大悟境段已批待建)。

(一)棋盘洲长江公路大桥连接线大冶至阳新段(在建)

1. 项目概况

功能定位:棋盘洲长江公路大桥连接线是《湖北省省道网规划纲要(2011—2030年)》中"九纵五横三环"的高速公路网规划中"三环",是构建武汉城市圈副中心黄石与咸宁、黄冈之间快速通道的重要组成部分,也是武汉城市圈新增过江通道的重要组成部分。该项目的建设,对于优化湖北省高速公路网及过江通道布局,缓解沪渝高速公路的交通压力,实施武汉城市圈交通先导战略,充分发挥黄石作为城市圈副中心城市的辐射带动作用,完善鄂东组合港的集疏运体系,促进沿线地区经济社会发展等,都具有十分重要的意义。

路线走向:起于阳新县太子镇洪桥村附近,对接棋盘洲长江公路大桥阳新岸接线,起点桩号K13+200,路线向西经阳新县大王镇和大冶市的大箕铺、金湖街,跨武九铁路、G106、S315、武九铁路大冶附属线等,路线止于大冶市金湖街宋家附近,与已建的武汉城市圈环线高速公路黄石市大冶段对接,止于大广高速枢纽互通。终点桩号K38+399.424。主要控制点:仓下垄(棋盘洲长江公路大桥阳新连接线接点)、武九铁路、大箕铺镇、路线终点宋家。

建设规模:全长25.204km,其中:阳新县10.88km、大冶市14.324km。全线设桥梁3990.28m/22座,其中特大桥1006m/1座、大桥2364.8m/12座、中桥619.48m/9座;设长隧道2695m/2座;设互通式立交3处,其中枢纽互通1处(大冶枢纽互通)、一般互通2处(阳新北、大冶东互通);设匝道收费站2处、服务区1处。另设连接线1条:阳新北连接线2.376km。

投资规模:总投资为19.096亿元,其资金来源为:项目资本金4.774亿元,占项目总投资的25%,由湖北省交通投资有限公司出资;其余14.322亿元,占项目总投资的75%,申请国内银行贷款解决。该项目初步设计总概算核定为20.178亿元。

主要技术标准:主线采用设计速度100km/h、路基宽度26m的双向四车道高速公路标准;桥涵设计汽车荷载等级:公路-Ⅰ级;设计洪水频率:特大桥1/300,其他1/100;地震动峰值加速度0.05g；阳新北连接线采用二级公路标准，设计速度80km/h、路基宽度12m。

建设工期：2015年6月开工，计划2017年底建成通车；

2.前期工作

立项审批：2013年4月27日，湖北省发展和改革委员会以鄂发改审批〔2013〕381号文件，批复了棋盘洲长江公路大桥连接线阳新至大冶段项目工可；2014年3月3日，湖北省发展和改革委员会以鄂发改审批〔2014〕97号文件，批复了棋盘洲长江公路大桥连接线阳新至大冶段项目初步设计。

(二)棋盘洲长江公路大桥(规划)

1.项目概况

棋盘洲长江公路大桥项目将构建新的过江通道，有效缓解沪渝高速公路、大广高速及福银高速共线的鄂东大桥过江通道的交通压力，有利于保障相关国家级大通道的畅通。项目对促进武汉城市圈和长江经济带建设，加强中西部地区与长江经济带、东部沿海地区联系，带动鄂东、皖西、赣北地区经济发展及红色旅游开发，满足过江需求和优化长江高速公路过江通道布局，完善黄石市高等级骨架公路网络，促进黄石港快速发展等都具有十分重要的意义。

路线走向：路线起自黄石市阳新县太子镇，接大冶—阳新高速公路，经金海开发区、韦源口镇，在棋盘洲跨越长江，经赤西湖，止于黄冈市蕲春县管窑镇红旗岗村，接已建的沪渝国家高速公路黄梅—黄石段，全长约22.2km，其中，长江大桥长约3.7km，两岸接线长约18.5km。全线在金海、新港、管窑、红旗岗4处设置互通式立交。

建设规模：路线全长21.951km，黄石侧接线14.7315km，长江大桥3.1185km，黄冈侧接线4.101km。长江大桥桥位为棋盘洲桥位，主桥桥型方案为主跨1038m单跨吊悬索桥；桥梁全长7780.5m/19座，隧道859.61m/2座，桥隧比例39.61%。设互通4处、收费站3处；设管理监控分中心1处，下设桥梁养护中心1处及隧道管理站1处。

投资规模：采用BOT+EPC模式投资建设，项目估算总投资约为39.1亿元(静态投资35.9亿元)，其中项目资本金为9.8亿元，约占总投资的25%，由湖北省交通投资有限公司、中交公路规划设计院有限公司、中国铁建大桥工程局集团有限公司、湖北省路桥集团有限公司按51.5%、1%、23%、24.5%的比例出资；其余资金利用国内银行贷款解决。目前驻地、临建工程建设累计完成投资约1亿元，占项目总投资划的2.56%。

主要技术标准：全线采用高速公路标准建设，设计速度采用100km/h，其中：起点—新港互通段约14.2km采用四车道标准，路基宽度采用26m；新港互通—终点段(含长江大桥)约8km采用六车道标准，路基宽度和长江大桥宽度(不含布索区)均采用33.5m。桥涵设计汽车荷载等级采用公路-Ⅰ级。大桥通航净高在设计最高通航水位以上不小于24m,同时应不低于上、下游相邻已建桥梁实际通航净高。

建设工期:2016年开工建设,2020年建成通车。建设工期48个月。

2. 前期工作

立项审批:2015年9月30日国家发改委以发改基础〔2015〕2294号核准批复立项,2015年10月30-31日省交通运输厅组织召开初步设计省内预审会,2016年2月18日以鄂交建〔2016〕81号上报初步设计送审文件,2016年5月完成国家重点公路建设项目初步设计审批技术咨询服务招标(2016年度第二批)。

3. 项目建设情况

2016年7月28日,湖北省路桥集团承办了大桥抢日推进会,项目勘察设计单位开展定测详勘外业工作;项目施工、监理单位完成驻地、主桥三场临建工程的规划选址,进行驻地和主桥三场临建工程建设。

(三)武汉城市圈环线高速黄石—咸宁段

1. 项目概况

武汉城市圈环线高速公路黄石—咸宁段(以下简称为"黄咸高速公路")位于湖北省东南部,路线走廊总体呈东西走向,东起郭华益大冶枢纽互通与大广高速公路相连,西经咸宁枢纽互通与咸通高速公路相接,途经大冶的金湖办事处、陈贵镇、灵乡镇、金牛镇和咸宁市咸安区的双溪镇、横沟桥镇等乡镇,全长约55.66km,(其中:大冶段33.148km,咸宁东段22.75km)采用设计速度100km/h,路基宽度26m的双向四车道高速公路标准。全线设互通式立交5处(其中枢纽互通2处)、收费站3处、管养中心1处、服务区1处。另建小雷山二级公路连接线2.6km。建设工期36个月,投资估算总金额约22.44亿元。

2. 项目建设情况

黄咸高速公路建设项目是经湖北省人民政府授权,由黄石市政府采取BOT模式招商引资建设的高速公路项目。2010年9月8日,经过招投标程序,确定该项目投资人为湖北楚天高速公路股份有限公司。2010年9月28日,湖北省交通运输厅发文成立武汉城市圈环线高速公路黄咸段建设指挥部。2010年10月25日,湖北楚天高速公路股份有限公司与黄石市交通投资公司共同出资注册成立"湖北楚天鄂东高速公路有限公司",其中楚天公司出资90%,黄石交投出资10%。2010年11月,黄石市交通运输局与湖北楚天高速公路股份有限公司签订投资协议,负责黄咸高速公路建设项目的筹资建设。12月16日,武汉城市圈环线高速公路黄石—咸宁段在大冶市金牛镇秦畈村正式开工。2013年底通车。

2010年12月16日,蕲嘉高速公路黄石至咸宁段开工(S78)

武汉城市圈环线高速公路黄咸段建设项目是武汉城市圈综合交通规划辐射交通圈的重要组成部分,其建设对于实施国家"中部崛起"战略,实现武汉城市圈交通先导战略目标,强化黄石、咸宁之间城际交通联系,缓解沪渝高速公路部分路段交通压力,完善区域综合交通体系,带动沿线地区社会经济发展等都具有十分重要的意义。

(四)武汉城市圈环线高速黄石大冶段

1. 项目概况

线路走向:黄石市大冶段起于大冶市金湖办事处北河村(K38+399.424),设大冶枢纽互通与G45大广南高速公路相接,经陈贵镇、灵乡镇,止于金牛镇秦畈村(K71+545.0)与咸宁东段对接,路线全长33.148km。

建设规模:路线总里程33.148km,小雷山连接线2.654km。全线共有大桥907.4m/6座,中685.56m/11座,独立涵洞50道,互通式立交4处,主线分离式立交577m/6处,通道62道,天桥4座,养护工区1处、管理分中心1处、匝道收费站2处。互通式立交4处,分别为大冶枢纽互通(枢纽互通)、小雷山互通(A形单喇叭式方案)、灵乡互通(A形单喇叭式方案,建设期间增设)和金牛互通(A形单喇叭式方案)。

投资规模:估算总投资约为14.13亿元,其中项目资本金为3.53亿元,约占项目总投资的25%,由湖北楚天高速公路股份有限公司和黄石市交通投资有限公司共同组建的湖北楚天鄂东高速公路有限公司出资;其余10.6亿元资金利用国内银行贷款解决。该项目初步设计总概算核定为14.599亿元。

主要技术指标和工程数量见表2-2-26。

第二篇 通途篇

黄石市大冶段主要技术经济指标和工程数量表　　　表 2-2-26

序号	指标名称	单位	第一合同段	第二合同段	第三合同段	备注
一	基本指标					
1	公路等级	级	高速公路			
2	计算行车速度					
	丘陵、岗地	km/h	100			
3	交通量	辆/昼夜	36660			远景 2033 年
4	占用土地					
	(1)永久占地	亩	751.33	1167.63	1188.31	
	(2)临时占地	亩	259.5	553.4	524.5	
5	拆迁建筑物	m²	5415.24	19522.71	25377.36	
6	拆迁电讯、电力线	根	54	106	75	
7	赔偿树木	株	129193	33955	155649	
8	青苗补偿	亩	476.7	784.43	572.2	
9	概算总额	万元	29073	54615	62301	
10	平均每公里造价	万元	4404.5			
二	路线(主线)					
11	路线总长	km	6.600576	12.400	14.145	
12	路线增长系数		1.016061	1.132165	1.165619	
13	平均每公里交点数	个	0.606	0.726	0.636	
14	平曲线最小半径	m/个	1500	1500	1500	
15	平曲线长占路线总长	%	66.940	72.700	68.373	
16	直线最大长度	m	988.034	1320.679	1458.955	
17	最大纵坡(%)	m/处	2.8889/1	2.8429/1	2.843/1	
18	最短坡长	m/处	370.0/1	240.000/1	400.000/1	
19	竖曲线长占路线总长	%	52.774	51.223	42.18	
20	平均每公里纵坡变更次数	次	1.212	1.209677419	1.273	
21	竖曲线最小半径					
	凸形 100km/h 段	m/个	10000/1	10000/3	10000/4	
	凹形 100km/h 段	m/个	12000/1	10000/1	10000/2	
三	路基、路面					
22	路基宽度	m	26.000			
23	平均填土高度	m	4.880	3.781	4.739	
24	土石方数量	×10³ m³	896.131	1192.684	1506.216	计价方
25	平均每公里土方数量	×10³ m³	142.881	99.438	115.733	扣除桥梁长度
26	防护工程	×10³ m³	20.778	15.364	32.779	
27	排水工程	×10³ m³	17.506	30.958	28.253	

湖 北
高速公路建设实录

续上表

序 号	指标名称	单位	第一合同段	第二合同段	第三合同段	备 注
四	桥梁、涵洞					
28	设计车辆荷载		公路-Ⅰ级			
29	桥面净宽	m	2-11.75			
30	大桥	m/座	186.08/1	458.24/3	263.08/2	
31	中桥	m/座	142.62/2	226.7/4	316.24/5	
32	小桥	m/座	0/0	0/0	0/0	
33	涵洞					
	(1)独立涵洞	道	12	17	21	
	(2)其他构造物兼涵	处	10.0	21	20	
五	路线交叉					
34	互通式立体交叉	处	1	2	1	
35	分离式式立体交叉	处	86.08/1	229.16/3	173.08/2	
36	通道	道	12	24	26	
37	天桥	座	1	2	1	
38	平均每公里通道天桥	道	1.97	2.10	1.91	
六	隧道					
39	隧道	m/座	0/0	0/0	485/1	
七	交通工程及沿线设施					
40	里程	km	6.601	12.400	14.145	
41	收费站	处	0	1	0	
42	管理分中心和养护工区	处	0	1	0	与收费站合建
八	连接线					
43	小雷山互通连接线	km		2.640		

自然地理特征:路线属于构造剥蚀低山—丘陵地貌区。位于路线南侧的大泉沟主峰海拔774.9m,为本区制高点,位于路线北侧的大雷山海拔233.7m。山体呈尖棱状—浑圆状线形延伸,山势陡峻,沟谷切割较深,切割深度180~700m,相对高差大,山坡坡角多20°~35°,局部出现悬崖。植被较发育,多以灌木为主。该区基岩一般埋藏较浅,顶部多直接裸露,风化严重,有时表层为残积物掩盖;冲沟底部有较厚的冲、洪积物,局部具有淤泥;在边缘地带常有结构松散的新近堆积物。路线从大泉沟与大雷山之间的低洼地带穿越,中线经过处地面高程一般小于100m,最大高程约170m,位于鸡公尖隧道顶部。

沿线地层从志留系至第四系均有分布,第四系分布广泛。地质构造复杂,断裂构造发育;雨量充沛,水系发育,河溪纵横,水库堰塘星罗棋布;不良地质为岩溶和采空区(弃渣),另局部存在小规模的滑塌、泥石流以及软土分布。

项目所在地区属典型的亚热带东亚大陆性季风气候,冬冷夏热,四季分明,光照充足热能丰富,雨量充沛。春季寒暖多变,夏季暖湿多雨,秋季天高气爽,冬季寒冷少雨。一般年平均气温17.0℃,极端最高气温40.3℃,极端最低气温-11.0℃,日照时数年平均值为2000h,平均无霜期261天左右,年平均相对湿度相对为78%,平均蒸发量为1385.5mm。年平均降水量1406.6mm,年际变化大,雨季多在5~9月。季风明显,一般风速不大,平均风速为2.2m/s,全年主导风向为东、东南东风,出现频率12%,其次是西北西风,出现频率8%。

2. 项目前期工作

决策背景:为了完善我省高速公路网络,尽早贯通武汉城市环线高速公路,加强咸宁、黄石两市的联系,改善这一地区的交通条件,促进沿线地区经济社会发展,加快武汉城市圈建设。

决策过程:湖北省发展和改革委员会2010年11月2日〔2010〕1418号文下达《省发展改革委关于武汉城市圈环线高速公路黄石市大冶段项目核准的通知》,获得工程可行性报告批文。2010年12月14日,湖北省发展和改革委员会以鄂发改重点〔2010〕1536号文件,批复了武汉城市圈环线高速公路黄石市大冶段项目初步设计。

立项审批情况见表2-2-27。

立项审批情况表 表2-2-27

项目名称		武汉城市圈环线高速公路黄石大冶段			
序号	审批资料	批文文号	审批部门	审批日期	备注
1	工程可行性报告批文	鄂发改交〔2010〕1418号	湖北省发展和改革委员会	2010.11.2	
2	初步设计批文	鄂发改重点〔2010〕1536号	湖北省发展和改革委员会	2010.12.14	
3	施工图设计批文	鄂交建〔2011〕174号	湖北省交通运输厅	2011.5.8	
4	项目建设用地批文	鄂土资函〔2012〕357号	湖北省国土资源厅	2012.5.21	
5	项目建设用地预审批文	鄂土资预审函〔2010〕94号	湖北省国土资源厅	2010.10.18	
6	项目建设先行用地批文	鄂土资函〔2011〕1938号	湖北省国土资源厅	2011.5.31	
7	规划选址意见书				
8	地质灾害批文	地质灾害危险性评估报告备案登记表	国土资源行政主管部门	2009.9.18	
9	压覆矿产批文	鄂土资函〔2009〕705号	湖北省国土资源厅	2009.6.23	
10	环境评价批文	鄂环函〔2010〕110号	湖北省环境保护厅	2010.3.2	
11	水土保持批文	鄂水利保复〔2009〕361号	湖北省水利厅	2009.11.19	
12	文物保护批文	鄂文物综〔2009〕123号	湖北省文物事业管理局	2009.9.30	
13	地震安全批文	鄂震安评〔2010〕53号	湖北省地震局	2010.11.26	
14	防洪评价及水利设施影响批文				依据项目实际情况上报
15	地质公园等影响批文				依据项目实际情况上报

3. 项目建设情况

组织机构:建设单位为武汉城市圈环线高速公路黄咸段建设指挥部。

主要参建单位:设计单位为湖北交通规划设计院;监督单位为湖北省交通建设质量监督站;标段划分及施工、监理单位:详见表2-2-28。

湖北蕲嘉高速公路黄石市大冶段各合同段施工、监理单位一览表 表2-2-28

合同段号	桩　　号	施工单位	工程内容	监理单位
HXGS-TJ-K1	大冶枢纽互通	湖北兴达路桥股份有限公司	一期路基	中国公路工程咨询集团有限公司
HXGS-TJ-1	一期 K38+399.424~K45+000 二期 K38+399.424~K71+545	湖北省路桥集团有限公司	一期路基、二期路面	中国公路工程咨询集团有限公司
HXGS-TJ-2	K45+000~K57+400	中铁十七局集团第五工程有限公司	一期路基	中国公路工程咨询集团有限公司
HXGS-TJ-3	K57+400~K71+545	中交第二公路工程局有限公司	一期路基	中国公路工程咨询集团有限公司
HXGS-LH-1	K38+399.424~K71+545	江西省城市园林建设有限公司	绿化	中国公路工程咨询集团有限公司
HXGS-JA-1	K38+399.424~K71+545	湖北省高速公路实业开发有限公司	交安	中国公路工程咨询集团有限公司
HXGS-FJ-1	陈贵收费站、金牛收费站、灵乡收费站	湖北海陆景建设工程有限公司	房建	武汉威仕工程监理有限公司
HXGS-JD	全线	北京瑞华赢科技发展有限公司	机电	北京泰克华诚技术信息咨询有限公司

实施过程:2010年9月8日,黄咸高速公路大冶段建设机构开始组建;2010年12月1日,武汉城市圈环线高速公路黄石市大冶段征地拆迁工作全面启动;2010年12月16日,武汉城市圈环线高速公路黄咸段控制性工程正式在大冶市金牛镇举行并宣布开工;2011年1月4日,黄咸高速公路大冶枢纽互通路基土石方、桥梁桩基、梁板预制工程施工同步展开;2011年9月,武汉城市圈环线高速公路黄石大冶段一期土建工程控制工期单体工程开始施工;2012年4月10日,黄石大冶段路面工程开始施工;2012年10月8日,黄咸高速鸡公尖隧道右洞顺利贯通;2013年1月30日,黄咸土建二标率先完成梁板架设成功;2013年11月9日,黄咸路面二标全部完成合同内路面施工;2013年12月20日,黄咸高速一二期土建工程、交安工程、机电工程全部完工。

(五)武汉城市圈环线高速咸宁东段

1. 项目概况

线路走向:该项目是武汉城市圈环线高速公路南环的重要组成部分,起点位于咸宁市咸安区双溪镇汤垴村,与武汉城市圈环线高速公路黄石市大冶段相连,向西跨沿横省道、杨堡河,并在上屋周设双溪互通与沿横省道(S317)相连,继续向西跨阳武干渠、县道常横线—终点咸安区官埠桥镇马安村设咸宁枢纽互通与咸通高速相接。路线经过咸宁市咸安区双溪镇、横沟桥镇、官埠桥镇。

建设规模:路线全长22.823455km。全线共有大桥824m/4座,中桥448m/6座,独立涵洞24,互通式立交2处,主线分离式立交265m/2处,通道27道,天桥5座,匝道收费站1处,服务区1处。互通式立交2处,分别为双溪互通(A型单喇叭式方案)、咸宁枢纽互通。

投资规模:估算总投资约为8.2342亿元,其中项目资本金为2.0586亿元,约占项目总投资的25%,由湖北楚天高速公路股份有限公司出资;其余6.1756亿元资金利用国内银行贷款解决。该项目初步设计总概算核定为8.994亿元。

主要技术指标和工程数量详见表2-2-29。

咸宁东段主要技术经济指标和工程数量表　　　　　表2-2-29

序号	指标名称	单位	第四合同段	第五合同段	备注
一	基本指标				
1	公路等级	级	高速公路		
2	计算行车速度				
	丘陵、岗地	km/h	100		
3	交通量	辆/昼夜	33440		远景2033年
4	占用土地				
	(1)永久占地	亩	673.93	1343.25	
	(2)临时占地	亩	273.97	256.02	
5	拆迁建筑物	m²	12389	13603	
6	拆迁电讯、电力线	根	74	176	
7	赔偿树木	株			
8	青苗补偿	亩			
9	概算总额	万元	31450	58782	
10	平均每公里造价	万元	3953		
二	路线(主线)				
11	路线总长	km	7.955	14.868	
12	路线增长系数		1.01	1.057000	
13	平均每公里交点数	个	0.754	0.605	
14	平曲线最小半径	m/个	1800/2	1600/1	
15	平曲线长占路线总长	%	79.590	65.180	
16	直线最大长度	m	817.503	959.139	
17	最大纵坡(%)	m/处	2.6882/1	2.677/1	

续上表

序 号	指标名称	单 位	第四合同段	第五合同段	备 注
18	最短坡长	m/处	420/1	400/3	
19	竖曲线长占路线总长	%	57.366	54.608	
20	平均每公里纵坡变更次数	次	1.383	1.412	
21	竖曲线最小半径				
	凸形 100km/h 段	m/个	10000/1	10000/1	
	凹形 100km/h 段	m/个	10000/2	10000/4	
三	路基、路面				
22	路基宽度	m	26		
23	平均填土高度	m	4.28	4.716	
24	土石方数量	×10³m³	820.118	1745.724	计价方
25	平均每公里土方数量	×10³m³	107.405	127.129	扣除桥梁长度
26	防护工程	×10³m³	9.547	39.976	
27	排水工程	×10³m³	15.751	33.658	
四	桥梁、涵洞				
28	设计车辆荷载	公路-Ⅰ级			
29	桥面净宽	m	2-11.75		
30	大桥	m/座	0/0	824.32/4	
31	中桥	m/座	173.16/3	186.16/3	
32	小桥	m/座	0/0	0/0	
33	涵洞				
	(1)独立涵洞	道	9	15	
	(2)其他构造物兼涵	处	15	24	
五	路线交叉				
34	互通式立体交叉	处	0	2	
35	分离式式立体交叉	处	146.08/1	119.08/1	
36	通道	道	12	15	
37	天桥	座	3	2	
38	平均每公里通道天桥	道	19.89	28.10	
六	隧道				
39	隧道	m/座	0/0	0/0	
七	交通工程及沿线设施				
40	里程	km	0.754	14.868455	
41	收费站	处	0	1	
42	管理分中心和养护工区	处	0	0	与收费站合建
43	服务区	处	1	0	

自然地理特征:勘察区总体属于构造剥蚀低山-丘陵地貌区。路线经过处地面高程 26～84m,附近山顶高程一般小于 150m。山体呈尖棱状－浑圆状线形延伸,山势陡峻,沟谷切割较深,切割深度多在 50～100m 之间,相对高差较大,山坡坡角多 20°～35°,局部出现悬崖。植被较发育,多以灌木为主。该区基岩一般埋藏较浅,顶部多直接裸露,风化严重,有时表层为残积物掩盖;冲沟底部有较厚的冲、洪积物,局部具有淤泥;在边缘地带常有结构松散的新近堆积物。沿线地层从志留系－第四系均有分布,第四系分布广泛,上白垩系—第三系(K2-R)在路线区 K89+400 以后广泛分布,三叠系三叠系(T)地层在路线区广泛分布,主要为下统大冶群(T1d)。地质构造复杂,断裂构造发育;雨量充沛,水系发育,河溪纵横,水库堰塘星罗棋布;不良地质为岩溶,另局部存在小规模的滑塌、软土。

2. 项目前期工作

决策背景:为了完善我省高速公路网络,尽早贯通武汉城市环线高速公路,加强咸宁、黄石两市的联系,改善这一地区的交通条件,促进沿线地区经济社会发展,加快武汉城市圈建设。

决策过程:湖北省发展和改革委员会 2011 年 1 月 28 日下达《省发展改革委关于武汉城市圈环线高速公路咸宁东段项目核准的通知》(〔2011〕64 号),获得工程可行性报告批文。2011 年 3 月 16 日,湖北省改革和发展委员会以鄂发改重点〔2011〕68 号文件,批复了武汉城市圈环线高速公路咸宁东段项目初步设计。立项审批情况见表 2-2-30。

立项审批情况表　　　　　　　　　　　　　　　　　　　　　表 2-2-30

项目名称	武汉城市圈环线高速公路咸宁东段			
序号	审批资料	批文文号	审批部门	审批日期	备注
1	工程可行性报告批文	鄂发改交通〔2011〕64 号	湖北省发展和改革委员会	2011.1.28	
2	初步设计批文	鄂发改重点〔2011〕68 号	湖北省发展和改革委员会	2011.3.16	
3	施工图设计批文	鄂交建〔2011〕284 号	湖北省交通运输厅	2011.6.23	
4	项目建设用地批文	国土资函〔2012〕357 号	中华人民共和国国土资源部	2012.5.21	
5	项目建设用地预审批文	鄂土资预审函〔2010〕79 号	湖北省国土资源厅	2010.9.17	
6	项目建设先行用地批文	鄂土资函〔2011〕2585 号	湖北省国土资源厅	2011.9.30	
7	规划选址意见书	选字第 2010026 号 选字第咸规地 2011001	黄石市规划局 咸宁市规划局	2010.10.26 2011.01.06	
8	地质灾害批文	地质灾害危险性评估报告备案登记表	国土资源部主管部门	2009.9.18	
9	压覆矿产批文	鄂土资函〔2009〕705 号	湖北省国土资源厅	2009.6.23	
10	环境评价批文	鄂环函〔2010〕110 号	湖北省环境保护厅	2010.3.2	
11	水土保持批文	鄂水利保复〔2009〕360 号	湖北省水利厅	2009.11.19	
12	文物保护批文	鄂文物综〔2009〕123 号	湖北省文物事业管理局	2009.9.30	
13	地震安全批文	鄂震安评〔2010〕54 号	湖北省地震局	2010.11.26	

3. 项目建设情况

组织机构:建设单位为武汉城市圈环线高速公路黄咸段建设指挥部。

主要参建单位:设计单位为湖北交通规划设计院;监督单位为湖北省交通建设质量监督站;标段划分及施工、监理单位:湖北蕲嘉高速公路咸宁东段各合同段施工、监理单位见表2-2-31。

咸宁东段施工、监理单位一览表　　　　　　表2-2-31

合同段号	桩　号	施工单位	工程内容	监理单位
HXGS-TJ-4	一期 K71+545~K79+500 二期 K71+545~K94+382.455	中交第四公路工程局有限公司	一期路基、二期路面	中国公路工程咨询集团有限公司
HXGS-TJ-5	K79+500~K94+382.455	江西际洲建设工程集团有限公司	一期路基	中国公路工程咨询集团有限公司
HXGS-LH-2	K71+545~K94+382.455	江西卓茵园林景观工程有限公司	绿化	中国公路工程咨询集团有限公司
HXGS-JA-2	K71+545~K94+382.455	湖北省路路通公路设施工程有限公司	交安	中国公路工程咨询集团有限公司
HXGS-FJ-2	双溪收费站、双溪服务区	湖北楚安建筑工程有限公司理部	房建	武汉威仕工程监理有限公司

实施过程:2011年1月19日,黄咸高速公路咸宁段建设机构开始组建;2011年3月21日,武汉城市圈环线高速公路咸宁东段征地拆迁工作全面启动;2011年8月4日,咸宁段成功实现主线交地;2011年11月16日,杨堡河大桥召开专家评审会;2011年12月26日,武汉城市圈环线高速公路咸宁东段开始施工;2012年4月28日,黄咸高速第一片梁顺利吊装成功;2012年10月8日,黄咸高速鸡公尖隧道右洞顺利贯通;2013年1月30日,黄咸土建二标率先完成梁板架设成功;2013年11月9日,黄咸路面二标全部完成合同内路面施工;2013年12月20日,黄咸高速公路一二期土建工程、交安工程、机电工程全部完工。

4. 复杂难点工程(大冶段、咸宁东段)

全线主要复杂技术工程为隧道工程。全线共一座隧道,即鸡公尖隧道,该隧道为上、下行分离的四车道高速公路小净距隧道,隧道净距9.5~10.2m,位于黄石市大冶灵乡镇灵成工业园南侧,呈近东西向展布,隧道轴线方向约267°。隧道穿越的山体最高海拔高程约为177.0m,隧道最大埋深约为84.0m。隧道左洞起讫桩号为ZK57+493.6~ZK57+978.6,全长485m,右洞起讫桩号为YK57+490~YK57+975,全长485m。进口隧道设计标高分别为左洞80.867m,右洞80.068m;出口隧道设计标高分别为左洞87.037m,右洞

86.050m。隧道进、出口采用削竹式洞门。本隧道采用自然通风,电光照明。隧道左、右洞处于直线上。隧道纵面线形左洞为 1.171% 单向坡;右洞为 1.183% 单向坡。

(六)城市圈环线(咸宁西段)

1. 项目概况

功能定位:武汉城市圈环线高速公路咸宁西段是《湖北省省道网规划纲要(2011—2030 年)》中"九纵五横三环"的高速公路网规划中"三环",是构筑连接城市圈内其他八城市的辐射交通圈的重要组成部分,也是武汉城市圈新增过江通道的重要组成部分。该项目的建设对于完善区域高速公路网结构,满足过江需求和优化长江高速公路过江通道布局以及提高路网运营效率,实现武汉城市圈交通先导战略目标,强化武汉城市圈"咸赤嘉""仙潜天""孝应安"3 个城镇密集发展协调区之间交通联系,促进沿线地区社会经济发展等,都具有十分重要的意义。

路线走向:起于嘉鱼县新街镇港东村,接嘉鱼长江公路大桥南岸跨堤引桥,起点桩号 K200+394,路线向东延伸,设新街互通连接省道 S102,与武汉—深圳高速公路交叉并设嘉鱼枢纽互通(不计入该项目),经西凉湖北侧,跨省道 S329(咸潘公路),在咸安区向阳湖镇北岭村设向阳湖互通与省道 S329 相接,走斧头湖南侧,止于官埠桥镇石子岭村,对接咸宁—通山高速公路,设咸宁西枢纽互通与京港澳高速公路交叉,终点桩号 K229+471.211。

建设规模:全长 29.237km,全线拟设桥梁 12364.74 m/19 座,其中,特大桥 10039m/3 座,大桥 1692m/6 座,中桥 625m/9 座,小桥 8.74m/1 座;设互通式立交 3 处,其中,枢纽互通 1 处(咸宁西枢纽互通)、一般互通 2 处(新街互通、向阳湖互通);设匝道收费站 2 处、服务区 1 处、养护工区 1 处、监控管理分中心 1 处。

投资规模:初步设计总概算核定为 28.323 亿元。估算总投资 25.85 亿元。

主要技术标准:起点—嘉鱼枢纽互通段采用双向六车道高速公路标准,路基宽度 33.5m;嘉鱼枢纽互通—终点段采用双向四车道高速公路标准,路基宽度 26m;设计速度 100km/h;汽车荷载等级:公路-Ⅰ级;设计洪水频率:特大桥 1/300,其他 1/100;地震动峰值加速度 0.05g。

2. 项目前期工作

2012 年 12 月 17 日,湖北省发展和改革委员会以鄂发改审批〔2012〕533 号文件,批复了武汉城市圈环线高速公路咸宁西段建设项目工可;2013 年 4 月 3 日,湖北省发展和改革委员会以鄂发改审批〔2013〕297 号文件,批复了武汉城市圈环线高速公路咸宁西段项目初步设计。

3. 项目建设情况

2015年武汉城市圈环线高速公路咸宁西段全面建成,全年完成投资11.29亿元,累计完成投资28.32亿元,为项目总投资的100%;全线分项工程合格率100%。没有发生质量事故和重大安全生产事故。项目于2012年12月开工建设,于2015年12月建成通车。

(七)嘉鱼长江公路大桥(在建)

1. 项目概况

武汉城市圈环线高速公路嘉鱼长江大桥位于湖北省南部、武汉城市圈西南部区域。桥址区上距赤壁长江公路大桥约105km,下距武汉军山长江公路大桥约85km,为武汉城市圈环线高速公路西环孝感—仙桃—咸宁段跨越长江的控制性工程。

建设规模:起自洪湖市燕窝镇团结村,接武汉城市圈环线高速公路洪湖段,在嘉鱼境江段跨越长江后止于嘉鱼县新街镇,接武汉市城市圈环线高速公路咸宁西段,建设总里程4.66km(起止桩号K195+641~K200+301)。

投资规模:初步设计总概算核定为31.44547223亿元(含建设期贷款利息234,544,139元)。项目估算总投资约为30.4亿元(静态投资27亿元),其中项目资本金为7.6亿元,约占总投资的25%,由湖北省交通投资有限公司、湖北省交通规划设计院、四川公路桥梁建设集团有限公司、中交第二公路工程局有限公司、湖北楚天高速公路股份有限公司按34%、1%、20%、20%、25%的比例出资;其余22.8亿元资金利用国内银行贷款解决。初步设计总概算核定为31.45亿元(含建设期贷款利息2.35亿元)

主要技术标准:全线采用六车道高速公路标准建设,设计速度100km/h,桥梁宽度33.5m(不含布索区)。桥涵设计汽车荷载等级采用公路-I级。大桥通航净高在设计最高通航水位以上不小于18m;单孔双向通航净宽不小于410m,单孔单向通航净宽不小于220m。

2. 项目前期工作

立项审批:2015年4月2日,国家发展和改革委员会以发改基础[2015]629号文件,批复了湖北省嘉鱼长江公路大桥项目工可。2015年11月16日,中华人民共和国交通运输部以交公路函[2015]798号文件,批复了湖北省嘉鱼长江公路大桥项目初步设计。

设计要点:初步设计采用新街桥位方案,全桥桥跨布置为:5×30m预应力混凝土连续小箱梁+[(70+85+72+73)m+920m+(330+100)m]混合梁斜拉桥+[8×(6×50)m+(5×50)m+(55+100+55)m]预应力混凝土连续箱梁。全桥长4660m,其中主桥为主跨920m双塔非对称单侧混合梁斜拉桥,主桥长1650m。

主桥结构体系:主梁采用半漂浮体系,在索塔下横梁处设置竖向支座及横向抗风支座,塔、梁间设置纵向阻尼装置。结合大桥结构抗震性能及防震措施专题研究成果,进一步优化主桥结构约束体系,合理确定阻尼器类型,完善大桥抗震设计。

索塔与基础:主塔采用钻石型混凝土索塔方案。同意斜拉索塔端锚固段设里环向预应力。应进一步优化环向预应力等细部构造设计及张拉工艺控制,提高结构耐久性。主塔基础采用钻孔灌注桩基础。下阶段应结合工程地质勘查,进一步分析断层破碎带对南塔基础的影响,加强南主塔深水基础设计,确保基础结构安全。加强下塔柱及下横梁的结构分析,进一步优化下塔柱及下横梁防裂措施,提高结构耐久性。结合大桥船撞力分析及防撞措施专题研究成果,进一步完善桥梁防撞设计。

主梁:主梁中跨及南边跨采用整幅断面钢箱梁、北边跨采用整幅断面混凝土箱梁的混合梁方案。加强正交异性钢桥面板应力集中部位的抗疲劳分析,进一步优化钢箱梁细部构造设计;结合专题研究,进一步优化钢桥面铺装方案,提高桥面结构耐久性。加强北边跨钢、混结合段位里选择及细部构造研究,进一步优化构造设计,提高结构耐久性。根据风环境监测资料和风洞模型试验成果,合理确定抗风设计参数,进一步完善抗风设计。加强整幅多室混凝土箱梁的防裂设计及浇筑、养护要求,提高结构耐久性。

斜拉索:采用强度等级为1770MPa的成品平行钢丝斜拉索。进一步优化斜拉索防腐系统设计。斜拉索塔端采用钢锚梁锚固方式,梁端在钢箱梁处采用钢锚箱锚固方式,在混凝土箱梁处采用箱外混凝土凸块锚固方式。

引桥:南岸跨堤桥采用60+100+60m变截面预应力混凝土连续箱梁方案,基础采用钻孔灌注桩基础。进一步优化上、下部构造设计和预应力配置,防止跨中下挠,提高结构耐久性。北引桥采用5×35m装配式预应力混凝土连续箱梁方案;南岸滩桥采用45+3×50+45+48×50m节段拼装预应力混凝土等截面连续箱梁方案。进一步细化节段拼装施工方案,优化上、下部结构的构造设计。

3.项目建设情况

组织机构:项目由湖北省交通投资有限公司、湖北省交通规划设计院、四川公路桥梁建设集团有限公司、中交第二公路工程局有限公司、湖北楚天高速公路股份有限公司依法组建的湖北嘉鱼长江公路大桥有限公司负责建设、经营和养护管理。

建设工期:项目总工期4年。项目于2015年12月开工建设,计划2019年建成通车。

五、岳宜高速公路(S88)(江南高速)(岳阳—宜昌)

(一)岳阳—宜昌高速公路(石首—松滋段)

1.项目概况

路线走向:起于石首市高基庙镇鄂湘两省交界处,与湖南境石(首)华(容)高速公路对接,经高基庙、石首开发区、高陵、藕池、章田寺、孟家溪、南平、狮子口、申津渡、纸厂河、南海、新江口、麻水等地,止于松滋市桠枞铺子,与宜洋一级公路对接。

建设规模:路线全长105.265km。该项目设互通式立交7处(石首南互通、藕池互通、南平互通、陡兴场枢纽、申津渡互通、松滋南互通、麻水互通)、主线收费站2处、匝道收费站6处、管理及监控分中心1处、服务区3处、养护工区2处。

投资规模:本初步设计总概算核定为68.682亿元。

主要技术标准:全线采用双向四车道高速公路标准建设,设计速度100km/h,路基宽度26m。桥涵设计汽车荷载等级采用公路-Ⅰ级。设计洪水频率:特大桥为1/300,路基及大、中、小桥、涵洞等为1/100。地震动峰值加速度0.05g。

2.项目前期工作

立项审批:2010年12月20日,湖北省发展和改革委员会以鄂发改交通〔2010〕1635号文件,批复了岳阳至宜昌公路石首至松滋段项目工可。2011年1月4日,湖北省发展和改革委员会以鄂发改重点〔2011〕3号文件,批复了岳阳—宜昌高速公路石首—松滋段项目初步设计。

征地拆迁:在征迁计划安排上,按规定有步骤地进行,工作节奏上做到"先紧后松"、"先易后难""早谋划、早实施、早完成"。在项目建设工程中,认真贯彻国家和地方的有关土地、林地占用等方面的法律、法规和文件、及时办理了相关手续。始终把民生问题放在首位,慎重处理,做到阳光操作,公开公平。在实地丈量中做到不偏袒不克扣农户的尺寸,自始至终做到一把尺子到底,统一丈量标准;在房屋补偿标准上统一补偿标准,不多补也不少算。整个征迁工作做到公平合理,不让老实人吃亏,也决不让钉子户占便宜,政策面前人人平等。在岳宜高速公路房屋拆迁安置过程中没有发生任何阻工、闹事等不良事件,没有发生一起因拆迁引发的越级上访。

3.项目建设情况

组织领导机构:湖北高路江南高速公路建设指挥部。

参建单位:设计单位:中交第一公路勘察设计研究院有限公司、湖北省交通规划设计院;土建施工:中铁二十三局集团有限公司、中铁十一局集团第一工程有限公司;土建监理(含路面、交安、环保与景观):湖北省公路工程咨询监理中心、湖北顺达公路工程咨询监理有限公司;路面施工:中铁十五局集团有限公司、中铁三局集团有限公司;交安施工:湖北省高速公路实业开发有限公司、湖北天浩公路工程有限公司、邢台路桥建设总公司;环保与景观施工:江西景观建设集团有限公司、福建艺境园林工程有限公司。房建施工:湖北冶金建设有限公司、湖北省建工第二建设有限公司、湖北冶金建设有限公司、武汉市十建集团有限公司。

实施过程:由湖北省交通投资公司投资。项目总工期(自开工之日起)48个月,于2011年7月25日开工,2013年完成投资23.96亿元;2014年完成投资908亿元,累计完成投资68.68亿元的100%;2014年12月18日开通运营。通过交工验收检测,各项工程质量合格率100%,工程验收评定质量98.6分,其中预制小箱梁质量被评为标杆。

项目建成后,不仅结束了石首市、松滋市不通高速公路的历史,而且对完善荆州市"四纵四横"高速公路网,提高荆江分洪应急保障能力,促进江汉平原和洞庭湖平原的经济发展等方面将发挥重要作用。

(二)岳阳—宜昌高速公路(宜昌段)

1. 项目概况

功能定位:岳阳—宜昌高速公路宜昌段是《湖北省省道网规划纲要(2011-2030年)》中"九纵五横三环"高速公路网中"横五"的重要组成路段,也是宜昌荆州地区沿长江南岸快速通道的关键衔接路段。项目的建设对于支撑宜荆荆城市群建设,打通宜昌荆州地区沿长江南岸快速通道,促进湖北省区域经济协调发展,完善宜昌市东向高速出口通道,加快沿江城镇带形成和发展,发挥省域副中心城市辐射带动作用,加强鄂湘两省经济社会交流,推进区域经济协调发展,完善三峡翻坝运输体系等,都具有十分重要的意义。

路线走向:岳阳—宜昌高速公路宜昌段起点位于宜都市枝城镇,项目向东对接岳阳—宜昌高速公路石首—松滋段,终点位于宜都市红花套镇,向西连通三峡翻坝高速公路和沪渝高速公路,涉及5个乡镇,23个行政村。

岳宜高速公路宜昌段(S88)

主要控制点:起点(九根松,岳阳—宜昌高速公路石首—松滋段终点)、枝城镇、香客岩水库、五眼泉创业园、宋山森林公园、白洪溪水库、宜都换流站、终点(渔洋溪,三峡翻坝高速公路终点)。

建设规模：全长51.719km，全线设桥梁12155m/50座，其中，特大桥1827m/1座，大桥9926m/39座，中桥144m/2座，小桥258m/8座；设互通式立交4处，其中，枢纽互通1处（桥南枢纽互通）、一般互通3处（枝城、宜都西、红花套互通）；设匝道收费站3处、高坝洲服务区1处、停车区1处、养护工区1处、监控管理分中心1处。

投资规模：估算总投资38.24亿元，初步设计总概算核定为42.168亿元。

主要技术标准：公路等级：双向四车道高速公路；设计速度100km/h，路基宽度26m；桥涵设计汽车荷载等级：公路-Ⅰ级；设计洪水频率：特大桥1/300，其他1/100；地震动峰值加速度0.05g。

2. 项目前期工作

2012年12月13日，湖北省发展和改革委员会以鄂发改审批〔2012〕525号文件，批复了岳阳—宜昌高速公路宜昌段项目工可。2013年4月3日，湖北省发展和改革委员会以鄂发改审批〔2013〕296号文件，批复了岳阳—宜昌高速公路宜昌段项目初步设计。

3. 项目建设情况

建设单位及主要领导：湖北交投宜张高速公路建设指挥部、指挥长：叶志华、副指挥长：寇海平、副指挥长：朱胜明。

参建单位：湖北省交通规划设计院、四川公路桥梁建设集团有限公司、中交第二公路工程局有限公司、武汉丰太建筑有限公司、湖北楚雄建筑工程有限公司、湖北红旗建设集团有限公司、郑州市大道公路工程有限公司、安徽省现代交通设施工程有限公司、江西山湖园林建设集团有限公司、绿艺园林工程有限公司、江苏安防科技有限公司、中铁十二局集团电气化工程有限公司、湖北高路公路工程监理咨询有限公司、湖北省公路工程咨询监理中心

2012年12月开工，岳宜高速公路宜昌段属经营性高速公路，自2016年2月6日试运行收费。路段编号为S88，分中心代码7500。岳阳—宜昌高速公路湖北段，2016年6月28日全线贯通。

第四节 环线及连接线

至2016年，湖北省已建成"七纵四横"高速公路公路网，其中武汉绕城高速公路为多条国高的共用线，已在国高中记述，属省级高速公路环线的有两条，即武汉四环线和三环线；湖北省级高速公路连接线共6条，即新滩接线、黄石接线、浠水接线、小池接线、机场北接线。连接线除小池接线、机场北接线外，其他连接线在主线中一并记述。

一、武汉四环线高速公路(S40)

国家在"中部崛起"和"两圈一带"的建设中,对武汉市的城市建设提出了更高的要求。武汉市已建和环路共有四层,其中内环线与二环线仅服务于城市内部出行,三环线是主城区外围、新城组群之间的快速通道,是主城区唯一一条货运快速环线和诸多出口路转换的主要载体,绕城高速公路以疏导长途过境出行需求为主。现有的道路交通路网格局难以满足城市未来的发展,"环线—射线"路网布局有待完善;市区过江通行能力有待提高;有效衔接新城组群、物流园区、产业园区、武汉新港的通道有待增加。

武汉四环线高速公路(S40)

(一)项目概况

功能定位:武汉市四环线的建设将有效改善武汉市城市圈交通条件,为武汉市城市总体发展奠定基础;四环线建成将有效提升城区路网运行效率,减少主城区废气排放量,符合"两型"社会建设的总体要求;四环线建成后,武汉综合交通枢纽公路通行能力将大大增强,对推进"中部崛起"和"两圈一带"发展战略实施有着十分重要的意义。

路线走向:路线由东湖新技术开发区九峰北上,沿绕城高速公路走廊通道—严西湖,从武钢规划区及化工新城之间穿过,设青山长江公路大桥——黄陂区,经武湖向西跨武汉北编组站,绕后湖北岸,跨府河——东西湖区。再沿十一支沟南下,跨过汉江,由规划青东路通道绕后官湖东侧展线,从东荆大道走廊穿过沌口,在沌南州设黄家湖长江公路大桥——石咀,经江夏大桥新区星光大道、庙山经济开发区规划景湖大道—栗庙,继续利用绕城高速公路通道——九峰形成整个环线,总长约143km。

路线分段及具体走向:四环线规划方案路线途经东湖新技术开发区、青山区、洪山区、黄陂区、东西湖区、吴家山经济开发区、蔡甸区、汉阳区、武汉经济技术开发区、江夏区等,分为7段实施,具体走向有九峰—建设段、青山长江公路大桥段、武湖—吴家山段、吴家山—沌口段、沌口长江公路大桥段、龚家铺—中洲段以及大桥—九峰段。

1. 九峰—建设段（简称"东四环"）

起于武汉绕城高速公路东北段 G70—894 附近，路线往北利用绕城高速通道——邹黄互通约 6.8km，向西利用和左高速公路通道约 3.1km 处设置严西湖枢纽互通，路线继续往北在熊家湾附近与城市主干道青化线交叉，走武钢生活区以东，经武钢外贸港以东顺接天兴洲洲尾长江大桥引桥。本段全长 19.186km。

主要控制点为：绕城高速公路、和左高速公路、武钢生活区。

2. 青山长江公路大桥段

路线起点接东四环，大桥桥位位于天兴洲洲尾，距洲尾约 1.8km 处，上距天兴洲公铁两用桥约 6.5km，下距阳逻长江公路大桥约 9.5km；从王家集跨天兴洲过长江—北岸花楼街与沙口村之间，接北四环。路线全长 7.55km，其中长江大桥长 4.57km。

主要控制点为：王家集、天兴洲、沙口村。

3. 武汉市四环线（武湖—吴家山段）（北四环）

该项目位于武汉市西北部，是规划的武汉市四环线的一部分，路线走廊总体呈东西向，连接青山长江公路大桥，途经黄陂区和东西湖区，终于 G107，成为武汉市西北部的东西向公路通道，服务于黄陂区和东西湖区之间的出行联系，提高武汉市城市各组群间的路网等级和通行效率，带动区域经济和交通运输的发展。

路线走向：起点位于武湖农场汉施公路以北开隆高新科技园南侧 200m 处，桩号为 AK25+017，路线连接青山长江公路大桥，利用中心路前行，占用农耕年华生态园的一角，并穿过草湖湿地保护区的实验区，向西跨泵站河，设置枢纽互通与武英高速公路交叉，上跨黄武公路。路线经溠水、小菜湖后，连续下穿合武铁路、石武高速铁路，跨越什子湖，在溾口油库与交通部海事局武汉培训中心之间的空地穿过，上跨武汉北铁路编组站南端多条匝道。路线向西跨越机场东通道后，进入后湖区域，整体沿后湖北部展线。路线与岱黄高速公路设置枢纽互通，向西北绕避横店水厂取水口。与川龙大道交叉后，向西南在绕城高速与航空企业总部之间穿过，下穿汉孝城际铁路，经黄花涝向西南经任凯湖与机场二通道交叉。路线跨府河进入东西湖区，在新河以北跨越小南寨湖，下穿 220kV 高压走廊，跨东流港，在东流港南侧跨张柏路、硚孝高速公路和五环路，与硚孝高速公路、五环路设置复合互通，路线沿东流港南岸而行，跨越径河转向南，在董么湾跨总干沟，沿十一支沟前行，与东吴大道、田园路交叉后，到达东西湖大道（G107）。终点为十一支沟与东西湖大道（G107）交叉处，桩号为 AK72+060。

主要控制点：农耕年华生态园、草湖湿地保护区、武汉北铁路编组站、盘龙城经济开发区、规划溾口铁路货场、武警特训基地、未来海岸楼盘、后湖大桥、佳海工业园区、汉孝城际铁路盘龙城站、航空企业总部、吴家山新城等。

建设规模:全长47.39km,路基宽41.0m,双向八车道。全线桥梁27座总长40.30km,占路线总里程的85.07%,涵洞7道,互通式立交7处,其中预留互通1处,通道1道,天桥1座,服务区1处,停车区1处。

投资规模:该项目投资估算总金额119.46亿元,平均每公里造价2.54亿元。其中建筑安装工程费用80.02亿元,占总造价的66.99%,征地拆迁费用13.00亿元,占总造价的10.89%。

主要技术标准:该项目采用单向四车道即双向八车道高速公路标准,路基宽41.0m。远期可根据交通量需求、城市发展水平按城市快速路标准适时画线为双向十车道,以满足交通需求。设计速度100km/h,汽车荷载等级公路-Ⅰ级,设计洪水频率路基1/100、1/300。

建设工期:该项目计划2013年底开工,2017年底通车运营,建设工期48个月。

4. 吴家山—沌口段(简称"西四环")

路线跨东西湖大道(G107)后一直沿十一支沟通道设置高架桥,沿途跨越革新大道、团结路、汉丹铁路、惠安大道后,至慈惠街道过汉江。路线继续沿青东路规划通道南下,穿过什湖,在新天铺跨十永线后,绕后官湖东侧展线,经永丰渔场跨打鼓渡河至沌口,沿大、小半岛西侧湖岸绕行至东荆大道,再一直沿东荆大道布线,设高架桥跨越后官湖大道、东风大道、砾山湖大道后,折向东南,在徐家堡与汉洪高速公路交叉,与四环线沌口长江公路大桥段路线相接。本段全长22.25km。

主要控制点:十一支沟、漳河口、新天铺、东荆大道、徐家堡。

5. 沌口长江公路大桥段

路线接四环线吴家山—沌口段,与汉洪高速公路互通衔接,在武船铝合金造船石咀分厂上游过长江,跨越武金堤公路,于应家湾南侧穿过青菱湖至江夏区,在龚家铺附近与青郑高速公路互通连接,路线继续延伸上跨G107国道—大桥新区星光大道,接四环线大桥至九峰段。该段全长8.60km,含跨江大桥主体工程3.22km及连接线工程5.38km。

主要控制点:徐家堡,沌阳至青菱过江通道,石咀船厂,青郑高速公路。

6. 武汉市四环线(龚家铺—中洲段)(南四环)

路线走向:路线起点接四环线沌口长江公路大桥段,设龚家铺枢纽互通,跨青郑高速公路、107国道后一直沿星光大道通道布设,设置高架桥沿途跨越黄家湖大道、京广铁路、武纸公路、文化路后,在余家咀跨汤逊湖汊,沿规划景湖大道设置高架桥布线,在鑫发石化公司附近跨越阳光大道,并下穿武咸城铁,再由国威重工公司北侧跨越江夏大道到达明泽街。路线沿明泽街前行,由国家检察官学院西侧折向南,从学院已征用地及超高压走廊之间通过,经江夏区中洲岛到达该项目终点,接四环线中洲至九峰段。

主要控制点：龚家铺、星光大道、余家咀、明泽街、中洲岛。

建设规模：路线全长17.18km，全线桥梁6座占路线总长度的90.81%，其中特大桥16090m/2座，通道1处，天桥1处，设龚家铺、中洲、藏龙岛3处互通立交，停车区1处，养护工区1处。

投资规模：投资估算总金额为48.68848604亿元，平均每公里造价2.93551707亿元。该项目总投资的70%向银行贷款，贷款额为34.08亿元，其余为资本金。

建设工期：施工招标计划于2012年10月完成，2012年11月开工建设，2016年11月竣工，工期48个月。

自然地理特征：项目处于武汉市都市发展区域内，项目区域位于江汉平原的东部边缘，水系纵横湖泊众多，属长江中下游平原—垄岗低丘地形，长江、汉江两岸为低平的冲积平原地貌，地面高程一般在20～30m；其余地带以冲洪积高阶地垄岗平原地貌为主，局部有剥蚀残丘，垄岗平原高程一般30～40m，丘陵高程为50～100m。基岩地层埋藏的深度，在长江一带较大，为27～46m；次为湖泊及其边缘地区为30～38m；平原、丘陵区较浅，一般为11～25m。区内不良地质现象主要为岩溶塌陷，特殊性岩土类型为软土、膨胀土。

项目主线全长16.586km，路线沿线各行政区辖内城镇规划、湖泊水体、产业经济园区相对较多，全线桥梁工程规模大，桥梁施工建设是该项目的关键工程。路线大部分路段利用已规划的道路走廊或与现有城市道路共线，施工时对沿线部分地面道路交通干扰较大。该项目与现有高等级路交叉较多，互通相对密集，互通主线桥、匝道桥较多，桥宽变化点多，变化幅度大，且项目沿线水系发育，跨越河流湖塘较多，施工时应注意对水体资源的环境保护。

7. 大桥至九峰段

全长40.672km。主要控制点：龚家铺、星光大道、余家咀、明泽街、栗庙新村、凤凰山、豹澥、苏家墩。（江夏—洪山—东湖高新区—江夏段）根据规划，四环线全线设计速度为100km/h，双向八车道。同时，四环线上还新建江夏黄家湖、黄陂武湖两处过长江通道以及一条过汉江通道。其中，黄家湖长江大桥设计为钢混斜拉桥。武湖长江大桥则跨过天兴洲洲尾，和天兴洲洲头的天兴洲长江大桥形成一洲两桥的独特景观。

（二）项目前期工作

2008年，时任武汉市长阮成发在市交委调研工作时明确提出要适时开展三环线与绕城高速之间加密线（即四环线）的研究；2010年3月，交委将四环线规划成果报武汉市规划局，得到了市规划局及其规划院、交规院的具体指导；2010年5月7日，市政府召开专题会议研究四环线规划建设问题。会议原则上同意四环线规划建设方案，同时要求市交委在充分听取有关市区政府、部门、单位意见的基础上，进一步深化研究规划建设方案

[武汉市人民政府专题会议纪要(54)号];2011年2月25日上午,唐良智市长专程察看四环线控制性工程黄家湖长江公路大桥桥位,听取了四环线规划方案汇报,并指示要抓紧推进四环线建设;2011年2月25日下午,尹维真副市长专题召开四环线建设推进会,要求各部门、沿线各区大力支持,确保今年开工;2011年3月6日,省交通运输厅徐佑林副厅长召集有关处室专题听取了四环线工作汇报,并指示抓紧推进四环线各项工作。

2011年3月12日、13日,市发改委、市交委联合组织有关四环线规划方案的专家咨询会。邀请国内知名专家对四环线规划方案进行咨询论证,专家意见为赞同四环线规划建设方案;2011年3月17日、21日,尹维真副市长召开专题会议研究四环线建设投资问题,要求相关部门认真研究BOT+EPC投资模式,增加四环线建设投融资渠道,确保四环线建设顺利实施;2011年4月15日,唐良智市长、尹维真副市长在调研交通工作时提出"四环线的建设要注重城市生态绿楔的保护;研究制定资金平衡方案,尽快提交市政府常务会议审议批准,确保实现十月份开工的目标";2011年4月21日,尹维真副市长组织召开专题会议再次研究四环规划建设问题。会议要求市规划局尽快出具规划选址意见;2011年5月17日,省交通运输厅副厅长徐佑林等领导召集有关处室专题听取了武汉市关于四环线规划方案汇报,要求项目研究要立足长远,精细论证,尤其是要深入研究四环线南段及东段的路线方案,在目前三环线与外环线之间的通道资源十分有限的情况下,提出科学合理的方案;2011年7月1日,省交通运输厅和发改委组织召开了武汉市四环线吴家山至沌口段、黄家湖长江公路大桥段、大桥至九峰段工程可行性研究专家咨询会。

2011年7月15日,省交通运输厅和发改委组织召开了武汉市四环线吴家山至沌口段工程可行性研究专家咨询会;2011年9月17日,市交委组织召开了四环线路线及技术标准专家咨询会;2011年10月12日,省交通运输厅在武汉组织召开了武汉市四环线南段、东段、北段方案论证会;2012年4月11日,四环线指挥部在武汉组织召开了武汉市四环线东段北段路线方案咨询会;2013年3月21日,省发展和改革委员会、省交通运输厅在武汉共同组织召开了《武汉市四环线武湖至吴家山段工程可行性研究报告》专家咨询会;2013年5月27日,省交通运输厅在武汉组织召开了《武汉市四环线武湖至吴家山段工程可行性研究补充方案》专家咨询会。

(三)项目建设情况

2011年底,武汉市四环线工程开工,拟分期建设,一期先行启动西段吴家山至沌口,全长22.25km,包括一座汉江特大桥。此后、青山长江公路大桥、沌口长江公路大桥相继开工。2016年3月,北四环项目开工建设。四环线工程除沌口长江大桥外,其余4个路

段及青山长江公路大桥均由武汉交投集团承担,投资约350亿元。至2016年12月,各项目建设进展情况如下:

1. 武汉市四环线青山长江公路大桥

2015年12月,青山长江公路大桥开工建设,当年完成投资3.05亿元,为年度目标3亿元的102%。至2016年12月31日,完成实体施工产值10.53亿元,总投资额完成12.50亿元,占批复概算56.03亿元的22.3%。形象进度:累计完成南主塔塔节柱8节,北主塔塔节2节,边墩、辅助墩均完成承台。全桥完成桩基1023根,占设计总量的20.1%;完成墩柱42个,占设计总量的6.6%。

2. 北四环项目(武湖—吴家山段)

北四环项目接青山长江大桥,往南与西四环线衔,全长47.39km,批复概算118.35亿元,工期48个月。2016年3月27日动工,至2016年12月底,项目完成投资6.2亿元,占年度计划的155%,累计完成13.9亿元,占批复概算的11.7%。形象进度:完成钻孔2133根,占设计总量的20.6%;完成承台/系梁368座,占设计总量的9.6%;完成墩柱704根,点开设计总量的8.2%;完成盖梁76座,占设计总量3.1%;完成现浇梁10联,占设计总量的4.8%。

3. 西四环(吴家山—沌口段)

2011年底,武汉市西四环线工程率先开工。2015年,西四环项目完成投资17.39亿元,为年度目标15亿的116%,累计完成投资67.19亿元,为总投资71.859亿元的93%。至2016年12月底,西四环高速公路建成通车。

4. 南四环(龚家铺—中州段)

南四环全线里程17.18公里,采用BOT+EPC模式建设。2014年年底开工。至2016年12月,南四环实体工程施工产值11.5亿元,累计完成投资25.4亿元,占总投资的56.8%。形象进度:全线累计完成桩基4004根,占总量的86.2%;承台完成970个,占总量的73.7%;墩组完成2086组,占总量的72.8%;盖梁完成602个,占总量的63.9%;现浇梁完成46联,占总量的42.2%;预制梁2218榀,占总量的40.2%;箱梁架设1723榀片,占总量的31.3%;占总量的77%。控制性工程汉江特大桥3#墩,4#墩主塔已经施工完成,顺利实现合龙。

5. 东四环(九峰—建设段)

东段计划2017年初开工,起于福银高速武汉绕城段北湖互通,终点与青山长江公路大桥段相接,预计2019年建成通车。

武汉四环线高速公路西段(S40)

(四)项目特点

武汉四环线高速公路是湖北省最宽高速公路,双向八车道,全长143km,采用高架桥形式,串起武汉六大新城,位于武汉绕城高速与三环线之间,上武汉市"环形+放射"道路骨架山乡的有机组成部分。其92%的路段为桥梁设计,这也更添加了沿途风景的美感。四环线将穿过后官湖、烂泥湖、西湾湖等20余座湖泊,后官湖作为武汉市后备水源地,后官湖大桥跨湖段长度4.6km,为保证水体不受污染,水务和环保的监测点就设在桥边。所有作业全部靠栈桥来完成。就连施工工人随身产生的垃圾,都由垃圾袋装好,打包带走。为了保护水体,打桩机在打桩前,需要先打下钢罩进行水体保护,打桩完成的泥浆也由泵车抽走,排在指定的排污地点,将施工对水体的污染保持在最小范围。

美国"加州一号"因公路沿美国西海岸延伸,风景秀美,而成为全球最富盛名的自驾游公路。而武汉四环线因沿线风景旖旎,被誉为汉版的"加州一号"公路。

二、武汉三环线

武汉三环线又称武汉中环线,全长91km,由武汉白沙洲长江大桥和武汉天兴洲长江大桥合围而成,双向六到八车道,全封闭,属于市内高速公路。全线有跨长江、汉江等三座大桥,立交27座。串起武汉市汉口部分的东西湖区、硚口区、江汉区、江岸区、黄陂区,汉阳部分的汉阳区和武汉经济技术开发区,武昌部分的洪山区、东湖高新区、青山区和武昌区。连盘龙城、后湖、四新、南湖、光谷五大居住新区,衔接武汉所有进、出口道路。双向六车道,全封闭,属于市内高速。2010年12月30日,三环线全线贯通。

(一)东三环线

东三环线(三金潭立交—天兴洲长江大桥—老武黄立交)全长8.79km,其中78%的路线将采用桥梁。从三金潭立交,经解放大道立交,江北快速路立交,过天兴洲长江大桥,接和平大道立交,友谊大道立交,青化路立交,经武汉动车段西侧后上跨铁路普客联络线、鲁磨路,然后经武东编组站西侧并平行王青公路继续南行,跨东湖湖汊(京广客运专线)后再跨越九峰景区,接老武黄立交。除起点至武汉动车段的1.9km将以路堤方式建设外,其余包括跨东湖湖汊在内的路段均准备采用桥梁方式,以尽量减少对东湖水体、九峰城市森林保护区的破坏。

东三环线于2008年底全面开工,为三环线最后一段。武汉天兴洲长江大桥于2009年12月26日建成通车。2010年6月,三环线东北段(三金潭-平安铺)完工通车。2010年12月30日武汉三环线东段(青化立交—老武黄公路)建成通车。

(二)南三环线

南三环线共15km(老武黄立交—白沙洲长江大桥),包括三环线南环段高架桥(青菱—野芷)共7.2km。南三环线其中包括老武黄立交、新武黄立交、跨南环铁路高架桥、光谷大道立交、关山大道立交、民族大道立交、野芷立交、青菱立交等。2007年2月,三环线南段(青菱立交—关山二路)完工通车。2010年6月,三环线南段(关山二路—老五黄立交)完工通车。

(三)西三环线

西三环线(白沙洲长江大桥—汉江长丰桥—汉口额头湾)2000年建成通车,该段路长约11km,2007年1月,三环线西段高架桥完工通车。2008年6月3日开始实施全封闭改造,设计车速为80km/h,双向6车道。2008年9月,三环线西段(汪家嘴—额头湾)维修工程完工通车。

全线有立交桥7座,分别为额头湾立交(解放大道互通)、百威立交(百威路)、米粮山立交(汉蔡高速互通)、孟家铺立交(汉阳大道互通)、汪家嘴立交(龙阳大道互通)、江城大道立交(江城大道互通)、江堤中路立交(江堤中路—沌口路互通)。主线小桥5座,跨线桥8座。

(四)北三环线

北三环线(额头湾立交—三金潭立交)的有5大立交,分别是:新墩立交、常青立交、姑嫂树立交、盘龙立交和三金潭立交。其中,常青立交是武汉最大的城市立交桥,形如蝴蝶;三金潭立交看上去像苜蓿叶。其余3座为简式立交桥。2008年3月,三环线北段(额头湾立交—三金潭立交)通车。

北三环线由西向东从额头湾(解放大道西端)沿张公堤堤南脚、经新墩闸(古田二路)、常青花园(常青路)、姑嫂树(新华下路)至三金潭(岱黄公路),全长约15km。除5座立交外,还包括3座通道闸口和13处人行天桥。主线设计车速80km/h,双向六车道,全封闭。

三、小池接线(S7001)(小池—黄梅)

小池接线(S7001)原为福银高速公路(G70)小池—黄梅段(建设期称:沪蓉国道主干线黄小联络线)的组成部分,2015年国高网路网编号调整后为S7001小池接线,起于福银高速(G70)小池互通立交,止于黄梅县小池镇,全长6.768km。2013年10月28日九江二桥开通前属G70小池－黄梅段组成部分,九江二桥开通及G70改线后,该路段从国家高速公路网中分离,改名为省道S7001。其建设内容已含在第十五节福银高速公路(G70)(黄石—黄梅段)。

浠水接线(S5001)

浠水接线(S5001)位于浠水县散花镇,原为沪渝高速公路(G50)的组成部分。是连接黄黄高速与黄石长江大桥的重要纽带。2010年9月28日鄂东长江大桥开通后,该路段从国家高速公路网中分离,路网编号调整后为浠水接线(S5001),起于浠水县散花镇,止于沪渝高速散花互通中心,全长2.872km。其建设内容已含在第十二节沪渝高速公路(G50)(黄石—黄梅段)。

四、机场北连接线(S7004)

(一)项目概况

功能定位:机场北连接线工程(简称连接线)是继项目主体32.247km通车运营后,按照省、市人民政府要求,为完善武汉天河机场的交通枢纽功能,服务当地经济发展而建设的。该项目使汉孝高速公路与天河机场有机结合起来,武汉市东北地区以及湖北西北部地区部分车辆通过周围的高速公路网从北门迅速进入机场,为进出机场的交通流提供了另一个快速便捷的通道,该项目的实施不仅作为武汉城市圈的重要交通枢纽之一的天河机场发展提供了潜在的动能,增强武汉作为经济核心的经济辐射能力,同时能够较好地缓减武汉城区的交通压力,促进整个区域经济的快速发展。

路线走向:项目起点位于武汉黄陂区横店甘夏湾(起点桩号:0),终点位于黄陂区横店跃进水库(止点桩号2.468),线路全长2.468km。

建设规模:项目全长2.468km,互通立交2处,主线涵洞3道,通道1座,分离式立交2处,服务区、收费管理中心、养护中心各1处,收费站1处。

投资规模:工程概算投资额36289.04万元,项目批准总概算为35908.53万元,申请用地总面积52.6787hm^2,其中农用地49.5774hm^2(耕地41.7984hm^2,不占基本农田)、建设用地2.4112hm^2、未利用0.6901hm^2。

主要技术指标:项目采用平原微丘高速公路标准,主线双向六车道,路基宽度为33.5m,设计速度为100km/h,平曲线一般最小半径4000m,最大纵坡1.45%,最小坡长

280m,凸曲线一般最小半径16000m,凹曲线一般最小半径20000m,竖曲线最小长度220m,路面为沥青混凝土路面,桥涵设计荷载为公路Ⅰ级,设计洪水频率为1/100,其余技术指标采用交通部颁发的《公路工程技术标准》(JTGB01-2003)中的规定值。

主要工程数量:路基土石方860944m3,沥青混凝土路面145547m², 水泥混凝土路面6157m²,互通立交2处,主线涵洞3道,通道1座,分离式立交2处,服务区、收费管理中心、养护中心各1处,收费站1处。

（二）前期准备工作

立项审批:机场北连接线项目严格执行国家基本建设程序。各阶段审批情况见表2-2-32。

项目审批情况表　　　　　表2-2-32

工程可行性研究报告的批准	武发能改函〔2009〕142号
初步设计文件的批准	武发设审函〔2009〕479号
施工图设计批准	武交复〔2009〕129号
建设用地批准	鄂国土资函〔2010〕165号
开工审计意见	武交审意〔2009〕7号

征地拆迁:项目用地预审控制规模52.6787hm²,其中农用地—49.5774hm²,项目占用耕地41.7984hm²。

（三）项目建设情况

组织机构:2009年5月7日,经武汉市交通委员会、武汉市出口路指挥部和湖北汉孝高速公路建设经营有限公司共同研究决定,由湖北汉孝高速公路建设经营有限公司成立"湖北省汉孝高速公路机场北连接线工程管理部"。负责机场北连接线的建设管理工作。管理部设征迁协调处、工程技术处和办公室。2009年11月13日,成立汉孝高速公路机场北连接线总监理工程师办公室(简称总监办),总监办下设工程技术处、设代组(设计院派出机构),工程技术处与汉孝高速公路机场北连接线工程管理部技术处合署办公,总监由王爱民担任。

主要参建单位:建设单位为湖北汉孝高速公路建设经营有限公司;设计单位为湖北交通规划设计院、武汉市公路勘察设计院;监督单位为武汉市交通基本建设工程质量监督站;监理单位为湖北省利民建设工程咨询有限公司;施工单位为武汉市公路桥梁建设集团有限公司。

实施过程:项目于2009年开工,2010年1月至2010年10月30日,路基土石方施工;2010年5月底至2011年2月28日路基防护和排水施工;2010年2月初至2010年8月30日涵洞、通道施工;2010年1月中旬至2011年4月30日桥梁施工;2010年9月底至2011年4月30日路面基层施工;2011年3月底至2011年4月30日路面面层施工;2011年9月底交工验收,2011年10月18日正式建成通车。

第三章
重点桥隧项目

湖北是千湖之省,长江横贯东西,汉水蜿蜒南北,其独特的地理条件决定了桥梁数量多,跨径大。湖北桥梁不仅历史悠久,而且数量众多、桥型丰富,从古老的拱桥到现代斜拉桥、悬索桥等各种桥梁,湖北涵盖了世界上所有主要桥型。

湖北的桥梁发展史至少可以追溯至西周昭王时期,周人曾在汉江上架设过一座浮桥;两汉时期,建桥技术日臻成熟,形成梁、索、浮、拱四种基本桥型。东汉建武十一年,公孙在今宜都市荆门山和夷陵区虎牙之间,利用险要地势架设湖北省第一座长江浮桥。唐代,恩施来凤建造的一座石拱桥,历经1000多年风雨,至今行人仍能安全通行,堪称"湖北第一桥"。近代公路桥梁,主要是古驿道、官道的延伸和扩展。至1949年新中国成立前,全省有桥梁1940座,但绝大部分系临时砖木桥或石木桥,跨度小、宽度窄、荷载标准低,且多年失修、岌岌可危。

新中国成立到"一五"期末,全省桥梁共有23630延米/2139座,其中桥面宽在5.5m以下的占桥梁总长度的96.7%。1957年,建成的武汉长江大桥,被誉为"万里长江第一桥"。毛泽东主席作诗"一桥飞架南北,天堑变通途"。1958年开始大规模修建永久性桥梁,1959年9月动工修建第一座钢筋混凝土大桥——黄陂城关大桥。之后,相继动工兴建了总长379.34m最大跨径为33m的唐白河等9座大桥。

20世纪60至70年代,建桥技术在湖北省有了新的发展。但由于建筑材料的贫乏和资金的不足,主要以少用水泥和钢材的圬工拱桥为主,采用拱桥等主流桥型大规模修建桥梁,典型桥梁有1956年建成的主跨87.37m的拱式钢桁架——武汉市江汉一桥,60至70年代建成的双曲拱桥——洪湖大桥及长陆府河大桥,以及跨径105m的通山石拱桥,跨径90m的恩施野三河箱拱桥等;与此同时,宝贵的钢材主要用于铁路建设之中,建成了枝城、九江等长江大桥;在钢筋混凝土桥梁方面,1964年初,在汉(口)小(界岭)线上建设钢筋混凝土悬臂梁桥——武汉市岱家山3号桥,首次在大梁吊装上采用贝雷梁穿巷子的方法获得成功;并且逐渐在汉江上修建了跨径分别为71m和90m的丹江口、光化大桥两座预应力钢筋混凝土T形刚构桥,1978年建成的武汉市江汉二桥采用主跨135m的T形刚构桥,是湖北省最大跨度的预应力钢筋混凝土梁桥;截至1978年,公路桥梁已达5100座,长155337延米,其中永久性桥梁4961座,长152256延米。

在中、小桥梁方面,改革开放(1978年)前,湖北省主要以石拱桥、双曲拱桥、简支板梁和T梁为主;80年代以后,随着预应力技术和工艺的逐渐成熟和路网的大规模兴建,预制型空心板、T梁和小箱梁由于造价低、耐久性优、能实现工厂化施工而被推广使用,连续箱梁因其外形优美、能适应各种建设条件、应用灵活亦应用广泛。

改革开放以来,随着长江沿线经济的高速发展,全省掀起交通基础设施建设前所未有的热潮。长江大桥如雨后春笋般修建起来。1995年,湖北黄石长江大桥建成通车,开启了湖北乃至全国交通部门自主设计建设长江大桥的序幕。1996年建成通车的西陵长江大桥为双铰全焊单跨加钢筋梁悬索桥,主跨900m,首次实现一跨越长江,当时被誉为"神州第一跨"。此后,湖北桥梁不断创造奇迹,2000年建成的军山长江大桥国内首次采用异形钢围堰结构,使围堰的直径从44m缩小到33m;2001年建成通车的宜昌长江大桥,主跨960m是当时国内第三大跨度钢箱梁悬索桥,被誉为国内第一座用自己的技术自行设计,并全面采用国产设备材料建设的大跨径悬索桥;2002年建成的荆州长江大桥结构复杂,大桥分为北岸引桥、荆江大堤桥、北岸滩桥、北汊通航孔桥、三八洲桥、南汊通航孔桥、荆南大堤桥及南岸引桥9个部分,全桥总长4177.6m,其中包含500m跨径的PC斜拉桥,跨径居同类亚洲第一、世界第二、主跨300m姊妹塔斜拉桥及主跨为150m的8跨连续桥梁总长度时为全国第一;2004年建成的巴东长江大桥建设时创造了同类桥梁亚洲第一高塔,世界并列第二的纪录;2010年建成的荆岳长江大桥主跨816m,建设中首次提出超大跨度高低塔混合梁斜拉桥的合理体系,建成世界首座主跨800m以上高低塔不对称斜拉桥;鄂东长江大桥926m一跨过江,是当时世界第二大跨径混合梁斜拉桥;军山长江大桥作为京港澳和沪蓉两条国道主干线的共用桥,桥面宽33.5m,是当时国内最宽的长江大桥,其钢箱梁宽38.8m,居全国同类型桥梁之首;主跨1280m的阳逻长江大桥,是目前世界第八大悬索桥,受地形环境限制,其南锚的工程量及基础施工难度居国内之最,被誉为"神州第一锚",该桥在国内同类悬索桥主塔结构中首次采用剪刀撑作为塔柱的支撑,两道剪刀撑重135t,被誉为"神州第一剪";1994年建成的郧县汉江大桥是我国首座主跨突破400m的PC斜拉桥;除了长江、汉江大桥建设,湖北在山区绝壁深壑也不断创造着世界桥梁建设的奇迹。沪渝高速公路全线共建成桥梁370座,拥有"世界第一高墩"、"世界第一高桥""世界第一上承式钢管混凝土拱桥",百米以上高墩大跨大桥达6座,其中连续刚构桥梁龙潭河特大桥墩高179m,创世界之最;四渡河特大悬索桥,先导索无法送过500m的深壑,建设者首创了火箭抛送先导索的新方法;主跨430m的支井河大桥是国内跨径最大的钢管拱大桥,由于绝壁深壑处无法施工,建设者打通9.8km的隧道才得以进场。

湖北省长江、汉江大桥、深山峡谷桥、隧道不仅数量众多,且各具特色,涵盖梁桥、拱桥、钢桁架桥、斜拉桥、悬索桥等世界主流桥型,使湖北成为享誉世界的桥梁"博物馆"。伴随一座座长江大桥的成功建成,一个个技术难关被攻克,一项项纪录被打破,显示湖北省在特大桥自主设计、科研、建设、管理能力的不断增强。郧县汉江大桥荣获国家优秀设计银质奖,湖北省科技进步一等奖、优秀设计一等奖,并被载入《中国实用科技成果大辞典》;宜城汉江大桥荣获交通部优质工程奖,长荆铁路钟祥汉江大桥荣获国家优质工程银质奖、铁道部优质工程一等奖、湖北省优秀设计二等奖;天门岳口汉江大桥荣获交通部优秀设计三等奖;汉川汉江大桥荣获交通部优良工程奖、湖北省科技进步三等奖;江汉四桥(月湖桥)荣获国家优秀设计铜奖,湖北省优秀设计一等奖,大大促进湖北省桥梁建造技术发展。一大批长江公路大桥荣获全国性工程大奖,其中宜昌大桥、西陵大桥、夷陵大桥、军山大桥、武汉长江二桥、九江长江大桥荣获詹天佑和鲁班奖,武汉天兴洲大桥获第27届国际桥梁大会"乔治·理查德森大奖",黄冈公铁两用长江大桥获2016—2017年度国家优质工程奖。为湖北省由世界桥梁大省迈向世界桥梁强省迈进奠定了坚实的基础。

截止2016年12月31日,湖北省高速公路桥梁达10945座1708260延米,其中:特大桥272座549140延米,大桥3101座,972133延米。隧道702座856411.2延米,其中:特长隧道76座342359.8延米,长隧道180座300392.5延米,中隧道195座138106.3延米,短隧道251座75552.6延米。

第一节　长江大桥

长江全长约6300km,湖北省内流程1041km。如今,无论是建桥技术,还是桥梁数量,湖北省均处于全国乃至世界前列。

1954年,湖北省集全国之力、借助外援,在武汉修建了第一座长江大桥——武汉长江大桥,结束了中国在长江无桥的历史;20世纪90年代以前,我国桥梁建造技术发展缓慢;在长江桥梁建设方面,自武汉长江大桥通车以来的40年内,湖北省内仅建成枝城和九江两座公路铁路长江大桥;1995年至1996年,武汉长江二桥、黄石长江公路大桥、西陵长江大桥建成通车,标志着湖北省开启了大规模建设长江大桥的新征程,21世纪初,同步建成武汉白沙洲、军山、宜昌、荆州、鄂黄等五座长江公路大桥,湖北省大跨径桥梁建设进入了一个空前辉煌的时期,为中部沿江城市和湖北省经济发展带来了巨大机遇,对我国交通运输网络建设产生了深远影响。

此后,湖北桥梁建设不断创造奇迹,建成一座座跨越天堑、气势雄伟、造型优美的世界级桥梁,2007年建成的武汉阳逻长江公路大桥是世界现代化、大跨度悬索桥的经典之作,2009年建成的武汉天兴洲长江大桥是世界上最大荷载的大跨度公路铁路两用斜拉桥,2010年建成的荆岳、鄂东长江公路大桥接近世界千米级混合梁斜拉桥行列,宜昌长江铁路大桥是湖北省独创的特大跨连续刚构-柔性拱组合桥,武汉二七长江大桥是世界最大跨度的三塔斜拉桥。截至2016年底,湖北省境内已建成通车的长江桥梁达23座,正在建设的长江大桥12座,详见表2-3-1、表2-3-2。

湖北省已建成长江大桥统计表　　　　表2-3-1

序号	桥梁名称	所在市州	功能性质	接线名称	技术状况				通航净宽(m)×净高(m)	建成时间
					主桥长(m)	桥宽(m)	净高(m)	主桥跨径(m)		
1	武汉长江大桥	武汉市	城市道路	武汉市内环线	1157	22.5	>18	128	100×18	1957.1
2	枝城长江大桥	宜昌市	公铁两用	焦柳铁路、S225	640	24.6	>18	160	120×18	1971.1
3	武汉长江二桥	武汉市	城市道路	武汉市内环线	760	29.2	>24	400	160×24	1995.6
4	黄石长江公路大桥	黄石市	城市、公路两用	城市道路、S201	2580.08	20.0	>24	245	200×24	1995.12
5	九江长江大桥	黄冈市	公铁两用	京九铁路、G105	576	16.0	>24	216	160×24	1996.6
6	西陵长江大桥	宜昌市	三峡坝区专用	坝区道路	1373	18.5	20	900	340×18	1996.6
7	武汉白沙洲长江大桥	武汉市	城市、公路两用	武汉市三环线、G107、G316	1078	26.5	>18	618	125×18	2000.9
8	武汉军山长江公路大桥	武汉市	公路	京港澳高速公路与沪渝高速公路共用	964	38.8	21.86	460	350×18	2000.12
9	宜昌长江公路大桥	宜昌市	公路	沪渝高速公路	960	30	29.542	960	450×18	2001.9
10	夷陵长江大桥	宜昌市	城市道路	宜昌城区道路	936	23	>18	348	125×18	2001.12
11	荆州长江公路大桥	荆州市	城市、公路两用	二广高速公路、G207	900	26.5	18.9	500	450×18	2002.9
12	鄂黄长江公路大桥	黄冈市	城市、公路两用	城市道路、G106	990	27.7	34.75	480	433×24	2002.9
13	巴东长江公路大桥	恩施州	公路	G209	728	22	30.876	388	295×18	2004.7
14	武汉阳逻长江公路大桥	武汉市	公路	福银高速公路、武汉绕城高速公路	1280	38.0	28.23	1280	425×24	2007.1
15	武汉天兴洲长江大桥	武汉市	城市、公铁两用	武汉市三环线、高速铁路	1092	27	>24	504	455×24	2009.1

续上表

序号	桥梁名称	所在市州	功能性质	接线名称	技术状况 主桥长（m）	桥宽（m）	净高（m）	主桥跨径（m）	通航净宽(m)×净高(m)	建成时间
16	鄂东长江公路大桥	黄石市	公路	沪渝高速公路与大广高速公路共用	1476	38.0	25.91	926	810×24	2010.9
17	宜昌长江铁路大桥	宜昌市	铁路	宜万铁路	2446.82	14.4	>18	275	244×18	2010.12
18	荆岳长江公路大桥	荆州市	公路	随岳高速公路	1444	38.5	24.7	816	450×18	2010.12
19	武汉二七长江大桥	武汉市	城市道路	武汉市二环线	1732	31.4	>24	616	575×24	2011.12
20	九江长江公路桥	黄冈市	公路	福银高速公路	1405	38.9	>24	818	600×24	2013.10
21	黄冈长江大桥	黄冈市	公铁两用	S31黄咸（黄鄂）高速公路	567	27.5	>24	567	433×24	2014.6
22	武汉鹦鹉洲大桥	武汉市	城市道路	武汉市二环线	3420	38.0	>24	850	690×18	2014.12
23	宜昌至喜长江大桥	宜昌市	城市道路	宜昌城区与G318	3234.7	33.5	>18	838	400×18	2016.7

湖北省在建长江大桥统计表　　表2-3-2

序号	桥梁名称	所在市州	功能性质	接线名称	技术状况 主桥长（m）	桥宽（m）	净高（m）	主桥跨径（m）	通航净宽(m)×净高(m)	建成时间
1	荆州长江公铁大桥	荆州市	公铁两用	蒙华铁路、沙公高速公路	2015.9	26.0	>18	519	450×18	2017
2	武汉沌口长江公路大桥	武汉市	城市、公路共用	武汉市四环线高速公路	3220	46.0	>18	760	455×18	2018
3	香溪长江公路大桥	宜昌市	公路	S225	883.2	23	110	519	370×18	2019
4	石首长江公路大桥	荆州市	公路	G234、潜江—石首高速公路	1445	38.5	>18	820	450×18	2019
5	嘉鱼长江公路大桥	咸宁市	公路	武汉城市圈环线高速公路	1650	38.5	>18	920	410×18	2019
6	武汉杨泗港长江大桥	武汉市	城市、公路共用	武汉市二环线	1700	33.0	>18	2×850	830×18	2019

续上表

序号	桥梁名称	所在市州	功能性质	接线名称	技术状况				通航净宽(m)×净高(m)	建成时间
					主桥长(m)	桥宽(m)	净高(m)	主桥跨径(m)		
7	武汉青山长江公路大桥	武汉市	城市、公路共用	武汉市四环线高速公路	1638	46.0	>24	938	529×24	2019
8	宜昌伍家岗长江大桥	宜昌市	城市道路	江城大道、花溪路	1160	31.5	>18	800	400×18	2020
9	白洋长江公路大桥	宜昌市	公路	呼北高速公路、宜张高速公路	1000	33.5	>18	1000	790×18	2020
10	赤壁长江公路大桥	咸宁市	公路	G351、天门—赤壁高速公路	1380	36.5	>18	720	430×18	2020
11	棋盘洲长江公路大桥	黄石市	公路	武汉城市圈环线高速公路	1038	37.5	>24	1038	460×24	2020
12	武穴长江公路大桥	黄冈市	公路	麻城—阳新高速公路	1403	38.5	>24	808	450×24	2020

一、巴东长江公路大桥

巴东长江公路大桥位于鄂西恩施自治州巴东县新城区,是 209 国道和巴东城关镇的跨江通道,2001 年 3 月开工建设,2004 年 7 月建成通车。桥梁总长 1534 m,其中长江大桥长 900.6m,北岸引道长 390m,南岸引道长 243.4m;设计速度 40km/h,设计荷载汽车—超 20 级,桥面宽 19m(含两侧 2×1.5m 宽人行道),四车道一级公路桥梁;主桥结构采用主跨 388m 双塔五跨预应力混凝土斜拉桥,跨度组合为 40m+130m+388m+130m+40m,全宽 22.5m。设计单位湖北省交通规划设计院;施工单位四川公路桥梁建设集团、中交第二公路工程局;建设单位巴东长江公路大桥建设指挥部;管理单位巴东长江公路大桥管理局。

创新特点:采用外轮廓为大半径圆弧宝石形桥塔、分节变刚度的塔墩结构,巧妙实现了合理结构与建筑景观的有机统一;上塔柱预应力锚固区采用"深埋锚"构造,较好地解决了预应力锚固与主筋相互干扰问题;主梁采用结构简单、施工方便、造价经济的边主肋混凝土主梁。

项目意义:作为三峡库区重要移民工程,对于沟通巴东县城长江两岸交通,改善 209 国道通行条件,优化鄂西贫困山区交通路网,形成完备便捷的三峡库区沿江公路体系具有重要意义。项目为加快三峡工程移民工作,扩大移民安置容量,促进鄂渝边区经济发展和加快西部大开发步伐做出了重要贡献。

巴东长江公路大桥

获奖情况:荣获国家优质工程奖银质奖,公路交通优秀设计一等奖。

二、西陵长江公路大桥

西陵长江公路大桥位于湖北省宜昌市夷陵区三斗坪,三峡大坝坝址下游4.5km处,宜昌市区上游50km处,宜昌市三峡大坝下游4.5km,是长江三峡水利枢纽工程的配套跨江桥梁,1993年12月开工建设,1996年8月建成通车;桥梁总长1501.61m,其中长江大桥长1118.66m、北岸引桥长93m、南岸引道长124m;设计速度为60km/h,设计荷载汽车—超20级、验算荷载为290t重车,桥面宽18m(含两侧2×1.5m宽人行道),四车道坝区专用公路桥梁;主桥结构采用双塔单跨900m的钢箱梁悬索桥,全宽21m,主缆跨径布置为255m+900m+225m、矢跨比1/10.465,吊索标准间距12m;设计单位中铁大桥勘测设计院;施工单位中铁大桥局集团等;建设和管理单位中国长江三峡工程开发总公司。

创新特点:国内首次成功应用了千米级钢箱梁悬索桥的现代桥型结构,先采用梁高低、重量轻、外形美观的全焊接扁平钢箱梁结构和预制平行束股的编制主缆的工艺,总结了特大跨钢箱梁悬索桥成套建造技术。

项目意义:作为三峡水利枢纽工程关键配套项目之一,是连接三峡工程长江两岸的交通纽带,为三峡工程的成功建设和运营立下了汗马功劳。其主要功能为前期服务于大坝施工,主要通行特种施工车辆;后期即水利枢纽建成后作为四车道过江桥梁,承担三峡坝区长江两岸过江交通,可通达沪渝、沪蓉高速公路。

获奖情况:铁道部优质工程一等奖;铁道部科技进步一等奖,中国建筑工程鲁班奖。

西陵长江大桥

三、宜昌至喜长江大桥

宜昌至喜长江大桥(原名宜昌庙嘴长江大桥,因欧阳修的《峡州至喜亭记》而更现名)。庙嘴长江大桥位于宜昌市中心城区,葛洲坝水利枢纽下游约2.7km处。南起于东岳二路,过江南大道、318线、跨越长江、穿西坝,过三江、跨沿江大道,北止于西陵二路,全长3234.7m。主要建设内容包括桥梁工程、道路工程、排水及交通、照明、绿化等配套工程,以及相关附属工程。其中:大江主桥采用单跨838m的钢板结合梁悬索桥方案,桥宽31.5m;三江主桥采用主跨210m的中央索面高低塔混凝土梁斜拉桥方案,桥长378m,桥宽33.5m;江南、西坝和江北引桥采用预应力混凝土连续箱梁或钢箱梁简支梁桥方案。全线设置江南、西坝、江北三座立交桥。

宜昌至喜长江大桥

2012年11月18日正式开工;2013年2月28日,大江桥点军侧锚碇进行了锚碇土石方松动爆破试爆;2013年3月9日,大江桥西坝侧主墩首根桩基(DJ2号)开始混凝土灌注;2014 年 11 月 12 日,第一道主缆索股成功安装;2016 年 7 月 18 日,长江大桥试通车。

创新特点:至喜长江大桥三江桥采取复合式牵索挂篮施工技术,采用不对称的挂篮施工弧形变截面箱梁,同类型桥中,单个节段重 660t 且左右不平衡在国内属于首次;高塔施工技术应用,液压爬架翻模施工斜拉桥上塔柱,既加快了施工进度又保证了施工质量与安全;主桥预应力施工采用了先进的智能张拉和压浆技术,保障了预应力的施工质量,此项技术在长大现浇箱梁中使用为国内首次。

项目意义:该桥是世界上第二座钢板混合梁悬索桥,也是宜昌的第六座长江大桥。至喜长江大桥位于湖北省宜昌市,是替代葛洲坝坝顶公路,保障三峡工程安全运行的重大战略项目,属于长江三峡大坝后续配套工程,对确保三峡大坝和葛洲坝的安全具有重要的意义,该桥也被称为"反恐大桥";该桥位于中华鲟核心保护区范围内,采用一跨过江方案,不在水中建桥墩,即使中华鲟洄游不受影响,也保证了长江航道不阻航、断航,有效保护周边环境及长江珍稀生物多样性;2016 年 7 月 18 日,至喜长江大桥正式建成通车,葛洲坝坝顶公路随之关闭,实行全封闭管理,成为保障三峡大坝工程安全运行的重大战略项目。

四、夷陵长江大桥

宜昌夷陵长江大桥位于宜昌市中心城区,葛洲坝下游 7.6km,连接西陵区与点军区,也是省道 S323 的跨江通道;1998 年 11 月开工建设,2001 年 12 月建成通车;桥梁总长 3246m,其中长江大桥长 936m;设计速度为 60km/h,设计荷载汽车—超 20 级,桥面宽 20m(含两侧 2×2.0m 宽人行道),双向四车道城市主干道桥梁;主桥结构采用主跨 348m 的三塔八跨预应力混凝土斜拉桥,跨度组合为(38m+38.5m+43.5m)+2×348m+(43.5m+38.5m+38m),全宽 23m;设计单位中铁大桥勘测设计院;施工单位中铁大桥局集团等;建设单位宜昌夷陵长江大桥建设开发有限公司;管理单位宜昌长江大桥总公司。

创新特点:在长江首次应用三塔单索面斜拉桥桥型方案,边跨采用多孔连续结构以提高三塔体系斜拉桥的刚度;桥塔采用刚度大的钻石形结构,下塔柱采用抗船舶撞击能力的整体式箱形截面;主梁采用节段预制拼装法施工,质量易于保证,施工速度快,工期短、投资省;主梁合龙束兼用体内束及体外束,提出了体外束分段锚固设计构思及一整套锚固细节设计;斜拉索采用全封闭式新型钢绞线体系索体结构。

项目意义:作为宜昌主城区主要过江桥梁,对于完善宜昌市城市路网建设、改善 S323 国道通行条件,拓展宜昌城区发展空间,提高宜昌城区通行畅能力,建设高效快捷宜昌均具有重要意义。

获奖情况:湖北省科技进步一等奖,中国建筑工程鲁班奖,第四届詹天佑土木工程奖。

夷陵长江大桥

五、宜昌长江铁路大桥

宜万铁路宜昌长江大桥位于宜昌市伍家岗区艾家嘴,是沪汉蓉高速铁路在宜昌境内的跨江通道,2004年2月开工建设,2010年12月建成通车;桥梁总长为2554.6m,其中主桥长811.6m;设计速度为160km/h,设计荷载铁路—中活载,桥面宽14.5m,双线Ⅰ级铁路桥梁;主桥结构采用预应力混凝土连续刚构与钢管混凝土拱桥组合结构桥,跨度组合为130m+2×275m+130m;设计单位中铁第四勘察设计院;施工单位中铁大桥局集团等;管理单位武汉铁路局。

宜昌长江铁路大桥

创新特点:结合铁路桥梁的受力特点,构思出全新的连续刚构柔性拱的组合结构桥型,其技术先进、经济效益显著,跨度居同类铁路桥首位;研制出低收缩、少徐变、高抗裂性的C60高性能混凝土,并大规模采用20%的复合矿物掺合料;为提高管内混凝土的密实性、减少附着在管壁上的气泡,钢管混凝土管内采用真空辅助灌注C50微膨胀混凝土,首次在铁路桥梁采用外包高密度聚乙烯(HDPE)、涂油性蜡、镀锌、并套复合不锈钢管的钢绞线吊杆体系;由于该桥处在中华鲟自然保护区范围内,为减少对中华鲟产卵繁殖的影响,在桥墩墩顶和混凝土箱梁之间架设隔振支座,起到隔音减振的作用,减少对中华鲟的影响。这一新技术在当时国内铁路上尚属首次使用。

项目意义:大桥是有着"桥隧博物馆"之称的宜万铁路全线控制性工程,也是连接我国东中西部沪汉蓉铁路通道的关键,更是位于繁华市区中、万里长江上的一道靓丽风景,引人注目。该桥的建成不仅使宜万线跨越长江天堑,而且有利于助推形成以宜昌为中心,由铁路、公路、水运、航空构成的立体交叉运输体系,这将对鄂西地区、川渝地区的开发,以及区域经济的协调发展起着重要推动作用。

获奖情况:"连续刚构柔性拱组合桥"获国家发明专利技术。

六、宜昌长江公路大桥(详见本篇第一章第八节)

宜昌长江公路大桥位于宜昌市猇亭区虎牙滩,是国家公路网主骨架沪渝国道主干线(G50)在湖北境内一跨过江钢箱梁悬索桥。南岸主线为沪渝国道主干线湖北段向西部延伸起点,经长阳、恩施接重庆万州,北岸主线在猇亭虎牙滩跨过318国道后,顺直穿过下溪口、谢家冲至高家店,并通过高家店互通与已经建成通车的G50沪渝国道主干线汉宜高速公路相连接。是沪渝高速公路在宜昌境内的跨江通道,1998年3月开工建设,2001年9月建成通车;桥梁总长6075m,其中长江大桥长1188m、北岸引道长4600m、南岸引道长287m;设计速度为80km/h,设计荷载汽车—超20级,桥面宽26m(含两侧2×2.5m宽人行道),四车道高速公路桥梁;主桥结构采用双塔单跨960m的钢箱梁悬索桥,全宽30m,主缆跨径布置为246.255m+960m+246.255m,矢跨比1/10,吊索标准间距12.06m;宜昌长江公路大桥批准项目概算总投资为89475万元。设计单位湖北省交通规划设计院;施工单位四川公路桥梁建设集团、湖南路桥建设集团等;建设单位宜昌长江公路大桥建设开发公司;管理单位宜昌长江大桥总公司。

宜昌长江公路大桥

创新特点:采用深埋重力式锚碇,降低了混凝土用量和水化热的产生;在钢箱梁两横隔板之间的顶板进行加矮肋的优化设计,有效地减少荷载作用下桥面板的变形;采用外置式吊索锚箱结构,改善了施工及养护条件;在悬索桥中采用结构仿真分析对关键结构部位进行全面模分析计算;在"地区气候极端高温43.9℃,极端低温-14.6℃,温差近60℃"严酷气候条件下,成功地采用厚7cm的双层SMA钢桥面铺装技术。

项目意义:是我国最早完全依靠自身技术力量和建筑材料修建的现代公路悬索桥,对于加快沪蓉国道主干线(沪渝高速公路)的建设步伐,改善国家主骨架公路网的"瓶颈"制约状况,服务三峡工程,促进鄂西少数民族经济发展和西部大开发均具有十分重要的意义。

获奖情况:湖北省科技进步一等奖,国家优秀设计铜奖,中国建筑工程鲁班奖,第五届詹天佑土木工程奖。

七、枝城长江公铁两用大桥

枝城长江大桥位于宜昌市宜都枝城镇,是焦枝铁路和雅澧公路上的公铁两用T形刚构桥,大桥位于长江中游,北接枝江市顾家店青龙山,南搭宜都市枝城镇白雪山,是焦柳铁路和225省道共用的跨江通道,1965年11月开工建设,1971年12月建成通车;桥梁总长:铁路桥全长1742.3m,公路桥全长1744.8m,设计速度为40km/h,设计荷载铁路-中24级、汽车—13级,桥面全宽23.9m,公路铁路两用桥;铁路和公路设于桁架下弦同一平面上,两桁架之间为双线铁路,桁架外侧各有5m宽单车道公路及1.45m宽人行道;主桥结构采用连续刚桁梁桥,跨度组合为4×160m+5×128m,桁梁全宽11m;设计单位中铁大桥勘测设计院;施工单位中铁大桥局集团等;管理单位武汉铁路局荆门桥工段、宜都市公路管理局。

枝城长江公铁两用大桥

创新特点:长江上首座铁路和公路设于同一平面上的公铁两用桥;主墩基础采用高低刀脚圆形浮式沉井,其受力、制造、施工等方面均优于矩形沉井;主梁采用平行菱形桁架梁,采用斜拉桥单层吊索架悬臂拼装工艺架设,其拉索由极限强度1700~1800MPa的

ϕ5mm 的高强度钢丝组成;首次将曲线形钢轨伸缩调节器用于本桥,运营证明调节器效果良好,在以后的铁路桥中陆续采用。

项目意义:枝城长江大桥是中国长江上架起的第三座公铁两用大桥,第四座跨越长江天堑的大型桥梁,该桥的铁路和公路都设在一个桥面上,是长江上迄今唯一主桁悬壁支架上铺筑公路桥面的公铁共面长江大桥,目前仍是湖北宜昌南下广州的咽喉。它将焦枝枝柳铁路连成一线,成为中国第二条南北铁路交通干线。大桥的建成,使枝江市与江北变通途,方便了长江两岸的联系,直接带动了枝城港的兴起。

八、荆州长江公路大桥(详见本篇第一章第十节)

荆州长江公路大桥位于荆州市沙市区与公安县之间,是二广高速公路和 G207 国道的跨江通道,1998 年 3 月开工建设,2002 年 9 月建成通车;桥梁总长 8841.6m,其中长江大桥长 4397.6m,引道长 4444m;设计速度为 80km/h,设计荷载汽车—超 20 级,桥面宽 24.5m,四车道城市、公路两用桥梁;北汊主桥结构采用主跨 500m 双塔三跨预应力混凝土斜拉桥,跨度组合为 200m+500m+200m,南汊主桥结构采用主跨 300m 双塔三跨预应力混凝土斜拉桥,跨度组合为 160m+300m+97m,全宽 27m;荆州长江公路大桥建设项目总投资 12.5 亿元,设计单位湖北省交通规划设计院;施工单位湖北省路桥公司、中港集团第二航务工程局、湖南省公路桥梁建设总公司、湖北天浩公路工程有限公司等;监理单位:湖北省公路工程咨询监理中心、西安方舟工程咨询监理有限公司、湖南大学建设监理中心、荆州金鹿公路工程咨询监理有限公司;监控单位:长沙理工大学;建设单位荆州长江公路大桥建设指挥部;管理单位荆州长江公路大桥管理局。按照交通部确定的"地方自筹为主,国家补助为辅"的总原则,大桥累计到位资金 124309.9 万元。其资金来源构成:资本金 19732.8 万元(其中:交通厅 16183 万元);国债资金 27000 万元;中国银行贷款 15000 万元;日本输出入银行贷款 49580.4 万元;农业银行贷款 8000 万元;其他借款 4996.7 万元。

荆州长江公路大桥

创新特点：首次对预应力混凝土 PC 斜拉桥合理成桥状态进行系统的研究；主梁选择双主肋 π 形断面，降低了重量，方便了施工；并将双主肋 π 形断面 PC 斜拉桥跨度推进到 500m。首次建立了一套比较完整的大跨度预应力混凝土斜拉桥施工控制系统。因地制宜，根据桥位地形、河道、通航等条件，成功应用了主跨 300m 高、低塔不对称 PC 斜拉桥。

项目意义：作为是荆州境内 443km 长江干流上建设的首座桥梁，建设条件复杂、技术含量高，桥型包揽世界大跨度桥梁多种形式，被誉为"中国桥梁博物馆"；对于完善国家干线公路主骨架网络，增添荆州市城市辐射和吸纳功能，增强荆州区位优势，构筑荆州市两岸三区水乡生态园林城市发展格局，促进江汉平原和洞庭湖平原的经济发展具有重大意义；"万里长江险在荆江"，桥位处河段是每年长江防汛的险工险段，荆江大堤和荆南干堤是抗洪抢险的重要通道，为减小建桥对长江航运和防洪带来影响，增加长江防汛抗洪的快速反应能力等发挥了重要作用。

获奖情况：中国公路学会科技进步二等奖，国家优秀设计银奖。

九、荆岳长江公路大桥（详见本篇第一章第三节）

荆岳长江公路大桥位于湖北、湖南两省交界处的长江城螺河段上，是湖北省"六纵五横一环"骨架公路网中随州至岳阳高速公路跨越长江的特大型桥梁工程，上距荆州长江公路大桥 256km，下距武汉军山长江公路大桥 189km，是随岳高速公路的跨江通道，总投资为 21 亿元。桥梁总长 5420m，其中长江大桥长 4302.5m，北岸引道长 1059.113m，南岸引道长 50m；设计速度为 100km/h，设计荷载公路-Ⅰ级，桥面宽 33.5m，六车道高速公路桥梁；主桥结构采用主跨 816m 双塔不对称混合梁斜拉桥，跨度组合为（100m + 298m）+ 816m +（80m + 2×75m），全宽 38.5m；设计单位湖北省交通规划设计院；施工单位四川公路桥梁建设集团、湖南路桥建设集团、中交第二公路工程局等；建设单位湖北省荆岳长江公路大桥建设指挥部；管理单位随岳高速公路管理处。2006 年 12 月开工建设，2010 年 11 月建成通车。

创新特点：首次提出超大跨度高低塔混合梁斜拉桥的合理体系，建成世界首座主跨 800m 以上高低塔不对称斜拉桥；研发钢箱梁无搁梁支架悬臂拼装新工艺和边跨混凝土箱梁预制拼装新工艺，实现混合梁斜拉桥主梁全节段预制拼装；提出新型多层防护的耐久型斜拉索体结构，研发了新型 LMD 拉索减振装置，发明了嵌入式光纤光栅智能索。

项目意义：作为首座横跨鄂、湘两省的长江大桥，被誉为"利弥两湖、惠及八方"的德政工程；大大缩短了江汉平原和洞庭湖平原直线距离，对优化高速公路网和长江通道布局、贯通许广高速公路，对于加快武汉城市圈与长株潭城市群的战略连接，加强江汉平原和洞庭湖平原产业优势互补，促进两湖平原社会经济发展和旅游产业联网，保障荆江地区防洪、抢险安保交通运输具有重要意义。

荆岳长江公路大桥

获奖情况:湖北省科技进步奖一等奖,中国公路学会科学技术奖一等奖,中国公路交通优秀设计一等奖,湖南省建设芙蓉奖,四川省天府杯金奖,中国建设工程鲁班奖。

十、武汉军山长江公路大桥(详见本篇第一章第一节)

武汉军山长江公路大桥位于武汉市西南郊,武汉关上游28km处,南岸江夏区金水乡,北岸蔡甸区军山镇,是京港澳、沪渝国家高速和武汉市外环高速公路共用的跨江通道,桥梁总长4881.178m,其中长江大桥长2847m、引道长2034.2m;桥面宽33.5m,六车道高速公路桥梁;主桥结构采用主跨460m双塔五跨钢箱梁斜拉桥,跨度组合为(48m+204m)+460m+(204m+48m),全宽38.8m;设计速度为120km/h,设计荷载汽车—超20级;设计最高通航水位27.1m(黄海高程,以下同),设计最低通航水位10.32m;桥下通航净高为最高通航水位以上不小于18m,通航净宽为双向通航不小于350m、单向通航不小于150m;桥位区20m高度处重现期100年10min平均最大风速27.6m/s;温度荷载:索、梁温差±10℃,索、塔温差±15℃,梁上、下缘温差±10℃,结构体系升温25℃,体系降温38.1℃;地震荷载:基本烈度6°,按7°设防主墩设计船撞力顺水方向15930kN、垂直水流方向7970kN;边墩设计船撞力顺水方向11600kN、垂直水流方向5800kN;桥面纵坡3%;桥面横坡2%;设计洪水频率:1/300。设计单位湖北省交通规划设计院/中交公路规划设计院有限公司联合体;施工单位为中交第二航务工程局、中交第二公路工程局等;建设单位京珠高速公路建设指挥部;管理单位京珠高速公路管理处。项目批准概算投资13.005亿元,其中:中央投资1.3亿元,地方国债3.05亿元,国内银行贷款5.05亿元。建设工期48个月,于1998年12月30日正式开工,2001年11月建成交工,2001年12月15日开放交通试运营,2003年8月10日通过竣工验收。

军山长江公路大桥

创新特点:国内首次采用异形钢围堰结构,使围堰的直径从44m缩小到33m;索塔锚固区采用小半径U形大吨位环向预应力群锚体系,并自行研制和开发了塑料波纹管和真空辅助压浆工艺;在全桥线型控制理论方面,首次采用自校正理论;钢箱梁设计首次采用对接式横隔板,并采用钢箱梁电弧喷铝长效防腐体系。

项目意义:湖北省首次利用世行贷款的交通建设项目,大桥作为国内最宽的钢箱梁斜拉桥,串起京珠、沪蓉两条国道主干线和武汉市188km外环高速公路,大量过境车辆由此过江,大大减轻了武汉市区过境交通压力,极大地带动了沿线地区的经济发展。

获奖情况:国家优秀设计银奖,国家优质工程银奖,第四届詹天佑土木工程大奖。

十一、武汉白沙洲长江公路大桥

武汉白沙洲长江公路大桥位于武汉市沌口开发区与武昌区之间,在武汉长江大桥上游8.6km处。南岸在洪山区青菱乡长江村与107国道正交;北岸在汉阳江堤乡老关村与318国道连通。白沙洲大桥的建成,使107、316、318等国道由"瓶颈"变通途,是打通武汉中环的两座桥梁之一。1997年5月开工建设,2000年9月建成通车;桥梁总长为3586.4m,其中长江大桥长2458m;主桥为双塔双索面栓焊结构钢箱梁与预应力混凝土箱梁组合的斜拉桥,跨径为50m+180m+618m+180m+50m,(最大跨度为618m,为世界第三大桥)全宽30.2m,桥面净宽26.5m,六车道城市、公路两用桥梁;车行道宽22m,中央分隔带宽1.5m,路缘带宽度共1m,两侧各设宽0.75m检修道,检修道与机动车道间设置0.25m的防护栏。A型主塔高175m,采用高强平行钢丝斜拉索。设计速度为80km/h,设计荷载汽车—超20级,日通车能力为5万辆,分流过江车辆29%,主要分流外地过汉车辆。设计单位中铁大桥勘测设计院;施工单位中交第二航务工程局、中交第二公路工程局、中铁大桥局集团等;建设单位武汉市白沙洲桥梁有限公司;管理单位武汉市城市路桥收费管理中心。工程总投资11亿元。

白沙洲长江公路大桥

创新特点：国内首座采用主跨600m以上的混合梁斜拉桥，较钢箱梁斜拉桥大大减少了材料用量和投资；斜拉索采用先塔上挂索而后梁端软牵引张拉工艺，提高了斜拉索安装效率，大大增强了操作的安全性。首次在长江深水中采用大型自浮式钢吊箱施工主塔钻孔基础，大大节省了基础工程费用。

项目意义：作为武汉市88km三环线和多条国道跨江桥梁，对于分流外地过境交通、解决城区过江交通"瓶颈"问题，完善武汉市城市路网建设，拓展城区发展空间，加快东湖、沌口两个国家级开发区的发展，带动了武汉市新一轮的经济高速增长，均具有重要意义。

获奖情况：国家科技进步二等奖，铁道部科技进步特等奖。

十二、武汉鹦鹉洲长江大桥

武汉鹦鹉洲长江公路大桥位于武汉市汉阳区墨水湖北路与武昌雄楚大街之间，武汉长江大桥上游2.3km处，距上游规划杨泗港过江通道约3.2km，距白沙洲大桥6.3km。本桥北接汉阳的鹦鹉大道，南连武昌的复兴路。鹦鹉洲长江大桥为武汉市的第八座长江大桥，是武汉市内环线、二环线的跨江通道，桥梁总长9180m，其中长江大桥长3420m、武昌岸引道长1790m、汉阳岸引道长3970m；设计荷载公路-Ⅰ级，桥面宽32m，八车道城市快速路桥梁，设计行车速度为60km/h。主桥结构采用主跨850m的三塔四跨结合梁悬索桥，全宽38m，主缆跨径布置为200m+2×850m+200m；两岸接线工程总长5.76km，其中汉阳接线工程起于江城大道，沿马鹦路至鹦鹉大道与鹦鹉洲大桥正桥相接，长约3.97km，主要包括墨水湖立交和江堤立交；武昌接线工程起于复兴路，沿津水路至梅家山立交与雄楚大街相接，长约1.79km，主要包括梅家山立交。接线工程全程高架。设计单位中铁大桥勘测设计院等；施工单位中铁大桥局集团、武昌船舶重工有限责任公司等；建设单位武汉天兴洲道桥投资开发有限公司。工程概算总投资109亿元,其中正桥50.29亿元,两岸接线58.76亿元。

鹦鹉洲长江大桥

鹦鹉洲长江大桥2010年8月开工建设,2014年12月28日正式建成通车。目前,武汉长江上现已建成的大桥8座,分别为长江一桥、长江二桥、白沙洲大桥、军山大桥、阳逻大桥、天兴洲大桥、二七大桥、鹦鹉洲长江大桥。两座大桥在建,分别为沌口长江大桥、杨泗港长江大桥(预计2019年建成)。

创新特点:首次采用主跨800m以上的三塔四跨悬索桥桥型方案,在大跨悬索桥中首次应用钢—混凝土结合梁作为加劲梁结构,散索鞍座采用全铸鞍体与柱面钢支座相结合的底座式新型构造,北锚碇基础首次采用环型截面多圆井孔的新型沉井结构。

项目意义:大桥是武汉主城区"三环十三射"路网系统的重要组成部分,建成后与二七大桥构成武汉市二环线,杨泗港过江通道建成后,与武汉长江二桥构成新的内环线,有效缓解武汉长江大桥过江交通压力;对于优化了主城区道路,完善主城区环网结合的快速路系统,提高城市环线对汉阳地区辐射能力、均衡城市发展、扩大主城区内环、优化城市空间布局,均具有极为重要的意义。

获奖情况:2015年度湖北省市政示范工程金奖、全国市政金杯示范工程、中国建设工程鲁班奖。

十三、武汉长江大桥

武汉长江大桥位于湖北省武汉市武昌蛇山和汉阳龟山之间的江面上,是新中国成立后在长江上修建的第一座复线铁路、公铁两用桥,也是长江上的第一座大桥,被称为"万里长江第一桥",是武汉市的标志性建筑,是京广铁路干线和武汉市内环线共用的跨江通道,是苏联援建的156项工程之一,桥梁总长1670m,其中公路、铁路合建的主桥长1155.5m,北岸引桥长303m,南岸引桥长211m;设计速度50km/h(公路桥面),设计荷载汽车—18级、铁路—中33级;上层公路桥面宽22.5m(含两侧2×2.25m宽人行道),下层铁路桥面宽14.5m,为四车道城市主干道+双线铁路的公铁两用双层桥梁;主桥结构采用主跨 128m 连续钢桁架梁,跨度组合为 3×128m+3×128m+3×128m。桥身共有 8 墩 9 孔,每孔跨度为 128m,桥下可通万吨巨轮,8 个桥墩除第 7 个墩外,其他都采用"大型管柱钻孔法",这是由我国首创的新型施工方法,凝聚着我国桥梁工作者的机智和精湛的工艺。总设计师:茅以升,设计单位中铁大桥勘测设计院;施工单位中铁大桥局集团;建设单位武汉大桥工程局;管理单位武汉铁路局武汉桥工段。于 1955 年 9 月动工,1957 年 10 月 15 日正式通车。

武汉长江大桥

创新特点:大桥建筑景观具有典型的中国建筑特征,与周边景点绵延连接、相得益彰,正桥的两端建有具有民族风格的桥头堡,各高 35m,桥头堡的堡亭为四方八角,上有重檐和红珠圆顶,从底层大厅至顶亭,共 7 层,桥头堡内有电梯和扶梯供行人上下,大厅之中有建桥英雄群像大型泥塑展列其中,供游人观看、欣赏,追忆逝去的岁月,感触英雄的博大气概。可从底层坐电动升降梯可直接上大桥公路桥面参观,眺望四周,望大江东去,整个武汉三镇连成一体尽收眼底。

武汉长江大桥的初步设计是采用桥梁建设界惯用的气压沉箱基础。这种技术工人得到深水作业,承受气压和水压的变化,在长江这样接近 40m 深的江底,每个工人一天只能工作 2h,而且呼吸困难,极易出现氮麻醉现象,得一种"沉箱病"。苏联专家西林提出了管柱钻孔基础的创意,就是将空心管柱打入河床岩面上,并在岩面上钻孔,在孔内灌注混凝土,使其牢牢插结在岩石内,然后再在上面修筑承台及墩身。这是一项完全创新的技术。两国的技术人员紧密合作,经过一年多的地质勘测和艰苦的试验研究,最终决定使用这种技术。大桥首创大直径钢筋混凝土管柱的深水基础方案和施工工法,大大缩短了工期、节约了投资;首次以 3 号钢为材料建造大跨度钢桁梁,并采用全伸臂法架设钢梁,为以后修建大跨度桥梁积累了经验。因为使用了这一当时世界最先进施工方法,武汉长江大桥原计划 4 年零 1 个月完工,实际仅用 2 年零 1 个月。

项目意义:武汉长江大桥将武汉三镇连为一体,使素有"九省通衢"之称的武汉市成为全国重要的铁路枢纽,极大地促进了武汉的发展。同时,大桥连接起中国南北的大动脉,串起被长江分隔的京汉铁路和粤汉铁路,形成完整的京广铁路,对促进南北经济的发展、国民经济建设起到了重要的作用。作为新中国建设成就的一个重要标志,大桥图案入选1962年4月开始发行的第三套人民币,是中国著名的旅游景点之一。这座万里长江第一桥的修建为以后长江各处修建大桥积累了成功经验,培养造就了大批建桥骨干。自建成通车以来,武汉长江大桥历经50年风雨沧桑。武汉长江大桥每天的汽车通行量已由建成初期的数千辆上升到近10万辆;每天的列车通过量已增加到148对,296列。大桥上平均每分钟有60多辆汽车驶过,每6min就有一列火车通过。大桥的荷载早已大大超过了建成之初。半世纪来,武汉长江大桥历经76次撞击但并没有伤筋动骨。经多次检测表明:全桥无变位下沉,桥墩可承受60万kN压力,可抵御流量10万m^3/s和流速5m/s的洪水,可抗8级以下地震和强力冲撞,正桥的稳定性仍然良好。大桥凝聚着我国桥梁工作者的智慧和精湛的工艺,建设过程中为新中国培养了大批桥梁技术人才。站在大桥上可眺望浩瀚长江在三楚腹地与其最长支流汉江交汇,造就了武汉隔两江立三镇而互峙的雄姿;大桥的通车极大地促进了武汉的发展,并形成完整的京广线。该桥是国家南北交通的要津和命脉,也是中国最著名的旅游景观之一,毛泽东诗词"一桥飞架南北,天堑变通途",正是描写武汉长江大桥的气势和重要作用。2013年5月,运营56周年的武汉长江大桥入选"第七批全国重点文物保护单位"。

获奖情况:新中国成立60周年"百项经典建设工程"。

十四、武汉长江二桥

武汉长江二桥位于武汉市汉口黄埔路与武昌徐东路之间,是武汉市内环线的跨江通道,1991年5月开工建设,1995年6月建成通车;桥梁总长3971.4m,其中长江大桥全长3239.4m,引道长732m;设计速度为60km/h,设计荷载汽车—超20级,桥面宽26.5m(含两侧2×1.75m宽人行道),六车道城市快速路桥梁,主桥结构采用主跨618m主跨500m双塔三跨预应力混凝土斜拉桥,跨度组合为180m+400m+180m,全宽29.5m;设计单位中铁大桥勘测设计院;施工单位中铁大桥局集团、中铁一局集团等;建设单位武汉长江公路桥建设指挥部;管理单位武汉市城市路桥收费管理中心。

创新特点:400m斜拉桥尾跨混凝土梁在过渡墩顶采用独创的连续过渡形式,向外伸长5m承托在连续刚构边跨上,以减小引桥刚构的技术难度和基础规模;创立以无应力索长为基础的软件及施工监控系统;国内率先对大跨斜拉桥进行抖振研究和实践,开创斜拉桥混凝土梁采用部分预应力设计的先例。

项目意义:作为武汉第二座长江大桥,结束了"三镇交通一线牵"的历史,它与武汉长江大桥相呼应,组成了28km的武汉内环线,环抱三镇45km^2的繁华区域,形成了武汉市内交通平面立体并举、江河两岸三镇贯通格局,对于拓展城区发展空间,加快武汉区域经济发展,具有极为重要意义。

武汉长江二桥

获奖情况:国家科技进步一等奖,中国建筑工程鲁班奖。"大跨度预应力混凝土斜拉桥建造技术"获1996年度铁道部科技进步特等奖、武汉长江二桥设计获1997年度湖北省优质工程设计一等奖。

十五、武汉二七长江大桥

武汉二七长江大桥位于湖北省武汉市汉口江岸区与武昌青山区之间,北起江岸区武铁新江岸小区处,南至青山区钢都花园罗家港。位于武汉长江二桥下游3.2km、天兴洲长江大桥上游约7km处,是武汉城市二环线上跨越长江的特大型桥梁。北起于江岸区武铁新江岸小区处,南止于青山区钢都花园罗家港。武汉二七长江大桥由中铁大桥勘测设计院设计,为三塔斜拉桥,两个主跨均为616m,是世界上最大跨度的三塔斜拉桥和世界上最大跨度的结合梁斜拉桥。总长度约6.5km,包括二七长江大桥主体工程2922m及两岸疏解配套工程3585m。这不仅是武汉长江上第七座大桥,也是武汉第五座斜拉桥。大桥于2008年8月开工建设,2011年12月建成通车,桥梁总长6507m,其中长江大桥长2922m,汉口段岸引桥长2775m,武昌段引桥长810m;设计速度为80km/h,设计荷载公路-Ⅰ级,桥面宽29.5m(含两侧2×2.25m宽人行道),六车道城市快速路桥梁;主桥结构采用主跨616m的三塔六跨钢—混凝土结合梁斜拉桥,跨度组合为(90m+160m)+2×616m+(160m+90m),全宽31.4m,桥梁净空高24m,设计最高通航水位为25.81m;项目总投资约48亿元。设计单位中铁大桥勘测设计院;施工单位中铁大桥局集团,中交第二航务工程局等;建设单位武汉市城市建设投资开发集团有限公司;管理单位武汉市城市路桥收费管理中心。

创新特点：首次将三塔斜拉桥的主跨推进至 600m 以上，主桥外形轮廓线型流畅、造型优美，高耸的三塔具有标志性，寓意着"三镇"之意；施工过程中成功实施了承台一次性 1 万 m^3 混凝土浇筑的新方法，首次将主塔节段浇筑高度提高到 6m，并实施塔梁同步施工方法，大大节省了施工工期。

武汉二七长江大桥

项目意义：大桥是目前世界最大跨度的三塔斜拉桥，其建成实现了我国建桥水平的又一重大突破；作为武汉市二环线的重要节点工程，对于缓解市区过江交通压力，改善过江交通条件，完善区域道路网骨架，促进长江两岸协调发展具有重要意义。

获奖情况：2013 年度全国市政金杯示范工程奖。

十六、武汉天兴洲长江大桥

武汉天兴洲长江大桥位于武汉市汉口谌家矶与武昌青山区之间，天兴洲分汊河段上，北起汉口平安铺，南至武昌武青主干道，是武汉第六座长江大桥，也是武汉 88km 中环线节点工程。工程总投资约 110.6 亿元，由武汉市和铁道部合作建设公路铁路两用斜拉桥，是京广、沪汉蓉高速铁路和武汉市三环线共用的跨江通道，2004 年 9 月开工，2009 年 12 月建成通车；公铁合建的桥梁总长 4657.1m，两岸公路引道长 8043m，铁路引道长 60.3km；设计速度为 80km/h（上层公路桥）、250km/h（下层铁路桥），设计荷载公路-Ⅰ级、铁路客运专线-Ⅰ级；上层公路桥面宽 27.0m，下层铁路桥面宽 25.11m，为六车道城市快速路 + 四线铁路的公铁两用双层桥梁；主桥结构采用主跨 504m 双塔四索面钢桁梁斜拉桥，跨度组合为（98m + 196m）+ 504m +（196m + 98m），桁梁全宽 30m；设计单位中铁大桥勘测设计院、铁道第四勘察设计院等；施工单位中铁大桥局集团、中铁十一/十二局、中交第二航务工程局等；建设单位武汉铁路局、武汉天兴洲道桥投资开发有限公司；管理单位武汉铁路局武汉桥工段、武汉市城市路桥收费管理中心。2005 年 8 月 22 日，时任中共中央总书记、国家主席、中央军委主席胡锦涛考察了正在建设中的武汉天兴洲长江大桥工程。

特点创新：本桥是世界上最大载荷的大跨度公铁两用斜拉桥，也是国内首座满足高速铁路运营的大跨度斜拉桥，具有主桥跨度大、结构载荷重、运营时速高、配套设施和环保措施完善等特征；主桥采用3片桁架主梁、三索面的新结构，在钢桁梁桥中采用钢正交异性板与混凝土板组合桥面新结构；深水基础采用3.4m大直径钻孔灌注桩。

武汉天兴洲长江大桥

项目意义：大桥在武汉市青山区与汉口之间开辟了新的过江通道，拉通了我国"一纵、一横"中部铁路大动脉——京广、沪汉蓉高速铁路，对于缓解铁路过江通行压力、完善城市路网布局，提升武汉市全国铁路枢纽地位，促进武汉市区域经济发展，拓展城区发展空间，均具有重要意义。

获奖情况：湖北省科技进步特等奖，第27届国际桥梁大会"乔治？理查德森大奖"。2014年，武汉天兴洲大桥"三索面三主桁公铁两用斜拉桥建造技术"荣获国家科技进步一等奖。

十七、武汉阳逻长江大桥

武汉阳逻长江公路大桥位于武汉市东北郊，上距武汉关30km，桥位北岸为武汉市新洲区阳逻镇，南岸为武汉市洪山区，是沪渝国家高速公路和武汉市外环高速公路共用的跨江通道，2003年11月开工建设，2007年12月建成通车；桥梁总长9420m，其中长江大桥长2735m，引道长6685m，设计速度为100km/h，设计荷载汽车—超20级，桥面宽33m，六车道高速公路桥梁；主桥结构采用双塔单跨1280m的钢箱梁悬索桥，全宽37.5m，主缆跨度布置为250m+1280m+440m、矢跨比1/10.5，吊索标准间距16m；设计单位湖北省交通规划设计院/中交公路规划设计院有限公司联合体；施工单位中交第二航务工程局、中铁大桥局集团等；建设单位武汉绕城公路建设指挥部；管理单位武汉绕城高速公路管理处。

创新特点：主塔横梁结构采用别致的"剪刀撑"形式；针对锚碇主缆锚固构造，研发出耐久性能好、可检测、可更换、安全可靠的新型油脂防腐预应力锚固系统;主桥施工和长期健康监测率先采用光纤光栅传感技术;钢桥面铺装采用强度高、刚度大、抗变形能力强、与钢板黏结力强的环氧沥青铺装技术;攻克了长65m、宽60m,深度超50m,被誉为"神州第一锚"的超大面积深基坑开挖、内衬浇筑、防渗围护立体交叉的施工关键技术难题。

武汉阳逻长江大桥

项目意义:大桥串起多条国道高速公路和武汉市188km外环高速公路,连接吴家山、阳逻、东湖多个经济开发区,对优化和完善国家及湖北省公路网布局,构筑武汉内畅外通的公路网,分流武汉市日益增长的过境交通,进一步增强和发挥武汉区位优势,改善武汉市投资环境,推动武汉城市圈建设和经济持续快速发展,具有十分重要的意义。

获奖情况:国家优秀设计银奖,第十一届詹天佑土木工程大奖。

十八、黄冈长江大桥

黄冈长江大桥位于黄冈市黄州区与鄂州市华容区之间,是武汉至黄冈城际铁路及黄冈至鄂州高速公路的关键性控制工程,既是武汉城际轨道交通通往黄冈的重要过江通道,还是大广高速公路和汉鄂高速公路连接的重要纽带。同时,预留接线条件,远期还可作为京九和武九两条铁路联络线上的过江通道,是集城际、铁路、公路三位为一体的过江通道。2010年2月开工,2014年6月建成通车;桥梁总长4008.2m,公铁合建桥梁长度2566m,其中主桥长1215m;设计速度为80km/h(上层公路桥)、250km/h(下层铁路桥),设计荷载公路-Ⅰ级、铁路客运专线—Ⅰ级;上层公路桥面宽25.5m,下层铁路桥面宽16m,为四车道高速公路+双线铁路的公铁两用双层桥梁;主桥结构采用主跨567m双塔双索面钢桁梁斜拉桥,跨度组合为(81m+243m)+567m+(243m+81m),桁梁全宽29.5m;大桥由铁道部和湖北省合资建设,总投资24.93亿元,设计单位中铁大桥勘测设计院、中铁第四勘察设计院、湖北省交通规划设计院;施工单位中铁大桥局集团、湖北路桥集团等;建设单位湖北城际铁路有限责任公司、湖北省联合发展投资集团有限公司。

黄冈长江大桥

创新特点：本桥是世界上最大跨度的公铁两用斜拉桥，是集城轨、铁路、高速公路三位一体的桥梁；主桥钢桁采用 N 形桁架、倒梯形截面，主要杆件截面形式为平行四边形，对接拼装，制造精度要求高、难度大；上弦公路桥面结构采用正交异形板纵横梁结构体系，下弦铁路桥面结构采用密横梁结构为体系。

项目意义：黄冈长江大桥，既是武黄城际铁路、大广高速公路和汉鄂高速公路连接的重要纽带，也是京九铁路和武九铁路联络线上过江通道，还是东部"资源小省、经济大省"的浙江，经中部安庆直线高速铁路联通武汉汉蓉快速铁路的重要过江联络纽带工程；对于改善鄂东地区公路、铁路网布局，满足黄冈、鄂州两市快速过江和对外出行需要，在鄂州、黄冈与武汉之间实现高速公路、铁路及轨道交通的全方位"无缝对接"，具有极为重要意义。

获奖情况：中国铁路工程总公司科技进步特等奖，全国绿色施工及节能减排达标竞赛优胜工程金奖。2016—2017 年度国家优质工程奖。

十九、鄂黄长江大桥

鄂黄长江公路大桥位于武汉、黄石之间，连接黄冈、鄂州两座中等城市，是北京至广州 106 国道跨越长江的特大型桥梁，也是国家交通部和湖北省"九五"交通重点建设项目。桥梁总长 3245m，其中长江大桥长 2670m，引道长 575m；设计速度为 80km/h，设计荷载汽车—超 20 级，桥面宽度 24.5m（含两侧 2×1.75m 宽人行道），四车道城市、公路两用桥梁；主桥结构采用主跨 480m 双塔五跨预应力混凝土斜拉桥，跨度组合为 (55m + 200m) + 480m + (200m + 55m)，全宽 27.7m；通航标准 I 级 I 类航道，最高通航水位按 20 年一遇洪水位，通航水位 25.58m，最低通航水位 7.75m，按保证率 99% 考虑，通航净高不小于 24m。通航孔为单孔双线净宽不小于 433m；船舶撞击力主通航孔属 5000 吨级海轮，50000 吨级顶推船队的航道,两个主塔墩的船舶撞击力顺水流向27000kN,横水流向13500kN;地震烈度六度,按七度采取抗震措施;项目概算总投资9.108亿元,设计单位中交第二公路勘察设计研究院;施工单位中交第二航务工程局、四川公路桥梁建设集团等;建设单位湖北省鄂黄长江大桥开发公司;管理单位鄂黄长江公路大桥管理局。1999年10月开工建设,2002年9月建成通车。

鄂黄长江大桥

创新特点:斜拉桥跨径大(480m)、索塔桩基直径大(3m),是湖北省内首座将景观设计融入全桥总体设计的特大桥;首次采用大型钢套箱散拼与钻孔桩同步作业工艺,大大缩短了施工工期;首次使用"8m前支点牵索式全液压工具式挂篮"工艺进行主梁悬浇施工,有效保证了主梁双悬臂浇筑的施工安全和质量。

项目意义:作为鄂州、黄冈两地主城区之间的快速过江通道,对于提高106国道的通行能力,完善鄂东城市和路网布局,提升鄂州、黄冈两市城市功能和区位优势,发扬老区传统、振兴黄冈经济,促进鄂东革命老区经济发展,均具有极为重要的意义。

获奖情况:交通部优秀设计一等奖,国家优质工程银奖。

二十、鄂东长江公路大桥(G70 G50 G45 鄂东共用段详见本篇第一章第七节)

鄂东长江公路大桥位于黄石、鄂州和黄冈三市交界区域,长江湖北黄石水道上游,黄石长江公路大桥上游约1km,是沪渝高速公路湖北省东段(武黄高速公路和黄黄高速公路)和大广国家高速公路共用的过江通道,2006年10月开工建设,2010年9月建成通车;总投资为29.8亿元。桥梁总长15149.55m,其中长江大桥长5885.55m,引道长9264m;设计速度为100km/h,设计荷载公路-Ⅰ级,桥面宽33m,六车道高速公路桥梁;主桥结构采用主跨926m双塔混合梁斜拉桥方案,跨度组合为(3×67.5m+72.5m)+926m+(72.5m+3×67.5m),全宽38m,居世界同类桥梁第二位。设计单位湖北省交通规划设计院、中交公路规划设计院有限公司联合体;施工单位中交第二公路工程局、中港第二航务工程局等;建设单位湖北鄂东长江公路大桥有限公司;管理单位随岳高速公路管理处。

鄂东长江公路大桥

创新特点:国内首次采用"部分截面连接承压传剪组合式"钢—混凝土结合构造形式;国内首次将全寿命设计理念应用于实际大桥的设计和分析,同时针对实桥进行全寿命周期成本分析;提出了索塔钢锚箱安装空间叠层定位和超长悬臂钢主梁综合调控技术,研发了以钢梁线形和混凝土梁应力作为优化目标的施工控制方法及计算软件,解决了超大跨混合梁斜拉桥施工控制难题。

项目意义:项目建成后大大减轻了黄石长江公路大桥的过境交通压力;作为沪渝、大广国家高速公路共用的过江通道,对于完善国家和区域干线公路网络,改善湖北省经济布局和投资环境,提升黄石城市功能和区位优势,促进沿江地区特别是鄂东经济的快速发展,加快开发沿江矿产、旅游资源,均具有十分重要的意义。

获奖情况:中国公路学会科技进步特等奖,中国公路交通优秀设计一等奖。

二十一、黄石长江大桥

位于黄石市城区与黄冈市浠水县之间,长江中游的湖北省黄石市,为318国道上的特大型桥梁,是沪蓉国道主干线和黄石大道的过江通道,是一座预应力混凝土连续刚构桥。1991年10月开工建设,1995年12月建成通车;桥梁总长为2580m,其中主桥长1060m,黄石岸引桥长840.7m,浠水岸引桥长679.21m,由桥面连续简支T型梁桥组成。主桥结构采用主跨245m五跨连续预应力混凝土连续刚构桥,跨度组合为162.5m + 3 × 245m + 162.5m,全宽20m;主桥墩采用28m直径双壁钢围堰加16根ϕ3m钻孔灌注桩基础,具有较高的防船舶撞击能力。通航净空200m × 24m,可容5000t单体轮船或32000t大型船队上下通航。设计速度为60km/h,设计荷载汽车—超20级,桥面宽20m(含两侧2 × 2.25m宽人行道),四车道城市、公路两用桥梁;设计单位中交公路规划设计院;施工单位中国公路桥梁建设总公司等;建设单位黄石长江公路大桥建设开发公司;管理单位黄石长江公路大桥管理局。

黄石长江大桥

创新特点:是中国交通系统首次在长江中下游河段自行设计、施工和建设的深水、大跨度、结构新颖的特大型桥梁工程;在长江深水基础上首次采用大直径双壁钢围堰作为围护结构。

项目意义:黄石长江公路大桥是当时世界同类桥梁中长度位居第一的特大桥。大桥南岸为湖北黄石,与宜黄(宜昌至黄石)一级公路相接,北岸为湖北浠水县散花镇,与正在建的黄黄(黄石至黄梅)一级公路相连,并与九江长江大桥相通,将大江南北的公路网络相串,打通了沪蓉国道主干线"瓶颈"制约状况,起到了华中地区交通枢纽的作用;早期作为鄂东地区主要过江通道,对改善鄂东区域路网结构和投资环境,促进黄石、鄂州、黄冈等重镇沿江经济带开发,促进当地的经济文化繁荣振兴和加快周边城乡建设与发展,都具有十分重要的影响和作用,起到了极其重要的作用。

二十二、九江长江公铁大桥

九江长江大桥(即九江公铁两用大桥)位于湖北黄梅县小池镇与江西九江市城区之间,是京九铁路和105国道共用的跨江通道,1973年12月开工建设,1993年1月公路桥率先通车,1994年10月全线建成通车。桥梁总长:铁路桥全长7675.4m,其中铁路引桥南岸长1428.444m,北岸长4440.934m;公路桥全长4460.1m,其中公路引桥南岸长1347.02m,北岸长1306.389m,公铁合建的主桥长1806.6m;上层公路桥面宽18.0m(两侧各设1~2m宽人行道),下层铁路桥面宽12.5m,为四车道一级公路+双线铁路的公铁两用双层桥梁;设计速度40km/h(上层公路桥),设计荷载汽车—20级、铁路—中活载;主桥结构采用主跨216m刚性桁梁+柔性拱组合桥,跨度组合为3×160m+3×160m+(180m+

216m+180m)+2×160m,全宽22m。设计单位中铁大桥勘测设计院;施工单位中铁大桥局集团等;建设单位铁道部大桥局九江长江大桥建设指挥部,管理单位南昌铁路局九江桥工段、九江长江大桥公路桥管理局。

九江长江公铁两用大桥

特点创新:主桥采用主跨216m三跨柔性拱刚性梁结构为国内首创;首次将"泥浆套""空气幕"用于水中墩基础施工,下沉沉井深度达50m;钢梁主桁采用国产高级低合金钢15MnVNq新钢种,板厚56mm,屈服强度450MPa,使国产高强度桥梁用钢进入了世界先进行列;国内首次采用调谐质量阻尼器(TMD)抑制了三大拱吊杆风激涡振;成功研制了国产45VB磷化高强度螺栓。

项目意义:作为20世纪90年代长江上规模最大的桥梁和京九铁路干线的关键节点工程,对完善我国铁路、公路干线网络,加强我国南北交通运输,促进鄂、皖、赣三省的经济联系、文化交流和旅游事业发展具有重要的战略意义;同时大桥为九江地区增加一个旅游观光的新景点,与周边景观相映成趣。

获奖情况:国家优秀设计金质奖、国家科技进步一等奖、中国建筑工程鲁班奖、第一届中国土木工程詹天佑大奖。

二十三、九江长江二桥

九江长江公路大桥即九江长江二桥,位于九江长江大桥(即九江公铁两用大桥)上游10.8km处,是"71118"国家高速公路网规划中福州至银川主线的重要组成部分,由赣鄂两省共建,起自江西省九江市七里湖南,接昌九高速公路,经江西省九江市西跨越长江,止于湖北省黄冈市黄梅县小池北,接湖北黄小高速公路。大桥全长25km,主跨818m,为世界第七,九江长江公路大桥由南岸引道工程、跨江大桥工程、北岸引道工程三部分组成,全长25.145km,其中:南岸接线长11.549km,跨江大桥总长5.53km,这两部分由江西省负责建设;北岸接线长 8.301km,由湖北省负责建设。成为我国东南沿海、中西部地区一线贯穿的省际大通道。九江长江公路大桥及连接线项目总投资约 44.78 亿元,其中江西建设段总投资约 37.6 亿元。2009 年 9 月开工建设,2013 年底建成通车;桥梁总长 8501m,其中主桥长 1405m,北岸引桥长 3455m,南岸引桥长 670m,引道长 2971m;设计速度为 100km/h,设计荷载公路-Ⅰ级,桥面宽 33.5m,六车道高速公路桥梁;主桥结构采用主跨 818m 双塔不对称混合梁斜拉桥,跨度组合为(70m + 75m + 84m) + 818m + (233.5m + 124.5m),全宽 38.9m;设计单位江西省交通设计院/湖北省交通规划设计院联合体;施工单位中交第二公路工程局、中交第二航务工程局等;建设单位江西省交通运输厅福银高速九江长江公路大桥项目建设办公室;管理单位江西九江长江公路大桥有限公司。

九江长江二桥

创新特点:主桥采用主跨 800m 以上不对称混合梁斜拉桥,建造技术复杂;施工过程主要解决了临堤大型基础、复杂地质条件下深水大型基础、超高 H 形塔滑模浇筑、超宽混凝土箱梁防裂、宽幅钢箱梁节段安装和超长斜拉索牵引架设等施工技术难题。

项目意义:作为第二座横跨鄂、赣两省的长江大桥和福银高速公路的重要组成部分,对于缓解下游九江长江大桥过江交通压力,完善我国中部区域高速公路网络,加强鄂、赣长江两岸经济社会联系,加快沿江经济带开发建设,均具有极为重要的意义。

获奖情况:2014—2015 年度中国建设工程鲁班奖,第十四届中国土木工程詹天佑奖,中国公路交通优秀设计一等奖。

二十四、在建长江大桥

至 2016 年,湖北省在建的长江大桥有 12 座,分别是香溪长江公路大桥、伍家岗长江大桥、白洋长江公路大桥、公安长江大桥（荆州长江公铁大桥）、石首长江公路大桥、赤壁长江公路大桥、嘉鱼长江公路大桥、沌口长江公路大桥、青山长江公路大桥、杨泗港长江大桥、棋盘洲长江公路大桥、武穴长江公路大桥。

（一）香溪长江公路大桥

湖北香溪长江公路大桥位于巴东长江大桥和西陵长江大桥水路距离的中点上，桥址位于兵书宝剑峡峡口。项目起于宜昌市秭归县郭家坝镇东侧，接省道255线，止于归州镇香溪河西岸的向家店，复接省道255线，全长5.617km，是规划湖北省骨架公路网中第六纵（郧县—来凤）的第二条支线（兴山—五峰）跨越长江的节点工程。其中：跨长江大桥拟采用主跨519m的中承式钢箱桁架拱桥方案，桥长883.2m，香溪河大桥拟采用主跨470m的双塔双索面组合混合梁斜拉桥方案，桥长1058m；两岸接线长3.754km。全线采用双向四车道一级公路标准建设，设计速度为60km/h，路基和桥梁宽度23m（主桥不含拉索区）。

香溪长江公路大桥

该项目桥梁主桥净跨长度720m，两岸接线工程1.5km，根据交通量预测结果，拟采用主要技术标准如下：桥头引线道路等级：山岭重丘区二级；设计行车速度：40km/h；路基宽度：20m；路面宽度：14m（四车道）；大桥设计荷载：汽车—超20级，挂车—120；桥面宽度：20m（四车道）；通航标准：内陆航运一级航道，净空24m；地震烈度：桥址处按照地震烈度七度设防。宜昌香溪长江公路大桥位于湖北秭归西陵峡香溪宽谷地带，现有香溪汽渡沟通南北两岸，日均通车量为2000辆。该桥于2015年8月28日开工建设，预计2019年建成通车。在建的香溪长江公路大桥，江北连接宜昌至巴东的北线公路，与三峡专用公路相连，可直达旅游胜地神农架和武当山。江南可沟通318、209国道，与规划建设中的沪蓉高速公路宜昌至巴东段相通连，宜昌香溪长江公路大桥未来20年预测日交通量将达到8000~10000车次。

创新特点：香溪长江公路大桥的主跨跨度位居世界第三，同时也是世界最大跨度有推力拱桥；项目是湖北省基础设施建设领域首个PPP（政府与社会资本合作）项目，由秭归县政府成立国有独资公司,与武汉市政建设集团联合体共同组建。

项目意义:该项目建成后,对解决因三峡工程建设所导致的过江难、过河难、行路难、运输难等问题,保障移民正常的生产和生活具有重大的现实意义。同时,对拓展国家高速公路沪蓉线和沪渝线两条运输干线的辐射影响范围具有积极意义,还将长江三峡、神农架、武当山三大黄金旅游区以最便捷的路线串为一体,形成最具吸引力的旅游线路,并连通湘西旅游胜地张家界等景区,实现南北"零阻滞"陆路交通,有利于加速推进大三峡旅游发展,更好地服务湖北"一带两圈"经济发展战略。

(二)伍家岗长江大桥

伍家岗长江大桥位于南岸为点军区艾家镇,北岸为伍家岗区,宜昌长江公路大桥上游约6.3km处桥位,上距宜万铁路长江大桥5.3km,下距宜昌公路长江大桥6.1km;项目起点位于在建中的江城城大道,跨长江、越伍临路,终点与花溪路对接,在起点及跨伍临路处分别设置艾家互通、伍临路互通,项目远期预留与翻坝高速公路相衔接的条件,桥面为双向六车道。

伍家岗长江大桥

伍家岗长江大桥主线全长2.813km。主桥采用主跨1160m钢箱梁悬索桥,桥宽31.5m,实现一跨过长江;两侧引桥采用30~40m跨径预应力混凝土梁,桥宽25.5m;路线起终点设置江南一路和伍临路两座立交。主要建设内容包括桥梁工程、立交工程、道路工程、交通工程、排水工程、照明工程和绿化工程等。全线按城市快速路,双向六车道标准建设,主线设计车速80km/h,匝道30~40km/h;荷载标准:城-A;通航标准:内河航道Ⅰ-(2)级,通航净高不少于18m,单向通航净宽不少于220m,双向通航净宽不少于400m;地震设防烈度:基本烈度为6度,按7度构造设防;项目建设期4年,特许经营期20年,计划2020年12月31日前竣工通车,特许经营期为:2021年1月1日至2040年12月31日。

该项目投资总额30.93亿元,特许经营期限内采用车辆影子通行费,资金来源为市城建资金,由市财政局直接支付。施工建设和运营主体:中国建筑股份有限公司、中国建筑第三工程局有限公司与中交第二航务工程局有限公司联合体。

大桥总投资33.66亿元。桥宽31.5m,采用双向六车道城市快速路标准建设,设计车速60km/h,不设收费站。2016年11月16日,伍家岗长江大桥正式开工。

创新特点:该项目采用PPP项目运作方式,BOT(建设—运营—移交)的运作模式,首次采用影子通行费付费的模式;为了保护中华鲟、胭脂鱼、江豚,曾多次修改方案,跨度最终扩展到1160m。大桥所在的区域为长江中华鲟自然保护区缓冲区,也是江豚、胭脂鱼活动密集区,为了绿色生态环保,大桥主桥采用主跨1160m悬索桥一跨过江方案,不在水中建桥墩,这样既使中华鲟洄游不受影响,也保证了长江航道不断航,有效保护周边环境及长江珍稀生物多样性。

项目意义:建设伍家岗长江大桥是贯彻落实《国务院关于依托黄金水道推动长江经济带发展的指导意见》和《长江经济带综合立体交通走廊规划》的需要,是落实《宜昌城市总体规划(2011—2030年)》,构建宜昌市区"三纵五横"快速骨架路网,建立城市组团间快速联系通道,促进城市新区和组团协同发展的需要。伍家岗长江大桥建成通车后,将实现城区中环闭环,宜昌城区交通内、中、外三环将真正闭环成形内中外三环真正成形,构建宜昌"三纵五横"快速路网格局,对拓展城市骨架,完善城市路网布局,推进宜昌现代化特大城市和长江中上游区域性中心城市建设有着十分重要的意义。

(三)白洋长江公路大桥

白洋长江大桥,又称"白洋长江公路大桥",是位于中国湖北省宜昌市的一座公路双塔单跨钢桁梁悬索桥,跨越长江,连接北岸的枝江市白洋镇和南岸的宜都市陆城街道,是呼北高速公路宜昌至张家界段的控制性工程,也是湖北省"753"骨架公路网中规划"纵6"的重要组成部分,大桥北接保康至宜昌高速公路,南连宜昌至张家界高速公路湖南段。线路全长15.691km,其中大桥全长2761m,主桥采用主跨1000m双塔钢桁梁悬索桥设计,大桥两岸接线长13.02km,全线采用高速公路双向六车道标准建设,设计速度为100km/h,路基宽度33.5m。大桥项目估算总投资33.85亿元,计划建设工期为48个月。

大桥项目线路北起焦柳铁路西侧的318国道白洋互通,对接在建的宜张高速公路当阳至枝江段,经白洋工业园区规划的白鹭公园,在秦家河口跨越长江,至南岸宜都市陆城街道杨家河,途经龙山(宝塔山),下穿宜华一级公路,止于宜都南枢纽互通,与在建的岳宜高速公路交叉,并与在建的宜张高速公路宜都至五峰段起点相连。

项目建设单位湖北白洋长江公路大桥有限公司,设计单位中交第二公路勘察设计研究院有限公司,监理单位中铁武汉大桥工程咨询监理有限公司,施工单位四川公路桥梁建设集团有限公司、湖北省路桥集团有限公司。项目已于2016年8月开工,预计2020年8月建成。

白洋长江公路大桥

创新特点:对富水巨厚卵石地区锚碇浅埋扩大基础、塔连杆+柔性中央扣支承体系等关键技术进行了研究应用。项目全线设长江大桥一座,另有其他桥梁、立交、收费站、养护工区、监控分中心等设施;项目采用建设—经营—转让+工程总承包(以下简称"BOT+EPC")建设管理模式,具有施工规模大、难度大、技术含量高、环境保护和水土保持要求高等特点。

项目意义:该桥为宜昌市第八座跨江大桥,也是宜张高速公路的控制性节点工程,是沟通鄂西、湘西地区的省际快速通道和重要枢纽,也是湖北省"753"骨架公路网中规划"纵6"的重要组成部分。项目的建设,对于完善交通运输网络、推动沿线资源开发、优化区域经济布局,具有十分重要的意义,将形成长江中游地区通往珠三角、北部湾等区域的又一快速出海通道,有利于进一步完善长江湖北段过江通道布局,构建三峡综合交通运输体系,将发挥巨大的推动作用。

(四)公安长江公铁大桥(荆州长江公铁大桥)

公安长江大桥又称荆州长江公铁大桥,即蒙西至华中地区铁路煤运通道于荆州市公安县跨越长江的公铁两用桥,位于蒙西至华中铁路荆岳段(非正式名称也称荆州长江二桥)。该桥全线位于国家历史文化名城湖北省荆州市境内,北接湖北江陵,南邻湖北公安县杨家厂镇,是我国长江干流上的第七座长江公铁两用桥。

该桥全长6317.672m。为双层桥面,上层为规划的沙市至公安高速公路,下层为双线电气化铁路。其中合建段长度2015.9m;铁路分建段长4301.922m,主桥主跨518m,采用双塔双索面多跨连续非对称钢桁斜拉桥,大桥铁路按一级双线120km时速牵引质量5000t、公路按一级公路双线多车道设计。

建设中的公安长江大桥（荆州长江公铁大桥）

2012年10月16日，蒙西至华中铁路作为"十二五"国家投资额最大、线路最远、目前唯一的南北煤运重载铁路大通道正式在洞庭湖畔湖南岳阳市宣布开建。时任国务委员马凯、国家发改委副主任徐宪平、原铁道部部长盛光祖及沿线七省市主要负责同志出席开工典基。线路全长1859.5km，沿线经过内蒙古、陕西、山西、河南、湖北、湖南、江西7省区。公安长江大桥由中铁大桥局二公司、四公司承建。

项目特点：蒙华铁路开创了干线铁路建设史上的先河，也是拉开铁路改革的标志性工程，原铁道部在种种原因之下，未取得绝对控股权，该线的建设、运营由数家大型央企及铁道部、沿线省市合资组建的蒙华铁路有限公司负责。针对大桥基础施工期间，荆江大堤防护等级高，强透水无填充卵石土层钻孔桩施工和带倾斜副桁的钢桁梁施工的特点，大桥在施工中运用了"大型围堰气囊法下河过程分析"等施工关键技术；通过水下摄像技术监测围堰吊箱清理堵漏及封底质量、采取塔柱高强度等级混凝土布设防裂网、钢筋笼下放居中定位技术、预应力孔道真空压浆技术、钢筋工厂整体胎架绑扎一次吊装技术、大跨度大悬臂钢梁监测监控技术等一系列新技术新工艺，保障了工程质量。

项目意义：该项目的实施将极大地改善荆州市南北向对外交通，上可达内蒙古，下可至东南福建沿海。远期很可能将被利用作为武汉至西南铁路通道的过江通道。对于推进湖北"壮腰"工程，缓解荆州长江大桥过江通道交通压力，优化江汉平原腹地公路网布局，完善鄂西生态文化旅游圈交通主骨架，加强荆江两岸的交通联系，促进荆州市区东向拓展，加快区域社会经济发展，满足荆江分蓄洪区群众及物资快速转移，增强区域公路网应急保障能力等均具有十分重要的意义。

（五）石首长江公路大桥

石首长江公路大桥位于湖北省荆州石首市境内、"九曲回肠"下荆江之首，国道G234

(河北兴隆至广东阳江)的跨江通道;路线总长39.723km,其中长江大桥段10.454km,六车道高速公路标准,设计速度100km/h,设计荷载公路-Ⅰ级,桥面有效宽度33.5m。由湖北省交通投资集团有限公司投资建设,中铁建大桥局、中交二公局承建。项目法人为湖北石首长江公路大桥有限公司,采取"BOT+EPC"模式建设。2015年12月18日正式开工,预计2019年建成通车,项目批复概算75.2亿元。

建设中的石首长江公路大桥

主桥采用双塔双索面不对称混合梁斜拉桥,跨径组合(75m+75m+75m)+820m+(300m+100m);索塔高232(234)m,采用下塔柱内收腿的倒Y造型,基础采用圆端矩形承台配58根长119m、直径2.5m钻孔桩;1770MPa平行钢丝斜拉索最大长度440m;主梁采用双边箱P-K断面,全宽38.5m,其中主跨及南边跨为钢箱梁,北边跨为PC箱梁,在北塔区通过钢混结合段连接形成钢—混凝土混合梁。

项目特点:塔墩基础采用"桩端+桩侧"组合压浆技术,降低了桩长和施工风险。主梁钢—混结合段采用新型"钢格室+PBL剪力键"结构,并填充性能优良的RPC活性粉末混凝土,在实现"承压+传剪式"组合传力的基础上,将其承载能力又提高了2倍以上,对混合梁斜拉桥桥型的发展和跨径提升意义重大。首次采用边跨PC箱梁"工厂预制+支架存梁"的短线法预制拼装施工工艺,全面实现混凝土梁节段化、标准化、工厂化的制作和安装,大幅提升了主梁施工品质。首次在钢箱梁面板与纵向U肋之间应用双面焊全熔透焊接工艺,显著提高正交异性钢桥面板的疲劳性能,以解决正交异性钢桥面板耐久性不足的难题。

项目意义：项目建设后，对于优化湖北高速公路网和过江通道布局，实施"两圈一带"战略，推进荆州"壮腰工程"，促进两湖平原经济协作与交流，带动石首、江陵等节点城市及长江两岸经济社会发展，具有十分重要的意义。

（六）赤壁长江公路大桥

赤壁长江公路大桥位于湖北省咸宁赤壁市和荆州洪湖市之间，是《国家公路网规划》中台州至小金国道（G351）跨越长江的控制性工程，是《湖北省骨架公路网规划》中天门至赤壁公路的组成部分。项目路线总长11.2km，其中包括长江大桥长3.35km（主桥长1380m），洪湖侧接线长2.705km，赤壁侧接线长5.145km。长江大桥为主跨720m双塔对称结合梁斜拉桥，主桥桥跨布置为90m+240m+720m+240m+90m。

赤壁长江公路大桥

全线采用双向六车道一级公路标准建设，设计速度采用100km/h，桥梁宽度采用36.5m（含布索区）；估算投资34.5亿元，建设工期48个月；大桥采用"PPP"（政府与社会资本合作）模式建设。

创新特点：主桥采用主跨720m结合梁斜拉桥，结合梁斜拉桥的跨度由600m级向700m级突破，是世界最大跨度的结合梁斜拉桥，将极大地推动桥梁技术的发展，回避了大跨桥梁钢桥面铺装技术难题与工程风险。新型的结合梁索梁锚固方案：主梁采用双边箱结合梁，索梁锚固构造采用锚拉板结构，锚拉板置于边箱外腹板上方，拉索索力通过锚拉板直接传递至腹板。同钢锚箱等其他索梁锚固结构形式相比，减少了索梁锚固占用的空间，节省了桥梁宽度。新型的栓焊混合的结合梁钢梁连接方案：钢纵梁的底板和腹板与相邻节段的连接采用栓接，顶板采用焊接；钢纵梁的底板和腹板与横梁的连接采用栓接，顶板采用焊接。此连接方案即方便了施工，也节省了材料和费用。新型的结合梁桥面板压重方案：本桥90m边跨采用58cm厚预制混凝土桥面板压重，在进入辅助跨22m处与25cm厚预制桥面板进行渐变过度。此方案与体外压重方案相比，即有利于结构受力，也节省了材料和费用。一种新型的主梁截面形式：本桥主梁采用结合梁，钢纵梁采用钢箱形式，根据受力需要，钢纵梁底板的宽度和厚度沿桥轴向进行渐变布置。此优化布置方案即有利于结构受力，也节省了材料和费用。

项目意义：大桥建成后，可成为武汉城市圈环线高速公路及随岳、武监、京港澳、武深等高速公路的重要枢纽，对完善国家公路网布局，优化区域路网结构，提高国省干线路网运营效率具有重要意义。同时，该项目将形成洪湖与赤壁两岸的重要过江通道，促进两岸地区经济交流，是"武汉市城市圈"、长江经济带等发展战略实施需要，对革命老区洪湖及赤壁的经济发展起着十分重要的作用。

（七）嘉鱼长江公路大桥

嘉鱼长江公路大桥位于湖北省咸宁嘉鱼县和荆州洪湖市之间，是武汉城市圈环线高速公路西环孝感—仙桃—咸宁段跨越长江的控制性工程，上距荆岳长江公路大桥约105km，下距军山长江公路大桥约85km。路线起点接城市圈环线高速公路洪湖段，终点接城市圈环线高速公路咸宁西段，全桥总长4.66km，由主桥、北岸引桥、南岸滩桥和南岸跨堤桥构成，其中跨江主桥长1650m，为(70m+85m+72m+73m)+920m+(330m+100m)双塔双索面非对称混合梁斜拉桥。全线采用六车道高速公路标准，设计速度100km/h，桥梁宽度33.5m（不含拉索区），项目批复总概算31.44亿元，批复总工期48个月，大桥的建设、经营和养护管理采用BOT+EPC模式。项目于2015年12月开工，预计2019年完工。由湖北省交通投资集团有限公司、湖北省交通规划设计院、四川路桥集团和中交二公局有限公司联合组成投资人，分别负责项目建设、设计和施工任务。西安方舟工程咨询有限公司负责项目监理工作。

建设中的嘉鱼长江公路大桥

项目特点:该项目桥位河段处于长江中游通航敏感区。桥位河段河势演变复杂,历年断面冲淤交替。深泓摆动,跨江主桥桥形布置考虑航道的适应性,采用不对称混合梁斜拉桥方案,跨径位居世界同类桥梁之最;工程区域地质情况复杂,上部覆盖层较厚、基岩埋置深,岩质软且存在断层等不良地质。桥位河段最大水深超过30m,复杂地质条件下大型深水基础设计、施工难度大,汛期对主桥桩基和承台施工影响大。北边跨非对称边跨宽幅PC箱梁跳仓法现浇是该项目的重点和难点,南岸滩桥50m箱梁分节段预制工法首次在湖北省采用,是该项目工艺工法的创新实践。

项目意义:长期以来,江汉平原与幕阜山区之间交通运输饱受长江天堑之苦,或北上绕行武汉,或南下绕行岳阳,耗时费力。嘉鱼长江大桥建成后,不仅推动武汉城市圈环线高速公路贯通、优化高速公路过江通道布局,缓解沪渝高速公路、京港澳高速公路交通压力,还能加强江汉平原与幕阜山区相互联系、协调发展,带动地方经济驶上快车道。

(八)沌口长江大桥

沌口长江公路大桥连接武汉市四环线西、南段,是武汉市四环线工程的重要组成部分和跨越长江的关键控制性工程,桥址位于白沙洲长江大桥上游约7.9km及军山大桥下游约8.3km处。项目起于江北汉阳沌口徐家堡,在武汉市经济技术开发区与(武汉)汉洪(湖)高速公路相接,止于江北江夏区龚家铺,接武汉城市四环线南段和已经通车的青菱至郑店高速公路,设计速度为100km/h。路线全长为8.583km全长8.6km,其中长江大桥长5.296km,两岸接线长3.287km。主桥跨径布置为(100m+275m)+760m+(275m+100m),桥长1510m,为五跨双塔双索面钢箱梁斜拉桥,边中跨比0.493,边跨设置1个辅助墩和1个过渡墩起于汉洪高速公路徐家堡互通,四环线南段相接。主塔高234m,桥面宽46m,是一座宽幅大跨重载桥梁,为武汉最宽长江大桥。2014年10月14日开工,项目概算总投资52.25亿元,采用BOT+EPC(投资、设计、施工、运营一体化)模式建设,由中交投资公司、中交二航局、中交二公院三家公司共同投资建设。通车的西四环全长22.5km,投资约71.9亿元。路线跨东西湖大道(107国道)接北四环,经汉江、蔡甸区、汉阳区、经开区,在徐家堡与汉洪高速公路立交,南与沌口长江大桥对接。

项目特点:为湖北省第一座八车道高速路桥梁,也是我国最宽的长江大桥;湖北省境内首次采用BOT+EPC模式建设的长江大桥,这种模式不仅破解了融资瓶颈,还解决了建成后管理、维护上的难题,对于提升大桥整体运营质量起到推动作用。设计速度为100km/h。驾车前行,西四环沿途景色宜人,波光粼粼,行经之处密布河流、湖泊,无愧于汉版"加州一号公路"美誉。尤其是车行至后官湖大桥时,S形的后官湖大桥在湖面上蜿蜒向前,与周边湖光水色完美融合,一路美景令人目不暇接,被称为汉版"加州一号公路"。

建设中的沌口长江大桥

项目意义：该项目的建设，对于贯彻国家促进中部地区崛起战略，完善湖北省高速公路网，增强武汉市过江交通能力，拓展城市发展空间，推动武汉城市圈建设，带动区域经济社会协调发展等均具有重要意义。

（九）杨泗港长江大桥

武汉市第十座长江大桥——杨泗港长江大桥位于白沙洲长江大桥与鹦鹉洲长江大桥之间，北起汉阳国博立交，止于武昌八坦立交。工程全长4317.8m，桥面采用双层十车道布置+非机动车道。通航孔主桥采用主跨1700m悬索桥，悬吊跨度为465m+1700m+465m，跨岸滩和大堤采用钢结构，其他位置采用现浇预应力混凝土梁。汉阳侧采用三级疏解，下层桥面在滨江大道和鹦鹉大道设置两处上下桥匝道；武昌侧采用二级疏解，在临江大道处设置一处上下桥匝道；两岸上下层均设置了转换匝道。杨泗港长江大桥工程估算总额78.92亿元。2014年12月3日，杨泗港长江大桥在汉阳岸举行开工仪式；2015年5月，主塔沉井浮运到位；2016年8月12日，2号主塔沉井下沉到位；2016年9月21日，1号承台混凝土浇筑工程结束；2017年5月23日，汉阳侧主塔已施工过半，第十九节混凝土浇筑完成。大约在2019年上半年完工。

项目特点：杨泗港长江大桥采用主跨1700m的"一跨过江"。杨泗港长江大桥不仅是长江上首座双层公路大桥，更是世界上跨度最大的双层悬索桥。主桥设置双层双向十车道，远期预留十二车道，是世界上通行能力最大的桥梁，不仅节约了过江桥位，而且，一座双层桥的经费也比建两座六车道的长江大桥节约30%～40%。也是长江上功能最全、最富人性化的大桥；其上层桥为过境快速路，双向六车道，设计速度80km/h，上层桥面两侧在主缆之外，各设有1.5m宽的观光通道；而下层桥，则为城市快速路，双向四车道，设计速度40km/h，通往武昌或汉阳江边道路；下层桥两侧，各设有3.5m宽的非机动车道（供自行车和电动车通行）和人行道。此外，建成双层公路桥，也可使双塔一跨结构更稳固,桥梁更安全可靠。由于是"一跨过江",因此大桥两侧的悬索主缆拉力会大得惊人。每根主缆直径达 1.1m,拉力将达到 65 万 kN,相当于可将 8km 长的火车同时给吊起来。

建设中的杨泗港长江大桥

项目意义:杨泗港长江大桥是连接武汉市汉阳与武昌之间的又一座长江通道,作为城市新二环线的重要组成部分,对缓解武汉市过江交通的压力,特别是分流武汉白沙洲大桥的交通流量具有重要意义,同时大桥也是一座具有观光功能的综合性大桥。

(十)青山长江公路大桥

青山长江公路大桥是武汉市四环线工程的过江通道之一,项目位于武汉市洪山区、化工管委会及黄陂区境内,沿线经过化工新区八吉府街、化工新区、天兴洲、黄陂沙口村等地区,是形成连接东部、北部新城组群内部发展过程中具有复合交通功能的快速通道。桥址距上游天兴洲长江大桥约 6.5km,距下游阳逻长江大桥约 9.5km。大桥线路全长 7547.6m,全线桥梁比例为 100%,其中长江大桥全长 4373.6m,南汊主航道桥采用 350m + 938m + 350m 的双塔双索面钢箱及钢箱结合梁斜拉桥,北汊副航道桥采用 65m + 3 × 110m + 65m 连续梁桥。全线按双向八车道高速公路标准设计,行车速度为 100km/h,设置大桥监控管理分中心 1 处,养护工区 1 处。不设服务区、收费站等,不设互通立交区;桥梁标准横断面宽度 41m,汽车荷载等级为公路-Ⅰ级。大桥估算总投资 56.3 亿元,青山长江公路大桥是采用 BOT + EPC(投资、设计、施工、运营一体化)模式建设的长江大桥。由武汉交通工程建设投资集团有限公司、中铁大桥局股份有限公司、湖北省交通规划设计院、中铁大桥勘测设计院集团有限公司共同出资负责建设、经营和管理。湖北省交通规划设计院与中铁大桥勘测设计院联合设计,中铁大桥局集团施工,2015 年 10 月开工,预计 2019 年 10 月建成,建设工期为 48 个月。

建设中的青山长江公路大桥

项目特点:主桥采用主跨938m钢箱及钢箱结合梁斜拉桥,具有大跨(跨径达938m,在同类型桥梁中居世界第五、全国第四)、超宽(主桥宽47m,为同类型桥梁中最宽)、高墩(主塔高度达283.5m)、深水群桩基础、重载交通的特点,技术含量高,施工难度大。主塔基础承台规模大,横向宽达99.6m,大体积混凝土施工难度大,北主塔基础钢套箱围堰浮运、定位、着床、下沉难度大;A形主塔无下横梁,塔高283.5m,爬模施工,施工线形控制、高空混凝土泵送难度大;宽幅钢箱结合梁钢主梁多点顶推施工,顶推控制难度大;大跨、宽幅、超重钢箱梁悬臂架设,施工精度、结构线形控制难度大。

项目意义:项目作为湖北省、武汉市"十二五"规划确定重大交通项目,它的建设对完善武汉城市交通枢纽体系、促进武汉市新城组群经济发展、打造中部地区现代化物流基地、提高主城区对外交通出行水平、促进沿线地区经济发展和社会进步等方面,将产生十分重要的经济社会效益。

(十一)棋盘洲长江公路大桥

棋盘洲长江公路大桥位于黄石市和黄冈市境内,项目起自阳新县太子镇,接在建的棋盘洲大桥连接线大冶至阳新段,经金海开发区和韦源口镇,在棋盘洲跨越长江至蕲春县管窑镇岚头矶,跨赤西湖,止于管窑镇红旗岗村,接沪渝高速公路黄梅至黄石段和规划的蕲春至太湖高速公路。全线长21.951km,其中长江大桥长3328.5m,两岸接线长18622.5m。

全线采用高速公路标准建设,设计速度采用100km/h。其中新港互通至终点段7.501km采用双向六车道标准,路基宽度和长江大桥宽度(不含布索区)33.5m;其余14.45km采用双向四车道标准,路基宽度26m。全线在金海、新港、管窑、红旗岗4处设置互通式立交。主桥采用主跨1038m单跨吊悬索桥。项目由湖北省交通投资集团有限公司投资建设,采用"BOT + EPC"模式,中铁建大桥局、湖北路桥集团承建。2017年3月27日正式开工,计划2020年建成通车。

建设中的棋盘洲长江公路大桥

项目特点:针对黄石侧临江高水位大型地连墙锚碇基础,首次系统全面分析施工因素对大型超深地下连续墙支护受力和变形的影响,提出了一种更符合地连墙内力变形实际情况的设计分析方法。针对大跨钢箱梁悬索桥纵向位移特点,提出了一种确定纵向限位挡块相对合理间隙的计算方法,减小了伸缩装置规格。开展了基于锚碇渗水病害的防水专项设计,以解决国内重力式锚碇普遍存在的漏水问题。跨堤孔桥在省内高速公路中首次采用超高性能混凝土组合桥面新技术,提高正交异性钢桥面抗疲劳性能和桥面铺装耐久性。

项目意义:棋盘洲长江公路大桥的修建,对满足过江需求和优化长江高速公路过江通道布局,加快黄石港区发展,推动武汉城市圈和湖北长江经济带建设,促进中部地区崛起,加强西部地区与长江经济带、东部沿海地区以及南部发达地区的畅通联系,实施国家西部大开发战略部署,带动鄂东、皖西、赣北地区红色旅游开发和经济社会发展都具有十分重要的意义。

(十二)武穴长江公路大桥

武穴长江公路大桥位于黄冈武穴市与黄石阳新县之间,是G220线(东营至深圳)和湖北省"九纵五横三环"高速公路网中麻(城)至阳(新)高速公路跨越长江的控制性工程。路线起点接麻城至阳新高速公路麻城至武穴段,终点接杭(州)瑞(丽)高速公路,全长30.993km,其中跨江主桥长1403m,为(80m + 290m) + 808m + (75m + 75m + 75m)双塔双索面非对称混合梁斜拉桥。

全线采用高速公路技术标准建设,设计速度100km/h。长江大桥段采用双向六车道标准,桥梁宽度33.5m;其余路段采用双向四车道标准,路基宽度26m。全线桥隧比45.7%,共设置互通式立交5处,分离式立交6处,匝道收费站3处,服务区1处,监控管理分中心1处,养护工区1处,超限超载检测站3处,改移省界收费站1处。项目由湖北省交通投资集团有限公司投资建设,湖北路桥集团、中铁建大桥局承建。项目采用"BOT+EPC"模式,批复总概算58.86亿元,批复总工期48个月。2016年12月30日正式开工,计划2020年建成通车。

武穴长江公路大桥

项目特点:南边跨宽幅混凝土箱梁采用大节段跳仓法现浇施工,并根据箱梁节段浇筑时序和运营期受力特性进行预应力钢束无齿块布置,使混凝土箱梁始终处于三向受压状态,降低混合梁斜拉桥宽幅混凝土箱梁开裂风险。对主桥15号主墩双壁钢围堰制造采用巨量皂膜比拟,总结出钢围堰制造新方法,比同类型结构节约25%~35%用钢量。省内首次大规模采用装配式钢筋混凝土通道和涵洞,促进公路建设转型升级、提质增效,推动公路通道工业化建造的全面实现。

项目意义:武穴长江公路大桥的修建,对于武穴融入"一带一路"倡议,对接"中三角"城市群,彻底打破武穴交通格局的"瓶颈",实现科学发展、跨越发展具有十分重要的战略意义,是一个功在当代、利在千秋的伟大项目,它的早日建设是黄冈、黄石、武穴、阳新两岸人民的夙愿。武穴长江大桥的建成,必将极大地促进两岸的经济、社会往来,推动两地与周边省、市、县的各种社会交流和优势互补,对进一步提升两地交通区位优势,推进两地更好更快地融入武汉"8+1"城市圈,促进两地经济社会发展将具有里程碑意义。

第二节 汉江大桥

汉江全长1577km,省内流程858km。1954年,京广线汉江铁路桥建成通车,该桥早于武汉长江大桥动工开建,被称为大桥的"实验桥",亦被称为大桥的"缩小版",为湖北省长江大桥的建设提供了宝贵经验。20世纪90年代以前,中国桥梁建造技术发展缓慢,自京广线汉江铁路桥通车以来的40年内,湖北省内仅建成了老河口市光化汉江大桥、襄阳汉江公铁大桥、沙洋汉江大桥、江汉二桥（知音桥）、江汉一桥。1994年，郧县汉江大桥建成通车，拉开了湖北省大规模建设汉江大桥的序幕，随后的10年时间里，先后建成了天门岳口汉江大桥、汉川汉江大桥、江汉四桥（月湖桥）、江汉三桥（晴川桥）、江汉五桥（长丰桥）、京珠高速公路蔡甸汉江大桥、长荆铁路钟祥汉江大桥、汉十高速公路仙人渡汉江大桥、二广高速公路襄阳汉江四桥、仙桃汉江大桥等一大批桥型结构复杂、造型优美的特大型桥梁，为中部沿江城市和湖北省经济发展带来了巨大机遇，对中国交通运输网络建设产生了深远影响。最近10年里，汉江大桥的建设更是突飞猛进，飞速发展，2005年建成的丹江后二桥是一座深水高承台大跨度桥梁，最大水深61m，是国内最大水深桥梁建设之最；2007年建成的随岳高速岳口汉江大桥是同期湖北省内跨汉江最大的一座特大桥，也是随岳中高速公路全线的控制性工程；2010年建成的武荆高速公路汉江大桥是上海至成都高速公路武汉至荆门段的主要组成部分，是武荆高速公路的重点控制性工程；2012年同时建成了汉宜铁路彭市汉江特大桥、沉湖汉江特大桥、蔡家湾汉江特大桥三座汉江铁路特大桥，均是沪汉蓉铁路全线的重点控制工程，沪汉蓉快速客运通道形成后，将成为沟通川渝地区与中南、华东地区之间最重要和最便捷的运输通道；2013年建成的襄阳市内环线汉江三桥、汉江五桥，均是襄阳市内环线工程的重要组成部分，是内环线闭合环的主要过江通道，江南江北连成一体，不但大大缓解襄阳城市的交通压力，提升城市综合服务水平，而且为湖北内地向周边河南等省辐射提供了有力支撑，是名副其实的民生之桥、友谊之桥、和谐之桥。

截至2017年2月，湖北已建成了41座汉江大桥，以下按从上游至下游流域分述，按建成时间列表，见表2-3-3。

湖北建成汉江大桥一览表　　　　　　　　　　　表2-3-3

序号	桥梁名称	所在市、州	桥长（m）	桥宽（m）	主桥跨度布置（m）	桥　型	建成时间
1	京广线汉江铁路桥	武汉市	300.6	6	3×100	下承式简支钢桁梁桥	1954
2	江汉一桥（知音桥）	武汉市	322.4	25.5	54.3+87.37+54.3	拱式钢桁梁桥	1956.1
3	襄阳汉江公铁大桥	襄阳市	877.5	23	4×128	连续钢桁梁桥	1970.5
4	丹江口汉江大桥	十堰市	537	12	40+5×71+40	混凝土T形刚构桥	1971.1
5	江汉二桥（知音桥）	武汉市	566.2	26	4×33+84+135+84+4×33	混凝土T形刚构	1978.4
6	老河口光化汉江大桥	襄阳市	1999.9	12	60+3×90+60	混凝土T形刚构桥	1980.5
7	沙洋汉江大桥	荆门市	1818.5	12	62.4+6×111+62.4	混凝土连续梁桥	1985.7
8	宜城汉江大桥	襄阳市	1887	12	55+4×100+55	混凝土连续梁桥	1990.10
9	襄阳长虹汉江大桥	襄阳市	2187	22.5	66+85+10×100+85+66	混凝土连续梁桥	1992.5

续上表

序号	桥梁名称	所在市、州	桥长（m）	桥宽（m）	主桥跨度布置（m）	桥型	建成时间
10	钟祥汉江大桥	荆门市	1585	12	65+3×100+65	混凝土连续梁桥	1993.11
11	郧县汉江大桥	十堰市	602	15.6	94+414+94	地锚式斜拉桥	1994.1
12	天门岳口汉江大桥	天门市	1329	14	2×50+85+2×116+85+2×50	混凝土连续梁桥	1996.6
13	汉川汉江大桥	孝感市	968	12	89+142+89	混凝土连续梁桥	1997.11
14	江汉四桥（月湖桥）	武汉市	1052	23.5	28.6+34+75.4+232	独塔混凝土斜拉桥	1998.5
15	江汉三桥（晴川桥）	武汉市	989.8	26.4	280	下承式钢管混凝土系杆拱桥	2000.12
16	江汉五桥（长丰桥）	武汉市	1130	30	60+252+60	中承式钢管混凝土系杆拱桥	2001.6
17	京珠高速蔡甸汉江大桥	武汉市	1607	36	110+180+110	混凝土连续梁桥	2001.9
18	长荆铁路钟祥汉江大桥	荆门市	3996	7	56+3×100+56m	混凝土连续梁桥	2002.5
19	汉十高速仙人渡汉江大桥	襄阳市	5346	26	100+3×150+100	混凝土连续梁桥	2003.12
20	二广高速襄阳汉江四桥	襄阳市	1950	26	75+5×120+75	混凝土连续梁桥	2003.12
21	仙桃汉江大桥	仙桃市	1472	23	50+82+180	独塔混凝土斜拉桥	2003.12
22	丹江口二桥	十堰市	488	12.5	88+2×150+88	混凝土连续梁桥	2005.8
23	郧西将军河汉江大桥	十堰市	3135	12	61+2×110+61	混凝土连续刚构桥	2006.5
24	南水北调丹江口汉江大桥	十堰市	1128	19	50+7×90+50	混凝土连续梁桥	2006.12
25	随岳高速岳口汉江大桥	天门市	8961	26	73+112+2×150+90	混凝土连续梁桥	2007.12
26	十漫高速郧县汉江大桥	十堰市	901	24.5	85+3×150+85	混凝土连续梁桥	2008.10
27	老河口汉江铁路大桥	襄阳市	3288	11	68+2×112+68	混凝土连续梁桥	2009.12
28	武荆高速公路汉江大桥	荆门市	2435	28	62+10×100+62	混凝土连续梁桥	2010.5
29	习均汉江大桥	十堰市	678	11	4×130+2×75	混凝土连续梁桥	2011.4
30	郧阳汉江大桥	十堰市	2102	18	200	中承式钢管混凝土系杆拱桥	2012.5
31	汉宜铁路彭市汉江特大桥	天门市	8060	12.5	102+168+102	混凝土连续刚构桥	2012.7
32	汉宜铁路沉湖汉江特大桥	孝感市	7940	12.5	102+168+102	混凝土连续刚构桥	2012.7
33	汉宜铁路蔡家湾汉江特大桥	武汉市	9208	12.5	64+120+168+120+56	混凝土连续刚构桥	2012.7
34	襄樊市内环线汉江三桥	襄阳市	3293	31.5	128.5+310+128.5	混凝土双塔斜拉桥	2013.12
35	襄樊市内环线汉江五桥	襄阳市	2969.4	35.5	77+2×138+77	连续刚构—钢管拱组合桥	2013.12
36	郧十高速汉江公路大桥	十堰市	1024	24.5	128+238+128	矮塔斜拉桥	2014

续上表

序号	桥梁名称	所在市、州	桥长(m)	桥宽(m)	主桥跨度布置(m)	桥型	建成时间
37	麻竹高速汉江公路大桥	襄阳市	2730	26	100+2×165+100	混凝土连续梁桥	2015
38	三官汉江公路大桥	武汉市	1786	33.5	120+190+120	矮塔斜拉桥	2015.10
39	四环线汉江公路大桥	武汉市	714	44.0	150+310+150	双塔斜拉桥	2016
40	江汉六桥	武汉市	1472	44.0	110+252+110	自锚式悬索桥	2016.2
41	丹江口市汉江公路大桥	十堰市	767	24.5	155+260+75	双塔斜拉桥	2017.2

一、郧西将军河汉江大桥

郧西将军河汉江大桥位于十堰市郧西县与郧县、陕西白河县交界的将军河口上游,2004年3月开工建设,2006年4月建成通车。桥梁总长为350m,两端接线长636m;设计荷载汽车—20级、挂车—100;桥面宽12.0m,二级公路桥梁;主桥结构采用预应力钢筋混凝土连续刚构桥,跨度组合为61m+2×110m+61m。总投资3667万元,设计单位湖北省交通规划设计院;施工单位十堰市城区公路段;建设单位十堰市将军河汉江公路大桥建设项目管理部;管理单位十堰市公路管理局。

郧西将军河汉江大桥

创新特点:该桥是汉江进入湖北境内的第一座特大型桥梁,被誉为"楚天汉江第一桥"。大桥开工以来,针对施工区域水深、流急等自然条件,工程参建各方以优质高效、精细管理、争创精品为宗旨,采用先进的建设、质量管理技术,严格按照规范施工,确保了工程建设质量和进度。

项目意义:将军河汉江大桥的建成,解决了两省三县周边地区百余万人的交通瓶颈制约,使十堰北部沿汉江地区的矿产资源、旅游资源得到有效开发,对促进当地群众脱贫致富步伐具有重要意义。

获奖情况:该桥建设质量在湖北省交通基础设施建设评比中荣获第一名,大桥建设项经部荣获十堰市五一劳动奖状。

二、十漫高速公路郧县汉江大桥(G70)

十漫高速公路郧县汉江大桥位于湖北省十堰市郧县西部,桥梁总长左幅901m,右幅841m,其中主桥长620m;设计速度80km/h,设计荷载汽车—超20级、挂车—120,桥面宽24.5m,四车道高速公路桥梁;主桥结构采用预应力钢筋混凝土连续钢构桥,跨度组合为85m+3×150m+85m。设计单位湖北省交通规划设计院;施工单位湖北省路桥集团有限公司;建设单位湖北省十漫高速公路建设指挥部,管理单位湖北省交通运输厅汉十高速公路管理处。2004年11月开工建设,2008年10月建成通车。

十漫高速公路郧县汉江大桥

创新特点:针对汉江特大桥桥墩软土地基的情况,采用了加筋桥台技术,使桥台与两侧路堤同步下沉,并且可以收敛沉降速率,从而消除了常见的路桥结合处"错台"及"跳车"现象,为道路的安全高速行驶奠定了基础。

项目意义:大桥是十漫高速公路全线的控制性工程,十漫高速公路重要组成部分,是连接十堰市区与郧县、郧西及陕西的重要桥梁。

三、郧县汉江大桥

郧县汉江大桥位于十堰市郧县城关旁,209国道线上,1990年11月开工建设,1994年2月建成通车,桥梁总长586m,主跨414m,边跨43m,两岸地锚式桥台长均为43m,属地锚式预应力钢筋混凝土斜拉桥,采用宝石型空心索塔,双索面空间"人"字扇形斜拉索,索塔高108.5m;设计速度40km/h,设计荷载汽车—20级、挂车—100,桥面宽9.0m,两车道209国道上的桥梁;主桥结构采用地锚式预应力钢筋混凝土斜拉桥,跨度组合为(43m+43m)+414m+(43m+43m),桥全宽15.6m;设计单位湖北省交通规划设计院;施工单位四川公路桥梁建设集团公司;建设单位为郧县汉江大桥指挥部;管理单位十堰市公路管理局。

郧县汉江大桥

创新特点:大桥最显著的特点是地锚式、不对称结构体系,大跨度预应力混凝土结构。是我国20世纪90年代初同期修建的主跨400m以上特大跨径斜拉桥之一,系同期修建的亚洲最大、世界第二跨度的地锚式预应力混凝土斜拉桥。桥型结构及总体布置格局合理。边跨与主跨之比为0.207,锚孔25对斜拉索有21对锚固在平衡重锚固桥台上;宝石形空心索塔高跨比为0.218;扁平的单箱三室主梁与索塔分离,与锚固桥台固结;跨中设置能传递剪力,弯扭矩的无轴力钢箱梢式接头;平衡重锚固桥台采用16个箱室内填砂卵石方案,以平衡背索传来的上拔力,结构构思合理,新颖;在跨中设置纵向滑移无轴力接头。采用四条闭合钢箱搁置在主梁近跨中四条支承横梁上的钢框架内,钢箱支点四周布置四氟橡胶滑板,构思巧妙,保证了主梁的伸缩。接头行车平顺性好,为国内外首创;合理的施工控制技术。施工控制特点是向河心单向悬拼,对一个标准循环,悬拼一个8m梁段,安装两块构件、两对斜拉索其施工控制过程可简称为"两张一放",全过程实现了预控,主梁在施工过程中每一个工况的挠度和弯矩值均控制在允许的幅度内。

项目意义:郧县素称"鄂之屏障,豫之门户,陕之咽喉,蜀之外局",修建郧县汉江公路大桥对于畅通209国道特别是鄂西北同河南、陕西、四川的交通,促进横向经济联系,改善第二汽车制造厂的投资环境,加快鄂西北的经济发展起着重要作用。

获奖情况:国家优秀设计银质奖,湖北省科技进步一等奖,湖北省优秀设计一等奖,并被载入《中国实用科技成果大辞典》。

四、郧阳汉江大桥

郧阳汉江大桥位于十堰市郧县城关旁,209国道线上,2008年9月开工建设,2012年5月建成通车,桥梁总长2102m,其中主跨330m;设计速度40km/h,荷载标准为公路Ⅰ级,桥面宽18.0m,两车道209国道上的桥梁;主桥结构采用中承式钢管混凝土系杆拱桥,跨度组合为65m+200m+65m;设计单位长江水利委员会长江勘测规划设计研究院;施工单位中铁十五局集团有限公司;建设单位郧阳汉江大桥建设指挥部;管理单位十堰市公路管理局。

郧阳汉江大桥

创新特点:项目存在55m深水基础桩基施工、65m跨径边拱施工、主跨200m跨径钢管拱吊装等技术难题。拱肋节段安装采用无支架缆索吊装、斜拉扣法施工。采用了合龙后松索成拱法,完成体系转换。松索过程按照程序分级,依次对称、缓慢均匀、反复循环进行,并在整个过程中跟踪观测拱肋轴线和标高的变化,及时调整,使成拱后的轴线、高程满足设计要求。项目建设者克服了高温、洪水、超高空水上作业以及钢管拱超高超宽长途运输等诸多困难,如期完成了节点工期目标任务。建成后的郧阳汉江大桥钢管拱造型宛如彩虹飞架,形似雄鹰展翅,成为郧县标志性建筑,为汉江增添一道靓丽的风景。

项目意义:郧阳汉江大桥是南水北调中线工程丹江口库区移民安置补偿、复建的重要项目之一,是实现十堰市和郧阳区"市区对接"宏伟蓝图和郧阳区"一江二桥三镇"发展构想的重要工程,被郧阳人民誉为"发展之桥、希望之桥,腾飞之桥"。建成后的郧阳汉江大桥与通往十堰城区的汉江大道相连,将十堰市区与郧阳城区的距离缩短为10km。"半小时经济圈"使郧阳为争取支持、寻求合作、招商引资打下良好的基础。同时,蓄水后的汉江将成水上交通运输的"黄金水道",郧阳汉江大桥将为郧县经济发展开辟出更大的承接空间。

获奖情况:2014—2015年度"国家优质工程奖"。

五、郧十高速公路汉江公路大桥

郧十高速汉江公路大桥位于十堰市郧阳区(郧县)境内、丹江口水库大坝上游94km,横跨郧阳区杨溪铺镇和青山镇,它是湖北省郧县至十堰高速公路(G59呼和浩特—北海高速公路)跨越汉江的重要组成部分;项目于2011年3月开工建设,2014年12月建成通车,桥梁总长1031m,其中主桥长730m;设计速度80km/h,荷载标准为公路Ⅰ级,桥面全宽26.5m,四车道高速公路桥梁;主桥结构采用斜拉钢构组合体系桥梁(又名矮塔斜拉桥梁),塔墩梁固结体系,跨度组合为128m+238m+128m;设计单位湖北省交通规划设计院;施工单位中交第二公路工程局有限公司;建设单位湖北省郧十高速公路建设指挥部。

郧十高速公路汉江公路大桥

创新特点:项目深入鄂西北山岭重丘区,建设难度大;主桥为湖北省最大跨度的矮塔斜拉桥,主梁采用大悬臂外加挑梁加劲的单箱双室断面形式,减轻了混凝土主梁的自重,使梁体的构造更加经济合理;桥塔墩身采用矩形空心薄壁墩局部加劲的方式,提高了柔性高墩的抗船撞能力;采用塔、梁、墩固结的结构体系,避免了特大吨位支座安装、后期维护带来的难题,节约造价且运营管理便利。

项目意义:该项目的建设对于促进中部地区崛起战略实施,完善国家高速公路网和湖北省骨架公路网布局,改善南水北调工程水源区交通条件,加快鄂西地区资源整合开发和"鄂西生态文化旅游圈"建设步伐,促进区域社会经济可持续发展,提高现有交通基础设施的抗灾能力等都有十分重要的意义。

六、丹江口二桥

丹江口二桥位于十堰市丹江口大坝上游7.3km处,是湖北省"十五"期间计划在长江、汉江上建设的7座特大桥之一。2003年1月开工建设,2005年8月建成通车,桥梁总长488m,设计速度60km/h,设计荷载汽车—超20级、挂车—120,桥面宽12.5m,两车道三级公路桥梁;主桥结构采用预应力钢筋混凝土连续梁桥,跨度组合为88m+2×150m+88m。设计单位湖北省交通规划设计院;施工单位湖北省路桥集团有限公司;建设单位丹江口二桥工程建设指挥部;管理单位丹江口市公路管理局。

创新特点:丹江口二桥是一座深水高承台大跨度桥梁,平均水深55m,最深处61m,国内内河建桥以前最深水位是27.5m。大桥的设计考虑到丹江口大坝加高后170m的蓄水位,高程定为181.446m。该桥中央桥墩2号墩位于水库深水区,河床下钻24m,从河床岩层表层至水面深度达54m,水深为国内桥梁建设之最。首次采用了钢护筒加钢管桩作为支撑受力的施工工艺,攻克了深水高桩钻孔平台稳定、高强度岩石钻孔、高墩大跨连续梁监测监控等技术难关。

丹江口二桥

项目意义:丹江口二桥的建成对于构筑南水北调中线水源区与秦巴山区的绿色通道,打通207、209和316国道,加快鄂西北贫困山区脱贫致富,促进鄂豫陕三省交界区域经济发展,支援国家南水北调工程建设都具有重要的战略意义。

七、习均汉江大桥

习均汉江大桥位于十堰市丹江口市习家店镇封沟村和均县镇洪家沟村之间,由长江委设计院设计,武汉交通科技咨询有限公司监理,中铁大桥局集团第一工程有限公司承建。工程自2007年9月开工,2011年4月26日建成通车,历时三年零五个月。桥长678m,宽11m,设计速度60km/h,总投资1.6亿元。建设经营管理单位为丹江口市习均大桥建设经营管理公司。是南水北调中线工程丹江口库区复建试点项目,横跨汉江南北两岸的丹江口市习(习家店镇)均(均县镇)大桥竣工通车。

项目特点:该桥属5墩六跨预应力混凝土箱梁式结构,横跨汉江,连接习家店镇和均县镇,是汉江南北交通骨干工程,是丹江口市第四座跨江大桥,标志着丹江口库区交通大循环和两小时经济圈正式形成。

项目意义:20世纪60年代,丹江口水库的兴建,把丹江口市分割为江南和江北两大部分,汉江河水的阻隔,成为江北库区10万群众脱贫致富的巨大障碍。尤其是隔河相望的习家店镇和均县镇,群众长年依靠轮渡和木船艰难过江,出行非常困难,还存在很大的安全隐患,严重制约着库区经济的发展,建设跨江大桥成为两岸群众长达半个多世纪的夙愿。

随着南水北调中线工程建设的推进,经丹江口市委、市政府积极争取,2007年,习均大桥正式立项并开工建设,成为该市连接库区江南江北、打造鄂西生态文化旅游圈、构建

"两小时经济圈"、实现"一城三带"总体规划的重点工程。习均大桥的建成通车,将江南江北连为一体,给库区南北广大地区的人流、物流、经济流提供更加便捷的通道,尤其是给江北地区的柑橘、淡水鱼等主要特产,开辟了一条便捷的交通运输走廊。

八、南水北调丹江口汉江大桥

南水北调丹江口汉江大桥位于丹江口市内、丹江口大坝下游2km处,大桥左岸接人民路,右岸通水都大道,是集丹江口水利枢纽大坝加高工程建设需要,水源工程移民安置需要,左右岸居民群众生产、生活需要,水源工程运营管理和城市可持续发展需要于一体的重要桥。2004年11月开工建设,2006年12月建成通车,桥梁总长1128m,其中主桥长730m;设计速度40km/h,设计荷载公路-Ⅰ级,桥面宽19.0m,四车道城市主干道Ⅱ级桥梁;主桥结构采用预应力钢筋混凝土连续梁桥,跨度组合为50m+7×90m+50m。设计单位长江水利委员会长江勘测规划设计研究院;施工单位中交二航局第五工程分公司;建设单位丹江口汉江大桥建设指挥部;管理单位丹江口市公路管理局。

南水北调丹江口汉江大桥

创新特点:南水北调丹江口汉江大桥采用了"新型直螺纹套筒和减振球型钢支座"两项新技术,确保了大桥桩基础钢筋连接质量,加快了施工进度,避免了设计年限内大吨位支座的更换。

项目意义:南水北调丹江口汉江大桥是服务南水北调中线大坝加高的配套工程和重要施工通道,被誉为"南水北调第一桥"。同时,该桥使丹江口城区汉江左、右两岸连为一体,将促进丹江口市新城区开发。

九、丹江口汉江大桥(均州大桥)

丹江口汉江大桥又名均州大桥,位于丹江口市区、丹江口大坝下游4.5km处,项目于1969年12月开工建设,1971年12月建成通车,桥梁总长537.58m,其中主桥长447m;设计速度40km/h,荷载标准为汽—13、拖—60级,桥面宽9.0m,行车道净宽7.0m,两侧人行道各宽1.0m,是302省道上的一座跨汉江双车道公路桥梁;主桥结构采用预应力钢筋混凝土T形刚构桥,跨度组合为46m+5×71m+46m,上部构造为50m预应力混凝土T形刚构带跨径为21.0m的钢筋混凝土挂梁。设计单位原湖北省公路管理局第二勘测设计队;施工单位湖北省公路管理局第四公路施工队;管理单位丹江口市公路管理局。

创新特点:国内首批大跨度预应力混凝土T形刚构桥,在汉江桥梁的深水基础上较早采用围堰施工,上部构造混凝土梁较早采用悬臂平衡施工法。

项目意义:是新中国成立后郧阳地区(现十堰市)内的第一座公路桥梁,该桥东通丹江口至光化(光化县即现在的老河口市)公路,东南与丹江口至沈湾(谷城县沈湾)公路连接,南经丹江口至土关垭公路与襄阳至十堰公路相连,使老河口、谷城、十堰市与丹江口市的公路联成一体,为丹江口大坝的修建立下了汗马功劳。

丹江口汉江大桥(均州大桥)

十、丹江口汉江公路大桥

丹江口汉江公路大桥位于丹江口大坝下游6km处,东接沿江大道(孟土路),西接丹沈路,联通东环路,是241国道和丹江口环库公路的重要控制性工程,也是丹江口市又一座地标性建筑和生态景观桥。该桥为高低双塔双索斜拉桥,全长929m,主桥长767m,桥面宽24.5m,主桥主跨覆盖通航水域宽度490m,按一级公路标准建设,设计速度80km/h。工程总投资4.4亿元。大桥于2014年开始建设,2017年5月正式通车。丹江口汉江公路大桥采用建设-移交(BT)模式,丹江口市负责项目征地、拆迁、委托勘测、图纸设计和监理,承建方依法负责工程施工及投、融资,丹江口汉江公路大桥完工后由丹江口市分期回购。

创新特点:在对9号墩施工时,遇到施工现场场地狭小,围堰制作及拼装受场地影响较大;河床无覆盖层,为裸露基岩,围堰如何嵌入基岩及成功封水是施工中必须解决的难题。基于9号墩不利的技术难点,采用了无覆盖层河床无封底无刃脚钢围堰技术,克服了困难,取得了创新:一是采用圆形钢围堰,无刃脚、无封底设计;二是利用钻孔平台及栈桥拼装围堰,整体平移就位;三是利用桩基护筒作为悬挂平台及定位导向,液压系统整体下放围堰;四是利用冲击钻水下环形开槽,克服无覆盖层河床钢围堰施工困难的问题。新技术的采用有效提升了施工效率,加快了施工进度,使钢围堰材料用量大幅缩减;缩短了工期,减小了对社会的不利影响,避免了因增加设备投入导致的成本上升,也使后续施工任务得以顺利展开。随着环境保护越来越受到重视,可以预见无封底无刃脚钢围堰将越来越多的运用到水下基础工程中,并贴合国家推行的环保和可持续发展政策,必将带来巨大的社会效益及经济效。

丹江口汉江公路大桥

项目意义:丹江口汉江公路大桥的建成,对优化丹江口市路网结构,推进丹江口市"一江两岸"规划的总体实施,加快水源区城市建设,改善投资环境,缓解交通拥堵、拓展城市发展空间均有重大意义。

十一、老河口市光化汉江大桥

老河口市光化汉江大桥位于汉江中游316国道老河口市内,是老河口市跨汉江联络谷城以沟通鄂西北山区公路网的一座重要国防战备公路桥梁,1978年5月开工建设,1980年5月建成通车,桥梁总长1999.98m,其中主桥长390m,设计荷载汽车—20级、挂车—100级,桥面宽12.0m,两车道二级公路桥梁,主桥结构采用预应力钢筋混凝土T形刚构,跨度组合为60m+3×90m+60m。设计单位中交第二公路勘察设计研究院有限公司;施工单位中交二公局有限公司;建设单位湖北省光化汉江大桥建设指挥部;管理单位老河口市公路管理局。

项目特点:为适应国防建设的需要,中央及地方政府对此极为重视,1976年3月,中央军委副主席叶剑英曾亲自指示在老河口市修建一座汉江大桥。同年4月26日,国家计划委员会、总参谋部、总后勤部、交通部四单位联合行文,将光化汉江大桥列为该年国家重点建设项目之一。

光化汉江大桥

项目意义:是老河口市跨汉江联络谷城以沟通鄂西北山区公路网的一座重要国防战备公路桥梁,对改变鄂西北山区的交通面貌具有重要意义。

十二、汉十高速公路仙人渡汉江大桥

汉十高速公路仙人渡汉江大桥位于湖北省汉十高速公路(G70)老河口市境内,2001年3月开工建设,2003年12月建成通车,桥梁总长5346m,其中主桥长650m,东引桥长1290m,滩桥长1000m,西引桥长2400m;设计速度100km/h,设计荷载汽车—超20级、挂车—120,桥面宽26.0m,为四车道高速公路桥梁;主桥结构采用预应力钢筋混凝土连续梁桥,跨度组合为100m+3×150m+100m;设计单位湖北省交通规划设计院;施工单位中铁大桥局集团有限公司;建设单位湖北省襄十高速公路建设指挥部;管理单位湖北省交通运输厅汉十高速公路管理处。

汉十高速仙人渡汉江大桥

项目特点：仙人渡汉江大桥全长5346m，其中主桥为100m+3×150m+100m，五跨一联双幅预应力混凝土变截面连续箱梁。主桥71号墩采用分离式实体结构，两单幅中心距为3.5m，基础采用5根φ2.0m的钻孔灌注桩（半幅桥），上幅基础施工采用先插打钢护筒，在钢护筒上搭设平台，成桩后再在平台外插打钢板桩围堰，围堰尺寸为12.5m×13.5m。

项目意义：仙人渡汉江大桥是汉十高速公路襄十段上的特大桥梁，对于贯通襄十高速公路，打通中国西部开发大通道武汉至银川高速公路起着重大作用。仙人渡汉江大桥建成通车，进一步提高了襄阳在秦巴经济走廊和鄂西北经济中心城市的地位，襄阳作为湖北第二大城市的辐射功能将陡然增强。

十三、老河口汉江铁路大桥

老河口汉江铁路大桥位于既有汉江铁路桥上游1200m处，距襄十高速仙人渡公路大桥下游400m，跨越汉江和S303省道。东岸为老河口市仙人渡镇杜家河村，西岸为谷城县格垒嘴村。该桥全长3288m，为单线铁路。主桥上部结构为68m+2×112m+68m四跨预应力混凝土连续箱梁，由中铁大桥局施工，2005年9月开工，2009年12月建成。

项目特点：该桥为满足汉江通航需要，采用一联68m+2×112m+68m变高度变截面跨预应力混凝土连续箱梁跨越，主桥112m混凝土现浇梁为国内同类桥梁之最；四跨预应力混凝土连续箱梁墩顶0号块采用支架现浇法施工，中间节段采用菱形挂篮悬臂灌注法施工；合龙段采用单套挂篮合龙。两边跨直线段在支架上现浇，通过合龙及结构体系转换成为连续梁。

项目意义：改建铁路沪汉蓉通道襄阳至胡家营段增建第二线是我国"八纵八横"中沪汉蓉通道的重要组成部分。老河口汉江铁路大桥是国家规划建设的沪汉蓉铁路通道与襄渝线增建第二线的控制性工程，建成后对带动沿线经济，加快中西部通道建设进程具有极其重要的意义。

十四、襄阳市内环线汉江三桥

襄阳市内环线汉江三桥位于汉江三桥位于襄阳城区西面，北岸接樊城区的月亮湾公园，跨越汉江中心的老龙洲到达襄城区，2009年7月开工建设，2013年底建成通车，桥梁总长3293m，其中主桥长567m，南岸引桥长1476m，北岸引桥长1250m；设计速度60km/h，设计荷载公路-Ⅰ级，桥面宽31.5m，6车道城市Ⅰ级主干道桥梁；主桥结构采用预应力混凝土双塔斜拉桥，跨度组合为128.5m+310m+128.5m；设计单位湖北省交通规划设计院；施工单位中国建筑第三工程局有限公司；建设单位襄阳市人民政府内环外环线工程建设指挥部；项目造价10.2亿元。

创新特点:襄阳市内环线汉江三桥两座主塔高 120m、122m,全桥由 4 座桥梁组合而成,主桥是斜拉桥,另有 3 座连续箱梁桥,一座桥跨堤,两座桥跨滩。像这样的塔高和"多桥合一"模式,施工技术难度在国内桥梁施工领域少见。

襄樊市内环线汉江三桥

项目意义:襄阳市内环线汉江三桥工程的开工建设并投入使用,将大大缓解襄阳城市的交通压力,提升城市综合管理水平,为襄阳实现经济腾飞架起空中金桥,是名副其实的民生之桥、友谊之桥、和谐之桥。

十五、二广高速公路襄阳汉江四桥(G55)

二广高速公路襄阳汉江四桥位于丹江口水库和王甫洲水库下游,距丹江口水库约 109km,距襄阳市区 25km 左右,是汉十高速公路与襄荆高速公路连接线跨越汉江的特大桥,2001 年 3 月开工建设,2003 年 12 月建成通车,桥梁总长为 4617.85m,其中主桥长 650m,设计速度 100km/h,设计荷载汽车—超 20 级、挂车—120,桥面宽 26.0m,为四车道高速公路桥梁,主桥结构采用预应力钢筋混凝土连续梁桥,跨度组合为 75m + 5 × 120m + 75m。设计单位湖北省交通规划设计院;施工单位湖北省路桥集团有限公司;建设单位湖北省襄十高速公路建设指挥部;管理单位湖北省交通运输厅汉十高速公路管理处。

创新特点:襄阳汉江四桥大口径嵌岩桩使用泥浆护壁气举反循环回转钻进工艺进行施工。施工中采用下置双护筒隔离卵石层,合理选用钻头类型(卵砾石层采用五翼合金刮刀钻头基岩采用球齿滚刀钻头)和钻进参数(混合器沉没深度,尾管长度,孔内空气流量与压力),摸索与总结出一套复杂地层成孔施工经验。

项目意义:襄阳汉江四桥是汉十、襄荆高速公路连接线上的特大桥梁,是湖北省规划大三角经济区高速公路主骨架的重要组成部分。襄阳汉江四桥的建成通车,对完善湖北省路网布局,发挥省高速公路主骨架的整体效益,加快西部通道建设进程具有极其重要的意义。

二广高速公路襄阳汉江四桥

十六、襄阳市内环线汉江五桥(东津大桥)

襄阳市内环线汉江五桥2011年11月正式命名为东津大桥,位于西起襄城庞公办事处,横跨鱼梁洲,东至襄阳区东津镇上营村,2010年2月开工建设,2013年底建成通车,桥梁总长2969.4m,其中东岸引桥长352.2m,左航道桥长430.0m,洲上引桥长1390.0m,右航道桥长430.0m,跨堤孔桥长50.0m,西岸引桥长317.2m,设计速度60km/h,设计荷载公路-Ⅰ级,桥面宽36.5m,六车道城市Ⅰ级主干道桥梁;主桥结构采用坐承式拱桥,跨度组合为$77m+2\times138m+77m$。设计单位中国市政工程西北设计研究院武汉分院;施工单位中交二公局有限公司;建设单位为襄阳市人民政府内环外环线工程建设指挥部;项目造价6.5亿元。

襄阳市内环线汉江五桥

创新特点:从桥梁结构上汉江五桥分为:东岸引桥、左航道桥、洲上引桥、右航道桥、跨堤孔、西岸引桥、鱼梁洲匝道桥及人行非机动车坡道桥,由左右跨汉江航道桥和鱼梁洲引桥三座桥组成。全桥采取现浇箱梁结构,因跨左右航道的主孔桥跨度长达138m,在现浇箱梁结构的基础上,采取连续两个钢拱结构辅助承力,并同时也具有装饰作用。

项目意义:襄阳汉江五桥项目建设是内环线工程的重要组成部分,对于拉开城市框架、完善交通网络、缓解交通压力、提高通行效率、塑造襄阳新形象具有十分重要的意义。汉江五桥建成后,从襄城到东津半小时内便可到达。此外,襄阳汉江五桥建成后,还将给市区旅游经济带来三大利好:一是利于旅游景点整合,环线将景点"串"起来,可缩短旅游景点距离,节省市民出行成本;二是汉江五桥、内环线都按景观工程打造,其本身就是"活"景观,拓展了人们的生活空间,市民休闲又多了新去处,利于发展大众旅游;三是提升了襄阳旅游城市形象,有助于襄阳更快融入鄂西生态文化旅游圈。

十七、襄阳长虹汉江大桥

襄阳长虹汉江大桥位于襄阳市城区,南起襄城檀溪路与环山路交叉口,北接樊城大庆西路与长虹路交叉口,是207国道上的重要桥梁,也是连接襄阳市襄城和樊城两大城区间的必经桥梁,1987年12月开工建设,1992年5月建成通车,桥梁总长为2187.35m,设计荷载汽车—20级、挂车—100,桥面宽22.5m;主桥结构采用预应力钢筋混凝土连续梁桥,跨度组合为65.8m+85m+10×100m+85m+65.8m;设计单位中交第二公路勘察设计研究院有限公司;施工单位中铁一局集团有限公司;建设单位湖北省襄阳市汉江大桥工程指挥部;管理单位襄阳市汉江大桥养护管理中心。

创新特点:长虹汉江大桥是襄阳有史以来最大的市政建设工程,是湖北省"七五"期间重点建设项目之一,该项目具有投资大、规模大、参与单位多、准备时间长、附属工程多、技术含量高等特点。

襄阳长虹汉江大桥

项目意义:襄阳长虹汉江大桥的建设对襄阳历史文化名城的保护和建设具有重要意义,显示了襄阳人民保护历史文化名城的决心和气魄。1992年5月1日,襄阳汉江长虹大桥建成通车,它像一道美丽的彩虹横跨在汉江之上,与襄阳古城相互辉映,成为魅力之城襄阳一道新的靓丽风景线。

十八、襄阳汉江公铁大桥

襄阳汉江公铁大桥位于襄阳市区,北濒樊城,南接襄阳,是焦枝铁路上一座公、铁两用特大桥梁。1969年9月开工建设,1970年5月建成通车,桥梁总长铁路桥长892.6m,公路桥长812m,北岸有铁路桥墩22个,公路桥墩18个,桥面宽23.0m,主桥结构采用连续钢桁梁桥,跨度组合为4×128m,设计单位中铁大桥局勘测设计院有限公司;施工单位中铁大桥局集团有限公司;建设单位襄阳汉江公铁大桥工程指挥部;管理单位襄阳市汉江大桥养护管理中心。

襄阳汉江公铁大桥

创新特点:大桥的外形设计借鉴广州珠江大桥,即铁路在中间、两边过汽车;正桥跨度借鉴武汉长江大桥。为了备战需要,大桥采用"边勘测、边设计、边施工"的办法建设,仅用256天就顺利建成按常规需要两三年才能建成的特大铁路、公路两用桥,这在当时是中国建桥史上从未有过的速度。

项目意义:滔滔汉江穿城而过,江北是樊城,江南是襄城。长期以来,往返南城北市,人们靠的是渡船。1970年5月20日,一座改变襄阳人民群众生活的大桥建成通车。从此,一桥飞架南北,天堑变通途。襄阳汉江大桥的建成结束了襄城、樊城两城摆渡的历史。

十九、宜城汉江大桥

宜城汉江大桥位于湖北省宜城市,它是沟通襄阳至钟祥、枣阳、随州的重要交通要道,1986年4月开工建设,1990年10月建成通车,桥梁总长为1887m,其中主桥长510m,设计荷载汽车—20级、挂车—100,桥面宽12m,两车道二级公路桥梁;主桥结构采用预应力钢筋混凝土连续梁桥;跨度组合为$55m+4\times100m+55m$。设计单位中交第二公路勘察设计院有限公司;施工单位中交二公局有限公司;管理单位宜城市公路管理局。

创新特点:中国首次采用双支座支承的预应力混凝土连续梁桥,采用这种支承结构,施工时梁与墩不需临时固结,且可降低支座处的弯矩与剪力,设计中不需考虑体系转换。主墩采用4桩框架墩,既不设为防护三级航道上的船舶撞击设有漂浮式柔性防撞圈套在墩柱上,可随水位升降,属国内首创。主孔梁采用悬臂浇筑法施工,边孔采用拖拉就位合龙工艺。

项目意义:宜城汉江大桥位于省道随南路上,是沟通襄阳至钟祥、枣阳、随州的重要交通要道,对推动该区域的经济发展具有重要意义。

获奖情况:交通部优质工程奖。

宜城汉江大桥

二十、麻竹高速公路汉江大桥

麻竹高速公路襄阳东段汉江特大桥位于宜城市,是麻竹高速公路襄阳东段的控制性工程。麻竹高速公路襄阳东段是湖北省麻竹高速公路的中间路段,起点接麻竹高速公路随州西段,终点与麻竹高速公路宜城至保康段对接;麻竹高速襄阳东段在宜城以北跨越汉江。汉江特大桥于2012年11月15日动工建设,2015年2月建成通车,桥梁总长为2730m,其中主桥长530m;桥梁宽度25.5m,双向四车道高速公路,设计速度100km/h,汽车荷载等级为公路-Ⅰ级。汉江特大桥主桥为100m+2×165m+100m四跨一联分离式双幅预应力混凝土变截面连续箱梁桥。设计单位湖北省交通规划设计院;施工单位中交第二公路工程局有限公司,建设单位湖北交投襄随高速公路建设指挥部。

特点创新:麻城至竹溪高速公路襄阳东段宜城汉江公路大桥工程设计和施工中采用新材料、新工艺,处理措施科学、合理有效,桥梁检修维护设计贯彻了"可到达、可检查、可维护、可更换"的理念,降低了养护管理的维护难度和维修成本。

项目意义:该项目是《湖北省公路水路交通发展战略规划》中规划的"七纵五横三环"

高速公路网之横一线,也是湖北省鄂西生态文化旅游圈综合交通规划的"六大综合运输通道"之横一,是对国家高速公路网规划的有益补充和完善,其规划有利于促进我省东西部地区经济交流,推动鄂西北部地区经济快速发展。

获奖情况:2016 年度湖北省优秀工程设计三等奖。

麻竹高速公路汉江大桥

二十一、长荆铁路钟祥汉江大桥

长荆铁路钟祥汉江大桥位于湖北省荆门市钟祥汉江段皇庄,是长荆铁路线上的重要桥梁。1998 年 11 月开工建成,2002 年 5 月建成通车,桥梁总长为 3996.46m,其中主桥长 413.2m,桥面宽 7m,单线Ⅱ级铁路桥梁;主桥结构采用预应力钢筋混凝土连续梁桥,跨度组合为 $56.6m + 3 \times 100m + 56.6m$。设计单位中铁第四勘察设计院集团有限公司;施工单位中铁十一局集团第一工程有限公司;建设单位为湖北长荆铁路责任公司;管理单位武汉铁路局。

长荆铁路钟祥汉江大桥

创新特点：长荆铁路钟祥汉江大桥是国内单线铁路梁跨度最大、同类型梁中支点和跨中梁高最小、矢跨比最小，同时还是汉江流域迄今为止最长的铁路桥。在施工过程中采用了37项创新技术，先后攻克了地质、水文条件复杂、水上钻孔桩施工、连续梁高标号混凝土配合比的研制及施工控制和连续梁的线型控制等难题，确保了工程质量。

项目意义：长荆铁路钟祥汉江大桥是长荆铁路铁路工程的特大桥，它的建成通车这极大地方便了沿线交通发展，促进沿线的农业生产和矿产资源开发，对带动沿线经济发展具有重要作用。

获奖情况：2003年荣获湖北省优秀设计二等奖、铁道部优质工程一等奖，2004年获国家优质工程银质奖。

二十二、钟祥汉江大桥

钟祥汉江大桥位于湖北省钟祥市城区，是省道分当公路在钟祥市境跨越汉江的一座特大桥，2005年10月开工建设，2006年12月建成通车，桥梁总长为1548.73m，其中主桥长430m；桥面宽为12.5m，两车道二级公路桥梁，设计荷载为汽车—20级、挂车—100，主桥结构采用预应力钢筋混凝土连续梁桥，跨度组合为65m+3×100m+65m。设计单位湖北省交通规划设计院；施工单位湖北省路桥集团有限公司；建设单位钟祥汉江大桥加固处治工程指挥部；管理单位钟祥市公路管理局。

钟祥汉江大桥

创新特点：钟祥汉江大桥原桥仅运行10年便成为危桥，2005年9月进行拆除重建，重建的钟祥汉江大桥上部结构布置与原桥一致，下部结构沿用原桥桥墩。

项目意义：钟祥汉江大桥接线皂当线东接107国道，西接207国道，南北与汉沙、汉十线平行，是湖北省公路网的骨线路，是鄂东通往鄂西宜城、南漳、房县、竹山、竹溪方向的最主路线。重建大桥通车后将彻底根除目前皂当线上皇庄汽渡的瓶颈作用,对完善公路网的建设,保证整个交通网的物流畅通具有重大作用。

二十三、武荆高速公路汉江大桥

武荆高速公路汉江大桥位于湖北省荆门市钟祥汉江段,是上海至成都高速公路武汉至荆门段的主要组成部分,是武荆高速公路上的特大桥梁,2006 年 9 月开工建设,2010 年5 月建成通车,桥梁总长 2434.8m,其中主桥长 1124m,设计速度 120km/每小时,设计荷载公路-Ⅰ级,桥面宽 28.0m,四车道高速公路桥梁;主桥结构采用预应力钢筋混凝土连续梁桥,跨度组合为 62m+10×100m+62m。设计单位湖北省交通规划设计院;施工单位山东黄河工程局;建设单位武荆高速公路建设指挥部;管理单位湖北武荆高速公路发展有限公司。

武荆高速公路汉江大桥

创新特点:桥址附近有大量细沙(粉沙)淤积于河槽内,主桥 11 个主墩全部位于汉江主河槽内,其中 32 号~35 号 4 个墩位于主航道内,具有承台埋深较大等特点。

项目意义:武荆高速公路汉江大桥,是上海至成都高速公路武汉至荆门段的主要组成部分,是武荆高速公路的重点控制性工程。大桥建成通车,打通了大洪山环线旅游公路,促进沿线地区旅游发展具有重要意义。

二十四、沙洋汉江大桥

沙洋汉江大桥位于湖北省荆门市沙洋县东部,东连武汉、西达宜昌,湖北特大公路桥梁之一,1981 年 7 月开工建设,1985 年 7 月建成通车,桥梁总长 1818.5m,其中主桥长792.7m;设计荷载汽车—20 级、挂车—100,桥面宽 12m,两车道二级公路桥梁,主桥结构采用预应力钢筋混凝土连续梁桥,跨度组合为 62.4m + 6 × 111m + 62.4m。设计单位中交公路规划设计院有限公司;施工单位中交二公局第一工程有限公司;建设单位交通运输部和湖北省交通厅;管理单位荆门市公路管理局。

沙洋汉江大桥

创新特点:是当时中国首建跨度超过百米的公路预应力混凝土连续梁桥。上部结构为变截面单箱单室梁,采用纵向、竖向双向预应力配筋,悬臂浇筑施工。主桥为 8 跨一联连续梁,联长 792.7m,两端钢梳形板伸缩缝的伸缩量为 400mm。主墩为钢筋混凝土空心墩,沉井基础,深达 32m。因地质复杂,施工中采取了钢壳沉井浮运、气幕助沉等工艺。引桥为 34 孔 30m 预应力混凝土简支 T 形梁,桥面连续长度 120~180m;下部结构为双圆柱墩,$\phi 1.5$m 钻孔桩基础。

项目意义:沙洋大桥是沙洋县最早建成的过江通道,对于缓解沙洋县城区交通压力,提升沙洋城市形象,完善公路路网结构,提升通达深度和服务能力等,均具有十分重要的意义。过去途径沙洋轮渡的车辆,一般情况下,需要 30min 左右的时间,如果遇到节假日或者大汛水灾,过江需要的时间就无法预测。现在车过汉江大桥一般只需 5~6min。

二十五、天门岳口汉江大桥

天门岳口汉江大桥位于湖北省天门市岳口镇,是跨越汉江的重要桥梁,1993 年初开工建设,1996 年 9 月建成通车,桥梁总长为 1329.04m,其中主桥长 602m,设计荷载汽车—20 级、挂车—100,桥面宽 14.5m,两车道二级公路桥梁,主桥结构采用预应力钢筋混凝土连续梁桥,跨度组合为 $(2 \times 50m + 85.3m) + 2 \times 115.7m + (85.3m + 2 \times 50m)$;设计单位湖北省交通规划设计院;施工单位湖北省路桥集团有限公司;管理单位天门市公路管理局。

创新特点:天门岳口汉江大桥是当时汉江上已建桥梁中跨径最大,桩基最深的一座特大公路桥梁,最大桩径为2m,最大桩长达81m,桩尖高程位于最低冲刷线以下58m。

天门岳口汉江大桥

项目意义:天门岳口汉江大桥建成后接通宜(昌)黄(石)高速公路,具备外向优势,东赴"九省通衢"的湖北省会武汉市仅1h车程,西赴古城荆州也只需1h,赴宜昌三峡约2h便可抵达,凭借机动便捷的现代化道路交通,天门人文景观、自然景观与荆楚文化大观园及其奇峰三峡已有机连成一体,对推动天门的经济发展具有重要意义。

获奖情况:交通部优秀设计三等奖。

二十六、随岳高速公路岳口汉江大桥(G4W2)

随岳高速公路岳口汉江大桥位于湖北省天门市岳口镇下游的七星滩湾道上,是湖北省内跨汉江最大的一座特大桥,2005年9月开工建设,2007年9月建成通车,桥梁总长为8961m,其中主桥长575m,设计速度100km/h,设计荷载公路-Ⅰ级,桥面宽26m,为四车道高速公路桥梁;主桥结构采用预应力钢筋混凝土连续梁桥,跨度组合为(73m+112m)+2×150m+90m;设计单位湖北省交通规划设计院;施工单位中铁大桥局集团有限公司;建设单位湖北省随岳高速公路中段建设指挥部;管理单位湖北省交通运输厅随岳高速公路管理处。

创新特点:随岳高速公路在天门市岳口镇跨过汉江,故此桥称岳口汉江大桥,是目前湖北省内跨汉江最大的一座特大桥,也是随岳中高速公路全线的控制性工程。岳口汉江大桥具有工程规模大、工期要求紧,主桥墩施工难度大,施工工序复杂的特点。

项目意义:大桥是随岳高速公路的控制性工程,它的建成通车将推进随岳北高速公路全线通车铺平了道路,沟通了天门、潜江、仙桃之间的联系,推动了江汉平原交通发展。

随岳高速公路岳口汉江大桥

二十七、汉宜铁路彭市汉江特大桥

汉宜铁路彭市汉江特大桥位于仙桃市沉湖镇汉江桥上游33km处,是沪汉蓉铁路全线的重点控制工程之一,2008年9月开工建设,2012年7月建成通车,桥梁总长8060.905m,其中主桥长372m,设计速度200km/h,桥面宽12.2m,为双线一级铁路桥梁;主桥结构采用预应力钢筋混凝土连续钢构桥,跨度组合为102m+168m+102m;设计单位中铁第四勘察设计院集团有限公司;施工单位中铁十二局集团第一工程有限公司;建设单位沪汉蓉铁路湖北有限责任公司。

汉宜铁路彭市汉江特大桥

创新特点:施工中,运用筑岛平台基础施工、钢板桩围堰深基坑施工、优化墩身坡比减少模板投入等,大大提高了功效,顺利完成深水超长大直径钻孔桩施工,(桩径2.2m、单桩钢筋笼重量达33t、桩深120m)顺利完成筑岛平台钢板桩围堰底桩承台施工,为化解汛期施工风险赢得了时间。施工中项目部严格按标准化管理要求,确保安全,重抓质量、不松懈,从细节上狠抓工序、工法、工艺流程,确保质量优质链条不断节。

项目意义:彭市汉江特大桥是沪汉蓉铁路全线的重点控制工程之一,它的建成通车使湖北仙桃、汉川的人们不再绕行数十公里通过汉江,汉江天堑变通途。

二十八、仙桃汉江大桥

仙桃汉江大桥位于湖北省仙桃市、天门市境内,是湖北省随(州)赤(壁)高等级公路跨越汉江的一座特大桥梁,2001年1月开工建设,2003年12月建成通车,桥梁总长1478m,其中主桥长312m,设计速度80km/h,设计荷载汽车—超20级、挂车—120,桥面宽23m,双向四车道一级公路桥梁;主桥结构采用独塔双索面PC斜拉桥,跨度组合为50m+82m+180m,设计单位中交第二公路勘察设计研究院有限公司;施工单位中铁十八局集团有限公司;建设单位仙桃汉江公路大桥建设指挥部;管理单位天门市公路管理局。

仙桃汉江大桥

创新特点:是湖北省交通建设"十五"计划的重点工程。施工过程中大体积混凝土结构产生裂纹的原因是相当复杂的,在仙桃汉江公路大桥18号主墩承台施工中,引进了国内控制大体积混凝土产生裂纹的成功经验,优化配合比,采用低热水泥,适当掺入粉煤灰及外加剂来提高混凝土品质,在结构物内埋设冷却水管,分层浇注混凝土,加强表面覆盖及养护等,收到良好效果。

项目意义:仙桃汉江公路大桥的兴建,它标志着仙桃在改革的浪潮中,蓬勃发展的交通事业。仙桃汉江公路大桥的建成,对改善江汉平原交通条件,逐步形成一个四通八达的交通网络具有重要作用。

二十九、汉宜铁路沉湖汉江特大桥

汉宜铁路沉湖汉江特大桥位于仙桃市长埫口镇、汉川市沉湖镇内,2008年9月开工建设,2012年7月建成通车,桥梁总长7942.63m,其中主桥长373.9m,设计速度200km/h,桥面宽12.2m,为双线一级铁路桥梁;主桥结构采用预应力混凝土连续刚构桥,跨度组合为102m+168m+102m。设计单位中铁第四勘察设计院集团有限公司;施工单位中铁十一局集团有限公司;建设单位沪汉蓉铁路湖北有限责任公司。

汉宜铁路沉湖汉江特大桥

创新特点:施工中广泛采用"栈桥平台施工技术""钢板桩围堰技术""先桩后堰技术"等新工艺、新技术、新设备,攻克了超长桩基、深水基础和168m大跨度连续刚构梁等8个技术难关,保证了工程质量。

项目意义:沉湖汉江特大桥是沪汉蓉铁路全线的重点控制工程之一,大桥特大跨度连续刚构施工技术的使用,为重载铁路跨江跨河特大桥建设开辟了新的途径。大桥的建成不仅使汉江"天堑变通途",而且也结束了江汉平原腹地无干线铁路和客专的历史,可将经济发达的长江三角洲地区与经济发展较快的华中地区、人口稠密的成渝地区紧密联系起来,有利于东中西部资本、技术、人力资源跨区域快速流动,加强东中西地区之间资源优势互补。

获奖情况:2013—2014年度国家优质工程奖。

三十、汉川汉江大桥

汉川汉江大桥位于湖北省汉川市,1995年4月开工建设,1997年11月建成通车,桥梁总长983m,其中主桥长420m,设计荷载汽车—20级、挂车—100,桥面宽13.75m,双向四车道公路桥梁。主桥结构采用预应力混凝土连续梁桥,跨度组合为89m+142m+89m。设计单位湖北省交通规划设计院;施工单位湖北省路桥集团有限公司;管理单位汉川市公路管理局。

创新特点:在同期国内同类型桥梁中位居第四,其立桥支座采用了4500t大型盆式橡胶支座,吨位居国内同类桥梁之最;在施工中先后完成了"程控无平衡重全液压挂篮""大跨径连续箱梁预应力筋施工工艺研究"等科研项目并获得省科技进步奖。采用了无黏接预应力技术,攻克了"箱梁竖向预应力灌浆难""采用高效减水济配制箱梁现浇高强早强混凝土""支架现浇革新为悬浇施工""2.5m 大孔径桩基施工"等技术难关。创造了汉江上"投资省、进度快、质量好、科技含量高"的建桥新纪录。

汉川汉江大桥

项目意义:汉川汉江大桥建成通车,使汉川汉江两岸天堑变通途,把107、316 国道和省道荷沙公路与318 国道、宜黄高速公路联成一体,构成武汉市外环线,对改善江汉平原交通运输条件,优化公路布局,促进区域经济发展具有十分重要的意义。

获奖情况:交通部优良工程奖,湖北省科技进步三等奖。

三十一、汉宜铁路蔡家湾汉江特大桥

汉宜铁路蔡家湾汉江特大桥位于武汉市东西湖区、蔡甸区,汉川市内,2008 年 9 月开工建设,2010 年 5 月建成通车,桥梁总长 9208.67m,其中主桥长 528m;设计速度 200km/h,桥面宽 12.2m,为双线一级铁路桥梁;主桥结构采用预应力混凝土连续钢构桥,跨度组合为64m+120m+168m+120m+64m。设计单位中铁第四勘察设计院集团有限公司;施工单位中铁大桥局集团有限公司;建设单位沪汉蓉铁路湖北有限责任公司。

汉宜铁路蔡家湾汉江特大桥

创新特点:蔡家湾汉江特大桥深水基础施工采用"先平台后围堰"方案取得了成功。167 号、168 号墩于 2008 年 8 月 15 日搭设钢栈桥和钻孔平台,2008 年 10 月 20 日开始钻

孔桩施工,2009年3月8日桩基全部完成,2009年5月13日承台施工完毕,实现了在1个枯水期内完成2个水中墩基础施工的目标,且安全、质量控制较好。

项目意义:蔡家湾汉江特大桥是沪汉蓉铁路全线的重点控制工程之一,位于东西湖区与蔡甸区之间,它的建成通车大大缩短了江汉平原城镇带与武汉的时空距离,对加快推进武汉城市圈"两型社会"综合配套改革试验区促进中部崛起战略的实施具有十分重要的意义。

三十二、京珠高速公路蔡甸汉江大桥

京珠高速公路蔡甸汉江大桥位于武汉市西郊,其南岸为蔡甸区,北岸为东西湖区,桥轴线在蔡甸镇汉江汽渡下游约200m处,1998年9月开工建设,2001年9月建成通车,桥梁总长1607m,其中主桥长400m,设计速度100km/h,设计荷载汽车—超20级、挂车—120,桥面宽28.0m,为双向四车道高速公路桥梁;主桥结构采用预应力混凝土连续钢构桥,跨度组合为110m+180m+110m,全宽36.0m;设计单位湖北省交通规划设计院;施工单位湖北省路桥集团有限公司;建设单位湖北省京珠高速公路建设指挥部;管理单位湖北省京珠高速公路管理处。

京珠高速公路睡蔡甸汉江大桥

创新特点:该桥是京珠高速公路武汉市西部城市外环公路上的一座重要桥梁,"蔡甸汉江大桥施工监测监控及技术研究"科研成果由专家鉴定为国内领先水平,解决了大跨度预应力混凝土刚构桥施工控制技术难题。

项目意义:蔡甸汉江大桥是京珠高速公路湖北段上的控制性工程,武汉市西部城市外环公路上的一座重要桥梁,该桥通车后,将拉近东西湖区与蔡甸区的距离,成为连接蔡甸区、沌口开发区和东西湖区的民生通道,便利汉江沿线经济开发。

三十三、三官汉江公路大桥

三官汉江公路大桥位于武汉市蔡甸区和东西湖区之间,上距京珠高速公路蔡甸汉江大桥约4.2km,下距三环线江汉五桥(长丰桥)约8km,项目起于蔡甸区知音大道与十永线

交叉处,止于东西湖区16支沟与107国道交叉处;2012年4月开工建设,2015年11月建成通车,桥梁总长1786m,其中主桥长430m;设计速度40km/h,荷载标准为公路Ⅰ级,桥面宽33.5m,六车道一级公路桥梁;主桥结构采用矮塔PC梁斜拉桥,跨度组合为120m+190m+120m;设计单位湖北省交通规划设计院;施工单位中建三局第三建设工程有限责任公司;建设单位武汉市蔡甸区交通运输局;管理单位武汉市蔡甸区交通运输局。

创新特点:主桥采用塔、墩、梁固结体系,主梁采用大悬臂变截面PC连续箱梁、宽幅大悬臂加劲隔板单箱三室直腹板截面,有效降低了上部结构自重;研发新型可单根换索型索塔锚固系统,实现部分斜拉桥贯穿式斜拉索的可方便更换;大桥造型以体现"知音"和"琴文化"元素的"涛声琴韵"为主题思想开展设计,桥塔设计为古琴造型,采用独柱形四面镂空截面形式,斜拉索采用竖琴式中央索面布置,桥梁整体造型、结构设计与桥梁设计文化、景观设计元素有机地融合成一个整体,充分展示了蔡甸区作为知音故里的历史人文底蕴。

项目意义:大桥是连接蔡甸区、武汉经济技术开发区和东西湖经济技术开发区的经济通道、民生通道,同时也是中法生态示范城的重要通道。"一桥串起三家亲,两塔斜拉中法情",大桥建成后在蔡甸、东西湖区之间又增加了一条新动脉,将充分发挥中法武汉生态示范城的辐射和带动作用,有效连通武汉临空港经济技术开发区、武汉经济技术开发区两大国家级开发区,成为武汉经济总量万亿倍增的强劲引擎!

获奖情况:2016年中国公路学会科技进步二等奖。

三官汉江公路大桥

三十四、四环线汉江公路大桥

四环线汉江公路大桥位于武汉市蔡甸区和东西湖区之间,桥址北岸为东西湖区鱼门村,南岸为蔡甸区胡家台;项目起于东西湖区十一支沟临江处、止于蔡甸区汉阳监狱,是武汉市四环线跨越汉江的控制性工程;2013年5月开工建设,2017年6月建成通车,桥梁总长909m,其中主桥长714m;设计速度100km/h,荷载标准为公路Ⅰ级,桥面宽41.0m,双向八车道高速公路桥梁;主桥结构采用双塔双索面 PC 梁斜拉桥,跨度组合为77m+100m+360m+100m+77m;设计单位中交第二公路勘察设计院有限公司;施工单位中建三局第三建设工程有限责任公司和中铁大桥局集团有限公司;建设单位武汉西四环线高速公路建设管理有限公司;管理单位武汉西四环线高速公路建设管理有限公司。

创新特点:项目是湖北省第一条双向八车道高速公路环线的控制性工程,大桥具有高塔、宽梁、大吨位挂篮的技术特点;主梁结构形式为 π 型预应力混凝土梁,宽度达44m,居目前同类桥型之最,其标准节段重量达610t;主梁悬浇采用的牵索挂篮单个自重达300t,横向宽度达49m,长17.5m,是目前国内最宽、最重的挂篮。

项目意义:该项目连接起了武汉临港经济技术开发区、武汉经济技术开发区等两大国家级开发区,方便周边企业和居民出行;大桥作为武汉市四环线的重要组成部分,建成通车后进一步完善湖北省高速公路网构架,有效改善武汉市城市圈交通条件,减少主城区废气排放量,符合"两型社会"建设的总体要求;四环线建成后,武汉综合交通枢纽公路通行能力将大大增强,对推进"中部崛起"和"两圈一带"发展战略实施有着十分重要的意义。

四环线汉江公路大桥

三十五、江汉五桥(长丰桥)

江汉五桥(长丰桥)位于汉口舵落口与汉阳下黄金口之间,北接中环线额头湾立交桥,南通白沙洲长江大桥,1998年3月开工建设,2001年6月建成通车,桥梁总长1130m,其中主桥长372m,桥面宽30.0m,为双向六车道城市公路桥梁,主桥结构采用中承式钢管混凝土系杆拱桥,跨度组合为55m+252m+60m。设计单位中铁大桥局勘测设计院有限公司;施工单位中铁十一局集团第一工程有限公司;管理单位武汉市桥梁维修管理处。

创新特点:该桥整体外形如同"飞雁",造型独特、生动,极富美感,主跨长时为国内同类桥梁之首。

项目意义:长丰桥建成后,把 107 国道、318 国道与武汉市三环线连为一体,不仅大大分流了武汉市过境车辆,减轻市区交通压力,而且有利于带动武汉经济技术开发区、吴家山台商投资区及舵落口综合批发市场的建设与发展,进一步发挥武汉在全省的"龙头"作用和中心城市的经济辐射作用。

江汉五桥(长丰桥)

三十六、江汉二桥(知音桥)

江汉二桥(知音桥)位于汉口建一路、汉阳郭茨口处,1974 年 1 月开工建设,1978 年 4 月建成通车,桥梁总长为 566.2m,桥面宽 25.5m,为双向六车道城市公路桥梁,主桥结构采用预应力混凝土 T 形刚构桥,跨度组合为 $4 \times 33m + 84m + 135m + 84m + 4 \times 33m$,全宽 30.0m;设计单位中铁大桥局勘测设计院有限公司;施工单位中铁大桥局集团有限公司;建设单位武汉市二桥建设指挥部;管理单位为武汉市桥梁维修管理处。

江汉二桥(知音桥)

创新特点:是同一时期武汉地区桥梁主跨度最长、承载力最大、桥面最宽的钢筋混凝土桥。

项目意义:江汉二桥是武汉市跨越汉江的第二座大型桥梁,北接汉口建一路,南接汉阳郭茨口,是武汉二环线的过汉江通道,也曾是武汉城郊连通汉阳 318 国道与汉口 316、107 国道的唯一便捷通道。江汉二桥的建设不仅有效地分流了江汉一桥的车辆,减轻了江汉一桥压力,同时也对分流过境车流,缓解市内交通拥挤状况起到了重要作用。

三十七、京广线汉江铁路桥

京广线汉江铁路桥位于武汉市城区,连接汉口与汉阳,为配合长江大桥而建,是京广线汉江大动脉,1953 年 11 月开工建设,1954 年 1 月建成通车,桥梁总长为 300.6m,设计速度 35km/h,桥面宽 6.0m,为双线铁路桥梁,主桥结构采用下承式简支钢桁梁桥,跨度组合为 3×100m。设计单位中铁大桥局勘测设计院有限公司;施工单位中铁大桥局集团有限公司;管理单位武汉铁路局工务处、武汉桥工段。

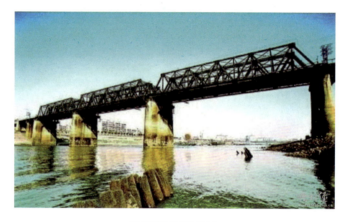

京广线汉江铁路桥

创新特点:汉江铁路桥是武汉历史上最早的跨江大桥,该桥早于武汉长江大桥动工开建,被称为大桥的"实验桥",因小于长江大桥,亦被称为"缩小版"。长江大桥和汉水桥所用的钢均为进口钢,铁路桥部分也比较相似,因此可以说是为长江大桥的开建做试验。

项目意义:汉江铁路桥连接汉口与汉阳,位于既有的京广铁路线上,跨越汉江,与横跨汉江的公路桥及跨越长江的武汉长江大桥一起,将武汉三镇连为一体,带动了武汉的繁荣。作为长江大桥工程一部分的江汉铁路桥的竣工,接通了京汉与粤汉铁路,"九省通衢"从此名副其实。

三十八、江汉四桥(月湖桥)

江汉四桥(月湖桥)位于汉口硚口码头与汉阳龙灯堤处,1994 年开工建设,1998 年 5 月建成通车,桥梁总长 1570m,设计荷载汽车—超 20 级、挂车—120,桥面宽 23.5m,为双向四车道城市公路桥梁;主桥结构采用独塔不对称扇式密索预应力混凝土箱斜拉桥,跨度组合为 28.6m+34m+75.4m+232m；设计单位湖北省交通规划设计院、武汉市市政工程研究院；施工单位湖南省公路桥梁建设总公司,武汉市市政一公司；管理单位武汉市桥梁维修管理处；项目造价为 3.06 亿元。

江汉四桥（月湖桥）

创新特点：主塔位于汉阳,高耸挺拔,显示出一种直指蓝天向高空伸展的动态美。月湖桥工程采用国际通行的 BOT 投资模式,即建设—经营—转让,开创了武汉市依靠内资企业集资建设管理城市大型基础设施的先例,受到国家建设部、武汉市委、市政府的高度评价,这种新的投资建桥方式被誉为"建通模式"。

项目意义：月湖桥对于分流江汉一桥、江汉二桥的交通流量,密切汉口与汉阳的联系具有重要作用。它的建设是解放思想、更新观念、大胆探索,利用国内企业资金建设城市大型基础设施的结果,对于进一步改善武汉市投资环境,全面提升城市功能具有十分重要的意义。

获奖情况：国家优秀设计铜奖,湖北省优秀设计一等奖。

三十九、江汉一桥

江汉一桥位于汉口武胜路和汉阳武胜码头之间,配合武汉长江大桥而建,1954 年 12 月开工建设,1956 年 1 月建成通车,桥梁总长为 322.4m,桥面宽 25.5m,为双向四车道城市公路桥梁；主桥结构采用钢桁架拱桥,跨度组合为 54.3m+87.37m+54.3m。设计单位中铁大桥局勘测设计院有限公司；施工单位中铁大桥局集团有限公司；管理单位武汉市桥梁维修管理处。

创新特点：江汉一桥是新中国成立后城市建设的第一批大型工程之一,它与武汉长江大桥组成的交通大动脉,将武汉三镇连成一体。

项目意义：江汉一桥的建成通车彻底改变了过去三镇间仅靠水运运输的落后局面,带动了周边地区的商业、旅游等事业的大发展,为促进武汉三镇交流,形成新的城市景观做出了贡献。近年来内环线的贯通,更使该桥成为内环线上不可替代的咽喉要道。在经历了 50 多年的风风雨雨后,江汉一桥依然担负着交通运输畅通的重任,为大武汉的经济发展行使着自己的使命。

江汉一桥

四十、江汉三桥(晴川桥)

江汉公路三桥(晴川桥)位于汉口集家嘴与汉阳南岸嘴之间,紧邻汉江入长江口处,1997年12月开工建设,2000年12月建成通车,桥梁总长为989.75m,主跨长302.93m,桥面宽26.4m,为双向六车道城市公路桥梁;主桥结构采用下承式钢管混凝土系杆拱桥,跨度组合为280m;设计单位中铁大桥局勘测设计院有限公司;施工单位中铁大桥局集团有限公司;建设单位武汉市二桥建设指挥部;管理单位武汉市桥梁维修管理处。

江汉三桥(晴川桥)

创新特点:晴川桥为国内同型桥中跨度最大、结构最新、技术含量最高的桥梁。

项目意义:该桥与龟山、南岸嘴、龙王庙形成倚江景观带,对汉江两岸交通、流通和旅游业发展产生积极作用。晴川桥也是武汉市城市环境创新的重要品牌,它及其配套设施的建设将大大改变南岸咀、汉正街、六渡桥等老城区的面貌,对搞活汉正街、六渡桥商业区的流通,促进龟山风景区旅游事业的发展都将产生积极作用。建成后进一步改善了武汉市的交通条件,并为武汉的经济发展创造了新的良好环境。它的建设为我市打通又一条横贯汉口、汉阳两个地区,连接汉阳大道、沿江大道、解放大道、建设大道、发展大道和张公堤的城市干道,缓解了目前增长的过江交通压力。

四十一、武汉江汉六桥

武汉江汉六桥位于三环线江汉五桥(长丰桥)和江汉二桥之间,汉口岸与古田二路相接,汉阳岸经琴台大道延长线、玫瑰园路等市政道路至老汉沙公路,工程全长1834.794m,其中桥梁部分长约1472m,路基部分长362.794m,跨汉江的主桥长472m,主跨采用252m自锚式悬索桥方案,按照城市主干路一级双向8车道标准建设。设计车速主线为60km/h;立交匝道:30km/h;桥梁净空跨城市快速路、主干道处净空不小于5m;跨其他道路处净空不小于4.5m;跨汉江的通航净空按10.0m控制;荷载等级路面结构计算荷载BZZ-100标准轴载;桥梁设计荷载公路-Ⅰ级;人群荷载按《公路桥涵设计通用规范》取值;抗震设防标准工程场区地震动反应谱特征周期为0.45s,设计地震动峰值加速度值为0.05g,抗震基本烈度为6度,按7度设防;设计洪水频率:300年;设计使用年限:路面年限15年,桥梁设计基准期100年;桥梁设计安全等级一级。标准段桥宽44m。汉口侧设置两个匝道与沿江大道相接。建设内容主要包括道路工程、桥梁工程、排水工程、交通工程、绿化工程、照明工程,以及相关的征地及拆迁工程。BT建设单位为中建武汉环线建设有限责任公司,建设单位武汉天兴洲道桥投资开发公司;设计单位中交第二公路勘察设计研究院;监理单位:武汉飞虹建设监理公司;施工单位:中建三局股份有限公司江汉六桥工程项目部。项目于2010年12月30日开工;2015年2月16日10时通车。

创新特点:江汉六桥为武汉市第一座自锚式悬索桥,是汉江上最宽的桥梁,建成之后成为建桥之都的新名片。

武汉江汉六桥

项目意义:武汉江汉六桥武汉第六座跨汉江通道是实施武汉城市总体规划、构筑城市跨江交通网架的需要;工程建设加强了硚口区和武汉开发区之间的联系,为老城区的合理布局和新区深度开发提供方便的交通环境和服务质量,促进了城市产业结构调整和未来规划布局;工程不仅将大大改善汉阳新区的交通条件,也是极大改善硚口与武汉新区之间的交通联系,同时进一步优化城市道路交通网络结构;有利于把汉江滨水商住带打造为集商贸商务商住于一体、凸现江城滨水特色的经济生活带和城市景观带,全面融入武汉"两江四岸"协调发展之中,也是实现区域可持续发展战略的需要,改善投资环境和生活环境的需要。打通了汉口古田片与汉阳、蔡甸之间有了最快通道。

第三节 峡 谷 桥

随着高速公路建设从平原微丘区向山岭重丘区的推进,山区高速公路建设中,受地形、地貌、自然条件等限制,建设了大量峡谷桥。峡谷桥梁是指建造在峡谷地带的桥梁。峡谷桥梁一般具有跨径大、桥面与谷底(或水面)高差大、环境因素限制多、施工难度高等技术特点。峡谷桥梁主要为单孔跨度在100m及以上的大跨度桥梁;桥面距谷底(水面)的高度在75m以上;对于具有独特结构特点、施工工艺等特色的峡谷桥梁,上述两个要求可放宽。按此要求,省交通运输厅组织对全省公路桥梁进行调查,上报23座峡谷桥信息采集表(表2-3-4),以下重点介绍18座峡谷桥。

一、宜巴高速公路巴东龙颈寨大桥

宜巴高速公路巴东龙颈寨大桥位于巴东县沿渡河镇境内,北接天池岭隧道,南连段家屋隧道。右幅桥梁中心桩号1274.992km,全长810m,3×30m+65m+2×120m+65m+3×40m+4×40m+2×30m;左幅桥梁中心桩号1274.826km,全长750.6m,跨径总长740m,跨径组合3×30m+65m+2×120m+65m+3×40m+4×40m;最高主墩91m,最大跨径120m,设计速度120km/h,桥面全宽12m,净宽11m,四车道高速公路桥梁,主桥结构预应力钢筋混凝土箱形梁,桥墩为双柱式墩。2009年9月开工建设,2014年6月建成通车;设计单位中交第二公路勘察设计研究院;施工单位中交第二公路工程局有限公司;监理单位湖北公路工程咨询监理中心;建设单位湖北省宜昌至巴东高速公路建设指挥部;管理单位湖北省交通运输厅鄂西高速公路管理处。

支井河特大桥

表2-3-4 湖北省高速公路峡谷桥信息采集表

桥型	序号	桥梁名称	规模	上部结构	地区	路线编号	新(改)建年月	桥梁全长(m)	跨径组合(m)	桥底净高(m)	建设单位/设计单位/施工单位	备注
梁式桥	1	龙颈溪大桥	大桥	预应力钢筋混凝土	恩施州巴东县沿渡河镇杨柳村	G42	2009.10	右幅810 左幅750.6	3×30+65+2×120+65+3×40+4×40+2×30	130	湖北省宜昌至巴东高速公路建设指挥部/中交第二公路勘察设计院有限公司/中交第三公路工程局有限公司	
梁式桥	2	马水河大桥	特大桥	钢筋混凝土T形刚构	湖北恩施州巴东县	G50	2008.5	右幅994 左幅877.5	3×30+65+2×120+65+3×40+4×40 3×40m+(110+3×200+110)+45m		湖北省交通规划设计院,沪蓉国道主干线湖北宜昌至恩施公路(第27合同段)马水河大桥	
拱式桥	1	支井河特大桥	特大桥	箱梁	湖北恩施州巴东县	G50	2009.11	545.45	36+430+27.3×2	277	中交沪蓉西高速公路建设指挥部/中交第二公路勘察设计研究院/中铁十三局集团有限公司	
拱式桥	2	小河特大桥	特大桥	肋拱	恩施市	G50	2005.11	503	4×16+360+3×20	150	湖北沪蓉西高速公路建设指挥部/湖北省交通规划设计院/中铁大桥局股份有限公司	
拱式桥	3	平邑口桥	特大桥	箱梁	兴山县	Y016420526	2008	256.5	1×180	100	兴发集团/长安大学工程设计研究院/葛洲坝水利水电工程有限公司	
拱式桥	4	锣鼓洞桥	大桥	板拱	秭归县	C184420527	1998	156	1×130	143	沙镇溪镇人民政府(秭归县交通勘察规划设计院/千将坪村委会	
拱式桥	5	黄金大桥	大桥	箱形拱	通山县	C279421224	2011	174.5	1×120	200	慈口乡/湖北省交通规划设计院/鄂州路桥公司	
拱式桥	6	牛鼻孔大桥	大桥	箱形拱	通山县	Y096421224	2011	159	1×100	180	燕夏乡/湖北省交通规划设计院/湖南路桥建筑公司	
拱式桥	7	南里渡特大桥	特大桥	桁架拱	恩施市	G318000000	20021001	334.16	2×20+1×220+2×20	160	恩施州公路管理局/湖北省交通规划设计院/铁道部大桥工程局	
拱式桥	8	景阳河大桥	特大桥	刚架拱	建始县	X020422822	20071231	504.58	2×60+1×260+5×20	125	州水办/省交通规划设计院/武汉大桥局三处	

湖 北

续上表

桥型	序号	桥梁名称	规模	上部结构	地区	路线编号	新(改)建年月	桥梁全长(m)	跨径组合(m)	桥底净高(m)	建设单位/设计单位/施工单位	备注
拱式桥	9	平地坝大桥	大桥	箱形拱	宣恩县	S23242000	20031218	183.5	1×132+1×20	75.2	恩施州公路管理局/南昌有色金属设计研究院/中铁大桥局三公司	
	10	无源洞大桥	大桥	钢混箱形拱	巴东县	Y078	未改造	223	1×180	180	恩施州公路局/巴东县交通局测量队/巴东县公路段	
	11	龙桥	大桥	钢管混凝土刚架拱桥	宣恩县	G6911	2014.2	490	4×30+1×280+3×30		中交第二公路勘察设计研究院/湖北沪渝至重庆黔江高速公路恩至咸丰(鄂渝界)段TJ-6合同段	
斜拉桥	1	铁罗坪特大桥	特大桥	钢筋混凝土梁斜拉桥	宜昌市长阳土家族自治县榔坪镇关口垭村	G50	2009	左幅883.380	6×30+140+322+140+3×30	211.37	湖北沪蓉西高速公路建设指挥部/中交第二公路勘察设计研究院/中铁一局二公司	左幅
								右幅877.180	6×30+140+322+140+3×30	211.37	湖北沪蓉西高速公路建设指挥部/中交第二公路勘察设计研究院/中铁一局二公司	右幅
	2	清江特大桥	特大桥	箱梁	湖北省恩施州恩施市	G50	2009.11	380.4	40+40×70+220	120	湖北沪蓉西高速公路建设指挥部/中交第二公路勘察设计研究院/中交第二公路工程局有限公司	
	3	神农溪特大桥	特大桥	斜拉桥	巴东县溪丘湾乡黄家包村	G42	2009.10	1098	4×30+(80+150+80)+(140+320+140)+2×30	160	湖北省宜昌至巴东高速公路建设指挥部/中交第二公路勘察设计研究院/中交第二公路工程局有限公司	
	4	忠建河大桥(贡水河)	特大桥	钢桁加劲梁	宣恩县晓关侗族乡	G6911	2014.12	1068.6	3×30+46+134+400+134+46+5×40	260	中交路桥鄂西高速公路有限公司/中交第二公路勘察设计研究院/中交第二公路工程局施工单位、监理单位湖北省公路工程咨询监理中心	
悬索桥	1	四渡河特大桥	特大桥	钢桁加劲梁	湖北恩施州巴东县	G50	2009.11	1365	900+5×40	560	湖北高路鄂西高速公路建设指挥部/中交第二公路勘察设计研究院/路桥华南工程有限公司	

第二篇 通途篇

续上表

桥型	序号	桥梁名称	规模	上部结构	地区	路线编号	新(改)建年月	桥梁全长(m)	跨径组合(m)	桥底净高(m)	建设单位/设计单位/施工单位	备注
刚构桥	1	魏家洲特大桥	特大桥	连续刚构	长阳土家族自治县贺家坪长岭	G50	2009	535.820	30+110+200+110+4×20	219	湖北沪蓉西高速公路建设指挥部/湖北省交通规划设计研究院/云南第二公路桥梁工程有限公司	左幅
						G50	2009	552.000	2×20+110+200+110+4×20	219	湖北沪蓉西高速公路建设指挥部/湖北省交通规划设计研究院/云南第二公路桥梁工程有限公司	右幅
	2	渔泉溪大桥	大桥	连续刚构	长阳土家族自治县贺家坪长岭	G50	2009	402	2×30+66+120+66+3×30	87	湖北沪蓉西高速公路建设指挥部/路桥集团第一公路工程局第一工程有限公司	左幅
						G50	2009	522	3×30+66+120+66+6×30	89	湖北沪蓉西高速公路建设指挥部/路桥集团第一公路工程局第一工程有限公司	右幅
	3	龙潭河特大桥	特大桥	连续刚构	宜昌市长阳土家族自治县榔坪镇关口垭村	G50左幅	2009	1172	5×40+106+3×200+106+4×40	192	中交第二公路建设指挥部/中交第二公路勘察设计院/中铁十七局集团第二工程有限公司	左幅
						G50右幅	2009	1143	4×40+106+3×200+106+4×40	192	中交第二公路建设指挥部/中交第二公路勘察设计院/中铁十七局集团第二工程有限公司	右幅
	4	双河口特大桥	特大桥	连续刚构	宜昌市长阳土家族自治县榔坪镇八字岭村	G50左幅	2009	730	30×3+(90+2×170+90)+30×4	162	湖北沪蓉西高速公路建设指挥部/中交第二公路勘察设计院/葛洲坝集团公司	左幅
						G50右幅	2009	861.08	30×4+(90+2×170+90)+30×7	162	湖北沪蓉西高速公路建设指挥部/中交第二公路勘察设计院/葛洲坝集团公司	右幅
	5	野三河特大桥	特大桥	箱梁	湖北省恩施州建始县	G50	2009.11	993	30×2+106+200+106+17×30	180	湖北沪蓉西高速公路建设指挥部/中交第二公路勘察设计院有限公司	

二、支井河特大桥

支井河特大桥位于巴东县野三关镇支井河村一组,跨越支井河峡谷,是 G50 沪渝高速公路湖北省宜昌至恩施高速公路榔坪—高坪段上的一座大桥,桥梁中心桩号 1301.26km,2004 年 4 月 20 日开工建设,2009 年 11 月 30 日建成通车,桥梁全长 545.54m,主桥 430m 钢管混凝土拱桥。设计速度 80km/h,设计荷载汽车超—20 级、挂车—120,桥面宽 24.5m,四车道高速公路桥梁,主桥结构上承式钢管拱,连续箱梁。跨度组合为 36m+430m+2×27.3m。设计单位中交第二公路勘测设计研究院,施工单位中铁十三局集团有限公司,建设单位沪蓉西高速公路建设指挥部,管理单位湖北省交通运输厅鄂西高速公路管理处。

全桥钢结构件总重 8200t,需预制混凝土箱梁 192 片。本桥型方案在初步设计中做了悬索桥、钢管混凝土拱桥两种方案的设计比较,以耐久、适用、投资较少的优点推荐采用钢管混凝土拱桥方案。按传统施工方法将主拱在工厂加工成 60 个节段再运抵工地用缆索吊装成拱,最大节段重达 120t。

支井河峡谷两岸悬崖陡立,山顶高 1415m,河床高程 1415m,相对高差 755m,谷底宽 302m,桥面与谷底高差约 277m。支井河大桥宜昌侧接漆树槽隧道出口,恩施侧接庙垭隧道进口,由于桥隧紧密相接,交通运输条件恶劣,施工场地狭小。支井河大桥施工中拱肋构件采用节点板高强螺栓连接,工厂预拼,现场组装为大节段;大节段接头及杆件节点采用"先栓后焊,栓焊结合"连接。拱肋采用整节吊装,最大吊装质量 280t,缆索吊装系统跨径达 756m,充分利用两岸地形,不设吊塔,将主索直接锚在岩锚上。2011 年 11 月 7 日,支井河特大桥荣获了"鲁班奖"。

三、小河特大桥

小河特大桥位于 G50 沪渝高速公路鄂西段上恩施市白果坝镇两河口村。2004 年 9 月开工建设,2009 年 12 月建成通车。

小河大桥址属于构造剥蚀、溶蚀中山区峡谷地貌,河流切割深度大,河床宽约 60m,附近山顶高程 1255.1m,河床底部高程 805m,相对高差约 450m,两侧岸坡陡峻,呈典型 V 形峡谷。两岸桥台、拱座均位于陡峭岸坡上,桥台与谷底高差 208m。桥梁总长 501.348m,大桥主桥为主跨 338m 的上承式钢管混凝土拱桥,交界墩位于拱座顶面,拱上桥跨布置为一联 18 拱座顶面共 360m 连续小箱梁结构,桥面结构分幅设计:恩施岸侧引桥长 64m,桥跨布置为 4 跨连续空心板结构;重庆岸侧引桥长 60m,桥跨布置为 3 跨连续小箱梁结构;全桥设 2% 的单向纵坡及 2% 的双向横坡;设计速度 80km/h,设计荷载汽车—超 20 级,挂车—120,桥面宽 12.25m,四车道高速公路桥梁;设计单位湖北省交通规划设计院;施工单位中铁大桥局;建设单位湖北省沪蓉西建设指挥部;管理单位湖北省交通运输厅鄂西高速公路管理处。

小河特大桥

四、铁罗坪特大桥

铁罗坪特大桥位于湖北省宜昌长阳土家族自治县境内,是 G50 沪渝高速公路鄂西段上的一座特大桥梁。大桥为主跨 322m 的预应力混凝土斜拉桥,右线采用塔墩梁固结体系,左线桥宜昌岸引桥因 1 号桥墩太矮,取消墩梁固结,设置支座,为连续—刚构体系,两岸引桥采用预应力混凝土先简支后刚构 T 梁,全长 872m。桥跨组合为 6×30m+140m+322m+140m+3×30m;左幅桥梁总长 891.03m,其中主桥长 621.03m,东岸引道长 180m,西岸引道长 90m,设计速度 80km/h,设计荷载汽车超—20 级、挂车—120,桥梁全宽 12.25m,桥面净宽 11.25m;右幅桥梁总长 877.18m,其中主桥长 607.18m,东岸引道长 180m,西岸引道长 90m,设计速度 80km/h,桥梁全宽 12.25m,桥面净宽 11.25m,双向四车道高速公路桥梁。大桥主塔为 H 形钢筋混凝土塔柱结构,塔柱采用空心五边形断面,宜昌台和恩施两侧承台以上塔柱高度分别为 190.4m 和 188.5m。主梁的基本断面形式为边主梁,顶宽 27.5m,截面端部高 2.6m,中心高 2.875m,顶板厚 0.31m,设 2% 的双向横坡。斜拉索采用低松弛镀锌高强钢丝,为平面双索面、扇形密索体系,每个主塔布有 19 对空间索,梁上标准索距为 8m,边跨非标准索距 5.2m。

桥址区属构造剥蚀的低中山及 V 形河谷地貌单元,呈现出侧体边坡较陡、河谷切割深度大的地貌特征。桥位轴线段地面高程在 520~860m 之间,最大切割深度约 340m。桥位东西端山体呈现出上缓下陡趋势,表层分布有强风化层,完整性较差,施工开挖易产生垮塌、崩落。2004 年 8 月开工建设,2009 年 11 月建成通车;设计单位中交第二公路勘察设计研究院;施工单位中国中铁一局集团第二工程有限公司;建设单位沪蓉西高速公路建设指挥部;管理单位湖北省交通运输厅鄂西高速公路管理处。

铁罗坪特大桥

五、清江特大桥

清江特大桥位于恩施州谭家坝，是 G50 沪渝高速公路鄂西段上的一座大桥。2006 年 1 月 10 日开工建设，2009 年 11 月 30 日建成通车。清江大桥为主跨 220m 的独塔预应力混凝土斜拉桥，左幅桥梁全长 380m，其中主桥长 340m，东岸引道长 40m，设计速度 80km/h，设计荷载汽车超—20 级、挂车—120，桥面宽 24.5m，四车道高速公路桥梁，主桥结构钢筋混凝土梁斜拉桥，跨度组合为 $1×40m+(1×40m+1×70m+1×220m)$，大桥主塔结构分上部塔身和下部塔墩两部分，全高 166.5m，其中桥面高程以上高 95.453m。主塔顺桥向为独柱形式，上部塔身横桥向为宝石形结构，塔柱为钢筋混凝土空心结构，截面外轮廓为六边形；下部塔墩横桥向为带横梁的门形结构，截面外轮廓亦为六边形。主梁采用双边主肋形预应力混凝土方案，顶宽 28m，底宽 28.5m，顶面设 2% 的双向横坡，边肋高 2.4m，梁中部全高 2.68m，顶板厚 0.32m。顶板设两道纵向加劲矮肋，肋高 0.8m，宽 1.0m。斜拉索采用镀锌低松弛高强度平行钢丝束，为双索面扇形布置，全桥共设 50 对。

清江特大桥

桥址区属鄂西南恩施盆地，属于构造侵蚀、溶蚀低山峡谷地貌。恩施岸坡多被第四系覆盖，植被发育较，桥台处地面高程 517.45m；利川岸桥台位于岗脊附近，地面高程约

517m,临江为悬岩,桥面离水面高度约120m。大桥主梁采用挂篮悬浇施工,索塔和桥墩由于高度较大设计单位湖北省交通规划设计院,施工单位中交第二公路工程局有限公司,建设单位沪蓉西高速公路建设指挥部,管理单位湖北省交通运输厅鄂西高速公路管理处。

六、神农溪特大桥

神农溪特大桥位于湖北省巴东县溪丘湾乡神龙溪景区内,是沪蓉高速公路宜巴段上的一座特大桥。2009年9月开工建设,2014年6月建成通车。

大桥全长1098m,中心桩号K1263+407,左、右幅桥梁全长1098m,跨径总长1090m,设计速度80km/h,桥面宽12.25m,双车道高速公路桥梁;桥跨布置为4×30m+(80m+150m+80m)+(140m+320m+140m)+(2×30m),其中主桥140m+320m+140m为预应力混凝土双塔双索面斜拉桥。副主桥80m+150m+80m为预应力混凝土箱形连续刚构。引桥4×30m及2×30m为预应力混凝土先简支后连续刚构。桥梁全宽27.1m,桥面净宽22m。

宜巴高速公路巴东神农溪特大桥

主桥采用斜拉桥和悬浇连续刚构箱梁桥方案,桥跨布置以施工安全可靠为中心;引桥以服从节约投资为原则,采用预制T梁先简支后刚构体系,选用经济桥跨,施工快速、方便。路线与河谷高差100m以上的区域达385m,采用大跨有利于降低墩高,而采用高墩则有利于减小主跨跨度,综合施工安全与工程规模方面的考虑,主梁采用预应力混凝土箱形截面,顶宽27.1m

神农溪为U形峡谷,两侧坡度较陡,最大切深度100m左右。路线与谷底最大高差达200m,桥梁规模大,施工难度较大。施工场地条件较狭小,高差大,需开辟施工便道至主要工地,桥型方案设计以降低施工运输及场地要求,工艺成熟、施工便捷为原则,体现山区桥梁工程建设的特点。建设单位湖北省宜昌至巴东高速公路建设指挥部;设计单位中交第二公路勘察设计研究院;施工单位中交第二公路工程局有限公司;监理单位湖北省公路工程咨询监理中心;管养单位湖北省交通运输厅鄂西高速公路管理处。

七、四渡河特大桥

四渡河特大桥位于恩施州巴东县野三关镇,是沪渝高速公路上的一座大桥。2004年8月20日开工建设,2009年11月30日建成通车。桥梁总长1365m,跨径总长1100m,单孔最大跨径900m,西岸引道长208m,东岸引道长114m,设计速度80km/h,设计荷载汽车超—20级、挂车—120,桥面全宽24.5m,净宽22.5m,四车道高速公路桥梁;主桥结构采用900m钢桁架悬索桥,东岸设计采用隧道锚,西岸采用重力式锚碇。桥跨组合为900m+5×40m;设计单位中交第二公路勘测设计研究院;施工单位路桥华南工程有限公司;监理单位铁二院咨询监理公司;建设单位沪蓉西高速公路建设指挥部,管理单位湖北省交通运输厅鄂西高速公路管理处。

四渡河特大桥

四渡河特大桥桥面与谷底高差560m,大桥索塔采用钢筋混凝土双柱式门形框结构,由基础、塔座、塔柱和横梁组成。宜昌岸塔高113.6m,恩施岸塔高118.2m;全桥吊索272根。加劲钢桁梁由主桁架、上下平联、横向横架组成。主桁架采用华伦式,上、下弦杆采用闭口箱形结构形式,节点整体连接;锚碇预应力体系采用喷涂环氧钢绞线单根可换式等两项关键技术都属国内首创;桥面2.41%单向坡居悬索桥世界第一。在施工方法和工艺上:选用火箭抛绳系统来进行先导索过深切峡谷国内独创;在隧道锚拉拔模型试验目前国内试验内容最完整、现场试验规模最大;在加劲梁吊装采用900m跨径缆索吊,目前名列国内第一。在施工环境上:大桥塔顶至峡谷底高差达650m,大桥被誉世界第一高桥。四渡河特大桥是一座致富桥。在未建四渡河特大桥之前,峡谷两岸的两个山头直线距离虽然只有1000m多,但却"望山跑死马",即便开车也需要2h以上,穿行40km以上。大桥通车后,湖北宜昌至恩施路段,一改过去在318国道上需要8~10h车程的状况,走高速公路只需3h,当地人民的脱贫致富创造了便捷的交通环境。

八、魏家洲特大桥

魏家洲特大桥位于湖北省长阳土家族自治县内,是沪渝高速公路宜昌至恩施段上的一座大桥,2004年8月开工建设,2009年7月建成通车。

魏家洲特大桥主桥为三跨预应力连续刚构桥,桥跨组合为 2×20m+110m+200m+110m+4×20m;左幅桥梁总长为535.82m,东岸引道长30m,西岸引道长80m,双车道高速公路桥梁;设计速度80km/h,设计荷载汽车超—20级、挂车—120,桥面宽12.5m,主桥结构采用连续T梁桥,桥跨组合为30m+110m+200m+110m+4×20m;右幅桥梁总长为552m,东岸引道长40m,西岸引道长80m,设计速度80km/h,桥面宽12.5m,双车道高速公路桥梁。

魏家洲特大桥

桥址区属深切V形河谷地貌,周边山峦起伏,山体下坡陡峻,上坡略缓。河谷内沟壑纵横,层状地貌明显,地形相对高差达300m,自西向东地势总体逐级下下降。桥面至沟底高差为219m。主墩墩身采用钢筋混凝土双肢薄壁空心墩,主墩基础这12根直很径为2.5m的钻孔东灌注桩。设计单位湖北省交通规划设计院;施工单位云南第二公路桥梁工程有限公司;建设单位沪蓉西高速公路建设指挥部;管理单位湖北省交通运输厅鄂西高速公路管理处。

九、渔泉溪特大桥

渔泉溪特大桥位于湖北省长阳土家族自治县内,是沪渝高速公路宜昌至恩施段上的一座大桥,沪渝高速公路鄂西段上,2004年8月开工建设,2009年8月建成通车;左幅桥梁总长为410.025m,东岸引道长60m,西岸引道长90m,设计速度80km/h,设计荷载汽车超—20级、挂车—120,桥面宽12.5m,双车道高速公路桥梁;主桥结构采用连续T梁桥,桥跨组合为2×30m+66m+120m+66m+3×30m;右幅桥梁总长为530.257m,东岸引道长90m,西岸引道长180m,设计速度80km/h,桥面宽12.5m,双车道高速公路桥梁;主桥结构采用连续T梁桥,桥跨组合为3×30m+66m+120m+66m+6×30m;设计单位湖北省交通规划设计院；施工单位路桥集团第一公路工程局第一工程公司；建设单位沪蓉西高速公路建设指挥部；管理单位湖北省交通运输厅鄂西高速公路管理处。

渔泉溪特大桥

十、龙潭河特大桥

龙潭河特大桥位于湖北省长阳土家族自治县内，是沪渝高速公路宜昌至恩施段上的一座大桥。2004年8月开工建设，2008年8月建成通车。龙潭河大桥左幅桥梁总长1182m，主桥结构采用连续刚构桥，桥跨组合为 $5\times40m+106m+3\times200m+106m+4\times40m$；右幅桥梁总长1143m。设计速度80km/h，设计荷载汽车超—20级、挂车—120，桥面宽12.25m，双车道高速公路桥梁；主梁采用单箱单室截面，顶宽12.5m，底宽6.5m，根部梁高12.0m，跨中及边跨现浇段梁高3.5m，其间梁底曲线按1.8次抛物线变化。主墩墩身采用钢筋混凝土双肢薄空心壁，主墩基础为16根直径为2.4m的钻孔灌注桩。

龙潭河特大桥

桥址区属构造剥蚀低及U形河谷地貌，山体坡度较陡。河谷切割深度200～300m。龙潭河为山间常年性河流，河谷宽300m，较平坦，桥面至最低水面高差为192m。设计单位中交第二公路勘察设计研究院;施工单位中铁十七局第二工程有限公司和湖北路桥有限责任公司;建设单位沪蓉西高速公路建设指挥部;管理单位湖北省交通运输厅鄂西高速公路管理处。

十一、双河口特大桥

双河口特大桥位于沪渝高速鄂西段上,2004年8月开工建设,2009年11月建成通车;左幅桥梁总长733.78m,其中主桥长523.78m,东岸引道长90m,西岸引道长120m,设计速度80km/h,设计荷载汽车超—20级、挂车—120,桥面宽12.5m,双车道高速公路桥梁;主桥结构采用连续刚构桥,桥跨组合为3×30m+(90m+2×170m+90m)+4×30m;右幅桥梁总长861.08m,其中主桥长531.08m,东岸引道长120m,西岸引道长210m,设计速度80km/h,桥面宽12.5m,双车道高速公路桥梁;主桥结构采用连续钢构桥,桥跨组合为4×30m+(90m+2×170m+90m)+7×30m;设计单位中交第二公路勘察设计研究院;施工单位中国葛洲坝集团股份有限公司;建设单位沪蓉西高速公路建设指挥部;管理单位湖北省交通运输厅鄂西高速公路管理处。

双河口特大桥

十二、野三河特大桥

野三河特大桥位于恩施州建始县高坪镇,是沪渝高速公路宜昌至恩施段上的一座大。2004年9月20日开工建设,2009年11月30日建成通车,左幅桥梁全长952m,其中主桥长412m,东岸引道长480m,西岸引道长60m,设计速度80km/h,设计荷载汽车超—20级、挂车—120,桥面宽11.5m,双车道高速公路桥梁,主桥结构钢筋混凝土先简支后结构连续,跨度组合为2×30m+(106m+200m+106m)+16×30m,右幅桥梁全长982m,其中主桥长412m,东岸引道长510m,西岸引道长60m,设计速度80km/h,设计荷载汽车超—20级、挂车—120,桥面宽11.5m,双车道高速公路桥梁,主桥结构钢筋混凝土先简支后结构连续,跨度组合为 2×30m +(106m +200m +106m)+17×30m。主梁采用单箱单室截面,顶宽12.2m,底宽6.5m,根部梁高12.0m,跨中梁高3.5m,根部底板厚110cm,梁高和底板厚度均按曲线按1.8次抛物线变化。主墩墩身为分幅设置的双肢薄壁空心墩,肢间距离为9.0m,主墩基础为24根直径为2.4m的钻(挖)孔灌注桩。

桥址区属中山区构造侵蚀,溶蚀槽谷,谷底为野三河,地形上呈不对称V形河,两岸地面高程为615~812m,相对高差207m,桥面至最低水面高差为180m。设计单位湖北省交通规划设计院,施工单位中交第二公路工程局有限公司,建设单位沪蓉西高速公路建设指挥部,管理单位湖北省交通运输厅鄂西高速公路管理处。

野三河特大桥

十三、恩黔高速宣恩—咸丰(鄂渝界)段龙桥特大桥

龙桥特大桥位于宣恩县晓关乡龙沟村,其中主桥左幅长472m,跨径总长460m;右幅长504m,跨径总长490m。桥面宽24.5m。于2014年12月26日建成通车。设计单位中交第二公路勘察设计研究院有限公司,施工单位中铁大桥局集团股份有限公司,监理单位沈阳公路工程监理有限责任公司,管理单位湖北高路鄂西高速公路有限公司。

主桥设计采用跨径268m的上承式钢管混凝土拱桥,拱肋中心矢高53.6m,矢跨比$f=1/5$,拱轴系数$m=1.9$。拱肋拱脚高度为10m、拱顶高度为6m。引桥上部结构采用20m预应力混凝土分体梁,先简支后结构连续。整体性、横向稳定性和抗震性均较好,结构刚度较大。

拱桥方案造型优美,艳丽的拱圈宛如雨后彩虹,从任意角度都能给视觉带来较强烈的美感冲击,将成为整条线路的标志性工程。

十四、恩来高速忠建河特大桥

忠建河特大桥位于湖北省宣恩县晓关侗族乡倒洞塘村的一座公路斜拉桥,跨越忠建河大峡谷,是安来高速公路恩施－来凤段(恩来高速公路)的控制性工程,大桥全长1068.6m,跨径1050m,单孔最大400m,跨径布置为(3×30+46+134+400+400+134+46+5×40)m。桥面全宽12m,净宽11m,左右幅相同。大桥主塔为钢筋混凝土H形塔柱结构,两岸塔高均为245m。大桥于2011年8月22日正式开工,2014年12月26日建成通车。建设单位湖北高路鄂西高速公路建设指挥部,设计单位中交第二公路勘察设计研究院有限公司,施工单位中交第二航务工程局有限公司,监理单位湖北省公路工程咨询监理中心,管理单位湖北高路鄂西高速公路有限公司。

  创新特点:忠建河桥址区属于构造溶蚀,侵蚀中低山峰丛地貌,受清江一级支流忠建河的切割,地形起伏较大,微地貌为V形峡谷,两岸为峰丛、孤峰地貌。大桥施工环境恶劣、工艺复杂。主塔采用液压自动爬模施工,钢桁梁安装采用杆件工厂加工,塔下拼装,由4台大吨位桥面吊机对称悬臂吊装。钢桁梁为N形桁架,主桁采用焊接整体节点结构形式。斜拉索采用阻尼器、气动措施并用的综合减振方案,气压措施为压花型抗风雨振拉索技术;拉索在塔端采用内置减震器,梁端采用外置减震器。主梁在过渡墩、辅助墩及主塔横梁处设置纵向活动、竖向刚性的球形支座;在过渡墩和主塔下横梁处各设一组黏滞阻尼器,全桥共8组。

十五、马水河特大桥

  马水河特大桥位于湖北省建始县与恩施市交界处,是沪渝高速公路宜昌至恩施段的一座特大桥,跨越马水河与大水井隧道相接。左幅桥梁全长875.5m,左幅跨径总长865m,右幅桥梁全长994m,左幅跨径总长985m,设计速度80km/h,设计荷载汽车—超20级、挂车—120,桥面宽11.5m,双车道高速公路桥梁,主桥结构采用钢筋混凝土T形刚构,左幅跨度组合110m+(3×200+110)m+45m。右幅跨度组合跨度组合3×40m+110m+3×200m+110m+45m。桥面全宽12.5m,净宽11.5m,2005年初开工建设,左幅2008年12月31日建成通车,右幅2008年6月28日建成通车。建设单位沪蓉西高速公路建设指挥部;设计单位湖北省交通规划设计院;施工单位中铁十五局集团第一工程公司;监理单位厦门港湾监理有限公司;管理单位湖北省交通运输厅鄂西高速公路管理处。

  马水河桥址区属于构造溶蚀,侵蚀低中山地貌,河流切割较深,呈典形的V形河谷,地面高程为430~630m,桥面距谷底220m。施工难度大,技术含量高,为目前国内乃至亚洲建桥史上所罕见,是极具挑战性的世界级工程,被业内专家称为"百m高墩群T形刚构桥型世界之最"。

十六、景阳河大桥

  景阳河大桥位于建始县鹤建公路81.246km处,跨越清江干流,2005年3月1日开工建设，2007年12月建成通车。桥梁总长504.58m，跨径总长480m，单孔最大跨径260m；双向两车道公路桥梁，设计速度60km/h，设计荷载公路-Ⅱ级；主桥上部结构采用钢管混凝土刚架拱，跨径组合为$(2\times60+1\times260+5\times20)$m，桥梁全宽11m，净宽8.5m；下部结构为重力式墩，U形桥台。建设单位恩施州交通局水布垭交通复建项目管理处；设计单位湖北省交通规划设计院；施工单位中铁大桥局股份有限公司监理单位湖北华捷公路工程咨询监理公司；

特点创新：该桥是湖北省普通公路跨径最大的上承式钢管混凝土拱桥。

十七、南里渡桥

南里渡特大桥位于恩施市318国道，跨越清江支流马水河；2000年5月19日开工建设，2002年8月建成通车。桥梁总长334.16m；跨径总长300m，单孔最大跨220m，设计荷载汽车—超20级，双向两车道公路桥梁，净宽12m；主桥结构采用上承式钢管混凝土拱桥，大桥主跨220m，跨径组合$2\times20m+220m+2\times20m$。建设单位318国道改扩建指挥部；设计单位湖北省交通规划设计院；施工单位中铁大桥局集团三公司；监理单位武汉飞虹道桥监理公司；管养单位恩施公路管理局。

特点创新：该桥采用缆索吊装工艺施工，最大吊重38t，全桥钢管（1100t）分24个节段吊装合龙，主拱圈由厚度14mm、直径92cm的优质锰钢管组成；在钢管内栗送高标号混凝土后形成全桥的受力骨架。

获奖情况：2003年获（铁道部）中国铁路总公司优质工程奖。

十八、无源洞大桥

无源洞大桥位于巴东县信陵镇，1988年10月开工，1990年10月建成通车。桥梁总长200m，跨径180m，最大跨180m，桥梁组合1×180m；双向两车道公路桥梁，桥面全宽13m，净宽9m；主桥结构采用钢筋混凝土箱型拱桥。建设单位恩施州公路管理局；设计单位巴东县交通局测量队；施工单位巴东县公路段；监理单位恩施州监理咨询公司；管养单位巴东县公路段。

特点创新：大桥桥址位于巴东老城上方约1km长江岸边，其南岸岸坡区总体为向北倾斜的顺向坡，桥位区冲沟近似呈反S形，总体流向由南向北，切割深度80~130m，冲沟横截面呈不对称V形，大桥桥面距水面高差180m。施工集劲性骨架法和转体施工法于一身，在峡谷两壁与桥轴线呈160°方向上平整场地设置劲性骨架拱胎及支架，按整体坐标放样，将钢管及型钢焊接成两个半拱骨架，之后两岸同步平转对接合龙。

第四节　高速公路隧道

湖北位于秦岭褶皱系与扬子准地台的接触带上,全省地势大致为东、西、北三面环山,中间低平,略呈向南敞开的不完整盆地,全省将近70%为山地丘陵所覆盖。在山地丘陵区,山峦起伏,地貌切割较为严重,受区域构造、地层岩性、地形地貌及水文地质等条件影响,不良地质发育。这就决定了湖北省地质条件极其复杂,隧道修建过程中必将遇到各种各样危急施工安全的特殊地质地段。

湖北省山地丘陵面积大,山地地形复杂,相对高差较大,断层破碎带、软弱围岩、高地应力、岩爆、岩溶、松散地层、膨胀性围岩、瓦斯地层、高水压低层、富水地层、古断层滑坡堆积体等多种不良地质发育,使得湖北省公路隧道建设遇到的地质条件与施工环境复杂;隧道结构的设置形式由单一的上下行标准分离式隧道逐渐发展为分离式隧道、小净距隧道、连拱隧道等常用类型,分岔隧道也已得到了成功应用。除了常规山岭公路隧道外,湖北省已建成武汉长江隧道及东湖隧道两座水下隧道,其中武汉长江隧道采用内径10.0m、外径1m的圆形断面,东湖隧道根据建筑限界并结合其使用功能与工程特点采用矩形断面,进一步丰富了湖北省的公路隧道结构形式。湖北省公路隧道的结构形式已呈多样化发展趋势;湖北省公路隧道建设技术已取得了较大成就:由于公路隧道的修建涉及结构、防排水、工程地质、水文地质、消防、给排水、通风照明、节能环保、景观绿化等众多方面。为适应湖北省公路隧道建设快速发展的需求,突破和解决工程实践中的热点、难点和焦点问题,各设计、科研单位均进行了相关研究攻关,依靠工程和科研的双重积累,湖北省公路隧道建设取得了一系列研究成果。在特殊结构形式隧道的设计施工、特殊地质条件下的隧道建设技术、隧道防排水新技术新材料、长大隧道通风照明、隧道施工及运营安全控制等方面均取得了一系列的研究成果和突破,隧道建设标准化工作也已开展并逐步成型;城市公路隧道、水下公路隧道建设方兴未艾:目前已有武汉长江隧道、水果湖隧道建成通车,武汉东湖隧道也已开始施工,其他一些中心城市的水下隧道也陆续开始规划。

一、高速公路隧道概况

20世纪80年代前,由于公路投资和技术水平的制约,湖北境内修建公路隧道的不多。1996年通车的三峡工程对外专用公路(现三峡高速)上兴建5座分离式隧道,其中木鱼槽隧道左岸长3610m,右岸3581m,是当时国内最长的双洞双车公路隧道。21世纪以来随着沪蓉西高速的建成以及宜巴高速、恩黔高速等的开建,出现了一大批复杂环境条件下或特殊结构形式的公路隧道,给湖北省的公路隧道建设带来了机遇与挑战。公路隧道发展趋势也是越修越长、越修越宽、技术越来越难、越来越复杂,湖北省的公路隧道已由平原微丘走向山岭重丘、由陆域走向水下、由山区走向城市。到"十二五"末,随着"七纵五横三环"高速路网的全面建成,隧道数量特别是特长隧道及长大隧道显著增加。

截至2016年12月31日,湖北省高速公路隧道702座856411.2延米,其中:特长隧道76座342359.8延米,长隧道180座300392.5延米,中隧道195座138106.3延米,短隧道251座75552.6延米。

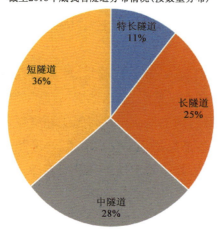

截至2016年底我省隧道分布情况(按数量分布)

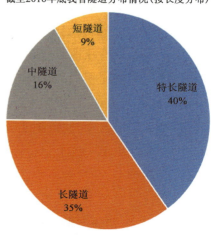

截至2016年底我省隧道分布情况(按长度分布)

按公路行政等级分,702处隧道中,国道318座377319.1延米;省道47座61016.6延米;村道4座2184延米;下行线333座415891.5延米。按管理单位分见表2-3-5。

隧道分布表　　　　　　　表2-3-5

单 位	合 计		特长隧道		长 隧 道	
	座	延米	座	延米	座	延米
谷竹高速公路	96	96078.5	2	16505	28	41872.5
鄂西管理处	91	155824.9	20	92197.3	26	39807.5
宜巴高速公路	78	118427.2	14	70349	15	25700.5
十白高速公路	68	44913.5	0	0	12	23423.5
鄂西指挥部	68	90727.3	8	32946	28	39622
襄随高速公路	56	70166.5	4	15919	18	36812
汉十管理处	42	24161.7	2	6179	7	10093.5
郧十高速公路	28	28516.5	4	13677	5	8804
保宜高速公路	32	48232	4	21199		
三峡翻坝高速公路	26	45249.5	10	36547.5	1	1013
十房高速公路	20	21490.5	2	13800		
大广南公司	18	24374.8	2	6041	6	13061
宜张指挥部	18	14971.2			4	7076.1
武麻高速公路	10	15403.3	2	9809	2	2598.3
三峡高速公路	10	14626.1	2	7191	4	5233.1

续上表

单　位	合　计		特长隧道		长　隧　道	
	座	延米	座	延米	座	延米
嘉通高速公路	8	11191.7			4	2448.4
麻阳高速公路	6	3894			2	2548
汉鄂高速公路	6	2193				
杭瑞高速公路	5	10001.2				
武英高速公路	7	6710			3	4658
大广北公司	4	2100				
黄咸高速公路	2	970				
咸通高速公路	2	2001.8				
青郑公司	1	186				

二、特长隧道选介（按路线排列）

（一）沪蓉高速公路

1. 沪蓉高速公路大别山隧道

大别山特长隧道是沪蓉高速公路（G42）麻城至武汉段重点控制性工程，为上下行分离的双洞隧道，进口位于麻城市木子店镇槐树村细台子湾，出口位于麻城市龟峰山乡边店村叶家河。隧道右幅全长4901m，中心桩号K707+744，左幅全长4908m，中心桩号K707+325，隧道按四车道高速公路标准建设，隧道净宽18m，隧道净高5.2m，设计速度80km/h。为国家公路主架"7918网"G42（沪蓉高速公路）穿越大别山的第一长隧。于2008年8月9日开工建设，2010年12月30日正式通车。

建设单位：湖北省麻武高速公路建设指挥部，设计单位湖北省交通规划设计院，施工单位中铁七局三公司，监理单位湖北高路公路工程监理咨询有限公司，管养单位湖北省交通运输厅黄黄高速公路管理处。

2. 沪蓉高速公路界岭隧道

隧道位于国家公路主架"7918网"沪蓉高速公路（G42）上，进洞口在宜昌市夷陵区雾渡河镇观音村一组，出洞口位于兴山县水月寺镇李村坪村三组，洞门形式进口为削竹式，出口为台阶式。该隧道采用上下行、左右线分离路基隧道净空断面形式，隧道右幅全长5681m，隧道中心桩号K1184+315，左幅全长5653m，中心桩号K1184+310，隧道按四车道高速公路标准建设，隧道净宽10.25m，隧道净高5m，设计速度80km/h。于2014年12月27日正式通车。

建设单位：湖北省宜巴高速公路建设指挥部，设计单位湖北省交通规划设计院，施工单位中铁七局集团有限公司，监理单位湖北高路公路工程监理咨询有限公司，管养单位湖

3. 沪蓉高速公路卧佛山隧道

隧道位于国家公路主架"7918网"沪蓉高速公路（G42）上，隧道右幅全长4452m，中心桩号K1202+694，左幅全长4452m，中心桩号K1202+685，隧道按四车道高速公路标准建设，隧道净宽10.25m，隧道净高5m。设计速度80km/h。于2014年6月1日正式通车。

建设单位：湖北省宜巴高速公路建设指挥部，设计单位湖北省交通规划设计院，施工单位中交第四公路工程局有限公司，监理单位湖北省公路工程监理咨询有限公司，管养单位湖北省交通运输厅鄂西高速公路管理处。

4. 沪蓉高速公路峡口隧道

隧道位于国家公路主架"7918网"沪蓉高速公路（G42）上，在兴山县峡口镇境内，为路线穿越一近南北走向山岭而建设，隧道进口位于峡口镇石家坝村境内之高岚河北西岸，出口位于峡口镇泗湘溪村李家沟境内。

沪蓉高速公路宜巴段峡口隧道（G42）

隧道右幅全长6487m，隧道中心桩号K1211+140，左幅全长6456m，中心桩号K1211+106，隧道按四车道高速公路标准建设，隧道净宽10.25m，隧道净高5m。设计速度80km/h。于2014年6月1日正式通车。

建设单位：湖北省宜巴高速公路建设指挥部，设计单位中交第二公路勘察设计研究院，施工单位中铁二十局集团有限公司，监理单位湖北省公路水运工程监理咨询公司，管养单位湖北省交通运输厅鄂西高速公路管理处。

5. 沪蓉高速公路石门垭隧道

隧道位于国家公路主架"7918网"沪蓉高速公路（G42）上，在秭归县水田镇境内，为路线穿越凉台河流域与香溪河流域分水领地带而建设，隧道进口位于水田坝镇大石包境内，略呈弧形展布，走向约214°，与大石包巴东台相连，洞身段走向247°隧道出口走向约

270°,位于水田坝镇境内向家务场境内咸池沟左岸,与咸池沟大桥宜昌台相接。石门垭隧道为一座上、下行分离的四车道高速公路特长隧道,隧道最大埋深约750m,隧道左幅起讫桩号 K1230+139～K1222+614.746,中心桩号 K1226+377,总长 7524.254m,隧道右幅起讫桩号 K1222+632～K1230+125,中心桩号 K1226+379,总长 7493m,隧道净宽 10.25m,隧道净高 5m。设计速度 80km/h。于 2014 年 6 月 1 日正式通车。

沪蓉高速公路宜巴段石门垭隧道(G42)

建设单位:湖北省宜巴高速公路建设指挥部,设计单位中交第二公路勘察设计研究院,施工单位中铁二十局集团有限公司,监理单位湖北省顺达公路工程咨询监理有限公司,管养单位湖北省交通运输厅鄂西高速公路管理处。

6. 沪蓉高速公路郑家垭隧道

隧道位于国家公路主架"7918 网"沪蓉高速公路(G42)上,隧道右幅全长 3812m,隧道中心桩号 K1232+150,左幅全长 3836m,中心桩号 K1232+198,隧道按四车道高速公路标准建设,隧道净宽 10.25m,隧道净高 5m。设计速度 80km/h。于 2014 年 6 月 1 日正式通车。

建设单位:湖北省宜巴高速公路建设指挥部,设计单位中交第二公路勘察设计研究院,施工单位中铁港航局三公司,监理单位湖北顺达公路工程咨询监理有限公司,管养单位湖北省交通运输厅鄂西高速公路管理处。

7. 沪蓉高速公路马家坡隧道

隧道位于国家公路主架"7918 网"沪蓉高速公路(G42)上,隧道右幅全长 3950m,中心桩号 K1245+160,左幅全长 3978m,中心桩号 K1245+192,按四车道高速公路标准建设,隧道净宽 10.25m,隧道净高 5m。设计速度 80km/h。于 2014 年 6 月 1 日正式通车。

建设单位:湖北省宜巴高速公路建设指挥部,设计单位中交第二公路勘察设计研究院,施工单位中铁第五工程局,监理单位湖北顺达公路工程咨询监理有限公司,管养单位湖北省交通运输厅鄂西高速公路管理处。

8. 沪蓉高速公路段家屋隧道

隧道位于国家公路主架"7918网"沪蓉高速公路（G42）上，隧道右幅全长3260m，中心桩号K1272+908，左幅全长3315m，中心桩号K1272+928，按四车道高速公路标准建设，隧道净宽10.25m，隧道净高5m。设计速度80km/h。于2014年7月20日正式通车。

建设单位：湖北省宜巴高速公路建设指挥部，设计单位中交第二公路勘察设计研究院，施工单位中交第三公路工程有限公司，监理单位湖北省公路工程咨询监理中心，管养单位湖北省交通运输厅鄂西高速公路管理处。

（二）大广南高速公路

大广高速公路鄂赣隧道

隧道位于国家公路大广高速公路（G45）上，位于通山县洪港镇盘田村八组，隧道采用左右行车向分离式双洞，隧道全长划分为湖北省、江西省两段，其中隧道右幅全长3031.34m，中心桩号K2584+670，左幅全长3010m，中心桩号K2584+633，按四车道高速公路标准建设，隧道净宽10.75m，隧道净高7.3m。设计速度80km/h。于2011年12月29日正式通车。鄂赣隧道是大广南高速全线三个重点控制工程之一。

建设单位：湖北省阿深南高速公路发展有限公司，设计单位中国第四勘察设计院集团公司，施工单位中铁隧道集团有限公司，监理单位安徽省科兴交通建设工程监理有限公司，管养单位湖北省阿深南高速公路发展有限公司。

（三）沪渝高速公路

1. 沪渝高速公路扁担垭隧道

隧道位于国家公路主架"7918网"沪渝高速公路（G50）上，隧道右幅全长3371m，隧道中心桩号K1225+359，左幅全长3346m，中心桩号K1225+397，隧道按四车道高速公路标准建设，隧道净宽10.25m，隧道净高5m。设计速度80km/h。于2009年10月28日正式通车。

建设单位：湖北省沪蓉西高速公路建设指挥部，设计单位湖北省交通规划设计院，施工单位云南第二公路桥梁工程有限公司，监理单位湖北水运工程咨询监理有限公司，管养单位湖北省交通运输厅鄂西高速公路管理处。

2. 沪渝高速公路渔泉溪隧道

隧道位于国家公路主架"7918网"沪渝高速公路（G50）上，隧道右幅全长5234m，中心桩号K1230+259，左幅全长5127m，中心桩号K1230+205，隧道按四车道高速公路标准建设，隧道净宽10.25m，隧道净高5m。设计速度80km/h。于2009年10月28日正式通车。

沪渝高速公路沪蓉西段扁担垭隧道(G50)

建设单位:湖北省沪蓉西高速公路建设指挥部,设计单位湖北省交通规划设计院,施工单位中铁十一局集团/东北煤炭建设工程有限公司,监理单位湖南金路工程咨询监理有限公司,管养单位湖北省交通运输厅鄂西高速公路管理处。

3. 沪渝高速公路金龙隧道

位于湖北省长阳县境内的沪蓉西龙潭隧道(后更名为金龙隧道),是独头掘进里程全国第一、湖北省最长的公路隧道。隧道右幅全长8599m,中心桩号K1250+942,左幅全长8693m,中心桩号K1250+978,隧道按四车道高速公路标准建设,隧道净宽10.25m,隧道净高5m。设计速度80km/h。贯穿集溶洞、暗河、突水涌泥、断层、偏压、岩爆、高地应力等地质灾害于一体的特殊地质地段,是我国目前高速公路施工条件最艰苦、地质状况最复杂的高风险岩溶隧道。于2009年11月15日正式通车。

沪渝高速公路沪蓉西段金龙隧道(G50)

建设单位:湖北省沪蓉西高速公路建设指挥部,设计单位湖北省交通规划设计院,施工单位中铁十四局集团有限公司,监理单位湖南金路工程咨询监理有限公司,管养单位湖北省交通运输厅鄂西高速公路管理处。

4. 沪渝高速公路渔泉溪隧道

隧道位于国家公路主架"7918 网"沪渝高速公路（G50）上,隧道右幅全长 3548m,隧道中心桩号 K1280+441,左幅全长 3525m,中心桩号 K1280+462,隧道按四车道高速公路标准建设,隧道净宽 10.25m,隧道净高 5m。设计速度 80km/h。于 2009 年 12 月 19 日正式通车。

建设单位：湖北省沪蓉西高速公路建设指挥部,设计单位中交第二公路勘测设计研究院,施工单位中国中铁股份有限公司,监理单位湖北省公路工程监理咨询有限公司,管养单位湖北省交通运输厅鄂西高速公路管理处。

5. 沪渝高速公路野三关隧道

隧道位于国家公路主架"7918 网"沪渝高速公路（G50）上,隧道右幅全长 3665m,隧道中心桩号 K1286+912,左幅全长 3665m,中心桩号 K1286+909,隧道按四车道高速公路标准建设,隧道净宽 10.25m,隧道净高 5m。设计速度 80km/h。于 2009 年 12 月 19 日正式通车。

建设单位：湖北省沪蓉西高速公路建设指挥部,设计单位中交第二公路勘测设计研究院,施工单位中国中铁五局集团有限公司,监理单位中铁二院咨询监理有限公司,管养单位湖北省交通运输厅鄂西高速公路管理处。

6. 沪渝高速公路张家冲隧道

隧道位于国家公路主架"7918 网"沪渝高速公路（G50）上,隧道右幅全长 3636m,中心桩号 K1296+936,左幅全长 3382m,中心桩号 K1297+471,隧道按四车道高速公路标准建设,隧道净宽 10.25m,隧道净高 5m。设计速度 80km/h。于 2009 年 12 月 19 日正式通车。

建设单位：湖北省沪蓉西高速公路建设指挥部,设计单位中交第二公路勘测设计研究院,施工单位中国中铁十五局集团有限公司,监理单位中铁二院咨询监理有限公司,管养单位湖北省交通运输厅鄂西高速公路管理处。

7. 沪渝高速公路香炉山隧道

隧道位于国家公路主架"7918 网"沪渝高速公路（G50）上,隧道右幅全长 3964m,隧道中心桩号 K1307+611,左幅全长 4023m,中心桩号 K1307+666,隧道按四车道高速公路标准建设,隧道净宽 10.25m,隧道净高 5m。设计速度 80km/h。于 2009 年 12 月 19 日正式通车。

建设单位：湖北省沪蓉西高速公路建设指挥部,设计单位湖北交通规划设计院,施工单位中交集团第二公司,监理单位湖北公路水运工程咨询监理有限公司,管养单位湖北省交通运输厅鄂西高速公路管理处。

8. 沪渝高速公路大水井隧道

隧道位于国家公路主架"7918网"沪渝高速公路(G50)上,隧道右幅全长3424m,中心桩号K1358+538,左幅全长3415.3m,中心桩号K1358+555,隧道按四车道高速公路标准建设,隧道净宽10.25m,隧道净高5m。设计速度80km/h。于2008年6月18日正式通车。

建设单位:湖北省沪蓉西高速公路建设指挥部,设计单位湖北交通规划设计院,施工单位中铁隧道集团股份有限公司,监理单位厦门港湾咨询监理有限公司,管养单位湖北省交通运输厅鄂西高速公路管理处。

9. 沪渝高速公路云雾山隧道

隧道位于国家公路主架"7918网"沪渝高速公路(G50)上,曾用名"乌池坝隧道""薛湾隧道",为上下行分离的双洞隧道,隧道位于恩施市白果坝镇乌池坝与利川团堡镇菁口境内,隧道进口位于恩施市白果坝镇乌池坝村,出口位于利川团堡镇菁口柏腊村,隧道右幅全长6693m,中心桩号K1432+845,左幅全长6708m,中心桩号K1432+829,隧道按四车道高速公路标准建设,隧道净宽10.25m,隧道净高5m。设计速度80km/h。云雾山隧道于2006年1月开工建设,于2009年12月18日正式通车。

沪渝高速公路沪蓉西段云雾山隧道(G50)

建设单位:湖北省沪蓉西高速公路建设指挥部,设计单位湖北省交通规划设计院,施工单位中铁十四局和中港四航局集团有限公司,监理单位湖北省公路工程咨询监理有限公司,管养单位湖北省交通运输厅鄂西高速公路管理处。

10. 沪渝高速公路齐岳山隧道

隧道位于国家公路主架"7918网"沪渝高速公路(G50)上,隧道右幅全长4087m,中心桩号K1495.912,左幅全长4092m,中心桩号K1495+915。隧道按四车道高速公路标准建设,隧道净宽10.25m,隧道净高5m。设计速度80km/h。于2009年12月18日正式通车。

建设单位:湖北省沪蓉西高速公路建设指挥部,设计单位中国第二公路勘察设计研究院,施工单位中铁十七局集团有限公司,监理单位武汉交科/育才布朗交通工程监理有限公司,管养单位湖北省交通运输厅鄂西高速公路管理处。

(四)恩广高速公路

1.恩广高速公路齐岳山隧道

隧道位于恩广高速公路(G5012),隧道右幅全长3386m,中心桩号K20+679,左幅全长3375m,中心桩号K20+663,隧道按四车道高速公路标准建设,隧道净宽10.5m,隧道净高5m。设计速度80km/h。于2015年12月30日正式通车。

建设单位:湖北省沪蓉西高速公路建设指挥部,设计单位湖北省交通规划设计院,施工单位中铁一局集团有限公司,监理单位湖北省公路工程咨询监理有限公司,管养单位湖北省交通运输厅鄂西高速公路管理处。

2.恩广高速公路大庄隧道

隧道位于恩广高速(G5012),隧道右幅全长6570m,中心桩号K30+075,左幅全长6515m,中心桩号K30+090,隧道按四车道高速公路标准建设,隧道净宽10.5m,隧道净高5m。设计速度80km/h。于2015年12月30日正式通车。

恩广高速公路大庄隧道(G5012)

建设单位:湖北省沪蓉西高速公路建设指挥部,设计单位湖北省交通规划设计院,施工单位中铁一局集团有限公司,监理单位湖北省公路工程咨询监理有限公司,管养单位湖北省交通运输厅鄂西高速公路管理处。

(五)福银高速公路

福银高速公路二道垭隧道

隧道位于福银高速公路(G70),隧道右幅全长3069m,中心桩号K1461+505,左幅全长3110m,中心桩号K1461+525,隧道按四车道高速公路标准建设,隧道净宽9.75m,隧道净高5m。设计速度80km/h。于2007年12月31日正式通车。

建设单位:湖北省交通运输厅,设计单位中交第二公路勘察设计研究院,施工单位中铁二十局集团第二工程有限公司,监理单位陕西公路交通工程监理咨询有限公司,管养单位湖北省交通运输厅汉十高速公路管理处。

(六)麻竹高速公路

1. 麻竹高速公路高家坪隧道

高家坪隧道位于麻竹高速公路(S28),南漳县李庙镇鱼泉河村,隧道右幅全长3306m,中心桩号K325+507,左幅全长3302m,中心桩号K325+502,隧道按四车道高速公路标准建设,隧道净宽21m,隧道净高5m。设计速度80km/h。隧道地质条件复杂,设计为双向四车道,是麻竹高速公路宜城至保康段南漳县境内的控制性工程。于2015年12月30日正式通车。

建设单位:湖北省交投襄随高速公路建设指挥部,设计单位中铁第四勘察设计院集团有限公司,施工单位中铁十一局集团有限公司,监理单位铁四院湖北工程监理咨询有限公司,管养单位湖北省交投集团鄂西北公司。

2. 麻竹高速公路保康隧道

隧道位于麻竹高速(S28),隧道右幅全长4622m,中心桩号K382+070,左幅全长4689m,中心桩号K382+048。隧道按四车道高速公路标准建设,隧道净宽21m,隧道净高5m。设计速度80km/h。于2015年12月30日正式通车。

麻安高速公路保康隧道(G4213)

建设单位:湖北省交投襄随高速公路建设指挥部,设计单位湖北省交通规划设计院,施工单位中交第一公路工程局有限公司,监理单位铁四院湖北工程监理咨询有限公司,管养单位湖北省交投集团鄂西北公司。

(七)地方高速

1. 三峡高速公路木鱼槽隧道

隧道位于高速(S58),隧道右幅全长3581m,中心桩号K43+170,左幅全长3610m,中心桩号K44+657,隧道按四车道高速公路标准建设,隧道净宽7m,隧道净高7.5m。设计速度80km/h。于1996年12月28日正式通车。

建设单位:三峡总公司,设计单位中铁第四设计院,施工单位三峡总公司,监理单位三峡总公司,管养单位三峡总公司。

2. 老石高速公路大坪山隧道

隧道位于老石高速(S63),隧道右幅全长8263m,中心桩号K87+022,左幅全长8242m,中心桩号K86+850,隧道按四车道高速公路标准建设,隧道净宽8.75m,隧道净高5m。设计速度80km/h。于2014年12月26日正式通车。

建设单位:湖北省交投谷竹高速公路建设指挥部,设计单位湖北省交通规划设计院,施工单位中铁隧道集团三处有限公司,监理单位湖北省公路水运工程咨询监理公司,管养单位湖北省交投谷竹高速公路有限公司。

3. 老石高速公路红岩寺隧道

隧道位于老石高速(S63),隧道右幅全长6763m,中心桩号K132+105,左幅全长6701m,中心桩号K132+108,隧道按四车道高速公路标准建设,隧道净宽10.5m,隧道净高5m。设计速度80km/h。于2015年12月28日正式通车。

建设单位:湖北省保康至宜昌高速公路建设指挥部,设计单位中交第二公路勘察设计研究院,施工单位中铁十五局集团有限公司,监理单位湖北省水路水运工程咨询监理有限公司,管养单位湖北省交投保宜高速公路有限公司。

4. 老石高速公路尚家湾隧道

隧道位于老石高速(S63),隧道右幅全长3861m,中心桩号K180+062,左幅全长3874m,中心桩号K180+039,隧道按四车道高速公路标准建设,隧道净宽10.5m,隧道净高5m。设计速度80km/h。于2015年12月28日正式通车。

建设单位:湖北省保康至宜昌高速公路建设指挥部,设计单位中交第二公路勘察设计研究院,施工单位中铁八局集团有限公司,监理单位武汉市公路工程咨询监理有限公司,管养单位湖北省交投保宜高速公路有限公司。

5. 三峡翻坝高速公路龚家坝隧道

隧道位于翻坝高速公路(S68),隧道右幅全长3186m,中心桩号K2+071,左幅全长

3197m,中心桩号 K2+107,隧道按四车道高速公路标准建设,隧道净宽 10.25m,隧道净高 5m。设计速度 80km/h。于 2010 年 12 月 31 日正式通车。

三峡翻坝高速公路龚家坝隧道(S68)

建设单位:湖北省三峡翻坝高速公路建设指挥部,设计单位湖北省交通规划设计院,施工单位中铁二局集团第五工程有限公司,监理单位湖北省公路工程咨询监理中心,管养单位湖北省交通运输厅鄂西高速公路管理处。

6. 三峡翻坝高速公路秋千坪隧道

隧道位于翻坝高速公路(S68),隧道右幅全长 3516m,中心桩号 K10+449,左幅全长 3542m,中心桩号 K10+462,隧道按四车道高速公路标准建设,隧道净宽 10.25m,隧道净高 5m。设计速度 80km/h。于 2010 年 12 月 31 日正式通车。

建设单位:湖北省三峡翻坝高速公路建设指挥部,设计单位湖北省交通规划设计院,施工单位中铁十一局集团第一工程有限公司,监理单位湖北省公路工程咨询监理中心,管养单位湖北省交通运输厅鄂西高速公路管理处。

7. 三峡翻坝高速公路季家坡隧道

隧道位于翻坝高速公路(S68),季家坡隧道进口位于宜昌市三斗坪镇陶家溪附近,出口位于季家坡,属特长隧道,隧道最大埋深约 390m。隧道右幅全长 3584m,中心桩号 K14+542,左幅全长 3527m,中心桩号 K14+512,隧道按四车道高速公路标准建设,隧道净宽 10.25m,隧道净高 5m。设计速度 80km/h。2007 年 12 月开工建设,于 2010 年 12 月 31 日正式通车。

建设单位:湖北省三峡翻坝高速公路建设指挥部,设计单位湖北省交通规划设计院,施工单位中铁十一局集团有限公司,监理单位湖北省公路工程咨询监理中心,管养单位湖北省交通运输厅鄂西高速公路管理处。

8. 三峡翻坝高速公路鸡公岭隧道

隧道位于翻坝高速公路(S68),鸡公岭隧道进口位于宜昌市宜陵区土城乡艾家河右岸斜坡坡脚处,出口位于小溪沟右岸斜坡坡脚处。为分离式隧道,走向约126°(南东)。隧道底部标高约306~249m,最大埋深约338.5m,属特长深埋隧道。进、出口洞门形式分别为:削竹式、端墙式,洞室净宽10.25m,净高5.0m。隧道右幅全长4540m,中心桩号K18+961,左幅全长4505m,中心桩号K18+948,隧道按四车道高速公路标准建设,设计速度80km/h。2007年12月开工建设,于2010年12月31日正式通车。

建设单位:湖北省三峡翻坝高速公路建设指挥部,设计单位湖北省交通规划设计院,施工单位中交一公局桥隧公司,监理单位湖北省公路工程咨询监理中心,管养单位湖北省交通运输厅鄂西高速公路管理处。

三峡翻坝高速公路鸡公岭隧道(S68)

9. 三峡翻坝高速公路天鹅岭隧道

隧道位于翻坝高速公路(S68),隧道右幅全长3475.5m,中心桩号K25+045,左幅全长3475m,中心桩号K25+045,隧道按四车道高速公路标准建设,隧道净宽10.25m,隧道净高5m。设计速度80km/h。于2010年12月31日正式通车。

建设单位:湖北省三峡翻坝高速公路建设指挥部,设计单位湖北省交通规划设计院,施工单位中铁十七局集团二公司,监理单位湖北省公路工程咨询监理中心,管养单位湖北省交通运输厅鄂西高速公路管理处。

10. 郧房高速公路大华山隧道

隧道位于郧房高速公路(S69),该隧道右幅全长3518m,中心桩号K23+472,左幅全长3553m,中心桩号K23+476,隧道按四车道高速公路标准建设,隧道净宽11.2m,隧道净高 5m。设计速度 80km/h。于 2015 年 2 月 10 日正式通车。

建设单位:湖北省郧县至十堰高速公路建设指挥部,设计单位华杰工程咨询有限公司、湖北省交通规划设计院,施工单位中铁十九局集团公司、江西省公路机械工程局,监理单位湖北省公路水运工程咨询监理公司,管养单位湖北省高速公路实业开发有限公司。

11. 郧房高速公路平地院隧道

隧道位于郧房高速公路(S69),该隧道右幅全长 3332m,中心桩号 K62+232,左幅全长 3274m,中心桩号 K62+182,隧道按四车道高速公路标准建设,隧道净宽 11.2m,隧道净高 5m。设计速度 80km/h。于 2015 年 2 月 10 日正式通车。

建设单位:湖北省郧县至十堰高速公路建设指挥部,设计单位华杰工程咨询有限公司、湖北省交通规划设计院,施工单位中铁港航局集团第三工程有限公司,监理单位西安方舟工程咨询有限公司,管养单位湖北省高速公路实业开发有限公司。

12. 郧房高速公路通省隧道

隧道位于郧房高速公路(S69),该隧道右幅全长 6900m,中心桩号 K118+710,左幅全长 6900m,中心桩号 K118+799,隧道按四车道高速公路标准建设,隧道净宽 11.2m,隧道净高 5m。设计速度 80km/h。于 2015 年 2 月 10 日正式通车。

建设单位:湖北省十房高速公路建设指挥部,设计单位湖北省交通规划设计院,施工单位中铁十七局第三工程有限公司,监理单位沈阳公路工程监理有限公司,管养单位湖北省谷竹高速公路有限公司。

13. 恩来高速公路大茅坡隧道

隧道位于恩来高速公路(S73),隧道右幅长 3312m,中心桩号 K48+327,左幅全长 3312m,中心桩号 K48+325,该隧道按四车道高速公路标准建设,隧道净宽 11m,隧道净高 5m。设计速度 80km/h。于 2014 年 12 月 26 日正式通车。

建设单位:湖北省鄂西高速公路建设指挥部,设计单位中交第二公路勘察设计研究院,施工单位中交第二航务工程局有限公司,监理单位湖北省公路工程咨询监理中心,管养单位湖北省鄂西高速公路有限公司。

14. 恩黔高速公路花果山隧道

隧道位于恩黔高速公路(S79),隧道右幅全长 3238m,中心桩号 K95+976,左幅全长 3238m,中心桩号 K95+989,隧道按四车道高速公路标准建设,隧道净宽 11m,隧道净高 5m。设计速度 80km/h。于 2014 年 12 月 26 日正式通车。

建设单位:湖北省鄂西高速公路建设指挥部,设计单位中交第二公路勘察设计研究院,施工单位中铁一局集团有限公司,监理单位沈阳公路工程监理有限公司,管养单位湖北省鄂西高速公路有限公司。

Record of Expressway Construction in
Hubei
湖北高速公路建设实录

第三篇
科 技 篇

篇 首 语

　　湖北交通运输系统依靠科技进步、自主创新,敢为人先,勇攀高峰。在公路工程设计、施工、检测评定、管理等方面的技术含量不断提高,工程质量逐年稳步提升。先后建成全国科技示范工程沪蓉西高速公路,位居世界同类桥梁跨度第一、第二的鄂东、荆岳长江大桥,全国廉政阳光示范工程湖北杭瑞高速公路等,成功在工程"禁区"打造出世界"桥梁博物馆""隧道博览会""路桥大学堂"和世界第一高桥、世界第一高墩、世界第一跨、神州第一锚、亚洲第二的龙潭隧道等经典力作,为湖北交通先行跨越积累了山区高速公路、长汉江特大桥特别是高墩大跨桥梁、特长隧道群、特大高边坡的宝贵经验,湖北高速公路建设由平原走向山区闯入禁区,由桥梁大省迈入桥梁强省。

　　湖北交通公众出行服务、运营车辆GPS监控等一批交通应用系统投入运行并取得了良好的经济社会效益。建成计重收费系统、车牌识别系统、电子稽查系统、ETC不停车收费及电子支付系统四大项目并投入使用。引进应用GPS指挥调度系统、移动视频无线传输系统、电子智能化巡查等新技术,全省高速公路科技创新能力和应用水平显著提升。以全国科技环保示范路——神宜公路为标志的"两型交通"建设成效明显。

|第一章|
高速公路科技创新与成果应用

高速公路建设发展三十年来,通过技术创新,攻克了设计施工、地质灾害防治等方面一个又一个技术难题。湖北交通系统共完成重点交通科技项目267项,获国家科技进步二等奖1项,国家科技进步三等奖2项,省、部级科技进步奖91项,直接经济效益达7.12亿元。

第一节 高速公路建设科技创新综述

"八五""九五"是湖北高速公路建设起步阶段。当时建设的武黄、宜黄高速公路地处平原湖区,重点解决了在软土地基及膨胀土路基上修建高速公路的技术难题。以军山、宜昌长江公路大桥建设为依托,开展大跨径斜拉桥、悬索桥关键技术研究、钢箱梁成桥全断面焊接、钢桥面高性能SMA铺装体系等关键技术与应用课题研究,为在长江、汉江建设特大型桥梁解决了重大技术难题。

"十五"期间,以长江公路大桥建设、山区高速公路建设技术研讨为载体,开展了"山区高速公路沥青路面关键技术研究""大跨度混凝土桥梁施工控制智能技术研究""山区高速公路滑坡和路堑边坡整治综合技术研究与应用"等科研项目,有效地指导了山区高速公路建设。以鄂东、荆岳长江公路大桥为依托,积极开展特大跨径桥梁建设成套技术科研攻关,在巴东长江大桥建设中,开展了"巴东长江大桥大体积混凝土防裂与高性能混凝土研究";依托沪蓉西高速公路建设,争取交通部西部交通建设科技联合攻关项目8项,结合工程特点的针对性开展30项科技联合攻关课题和专题研究。营造科技攻关、技术研发的浓厚氛围,培育出一批在全国交通建设、设计、施工、管理领域有影响的权威专家。

"十一五"期间,湖北省交通运输厅制定《湖北省交通运输厅科技项目管理办法》,继续推进交通行业创新体系建设。以武英高速公路建设为依托,开展了片麻岩高性能混凝土的研究及应用、武英高速公路钢箱梁桥面新型铺装材料与结构设计工程应用、山区高速公路库岸再造防治技术等4个项目研究;组织宜巴高速公路建设指挥部开展三峡库区高速公路库岸再造防治技术研究、组织武麻高速公路建设指挥部开展基于循环模式的武麻高速公路关键技术研究等。沪蓉西高速公路建设指挥部"复杂地质条件下山区高速公路成套技术研究"获中国公路学会科学技术奖特等奖;结合随岳中高速公路建设,在全国公路行业中率先提出"环保与景观设计前置"的新理论,开展了高速公路环保与景观前置理论探索和示范工程应用实践研究,使高速公路设计理念与施工技术达到一个新的高度。2010年,湖北省交通系统申报湖北省科技进步奖19项,向科技厅推荐8项,其中2项获科技进步3等奖;组织申报并获得中国公路学会科学技术奖5项,其中获特等奖1项、二等奖1项,三等奖1项。

"十二五"期间,湖北省交通运输厅按照"规划引领、项目带动、规范管理、注重创新"的工作思路。组织实施科技部、交通运输部、公安部共同制定的国家道路安全科技行动计划专题—京港澳高速公路恶劣气象条件下公路安全运行保障技术示范工程湖北省项目;宜巴高速延伸并创新了沪蓉西科技示范工程理论和方法,自主创新解决了三峡库区特殊岩土地质条件下的工程建设难题;荆岳大桥不对称超大跨度斜拉桥建造关键技术研究获2012年度中国科技学会技术奖一等奖,为同类桥梁设计理论与施工技术的发展和完善提供可靠依据极具理论和现实意义;十漫高速公路建设指挥部的"两郧断裂带高速公路滑坡地质灾害技术研究与应用";由省厅计划处与湖北省交通环境监测中心共同开展的"湖北省高速公路环境保护管理体系构建研究",黄黄高速水泥混凝土路面改建工程全部采用SMA结构罩面,沥青加铺上、中、下三个面层全部采用改性沥青,成为我省高速公路建设上的一大创新;湖北交投襄随高速公路建设指挥部开展"高速公路建设大标段集约化管理研究";宜昌大桥钢桥面铺装技术研究被纳入交通运输部西部建设科技项目。湖北省交通科研所开展"湖北省高速公路建设标准化指导意见"。一系列"四新"项目的研究应用,提高了全省高速公路建设与养护水平。

一、解决路基施工难题

高速公路建设起步阶段建设的武黄、宜黄高速公路,地处平原湖区,当时重点解决在软土地基及膨胀土路基上修建高速公路的技术难题。

1987年动工的武黄高速公路,全线共有软土地基层18.6km,淤泥层厚3~30m。根据国内外有关资料,软基必须处理,且经计算,15m以上的软基,采用袋装砂井固结处理,要等开放运行8~10年左右才能达到允许剩余沉降。究竟采用哪些治理措施比较经济合理、安全可靠,需要从理论和实践上做出回答。指挥部通过详勘,摸清了各个段落,不同层厚的软土物理力学特性。经过深入分析研究,确定根据软土的不同厚度和性质,结合料源与施工条件,分别采用了袋装砂井、塑料插板、土工布垫、射水冲淤、抛石挤淤、置换和超载预压等七种治理措施,并设置三处共6个代表性观测断面派专人驻守观测两年,直到路基竣工,取得近万个数据,对指导安全施工、验证理论计算和评估治理效果均具有重要意义。可以认为,对软基处理问题,从理论上、实践上是基本成功的。

1987年动工的宜黄高速公路仙江段,路线穿行于人称"水袋子"的江汉平原,地下水位高,路基沉量大。软基多、缺土源无砂石,路基易沉降,给路基施工带来很多困难。针对这种情况,指挥部组织了"湖相沉积地区高等级公路软基处治方案"的技术攻关,对典型路段采用离心模型试验及多种先进的原位监测手段和数据分析方法,优选了各路段软基处理技术方案,有效监控了施工过程,保证了地基稳定,预测交控制了工后沉降。为在平原湖区高速公路建设提供了可供借鉴的经验和方法。"湖相沉积地区高等级公路软基路段处理研究"获省科技进步二等奖、交通部科技进步三等奖。

宜黄高速公路江宜段先后穿过长40km以上的膨胀土地带。所谓"膨胀土",就是遇水则烂如泥、失水则坚如石的一种易胀易缩的土质。它的破坏力极大,覆盖在它上面的不论多么坚固的板块,一遇浸水或失水情况,它都可以将其撕裂。因此,它是土木建设特别是高等级公路建设的一大顽敌。交通部将此纳入"八五"研究课题。江宜段指挥部委托省地质勘测基础工程公司实验室,通过X射线分析、电子显微镜分析化学分析、代换性阳离子总量测定等科学手段,摸清了膨胀土的化学成分、特性和各种怪脾气,编制了《宜黄公路江宜段膨胀岩土物理力学性质及矿物分析试验报告》,为有效地处理膨胀土提供了科学依据。然后,他们采取先试验、后施工的办法,取得处理经验。在此基础上,他们运用了封闭、加载和疏导的方法,对全线膨胀土进行了全面处理。封闭,就是保持该土的恒定湿度,不让其与外界接触。他们实行了三层封闭:基层下面满铺石灰土、基层上面覆盖不透水的土工布,面层则满铺混凝土路面。加载,就是通过换土、置板、挡墙等办法,加大压力,令其无法膨胀。疏导,就是预留孔隙,给地下水以出路。施工中则采用封闭、保湿和加载等方法,取得了较好的效果。较为妥善地解决了膨胀土难题。圆满完成"膨胀土处理技术"课题研究,"袋装砂井加固软基效果分析"获省科技进步奖。

黄黄公路建设指挥部于1996年初就开始了"粉煤灰在公路工程上的综合利用课题"的试验准备及课题计划调研,公路各结构使用粉煤灰后,延长了公路使用寿命,提高了使用品质,节约了公路和车辆的维修养护费用。

京珠高速公路建设中,开展滞洪区软基高速公路粉煤灰路堤关键技术研究。通过采用粉煤灰填筑路堤,解决了土源问题,减少了粉煤灰对环境的污染。同时,采用粉喷桩及投石压浆无砂混凝土小桩技术,处理软基路段桥头及稳定路基,很好地解决了滞洪区软土地段施工难题。投石压浆无砂混凝土小桩处理软基路段桥头及稳定路基的应用技术在省内公路首次采用,效果明显。

湖北省襄十高速公路沿线膨胀土分布较为广泛,为解决膨胀土技术难题,提高膨胀土地区路基设计与施工水平,指导膨胀土路基设计和施工提供帮助,特开展公路膨胀土路基治理方案、施工工艺和监控技术研究。采取"三素一灰"和"一单元四层"的工艺,坚持下垫、包边、封顶、保湿等施工方法,保证了膨胀土路基不反弹;针对部分路段填料匮乏的实际,因地制宜,就近调运砂砾填料填筑路基,并采用衬砌拱结合三围网防护、固格土工网防护等,解决了路基边坡稳定性差的问题;对软基路段,采用排水板、砂袋井、粉喷桩、换填预压等技术综合处理,保证了路基强度。

"十一五"期,省交通厅批准立项随岳高速公路软土路基固化新技术的研究。该课题的研究对利用HAS固化剂凝结时间长,微膨胀,稳定固结作用强,水稳性好,原材料易得的优良特性,将其作为粉喷桩的主固化剂,主攻高等级公路的软基处理,探讨HAS固化剂应用于粉喷法的配套技术和施工工艺,提高桩基强度,降低工程造价,保护施工环境。

二、创新路面施工技术

1989年开工建设的宜黄高速公路仙江段,率先进行了高等级公路复合式路面的研究与应用。对高速公路及连接线路面面层采用下层碾压混凝土,上层采用沥青混凝土,对复合式路面进行了系统研究,复合层的配合比试验和施工工艺研究等,并通过试验路段取得较系统的成果。武黄、宜黄路施工中推行碾压混凝土新工艺。一般混凝土路面施工采用拌和机拌和混合料,然后在上基层铺装,再用震动器震动密实,路面风干后行驶汽车。碾压混凝土则直接将拌和的混凝土在上基层铺装后,用压路机压实,从而减少了工序,节约了人力、物力和投资。

1998年,黄黄高速公路建设指挥部引进德国维特根的水泥混凝土滑模摊铺机、美国莱克斯康的布料机和新津建筑机械厂研制的两级连续水泥混凝土拌和机等一批成套先进设备,开展了"水泥混凝土路面滑模施工技术的研究"。经过多次试拌、试铺、总结和改进后成功地完成了试验路段的摊铺。在总结滑模施工技术应用与研究的基础上,编制了《黄黄高速公路水泥混凝土路面滑模施工技术规范(试行本)》。在水泥混凝土搅拌与滑模摊铺设备成套技术,滑模混凝土配合比设计与粉煤灰应用技术,硬路肩同路缘石连体施工技术,路面、桥面连续摊铺技术,滑模施工组织管理与质量控制技术,提高水泥混凝土路面耐磨性的工艺技术等方面的成果具有创造性,交通部于1998年7月在黄黄高速公路工地召开水泥混凝土路面滑模施工技术推广应用会。

京珠高速建设中,开展基层与面层施工工艺研究,将面层工艺用于基层摊铺,基层用料一律厂拌,采取双摊铺机梯队单幅单层一次成型方式,保证了良好的平整度和足够的压实度,并创造了日铺沥青路面$48800m^2$的京珠速度;开展公路路基路面排水系统研究,高速公路沥青混凝土路面在饱水情况下疲劳寿命将比无水时有较大幅度的降低,路面层间水的有效排出,是排水系统应采取的重要措施。所得到的沥青混凝土路面疲劳寿命公式,可用对高速公路面层寿命的估计参考。经专家鉴定,该成果总体上达到国内领先水平,其中沥青混凝土饱水情况下的超孔隙水压分析、疲劳破坏形式以及对寿命影响的研究,达到国际先进水平。

汉十高速建设开展了山区高速公路沥青路面关键技术研究。首次成功大量采用大段面层抗滑桩并结合其他综合措施处理山体滑坡;采用钢轨桩技术解决了场地狭窄的滑动路堑边坡应急抢险中的加固技术难题。

襄十高速公路武许段在路面施工中,全线采用稀浆封层,全面实施桥面黏结防水层等工艺,提高了路面层与层之间的黏结力,增强了抗剪度。强化机械设备的优良性、满足性和配套性,实行了从拌和、运输、摊铺到压实高效、连续的机械化作业,同时,引进专业化队伍,全线实施稀浆封层、桥面黏结防水层,提高了路面层与层之间的黏结力,增强了抗剪度。

沪鄂高速在路面上层摊铺的过程中,摊铺机采用了无接触式平衡梁,利用计算机与红外线控制原理,有效地提高了路面的平整度,在桥头两段尤为明显。在三期工程中,全线采用彩色浸塑防撞护栏和防眩板,首次实施震动式标线,并根据需要,设置了多种形式的声屏障。

随岳北高速公路依托随淮段建设开展的沥青路面水泥稳定碎石基层防裂技术研究与应用课题主要针对基层水泥稳定碎石混合料材料收缩展开研究,在国内外已有成果的基础上,改变传统的采用重型击实法确定最佳含水量、最大干密度及静压法制作试件的试验方法,采用振动成型方式以强度满足要求。随岳中高速公路建设中开展透水沥青路面的应用研究,课题的研究对多雨地区高速公路和城市道路使有高空隙率的新型沥青混合料常重要的意义。

三、攻克桥梁技术难题

武黄高速公路是湖北省自主修建的第一条高等级公路,由于桥(明涵)面与桥头填土两者刚度差较大,在高速行车轮胎冲击作用下,后者因残余变形而下沉,产生错台,形成恶性循环,跳车日趋严重,增加机械油料耗损,影响乘客安全舒适,国内外类似病害比较普遍。为防治桥头跳车,武黄高速公路建设中采用了用砂砾或贫灰土回填台背,严格夯实到96%;设置枕梁或肋梁;将桥面铺装层留在混凝土路面一起施工等措施综合治理,效果较好,运行三年后,出现桥头跳车的仅约占桥(明)涵总数的1/100。

汉宜高速软基路段多,桥头跳车通病更难克服。仙江段课题组对本段200余道软基段明构造物采取桥头台背填料特殊处理,改进搭板、枕梁及预留枕梁端沉降量等多种形式。江宜段对桥头跳车的难题,采用打碎石桩、填土置换、加长桥头搭板(正常桥板长5m,加长达至8~10m)、增设纵向肋、简支板等强有力的措施,予以妥善的解决,获得满意的效果。

随着国家对公路建设投入不断增大,湖北省公路桥梁建设迎来了发展的全盛时期。已建成的高速公路跨越大江大河,穿越平原岗地,翻越崇山峻岭,在地形上涵盖了山岭

软基处理后的武黄高速公路

重丘,平原微丘,水网湖区,在地质上涵盖软土、岩溶、断裂构造带、滑坡等极端地质现象。在境内1041km的长江上,建成的长江大桥达23座,在建11座,平均每隔62km就有一座长江大桥,长江已成为现代桥梁艺术"长廊"。湖北省桥梁建设呈现出"桥型种类齐全、单跨跨径大、技术难点多、技术含量高"的显著特点,开创多项世界领先技术。其中鄂黄长江公路大桥主跨居同类型桥梁世界第三、亚洲第二;鄂东长江大桥为主跨962m的混合梁斜拉桥,位列同类桥梁世界之三;荆岳长江大桥为主跨816m的高低塔非对称混合梁斜拉桥,位列同类桥梁世界第六。以鄂东、荆岳长江公路大桥为依托,开展特大跨径桥梁建设成套技术科研攻关,在巴东长江大桥建设中,开展了"巴东长江大桥大体积混凝土防裂与高性能混凝土研究";大跨度混凝土桥梁施工控制智能技术研究、钢桥面高性能SMA铺装体系关键技术研究与应用等课题研究等为在长江、汉江建设特大型桥梁解决了重大技术难题;沪蓉西指挥部开展山区高墩大跨连续刚构桥设计与施工关键技术研究。一批建设项目和科研成果获詹天佑奖、鲁班奖及多项国家、省部级科技奖项。

2000年建成的军山长江大桥是京港澳高速与沪渝高速共用的特大桥,在京珠高速公路桥梁施工中,开展了16项课题研究(见表3-1-1)。

军山长江大桥科研课题研究项目表 表3-1-1

序号	科研项目名称	主 要 内 容
1	旋喷灌浆加固动水流沙覆盖层	创造了仅有少量推移质覆盖层河床钻孔护筒兼作施工平台的新工艺,缩短了工期,降低了成本
2	万能杆件拼装悬臂式穿巷吊机和悬浇挂篮	使主跨180m的汉江大桥全桥合拢时高差精度仅10mm,保证了主梁标高、内力的准确和结构线形顺畅
3	轻集料高性能混凝土的研究及其在桥面工程中的应用	经鉴定为国际先进水平,并在全线桥面施工中推广运用

续上表

序号	科研项目名称	主 要 内 容
4	大型异形钢围堰在特宽桥梁深水基础中的研究	大型异形钢围堰在特宽桥梁深水基础中的研究作用,使常规设计圆形钢围堰直径从44m缩小到33m,为特宽桥梁深水基础的设计和施工提供了新颖的思路和方法
5	斜拉桥索塔锚固区小半径环向预应力体系试验研究及应用	采用了新的"U"形预应力布束体系,节省钢束工程量25%
6	斜拉桥钢箱梁成桥全断面焊接连接技术的研究与应用	在军山长江公路大桥钢箱梁成桥施工的首次成功应用,填补了我国钢箱梁斜拉桥成桥工法一项重要空白
7	自校正调节法在大跨度斜拉桥施工控制中的应用	进行了有效偏差分析及误差识别,把自适应控制与预测控制结合起来,使合龙、索力、线型达到设计目标状态,实现最优控制
8	钢桥面高性能SMA铺装体系关键技术研究与应用	为在大交通量、大温差条件下钢桥面沥青铺装层材料和结构设计提供了关键的技术支撑,填补了当时国内此项高性能沥青指标的关键空白
9	单导向船精确定位大型异位钢围堰技术的研究和应用	使常规浮运钢围堰下沉定位的允许误差250mm+△值,可以提高到小于30mm的精度,解决了在施工水域受限制的条件下,采用单导向船安全、稳定、准确定位大型围堰的施工技术问题
10	钢箱梁大面积自动电弧喷铝技术的研究和应用	首次将电弧喷铝长效防腐技术应用于大型公路钢桥,为编制公路钢桥防腐规范提供了系统的基础数据
11	大功率二次雾化电弧喷涂设备研究及在钢桥面机械化防腐涂装应用	在国内首次研究成功扁平扇形喷嘴,改变喷涂粒子束流形状和雾化效果;便于进行机械化防腐涂装施工
12	军山长江公路大桥混凝土防腐涂装技术研究与应用	选择出881环氧封闭漆+881-2环氧云铁中间漆+881-YM丙烯酸聚氨酯面漆为军山长江公路大桥的混凝土结构涂层防护体系,通过寿命评价,认为该体系的防护寿命可达15年
13	深水基础施工技术研究	军山桥主7号、8号墩在复杂地质条件下深水基础施工技术研究。7号墩在水深、薄覆盖层复杂地质条件下应用为国内首次;8号墩采用的旋喷和帷幕注浆固结薄覆盖层并结合人工抛填技术进行深水桩基础施工为国内首创
14	下行式造桥机研制与应用	吸收和消化了国外最新施工技术,在国内它属完全独立研制、开发,完全采用国内产品的第一台可整体移动的下行式造桥机。
15	2200kN步履式架梁起重机的研制	其设备设计合理,功能完备,其额定吊装重量和吊装节段宽度为全国之最,安装精度调控手段简便易行,该成果达到国内领先水平
16	岩溶地区钻孔灌注桩施工工艺及承载能力研究	通过现场试验与理论分析对京珠湖北南段岩溶地区试验桩承载力进行了深入的研究,对岩溶顶板厚度及嵌岩深度进行了较系统的理论分析,其结论对进一步探讨岩溶条件下桥梁钻孔灌注桩基础设计与施工涉及的关键问题具有开拓性

宜昌长江公路大桥获詹天佑土木工程大奖

2001年建成的宜昌长江公路大桥是国家公路网主骨架沪渝国道主干线在湖北境内跨越长江的一座特大型悬索桥，宜昌长江公路大桥建设以项目为依托，通过对猫道施工、主缆架设、钢箱梁吊装等全部施工过程监控，形成一套完整控制系统。先后完成了"钢箱梁断面形式的研究""大体积混凝土温差裂缝控制研究""钢桥面沥青混凝土铺装"等20多项研究课题。其中《宜昌长江公路大桥专项质量检验评定标准》2001年获省科技进步三等奖，"大跨径悬索桥关键技术研究"2002年度获省科技进步一等奖；"大跨径悬索桥主缆施工监控系统研究""日照温差对特大跨径悬索桥加紧钢箱梁的影响研究""大跨径悬索桥主缆锚跨索股张力控制研究""宜昌长江公路大桥中压供配电系统及SCADA系统的应用与研究"等科研项目经专家评审，均达到国内领先或国内先进水平。"宜昌长江公路大桥钢桥面铺装技术研究"被纳入交通运输部西部建设科技项目。湖北交通规划设计院、宜昌长江大桥建设开发公司等设计施工单位获得了第五届土木工程学会最高奖"詹天佑"土木工程大奖和建筑业协会最高奖"鲁班奖"。

鄂黄长江公路大桥依靠科技创新解决技术难题

第三篇
科 技 篇

2002年建成的鄂黄长江公路大桥主跨居同类型桥梁世界第三、亚洲第二,技术复杂、施工难度大,勘察设计、监理、监控、施工等单位依靠科技创新解决种种问题。在项目工可及初设阶段,业主委托相关单位作桥址区地震安全性评价、桥址河段河工模型试验水文分析计算、桥梁单墩冲刷模型试验、环保评估、通航标准论证、运用GPS全球定位系统设立了大桥首级测量控制网、国家防灾试验室对大桥进行了节段模型风洞试验、283丝斜拉索200万次疲劳试验等。结合施工进行探索性分析。为确保施工质量,针对鄂黄长江公路大桥自身特点,大桥开发公司与施工单位联合成立课题攻关组,经湖北省交通厅立项的课题有:深水、大流速、浅覆盖层、岩溶地区大型桥梁基础施工工艺研究;深水大直径厚覆盖层玄武岩层钻孔灌注桩基础关键技术研究;PC斜拉桥前支点牵索式全液压工具式挂篮。其中,课题1获2003年湖北省科技进步三等奖;课题2获黄冈市科技进步一等奖;课题3获四川省政府科技进步三等奖、黄冈市科技进步三等奖。

2002年建成的荆州长江公路大桥是一座技术复杂的特大型桥梁,大桥建设对设计计算、工程材料、施工工艺提出了很高的要求。设计计算方面,重点解决500m主跨PC斜拉桥合理成桥状态和合理施工状态的确定问题;施工方面重点解决长大斜拉索安装工艺;工程材料方面重点解决了高强度混凝土难题。获中国公路学会科技进步二等奖,国家优秀设计银奖。

2010年建成的荆岳大桥是一座主跨达816m的结构体系明显不对称的超大跨度斜拉桥,对其设计、施工以及运营阶段的关键技术进行研究,首次提出超大跨度高低塔混合梁斜拉桥的合理体系,建成世界首座主跨800m以上高低塔不对称斜拉桥,对超大跨度不对称混合梁斜拉桥的钢箱梁设计、架设与控制进行了系统研究,提出了分离式钢箱梁全悬臂架设与施工控制新技术;首次建立超宽分离式混凝土边箱梁高空平台短线法预制拼装的全新施工工艺建立了针对分离式超宽边箱梁的结构特点的成套裂缝控制体系,成功的预防了裂缝的产生;首次在超大跨度混合梁斜拉桥上应用了有格室前后承压板式的钢混结合构造段。并创新性地提出了索塔连接的变约束钢锚梁连接方式,极大地改善了塔的受力性能,通过优化设计并施工建成了世界第一高度的H型桥塔;基于自适应无应力构形控制理论,综合配切法与几何法的优点首次提出了中跨主梁合龙的缝接合龙法,成功实现了荆岳大桥高精度合龙;系统研究了软硬混杂陡立破碎岩体和复杂岩溶地质条件下的桩基工作特性,开发了超大跨度斜拉桥特殊地质条件下基础工程的设计与施工成套技术;系统研究了新型超长斜拉索的成套技术,解决了超长斜拉索耐久性(长效防护)、安装、振动控制、运营监测、维护等关键技术难题。建设期间,针对桥址区域各种不良地质条件,指挥部和施工单位组织技术攻关,发明带有自导向功能的钻头,创新了一整套在复杂地质条件下保证桩基成孔质量的关键技术,"环向先导刀刃钻头及其施工技术"获得国家实用新型专利。在塔柱施工过程中,施工单位联合组织技术攻关,采用先进的液压爬模分段施工技术,对上横梁的施工采用"空中支架施工技术",同时,将塔柱-横梁顺序施工变为同步施工,规避了超高支架带来的安全风险。在钢箱梁吊装施工中,在千米级斜拉桥工程中首次不运用浮吊而采取全吊机施工技术,提高了施工作业效率,降低了施工成本,减少了钢箱梁长时间大规模存放和浮吊进出施工作业现场的安全风险,该项技术获得两项国家实用新型专利;应用复杂条件下大直径钻孔灌注桩冲击成桩技术、大直径分离式双壁钢围堰施工技术、大体积混凝土(围堰封底、承台)施工技术,研发钢箱梁无搁梁支架悬臂拼装新工艺和边跨混凝土箱梁预制拼装新工艺,实现混合梁斜拉桥主梁全节段预制拼装;提出新型多层防护的耐久型斜拉索体结构,研发了新型LMD拉索减振装置,发明了嵌入式光纤光栅智能索,为同类桥梁设计理论与施工技术的发展和完善提供可靠依据,极具理论和现实意义。荆岳长江大桥关键技术研究获2012年度中国公路学会科学技术一等奖。

鄂东长江公路大桥(G45/G50/G70)

2010年建成的鄂东长江公路大桥是一座千米级超大跨径混合梁斜拉桥,工程规模大、技术含量高。大桥设计、施工面临着超大跨径混合梁斜拉桥钢混结合段等众多关键技术难度,也面临着建设世界级大型桥梁客观技术要求的严峻挑战。根据编制的《鄂东长江公路大桥科研工作大纲》,鄂东长江公路大桥有限公司组织开展了《钢混结合段安全、可靠性及耐久性能试验研究》等四项科技创新课题和《索塔锚固区施工工艺及足尺模型试验研究》等七项关键科研试验研究,攻克了大直径长嵌岩桩基施工等十大关键技术难题,形成了具有广泛通用意义的科研成果,详见表3-1-2,鄂东长江公路大桥实施阶段科技创新项目,为鄂东长江公路大桥建设提供了有力的技术支撑。

鄂东长江公路大桥实施阶段科技创新项目表 表3-1-2

序号	项目名称	承担单位	备注
1	超大跨径混合梁斜拉桥钢混凝土结合段安全、可靠性及耐久性能试验研究	同济大学承担,中交二公局配合现场模型试验的加载等工作	2007年国家西部交通建设科技项目
2	超大跨径混合梁斜拉桥边跨PC宽箱梁耐久性能试验研究	武汉理工大学	交通部立项
3	超大跨径混合梁斜拉桥全寿命设计及全寿命周期成本分析研究	中交公路规划设计研究院	交通部西部课题立项

续上表

序号	项目名称	承担单位	备注
4	超大跨径混合梁斜拉桥结构安全综合管理系统研究及其在施工控制中的应用	西南交通大学	/
5	主桥结构几何非线性分析研究	湖北交通规划设计院	/

此外,依托武英高速公路建设,开展了武英高速公路钢箱梁桥面新型铺装层材料与结构设计及工程应用项目研究;山区高速公路桥梁耐久性设计与施工控制技术研究纳入部联合科技攻关项目。依托武荆高速汉江特大桥施工中,开展了大孔径超深灌注桩施工技术研究,推行特殊弯坡斜桥及钢箱梁桥面防水黏结层新技术应用。保证了该类桥面铺装层的质量。

针对襄十高速公路武许段山区气温偏低的特点,在冬季大梁预制施工中普遍采用了蒸汽养生,避免了梁体冻裂及剥蚀现象;对桥面混凝土铺装采用了三滚轴摊铺机和振捣梁,确保了桥面平整度;全线推广应用了爬翻转施工技术和预应力连续箱梁现浇滑动支架系统(架桥机);全面实施桥面黏结防水层等工艺,开展大跨度混凝土桥梁施工控制智能技术研究,应用高密度聚乙烯预应力塑料波纹管,保证了预应力张拉延伸质量;在大梁预制过程中,对预应力梁板注浆统一使用真空吸浆辅助技术,确保了梁体内在质量。孝襄高速公路建设中精心研究出独塔无背索弯坡斜拉桥这一国内领先的桥型,丰富了我国斜拉桥的设计和施工经验。

依托沪蓉西高速公路建设,争取交通部西部交通建设项目8项,即"四渡河深切峡谷悬索桥关键技术研究""沪蓉主干线龙潭特长隧道特殊条件下的关键技术研究""分岔隧道设计施工关键技术研究"。组织省部级重大科技项目攻关,"高速公路健康监测系统关键技术研究"纳入交通部西部交通建设科技项目。开展了系列大跨度桥梁的技术研究:椰坪至高坪段地处鄂西山区腹地,山峦连绵,峰丛林立、谷深坡陡,地形起伏巨大,全长48.8km,相对高差多在400~700m之间,最大达1000m,是我国内山区高速公路地形条件最复杂、工程难度最艰巨的项目。2003—2004年由中交第二公路勘察设计研究院有限公司初步设计正线与比较线共有特大桥20座,大跨度桥梁方案42个,集中了多座世界级的大型工程,如以龙潭河特大桥为代表的高墩大跨度连续刚构桥、以四渡河特大桥为代表的山区大跨度悬索桥、以支井河特大桥为代表的山区大跨度拱桥等。指挥部相继组织开展了高墩大跨度连续刚构桥方案研究、山区悬索桥方案研究、特大跨钢管混凝土拱桥方案研究、山区混凝土斜拉桥方案研究。有效攻克龙潭河特大桥薄壁高墩局部稳定问题、四渡河大桥悬索桥可换式预应力钢绞线锚固系统等技术难题。据不完全统计,沪蓉西项目在中国首次使用的"四新"技术达23项,省内首次使用的"四新"技术达43项。沪蓉西主要科研项目详见表3-1-3。

沪蓉西主要科研项目一览表　　　　表 3-1-3

项目来源	序号	项目名称	编号	参加单位	获奖情况
指挥部专项	1	复杂地形地质条件下山区高速公路建设成套技术		湖北沪蓉西高速公路建设指挥部 中交第二公路勘察设计研究院有限公司 湖北省交通规划设计院 中科院武汉岩土力学研究所 招商局重庆交通科研设计院有限公司 山东大学等	国家科技进步二等奖；中国公路学会特等奖
交通运输部西部交通科技项目	2	沪蓉西国道主干线龙潭特长隧道特殊地质条件下的关键技术研究	2004 318 000 28	湖北沪蓉西高速公路建设指挥部 招商局重庆交通科研设计院有限公司 中科院武汉岩土力学研究所 湖北省交通规划设计院	
	3	分岔式隧道设计施工关键技术研究	2004 318 000 27	湖北沪蓉西高速公路建设指挥部 中交第二公路勘察设计研究院有限公司 中国科学院武汉岩土力学研究所 中国铁路工程总公司	中国公路学会二等奖
	4	四渡河深切峡谷悬索桥关键技术研究	2004 318 000 24	湖北沪蓉西高速公路建设指挥部 中交第二公路勘察设计研究院有限公司 长江科学院 路桥华南工程有限公司 同济大学 华中科技大学	中国公路学会一等奖
	5	公路路域生态工程技术研究	2003 318 223 33	湖北沪蓉西高速公路建设指挥部 交通运输部科学研究院	
	6	高速公路结构健康监测系统关键技术研究	2005 318 000 37	湖北沪蓉西高速公路建设指挥部 中交路桥技术有限公司 武汉理工大学 清华大学 中科院武汉岩土力学研究所	
	7	沪蓉西高速公路隧道(群)安全与节能技术研究	2006 318 000 108	湖北沪蓉西高速公路建设指挥部 湖北省交通科学研究所 招商局重庆交通科研设计院有限公司 北京紫光捷通科技有限公司	

第三篇 科技篇

续上表

项目来源	序号	项目名称	编号	参加单位	获奖情况
交通运输部环境友好资源节约专项行动计划项目	8	沪蓉西高速公路建设关键技术研究及推广示范应用	2007 318 000 91	湖北沪蓉西高速公路建设指挥部 交通运输部公路科学研究院	
	9	废旧橡胶粉用于筑路的技术应用	交通运输部办公厅厅科字〔2007〕141号	湖北沪蓉西高速公路建设指挥部 交通运输部公路科学研究院	
	10	机制砂混凝土用于桥梁建设技术研究	交通运输部办公厅厅科字〔2007〕141号	湖北沪蓉西高速公路建设指挥部 武汉理工大学	
	11	聚合物水泥混凝土在路面中的应用	交通运输部办公厅厅科字〔2007〕141号	湖北沪蓉西高速公路建设指挥部 重庆交通大学	
湖北省交通科技项目	12	山区高速公路高陡边坡失稳预测与处治技术研究	鄂交科教〔2006〕392号	湖北沪蓉西高速公路建设指挥部 中科院武汉岩土力学研究所	湖北省科技进步一等奖
	13	沪蓉西高速公路沥青路面结构与面层材料组成设计研究	鄂交科教〔2006〕392号	湖北沪蓉西高速公路建设指挥部 武汉理工大学	
	14	机制砂在山区高速公路中的应用研究		湖北沪蓉西高速公路建设指挥部 武汉理工大学	
	15	基于运营安全的路线技术指标运用研究	鄂交科教〔2006〕392号	湖北沪蓉西高速公路建设指挥部 同济大学	
	16	山区高速公路设计与生态环境和人文景观的协调措施研究	鄂交科教〔2006〕392号	湖北沪蓉西高速公路建设指挥部 湖北省交通规划设计院	
	17	山区高速公路综合勘测技术研究	鄂交科教〔2006〕392号	湖北沪蓉西高速公路建设指挥部 湖北省交通规划设计院	湖北省科技进步三等奖
	18	填石路基试验检测技术与质量评价方法研究	鄂交科教〔2003〕570号	湖北沪蓉西高速公路建设指挥部 长沙交通学院	
	19	隧道防渗水新材料及关键技术的研究	鄂交科教〔2003〕570号	湖北沪蓉西高速公路建设指挥部 湖北工业大学	
	20	宜长高速公路石质边坡生态防护研究	鄂交科教〔2003〕570号	湖北沪蓉西高速公路建设指挥部 宜昌汇中环境有限责任公司	
	21	桥梁混凝土裂缝防治与外观质量控制技术研究	鄂交科教〔2003〕570号	湖北沪蓉西高速公路建设指挥部 武汉理工大学	
	22	山区高墩大跨连续刚构桥设计与施工关键技术研究	鄂交科教〔2006〕392号	湖北沪蓉西高速公路建设指挥部 湖南大学	

续上表

项目来源	序号	项目名称	编号	参加单位	获奖情况
湖北省交通科技项目	23	陶粒混凝土在隧道工程中的应用研究	鄂交科教〔2006〕392号	湖北沪蓉西高速公路建设指挥部 重庆交通大学	
	24	高风险岩溶隧道地质灾害控制关键技术研究	鄂交科教〔2007〕582号	湖北沪蓉西高速公路建设指挥部 山东大学	湖北省科技进步二等奖
	25	大规模山区高速公路建设安全控制与预警系统研究	鄂交科教〔2007〕582号	湖北沪蓉西高速公路建设指挥部 武汉理工大学	中国公路学会三等奖
指挥部专题	26	岩溶隧道水文地质专题		湖北沪蓉西高速公路建设指挥部 中国地科院桂林岩溶所	
	27	沪蓉西高速公路混凝土施工关键技术研究及质量监控专题		湖北沪蓉西高速公路建设指挥部 武汉理工大学	
	28	沪蓉国道湖北段边坡安全性综合控制专题		湖北沪蓉西高速公路建设指挥部中科院武汉岩土力学研究所	
	29	06钢管混凝土专题研究		湖北沪蓉西高速公路建设指挥部 武汉理工大学	
	30	大跨度连续刚构桥有效预应力测试研究		湖北沪蓉西高速公路建设指挥部 中铁大桥局武汉桥梁科学研究院路北路桥公司	

四、有效防治地质灾害

汉十高速公路在多处地质灾害的治理中,运用信息化施工技术,采取钢筋混凝土和钢轨抗滑桩给山体强筋壮骨钉住山体,通过预应力锚索挂网喷浆给山体穿上"铁背心",护住坡面,以及深部排水、反压滑坡前沿和卸载滑坡体等综合治理方案,较好地稳定了滑坡山体。在山区爆破施工中,广泛采用了预裂和光面爆破技术,较好地解决了路基边坡稳定保形问题;在桥梁基础施工中,针对不同地质特点,采用了德国磨旋钻机、旋挖钻机、反回旋钻、冲击钻、挖孔加井下爆破、刮板钻等技术和设备,极大地提高了成孔效率;针对山区桥梁作业空间狭窄的实际,在全线推广应用了预应力连续箱梁现浇滑动支架系统(架桥机)和爬模翻模施工技术。

十漫高速公路建设中,针对公路两陨断裂带独特的地质环境,多处滑坡、崩塌、不整合面、断裂带、断层等地质难点。湖北省十漫高速公路建设指挥部和中国科学院武汉岩土力学研究所联合申请并承担了湖北省交通厅2005年度重点资助科研项目"两陨断裂带高速公路滑坡地质灾害及其处治技术研究"科研课题的研究任务。成功解决了两隕断裂带内高速公路建设过程中遇到的地质灾害技术难题，有效缩短了工期，优化了施工组织设计，该项目研究成果总体上达到国际先进水平，其中钢轨桩和锚杆联合重力式挡土墙的边坡支护离心模型试验研究成果达到国际领先水平。同时开展山区高速公路滑坡和路堑边坡整治综合技术研究与应用、厚冲积覆盖层的岩溶区桥梁桩基技术研究、山区高速公路填方路基沉降及挡土墙稳定性研究等；岩性与结构多变地层隧道围岩分级方法研究与实践项目，根据隧道开挖已揭露各类岩体岩性及机构构造特点，结合施工中出现的问题，对研究区隧道岩体的变形机制进行确定；制定适合十漫沿线复杂地质条件下科学的围岩分级方法体系。

武麻高速公路建设指挥部承担两项交通运输部行业联合科技攻关项目，分别是特长公路隧道双洞互补式网络通风技术研究和基于循环经济模式的麻武高速公路关键技术研究，均为2009年立项，2012年经交通运输部西部项目中心鉴定验收。该研究课题将研究成果成功应用于麻武高速公路建设，在保障行车安全、降低工程造价、保护生态及人文环境、资源节约与循环利用等方面取得良好的经济社会效益，并获得了2013年度中国公路学会科学技术三等奖。

沪蓉西高速公路是交通部列为的"科技示范工程"。该工程强化科技先导，构筑科技项目支撑，遵行"坚持科技创新、推进成果应用、确保安全优质，实现环保节约"的理论，打造出一条山区高速公路示范路。其复杂地形地质条件下山区高速公路建设成套技术结合我国西部交通建设的实际情况，切合项目建设的需求，研究解决了复杂地质地形条件下山区高速公路建设的成套关键技术问题。在国内首次研发和使用光栅光纤隧道火害报警系统，点火试验与实际火害报警时间均在50s内，较好解决了隧道火害报警迟缓难题。沪蓉西高速公路建设指挥部"复杂地质条件下山区高速公路成套技术研究"获中国公路学会科学技术奖特等奖，并推广应用到湖北宜巴高速、宜巴高速公路建设指挥部开展"三峡库区高速公路库岸再造防治技术研究""宜巴高速公路特殊岩土体对工程的影响与防治的关键技术研究"，自主创新解决了三峡库区特殊岩土地质条件下的工程建设难题。针对恩施利川至汪营段工程所在地雾区天数多，持续时间长，能见度差；司机看不清前车和周边路况，也无法看清信号灯及提示牌；鄂西高速公路管理处开发高速公路雾天引导系统，有效减少雾区交通事故的发生。针对湖北省沪蓉西高速公路岩溶及地下水十分发育，对深埋长大隧道的施工建设影响巨大，湖北省交通规划设计院成立了岩溶隧道施工地质预报关键技术课题组，对高速公路隧道穿越地区的工程地质及水文地质条件开展了广泛地调查分析，并在此基础上对与隧道施工地质预报有关的关键技术进行了多学科、多专业的综合性科学研究，包括了岩溶及地下水系统调查与分析研究、隧道地质三维建模研究、施工地质预报综合技术研究、岩溶隧道围岩稳定性分析、涌（突）水量预测及岩溶安全距离计算以及岩溶隧道施工地质预报综合解释专家系统的建立与工程应用研究。在隧道施工地质预报方法的研究中,依据隧道地质环境特征,在地质调绘基础上,合理运用物探、钻探、超前导洞等技术,将地面与地下探测相结合、超前导洞与主洞探测相结合、长距离与短距离探测相结合、定性与定量分析相结合,对多种预报成果综合分析,相互验证,形成了一套有效的综合预报体系及合理的施工地质预报工作方法。三峡翻坝高速针对高风险岩溶地区隧道修建过程中遇到的溶洞、岩溶裂隙水等不良地质条件,研究高风险岩溶地区岩溶发育的普遍性及区域性规律、岩溶裂隙水流域水文地质结构和流域五场的耦合作用,实现岩溶区域突水靶段等级的界定和隧洞潜在涌水点分布及大小的预测;在此基础上,开展综合地质灾害超前预报技术研究,见表3-1-4。

隧道类型与施工地质预报方法选择表　　　　表3-1-4

序号	隧道类型	必做项目		选做项目
1	特长及长大隧道	地质条件简单	地质调绘	地质雷达法、弹性波反射法
		地质条件复杂	地质调绘 弹性波反射法 短距离地质超前钻探	地质雷达法、红外探测法、中、长距离地质超前钻探、地面补充物探
2	水下隧道	地质调绘、弹性波反射法、短、中距离地质超前钻探		地质雷达法、红外探测法、超前导洞、长距离地质超前钻探
3	推断有大断层、涌水涌泥、岩爆、废弃矿巷(井)、有害气体等严重工程地质灾害的隧道	地质调绘 弹性波反射法(如遇可燃、易爆气体与粉尘必须选用非炸药震源类型的弹性波反射法)短、中距离地质超前钻探		地质雷达法 红外探测法 水文监测 地面补充物探 长距离地质 超前钻探超前导洞
4	全部或者大部分通过可溶岩,特别是强溶岩地层的隧道	地质调绘 地质雷达法　　弹性波反射法　　短、中距离地质超前钻探		红外探测法 水文监测 地面补充物探 长距离地质超前钻探 超前导洞
5	因地形、地貌等客观条件限制,前期勘察精度不足的隧道	地质调绘 弹性波反射法 短距离地质超前钻探		地质雷达法、红外探测法、水文监测、地面补充物探、中、长距离地质超前钻探、超前导洞

湖北杭瑞高速公路阳新至通城段全长约200km,针对所经地区路网密集,具有施工作业面大,工程量大,流动性大、工序复杂等特点,相继开展湖北杭瑞高速公路建设期安全管理信息系统研究、陡下坡路段黏弹性防滑面层研究、杭瑞高速基于视知觉的低成本交通安全改善技术研究及应用等项目研究。建设期安全管理信息系统研究通过对施工中重大危险源的分析研究,总结安全事故发生的表现形式和影响因素,并深入分析施工中安全事故和安全隐患形成机理,提出切实有效的施工安全对策和防范技术措施,形成标准化、规范化、科学化的安全生产管理模式,构建高速公路建设期安全管理信息系统,为安全管理和

科学决策提供依据。陡下坡路段黏弹性防滑面层研究,以杭瑞高速湖北段面层5标黏弹性抗滑面层试验段工程项目为依托,对以废旧汽车轮胎橡胶为主要添加材料的抗滑沥青路面材料及其应用进行了研究,研发了多用途的动态摩擦力测试仪;进行了黏弹性抗滑面层试验段的铺筑,经测定,铺筑的试验段基本路用性能良好,抗滑效果明显。基于视知觉的低成本交通安全改善技术研究及应用项目将视觉认知心理学、交通工程学、实验心理学等多学科理论与方法相结合,进行高速公路交通安全改善技术研究,从驾驶员的视知觉(包括视觉感知及视觉认知)特性出发,通过合理的交通工程设施改善设计,以改善杭瑞高速公路交通环境的视觉舒适性,从而提高驾驶员对交通环境信息的视知觉水平,并达到用较低的成本,最大限度地减少交通事故的目的。

五、研究环保与景观设计

湖北省京珠高速公路工程建设中开展全面系统的景观设计研究工作,运用三维仿真虚拟技术,构建了在三维虚拟平台上景观审美的评价体系,在高速公路景观设计形成一套完整的、可操作性强的、科学的设计方法。

随岳中高速公路建设中,省交通厅批准立项《随岳高速公路湖北省中段环保与景观设计关键技术研究及工程示范》。该课题的研究对提升公路景观设计理念,解决基于公路环保与景观前置新理念下的环保与景观研究关键问题,并结合随岳中高速公路建设的实际情况,提供技术支持,增加科技含量,力求使随岳中成为湖北省新理念高速公路设计的典型示范工程。该项目在全国公路行业中率先提出"环保与景观设计前置"的新理论,开展了高速公路环保与景观前置理论探索和示范工程应用实践研究,使高速公路设计理念与施工技术达到一个新的高度。项目部相继组织开展高速公路环保与景观前置研究及在随岳中高速公路中的应用;随岳高速公路中段路域生态系统中植物影响和恢复的评价研究;随岳高速公路湖北省中段生态型服务区研究等。高速公路环保与景观前置研究及在随岳中高速公路中的应用。对沿线空间类型(山形、水面、植被)等进行研究分类,分析流动景观的整体印象,结合自然生态的保护和恢复,提出适合环境的高速公路设计方法和途径。随岳高速公路中段路域生态系统中植物影响和恢复的评价研究课题将陆生植物界定为研究对象,选择有代表性的路段和生态敏感区进行调查,施工期相同因子的变化情况;建成后原有植物的种类组成;物种的数量和分布;优势种、特定种植物的种群密度。生态恢复后研究地区的植物群落种类、分布、覆盖率、生长情况、植物的现存生物量及植物的破坏及恢复情况,植物及引入外来植物的种类及数量以及相关环境因子的状况,用于指导路域生态系统中植物影响和恢复。

汉十高速公路襄十段经过地带分属第三、第四系沉积垄岗地层和构造剥蚀中低山重丘区,地形起伏大,高填深挖和半填半挖路基多,最大切深达60m,最大填方高达30m;沿线多处路段通过破碎岩层、滑坡山体、地下溶岩、绢云母片岩和膨胀土等不良地质地带，建设者强化环保理念，采用了抗滑桩、预应力锚索、锚杆加地梁框架值草、重力式挡土墙、护面墙、客土喷播、瑞士湿法喷播等多种防护形式，做到防护工程与生物防护的有机结合。沪鄂高速全线大面积推广应用"客土喷播"的新技术，建立了以灌木为主，草、灌、藤与花卉植物结合生物防护体系，力求实现长远效果与近期效果，生物防护与工程防护统一，保持边坡的长期稳定。大大改善路域生态环境和景观面貌，真正达到恢复自然、保护环境的目的。

沪蓉西高速公路建设过程中，尊重自然，坚持个性化设计，设计中尽最大努力减少破坏，施工中尽最大限度恢复的理念。针对工程艰巨、地质复杂、生态要求高的特点，注重依托科技创新解决施工难题，确保工程质量，积极应用国家"九五"重点科技攻关优秀成果01、航测遥感、集成技术及深层地震反射勘探进行勘察设计，委托科研咨询单位成立了项目科研课题群管理机构，初步建立起集项目报批、审查、阶段评估、成果鉴定、推广应用于一体的科研项目全过程管理体系。

三峡翻坝高速建设中，开展了山区高速公路生态恢复与景观构建研究。生态高速公路的建设目标是尽量减少对自然环境的压力，营造亲近自然的视觉和心理感触，实现公路与环境的最佳融合。

杭瑞高速公路从筹建开始，按照建设"原生态旅游景观路"的理念，以生态景观学和生态经济学为指导，因地制宜，科学规划，突出特色，整体推进，全力打造"绿色"品牌，根据湖北省山区高速公路建设的特色与要求，把原生态环境修复和治理作为杭瑞高速公路项目建设的根本点、切入点，力图实现高速公路建设与生态环境保护的协调发展。旨在将杭瑞高速公路建成"艺术景观路""生态景观路"，开展了杭瑞高速公路山区环境进行原生态景观设计与恢复重建。杭瑞高速公路生态恢复坚持选用本土植物，最大限度地恢复原生态植被与植物和微生物环境；景观建设坚持与周围环境协调、融合，最大程度的彰显地域文化和特色；人与自然共生思想——异质文化的共生、人与技术的共生、内部与外部的共生、人与自然的共生。吸引人们进一步深入了解和认识鄂南地区，从而为鄂南带来更多新的发展契机，通过研究使该路段并对整个湖北省高速公路的建设起到一定的示范和窗口作用。

六、推广应用新材料

在高速公路建设之初，就着手对筑路新材料进行开发应用。1987年开工建设的武黄高速公路，贯彻"就地取材"原则，经过大量试验研究后，推广采用水泥稳定石屑（开山废料）、碎石及二灰（石灰、粉煤灰）碎石等半刚性路面基层结构。实践证明，这些是强度高、水稳性好、便于雨季施工、节省投资的好结构。

1998年3月黄黄高速公路建设指挥部成立了SMA路面攻关课题组，进行了"沥青玛蹄脂混合料SMA在高速公路上的应用研究"，填补了湖北省使用这种新型沥青路面结构

京珠高速公路景观设计

材料的空白。

武汉绕城高速公路建设项目在路面中面层采用了 TLA 湖沥青改性。TLA 湖沥青是一种新型的天然沥青,它具有普通石油沥青的不能比拟的优良性能,在高温稳定性、低温抗开裂性能、与石料黏结性、耐老化性能等方面具有独特的优点。在 K94+480～K94+720 段,路线通过父子山哑口,路堑边坡最高达 30m,原设计为石质边坡。为确保路基的稳定性与行车的安全性,本项目从欧美国家引进一种新技术、新材料、新工艺——格宾网。在石质边坡上锚杆挂网绿化,在坡脚处采用石笼挡土墙。格宾网施工方便,可大面积组装,特别适合公路建设高填方、挖方区边坡防护。通过经济技术指标比较,格宾网技术护坡比采用一般防护措施成本低,保护生态环境优越。

"十一五"期间,汉十襄荆连接线利用汉江滩上丰富的砂砾料作为部分路基的填料,弥补了路线上部分路段土方紧缺的问题,避免了土方远运,降低了工程费用,达到了良好效果;在膨胀土路基中,采用了土工材料进行包边处理;为了更好地对膨胀土进行保湿防晒,采用三层素土加一层6%石灰处置土的填筑方案,保证了路基的压实度和CBR值的实现,使工期得到了保证;在砂砾路基的防护中首次采用了土工固格网内植草的防护形式;孝襄高速公路建设中开展排水降噪防滑沥青路面材料的研究与应用课题研究,提出采用高黏度改性沥青技术和纤维增强技术解决 OGFC 黏结性能差的技术方法;实现 OGFC 路面材料制备关键技术系统集成;本成果在孝襄高速公路孝感段(总长9200m^2)得到应用,填补了具有自主知识产权的高黏度改性沥青用于高等级公路的空白;武英高速公路建设为依托,开展了"片麻岩高性能混凝土的研究及应用"。

武麻高速公路用纯聚丙烯颗粒通过热挤压在连续工艺过程中制造而成的聚丙烯单丝纤维,该纤维直径小、比表面积大,在水泥基料中分散性好,抗化学腐蚀性能力强熔点高,无毒素，可广泛应用于提高砂浆、普通混凝土、高性能混凝土的防裂、抗渗能力；同时，也可显著提高干混砂浆和混凝土的抗冻抗冲击抗磨损和抗折能力。鄂西管理处和省交通规划设计院共同开展"聚合物改性水泥混凝土路面养护技术的研究与应用"；宜巴高速公路研制了适用于公路隧道施工的泡沫混凝土，开发了泡沫混凝土缓冲层施工全套技术。三峡翻坝高速开展聚合物改性水泥混凝土桥面铺装层及其结构研究，该新型桥面铺装层采用特定的施工工艺，使之摊铺后，直接形成粗糙面，具有防滑、降噪等表面功能，大幅度提高了水泥混凝土桥面铺装层的行车舒适度，有效改善了桥面铺装层的使用功能。

沪鄂高速公路蒙蒙山特长隧洞上面层采用武汉理工大学开发研究的阻燃高黏度改性沥青。具有一般高黏度改性沥青不能比拟的优良性能，在高稳定性、低温抗开裂性能、与石料黏结性、耐老化性能等方面具有独特的优点，特别是提高了软化点和动力黏结。收费天棚采用了全新的整体式可变情报板，集建筑学、结构学、精细化工与材料科学为一体，具有很高的技术含量，能很好地节约能源，同时夜间彩灯照射形成绚烂的景观。钢桥面黏结剂的开发与应用。黏结剂作为铺装层与钢桥面之间的黏结材料，主要性能要求为剪切强度和黏结强度，同时，要求具有良好的柔韧性，为了施工的方便，还要求具有合适的黏度和恰当的凝结时间。武汉理工大学专门研究开发了适合于钢桥面铺装的特种黏结剂。沪鄂高速全线公路两侧隔离栅采用贝尔卡特公司生产的新型材料——浸塑的焊接网；标线采用热熔性反光涂料并掺入珍珠粉以增加反光效果；护栏的反光膜采用的也是进口的新型材料；在车道分界线旁采用进口的突起路标，晚上行车时形成两道明亮的航标。利用片麻岩、玄武岩制备高等级公路面层沥青混合料试验研究，通过对沿线的片麻岩破碎方式进行优化，对岩性的材质进行物理和化学成分分析，进行科学指导施工。抗滑阻燃降噪多功能隧道路面结构设计与铺装技术首次在湖北的成功应用，对隧道的抗滑、阻燃、降噪等性能达到一个全新的要求，提高了高速公路的路用性能，节省投资，提升效益。

襄十高速公路十堰东收费站

杭瑞高速公路项目采用预应力管道高性能灌浆材料解决高膨胀等难题。针对杭瑞高速项目区居民生活聚集地较多，其运行过程中产生的噪音，将对周边居民正常的生产生活带来严重的危害。开展新型环保高效水泥基道路声屏障研究与应用研究。为解决目前声屏障存在的主要问题，声屏障发展将更加注重采用环保材料建造公路声屏障，降低公路声屏障成本和提高公路声屏障的耐久性。研究内容：淤污泥集料特点与声屏障设计。利用废弃物制备声屏障用于降低噪音污染，以废治废，遵循"两型社会"的发展原则，符合国家节能减排的政策。

杭瑞高速公路(G56)

随岳中高速公路建设项目开展透水沥青路面在随岳中高速公路的应用研究。通过对随岳中高速公路区域的气候和交通量的分析，把路面的高温性能、抗滑性能和防水损害性能作为研究的重点，提出了沥青面层的厚度及相应的沥青混合料级配类型：下面层采用8cm厚的AC-25C，中面层采用6cm厚的AC-20C，上面层采用4cm厚的透水沥青混合料OGFC-13，OGFC-13的构造深度大，具有良好的渗水性能和抗滑性能；设计了密级配沥青稳定碎石混合料ATB-25作为柔性基层；制备应用了透水路面专用高黏度TPS改性沥青；研究应用了SBR改性乳化沥青以及由有机硅树脂防水剂和SBR改性乳化沥青组成的复合防水黏结剂两种防水黏结材料。

七、推广应用养护新技术

积极推进科技养护，不断提高养护的科学性和实效性。高速公路沥青路面在正常运营几年后，路面开始出现轻微疲劳龟裂、细骨料损失造成局部离析等现象，并且路面渗水性也会大大提高，从而使路表水通过裂缝或离析处进入沥青混合料中，加速路面的损坏。黄黄高速公路与长江路桥科研部门长期合作，采用该公司开发的HXJ109和HXJ209两种雾封层材料。雾封层材料的基本组成是由基质沥青、渗透剂、沥青再生剂、稳定剂等助剂和耐磨辅助材料，经过特殊的搅拌工艺和程序复配合成。通过雾封层试验路段全过程地监控,在施工中及后期跟踪监测中所采集到的大量的试验检测数据和施工控制数据,证实雾封层技术能使路面形成一层严密的防水层将路面封闭,并有效密封沥青路面的孔隙及裂缝,起到隔水防渗、保护路面使用功能的效果,通过雾封层材料中还原作用的材料能与原有路面老化沥青发生化学、物理的反应,恢复路面沥青的路用性能,加大路面骨料间的黏结力,并减少路面的老化和风化作用,延迟路面其他病害的出现,维持路面的使用功能。黄黄高速公路管理处开展"高速公路沥青路面半刚性基层预防性补强关键技术研究",黄黄高速水泥混凝土路面改建工程全部采用SMA结构罩面,沥青加铺上、中、下3个面层全部采用改性沥青,成为我省高速公路建设上的一大创新。

武黄高速公路作为"白+黑"沥青加铺工程大的试验路,在施工过程中成功运用了21种沥青混合料及土工合成材料,组合17种沥青路面结构,完成了"STRATA应力吸收系统首次用于沥青加铺路面结构""喷射混凝土在桥梁加固中研究应用""智能混凝土在高速公路上首次现场试用""钢渣SMA首次应用于高速公路作沥青路面上面层"等10项科研课题研究,各项技术指标均达到部颁标准,成功实现了"改造成一条全新的高速公路";2008年7月,武黄高速公路在全省高速公路养护没有实际先例、没有经验数据的情况下,果断运用桥梁支座顶升技术对现役部分桥梁老化支座进行更换及硬路肩旋喷桩加固。在桥梁更换支座整个顶升过程丝毫不影响桥面正常行车。旋喷桩加固后跟踪观测,对武黄高速公路硬路肩纵向裂缝发展有了很好的控制。

湖北京珠高速公路先后引进了超薄磨耗尾、雾封层、微表处、注浆、CAP技术封水、桥梁同步顶升等"四新"技术,研发、运用了处于国内领先水平的"基于GIS湖北京珠高速公路养护信息管理系统"和"军山长江公路大桥桥梁管理系统";制定了《沥青路面预防性养护指南》等工作规范,建立了日常养护与应急养护相结合的预防性养护管理长效机制,着力解决了养护施工中的技术难题和管理难题,做到快速、环保、科学养护。在预防性养护方面开展Novachip超薄磨耗层、沥青路面微表处工程、车辙增强剂、橡胶沥青等新技术;推广养护机械化;养护管理信息化,建立路面管理系统、桥梁养护管理系统、军山桥管理系统;开展沥青路面智能化养护关键技术研究、军山桥钢桥面铺装快速养护技术研究、京港澳高速公路沥青路面中长期养护规划研究等科研项目。2008年,京珠管理处在全省范围内首次引进"注浆"技术治理路面翻浆病害,实现翻浆病害仅15min即可处置完毕并开放交通;探索引进魁道压缝带+CAP完全封层技术,实现"随时随地、有缝就补",有效防止了裂缝的扩大,降低了养护成本。

汉十管理处率先引进TPS透水路面加铺新技术,大幅增强了路面排水能力,从根本上解决了曲线缓和路段超车道积水问题,降低了雨天交通安全事故发生率,被湖北电视台作为学习实践科学发展观活动的典型案例予以报道。省高速公路实业开发公司完成《高速公路沥青路面预防性养护系统研究》《武黄高速公路复合式路面及旧桥加固后养护技术研究》和《高速公路沥青路面抗滑表层技术研究》等三项课题预期研究任务,研究成果总体达到国内领先水平。武黄公司购置了沥青路面灌缝机、开槽机、载重货车及移动式打桩机等专项养护设备,采用不中断交通的桥梁整体顶升技术更换支座,采用旋喷加固技术处治硬路肩沉陷和侧移,有效排除了桥涵路面安全隐患,为高速公路养护积累了实践经验;鄂西高速公路管理处采用新型环保型液体融雪剂,有效地推动山区高速科学除雪、环保除雪,最大化地保护当地生态环境;省高速公路实业开公司还研发了具有自主知识产权的沥青路面智能养护专家系统,集路面数据自动采集、技术状况评定、病害诊断和预警、养护方案和工程造价编制于一体,实现了智能养护的目标,该系统已申报了国家发明专利。

依托随岳北高速公路,省交通厅批准立项"沥青路面水泥稳定碎石基层防裂技术研究与应用"。该课题根据随岳北高速公路路面特点,针对基层水泥稳定碎石混合料收缩展开研究,建立一套完整的半刚性基层路面防裂技术和施工技术指南,不仅可以为随岳北高速公路建设提供技术支撑,提高其半刚性基层防裂的技术水平,形成系统的高速公路沥青路面水泥稳定基层建设、防治技术,为该项目的建设、养护服务,也能为今后湖北省其他公路建设提供借鉴,将产生明显的经济效益,其实用价值与理论意义重大。

八、创新工程管理

20世纪90年代,继新洲齐架山至新洲县城一级公路首次在省内采用CAD辅助设计后,宜黄高速公路江宜段在设计中采用计算机CAD辅助设计,这是湖北省高速公路勘察设计中首次采用CAD辅助设计。随后指挥部与长沙交通学院合作,共同开发出公路工程施工监理软件系统,使编制工程资料从烦琐、繁重的人工劳动中解放出来。利用微机进行工程数据分析和储存。据统计,计算机在工程合同管理、质量管理、财务管理等方面减少人力和纸张成本为原费用的1/25,提高了工效,增强了管理的科学性,减少了管理成本。

2002年,根据鄂交科教〔2002〕618号文件,湖北省襄十高速公路建设指挥部会同广东同望科技股份有限公司开展高速公路建设信息管理系统研究与应用,它所提供的信息不仅迅速而且更加全面和准确,使管理人员能及时掌握工程实施的全貌,并运用数学模型等工具,为高速公路建设计划、协调、组织、指挥等管理过程提供快捷的决策依据具有十分重要的意义。

"十一五"期间,省交通厅批准立项"基于高精度遥感的随岳中高速公路三维可视化管理信息系统的开发研制"。为了更有效地让信息管理系统发挥作用,更直观地对高速公路的建设与运营维护进行管理,建立一种三维可视化的基础信息系统是未来发展趋势。以高精度遥感数据为基础,结合数字化地形数据和公路沿线DEM数据,对高速公路及其沿线的地形地貌和人工构筑物进行刻画,并运用先进的GIS技术,实现三维动态巡航虚拟飞行。其目的是,在公路工程建设期间,对工程完成情况和工程进度状态及效果进行宏观管理和监控,为工程项目系统收集并有效管理相关数据资料;在工程完成通车后,对公路及其沿线桥梁、建筑等构筑物的全貌和工程技术数据可视化信息查询和动态管理,并且通过对地形、地貌、植被覆盖、耕地、居民地等要素的全貌及其细节的动态巡航观测,大大提高项目成果的表现力。还可以进一步服务于公路设计研究阶段路线方案比选、选线及构筑物设计、环境保护、土方开挖计算、工程可行性分析等一系列工程技术过程。

"十二五"期间,湖北省交通运输厅组织实施科技部、交通运输部、公安部共同制定的国家道路安全科技行动计划专题—京港澳高速公路恶劣气象条件下公路安全运行保障技术示范工程湖北省项目,由京珠高速公路管理处具体实施;由省厅计划处与湖北省交通环境监测中心共同开展的"湖北省高速公路环境保护管理体系构建研究",湖北交投襄随高速公路建设指挥部开展"高速公路建设大标段集约化管理研究";湖北省交通科研所开展"湖北省高速公路建设标准化指导意见"。沪鄂高速采用壁挂式高清等离子交通指挥监控系统,是一种专业的交通实时高清监控拼接屏,具有图像清晰、对比度高等优点,采用等离子技术无缝拼接,在全省尚属首例。杭瑞高速开发公路太阳能光伏发电及高效 LED 照明应用技术研究。项目主要是在杭瑞高速通山管理分中心办公楼、主线收费站综合楼、收费站大棚及通山服务区综合楼等建筑物的屋面、立面幕墙等处采用光伏幕墙、玻璃连廊、光伏屋面等光电建筑一体化产品,形成总装机容量为 32.82kW 光电建筑一体化应用系统。一系列"四新"项目的研究应用,提高了全省高速公路建设经营管理水平。

高速公路养护信息化管理水平大大提高。在全省推广应用路面管理系统(CPMS)和桥梁管理系统(CBMS)。全省高速公路和桥梁已全面使用路面管理系统和桥梁管理系统进行养护管理和辅助决策。加强基础数据库和养护决策系统的开发。楚天公司自主开发了养护信息综合管理系统一期工程并投入试运行,实现了汉宜高速路面信息、桥梁信息、实景影像、各类地图地形地貌数据的有效整合,较好地解决了数据综合利用困难、操作不便等问题。多家管理单位研发出适合自身特点的信息管理系统,建立了适合自身特色的养护管理自动化网络,逐步实现了检测自动化、分析数字化、管理信息化、决策科学化。

ETC 科技应用逐步推广。根据交通运输部、国家发改委、财政部三部委《关于促进高速公路应用联网电子不停车收费技术的若干意见》,推广电子支付及不停车收费系统。顺利完成全国高速公路信息通信系统联网工程(湖北段)建设任务,与河南、湖南、重庆和安徽四省实现省际光缆对接。省交通运输厅完成了全省交通运输统计分析监测和投资计划管理信息系统工可及方案编制和一期工程实施,初步建立了七大数据库。加强信息的整合应用,提高信息技术在稽查工作中的含量,通过借助收费系统,完善了"黑名单"及"灰名单"系统;基本完成路政应急信息服务平台建设,开展了"高速公路路网智能监控管理系统"规模性应用测试前期工作;顺利完成了全国高速公路通信信息联网工程(湖北段)的全国联调联测,湖北段工程得到交通运输部通信信息中心的认可。此外,特长公路隧道双洞互补式网络通风技术应用、公路隧道节能照明技术应用和高速公路不停车收费系统(ETC)在联网收费中的应用被省厅确定为第一批绿色循环低碳示范项目,在全省推广应用。汉十高速公路管理处在全省试点建设了第一条 ETC 与 MTC 混合使用车道,提高了车道资源的使用效率。"智慧汉十"管理体系成为长沙理工学院行业教学案例;黄黄高速公路管理处信息监控中心正式建成并投入使用,成为鄂东高速信息综合管理的大"心脏"。黄黄高速公路管理处依托智真会商系统,管理处会议费、应急成本以 20% 的比例逐年降低;随岳高速公路管理处组建信息管理中心,形成"1+2"信息管理体系,建成"1+5"视频会议系统,加速推进了信息化建设;"随岳通"应急指挥调度管理系统,被称赞为"首创应用、国内领先"。

第二节　获奖科技成果

改革开放以来,湖北交通系统开展了 725 项科技项目的研究和开发,其中获国家科技进步奖 5 项,部省科技成果、科技进步奖 419 项,国家省优秀设计奖 7 项。其中与高速公路建设经营管理有关的全国性奖 22 项(含交通部、中国公路学会科学技术奖);湖北省政府颁发的科技进步奖 51 项。

一、全国性奖(含交通部、中国公路学会科学技术奖)

(一)微机管理在工程施工监理中的作用应用研究

项目名称:微机管理在工程施工监理中的作用应用研究
建设单位:湖北宜黄公路江宜段建设省指挥部
研究单位:宜黄公路江宜段建设省指挥部、长沙交通学院交通设计研究所
主要完成人:任必年、尹其潜、刁应祥、潘忠良、谢珍
起止时间:1994 年 1 月至 1995 年 11 月
研究内容:开发公路工程施工监理软件系统,使编制工程资料从烦琐、繁重的人工劳动中解放出来。过去工程施工资料整编、汇总都是手编,资料成堆。全部使用计算机后,所有资料都在轻便的软盘内,随时可利用微机进行工程数据分析和储存。据统计,计算机在工程合同管理、质量管理、财务管理等方面减少人力和纸张成本为原费用的 1/25,提高了工效,增强了管理的科学性,减少了管理成本。
获奖情况:交通部科技进步成果三等奖。

(二)项目名称:独塔无背索曲线斜拉桥关键技术研究

项目来源:湖北省交通厅 2003 年度科技计划项目

研究单位:湖北省孝襄高速公路建设指挥部/湖北省交通规划设计院

主要参与人员:宋继宏、丁望星、徐华、胡恒、朱北平、彭晓兵、王敏、贺鹏、游峰、李洪滔、李学俊

起止时间:2003年2月启动,2005年12月基本完成,2007年3月完成正式课题研究报告。

研究目的:独塔无背索斜拉桥作为桥梁家族中的一种新桥型,当时在国内外并不多见,对其研究也很少,设计和施工方面的关键技术有待探索,为了满足本项目建设的需要,填补斜拉桥在无背索曲线桥型方面的技术空白。

研究内容:

(1)根据桥位建设条件,科学合理的采用两座一跨跨过京珠高速公路的独塔无背索斜拉桥桥型方案,满足了孝南枢纽互通的功能和京珠高速公路通行要求,并实现了桥梁与周围景观的较好协调。

(2)在无背索斜拉桥桥型的基础上,首次研究并在弯道和陆地上成功建成了独塔无背索曲线斜拉桥桥型,该桥型为国内、外首次应用,取得了无背索斜拉桥建造技术的一项重大进展。

(3)全面研究和总结了无背索曲线斜拉桥设计和施工技术规程。首次研究并采用了主梁悬臂拼装与索塔浇筑同步进行的施工方法。

(4)首次全面研究和总结了无背索曲线斜拉桥的技术和构造特点,并进行了大量的比较和优化,研究了塔、梁和桥型的合理结构形式。通过结构仿真技术和成桥荷载试验,验证了结构的安全性和合理性,填补了无背索曲线斜拉桥方面的技术空白。

(5)在塔、梁的钢-混凝土结合段的关键部位设计中,合理选择钢-混凝土结合段的形式和位置,并采用了锚固钢筋与高强螺栓混合使用钢—混凝土的连接技术,成功实现了塔、梁之间的可靠固接。

(6)结合无背索斜拉桥受力特点,科学合理地将斜拉索锚固于塔柱截面形心处,消除了斜拉索索力对塔柱产生的加弯矩,锚固点设计首次采用了预应力混凝土锚固横梁的构造设计,大大简化了拉索与塔柱之间的连接构造。

社会经济效益:研究成果应用于依托工程的设计和施工建设中,取得了良好的经济和社会效益。综合经济分析表明,在依托工程特定的桥位上,由于结构布置合理,独塔无背索斜拉桥最省,与常规独塔两跨斜拉桥节约投资约8%。采用塔、梁同步悬臂施工方法,较常规先梁后塔施工方法节省了大量支架,直接降低主桥施工成本约500万元。

获奖情况:荣获中国公路学会科技进步三等奖。

(三)复杂地形地质条件下山区高速公路建设成套技术

项目名称:复杂地形地质条件下山区高速公路建设成套技术

研究单位：湖北沪蓉西高速公路建设指挥部、中交第二公路勘察设计研究院有限公司、湖北省交通规划设计院、山东大学、中国科学院武汉岩土力学研究所、中国地质科学院岩溶地质研究所、招商局重庆交通科研设计院有限公司、路桥华南工程有限公司、中铁十四局集团有限公司、中铁十三局集团有限公司、武汉理工大学、湖北省交通科学研究所、中交路桥技术有限公司、北京新桥技术发展有限公司、武警交通指挥部

主要完成人：白山云、廖朝华、徐健、蒋树屏、韩宏伟、詹建辉、吴迅、叶志华、陈军、李术才、曹传林、彭元诚、陈雷、谭永高、郭小红、区桦、王敬平、付克俭、张厚记、张晟斌、方彦、熊友山、张高朝、韩军、路为

起止时间：2004年8月至2009年9月。

研究目的：本项目结合我国西部交通建设的实际情况，切合项目建设的需求，研究解决了复杂地质地形条件下山区高速公路建设的成套关键技术问题。

研究内容：该项目通过大量开拓性试验和数值模拟分析研究，提出了全寿命周期的优化设计和成本控制总体设计方法和适应复杂地形地质和特殊桥隧结构的线形组合，丰富了山区高速公路线形设计理论和方法，形成了基于风动力场和温度场的结构稳定及耐久性的高墩大跨梁式、拱式和悬索结构桥梁的设计方法与施工控制技术，首次提出了高速公路分岔隧道近距离隧道循环风相互影响的计算方法和控制其影响的工程措施；创建了岩溶涌水专家评判系统、综合超前地质预报系统等隧道灾害综合治理技术体系，为复杂地形地质条件下高风险隧道施工安全提供了重要技术保障。

社会经济效益：研究成果在湖北沪蓉西高速公路建设中得到了成功的应用，并推广到湖北宜巴高速公路、重庆巫奉高速公路等多条山区高速公路建设中，产生直接经济效益9.92亿元，具有广阔的应用空间和良好的推广前景。

获奖情况：2010年获中国公路学会科学技术特等奖；由中国公路学会推荐申报国家科技进步奖，2011年获国家科学技术进步二等奖。国务院《国务院关于2011年度国家科学技术奖励的决定》(国发〔2012〕7号)，奖励编号：J-223-2-01112

(四)四渡河特大桥深切峡谷悬索桥关键技术研究

项目名称：四渡河特大桥深切峡谷悬索桥关键技术研究
建设单位：湖北沪蓉西高速公路建设指挥部
主要完成单位：湖北沪蓉西高速公路建设指挥部、中交第二公路勘察设计研究院有限公司
路桥华南工程有限公司、长江科学院、同济大学、华中科技大学
主要完成人：徐健、廖朝华、白山云、彭元诚、王崇旭、邬爱清、宋锦忠、李黎、王敬平、叶志华、谭永高、黄正加、龙晓鸿、杨耀铨、陈杨明

沪渝高速公路沪蓉西段四渡河特大桥（G50）

起止时间：2004年8月至2009年9月。

主要技术指标：四渡河特大桥为900m单跨双绞钢桁架加劲梁悬索桥，跨径布置为900+5×40=1100(m)，被专家们称为"世界级工程"。

研究目的：四渡河特大桥为国内首座山区大跨度悬索桥，是湖北沪蓉西高速公路的重要控制性桥梁工程。四渡河特大桥施工条件差、技术含量高、施工难度大。项目部成立了科技攻关小组，开展了大量科研工作，取得的科技成果将为今后相似的工程施工提供借鉴。

研究内容：深切峡谷悬索桥设计与施工关键技术指导隧道锚设计，确保了在运营期间的桥梁结构安全，为隧道锚推广应用奠定了基础。

首次用桥梁抗风性能模型风洞试验、桥位风特性大比例（1:3000）山区地形模型风洞试验与桥位现场风特性观测相结合的方法进行山区特大跨度桥梁抗风研究，获得了山区风场特性，验证了桥梁抗风性能，直接指导了四渡河特大桥的抗风设计，填补了山区特大跨度桥梁抗风设计研究的空白。

首创的火箭远程抛送软索技术，提供了大跨度悬索桥在复杂环境下快速、经济、安全抛送先导索施工新技术。优化了深切峡谷悬索桥吊装施工工艺，应用900m大跨径缆索吊，使得1200m跨径范围内悬索桥采用缆索吊吊装施工成为首选方案。采用预应力岩锚+锚墙代替重力锚，节约了投资；利用强大的大桥主体结构索塔作为缆索吊的塔架基础；地锚处各根承重绳之间采用串联接头，承重绳通过地锚前平衡轮自平衡来使各自均匀受力。

首创悬索桥锚索单根可换式预应力技术，实现了悬索桥锚索的可检测、可维护、可更换性，该技术获得国家发明专利。

首次完成了悬索桥锚碇大吨位锚垫板锚下传力试验，改进了传统的锚垫板构造形式。

现场岩体拉拔流变与流变参数反应,以及隧道锚围岩长期变形稳定分析;首次对山区风环境特性进行系统研究,为我国山区桥梁抗风设计规范提供依据;开展了大跨度大吨位缆索吊施工技术的研究。

社会经济效果:工程建设期间,优化设计和施工工艺共节约投资约3000万元。从2009年12月19日通车以来,年通行车辆约240万辆,创造了良好的经济效益。

项目积极开展科技攻关活动,刷新了多项国内外纪录。大桥的建成为山区大跨度悬索桥设计和施工提供了有益参考,对促进山区大跨度桥梁施工技术的进步、推动山区高速公路发展具有重要意义。

获奖情况:

"大跨度悬索桥先导索火箭抛送技术"填补了国内外在峰高谷深复杂地形下的山区进行大跨度悬索桥先导索施工的技术空白,该技术分别获中国公路学会"科学技术二等奖"、广东省"科学技术二等奖"、"中山市科技进步一等奖";"复杂地形地质条件下山区高速公路建设成套技术"获中国公路学会"科学技术特等奖",同时获"国家科学技术进步二等奖";"四渡河深切峡谷悬索桥关键技术研究"获中国公路学会2009"科学技术一等奖";"大跨度悬索桥先导索火箭抛送装置""一种锚垫板:37孔大吨位预应力锚垫板""一种猫道锚固调节装置""一种缆索吊承重绳与地锚间的连接装置"获国家实用新型专利;"大跨度悬索桥先导索火箭抛送装置和方法"和"一种缆索吊承重绳地锚及其施工方法"获国家发明专利;"远程火箭抛绳系统牵引先导索跨越深切峡谷试验""隧道锚拉拔模型试验""火箭抛送系统进行先导索过深切峡谷施工""锚碇预应力体系采用喷涂环氧钢绞线单根可换式"分别入选2006年第十一批、2007年第十二批"全国企业新纪录";"沪蓉国道主干线湖北宜昌至恩施公路四渡河特大桥"被评为2010年度"公路交通优秀设计二等奖"。2015年11月5日,湖北沪蓉西高速公路四渡河特大桥荣获"2014－2015年度中国建设工程鲁班奖(国家优质工程)"。

(五)分岔隧道设计施工关键技术研究

项目名称:分岔隧道设计施工关键技术研究

研究单位:湖北沪蓉西高速公路建设指挥部、中交第二公路勘察设计研究院有限公司、中国科学院武汉岩土力学研究所、中国铁路工程总公司

主要研究人员:曹传林、廖朝华、王敬平、郭小红、冯光乐、陈卫忠、李术才、程勇、朱维申、柯小平

项目简介:针对湖北省沪蓉西高速公路建设中遇到的大跨度山岭特殊公路隧道以及桥隧相接的隧道设计和施工、地下工程及岩石力学中等亟待解决的技术难题,应用数值计算、模型试验、现场量测等研究手段,提出了高速公路分岔隧道的结构形式、设计方法、支

护参数、施工方法，提出了隧道近距离洞口污染空气相互影响的经验计算公式和技术措施，拓展了高速公路线形设计的形式，同时研制了组合式三维地质力学模型试验装置，通过模型试验探明了分岔隧道围岩变形与破坏特性，试验成果在沪蓉国道主干线湖北宜昌至恩施段高速公路的八字岭隧道、漆树槽隧道和庙垭隧道等工程实际中得到应用，有效地指导了工程设计与施工，以此为基础编制了公路分岔隧道设计施工技术指南，部分内容纳入《公路隧道设计细则》中。

获奖情况：中国公路学会科学技术二等奖。

（六）沪蓉西顺层斜坡安全评价与防治系统关键技术研究

项目名称：沪蓉西顺层斜坡安全评价与防治系统关键技术研究

研究单位：新疆昆仑路港工程公司（武警交通第二总队）、湖北省交通规划设计院、中国地质大学（武汉）

主要研究人员：李艳明、晏鄂川、刘哲、熊友山、都业洲、谭立勤、刘国荣、和郁富、郭宝琮、王明华等

项目简介：顺层斜坡安全问题是工程建设中具有特色的工程地质问题之一，本课题针对沪蓉西高速公路湖北段顺层斜坡的地质结构和变形破坏特点，以典型斜坡为例开展防治系统研究，在顺层斜坡安全性评价中首次提出岩层失稳几何模型、极限度和滑动范围的计算方法、抗滑桩嵌固段岩体质量分级与弹塑性区临界高度的计算方法，通过现场试验揭示了锚索格构框架梁的锚索对横、纵梁及其节点作用的应力分布规律；实施了交错型锚杆快速支护技术和超大口径复合受荷型抗滑桩设计与施工；重点解决斜坡工程的安全评价、防治系统以及施工方面的关键技术难题。课题成果已应用于沪蓉西湖北段沿线近500处斜坡防治工程，优化设计比经验设计节约投资10%，顺层斜坡和滑坡防治成功率100%。

获奖情况：中国公路学会科学技术二等奖。

获奖编号：408-2-002-002。

（七）高速公路环保与景观前置研究及在随岳中高速公路中的应用

项目名称：高速公路环保与景观前置研究及在随岳中高速公路中的应用

主要完成单位：湖北随岳高速公路中段建设指挥部、华杰工程咨询有限公司、武汉理工大学

主要完成人：张学锋、沈雪香、黎立新、张谢东、张世文、张业红、陈小佳、何智勇、张曦、舒红波

项目简介：项目结合湖北随岳中高速公路建设，在国内公路建设中率先提出了"环保与景观设计前置"的新理念，开展了高速公路环保与景观前置的理论探索和示范工程应

用实践研究。研究将"环保与景观设计前置"的理念始终贯穿于湖北随岳中高速公路建设的全过程,使高速公路设计理论与施工技术达到一个新的高度。本项目研究包括:开展了高速公路环保与景观前置设计的理论及内涵研究,探讨以"生态环保、安全舒适、自然和谐"为宗旨的高速公路环保与景观设计前置的基本原则、组成内容和环保与景观设计前置流程;系统地开展了基于环保与景观前置的高速公路设计方法和实践的研究。在"以人为本""环境保护""可持续发展"三大理念的引领下,以"对自然、社会、人文环境'最小范围的破坏、最大限度的保护、最高程度的恢复'"的基本方针,以湖北随岳中高速公路建设项目为工程背景,系统地开展基于环保与景观前置理念的高速公路设计方法的研究;结合湖北随岳中高速公路建设项目,开展了高速公路环保与景观前置研究的示范工程实践与设计优化;进行了高速公路环保与景观前置评价体系研究,建立并提出了高速公路环保景观前置评价的评价体系和评估方法,开发相应的评价系统软件。

项目研究成果直接应用于湖北随岳高速公路中段建设项目,提高了湖北随岳高速公路中段各设计阶段的设计质量,亦提高了环保与景观施工质量,确保了环保与景观施工质量,确保了环保与景观在施工期的顺利实施,并为运营期间的养护管理提供技术支持。同时,探索出了的高速公路环保与景观前置设计的理论和技术方法,可以推广应用于其他公路建设工程。

获奖等级:中国公路学会科学技术奖二等奖。

(八)大规模山区高速公路建设安全控制与预警系统研究

项目名称:大规模山区高速公路建设安全控制与预警系统研究
主要完成单位:湖北沪蓉西高速公路建设指挥部、武汉理工大学
主要完成人:王小璜、张谢东、余建宜、易胜、付新平
项目简介:湖北沪蓉西高速公路地处鄂西高原,是崇山峻岭、深谷绝壑、悬崖峭壁遍布的复杂地形地带,遍布危岩、潜在的滑坡体、地下暗河、断层等复杂地质单元,堪称"地质病害百科全书"和"工程禁区",被公认为我国地质最为复杂、工程最为艰巨、建设难度最大的高速公路,同时也是安全隐患最多、安全控制最难的工程之一。为确保沪蓉西高速公路施工期的安全,本项目在国内率先系统开展了大规模山区高速公路施工安全管理控制与预警系统的研究。

项目以湖北沪蓉西高速公路建设工程为依托,构建了规范化的山区高速公路施工安全管理与控制体系及安全教育与培训机制;提出了山区高速公路施工危险性较大工程安全施工方案、安全操作规程及实施细则;研究了山区高速公路安全生产应急预案和安全事故的紧急应对程序与组织方式。项目首次将危险因素的控制和事故严重程度危险源评价方法应用于山区高速公路施工危险源辨识与评价,据此对沪蓉西高速公路施工工程的危

险源进行了辨识和分级,提出了相应的防范对策。构建了山区高速公路施工安全综合评价指标体系,并开发了"山区高速公路施工安全评价与预警系统"软件。

项目研究成果直接应用于沪蓉西高速公路建设工程,有效地控制了施工期间的安全责任事故,确保了湖北沪蓉西高速公路安全、优质、高效地建成。同时,部分研究成果也推广应用于正在建设的湖北三峡翻坝高速公路建设工程,取得了良好的效果。项目研究对于科学规范地控制高速公路施工安全,提高公路建设水平,具有重要的指导意义和广泛的推广应用前景。

获奖等级:中国公路学会科学技术奖三等奖。

(九)超大跨混合梁斜拉桥建设关键技术

项目名称:超大跨混合梁斜拉桥建设关键技术

完成单位:中交公路规划设计院有限公司、湖北鄂东长江公路大桥有限公司、湖北省交通规划设计院、同济大学、西南交通大学、中交第二公路工程局有限公司、中交第二航务工程局有限公司

主要完成人:徐国平、马立军、刘玉擎、张喜刚、田晓彬、詹建辉、李乔、刘明虎、胡明义、刘高、欧阳效勇、张鸿、赵灿晖、谭皓、吴文明、常英、黄冰释、余俊林、施志勇、张建军、唐亮、邬都、刘化图、彭晓彬、李松

主要内容:项目依托湖北鄂东长江公路大桥建设工程,开展了超大跨混合梁斜拉桥建设核心技术研究,解决了工程建设的多个关键技术问题,其研究成果为大桥设计、施工和高质量、安全建成提供了技术支撑,节约成本约5000万元。主要包括:研发了设置复合连接件的有格室混合梁结合部构造,解决了混合梁结合部传递200000kN级轴力的技术难题;提出了钢－混凝土结合部合理位置、合理桥跨布置等超大跨混合梁斜拉桥关键设计参数的确定方法,以及超大跨混合梁斜拉桥最优三向支承体系,解决了以全桥整体受力性能最优为目标的混合梁斜拉桥总体设计问题;研发了主梁断面的数值温控选型技术,解决了混合梁斜拉桥边跨宽幅混凝土梁的开裂难题,以及混合梁斜拉桥新型斜拉索下锚头主动防腐技术和相应的除湿防腐装置系统,解决了混合梁斜拉桥新型斜拉索下锚头除湿防腐难题;研发了混合梁斜拉桥全过程自适应控制方法和超大混合梁斜拉桥施工控制软件,解决了在边、中跨结构行为、施工方法不对称的混合梁斜拉桥中实施几何控制的难题,实现了超大跨混合梁斜拉桥无温度应力、高精度匹配合龙技术;提出了有底钢管围堰作为深水墩台施工的围水结构及相应的设计技术和施工工艺,成功完成了鄂东大桥主5号墩承台围堰施工,创造了国内深水承台施工新纪录。

获奖情况:2011年获中国公路学会科学技术奖。

神宜生态环保公路

(十)神宜公路生态环保关键技术研究及示范

项目名称:神宜公路生态环保关键技术研究及示范

完成单位:湖北林区旅游公路建设指挥部、交通运输部公路科学研究院、湖北省交通规划设计院

主要完成人:林志慧、张劲泉、马立军、叶慧海、章征春、杨运娥、詹勇、曹世雄、邵社刚、彭丹、苏德俊、李宗禹、魏显威、张勐、高海龙

主要内容:项目依托湖北省神宜公路建设工程,开展了建设理念、环境友好与资源节约技术、安全防护技术等方面的集成研究与示范。一是提出了"自然就是最美的、适用就是最好的、优质就是最省的、创新就是最具生命力的"建设新理念,确立了"将打造两型交通作为发展的第一选择、将保护好生态环境作为设计的第一追求、将恢复好生态环境作为施工的第一原则、将科技创新促进生态环保作为建设的第一动力、将实现自然环境原生态作为验收的第一关口"的建设方针;二是建立了基于动态设计、路用资源统筹集约调配、网络化过程控制、施工过程安全保障和"五位一体"协调联动的建设管理模式和方法;三是提出了山区公路路域生态保护与道路交通安全统筹协调的建设新技术;四是提出了近自然公路的概念与内涵,构建了山区景观公路建设的体系和方法,形成了山区旅游公路升级改造设计施工成套技术。

直接经济效益:通过对旧路的充分利用、对挡墙和边坡的绿化,增加绿化面积23.9万 m^2;全线废弃的老路14.6km(含部分半幅废弃老路)全部得到利用,废弃老路利用率为100%;神宜公路建成通车后,神农架林区旅游人数和旅游收入分别增长了年183%(2009年与2005年比较)。

社会效益:神宜公路实现了"零弃方"的环保目标;其推行绿色安全公路交通,通过路侧净区、宽容的交通工程,以及工程防护措施的有效实施,极大地改善了道路安全状况;神宜公路的栈道公路修筑技术,与传统道路边坡修筑技术相比,对植被的破坏减少71.7%~98.6%、公路建筑成本减少17%~86%;通过湖北神宜科技环保示范工程经验交流会(交通运输部组织),促进了研究成果在全国范围内的推广利用。

获奖情况:2011年中国公路学会科学技术奖一等奖。

(十一)废旧沥青路面材料循环利用技术研究

项目名称:废旧沥青路面材料循环利用技术研究

项目来源:湖北省交通厅科技攻关项目

建设单位:湖北省高速公路实业开发有限公司

起止时间:2004年至2008年

主要研究成果:为促进公路建设与养护资源循环利用,湖北省高速公路实业开发有限公司早在2004年便开展了沥青路面再生技术研究筹备工作,并于2005年立项了湖北省交通运输厅科技项目"废旧沥青路面材料循环利用技术研究"。经过三年技术攻关和应用验证,2008年提出了集就地热再生、就地冷再生、厂拌热再生、厂拌冷再生于一体的系统化沥青路面再生技术,研究成果达到国际先进水平。2012年,由高开公司编制的《公路沥青路面厂拌热再生技术规范》《公路沥青路面厂拌冷再生技术规范》两项湖北省地方标准正式发布。2015年5月,高开公司再次申报了《公路沥青路面就地热再生技术规范》,以进一步规范和指导湖北省此项技术的应用,促进其可持续发展,提高湖北省公路养护服务水平。

获奖情况:湖北省科技进步三等奖、中国公路学会科技二等奖,并于2011年被交通运输部录选为"交通运输行业第四批节能减排示范项目"。

(十二)树脂沥青组合体系钢桥面铺装技术研究

项目名称:树脂沥青组合体系钢桥面铺装技术研究

项目来源:交通运输部西部交通建设科技项目

研究单位:宜昌长江大桥总公司、浙江省交通工程建设集团有限公司、宁波天意钢桥面铺装技术有限公司、江苏省交通科学研究院股份有限公司、同济大学等9家单位

研究背景:钢桥面铺装是一个世界性的难题,随着国内大跨径钢桥建设越来越多,钢桥面铺装作为一项特殊的工程技术,遇到的问题迫切需要妥善解决。

研究内容:树脂沥青组合体系钢桥面铺装技术研究,首次提出基于钢桥梁结构与铺装材料性能指标的钢桥面铺装结构设计方法,形成一套具有完全自主知识产权的ERS钢桥面铺装成套技术体系,建立一整套树脂沥青及其混合料试验检测方法和评价体系,对提高

国内钢桥面铺装技术水平具有重要的意义和良好的推广应用前景。

获奖情况：荣获2012年度中国公路学会科学技术奖一等奖。

(十三)荆岳长江大桥建造关键技术研究

项目名称：荆岳长江大桥建造关键技术研究

研究单位：荆岳长江大桥指挥部、省交规院、长沙理工大学

研究背景：荆岳大桥是一座主跨达816m的结构体系明显不对称的超大跨度斜拉桥，对其设计、施工以及运营阶段的关键技术进行研究，为同类桥梁设计理论与施工技术的发展和完善提供可靠依据极具理论和现实意义

研究内容：不对称结构超大跨度斜拉桥的合理结构体系及力学行为特点；超宽分离式边箱混合梁的受力性能、设计关键技术及施工工艺研究；斜拉桥结构关键部分受力及合理形式研究；荆岳长江公路大桥的全过程监测监控；荆岳长江公路大桥的抗风抗震分析。

获奖证书

获奖情况：荣获2012年度中国公路学会科学技术奖一等奖。

(十四)高速公路结构健康监测系统关键技术研究

项目名称：高速公路结构健康监测系统关键技术研究

研究单位：沪蓉西高速公路建设指挥部、中交路桥技术有限公司

研究内容：桥梁损伤识别与传感器优化布置方法研究；桥梁模态识别方法研究；桥梁结构剩余承载力评估方法研究；高陡边坡变形破坏模式与稳定性分析研究。

(1)桥梁损伤识别与传感器优化布置方法研究：发展基于静态位移和应变的损伤参数识别方法，并通过对损伤参数识别过程的适定性分析，建立相应的传感器最优布置准则和设计相应的多传感器优化布置算法；理论分析固有频率、位移模态、转角模态和曲率模态对局部损伤的敏感性和根源。

(2)桥梁模态识别方法研究：扩展NExT的应用范围，将仅仅能够应用于白噪声激励下的标准的NExT法扩展到可以应用于移动平均模型(MA)；从仅用奇异向量矩阵U求模态参数，用1阶H矩阵代替0阶H矩阵，把独立的平稳白噪声激励扩展到相关激励，用结构位移和加速度反应的相关函数矩阵代替脉冲响应函数矩阵，改进的(0误差)相关函数

估计,将稳定图中不同的系统阶的模态识别结果进行平均以减小模态识别误差等方面改进目前国际最先进的 NExT-ERA 法,提高了模态参数识别的精度。

(3)桥梁剩余承载能力评估:建立混凝土中氯离子扩散系数的细观模型、混凝土中钢筋腐蚀数值模型、混凝土保护层在动态腐蚀速率下锈胀开裂的数学模型和腐蚀钢筋与混凝土间黏结强度理论预测模型,并发展子域摄动随机有限元方法和腐蚀钢筋混凝土梁受弯承载力计算方法;发展专门用于随机场参数的非线性随机场梁单元,实现了可靠度算法和线性及非线性有限元的结合,增强了可靠度方法在实际复杂结构中的应用;研究了我国现行《公路钢筋混凝土及预应力混凝土桥涵设计规范》(JTG D62—2004)的最小实际可靠指标及其影响因素,研究表明部分情况下设计可靠指标不能满足目标可靠指标要求,但整体上各种类型构件的可靠指标平均值均能满足目标可靠指标要求。

(4)高陡边坡失稳破坏模式与稳定性分析研究:根据山区高速公路层状岩质边坡工程地质特征,建立基于结构面特征的山区层状岩质边坡稳定性分级方法,同时结合边坡变形特性,利用非线性科学理论和人工智能技术建立高边坡变形预测和失稳预报方法;开发并研究山区高速公路边坡监测方法,建立适合山区高速公路的边坡现场自动监测系统;开发自动监测系统信息管理平台及数据库,实现山区高速公路边坡的远程监控。

成果推广及应用:研究成果应用于珠海淇澳大桥结构健康监测系统工程,优化系统设计、指导系统实施、数据分析、桥梁评估,取得了良好的效果;研究成果应用于新疆果子沟大桥结构健康监测系统工程和印尼苏拉马都大桥结构健康监测系统工程,对系统设计进行了合理的优化,节约了系统成本投入,提高了系统效率;研究成果应用于福建石崆山Ⅱ号桥结构健康系统工程,对该大桥每年2次的定期监测数据进行分析、处理,进行桥梁剩余承载能力评估,取得显著效果;研究成果应用于依托工程四渡河特大桥、铁罗坪特大桥、支井河特大桥、龙潭河特大桥,优化大桥结构健康监测系统的设计,指导设备选型,辅助系统数据处理软件、结构安全预警评估软件的开发,大大节约了系统投入成本,确保了该系统的顺利实施。

社会经济效益:高陡边坡稳定性综合评价模型和健康监测、预警方法研究对湖北沪蓉西国道工程施工和安全运行具有重要意义,同时也将对国内其他山岭地区的公路建设和管理具有借鉴和指导意义。同时随着科技的发展进步以及设备成本的降低,高速公路高边坡健康监测与预测系统在更多工程中得以应用将成为现实,因此在一定程度上提高工程技术人员对滑坡灾害的防御能力同时减轻其对社会的经济损失。

课题针对高速公路结构健康监测系统的关键技术进行了系统性和开拓性的研究,其桥梁损伤识别及传感器优化布置方法、桥梁模态识别方法、桥梁剩余承载能力评估方法、高陡边坡失稳破坏模式与稳定性分析的研究成果填补了国内桥梁、边坡结构健康监测领域的理论空白,为桥梁、边坡的结构健康监测系统的设计、实施及其后续数据分析、结构评估提供了技术保证、依据和指导。这些研究属于结构分析领域中的基础性研究,具有十分重大的理论奠基意义,在桥梁、边坡工程中具体极大的推广应用价值。

依托工程与科研项目,相辅相成、互为所用。一方面利用依托工程进行了各项理论分析、模拟试验,取得了大量的理论研究成果;另一方面利用科研成果对依托工程的结构健康监测系统设计进行指导、优化,节约了系统成本,提升了系统效率,效果非常显著。

获奖情况:荣获2012年度中国公路学会科学技术奖三等奖。

(十五)沥青路面柔性基层修建技术的研究

项目名称:沥青路面柔性基层修建技术的研究

研究单位:麻竹高速大随段建设指挥部、省交规院、交职院

研究背景:为了探索和解决柔性基层沥青混凝土路面的施工和管理中的难题,麻竹高速公路大悟至随州段建设指挥部成立了由科研院校、施工单位、监理单位、建设单位组成的攻关组,明确牵头人,签订责任状,制订奖惩措施,对大悟至随州段柔性基层沥青混凝土路面的施工和管理中的难题进行攻坚研究。

研究内容:

(1)首次在我省系统地研究了柔性基层沥青路面的抗车辙、抗裂、耐疲劳等性能,创新性地采用弹性力学和断裂力学研究水泥稳定碎石半刚性基层开裂强度衰减对沥青稳定碎石柔性基层路用性能的影响。相对半刚性基层沥青路面而言,柔性基层沥青路面不会增加结构性车辙,具有较好的抗裂和耐疲劳性能。

(2)研究了大随高速公路沿线路面材料性能、配合比组成与路用性能之间的关系,选取了适合本项目柔性基层的路面材料,优化了配合比设计,确定了柔性基层的结构类型。

(3)针对ATB-25柔性基层材料组成特点和施工特点,提出了宽幅抗离析单机摊铺及碾压工艺,编制了施工指南,指导了大随高速公路柔性基层的施工。

课题组共历时近两年,首次系统地研究了柔性基层沥青路面承载力、抗车辙、抗裂、耐疲劳等性能,采用断裂力学分析了沥青路面裂缝扩展成因,计算了应力场强度因子,基于材料力学理论研究了沥青稳定碎石柔性基层厚度与各沥青结构层最大剪应力的相互关系,采用弹性力学计算了超重载作用下两种基层类型的沥青混凝土下面层底拉应变,研究了水泥稳定碎石强度衰减各个阶段对沥青混凝土面层及沥青稳定碎石柔性基层路用性能的影响,采用宽幅抗离析摊铺机摊铺ATB-25沥青稳定碎石柔性基层施工工艺解决沥青稳定碎石混合料易离析的问题,通过该项目各承担单位的团结合作、克难攻坚,取得了很多重要的科技成果,并成功指导了大随高速公路建成通车。

获奖情况:2012年度中国公路学会科技技术奖三等奖。

鉴定单位:中国公路学会科学技术奖奖励委员会。

(十六)基于循环经济模式的麻武高速公路关键技术研究

项目名称:基于循环经济模式的麻武高速公路关键技术研究

项目来源:交通运输部行业联合科技攻关项目

建设单位:麻武高速公路建设指挥部

起止时间:2009年立项,2012年经交通运输部西部项目中心鉴定验收。

研究内容:该研究课题从节能环保的理念出发,通过理论分析和现场监测数据回归分析,提出了高边坡爆破震速衰减计算公式,确定了隧道光面爆破的最佳纵向不耦合系数和最佳堵塞段长度,降低了爆破对环境和工程的影响,减少了爆破材料的用量;从低碳环保的理念出发,采用聚合物乳液与聚酯纤维对水泥混凝土进行复合改性,研制了一种密实、高温、耐磨、黏结力强的路面功能层新型材料,提出了新型的 RCC-PCC 复合式隧道路面结构;开发了一种以废橡塑料为弹性转子的新型防撞护栏,分析了新型防撞护栏的防撞机理,提出了弹性转子的配合比、性能和生产工艺要求,并制定了新型防撞护栏安装规程。

经济社会效益:该研究课题将研究成果成功应用于麻武高速公路建设,在保障行车安全、降低工程造价、保护生态及人文环境、资源节约与循环利用等方面取得良好的经济社会效益。

获奖情况:2013年度中国公路学会科学技术三等奖。

(十七)特长公路隧道双洞互补式网络通风技术研究

项目名称:特长公路隧道双洞互补式网络通风技术研究

项目来源:交通运输部行业联合科技攻关项目

建设单位:麻武高速公路建设指挥部

起止时间:2009年立项,2012年经交通运输部西部项目中心鉴定验收。

立项背景:麻武高速公路麻城东互通-长岭关段位于大别山腹地,连接麻城市长岭关接皖鄂省界,辖段共有5座隧道,均为双洞单向行驶隧道,单洞为双车道,设计行车速度为100km/h。

为保障隧道的安全运营和司乘行车安全,需要对其中较长的两座隧道进行机械通风,天景山隧道采用全射流风机纵向通风方式,大别山隧道长度接近5000m,传统工程需要在隧道中部打一座竖向或倾斜的井用来通风和换气,造价和后期维护成本非常高,技术人员巧妙地提出一个新理念—采用互补式网络通风方式。通过两台130kW风机,以纵向风辅以双向换气系统将两条隧道联系起来进行内部相互通风换气,用下坡隧道富裕的新风量弥补上坡隧道新风量的不足,使两条隧道内空气质量均满足通风要求。

工作原理:大别山隧道采用网络通风方式。在隧道进、出口洞顶处纵向吊装21组42

台32kW射流风机,并在YK706+800和YK706+900的横向通风通道内各设置1台132kW轴流风机。每组射流风机由1个射流风机控制箱供电并控制,每个射流风机控制箱内都设有两台37kW软启动器,分别控制2台射流风机。从就近的隧道内埋地变电所至射流风机控制箱采用2根供电缆供电。每台轴流风机都单独设有电控装置和配电箱,两台轴流风机的供电有设于YK706+900洞室内的500kVA干式变压器变电所提供。其控制方式(自动或手动)在实施前由有关专家确定方案后实施。射流风机由就近隧道内的区域控制器(ACU)进行控制。ACU与风机软启之间通过信号线缆连接,传输风机的正转、反转、启动、停止等控制与反馈的开关量信号。风机控制预案及与火灾报警系统的联动方式需要结合大别山网络通风的特点,根据专家、设计和运营管理的要求进行控制程序的编制,并实现与隧道管理中心的远程通信。

科研成果及推广效益:该研究课题首创了双洞互补式网络通风理论;首次提出了通过横通道设置调节风机进行风量分配的通风模式、换气风道位置及换气风量的计算公式,编制了相关计算软件,建立了互补式网络通风方式和设计方法;建立了基于互补式网络通风理论的数值仿真计算模型,开发了技术先进的双洞互补式网络通风物理模型系统,保证了试验成果的可靠性和有效性,验证了互补式网络通风理论及设计方法的正确性;首次运用互补式网络通风设计方法,为有效解决长度为4~7km的特长隧道通风难题探索了路径,使通风系统总体规模大幅降低,为大别山隧道通风系统建设节约费用2290万元,节省了大量运营能耗和运营成本,经济效益显著。

社会经济效益:该课题研究成果已在湖北、江西、重庆、甘肃等省的高速公路实体工程中得到应用,取得了显著的社会、经济效益,具有较大的推广应用价值。

获奖情况:2014年湖北省科技进步三等奖和2014年中国公路学会科学技术二等奖。大别山隧道双洞互补式网络通风技术入选全国交通运输行业首批30个绿色循环低碳示范项目。

(十八)深长岩溶隧道群突水突泥地质灾害控制关键技术及工程应用

项目名称:深长岩溶隧道群突水突泥地质灾害控制关键技术及工程应用

完成单位:湖北省三峡翻坝高速公路建设指挥部、山东大学、湖北省交通规划设计院、中交一公局桥隧工程有限公司、中铁十一局集团有限公司、中铁十一局集团第四工程有限公司。

主要完成人:陈军、李利平、杨为民、胡绍东、杨军红、许振浩、石少帅、周宗青、程立雄、汲红旗

研究内容:以三峡翻坝高速公路工程为依托,研究并解决了深长隧道群工程建设中不良地质预报和灾害控制工程难题,以理论攻关、试验探索、工程验证等方式取得了一系列

直接面向工程实践的创新性技术和地方标准、工程指南、发明专利、专著以及高水平论文等科研成果,形成了高风险隧道不良地质预报与灾害控制关键技术。

研究成果:首次创立了地下水拓扑模拟分析方法,丰富完善了水文地质预测评判系统,形成了不同地质灾害风险源超前地质预报技术体系;建立了重大地质灾害源动态风险的定量评价理论与方法,首次提出了一种全新的风险管理运行机制－施工许可机制;提出了突水突泥等重大灾害风险源灾变的判据、预警机制和应急预案,建立了不同重大地质风险源的灾害治理和效果检验技术体系。

以上述成果为核心的深长岩溶隧道群突水突泥地质灾害控制关键技术的提出,极大地提高了我国西部地区岩溶隧道的建设技术水平,为我国山区高速公路建设起到了重要借鉴和示范作用。

经济社会效益:项目为依托工程湖北省三峡翻坝高速公路节支1.39亿元;此外,本项目研究成果的应用为国内第二条海底隧道－青岛胶州湾海底隧道、江西吉莲高速钟家山隧道、湖北保宜高速红岩寺隧道、尚家湾隧道和重庆轨道交通中梁山隧道等工程节支约3.64亿元,总计产生间接经济效益约5.03亿元。其中,近三年来新研发材料累计实现新增销售额16559万元,三年新增利润2580万元,新增税收1802万元。

项目研究成果直接指导了依托工程的高水平和高质量的建设,有效避免了隧道施工中的突水突泥等重大地质灾害,实现了地质灾害风险的有效规避和控制,有力保证了工程建设中的人员生命财产安全;工程的建成缓解了三峡大坝航运压力,促进了西部民族区域经济发展。项目研究提高了学科理论水平,填补了部分关键技术的国内外空白,大大提高了我国高速公路的整体建设水平,为类似工程建设提供重要的指导和借鉴。项目研究工作推动了我国隧道及地下工程学科的发展,培养了高级职称人员10名、博士研究生10人、硕士研究生15人、博士后3人、技术人员30名,为交通领域的高层次人才培养作出了重要贡献。

获奖情况:2014年中国公路学会二等奖。

(十九)沥青混合料离析控制技术研究

项目名称:沥青混合料离析控制技术研究

完成单位:湖北省高速公路实业开发有限公司、湖北汉宜高速公路沥青加铺工程指挥部、长安大学

主要完成人:张松泰、廖卫东、刘松、刘洪海、陈飚、张小华、李文豪

主要研究内容:已有研究成果及大量实体工程应用表明,离析是路面早期损坏的主要原因之一,为控制或减少沥青混合料离析,降低因离析引起的路面早期破坏,提高路面质量,本项目以汉宜高速公路沥青加铺建设工程为依托,开展了沥青混合料离析控制技术研

究。重点针对材料离析、温度离析及碾压离析的表现形式与产生机理,提出了方便迅速、结果稳定、安全可靠的离析检测方法与判定标准,并基于设备与材料相互作用特性,从材料管理、施工设备参数整定、沥青混合料的储存与装运等方面系统地提出了沥青路面施工全过程离析预防与控制的有效措施,总结形成沥青混合料离析控制成套技术,编制了《沥青混合料离析控制施工指南》,项目研究成果达到国际先进水平。

经济社会效益:本项目研究成果可有效减少沥青混合料离析,提高路面质量和使用性能,延长使用寿命,减少大修养护次数及黑色废料。在汉宜高速公路成功推广应用以来,路面未出现任何早期损坏,且路面各项技术指标均明显优于规范规定,较规范工艺直接节约工程成本 1926 万元,减少汉宜高速运营期内人工成本约 8.76 亿元,节约标准煤 81.28 万 t,间接效益达 20.5 亿元,具有显著的社会及经济效益。

获奖情况:湖北省公路学会科技二等奖、中国公路学会科技三等奖。

(二十)振荡压实机理与应用技术研究

项目名称:振荡压实机理与应用技术研究
完成单位:湖北省高速公路实业开发有限公司、武汉绕城高速公路建设指挥部
主要完成人:刘松、刘自楷、陈飚、陈正、孙祖望、李尚松、徐晓波
主要研究内容:压实工艺是影响沥青混合料体积参数及物理力学性能指标的重要因素,直接关系到沥青路面的使用性能和使用寿命。本项目利用振荡压路机的交变剪切作用使被压材料楔紧密实的原理,首次采用带滑转的二自由度数学模型开展了沥青路面振荡压实机理研究,并基于室内试验和实体工程相结合的方法,系统研究了模型参数识别、不同沥青混合料类型特性和压实效果、桥梁结构安全性影响等因素对路面压实度的影响规律,通过采用 BDI 桥梁检测系统、无核密度仪、dewetron 数据采集仪等先进手段跟踪检测振荡压实效果,提出了沥青混合料最佳碾压工艺。项目研究成果可有效地解决桥面铺装、特别是钢桥面铺装以及薄层沥青面层等特殊路面结构碾压困难的问题,达到提高工程质量的目的,研究成果达到国内领先水平。

经济社会效益:项目研究成果先后在武汉绕城高速公路和黄黄高速公路成功推广应用,应用结果表明:路面平整度、抗滑构造深度、压实度、透水系数等技术指标均明显优于现行规范和标准的规定,有效提高了路面质量,减少大、中修养护次数,延长沥青路面使用寿命,相比于规范工艺直接节约工程成本 574.5 万元,同时大大节省养护维修费用和汽车能源,间接经济效益达 13 亿元。

获奖情况:湖北省公路学会科技二等奖、中国公路学会科技三等奖

(二十一)废旧沥青面层材料再生利用综合技术研究

项目名称:废旧沥青面层材料再生利用综合技术研究

完成单位：湖北省高速公路实业开发有限公司、湖北省京珠高速公路管理处、长安大学

主要完成人：张学锋、何雄伟、余彬、刘松、舒鄂南、陈飚、刘剑

主要研究内容：为提高沥青路面废旧材料重复利用效率，减少能源消耗及资源浪费，促进公路节能减排建设，本项目通过技术攻关，开展了废旧沥青面层材料再生利用综合技术研究，项目研究成果达到国际先进水平。

（1）首次建立了再生加热设备热学计算模型，研制了拥有自主知识产权的再生混合料加热设备。该设备采用热风加热技术，具有旧料加热老化程度低、接口通用性好、自洁功能强的特点。

（2）研究开发了多组分新型热再生剂（GL型），适合于不同种类和不同老化程度沥青的再生，可显著提高再生沥青的技术性能。

（3）系统研究了厂拌热、冷再生混合料的路用性能、施工工艺和质量控制方法，首次提出了冷再生柔性基层技术指标，填补了现有技术规范的空白，申报了两项湖北省地方标准。通过室内试验、试验路铺筑、现场检测和跟踪观测表明：热再生混合料路用性能可达到新拌沥青混合料技术指标要求，且具有更好的抗车辙能力和耐疲劳性能。

经济社会效益：项目研究成果先后在湖北孝襄、湖北京珠高速公路等工程中取得成功应用，路面废旧材料利用率达到80%以上，直接节约工程投资600万元；沥青路面就地热再生技术先后在汉宜、襄荆、武黄等多条高速公路沥青路面取得成功应用，实施面积超100万 m^2，节约养护成本超4000万元。通过再生技术的应用，大大提高了沥青路面废旧材料利用效率，减少了对矿石及石油的开采，符合我国构建资源节约型、环境友好型社会和可持续发展战略的要求，具有较大的推广价值。

获奖情况：湖北省科技进步三等奖，中国公路学会科技二等奖。

（二十二）高速公路沥青路面预防性养护系统研究

项目名称：高速公路沥青路面预防性养护系统研究

研究单位：湖北高路公路工程监理咨询有限公司、华中科技大学、武汉工业学院、武汉工程大学

主要完成人：张孝伦、李杰、何晓鸣、胡国祥、闵小双、田为海、朱莉

主要研究内容：本项目从高速公路沥青路面预防性养护需求出发，通过理论分析、程序开发、路段试验、反馈修正等手段，开展了高速公路沥青路面预防性养护管理技术系统研究，提出了高速公路沥青路面预防性养护路况标准及路面使用性能预测方法，建立了预防性养护关键技术（合适的路面、合适的时机与合适的措施）的决策和预防性养护后评价模型，并研究开发了高速公路沥青路面预防性养护管理系统 EPMMS（V1.0），该预防性养护管理系统可为公路管养部门提供预防性养护决策，项目研究成果总体达到国际先进

水平。

经济社会效益:本项目建立的高速公路沥青路面预防性养护管理理论和研发的EPMMS(V1.0)管理系统先后在湖北省京珠、襄荆、黄黄、武黄等高速公路管理部门成功应用,大大提高了养护管理效率及预防性养护决策科学性,每公里节约养护成本约15%,直接节省养护费用达2600万元。依据本项目研究成果优选的预防性养护方案可保持路面长期处于良好的技术状态,降低了行车费用,有效延长路面使用寿命,经济、社会效益显著。

获奖情况:湖北省科技进步三等奖,中国公路学会科技二等奖。

二、湖北省政府科技奖

(一)袋装砂井加固软基效果分析

项目名称:袋装砂井加固软基效果分析

研究单位:宜黄公路江宜段建设省指挥部

起止时间:1993年1月至1995年11月

研究内容:宜黄公路途径江汉平原,地下水位高,软基地段多,路基易沉降,给路基施工带来很多困难。工程施工人员针对软基地段特点,采用袋装沙井、塑料插板新技术、沙垫层、置换法等新方法处理软基;对于软基地段上的人工构造物(涵洞、通道、小桥)建造则采取先预压过渡,然后再建正式构造物的方法以减少沉降和车跳。

获奖情况:湖北省科技进步奖。

(二)湖相沉积地区高等级公路软基路段处理研究

项目名称:湖相沉积地区高等级公路软基路段处理研究

研究单位:湖北宜黄公路汉沙段建设省指挥部

主要研究人员:经德良、冯光愈、鄢重新、胡小庄、曹传林、程展林、饶锡保

起止时间:1993至1995年

研究内容:针对全线软基多、易失稳、沉降大的状况,对典型路段采用离心模型试验有多种先进的原位监测手段和数据分析方法,优先了各路段软基处理方案,有效地监控了施工过程,预测并控制了工后沉降,为在弱软地基上修建高速公路提供了可借鉴的经验和方法。

获奖情况:湖北省科技进步二等奖。

(三)高等级公路复合式路面的研究与应用

项目名称:高等级公路复合式路面的研究与应用

研究单位：省公路管理局科研所、湖北宜黄公路汉沙段建设省指挥部、湖北省潜江市公路段

主要参加人：经德良、胡小庄、龚卿才、刘国清、王延伟

起止时间：1993年1月至1995年11月

研究内容：一般混凝土路面施工采用拌和机拌和混合料，然后在上基层铺装，再用震动器震动密实，路面风干后行驶汽车。碾压混凝土则直接将拌和的混凝土在上基层铺装后，用压路机压实，从而减少了工序，节约了人力、物力和投资。

获奖情况：湖北省科技进步三等奖。

(四) 高等级公路防治桥头跳车综合处理技术

项目名称：高等级公路防治桥头跳车综合处理技术

起止时间：1993年至1996年

研究单位：湖北省公路管理局科研所、湖北省交通厅公路管理局、湖北宜黄公路汉沙段指挥部

研究内容：该课题是根据目前国内外已建成的高速公路都不同程度存在的桥头跳车问题，结合湖北省宜黄高速仙江段软基路段防治桥头跳车的具体实践，在研究桥头跳车危害及跳车机理的同时，采取了桥头路堤强夯、台背填砂、加长搭板、打碎石（水泥石屑）桩、桥头设反坡及采用可起吊双搭板等防止桥头跳车综合处理技术，并对已出现桥头跳车地段采用掺胶混凝土快速修补水泥混凝土路面及调整桥头可起吊搭扳标高等治理技术，达到了预期目的，取得了显著的经济效益和社会效益，同时也为今后高等级公路建设中桥头跳车的防治提供了可靠的技术保证和实践经验。

获奖情况：湖北省科技进步三等奖。

(五) 宜黄公路超长距离超高频无线链路通

项目名称：宜黄公路超长距离超高频无线链路通

起止时间：1995年至1996年

研究单位：湖北省高等级公路管理局

协作单位：武汉安通电讯有限公司

课题组成员：张学峰、吴小安、秦建英、严义良、朱锦萍

研究内容：该项目试验研究的是一种投资省、上马快、组网灵活、使用方便、利用率高，能适应宜黄高速公路运行管理的超高频无线链路通信网，并架设开通了实体工程。采用新颖的双机错频无连接中继技术，降低系统噪声叠加，使UMA中继级数扩展到五级以上。科学地应用超高频移动通信，解决宜黄公路400km以上超长距离直接通信问题，且

语音质量达4级以上。满足高等级公路费收、路政、养护及其他各类业务对通信的需求。该网在堵漏增收、节省车损油耗、长途话费、追回路产损失、清除路障、打击车匪路霸、抢救伤员等方面产生了巨大的经济效益和社会效益。该网开通三年来,取得经济效益和社会效益1442.1万元。

获奖情况:交通部、湖北省科技进步三等奖

(六)宜黄一级公路膨胀土路基病害防治技术研究

项目名称:宜黄一级公路膨胀土路基病害防治技术研究
项目来源:交通部"八五"重点科技攻关项目
研究单位:宜黄一级公路江宜指挥部、湖北省交通规划设计院
主要完成人:任必年、尹其潜、汪光同、陈济丁、刘遵纪、潘忠良、邵自苏
研究内容:该课题通过对江宜段膨胀土的广泛调查与测试分析,准确地查明了膨胀土的分布范围及自然条件,应用多指标综合法、多变量相关法、模糊数学法、塑指图判别法等,做出了切合实际的分类;在路基病害防治工程设计与施工中,采取中弱膨胀土作路基并掺相关固化剂或生石灰改良路床土,并采用湿法击实方式、符合现场施工实际既保证了路基路面的稳定,又节省大量投资,缩短工期。同时对边坡采用适合的边坡率,结合各种防护加固措施,并对边坡防护的植种优选与合理的植养工艺;能有效地防止膨胀土病害发生;该问题经过几年的通车运行,实用效果良好,经济效益和社会效益显著,其提出的膨胀土胀缩控制指标,属公路工程之首创,总体达国内先进水平。

获奖情况:1998年湖北省科技成果二等奖。

(七)地锚式大跨径斜拉桥关键技术研究

项目名称:地锚式大跨径斜拉桥关键技术研究
研究时间:1997年至1998年
研究单位:湖北省交通规划设计院
主要参加人员:彭新、宋继宏、裴丙志、邓海、何儒清、姜友生、张巍、熊国贤、董松年
研究内容:该项目为桥梁工程范围内对特大跨径预应力混凝土斜拉桥建设中的关键技术难点。研究地锚式结构条件下大跨径、超大跨径斜拉桥工程技术问题,属于工程应用技术领域,应用现代计算机技术、材料技术和工程机械技术以及交叉科学技术研究成果。成果主要用于建设特大跨度桥梁结构工程中,其主要内容:平衡重后锚大跨度斜拉桥结构体系特征及桥型总体布置方案优选;平衡重锚固桥台的合理结构形式与构造计算方法;桥塔的合理结构形式、构造特征及设计计算方法;跨中无轴力接头及伸缩缝研究;平衡重后锚大跨度斜拉桥非线性、屈曲稳定及动力特征研究;合理的施工工艺,施工过程控制技术

的研究。

成果的主要特点体现在建设特大跨度地锚式斜拉桥,通过大大提高的技术含量而大幅度降低工程造价。课题成果重点体现在地锚式斜拉桥、跨中无轴力接头以及优选的薄壁低高度箱型梁、倒V型空心索塔和适用于上述结构的施工工艺和施工控制方法。

社会经济效益:成果已成功地应用于湖北省郧阳汉江公路大桥(主跨414m斜拉桥),其在同类桥梁中造价最低(仅0.58万元/m²),直接为工程节约投资1247万元。课题成果在武汉市江汉四桥和湖北省荆沙长江公路大桥、军山长江公路大桥等特大型斜拉桥中得到应用,国内多座斜拉桥也借鉴应用本课题成果。

获奖情况:1998年湖北省科技进步一等奖。

(八)程控无平衡重全液压挂篮

项目名称:程控无平衡重全液压挂篮

研究单位:湖北省路桥公司

主要参加人员:范建海、傅汉江、刘三元、徐明浩、吴克尧

研究内容:国内80%以上的大跨径悬臂梁桥、T形刚构桥、连续梁桥都采用悬壁挂篮浇注法;而在采用挂篮悬臂施工时,普遍存在的问题是:挂篮自重较大,挂篮移位时操作人员多、劳动强度大,安全性、精度不高,完成一次挂篮移位时间长,严重影响桥梁施工进度,同时也间接影响了工程质量。本课题研究正是紧密结合提高挂篮施工技术水平需要的实际情况进行了研究。通过运用钢结构设计理论和桥梁设计理论,设计"行走活动锚"取代挂篮施工时的平衡重物,成为"无平衡重挂篮",达到大大减轻挂篮自重的目的;通过运用现代液压和电子技术,对挂篮升降、行走设备全部采用液压油缸,取代了传统用人工打顶和手动葫芦牵引方式,并由远程控制柜集中操作实现挂篮"程控"和"全液压",达到大大减轻劳动强度,提高工效的目的。成果通过在汉川汉江大桥等特大桥梁的施工表明实用可靠,成功解决了桥梁在悬壁挂篮施工中的一系列急待解决的问题。加快了桥梁施工速度,减轻了劳动强度,提高了工程质量,使桥梁施工真正向机械化、自动化方向发展。

获奖情况:1998年湖北省科技进步三等奖。

(九)汉川汉江公路大桥大跨径连续箱梁预应力筋施工工艺研究

项目名称:汉川汉江公路大桥大跨径连续箱梁预应力筋施工工艺研究

研究单位:湖北省路桥公司、重庆交通学院、汉川市汉江公路大桥工程建设指挥部

主要参加人员:陈光新、刘忠、廖恭让、何雨微、王士杰

研究内容:该项目以双向预应力模型梁试验为基础,以汉川汉江公路大桥为依托,参考运用了计算结构力学、弹塑性力学、断裂力学、预应力与钢筋混凝土结构等学科的新成

果,总结提出了竖向无黏结预应力设计推荐方法和实用施工技术。在国内大跨径预应力混凝土桥梁上首次全面采用竖向无黏结预应力工艺,填补了国内空白,具有孔道直径小、施工简便快速、质量易于保证等优点。该成果提出的纵向长预应力束分段穿索、分段张拉、二次压浆、分段压浆、实测孔道系数、双控张拉等技术,发展了大跨径预应力混凝土桥梁的穿索、张拉和压浆施工工艺,成功地解决了汉川汉江公路大桥的施工难题。通过汉川汉江公路大桥的实践证明,研究成果已取得显著的经济效益和社会效益。项目研究成果经专家鉴定,技术上具有同行业国内领先水平。

获奖情况:1998年湖北省科技进步三等奖,获奖编号483166。

(十)特大跨径混凝土斜拉桥深桩大直径大吨位基桩实桩试验研究

研究项目:特大跨径混凝土斜拉桥深桩大直径大吨位基桩实桩试验研究

项目来源:"九五"期湖北省交通厅安排的重点攻关项目

研究单位:湖北省交通规划设计院、湖北省路桥公司、湖北省公路管理局科研所、荆州长江公路大桥建设指挥部

研究内容:"特大跨径混凝土斜拉桥深桩大直径大吨位基桩实桩试验研究""新型高强度微膨胀低热大管径钢管混凝土的研究应用""大跨径钢管混凝土拱桥缆索吊装塔架扣架一体化施工技术研究"是"九五"期湖北省交通厅安排的重点攻关项目,不仅在荆州长江5座公路大桥建设中发挥重要作用,而且对同类型大桥施工工艺技术进步发挥良好推进作用。

获奖情况:湖北省科技进步三等奖。

(十一)粉煤灰在公路工程上的综合利用

项目名称:粉煤灰在公路工程上的综合利用

起止时间:1996年至1999年

研究单位:湖北省黄黄高速公路建设指挥部

主要完成人:林志慧、阮治川、汪光同、刘松、谢强、王富贵、杨新宇

研究内容:该课题紧密结合公路工程实际,根据粉煤灰容重小、能与水泥和石灰发生物理和化学反应等特性,广泛地研究了粉煤灰用于水泥路面面层、沥青路面基层、路堤和桥涵台背处理的可行性及其对公路各结构层的影响,经过课题组大量的试验研究,取得了比较理想的成果:在水泥路面滑模摊铺混凝土中掺入12%的粉煤灰后,不仅成功地解决了水泥路面滑模摊铺施工时易出现的塌边溜角的难题,而且可以显著提高路面使用寿命,达到国内领先水平,混凝土28天抗弯拉强度达到6.27MPa,磨耗损失0.427kg/m²与不掺粉煤灰的混凝土相比,抗弯拉强度提高10.6%,磨耗损失减少31.6%;研究了二灰碎石的

配合比及物理力学性能,据此优选出作为沥青路面基层的最佳配合比及集料级配,具有较高的强度和弹性模量、较小的收缩应变,与水泥稳定结构相比,可以延长沥青路面的使用寿命,减少沥青路面反射裂缝,总结了施工工艺和质量控制手段,达到国内领先水平;创造性地用石灰粉煤灰和水泥石灰煤灰两种混合料填筑桥涵台背,一方面使台背路堤形成一个整体,在80%的密实度时就具有足够的强度承受上部荷载,同时可以降低路堤对地基的压力;另一方面易于碾压密实,用TY-14型振动压路机碾压一遍,或用15kW平板振捣器振压30s,就可以使密实度达到85%以上。用此方法来处理桥头跳车,取得了理想的效果。据查新检索文件,国内尚未见用此方法处理桥头跳车的公路质量通病的报道;探索了用粉煤灰填筑软基段路堤并与超载预压相结合的新方法处理公路软基沉降的可行性,总结了这种方法的适用范围和施工工艺。实践证明用此方法处理软基沉降可以提高路基稳定性,减少路基沉降,与打塑料插板和袋装砂井的软基处理方法相比,减少工后深降73mm。这种方法处理软基沉降在国内尚属首次。

社会经济效益:黄黄公路建设指挥部紧密结合工程实际开展本课题的研究,并及时将研究成果应用于工程实践中,取得良好的经济效益。黄黄高速公路累计使用Ⅱ级以上精灰2.4万t以上,湿排灰12t以上,节约工程投资460余万元。公路各结构使用粉煤灰后,延长了公路使用寿命,提高了使用品质,节约了公路和车辆的维修养护费用。同时大量使用了粉煤灰,开拓综合利用粉煤灰的新渠道,节约了电厂增加粉煤灰库容的费用和环境保护费用。该课题的研究不仅有较好的经济效益,而且有良好的社会效益,对于充分利用废旧资源和环境保护都具有重要意义。该成果总体水平处于国内领先。

获奖情况:2000年湖北省科技进步三等奖。

(十二)特大跨径桥深孔大直径大吨位基桩实桩试验研究

项目名称:特大跨径桥深孔大直径大吨位基桩实桩试验研究

研究单位:荆州市交通局、荆州长江公路大桥建设指挥部、湖北省公路管理局科研所、湖北省交通规划设计院、湖北省路桥公司

主要完成人:经德良、刘如泉、刘良才、黄大元、马立军、胡小庄、宋继宏、范建海、何晓鸣、曹传林

研究内容:在我国修建桥梁,难在长江;长江上修建桥梁,难在荆江。按照桥址处地形及河道条件,大桥分为北岸引桥、荆江大堤桥、北岸滩桥、北汊通航孔桥、三八洲桥、南汊通航孔桥、荆南大堤桥及南岸引桥9个部分,全桥总长4177.6m,其中包含500m跨径的PC斜拉桥,跨径居同类亚洲第一、世界第二,主跨300m姊妹塔斜拉桥及主跨为150m的8跨连续桥梁总长度时为全国第一。在长江上修建如此大跨径桥梁,选择基础的合理形式尤为重要,它直接关系到大桥结构的安全可靠和造价的经济合理。

该桥桥址处地质条件差,基岩埋藏深(达130m深)且强度低,采用深孔大直径钻孔灌注桩(摩擦桩)应是基础最合理的形式,但若采用此方案需攻克几个技术难关:一是深孔大直径桩施工、桩长近100m且必须穿透50~70m的高透水性沙砾石层,粒径大,钻进困难,孔壁难于稳定;二是要准确选用设计参数并对桩基实际承载力做到心中有数,必须进行实桩的静载试验,设计方所要求的33000kN的高吨位与国内当时在反力设施及加载系统等方面达到的技术水平均有很大差距(桥梁桩基静载试验仅达到能加载22000kN以内的水平),这也是本项研究的主要目的和重大意义所在。

研究过程中,主要在如下方面取得了重大技术突破:成功解决了在高透水性的深厚沙砾石层中进行钻孔灌注桩施工的技术难题,为全桥钻孔灌注桩施工顺利实施提供了工艺上、技术上的保障;在钻机选型及钻头改进方面取得突破,利用自行研制的滚刀钻头与牙轮钻头相配合等攻克了大粒径沙砾石层中钻进的技术难关,大大提高了工效;在护壁技术措施上有重大改进,总结出一整套适应该桥的泥浆技术指标且因地制宜在泥浆中添加水泥和锯末等,有效地防止了孔内水头损失及坍孔的发生,使全桥在373根深孔大直径钻孔灌注桩施工中无一发生坍孔事故。

在试桩静载试验技术方面取得重大技术突破。在反力设施上的技术创新:在直径2.0m深60m的两根锚桩(钻孔灌注桩)中设置了预应力筋且用预应力将锚桩与钢筋混凝土反力梁紧密连接在一起,经查新检索在国内属首创,大大提高了反力设施承载能力,实桩静载试验吨位高达34000kN,创国内桩基静试验新纪录。为桩基试验向高吨位发展提供了新的技术思路;运用先进的孔壁测量技术,采用8个纵剖面的孔壁测量准确测定试桩各断面面积与周长,有效提高了试桩成果的分析精度,在全国也是首次采用;开发了试桩加载过程中监控与现场取得阶段成果的计算机软件,提高了加载试验自动化水平。

社会经济效益:该项目在荆州长江公路大桥基础设计施工中全面得到应用,一是利用研究成果优化了设计,既保证了结构安全,又减少了工程量,同时还降低了施工难度;二是推广试桩工艺研究的成果、加快施工进度、提高了工程质量,在遭遇1998年历史罕见的特大洪水的情况下,全桥桩基仅用15个月全部顺利完成,且合格率达100%,优良率达92.8%,创长江大桥建设史上奇迹。运用课题研究成果,已取得十分重大的经济效益,据统计在设计与桩基施工中共节约工程费用1842万元,保证质量及提前工期半年所产生的社会效益则更为重大。该项成果不仅在荆州长江公路大桥建设中发挥了重要作用,而且对今后国内大吨位桩基的试验技术方面及深孔大直径的施工工艺技术方面的技术进步起到很好的推进作用,有广阔的推广应用前景。

获奖情况:2000年湖北省科技进步三等奖。

(十三)宜昌长江公路大桥关键技术研究

宜昌长江公路大桥关键技术研究获奖证书

项目名称:宜昌长江公路大桥关键技术研究

研究单位:湖北省交通规划设计院、宜昌长江公路大桥建设开发公司

主要研究人员:姜友生、李发、王敬平、宋继宏、黄大元、张学锋、周昌栋、王成启、经华、陈卉、宋官保、谭永高、杨泽敏、张铭、宛劲松、詹建辉、裴丙志、丁望星、吴文武

研究内容:宜昌长江公路大桥主跨跨度为960m,桥宽30m,是我国完全依靠国内技术力量和建筑材料建设而成的首座特大跨径悬索桥,其单跨跨度居国内第三。宜昌长江公路大桥关键技术研究课题以本桥为依托工程,首次攻克了悬索桥锚碇大体积混凝土开裂的普遍问题,并提出在大体积混凝土层间加金属扩张网来解决混凝土开裂的措施;在宜昌地区气候高温43.9~14.6℃的恶劣气候条件下,成功地解决了悬索桥钢桥面铺装的难题;首次将现代仿真技术应用于大跨径桥梁的设计过程中,大大节约了科研费用;首次采用了鱼鳍式箱梁断面和在箱梁顶板下增加矮肋等措施,取得了受力合理、节约材料的效果。本课题开创了新时期大跨径桥梁设计和施工的新思路,为我国悬索桥设计和规范的编写提供了宝贵的经验。

社会经济效益:课题已为本桥建设节约了投资2580万元,并成功地推广至湖北省其他在建桥梁中。经交通部知名专家为首的全国专家组鉴定,本课题研究成果总体上达到了国内领先水平,其中锚碇大体积混凝土综合防裂技术达到了国际先进水平。

获奖情况:2002年湖北省科技进步一等奖。

(十四)电弧喷铝涂层寿命及钢箱梁桥机械化大面积自动喷涂技术的研究与应用

项目名称:电弧喷铝涂层寿命及钢箱梁桥机械化大面积自动喷涂技术的研究与应用

完成单位:湖北省京珠高速公路建设指挥部、中国矿业大学

项目简介:武汉军山长江公路大桥是京珠和沪蓉两条国道主干线跨越长江共用的特大桥,主桥为(48+204+460+204+48)m五孔连续双塔双索面钢箱梁斜拉桥。大桥主梁为全焊扁平流线型钢箱梁,全宽(包括风嘴):38.8m,高3m,全长962.12m,分为87个梁

设,主体结构采用 Q345C 钢,风嘴采用 Q235B 钢。

应用领域和技术原理:利用特制的机械化大功率高速电弧喷涂设备,在瞬间将耐蚀金属材料铝充分熔融雾化喷涂到预先喷砂除锈的钢箱梁表面,形成纯度高、结合力强的机械一冶金结合喷涂层,对金属基体形成阴极保护。然后在电弧喷涂铝层上均匀涂敷含有抑制腐蚀的专用封闭剂,不仅进一步隔绝腐蚀介质侵蚀基体材料,同时使电弧喷铝层与封闭涂层界面阻抗增大,耐腐蚀性能增强。

钢箱梁桥电弧喷铝复合涂层方案研究:通过对国内外电弧喷涂设备、工艺、标准、长效防腐应用效果,钢桥梁其他防腐方法的检索、调研,完成军山大桥电弧喷铝长效防腐技术论证,确定钢箱梁桥电弧喷铝复合涂层方案和涂装总体技术方案。电弧喷铝在武汉军山长江公路大桥钢箱梁的首次应用,为我国钢桥梁长效防腐提供推广应用示范。它与现代几种钢桥防腐技术相比,具有耐腐蚀寿命长、涂层结合力高、抗紫外线、耐老化、生产效率高,无环境污染等特点。

电弧喷铝涂层耐蚀性及剩余寿命试验研究:在国内外首次采用弱级化腐蚀电流密度技术对电弧喷铝涂层耐腐蚀寿命和剩余寿命进行试验研究,其结论对钢箱梁桥长效防腐涂层的工程维护提供指导性建议,在国内外首次研制并采用机械化喷涂设备对钢箱梁进行大面积电弧喷铝长效防腐施工,实现对喷涂速度、步进距离、喷涂工艺参数等进行连续稳定工程化控制,实现对钢桥梁大面积电弧喷铝涂层质量的稳定控制,从而确保大面积电弧喷铝涂层厚度均匀和结合牢靠。

工厂化加工,现场安装:防腐与加工交叉作业的特点,研究出机械化大功率自动电弧喷涂技术及装备,同时解决喷涂效率和喷涂质量问题,以满足钢桥梁电弧喷涂长效防腐需要。机械化大功率电弧喷涂设备才能使每座钢桥数万吨钢材短时间内现场喷涂防腐变成现实,其电弧喷涂设备采用集中控电,主机除对电弧喷涂电压、电流、送丝速度进行控制外,还对喷涂过程如喷涂速度、喷涂移动方式、喷涂轨迹、喷涂层厚度等均进行有效控制,达到电源开关开动,整个喷涂过程自动完成。创造性地设计电弧喷涂反馈自保护系统,有效地保障喷涂过程中送丝均匀和喷涂工艺的稳定,特别是喷铝技术的解决,更加完善电弧喷涂系统,根据现场施工,成功地将优化后的电弧喷涂工艺用统一的电流参数控制并体现在电弧喷涂设备上。运用电化学弱极化技术,对电弧喷涂层耐蚀寿命和剩余寿命进行评价,得出电弧喷铝涂层的腐蚀速率和腐蚀边界条件,为涂层维护提供技术参数依据。总体技术水平处国际领先。

推广应用前景:本研究成果除了可以应用于钢箱梁以外,还可推广应用于钢管拱、钢管桩、水工、船舶、集装箱等的机械化大面积电弧喷涂长效防腐。

社会经济效益:推广大面积机械化电弧喷涂防腐技术,以军山大桥为例,钢箱梁外表面 50000m^2,钢桥面 35000m^2,电弧喷涂初期投资较油漆防腐增加费用 450 万元,但在 100

年内减少油漆失效需重新刷油漆防腐达9次以上,节约油漆维护防腐费用近1.3亿人民币,国家、地方受益,符合我国产业技术发展政策。

获奖情况:2001年湖北省科技进步二等奖。

(十五)斜拉桥索塔锚固区小半径环向预应力体系试验研究及应用

项目名称:斜拉桥索塔锚固区小半径环向预应力体系试验研究及应用

完成单位:湖北省京珠高速公路建设指挥部

协作单位:湖南大学、中交公路规划设计院

项目简介:斜拉桥索塔锚固区小半径环向预应力体系试验研究及应用项目是湖北省交通厅《关于下达2000年省交通科技项目计划的通知》(鄂交技〔2000〕320号)下达的重点科研项目。

武汉军山长江公路大桥斜拉索设计索力接近"千吨"级,索塔锚固区截面受到极大的限制,这无疑给设计带来了新课题。设计单位以确保结构安全、控制工程造价为前提,根据本桥的技术特点、最大索力以及索塔锚固区的截面特性进行综合分析后,进行锚固区设计,提出了新的大吨位小半径环向预应力体系。为了对索塔锚固区小半径环向预应力体系进行深入研究,进一步验证塔锚固区的设计方案,确保该体系的成功应用,争创精品工程,湖北省京珠高速公路指挥部组织湖南大学、中交公路规划设计院等单位组成课题组,开展了本科技项目的研究。

研究的目的与意义:通过斜拉桥索塔锚固区的受力特点分析研究,以及索塔锚固区足尺模型试验对军山大桥索塔锚固区的安全度做出评估;通过索塔锚固区足尺模型试验、张拉工艺试验,对索塔锚固区大吨位小半径环向预应力束张拉伸长量进行深入研究,为本桥索塔锚固区大吨位小半径环向预应力束张拉控制施工方法提供科学依据,并对实桥施工控制水平进行科学评估;确定索塔锚固区的合理施工工艺、流程,为实桥索塔锚固区的施工提供经验;对塑料波纹管成孔、真空辅助压浆工艺进行研究,以指导小半径环向预应力的施工,为制定实桥施工工艺提供科学依据。

关键技术:静载试验模型的选定与锚块水平荷载加载点部分局部处理;空间分析计算机模型的建立与预应力及水平荷载的施加;大吨位小半径环向预应力束张拉伸长量的控制;大吨位小半径环向预应力束张拉工艺控制;真空辅助压浆工艺与质置保证。

技术原理及性能指标:利用计算机模拟技术,分析大吨位小半径横向布置U形预应力索在索塔锚固区混凝土中的应力分布特点,结合足尺模型试验寻求并确定其U形索的最佳布置,在索导管壁面混凝土中建立了较高效应的有效预应力,有效地防止了结构开裂保证了结构安全。其技术指标为:在索塔锚固区建立了平均不小于7.0~8.0MPa的有效预应力,最大预应力达以上,保证结构承载时所产生的弯曲拉应力及主拉应力均远远低于混凝土抗裂强度,保证其安全系数大于 2.4;保证最大索力及锚固区节段混凝土结构,在最大索力为 4000kN 时,其最大抗裂性能超过 10000kN,其安全系数超过 2.5,其极限抗破坏能力超过 16000kN,确认整个结构实属安全。通过足尺模型试验及半高足尺模型试验,探索出一套适应于高空作业面窄小的张拉工艺,安全便捷精确;同时探索出横向口形索布置中预应力索引伸量相应于张拉力变化的特性,提炼出一套有别于现行规范的计算办法,并满足现行规范的张拉力与延伸量理论计算值偏差小于 ±6% 的要求。

采用新材料,通过试验采用了塑料波纹管成孔,其主要技术特性为:具有一定刚度和强度,可以满足施工中的各项要求,同时具有一定的柔度,可以保证其在施工中布设方便;具有一定抗冲击性能及阻燃性能以及其他所要求的技术特性;具有较小的管壁摩阻系数。本研究尚探索了深埋锚工艺,并在实桥应用中获得成功,其技术特点为:不切断主筋及劲性骨架,保证结构的完整性,便于模板制作;保证外观良好;在长期运营中,锚头处于良好的保护之中。本研究中,配合新材料试验,采用了真空辅助压浆法,其技术成果为:获得了灌浆材料及其最优配合比,并在实桥上验证;灌浆快捷,质量稳定,高密度及充填完满;提出一套工艺及一整套施工设备。

该课题技术的创造性与先进性或创新点:大吨位小半径环向预应力体系武汉军山大桥索塔锚固区采用的小半径($R = 1.5m$)U 形环向预应力体系,首次将 U 形张口横桥向布置,使预应力体系更趋合理,比同类桥梁节省预应力钢绞线材料数量约 25%;带锚块和空间索孔的全真节段模型空间应力分析;本课题进行的索塔锚固区空间应力分析节段模型各组成部分尺寸与相对空间位置与原结构完全一致。在模拟实桥结构,尤其是在锚块及索孔的保留与空间布置方面,较以往的计算模型有较大的改进与提高;带锚块的索塔锚固区节段模型试验以往的试验模型设计中一般未考虑斜拉索锚块,即将锚块处完全切去,使锚块锯齿变成平面。本课题采用了一些与以往不同的处理手段和方法建立索塔锚固区节段试验模型,要求试验模型和实桥结构几何尺寸、索孔空间定位、预应力束布置与张拉完全一致,边界条件、水平荷载尽可能一致。仅因施加水平荷载需要,试验模型在锚固块加载点部分进行局部调整,使试验模型受力状态更接近实桥结构。大吨位小半径环向预应力钢束伸长量的分析与研究,大吨位小半径环向预应力体系在索塔锚固区中的应用才起步不久,已建成的工程施工资料表明:预应力钢束在该体系中的伸长量实测值普遍比按现行《公路桥涵设计规范》计算得到的计算值偏大,超出现行相关规范允许偏差范围。有关这一问题的详细分析与研究文献在国内尚未见到。本报告采用概率与统计的方法处理实桥实测数据,并结合工艺模型试验的部分研究成果,较系统地分析与研究了影响大吨位小半径环向预应力钢束实测伸长量的主要因素,提出了大吨位小半径环向预应力束张拉伸长量的控制方法。

塑料波纹管、真空辅助压浆与深埋锚工艺:索塔锚固区采用塑料波纹管成孔、真空辅助压浆工艺和深埋锚工艺,施工塔柱混凝土时将锚垫板上连接有钢套筒的构件整体预埋,将塔柱竖向钢筋和劲性骨架与预埋件焊接固定,密封钢套筒孔;拆除封孔板,通过预埋套筒预留张拉孔安装预应力束,张拉时使用特制的工具式过渡板引出在塔柱外壁进行张拉。深埋锚工艺保证了预应力束的封锚可靠性、并确保了索塔的施工及外观质量、技术的成熟程度、适用范围和安全性、对工程所起的关键技术作用以及整体技术水平。

斜拉桥索塔锚固区是全桥最为关键的受力区域之一。由于索塔锚固区锚固面在斜拉索水平分力的作用下,以受弯为主,是控制设计的受力区域,本课题着重研究了索塔锚固区预应力体系的设计及施工,提出了全新的 U 形预应力钢束布置体系,在斜拉桥索塔锚固区采用大吨位小半径预应力体系,最小曲率半径 1.5m,突破了现行设计规范的限制,并将 U 形预应力体系的张口朝向横桥向布置。U 形预应力钢束的张口朝向横桥向布置与以往设计的张口朝向顺桥向布置相比,相同钢束长度通过塔柱锚固面的有效预应力约多一倍,可大大节省索塔锚固区 U 形预应力钢束的数量,使设计的构造更为合理,取得了明显的经济效益。

通过节段模型试验、工艺试验和施工过程积累的实测数据,对大吨位小半径环向预应力束的张拉伸长量做出了合理的分析,为大吨位小半径环向预应力束张拉伸长量的控制提供了可靠的依据,对充实设计与施工验收规范、推广这类预应力体系的应用有较大的参考价值。

在斜拉桥索塔锚固区施工中还采用了深埋锚、塑料波纹管、真空辅助压浆等先进技术,可在同类结构中推广应用。

应用情况和社会经济效益:在斜拉桥索塔锚固区中,通常为抵抗斜拉索在索塔锚固区产生的巨大拉力,防止混凝土索塔开裂破坏。具体做法有很多,如:拉索间设钢扁担自平衡体系、箱塔内布置双向直线预应力、设置井字形的精轧螺纹粗钢筋、箱塔内布置环向预应力束。本课题提出的索塔锚固区预应力平面布置体系具有诸多优点,环向预应力钢束锚固在塔柱顺桥向侧面时,通过斜拉索锚固的钢束数量多,与锚在塔柱横桥向侧面相比,可大大减少环向预应力钢绞线的材料数量。

根据武汉军山长江大桥索塔锚固区工程完成后的初步统计,课题研究成果为工程降低工程造价近 291 万元;同时研究成果在大规模的索塔施工中起到了很好的借鉴作用,索塔速度平均为 1m/天,较计划工期提前 40 天。由于军山大桥索塔工程保质保量地顺利完成,为整个大桥的提前建成奠定了基础,间接经济效益与社会效益十分巨大。大桥的提前建成,将使投资效益更快地得到发挥,可使京珠国道主干线湖北省境内段得以如期贯通。本课题研究所取得的技术进步以及显著的社会和经济效益,随着时间的推移,将发挥越来越巨大的作用。

项目水平:项目鉴定委员会认为项目研究成果 U 形预应力张口横桥向布置技术处于

国内领先水平。

获奖情况:2001年湖北省科技进步三等奖。

(十六)大跨度斜拉桥拉索的设计防护及制造工艺研究

项目名称:大跨度斜拉桥拉索的设计防护及制造工艺研究

研究单位:湖北省交通规划设计院、湖南省公路桥梁建设总公司

成果简介:斜拉索在斜拉桥结构中占有极为重要的地位,是斜拉桥的主要承重构件,拉索的设计与计算分析是斜拉桥结构设计的关键,拉索的制作、安装是斜拉桥建造的重要一环,拉索的使用寿命是决定斜拉桥安全使用的决定因素。

该项目主要研究高强钢丝斜拉索的设计、制造和安装技术,对我国已经建成的斜拉桥拉索技术进行分析、研究,并进行必要的试验和实践,探索斜拉索的关键技术问题,如:防护技术(包括临时和永久防护)、斜拉索的设计参数的确定(安全性和可靠性)、斜拉索的下料长度(计算长度)的确定,斜拉索的安装调试技术与斜拉桥结构之间的关系等等。

斜拉索在斜拉桥结构中起着极其重要的作用,是斜拉桥梁、塔、索三大组成部分中起关键作用的承重构件。斜拉索的设计、制造和防护技术是决定斜拉桥使用寿命的决定因素。通过湖北省郧阳汉江公路大桥及武汉市江汉四桥等工程实践"大跨径斜拉桥拉索设计方法与制作工艺的研究及应用"成果,创造性地发展、完善了斜拉索技术,提高了湖北省在该项技术的领先地位。

推广应用:技术成果适合我国国情和大跨度斜拉桥的特点,设计方法合理,制作工艺实用。因地制宜设计建成了居同期同类型跨度最大、世界第二的郧阳汉江公路大桥和武汉市江汉四桥工程,取得了显著的技术成就和经济效益;研制的斜拉索适用于国内预应力混凝土斜拉桥最大悬臂长度的斜拉桥前支点挂篮悬臂施工。与三角形轻型吊机配合,优质建成了主跨度为414m的地锚式大跨度斜拉桥预制节段吊装施工;国内首次全部采用国产材料、国内技术和工艺设计制造5mm和7mm平行钢丝长大斜拉索;首次成功地将灰色系统理论及预测控制理论应用于长大斜拉索大跨度非对称斜拉桥施工控制,并提出了实用、先进的斜拉桥施工控制理论——灰色预测控制系统;设计、制造并建成了湖北省最大吨位的斜拉索。283丝7mm镀锌高强高钢丝PE防护的斜拉索设计索力高达6500kN,系国内最大吨位的斜拉索之一;409丝5mm不镀锌高强钢丝PE防护的斜拉索系国内最大设计丝数。

社会经济效益:各项技术指标均为全国先进的郧阳汉江公路大桥和武汉市江汉四桥斜拉索,质量优良,造价低,为工程建设节约了大量的资金。经过多年的实桥使用证明了其安全性和经济性。

获奖情况:2001年湖北省科技进步二等奖。

(十七)宜昌长江公路大桥工程专项质量检验评定标准

项目名称:宜昌长江公路大桥工程专项质量检验评定标准

完成单位:宜昌长江公路大桥建设开发公司、湖北省交通基本建设工程质量监督站

成果简介:现行的《公路工程质量检验评定标准》尚缺乏悬索桥方面系统、全面的评定内容,编制一套适用于大跨径悬索桥的工程质量检验评定标准十分必要。本标准的编制与研究是工程质量监督部门对工程质量的检查鉴定、监理工程师对质量的抽查认定,施工单位自检的需要;是工程质量控制和质量等级评定的需要;是宜昌长江公路大桥交、竣工验收的需要。主要内容包括:主缆系统制造、鞍座系统制造、主梁系统、锚碇预应力锚固系统。该标准提出的悬索桥主要金属结构件如全焊钢箱梁、索鞍、索股、锚固系统等的加工制造填补了部颁标准中悬索桥主要金属构件检验评定的空白。

该项目具有良好的推广应用前景。可供国内外同类型项目工程质量检验评定借鉴使用,可供交通部现行标准修订借鉴和采用,可供交通部公路桥涵现行施工技术规范修订借鉴,可供悬索桥上部构造的各生产厂家制订和完善相关企业标准借鉴和采用。

社会经济效益:通过该项成果,可提高悬索桥工程施工质量,节约材料,提高材料利用率55%左右,还可减少制造工期、减少养护成本、延长使用寿命。

鉴定时间:2000年12月25日。

获奖情况:2001年湖北省科技进步三等奖。

(十八)武汉军山长江公路大桥混凝土防腐涂装技术研究与应用

项目名称:武汉军山长江公路大桥混凝土防腐涂装技术研究与应用

完成单位:湖北省京珠高速公路建设指挥部、北京航空材料研究院

研究内容:通过对军山长江公路大桥混凝土防腐涂装技术研究与应用,提出对我国在建和将建的桥梁的混凝土结构采取一种合适的表面防腐方式。通过研制和设计一套混凝土涂装体系,能够更好地适应桥梁混凝土结构的特点,在应用环境下可以有效地减轻混凝土的病害,延缓钢筋的腐蚀,提高大桥运行的安全性和经济性。同时,涂层需要有良好的保色耐久性,具有很强的装饰功能,使桥梁具有观赏价值的人文景观。通过对涂装体系的施工工艺的研究和规范,使桥梁混凝土防腐涂装的施工质量得到可靠的技术保证。

关键技术体现在以下几个方面:涂层体系的设计和封闭漆的研制;涂层体系的性能及寿命评价;涂装工艺的质量控制。创新点为:用于混凝土表面防护的低黏度、高渗透性环氧封闭漆(渗透型)的研制;现场的施工工艺和过程的质量控制规范的制订。

社会经济效益:该项目成功应用于武汉军山长江公路大桥混凝土防腐涂装,总体技术达到国际先进水平,其中环氧封闭漆的性能指标达到国际领先水平,经济效益和社会效益

显著。

获奖情况:2002年湖北省科技进步二等奖。

军山长江大桥开展防腐涂装技术研究与应用

(十九)斜拉桥钢箱梁成桥全断面焊接连接施工技术的研究与应用

项目名称:斜拉桥钢箱梁成桥全断面焊接连接施工技术的研究与应用

完成单位:湖北省京珠高速公路建设指挥部、国营武昌造船厂

项目简介:武汉军山长江公路大桥建设时系国内首次采用全断面焊接连接技术的钢箱梁斜拉桥。虽然钢箱梁的制造总成施工工艺技术已趋成熟,但斜拉桥钢箱梁安装的受力体系不同于悬索桥,成桥安装运用全断面焊接连接技术在国内尚无先例。斜拉桥钢箱梁成桥在国内首次采用全断面焊接技术;首次应用了陶质衬垫气体保护自动焊单面焊双面成形技术;规范了陶质衬垫焊接接头坡口设计和陶质衬垫块成形槽的形状和尺寸;钢箱梁采用悬臂安装法成桥,其成桥组装焊接工艺技术能在高湿度、大温差和跨季节等施工条件下保证成桥焊接质量和成桥线形。钢箱梁全断面焊接作为一种科学、先进、可靠的斜拉桥成桥安装方法,为今后我国建造同类桥梁增添了一种新的工法,并有效提高了大桥运行的安全性、经济性。完善了一整套在大温差、高湿度自然条件下斜拉桥钢箱梁成桥全断面焊接连接施工技术,对同类型斜拉桥钢箱梁具有示范效应。

社会经济效益:武汉军山长江公路大桥为我国目前首次采用全断面焊接的钢箱梁斜拉桥,其焊接技术的有效应用,在国内尚属首次,为工厂探索出一种全新的建桥模式,增强了工厂在桥梁市场上的竞争能力,其社会经济效益显著。同时采用焊接技术进行斜拉桥钢箱梁成桥全断面连接为今后国内斜拉桥建造奠定了坚实的基础,并提供了可靠的技术保证,对推进国内建桥技术的发展及为中国桥梁建造技术走向国际市场有着较深远的现实意义。

成果水平:该成果达到国际先进水平

获奖情况:2002年湖北省科学技术进步二等奖,并申报2003年国家科技进步奖。

(二十)大功率二次雾化电弧喷涂设备研究及在钢桥面机械化防腐涂装应用

项目名称:大功率二次雾化电弧喷涂设备研究及在钢桥面机械化防腐涂装应用

完成单位:湖北省京珠高速公路建设指挥部、中国矿业大学、清华大学

项目介绍:钢桥面的耐久性一直是桥梁建设中世界性难题,也是各国桥梁建设者不断探索和开展技术进步的过程,这包括钢桥面防腐和桥面铺装两部分。防腐层的成败直接影响桥面铺装层的使用寿命,它应该与桥面铺装层同等重要。早期建造的钢桥面均采用富锌涂料防腐蚀,雨水通过路面混凝土层渗入桥面防腐蚀层,桥面防腐蚀涂层的腐蚀导致钢桥面板腐蚀,其腐蚀产物的聚集,加剧桥面混凝土层的损坏,其防腐蚀寿命10～15年左右,并随路面混凝土铺装层的翻新维修而一并重新进行防腐蚀涂装施工,维护费用巨大,维修期间严重影响车辆通行。

此前我国桥面已开展对浇筑式沥青、环氧沥青、改性SMA沥青马蹄脂等铺装层的探索性应用,取得一些成果。但桥面防腐层探索性步子不大,本课题正是针对桥面防腐层并结合武汉军山大桥应用,探索桥面长效防腐新方法,推动桥梁防腐技术进步,也为其他钢桥面防腐蚀方法提供借鉴。

钢桥面的防腐蚀施工工期一般仅30～40天,钢桥面应用传统一次雾化电弧喷涂技术最突出问题是:一次雾化电弧喷涂涂层质量与钢桥面防腐蚀要求矛盾,一次雾化圆锥束流不能适应大功率现场喷涂施工矛盾,不能满足桥面施工工期短的矛盾。为此湖北省京珠高速公路建设指挥部、中国矿业大学和清华大学共同成立课题组,重点研究解决二次雾化和大功率机械化施工的电弧喷涂设备技术,以及在军山大桥钢桥面二次雾化大功率电弧喷锌施工工艺和应用。二次雾化改变了一次雾化涂层质量,同时将喷涂束流改变为椭圆放射束流,拉大喷涂轨迹幅宽,大大提高大功率喷涂均匀性和施工效率,很好地解决一次雾化电弧喷涂质量与钢桥面防腐蚀施工工期的矛盾。

技术的创造性与先进性:在国内外首次研制成功大功率二次雾化机械化电弧喷涂设备及技术,并首次应用于国内大跨径钢箱梁桥面长效防腐施工。从技术上解决喷涂效率与建桥工期矛盾,突破钢桥梁长效防腐禁区,推动钢桥长效防腐技术进步;在国内首次研究成功扁平扇形电弧喷嘴,改变喷涂粒子束流形状和雾化效果,处于国际先进水平;首次设计制造大功率电弧喷涂设备电源和送丝结构,使电弧喷涂轨迹幅宽和单位时间喷涂丝材量均获得提高,真正提高电弧喷涂施工生产效率,为钢桥面长效防腐蚀提供新的方法;

在国内首次将空气动力学和流体力学理论应用于电弧喷涂设备制造上,从而使大功率电弧喷涂设备的研究开发获得理论支持;首次将大功率二次雾化机械化电弧喷锌工艺成功应用于大跨径钢桥面长效防腐蚀施工,使钢桥面获得长久的有效保护;创造性的技术推广措施,从技术保证及配套性、施工质量控制、经济技术方案对比,防腐涂层设计都为技术推广奠定良好的基础。

成果水平:该成果达到国际先进水平。

获奖情况:2002年湖北省科学技术进步三等奖。

(二十一)滞洪区软基高速公路粉煤灰路堤关键技术研究

项目名称:滞洪区软基高速公路粉煤灰路堤关键技术研究

完成单位:湖北省京珠高速公路建设指挥部、交通部重庆公路科学研究所

项目简介:京珠高速公路湖北境内东西湖段贯穿武汉市东西湖区,沿线地形地势平坦、沟渠纵横。不良地段分布广泛,类型为软弱土地层,分布数量约占整个路段的95%,为湖相沉积的第四系地层,含水量高、固结时间长、承载低,对路基稳定和安全十分不利。在该段区域采用粉煤灰进行填筑路堤可以减小路堤沉降变形,降低软基处治费用,缩短软基变形时间,具有良好的经济和社会效益。但由于东西湖地区属滞洪区,粉煤灰路堤在洪水作用下的动力稳定性和渗透稳定性国内外还没有进行过研究,为保证高速公路路堤的安全畅通,减少该段路堤软基处治费用,合理利用粉煤灰材料,湖北省交通厅决定在该段路堤开展"滞洪区软基高速公路粉煤灰路堤关键技术研究"。

粉煤灰是火力发电厂的废弃料,它是三大工业废料之一,在我国有着丰富的储存量。我国粉煤灰利用技术装备比较落后,技术配套水平不高,利用工作开展也很不平衡,加上多年未被利用的粉煤灰累计堆存量很大,对环境造成很大威胁。因此,开展粉煤灰的综合利用,"化害为利,变废为宝",保护环境是我国一项长期的技术经济政策。

本项目依托工程为京珠高速公路湖北境东西湖段第六合同段的软基粉煤灰路堤,该软基段粉煤灰路段桩号为:K134+539~K134+934和K135+038~K135+793。根据湖北省交通基本建设工程质量监督站第一试验检测中心的检测表明:粉煤灰材料压实后的各项指标符合国家现行规范对路堤填料的物理力学性质要求,且现场压实试验表明粉煤灰含水量容易控制,可以进行大规模填筑施工。路堤沉降变形的观测结果表明:同样填筑高度情况下,粉煤灰路堤的沉降变形较填土路堤小38%~53%。且粉煤灰路堤沉降变形发展快、稳定时间短。这些特点有利于软土地基路堤填筑。

应用情况:课题成果已在京珠高速公路湖北东西湖段得到应用,结果表明:施工方便;粉煤灰基本呈粉末状,没有大块,不需要破碎;最佳含水量30%~40%,跨度大容易掌握;容易压实,只要压四遍就行了,节省机械台班。粉煤灰相对密度小,为1.17,黏土相对密

军山长江大桥勘察设计项目获国家优质工程银奖

度2.20以上,粉煤灰质量基本上是黏土质量的50%,能有效减轻地基承载力,在软基路段,粉煤灰比黏土更适合作路基填筑材料。在满足规范要求的条件下,可以提前路面的施工,从而缩短施工工期。投资成本降低:粉煤灰属废物利用,并减少环境污染,每月1000t粉煤灰,或节约1亩耕地。同时避免寻找合适路基土料地问题。对京珠高速公路而言,在软土段使用粉煤灰填筑路堤1km,可节约工程投资489万元。

社会经济效益:利用课题研究成果,可以促进滞洪区高速公路粉煤灰路堤的推广应用,其社会效益主要体现在以下三个方面:在同样地质条件下,粉煤灰修筑高速公路路堤工后沉降小于常规填土路堤,可以大大缩短路堤为了满足工后沉降要求而进行的软基处治费用和预压时间,从而使路面铺筑时间和公路通车时间提前。由此将产生巨大的社会经济效益;利用该项目研究成果可以充分利用粉煤灰,降低电厂的处治费用,减少粉煤灰占地和环境污染,由此将产生巨大的社会经济效益和环境效益;利用粉煤灰填筑路堤可以避免其他人工取土,降低高速公路建设对环境的破坏作用。

成果水平:项目总体达到国内领先水平,其中在滞洪区粉煤灰路堤动力稳定性和渗流稳定性研究方面达到国际先进水平。

获奖情况:2002年湖北省科学技术进步三等奖。

(二十二)京珠高速公路湖北南段岩溶地区钻孔灌注桩施工工艺及承载能力研究

项目名称:京珠高速公路湖北南段岩溶地区钻孔灌注桩施工工艺及承载能力研究

完成单位:湖北省京珠高速公路建设指挥部、铁道部大桥工程局桥梁科学研究院

项目简介:京珠湖北南段的桥梁基础地质条件比较复杂,特别是下伏岩层岩溶溶蚀特征较为典型,这对于桩基础的设计和施工造成很大的困难。为此,湖北省京珠高速公路建设指挥部与铁道部大桥局桥梁科学研究院联合成立了试验研究小组,对京珠湖北南段岩

溶地区钻孔灌注桩的施工工艺、荷载传递机理、持力层顶板厚度及嵌岩深度等进行了试验研究与计算分析。

研究目的及意义：本课题研究结合现场施工、试验，并通过力学、有限元分析，对京珠湖北南段岩溶地区钻孔灌注桩的施工工艺、荷载传递机理、持力层厚度及嵌岩深度等方面做一些探讨性研究。优化岩溶地区钻孔灌注桩的施工工艺，为设计提供借鉴，达到缩短工期，节省资金的目的，为该类工程的设计和施工积累经验，并为同类课题的进一步研究奠定基础。

社会经济效益：该课题为岩溶地区桥梁钻孔灌注桩的设计、施工提供了一些重要的技术资料，使得设计和施工技术得以优化，经济效益显著。

成果水平：项目研究达到国际先进水平。

获奖情况：2002年湖北省科学技术进步三等奖。

(二十三) 京珠高速公路湖北大悟段岩石高边坡设计和施工工艺研究

项目名称：京珠高速公路湖北大悟段岩石高边坡设计和施工工艺研究

完成单位：湖北京珠高速公路建设指挥部、中国地质大学

项目简介：京珠高速公路湖北大悟段岩石高边坡优化设计与施工工艺研究项目是针对京珠高速公路大悟段K632与K634段岩质高边坡开挖与锚喷加固的优化设计与施工进行研究的。京珠高速公路湖北段大悟县境南段通过丘陵地段，特别是K32和K34部分地段由于公路路堑开挖，将形成人工高陡岩石边坡，最高段坡高将达70m以上。本区域地层岩性主要为元古界片岩和片麻岩，岩体完整性差、强度较低、易风化，对岩体边坡稳定性极为不利。在这种岩体中开挖高边坡，若设计和施工方法不当，不但会大量增加工程费用，拖延工期，而且会直接威胁到高速公路的安全运营，后患无穷。如何通过深入细致的工程地质、实验与监测研究，对岩体边坡稳定性进行预测，优化施工设计和施工工艺，提出和实施科学合理的施工方案，对加快施工进度，降低工程造价，确保高边坡的长期稳定具有十分重要的作用，其研究成果对于推动中国以及湖北公路高边坡工程建设的发展具有十分重要的意义。

社会经济效益：锚喷加固方法在高速公路边坡中已逐渐推广，而且越来越显示该工艺的优越性和可实施性。本项研究对该工艺的进一步推广、规范锚喷加固岩质高边坡的设计与施工、增加边坡加固的可靠性、降低开挖与加固成本将起重要作用。

成果水平：该项目研究成果达到国际先进水平。

获奖情况：2002年湖北省科学技术进步三等奖。

(二十四) 湖北省京珠高速公路交通工程机电系统质量检验评定办法

项目名称：湖北省京珠高速公路交通工程机电系统质量检验评定办法

完成单位：湖北省京珠高速公路建设指挥部、交通部重庆公路科学研究所

项目简介：1999年湖北省京珠高速公路建设指挥部为了使该段路的机电系统工程施工、监理更加科学、规范，与交通部重庆公路研究所交工室共同开展"湖北省京珠高速公路机电工程质量检验评定标准和办法"课题的研究，并准备在路上应用该标准和办法，从而为补充交通部《公路工程质量检验评定标准》(JTJ 071—1998)积累经验。该标准适用于湖北省交通工程质量监督部门对京珠高速公路湖北省段工程质量的检查、验收；监理工程师对机电工程的检查认定；施工单位的自检和分项工程的交接验收；是湖北省京珠高速公路机电设备系统工程竣工验收的质量评定依据。

本办法包括湖北京珠高速公路收费系统、通信系统、监控系统、供电照明和防雷接地工程的质量评定办法和标准，是检验评定湖北省京珠机电系统工程质量和等级的标准尺度，在国内高速公路机电系统工程质量评定方面具有超前性，达到了国内领先水平。

该项目针对京珠高速公路机电工程项目的内容和特点，首次全面科学地提出了高速公路机电工程质量评定办法和标准，提出的机电工程项目中单位工程、分部工程和分项工程的划分及质量评定办法与标准，思路清晰，科学合理，适用性强，具有可操作性，充分体现了机电工程质量评定的特点和重点。根据高速公路机电工程项目质量检验评定办法与标准的内容，首次编制了WINDOWS环境下，采用POWERUILDER高级语言和ACCESS数据库编写质量评定计算机应用管理系统，该软件功能齐全、实用性强、操作简便、人机界面友好，有利于提高机电工程检验评定的信息化程度。

社会经济效益：本评定办法与标准中同时收录了大量机电工程领域的相关的国家、行业标准和规范，质量检验、评定的通用表和分项工程的检测表及其他辅助内容，方便了用户，有利于提高机电系统的检验评定质量。

成果水平：该项目研究成果达到国内领先水平。

获奖情况：2002年湖北省科技进步三等奖。

(二十五)高速公路总体景观设计研究

项目名称：高速公路总体景观设计研究

研究单位：湖北省京珠高速公路建设指挥部、厦门高格桥梁景观设计研究中心

项目简介：该项目结合湖北省京珠高速公路工程建设开展全面系统的景观设计研究工作，运用三维仿真虚拟技术，构建了在三维虚拟平台上景观审美的评价体系，通过对工程形态的模拟，形象地展示了工程业结构在现实环境中的形态与周围环境的关系，为论证景观效果提供了有效的手段，同时在此基础上对工业结构进行景观元素的分析与归纳，并对其进行定量分析和美学评价，使高速公路景观设计形成一套完整的、可操作性强的、科学的设计方法。

高速公路总体景观设计研究主要从高速公路的主线、边坡、天桥、互通、收费天棚、特大桥及附属区（包括收费站、服务区）等出发，同时结合湖北省京珠高速公路工程建设实际开展应用研究，取得了良好的效果。在湖北省京珠高速公路的建设中，对主线的线型进行了研究：在公路路线设计规范的基础上主要考虑两点：一是行车的舒适性，二是与环境的和谐。对主线的其他部位如中央分隔带、防护栏、防眩设施、环保绿化林带及隔离设施。对边坡的结构形式进行了优化，其中包括对大于 10m 的高边坡由一级防护改为二级或三级防护，中间设减重台，减重台上设置种植槽，槽中种植低矮灌木或攀藤、下垂植物，减少硬质高边坡的压抑感，将高边坡的上面一级和所有的低边坡尽量优化为生物防护或骨架加生物防护，这样净增加绿化面积 50 万 m^2，同时对沿线的工程防护表面进行装饰美化，增加了 192 幅各具特色的装饰壁画。对沿线结构形式进行了优化，总共有 12 种不同的桥型，在天桥结构形式的分布上力争在可视范围内无相同的桥型，并对全路沿线 155 座天桥进行了混凝土防腐涂装。对全线 22 个互通进行了景观设计的尝试，并部分实施。对全线 24 座收费天棚进行了专题的景观设计，并全部实施。对全线 34 处附属区房建进行了专题景观设计评定，并尽量利用现有地物地貌、依山就势进行布置，使人为景观与自然景观融为一体，同时在高速公路各附属区或互通设置了 29 座标志性雕塑。对武汉军山长江公路大桥进行了专题的景观设计等。

该成果针对高速公路景观提出了工业景观的概念，将高速公路主体构造结合景观要求一并考虑，使高速公路的景观从表面的要求深入到结构形式，从本质上提升了高速公路的景观效果，使高速公路的景观上升到更高的层次，使工程本身即为景观的主体。从方法上全面系统地运用三维仿真虚拟技术，使高速公路构造物的造型和质感等景观要素有了更形象直观的分析平台，初步形成了一套较为完整、系统的高速公路景观评价体系和方法，对高速公路景观建设具有十分重要的指导意义。

该成果有以下创新点：运用三维仿真虚拟技术，构建了在三维虚拟平台上的景观评价体系；将工学与美学融为一体，以工学为基础，从美学的角度进行分析、评价；公路景观的研究从工程的结构着手，对工程的每一结构进行优化、美化；公路景观与所经区域的历史文化、民俗风情相结合；公路景观的研究与公路环境保护密切联系，工程景观设计的目的是为了对工程进行美化，公路美化应贯彻以绿为主的原则。

成果水平：该成果技术水平达到国际领先。

获奖情况：2003 年湖北省科技进步二等奖。

(二十六)钢桥面高性能 SMA 铺装体系关键技术研究与应用

项目名称：钢桥面高性能 SMA 铺装体系关键技术研究与应用

研究单位：湖北省京珠高速公路建设指挥部、重庆交通科研设计院、重庆智翔铺道技术工程奋限公司、天津五市政公路工程有限公司。

项目背景：武汉军山长江公路大桥是京珠和沪蓉两条国道主干线跨越长江共用的特大桥，根据该桥的交通量和当地气候环境，为提高大桥的使用寿命和使用性能，采用双层SMA改性沥青混凝土铺装作为军山长江公路大桥桥面铺装方案。由于军山大桥交通量大，气温条件恶劣，湖北省京珠高速公路建设指挥部与重庆交通科研设计院等单位共同向湖北省交通厅申报了"钢桥面高性能SMA铺装体系关键技术研究与应用"课题，省交通厅以鄂交技〔1999〕226号文批准立项。

研究内容：钢桥面铺装技术是钢桥修建的关键技术之一。钢桥面铺装成功与否主要取决于以下两方面：所设计的铺装结构和材料必须满足交通荷载条件、气候条件对桥梁共同作用下钢箱梁桥面板结构变形的要求，实现钢桥铺装的设计质量保证，避免铺装层在荷载气候条件作用下产生车辙变形、推拥、疲劳开裂、脱层、渗水，进而影响到钢板，使钢板产生锈蚀，造成钢桥面板损害；另外，由于钢桥铺装所用材料及施工技术有别于一般路面施工，钢桥所处的特殊地理位置，因此钢桥上铺筑沥青混合料的施工难度更大，要求确定的施工工艺能够保证铺装的各个工序的质量能满足铺装技术指标要求。严格控制铺装原材料性能及各铺装工序的施工工艺，把好各施工工序的质量关，实现钢桥面铺装的施工质量控制。

关键技术：在钢桥面板防腐施工完毕后，采用了溶剂型粘接封闭剂对喷锌表面进行封闭，并给铺装层提供了良好的黏结界面，使铺装的黏结强度增大到2.0MPa，在同类结构桥中是目前国内最高水平；研制并采用有机合成纤维增加高黏度改性沥青SMA混合料的高温抗车辙、抗水损害性能和耐疲劳性能；研制了适合军山大桥特殊环境的PG82—28的高黏度改性沥青，填补了我国特高黏度改性沥青的空白。

技术原理及性能指标：钢桥面高性能SMA铺装体系是在钢箱梁桥正交异性桥面板上进行沥青混凝土桥面铺装的专项技术，通过采用防水黏结层，SMA底层和SMA面层的结构，解决铺装层与钢板的联结，提供良好的防水性能，高温稳定性能和低温抗裂性能，使得桥面铺装具有良好的使用性能和耐久性能。

技术的创造性与先进性：在国内首次根据钢桥面防腐涂装的特点，研究开发了涂层表面封闭材料——溶剂型黏结封闭剂，并成功地应用于军山大桥建设工程上；针对军山木桥的大温差气候条件，研制成功铺装面层用的低温性能优良的高黏度改性沥青。铺装面层沥青改性后达到SHRP沥青分级的PG82-28等级，铺装底层达到PG82-22等级，填补了我国特高黏度改性沥青的空白；首次研究开发了钢桥面铺装有机合成纤维增强高性能混合料，铺装抵抗疲劳开裂性能、抗水渗透能力、抗高温蠕变性能得到显著提高。

技术的成熟程度、适用范围和安全性、应用情况：本研究成果为从材料生产、结构设计计算、施工控制及检测的成套技术。采用常规设备施工，安全性能好，适用于钢结构桥梁的桥面铺装;该成果已应用于武汉军山长江公路大桥的主桥钢桥面铺装工程,施工质量优良,且具有良好的抗滑和降噪性能,为推动我国钢桥面铺装技术向前发展,促进长大跨径钢桥的建设与发展,起到重大的作用,具有显著的工程意义。

社会经济效益:随着我国经济发展,基础建设迅猛增长,特大型钢桥日渐增多,对钢桥的要求逐渐提高,开发并使用这项新技术,对于提高我国钢桥面铺装技术水平起到积极的推动作用,并产生较大的社会效益和经济效益。

成果水平:该成果技术水平达到国际先进。

获奖情况:2003年湖北省科技进步二等奖。

(二十七)湖北省京珠高速公路路基路面排水系统研究

项目名称:湖北省京珠高速公路路基路面排水系统研究

获奖单位:湖北省京珠高速公路建设指挥部、武汉理工大学

项目来源:京珠北段

研究内容:运用多媒体技术、虚拟现实技术、计算机仿真技术,对高速公路路基排水系统和排水效果进行仿真。该项目的研究成果应用于湖北高速公路全线路基、路面和中央分隔带排水系统设计施工,有效防止了路基路面水害。

获奖情况:2003年湖北省科技进步三等奖。

(二十八)大型异型双壁钢围堰在桥梁深水基础应用研究

项目名称:大型异型双壁钢围堰在桥梁深水基础应用研究

项目来源:军山桥建设

研究单位:湖北省京珠高速公路建设指挥部、中交公路规划设计院、中港第二航务工程局

研究内容:大型异型双壁钢围堰在特宽桥梁深水基础中的研究应用,使常规设计圆形钢围堰直径从44m缩小至33m。

获奖情况:2003年湖北省科技进步三等奖。

(二十九)自校正调节法在大跨度斜拉桥施工控制中的应用

项目名称:自校正调节法在大跨度斜拉桥施工控制中的应用

项目来源:军山大桥建设

研究单位:湖北省京珠高速公路指挥部、中交公路规划设计院、铁道部大桥工程局桥梁科学研究院

研究内容:结合斜拉桥负箱梁施工阶段安装全段面焊节的施工特点,研究开发一种新

的控制方法-自校正调节法,进行有效偏差分析及误差识别,把自适应控制与预测控制结合起来,使合龙龙、索力、线型达到设计目标状态,实现最优控制。

获奖情况:2003年湖北省科技进步三等奖。

(三十)荆州长江公路大桥关键技术研究

项目名称:荆州长江公路大桥关键技术研究

研究单位:湖北省交通规划设计院、长沙交通学院

研究内容:通过对荆州长江公路大桥主梁合理断面形式研究,深入分析PC斜拉桥边主梁断面、边箱中板式断面和流线型箱梁断面主梁的静动力特性和适用性,选择具有第三代斜拉桥特点的轻型断面主梁作为大桥主梁,极大地方便了施工,缩短了施工周期,使荆州长江大桥主跨斜拉桥成为世界上首座跨度达500m的边主梁断面斜拉桥。

首次提出了综合采用弯曲能量最小法、应力平衡法和最小二乘法确定斜拉桥的合理成桥状态的具体方法和步骤。斜拉桥主梁形式和断面尺寸的拟定,需要与斜拉桥合理的成桥状态联系起来考虑。课题组在确定斜拉桥成桥状态时,首次提出了综合采用弯曲能量最小法、应力平衡法和最小二乘法确定斜拉桥的合理成桥状态的具体方法和步骤,并提出了确定主桥成桥恒载弯矩"可行域"的概念和确定方法。在斜拉桥成桥状态的确定时只考虑结构重力、汽车荷载和预应力等主要荷载,将其他荷载放在确定合理的成桥状态后考虑。这种将次要影响因素从确定成桥状态的过程分离的设计方法,极大地提高了设计效率。用综合法确定斜拉桥的合理成桥状态,克服了传统单一方法难于获得合理成桥状态的不足。通过风洞试验、全桥整体静力模式试验和成桥荷载试验验证,大桥成桥状态和结构使用性能良好。

首次对边主梁断面主梁施工过程中的应力应变状态进行空间仿真分析。荆州长江大桥500m主跨PC斜拉桥主梁度为27m,标准梁断双主肋宽度为$2\times1.8m$,主梁横向刚度低。为方便施工,主梁采用后浇横隔板的前支点挂篮施工。因此,主梁施工过程中会发生节段前端顶板下挠、主梁产生扭转变形等现象,课题组采用空间仿真分析的方法,对边主梁断面主梁施工过程中的应力应变状态进行空间仿真分析。仿真分析准确地预测了边主梁断面主梁施工过程中的应力应变状态,并采取设置合理预拱度的方法保证了成桥目标的实现。

斜拉桥施工控制方法研究。在对现有施工控制理论和方法进行深入对比分析的基础上,结合500m主跨斜拉桥施工的特点,提出在控制理论、方法和测试技术上都有创新意义的最优m化施工控制方法,并形成了一套完整施工控制系统-最优化控制系统。课题组的研究成果,为大桥的顺利建成提供了保证,500m主跨PC斜拉桥跨中合拢段相对误差仅2mm,主梁线型、内力均满足设计要求。最优化控制系统的主要创新成果有:首次采

用自适应思路,应用加权最小二乘参数识别和灰色模型 CM(1.1)误差预测理论,建立了一套比较完整的大跨度预应力混凝土斜拉桥施工控制系统,其核心子系统前进分析系统与传统的施工控制系统相比,克服了需要同时进行正装和倒拆计算而不容易闭合的缺陷,对提高扣斜拉桥施工控制精度和速度有重要作用;结合荆州长江公路大桥施工控制,从温度变化引起杆系结构的变形和受力特点出发,首次提出了采用不同的多项式函数分区拟合结构温度场,并将温度变化等效成荷载计算温度变形的方法,有效地消除了日照温差对施工控制的影响,提高了施工控制的速度和效率;首次提出了针对振弦式应变计的温度影响修正公式和根据应变反映混凝土应力的混凝土应变分析的新方法;对超长柔性索的索力测试进行了理论分析和现场测试研究。课题组首次利用平衡法推导了考虑弯曲刚度的拉索自由振动方程和自振频率公式;首次采用瑞利能量法导出了附加质量和弹性约束对拉索自振频率的影响公式,并对采用简化计算公式的误差进行了理论分析。

课题组对长大斜拉索的起振机理及常用的减振措施进行了深入研究。提出以黏性剪切阻尼器的原理,研制出黏性剪切型拉索减振装置的思路,并付诸实施,使斜拉索阻尼提高了 8~12 倍,取得了良好的减振效果;对引进的黏性材料的基料,进行了相适应性的品质改良,改善了温度效应和抗老化性能,使之能适应在自然状态下的工作环境;阐明了减振装置的安装位置对减振效果的影响因素,提出了确定减振装置安装位置的计算公式,使外置减振装置在保证效果的基础上,较好地满足了桥梁景观上的要求;用复模态理论对黏性材料的黏度、减振器的尺寸以及设置位置等参数设计和抑振效果进行优化分析。

技术适用范围:本课题研究对象为世界上首座跨度达 500m 的边主梁断面 PC 斜拉桥,在此之前,国内最大跨度斜拉挢为主跨 432m 的铜陵长江大桥,世界上最大跨度的斜拉桥为挪威主跨 530m 的汕 Skarnsundet 桥,梁的截面为三角形双室箱。

500m 主跨 PC 斜拉桥拉索对数达 126 对,是世界上拉索对数最多的斜拉桥,结构超静定次数高,主梁采用抗弯刚度较低的边主梁断面,为使斜拉桥塔、梁、索内力分布合理,确定结构合理成桥状态十分重要。本课题在研究了常用单一方法确定成桥状态的局限性后,首次提出了综合采用弯曲能量最小法、应力平衡法和最小二乘法确定斜拉桥的合理成桥状态的具体方法和步骤,并提出了确定主桥成桥恒载弯矩"可行域"的概念和确定方法。用综合法确定斜拉桥的合理成桥状态,克服了传统单一方法难于获得合理成桥状态的不足。

500m 主跨 PC 斜拉桥为三跨连续结构,两边跨设置长达 68m 的配重段,最大节段重量达 570t,施工控制与世界上已建成的大跨度斜拉桥相比有显著的特点。本课题结合 500m 主跨 PC 斜拉桥施工的特点,首次采用自适应思路,应用加权最小二乘参数识别和灰色模型 CM(1,1)误差预测理论,建立了一套比较完整的大跨度预应力混凝土斜拉桥施工控制系统 – 最优化控制系统。其核心子系统前进分析系统与传统的施工控制系统相比,克服了需要同时进行正装和倒拆计算而不容易闭合的缺陷对提高斜拉桥施工控制精度和速度有重要作用。在施监控测试技术方面,首次解决了消除日照温差对施工监控的影响(实现由被动避免到主动消除的转变)、提高振弦式应变计和超长柔性索的索力测试精度等关键技术问题。

研制的黏性剪切型拉索减振装置,对引进的黏性材料的基料,研究了相应的增稠剂和耐老化剂进行改良,并用复模态理论对黏性材料的黏度、减振器的尺寸以及设置位置等参数设计和抑振效果进行优化分析,将斜拉索阻尼提高了 8~12 倍。

应用前景和效益:荆州长江大桥关键技术研究,针对 500m 主跨 PC 斜拉桥的特点,着重研究了主梁合理的断面形式、主梁施工控制系统和方法。课题组的研究成果对保证桥梁安全、高效地建成起到了十分重要的作用。主梁合理断面形式研究选择边主梁断面作为主梁的断面形式,既满足了结构受力和稳定的需要,又极大地方便了施工,具有十分显著的经济效益。边主梁断面主梁与箱型断面主梁相比,可节约主梁混凝土约 10%,达 2500m^3,直接节约投资约 700 万元;边主梁断面主梁与箱型断面主梁相比,更适合采用前支点挂篮施工,平均每节段施工可缩短工期为 2 天,全桥可缩短工期约 70 天,根据大桥通车后的日收费水平,大桥提前通车可增加收益约 1200 万元。

主梁合理断面形式研究将 PC 斜拉桥边主梁断面主梁跨度推进到 500m,使荆州长江大桥 500m 主跨 PC 斜拉桥成为世界上首座跨度达 500m 边主梁断面的 PC 斜拉桥。

斜拉桥施工控制方法研究提出了先进的控制理论和方法、采用先进的施工控制测试技术,提高了施工控制速度、精度和水平,对缩短工期,保证桥梁安全、高效地建成,提高建桥的经济效益有重要意义。

研制的黏性剪切型减振装置将拉索的对数衰减率提高约 8~12 倍,足以抑制涡激并振、参数共振、抖振和风雨振等风致振动,大大提高拉索的使用寿命,经济效益显著。长大斜拉索减振措施研究对拉索的减振技术提高到了一个新的水平。

500m 主跨 PC 斜拉桥在斜拉桥领域有着广泛的代表性,课题研究中有一定创新意义的关于 PC 斜拉桥设计理论和方法、斜拉桥施工控制理论和技术、拉索减振机理和减振技术的主要成果将为同类型桥梁设计和建设提供借鉴,课题成果已应用于巴东长江公路大桥等其他斜拉桥的设计中,该成果技术水平处于国内领先。

获奖情况:2003 年湖北省科技进步二等奖。

(三十一)深水、大流速、浅覆盖层、岩溶地区大型桥梁基础施工工艺研究

项目名称:深水、大流速、浅覆盖层、岩溶地区大型桥梁基础施工工艺研究

项目来源:鄂黄长江大桥

研究单位:中港第二航务工程局、湖北省鄂黄长江大桥开发公司

研究内容：三向定位打桩、稳桩技术成果；在长江河道上，高架空式大型施工钢平台构筑技术成果；在灰岩、砂岩交错溶岩裂隙发育的地层内，采用护筒跟进，清水钻进工艺施工3.0m直径大型钻孔桩成孔技术成果；采用底板散拼技术实现大型钢吊箱与其内钻孔灌注桩同步施工技术成果；大直径承台混凝土温控设计与监测成果。

社会经济效益：本成果的实施，保证了鄂黄大桥在一个枯水期内将大桥6号主墩施工至黄海高程25m以上，6号主墩实际工期比原计划提前235天，从而为鄂黄大桥提前一年通车提供了有力保证，创造了巨大的经济效益。

本成果为在特别复杂的水文地质条件下，为特大型桥梁基桩施工提供了成功经验，也为某些特殊的深水建筑物提供了可借鉴的施工技术。在深水里构筑桩基承台，但在技术上或工期要求上难以采用常规方案时，本成果提供了成功的方案和成套的施工技术。

获奖情况：2003年湖北省科技进步三等奖。

（三十二）电弧喷铝涂装寿命及钢箱梁桥机械化大面积自动喷涂技术的研究与应用

项目名称：电弧喷铝涂装寿命及钢箱梁桥机械化大面积自动喷涂技术的研究与应用

建设单位：湖北京珠高速公路建设指挥部

研究内容：低高度连续钢箱组合梁结构在弯、坡、斜桥中的应用，桥型美观，在国内属首创，该桥型在武汉西互通跨318国道跨线桥上的成功使用，具有钢梁的刚度大、施工周期短的优点，同时结合梁由于桥面为混凝土结构，桥面便于施工和养护，避免了钢梁表面铺装的许多弊端。为推广大面积长效复合涂装体系在桥梁工程中的应用，本桥采用大面积电弧喷铝长效复合涂装技术，为军山长江公路大桥钢箱梁采用该项技术提供了一定的技术、工艺准备和实践基础，科研课题鉴定为国际领先。

获奖情况：湖北省科技进步二等奖。

（三十三）排水降噪防滑沥青路面材料的研究与应用

项目名称：排水降噪防滑沥青路面材料的研究与应用

项目来源：湖北省科技攻关项目

研究单位：孝襄高速公路建设指挥部、武汉理工大学、湖北省交通规划设计院、湖北大学

主要参与人员：韩宏伟、廖耀璜、徐华、胡耀光、陈璋、丁庆军、任飞、张厚记、游峰、刘毅学、张治平、张智伟、王发洲、黄邵龙

起止时间：2002年9月至2005年12月。

研究目的：随着人们对路面行车质量要去的提高，平整、防滑、低噪声的沥青路面将成为发展方向，为了满足项目建设的需要，开展此项研究。

主要研究成果：研制了60℃动力黏度达60000Pa·s以上的高黏度改性沥青；系统地研究了OGFC的级配组成设计方法对路面性能影响规律，讨论了OGFC的级配组成、物理与力学性能的关系；建立了OGFC的路用性能的评价体系；提出采用高黏度改性沥青技术和纤维增强技术解决OGFC黏结性能差的技术方法；实现OGFC路面材料制备关键技术系统集成；在本研究成果理论的指导下，通过优化材料的组成与结构设计，制备出了空隙率达20%的OGFC-13材料，显著改善了OGFC混合料的高温稳定性、水稳定性、透水性、降噪性能和抗滑性能，解决了目前制约该类材料投入工程应用的关键技术难题。

社会经济效益：本成果已在孝襄高速公路孝感段（总长9200m^2）得到应用，填补了具有自主知识产权的高黏度改性沥青用于高等级公路的空白；创造性地将本成果应用于湖北省孝襄高速公路路面，取得了很好的应用效果，使OGFC-13的应用领域得到拓展。

获奖情况：湖北省科技进步三等奖。

（三十四）高速公路复杂地层双连拱隧道施工控制工艺研究与应用

项目来源：湖北省交通厅

研究单位：湖北省襄十高速公路建设指挥部、中国地质大学（武汉）工程学院

主要参与人员：黄大元、陈建平、范建海、张世彪、方晓睿、夏述光、吴立、周传波、闫天俊、李学东、杨志波、汪继泉、傅志峰、张志波、李鹏、陈亮、邓宗伟、伍振志、张友军、左昌群、郭小红、胡国祥、罗学东、徐江波、王芹

研究目的：本课题研究，目的是通过进一步了解围岩岩体结构构造特征，确定切合实际的岩体物理力学参数，运用先进的计算机软件，对双连拱隧道结构围岩进行稳定性分析，分析复杂地层条件下（包括在滑坡体中）岩体开挖、加固前后，及岩体开挖、加固的每一步骤围岩的变形及应力状态，研究复合式衬砌结构参数的合理性；同时参照国内外先进的施工工艺和方法，提出与具体工程条件相适应的施工方案与方法，控制好开挖与加固的每一步骤与工序。另外，对现场围岩和加固结构进行变形与应力变化监测及爆破震动监测，分析处理后反馈于设计与施工，为修正设计与施工方案提供技术资料。本研究将有效地降低连拱隧道的工程造价，并使三条隧道按期保质顺利完成。

研究内容：对地层围岩岩性及结构特征作深入调查、进行施工方案与方法进行仿真模拟、研究并实施科学合理的施工方案与施工方法、实施信息化施工并作现场监测与反馈、现场施工技术指导等。

（1）从工程地质角度出发，通过对隧道岩体进行质量评价及其力学指标估算，综合评判了围岩质量与稳定性分类，在隧道设计、施工与工程地质相结合方面，取得了相应的理论突破。

（2）通过对三条隧道的结构设计分析、各施工方案的优缺点比较，分别建立了连拱隧

道施工方案二维数值模型并进行了施工过程动态优化分析,提出了适应现场地质和施工条件优化方案,得到很好的实施,缩短工期三分之一,取得了良好的效益。

(3)采用三维数值模拟方法,对连拱隧道初期联合支护中的各单项支护结构进行了模拟,分析各自的作用特点和支护效果,为公路隧道选择合理的支护方法提供依据,并在支护理论与应用上取得创新。

(4)对施工方案采用对比的方法进行数值模拟,确定了最优化方案。

(5)根据"新奥法"思想,对三条隧道进行位移监测、爆破震动和应力应变监测,及时把整理结果反馈并指导设计与施工;实现设计—施工—信息收集—反馈指导设计与施工一体化的信息化施工模式。

(6)对三条隧道的特殊地段,如对洞口、滑坡地层、隧道渗漏和浅埋地层进行了专项处理,提出了相应的优化处理措施,使大跨度公路隧道顺利穿越复杂地层。其工艺过程对高速公路隧道穿越复杂地层具有良好的指导作用。

(7)应用多种检测手段,如声波测试仪,对隧道质量进行检测与评估,提出建立公路隧道质量检测系统思想与方法,为公路隧道的质量系统检测研究提供借鉴。

社会经济效益:该项目提出了一套完整的双连拱隧道信息化施工方法,其研究成果的应用,简化了施工工序,缩短了工期,降低了工程成本,产生了明显的经济效益和社会效益,具有重要的推广应用价值。

获奖情况:2004年湖北省科技进步三等奖。

(三十五)山区高速公路滑坡和路堑边坡整治综合技术研究与应用

项目名称:山区高速公路滑坡和路堑边坡整治综合技术研究与应用

研究单位:湖北省襄十高速公路建设指挥部、中国科学院武汉岩土力学研究所

主要参与人员:范建海、任伟中、方晓睿、唐新建、汪来福、冯夏庭、谭显坤、陈浩、刘光社、杨春和、白世伟、雷美清、杨吉新、杨家岭、陶洪久、陈从新、刘健、沈典栋、余开彪、李铀、李俊茹、金国强、王芳太、徐先文、陈厚仲、周国红、陆天平、刘雄

研究内容:针对湖北省襄十高速公路变质岩山区存在的大量边坡稳定问题,湖北省襄十高速公路建设指挥部向湖北省交通厅申报山区高速公路滑坡和路堑边坡的稳定性分析、整治工程及监控技术研究8科研项目,对该路的设计与施工进行指导。

综合运用勘察、设计、施工、监控、科研一体化的思想,通过岩土试验、地质力学模型试验、数值仿真、现场监控等技术手段,揭示该地区滑坡形成规律和路堑边坡变形破坏模式以及综合确定双层反翘型滑坡的抗剪强度参数。在此基础上,对滑坡和路堑边坡进行稳定性计算分析与整治工程设计,并运用进化神经络方法(GA-NN)进行滑坡加固方案的全局优化。建立完善、多层次的现场三维滑坡及其支档结构物的变形受力状态监测系统,

全程实时监控滑坡稳定状态,研制并运用三维可视化力学仿真模拟系统使边(滑)坡的勘察、稳定性分析、整治设计与施工现场监控等全过程可视化、信息化、集成化、系统化,并提供一个信息化平台。

技术的创造性、先进性及创新点:针对襄十高速公路变质岩山区存在的大量边坡稳定问题的工程实际,综合运用勘察、设计、施工、监控、科研一体化的方法,通过岩土试验、地质力学模型试验、数值仿真、现场监控等技术手段,揭示了该地区滑坡形成规律和路堑边坡变形破坏模式以及韩家垭滑坡前缘变粒岩层"反翘"成因机理;首次成功地采用大断面深层抗滑桩并结合其他综合措施处理山体滑坡,工程效果良好。采用钢轨桩技术解决了场地狭窄的滑动路堑边坡应急抢险中的加固技术难题;在极限平衡理论计算中采用进化神经网络方法(GA-NN)进行滑坡加固方案的全局优化,具有快速收敛的优点和提高优化问题解决的精度;研发出用于物理模拟试验的微型光纤测压传感器量测技术以及利用钻孔测斜仪检测抗滑桩受力状态技术,并把三维可视化力学仿真系统运用于数据库图形建模的技术,将数据库与力学计算分析建模有机结合在一起,建立了以滑坡整治为对象的可扩充的一体化仿真系统集成平台。

对工程所起的关键技术作用:对韩家垭滑坡通过现场勘察、现场监测、物理模拟试验和力学仿真模拟计算等综合研究,揭示了其东部为被动滑体,是由多个小滑坡所构成的滑坡群;其西部为主动滑体,具有典型的滑坡形态特征、结构特征和滑动面特征,是一具有双层滑动模式、前缘岩层"反翘"的巨型推动式坐落式基岩型间歇性蠕滑式渐进性滑坡。并研发了快速高效的滑坡应急加固抢险新技术、稳定性监控新技术以及物理模拟试验新技术与新方法。

对0509工点滑坡提出了以地表调绘、高密度直流电阻法物探、地表位移监控等为主要手段的补充勘察方案,全部勘察工作在一周内完成,实现了快速勘察基础上的快速滑坡加固治理应急设计,从滑坡险情发生,到勘察、设计全部完成,仅用了不到一个月时间,为有效遏制滑坡的进一步发展赢得了宝贵的时间。同时大胆尝试在2m宽的平台上设计、施工钢轨抗滑桩来加固正在不断滑移的滑坡体,这在公路系统乃至全国尚属首创。实践证明,该技术应用于0509工点滑坡抢险加固是十分有效和成功的。

在施工过程中逐渐摸索出一整套行之有效的针对南秦岭大巴山构造变质岩地层的各种防护方法的施工工艺流程、施工方案、施工关键技术措施、施工质量监控以及施工中所遇到的特殊问题的处理方法。特别是在小场地、动滑体条件下用大风量空压机配以轻型钻机钻设大口径钢轨抗滑桩孔的成孔工艺和长钢轨吊装、焊接工艺属于国内外首创。大截面钢筋混凝土抗滑桩的桩井涌水处理、井壁坍塌处理、弃渣及绿化处理等也采用了先进的施工技术,为快速高效地治理滑坡和保质、保量、按期完成路堑高边坡防护工程提供了重要的技术保障。

从初勘阶段即开始参与公路勘察、设计、施工全过程中相关技术难点的攻关研究,应用勘察、设计、施工、监控、科研一体化的思想,使得设计人员对稳定性分析用物理力学参数选取能做到心中有数,对各滑坡和路堑边坡特征及其变形破坏规律有比较深入的了解,因而在后续边坡工程施工过程中,出现边坡滑坡、滑塌等现象明显较少。使得该公路的安全性、可靠性和经济合理性得到了充分保障,这种科研管理运作模式值得借鉴和推广。

应用情况:本项目研究成果已在襄十高速公路沿线滑坡防治和路堑边坡防护工程中得到了广泛应用,并将指导今后同类工程的勘察、设计、施工、监测。

社会经济效益:避免了因稳定性分析不准确或整治加固不彻底而导致的变更设计、追加投资、人员伤亡和工期耽误;灾害根治,整治成功率100%。无一起事故,无一例伤亡。按时通车,安全运营,并经受了雨季的考验;减少土石方开挖量,绿化处理,最大限度减少原有生态环境的破坏;指导今后同类工程的勘察、设计、施工、监测。推广应用价值极大,应用前景广阔;取得了直接经济效益12809万元。

获奖情况:2004年湖北省科技进步一等奖。

(三十六)高速公路建设信息管理系统研究与应用

项目名称:高速公路建设信息管理系统研究与应用

项目来源:鄂交科教[2002]618号

研究单位:湖北省襄十高速公路建设指挥部、广东同望科技股份有限公司

主要参与人员:周大华、于彤、何玉清、詹勇、赵桂林、余世银、张敏、汪西华、张宗敏、陈亮、谭健、郭建、周忠勇、黄高鹏、叶仙寿

起止时间:2002年1月至2003年10月

课题经费:150万元

研究目的:该研究项目主要目的是提高高速公路建设管理科技含量,促进高速公路建设现代化进程,改变工程管理者以往手工操作方式,使中下层管理人员从烦琐的事务性工作中解脱出来,以更多的精力考虑生产一线现场上的具体问题,同时,它所提供的信息不仅迅速而且更加全面和准确,使管理人员能及时掌握工程实施的全貌,并运用数学模型等工具,为高速公路建设计划、协调、组织、指挥等管理过程提供快捷的决策依据具有十分重要的意义。

研究内容:

办公自动化模型开发和信息管理系统的集成研究与应用;高速公路建设质量、进度、投资控制的合同管理业务信息化模型研究与应用(高速公路工程计量支付系统应用与研究)、高速公路工程计划与进度监控管理系统应用与研究、高速公路工程质量管理系统应用与研究、高速公路工程合同管理系统应用与研究。

（1）该系统设计合理、技术先进，采用了先进的 J2EE 架构，使信息管理系统可跨操作系统平台；采用了面向对象的设计方法，把表示、控制和业务有效分离，对业务组件进行封装，实现了系统的快速定制与灵活扩展。

（2）该系统考虑到高速公路建设管理中存在的不同管理模式，可以由用户设定业务数据的处理流程，实现了业务流程处理的智能化，能满足不同用户的管理要求。

（3）该系统对高速公路的建设管理以及投资控制提供了很强的监控功能，为用户提供了各种台账功能，能有效地反馈工程的实际进度与费用，并能根据用户管理需求设立项目台账监控预警系统。

（4）该系统多方位的数据对比式图表和电子地图查询功能，为管理层直观、全面的掌握建设进展情况提供了方便。

（5）该项目的质量管理子系统支持质量检查、质量等级自动评定的功能与工程质量管理的动态监控，并提供标准的质量报表。

（6）该系统的计划进度子系统根据项目业主对进度计划的管理要求，能适时对计划与实际进度对比，对工程的计划进度进行跟踪、监督和调整。

（7）该系统根据用户角色设定使用权限；采取加密算法，保证数据传输的安全性；提供对 CA 技术的支持；提供安全网页；在网络设计上，根据客户的具体情况，可以使用网络分层设计、防火墙技术、反向代理技术等安全技术保证用户内部网络的安全。

社会经济效益：通过该项目研究为后续高速公路建设过程管理利用计算机进行系统信息管理提供样板，从而提高了高速公路建设管理信息技术含量和管理者素质；有利于规范化管理，节约工程建设管理成本，将为项目节省管理成本 20%。

获奖情况：2004 年湖北省科技进步三等奖。

（三十七）山区高速公路沥青路面关键技术研究

项目名称：山区高速公路沥青路面关键技术研究

研究时间：2003 年—2004 年

项目来源：鄂交科教〔2002〕446 号

研究单位：襄十高速公路建设指挥部、武汉理工大学

主要参与人员：范建海、刘洪海、郭刚、磨炼同、周宏云、林振华、曹兵、余坚、玄东兴、王宇云、薛永杰、黄一平、杨文锋、王家主

研究背景：全省第一条山区高速公路襄十高速公路，地处鄂西北，属典型的秦巴山地，冬冷夏热、雨量充沛，要求沥青路面具有良好的高低温稳定性和水稳定性，沥青路面的耐久性和具有良好的抗滑耐磨性。

研究内容：原材料的优选研究：根据襄十高速公路的特点，研究确定本项目所在地匿

路面最高与最低设计温度的计算参数,为选择沥青性能等级提供科学依据。对集料、沥青材料的优选除了必须满足规范规定的要求以外,必须具有耐温度疲劳特性,同时,由其所配成的沥青混合料必须具有良好的温度疲劳特性以满足山区昼夜温差大的要求。

沥青混合料设计、组成与性能研究:采用不同沥青结合襄十沿线辉绿岩、石灰岩研究中、下面层沥青混合料的级配、油石比及其配合比;对不同厚度、级配类型的沥青混凝土组合的性能尤其是疲劳特性进行研究,提出实施的优化厚度和级配类型;采用不同的改性沥青、沥青和辉绿岩或玄武岩研究抗滑表层的级配、油石比和配合比;研究不同抗滑表层的性能尤其是抗水损害能力、抗紫外老化性能及其与沥青含量膜厚之间的关系。

长、大纵坡路面材料组成与性能研究。长、大纵坡路段对沥青混合料的组成和性能要求不同于一般路段,除了要求沥青混合料性能满足山区高速公路要求以外,其抗滑表层必须有足够好的抗滑性能。按目前沥青混合料的设计方法,表面构造深度大的沥青混合料才能具有较好的抗滑性能,而表面构造深度较大的沥青混合料抗水损害能力往往不佳。如何设计和研究出既具有优良的高温稳定性(含抗车辙)、低温抗裂性和耐久性,同时又兼备理想的抗水损害与抗滑性能是本项目研究的重要内容之一。

桥面防水及桥面铺装材料的研究。襄十高速公路有特大桥11座、大桥59座、中小桥37座,对桥面防水及其桥面铺装材料的研究非常必要,选用几种改性沥青、重交沥青和矿料研究并优化桥面铺装材料组成、类型和性能;研制适合桥面防水黏结层的专用黏结剂,使其在与桥面板和铺装沥青混凝土都有良好黏结的同时,对大桥水泥混凝土有较好的保护作用,以达到提高桥涵耐久性的目的。

沥青稳定基层半刚性基层研究:沥青路面存在着裂缝多、早期破坏严重的等问题。通过采用沥青稳定基层避免沥青路面过早开裂,延长沥青路面的使用寿命,提高沥青路面的使用质量。研究沥青稳定基层的级配设计、力学性能参数及施工工艺和质量控制等。

山区高速公路沥青路面施工工艺的研究。山区高速公路有其显著的特点,其施工工艺研究包括:弯坡斜路段施工工艺的研究;路面各结构层平整度传递规律及施工控制研究;施工工艺与材料组成、设计的合理配伍性研究;路堑路段施工工艺与施工控制;构造物密集路段施工工艺与施工控制。对以上问题的研究是确保路面使用性能的关键。

成果创新:提出了综合考虑沥青针入度指数、601黏度、旋转薄膜烘箱老化前后性能以及交通量进行沥青品种选择的评价方法;结合山区高速公路一般路段和长大纵坡路段的特点,有针对性地提出不同具体路况的路面结构与类型,在长、大纵坡路段采用改性沥青;抓混凝土,在一般路段则采用Superpave12.5高性能沥青混合料;通过桥面铺装的层间最大剪应力理论分析,在桥面上大面积采用高性能桥面专用防水黏结涂料,提出了设置高性能桥面专用 防水黏结层的铺装结构及施工工艺;通过摊铺机在弯道小半径路段作业过程中与沥青混合料相互作用的物理本质及运动力学特性,提出了弯道摊铺的横坡和平整度综合控制施工工艺,为山区高速公路沥青路面的施工质量控制提供了有力保障;提出三部分七参数质量控制体系进行沥青路面柔性基层混合料组成设计和施工控制方法,并成功地在山区高速公路铺筑了试验路,减少沥青路面的反射裂缝与路基沉降。

获奖情况:2005年湖北省科技进步二等奖。

(三十八)厚冲击覆盖层的岩溶区桥梁桩基施工技术研究

项目来源:鄂交科教〔2002〕618号

研究单位:湖北省襄十高速公路建设指挥部、武汉理工大学、湖北省公路局科研所、湖北省交通规划设计院、路桥集团第二公路工程局第一工程局

主要参与人员:范建海、李之达、何玉清、杜博、陈亮、唐小兵、沈典栋、沈成武、张开银、姚清平、干学军、赵举纲、李芬、王松平

研究目的:随着我国西部大开发的步伐加快,高速公路建设中遇到岩溶不良地质的现象将会越来越多,本课题的研究可作为工程设计与施工的宝贵参考资料。因此,开展厚冲积覆盖层岩溶地区桥梁桩基础技术研究,不仅有利于我省公路建设,更有利于西部大开发的不断深入,同时,可以为今后进一步在岩溶地区修建公路提供更加安全可靠的技术保障,应用前景十分广阔。

研究内容:桩基础施工前期基础研究;钻孔桩成孔的力学分析;桩基础施工技术与工艺研究;试桩静载试验;单桩承载力分析;桩基承载机理研究。

针对厚冲积覆盖层岩溶区的地质特点,研究了桩基施工的钻进、护壁、穿越溶洞顶板等成孔技术和塌孔机理,分析了泥浆深度与孔边剪应力的关系,首次提出了用孔内最小和最大泥浆深度来判断孔壁稳定性的方法;结合桩基静载试验,采用理论研究和数值分析相结合的方法,提出了确定土体破坏临界深度的计算表达式和确定单桩竖向极限承载力的计算公式,计算结果与静载试验结果基本一致;利用人工神经网络方法建立荷载(P)与沉降(S)之间的非线性映射关系,对非破坏试验桩的曲线进行外推,并利用P、S曲线的曲率判断极限承载力,为桩基极限承载力的确定提供了一种新的途径;研究了桩身侧阻和桩端阻力的作用机理,提出了岩溶地区桩底岩溶顶板最小厚度和桩基嵌岩深度的控制指标,优化了设计,具有显著的经济效益。

社会经济效益:项目研究成果将为类似地质条件下的工程提供相关技术资料和施工组织方节省了大量前期研究和试验资金,可使相关工程成本节约30%以上。项目研究成果将为相似的结构物施工提供借鉴和指导,从而保证施工质量和进度,降低施工成本的消耗。

获奖情况:2005年湖北省科技进步三等奖。

(三十九)大跨度混凝土桥梁施工控制智能技术研究

项目名称:大跨度混凝土桥梁施工控制智能技术

项目来源:鄂交科教〔2003〕570号

研究单位:湖北省襄十高速公路建设指挥部、武汉理工大学、湖北省公路局科研所

主要参与人员:方晓睿、沈成武、郭刚、张开银、张学莹、曹兵、沈典栋、向木生、唐小兵、叶方谦、干学军、朱红明、陈亮

研究内容:该项目依托襄樊至十堰高速公路中的襄樊汉江四桥施工,该桥为大跨度预应力组成;桥跨布置为 75.0+5×120.0+750m,全长 750.0m,桥面连续 6 个"T 构",施工时间长、季节跨度大,影响施工质量因素众多,施工控制难度大,为襄十高速公路建设的关键工程之一。针对我国已建成运营的三向预应力混凝土变截面连续箱梁桥和刚构桥腹板存在裂纹的技术难题,通过分析其原因,施工中纵向和竖向预应力张拉控制不到位,损失过大,使得桥梁的强度储备不足,是主要成因之一。为保证桥梁施工质量和长期运营安全,开展了桥梁施工监测监控技术研究。

该项目结合工程实际开展了以下技术研究:大跨度桥梁施工智能控制;孔道摩阻偏差系数试验研究;竖向预应力作用效果的数值模拟与预应力损失的试验研究;连续箱梁桥温度场效应的试验研究与分析。

该成果的创新点如下:将神经网络、遗传算法等智能方法及区间分析法等相结合,在国内首次用于大跨度预应力混凝土桥梁的施工控制。利用神经网络的学习功能,对施工中预应力张拉引起的反拱,事先进行预测;应用遗传算法等技术,对张拉状况开展判定和信息反馈,并用区间分析法对施工状况识别的可信度实施判别;通过反馈信息指导预应力束的补张拉,实现了桥梁施工中全面的智能控制。

对纵向和竖向预应力损失开展了试验研究和数值模拟,提出了符合现场施工状况的预应力管道摩阻系数值,指导了施工,并为设计人员对有关参数的选取提供了科学依据。对竖向预应力的布周优化,张拉、锚固工艺的改进提供了有价值的参考意见。

对箱梁的温度场开展了测试,较全面地分析了温度对桥梁变形和内力的影响。提出 3 段折线的温度分布模型,它由上、下的斜线和中间的竖线组成,并给出了斜线的推荐斜率。该模型仅需给出箱梁顶板和底板温度,即可计算温度沿箱梁竖向的温度分布,便于工程现场应用。

竣工荷载试验结果表明,该桥处于弹性工作状态,强度和竖向刚度均满足设计和使用要求,主梁整体性能较好,具有较强的抗扭刚度;动载对该桥产生的冲击系数小,桥梁实测频率高于理论值,动力性能良好,结构的整体刚度优于设计值,达到了设计要求的承载能力。

推广应用:该桥通车运营两年多后,腹板等部位未发现任何裂缝和缺陷。该研究成果和计算程序已在建设中的重庆市云阳长江公路大桥、湖北保康的清溪河公路大桥和广西柳州跨铁路的龙屯立交桥主桥的施工控制中得到推广应用。

获奖情况:2005年湖北省科技进步三等奖。

(四十)湖北省襄十高速公路膨胀土路基治理方案、施工工艺和监控技术研究

项目名称:湖北省襄十高速公路膨胀土路基治理方案、施工工艺和监控技术研究

项目来源:鄂交科教〔2001〕495号

研究单位:湖北省襄十高速公路建设指挥部、中国科学院武汉岩土力学研究所

主要参与人员:王庆、孔令伟、张世彪、郭爱国、郭刚、胡明鉴、曹兵、张玉军、谭显坤、刘观仕、孟庆山、和礼宏

起止时间:2001年10月至2003年06月

研究目的:湖北省襄十高速公路沿线膨胀土分布较为广泛,为解决膨胀土技术难题,提高膨胀土地区路基设计与施工水平,指导膨胀土路基设计和施工提供帮助,特开展此研究。

研究内容:

膨胀土路段土场与挖方地段填料土质调查;膨胀土的工程特性与路堤填筑控制;膨胀土土质改良与填筑质量控制;膨胀土路堤治理方案与效果试验验证;膨胀土路堤治理效果的边坡稳定性评估;膨胀土路基施工工艺与填筑质量监控。

(1)"膨胀土+石灰土+土工网"交错分层膨胀土路堤填筑的新技术方法,充分利用了三种材料的优势,在路堤边坡一定范围内采用该方法,有效地防治了路堤边坡的浅层滑坡,为防治膨胀土路堤病害提供了一种新的有效方法。

(2)提出的交错分层填筑路堤在不同分层组合条件下的原位载荷试验及回弹模量的试验方案,首次获得了不同交错填筑结构形式下土基的承载力与回弹模量,为选定设计参数提供了可靠依据。

(3)通过改进配比,将常用于底基层填筑的石灰砂砾土应用于上路床填筑,充分发挥了石灰土与砂砾石各自的强度优势,改进了石灰砂砾土易离析、难拌等不足,提高了膨胀土路堤的强度和水稳定性。

社会经济效益:采用膨胀土—石灰土—土工格栅复合结构的膨胀土路堤治理方案后,可以用膨胀土直接填上、下路堤,沿线膨胀土路段采用该方案后,节约成本1413.336万元,并加快了施工进度。

同时根据各合同段试验路段施工工艺调查研究的结果,提出了适合各合同段机械与施工技术力量的施工机械组合方式和施工工艺流程,大大提高了施工机械的利用率,加快

了施工进度,施工质量得到了有效保障。

获奖情况:2005年湖北省科技进步三等奖。

(四十一)高强轻集料混凝土用于桥梁结构的应用技术研究

项目名称:高强轻集料混凝土用于桥梁结构的应用技术研究

研究单位:湖北省孝襄高速公路建设指挥部、湖北省交通规划设计院、武汉理工大学、湖北大学

技术特点:通过对轻集料的组成、结构与其吸水率特性相关性研究,建立轻集料孔结构与其吸水率关系;通过研究泵压作用对轻集料吸水率影响规律,确定适宜于泵送施工的轻集料选材准则与预处理方法;通过对轻集料混凝土拌和物流动特性的研究,开发可有效评价轻集料混凝土分层离析程度的实验方法与设备;分析轻集料颗粒在水泥浆体中的运动规律,建立轻集料在水泥浆体中动力学方程;系统研究影响其运动规律的若干因素,提出可有效防止轻集料分层离析的方法;针对轻集料混凝土泵送施工技术特点与难点,研究轻集料混凝土工作性能设计与评价方法,研制开发适应于材料和工艺特点的外加剂,掌握配制工作性能好,可泵送高性能轻集料混凝土制备技术;通过对钢筋轻集料混凝土抗弯、抗剪构件力学行为、破坏特征的研究,检验普通混凝土结构设计规范对于LC40-LC60高强钢筋轻集料混凝土构件设计的适用性,确定抗弯与抗剪承载力计算公式的关键参数;通过对足尺预应力高强轻集料混凝土构件力学性能的系统研究,建立预应力轻集料混凝土构件有限元模型,对预应力阶段和应力加载阶段构件的物理力学性能进行数值模拟,研究材料参数、结构设计参数变化对轻集料混凝土构件端部应力、混凝土徐变、预应力损失及变化规律的影响,掌握预应力轻集料混凝土构件的设计和优化方法;在此基础上,对现场施工工艺技术进行系统研究,通过大量实际工程试验与应用,解决各种技术难点,掌握关键工艺参数和技术方法,总结形成系统性技术成果,并积极开展成果的推广应用。

发明及创新点:提出轻集料混凝土分层度实验方法,建立了高性能轻集料混凝土工作性评价指标;提出了轻集料混凝土拌和物稳定性控制方法,研制出可有效减少轻集料混凝土分层度的增粘剂;提出了轻集料预湿程度控制与预处理方法;发明LC40-LC70高强轻集料混凝土制备技术,制备出工作性好、分层度低、韧性高、耐久性优良的LC40-LC70高强轻集料混凝土与SC40-SC60高强次轻混凝土;系统研究了高强钢筋轻集料混凝土抗弯与抗剪构件的力学性能,确定了轻集料混凝土矩形截面梁抗弯与抗剪承载力计算的相关参数;系统研究了足尺预应力构件的力学性能,深入分析了其端部应力、徐变特性、预应力损失及变化规律;提出了可有效解决预应力构件端部开裂问题的结构梯度设计方法;成果应用于蔡甸汉江大桥、团山河大桥工程。国内首次实现LC40轻集料混凝土的泵送施工

(垂直100m以上,水平200m以上);首次应用了预应力轻集料混凝土构件端部梯度设计防裂方法,取得了显著的经济与社会效益。

项目研究针对轻质混凝土的特点,提出高强轻集料混凝土制备技术,实现了按材料性能设计进行研究的系统化科学方法;通过钢筋及预应力轻集料混凝土构件性能的研究,得到大量可靠的试验数据,为桥梁结构设计提供了重要参考,成功地将这种理论应用于指导材料的研制和工程应用,有效解决了材料实际应用中的关键技术难题,成功地将该材料应用于实际工程。

应用情况:该成果已成功应用于京珠高速公路蔡甸汉江大桥、孝襄高速公路团山河大桥。工程应用表明,轻集料混凝土的7d抗压强度达到40MPa,28d抗压强度达到56MPa,弹性模量达到25MPa,次轻混凝土的7d抗压强度达到45MPa,28d抗压强度达到60MPa。通过对轻集料混凝土梁体进行静载试验结果表明,在最大试验荷载218kN作用下,跨中最大挠度为-14.03mm,跨中最大拉应变为151,跨中最大压应变为-326在桥梁设计安全荷载作用下处于良好的弹性工作状态。在整个加载试验过程中,该板下缘均未出现肉眼可见的裂缝。

国内首次实现LC40高性能轻集料混凝土的泵送施工,在工程实践表明,活塞前泵压3~8MPa,泵送前混凝土的坍落度为20~22cm,经垂直泵送30m、水平泵送200m之后,混凝土的坍落度仍保持在16~18cm;混凝土坍落度损失小;新拌混凝土的7d抗压强度42MOa以上,28d达到47MPa以上;经泵送后,混凝土7d抗压强度同样达到42MPa以上,28d抗压强度同样达到47MPa以上,混凝土强度泵送前后变化不大,满足技术要求。

社会经济效益:蔡甸汉江大桥使用泵送轻集料混凝土,加快了施工进度,减轻了桥梁自重,节省了基础加固费用,取得直接经济效益400余万元;团山河大桥使用高强轻集料混凝土,使得桥梁自重减轻20%,该桥空心板梁端面尺寸得以优化,桥梁上部结构钢筋、预应力钢筋用量、混凝土方量相应减少约15%。此外,由于每根梁的重量减轻20%以上,使得梁体起吊、运输、安装费用得以大为减少,取得的直接经济效益超过85万元。此外,由于轻质混凝土同时还具有优异的抗裂、耐疲劳性能,桥梁自重的减轻可提高桥梁通行能力,延长使用寿命,减少桥梁使用期间的维修加固费用,间接经济效益同样非常显著。

获奖情况:2006年湖北省科技进步三等奖。

(四十二)高风险岩溶隧道不良地质预报与灾害控制研究

项目名称:高风险岩溶隧道不良地质预报与灾害控制研究

研究单位:三峡翻坝高速公路指挥部

主要研究成果:针对高风险岩溶地区隧道修建过程中遇到的溶洞、岩溶裂隙水等不良地质条件,研究高风险岩溶地区岩溶发育的普遍性及区域性规律、岩溶裂隙水流域水文地质结构和流域五场的耦合作用,实现岩溶区域突水靶段等级的界定和隧洞潜在涌水点分布及大小的预测;在此基础上,开展综合地质灾害超前预报技术研究,从隧道三维全空间正反演计算方法和不良地质体异常响应的物理模拟与数值实验研究入手,提出综合有效的地质灾害超前预报方法;基于现场和室内试验、模型试验及数值实验,研究岩溶区域隧道突水前兆信息特征及其多场耦合演化规律,建立隧道突水信息识别模型;采用地质力学和能量突变理论,开展隧道突水机理及临突最小安全距离研究,建立岩溶隧道突水的力学模型,提出不同含水构造岩体局部失稳的突变判据;通过岩溶裂隙发育规律、综合超前地质预报方法及隧道突水机理研究,建立岩溶裂隙水地质灾害预警系统及综合治理技术体系,制定高风险岩溶区域地质灾害快速反应体系及有效治理方案,从而达到有力保障岩溶隧道建设期和运营期大型地质灾害预防和控制的目的。

获奖情况:2006 湖北省科技进步二等奖。

(四十三)山区高速公路综合勘测技术研究

项目名称:山区高速公路综合勘测技术研究

研究单位:湖北沪蓉西高速公路建设指挥部、湖北省交通规划设计院
　　　　　武汉大学、重庆交通大学

主要研究人员:王敬平、陈璋、黄志刚、胡龙、乔松林、兰志雄、黄声享等

项目简介:本项目紧密结合沪蓉西高速公路建设需要和山区高速公路高差起伏大、历史测绘资料缺乏的特点,采用现代测绘新技术,提出了 GPS 测量与局部高差拟合相结合的 GOS 水准测量新方法,研发了配套的 GPS 公路工程高程转换系统软件和掌上公路勘测设计外业一体化作业系统;针对特大高差山区特大公路桥梁的施工控制网布测问题,设计了一种专用三角高程观测觇标,提出了大倾角无测站点双向三角高程测量的精度估算方法;成功地将双导线测量技术应用于超长公路曲线隧道贯通控制测量;基本形成适应我国西部山区高速公路设计施工特点与要求的、代表先进的工程勘测技术发展水平的高速公路勘测实用技术指南。

社会经济效益:该研究成果应用于湖北沪蓉西高速公路工程,解决了实际生产中遇到的突出问题,取得了显著的经济社会效益。

获奖情况:2008 年湖北省科技进步三等奖。

获奖编号:2008.1-251-3-160-095。

(四十四)巴东长江大桥大体积混凝土防裂与高性能混凝土研究

项目名称:巴东长江大桥大体积混凝土防裂与高性能混凝土研究

研究单位:恩施自治州巴东长江大桥建设开发公司、武汉理工大学

参加人员:黄应府、周明凯、崔恩、卢哲安、唐建华、李北星、李裕双

获奖等级:2007年湖北省科技进步三等奖。

奖编号:2007J-259-3-172-086。

(四十五)废旧沥青面层材料再生利用综合技术研究

项目名称:废旧沥青面层材料再生利用综合技术研究

获奖单位:湖北省高速公路实业开发有限公司、湖北省京珠高速公路管理处、长安大学

获奖人员:张学锋、何雄伟、余彬、刘松、舒鄂南、陈飚、刘剑

获奖等级:2007年湖北省科技进步三等奖。

获奖编号:2007J-259-3-172-087。

(四十六)孝襄高速公路景观生态工程研究

项目名称:孝襄高速公路景观生态工程研究

项目来源:世行贷款项目

主要研究成果:探讨了高速公路环境设计的基本理念,提出了将景观与生态文化相整合的研究思路,融合美学、心理学、景观生态学、生态恢复学、甚至现代科技等多学科的相关理论,将整合的观念贯穿到高速公路环境生态体系研究中,用于指导高速公路的景观设计。路环境研究中,用于指导高速公路的景观设计。

将环境心理学的内容引入到高速公路景观研究体系中,有助于更好地满足使用者的需求,提高高速公路环境景观的设计质量。通过对人与所处的高速公路体系构成的交互作用系统进行分析,为方案的设计和评估提供相关的研究信息,使人—车—路形成一种和谐的行为关系,在强调大众参与的情况下,综合考虑功能、技术、经济和审美因素,同时也考虑使用者的行为及社会文化需求。

对高速公路景观组成进行明确分类,针对公路结构每一部分的不同特点,在传统的设计方法的基础上融入生态及环境心理两大要素,改变目前国内高速公路环境设计理念单一,多只注重形式美学的现状。为高速公路景观设计提供了一种新的设计思路,一种不同于目前的可持续及人文化的设计思路,将高速公路环境设计成兼有浓郁人文关怀与独特视觉享受的生态廊道,达到完善、改进高速公路环境设计的目的。

高速公路建设会损害生态环境的结构和功能,而利用生态修复方法则可以调整破坏的景观格局,改善受损的生态系统。根据高速公路独特的环境特征,分析了高速公路不同的生态敏感区域(敏感点)的划分方法,研究了生态修复重要的因素——生态植被对于不

同生态区的功能意义。

G70 福银高速公路孝襄段

利用视景仿真技术与高速公路工程特点的结合,建立了用于对景观方案进行动态直观分析的视景仿真系统,以代替传统的静态透视图法。在普通的 PC 机上平台上,将视景仿真软件和 AutoCAD 软件结合,选用常见的公路设计图纸为源数据来建立孝襄高速公路三维视景仿真系统,并对系统进行建模优化,有效地提高了孝襄高速公路景观设计方案分析的方便性和科学性。

景观评价是对景观设计方案的决策分析,采用多目标多层次的模糊数学评价方法来对景观设计方案进行评价比较,将传统的定性分析的比较方法转化为定性定量相结合的方法。在确定科学的评价指标体系和标准的前提下,通过调研和咨询来确定不同指标的权重,形成了一个比较科学的体系。

获奖情况:2007 年湖北省科技进步二等奖。

获奖编号:2007J-259-2-059-032。

(四十七)长江三峡库区特大型桥梁超高桥塔(墩)建设关键技术研究

项目名称:长江三峡库区特大型桥梁超高桥塔(墩)建设关键技术研究

研究单位:湖北省交通规划设计院、重庆交通大学

参加人员:王成启、姜友生、袁任重、肖盛燮、赵静波、黄志堂、陈杏枝

获奖情况:2007 年湖北省科技进步三等奖。

获奖编号:2007J-259-3-172-091。

(四十八)基于应力吸收层的水泥混凝土路面沥青加铺技术研究

项目名称:基于应力吸收层的水泥混凝土路面沥青加铺技术研究

研究单位:湖北汉宜高速公路沥宵加铺工程指挥部、长安大学

主要研究人员:廖卫东、陈拴发、祝向军、刘宏友、刘洪海、陈华鑫、刘道斌等

项目简介:该项目采用有限元法分析了板底局部脱空和重载以及两者耦合作用对混凝土板断裂的影响,提出了局部脱空板稳固处理的技术措施及控制指标、设置应力吸收层防裂措施的旧水泥混凝土路面加铺结构和旧水泥混凝土路面应力吸收层加铺结构设计方法。研发出与集料黏附性好、具有优良的高温及低温、弹性恢复、存储稳定性、抗老化、抗疲劳等性能的改性沥背结合料,总结出一套基于应力吸收层沥青加铺结构的施工技术。

社会经济效益:本项目研究成果在湖北省武黄高速、汉宜高速公路及国内多条水泥混凝土路面加铺改造和新建道路中运用,其抗裂效果显著,防水及与水泥混凝土板块黏结性能好,大大提高了路而使用寿命。

获奖情况:2008年湖北省科技进步三等奖。

获奖编号:2008J-251-3-160-093。

(四十九)山区高速公路填方路基沉降及挡土墙稳定性研究

项目名称:山区高速公路填方路基沉降及挡土墙稳定性研究

项目来源:湖北省交通厅下达的重点科研攻关项目

研究单位:十漫高速公路建设指挥部、湖北工业大学

主要参与人员:范建海、熊健民、郭刚、余天庆、罗寿龙、范瑛、汪西华、肖衡林、吴东生

起止时间:2006年10月至2008年6月。

研究目的:本项目根据对山区高速公路建设情况,切合项目的实际需求,研究解决了山区高速公路填方路基沉降及挡土墙稳定性科研问题。

研究内容:项目组以67m高的填方路基中的五级挡土墙为主要研究对象,采用现场试验、理论分析、数值仿真模拟等研究方法,对多级挡土墙墙背土压力的分布形式、土压力与时间的关系、土压力的计算公式等方面进行了研究,得出了处理山区挡土墙水平土压力计算实用公式。

针对山区高填方路基,采用水准仪、分层沉降仪和剖面沉降仪等设备,对高填方路基沉降进行监测,在分析现场测试数据的基础上,提出了高路基沉降的预测模型。该模型能较好地预测完工后较长时间内路基的沉降量,对同类型的路基的施工和运营期间的养护具有重要指导作用。

对高填方路基变形和应力进行有限元计算,变形和应力的计算结果与实际测试值基本吻合,可以用于预测实际工程中可能出现的危险位置。

社会经济效益:该项目研究成果创新性明显,在十漫高速公路得到了广泛推广和应用,产生了显著的经济、社会效益,达到国际先进水平。

获奖情况:湖北省科学技术进步三等奖。

(五十)沪蓉国道主干线龙潭特长隧道特殊地质条件下的关键技术研究

项目名称:沪蓉国道主干线龙潭特长隧道特殊地质条件下的关键技术研究

完成单位:湖北沪蓉西高速公路建设指挥部、招商局重庆交通科研设计院有限公司、湖北省交通规划设计院、中科院武汉岩土力学研究所

主要完成人:白山云、蒋树屏、叶志华、丁浩、刘泉声、陈璋、韩行瑞

主要研究内容:该项目以湖北沪蓉西高速公路龙潭特长隧道工程为依托,针对龙潭隧道发育的多种不良地质,特别是国内外罕见的"长七百""头悬河""身陷土""F2"断层溶蚀带,以及我国第一座双洞均采用2座竖(斜)井分段送排式通 的隧道工程背景,采取文献调研、野外地质调查、现场试验、室内试验、模型实验、理论分析、数值模拟和跟踪监测等多种方法,开展了特殊复杂的岩溶地质条件下隧道修筑技术以及超特长隧道的通风与救援防灾技术研究,在隧道岩溶预测预警技术、隧道抗水压支护结构设计技术、隧道变形监测技术、隧道反分析算法以及隧道多单元送排式纵向通风技术等多方面取得了创新性成果,并获得2项发明专利和3项软件著作权。该项目研究成果指导了龙潭隧道的工程实践,同时还被推广应用于同路段的其他隧道工程建设中,其中部分研究成果已纳入2009年颁布的公路隧道施工技术规范和细则中。

获奖情况:2011年湖北省科技进步三等奖。
获奖编号:2011J-249-3-138-085。

(五十一)沥青路面智能化养护关键技术研究

项目名称:沥青路面智能化养护关键技术研究

完成单位:湖北省高速公路实业开发有限公司、湖北省京珠高速公路管理处

主要完成人:余彬、刘松、何雄伟、李满来、熊巍、葛新民、张泽文

主要内容:沥青路面智能化养护关键技术研究是集沥青路面数据自动采集与养护方案决策于一体的综合性技术。本课题采用X0Y0N-RTM智能道路检测车,研究开发了具有自主知识产权的沥青路面抗车辙增强材料(APRM),解决了重载交通公路车辙难题;研究提出了沥青路面各类病害的诊断方法,建立了沥青路面的专家技术对策库、计算机自动分析逻辑系统和三级水平决策模式;通过集成公路养护、自动检测和计算机软件等新技

术,研究开发了沥青路面智能化养护专家系统应用软件,为高速公路沥青路面养护决策分析提供支持。2010年"沥青路面智能养护专家系统"在湖北京珠高速公路的路面养护中投入应用。经实践检验,该项技术应用可靠、效果良好。

社会经济效益:本项目开发的沥青路面智能化养护专家系统可实现沥青路面养护决策智能化,提供针对性更强、更细致的路面病害分析和养护决策基础数据,依据该决策系统制定的养护对策,可有效延长路面使用寿命2～3年,降低车辆综合运输成本1%～2%,节省路面损耗3.9万元/(km·年);同时显著提高了工作效率和数据分析处理的准确性,每年可减少养护部门直接管理费用近400万元;探索提出的微表处、雾封层等预防性养护技术先后在京珠等高速公路进行成功推广超过300000m^2,对于提高路面养护质量和使用寿命、提升我省公路建养水平具有重要意义。

获奖情况:2011年湖北省政府科技进步三等奖。

获奖编号:2011J-249-3-138-091。

(五十二)高风险岩溶隧道不良地质预报与灾害控制

项目名称:高风险岩溶隧道不良地质预报与灾害控制

完成单位:湖北三峡翻坝高速公路建设指挥部、山东大学、湖北交通规划设计研究院

主要完成人:陈军、李利平、林春金、胡绍东、张庆松、丁万涛、杨军红、许振浩、
　　　　　　石少帅、周宗春

获奖情况:2013年湖北省科技进步二等奖。

获奖编号:2013J-226-2-064-038。

(五十三)两郧断裂带高速公路滑坡地质灾害及处治技术

项目名称:两郧断裂带高速公路滑坡地质灾害及处治技术

完成单位:湖北省十漫高速公路指挥部、中国科学院武汉岩土力学研究所完成

主要完成人:范建海、孔令伟、林伟、孟庆山、周大华、任伟中、汪西华

主要内容:深入研究了十漫高速公路路堑边坡坡体物质组成、坡体结构及路堑边坡与两郧断裂带的关系,构建了十漫高速公路全线路堑边坡多层次综合分类体系,并提出了相应的处置方法;开展了多工况、大尺度、平面应力加载条件下的地质力学模型试验,揭示了不同类型边坡在开挖条件下的破坏模式;首次利用离心模型试验研究手段,系统研究并揭示了钢桩和锚杆联合重力式挡土墙的支护作用机理,为新型边坡支护型式的确立提供了理论依据和技术支撑。

社会经济效益:两郧断裂带高速公路滑坡地质灾害及其处治技术研究成果成功解决

了断裂带内山区高速公路建设、维护过程中遇到的技术难题,通过优化了施工组织设计,节约了工期,节省了造价,取得了显著的经济、社会与环境效益,对促进我国山区公路修筑技术水平的提高和岩土工程学科发展具有重要的理论意义和现实价值,为把十漫高速公路建成我国山区地质灾害频发的示范性工程起到了积极作用。研究成果在十漫高速公路建设和运营维护中得到了成功推广应用,节省经费7900万元。

获奖情况:2013年湖北省科技进步三等奖。

获奖编号:2013J-226-3-127-083。

推荐单位:湖北省交通运输厅。

项目获奖证书

(五十四)橡胶沥青技术及应用

项目名称:橡胶沥青技术及应用研究

项目来源:湖北省交通厅科技攻关项目

施工单位:湖北武麻高速公路有限公司、湖北国创高新材料股份有限公司、湖北高速公路实业开发有限公司

主要完成人:高涛、李伏保、刘松、刘祖国、周永恒、王爱民、彭斌

主要研究成果:武麻公司与湖北国创高新材料股份有限公司、湖北高速公路实业开发有限公司共同完成了湖北省交通厅科技攻关项目《橡胶沥青技术及应用研究》的科研课题,其中,完成橡胶沥青技术及应用课题实验路面2380m。经过对路面结构优化设计,武麻高速公路全线在路面上、中面层间设置橡胶沥青应力吸收层,取得较好效果。迄今为止,武麻高速公路基本未发现因路面结构而导致的裂纹。

获奖情况:2013年湖北省科技进步三等奖。

获奖编号:2013J-226-3-127-087。

(五十五)十漫山区高速路高填方构造物受力特性及地基处理技术研究与应用

项目名称:十漫山区高速路高填方构造物受力特性及地基处理技术研究与应用

项目来源:湖北省交通厅科研攻关项目

研究单位:十漫高速公路建设指挥部、华中科技大学

主要参与人员：张世彪、郑俊杰、夏述光、罗君君、潘汉洪、陈保国、赵桂林、马强、王德元、赵建斌、毛峰、孙玲

起止时间：2005年至2008年3月。

研究目的：为了进一步明确涵－土相互作用机理，为山区高速公路高填方构造物的设计和地基处理提供科学依据。

研究内容：依托湖北省十漫高速公路工程，通过现场原位测试，在涵顶和基底分别埋设土压力盒，在涵洞内部17个阶段均预先埋设永久性沉降观测点，对高填方涵洞施工过程中涵洞土压力盒位移分布规律以及随填土高度的变化规律进行全程监控，并对原位试验结果进行了分析。根据现场实测参数和结果，对高填方涵洞工程相关参数进行反演。通过数值模拟分析了填土的变形特性、填土荷载分布状况以及填土—涵洞结构物体系的相互作用机理；讨论了填土高度、填土性质、涵洞结构形式、涵洞几何尺寸、沟谷宽度、沟谷坡角、地基刚度以及荷载效应对涵洞结构受力状态的影响。利用理论计算方法对高填方涵洞土压力进行分析。根据试验结果进行曲线拟合得出了非曲线土压力计算公式，并对安全公式进行了修正；利用数值模拟手段对高路堤下涵洞受力的减载措施进行了研究，得出各种减载措施的效果及适用条件；通过理论分析和数值模拟对涵洞结构物的选址和选型进行了研究，提出了不同填土荷载、不同边界条件下的选址及选型原则；结合理论分析和数值模拟对涵洞地基承载力的确定进行了研究，并对在任何条件下，如何对地基承载力进行修正进行了讨论；对高路堤下构筑物地基处理方法进行了系统研究，提出了不同的地基处理方法的使用范围，并对不同地基处理方法的效果进行评价。在地基处理技术指标的基础上，引入了工程造价、施工工期、技术可靠性、环境因素等，对符合同一工况条件下的各种可行的地基处理方案采用综合评价法进行优选。

社会经济效益：项目成果成功应用于十漫高速公路高填方通涵工程后，单项工程可直接节约工程造价50万元左右。沿线通涵工程总数300多座，初步统计，沿线通涵工程共节约工程造价5000万元以上。

获奖情况：湖北省科学技术进步二等奖。

（五十六）秦巴山区片岩隧道爆破关键技术

项目名称：秦巴山区片岩隧道爆破关键技术

研究单位：湖北省十堰至白河高速公路建设指挥部、武汉科技大学

主要研究人：周大华、马建军、瞿金礼、万胜武、刘松、雷学文、胡五州

研究背景：秦巴山区多碳质片岩，具有节理发育强度低、围岩变形量大、变形速率快、持续时间长、不收敛等特点。十白高速花石沟隧道存在数百米长的连续碳质片岩，施工、

支护难度大,无成熟的设计和施工规范。

研究内容:一是岩性多变的碳质片岩隧道周边控制爆破新方法;二是碳质片岩隧道失稳机理及其开挖安全控制技术;三是碳质片岩隧道大变形力学机理及变形演变模型;四是碳质片岩隧道支护力学机理及支护优化方案。

获奖情况:2015年湖北省科技进步三等奖。

获奖编号:2015J-234-3-126-082。

第二章
高速公路理论研究与应用

随着高速公路的发展,对建设养护管理者的要求也相应提高。湖北省交通运输厅非常重视人才的培养,大力实施"人才素质工程",建立"以人为本、自主创新、结构优化、素质精良"的队伍建设机制。不断适应高速公路建设管理对各类人才的需求。各高速公路建设管理科技人员结合建设管理实际,开展理论研究,形成一批的价值的理论研究应用成果。

第一节 科研队伍

湖北省交通厅坚持"以人为本,做好交通职业教育工作",提出从低到高构建"人才强交、科教兴交"的科教创新体系。"十二五"末,高速公路各类人才总量达到2000人,其中管理人才和专业技术人才各1000人,全部达到大专以上学历,其中50%达到大学本科以上学历。培养造就出5名左右在国内有较大影响的科技领军人才,50名左右在省内有一定影响的行业拔尖人才,500名左右优秀的青年后备人才。2015年,湖北省交通规划设计院张铭入选第八届中国公路百名优秀工程师;湖北省交通规划设计院常英获"第十届中国公路青年科技奖";省公路学会徐健、省交投公司张世飙、省交通规划设计院王国斌被评为"湖北省科协创新创业人才"。

一、专业技术人才队伍建设

湖北省交通厅大力实施"百千万"人才工程,重视专家工作,成立交通专家委员会。全省交通享受国务院特殊津贴人员15名,享受省政府津贴人员4名。厅直单位先后引进博士、硕士74名,本科生420余名。

(一)成立专家顾问组

高速公路是交通现代化的主要标志,为了确保高速公路的建设质量,打造沪蓉西高速全国科技示范工程,2003年6月,湖北省交通厅以鄂交基〔2003〕20文批准成立"湖北省山区高速公路技术专家组",由教授级高工杨盛福、中国工程院院士郑皆连、勘察大师范

鄂东大桥 2010 年专家顾问组会议在武汉隆重召开

士凯、中交京华公路工程技术有限公司总经理姚为民等全国山区高速公路勘察设计、地质界共 15 名资深专家组成。开展人才举荐工作。根据省科协要求,2015 年湖北省公路学会成立院士候选人专家委员会、材料审核小组和工作领导小组,安排布置推选中国工程院院士候选人工作。

(二)人才培养

(1)"211"人才造就工程。为加强高速公路建设施工管理,省交通厅从全省交通部门选调懂技术善管理的人才到高速公路建设指挥部工作。同时省交通公路部门加大人才培养力度,实施"211"人才造就工程。从 1998 年起,湖北省公路局实施两轮人才造就工程(即利用 3 年时间培养 20 名工程技术带头人,100 名工程技术骨干和 1000 名岗位技术能手),重点选拔公路建设和管理骨干人员参加土木工程硕士研究班和路桥专业大专班学习。2005 年,根据公路建设需要,完成第二轮"211"人才工程管理专业专升本班的面授工作。全省各市州纷纷开办路桥专业学习班,仅 2004 至 2005 两年就有 900 多人获获路桥专业以上毕业证书。这些人才在高速公路建设管理中发挥了重要作用。

(2)"百、千、万人才培养工程"。即培养 100 名高层次交通技术人才,1000 名高素质交通管理人才,10000 名高技能交通紧缺人才。根据"百、千、万人才培养工程"要求,行业特点和需求开展培训和职称申报工作。2010 年,厅职改办组织路桥港航专业副高级职资格评审会,通过 108 人,通过合格率 81.2%。2012 年,全省共有 159 名专业技术人员申报评审路桥、港航专业副高级任职资格。2015 年 9 月 12 日,组织进行路桥港航专业高、中、初级专业技术职务水平能力测试。副高级职称报名人员 465 人,实际参加考试人员 419 人,经开卷笔试,通过 221 人,测试通过率 52%;中初级职称报名 148 人,经闭卷笔试,共通过64人,测试通过率43%。根据省职改办的部署和安排,组织开展全省路桥港航高级职称申报和评审工作,共受理申报材料215份,经专家评审会议审议通过167人,通过率78%。组织开展全省路桥港航专业中(初)级职称申报和评审工作,参加评审65人,经专家量化考核打分通过50人,通过率77%。全年厅直单位取得正高职高级工程师任职资格3人、高级工程师任职资格15人、高级会计师任职资格2人、高级经济师任职资格1人,高等学校教授任职资格2人、副教授任职资格6人。

科技成果鉴定会

（3）引进人才。2003年,荆东、荆宜、汉孝高速公路、阳逻长江公路大桥等项目顺利开工,孝襄、襄荆、樊魏等高速建设稳步推进。为了适应高速公路建设管理需求,交通厅引进141名大学生,其中博士生2名、研究生11名;大学生128名,直接引进人才25人。建立人才储备制度,把本科生作为人才培养、吸引、使用的重点进行跟踪管理。2015年12月13日,经省人力资源和社会保障厅批准,面向社会公开招聘129名高速公路路政执法人员笔试考试顺利进行。结合省高速公路联网收费中心人员管理实际,严格按照有关政策,先后通过组织调动、专项招聘、公开招聘等三种形式,平稳完成联网收费中心48名工作人员选配工作,其中组织调动23名、专项招聘13名、公开招聘12名。按照2015年省直事业单位公开招聘规定程序,湖北交通职业技术学院、省交通基本建设造价管理站、厅规划研究室、省高速公路联网收费中心4个厅直事业单位公开招考工作如期完成,共聘用人员34人,其中湖北交通职业技术学院19人、省交通基本建设造价管理站2人、厅规划研究室1人、省高速公路联网收费中心12人。

（4）组织学术交流。湖北省公路学会继续依托武汉城市圈、鄂西南、鄂西北三个片区,2010年重点组织三场大型公路建设养护新技术专家讲座,700多名工程技术人员参会;2012年7月下旬由中国科协、上海市科协、台北市交通安全促进会在台湾主办的"第20届海峡两岸都市交通学术研讨会",同年10月份中国公路学会在苏州主办的交通科技发展论坛以及中国公路学会各专委会主办的学术活动。5月中旬、9月上旬、10月中旬，省公路学会分别协同交通工程专委会、桥隧专委会、信息专委会组织100多名工程技术人员分别参加在山东青岛举办的"青岛湾跨海大桥工程建造技术学术与考察"，在广东韶关举办的"广乐高速公路勘察设计标准化现场交流与考察"，在深圳举办的"智能交通技术研讨交流及考察"活动，了解国内公路、桥梁建设、信息产业前沿技术，拓宽科技创新思路。2015年，省交通运输厅组织参加交通运输部、省政府有关部门组织的境外交流、培训共计6人次。3月7日，受埃塞俄比亚交通部和世界银行邀请，省交通运输厅派员赴埃塞俄比亚参加为期6天的中埃南南合作—高速公路的发展与管理经验交流会，双方就高速公路规划、设计、融资和管理等方面的问题进行深入交流。11月12日，英国驻武汉领事馆商务领事毕思德先生到省交通运输厅，双方就湖北交通在对外合作及项目规划方面的情况进行交流。11月19日，世界银行全球交通运输与信息执行总裁Jose Luis Irigoyen先生率领的世行代表团到省交通运输厅，厅长尤习贵会见代表团一行。Irigoyen先生听取湖北省7个世行贷款或拟申请贷款的交通项目情况报告，对湖北交通世行贷款项目所取得的成果给予高度肯定。11月21日，世行代表团一行考察宜昌至巴东高速公路及路段监控分中心，代表团对宜昌至巴东高速公路运营管理状况、特别对鄂西山区高速公路事故救援及应急管理工作给予肯定。12月1日，美国驻广州总领馆商务领事谷茉莉女士一行到省交通运输厅考察，双方就湖北的交通投资、技术以及人才等方面进行深入交流。

2015年5月，与桥隧专委会组织"港珠澳大桥珠海连接线建造技术学术交流与考察"活动，学习考察港珠澳大桥珠海连接线建造技术中隧道和桥梁全新的设计思路、施工工艺、管理模式等科技成果；6月公路学会与交通工程专委会组织"雅安至西昌高速公路考察和技术交流"活动，学习考察雅西高速工程中国内首创、采用"钢管叠合柱"和"C80号混凝土自密实浇筑工艺"等建造的世界同类型最高桥墩的腊八斤连续刚构特大桥及最大埋深1650m的泥巴山大相岭隧道，以及在峡谷连续爬升450m的铁寨子双螺旋小半径隧道，世界第一座全钢管混凝土桁架梁桥——干海子特大桥；7月在神农架林区举办鄂西北片区公路建设、养护新技术专家讲座；11月在鄂州市举办武汉城市圈片区公路沥青、路基和桥梁设计、养护（施工）新技术专家讲座，与环境保护与安全专业委员会在兴山县进行湖北省生态环保公路——兴山水上公路和神宜公路现场考察和技术交流。7月和中国岩石力学与工程学会地下工程分会在恩施主办"全国隧道及地下工程不良地质超前预报与突水突泥灾害防治学术会议"，会议安排国家973项目"深长隧道突水突泥重大灾害致灾机理及预测预警与控制理论"专题研讨会，组织实地考察湖北利万高速公路齐岳山隧道重大突水灾害防治情况。

交通职工培训

（三）交通职业教育

（1）学校教育。逐步建设了以湖北交通学校、湖北航运学校、湖北汽车学校为主体，以职工培训、电视中专为基础，覆盖全省、布局基本合理的交通教育体系。2001年组建湖北交通职业技术学院，使交通职业学院跨入高等院校行列，学院设有道路桥梁工程技术、工程监理（公路工程监理与检测方向）、高等级公路维护与管理、工程造价（公路与工程造价方向）、地下工程与隧道工程技术（桥梁与隧道方向）、土木工程检测技术（公路工程试验与检测方向）、建筑工程技术、城市轨道交通工程技术、港口工程技术等，开设44个高职专业和12个中职专业。成为培养交通高级应用型人才的重要基地。2015年，湖北交通职业技术学院全面部署《高等职业教育创新发展行动计划（2015—2018年）》《职业院校管理水平提升行动计划（2015—2018年）》，全年招收高职生4644人，全日制在校生规模达13260人，首次突破13000人。其中，高职生12859人、中职生401人。湖北交通职业技术学院"科普教育基地"被认定为首批省公路学会科普教育基地。

（2）职工送培。2003年，组织送培交通职业教育赴德和西部道路发展技术（中加合作项目）、西部交通干部培训项目的国内国外培训13期28人次。在厅直机关选送9人参加长江理工大学研究生课程学习；4人参加清华公共管理硕士（MPA）核心课程学习。选送1名青年高级工程师赴美国佐治亚州交通厅实习培训；选送推荐20名技术骨干到交通部参加世界道协专业委员会候选人。选送4人参评国务院特殊津贴、省政府有特殊贡献中青年专家，省政府专项津贴；报送参评交通部西部人才80人；选派35名高级专业人才赴各项目筹备组（指挥部）担任重要职务。2006年，组织送培交通部中国—加拿大政府合作项目"中国西部道路发展"、西部交通干部培训项目的培训400多人次。省交通运输系统因公出国(境)74人次,其中赴台22人次,出国考察38人次,出国培训13人次,出席国际会议1人次。2012年,组织参加"第十二届海峡两岸智能运输系统学术研讨会";参加"第二十届海峡两岸都市交通学术研讨会"和台湾高速公路服务区规划设计和运营管理专项考察;台湾高速公路运营安全管理专项考察。此外组织参加执行世界银行贷款宜巴高速公路建设项目下的专项考察任务;2012年批准和办理宜巴高速公路世界银行贷款项目外籍监理人员和湖北交通职业技术学院外籍教师来华邀请和工作许可共4人次。2015年,参加交通运输部、省政府有关部门组织的境外交流、培训计6次。

(四)资源整合

(1)高开、高科两公司整合。2006年,厅党组将高开、高科公司进行整合,实现人员、设备、资质优势互补、强强联合。公司通过了ISO9001质量体系认证及职业健康安全体系认证,逐步形成了高速公路检测、设计、施工、监理以及科研应用"一条龙"的服务产业链,服务交通建设能力得到了全面提升,为承担项目代建工作奠定了坚实的基础。高发公司在承担高速公路项目代建管理工作方面开展了一系列的前期准备工作,具备以下条件:一是具有多项资质资源。依据建设部颁发的《建设工程项目管理试行办法》(建市〔2004〕200号)规定,"项目管理企业应当具有工程勘察、设计、施工、监理、招标代理等一项或多项资质",高发公司具有公路工程试验检测甲级资质、公路工程监理甲级资质、公路行业(公路)专业乙级勘察设计资质等相关资质,公司持有的资质完全符合建设项目管理规定。二是具备大批项目建设管理人才。高发公司先后承担了鄂东大桥中心试验室、沪蓉西、三峡翻坝道路桥梁检测项目,大广南总监办、三峡翻坝、麻武、杭瑞、宜巴等监理项目,培养了一批建设人才,积累了建设项目管理经验。同时,安排有关专业人员参加了建设和交通主管部门组织的有关工程管理、合同管理、国家基本建设程序、招投标管理等专题培训共计100余人次。目前,该公司拥有各专业各层次管理、技术人员400余人,具有中高级职称104人,拥有国内外同步认证的项目管理IPMP资格认证、注册建造师、注册会计师、试验检测工程师、监理工程师、造价师等各类执业资格159人。

(2)世界银行贷款项目办公室。世行办每季度定期举行1~2次专题学习活动。活动内容包括邀请大专院校的专家举办技术讲座(水电和公路知识),世行办内部组织对世行备忘录和各种世行指南的学习研究。通过这些学习活动,拓宽职工的视野,提升职工的专业素养。为提升世行办的国际视野水平,世行办积极鼓励职工在职学习。世行办每季度定期举行1~2次专题学习活动。活动内容包括邀请大专院校的专家举办技术讲座(水电和公路知识)世行办内部组织对世行备忘录和各种世行指南的学习研究。通过这些学习活动,拓宽职工的视野,提升职工的专业素养。为提升世行办的国际视野水平,世行办积极鼓励职工在职学习。2004年有1人赴国外深造学习,有2人分别在国内攻读博士和册 MBA 硕士。

2008年,世行办帮助申请50万美元赠款建立的"湖北道路安全培训中心"正式在省交职院落成。从3月份以来,世行办与湖北省道路安全培训中心先后邀请国内外知名专家教授组织了10多次道路安全培训活动,这些培训涵盖了隧道安全设计施工、安全管理培训、救灾安保、事故现场紧急救助等多个安全领域,累计培训相关人员近千人,为我省交通行业安全领域的进一步发展提供了大力支持,取得了良好的社会效益。2010年世行办顺利组织、实施了宜巴项目下的综合运输国外考察、十漫项目下的运营管理考察和崔家营项目下的水电站运营管理国外考察共三个项目下的国外考察。此外,还顺利完成了宜巴项目国际监理合同下的一个国外培训。通过世行贷款项目这平台,开拓了眼界,增长了知识。

(3)省交通规划设计院。新中国成立后至20世纪80年代初,湖北的交通勘察设计工作主要由湖北省公路局测设处和省航务局航道处负责。1985年3月,湖北省交通规划设计院正式成立,翻开了湖北交通勘察设计新的一页。自90年代以来,设计院先后完成以汉宜、黄黄、京珠、汉十、十漫、沪溶为骨架的5000km以上高速公路、300余座大桥、隧道的大量勘察设计任务。涌现出一大批以陈刚毅为代表的优秀人才,被评为"全国工程勘察先进单位"。

由于历史原因,设计院刚成立时专业人才十分匮乏。当时全院636名职工中只有一名高级工程师,24名工程师,其余大部分为文化程度低、专业水平低的工人。面对市场竞争和繁重的勘察设计任务,设计院历届领导班子把人才培养作为发展的战略任务来抓。多年来,按照专业需要采取送校学习、出国培训、定向培养、网上招聘、名校选录等多项措施改善人员结构,提高职工素质。先后选送4名骨干到德国、美国进行为期半年的专业技术培训;多次选送骨干到欧洲、日本、美国、澳大利亚等交通发达国家对口参观学习,增长见识;先后请中国工程院院士等就桥梁前沿科学、提升设计理念、提高设计水平等进行专题辅导;通过多种方式招聘各类专业人才百余人。通过多年的努力,从根本上改变了设计院的人才结构,形成了一支以技术人才为核心的职工队伍。现全员650名职工中。具有本科以上学历的达到70%,涌现出享受政府津贴的专家16人、教授级高工15人、工程师163人、各类注册工程师56人。设计院坚持以人为本,大力营造人才成长环境,一大批年轻职工逐渐成为基层单位骨干、项目负责人和专业组长,扛起勘察设计工作的大梁。姜友生、詹建辉、兰志雄等技术人员被评为"全国交通系统科技英才",在管理治院、项目代建工作中发挥了核心人才作用。省交通规划设计院先后为交通厅机关、厅直相关单位,各建设指挥部输送一批批专业人才,被誉为"专业人才的摇篮"。该院组织参与的一大批高速公路桥梁设计项目获各级优秀设计奖详见表3-2-1。

第三篇 科技篇

湖北省交通规划设计院高速公路优秀设计项目一览表

表 3-2-1

序号	获项项目	获奖等级	获奖时间	授奖部门
1	郧阳汉江公路大桥设计	国家银质奖	1996年	全国优秀勘察设计评选委员会
2	天门汉江公路大桥设计	部优秀设计三等奖	1998	交通部
3	湖北黄石至黄梅高速公路	部优秀设计三等奖	2003	交通部
4	宜昌长江公路大桥	省优秀设计二等奖	2003	湖北省建设厅
5	京珠国道主干线武汉军山长江公路大桥	部优秀设计奖	2004	交通部
6	京珠国道主干线湖北段工程项目	全国优秀工程设计银质奖	2004	建设部
7	荆州长江公路大桥工程设计	省优秀设计一等奖	2005	湖北省建设厅
8	襄十高速公路工程设计	省优秀设计一等奖	2005	湖北省建设厅
9	宜昌长江公路大桥	部优秀设计一等奖	2006	交通部
10	军山长江公路大桥	优秀设计奖	2007	建设部
11	宜昌长江公路大桥	优秀设计铜奖	2007	建设部
12	京珠国道主干线湖北省南段工程设计	部优秀设计一等奖	2007	交通部
13	巴东长江公路大桥工程设计	部优秀设计一等奖	2007	交通部
14	襄荆高速公路至荆州长江公路大桥连接线工程设计	省优秀设计三等奖	2008	湖北省建设厅
15	荆州长江公路大桥工程设计	优秀设计银质奖	2009	建设部
16	阳逻长江公路大桥工程设计	优秀设计一等奖	2009	交通部
17	襄樊至十堰高速公路交通工程设计	优秀设计三等奖	2009	交通部
18	湖北省孝感至襄樊高速公路工程设计	省优秀设计一等奖	2010	湖北省建设厅
19	湖北孝感至襄樊至高速公路工程设计	省优秀设计一等奖	2010	湖北省建设厅
20	襄樊至南阳高速公路工程设计	省优秀设计二等奖	2010	湖北省建设厅
21	湖北省荆州至公安(东岳庙)调高速公路工程设计	三等奖	2010	建设厅
22	阳逻长江公路大桥工程设计	国家银质奖	2011	建设部
23	西部开发首际公路通道银武十堰至漫川关高速公路	中国公路交通优秀设计一等奖	2011	中国公路勘察设计协会
24	湖北省三峡翻坝高速机电工程设计	优秀设计二等奖	2012	交通运输部

续上表

序号	获项项目	获奖等级	获奖时间	授奖部门
25	杭瑞高速公路湖北阳新至通城段	优秀设计一等奖	2014	中国公路勘察设计协会
26	上海至成都高速公路武汉至荆门段	优秀设计一等奖	2014	湖北省住建厅
27	大庆至广州高速公路黄石至三溪段	优秀设计二等奖	2014	湖北省住建厅
28	上海至成都高速公路湖北段	优秀设计二等奖	2014	湖北省住建厅
29	大庆至广州高速公路湖北麻城至武汉段	优秀设计三等奖	2014	湖北省住建厅
30	武汉至英山高速公路新洲至罗田段	优秀设计三等奖	2014	湖北省住建厅
31	沪蓉国道主干线湖北宜昌至恩施公路马水河特大桥	优秀设计三等奖	2014	湖北省住建厅
32	武汉阳逻长江公路大桥工程设计	第十四届全国优秀工程勘察设计银质奖	2015	中国公路勘察设计协会
33	杭瑞高速公路湖北阳新至通城段	优秀设计一等奖	2015	中国公路勘察设计协会
34	福银高速公路九江长江公路大桥	中国公路交通优秀设计一等奖	2015	中国公路勘察设计协会

(五)湖北省公路学会

湖北省公路学会成立于1978年12月20日,至2016年已历经七届理事会。省公路学会坚持为全省公路交通事业发展服务,为公路交通科技创新服务,为广大交通科技工作者服务的方向,团结和组织广大交通科技工作者,广泛开展了学术交流、技术培训、科技咨询服务和举荐科技人才等工作,为推进交通科学技术的繁荣,促进湖北交通又好又快发展做出了积极贡献。

省公路学会现有公路交通企事业单位、科研院所、大专院校等单位会员79家,会员人数达3176人。下设桥梁隧道工程、道路工程、交通工程、工程监理、汽车运输、信息技术、筑路机械、高速公路运营管理、环境保护与安全9个专业委员会,建有80名专家组成的专家委员会,办有"湖北公路交通科技"刊物。

三十年来,省公路学会共组织学术交流160次(其中与美国等七个国家和台湾地区进行学术交流达17次),交流论文共计1700多篇,参加人数达1.2万人次。学会举办了近三十场大型学术报告会。尤其承办了中国科协年会暨第四届湖北科技交通专题论坛及高层论坛、专家论坛。这些交流活动,先后邀请了国内院士沙庆林、李德仁、项海帆、郑皆连;美国国际著名桥梁专家林同炎;知名教授姚祖康、孙祖望、张起森及专家大师凤懋润、张之强、廖朝华等分别作了专题演讲,取得了良好的效果和反响。三十年来,学会评选了优秀论文 200 篇,获省自然科学优秀论文奖 92 篇、评选中国公路学会、湖北省公路学会两级科学技术奖共计 15 项,优秀工程师 108 名。学会举办了培训班 74 期,受训人员 6500 人次。完成技术咨询项目 54 项,其中承担了世行贷款项目中道路安全研究课题、交通发展战略规划研究和重点工程建设技术咨询等项目,较好地发挥了专家的智囊作用。

省公路学会自 1996 年以来连续被中国公路学会、省科协评为"先进学会",2007 年被中国科协评为"省级学会之星"荣誉称号。

(六)项目部自办培训

高速公路的建设管理是一项计划性、科学性、技术性很强的工作。项目构造物多、地质条件复杂、技术要求高,施工中有必要采用各种新设备、新材料、新技术、新工艺等,以提高工程质量和工程效益。各高速公路项目部成立后,根据省内外高速公路建设的经验,考虑高速公路建设项目的特点,为保证项目的工程质量和建设工期,充分发挥投资效益,选择一个具有类似高速公路项目工程管理经验的工程管理机构对相关人员进行培训。除对项目前期管理、合同管理、工程管理、建设监理、环境保护等相关人员应优先培训外,还对各类技术人员进行培训,通过培训提高他们的综合管理能力和专业技术水平,并将种培训贯穿项目设计-建设-运营的全过程。

(1)湖北京珠高速公路是湖北省除三峡工程外投资最多、规模最大、首次利用世行贷款建设的交通项目,如何定位,是摆在建设者面前的一个重要课题。京珠高速公路以指挥部为基础,积极探索招标管理的新思路,借助交通部、中国国际技术招标公司和省招标中心以及交通厅的专家库,建立了相应的清标、评标和定标人才库,每次参与清评标的人员均在人才库中随机抽选,对清标人员实行全封闭的评标管理,清标过程实行高考阅卷式的流水作业管理,有效地堵截了不正当行为。全面实施管理创新和机制创新。注重现代人才培养。根据湖北交通建设发展的需要,在人才的培养上大胆地推行干部专业化、年轻化、知识化,通过工程锻炼,为新世纪交通发展储备建设人才。4 年来,指挥部先后申请和设立了 64 项科研课题,目前已有 12 项通过鉴定评审,其中 1 项国际领先,7 项国际先进,4 项国内领先,9 项获省政府科技进步二、三等奖。共组织国内外专家进行专题咨询论证 68 次,完成专题试验 54 项。

(2)沪蓉西高速公路建设指挥部依托工程建设,培养出博士研究生 10 人以上,硕士研究生 120 人。培养、高级技术职称人才 100 人以上,造就了一批行业专家。这些科技人才积极将自己的才智和指挥部承担的科研项目推广应用于工程建设中,成果利用率和成果转化率达80%以上;通过试验研究和成果应用,针对复杂地形地质条件下山区高速公路建设这一重大工程科技难题,开展了路线勘察设计、跨峡谷桥梁、复杂结构隧道、路基路面、新型建筑材料、运营安全和建设管理等7个重大方向的研究。为了切实做好特大桥施工动态管理,建立了由指挥部、设计、监理、施工单位专家组成的沪蓉西高速公路施工方案和监测监控实施细则评审认定专家库。专家库组长刘三元。成员有叶志华、陈军、柳捷、唐建华、李长明、刘昌国、沈典栋、王崇旭、沙权贤、何占忠、张钊。根据工作需要每次由指挥部技术处从专家库选取5－7人组成专家组负责全路段特大桥关键工序和重点部位的可操作性施工组织设计的审核批复等。指挥部托项目实施,培养博士120人,硕士40人,高级技术职称人才100人以上,为省交职院提供毕业生实习岗位数百人次。培养了一大批交通科技骨干和管理人才。

(3)深北指挥部组织人员到在建项目指挥部学习取经。重点考察学习项目法人运作模式、项目现场管理程式、组织机构设置方式、资金运作与管理方法、项目筹备阶段控制重点以及项目运作过程中的问题和教训等。筹备组组织相关技术人员分别赴深圳、南宁、海南参加招投标 管理、高速公路建设管理方面的培训。参与湖北省交通厅组织的各种培训、讲座,全面提高人员素质。通过各种方式,培训建设管理人才。

(4)十漫指挥部针对工程建设特点与实际,结合世行项目管理要求,举办十漫项目启动培训班,分别对工程、环境、安置、财务支付、招标采购、农村道路等六个方面展开培训,举办施工、监理、财务、试验检测等多期专项培训班,取得良好效果。在人才培养上,采取"请进来、走出去"的方式有针对性地举办了施工、监理、财务、试验检测等多期培训班,并组织有关人员到国内外考查学习修建山区高速公路和进行项目管理的做法和经验。

(5)汉宜高速公路沥青加铺工程指挥部为提高施工单位安全意识,有效遏制安全事故的发生,多次组织施工单位负责人、安全员进行安全培训,由交警、路政部门派出人员结合实际案例进行授课,分析安全管理现状,有针对性地提出进一步的管理要求,保证安全管理取得更好的效果。与此同时,还要求施工单位坚持对本单位全体人员进行经常性的安全教育。

(6)孝襄高速公路建设指挥部根据各个时期的特点,突出不同的重点,大力开展教育培训活动。2004年3月份组织路面基层施工培训班,8月份组织沥青路面施工培训班,来自施工、监理单位的相关人员283人次参加了培训,为保证二期工程施工质量奠定了技术基础。开工建设以来,共邀请20多名专家咨询、授课,先后组织了工程管理培训、监理岗前培训、生态环保培训、试验检测培训、计量支付培训等各类培训班20多期,参加培训人员1000多人次。通过这些教育、培训,全体建设者的质量意识和精品意识有了明显增强,业务素质和技术水平有了明显提高。

二、经营管理人才

（一）湖北省公路工程学会及高速公路运营管理专家委员会。

高速公路运营管理专家委员会成立于2002年8月,当时挂靠湖北金路高速公路建设开发有限公司。2008年3月调整挂靠新组建的湖北省高速公路管理局。由湖北省高速公路管理局副局长、省公路学会常务理事谢强任主任委员。2013年换届,由副局长韩宏伟任主任委员。专业委员会由全省33家高速公路管理单位组成。委员会在湖北省公路学会的领导下以围绕高速公路运营管理中的有关法律法规、工程建设、管理体制、征费管理、路政管理、道路养护、队伍建设等方面的问题开展学术交流、技术咨询和技术培训,以提高全省高速公路运营管理水平。

（二）综合管理人才培训

1990年9月30日,宜黄公路全线70km路面工程完工。10月3日,省政府下发《关于加强高等级公路管理的通知》（鄂政发〔1990〕97号）,规定:本省内的高等级公路的路政管理、工程养护、收费还贷等由省交通厅负责,具体工作由省交通厅所属的湖北省高等级公路管理局办理。10月7日,省人大常委会副主任李海忠率领沿线十个地市县指挥部负责同志和省计委、经委、建行等有关部门的负责同志共41人赴辽宁省沈大高速公路参观学习高速公路建设和管理验。12月26日至31日,省高管局在汉举办三级（局、所、站）干部培训班,对新近从不同岗位调进的拟任所站负责人的骨干进行了培训。2013年11月23日,中国公路学会、长沙理工大学联合湖北省交通运输厅汉十高速公路管理处在武汉召开专家评审会,研究创办高速公路管理学院。2014年11月,汉十高速公路管理处"智·惠·143"服务质量管理模式作为中国高速公路管理学院高层管理培训班第一例综合管理案例,通过高管培训班这一平台走向全国。

参观学习

(三)路政、费收人员培训

1991年元月9日至15日,省高管局在泽林举办路政、费收人员培训班,对新近从各单位调进及招工录取的60多名路政、收费人员进行上岗前的集中培训。考试合格者发给结业证书,分配到各所站执行路政管理和通行费征收任务。2009年,省厅委托省局承办了随岳北、武英、沪蓉西人员招考和培训工作,新招录的375名新员工经过培训后才上岗。2010年,组织实施了25名中层干部和管理骨干轮岗交流以及杭瑞、麻武、三峡翻坝、荆岳大桥158名人员的招录工作,2012年完成了宜巴、汉鄂高速公路路政人员的招聘工作;组织开展全省高速公路系统收费业务竞赛;组织开展约220人参加的路政资格培训。2015年12月19日,组织开展2015年全省高速公路路政执法技能竞赛决赛,技能竞赛包括演讲比赛、知识竞赛、理论考试、摄影比赛、法治好新闻评选、论文与案例分析评选、体能比赛、队列与交通指挥手势比赛等8项内容,进一步提高了执法人员政策理论水平和业务技能。

高速公路路政巡查培训

(四)养护技术培训

高管局每年定期举办两次养护技术培训班,通过市场最新的培训理念,精心设计培训内容,强化养护技术人员的业务管理技能,全面提高养护技术人员业务水平。各管理单位也都针对自身特点举办多种内容、各种形式的培训。武黄管理处通过组织工程技术人员参加有关部门组织的各种专题培训,有两人获得交通部乙级造价工程师资格证书,1人获得监理工程师资格证书,3人获工程硕士。楚天公司多次组织员工到武黄、京珠等兄弟单位就如何处置沥青路面坑槽、裂缝等常见病害进行了现场观摩学习,组织开展了包括内业资料、监理实施细则、高速公路养护质量检查评定标准、预防性养护知识、桥梁维修加固技术等多种培训;举办全省高速公路桥梁养护工程师培训班,实行路桥养护人员持证上岗,拓宽了养护人员的视野,提高了养护人员的业务技术水平。2015年,湖北省高速公路系统举办"冲刺杯"养护工技能竞赛,来自全省高速公路系统8名选手在武英高速公路拉开战场,进行了一场钢护栏维护技能较量,取得了优异成绩。

(五)人才交流

各管理单位经常性的人才交流是全省养护管理稳步提升的一个重要因素。对于一些刚刚成立的管理单位,省局不仅加强指导力度,同时也加强人才的交流,将有能力、有技术、有经验的同志交流到新单位进行传、帮、带,帮助他们尽快熟悉养护的基本技术,提高养护管理的基本技能。2011年,配合省厅印发了《湖北省交通运输厅高速公路人事管理工作实施意见(试行)》,积极完善人才培养交流机制。首次启动5名干部上挂和下派工作,组织实施7名高路系统中层干部轮岗交流,15名技术骨干内部交流,通过人员交流,实现优势互补,有效解决了高速公路管理有差异、发展不平衡的问题。加强人才引进和培养力度。畅通高层次人才引进"绿色通道",引进一批高级专业技术人才和管理人才。通过挂职锻炼、学习深造等方式,逐步建立不同岗位、不同层次的人才队伍梯次培养平台。完善高速公路中层干部、管理骨干和技术人才轮岗交流机制,合理调配人才资源,不断适应高速公路建设管理对各类人才的需求。"十二五"末,高速公路养护管理各类人才总量达到600人,其中养护管理人才和专业技术人才各300人。管理人才和专业技术人才全部达到大专以上学历,其中50%达到大学本科以上学历。培养造就2名在国内有较大影响的科技领军人才,20多名左右在省内有一定影响的行业拔尖人才,100名左右优秀的青年后备人才,造就了一支理论素质高、业务功底精精、具有全局意识和战略眼光的高水平管理人才队伍和一支数量充足、结构合理、素质优良、具有创新精神的科技人才队伍,为保障全省高速公路的安全畅通立下汗马功劳。

第二节 理论研究成果

在高速公路建设管理科研实践中,各单位科技人员积极撰写有关技术攻关、新工艺、新材料应用等方面内容的论文、著作、踊跃向全国各类大型刊物投稿,形成了一批有价值、有实际指导意义的理论研究成果。近百篇理论水平较高的专业论文在国家级核心期刊上发表或获奖。

一、国家级期刊获奖论文

2010年第五届全国公路科技创新高层论坛召开,有22篇入选论文集,其中湖北省的《湖北沪蓉西大跨径桥梁方案研究》和《龙潭特长公路隧道设计与技术创新》两篇论文荣获优秀论文;在北京举行的第三届全国公路科技创新高层论坛上,沪蓉西指挥部《岩溶地质特长隧道的关键技术问题及对策》和《阻燃沥青路面研究新思路》两篇论文,获得论坛首次设立的优秀论文奖。

2010年10月19—22日,中国桥梁(隧道)管理研究会2010年年会在安徽芜湖举行。宜昌长江公路大桥建设开发公司作为会员单位参加了会议。《宜昌长江公路大桥吊索防腐涂装技术研究》在论文评选中脱颖而出,荣获二等奖。该文还于5月18日在江苏镇江举行的第七届国际缆索承重桥梁运营机构会议(ICSBOC)上交流。来自美国、丹麦、日本、韩国、中国等8个国家和地区的130余名代表参会,20位国内外专家分别就钢桥面铺装、疲劳研究、桥梁维护、缆索维护、桥梁监测、维护创新等缆索承重桥梁维护和运营的技术和经验进行了交流。宜昌长江公路大桥建设开发公司作为湖北省的唯一代表在会上作了专题发言。与会专家认为宜昌大桥公司所采用的"磷化底漆+高强玻璃布+硫化型橡胶密封剂+面漆"的防腐涂装体系,对钢丝绳吊索能起到很好的防腐保护作用,能有效延长吊索使用寿命,其社会效益和经济效益明显,应用前景相当可观。

2012年5月,省公路学会派员参加由交通运输部主办,中国公路学会、部科研院联合承办的第十一届中国国际交通技术与设备展览会暨2012中国交通发展论坛;9月,参加在石家庄举办的以"科技创新与经济结构调整"为主题的第14届中国科协年会暨中国公路学会举办的"全国山区高速公路技术创新论坛",并向论坛选送了2篇论文,编入优秀论文集;2015年,省公路学会组织组织全省公路系统60多人参加中国公路学会在上海举办"第七届中国公路科技创新高层论坛",提交的5篇论文入选《"第七届中国公路科技创新高层论坛"论文集》,被评为"第七届中国公路科技创新高层论坛优秀组织奖"。

二、受省级表彰的论文

(一)湖北省科协表彰论文

2013年元月,湖北省科协下发《关于表彰2012年国家级思想库(湖北)科技工作者建议和优秀决策咨询成果征集活动和优秀决策咨询成果征集活动先进个人和集体的通知》(鄂科宣〔2013〕12、13号文件),经湖北省公路学会推荐,有3篇论文获科技工作者建议奖:其中省高速公路实业开发公司熊巍、余彬、刘松合著的《高速公路路面中长期养护规划方案的分析与设计》获二等奖。

(二)湖北省公路学会十二届自然科学优秀学术论文选录

2008年11月10日,省公路学会组织"第十二届湖北省公路学会自然科学优秀学术论文"评审,专家们对报送学会的74篇论文进行了认真的评审,共评出优秀学术论文49

篇,其中：一等奖 10 篇,二等奖 17 篇,三等奖 22 篇,其中有关公路工程方面的论文 34 篇,详见表 3-2-2。

第十二届湖北省公路学会自然科学优秀学术论文获奖情况　　表 3-2-2

序号	论文题目	作者	何时在何刊物上发表	作者单位	评定等级
1	大跨度隧道 CRD 法穿越含水软弱层沉降变形控制	梁巍　黄明利	2007 年 12 月 15 日第 26 卷增刊《岩石力学与工程学报》	中交第二公路勘察设计研究院有限公司	一等
2	傍山高陡填方软土路基的处治设计	梅仕然　马新	2007 年第 3 期《工程地质学报》	中交第二公路勘察设计研究院有限公司	一等
3	阳逻长江大桥北锚碇大体积混凝土温升有限元分析	吴文武　瞿明　姜友生　邓海	2006/4《武汉理工大学学报》	湖北省交通规划设计院	一等
4	万州长江大桥的动力特性及线性地震反应分析	王永强　王勇　高洪波	2007 年第 10 期《公路》	中交第二公路勘察设计研究院有限公司	一等
5	夹活岩隧道通风竖井及风机房设计	刘柏林　程久胜　董健	2006 年第 6 期《中外公路》	湖北省交通规划设计院	一等
6	压剪应力条件下各向异性岩石损伤本构模型和渗流模型：三轴压缩应力状态下理论模型及算例	张嘉翔　韦立德　陈从新　杨春和	2007 年第 2 期《岩土力学》	中交第二公路勘察设计研究院有限公司 中国科学院武汉岩土力学研究所环境岩土工程重点实验室 中国科学院武汉岩土力学研究所岩土力学重点实验室	一等
7	大跨径连续刚构梁上部构造施工要点	付克俭　白山云　韩军　张高朝	2007 年增刊《中国公路》	湖北省沪蓉西高速公路建设指挥部	一等
8	破碎与完整岩体相间分布的倾斜陡立岩体长大基桩成桩工艺、技术研究	肖跃文　欧阳钢　彭力军	2007 年第 8 期《公路》	荆岳长江公路大桥建设指挥部湖南路桥建设集团长江公司	一等
9	武汉至麻城高速公路社会评价	卢冬升	2006 年第 3 期《中外公路》	湖北省交通规划设计院	一等
10	新建盾构隧道对邻近既有隧道的影响研究	魏奇芬　吴逢春	2006/10《武汉大学学报》	湖北省交通规划设计院 浙江杭州科立达工程咨询有限公司	二等
11	独塔单索面斜拉桥主梁扭转性能研究	陈智俊　金文成	2007 年第 4 期《世界桥梁》	中交第二公路勘察设计研究院有限公司 华中科技大学土木工程与力学学院	二等
12	石粉含量对 C80 机制砂混凝土性能的影响	陈飚　王稷良　杨玉辉　周明凯	2007 年第 8 期《武汉理工大学学报》	湖北高速公路实业开发有限公司、武汉理工大学硅酸盐材料工程教育部重点实验室 中国京冶工程技术有限公司	二等

续上表

序号	论文题目	作 者	何时在何刊物上发表	作者单位	评定等级
13	厂拌热沥青技术在我国公路应用的可行性探讨	何雄伟 刘松 熊巍	2007年第6期《交通科技》	湖北省京珠高速公路管理处、湖北高速公路实业开发有限公司	二等
14	厂拌冷再生技术在高速公路基层的应用研究	苏小萍 熊巍 刘松 邹云华	2006年第2期《上海公路》	武汉理工大学材料研究与测试中心、湖北高速公路实业开发有限公司	二等
15	热再生沥青混合料的路面性能试验研究	熊巍 卢何	2006年第10期《公路》	湖北高速公路实业开发公司、湖北省交通基本建设工程质量监督站	二等
16	水对沥青混凝土路面疲劳寿命影响初探	刘松 张学锋 叶志华 沈成武	2006年第7期《公路》	湖北高速公路实业开发有限公司、武汉理工大学	二等
17	探地雷达在公路路基检测中的应用	潘欣 刘国栋 付军	2006年第2期《交通科技》	湖北高速公路实业开发有限公司、武汉理工大学	二等
18	级配碎石基层沥青路面在旧水泥路面改造中的应用研究	李强 李江 孟书涛	2007年《公路交通科技》第10期	襄樊市公路管理处 交通部公路科学研究院道路材料与结构重点实验室 长安大学公路学院	二等
19	高墩大跨桥梁施工安全对策	付克俭 韩军 张高朝	2007年13期《中国公路》	湖北省沪蓉西高速公路建设指挥部	二等
20	厂拌再生沥青混合料在低等级公路应用可行性探讨	刘松 熊巍 邹云华 刘勇	2006年第1期《湖北公路交通科技》	湖北高速公路实业开发公司	二等
21	夹活岩特长公路隧道设计	刘柏林 程久胜 董健	2006/3《公路隧道》	湖北省交通规划设计院	二等
22	高速公路实行计重收费后面临的问题及对策	周平	2006年第1期《中国交通信息产业》	湖北黄黄高速公路经营有限公司	三等
23	计重收费与车型收费的对比分析	周平	2007年《中国公路》增刊	湖北黄黄高速公路经营有限公司	三等
24	对高速公路桥梁养护管理的探讨	李全林 张伟 齐建模	2007年第7期《交通科技》	湖北高速公路实业开发有限公司、湖北省武黄高速公路经营有限公司	三等
25	旧水泥混凝土路面沥青罩面施工方案及工艺要点	潘欣	2007年第6期《交通科技》	湖北高速公路实业开发公司	三等
26	我国高速公路沥青路面养护机械的现状和开发对策	陈飚 陈启宗	2007年第7期《建筑机械技术与管理》	湖北高速公路实业开发有限公司、广东冠粤路桥有限公司	三等

续上表

序号	论文题目	作者	何时在何刊物上发表	作者单位	评定等级
27	碳纤维加固桥梁的设计与试验研究	李全林 刘松 徐晓波 李艳	2006年第1期《交通科技》	湖北高速公路实业开发有限公司、湖北省交通规划设计院	三等
28	大掺量粉煤灰路面基层专用水泥组成和性能的研究	李强 胡金强 王新全 张丽 吴鹏 沈卫国	2007年第6期《水泥工程》	襄樊市公路管理处 武汉理工大学材料科学与工程学院、襄樊通畅公路工程咨询有限公司	三等
29	景阳河大桥钢管拱拱肋吊装对引桥弯梁影响分析	刘亮 李裕双 朱成军 李献光	2007.6《湖北民族学院学报》	恩施州基本建设质量监督站	三等
30	双杆钓鱼法架梁的设计与施工	曾宇 李朝进 熊德志	2007第5期《交通科技》	湖北沪蓉西高速公路指挥部、恩施州华泰交通建设有限公司	三等
31	巴东长江公路大桥桥面铺装	李裕双 周汉舜 黄荣华 张雪丽 刘平	2007年第2期《世界桥梁》	恩施州巴东长江大桥建设开发公司、巴东县公路段	三等
32	高速公路桥梁设计的几个细节问题	付克俭 韩军	2006年16期《中国公路》	湖北省沪蓉西高速公路建设指挥部	三等
33	乳化沥青碎石混合料在边远山区公路路面施工中的研究与应用	杨本望	2007年第3期《湖北公路交通科技》	湖北咸丰县交通局路网办	三等
34	大跨度钢管混凝土拱桥斜拉扣挂索力仿真计算	袁涛 张明中 范剑锋 李胜	2007年第4A期《昆明理工大学学报》（理工版）	恩施州交通局水布垭交通复建项目管理处、武汉理工大学道路桥梁与结构工程、湖北省重点实验室 中国市政工程西南设计研究院厦门分院	三等

（三）湖北省公路学会十三届自然科学优秀学术论文选录（公路工程）

2011年2月11日，湖北公路学会公示"第十三届湖北省公路学会自然科学优秀学术论文"评审委员会对报送学会的84篇论文评审结果，共评出优秀学术论文48篇，其中：一等奖10篇，二等奖18篇，三等奖20篇，其中有关公路工程方面的论文32篇。详见附表3-2-3。

第十三届湖北省公路学会自然科学优秀学术论文

表 3-2-3

序号	论文题目	作　者	何时在何刊物上发表	作者单位	学会评定等级
1	荆岳长江公路大桥建设技术创新	裴炳志　丁望星　陈卉　余于兵　蔡雪峰	《中外公路》2009年10月	湖北省荆岳长江公路大桥建设指挥部	一等
2	分岔隧道施工三维数值仿真模拟研究	胡剑兵　褚以惇　乔春江　杨林松　曹传林	2009年3月发表于《公路》第3期	中交第二公路勘察设计研究院有限公司	一等
3	超大跨度斜拉桥的自适应构形控制法	颜东煌　裴炳志　陈常松	《中外公路》2009年10月	长沙理工大学	一等
4	高墩大跨连续刚构桥墩形式研究	欧阳青　王艳　王艳华	2008年2月发表于《中外公路》第1期	中交第二公路勘察设计研究院有限公司	一等
5	龙潭特长公路隧道设计与技术创新	陈璋　陈光明	《湖北公路交通科技》2009年第2期	省交通规划设计院	一等
6	超宽预制分离式混凝土边箱梁施工过程受力分析研究	陈璋　江建斌　丁望星　袁任重	《中外公路》2009年10月	湖北省荆岳长江公路大桥建设指挥部	二等
7	具有抗扭约束斜支承曲梁的实用解析解	易蓓　陈志军	2008年8月发表于《中外公路》第4期	中交第二公路勘察设计研究院有限公司	二等
8	四渡河大桥钢桁梁节点板局部应力分析	陈毅明　谭永高　吴游宇	2008年2月发表于《桥梁建设》第1期	中交第二公路勘察设计研究院有限公司	二等
9	荆岳长江公路大桥滩桥防裂研究	裴炳志　汪建群　方志	《中外公路》2009年10月	湖北省荆岳长江公路大桥建设指挥部	二等
10	沪蓉线大支坪滑坡的成因机制及稳定性分析	吴银亮　岳全贵　陈银生	2009年8月发表于《路基工程》第4期	中交第二公路勘察设计研究院有限公司	二等
11	解决我省沥青路面裂缝大修施工技术研究	鲁永发　王英　李灵芝　胡兆德　丁庆荣	2009年3期在《湖北省公路交通科技》上发表	当阳市公路管理段、宜昌市公路管理局	二等
12	大别山隧道斜井单层衬砌的试验研究	周峰	2008年12月发表于《中外公路》第6期	中交第二公路勘察设计研究院有限公司	二等
13	公路连拱隧道土压力荷载的计算方法研究	李鸿博	2009年11月发表于《岩土力学》第11期	中交第二公路勘察设计研究院有限公司	二等

第三篇
科 技 篇

续上表

序号	论文题目	作者	何时在何刊物上发表	作者单位	学会评定等级
14	钢锚箱在斜拉桥索塔锚固区中的应用	魏奇芬	世界桥梁,2008(2)	省交通规划设计院	二等
15	对隧道施工地质预报标准化问题的探讨	利奕年 王国斌	2009年第6期《交通科技》	省交通规划设计院	二等
16	H.264帧内预测模式选择快速算法	陈孟洁	2008年《中国交通信息产业》第12期	湖北武黄高速公路经营有限公司	二等
17	人工湿地处理高速公路服务区污水研究	王伯禹 周秀汉 郑权	《中国高速公路》2008年第11期（总24期）	湖北省汉十高速公路管理处	二等
18	汉十高速公路就地热再生施工工艺及质量控制探讨	谢强 郑权	《湖北公路交通科技》2009年第2期（总28期）	湖北省汉十高速公路管理处	二等
19	武汉市三环线养护设备的配置	潘欣	《筑路机械与施工机械化》2009年5期上发表	湖北省高速公路实业开发公司	三等
20	雨水对樊魏高速公路膨胀土路基施工的影响	熊友山	2008年2月发表于《中外公路》2008年第1期	湖北交通职业技术学院	三等
21	复合式路面横向裂缝灌浆控制参数研究	潘欣 宋挺 杨力 李江	《湖北公路交通科技》2008年4期	湖北省高速公路实业开发公司	三等
22	复合式路面反射裂缝机理研究	潘欣 宋挺 张伟 李江 徐峰	2009年《湖北公路交通科技》第2期	湖北武黄高速公路经营有限公司	三等
23	沥青路面技术在湖北高速公路建设中的探讨	张泽文	2008年《湖北公路交通科技》第1期	湖北省高速公路实业开发公司	三等
24	锚索加固技术在山区桥梁基础工程中应用研究	熊文林 雷建平 蔡向阳	2009.03理工大学学报第6期	湖北交通职业技术学院	三等
25	预应力混凝土箱梁底板纵向裂缝成因与防治措施	李全林 潘欣 杨力 徐峰	《湖北公路交通科技》2009年1期	湖北省高速公路实业开发公司	三等
26	振动压实和震荡压实技术在桥面铺装中的应用效果对比研究	潘欣 宋挺 周丹 徐峰 刘益	《湖北公路交通科技》2009年3期	湖北省高速公路实业开发公司	三等

续上表

序号	论文题目	作者	何时在何刊物上发表	作者单位	学会评定等级
27	湖北沪蓉西高速公路谭家坝隧道注浆堵水的功效研究	陈小雄 李启波 许玥	2008.06 湖北公路交通科技	湖北交通职业技术学院	三等
28	乌池坝特长公路隧道信息化设计与动态施工	陈光明 胡良年	《湖北公路交通科技》2009年第1期B	省交通规划设计院	三等
29	武汉高速公路收费系统的维护与维修	詹玮	2008年《中国交通信息产业》第12期	湖北武黄高速公路经营有限公司	三等
30	高速公路电子不停车收费的现状及建议	潘庆芳	中国交通信息产业2009年第7期	黄黄公司	三等
31	无处不在的建设风险——高速公路建设风险规避探讨	付军明	2009年9月发表在《中国高速公路》杂志上	省交通规划设计院	三等
32	汉十高速公路绿化改造设计浅析	郑权 杨俊 茅娜 洪科	《湖北公路交通科技》2009年第3期（总29期）	湖北省汉十高速公路管理处	三等

（四）第十六届湖北省公路学会自然科学优秀学术论文选录

2016年11月，湖北公路学会组织"第十六届湖北省公路学会自然科学优秀学术论文"评出优秀学术论文38篇，其中：一等奖5篇，二等奖10篇，三等奖23篇，其中公路工程方面的30篇，获奖论文名单见表3-2-4。

第十六届湖北省公路学会自然科学优秀学术论文　　　表3-2-4

序号	论文标题	作者	何时在何刊物发表	作者单位	奖次
1	荆岳长江公路大桥索塔锚固钢锚梁结构体系分析	张家元 丁望星 朱世峰	中铁大桥局《桥梁建设》2015年第2期	湖北省交通规划设计院	一等
2	基于遥感技术的中吉乌铁路地质构造分析	余绍淮 陈楚 张霄	2015年5月发表于《铁道工程学报》第5期	中交第二公路勘察设计研究院有限公司	一等
3	Experimental Study on the Creep Mechanical Properties of Carbonaceous Slate	黄敏 吴立 宋鲁侠	2014年7月在《electronic journal of geotecal Engineering》发表	厅造价站	一等

第三篇 科技篇

续上表

序号	论文标题	作者	何时在何刊物发表	作者单位	奖次
4	盾构隧道无衬垫接头抗弯性能的解析研究	陈必光 郭小红 陈卫忠	2015年4月发表于《现代隧道技术》第52卷第4期	中交第二公路勘察设计研究院有限公司	一等
5	一种基于断面剖分的线状道路特征提取方法	明洋 陈楚江	2015年12月发表于《中外公路》第35卷第6期	中交第二公路勘察设计研究院有限公司	一等
6	鄂东长江公路大桥索塔钢锚箱受力计算	魏奇芬 叶文海 张晓明	2014年全国桥梁学术会议论文集	湖北省交通规划设计院	二等
7	基于可靠度理论的水下大直径盾构隧道衬砌结构服役寿命预测研究	李昕 李健 范方方 拓勇飞	2015年8月发表于《现代隧道技术》第52卷第4期	中交第二公路勘察设计研究院有限公司	二等
8	TRT隧道地质预报技术研究进展	利奕年 王国斌	工程地球物理学报第十一卷第六期 2014.11	湖北省交通规划设计院	二等
9	临海浅埋富水地层明挖隧道抗浮稳定性研究	刘继国 郭小程勇 王啟铜 陈卫忠	2014年11月发表于《岩土工程学报》第36卷增刊2	中交第二公路勘察设计研究院有限公司	二等
10	基于3G通讯和PLC的交通信号控制系统	王玉姣 李长城	2014年6月《公路交通科技》2014年第6期	湖北交通职业技术学院	二等
11	温拌剂种类对三种级配类型沥青混合料性能的影响	刘新权 王羿伟 张明 胡寅	《湖北公路交通科技》2015年第4期	湖北省交通规划设计院	二等
12	受压开口肋加劲板稳定承载力数值模拟	王欣南 徐莲净	2014年12月《中外公路》（第34卷）第6期	中交第二公路勘察设计研究院有限公司	二等
13	预应力混凝土连续刚构桥跨中下挠影响因素分析	程海潜 宗伟 黎晨 邓泽华	2014年8月武汉理工大《交通科技》2014年第4期	湖北交通职业技术学院	二等
14	横向预应力增强简支T梁横向联系方法探讨	谢志勇 吴彦武 马宏伟 贾万万	长沙理工大《公路与汽运》2014年第3期	襄阳市交通规划设计院	二等
15	基于AHP的旅游公路生态建设指标体系研究	游金梅 韩军 刘正国	2015年6月中交集团《公路》2015年第6期	湖北交通职业技术学院	三等
16	滑坡三维破坏概率计算	汤罗圣 颜廷舟 邓长青 岳敏	2015年12月在《水土保持通报》2015年第36卷第6期上发表	湖北省交通规划设计院	三等
17	CAP沥青还原剂防治水损害的预防性养护应用研究	王建章 章金桥 宁军	2015年2月武汉理工大《交通科技》2015年第2期	武汉市公路管理处、武汉市蔡甸区公路局	三等
18	大吨位T形刚构桥转体过程抗倾覆性能	车晓军 张谢东	2014年8月《中国公路学报》	武汉理工大	三等

续上表

序号	论文标题	作者	何时在何刊物发表	作者单位	奖次
19	有机硅沥青材料在雾封层预养护中的应用	吕峰 何秄傑 钱俊懿 汤邵青	2014年12月《武汉轻工大学学报》2014年第4期	武汉轻工大学	
20	剑麻纤维增强水泥砂浆试验性能研究	吕峰 钱俊懿 刘定 汤邵青	2015年6月《武汉轻工大学学报》2015年第2期	武汉轻工大学	三等
21	武咸公路城市道路改造工程交通组织优化分析	吕峰 钱俊懿 汤邵青 刘定	2015年3月《武汉轻工大学学报》2015年第1期	武汉轻工大学	三等
22	斜拉桥索塔U型钢束应力不均匀程度模拟分析方法	程海潜 宗伟 李清 杨明	2015年4月长沙理工大学《中外公路》2015年第2期	湖北交通职业技术学院	三等
23	基于支持向量机—粒子群算法的山区公路隧道造价预测	黄敏 吴立 姚沅	2015年7月在中交建设集团《公路》2015年第7期发表	厅造价站	
24	偏压隧道施工围岩变形监控量测与分析	夏齐勇 邹黎琼	2014年1月在《公路》杂志2014年第59卷第一期上发表	湖北省交通规划设计院	三等
25	基于路面变形速度的弯沉测量方法	张德津 李清泉 曹民 林红	上海交通大学学报第49卷第二期;2015.2	武汉武大卓越科技有限责任公司	
26	公路工程全寿命周期效益成本管理体系构建研究	罗岸 姜艺 苏洁	2015年12月《武汉轻工大学学报》2015年第4期	武汉轻工大学	三等
27	热老化对沥青混合料疲劳性能影响研究	李洪军	2015年6月内蒙古交通科技情报站《内蒙古公路与运输》2015年第3期	湖北交通职业技术学院	三等
28	某连续梁桥1号块加固处理研究	马运朝 张若钢	长沙理工大《中外公路》2014年第6期	湖北交通职业技术学院	三等
29	公路原生态景观模式恢复与重建探讨	何秄傑	中国商界文联会刊《中小企业管理与科技》2015年第2期	湖北职业技术学院	三等
30	等高变宽现浇箱梁施工技术	叶文海	2014年9月《浙江交通职业技术学院学报》2014年第3期	湖北交通职业技	三等

三、出版发行的主要专著

(一)京珠高速公路

《湖北省京珠高速公路交通工程机电系统质量检验评定办法》由湖北省京珠高速公路建设指挥部、交通部重庆公路科学研究所编制。全面、系统地给出了高速公路交通工程机电系统检验评定办法和标准。本办法包括湖北京珠高速公路收费系统、通信系统、监控系统、供电照明和防雷接地工程的质量评定办法和标准,是检验评定湖北省京珠机电系统工程质量和等级的标准尺度,在国内高速公路机电系统工程质量评定方面具有超前性,达到了国内领先水平。获2002年湖北省人民政府科技进步三等奖。

(二)湖北沪蓉西建设指挥部

湖北沪蓉西建设指挥部结合科技示范工程实施,编撰《断续节理岩体坏过程的数值方法及工程应用》《隧道岩溶涌水预报与处治》《公路隧道节能技术》三本专著;上承式钢管混凝土拱桥双拱肋无风缆节段拼装工法,高墩大跨连续钢构桥箱梁混凝土裂缝控制施工工法,火箭抛送先导索,弓弦式挂篮悬臂浇注施工工法,大跨度变截面栓焊结构钢桁架拱肋加工制作工法,山区大跨大吨位无塔缆索起重机施工工法,大跨度变截向栓焊结构钢桁架拱肋加工制作工法等10项;撰写和公开发表论文217篇,出版了《湖北高速公路论文集》。其中《岩溶地质特长隧道的关键技术问题及对策》和《阻燃沥青路面研究新思路》两篇论文,在北京举行的第三届全国公路科技创新高层论坛上获得了论坛首次设立的优秀论文奖。编写《公路隧道施工地质预报技术规程》《填石路堤施工技术指南》《高边坡施工技术指南》《混凝土用人工砂应用技术规程》等规范、指南6项。编写完成了《分岔隧道设计施工技术指南》,应用到依托工程分岔隧道的施工设计中,部分内容已经收录到即将出版的《公路隧道设计细则》,填补了国内外空白,为今后公路隧道规范修编提供了参考。

(三)宜昌长江公路大桥主要论文专著

1.宜昌长江公路大桥工程专用质量检验评定标准

专著名称:宜昌长江公路大桥工程专项质量检验评定标准

编写时间:1998年5月至2000年3月

编写单位:宜昌长江公路大桥建设开发公司、湖北省交通基本建设质量监督站

主要完成人:周昌栋、卢柯、王敬平、白山云、谭永高、宋官保、何青、刘晓波

下达课题单位:湖北省交通厅(鄂交技〔1999〕226号)

成果内容及形成过程:现行的公路工程质量检验评定标准中尚缺少大跨度悬索桥工程的具体评定内容,也尚无一套完整的统一的检验评定方法,使大跨度悬索桥工程质量事前控制和工后验评无具体标准可循。该课题将本行业的标准与相关行业的有关质量检验评定标准进行了有机的统一和衔接,提出的悬索桥主要金属结构件如全焊钢箱梁、主索鞍、散索鞍、平行预制索股、锚碇预应力锚固系统等的加工制造质量检验评定标准的内容科学、详尽,并将其由工厂产品质量管理转变为工程质量管理,更符合桥梁工程建设的实际,更有利于制造质量的控制和评定,填补了部颁标准中悬索桥主要金属构件检验评定的空白。通过制定本标准,为进一步完善和修订公路工程质量检验评定标准打下基础,并可

供公路工程质量监督部门进行大跨度悬索桥工程的质量检验鉴定、监理工程师对工程质量的抽查认定,施工单位自检和分项工程的交接验收,并达到交通部行业标准水平,可供交通部作为部颁检评标准采用。

效益效果及推广应用:该标准编制内容完整、齐全,单位、分部、分项工程划分科学、合理,基本要求详细,实测项目指标符合工程建设实际,实用性强,检评方法可行、易于操作,能客观、真实反映工程质量状况,有利于悬索桥工程质量的控制和评定,其质量控制技术路线正确,内容、方法具有推广应用价值。

获奖情况:2001年湖北省政府科技进步三等奖。

2.大跨径悬索桥主缆施工监控系统研究

项目名称:大跨径悬索桥主缆施工监控系统研究

编写时间:1999年1月至2001年6月;

下达课题单位:湖北省交通厅(鄂交技〔2000〕320号)

编写单位:宜昌长江公路大桥建设开发公司、长安大学

主要编写人:王敬平、周昌栋、黄平明、许汉、谭永高、宋官保、杨炳成、黄耀峰、梅葵花、刘保国、肖锋、孙胜江、何为、王蒂、陈景丽

成果内容及形成过程:宜昌长江公路大桥建设期间,对悬索桥的施工监控研究还很不完善,主缆作为悬索桥的承重构件,对其施工监控更是悬索桥施工的核心和关键所在,该课题以宜昌长江公路大桥建设为项目依托,通过对猫道施工、主缆架设、钢箱梁吊装等全部施工过程的监控研究,形成了一套完整的控制系统,本课题配合施工各阶段,先后进行了64通道智能型测温仪器MCTI的研制开发;猫道施工前承重索无应力长度、空索标高、索塔偏位及各种温度下的标高计算,在承重索架设顺序及调整精度的制定;猫道施工完毕后提出基准索股标高和索鞍预偏量;主缆紧缆完后再次对全桥进行测量,并根据紧缆后主缆的实际线形,提出索夹安装位置和吊索下料长度;在主缆架设安装初期,主要进行各种测试方法的对比研究;在索股安装完成后,主要进行弦振法测试索力的研究;加劲梁在施工过程中的线形控制研究、高索塔混凝土收缩徐变对应力测试影响的研究以及施工控制软件的研究及方法分析。并结合宜昌长江公路大桥的施工需要,在各个施工阶段分别建立了计算模型,并且编制了相应的计算程序模块。随着宜昌长江公路大桥建设的进行,软件的各部分计算模块也相应修改完善。为了增加软件系统的智能化与可视化,采用了visual basic高级语言编制了程序界面,同时,还完善了系统的其他辅助功能模块,使本软件使用方便、简单明了,更加便于工程技术人员使用。

获奖情况:2003年湖北省政府科技进步三等奖。

3.悬索桥上部结构施工

项目名称:悬索桥上部结构施工

编写单位:宜昌长江公路大桥建设开发公司

主编:周昌栋

副主编:谭永高、宋官保

参编人员:黄耀峰、刘保国、肖峰、陈景丽、吴新华

出版时间:2004年1月

出版发行:人民交通出版社出版发行。

内容简介:《悬索桥上部结构施工》一书,由享受国务院特殊津贴的专家、宜昌市交通局总工程师周昌栋,宜昌市交通系统首届科技带头人谭永高、宋官保编著。本书系统全面地介绍了悬索桥上部结构各主要部分的架设施工和工艺。主要包括牵引系统、猫道、主缆、索夹、吊索的架设施工及桥面铺装、防腐涂装等,对长大悬索桥施工控制也作了较为详尽的介绍。是国内迄今为止第一部系统完整介绍悬索桥上部结构架设的技术专著。由于大跨度悬索桥在中国建设时间不长,施工工艺尚不成熟。尤其是上部结构施工,涉序多、技术含量高、投资比重大,国内又无系统完整的上部结构施工技术规范。1998年开工建设的宜昌长江公路大桥在建设过程中,组织工程技术人员考察了国内外一些著名的悬索桥,得到国内外许多专家的指导和帮助,使宜昌长江公路大桥得以高速优质建成并取得了多项技术成果。为进一步总结完善提高悬索桥施工工艺,填补悬索桥上部结构施工技术专著的空白,宜昌长江公路大桥建设开发公司在工程竣工后立即组织编写此书。

4.宜昌长江公路大桥工程建设论文集

项目名称:宜昌长江公路大桥工程建设论文集

编著单位:宜昌长江公路大桥建设开发公司

主编:周昌栋

副主编:李道奎、谭永高、宋官保

参编人员:朱华军、刘保国、陈景丽、肖峰、杨晓丽、李先金

出版时间:2002年9月

出版发行:人民交通出版社出版发行

内容简介:《宜昌长江公路大桥工程建设论文集》一书,内容包括宜昌长江公路大桥工程设计、施工、监理控制、科研、管理、绿化美学等六篇,共收录论文85篇,其中不少论文涉及悬索桥建设的新理论、新技术、新方法,有的科研成果填补了国内空白,有的达到国际先进水平,为我国乃至世界桥梁事业的进步做出了积极贡献。

四、主要发明专利

(一)京珠高速公路

京珠高速公路主要发明专利详见表3-2-5。

京珠高速主要发明专利统计表

表 3-2-5

序号	专利名称	专利号	专利发明人	授权单位	授权时间
1	冲击式双管双动取芯装置极其方法	ZL200810046949.X	孟庆山、汪稔、胡明坚、王新志、杨超、余克服	国家知识产权局	2008.12.17
2	一种可直接测定界面摩擦力的直检仪器	ZL200810048416.5	郭爱国、孔令伟	国家知识产权局	2010.8.4
3	无通视高陡边坡变形监测装置	ZL200920227485.2	孟庆山、谭捍华、贾龙、胡明鉴、杨超、陈能远	国家知识产权局	2009.8.18
4	土工三轴试验削样装置	ZL200620096415.2	郭爱国、孔令伟	国家知识产权局	2006.4.27
5	压合密封式塑料土样筒	ZL200720083911.0	刘观仕、孔令伟、梦庆山	国家知识产权局	2007.2.27

(二)沪蓉西高速公路

沪蓉西高速公路主要发明专利详见表 3-2-6。

沪蓉西高速公路主要发明专利统计表

表 3-2-6

序号	项目名称	专利(获奖)名称	专利发明人	授权单位	授权时间
1	大跨度悬索桥先导索火箭抛送装置和方法	国家发明专利	十六标路桥华南公司	国家知识产权局	2012年2月15日
2	一种缆索承重绳地锚及其施工方法	国家发明专利	十六标路桥华南公司	国家知识产权局	2010年11月10日
3	一种锚垫板:37孔大吨位预应力锚垫板	国家实用新型专利	十六标路桥华南公司	国家知识产权局	2008年1月9日
4	一种道铺固调节装置	国家实用新型专利	十六标路桥华南公司	国家知识产权局	2009年12月9日
5	一种索吊承重绳与地锚间的连接装置	国家实用新型专利	十六标路桥华南公司	国家知识产权局	2009年12月16日
6	钢绞线反向支点预压方法	国家知识产权局的发明专利授权	十三标中铁一局二公司	国家知识产权局	
7	一种在高墩大跨桥梁施工项目中的塔吊移位的施工方法	国家知识产权局的发明专利授权	十三标中铁一局二公司	国家知识产权局	
8	悬索桥锚碇可更换式预应力的装置	国家实用新型专利	中交第二公路勘察设计研究院有限公司	国家知识产权局	2008年11月5日
9	悬索桥吊拉杆式支座装置	国家实用新型专利	中交第二公路勘察设计研究院有限公司	国家知识产权局	2008年11月19日
10	大跨度悬索桥先导索火箭抛送装置	国家实用新型专利	路桥华南工程有限公司、中国人民解放军理工大学工程兵工程学院	国家知识产权局	2009年5月13日

(三) 汉十高速公路

汉十高速公路主要发明专利详见表3-2-7。

主要发明专利统计表　　　　表3-2-7

序号	专利名称	专利号	专利发明人	授权单位	授权时间
1	冲击式双管双动取芯装置极其方法	ZL200810046949.X	孟庆山、汪稔、胡明坚、王新志、杨超、余克服	国家知识产权局	2008.12.17
2	一种可直接测定界面摩擦力的直检仪器	ZL200810048416.5	郭爱国、孔令伟	国家知识产权局	2010.8.4
3	无通视高陡边坡变形监测装置	ZL200920227485.2	孟庆山、谭捍华、贾龙、胡明鉴、杨超、陈能远	国家知识产权局	2009.8.18
4	土工三轴试验削样装置	ZL200620096415.2	郭爱国、孔令伟	国家知识产权局	2006.4.27
5	压合密封式塑料土样筒	ZL200720083911.0	刘观仕、孔令伟、梦庆山	国家知识产权局	2007.2.27

(四) 湖北高速公路实业开发有限公司

(1) 钢桥面铺装新技术专利。钢桥面沥青混凝土铺装一直是公路技术难题之一,目前世界上铺装技术应用都不够成熟,尤其是大跨径钢箱梁的桥面铺装,往往应用2~5年内便出现大而积的疲劳开裂、车辙、推移等病害。引起病害的原因主要是铺装层与钢板黏结力偏低,高温稳定性不足以及抗裂、抗疲劳性能不良。为保证铺装层与钢桥而板粘接的整体性,充分考虑铺装层的路用性能及使用功能要求,湖北省高速公路实业开发有限公司下属湖北交通工程检测中心研究开发了一种钢桥面铺装新体系,成功应用于4座钢桥面铺装,经实践检验效果良好。目前已拥有了2项国家发明专利,其中钢桥面黏结剂于2006年8月30日被国家知识产权局授予发明专利,专利号:ZL20051001804.6;沥青混凝土钢桥而及其铺装方法于2007年4月25日被国家知识产权局授予发明专利,专利号:ZL200510018289.0。

(2) 沥青路面增强材料。沥青路面增强材料是湖北省高速公路实业开发有限公司下属湖北交通工程检测中心研究开发出的一种沥青混凝土外掺材料,主要针对高速公路沥青路面的车辙病害,在5%~7%掺量的情况下能显著提高沥青路面强度和抗车辙能力,有效延长沥青路面的使用寿命。先后多次在实体工程中得到成功应招,尤其对山区长大纵坡路段使用效果更好。2008年6月11日被国家知识产权局授予发明专利,专利号:

ZL200510019994.2。

(五)交通规划设计院等单位

由湖北省交通规划设计院、湖北省荆岳长江公路大桥建设指挥部、中交公路规划设计院有限公司、湖北鄂东长江公路大桥有限公司、同济大学、长沙理工大学、西南交通大学、湖南路桥建设集团有限公司、四川公路桥梁建设集团有限公司共同研究完成的混合结构斜拉桥设计方法、关键结构及建造技术的研究与实践研究成果总体达到国际领先水平。项目获国家发明专利8项、实用新型专利6项、软件著作权2项,出版专著2部,发表论文124篇(SCI、EI收录39篇)。研究成果成功应用于鄂东、荆岳两座长江大桥——主跨926m、816m的超大跨混合梁斜拉桥,直接节约建设成本7973.5元,间接节约投资约2.0亿元,并在后续九江、永川等长江公路大桥、港珠澳大桥、广东小榄水道特大桥和榕江大桥等多座桥梁中得到成功应用,部分成果已纳入行业规范《公路钢-混凝土组合桥梁设计与施工细则》,取得了显著的社会、经济效益。获得的主要知识产权详见表3-2-8。

主要知识产权证明目录　　　　表3-2-8

知识产权类型	授权号	授权项目名称
软件著作权	2009SR059001	桥梁设计与施工控制分析系统
软件著作权	2012SR016586	斜拉桥施工控制系统
发明专利	ZL200910195048.1	刚度可控型钢与混凝土组合连接件及其使用方法
发明专利	ZL200910058233.6	大跨径钢箱梁斜拉桥塔下梁段的安装方法
发明专利	ZL200910058479.3	大跨径钢箱梁斜拉桥临时墩墩顶梁段的安装方法
发明专利	ZL200910058765.X	大跨径钢箱梁斜拉桥边跨梁段无搁梁支架施工的方法
发明专利	ZL200810147924.9	大型桥梁基础分离式钢围堰异步下沉施工方法
发明专利	ZL201010285577.3	一种斜拉桥钢箱梁中跨合拢方法
发明专利	ZL200810237454.5	一种半封闭单支连通管式桥梁挠度测试装置及方法
发明专利	ZL200910058479.3	大跨径钢箱梁斜拉桥临时墩墩顶梁段的安装方法
实用新型专利	ZL201010612064.9	一种斜拉桥用斜拉索下锚头除湿防腐系统
实用新型专利	ZL201120100625.7	预制拼装型钢—混凝土混合梁结合部的结构
实用新型专利	ZL201020624600.2	钢与混凝土组合异形孔肋板连接
实用新型专利	ZL200820158507.X	自导向转钻头
实用新型专利	ZL201120100622.3	一种便于安装的斜拉索杠杆质量减振装置
实用新型专利	ZL201010285591.3	一种平行钢丝斜拉索的安装方法

(六)汉十高速公路管理处

由湖北省交通运输厅汉十高速公路管理处、长安大学研究完成的《自融雪沥青路面环保盐化物材料研究与应用》。在沥青混合料中掺加环保型融雪材料,降低渗入混合料中或滞留在其表面水的冰点,有效地减缓了沥青路面的结冰现象,从而大大改善了路面的抗滑能力,保障了雪天行车安全,显著降低了汉十高速公路交通事故发生率,保护公众财产和生命安全。在高速公路特殊路段,如长大纵坡、隧道出入口、桥面铺装、山间背阴等路段;市政工程路段,如红绿灯口、十字路口、学校或小区门口等常需刹车路段;机场道面或匝道等对交通通行能力要求较高的特殊路段,自融雪沥青路面均有广阔的应用前景。自融雪材料在沥青路面中的应用成果对提高道路安全,建设资源节约型、环境友好型社会,落实公路建设的科学发展观,具有重要理论意义和重大实用价值。获得的主要知识产权见表3-2-9。

汉十高速公路主要知识产权证明目录　　　　　表3-2-9

知识产权类型	授　权　号	授权项目名称
发明专利	ZL201110028198.0	一种抑制道路铺面层冰雪冻结的盐化物颗粒及制备方法
实用新型	ZL 2011 2 0163334.2	一种用于沥青路面材料与结构的扭转剪切试验装置

(七)荆州长江大桥

荆州长江大桥建设团队,四年时间在国内外专业期刊发表研究论文100多篇,推出10多项科技成果,部分成果已先后通过验收和鉴定,被认定具有国际领先或国际先进水平。此外,还获得23项国家发明专利,诞生了9项国家工法和省级工法。

第三章
高速公路适应"两型社会"

党的十六届五中全会提出"加快建设资源节约型、环境友好型社会"。湖北省交通厅认真贯彻落实"两型社会"有关精神,2007年将神(农架)宜(昌)公路作为湖北省首条生态环保科技示范路在全省推广。在公路建设实践中,坚持"四个第一",即:坚持将保护好生态环境作为设计的第一追求;将恢复好生态环境作为施工第一原则;将科技迎新促进生态环保作为建设的第一动力;将实现自然环境原生态作为验收第一关口,实现公路与自然景观相协调,尽可能消除和减弱对环境不良影响,打造生动和谐的公路新景观,在设计中提出了"绿色生态环保"的设计理念,将道路设计与周边自然环境相结合,充分运用地形与本土植物,彰显本土文化与景观特色,打造自然和谐的高速公路景观。在工程建设和养护管理上坚持科学发展观,在绿色、生态、环保、景观路上做文章,在公路绿化、站所建设上最大限度地保护生态,将"不破坏就是最大的保护"的环保理念贯穿到建设养护施工的全过程之中。打造出一条条路景相融的环保科技路。

第一节 "两型交通"建设的破题上路

神宜公路是交通部批准的全国首条科技环保示范路。2008年6月4日至6日,交通运输部在宜昌市召开了湖北神宜科技环保示范工程经验交流会,要求全国交通系统学习神宜公路的建设经验,探索资源节约型、环境友好型发展之路。

一、全国首条科技环保示范路在湖北建成

神宜科技环保示范路是209国道的一段,连接神农架林区木鱼镇和宜昌市兴山县高阳镇昭君桥,全长52.96km,是由南往北进入神农架核心风景区唯一的公路通道,也是联系湖北长江三峡、神农架、武当山等"一江两山"国际旅游区的重要旅游通道。2006年3月,湖北省对神宜公路实施保护性改扩建。在建设实践中,按照"路景相融、自然神宜"的建设目标,将打造"两型交通"作为发展的第一选择、将保护好生态环境作为设计的第一追求、将恢复好生态环境作为施工的第一原则、将科技创新促进生态环保作为建设的第一动力、将实现自然环境原生态作为验收的第一关口等,力求打造"路在林中展、溪在路边

流、车在景中行、人在画中游"的神宜公路生态新景观,为服务神农架经济社会又好又快发展尤其是原生态旅游的发展奠定了坚实的基础,也为打造资源节约型、环境友好型交通进行了有益的探索。

神宜科技环保示范路

(一)坚持将打造"两型交通"作为发展第一选择。

传统的交通运输发展模式实现了人便于行、货畅其流,但资源占用、能源消耗、环境污染等问题也日益突出。打造"资源节约型、环境友好型"交通势在必行。为此,省交通厅坚持将打造"两型交通"作为交通发展的第一选择并积极付诸实施,努力实现"五个转向":

从重工程建设转向重生态环保。神农架茫茫的林海,完好的原始生态系统,丰富的生物多样性,构成了她绚丽多彩的山水画卷,被称为全球中纬度的"绿色奇迹",它不仅是整个华中地区的"肺",也是南水北调中线工程的重要水源区和三峡库区的天然绿色屏障,对整个长江和汉江中下游地区的水土保持、涵养水源、改善生态环境和维持生态平衡发挥着不可替代的作用。时任中共中央政治局委员俞正声、交通部部长张春贤、交通运输部部长李盛霖、湖北省委书记罗清泉、省长李鸿忠等领导同志,多次听取有关工程的汇报,明确指示将神宜公路创建成为资源节约、环境友好的示范工程,促进神农架林区旅游资源的开发和湖北经济的发展。省交通厅在现场踏勘和反复论证的基础上,充分认识到神农架林区自然资源的稀缺性、生态环境的脆弱性和神农架林区在全国的唯一性,必须高度重视生态环境保护,着力遏制"先污染、后治理,先破坏、后恢复"的恶性循环,修建一条"路景相融、自然神宜"的生态旅游公路,给子孙后代留下宝贵的社会财富,而不是永久的历史缺憾。

从重项目规模转向重资源节约。项目立项之初,沿线地方党委、政府多次向中央、省有关领导汇报,强烈要求修建高速公路。交通部门从资源节约、生态环保的角度进行反复宣讲,促进了地方党委、政府公路建设理念的转变,特别是通过实地学习考察川九公路,地方党政领导进一步加深了对资源节约、生态环保的认识,主动将建设标准由原来的高速公路调整为一级公路,又将一级公路调整为二级公路,2005年10月25日《人民日报》为此发表了"呵护神农架保护区,生态旅游高速公路改为二级公路"的文章。通过科学决策和优化设计,不仅使工程造价由原来的20多亿元减少到3.84亿元,新征用土地从4000多亩减少到了620亩,而且避免了大填大挖对沿线生态资源的大量破坏。

从重服务出行转向重旅游经济。神农架是国家旅游局确定的全国六大生态旅游区之一。20世纪90年代以来,其生态旅游业迅速发展,成为神农架经济社会发展的支柱产业。神宜公路沿线就有香溪河、神农架国家级自然保护区、三峡珍稀树木园、神龙洞、滴水岩、猴子包峡谷和天生桥等10余处自然景区;有昭君故里、神农坛等人文景观;有美人昭君、诗人屈原、圣人神农、野人传说,以及汉文化史诗《黑暗传》等众多文化元素。神宜公路不仅要提供点对点的通道服务,更要一线穿珠、串起通道沿线的知名旅游景点,使人们在行进中领略神农架风光,感受大自然魅力。因此,在神宜公路建设伊始,省厅就将项目定位为兼具"旅游走廊"和"交通通道"双重功能的生态环保旅游公路,并在工程建设实践中不断加以探索和深化,真正实现人与自然和谐、路与自然和谐。2007年10月1日神宜公路建成通车时,神农架林区党委书记王海涛专门给省交通运输厅厅长林志慧发来传真:"这是湖北第一条生态景观路,也是一条惠及全区人民的致富路,我代表全区人民对交通部门表示由衷的感谢!"神宜公路的建成通车,成为神农架旅游的最大亮点。自驾车、自助游日趋增长,呈现出旅游淡季不淡、旺季更旺、冬季旅游不再"冬眠"的新气象。游客们普遍反映:神农架风景如画,神宜路锦上添花,又为林区旅游增添了一道靓丽的新景观。

从重学习借鉴转向重集成创新。在认真贯彻交通运输部"六个坚持、六个树立"的公路勘察设计新理念、学习借鉴川九公路建设经验的基础上,湖北省交通厅坚持以科技、环保、节约、示范为目标,专程前往日本学习名神公路和北海道公路因地制宜、不刻意追求宽平直、重视资源节约和生态环保的先进经验,联合交通运输部科学研究院、公路院制定了《神宜公路生态环保工作指南》,聘请部规划研究院担任设计咨询单位,委托部科学研究院进行绿化工程咨询,邀请省社科院、湖北美院等省内景观、楚文化方面的专家学者进行评审把关,对标准和方案进行多方咨询和反复论证,以最大限度地集中各领域专家的智慧力量,发挥多领域专家的综合优势。交通运输部专门组成了专家咨询组,部领导和科教司、公路司、规划司等司局领导对项目建设倾注了极大的热情和心血,多次深入工程一线进行咨询指导。在项目建设中,指挥部和各参建单位自觉将学习借鉴、自主创新落实到神宜公路建设管理、生态环保、资源节约、科技创新、设计施工和公路文化等方方面面,为打造路景相融的神宜公路奠定了坚实基础。

从重方便施工转向重安全便民。神宜公路作为一条沿溪线,施工作业面非常狭窄,布设施工便道非常困难,特别是作为进入神农架核心风景区唯一的公路通道,不仅人员车辆进出频繁,而且大型考察接待任务繁重,施工保通的压力异常艰巨。如何在边通车、边改建的复杂条件下又好又快推进交通建设,是建设者面临的一大挑战。为确保项目又好又快推进,省厅将神宜公路建设纳入全省交通重点工程管理,由省公路局组建项目业主,按照修建高速公路的模式选配人员组建指挥部,按照修建高速公路的理念实施精细施工,并明确一名厅领导具体联系指导项目建设,厅机关处长、厅直单位技术骨干分批驻扎工地进行了为期五个月的调研督导。项目指挥部先后组织开展了"百日大战""迎春创优杯"和"百日攻坚战"等劳动竞赛,组织施工单位充分利用有效施工时段科学安排,交叉作业,挑灯夜战,安全有序,保质保量,平行推进。工程自2006年3月开工建设,到2007年9月建成通车,历时一年零六个月,未发生一起重大工程安全事故,实现了边通车、边施工、保质量、保安全的建设目标,真正做到了又好又快发展。

(二)坚持将"保护好生态环境"作为设计第一追求

设计是工程建设的灵魂。按照以人为本、节约资源、保护环境、协调发展的核心价值,设计单位成功引入了"灵活性设计理念"和"宽容性设计理念",真正变设计工作为设计创作,变设计产品为设计作品,努力做到了"四个注重"。

注重灵活掌握技术指标。针对项目特殊的地质地形条件,在确保安全的前提下,不一味追求技术指标的严格统一,不一味追求裁弯取直,坚持因地制宜,随弯就弯,易宽则宽,灵活运用,合理掌握。路线平面线型以曲线为主,充分运用对称或非对称基本型、3型、卵型、复合型等各种线型对虚拟中线进行精确拟合,以充分利用线型。全线共设置了94个弯道,总长41.06km,占总里程的77.5%,既减少了对环境的破坏,又使路景交融,自然和谐;纵面线型设计中,照应桥、隧、平面交叉布置,尽量利用老路,做到各标段内土石方填挖基本平衡,力求"零弃方"。同时对于地形条件好的采用高指标,困难路段采用低指标。全线42%的路段路基宽度为9~10m,路面8~9m,其他路段路基8~9m,路面7.5~8m。

注重利用老路资源。神宜公路所依托的209国道,是20个世纪60年代,通过民工建勤修建的第一条通往神农架的公路,公路标准低、线型差,既窄又险,平均宽度只有5~7m,基本无规则线形可言,局部纵坡大,有的已经超过8%;道路安全隐患多、抗灾能力弱,遇到雨雪天气,往往只能封闭道路、中断交通。期间,虽几经改建,加强养护,但基本上仍然是"二级路的路面,三级路的平面和四级路的纵面"。为了探索打造"两型交通"的新

神宜路恢复公路生态环境和人文景观有机结合

路子,本着"最大程度地保护环境、最大可能地节约资源、最大限度地利用老路"的原则,设计单位突破公路设计中的传统思维,创造性地确立了半路半桥、悬挑帮衬、宜路则路、宜桥则桥、宜隧则隧、桥隧相连的公路建设新理念,共新增 11 座、半幅桥、6 处悬挑板、20 座全幅桥和 5 座隧道,全线直接改建老路 44.1km,老路利用率达 83%。剩余老路全部转为专用道路、集镇街道、乡村道路或停车道、绿化带。

　　注重保护自然原生态。为避开沿线生态环境敏感的国家珍稀植物园、易发山体滑坡带和红花坪等人口密集区域,神宜公路改线新建路段 17km。为尽量减少开挖量,最低程度地破坏,通过优化设计,全线开山炸石比原设计方案减少 32 处、减少土石方约 15 万 m^3,占设计总量的 24.8%。为全力保护自然原生态,实现公路与自然和谐,采用了"露、透、封、清、避、绣"相结合的措施,即对近景好的"露",远景好的"透",景观不好的通过绿化"封",对碍观建筑物、"三杆"和沿线危石进行"清",对险要路段和国家珍稀植物园等敏感区域进行"避",并通过生态绿化和设施美化进行"绣",采取自然散植灌木、草坪中灌种野花等方法来美化。全长 53km 的神宜公路,依山傍水,桥隧连接,曲径通幽,浑然天成,从峡谷到溪边,从山坡到村镇,几乎没有明显的人工痕迹。

　　注重宽容性安全设计。围绕交通事故"不应以人的生命为代价"的理念,采用"路侧净区"的概念,将路侧净区作为设计的重要组成部分,为驶离路面的车辆提供一个安全返回的空间。路侧净区具体包括净区宽度(主要利用旧路改造后的废弃老路);净区内排水设施(路缘石和边沟略低于路面)和宽容的交通工程。全线路侧净区设计灵活,不片面追求净区宽度,而是充分利用地形,依山就势。坚持以人为本,注重细节设计,在路线沿溪侧均设置完善的护栏设施,在满足安全的前提下,护栏尽量开阔、通透,减少行车的压抑感觉。运用运行速度理念,从实际行驶状态出发,针对不同车辆,通过降低相邻路段的容许速度级差,达到线形协调、消除安全隐患。全线设置了 57 处紧急停车带、2 处停车休息区,8处观景台和环保厕所等公益环保型运营管理设施,以充分满足司乘人员和广大游客的需要。

(三)坚持将"恢复好生态环境"作为施工第一原则

生态保护是核心,施工管理是关键。山区公路建设总是在依山傍水、穿山越壑中蜿蜒前行,施工过程中难免要开山炸石,会对生态和植被造成不同程度的破坏。在施工中,我们始终坚持最大限度的保护、最低程度的破坏和最强力度的恢复,努力做到"三个结合"。

将恢复公路生态环境与展示"绿色奇迹"有机结合。神农架是地球同一纬度地区唯一一块保存相对完好的原始森林,堪称全球中纬度的"绿色奇迹",其保存相对完好的生态系统具有巨大的生态价值和经济价值。在恢复生态过程中,设计单位因地制宜采取多种绿化方式,充分考虑当地植物生长和植物群落演替的规律,注重植物景观随时间、季节逐渐变化的效果,力求"四季常绿,三季有花,错落有致,色彩丰富"的景观效果。

将恢复公路生态环境和人文景观有机结合。通过游客休息区、观景台、文化墙、步游桥、石刻标志牌等服务设施和公路自身的路容路貌,将项目沿线自然天成的景观元素"橘香""茶韵""峡幽""石趣""木秀""水灵"等有机"珠链"成为溯源香溪、探秘神农、寻梦百里画廊的公园式通道,并将"美人昭君、诗人屈原、圣人炎帝、野人传说"等"美、诗、圣、野"文化元素有机地联为一体,充分展示了神宜公路丰富的文化内涵。

将恢复公路生态环境与沿线地方环境治理有机结合。在最强力度地恢复公路生态环境的同时,沿线地方政府主动聘请中南规划设计院等部门对沿线建筑物统一进行美化设计,采取以奖代补政策,着力解决长期以来沿线建筑物脏、乱、差等状况,打造协调美观的生态公路环境。

(四)坚持将"科技创新促进生态环保"作为建设的第一动力

科技是支撑,创新是动力。为充分体现神宜公路科技创新、生态环保、资源节约、以人为本、设施配套、功能完善等示范作用,实践中努力做到"两个坚持"。

坚持科研攻关促进生态环保。项目指挥部承担了《神农架木鱼坪至兴山昭君桥旅游公路环境工程技术研究与示范》西部交通建设科技项目,开展了公路边坡植物群落诱导技术、公路景观资源质量评价和景观协调技术、公路弃渣等废弃物利用技术等研究,以科技创新成果指导生态环保公路建设。如利用废弃沥青材料,就地用于公路交叉道口的路面铺筑;利用建设中产生的伐木、树根等有机材料,作为坡面绿化植生基材或作为边坡防护材料进行利用;利用填挖平衡设计研究,尽量减少废弃土石方;利用表土资源用于生态环境恢复;利用自然保护区生物多样性的自然群落诱导技术促进人工植被与原生态环境协调相融。

坚持应用"四新"技术促进生态环保。在勘测设计中采用了093全球定位系统和先进的地质雷达技术;在隧道施工中应用了超前预报技术;在土建工程中采用了半路半桥、悬挑板等施工工艺;在路面施工中采用了383改性沥青现场加工技术;在边坡防护施工中应用了主动和被动柔性防护系统;在绿化施工中应用了三维植被网路基边坡防护技术;在安保工程中采用了太阳能交通标志、防火涂料等。据统计,项目共采用了28项新技术、新材料、新工艺和新设备,探索了将工程建设、科技应用与生态环保有机结合的新途径。

(五)坚持将实现"自然环境原生态"作为验收第一关口

建设单位与设计、施工、监理单位统一思想认识,始终将是否实现"自然环境原生态"作为设计资料评审、施工方案报批和工序监理验收等各环节的基本要求和重要内容,真正做到环境保护和工程建设同步设计、同步推进、同步验收。项目指挥部专门成立了环境保护与水土保持领导小组,设计、施工、监理及协调单位均成立了工作专班,明确了专管人员,参建各方共同确立了"合理利用、有效保护、全面恢复和不能乱砍、乱挖、乱弃"的行动准则,把"零弃方"要求纳入合同管理,把挖填平衡贯彻到工程建设中的每一个环节,实行严格的施工许可制度,杜绝施工人员的随意性。指挥部对隧道开挖、山体切削和路基降坡等影响生态环境的施工环节,严格实行开工许可,对未纳入设计方案的不准施工;对可能影响生态环境的,优化设计方案未批复前不准施工;对未制定详细妥善用料方案的不准施工。主动与质监部门建立全过程跟踪检测机制,分阶段对神宜公路工程实体质量进行跟踪检验,确保各分部、分项工程合格率100%。与生态保护、环境监测、水土保持等主管部门联合共建,先后对神宜公路进行跟踪监测56次,形成了合力保护生态环境的浓厚氛围。

神宜公路的实践与探索,给高速公路建设以深刻的启示:"适用就是最好的""自然就是最美的""创新就是最具生命力的""示范就是最有效的"。神宜公路的建设实践,标志着"两型交通"建设开始破题上路,但要真正实现交通发展全面协调可持续,是一项复杂的系统工程,也是一项长期而艰巨的战略任务,还有很多新的课题有待研究和探索。

二、湖北省建成首条自然生态环保景观高速路

2007年12月25日,湖北省首条自然生态环保景观路随岳中高速公路建成通车。

(一)优化选线,节约用地,保护资源

随岳高速公路中段全长153km,从仙桃到随州,沿线经过大洪山旅游风景区、绿林旅游区、天宝寨自然保护区、汤池温泉、惠亭山水风景区、空山洞景区、石家河文物保护区等7处旅游胜景,在京山境内,公路向东绕开了天宝寨自然保护区和京山特有的二级珍稀植

物——对节白蜡集中生长区。路线形走向与山川、河流的走势相吻合,不强拉直线,硬切山梁,给人舒适的视觉效果。

在公路边坡的设计上,与当地历史文化相融合,设计了编钟造型,沿途种植有美人蕉、香樟、樱桃、桂花等100多种植物,将公路沿线的山岭、坡地、河流等自然景观进行专门设计,建成后的随岳高速公路既满足车辆通行的基本要求,又达到了自然景观与再造景观的和谐统一。随岳中公路53.5亿元的建设资金中,有3亿元直接用于水土保持和环境保护,高速公路沿线的绿化率达到100%。

(二)采用新材,降低成本,提高使用寿命

在随岳高速公路建设期间,注重新材料的应用,为达到降低建设成本的目的,开展了《透水沥青路面在随岳中高速公路的应用研究》。该课题的研究对多雨地区高速公路和城市道路使有高空隙率的新型沥青混合料常重要的意义;新的沥青面层结构、新的材料组成以及相关的试验方法、性能评价将是今后的研究重点;水泥稳定粒料与二灰稳定粒料,在工程应用中均存在不同程度的缺陷,从而严重影响了基层质量和基层施工。

许广高速公路随岳高速路景共建(G4W2)

(三)减少毁损,注重恢复,再造环境

随岳高速建设期间注重生态恢复,进行了《高速公路建设对路域植物生态系统影响和恢复的评价研究》。该课题的研究对高速公路建设造成生态切割和生态环境的破坏,对施工期和竣工后,高速公路沿线有代表性区域的生态环境现状及变化趋势进行实时、准确的监测,并利用对污染源及空气质量的监测数据分析不利影响,利用生态破坏的数据分析后果;利用生态恢复和重建的数据分析效果,以及采用有针对性的生态保护措施,使高速公路的建设和运营对生态破坏最小化,生态恢复和重建效益最大化,为建设真正意义上的生态高速公路做出贡献。

弃土还田

(四)绿保结合,路景共建,构建生态长廊

随岳高速公路建设期间注重路景共建,《高速公路环保与景观前置研究及在随岳中高速公路中的应用》的研究对提升公路景观设计理念,解决基于公路环保与景观前置新理念下的环保与景观研究关键问题,并结合随岳中高速公路建设的实际情况,提供技术支持,增加科技含量,力求使随岳中成为湖北省新理念高速公路设计的典型示范工程。

第二节　山区高速公路勘测设计新思路

在推进湖北高速公路建设由平原向山区实现重大战略转移的进程中,为使高速公路建设适应"两型社会"要求,山区高速公路在设计中提出了"绿色生态环保"的设计理念。将道路沿线景观与周边自然环境融合设计,将公路沿线人文历史文化融入设计,充分运用地形与本土植物,彰显本土文化与景观特色,打造自然和谐的高速公路景观。

一、沪蓉西高速,创新设计理念,打造科技示范工程

沪蓉西高速东起宜昌长江大桥,西至鄂渝交界的鱼泉口,穿越崇山峻岭、沟壑纵横、峭壁林立的鄂西山地,全长 320km 以上,是迄今为止湖北省投资最大、建设周期最长、地质最为复杂、施工最为艰难的公路工程,也是此前全国建设难度最大的高速公路项目。

湖北沪蓉西高速公路建设指挥部紧紧围绕"建设一条适宜人们出行需要的西部山区高品质环保高速公路"的总体目标,在全省率先推行了以"六个理念、七项制度"为核心的湖北山区高速公路勘测设计新思路,为实施精品战略、体现交通新发展观做出了有益探索,积累了新鲜经验。

(一)人本化理念,体现人文关怀

在总体设计上,针对鄂西山区地形、地貌、地质、水文、气候、植被等特点,敢于打破传

统建设指导思想的束缚,明确提出了标准选线、地形选线、地质选线、环保选线、运营安全选线及实行严格的耕地保护政策选线的理念,在线位布设上充分结合地形、地质、环保等因素,大范围、多层次、同深度开展了路线方案比选。如宜恩段在初设阶段,同深度比较线34段长度达184.196km,占线路总长的93.1%。高度重视地质勘查、技术指标选用对工程自身结构及后期运营安全的决定性作用,积极通过"展线、降高、减跨"提高结构安全性、工程可靠性和施工可行性;多达467.972km的物探工作量、383.3km的地质和实测地层剖面、523.31km的工程和水文地绘,以及近1500个钻孔,逾5万m以上总进尺,也为深入研究并掌握项目走廊现状,科学控制和优化路线方案提供了较为翔实的第一手资料。

在征地动迁上,充分考虑项目走廊生态脆弱、农田稀少珍贵、工程弃渣量大的实际,对传统的只注重建设、不注重环境保护,只注重使用农田林地、不注重保护和恢复农田林地的理念和做法进行修正和创新,在设计中尽量避开村镇、环境敏感建筑物和不良地质地段,尽量避免由于公路阻隔影响道路两侧居民的往来、农耕和水资源利用,尽量避免大规模的拆迁安置。恩利段开展勘察设计典型示范活动后,少占用耕地良田近500亩,少穿越森林带、水系达8km。对项目走廊地上、地下共有保存和发掘价值的18处民族民间文物遗址,省指专门委托省文物考古部门超前进行了发掘、搬迁性保护,较好地保护了自然环境和人文图景。

在安全保障上,在全省重点工程建设领域率先提出了涵盖设计、施工、构造物、驻地以及后期运营的"全寿命整体安全"新概念,第一次在国内对项目设计成果进行了道路安全性审查。开展了项目走廊建设用地地质灾害危险性评估,在了解区域地质条件、明确地灾可知性、可制性的基础上,通过综合比较论证、科学拟定处治方案、超前预报及动态设计,最终合理选择线位和工程方案,从源头把好了设计安全关。同时,针对山区高速公路复杂的地形地质和水文气候特点,在设计中对大于3.7%的纵坡设置爬坡车道或避险车道,其中恩利段纵坡路段设置避险车道10处、间距达12km。科学合理配置隧道监控、照明、救援及通风系统,确保隧道运营期间的行车安全。在全线设计了功能齐全的服务区和停车场,以及内实外美、造型各异、安全舒适、数量多达470多座的桥梁、人行通道和天桥,力求以人性化的便民和安全措施满足人们的出行需求。

(二)个性化设计,坚持环保优先

沪蓉西高速公路沿线地形起伏,植被完整,森林覆盖率达60%以上。在项目建设过程中,尊重自然、保护环境尤为迫切、尤为重要。设计部门以落实生态保护和可持续发展战略、促进工程与自然环境相和谐指导项目勘察设计和施工,实行工程建设与环境保护并举,力求将沪蓉西高速公路建成环保之路、景观之路、生态之路。

坚持理念更新。坚持环保优先,高度重视环境保护工作,高度重视设计对改善环境的促进作用,明确要求勘设单位对环境影响大的设计应予调整,合理利用挖方、填方,尽量减少废方,同时优化弃渣场地设计,尽量减少水土流失。做到最大限度地保护项目走廊独特的人文环境和自然资源,最大限度地减小工程建设对沿线生态造成的负面影响,最强力度地带动周边环境的整治与建设,恢复甚至适度改善自然生态。在长江流域重点工程水土保持专项检查中,指挥部提出的"原始的就是最美的""不破坏就是最好的保护"。

"设计中尽最大努力减少破坏,施工中尽最大限度恢复"等环保理念得到了环保专家们的高度评价

突出功能实效。沪蓉西项目地形地质特殊,工程技术复杂,几乎集结了工程领域全部地质病害和当今世界各种桥梁实践形式。在加强总体设计的基础上,充分考虑并尊重鄂西山区特性,合理选用技术指标,在设计中不刻意追求高标准平纵线型,而是充分利用地形顺应山势,使路线尽量融入自然。如针对复杂多变的地形地貌,采用较小半径绕避山体,控制 挖方边坡高度;依山傍河段采用半路半桥,路线通过20m的填方采取纵向桥跨越,路线穿越大于30m切方的山梁时选用隧道方案。合理调整避险车道与中央分隔带的宽度分布,既满足行车使用者安全需求,又避免大填大挖,有效保护自然环境。隧道洞门设计尽量采用对山体、植被影响较小的形式,体现与地面平顺衔接。对不良地质地段的工程线路必须采取避绕方案,做好地质评价,加强防护处理。

强化景观设计。沪蓉西高速公路穿越人文独特的土家族、苗族地区,既是助推恩施生态旅游、展示巴楚民族文化的最佳舞台,也是回归自然、崇尚朴实、具有永久观赏价值的艺术建筑。我们在设计中综合考虑项目线形、构造物与沿线山岭、坡地、沟壑、河流和谐统一的同时,通过景观设计把 路和文化巧妙结合起来,在服务区、互通道、监控所等处,因地制宜地兴建不同类型、风格独特的建筑、绿化广场及景点,利用桥头、隧道口、取弃渣场 等建设贴近自然的观景台、临时停车点等,多形式、全方位再现风情万种的土苗文化,积极营造"车在路中走、人在画中游"的意境。

(三)系统化控制,提升内在质量

省指挥部综合运用定位精品目标、优选勘设队伍、广泛咨询论证、提高科技含量等手段,系统解决工程结构的耐久性、工程造价的经济性、道路运营的安全性以及环境景观的协调性等问题,力求公路使用寿命更长、环境更美、行车更安全舒适、投资更省。

定位精品目标。积极借鉴省内已(在)建项目的成功经验,以全新的思维模式超前制订了《沪蓉西高速公路创建精品工程工作大纲》,不仅从精品标准、工作措施、组织管理等方面详细规范"创建精品"的具体内容和工作规程,而且系统提出了"内外质量优、工程形象佳、科技含量高、创新亮点多、整体安全好、服务功能强、生态环境美、人文氛围浓"的项目建设总要求,确立了"实施精品战略,确保国优工程,达到国内领先,争创国际先进"的建设目标,努力将沪蓉西项目建设成为一条适宜人们出行需要的高品质环保山区高速公路,建设成为全省乃至全国的标志性示范工程。

优选勘设队伍。通过招投标"阳光操作",从全国12家专业勘设机构中优选了3家资质强、信誉好的单位承担项目土建勘察设计以及机电勘测设计,分专业组织具有较高专业水平和丰富勘察设计经验的技术骨干组成了项目总体设计工作组,全过程负责项目勘设中的指导、监督与协调;超前印发了《沪蓉国道主干线湖北省宜昌(白氏坪)至恩施(鱼泉口)段勘测、设计指导意见》等一系列指导性文件,确保从源头控制和协调勘设行为,严格遵循技术规范、统一设计标准和测设风格。

广泛咨询审查。在率先推行"勘设招标制""总体协调制"的同时,创造性提出了"设计双院制""标段互验制""地勘监理制"以及"道路安全设计审查制""施工图合同委托审验制",运用多种手段,强化审查复核,确保勘设质量。督促测设单位认真贯彻业主意图、统一组织标段互验、规范完成双院审核、搞好设计后续服务,坚持以地勘成果指导选线、以道路安全评价选线、以严格的耕地保护政策合理选线。此外,还聘请全国路桥、隧道、地质界15名资深专家成立了技术顾问组,指导解决勘设及施工各阶段技术难题;分阶段、分专业针对性地开展路线、高墩大跨桥梁、隧道、地质专题咨询论证,不片面追求较低造价而忽视对结构耐久性的改善、对自然生态的保护,确保路线走向、桥型选择进一步优化,平纵线型、桥梁设计参数取值趋于合理,工程结构、施工组织更为安全可行。

提高科技含量。针对工程艰巨、地质复杂、生态要求高的特点,注重依托科技创新解决施工难题,确保工程质量,积极应用国家九五重点科技攻关优秀成果航测遥感、集成技术及深层地震反射勘探进行勘察设计,委托科研咨询单位成立了项目科研课题群管理机构,初步建立起集项目报批、审查、阶段评估、成果鉴定、推广应用于一体的科研项目全过程管理体系;制定了项目科研攻关中长期规划,完成了首批14个科研项目的招标、立项和启动工作,其中省厅立项课题6个,交通部西部办3个。通过科技进步和创新,使道路用户和沿线群众充分享受现代科技和文明带来的实惠与便利。

二、杭瑞高速公路,景观设计突出"原生态旅游景观路"理念

杭瑞高速公路从筹建开始,根据湖北省山区高速公路建设的特色与要求,把原生态环境修复和治理作为杭瑞高速公路项目建设的根本点、切入点,力图实现高速公路建设与生态环境保护的协调发展。"原生态景观路"表明高速公路建设要与自然和谐发展,成为实现可持续发展的组成部分。高速公路是一个人工建筑工程,破坏较大。生态系统的恢复,对沿线生态、水土保持、景观的影响和作用是多层次、多方面的。从地域范围来看,生态公路不仅与社会紧密结合在一起,而且与周围自然环境相连,与地形地貌、空气、河流、地下水、土地、农作物、森林植被、野生动物息息相关。

杭瑞高速公路建设中注重原生态边坡修复与重建(G56)

杭瑞高速公路根据近代革命史塑造的红色文化长廊(G56)

杭瑞高速公路根据实地实情坚持生态选线(G56)

在高速公路规划设计和建设过程中，建设者以生态学思想为指导，将自然、人和公路进行有机地结合，不以牺牲自然资源为代价进行公路开发和建设，注重维护人们与生存的自然条件相互融洽和遵循其自然发展规律，尊重自然生态系统，维护生物多样性是一种安全高效、保护自然的可持续的公路发展模式。山区原生态高速公路由汽车运输活动和公路环境构成。前者在原生态公路系统占主导地位；后者成为联系人与其他生物和环境的纽带。

山区原生态高速公路追求的是在公路的建设过程中尽量减少对环境和生态的压力，营造亲近自然的感觉，实现公路与环境的友好相处。因此，原生态景观公路应具备以下特征：路线方案选择坚持生态选线，最大限度地保护原生态景观环境。

生态恢复坚持选用本土植物，最大限度地恢复原生态植被与植物和微生物环境；景观建设坚持与周围环境协调、融合，最大程度的彰显地域文化和特色；人与自然共生思想——异质文化的共生、人与技术的共生、内部与外部的共生、人与自然的共生。"原生态景观公路"主要突出在于人与自然的和谐共生。

在杭瑞高速公路景观与绿化设计中，遵循如下基本设计原则：

（一）以人为本、安全舒适

高速公路作为方便快捷的交通途径，高车速、高流量是其基本特点，因此，一旦发生交通事故，往往要比其他普通公路产生更为严重的后果，这就要求杭瑞高速公路的景观与绿化设计中要以人为本，以满足司乘人员的生命财产安全为第一要务，避免景观与绿化对行车产生干扰。

（二）因地制宜、构建地域特色景观

杭瑞高速公路路线长、跨度大，其所经区域的不同路段有不同的自然景观和人文景观所形成的景观特色，充分把握地方景观特色，因地制宜，就成了构建具有地方特色和乡土文化的个性道路的立足点和出发点。

（三）原生态恢复和生态保护并重，走可持续发展之路

杭瑞高速公路的修建为避免给地方造成太大或不必要的经济损失，选择土壤贫瘠、水资源匮乏等立地条件恶劣，不宜耕作的地段建设，但同时又对原本脆弱的生态环境带来严重的破坏，造成水土流失，植被生境恶化，进而造成生物多样性的破坏，追求最小导致生态体系失衡。因此，在高速公路给地方带来便利和发展的同时，如何做好生态恢复和生态保护这篇文章，走可持续发展之路，又成了杭瑞高速公路景观与绿化设计的关键点。

(四)立足全局,和谐统一

在高速公路景观与绿化设计中,有一个很明显的误区就是景观与绿化设计严重滞后于公路结构设计,其所表现的职能也就成了事后的点缀和补救措施,而结果必然导致公路结构本身和公路景观与绿化设计的脱节。要把高速公路当作一件恢宏大气的大地艺术品来营建,则必须工程结构设计和景观绿化设计齐头并进,寻找两者之间的最佳结合点和切入点。

(五)经济合理

任何建设项目都有一个不可回避的问题就是经济合理性,杭瑞高速公路的景观与绿化建设同样也要受经费的制约。如何用有限的经费来创造最佳的景观效果,同时又可以降低后期的养护管理成本,是需要深入研究的问题,如绿化苗木的选择、硬质景观的设立、特征地形的处理等等。

杭瑞高速公路历经阳新、通山、通城、崇阳,风景优美,物种种类繁多,不论在生态环保、历史地位和经济价值上都具有重要的意义。建设期,根据项目调研和分析,确立原生态景观设计的目标为:

绿色原生态路——始终贯彻着尊重自然、保护自然、恢复自然、融入自然的建设理念。

旅游景观路——浓缩沿线地域特色。将当地的历史文化地域特色进行缩微,作为一种廊道载体,创造别具一格的历史人文景观。

时代文明路——从当地文化中发掘、汲取丰富的题材和创作营养,以全新的设计手法展现地域特色为主导思路。景观将融入地域文化,致力于体现古与今的交融,道路与环境的交融,体现浓郁的时代气息和国际化一流的建设水平。

理念核心与精神——以人为本、尊重自然、凸显文化;原生态、持续发展、廉政阳光。

三、三峡翻坝高速公路,开展山区高速公路生态恢复与景观构建研究

三峡翻坝高速公路建设中,开展了山区高速公路生态恢复与景观构建研究。生态高速公路的建设目标是尽量减少对自然环境的压力,营造亲近自然的视觉和心理感触,实现公路与环境的最佳融合。因此,生态高速公路建设应朝以下方向努力:路线方案的选择应坚持生态选线,最大限度地保护生态环境;生态恢复与景观建设应坚持与周围环境的协调与融合,最大限度地贴近原生态景观;建设资源节约,环境友好,自我维持能力强的路域生态系统。

施工过程中的实景

项目完成后的实景

(一)生态廊道、斑块与界面的规划

景观生态学理论认为,组成景观的元素主要有斑块、廊道和基质三部分,它们或是落在某一斑块内,或是落在廊道中,或是落在作为背景的基质里。

在生物群落中,物种的多样性随面积的增加而增加,如果一个原生生态系统能保存10%的面积,将有50%的物种被保存下来。上述原理在生态公路景观规划中,对沿线土地的规划布局、生态廊道保护等具有现实意义。对某一物种而言,大型斑块不仅能比小型斑块承载更多的物种,而且更有能力持续发展及保存基因的多样性。基于上述原理,在高速公路景观规划中土地类型的重新整合尤为重要。因此,重视斑块之间、斑块与物种之间的联系,从而维护了景观功能的完整性。

（二）绿化植物景观规划

维护原生种群和区系，保护沿线古树名木和现有大树，培育地带性物种和特有植物群落；因境制宜地恢复生态、提高边坡植被覆盖率，以适地适种的原则扩大绿化面积，发挥植物的多样性与季节性变化优势，改善道路沿线的生态景观环境；利用和创造多种类型的特色植物景观段落或景点；植物景观分布应同其周边建筑、道路等整体环境设计相统一，在风景名胜区、居民区附近，保持一定比例的视线郁闭界面长度。

固定挂网

种植护坡草

（三）沿线景观与环境保护

布局选线的生态环境保护。在高速公路规划建设初期的选线过程中，首先应该考虑公路对沿线生态环境的影响，尽量避让生态敏感区域、远离文物古迹、风景名胜区和居民集中点，充分利用原有地形地貌，最大限度地减少对沿线生态环境的影响，为今后相对具体的景观规划与建设奠定良好的基础。

景观规划中的生态环境调查。生态景观良好的高速公路应该是与周围环境有机融合,并能将贴近自然的景观环境的有组织地引入高速公路行进的视线范围之内。因此高速公路生态景观规划必须对沿线生态环境的现状进行调查,以明确各类景观元素与景观类型分布特点,并在规划过程中加以利用和整合,以达到突出道路景观特色以及与环境有机融合的目的。

植物配置,首先应充分了解该地区植物的物种、习性和分布情况,确定适合当地的乔木、灌木、藤本植物以及地被的种类,以供进行具体实施时选用;接下来根据高速公路总体景观定位与区段划分控制规划,制定包括中央分隔带、边坡在内的各类型确定植物整体配置方案。

景观保护:包括道路边界和领域范围在内的景观构成高速公路沿线的生态廊道、斑块与界面,需要在界面规划中根据现状调查结果和总体规划理念加以控制和组织,以满足动态景观观赏的需要,并最大限度地维系生态环境稳定,发挥生态环境效益。

景观生态化对策:根据道路规划工作前期的环境影响评价结果,尽管规划应对沿线生态景观进行有针对性的控制和培育,对环境评价中提到的沿线重点受影响区域规划中制订相应的补救与缓解措施,将工程对环境的影响降到对最低限度。

景观节点生态规划:包括中央分隔带、边坡、互通式立交、附属区在内的景观节点,需要制订各自相对较为详细的以景观为导向的规划。附属区等重要节点,还应该提供生态建设对策与规划导则,并用若干生态指标如绿地率、郁闭度、建筑限高等加以有效控制。

边坡画廊

(四)选线与景观

翻坝高速公路沿线,自然风光秀美如画。为了实现公路与自然景观相协调,尽可能消除和减弱对环境不良影响,打造生动和谐的公路新景观,在设计之余提出了"绿色生态环保"的设计理念。该理念的基本要点是:在设计过程中,将道路设计与周边自然环境相结合,充分运用地形与本土植物,彰显本土文化与景观特色,打造自然和谐的高速公路景观。

具体工程做法:选线上,运用了曲线定线法,使线形随地形变化,自然流畅,避免了大填大挖,以减少对自然环境的损伤。为提高沿线绿化面积,对沿线下边坡采取本土草皮、喷播草籽等绿化方案进行绿化,上边坡采了窗式护坡、圆形骨架护坡和人形骨架护坡等多种骨架结构,并加喷播草籽客土种植等绿化方法,使上下边坡绿化分别占总面积的95%和85%以上。凸显人文关怀,让乘客多享几分乐趣。

服务区景观

在全线绿化和景观设计时,采取以点带线的方式,不仅要种树,而且要形成景观带,强调服务区等建筑和线路景观协调,达到路景合一的效果。翻坝高速公路不仅是一条快速通道,还是一条艺术长廊。因此,要对收费站、隧道口等处采用丰富的节点处理手法,其中既有传统风格,又有现代造型,使高速公路沿线的构造物构成一道壮丽的风景线。

在建设中,本着保持生态平衡的原则,对公路用地范围内的乔木、灌木和草本植被等,采取移植或保留的手法进行保护;对公路用地范围以外的植被,则采取预防为主的措施,杜绝乱砍、乱伐、乱挖,以维护原有地形、地貌和沿线植被的完好。

隧道口景观

在工程防护上,对边坡采用生态护坡技术,以植物绿化防护为主体,尽可能减少使用片石护坡和锚杆护坡等工程防护形式。

翻坝高速公路景观设计,应大胆创新,突破传统景观单一的框架,以动感的跳跃、自由而变化丰富、设计结合自然相结合的理念。沿线精心设计景区,种植各类鲜花;景区亮点频现,鲜花和绿色植物交相辉映,使人感觉到的是高速公路与环境的融合无间,为大自然增添色彩。公路两旁,草木共生,野花组合,摇曳多姿。坡脚有的运用爬墙虎,上挂下攀,让绿色成为边坡的基调。地毯式的绿色边坡上,点缀成片的野花,一派姹紫嫣红的瑰丽景象,令人赏心悦目。耸立在中央隔离带的植物,代替常规的防眩板,防眩、滞尘、吸收尾气;用常青的野草作为地被植物。互通立交处因地制宜,一处一景,有的以疏林草地见长,有的以森林取胜。桥头锥坡绿化,改变传统片石浆砌的做法,采用六角彩砖铺砌,砖草共生,浑然一体。对全线的取土场、弃土堆、交界过渡带等黄金地段,则铺草种树,覆盖绿色,回归自然。

第三节 "两型交通"在高速公路建养中的实践

湖北在高速公路建设和养护管理上坚持科学发展观;在绿色、生态、环保、景观路上做文章,在公路绿化、站所建设上最大限度地保护生态,将"不破坏就是最大的保护"的环保理念贯穿到建设养护施工的全过程之中。将恢复好生态环境作为施工的第一原则,做到恢复公路生态环境与展示绿色奇迹的机结合;将恢复生态环境与旅游服务功能有机结合;将恢复公路生态环境与人文景观有机结合;将恢复生态环境与沿线地方环境治理有机结合。通过建设者的不懈努力打造出一条条路景相融的环保科技路。

三峡翻坝高速公路入口景观(S68)

一、武麻高速公路,采取有效措施创建低碳环保工程

武麻高速公路是沪蓉高速公路的重要组成部分,路线全长 101.126km,2008 年全线开始大规模施工。建设过程中,采取各种有效措施创建低碳环保工程。

将绿化工程与主体工程有机结合。设计是灵魂,措施是根本,在项目设计落实于工程现场阶段,指挥部、总监办与两家设计单位紧密配合,针对工程地质、地形特点,大胆而稳妥地进行了系列创优设计。在部颁规范标准范围内,调整隧道围岩初支参数,合理压缩桥隧和高能耗的项目规模,变更支挡防护形式,控制隐蔽工程量等措施,努力将最优的设计方案组织工程施工。同时指挥部、总监办指导和监督施工队伍,加大对开挖出的石方等地材进行组织利用,加强对砂浆、养生水的循环利用管理,最大限度地减少机械设备的空耗,提高其实有的工作效率。技术方案与组织管理两手并举,取得了低碳建设在麻武项目上的长足进步。麻武项目较批复概算节约钢材 8562t,节约水泥 22.701 万 t,节约各类工程石料 74.812 万 m^3,减少挖填土石 95.568 万 m^3,增加绿化防护面积 40.648 万 m^2,相应减少圬工防护 10.78 万 m^3。在同期同等实体规模的项目中,实现投入产出比较优的投资控制目标,按国内平均钢材、水泥生产能耗比计算,减少二氧化碳排放量 20.104 万 t。在技术规范标准允许范围内对全线 78 处上边坡开挖坡面进行了专项设计,尽量减少对原有边坡生态的破坏。因地制宜进行边坡绿化恢复设计。对于岩坚固、山体较陡的上边坡开挖坡面实行了挂网植藤绿化设计。对山体平缓的上边坡开挖坡面实行了挂网客土喷播植草绿化设计。对于山体较高的上边坡开挖坡面及填方较高的路基边坡实行了多级平台与挂网客土喷播植草、三维网撒播草籽等相结合绿化设计。对所有下挡墙及圬工上挡墙均进行专设绿化槽设计,通过栽植草灌,最大范围恢复坡面绿化。对中央分隔带及公路两侧路基富余地段以栽植树木或长青植物,决不容许出现非绿化创面。

将恢复公路生态与自然环境有机结合。工程伊始,指挥部全面统筹绿化工程设计施工方案,路基清表时移植苗木,回收表土,为绿化施工创造条件。2009 年 5 月就提前启动了三期绿化工程,施工单位见缝插针,交叉作业,提前对部分交工路基进行绿化;实施工厂化选种育苗;开始边坡生态防护,客土喷播植草等工作。施工时力求"零浪费"。指挥部、总监办举办了爆破技术、爆破安全的培训班,严格实行挖填方工程开工许可制度。对施工弃料含石量较少的土料集中堆放,用于后期边坡绿化;材质较好的石料清理出来用于浆砌挡墙、稳固边坡和沿线"三改"工程等;其他挖方料及时用于路基填筑。完工时力求"零空白"。对路基边坡及时采用了浆砌片石、设置路堑边坡排水沟,以及三维网、土工格栅、客土喷播、栽植树苗及撒播草籽等综合生态防护,防止冲刷和保持路基稳定,保护公路设施安全。工程完工后加强各种污垢、废料清理,恢复自然环境。

将恢复公路生态与技术创新有机结合。在绿化工程中采用了客土喷播坡面防护、土工格栅、三维网喷播植草坡面防护、栽植树苗、撒播草籽综合生态防护技术。在交安工程中采用了大中桥中央分隔带种植灌木防眩、种花吸声砖声屏障、四水泥加压穿孔复合吸声板声屏障、服务设施设置无障碍通道等新技术。以"避、清、封、露、绣"为手段,展示生态公路特色。"避"就是避开集镇街区、工厂、学校等险要路段,以及自然环境保护区、历史古迹、文化名胜和旅游景区等环境敏感区域。为保护古树,采用了移栽的方式进行处理。"清"就是拆除沿线距离公路较近的废弃建筑物,迁移"三杆",清理危石,减少或消除安全隐患。"封"就是通过设置安全护栏、隔离栅等实行封闭运行,通过栽植风景树、片物造景,对有碍观瞻的建筑物、高边坡进行视线诱导。"露"就是使较好景观其尽量显露或透出。"绣"就是通过生态绿化和设施美化,实现公路与自然和谐。

二、武黄养护,再造绿色、生态、环保、景观路

武黄高速公路是湖北省建设的第一条高速公路;为实现"绿色、生态、环保、景观"路的目标,武黄公司在养护管理中,按照"统一规划、优化设计、突出重点、分步实施"的思路,创新的提出力争用3~5年时间、投入专项资金分期打造武黄"绿色、生态、环保、景观路"工程。2005年完成沿线站所绿化一期美化工程;2006年投完成沿线匝道绿化二期美化工程;2007年完成武东新址院内绿化、沿线站所庭院绿化补栽三期美化工程;2008年完成主线中央分隔带8km笔柏更换四期美化工程。通过四年的绿化改造,切实改变了武黄高速原有绿化品种单一的局面,形成错落有致、品种多样、常青树木与花草交相呼应的景观路新形象。同时对蒲团、路口、鄂州和汀祖四个互通立交进行彻底地边坡治理、清除建筑垃圾,恢复绿化植被,实现边坡生态防护和绿色防护。改造充分结合当地地形特点,绿化主要以植草为主,辅以少量植物造景来点缀,创造一种自然、开阔的意境。四年完成的一、二、三、四期绿化工程新增绿化面积43000m^2(不含中央分隔带),栽植各类苗木139000余株(含乔灌木),绿化栽植成活率大于95%,保存率大于95%,武黄高速公路这条"绿色、生态、环保、景观路"已经初具规模。"十一五"期间共计投入绿化经费609.524万元。

完善绿化工程,最强力度地恢复生态。主要是对行道树等现有树木的整枝清理,使其整齐划一,再将中央分隔带等老枯老树种分阶段进行更换,清除中央分隔带上杂物,恢复植被。路基防护采取拱式护坡以及喷播植草和栽植灌木等生态防护相结合的方式。实施环保配套设施建设。逐步对沿线站所污水处理设施进行改造,清理边沟等排水设施,恢复其排水功能,对水排放进行监控,使其不污染当地居民用水。同时,对噪音敏感点进行必要的降噪处理。从实际出发着重研究废弃公路设施、废旧沥青混凝土、弃渣等废弃物的处理及利用,推广再生技术,以期通过科技创新,达到节约资源、保护生态和提高效能的目的。

三、黄黄高速,建设花园式管理所

湖北省黄(石)黄(梅)高速公路是国家规划建设的沪蓉国道(后改为沪渝国道和福银国道)主干线的重要组成部分,具有"一路连三省"的特点,是展示湖北对外形象的一大窗口。加强花园式管理所建设,让湖北的"窗口"常青常绿,成为荆楚一道亮丽的风景线,这是黄黄高速管理者自觉地追求。沿线八个管理所院内乔灌结合、花草搭配、层次分明、三季有花、四季常青,实现了"春有花,夏有绿,秋有果,冬有景",全部建成了错落有致、赏心

悦目的花园式管理所,黄黄高速公路被外界称为"湖北省高速公路的形象路"。

根据高速公路建设中"靠市不近市"的原理,各管理所基本都依高速公路所建设,高速公路是窗口行业,各管理所更是高速公路整体形象的窗口,是高速公路与外界接触和交流最多的地方之一。建设花园式管理所,既是公司家文化建设的重要内容,也是管理所文明建设的范畴和内容。黄黄公司员工大多来自外地,工作和生活的环境的好坏是留住他们的关键,要让员工爱岗敬业扎根黄黄就必须改善这里的环境。管理所始终把创建温馨、舒适、优美的花园式单位纳入所重要工作议事日程,并提出"绿化环境人人有责,美化所院人人动手"的口号,所领导亲自带领干部职工栽植绿化苗木,大家齐动手,大力绿化、美化环境。雪松、棕树、樟树、枇杷树、桂花树等花木的植入为庭院绿化增添了一道为亮丽的风景线。所容所貌焕然一新。公司从上至下形成了栽树、养花、种草营造温馨家园的风尚,以营造家的温馨为荣,员工都热爱在管理所工作学习生活,以所为"家"。公司每年在管理所组织举行各类运动会篮球、足球、乒乓球等比赛,极大地丰富了广大员工的业余文化生活。黄黄管理处近年来连续获得"省级最佳文明单位""全国青年文明号""全国五一劳动奖状"等多项殊荣。

Record of Expressway Construction in
hubei
湖北高速公路建设实录

第四篇
管 理 篇

篇 首 语

湖北高速公路从无到有,全省"七纵五横三环"高速公路规划网基本建成,实现从"九省通衢"向建好"祖国立交桥"的跨越。为促进高速公路高速优质发展,高速公路建设投融资体制不断创新,建设规模、质量速度、经济社会效益不断提高,发展环境不断优化;建设模式由"工程指挥部"模式向"项目法人制"转变;建设主体由省政府向市县政府、民营企业、其他行业企业及投资集团拓展;采取了BOT、代建制、BT、PPP等运作模式,特别是外资加入建设,推动了建设管理水平的提高和建设观念的改变,适应了国家投资体制改革的需要。高速公路养护经营管理通过多年的探索,管理理念由"方便管理部门"向"服务社会公众"的新思路转变,管理模式实现理顺、规范、创新。湖北省高速公路"多元化投资、一体化管理"的行业管理格局基本形成。

第一章
高速公路建设管理

随着高速公路的建设发展,建设管理不断创新:交通筹融资渠道从单一政府和部门投入拓宽到政府投入、社会投资、商业贷款、世行贷款、交通规费投入和证券市场融资等多种渠道;高速公路招商引资及建设由以省为主转向以市州为主;交通筹融资由招商引资转向招商选资;交通建设管理由以指挥部为主转向项目代建制等多种模式;建设项目管理、质量管理不断优化。

第一节 公路建设投融资改革

20世纪80年代以前,湖北交通建设投资仅靠独家经营,20世纪80年代中后期开始探索多元化多渠道多方办交通的投融资改革,变部门独家办交通为全社会合力办,全省公路建设筹资渠道拓宽。交通投融资管理体制经历了由事业到企业再到事业、企业并存的过程,形成以"政府投资为主导,以企业融资为补充,以银行信贷为支撑"的湖北交通GEB投融资平台。

一、各种专项税费和财政性资金

早期,湖北省用于高速公路建设的资金主要来源于各种专项税费和财政性资金(如车购税、养路费、国债、地方财政等)。"六五"至"七五"期,10年公路建设的成就产生了广泛效应,各级党委、政府和人民群众更加深刻体会到发展交通对搞活经济、改变城乡面貌的重要性,从"要想富、先修路"变为"要快富、修大路(高等级公路)"。1987年4月,为解决在建的宜黄高速公路资金难题,省政府、省交通厅开辟多方集资渠道:把全省汽车养路费由每月105元/t,提高到120元/t,1990年又调整到货车130元,客车150元,调增部分作为宜黄公路建设专项资金;争取交通部补助投资7800万元;国内贷款7500万元。省政府发文对征地动迁补偿标准作了严格规定,并对工程所需钢材、木材、水泥各按省拨价供应50%计划指标。"八五"期间,建设步伐进一步加快。在全社会办交通的政策指导下,湖北交通部门开始解放思想,大胆筹措资金,投资结构进一步改善,筹资渠道进一步拓宽,总投资额为"七五"的5.1倍。

1996年11月8日,黄黄高速公路开工奠基

二、贷款修路、收费还贷

1984年,国务院制定出台了"贷款修路、收费还贷"政策。省委省政府、省交通厅积极贯彻落实此项政策,当年即建设完成湖北省第一条收费还贷性公路咸宁至通山公路,并设立了湖北省第一个收费站。"八五"期间,贷款建设公路的路子在全省相继铺开。五年来,各地市自筹资金超过2.9亿元,累计贷款23.4亿元,占"八五"交通投资总规模的25.6%。"九五"期间,交通规费投入52.37亿元,交通部投资23.18亿元,国内贷款100.74亿元,国外贷款15.4亿元,地方国债8.35亿元,地方自筹56.7亿元,其他1.4亿元。到2000年底,全省公路建设累计贷款余额为139.37亿元,全年新增贷款50亿元。"十五"期间,全省共筹措到位贷款资金120.1亿元,其中省统贷资金73.6亿元,支持市州自贷46.5亿元,保证了路网建设资金的需要,争取交通部投资72.3亿元,组织国内外银行贷款372.2亿元,高速公路建设招商引资64.5亿元。"十一五"期间,全省高速公路共征收通行费314亿元,其中政府还贷高速公路通行费151亿元,为"十五"期间的3.4倍。

三、跨地市跨行业多元化筹资

"八五"期,跨地市、跨行业、多家出资合股组成的有限责任公司开始投入公路建设,发行交通建设债券有了初步尝试。"九五"期,全省交通部门解放思想、大胆探索,采取了国内银行贷款、转让公路收费经营权、国内BOT、动员各方面筹资和民工建勤等多种方式,缓解了交通建设资金不足的压力。交通建设的投入构成中,交通规费以外的投入大幅度增加。2002年5月,鄂东长江公路大桥项目地"鄂港经济合作洽谈会"上首次亮相,便迎来湖北华银集团的关注。由华银集团出54.61%,湖北省交通运输厅公路管理局出资38.39%,湖北省投资公司和黄石市城市建设投资公司各出资3.5%,组建鄂东长江公路大桥有限公司。四家投资主体有企业、有部门、有省里、有地方。这是湖北省在交通特大工程项目中,首次试水"多元化投资管理"模式。"十二五"期间,湖北交通进一步加大公路建设投融资体制改革,加大地方政府的主体责任。高速公路建设以省投资为主转向以地方政府招商建设为主,成立湖北省交通投资有限公司作为高速公路投资建设的主力军。五年中,湖北完成高速公路投资1977亿元,建成高速公路2530km,其中省交投承担了80%的任务。省交投通过盘活存量资产,使湖北高速公路建设从单一依靠银行信贷转变为资本市场直接融资。五年来,省交投融资1800多亿元,通过省政府贷款和省交投融资建成高速公路1919km。

四、引资招商

"八五"期,黄石长江公路大桥引进37亿日元贷款,武黄高速公路向马来西亚转让收费经营权,为湖北省交通基础设施建设筹资开辟了新途径。"九五"期,引进外资19.2亿元,缓解了交通建设资金不足的压力。2005年建成通车的(襄)樊魏(家集)高速公路,项目由湖北东方投资公司和香港恒茂有限集团公司共同投资,采取"委托建设"的模式建设,是湖北省第一条招商引资、利用民营资本建设的交通基础设施。2010年建成通车的武(汉)荆(门)高速公路,批准项目总投资65亿元。该项目投资来源为项目公司资本金投资和国内银行贷款。项目公司资本金由湖北武荆高速公路发展有限公司筹资,投资方为利嘉实业(福建)集团有限公司;国内银行贷款由国家开发银行湖北省分行等国内银行提供。其中原批复概算的资本金占原概算总投资35%,国内银行贷款占原概算总投资65%;新增加概算的资本金占新增概算投资的25%,国内银行贷款占新增概算投资的75%。

2006年建成通车的荆(州)东(岳庙)高速公路,项目采用民营投资,政府与企业合作共建的管理体制。项目投资方湖北荆东高速公路建设开发有限公司,由控股91%的湖北华银交通开发有限公司与持股9%的湖北华银实业集团有限公司组成。2006年7月29日,厦门东方金龙投资有限公司将所持有的湖北华银交通开发有限公司股权全部转让给深业控股有限公司。这次股权转让是根据股东企业发展的整体规划而进行的重组,对已完工的荆东项目由直接控制转为间接控制,同时将拥有更多交通投资机会。通过合作和重组引进具有长期运营管理经验和高素质的大型投资性公司,有利于荆东项目的运营、管理和发展,同时,有国际资本背景的实力机构参与的大型交通投资集团在湖北建立,对湖北的投资事业有较大促进作用。荆东的做法的拓宽了高速公路交通建设的投融资渠道,激活了投资路桥建设的资金流,使企业更快地融入国际资本市场,也体现了政府和企业的互惠互利关系。

2015年8月28日,湖北基础设施建设首个PPP项目－秭归香溪长江公路大桥动工兴建,融资15亿元,开创了湖北省公路建设PPP模式筹融资的先河。公私合营模式(PPP),其政府参与全过程经营的特点受到国内外广泛关注。PPP模式将部分政府责任以特许经营权方式转移给社会主体(企业),政府与社会主体建立起"利益共享、风险共担、全程合作"的共同体关系,政府的财政负担减轻,社会主体的投资风险减小。

2015年7月24日,省交通运输厅、宜巴高速公路建设指挥部和世行代表团在武汉签订宜巴建设项目监测备忘录

五、世界银行贷款

1995年,湖北省交通运输厅组建世界银行贷款项目办公室,开始利用世行贷款进行交通基础设施建设。截至2015年2月,向世行融资共计11亿美元,建设国家重点工程6个,建设项目在湖北省高速公路骨架网以及内河航电枢纽梯级发展等领域发挥了重要作用,有力地助推了交通基础设施的建设,为湖北省交通事业实现跨越发展提供了保障,为可持续发展增添了新的活力。

六、上市融资

楚天高速上市是湖北省推进交通投融资体制改革,实现交通投资多元化的重要举措。公司上市申报工作自2000年公司成立之日开始,按照"一年改制,两年申报,三年上市"的工作目标,积极稳健推进上市进程,先后通过了辅导验收、发审委审核和证监会核准。经中国证监会核准,公司于2004年2月24日向社会公开发行2.8亿股A股股票。2004年3月10日,公司股票正式在上海证券交易所挂牌上市。该公司以募集资金收购汉宜段高速公司江宜段收费权,2006年12月,公司股权分置改革相关股东会议审议通过了股权分置改革方案,公司股权结构为:国有法人股 54398.494 万股、社会公众股 38766.755 万股。

2004 年 3 月 10 日,楚天高速上市

七、湖北交通 GEB 投融资平台

湖北交通投融资管理体制经历了由事业到企业再到事业、企业并存的过程。"十一五"以来,省交通运输厅坚持解放思想,深化改革、整合资源、创新机制,最大力度争取国家部委支持,最大限度发挥市场融资功能,最大程度整合以省高速公路为主体的企业融资平台,以楚天高速公路为主体的市场融资平台,上市公司形成以"政府投资为主导,以企业融资为补充,以银行信贷为支撑"的湖北交通 GEB 投融资平台。

政府主导:资本性投放资金来源包括中央财政、省级财政、规费收入、通行费收入等,以资本性投入带动债务性资金的进入;对交通企业和项目的管控,引导社会资金投向,提高投资效益;利用政府信用,对政府投资的交通建设项目提供银行贷款的担保。

企业补充:包括高路集团、楚天公司和各项目公司,在政府的引导和管控下,广泛采用股权融资、债权融资、项目融资和经营性收入等实现交通建设资金的供给。

银行支撑:包括商业银行贷款、国际机构贷款和外国政府贷款,以贷款形式提供各类债务性资金来源,缓解交通建设资金缺口和短期资金供需矛盾,使财政资金、社会资本和银行贷款的比较优势得到充分发挥,特别是财政性资金的放大效应达 8 倍之多,交通 GEB 投融资平台的整体效益充分显现,交通融资规模与建设规模同步实现跨越式发展。

"十二五"期,交通建设投资市场全面开放,企业投资高速公路占全省高速公路通车里程的 48%,占在建高速公路的 44%;"以政府投资为主导、以企业融资为补充、以银行信贷为支撑"的湖北交通 GEB 投融资平台为加快湖北交通建设提供了重要保障。

第二节　建设管理体制

"八五"—"九五"时期,交通基础设施建设实行投入产出目标承包责任制,"十五"—"十一五"时期,全省交通管理体制和运行机制变"部门交通"为"社会办交通"变"大包干"为"资金跟着项目走、项目跟着规划走";2008年,高速公路招商引资及建设由"以省为主"转向"以市州为主";2010年,成立的湖北省交通投资集团有限公司,是湖北省人民政府独资的以交通基础设施投融资、建设、运营管理为主业,涵盖物流、科技、路衍、交通地产、非银金融、流域开发等相关产业的综合交通投资企业,是省级最大基础设施投资运营商。"十二五"以来,湖北省高速公路建设进一步深化由"以省为主"转向"以市州为主"的建设和投融资体制改革,原已开工的省厅主导建设的宜巴、谷竹、保宜、郧十等8个项目后续的建设事宜全部移交湖北省交通投资集团有限公司。

一、投入产出目标承包责任制

1992年起,省政府决定交通基础设施建设实行投入产出目标承包责任制。同年10月,受省政府委托,省交通厅长王连东在全省交通工作会议上与各地、市、州的专员、市长、州长签订了"八五"—"九五"期间承包责任书。至此,湖北高速公路建设纳入省委、省政府的决策顺利向前推进。由省交通厅组建了前期工作专班,全力推进高速公路前期工作。"八五"期间,公路建设完成投资66.85亿元,为"七五"期间投资的374.93%。全省加快以宜黄高速公路为主的高等级公路建设,其中5年建成高速公路392km,位居全国前列;"九五"期间是湖北省高等级公路快速发展时期,全省建成高等级公路909km。至2004年,全省高速公路通车里程达到1353km。

二、资金跟着项目走、项目跟着规划走

2005年,在总结"十五"、谋划"十一五"的关键转折期,湖北省交通厅党组确立了"整合资源,合力发展;统筹规划,科学预算;政策引导,分级管理;依法行政,公平和谐"的"32字"交通发展新理念,提出并实施了变"部门办交通"为"社会办交通"、变"大包干"为"资金跟着项目走、项目跟着规划走"、变交通厅一级预算管理为交通厅与市州交通专项资金分级预算管理、变粗放型管理为集约精细化管理的"四个转变"改革举措,形成了"政策引导、多方筹资、合力建设、加快发展"的新格局,为推进"十一五"交通发展提供了体制机制保障。

三、多元化投资、一体化管理

2006年10月,根据鄂编发〔2006〕54号文规定,省编委批复,湖北省交通厅高速公路

管理局成立并于2007年10月正式组建,履行全省高速公路和长江大桥收费、路政、养护、资产、投资等行业管理职能。先后对15个民营和社会资本投资建设项目,在全国率先实行委托管理,从实践上来看,运转顺利,效果良好,既维护了高速公路网络的完整性,体现了交通行业管理的统一性,又保障了高速公路服务的规范性,有利于实现社会公众利益与企业经济效益的"双赢"。依托京珠、汉十、鄂西、随岳、黄黄、武黄等6个高速公路管理处,实行区域化管理,对新建成的民营和社会资本投资的高速公路,通过签订委托管理协议,实行委托管理,统一派驻运营管理骨干和路政执法队伍,全省高速公路"多元化投资、一体化管理"的行业管理格局基本形成。

四、高速公路建设由"以省为主"转向"以市州为主"

2007年,湖北省交通厅党组明确提出湖北交通发展的战略任务是:着力打造"生态文明、安全优质、互联高效、结构优化、创新驱动、法治有序、充满活力、永续发展"的现代交通业。进一步确立并倡导实施交通科学发展"八个转向"的新思路,即:交通发展由"数量扩张型"转向"质量效益型";交通建设由"资源消耗型、依赖型"转向"资源节约型、环境友好型";交通管理思维由"立足本部门"转向"立足大交通"。2008年,高速公路招商引资及建设由"以省为主"转向"以市州为主",对列入省"十二五"、"十三五"等中长期规划的高速公路项目以及地方区域性高速公路积极鼓励以地方政府为主体组建项目业主,实施招商引资和建设,进一步推动"部门办交通"为"社会办交通";交通筹融资由"招商引资"转向"招商选资";交通建设管理由以"指挥部为主"转向"项目代建制"等多种模式;交通行业管理由"方便管理部门"转向"服务社会公众",努力为促进中部崛起当好交通先行。2008年12月18日,省交通厅与市州党委政府在汉举办了合力办交通,同心促发展座谈会,会上与17个市州人民政府分别就交通发展签订共建协议。根据协议,由各市州政府组织项目前期工作专班,全力加强高速公路项目前期工作,招商引资及建设管理,确保良好的交通发展环境。

高速公路建设由"以省为主"转向"以市州为主"

"十二五"以来,湖北省高速公路建设进一步深化由"以省为主"转向"以市州为主"的建设和投融资体制改革,原已开工的省厅主导建设的宜巴、谷竹、保宜、郧十等8个项目于2014年2月项目后续的建设事宜全部移交湖北省交通投资集团有限公司;以杭瑞、沪蓉西、三峡翻坝等高速公的调概、结算、竣工验收、后评价等收尾工作也在2014年分期分批移交湖北省交通投资集团有限公司。2012年2月后新开工的高速公路项目均以市州政府为主体进行招商引资。虽然经历了投融资体制改革,面对当时宏观经济下行的压力,但湖北省高速公路建设逆势上扬,取得了骄人的成绩。

五、组建交通投资企业

湖北省交通投资集团有限公司是湖北省人民政府独资的以交通基础设施投融资、建设、运营管理为主业,涵盖全省公路、铁路、港航、航空等交通基础项目、客货运输业、现代物流业等相关产业及其他政策性建设项目的投资;公路、桥梁等交通基础设施的科研、设计、施工、监理及运营管理;智能交通开发与应用;项目评估、咨询;资产经营及管理;金融、股权投资及企业并购;项目代建代管;土地收购储备及开发;房地产开发;风险投资;国际经济及技术合作(需审批方可经营),是省级最大基础设施投资运营商。公司于2010年9月30日注册,10月28日正式挂牌成立,注册资本金100亿元,目前总资产超过3000亿元。拥有子公司48家,其中全资25家、控股19家(楚天公司为上市公司),参股4家。

湖北省交通投资有限公司作为高速公路投资建设的主力军,签约高速公路建设项目

为认真贯彻落实省委省政府战略部署,最大程度发挥融资和建设功能,充分释放体制改革红利。省交通运输厅为支持省交投公司付出了竭尽所能的努力。一是竭尽所能采取变通措施将高速公路及相关资产移交给省交投公司。2011年将全部政府还贷高速公路资产,采取变通方式,移交给省交投公司,通过资产评估增加其账面价值360亿元;2013

年又采取变通措施,将政府还贷高速公路服务区资产移交给省交投公司。2011年以来,共计争取高速公路车购税补助资金114.34亿元,全部用于交投公司高速公路资本金。二是竭尽所能增加国高网规模。全省新增国家高速公路8条共计1900km,加上原有的8条3100km,湖北省境内国家高速公路总里程达5000km,这为湖北省争取更多车购税资金奠定了基础。三是竭尽全力额外争取补助资金。经过变通方式,争取交通运输部同意将十房、恩来、恩黔3条高速公路由经营性公路变为政府还贷公路,为省交投公司多争取到26.4亿元补助资金。

通过改革体制,政府与市场两个作用得到充分发挥。省交投公司充分运用政府主导、企业主体、市场运作机制,承担全省"十二五"80%的高速公路建设任务,承建项目42个、总里程2560km、总投资达2385亿元。

湖北省交投公司大力推进资产证券化,从根本上解决了融资难,公司的投融资规模跃居全国前列。企业信用创AAA,为省属企业第一家。累计实现融资1826亿元,完成投资1744亿元。投资规模2012—2014年居中部第一,2012年、2013年居全国第二,2014年居全国第三。公司被评为2014年度全国五家企业债优秀发行人之一。"十二五"期间建成通车1919km,相当于"十一五"末全省建成通车总里程的一半。续建高速公路656km,开建6座长江大桥。2014年建成通车749km,结束了10个县(市)不通高速公路的历史,受到省政府通令嘉奖。

第三节　项目管理模式

高速公路建设之初,正值我国经济体制逐步建立之际,当时建设的宜黄高速公路项目管理实行以"政府投资、交通组织、多方支持,共作贡献"模式;黄黄调高速公路建设首次全面实行公路建设的"四制"(项目法人责任制、招投标、工程监理、合同管理制)。随着公路建设投融资体制改革,为了确保企业投资项目健康有序发展,根据《中华人民共和国行政许可法》《国务院关于投资体制改革的决定》等新的法规,随岳南项目按照"业主负责、政府服务、行业监管、依法行政"的改革原则,实行项目法人自主负责建设管理模式。

一、"政府投资、交通组织、多方支持,共作贡献"模式

被誉为"楚天第一路"的宜黄高速公路江宜段建设时期,正值我国经济体制逐步建立,各种利益关系不断调整,计划经济时期靠行政命令就可解决的问题此时已不那么容易解决了,但是省委省政府在宜黄公路建设之初,确立的"政府投资、交通组织、多方支持,共作贡献"的方针,仍得到沿线各级政府和广大人民群众的支持,为三峡工程建设做出了

贡献。

面对江宜段工程工期紧迫、任务非常艰巨、质量要求特别严格、计划投资偏紧的实际情况,省委、省政府要求各级地方政府"政治动员、行政保证、经济补偿、多方支持、共作贡献",强化了省宜黄公路建设指挥部的功能。出台了一系列优惠政策和措施,明确了由省交通系统自己设计、自己施工、自己管理,实行质量、工期、投资总承包的"三自一包"的建设方式,责成省交通厅作为政治任务,快速优质修好江宜段。为此省交通厅组建了工程建设指挥部,按照省政府确定的"三自一包"的原则,具体负责组织实施。

(1)自己设计。总体规划,分段突击,跟踪服务,不断优化,提供高质量的设计蓝图。

指挥部充分发挥老专家经验丰富的优势。从审查初步设计开始,即与设计室紧密配合,着重在优化线型、提高标准和降低施工难度上下功夫,对初步设计进行了几处合理的修改。通过优化线型、调整线位、缩短里程、减少桥梁、提高标准上,有效地提高了道路的通过能力和安全系数,较好地满足了三峡运输的需要。

(2)自己施工。集中全省交通系统的力量,按照"四严"的要求,组织精兵强将上一线,领导指挥到前沿。

指挥部严格挑选队伍,以全省交通系统队伍为主、面向全社会进行招标,以"实力雄厚、信誉可靠、报价合理、行为规范"为标准,认真比较挑选。中标队伍中,除荆州水利工程处、铁十一局、核工业廿二公司、葛洲坝工程公司等社会力量外,均来自省交通公路系统。合同一经签订,即组织中标单位进行动员,要求从服务三峡工程的大局出发,重合同、守信誉。在现场管理上,根据质量、进度等综合因素,主要强调并落实了"五不开工"和"五个坚持"。"五不开工"是:机械设备不配套不开工,施工材料不合格不开工,技术和质量检查人员不在现场不开工,上道工序未检查合格不开工,安全措施未落实不开工。"五个坚持"是:坚持挂线作业,坚持分层铺筑、分层碾压,坚持不在主线设拌和场,坚持不在砼路面上拌砂浆,坚持不乱堆混堆各类建筑材料。在进度管理上,指挥部主要抓住了三个方面的工作:一是倒排工期,组织力量,日清月结,奖惩兑现;二是根据网络进度图,交叉安排,流水作业,总体推进;三是根据工程进展,审情度势,确定目标,组织会战。1993年,以"基本完成一期工程"为目标,指挥部成功地组织了一、二、三战役,保证了一期工程的顺利完成。1995年春节刚过,组织了路面工程"百日会战",二期和三期工程并重的"八月苦战"和"九月决战",确保江宜段建设工程同年9月25日提前建成通车。

(3)自己管理。将菲迪克管理的科学性与指挥部管理的政治和行政手段结合,组织精干的队伍,配备先进的手段,制定完整的制度,实行强制性监理,确保工程质量跨上新台阶。

"菲迪克"是国际咨询工程师联合会(Fédération Internationale Des Ingénieurs Conseils,法文缩写 FIDIC)的中文音译;指国际咨询工程师联合会这一独立的国际组织;于1913年由欧洲5国独立的咨询工程师协会在比利时根特成立。FIDIC是国际上最有权威的被世界银行认可的咨询工程师组织。条款通过业主和承包商签订的承包合同为基础,以独立公正的第三方监理为核心,形成业主、监理、承包商相互联系、相互制约、监督的合同管理模式。由于当时正处于计划经济向市场经济的过渡期,宜黄高速公路建设尚和处于政府投资的行政计划安排阶段。在此历史条件,设计施工建设选择尚未能面向社会选拔。建设指挥部参照"菲迪克"条款,按照"自己管理"的原则,在全省交通系统择优选拔组成精干的质量监理工程师队伍,形成了指挥部、工程监理站、驻地监理组的三级监理体系,组建了中心试验室、站试验室和施工单位工地试验室的三级检测网络。三年里,根据各人的具体情况进行了一些调整,但始终保持有150多名监理工程师活跃在各级监理体系和检测网络之中,平均1.58人/km。

采用"政府投资、交通组织、多方支持,共作贡献"模式建设的宜黄高速公路江宜段

采取"两条腿走路"的方式,为测量、检验网络调用、购买、配齐了红外全站仪、核子密度仪、远红外水准仪、超声回弹仪等700多台(套)先进的质量试验检测设备,为监理、质检人员配汽车16辆,为现场监理人员配自行车40多辆,并在全线建立了无线通信网络,保证了监理检测工作顺利进行。制定了系统、完整、操作性很强的监理工作规章制度,使监理工作有章可循,有法可依。坚持用制度管理,按规范办事,用数据说话,让进度服从质量。

(4)自我发展。将生产与科研相结合,不断引进新技术、新设备、新工艺,边实践边总结,充分发挥科学技术第一生产力的作用。

指挥部和长沙交院联合,进行"计算机在公路工程施工监理中的应用"研究并获得成功,大大促进了管理和施工监理水平的提高;联合省内有关部门的科研力量,共同攻关,采取卸载、加压、封水、保湿、改性、置换等多种手段对膨胀土进行综合治理;学习吸取兄弟单位的经验教训,采取有效措施,较好解决了桥头跳车问题;引进新设备、新工艺,促进生产力水平的提高。在质量检测和线路测量上,全面推广应用了核子密度仪、红外测距仪、红外全站仪、超声弹仪等,在工程施工中,引进了超高压线下的控制爆破,大型推土机、挖掘机、40t以上的大型振动压路机,路面施工过程中的大型灰土拌和机、混凝土摊铺机;在中央分隔带上,首次引进缆式防撞隔离设施等。

(5) 自我奉献。拆迁与开发结合,补偿与奉献并重,兼顾眼前和长远,搞好征地动迁施工协调工作。

江宜段沿线人烟稠密,除"四子田塘路"(房子、果子、杆子、管子、高产农田、鱼塘、机耕路)外,几乎无荒地可言。征地拆迁和施工协调工作十分艰巨。在地方党委、政府的大力支持和公路沿线各级组织及广大干部群众的无私奉献下,指挥部坚持拆迁与开发并重,思想动员和经济兑现并举,目前和长远兼顾开展组织协调工作,在一个月内基本顺利完成20.1万 m^2 以上民房的拆迁、92.6万多株经济林木的砍伐、8230多亩土地的永久征用、1786基电力、电信和广播杆计400km线路的迁移工作。

荆州市主要领导出任江陵西段建设指挥长、秘书长常驻指挥部抓落实。宜昌市委、市政府把支持修好江宜段当作"建设新宜昌、服务大三峡"的大事来抓,喊出了"砸锅卖铁,也要支持修好江宜段"的响亮口号,组织了由一名副市长挂帅的"援建宜黄公路指挥部"。两市还出台了一系列支持工程建设的优惠政策。为及时解决施工过程中出现的问题,两市市委书记、市长亲率市四大家和有关部门领导,多次到工地开现场联席办公会,对存在问题逐个研究、解决。

在具体拆迁工作中,指挥部从实际出发,一面配合地方政府做好细致的动员工作,一面设身处地为群众着想,既顾眼前的建设,又考虑将来的发展,配合地方政府,利用征地补助,对拆迁征地对象尽量辅以开发性的安排,如在互通区附近建厂、设店,改造丘陵地带薪炭林建设果树基地,在临街或临路地段集中安排开发商业网点。对拆迁户,按农村发展规划,统一调整农田,集中安排宅基地,集中组织建材供应,简化建房办证手续,在沿线建起了一些几十户的居民点,促进了农村水、电、路和文化生活设施的改善与水平的提高。对涉及希望工程的学校拆迁,采取提高标准进行补助的办法,帮助建起了峰合冲、团结、马宗岭等希望小学,使这些学校的校舍由原来的平房一跃为4~5层的宽敞楼房。

对涉及群众生产、生活的环保、道路、水系等还建工作,根据"实事求是、有利生产、有利施工、方便生活"的原则,在实地调查和充分协商的基础上,采取在学校区域增设隔音、消音设施;在鱼塘地段集中引排路表水,防止污染鱼塘;对已损的道路按标准还建等措施,使这些问题均得到较好的解决。

(6) 自我保障。实行"八个统一",抓好"三个环节",做好后勤供应工作。

江宜段虽有几十公里线路在山岭重丘蜿蜒,但公路两侧几十公里范围内,却既无碎石、块石,又无黄沙、石灰,建筑地材极为贫乏。在确保工程质量的前提下,指挥部对主要用材的供应实行了"八个统一"的办法,即:统一计划数量,统一质量标准,统一最高价格,统一考察定购,统一组织运输,统一定点供应,统一分拨计量,统一用材结算。在工程投资控制上,主要抓住了"三个环节",即:在指挥部内部,实行"一支笔"制度,对施工单位的各项支付,经驻点监理、监理站、工管处层层审查后,最后都要经过"一支笔"审批签字才能支付;二是对施工单位的进度款支付,坚持按核准进度的70%支付,工程全部验收合格决算后付25%,质量保证期满,再结算预留的5%;三是通过开户银行,控制施工单位账户。规定各施工单位工程财务决算未经批准前,任何单位不得转移资金或将工程款挪作他用。通过抓住这三个环节,有效地控制了工程投资,保证了工程的顺利进行。

二、"法人负责、政府服务、行业监管、依法行政"模式

湖北省高速公路建设之初,沿袭了"政府投资、交通组织、多方支持,共作贡献"公路建设传统模式。1996年动工建设的黄黄高速公路,在建设模式、工程管理、科技应用和施工方式上大胆创新,实行"法人负责、政府服务、行业监管、依法行政"模式。使黄黄高速公路建设初步实现了由粗放型向集约型的转变。探索出了一条符合湖北省情的建设高速公路的新模式。

(1)第一次全面实行公路建设的"四制"(项目法人责任制、招投标制、工程监理制、合同管理制)。

体制机制的创新推动了建设模式的改革,促进了质量管理的规范化,取得了良好的社会、经济效益。黄黄高速建设中,率先试行项目法人责任制。湖北省人民政府办公厅以鄂政办函〔1996〕4号文明确了黄黄高速公路建设的领导机构和成员:由时任省交通厅厅长王远璋任指挥长,高等级公路管理局局长林志慧任常务指挥长,以省高等级公路管理局为主体组建指挥部,对工程建设全面负责。按照项目法人责任制的形式建设黄黄高速公路。省指挥部设常务副指挥长1名,副指挥长3名,总工程师1名,下设三处二室:工程技术处、财务材料处、设计代表处、总监理办公室、综合办公室。沿线各级地方政府也层层组建机构,黄冈市成立了由市政府主要领导任组长、相关领导任成员的建设领导小组,浠水县、蕲春县、武穴市、黄梅县、沿线19个乡镇、农场分别成立了指挥部和指挥所;积极尝试征地动迁合同管理制,依靠地方政府开展征迁工作。

(2)第一次全面采用"菲迪克"条款,用国际标准对工程设计、投资、建设、供应、监理及运营进行全过程质量控制。

"菲迪克"是国际咨询工程师联合会(法文缩写FIDIC)的中文音译;指国际咨询工程师联合会这一独立的国际组织;FIDIC下设许多专业委员会制订了许多建设项目管理规范与合同文本,已为联合国有关组织和世行、亚行等国际金融组织以及许多国家普遍承认

和广泛采用。黄黄高速公路建设中参照国际菲迪克条款,按照公平公正公开的原则,开展招标议标,创造了湖北公路史上规模最大,投标单位最多,效果最好的纪录;按照国际惯例实行社会监理,建立健全了"政府监督、社会监理、企业自检"的三级质检体系。黄黄高速建设中首次将监理工作交给社会监理公司承担,实现了建设、施工、监理单位三者分离和相互制约。建立横向到边,纵向到底的约束、激励机制,层层签订目标责任状,以每个人的工作高质量来保证工程建设的高质量。建立质量保证金制度,设立优质工程创新奖和指挥长奖励基金,形成人人关心质量、重视质量、个个积极抓好质量的氛围。

(3)第一次采用滑模摊铺悬臂式大型机械化施工,突破陈旧的施工工艺的束缚,由劳动密集型转向技术密集型。

黄黄高速公路从开工伊始,省指挥部就确立了采用高科技、机械化、集约化的方式,以确保高质量的指导思想。黄黄高速公路水泥混凝土路面施工,采用了当今世界上最先进的滑模摊铺技术,突破原来以固定模板修筑水泥混凝土路面的传统工艺,研究解决了水泥混凝土路面滑模摊铺对原材料的技术要求,高性能道路混凝土配合比设计新技术,在国内首次采用滑模摊铺悬臂式施工硬路肩并连体一次铺筑缘石和桥面连续摊铺技术并获得成功,创造了日滑模摊铺1600m的全国最高纪录;确保了水泥混凝土路面的质量和进度。指挥部集中使用设备购置费,科学配置引进德国维特根水泥混凝土滑模摊铺机、美国莱克斯康布料机和国内自主研发的两级连续式水泥混凝土拌和机、拉毛养生机等一批成龙配套的先进设备,为湖北省高速公路建设技术发展奠定了物质基础。

(4)第一次试铺筑了沥青混凝土路面,突破僵化的发展模式的束缚,由数量速度型转向质量效益型。

在黄黄高速公路建设中,始终坚持科学是第一生产力的原则,注重加大科技含量,认真贯彻"引进、创新、实践、总结、提高"的方针,积极引进科技成果,推广应用了一批新技术新材料新工艺。沥青混凝土路面由于行车的舒适性,受到交通部的大力推荐,但这种路面结构在湖北省高速公路建设历史上还属空白。为了改变湖北省高速公路路面结构单一的局面,经过广泛咨询和科学认证,黄黄高速在在30km的路段采铺筑了沥青混凝土路面,实现了路面结构创新,并在施工中成功采用了沥青玛蹄脂碎石混合料(SMA),填补了湖北省使用这种新型沥青路面结构材料的空白,实现了湖北省高速公路沥青混凝土路面零的突破;在沿线大、中桥上部结构中推广运用"预应力空心宽板梁"新技术;在路面基层施工中首次使用粉煤灰和水泥稳定土路面基层技术;使用粉喷桩处理软基桥头地基技术,以及深路堑边坡喷锚加固技术等。

黄黄高速公路建设指挥部坚持质量创新,注重发挥制度与机制的作用,培养高素质的建设队伍,形成技术创新与质量控制的双向共振、良性循环。在建设中开展"质量保护神"活动,提高全员质量意识;建立质量保证金制度,设立优质工程奖、技术创新奖、指挥长奖励基金等,形成质量控制的激励约束机制。

随着企业投资交通建设项目的兴起,湖北省企业投资建设的高速公路建设项目全面实施"业主负责、政府服务、行业监管、依法行政"模式。

三、随岳南段,项目法人自主负责项目管理模式

随岳高速公路湖北南段由百荣投资控股集团有限公司和百荣世贸商城管理有限公司共同投资建设。为了确保企业投资项目健康有序发展,根据《中华人民共和国行政许可法》《国务院关于投资体制改革的决定》等法规,随岳南项目按照"业主负责、政府服务、行业监管、依法行政"的改革原则,实行项目法人自主负责建设管理模式。

(一)依法注册成立的项目公司,项目法人自主负责项目建设管理

业主负责。随岳南高速公路由投资商依法注册成立的项目公司(法人)——湖北随岳南高速公路有限公司,按照"谁投资、谁决策、谁受益、谁承担风险"的原则,对项目进行投资、建设及营运管理。政府服务。为加强政府对建设项目的领导、服务和协调,沿线的仙桃市、监利县政府分别组建协调指挥部负责协调服务,指挥部成员都是从地方政府各部门抽调的精英骨干,有做基层工作的经验,有独当一面的能力,有指导全面的政策水平。公司主动做好与地方政府的沟通协调工作,充分发挥征迁协调人员的工作积极性,实事求是开展各项征迁协调工作,为项目建设创造良好的投资环境;投资主管部门及相关行业主管部门依法实施行政和行业监管,对项目建设过程实行监督管理。根据"项目法人责任制、招标承包制、工程建设监理制、合同管理制"的规定,随岳南公司下设办公室、财务部、技术部、工程部(下设中心试验室)、房建机电部、合同部和协调部等机构。

(二)创新理念、严格标准,打造高质量平原湖区高速公路

行业监督。项目业主接受政府、投资、国土、林业、环保、文物、水利防汛、交通、银行等相关主管部门的监督和指导,主动办理相关手续。相关行政主管部门依法行政,有效监管,高效服务于国家重点建设项目。省交通厅作为交通主管部门,履行行业管理与监督职责,主要负责基本建设程序管理,建设市场监管和工程质量监督、依法行政。建设管理各方按照《中华人民共和国行政许可法》《中华人民共和国合同法》等一系列法律法规,严格依法办事。依法行政,提高依法行政能力。根据建设目标和建设理念,提出了"确保单位工程和分部工程质量合格率100%,分项工程合格率100%。消除质量通病,杜绝重大质量事故和隐患。各合同段、建设项目工程质量交工验收评定为合格,竣工验收评定为优良"的质量目标。该项目各合同段交工验收的分项、分部、单位工程合格率100%。在质量控制措施方面建立健全"两个"体系,即指质量保证体系和安全保证体系。随岳南

公司在与每个监理、施工单位签订合同时,同时也与其签订质量管理合同和安全管理合同,明确质量、安全管理目标,强化各参建单位的质量、安全责任感和使命感,促进每一位工程建设者把质量、安全意识贯彻到工程建设的全过程。总监办、高驻办、项目经理部分别建立了质量保证体系和安全保证体系,从组织网络、目标责任、施工要点、关键控制、奖惩制度等方面予以明确。通过种种措施,确保施工质量和施工安全,工程建设顺利推进。

打好重点部位质量攻坚战。随岳南高速公路全线均处于软弱地层之上,全线均要进行软基处理,软基处理施工质量的好坏直接决定了今后这条路的使用寿命和维修费用。指挥部从强化监理力量配备、规范机械的投入和维修养护、强化现场巡查力度、严格内业资料管理、加大检测频率这五个方面加强质量管理,打好软基处理质量攻坚战。抓好结构物质量攻坚。在全线要求所有构造物混凝土采用集中拌和,确保混凝土质量;同时要求各标段梁板进行集中预制,规范梁板预制施工工艺,对梁板底座预拱度和张拉控制应力等关键点提出指导意见,多次召开预制梁板、现浇混凝土外观质量现场交流、观摩会。认真审查构造物施工方案,确定关键性工程施工工艺,严格执行首件工程试验认可制。抓好路面工程质量攻坚。通过分片包干到点,派专人长期蹲点工地,严格监督施工,协调各参建单位施工顺序,切实加强工序控制,从准备下承层、原材料、拌和、运输、摊铺、碾压各道工序时时加强监控,明确质量人员责任,业主、监理现场督促、指导、解决技术难题,提高路面工程施工质量。

(三)运用劳动竞赛的手段,全力推进工程的整体进展

该项目2004年12月16日通过新闻发布会的方式宣布开工,实质性的施工从2005年4月份开始,初步设计批复工期4年,要求在2008年底建成通车,但是由于工程处于较严重软土地区,初步设计要求对87.5%的路段进行软基处理,预压期较长,规定在一年以上,施工图设计调整为对全路段进行软基处理,处理任务加重,同时,该工程又处于江汉平原湖区,地下水位高,土源奇缺,路基填筑取土非常困难,加之,2008年下半年至2009年上半年全球性金融危机的影响,省厅要求2009年底基本建成,实际建设工期为5年。随岳南公司积极响应省厅关于2009年年底基本建成的号召,组织了"诚信杯"和"百日大战"劳动竞赛,百荣集团超配额地加大了资本金的投入,打了一个漂亮仗,工程进度达到了98.09%,实现了省厅下达的目标。

(四)不拘一格,监利连接线采用代建制

为加快该项目的建设进度,确保随岳南高速公路2009年底建成通车。经百荣投资控股集团和湖北省交通厅同意,2008年3月,随岳南公司采用代建制的方式将监利连接线

委托给监利县人民政府负责组织实施。监利连接线投资总额1.7亿元。2008年4月开工,2009年12月30日建设完成。其质量监督工作由湖北省交通厅工程质量监督局委托荆州市交通局工程质量监督站负责监督交竣工验收工作,2010年1月,由随岳南高速公路监利连接线建设指挥部组织完成监利连接线的交工验收工作,并顺利通过了荆州市交通局工程质量监督站的质量监督检测。

(五)探索出民营企业建管高速公路项目的成功经验

百荣投资控股集团有限公司是一家核心业务涉及商业、地产、高速公路、石油、化工港口、投资等众多领域,多元化发展的集团公司,公司下属6家大型公司,各公司在所涉及的行业内均占有相当的市场份额,且处于持续增长的态势。湖北随岳南高速公路有限公司,隶属于百荣投资控股集团有限公司,是为投资建设随岳南段高速公路而成立的项目法人,公司注册资本8亿元人民币,公司成立以来,一直拥有一批具有较高专业素质和丰富的高速公路建设管理经验的技术和管理人才。经过几年的艰苦努力,圆满完成了随岳南段建设任务,建设成一条平原湖区高速公路样板路。项目管理的体会是:

民营企业要管好高速公路建设项目,至少应正确处理好三种关系。即处理与地方的关系上,既尊重又争取;处理与各参建单位的关系上,既严格管理,又热情服务;在处理"量"的关系上,既注重进度数量,更把握内在质量要求。质量是工程的生命,作为民营企业投资的项目,管好质量不仅仅是一种社会责任,也还关系到将来的运营成本,更关系到企业的品牌信誉。强化精细管理,提高项目管理水平。科学组织施工,确保工程进度。根据合理布局、平行推进、交叉作业、确保工程进度的原则,做到目标明确、任务具体、措施得力。继续实行重奖重罚,对进度严重滞后的单位要采取约见投标人、上黑名单等办法,确保工程计划的顺利进行;加快计量支付、规范工程变更。计量支付和工程变更是制约工程进度和总体工期的重要因素,直接关系到施工作业的正常运转。采用加快计量报表的审核、审批速度,积极帮助承包人解决计量中的问题,缩短审批时间,确保建设资金及时到位;切实转变工作作风,进一步靠前服务。

四、民营投资法人运作的国内BOT模式

武荆高速公路工程建设、运营期间由投资方注册成立的湖北武荆高速公路发展有限公司负责武荆高速公路的建设、运营管理工作。湖北武荆高速公路发展有限公司成立"武荆高速公路发展有限公司建设指挥部",负责武荆高速公路工程实施的具体组织指挥工作。依照"精干(因事设岗、依岗定责、依责定人)、统一(民主决策、集中指挥、政令统一)、高效(权责明确、高效运转、奖罚分明)"的原则,根据武荆高速公路建设里程长的特点,武荆公司在武汉总部内设综合部、资金部、会计部、稽核部、人事部、监察室;在建设指

挥部（京山县）内设综合部、工程管理部、技术管理部、质量安全部（下设中心试验室）、材料部、协调部、京山财务工作部；另外在汉川、京山、钟祥派设3个工作站。

为实现建设一条优质、高效、和谐、生态的高速公路的目标，公司制定了"创新质量理念、倡导精雕细琢、追求内在质量优、外观形象美"的质量方针。自开工建设以来，建立健全了"政府监督、法人管理、社会监理、企业自检"四级质量保证体系，明确质量管理机构的设置、人员的配备，确保武荆高速公路建设项目由"施工单位－监理单位－工作站－指挥部及相关职能部门"组成的质量保证体系的正常运行。同时，不定期对体系运转情况进行检查，落实到施工单位项目部、工区及现场质检员，保证了施工单位质量管理工作的正常运行；制定完善的质量管理制度，强化规范质量管理程序。对工程质量的重难点控制，加强各级巡检抽检，现场督办工程质量。规范试验检测工作，加强质量检验手段。适时成立工作专班，跟踪督办关键工程。在汉江特大桥施工关键时期，指挥部成立了汉江大桥工作专班进驻施工现场，为确保路面施工质量，成立了路面专班，引进了经验丰富专业能力强的沥青路面科研单位同济大学进行技术指导，并采取走出去请进来的方式，组织施工监理单位到各地考察、学习沥青路面施工技术，多次邀请国内知名沥青路面专家到指挥部讲课授课传经送宝，采取了一系列措施控制了路面施工质量。

指挥部采取科学调度、精心组织、合理交叉、立体推进的方式稳步推进项目建设，确保了工期目标。加强计划管理，科学组织合理调度，及时上报日报和月报，为生产调度提供一手资料。专项整治转包和违法分包，规范建设市场秩序，对违法分包标段进行严肃处理。工作专班跟踪督办，整体推进工程进展。抓住重难点工程，协调施工关系，立体推进工程进度。严格合同管理，加强施工调度，促进施工单位诚信履约。建全规章制度，严格现场管理，确保安全文明施工。积极开展文明创建活动，形成"比、学、赶、超"的良好氛围，为工程快速推进提供了坚实的保障。

武荆高速公路开工新闻发布会

五、项目代建制模式

2005年8月,湖北省发展和改革委员会以鄂发改交〔2005〕668号批复,武汉至英山高速公路正式立项。2005年12月,湖北省发展和改革委员会以鄂发改重点〔2005〕1183号文批复了该项目初步设计。2006年4月,组建湖北省武英高速公路项目建设部。

根据国务院《关于投资体制改革的决定》精神,湖北省人民政府《省人民政府关于武汉至英山高速公路试行代建制有关问题的批复》(鄂政函〔2006〕111号)和湖北省交通运输厅《关于武英高速公路建设有关事宜的通知》(鄂交人劳〔2006〕142号)中明确湖北省高速公路集团有限公司作为武英高速公路项目的代建单位,负责代建武英高速公路项目。湖北省高速公路股份集团有限公司组建并授权湖北省武英高速公路项目建设部负责项目代建工作。武英高速公路于2006年10月9日开工建设,历时35个月建成通车,比批准建设总工期48个月提前13个月。武英高速项目是项目代建制的一次成功尝试。

(1)增强责任意识,狠抓工程质量,切实做到"质量零缺陷",着力打造武英精品工程。

武英工程实行"政府监督、法人管理、社会监理、企业自检"的质量保证体系。工程质量实行省建设部全面管理,监理单位监理,设计、施工单位保证和政府监督相结合的质量管理体制。制定了一系列的管理制度,形成了从审核施工图、编制施工技术方案、材料配比试验到开工准备、正式施工、试验检测的各个环节和阶段责任明晰、控制严谨、分级负责、全面管理的质量保证体系。为确保工程质量,在隧道和软基的施工过程中,聘请有相应资质的科研单位进行了隧道超前地质预报及施工监控。针对该地区地材的性状,开展了《片麻岩高性能混凝土的研究及应用》等多项科研课题,为保证工程的顺利进行和工程质量提供了可靠的技术保障。坚决落实省厅质监局监督检查反馈情况和质量抽查中发现的问题。及时转发省交通运输厅质量监督局历次对武英高速公路施工、监理单位检查情况的通报和监督情况反馈,认真对待、及时回复、严格督办、整改到位。严格检测,加强监管,保证工程质量受控。严格规范,强化管理,严肃处理不重视工程质量的行为、质量问题和质量事故。

(2)增强为民意识,狠抓建设环境,切实做到"安全零事故"和"资金零拖欠",着力打造武英和谐工程。

坚持"安全第一"的原则,狠抓安全生产。省建设部和各高监办、项目经理部制定了"横向到边,纵向到底"的安全生产责任制,层层签订了安全生产责任状,明确了各方职责,做到了安全生产"人人有专责,事事严把关"。武英高速公路难点工程隐患多、风险大,发生事故后果严重,省建设部要求各个高监办和项目经理部根据鄂武英监〔2007〕72号和鄂武英监〔2008〕40号文件要求,结合工程实际情况编制、细化本高监办和合同段安全专项整治工作方案;施工中,严格实行"自检、互检、交接检"三检制度,尽早发现问题,并及时彻底的解决问题,最大限度地消除各项安全隐患;加大投入,强化管理,做到施工作业现场管理规范化、标准化。安全管理的重点在施工现场,安全隐患在现场的人、物和环境。全面监理,主动服务,充分发挥监理人员在安全管理中的不可替代作用;坚持"群众利益无小事"原则,狠抓协调管理。省建设部与沿线地方协调指挥部急百姓所急,想工程所想,坚持"一线工作法",加快对"三改"方案的认定和批复。为减少建设期间给沿线百姓生活带来暂时的不利影响,通过与沿线各级政府协调指挥部密切配合,反复调研和多次协商,尽力解决老百姓的困难。坚持"公开透明"原则,狠抓资金管理。严格建设资金拨付程序,确保建设资金专款专用。加强日常财务检查,确保财务规范运行。加大拆迁资金和农民工工资检查力度,确保拆迁款和农民工工资及时兑现。

(3)增强大局意识,狠抓环境保护,切实做到"环保零破坏",着力打造武英环保工程。

武英高速公路建设之初,为了保护和改善沿线的生态环境,建成绿色通道,设立了环保机构,专设2人负责工程施工期的一切环保工作,配备了环境监测设备,并聘请环保部门根据国家有关环保标准,依据公路建设项目沿线带状环境的特点、评价内容和各路段的自然环境特征,对天气环境、社会环境、生态环境和水环境进行了初期、中期和远期预测评价,与沿线环境监测站签订了施工期的环境监测协议。省建设部把绿化工程建设作为突破口,绿化工程实施伊始,就邀请设计部门专家进行考察和可行性研究,设计了多套绿化方案,经反复论证,选用了切实可行的方案及适合武英高速公路栽植的植物品种。坚持修路与环保并重,在抓好武英高速公路工程质量管理的同时,也充分认识到环境保护工作的重要性,环境保护工作涉及子孙后代的利益,尽可能减少武英高速公路施工对周边生态环境和沿线居民的影响。

(4)增强廉洁意识,狠抓反腐倡廉,切实做到"廉政零案件",着力打造武英廉政阳光工程。

以制度建设为核心,健全拒腐防变制度体系。成立党风廉政建设领导小组,加强对武英工程党风廉政建设的组织领导;制定《湖北省武英高速公路党风廉政建设"十不准"》和《湖北省武英高速公路党风廉政建设五项承诺》《湖北省武英高速公路项目建设部创建五好班子实施方案》和《中共湖北省武英高速公路项目建设部党委关于加强领导干部作风建设的若干意见》,进一步加强领导班子建设,增强领导班子拒腐防变的能力;主动与黄冈市人民检察院联合做好职务犯罪预防工作,提出《武英高速公路工程建设专项预防职务犯罪工作实施方案》等规章制度,促进武英工程廉政建设;举办法律知识讲座,学习《关于严格禁止利用职务上的便利谋取不正当利益的若干规定》等廉政规定,让每一位武英建设者心里牢牢筑起拒腐防变思想道德防线;签订党风廉政建设责任状,省建设部在与施工、监理单位签订承包合同时,还签订《党风廉政建设责任状》,要求施工、监理单位加强廉政建设,做出不采取贿赂等手段的承诺,从源头预防和治理腐败;以强化监督为手段,健全权力运行监控机制。定期召开指挥长会议和指挥长办公会议,集体研究决定人事任免、大额度资金使用、工程质量进度安全廉政等重大事项;严格执行招投标制度,通过公开、公正、公平的方式进行招标;实行不良企业清退制和黑名单制度,通过与检察机关建立经常性联系,及时查询投标单位的行贿记录,一经发现投标单位在工程建设中有行贿行为、对工程施工不负责任或存在质量问题等不良行为,立即予以清退处理。

六、世行贷款项目管理模式

1998 年以来,湖北省在交通项目中共引用世行贷款 11 亿美元,先后建设了 5 条高速公路和 1 个航电枢纽。全省已通车高速公路里程中利用世行贷款的约占 17%。利用世行贷缓解了湖北交通建设资金紧缺的压力,更重要的是带来了先进的国际项目管理理念,在推动湖北交通建设科学管理中发挥了重要推动作用。

(一)项目设计理念

项目设计理念由传统的工程技术型向统筹兼顾、协调发展、以人为本的转变;项目设计上引入了竞争机制,推行四项基本制度(设计总体负责制、地勘监理制、设计标段互验制,设计审查双院制);线位选择上综合考虑经济、社会、人民生活、生态环境等多变量因素,坚持四项原则(地质选线、地形选线、生态环境选线、技术标准选线)。

2012 年 3 月,时任省交通运输厅厅长尤习贵接受在线访谈

科学布局,合理规划;综合信息,充分评估。项目有关地形、地质、环境敏感点、居民区、重要设施、发展规划等等信息量很大,世行项目按优先原则列出先后,将综合信息在地形图上布设而后进行项目规划,工程组、环境组、征迁安置组、经济评价组等共同规划评估项目的影响和利弊得失;超常规的基础性工作。对地形地质、环境敏感点、征迁调查、当地经济状况及发展规划的研究调查都是项目重要的基础性工作,关键在于深度要够、信息要

真实有效。世行项目在前期准备阶段根据实际情况确定调研深度,对关键点、疑难点以查明问题实质为目标,打破了只要满足规范基本要求就可以了的思维,特别是地勘方面;切实考虑项目的社会影响。项目穿越少数民族区域时应考虑对少数民族文化、风俗的影响;穿越风景区时应考虑增加的客流对当地环境承受力及接待能力的影响;穿越喀斯特地质区域时对濒临灭绝的物种的影响及缓解措施等都是世行项目要切实考虑并需要有明确结论的问题。

湖北京珠高速公路建设指挥部邀请专业景观设计公司,对全线的道路线形、桥梁形式及颜色、边坡处理等方面进行了全方位的系统的景观设计,使京珠国道主干线湖北段形成一条不间断景线。如此大规模地对连续近340km的高速公路进行整体景观优化设计,在国内高速公路建设上还是首次。结合工程概算,湖北京珠路对全线中央带、路基两侧、互通区、匝道旁规划播植了500万 m^2 的草皮和150多万株乔、灌木,配合省绿化委和地方政府,在全线339km的主线两侧,种植了各宽25m的绿化长廊,确保"绿色通道"环保目标的实现,切实做到了全线可视范围内无裸土;在全线形成了一条绿不断线的绿化景观带,宛如一条巨大的绿色长龙,横卧于荆楚大地之上。

充分重视易忽视的关键点。互通匝道的设计,依据交通流量预测充分考虑匝道布置的优先性和参数指标;交叉路口设计,避免小角度交叉并进行交通渠化设计,适当降低车辆通过的顺适性;取弃土场的设计,全面调查场地的地形地质情况,尽量避免在冲沟内设置取弃土场,同时进行必要深度的便道设计,严格评估防护工程;服务区的设计,着重加强停车位布置的合理性研究,特别是考虑车辆出入的顺适性、特长车辆的停车位;安全设施的设计,隧道、桥梁等结构物端部防护栏的连续性、互通口防撞设施的布置、跨越地方道路的桥梁立柱的防护及标志、地名标志的合理性等等都是需要认真考虑的内容。

（二）完善的项目后评估

项目完成后,对项目影响的客观评价是项目经验取得的一个重要来源。世行项目在项目的规划设计、建设管理、运营管理三个方面进行全面评估,尤其是项目对自然环境、社会环境、经济环境所产生的影响。比如:项目运营后,影响区范围就业率、就医率、就学率、居民收入水平、道路安全事故率的变化,甚至风景区酒店床位使用率、垃圾堆积处理等情况都有一个详细调研和评估。这些深入而务实的评估报告对其他项目有着很好的借鉴作用。

(北)京珠(海)高速公路项目首次采用ICB方式招标:当时国内建设市场正处于逐步完善和规范的时期,招投标市场存在一些不规范和人为投机的因素,利用世行项目首次大胆采用ICB方式招标,提高准入门槛,严格程序操作,排除人为因素干扰,取得了既优选施工队伍又降低造价的效果,为项目后续的顺利实施打下坚实基础。

首次引入国际施工监理：当时国内建设市场不够完善和规范，工程施工监理正由政府监督向社会监理转变，社会监理正处于起步和孕育阶段，此时在世行指导下运用QCBS招标选择了丹麦金硕公司为该项目的国际施工监理，外监组长担任总监办副总监职务，在国际施工监理求真务实工作作风的引领下，通过国际、国内施工监理的精诚协作，为项目的顺利实施提供了有力的支持。

创新公路建设管理模式（菲迪克＋指挥部）：在世行指导下加深了对菲迪克条款的理解并开始了建设管理体制改革的尝试，逐渐形成了公路建设管理新模式：菲迪克＋指挥部。湖北京珠高速公路是湖北省除三峡工程外投资最多、规模最大、首次利用世行贷款建设的交通项目，如何定位，是摆在建设者面前的一个重要课题。为此，京珠指挥部以国家政策、法规为依据，遵照国内基建原则，结合世行贷款项目的运作程序，建立由省政府、省交通厅以及沿线各市市政府组成的组织领导系统；由常务副指挥长带领人员长驻工地，沿线各市、区政府以及交通、土地、电力等部门共同协调组成的指挥系统；由指挥部与总监办一门两牌，总监办、高级驻地办、驻地办组成的三级监理保障系统，为工程建设按时、优质、高效完成提供了保障。鉴于高速公路牵涉面广、协调难度大，既引入了公司制，同时也保留指挥部的形式，以利于动员一切可以动员的力量，协调解决各方矛盾；同时坚持国内外联合监理制、竞争性招投标制、合同管理制、仲裁解决争议制等。实践证明，"菲迪克＋指挥部"的模式是行之有效的高速公路建设管理模式。令人欣慰的是，现在，菲迪克条款不仅应用于世行项目之中，而且也推广到了其他非世行贷款项目，在湖北省交通建设中正在发挥越来越重要的作用。

创新使用"双系统控制"资金管理模式：在资金管理上，大胆探索，实行了银行管理和业主内部管理相结合的"封闭运行、双系统控制"的资金管理模式，利用银行先进结算控制系统，完善承包人资金日报制度，随时掌握资金动向，并会同银行建立了标段资金专管员制度，加强资金现场管理，保证了建设资金安全有效使用，确保了工程建设的顺利进行。

（三）环境保护方面

湖北京珠高速公路建设指挥部强化环保意识，提升施工形象。严格遵循世行和国内基建程序，在项目评估阶段就制订了《环境行动计划》，对施工中如何净化环境、消除噪声、治理污水等做出了明确要求，并将此作为一项重要的考核指标。加大对施工污染的整治力度，要求每个标段配备4～6台水车，全天洒水降尘，桩基钻探加设沉降池，弃土全部进行绿化处理，设立了50多个水、声、气监测点，安装了11个先进的污水处理站点。同时按照世行要求，要求全线所有的施工营地加强环保建设和污染治理，实现了由修路到水土保持到突出人文关怀的质的跨越，保证了高速公路在营运期间的环保得到持续的加强。

十漫高速公路项目。十漫高速公路穿越南水北调中线工程的水源地丹江口水库，线路全部位于淹没线以上。为保护汉江水源,施工污水严格按标准排放。同时为了保护沿线植被,施工单位边开挖边植护,裸露空间全部绿化,减少水土流失。位于郧县境内的青龙山恐龙蛋化石群落自然遗址保护区,原先设计的十漫高速公路线位距离恐龙蛋遗址保护区仅有50米。为保护这一地质遗产,在项目实施过程中,湖北交通厅决定将线路南移100米,使两者间距扩大到150m。这一变更虽然增加了造价,但有效避免了公路对恐龙蛋遗址保护区的不利影响。十漫高速公路路途经许多村庄、学校,整条路上共设置形式各异的声屏障达14处,全部安装在靠近村庄、学校的路边,有效地隔离了汽车行驶的噪声,保护了公路周边的声环境。

孝襄高速公路项目。孝襄下的环境和文物保护不仅着眼于道路修建期间和工程区域内的环境敏感点,同时更考虑到工程完工后对区域辐射范围内环境的影响。白兆山森林公园距离孝襄主线近1.2km,就施工而言对其生态环境无任何不良影响。但一旦孝襄高速公路建成通车,在白兆山森林公园游客量大增,旅游经济增长的同时,激增的游人对公园原有生态环境必然会带来较大程度的破坏。指挥部和世行充分考虑到了这一隐性问题,在距离森林公园10km处修建了大型停车场,以便游客停车使用环保的电瓶车进入公园,并在公园内修建了50余个垃圾桶,以便于垃圾的清理和回收;同时世行还成功地建议当地政府发文,禁止汽车进入森林公园,以减少尾气排放带来的环境污染。安陆、随州交界地带是"银杏之乡",密布着千年古银杏群落,而孝襄高速公路正好直线穿过这一区域。为避免砍伐古银杏树种,设计者修改了原有方案,高速公路绕道而过,增加了1.7km路程,也增加了4000多万元投资。在文物保护方面,为保护九连墩古墓群,指挥部在充分论证的前提下,变更原有设计,改路为桥,为此多耗资近2000万人民币。

(四)移民安置方面

从1998年湖北第一个交通世行贷款项目湖北京珠高速公路(国道项目Ⅲ、国道项目Ⅳ)建设始,到2009年开工的宜巴高速公路,湖北交通移民安置工作在运用世行移民安置理念方面,经历了学习了解、逐步适应和创新发展的过程。

移民安置理念变化。初步吸收世行移民安置理念时期(1998—2003年)。以世行项目湖北京珠(大悟—赤壁)、孝襄(孝感—襄阳)高速公路等项目为代表,这一阶段,国家移民安置政策尚不够完善,土地报批、拆迁补偿、劳动力安置等各个层面存在一定的缺陷性,行政干预在移民安置中起主导作用,计划经济特色尤为明显。虽然1998年后开始吸收借鉴国际先进的移民安置管理经验,但在具体操作中,仍然片面强调受影响人"舍小家、保大家",对受影响人的承载能力和生产生活恢复能力缺乏全面关注,加之当时农产品价格较低,税费负担重,农村弃农务工、经商十分普遍,项目移民安置的重点在房屋恢复方面,对生产、生活安置等长久生计问题关注甚少。适应世行移民安置理念时期(2004—2008

年)。经过京珠、孝襄等世行项目建设的实践探索,移民安置工作日臻受到建设管理单位关注,"重工程、轻移民"的观念开始淡化。为适应农村新的形势,项目移民安置发生了如下几个显著变化:生活条件恢复得到全面重视,建设单位适应当时提出的新农村建设需要,对现相对集中的拆迁安置点重点扶持;各级政府结合农村第二轮土地承包,采取村内土地调整措施落实剩余劳动生产力安置,解决受影响人基本的生产资料保障问题;各类补偿价格全面提高,房屋补偿价格足以满足重置需要;兼顾工程建设需要与当地经济发展长远需要,尽可能地改善沿线群众生产生活条件。2009年以后进一步创新以人为本移民安置工作理念。以宜巴(宜昌—巴东)高速公路及后来开工的一批高速公路项目为代表,世行安置理念得到充分拓展,移民安置工作已成为工程建设管理的重中之重,受影响人长久利益得到充分保护。主要体现在:项目前期就开展安置可行性研究,优化工程方案,技术方案尽可能利于减少安置和保护环境;充分开展民主协商,引入评估机制,受影响人直接损失和间接损失得到全面补偿,补偿价格更为合理;房屋重建结合城镇建设规划,高标准、高质量,受影响人住房水平和生活环境大幅改善;社会保障机制全面落实,切实做到被征地农民老有所养;结合工程临时用地、施工用电、便道建设等,拓展区域发展资源。

征迁工作方式转变。在工可和初步设计阶段,把避开密集生活区、工商业区、重要基础设施、文物保护和少占良田等,作为公路线位确定的首选原则。设计中,多线位分段比选,在安置、环境、工程三个方面,同深度地开展优化研究,使工程方案既要技术可行、经济合理,又要有利于沿线群众安居乐业和生态环境、人文环境的保护。自湖北京珠项目开始,湖北世行项目均采取国际惯用的类似国内工程监理的做法,聘请国内移民安置权威机构全过程参与、监测和评估移民安置工作。监测机构独立行使监测权利,还与建设单位共同做好与受影响人的协商和项目补偿标准制定等工作。

创新移民协商机制,广泛吸收受影响人参与协商。在补偿方面,在广泛调查研究市场的基础上,实行建设单位、地方政府、受影响人协商与评估相结合的方式,至少满足重置需要,同时,受影响人搬迁费、过渡期补偿、误工费等也得到充分考虑,保证了群众拆得起、建得起、住房水平能提高。在关系到群众生产和生活的构造物、"三改"(改路、改沟、改渠)工程、临时用地使用等设计、施工、变更等方面,必须充分征求群众意见,把服从地方经济发展长久需要作为前提。

创新移民资金管理模式,确保专款专用。建设单位对移民资金除了严格实行补偿标准、补偿数量、补偿金额"三公开"和拆迁补偿资金"一卡到户"外,还对所有补偿资金实行建设单位、开户银行实行"双系统管理",杜绝资金挤占、截留、挪用现象。湖北世行项目建设以来,从未发生因补偿费不到位而出现上访事件。

创新移民安置理念,为地方经济发展拓展空间。结合安置区建设,促进城镇化发展。湖北世行交通项目为沿线建设了近20个安置区。其中宜巴高速公路按城镇建设标准,投资4000多万元,建设了8个集中安置区,安置拆迁户占总拆迁户的三分之一。这些集中安置区结合当地房屋建筑特点,统一规划,统一征地,各类管线统一地埋,水电通信设施配套齐全,污水集中处理,群众住房水平和生活环境不亚于当地县城居民居住条件。经过拆迁还建,群众砖混结构房屋从拆迁前的13%提高到100%。沿线拆迁群众彻底告别了土木和简易结构房屋,水电保障、公共环境大幅改善。在兴山高岚安置区,兴山县政府把群众安置与当地旅游发展相结合,既拓宽了农民就业渠道、提高了农民收入,又改善了旅游景区发展环境。

七、沪蓉西高速,HCS项目管理模式

湖北沪蓉西高速公路是国家公路主骨架沪蓉国道主干线的重要组成部分,为了提高项目管理水平,增加业务管理透明度,保证工程进度和质量,沪蓉西高速公路建设单位率先开发采用HCS公路项目建设管理系统。

沪蓉西高速公路HCS公路项目建设管理系统是将管理贯穿公路建设管理的全过程,为招投标、清单、概算、合同、计划、计量、变更、材料、进度、质量、支付等项目建设全过程提供计算机管理,实现对建设过程全程动态管理和实时监控,有效实施对建设项目的三大控制(质量、造价、进度)和两大管理(合同、信息)。各功能模块应用的是同一个数据库,在同一个数据库中,各系统不再需要人工对各业务数据进行相互转换,而是系统将需要的信息直接在其他相关的功能模块内采集过来自动计算。如把计量的工程量与合同工程量进行对比时,系统会自动将计量的工程量情况统计到合同管理模块中,在进行变更内容计量时,系统会自动将变更内容统计到计量管理模块进行计量,而不需要进行手工的统计转化。HCS项目管理真正体现了对业务的全面管理,体现了信息化管理的优势,使项目管理人员从繁重的数据统计工作中解脱出来,有更多的精力投入到现场或更有技术性的管理工作中去,切实提高了项目的管理水平。该系统将交通基建项目各项业务与计算机技术有机结合充分利用目前先进的关系型数据库技术和网络技术实现信息共享数据集成与分析自动化,为公路项目建设管理提供快速、准确服务。

HCS公路项目建设管理系统实现了信息化管理和计算机管理。在以往公路建设项目中计算机主要用于辅助设计、文件的管理或各种针对某项具体工作,而本系统能够使实现项目建设全程信息化,从招投标开始至项目竣工结束把公路项目建设的全面管理和计算机应用技术、网络技术紧密结合起来,将网络信息化管理全面应用到了日常工作中,信息节点延伸到了各个作业点。网络信息涵盖了业主、监理、承包单位及有关业务单位和上级领导部门的所有内容。使用HCS公路项目建设管理系统后,全部业务数据在网络传输承包人与监理通过网络远程上报,瞬时将上报资料传递给监理和业主单位,避免各审批步骤的时间太长,显著提高了业务处理速度,同时也提高了审批的透明度,避免了投资失控

和一些不良现象的产生。创造显著经济效益与管理效益,由于网络作业的跨时空性、高效性,指挥部有关人员出国在外,也能通过网络即时审签计量,处理问题,为各参建单位节省了大量的办公费用,包括人力成本、交通费用、通信费用,更节省了时间。业务处理的准确性避免了人为差错,同时有效地防止了不良现象给投资者带来的损失。建立项目工程台账,有效控制工程造价,计算机化的台账管理满足了详尽、准确、及时的造价管理的需要,各类台账之间互相联系可以查询跟踪,各参建单位都可以在授权的范围内查询,各项业务的变化都能及时地在台账中体现,为管理人员实施工作提供了全方位、更准确的信息支持,切实保证了对造价的控制。同时由于该系统数据是由网上实时传递的特点,使管理人员能够及时地了解整个项目建设的进度、质量、投资控制等各方面的最新进展情况。变更管理的应用,计量、变更管理模块是承包单位在该系统应用频率最为广泛的模块也是承包单位上报计量、变更工作最为重要关键环节。计量的基础资料准备,结合该项目招标文件专用本了解在该项目内相关的工程量的计量原则。比如在公路工程国内招标文件范本中连接板内所有的拉杆、传力杆、接缝材料和补强钢筋都不单独计量与支付,而在该项目的招标文件专用本当中连接板中拉杆、传力杆、补强钢筋都是给计量的。根据路面结构图和边部防护形式 A、B 式护肩墙、边沟以及单幅行车硬路肩及路缘带宽度反算各结构层的计量宽度,并上报设计代表及业主进行确认,待确认后才可以计量。根据路面工程施工图纸计算相关路面工程的单位工程量。比如没延米边沟、A、B 式护肩墙的工程量。根据现场施工每月截止时间上报施工台账来整理本期计量台账,包括路面的沥青及附属工程台账,整理中间计量单中所反映的工程数量表,要求简单、明了并且容易看懂。

　　HCS 公路项目建设项目管理系统在沪蓉西高速公路使用 5 年,整个项目包括业主、监理、施工单位共有上百家单位联合使用。通过实际的应用该系统能够满足业主对项目管理及各类查询和统计的需求,节省了查阅大量报表的时间,为及时掌握工程的实际进度及造价的详细数据提供了更方便、更快捷的手段。

原交通部部长黄镇东(左八)视察鄂东长江公路大桥

八、香溪长江公路大桥——湖北基础设施首个 PPP 项目

2015年8月28日,湖北基础设施首个 PPP 项目——秭归香溪长江公路大桥动工建设,融资15亿元,开创湖北省公路建设 PPP 模式筹融资先河。

PPP 模式是指政府与私人组织之间,为了合作建设城市基础设施项目,或是为了提供某种公共物品和服务,以特许权协议为基础,彼此之间形成一种伙伴式的合作关系,并通过签署合同来明确双方的权利和义务,以确保合作的顺利完成,最终使合作各方达到比预期单独行动更为有利的结果。

公私合营模式(PPP),以其政府参与全过程经营的特点受到国内外广泛关注。PPP 模式将部分政府责任以特许经营权方式转移给社会主体(企业),政府与社会主体建立起"利益共享、风险共担、全程合作"的共同体关系,政府的财政负担减轻,社会主体的投资风险减小。PPP 模式比较适用于公益性较强的废弃物处理或其中的某一环节,如有害废弃物处理和生活垃圾的焚烧处理与填埋处置环节。这种模式需要合理选择合作项目和考虑政府参与的形式、程序、渠道、范围与程度,这是值得探讨且令人困扰的问题。

香溪长江公路大桥起于秭归县郭家坝镇,接省道 S334 线,于兵书宝剑峡跨越长江,于刘家坝跨越香溪河,止于归州镇香溪河西岸,复接省道 S255 线,全长 5.9km,其中跨长江大桥长约 0.8km,跨香溪河大桥长约 1km,两桥接线长约 4.1km,全线采用四车道一级公路标准建设,设计速度 60km/h,路基和桥梁宽度均为 23m。香溪长江公路大桥,是秭归县首座长江大桥,是世界最大跨度推力拱桥。

该项目2012年10月通过国家发改委立项批复,2013年6月通过工可批复,2014年3月通过国家交通运输部初步设计批复。项目初设投资约21亿元,批复建设工期48个月,要求2018年全面建成通车。在长江"黄金水道"上,由县级政府争取立项、批复、建设的长江大桥,目前仅秭归一家。项目通过国家批复并下拨了6亿元的资本金,剩下的15亿元由秭归县自己筹措。最初县政府与几家国有商业银行谈判,用政府的特许经营权来做担保,但没有银行愿意,因为该桥的收费还贷能力低。2014年国务院发布《关于加强地方性债务管理的意见》,彻底打碎了地方政府直接从银行贷款的希望。在这种背景下,秭归县政府转向寻找社会资本,即有投资能力、有技术能力的大企业。也就是常用的"BT"建设模式,由项目公司做总承包,独立完成融资和建设,验收合格后再移交给政府,政府按约定的总价和时间,分期偿还。如果采取 BT 模式,建成后三年内政府要承担巨额财政支付压力,作为山区国家级贫困县很难承受。必须寻找一种新的模式来破解资金难道。

经过多次讨论,秭归县在不改变项目政府收费还贷性质的前提下,采用 PPP 模式引进社会资本解决项目融资难题。县政府成立一家国有独资公司,作为国家补助资金的出资人与合作人成立项目公司,由公司负责建设、还贷、运营、移交。项目建成后,公司运营

20年后将大桥移交给政府。历经8个月的引进洽谈,与两家具备实力的企业签订了意向性合作协议。对于秭归采用PPP模式建设香溪长江公路大桥,省财政厅给予了高度关注并表示全力支持,作为全省第一个实行PPP建设模式上报财政部。

秭归县政府与武汉市政建设有限公司签署香溪长江公路大桥建设协议

按照规定,实行PPP模式项目,政府的招标对象,需要既要有资金实力,又要有技术实力。但国家对这个项目的批复中,规定由政府负责筹钱,招标对象只要有施工能力就行。实际上香溪长江大桥建设项目,是一个由政府收费还贷与PPP模式相结合的项目。该项目实行"一个项目、两个平台"的采购方式,把PPP合作人招标分为施工招标和合作人采购,分别交由省交通运输厅、省财政厅负责,确保中标合作人达到大桥建设要求。2015年2月该项目完成项目招标公告挂网,8月28日正式动工。一个年财政收入仅7亿元的贫困县,承担了21亿的元的基础设施项目,正是PPP模式的探索实践,让看似不可能做到的事变成现实。

第二章
高速公路运营管理

随着高速公路的建设发展,高速公路运营管理不断加强,高速公路管理机构从无到有,逐步建立健全。至2016年底全省高速公路共企事业管理单位52家,其中事业单位11家,企业单位41家。全省有15个民营和社会资本投资建设项目实行了委托管理。

湖北省交通运输厅高速公路管理局与湖北省交通运输厅高速公路路政执法总队,一门两牌履行全省高速公路和长江大桥收费、路政、养护、资产、投资等行业管理职能。全省高速公路基本形成了以高管局为行业监管主体、以路段管理处(公司)为经营管理主体的集中统一、规范管理的格局。

"十二五"时期,全省高速公路共通行车辆7.6亿辆,征收通行费665亿元,为2173万辆"绿色通道"运输车辆提供免费通行服务,让利社会74亿元;路政共立案37682起,结案37176起,结案率、索赔率分别达到98.7%、98.5%;累计投入养护资金43.7亿元,道路MQI值始终保持在90以上;完成了7个类别、30个大项、56个子项的行政职权清理工作,建成ETC车道569条,省界站、主线收费站覆盖率达到100%。

第一节 机 构 设 置

自1991年湖北省第一条高速公路——武汉至黄石高速公路建成通车以来,承受着对高速公路管理认识的不断深化,全省高速公路管理体制大体经历了一个从事业化管理到公司化管理,再到以事业化管理为主的过程。

一、湖北省高等级公路管理局

1988年5月,省编制委员会批准成立湖北省高等级公路管理处(简称省高管处)。省高管处主要职责是负责对全省高等级公路建设、管理、养护、费收管理,行使对全省高等级公路的集中领导、统一管理。

1990年9月,省编制委员会批准湖北省高等级公路管理处改名为湖北省高等级公路管理局(简称省高管局)。省高管局下属单位人事关系、计划财务、物资供应等均属高管局领导和管理。1991年1月,成立武东、鄂州、黄石3个管理所和养护工程队(后更名为养护工程一队)。1992年6月,高管局在东仙段设立永安、杜柳2个管理所和养护工程二队。1994年1月,成立毛嘴管理站、杨市管理站。毛嘴管理站隶属杜柳管理所,杨市管理站由杜柳管理所代管。1994年10月,成立小北门管理所。1995年10月,成立宜昌管理处、养护工程三队(1996年1月撤销合并到养护工程二队)。1996年1月,武黄段3所合并成立武黄管理处。2月,高管局所属下级单位有武黄、永安、杜柳、小北门、宜昌等5个管理所(处)和武东、豹澥、庙岭、蒲团、路口、泽林、汀祖、黄石、永安、北河、杜柳、毛嘴、杨市、后湖、丫角、锣场、小北门、枝江、安福寺、猇亭、伍家岗、宜昌22个收费站和养护工程一队、养护工程二队2个养护工程队,湖北省高等级公路实业开发公司,代管湖北省交通职工教育培训中心。

1999年2月,经湖北省企业改革领导小组批准成立湖北金路高速公路建设开发有限公司。6月,金路公司经工商注册取得营业执照。10月,成立湖北襄荆高速公路有限责任公司(简称襄荆公司)。1999年11月,省政府同意将武黄公路、汉宜公路、黄黄公路、黄石长江大桥、九江长江大桥、京珠高速公路湖北段、军山长江公路大桥、宜昌长江公路大桥、荆州长江公路大桥、鄂黄长江大桥等公路项目中由省交通投资部分形成的资产,授予湖北金路高速公路建设开发有限公司经营管理。2000年,金路公司收购湖北交通职工培训中心。

2000年11月,省交通厅决定组建宜黄高速公路经营有限公司(简称宜黄公司),与金路公司、楚天高速公路股份有限公司(楚天公司)一起隶属交通厅。金路公司直接从事高速公路经营管理。交通厅成立高速公路路政管理办公室负责行使高速公路路政管理职能。2000年12月,宜黄公司正式挂牌成立,宜黄公司下设黄黄分公司、武黄分公司、江宜分公司、养护中心、信息中心。2000年12月,楚天公司正式挂牌成立。楚天公司主要职能:武汉(永安)至荆州(小北门)段高速公路路产,进行有关经营管理和投融资开发。其中公路小修保养以签订协议形式委托湖北宜黄高速公路经营有限公司养护中心管理。

2001年9月,省交通厅批准成立湖北京珠高速公路经营有限公司(简称京珠公司),为省交通厅二级单位,负责京珠高速公路湖北段(含武汉军山长江公路大桥)收费、养护、服务等管理,路政工作由厅高速公路路政管理办公室向公司派驻的湖北省交通厅高速公路路政管理办公室京珠路政支队负责管理,路政支队具体业务和人员由京珠公司统一管理。

2002年11月,金路公司更名为湖北省高速公路集团有限公司(简称高路集团)。高路集团受省政府和交通厅委托暂行高速公路出资人、对省交通厅投资部分的资产行使投资经营管理职能。高路集团公司内设综合部、财务部、计划经营部、资产管理部、联网部等五个部门。2002年11月,高路集团公司联合湖北省交通开发公司、湖北省公路物资设备供应公司等单位发起成立湖北海陆景置业发展有限公司。

2003年3月,省交通厅成立高速公路公司体制改革领导小组,领导小组下设办公室,挂靠高路集团公司,高速公路管理体制进行新一轮改革,提出成立5个公司和领导班子配备方案。同年3月至5月,武黄高速公路经营有限公司、湖北黄黄高速公路经营有限公司、襄十高速公路经营有限公司、湖北京珠高速公路经营有限公司、湖北孝襄高速公路经营有限公司和湖北省高速公路实业开发公司(简称高开公司)、湖北省高科交通工程咨询有限公司(高科公司)相继挂牌。

2004年6月,湖北襄荆高速公路经营有限公司正式履行对襄荆高速公路经营管理职能。2004年9月,经武汉市政府批准成立武汉绕城高速公路管理处(高管处),2004年10月,湖北省交通厅批准汉宜公路江宜段收费权由省交通厅有偿转让给湖北楚天高速公路股份有限公司。

2005年6月,省机构编制委员会批准成立湖北省汉十高速公路管理处(简称汉十管理处)和湖北省京珠高速公路管理处(简称京珠管理处)。

2005年8月,经省机构编制委员会批准,将湖北省高速公路路政管理办公室更名为湖北省交通厅高速公路管理局,主要职责是:履行全省高速公路和长江大桥费收、路政、养护、资产投资等行业管理。2005年11月,省交通厅批准将高路集团公司管理的固定资产、长期投资和在建工程等所有资产移交给省高管局进行管理,同时将高路集团公司负债移交给省高管局,并从2005年12月起,由省高管局负责上述债务还本付息工作。

至2016年底,局机关有办公室、费收财务处、路政法规处、综合计划处、建设管理处等5个处室。全省高速公路共有47家经营管理单位,6个路政支队,1个应急中心,收费站337个(不含重叠数,下同),服务区151对(含停车区),服务区和停车区从业人员总量为1.8万余人。湖北省高速公路基本形成了以高管局为行业监管主体、以路段管理处(公司)为经营管理主体的集中统一、规范管理的新格局,为全省高速公路事业又好又快发展奠定了坚实的基础。

二、事业单位

(一)湖北省交通运输厅京珠高速公路管理处

2001年12月,湖北省(北)京珠(海)高速公路开放交通试营运。2001年9月,成立"湖北京珠高速公路经营有限公司",全面负责京珠高速公路湖北段的收费、养护和经营开发等工作。同时还负责武汉周边由社会资本投资建设的"八路一桥",即青郑、汉英、武麻、汉蔡、汉洪、和左、咸通、通界高速公路和荆东河大桥的委管工作。

2005年6月,经省政府批准,原经营公司改为事业单位"湖北京珠高速公路管理处"。管理处实行一级核算、二级管理。至2016年,下属21个管理所、5个路政大队、5个养护管理站、1个监控中心、1个后勤服务中心、1个超限运输治理所。内设置办公室、政工科、人事劳动科、收费稽查科、工程养护科、计划财务科、经营管理科、资产管理科和路政支队共9个科室。管理处有职工1720人,其中生产一线工人1084人,管理人员636人。单位地址:武汉市沌口经济开发区东风大道全力村京珠高速公路管理处。

（二）湖北省交通运输厅汉十高速公路管理处

（武）汉十（堰）高速公路汉十高速公路第一段即襄（阳）十（堰）段2003年建成。当年省交通厅组建襄十高速公路经营有限公司,2005年改制为汉十高速公路管理处。主要负责G70(福州—银川)高速公路孝感至十堰段的收费、路政、养护及其他综合性营运管理工作,另受委托管理武荆、荆宜、荆东、汉孝等4条社会资本投资建设的高速公路,派驻执法樊魏、谷竹、十房、陨十、麻竹高速公路。所辖路段联通鄂、陕、豫、湘四省,全面覆盖湖北省"一主两副""宜荆荆""襄十随"等战略经济带中的8个地市。支撑"鄂西生态文化旅游圈"和汽车工业带两大千亿产业链,辐射约70%的人口和经济总量。截至2014年底,管理处管理总里程达1433km,占湖北省高速公路通车总里程的28.26%。直接管理、收费委托管理、路政派驻管理多种模式并存,集中体现了湖北高速公路"投资多元化、管理一体化"的管理特点。汉十管理处实施一级核算、二级管理,下设52个收费管理所、17个路政大队、7个监控分中心、4个养护管理站。机关内设办公室、政工科、人事劳动科、收费稽查科、工程养护科、计划财务科、资产管理科和路政支队共8个职能部门。另设后勤服务中心、管理处信息监控中心2个附属单位。该处既有直接管理、又有委托管理、路政派驻管理多种模式并存,集中体现了高速公路"投资多元化,管理一体化"的特点。2016年,有干部职工1608人,其中施工生产一线职工1084人,管理人员673人。单位地址:武汉市汉阳区龙阳大道9号。

（三）湖北省交通运输厅鄂西高速公路管理处

鄂西高速公路管理处成立于2009年9月23日,主要负责沪渝高速鄂西段、三峡翻坝高速和沪蓉高速宜巴段三条高速公路收费、路政、公路养护、服务区监管等运营管理。所辖段三条高速公路总里程为550km,至2014年底,完成保宜、恩黔、恩来三条高速公路路政派驻工作,鄂西高速直管和委派路政管理高速公路总里程达775km。

鄂西高速公路管理处内设办公室、政工科、人事劳动科、收费稽查科、工程养护科、计划财务科、资产管理科和路政管理科共8个科室、1个后勤中心,1个信息监控中心,下设26个收费站、10个路政大队、6个养护站、3个信息监控分中心,干部职工总人数1500余名。其中:党员255人、团员580余人。设有9个党支部,8个团支部、7个基层工会委员会,管理处实行区域化管理模式,组建了宜昌、恩施、宜巴区域管理委员会,负责各自区域内的收费、路政、监控、养护等工作的管理和协调。管理处共设基层党总支4个,分别为机关党总支、恩施党总支、宜昌党总支和宜巴党总支。每个党总支设有政工办公室、财务办公室和综合办公室。2016年,管理处共有干部职工1791人,其中施工生产一线职工829人,管理人员962人。单位地址:武汉市沌口经济开发区碧湖东路2号。

(四)湖北省交通运输厅随岳高速公路管理处

随(州)岳(阳)高速分北段、中段、南段、荆岳长江大桥段4个项目建设。随岳管理处前称为"湖北省随岳高速公路中段建设指挥部"和"湖北省随岳高速公路中段建设管理处",先后完成了中段和北段建设任务。2009年10月,正式更名为随岳管理处,为全省事业性质高速公路管理处之一,除担负由省厅投资建设的中段、北段和荆岳大桥段运营管理职责外,还负责襄荆高速公路、江南高速公路路政执法管理和随岳高速公路南段的费收委托管理、路政执法管理工作。

管理处下属13个管理所、7个路政大队、3个养护管理站和3个监控中心。管理处现有职工900余人,设置办公室、政工科、人事劳动科、收费稽查科、工程养护科、计划财务科、资产管理科和路政支队办公室共八个职能部门。全线共设养护管理站3个。其管辖范围分别是:第一养护管理站负责管理随岳北段及中段一部分里程共108km;第二养护管理站负责管理随岳中段一部分里程123.712km;第三养护管理站负责管理荆岳长江大桥里程5.419km。依据养护管理站工作职能,各站分别设立综合组、技术组、合同组。全线共设1个信息管理中心、3个信息监控分中心,内设综合组、监控组、技术组、收费组。2016年,有干部职工1014人,其中施工生产一线职工894人,管理人员120人。单位地址:武汉市沌口经济开发区神龙大道碧湖东路2号。

(五)湖北省交通运输厅黄黄高速公路管理处

1998年11月,经省编委批准成立湖北省黄黄高速公路管理处(黄黄管理处),属厅直属正处级事业单位。黄黄管理处实行一级核算,二级管理,主要职责是负责黄(石)黄(梅)高速公路收费、养护、路政管理和经营开发工作。2003年4月改称"湖北黄黄高速公路经营有限公司",2010年1月15日成立湖北省交通运输厅黄黄高速公路管理处。2014年湖北省编办批复为公益二类事业单位,管辖位于鄂东境内的G50/70黄黄高速公路、G42S武英高速公路、G42麻武高速公路、G45大广北高速公路、S38黄鄂高速公路、九江二桥北接线、九江二桥湖北段和鄂东大桥散花所,总里程558km,呈"丰字形"连接鄂、皖、赣、豫四省,拥有省际出口6个。黄黄高速公路管理处以合同、协议为基础,把鄂东区域涵盖政府还贷、国企投资、民营资本、鄂港合作、上市公司5种投资模式,权属7家投资主体的高速公路统一到一种模式下运行,呈现出直管路段提档升级、派驻路段日益规范、委管路段面貌翻新的共赢局面,维护了路网稳定和正常运营,探索出高路一体化管理的成功经验。

黄黄管理处设置办公室、政工科、人事劳动科、计划财务科、收费稽查科、工程养护科、资产管理科、路政管理科、后勤服务中心、信息监控中心共十个职能部门。下设21个管理所、3个服务区管理所、3个养护管理站、3个监控分中心、10个路政大队。2016年,有干部职工1586人,其中施工生产一线职工1524人,管理人员62人。单位地址:武汉市关南一路6号。

(六)湖北省交通运输厅武黄高速公路管理处

武(汉)黄(石)高速公路于1991年2月建成,由湖北省高等级公路管理局直接经营管理;2003年3月成立武黄高速公路经营有限公司;2011年1月24日,成立湖北省交通运输厅武黄高速公路管理处。辖管四路一桥[武黄高速公路、杭(州)瑞(丽)高速公路湖北段、鄂东长江公路大桥、大(庆)广(州)南高速公路湖北段、(武)汉鄂(州)高速公路]。管辖里程近450km,其中武黄高速公路全长70.3km,杭瑞高速公路湖北段全长200km,鄂东长江公路大桥全长15.149km;大广南高速公路湖北段全长107km;汉鄂高速公路全长54.652km。管理由一条路辐射为一张网。

该处管理实行直接管理、全面委托管理、路政派驻管理、收费委托管理多种模式并存格局。管理处下设20个收费管理所、8对服务区、3处养护工区、33个管理所、8个路政大队,处机关设有11个科室,2个附属单位。武黄管理处基层党支部、团总支、团支部、工会组织健全。设有武东党总支、黄石党总支、阳新党总支、通山党总支、崇阳党总支、通城党总支、委管党总支、机关党总支八个片区区域化管理模式。2016年,有干部职工1453人,其中施工生产一线职工677人,管理人员776人。单位地址:武汉市东湖经济开发区武黄高速公路武东收费站旁。

(七)武汉绕城高速公路管理处

武汉绕城高速公路管理处于2004年9月正式成立,负责武汉绕城高速公路,阳逻长江公路大桥的公路养护、征收公路通行费、公路行业信息管理、沿线经营开发等工作。武汉绕城高速公路主线设有柏泉收费站、盘龙城收费站、甘棠收费站、施岗收费站、阳逻收费站、北湖收费站、花山收费站7个收费站;一个施岗服务区、一个鲁台停车区;机关设在施岗服务区。2010年6月正式接管汉英高速公路(汉新管理所)运营养护及人事劳资等工作。2016年,有干部职工200人,其中施工生产一线职工192人,管理人员8人。单位地址:武汉市沌口经济开发区军山小街特1号。

省交通运输厅专家们在武英高速调研指导工作

(八)武汉和左高速公路管理处(湖北联交投和左高速公路有限责任公司)

和平至左岭高速公路是武汉市规划建设的七条城市高速出口公路之一,主线全长19.905km。2010年10月18日通车运营。同年成立武汉和左高速公路管理处与湖北联交投和左高速公路有限公司一门两牌。地处东湖生态旅游风景区龚家岭村新建村8—8号,注册资金为6000万元,2010年1月28日成立,经营范围包括和左高速公路及高等级公路、桥梁、基础设施投资、建设与经营等。设收费站两处(龚家岭、新桥),2016年,有干部职工86人,其中施工生产一线职工83人,管理人员3人。单位地址:武汉市沌口经济开发区军山小街特1号。

(九)荆州市高速公路管理处

荆州市高速公路管理处前身为荆州市顺达高速公路建设有限公司(以下简称"市顺达公司"),2000年5月18日,荆州市政府以荆政办函〔2000〕25号文件授权成立了市顺达公司。明确由市顺达公司全权负责襄荆高速公路至荆州长江大桥连接线(以下简称"连接线")和荆州至公安东岳庙段的建设、管理、经营。2000年10月26日,荆州市交通局、公路局共同出资成立了市顺达公司。公司成立后立即开展了连接线和荆东高速公路两个项目的建设工作。后因投资主体变化,省交通厅将荆东高速项目收回,市顺达公司将荆东高速项目进行了移交。

2003年,荆州市交通局授权市顺达公司开展一级公路规划、建设、管理工作。市顺达公司在开展连接线项目建设的同时,成立了一级公路工作专班。立即开展了江南、江北一级公路的前期工作,并开工建设了荆监一级公路东方大道路段。2005年,负责一级公路建设的工作专班成立了荆州市荆监一级公路建设有限公司(即现在的荆监一级公路管理处前身),2006年荆监一级公路建设有限公司与市顺达公司脱离,一级公路项目建设、管理职能一并划转。

2007年3月,为解决人员安置和管理体制问题,经荆州市交通局同意,申请市编委批准设立了"荆州市襄荆高速公路至荆州长江大桥连接线管理处"代替市顺达公司负责连接线的收费、养护及路政管理,后于2010年4月批复更名为"荆州市高速公路管理处"。市编委批复的主要职能为荆州市范围内高速公路建设、养护、管理,实际仅负责襄荆高速公路至荆州长江大桥连接线高速公路(以下简称"连接线")的建设、养护、管理。2016年,有干部职工83人,其中施工生产一线职工51人,管理人员32人。单位地址:湖北荆州市荆沙大道308号。

(十)荆州长江公路大桥管理局

荆州长江公路大桥位于湖北省荆州市,是二广高速公路和207国道在荆州区域跨越长江的一类过江特大型桥梁。荆州大桥主体工程自1998年3月28日正式开工,于2002年10月1日正式建成通车。荆州大桥由荆州长江公路大桥管理局负责管理 养护和营运,该局现为正县级事业单位,设3科3室,下辖9个直属单位。2016年,有干部职工356人,其中施工生产一线职工283人,管理人员73人。单位地址:湖北荆州市沙市区北湖路34号。

(十一)湖北省高速公路联网收费中心

湖北省高速公路联网收费中心于2012年8月经省编办批复设立,主要承担全省高速公路联网收费的实施,通行费的归集、清分与结算,公众服务热线的受理,收费信息系统的维护管理等职责。2014年3月11日,联网收费中心正式挂牌运行。2014年8月,省编办明确联网收费中心为省交通运输厅直属的公益一类事业单位。

截至2017年10月底,全省实行联网收费的高速公路5907km,共有联网路段69个、开通收费站354个。2017年联网高速公路日均通行车辆68.06万辆、日均收费额5425.78万元。作为提供公益服务的高速公路管理事业单位,联网收费中心主要提供三个方面的服务:首先是为路段单位服务,努力做到"业主不分大小、里程不分长短、收入不分多少",平等对待,分毫不差,公开积极主动;其次是为出行公众和司乘人员服务,急群众之急,解群众之忧,努力为人民群众排忧解难;其三是为省厅、省局实施行政管理职能提供技术性、事务性、支持保障性的服务。日常工作任务主要有以下八个方面:一是归集、拆分(清分)和结算高速公路通行费;二是执收并集中汇缴省直国库3项非税收入;三是统一规范、管理联网收费业务;四是升级改造和维护管理以联网收费系统为核心的三大系统;五是推广应用电子收费(ETC)技术;六是受理公众服务热线;七是开展路网日常运行监测;八是提供联网收费数据采集、统计分析及查询。

联网收费中心始终围绕"建设全国一流的联网收费中心"这个目标,加强制度建设,改革创新突破,努力履职尽责,提升公益服务,加快事业发展,实现了机构、人员和业务有序衔接,保持了联网收费工作平稳运行,呈现出人心思进、多方发力、创新突破、发展加速的良好态势。内设置综合办公室、财务结算科、收费业务科、运行监测科、信息技术科、电子收费运营中心、公众出行服务中心七个职能部门。单位地址:武汉市芳草二路87号武汉设计广场4—1栋。

三、企业单位

（一）湖北省交通投资集团有限公司

湖北省交通投资集团有限公司(以下简称"省交投公司")是湖北省人民政府出资组建的国有独资交通投融资企业,定位为综合交通基础设施投资运营商、产业资本投资经营商。以全省公路、铁路、港口、航空等交通基础设施投资建设为核心业务,以物流、地产、能源、科技板块为重点发展业务,以金融、健康、生态农业板块为战略培育业务。

公司成立于2010年10月28日,2015年7月1日升格为集团,注册资本金100亿元,资产3134亿元,为省属资产规模最大的企业。截至2016年12月31日,下属全资、控股、参股公司总计113家。其中二级公司57家,包括全资27家,控股25家,参股5家;三级公司50家,包括全资38家,控股8家,参股3家;四级公司6家,全资2家,控股1家,参股3家。员工8113人。

全省最大高速公路枢纽互通——恩来恩黔高速公路罗针田互通

公司自成立以来，坚定不移贯彻落实省委省政府交通投融资体制改革和战略部署，最大程度发挥融资和建设功能，充分释放体制改革红利。截至2016年底，累计实现融资2273亿元，完成投资2151亿元，其中完成高速公路投资1985亿元，铁路投资24亿元，港口投资17亿元，其他投资125亿元，建成高速公路1942公里、铁路31公里，投融资规模居中部第一、全国前列。企业信用创AAA，为省属企业第一家。公司地址：湖北省武汉市洪山区珞瑜路1077号东湖广场。

（二）湖北联合交通投资开发有限公司

湖北联合交通投资开发有限公司（以下简称"联交投公司"）成立于2008年11月，是湖北省联合发展投资集团有限公司旗下的全资子公司，注册资本为3亿元人民币，主营业务涵盖道路、桥梁、轨道交通、机场、铁路、港口等交通基础项目的投融资及担保。联交投公司内设5个职能部室、项目后期办公室1个临时机构，下辖路政管理处、硚孝项目公司及20个收费站、3个养护所，参股联投置业、联投商贸、联投传媒3家单位，目前，已建成运营的交通设施有"六路两桥"，通车里程约245km，分别是武汉绕城高速公路（东北段）、汉英高速公路、青郑高速公路、汉洪高速公路、和左高速公路、黄鄂高速公路以及阳逻长江大桥、黄冈长江大桥；在建高速公路1条，即硚孝高速公路。在建里程22.5km；筹建高速公路1条，即鄂咸高速公路，筹建里程63.61km。截至2015年6月底，公司总资产达235亿元。为了精简管理层次，降低管理成本，实现降本增效，近年来，联交投公司大力推行机构改革，管理机构由原来的"一路一公司"整合为联交投统一直接管理到各路段，实现了扁平化管理。2016年，有干部职工48人。公司地址：武汉经济技术开发区军山街小军特1号。

2014年7月31日，省交通运输厅工程技术人员督办黄鄂高速公路团风段建设

（三）汉新高速公路有限责任公司

汉英高速全长27.276km，由湖北联合发展投资有限公司旗下，湖北联合交通投资开发有限公司的全资子公司湖北汉新高速公路有限责任公司负责经营管理，于2008年9月6日正式通车。2010年6月，按照联交投公司实行扁平化管理的要求，汉英高速由绕城高速全面接管营运管理和养护、人事劳资等工作。2016年，有干部职工82人，其中施工生产一线职工79人，管理人员3人。公司地址：武汉市经济技术开发区军山街小军特1号。

（四）武汉青郑高速公路开发有限公司

武汉青郑高速公路开发有限公司成立于2004年8月16日，现由湖北联合交通投资有限公司、湖北国创高科技实业集团有限公司共同出资，各自的比例为湖北联合交通投资有限公司95%，湖北国创高科技实业集团有限公司占5%。公司注册资本人民币5000万，公司法人代表李启明。主要经营项目是对武汉市青菱至郑店高速公路（青郑高速公路）的投资、建设、开发及营运管理。

公司投资建设的青郑高速公路是武汉市规划的七条快速出口通道之一。总投资9.16亿元，于2008年9月7日正式通车运营。2016年，有干部职工50人，其中施工生产一线职工49人，管理人员1人。公司地址：武汉市经济技术开发区军山街小军特1号。

（五）武汉汉洪高速公路有限责任公司

湖北汉洪高速公路有限责任公司，为湖北联合交通投资开发有限公司下属子公司。公司以其全部法人财产，依法自主经营，自负盈亏。公司注册资本8000万元，法人代表为李启明。公司的经营范围是在湖北省人民政府批准的汉洪高速公路特许权范围内主要经营汉洪高速公路投资建设与经营；其他交通基础设施项目的投资与开发。兼营与高等级公路配套的汽车加油、施救、维修、仓储服务、旅游及沿线房地产开发、广告及房屋租赁、机械设备租赁、公路货运、客运，商品房销售，土木工程建筑，商贸，加工，住宿、饮食服务等。

公司投资建设的武汉市沌口至水洪口高速公路是武汉市规划的七条快速出口通道之一。路线全长49km，项目总投资30.65亿元，设3个收费站，1个停车区。2009年9月25日正式通车运营。2016年，有干部职工106人，其中施工生产一线职工103人，管理人员3人。公司地址：武汉市经济技术开发区军山街小军特1号。

（六）湖北黄鄂高速公路有限公司

黄冈至鄂州高速公路是《武汉城市圈综合交通规划》中的重要交通项目，起点接已建成的大广北高速公路，并与在建的武汉到黄冈城际铁路共用过江通道——黄冈长江大桥，路线总长29.243km,项目总投资32.14亿元。2010年12月正式开工建设,2014年6月正式通车运营。

经省人民政府批准,黄鄂高速公路项目采用BOT(基础设施特许权)+EPC(投资、设计、施工、运营一体化招标)模式,由黄冈市会同鄂州市人民政府通过招商引资方式筹资建设,湖北省联合发展投资公司为投资人,湖北省路桥集团有限公司为施工总承包人。湖北黄鄂高速公路有限公司为项目法人,负责项目的实施。设收费站4处、管理及监控分中心1处,服务区养护中心1处,2016年,有干部职工92人,其中施工生产一线职工88人,管理人员4人。公司地址:武汉市经济技术开发区军山街小军特1号。

(七)湖北省汉蔡高速公路有限公司

汉蔡高速公路全长35km,是连接武汉市中环线和外环线并延伸至沪蓉高速的一条重要的西部出口通道。湖北省汉蔡高速公路有限公司成立于2009年,是湖北省广晟高速公路集团有限公司下属子公司。2016年,有干部职工101人,其中施工生产一线职工74人,管理人员27人。公司地址:武汉市汉阳区永丰街汉蔡高速公路。

(八)湖北省广晟高速公路集团有限公司

湖北省广晟高速公路集团有限公司(以下简称高速公路集团)于2013年11月29日在武汉市注册登记,12月25日正式成立,是广东省广晟资产经营有限公司属下的全资子公司。其经营范围包括交通、城市公共事业及基础设施投资,咨询服务投资以及项目投资管理等。高速公路集团为打造投资建设、运营管理、资本运作"三位一体"的平台,加快促进高速公路板块的转型与升级,于2013年底至2014年初将湖北汉蔡高速公路有限公司、湖北阿深南高速公路有限公司和湖北汉鄂高速公路有限公司进行整合运营。2016年,有干部职工564人,其中施工生产一线职工429人,管理人员135人。公司地址:湖北省鄂州市葛山大道99号。

(九)湖北广晟汉鄂高速公路有限公司

汉鄂高速起自武汉左岭镇新桥村,终点接大广高速公路鄂东长江大桥南引线之花湖互通,是武汉"1+8"城市圈规划的7条快速进出城干线之一。路线全长54.65km。

湖北广晟汉鄂高速公路有限公司是经湖北省发改委核准的汉鄂高速公路项目法人,负责该项目的筹资建设和经营管理。于2008年3月在湖北鄂州注册成立,是湖北省广晟高速公路集团有限公司下属子公司。公司根据项目建设需要,分别设置了综合办公室、计划合同部、工程技术部、质安监督部、综合协调部、计划财务部和机务材料部七个部门。2016年,有干部职工175人,其中施工生产一线职工28人,管理人员147人。公司地址:

湖北省鄂州市葛山大道99号。

（十）湖北阿深南高速公路发展有限公司

大广南高速公路全长107km,起自鄂东长江公路大桥南岸互通（黄石西互通），终点为通山县王家畈,通过太平山隧道进入江西省。是大广高速的组成部分,是继京珠高速公路后又一条贯穿我国南北的重要通道。湖北阿深南高速公路发展有限公司成立于2004年1月9日,是湖北省广晟高速公路集团有限公司下属子公司。2016年,有干部职工245人,其中施工生产一线职工37人,管理人员208人。公司地址:湖北省大冶市大棋大道6号。

（十一）武汉华益路桥管理有限公司

武汉华益路桥管理有限公司在原武汉公路管理处下属二个公路管理所的基础上与港资合资成立于2001年。武汉华益路桥管理有限公司地处武汉黄陂区盘龙城经济开发区楚天大道特1号,注册资金为7600万元,主营岱黄公路和汉口施岗公路车辆通行费和外地车辆城市路桥费的征收,年征收近亿元。公司设置有综合办公室、经营部、工程部、财务部、人事部五个职能部门,管理府河收费站、黄陂收费站、乔店收费站3个收费站,以及岱黄监控中心、岱黄结算分中心。2016年,有干部职工208人,其中施工生产一线职工182人,管理人员126人。公司地址:武汉市黄陂区盘龙城经济开发区特1号。

（十二）湖北汉孝高速公路建设经营有限公司

湖北汉孝高速公路建设经营有限公司成立于2003年,2010年越秀交通成功收购汉孝公司90%股权,同年12月完成股权变更,2011年1月6日由越秀交通基建有限公司正式接管。2014年,收购剩余10%股权。现为越秀交通基建有限公司全资控股附属公司,资产规模11.29亿元,公司注册地武汉市黄陂区祁家湾张家店。主营为武汉至孝感高速公路及机场北连接线的建设和经营管理。公司现有综合部、财务部、营运部、养护部及路产部五个部门,2016年,有干部职工55人,其中施工生产一线职工23人,管理人员132人。公司地址:武汉市黄陂区横店街横天路18号。

（十三）湖北荆东高速公路建设开发有限公司

湖北荆东高速公路建设开发有限公司经湖北省工商行政管理局批准,于2002年11月5日成立。公司注册资本1亿元人民币整,主营荆东高速公路投资经营及配套服务。荆东公司设立四部三站一区一中心,即综合事务部、计划财务部、营运管理部、工程养护部、荆州南收费站、公安收费站、东岳庙收费站,夹竹园服务区及监控中心。2016年,有干部职工 120 人,其中施工生产一线职工 105 人,管理人员 15 人。公司地址:湖北省荆州市沙市区北湖。

(十四)湖北荆宜高速公路有限公司

湖北荆宜高速公路有限公司于 2002 年 11 月 18 日成立,注册资本人民币 8.5 亿元,控股方为首都机场集团公司。公司主营荆宜高速公路的投资、建设、经营、管理。荆宜高速公路于 2003 年 6 月 30 日正式开工建设,2008 年 1 月 11 日投入试运营,2011 年 12 月 26 通过国家竣工验收。全线共设一个管理中心,六个收费管理所,分别为荆门南管理所、育溪管理所、当阳东管理所、当阳西管理所、双莲管理所和鸦鹊岭管理所;一个服务区,即白河服务区。2016 年,有干部职工 213 人,其中施工生产一线职工 157 人,管理人员 56 人。公司地址:湖北省当阳市王店镇木店村四组 32 号。

(十五)湖北随岳南高速公路有限公司

湖北随岳南高速公路有限公司系一家依据中华人民共和国法律合法成立并有效存续的中外合资企业。公司注册资本 17.7 亿元人民币,其中越秀(中国)交通基建投资有限公司持有公司 70% 的股权;百荣投资控股集团有限公司持有公司 30% 的股权。随岳南高速公路线路全长 98.06km,2010 年 3 月 10 日建成通车。全线建有 1 处监控中心、2 处服务区、4 处收费站。2016 年,有干部职工 146 人,其中施工生产一线职工 91 人,管理人员 55 人。公司地址:湖北省武汉市沌口经济技术开发区东风三路东合中心 B 座 16 楼。

(十六)武荆高速公路发展有限公司

武汉荆州高速公路采用 BOT 方式投资建设,是国高网 G42 沪蓉高速的组成部分。湖北武荆高速公路发展有限公司 2003 年 12 月 12 日成立,经营范围包括公路、桥梁、隧道的投资建设等,公司注册资本人民币 8.08 亿元。其中山东高速集团有限公司占 60% 股份,利嘉实业(福建)集团有限公司占 40% 股份共同经营的混合所有制企业。公司注册资本 8.08 亿元,投资规模 88.21 亿元,负责国家重点干线公路上海至成都高速公路(G42)湖北武汉至荆门段的运营管理工作。

公司运营管理模式:收费、信息监控业务的指导及具体管理工作委托给湖北省交通运输厅汉十高速公路管理处,委托管理费用由公司负担;服务区对外承包;广告开发对外承包;停车区经营权对外转让;武荆高速公路路政执法由湖北省交通运输厅高速公路管理局路政执法总队汉十支队进行管理。公司内设安全与综合事务部、人力资源与党工部、计划财务部、养护工程部(下设应城、钟祥养护站)、信息机电部、稽查与经营协调部、营运管理中心。2016 年有干部职工 596 人,其中施工生产一线职工 517 人,管理人员 79 人。公地址:武汉市江汉区新华路 218 号浦发银行大厦 18 楼。

(十七)湖北武麻高速公路有限公司

湖北武麻高速公路有限公司成立于 2005 年,主要负责武麻高速公路的建设、运营、养护管理等工作。下设有综合管理部、营运管理部、工程技术部三个部门,其中营运管理部又包括黄陂东收费站、黄陂北收费站、监控分中心、票管分中心和长岭岗服务区,主要负责武麻高速公路通行费的收缴。2016 年有职工 76 人,其中管理人员 17 人,一线施工人员 59 人。公司地址:湖北省武汉市黄陂区六指街骆驼铺特 1 号。

(十八)葛洲坝湖北襄荆高速公路有限公司

襄阳荆州高速公路是国高网 G55 二广高速公路的组成部分,全长 208.341km,2004 年 6 月建成。葛洲坝湖北襄荆高速公路有限公司成立于 1999 年 10 月 27 日,由中国葛洲坝集团投资控股有限公司、湖北省交通投资有限公司、湖北省投资公司、襄阳市交通建设投资有限责任公司、荆州市投资公司 5 家单位共同出资组建,各股东单位占股权比例分别为 61.2%、23%、10%、4%、1.8%,注册资金 9 亿元,主要负责襄阳至荆州高速公路(襄荆高速公路)及其附属设施的投资建设和运营管理。公司设有综合部、人力资源部、财务部、计划营运管理部、工程技术部 5 个职能部门。公路沿线设有襄阳南、宜城北、宜城南、胡集、陈安、荆门北、荆门、五里、十里 9 个收费站,3 个路政大队,1 个管理中心,2 个服务区,2 个养护工区。2016 年有职工 166 人,其中一线施工人员 143 人,管理人员 23 人。公司地址:湖北省荆门市掇刀区培公大道 171 号。

(十九)湖北大广北高速公路有限责任公司

湖北大广北高速公路是国高网 G45 大广高速公路的组成部分,途径黄冈市的麻城市、团风县、黄州区、浠水县和武汉市的新洲区,主线全长 147.5km,另建团风和浠水连接线共 19.8km。大广北高速公路项目投资概算 47.25 亿元,于 2003 年 9 月开始筹备,2009 年 4 月完工。2004 年 4 月,湖北大广北高速公路有限责任公司正式成立,是中国葛洲坝集团股份有限公司全资子公司。注册资本 8000 万元。它是中国葛洲坝集团股份有限公司继襄荆高速公路之后,投资建成的第二条国内 BOT 高速公路项目。2016 年有职工 158 人,其中一线施工人员 132 人,管理人员 26 人。公司地址:湖北省黄冈市黄州区路口大道 42 号。

(二十)湖北中交咸通高速公路有限公司

湖北中交咸通高速公路有限公司是由中交投资有限公司(中国交通建设集团有限公

司旗下的对外投资平台)投资设立的全资控股有限责任公司,主要承担咸通高速(咸宁市咸安区至通山县)的施工修建、运营收费、路产路权维护和高速公路其他经营任务。公司运营管理的中交咸通(咸宁至通山高速2013年12月26日通车运营,是湖北省第一个通过BOT+EPC方式招标运作的高速公路项目),是湖北全面开放交通市场、创新招商引资建设的又一重大项目。公路西起京港澳高速公路,南接杭瑞高速公路,途经咸宁市区、通山县、崇阳县,实现京港澳高速、咸黄高速和杭瑞高速的快速交通转换。2016年有职工190人,其中一线施工人员167人,管理人员23人。公司地址:湖北省咸宁市咸安区桂乡大道300号。

(二十一)湖北鄂东长江公路大桥有限公司

湖北鄂东长江公路大桥是国家高速公路网上海至重庆(G50)、大庆至广州(G45)在湖北东部跨越长江的共用过江通道,2010年9月28日建成通车。湖北鄂东长江公路大桥有限公司,是经湖北省工商行政管理局注册的有限责任公司。公司建设并经营鄂东长江公路大桥。公司是湖北省首个采用民营资本为主,政府及国有投资公司参股的大桥建设有限责任公司,公司以强烈的社会责任感,以"建一流大桥、创一流管理、育一流人才"为目标,在实践中不断创新,培育和形成了具有鄂东大桥特色的混合管理模式。鄂东大桥是以民营企业控股、国有企业参股的混合经济制公司,设综合、财务、工程、经营四个部门,辖黄石、散花两个收费站。2016年有职工30人,其中一线施工人员23人,管理人员9人。公司地址:湖北省黄石市黄石港区迎宾大道武黄高速黄石收费站。

(二十二)湖北黄黄高速公路经营有限公司

黄黄公司经湖北省人民政府批准,于2003年4月25日颁发《中华人民共和国台港澳侨投资企业》批准证书,批准号为"外经贸鄂审字(2003)4502号",合作经营年限为20年。黄黄公司由湖北省高速公路集团有限公司和香港福德路桥投资有限公司合作组建,于2003年4月28日取得了湖北省工商行政管理局颁发的《企业法人营业执照》,注册资本24800万元,实收资本24800万元,组织机构代码为74831698—8,组织形式为有限责任公司(台港澳与境内合作),公司主营业务范围经营管理黄黄高速公路及所属的公路附属设施。

2005年12月,依据湖北省交通厅《关于办理京珠等高速公路资产负债移交手续有关问题的通知》(鄂交财〔2005〕428号)及《关于高路集团资产及负债移交有关问题的通知》(鄂交财〔2005〕575号)文件的要求,湖北省高速公路集团有限公司持有的合作公司的51%的股权被无偿划至湖北省交通厅高速公路管理局持有。

2011年9月,依据《省政府办公厅关于印发全省省级部分交通资产划转实施方案的通知》（鄂政办〔2011〕81号）、《关于将省交通运输厅部分交通资产划转湖北省交通投资有限公司的函》（鄂财函〔2011〕351号）文件要求，湖北省交通运输厅高速公路管理局与湖北省交通投资有限公司签订黄黄公司股权类资产划转协议，并于2012年11月13日完成商务、工商等法律变更手续。2016年有职工17人，其中一线施工人员11人，管理人员6人。公司地址：武汉市洪山区关南一路6号。

（二十三）湖北马鄂高速公路经营有限公司

湖北马鄂高速公路经营有限公司，主要经营武汉至黄石高速公路车辆的通行收费、公路的维修、养护、管理业务和武黄公路沿线的汽车加油、维修及餐饮服务业务。于1995年8月11日在武汉工商局登记注册，业务经理是李三春（A），公司注册资本2800万元。2016年有职工9人。公司地址：湖北省武汉市洪山区民院路6号尖东智能花园。

（二十四）咸宁四航建设有限公司

咸宁四航建设有限公司成立于2010年12月7日，注册资金5000万元，有中国交通建设股份有限公司下属全资子公司中交第四航务工程局有限公司（联合体主办方）和中交第二公路勘察设计研究院有限公司共同出资组建。公司下设综合办公室、运营管理部、路产养护部、计划财务部等部门，主要从事公路基础设施及配套设施的投资、设计、建设、收费、养护、管理、技术、咨询、物业服务。目前公司主要负责湖北咸宁通城至界上高速公路的投资、建设，该项目是中交集团和咸宁市人民政府通过BIT+EPC方式招标运作的一个民心工程，是湖北省重点工程之一。2016年有职工80人，其中一线施工人员53人，管理人员27人。公司地址：湖北省咸宁市通城县五里镇168号。

（二十五）宜昌长江公路大桥总公司

宜昌长江公路大桥于2001年9月19日建成投入试运行，2004年9月3日通过交通部组织的竣工验收，自竣工之日起，宜昌长江公路大桥投入正式运营。宜昌长江公路大桥由宜昌长江公路大桥建设开发公司投资建设和运营。2011年12月，经宜昌市人民政府批准，宜昌长江公路大桥建设开发公司与宜昌夷陵长江大桥建设开发有限公司合并，成立国有独资公司宜昌长江大桥总公司，与宜昌长江大桥管理处（事业单位）一门两牌，全面负责宜昌长江公路大桥和夷陵长江大桥的经营管养各项工作。

总公司内设办公室、政工（纪监）科、计划财务（审计）科、工会办公室、工程养护科、经营开发科、安全监督管理科、退管办、路政支队、收费管理中心、监控管理中心、养护管理中心。2016年有职工266人，其中一线施工人员167人，管理人员99人。公司地址：湖北省宜昌市猇亭大道8号。

宜昌长江公路大桥养护管理目前实行的是"管养一体化"模式,总公司统一负责大桥的管养工作,具体由养护管理中心组织实施,工程养护科负责监督和管理。小修保养及部分中修工程按实际成本据实核算,养护费用采取报账制,大、中修及专项工程按照国家有关规定采取公开招标方式确定施工单位及监理单位,费用按合同支付。大桥通行费征收:宜昌长江公路大桥路线全长6.075km,全线设有宜昌桥北和宜昌桥南两个收费站,由收费管理中心负责费收业务。设有宜昌大桥服务区一处。总公司成立宜昌长江大桥路政支队负责大桥路政执法。

(二十六)湖北樊魏高速公路有限公司

襄阳至南阳高速公路湖北段也称为湖北樊魏高速公路,是国家高速公路网中二连浩特至广州高速公路(G55)的一段,也是湖北省高速公路网重要组成部分。樊魏高速公路起点位于襄阳市襄州区伙牌镇部营附近,止点位于河南省两省交界处的襄州区黄集镇龚家村附近,路线全长22.813km。樊魏高速公路由湖北东方投资有限公司和香港恒茂集团有限公司共同出资建设。批准概算为5.1亿元。其中资本金1.8亿元,占总投资的35%,国内银行贷款3.3亿元,占总投资的65%。2002年11月24日开工建设,2005年9月20日通过交工验收,2005年9月30日开放交通试运营。2016年有职工94人,其中一线施工人员68人,管理人员26人。公司地址:湖北省襄阳市襄州区黄集镇樊魏高速公路。

(二十七)湖北汉洪东荆河桥梁建设管理有限公司

湖北汉洪东荆河桥梁建设管理有限公司成立于2005年11月16日,是以投资、建设、经营"汉沙公路洪湖新滩东荆河大桥"项目为主体的投资管理公司。公司下设计划发展部、工程管理部、材料部、综合管理部、财务部等部门。

公司主体项目工程:汉沙公路洪湖新滩东荆河大桥,是湖北省规划建设的武汉至洪湖、监利高速公路上的一座特大桥梁。大桥全长6300m,其中主桥长4446m、接线长1854m(武汉市汉南区境内长429m、洪湖市境内长1425m),其西北与在建的武汉沌口至水洪口高速公路相接,东南与拟建的洪湖(新滩)至监利(白螺)高速公路相接。建设标准为高速公路;总投资金额为人民币40300万元。2006年1月开工,2007年底竣工。2016年有职工58人,其中一线施工人员43人,管理人员15人。公司地址:湖北省武汉市洪山区徐东路7号凯旋广场。

(二十八)武汉机场路发展有限公司

武汉机场路发展有限公司成立于2002年7月,是从事武汉机场高速公路经营管理的外资企业。武汉机场路全长17.68km,总投资4.5亿元。由武汉市政府与香港新世界公司共同投资建设。1995年4月,武汉机场路正式通车运营,开始实行双向收费。1999年9月,湖北省人民政府办公厅下发《省人民政府办公厅关于武汉机场路设站收取车辆通行费的批复》(鄂政办函〔1999〕67号),同意该路设站收费,收费标准为5、10、20、30、40元5个档次,按车按次收费。2001年,湖北省物价局、省财政厅调整武汉机场路车辆通行费标准(鄂价费函字〔2001〕46号),称为保护投资者的合理回报,经省政府同意,自2001年4月20日起执行新的收费标准,变为5、15、30、40、50元5个档次,按车按次收费。公司地址:湖北省武汉市东西湖区12村。

(二十九)武汉天河机场路投资发展有限责任公司

武汉天河机场路投资发展有限责任公司于2009年12月14日,由市城投集团和市政建设集团合资组建成立。公司专门负责以BOT方式,承担重点交通项目—武汉机场二通道投资建设和运营管理。公司设立董事会、监事会、经营管理层,经营管理层下设九大职能部门。目前,武汉天河机场路投资发展有限责任公司拥有一支朝气蓬勃、干事创业的优秀人才队伍;公司在册职工人数共计115人。公司地址:湖北省武汉市黄陂区盘龙城经济开发区黄花涝街398号。

(三十)湖北交投鄂西高速公路有限公司

湖北交投鄂西高速公路有限公司(以下简称"鄂西公司")是2014年3月1日由湖北省交通投资有限公司批准成立的全资子公司,负责省交投公司在鄂西地区投资的高速公路运营、维护和管理工作。对恩来、恩黔高速公路(156km)利万高速公路19km、建恩高速公路7km进行建设经营管理。

鄂西公司内设综合部、财务部、运营部、工程部和监控中心等5个职能部门,两条高速公路现设8个收费管理所。2016年有职工217人,其中一线施工人员173人,管理人员44人。公司地址:湖北省恩施市施州大道310号。

(三十一)湖北交投谷竹高速公路有限公司

湖北交投谷竹高速公路有限公司是湖北省交通投资集团有限公司旗下的全资子公司,成立于2014年4月2日,注册资本为500万元,经营范围为:对公路、桥梁等交通基础设施的建设、管理、经营开发。目前,负责谷竹、十房、郧十等共计357.324km高速公路的运营管理。谷竹公司机关下设综合办公室、运营管理部、财务管理部、工程技术部4个职能部门,另设1个信息监控中心和18个收费管理所,2016年有职工360人,其中一线施工人员290人,管理人员70人。公司地址:湖北省十堰市茅箭区东环路229号。

2016年11月，翻坝江北高速公路建设正式启动

（三十二）黄石市交通投资集团有限公司

黄石市交通投资集团公司是根据省、市交通运输发展战略，经黄石市委、市政府批准成立的四大投融资平台之一。注册资本金10亿元，国有独资公司，实行市场化运作，负责黄石市交通基础设施的投资、融资和建设，黄石长江大桥通行费征收、桥梁管理和运营等。公司内设综合部、人力资源部、纪检监察室、大桥管理部、投资发展部、财务部、法律事务部等11个职能部门。下辖园林花木公司、大桥房地产公司、黄石红星美凯龙商场、汽车服务公司等8家子公司。参股武（汉）—黄（石）城际铁路、黄（石）—咸（宁）高速等重点交通设施，与深圳盐田港合作兴建长江最深水位的亿吨大港棋盘洲码头，负责黄石保税物流园区的建设和管理运营。2016年有职工610人，其中一线施工人员525人，管理人员85人。公司地址：湖北省黄石市黄石大道1399号。

（三十三）湖北交投江南高速公路有限公司

湖北交投江南高速公路有限公司（简称江南公司）是湖北省交通投资有限公司全额出资设立的子公司，主要负责岳阳至宜昌高速公路石首至松滋段（简称江南高速公路）项目的建设和运营管理工作。江南高速共设收费站7处、收费监控中心1处、服务区3处。2016年有职工220人，其中一线施工人员175人，管理人员45人。公司地址：湖北省松滋市并报江口镇柘树垸村。

（三十四）湖北交投保宜高速公路有限公司

湖北交投保宜高速公路有限公司负责保宜高速的建设经营管理，有员工120人，其中施工一线人员77人，管理人员43人。湖北保（康）宜（昌）高速公路全长约143.046km，是国家高速公路网呼和浩特至北海高速公路(G59)的组成部分,北在保康南枢纽互通与麻竹高速公路T形相接,南在当阳双莲互通与荆宜、宜张高速公路相接,是连接宜昌、襄阳、十堰地区的新通道。宜昌段全线设双莲枢纽、远安北、远安、当阳北4处互通,3处匝道收费站,一处养护中心、管理及监控中心、服务区各1处。于2014年9月28日建成通车。襄阳段沿线设保康南枢纽、歇马、黄坪、峡口4处互通,3处匝道收费站、1处服务区、1处停车区及3处隧道管理所。2016年有职工152人,其中一线施工人员115人,管理人员24人。公司地址:湖北省宜昌市远安县嫘祖路14号。

(三十五)湖北省交投襄随高速公路有限公司

湖北省交投襄随高速公路有限公司位于襄阳宜城市振兴大道329号,其前身为湖北交投襄随高速公路建设指挥部,于2012年5月组建,负责麻竹高速的建设和管理。2015年2月10日麻竹高速襄阳东段、随州西段102.2km建成通车,麻竹高速宜城至保康段和襄阳绕城高速公路东段于2015年12月31日建成通车。通车总里程达到244.034km。2016年有职工152人,其中一线施工人员115人,管理人员24人。公司地址:湖北省襄阳市宜城市振兴大道329号。

(三十六)湖北楚天高速公路股份有限公司

湖北楚天高速公路股份有限公司(简称:楚天高速)是经湖北省人民政府授权湖北省经济贸易委员会批准,由湖北省高速公路集团有限公司、华建交通经济开发中心、湖北省交通规划设计院、湖北省交通开发公司、湖北通世达公路开发有限公司作为发起人,对G50沪渝高速公路武汉—荆州段公路资产进行改制重组,发起设立的股份有限公司。公司于2000年11月22日在湖北省工商行政管理局登记注册成立,公司注册资本145337.7893万元人民币,楚天高速辖区内包括沪渝高速汉宜段、麻安高速大随段和蕲嘉高速黄咸段(武汉城市圈环线高速公路黄石市大冶段和武汉城市圈环线高速公路咸宁东段)三条高速公路。公司的经营范围:对公路、桥梁和其他交通基础设施的投资,管辖范围内高速公路的经营、养护、道路设施的开发;高速公路沿线的餐饮住宿、商业娱乐、石油燃料、车辆维修、旅游开发、广告传媒、仓储物流、能源矿产的投资、房屋设备租赁,对公路沿线其他相关产业投资、开发;股权投资;现代服务业投资。

公司总部现设10个职能部门,下属经营开发公司、鄂东公司、咸宁公司、文化传媒公司、投资公司和运营公司等6家子公司,下辖20个收费站、5个养护工作站、6个省交通运输厅直属派驻路政管理大队和1个收费监控管理中心。公司总部设10个职能部门分别为董事会办公室、综合管理部、人力资源部、投资发展部、财务部、审计部、资产经营部、运营管理部、工程技术部、路产管理部。2016年有职工1281人,其中施工生产一线职工1060人,管理人员221人。公司地址:武汉市洪山区珞瑜路1077号东湖广场宽堂写字楼。

全国交通运输行政执法监督检查组莅临楚天公司检查指导工作

(三十七)湖北楚天高速咸宁有限公司

湖北楚天高速咸宁有限公司是经湖北省发改委鄂发改交通〔2011〕876号文件批复,由湖北楚天高速公路股份有限公司出资,在经营期内,以收取车辆通行费作为投资回报的经营型企业。咸宁公司投入法人资本金2.24亿元,具体负责黄咸高速公路项目的开发建设、经营管理和养护,为各部门、联网管理机构和社会公众提供专业化的通行服务和信息服务。2016年有职工67人,其中施工生产一线职工46人,管理人员21人,公司地址:湖北省咸宁市咸安区双溪桥镇39号。

(三十八)湖北楚天鄂东高速公路有限公司

湖北楚天鄂东高速公路有限公司是经湖北省发展改革委鄂发改交通〔2010〕1418号文件批复,由湖北楚天高速公路股份有限公司和黄石市交通投资有限公司共同出资组建,在经营期内,以收取车辆通行费作为投资回报的经营型企业。鄂东公司投入法人资本金3.64亿元,经营范围为组织实施项目高速公路的投资、设计、建设、养护、项目高速公路沿线规定区域内的饮食、娱乐、住宿、加油、车辆维修、商店、旅游、广告、仓储、租赁等附属设施的项目开发。

公司主要负责武汉城市圈环线高速公路黄石段投资建设和运营管理工作,2013年12月26日公司投资建设的武汉城市圈环线高速公路黄石段正式通车试运营,路段全长33.146km。2016年有职工73人,其中施工生产一线职工61人,管理人员12人。公司地址:湖北省咸宁市咸安区双溪桥镇39号。

(三十九)湖北交投鄂黄长江公路大桥有限公司

根据湖北省人民政府《关于鄂黄长江公路大桥资产划转问题的会议纪要》(专题会议纪要〔2012〕64号)精神,2013年4月3日,湖北省交通投资有限公司与黄冈市人民政府签订鄂黄长江公路大桥资产移交协议,鄂黄长江公路大桥的资产移交湖北省交通投资有限公司。2013年8月12日,湖北省交通投资有限公司批准同意成立湖北交投鄂黄长江公路大桥有限公司,为湖北省交通投资有限公司的全资子公司。湖北交投鄂黄长江公路大桥有限公司注册资本8000万元,主要从事鄂黄大桥营运管理,土地开发,广告、场地、过江电缆孔道出租等经营,公司位于黄冈市黄州区明珠大道8号。

湖北交投鄂黄长江公路大桥有限公司内设综合管理部、养护部、财务审计部、运营管理部、纪检监察室等部门;下有黄冈市鑫鸿大桥开发有限公司和湖北泽信能源科技有限公司两个子公司;2016年有职工75人,其中施工生产一线职工53人,管理人员22人。公司地址:湖北省黄冈市黄州区明珠大道8号。

(四十)湖北高发楚东高速公路有限公司

湖北高发楚东高速公路有限公司为湖北省高速公路实业开发有限公司下属子公司。成立于2011年,主要负责黄鄂高速团风段的建设和经营管理。湖北黄冈至鄂州高速公路团风段位于团风县境内,是大广高速公路与武英高速公路之间的延伸段,是湖北省政府授权黄冈市承建的一条地方高速公路项目,路线全长13.285km,概算总投资9.74亿元,总工期36个月。2012年11月正式开工,2014年底建成通车。2016年有职工60人,其中施工生产一线职工45人,管理人员15人。公司地址:湖北省黄冈市新港二路7号。

(四十一)湖北交投高速公路服务区经营管理有限公司

湖北交投高速公路服务区经营管理有限公司成立于2014年1月,为湖北交通投资集团有限公司全资子公司,以湖北省高速公路为依托,主要负责全省政府还贷高速公路服务区经营管理和沿线广告业务的经营开发等,主营业务包括高速公路服务业及服务区经营开发;日用百货零售;餐饮;汽车修理、美容;酒店及旅游业;场地租赁;房屋租赁;物业管理;仓储、加工及配送;公路园林绿化、种养殖业等。

公司位于武汉市汉口中山大道908号,公司机关设综合办公室、财务审计部、人力资源部、投资发展部、经营管理部、资产工程部等6个部门,下辖咸宁、孝感、黄冈、恩施、宜昌、十堰6个服务区管理中心,负责管辖全省70余对服务区、20余对停车区,目前已开通运营60余对服务区、10余对停车区。旗下拥有湖北交投文化传媒有限公司和湖北高路油站经营有限责任公司(参股49%)。2016年有职工248人,其中施工生产一线职工200人,管理人员48人。公司地址:湖北省武汉市江岸区中山大道908号。

（四十二）湖北交投江汉高速公路运营管理有限公司

湖北交投江汉高速公路运营管理公司成立于2016年2月，简称：湖北交投江汉运营公司。公司负责江汉地区所辖的荆州、荆门、仙桃、洪湖、潜江、天门等境内高速公路的运营管理工作。具体管辖路段为：江南高速公路、仙洪高速公路、潜石高速公路、江北高速公路。收费里程共计260km。

汉十高速公路武当山收费站

第二节　收费管理

改革开放以来，公路建设投资渠道不断拓宽，国务院制定出台了"贷款修路、收费还贷"政策，为湖北高速公路建设发展注入了强大的活力。1988年，交通部、财政部国家物价局根据《公路管理条例》，联合发布《贷款修建高速公路和大型公路桥梁、隧道收取车辆通行费规定》。1991年2月，湖北省第一条高速公路武黄高速公路开始征收车辆通行费用于政府还贷。2004年11月1日，国家颁布《收费公路管理条例》。2009年3月26日，湖北省第十一届人大常委会公告第93号公布《湖北省高速公路管理条例》进一步明确：高速公路经营管理者经依法批准后可以收取车辆通行费。随着科学技术进步，高速公路开通里程的增加以及所设站点数量的增加，湖北省收费管理模式从人工收费向半自动收费至联网收费转变，减少过车辆的停车次数，提高高速公路通行能力。

一、收费站点设置

湖北省出台《湖北省高速公路标准化收费站建设指导意见（试行）》，完善收费站点设置。至2016年底，全省高速公路设有收费站157对（含共用重复站），其中跨省界收费站

24个。

(一)京珠高速公路湖北段 G4

全长339km,包括湖北北段、湖北南段和武汉军山长江公路大桥三部分。北段和武汉军山长江公路大桥自2001年12月10日起经省政府批准设站收费;京珠南段自2002年9月28日起经省政府批准设站。京珠高速公路湖北段全线共设收费站(所)20个,由北至南分别为:

(1)鄂北(省界主线共管站,由此可达河南信阳)

(2)大新(由此可达大新、东新)

(3)大悟(由此可达大悟县、广水市)

(4)小河(由此可达孝昌县)

(5)孝昌(由此可达孝昌县、安陆市)

(6)杨店(由此可达孝感杨店镇、武汉黄陂区)

(7)孝感(由此可达云梦、孝感三汊镇、孝感孝南区)

(8)武汉北(由此可达东西湖吴家山、汉口,与G4201重复)

(9)蔡甸(由此可达蔡甸区、汉阳区、汉川,与G4201重复)

(10)武汉西(由此可达蔡甸区、汉阳,与G50、G4201重复)

(11)军山(由此可达汉南区军山镇、汉阳,与G50、G4201重复)

(12)金口(由此可达江夏区金口镇、武昌,与G50、G4201重复)

(13)武汉南(由此可达江夏区郑店镇、武昌,与G50、G4201重复)

(14)安山(由此可达江夏区安山镇、江夏区法泗镇)

(15)咸宁北(由此可达咸宁市咸安区、通山县)

(16)咸宁南(由此可达咸宁市、通山县)

(17)泉口(由此可达泉口、汀泗桥、嘉鱼)

(18)赤壁(由此可达赤壁市、洪湖、崇阳县、通城县)

(19)新店(由此可达赤壁市新店镇、赵李桥镇)

(20)鄂南(由此可达湖南临湘、岳阳)

(二)大广高速公路湖北段 G45

全长266.185km,包括湖北北段、湖北南段和鄂东长江大桥三部分,其中鄂东长江大桥是沪渝高速和大(庆)广(州)高速公路在湖北黄石段的共用过江通道,也是交通运输部和湖北省"十一五"交通重点工程。大广高速公路湖北段全线共设收费站18个,从北向南依次为:

第四篇 管理篇

(1) 黄冈北(由此可达河南新县、周口、开封、濮阳)

(2) 乘马岗(由此可达湖南乘马岗镇、顺河镇、王福店)

(3) 麻城(由此可达麻城、红安、中馆驿)

(4) 铁门(由此可达宋埠、红安、麻城白果镇、武汉新洲区潘塘镇)

(5) 新洲(由此可达夫子河、旧街、辛冲、三店、四合庄、阳逻、武汉)

(6) 团凤(由此可达团凤、武汉)

(7) 黄州(由此可达黄州、鄂州、上巴河)

(8) 巴河(由此可达浠水、鄂州、巴河、黄州)

(9) 兰溪(由此可达浠水、兰溪)

(10) 散花(由此可达浠水、蕲春,与G50、G70重复)

(11) 黄石(由此可达黄石、大冶、阳新,与G50、G70重复)

(12) 黄石西(由此可达下陆、铁山、黄石)

(13) 大冶(由此可达大冶市)

(14) 殷祖(由此可达大冶)

(15) 三溪(由此可达阳新市、仙岛湖)

(16) 龙港

(17) 洪港(由此可达通山洪港镇)

(18) 鄂赣(省界主线共管站,由此可达江西修水)

(三) 二广高速公路湖北段 G55

全长 307.843km,设收费站 19 个,从北向南依次为:

(1) 黄集(由此可达河南南阳、襄阳襄州区)

(2) 襄州北(省界主线共管站,由此可达河南南阳、襄阳襄州区)

(3) 襄阳西(由此可达襄阳樊城区、牛首、太平店)

(4) 隆中(由此可达襄阳市、宜城市、南漳县)

(5) 襄阳南(由此可达襄阳市、南漳县、保康县)

(6) 宜城北(由此可达宜城市、南漳县)

(7) 宜城南(由此可达宜城市、雷河镇)

(8) 胡集(由此可达钟祥市、胡集镇)

(9) 陈安(由此可达钟祥市、双河镇)

(10) 荆门北(由此可达荆门市、钟祥市)

(11) 荆门(由此可达荆门市、沙洋县)

(12) 五里(由此可达沙洋县、五里镇)

(13)十里(由此可达沙洋县、五里镇)

(14)荆州中(由此可达荆州区、沙市区、开发区)

(15)荆州桥北(由此可达荆州市)

(16)荆州桥南(由此可达公安县、松滋市、石首市)

(17)荆州南(由此可达埠河、松滋、弥市)

(18)公安(由此可达公安县、石首市、安乡)

(19)东岳庙(由此可达湖南澧县)

(四)沪蓉高速公路湖北段 G42

全长 594.675km,共设收费站 30 个,从东向西依次为:

(1)鄂东(省界主线共管站,由此可达安徽合肥)

(2)木子店(由此可达木子店镇)

(3)麻城东(由此可达麻城市)

(4)永佳河(由此可达红安、新州、黄州)

(5)红安(由此可达红安)

(6)黄陂北(由此可达蔡榨镇)

(7)黄陂东(由此可达黄陂、甘棠)

(8)盘龙城(由此可达武汉江汉区、东西湖区)

(9)柏泉(由此可达武汉江汉区、东西湖区)

(10)东西湖(由此可达东西湖区、汉口、汉川、新沟)

(11)汉川(由此可达汉川市、刘家隔)

(12)郎君(由此可达长江埠、麻河镇)

(13)应城(由此可达应城市)

(14)天门北(由此可达天门市、皂市镇)

(15)京山南(由此可达荆门市、京山县、汤池)

(16)太子山[由此可达荆门市、太子山、屈家岭(五三农场)、京山县]

(17)钟祥(由此可达荆门市、钟祥市)

(18)石牌(由此可达荆门市)

(19)荆门南(由此可达荆门市)

(20)育溪(由此可达当阳、荆门)

(21)当阳东(由此可达当阳、远安)

(22)当阳西(由此可达王店)

(23)双莲(由此可达双莲)

(24)宜昌北(由此可达宜昌夷陵区、兴山、龙泉、巴东)

(25)雾渡河(由此可达雾渡河镇、兴山、巴东、神农架)

(26)高岚(由此可达高岚)

(27)兴山(由此可达兴山)

(28)巴东北(由此可达巴东)

(29)沿渡河(由此可达沿渡河)

(30)神农溪(由此可达巫山、重庆)

沪蓉高速公路宜昌北收费站

(五)沪渝高速公路湖北段 G50

由黄黄高速公路(2000年初建成通车)、武黄高速公路(1991年2月通车)、武汉绕城高速、汉宜高速公路(1994年11月建成通车)、沪渝高速公路湖北西段组成,全长820.554km。共设收费站48个,其中16个收费站分别与G70、G45、G4、G4201重复。从东向西依次为:

(1)界子墩(由此可达安徽宿松县)

(2)黄梅(由此可达黄梅县,与G70重复)

(3)花桥(由此可达花桥镇,与G70重复)

(4)武穴(由此可达武穴市,与G70重复)

(5)蕲春(由此可达蕲春县,与G70重复)

(6)散花(由此可达浠水、蕲春,与G45、G70重复)

(7)黄石(由此可达黄石、大冶、阳新,与G45、G70重复)

(8)汀祖(由此可达汀祖镇、花湖镇,与G70重复)

(9)鄂州(由此可达鄂州、黄州、大冶,与G70重复)

(10)路口(由此可达鄂州、杜山镇,与G70重复)

(11）蒲团（由此可达蒲团、樊口、鄂州，与 G70 重复）

(12）庙岭（由此可达华容镇、葛店，与 G70 重复）

(13）豹澥（由此可达豹澥镇、九峰，与 G70 重复）

(14）凤凰山（由此可达江夏区流芳镇、洪山）

(15）江夏（由此可达江夏区纸坊镇）

(16）武汉南（由此可达江夏区郑店镇、武昌，与 G4、G4201 重复）

(17）金口（由此可达江夏区金口镇、武昌，与 G4、G4201 重复）

(18）军山（由此可达汉南区军山镇、汉阳，与 G4、G4201 重复）

(19）武汉西（由此可达蔡甸区、汉阳，与 G4、G4201 重复）

(20）永安（由此可达蔡甸区永安镇，与 G318 相邻）

(21）北河（由此可达汉川市、孝感市）

(22）仙桃（由此可达仙桃市、监利、洪湖）

(23）毛嘴（由此可达天门）

(24）潜江（由此可达潜江市、监利、新沟）

(25）后湖（由此可达石首、荆门、沙洋）

(26）丫角（由此可达张金、运粮湖）

(27）沙市（由此可达荆州市沙市区）

(28）荆州（由此可达荆州市）

(29）枝江（由此可达枝江市、当阳）

(30）安福寺（由此可达当阳）

(31）猇亭（由此可达三峡机场）

(32）宜昌桥北（由此可达宜昌市）

(33）宜昌桥南（由此可达宜都、长阳、五峰）

(34）宜都（由此可达宜都市、红花套镇）

(35）长阳（由此可达长阳县、白氏坪镇）

(36）高家堰（由此可达高家堰镇）

(37）贺家坪（由此可达贺家坪镇）

(38）榔坪（由此可达榔坪镇）

(39）巴东（由此可达巴东县、野山关镇、金果坪、水布垭）

(40）高坪（由此可达高坪镇、大支坪、红岩镇、巴东县）

(41）建始（由此可达红岩寺镇、建始县、花坪镇、官店镇）

(42）恩施东（由此可达恩施市、利川市、建始县、龙凤坝镇）

(43）恩施（由此可达恩施市、宣恩县、鹤峰县）

(44)恩施西(由此可达恩施市、宣恩县、鹤峰县、来凤县、咸丰县)

(45)白果(由此可达白果、两河口)

(46)利川(由此可达利川市、咸丰、万州、汪营)

(47)汪营(由此可达利川市、汪营镇、凉务乡、万州)

(48)白羊塘(主线站,1500.681,由此可达冷水、沙子关、石柱、重庆、四川)

(六)杭瑞高速公路湖北段 G56

杭瑞高速公路湖北段起于阳新,止于通城,总长约200km,2011年6月正式通车。全线共设13个收费站,从东向西依次为:

(1)鄂东南(省界主线共管站,由此可达江西瑞昌、九江)

(2)枫林(由此可达枫林、富池)

(3)阳新(由此可达阳新县、木港)

(4)排市(由此可达排市、龙港、星潭、浮屠街)

(5)黄沙铺(由此可达黄沙铺、通山)

(6)隐水洞(由此可达通山县、大畈、隐水洞)

(7)通山(由此可达通山县、咸宁)

(8)崇阳东(由此可达路口、白霓)

(9)崇阳(由此可达崇阳县、铜钟)

(10)石城(由此可达石城、沙坪)

(11)通城(由此可达通城县)

(12)北港(由此可达北港、通城、岳阳)

(13)鄂湘(省界主线共管站,由此可达湖南岳阳)

(七)福银高速公路湖北段 G70

自九江公路大桥进入湖北,沿途经黄小高速公路26.4km、黄黄高速公路91.5km、武黄高速公路50.9km、汉十高速公路404.6km、十漫高速公路76.3km,至云岭隧道出湖北进入陕西,连通黄石、鄂州、黄冈、武汉、孝感、安陆、随州、襄阳、十堰等县市。全线设收费站47个,自东南向西北依次为:

(1)分路(由此可达小池)

(2)黄梅南(省界主线共管站,由此可达江西九江、南昌)

(3)龙感湖(由此可达龙感湖农场)

(4)黄梅(由此可达黄梅县,与G50重复)

(5)花桥(由此可达花桥镇,与G50重复)

(6) 武穴（由此可达武穴市，与 G50 重复）

(7) 蕲春（由此可达蕲春县，与 G50 重复）

(8) 散花（由此可达浠水、蕲春，与 G45、G50 重复）

(9) 黄石（由此可达黄石、大冶、阳新，与 G45、G50 重复）

(10) 汀祖（由此可达汀祖镇、花湖镇，与 G50 重复）

(11) 鄂州（由此可达鄂州、黄州、大冶，与 G50 重复）

(12) 路口（由此可达鄂州、杜山镇，与 G50 重复）

(13) 蒲团（由此可达蒲团、樊口、鄂州，与 G50 重复）

(14) 庙岭（由此可达华容镇、葛店，与 G50 重复）

(15) 豹澥（由此可达豹澥镇、九峰，与 G50 重复）

(16) 花山（由此可达关山区、武昌区，与 G4201 重复）

(17) 北湖（由此可达青山区、武昌区，与 G4201 重复）

(18) 阳逻（由此可达新洲区、黄冈市，与 G4201 重复）

(19) 施岗（由此可达江岸区、新洲区，与 G4201 重复）

(20) 甘棠（由此可达黄陂区、甘棠镇、红安县，与 G4201 重复）

(21) 汉口北（由此可达祁家湾、天河机场、盘龙城）

(22) 孝感北（由此可达孝感、孝昌）

(23) 云梦（由此可达云梦、安陆）

(24) 安陆（由此可达云梦、安陆）

(25) 烟店（由此可达白兆山）

(26) 洛阳店（由此可达随州、洛阳店）

(27) 随州（由此可达随州）

(28) 均川（由此可达随州、均川）

(29) 安居（由此可达随州、京山、宜城）

(30) 王城（由此可达王城）

(31) 枣阳（由此可达枣阳、吴店）

(32) 琚湾（由此可达枣阳、琚湾）

(33) 襄阳东（由此可达襄阳、双沟）

(34) 襄阳北（由此可达襄阳）

(35) 龙王（由此可达龙王镇、肖集、襄阳）

(36) 老河口（由此可达丹江口、老河口市、襄阳太平店镇）

(37) 谷城（由此可达谷城、房县、保康）

(38) 土关垭（由此可达丹江、浪河、石花）

(39)武当山(由此可达武当山特区)

(40)六里坪(由此可达十堰、六里坪、武当山、丹江口、房县、白河、安康市)

(41)十堰东(由此可达十堰市)

(42)十堰西(由此可达十堰市张湾区)

(43)郧县(由此可达柳陂镇、郧县)

(44)青曲(由此可达郧县县城、郧西县城)

(45)郧西(由此可达郧西县、王家坪村、香口村)

(46)上津(由此可达香口乡、孙家湾村、上津镇)

(47)鄂西北(省界主线共管站,由此可达陕西漫川关镇)

(八)十白高速公路 G7011

全长 58.3km,全线共设收费站 4 处,自东向西依次为:

(1)张湾(由此可达黄龙镇、十堰城区)

(2)黄龙(由此可达黄龙镇、十堰西城开发区)

(3)鄂陕(省界主线共管站,由此可达鲍峡镇、胡家营镇、白河、陕西安康)

(4)鲍峡(由此可达黄龙镇、鲍峡镇、胡家营镇)

(九)岱黄高速公路 S1

全长 24.6km,全线共设 4 处收费站,依次为:

(1)府河(主线站,由此可达武汉市区)

(2)乔店(由此可达横店街、滠口街)

(3)陵园(由此可达归元陵园)

(4)黄陂(主线站,由此可达黄陂区、大悟、红安、麻城、木兰风景区)

(十)武英高速公路 G42S

全长 158.514km。全线设 10 处收费站,依次为:

(1)青龙(主线站,由此可达天兴洲大桥、武汉市区)

(2)巨龙(由此可达武湖农场、阳逻、盘龙城、黄陂、新洲、武汉市区)

(3)汪集(由此可达阳逻、新洲、道观河)

(4)总路咀(由此可达浠水、黄州、团风)

(5)团陂(由此可达浠水、团陂、松山、三里畈、但店)

(6)罗田(由此可达罗田)

(7)大别山(由此可达罗田、英山、大河岸镇)

(8)英山(由此可达英山县城、红山镇)

(9)杨柳(由此可达英山县城、安徽岳西县)

(10)鄂皖(由此可达安徽岳西县、六安)

(十一)武鄂高速公路 S7

全长 73.333km,全线共设 7 处收费站,依次为:

(1)龚家岭(主线站,由此可达青山区、武汉市区)

(2)新桥(由此可达武昌区、鄂州)

(3)葛店站(由此可达武汉、葛店经济技术开发区)

(4)华蒲站(由此可达华容镇、胡林镇、蒲团乡)

(5)鄂州西站(由此可达杜山镇、泽林镇、花湖镇)

(6)鄂州中站(由此可达鄂州市区)

(7)鄂州东站(由此可达沙窝)

(十二)关豹高速公路 S8

全长 70.299km,全线设 8 个收费站。依次为:

(1)武东(主线站,由此可达武昌、关山、流芳镇)

(2)豹澥(由此可达豹澥镇、九峰,与 G50、G70 重复)

(3)庙岭(由此可达华容镇、葛店,与 G50、G70 重复)

(4)蒲团(由此可达蒲团、樊口、鄂州,与 G50、G70 重复)

(5)路口(由此可达鄂州、杜山镇,与 G50、G70 重复)

(6)鄂州(由此可达鄂州、黄州、大冶,与 G50、G70 重复)

(7)汀祖(由此可达汀祖镇、花湖镇,与 G50、G70 重复)

(8)黄石(由此可达黄石、大冶、阳新,与 G45、G50、G70 重复)

(十三)青郑高速公路 S11

全长约 12km,2008 年通车。全线设 1 处收费站:

武昌(主线站,由此可达武汉市区)

(十四)武监高速公路 S13

全长 56.194km,分为武汉至洪湖(汉洪高速公路)、洪湖至监利(洪监高速公路)两段进行建设。全线设 4 处收费站,依次为:

(1)小军山(主线站,由此可达沌口开发区)

(2)汉南(由此可达汉南)

(3)湘口(由此可达水洪口)

(4)新滩(主线站,由此可达洪湖、监利)

(十五)汉蔡高速公路 S15

全长 35.983km,2008 年 10 月通车。全线设 2 处收费站,依次为:

(1)琴台(主线站,由此可达武汉三环线、汉阳大道、G318)

(2)索河[由此可达十永线、S105(龚侏公路)]

(十六)武汉机场高速公路 S18

全长 17.680km,设 2 处收费站,依次为:

(1)武汉机场路(主线站,主线桩号 5.98)

(2)宋家岗

(十七)机场二通道高速公路 S19

全长 16.054km,设 2 处收费站,依次为:

(1)武汉(主线站,由此可达天河机场)

(2)黄花涝(由此可达武汉城区)

(十八)麻竹高速公路 G4213

全长约 360.808km,共设 18 处收费站,自东向西依次为:

(1)杨寨(由此可达杨寨镇、方店镇、大悟县)

(2)广水(由此可达广水市区、蔡河镇、安陆市)

(3)关庙(由此可达关庙镇、马坪镇、长岭镇)

(4)淅河(由此可达淅河镇、随州市区)

(5)长岗(由此可达长岗镇)

(6)洪山(由此可达洪山镇)

(7)平林(由此可达枣阳)

(8)板桥店(由此可达板桥店镇)

(9)南营(由此可达南营办事处)

(10)寺坪(由此可达谷城、襄阳)

(11)青峰(由此可达房县)

(12)军店(由此可达房县)

(13)窑淮（由此可达房县）

(14)竹山（由此可达竹山）

(15)宝丰（由此可达宝丰）

(16)竹溪（由此可达陕西）

(17)蒋家堰（由此可达陕西）

(18)关垭子（省界主线共管站，由此可达陕西）

（十九）小池接线高速公路 S7001

全长32.962km，设收费站1处：

小池收费站（主线站，由此可达 G105、九江长江大桥）

（二十）咸通高速公路 S33

主线全长36.9km，2013年12月全线正式通车运行。全线设4处收费站，依次为：
(1)咸宁东（主线站，由此可达武咸一级公路、G107）

(2)马桥（主线站，由此可达肖星线、S208、太乙大道）

(3)桂花（主线站，由此可达通山县、崇阳县）

(4)南林桥（主线站，由此可达通山县、通城县、崇阳县城）

（二十一）黄鄂高速公路 S31

全长42.552km，2014年6月建成通车。全线设5处收费站，依次为：
(1)禹王（由此可达黄冈）

(2)黄冈（由此可达黄冈）

(3)三江港（由此可达华容）

(4)华容（由此可达华容）

(5)马曹庙（由此可达马曹庙）

（二十二）通界高速公路 G4E

总长23.815km，设3处收费站，依次为：
(1)通城西（由此可达武汉、咸宁）

(2)五里牌（由此可达马港、樊店）

(3)通城南（主线站，由此可达长沙、武汉）

（二十三）随岳高速公路 G4W2

全长335km，分北、中、南、荆岳长江大桥四段，沿线共设17个匝道收费站、2个主线收费站。由北到南依次为：

(1) 鄂豫（省界主线共管站，由此可达河南桐柏、信阳、南阳、驻马店）

(2) 淮河（由此可达淮河、桐柏）

(3) 天河口（由此可达淮河、封江、新城、万和店、殷店）

(4) 封江（由此可达厉山、高城、小林、草店）

(5) 随县（由此可达随州、枣阳、广水、安陆、云梦）

(6) 柳林（由此可达随州、广水）

(7) 三里岗（由此可达随州、京山）

(8) 三阳（由此可达安陆、京山、随州）

(9) 宋河（由此可达安陆、应城）

(10) 京山（由此可达天门、钟祥、安陆、应城）

(11) 天门（由此可达天门、仙桃、岳口、京山）

(12) 岳口（由此可达天门、仙桃、潜江）

(13) 珠玑（由此可达天门、仙桃、潜江）

(14) 陈场（由此可达郭河镇、张沟镇、潜江、仙桃、通海口镇）

(15) 新沟（由此可达新沟镇、龚场镇、网市镇、周老嘴镇、北口）

(16) 监利（由此可达毛市镇、红城乡、福田）

(17) 朱河（由此可达上车湾镇、监利县、朱河镇、白螺镇、桥市镇、汴河镇、棋盘乡、尺八镇）

(18) 白螺（由此可达白螺、洪湖、朱河）

(19) 荆岳大桥（省界主线共管站，由此可达湖南岳阳、长沙、监利、潜江、仙桃）

(二十四) 三峡高速公路 S58

全长 58.406km，设 2 处收费站，依次为：

(1) 伍家岗（由此可达桔城路、宜当公路）

(2) 宜昌（主线站，由此可达西陵一路）

(二十五) 老石高速公路 S73

全长 121.133km，全线设 5 处收费站，依次为：

(1) 石花（由此可达谷城、襄阳）

(2) 大薤山（由此可达谷城、襄阳）

(3) 远安北（由此可达保康县）

(4) 远安（由此可达远安县）

(5)当阳北(由此可达当阳市)

(二十六)三峡翻坝高速公路 S68

全长57.8km,2010年年底正式通车。全线设4处收费站,依次为:
(1)秭归港(主线站,由此可达巴东、秭归)
(2)茅坪(由此可达秭归县城)
(3)车溪(由此可达桥边镇、土城乡)
(4)联棚(由此可达宜昌、恩施、荆州)

(二十七)十房高速公路 G59

全长63.934km(含4.34km联络线),2014年底建成通车。全线设3处收费站,依次为:
(1)官山(由此可达官山镇)
(2)土城(由此可达土城镇)
(3)房县(由此可达房县、竹山、竹溪)

(二十八)安来高速公路 G6911

路线全长92.774km,全线设4处收费站,依次为:
(1)恩施北
(2)芭蕉
(3)宜恩
(4)高罗

(二十九)利万高速公路 G5012

路线全长42.109 全线设3个收费站,依次为:
(1)利川西
(2)齐岳山
(3)鄂渝

(三十)张南高速公路 G5515

路线全长27.339km,全线设4个收费站,依次为:
(1)来凤(匝道站)
(2)鄂西南(省道主线共管站)
(3)咸丰西(匝道站)

(4)朝阳寺(省道主线共管站)

(三十一)蕲嘉高速公路 S78

全长约 68.537km,2013 年年底全线通车。全线设 6 处收费站,依次为:
(1)陈贵(由此可达黄石、鄂州)
(2)灵乡(由此可达灵乡)
(3)金牛(由此可达金牛镇、毛铺、梁子湖区)
(4)双溪(由此可达双溪镇、咸宁市)
(5)咸宁东(主线站,由此可达武汉、咸宁,与 S33 重复)
(6)张公(主线站,由此可达咸宁市区)

(三十二)宣黔高速公路 S89

全长 49.395km,设 2 处收费站,依次为:
(1)晓关
(2)咸丰东

(三十三)岳宜高速公路 S88

路线全长约 106.453km,由"杭瑞高速公路岳阳至华容段、华容至石首高速公路、石首至松滋高速公路、松滋至宜昌高速公路"组成。全线设 7 处收费站。自东向西依次为:
(1)石首南(省界主线共管站,由此可达华容、岳阳、G56 杭瑞高速)
(2)石首(由此可达石首、高陵)
(3)藕池(由此可达藕池、黄山头、S221)
(4)南平(由此可达南平、公安、澧县)
(5)申津渡(由此可达申津渡、纸厂河)
(6)松滋南(由此可达松滋市区、刘家场、洈水风景区、王家畈、南海)
(7)松滋西(由此可达麻水、临港工业园)

(三十四)机场北高速公路 S7004

设 1 处收费站:
机场北(由此可达天河机场、天河镇、盘龙城)

(三十五)荆宜高速公路 S5801

全线设 6 处收费站,依次为:
(1)荆门南(由此可达荆门市,与 G42 重复)

(2) 育溪（由此可达当阳、荆门，与 G42 重复）

(3) 当阳东（由此可达当阳、远安，与 G42 重复）

(4) 当阳西（由此可达王店，与 G42 重复）

(5) 双莲（由此可达双莲，与 G42 重复）

(6) 鸦鹊岭（由此可达鸦鹊岭、龙泉、小溪塔）

（三十六）宜张 G59、岳宜 S88 高速公路

共设 7 个收费站，依次为：

(1) 鸦南（呼北高速，可达宜昌夷陵区）

(2) 白洋（呼北高速，可达宜昌枝江）

(3) 渔关（呼北高速，可达宜昌五峰）

(4) 王家畈（呼北高速，可达宜昌五峰）

(5) 枝城（岳宜高速，可达宜都枝城）

(6) 宜都西（岳宜高速，可达宜都陆城）

(7) 红花套（岳宜高速，可达宜都红花套）

（三十七）孝仙洪高速公路 S43

(1) 仙桃北（可达长埫口）

(2) 仙桃东（可达西流河）

(3) 沙湖（可达沙湖）

（三十八）麻阳高速公路 S29

(1) 向明河（可达麻城、武穴）

(2) 河铺（可达麻城、武穴）

(3) 三里畈（可达麻城、武穴）

(4) 关口（可达浠水关口镇、罗田县骆驼坳镇）

(5) 浠水（可达浠水县）

(6) 蕲春（可达蕲春县）

(7) 梅川（可达武穴市）

（三十九）嘉通高速公路 G4E

(1) 嘉鱼东（武深高速公路，可达嘉鱼县）

(2) 嘉鱼南（武深高速公路，主线桩号 75.645，可达官桥镇、嘉鱼县）

(3) 车埠（武深高速公路，主线桩号 90.611，可达车埠镇、赤壁市）

三里畈收费站

(4)茶庵岭(武深高速公路,主线桩号122.515,可达茶庵岭镇、赤壁市)

(5)崇阳(武深高速公路,主线桩号102.242,可达崇阳县)

(四十)武嘉高速公路 G4E

(1)石咀互通(省界主线共管站,可达嘉鱼县)

(2)金港互通(匝道站,可达嘉鱼)

(3)后石湖互通(匝道站,可达嘉鱼)

(4)鲁湖互通(匝道站,可达嘉鱼)

(5)法泗互通(匝道站,可达嘉鱼)

(四十一)西四环高速公路 S40

(1)十永(匝道站,可达武汉汉阳区)

(2)沌口(匝道站,可达武汉沌口开发区)

(3)徐家堡(匝道站,可达武汉沌口开发区)

湖北省高速公路省界收费站详见表 4-2-1。

湖北省高速公路省界收费站明细表　　　　表 4-2-1

序号	名称	路线编号	所在高速公路名称	所在地点	主线桩号	管理单位	可达地区	相邻道路	备注
1	鄂北收费站	G4	京港澳高速公路	大悟	1029.212	京珠管理处	河南信阳	G107	
2	鄂南收费站	G4	京港澳高速公路	赤壁	1308.850	京珠管理处	湖南临湘、岳阳		
3	鄂东收费站	G42	沪蓉高速公路	麻城	692.200	麻武高速	安徽合肥		
4	神农溪收费站	G42	沪蓉高速公路	巴东	1270.213	宜巴高速	巫山、重庆		

续上表

序号	名称	路线编号	所在高速公路名称	所在地点	主线桩号	管理单位	可达地区	相邻道路	备注
5	黄冈北收费站	G45	大广高速公路	麻城	2338.170	大广北公司	河南新县、周口、开封、濮阳	G106	
6	鄂赣收费站	G45	大广高速公路	通山	2573.859	大广南公司	江西修水		
7	界子墩收费站	G50	沪渝高速公路	黄梅	683.698	黄黄高速	安徽宿松县	G105、安徽合界高速公路	
8	白羊塘收费站	G50	沪渝高速公路	利川	1500.681	鄂西管理处	冷水、沙子关、石柱、重庆、四川		
9	襄州北收费站	G55	二广高速公路	襄阳	1521.556	樊魏公司	河南南阳、襄阳襄州区	G207、河南南邓高速公路	
10	东岳庙收费站	G55	二广高速公路	公安	1824.698	荆东高速	湖南澧县	G207、红东线	
11	鄂东南收费站	G56	杭瑞高速公路	阳新	567.540	杭瑞高速	江西瑞昌、九江		
12	鄂湘收费站	G56	杭瑞高速公路	通城	753.542	杭瑞高速	湖南岳阳		未开通
13	黄梅南收费站	G70	福银高速公路	黄梅	709.047	黄黄高速	江西九江、南昌	G105	
14	鄂西北收费站	G70	福银高速公路	郧西	1470.800	汉十管理处	陕西漫川关镇	S301	
15	鄂陕收费站	G7011	十白高速公路	郧县	44.255	汉十管理处	鲍峡镇、胡家营镇、白河、陕西安康	G316、S228	
16	鄂皖收费站	S5	武英高速公路	英山	148.140	武英高速	安徽岳西县、六安	G318	未开通
17	关垭子收费站	S28	麻竹高速公路	竹溪	560.813	谷竹高速	陕西	S305	未开通
18	小池收费站	S29	黄小高速公路	黄梅	26.882	黄黄高速	黄梅县小池镇、江西九江	G105、九江长江大桥	
19	通城南收费站	S39	通界高速公路	通城	13.485	咸宁四航建设有限公司	长沙、武汉	S11	
20	鄂豫收费站	S49	随岳高速公路	随州	0.451	随岳管理处	河南桐柏、信阳、南阳、驻马店	河南焦桐高速、新阳高速、沪陕高速公路	

续上表

序号	名称	路线编号	所在高速公路名称	所在地点	主线桩号	管理单位	可达地区	相邻道路	备注
21	荆岳大桥收费站	S49	随岳高速公路	监利	330.780	随岳管理处	湖南岳阳、长沙、监利、潜江、仙桃	S103、S201、G107、G4湖南段	
22	鄂西南收费站	S73	恩来高速公路	来凤		鄂西指挥部			未开通
23	朝阳寺收费站	S79	恩黔高速公路	咸丰		鄂西指挥部			未开通
24	石首南主线收费站	S88	岳宜高速公路	石首	0.500	湖北交投江南高速公路有限公司	湖南岳阳	石化高速公路、G56、G55	

二、收费标准

1991年2月1日—1992年5月31日,武黄高速公路执行《关于宜黄武黄段、升东段征收车辆通行费的通知》收费标准;小客货车0.10元/(车·km),中客货车0.23元/(车·km),大客货车0.40元/(车·km),特大型货车1.00元/(车·km),40.1t以上货车在特大型货车的基础上增加0.04元/车km。

1992年6月1日—1995年11月30日,武黄公路执行《关于宜黄一级公路东仙段征收车辆通行费的通知》收费标准;1995年12月1日—2000年9月30日,武黄公路执行《关于调整武黄高速公路车辆通行费标准的通知》收费标准;1997年8月5日,湖北省第八届人民代表大会常务委员会第二十九次会议通过的《湖北省高等级公路管理条例》第二十七条规定:利用集资、贷款修建的高等级公路,经省人民政府批准,可设置收费站,在批准时限内向过往车辆收取车辆通行费。

2000年省物价局、省财政厅、省交通厅印发《关于调整全省收费还贷公路车辆通行费收费标准的通知》(鄂价费〔2000〕269号),对有关高速公路收费标准的规定;2000年1月1日调整黄黄高速公路车辆通行费收费标准:小客货车0.32元/(车·km),中客货车0.68元/(车·km),大客货车0.95元/(车·km),特客货车1.28元/(车·km),特货车1.60/(车·km),20.1t以上货车每增加5t在特货车的基础上增加0.32元/(车·km)。2000年4月30日,省人民政府常务会议审议通过《湖北省收费公路管理暂行办法》,省人民政府第193号发布施行,规定:收费公路通行费征收标准由省公路管理机构提出方案,省交通主管部门会同省物价、财政主管部门审批,并核发收费站许可证。收费标准可根据物价指数、交通量、还贷、经营性公路合理回报等情况的变化,由原审批机关适当调整。2000年10月1日,调整汉宜、武黄、黄黄高速公路车辆通行费收费标准:小客货车0.40元/(车·km),中客货车0.75元/(车·km),大客货车1.00元/(车·km),特客货车1.35元/(车·km),特货车1.70/(车·km),20.1t以上货车每增加5t在特货车基础上增加0.40元/(车·km)。

2001年12月10日,京珠北段和武汉军山长江公路大桥车辆通行费收费标准:小客货车 0.40 元/(车·km),20 元/车次(其中:5 座以下轿车,吉普车 10 元);中客货车 0.75 元/(车·km),30 元/车次;大客货车 1.00 元/(车·km),40 元/车次;特客货车 1.35 元/(车·km),50 元/车次;特货车 1.70/(车·km),60 元/车次;20.1t 以上货车每增加 5t 在特货的基础上增加 0.40 元/(车·km),每增加 1t 加收 1 元。

2002 年 9 月 28 日京珠南段和 2003 年 4 月 28 日襄十高速公路武许段车辆通行费收费标准与京珠北段相同,2004 年 6 月 28 日襄荆高速公路和 2004 年 12 月 26 日武汉绕城高速公路东北段车辆通行费收费标准与京珠北段相同。

2005 年 2 月 1 日零时起,省政府决定凡通过湖北省高速公路的大型车辆通行费收费标准下调。新通行费标准,车型分类不变。原来一、二、三类车收费标准不变。四类车由原来 1.35 元(车·km)下调为 1.20 元(车·km)。五类车由原来 1.70 元(车·km)下调为 1.40 元(车·km)。六类车在五类车基础上,每增加 5t,加收 0.40 元(车·km)。

2005 年 3 月 26 日,襄荆高速公路至荆州长江大桥连接线车辆通行费收费标准:小客货车 0.76 元/(车·km)和 1.14 元/(车·km),中客货车 1.91 元/(车·km),大客货车 2.29 元/(车·km),特客货车 2.67 元/(车·km),特货车 3.05/(车·km),20.1t 以上货车每增加 5t 在特货车的基础上增加 0.76 元/(车·km)。9 月 28 日,樊魏高速公路车辆通行费收费标准:小客货车 0.40 元/(车·km),中客货车 0.75 元/(车·km),大客货车 1.00 元/(车·km),特客货车 1.20 元/(车·km),特货车 1.40 元/(车·km),20.1t 以上货车每增加 5t 在特货车的基础上增加 0.40 元/(车·km)。孝襄高速公路和宜长高速公路车辆通行费收费标准与樊魏高速公路相同。

2006 年,省人民政府办公厅《印发〈湖北省收费公路载货类汽车计重收费实施方案〉的通知》(鄂政办发〔2006〕13 号)以及省物价局、省财政厅、省交通厅《调整高速公路车辆通行费收费标准有关问题的通知》(鄂价费〔2006〕213 号)对高速公路收费标准进行调整,湖北高速公路于 2006 年 4 月 1 日起对载货类汽车实施计重收费。

2007 年,根据《收费公路管理条例》(国务院令第 417 号)和湖北省高速公路车辆通行费收费标准听证会及一年的试行情况,省人民政府办公厅印发《关于湖北省高速公路车辆通行费收费标准的通知》(鄂政办发〔2007〕111 号),重新制订了《湖北省高速公路、长江大桥车辆通行费车型分类收费标准》《湖北省高速公路、长江大桥载货类汽车计重收费标准》。

对通过全省联网高速公路、长江大桥、隧道和黄黄高速公路(以下简称高速公路)的车辆,按照"标准车型、标准装载、标准收费;标准车型、超额装载、超额收费"的原则收取车辆通行费,对免征车辆仍按国家和省有关规定执行,对于符合"绿色通道"运输政策的运输车辆(整车装载、无超限超载现象且证照齐全有效的鲜活农产品运输车辆),按应收通行费的 60% 计收。对载货类汽车实行"轻车少收、重车多收和大型车优惠"原则。按车货总质量称重合理计费,对超限车辆的超限部分确定合理的加价幅度并逐步加大,用经济手段调节和限制车辆超限超载。对于10t以上的大型车辆,按照车货总质量线性递减费率实行优惠。根据《超限运输车辆行驶公路管理规定》(交通部令第2号)、《道路车辆外廊尺寸、轴荷及质量限值》(GB1589—2004)和《交通部印发关于收费公路试行计重收费指导意见的通知》(交公路发〔2005〕492号)的规定,比较车辆总轴重限载与总质量限载,取两者之中的最小值为判别标准。

高速公路通行费根据车型分类、计重收费标准按车辆实际行驶收费站间里程计算确定,长江大桥通行费根据车型分类、计重收费标准按次收费。通行费收费金额计费不足5元时按5元计收;计重收费时,车货总质量不足5t时按5t计算;收费金额尾数<2.50元舍为0;2.50元≤收费金额尾数<7.50元归为5元;收费金额尾数≥7.50元归为10元。

客、货车车型收费收入总额和载货类汽车正常装载部分计重收费收入总额的9.09%,不作为各高速公路、长江大桥经营管理单位的车辆通行费收入。省高速公路联网收费管理部门在通行费收入拆分时统一将上述收入部分按日全额缴入省交通厅,纳入财政专户,实行"收支两条线"管理,列入省级交通部门预算管理,专项计提,专款专用。

各高速公路、长江大桥管理单位在执行本次确定的收费标准前,须到指定的物价部门办理《收费许可证》,按规定分别使用省财政厅统一印制的行政事业性收费票据或税务机关印制的税务票据。

本通知从2007年11月10日起执行3年。《省人民政府办公厅关于印发〈湖北省收费公路载货类汽车计重收费实施方案〉的通知》(鄂政办发〔2006〕13号)和《省物价局、省财政厅、省交通厅关于调整全省收费还贷公路车辆通行费收费标准的通知》(鄂价费字〔2000〕269号)中有关高速公路收费标准的规定以及《省物价局、省财政厅、省交通厅关于调整高速公路车辆通行费收费标准有关问题的通知》(鄂价费〔2006〕213号)同时停止执行。

湖北省高速公路、长江大桥车辆通行费收费标准见表4-2-2、表4-2-3。

湖北省高速公路、长江大桥车辆通行费车型分类收费标准   表4-2-2

序号	类别名称		客车	货车	高速公路(元/车·km)	襄荆高速公路至荆州长江大桥连接线、荆东高速公路[元/(车·km)]	军山大桥(元/车次)	荆州大桥、宜昌大桥(元/车次)	沪蓉西高速公路宜昌至长阳段	
									高速公路[元/(车·km)]	隧道(元/车次)
一	小客车	1	≤5座摩托车	/		0.836	10	15		10
二		2	6~17座(含)	≤2t		1.254	20	25		15
三	中客车		18~30座(含)25座(含)以下卧铺车	2~5t(含5t)	0.825	2.101	35	40	0.825	30

续上表

序号	类别名称	客车	货车	高速公路（元/车·km）	襄荆高速公路至荆州长江大桥连接线、荆东高速公路[元/(车·km)]	军山大桥（元/车次）	荆州大桥、宜昌大桥（元/车次）	沪蓉西高速公路宜昌至长阳段 高速公路[元/(车·km)]	沪蓉西高速公路宜昌至长阳段 隧道（元/车次）
四	大客车	31~50座（含）26座（含）以上卧铺车	5~10t（含10t）	1.10	2.519	45	50	1.10	35
五	特客车	≥51座	10~15t（含15t）	1.32	2.937	55	60	1.32	40
六	特客		15~20t（含15t）	1.54	3.355	65	70	1.54	45
七	特大型货车		>20t	每增加5t在特货的基础上增加0.44元/(车·km)	每增加5t在特货的基础上增加0.836元/(车·km)	每增加1t在特货的基础上增加1元/车次	每增加1t在特货的基础上增加1元/车次	每增加5t在特货的基础上增加0.44元/(车·km)	每增加1t在特货的基础上增加1元/车次

湖北省高速公路、长江大桥载货类汽车计重收费标准　　表4-2-3

项目		高速公路	襄荆高速公路至荆州长江大桥连接线	沪蓉西高速公路宜昌至长阳段	荆州大桥高速公路	军山大桥荆州大桥宜昌大桥
正正常装载部分	基本费率1	0.88元/(t·km)	0.11元/(t·km)	0.165元/(t·km)	0.132元/(t·km)	4.40元/(t·车次)
	正常装载部分≤10t	基本费率1				
	10t<正常装载部分≤40t	从基本费率1线性递减到基本费率1的一半				
	正常装载部分>40t	基本费率1的一半				
超超限装载部分	基本费率2	0.88元/(t·km)	0.10元/(t·km)	0.15元/(t·km)	0.12元/(t·km)	4.00元/(t·车次)
	超限率≤30%	按其正常装载部分以基本费2为标准计算的费率计费（费率计算方法同正常装载部分）				
	30%<超限率≤100%	正常装载部分按基本费率1为标准计算的费率计费；超限30%以内（含30%）的部分按正常装载部分以基本费率2为标准计算的费率计费；其他部分按基本费率2的1~4倍线性递增确定费率计费				
	超限率>100%	正常装载部分按基本费率1为标准计算的费率计费；超限30%以内（含30%）的部分按正常装载部分以基本费率2为标准计算的费率计费；其他部分按基本费率2的5倍确定费率计费				

第四篇 管理篇

2009年3月26日,湖北省第十一届人民代表大会常务委员会第九次会议通过的《湖北省高速公路管理条例》,其中第十八条规定:高速公路经营管理者经依法批准后可以收取车辆通行费。通行高速公路的货运车辆,其车辆通行费按照省人民政府的规定,采取计重收费的方式收取。车辆通行费的收费标准,应当依照价格法律,行政法规的规定进行听证,并依照法定程序审查批准。

为提升高速公路通行效率和服务水平,加快高速公路联网不停车收费(简称ETC)的推广应用,2013年10月15日,湖北省物价局、湖北省交通运输厅、湖北省财政厅印发《关于对我省高速公路ETC用户实行通行费优惠的通知》(鄂价费规〔2013〕163号),对高速公路ETC用户按通行费标准的5%给予优惠。

2015年,交通运输部印发《关于开展全国高速公路电子不停车收费联网工作的通知》(交公路发〔2014〕64号)、印发《交通运输部关于收费公路试行计重收费指导意见的通知》(交公路发〔2005〕492号)。2015年6月26日,湖北省交通运输厅、湖北省物价局印发《关于高速公路车辆通行费车型分类及载货类汽车计重收费方式与交通运输部相关规定对接的通知》(鄂交财〔2015〕347号),提出为贯彻落实《交通运输部关于开展全国高速公路电子不停车收费联网工作的通知》(交公路发〔2014〕64号)、《交通运输部关于收费公路试行计重收费指导意见的通知》(交公路发〔2005〕492号),实现湖北省高速公路电子不停车收费(ETC)全国联网,运用经济手段加强对超限运输的治理力度,规范车辆运输装载行为,经省人民政府同意,决定湖北省高速公路车辆通行费车型分类及载货类汽车计重收费方式与交通运输部相关规定对接,自2015年6月28日零时起开始实施《省交通运输厅、省物价局关于高速公路车辆通行费、车型分类及载货类汽车计重收费方式与交通运输部相关规定对接的通知》(鄂交财〔2015〕347号)。

车型分类与交通运输部《收费公路车辆通行费车型分类》(交通行业标准JT/T489—2003)对接,现行基本收费标准不变,现车型分类与行业标准交叉的车辆下靠一档,各类车型收费标准按照1:1.5:2:2.5:3的倍率执行,独立收费的桥梁收费标准不变。

载货类汽车计重收费的计费方式与《交通运输部关于收费公路试行计重收费指导意见的通知》对接。

正常装载车辆:20t及以下部分按基本费率1计费,20t以上至40t部分,按基本费率1线性递减到基本费率1的50%确定费率计费,40t以上部分按基本费率1的50%计费。

超限装载车辆:其正常装载部分同正常装载车辆计费,超限率≤30%部分按基本费率2计费,30%<超限率≤100%部分按基本费率2的3~6倍线性递增确定费率计费,超限率>100%部分按基本费率2的6倍计费。

湖北省高速公路通行费收费标准见表4-2-4、表4-2-5。

湖北省高速公路车辆通行费车型分类收费标准

表 4-2-4

类别	车型及规格		高速公路[元/(车·km)]				大型桥梁(元/车次)	
	客车	货车	汉宜、京珠、武黄、黄黄、孝襄、襄十、樊魏、岳赛、随岳中、随岳北、翻坝、鄂东大桥与武黄连接线	武荆、襄荆、青郑、汉英	汉洪、武英、大广北、麻武、汉孝、杭瑞、大广南、汉鄂、黄鄂高首、岳宜石首至松滋段、黄鄂团风至武汉绕城东北段、九江二桥、鄂东大桥、大广北、黄大广南、大广北、大广南连接线	武麻、随岳南、和左、大随、麻竹随通西段、襄阳东段	荆宜、汉宜巴、沪蓉西、汉蔡、十漫、十白、恩来、十房、合竹、郧十、襄荆至荆州大桥连接线	军山大桥、阳逻大桥	荆州大桥、宜昌大桥、东荆河大桥、鄂东大桥、荆岳大桥、黄冈大桥
第1类	≤7座	≤2t	0.44	0.55	0.6	0.7	0.836	10	15
第2类	8～19座	2t～5t(含5t)	0.66	0.825	0.9	1.05	1.254	20	25
第3类	20～39座	5t～10t(含10t)	0.88	1.1	1.2	1.4	1.672	35	40
第4类	≥40座	10～15t(含15t) 20ft 集装箱车	1.1	1.375	1.5	1.75	2.09	45	50
第5类		>15t 40ft 集装箱车	1.32	1.65	1.8	2.1	2.508	55	60

注:1. 车型分类按照《收费公路车辆通行费车型分类》(JT/T 489—2003)执行。
2. 通行费按计费尾数<2.5元按0;收费金额尾数≥2.5元,<7.5元取为5元;收费金额尾数≥7.5元取为10元。
3. 货车按照国家有关行政主管部门核定的额定载质量进行分类,特种货车参照同类型货车进行分类。
4. 客车按照国家有关行政主管部门核定的座位数进行分类,特种客车参照同类型客车进行分类。
5. 通行荆州长江大桥、宜昌长江大桥的摩托车、三轮汽车按5元/次计收。

湖北省高速公路载货类汽车计重收费标准

表 4-2-5

项目		汉宜、京珠、武黄、黄黄、孝襄、襄十、樊魏、岱黄、荆宜、随岳中、随岳北、青郑、汉英、翻坝、鄂东大桥与武黄连接线、武荆、襄荆	汉洪、武英、大广北、麻武、汉孝、杭瑞、大广南、汉鄂、黄鄂、通界、岳宜石首至松滋段、黄鄂团风段、九江二桥北接线、鄂东大桥与黄黄、大广北、大广南连接线、武麻、随岳南、和左、大随、咸通、黄咸、保宜、武汉绕城东北段、麻竹随州西段、襄阳东段	荆东、汉蔡、沪蓉西、宜巴、十漫、十白、恩来、恩黔、十房、谷竹、郧十、襄荆至荆州大桥连接线	军山大桥 阳逻大桥 荆州大桥 宜昌大桥 东荆河大桥 鄂东大桥 荆岳大桥 黄冈大桥
正常装载车辆	基本费率1	0.088 元/(t·km)	0.11 元/(t·km)	0.132 元/(t·km)	4.4 元/(t·车次)
	正常装载部分≤20t	基本费率1			
	20t＜正常装载部分≤40t	20t 及以下部分，按基本费率1 计费；20t 以上部分按基本费率1 线性递减到基本费率1 的50%确定费率计费。			
	正常装载部分＞40t	20t 及以下部分，按基本费率1 计费；20～40t(含40t)部分按基本费率1 线性递减到基本费率1 的50%确定费率计费；40t 以上的部分按基本费率1 的50%计费			
超限装载车辆	基本费率2	0.08 元/(t·km)	0.10 元/(t·km)	0.12 元/(t·km)	4.0 元/(t·车次)
	超限率≤30%	正常装载部分同正常装载车辆计费；超限30%以内(含30%)的部分按基本费率2 计费			
	30%＜超限率≤100%	正常装载部分同正常装载车辆计费；超限30%以内(含30%)的部分按基本费率2 计费；其他部分按基本费率2 的3～6 倍线性递增确定费率计费			
	超限率＞100%	正常装载部分同正常装载车辆计费；超限30%以内(含30%)的部分按基本费率2 计费；超限30%～100%(含100%)的部分按基本费率2 的3～6 倍线性递增确定费率计费；其他部分按基本费率2 的6 倍计费			

为进一步提升收费公路通行效率和服务水平，方便群众快速出行，2012 年，国务院颁发《关于转发交通运输部等部门重大节假日期间免收小型客车通行费实施方案的通知》（国发〔2012〕37 号），2012 年 9 月 14 日，湖北省人民政府办公厅印发《湖北省收费公路重大节假日免收小型客车通行费实施方案的通知》（鄂政办函〔2012〕97 号）。对春节、清明节、劳动节、国庆节等国家法定节假日期间，7 座以下（含 7 座）小型客车免征通行费。为了确保惠民政策执行到位，各级领导高度重视、周密部署，全体员工坚守岗位、无私奉献，积极克服时间紧、任务重，又无先例可借鉴的重重困难和巨大压力，通过规范政策，实行"五个统一"，有力确保了各项收费政策、减免政策执行率达 100%，政策执行不力有理投诉事件为零。通过规范秩序，实行分道设置，进一步简化工作流程，进行防堵控制，有效限制处置时间，有力确保了政策执行期间未出现严重拥堵现象，特重大责任事故为零。通过

规范服务,各收费窗口坚持手势服务,文明用语;全省58对服务区、30对停车区,油料、超市商品、餐饮供应充足,物价稳定,卫生状况良好,服务类有理投诉事件为零。通过规范信息,96576客服热线、路段可变情报板、门户网站、广播电视等各类媒介24h滚动发布道路信息及事故信息,为交通疏导,路段分流做好提前预警工作,节假日期间未发生一起严重拥堵事件。各单位以高度的社会责任感和超长的工作举措,确保了全省高速公路的安全畅通,圆满完成重大节假日小型客车免费通行工作首战全胜的目标,并受到省委办公厅和省政府办公厅的通报表彰。

为大力促进部分山区高速公路周边地区商业贸易、物流运输、旅游观光等经济产业的快速发展,省交通厅积极争取省政府、省财政厅、省物价局等相关单位及部门支持,依照相关规定,对部分山区高速公路周边地区适当下调高速公路收费标准,减轻车辆通行负担,提高车行效率为主线,对鄂西高速公路、十漫高速公路、翻坝高速公路等三条路段的收费标准进行了降低调整,全力打造服务于民、惠民利民的民生大通道。

三、收费期限与收入

《湖北省收费公路管理暂行办法》第二章第九条明确规定:收费还贷公路的收费期限由省人民政府按照收费偿还贷款、集资款本息的原则,依照国务院交通主管部门的规定确定。收费期间内利用贷款提高原路段技术等级和规模,需延长收费期限的,应报原审批机关批准。通行费收入除用于收费公路的路政、养护管理、收费单位的人员和设施的正常开支外,全部用于偿还贷款、集资款本息。

湖北省高速历年车流量、通行费见表4-2-6。

湖北省高速历年车流量、通行费一览表 表4-2-6

年 份	交费车流量(辆)	通行费收入(元)	备 注
1991		12329319	
1992		31901153	
1993		53986513	
1994		79862064	
1995		126689850	
1996		221981305	
1997		265618819	
1998		285858404	
1999		376767904	
2000		509398731	
2001		700569282	
2002		1222015701	
2003		1770682184	

续上表

年　份	交费车流量(辆)	通行费收入(元)	备　注
2004	43345045	2380150678.00	
2005	51314720	3150733750.00	
2006	45968196	4839043099.00	
2007	53294530	5657829671.00	
2008	59259612	5131509751.00	
2009	71584701	6378694907.00	
2010	91416458	8818328699.00	
2011	96192336	10365288616.00	
2012	111300674	11284569796.00	
2013	124269211	13070220850.75	
2014	145471476	14561709147.75	
2015	172170123	16802797831.55	
2016	208457204	17602058058.15	
合计			

（一）武（汉）黄（石）高速公路

武（汉）黄（石）高速公路是沪渝高速公路和福银高速公路的重要路段，1991年2月正式建成通车。1997年转让经营权给湖北马鄂高速公路经营有限公司，批准收费时间为1997年9月23日至2022年9月22日，批准收费文号鄂政发〔1995〕108号，收费项目起点为武汉市关山一路，止点为黄石市黄石港区，收费里程合计70.299km。收费标准按《湖北省高速公路、长江大桥通行费车型分类标准》执行。

（二）（北）京珠（海）高速公路

京珠高速南段与北段和武汉军山长江公路大桥保持一致。根据国家计委批复，京珠高速公路湖北北段和武汉军山长江公路大桥为两个建设项目，同意对通过武汉军山长江公路大桥的车辆，在京珠高速公路湖北北段收费标准基础上据实加收通行费。

除军车、正在执行紧急任务的警车、抢险救灾车和救护车，以及国家和省政府规定免收车辆通行费的车辆外，对通行京珠高速公路湖北段的其他车辆，均收取车辆通行费。

京珠北段和武汉军山长江公路大桥自2002年11月30日前，由省交通部门提供竣工验收报告、建设资金审计报告和实际分类车流量等资料后，另行核定收费期限。京珠南段自2003年9月30日前由省交通部门提供竣工验收报告、建设资金审计报告和实际分类车流量等资料，另行核定收费期限。

(三)(武)汉十(堰)高速公路

汉十高速公路包括孝(感)襄(阳)段、襄(阳)十(堰)段、十(堰)漫(川关)段三部分。孝襄段自2005年9月28日起经省政府批准设站收费;襄十段(武许段)自2003年4月28日起经省政府批准设站,襄十段(襄武段)自2003年12月26日起经省政府批准设站;十漫段自2007年12月30日起经省政府批准设站。

孝襄段、襄十段(武许段)、襄十段(襄武段)、十漫段均由省交通部门提供竣工验收报告、建设资金审计报告和实际分类车流量等资料后,另行核定收费期限;十白段工程竣工验收和财务决算报告后一年内核定正式收费标准,收费期限为20年,自收费之日起计算。

(四)随(州)岳(阳)高速公路

随岳高速公路全长335km,包括北、中、南、荆岳长江大桥四段。根据鄂政函〔2007〕266号文,随岳中高速公路自2007年12月25日起开始收费;根据鄂政函〔2009〕137号文,随岳北高速公路自2009年6月28日开始收费;随岳南高速公路自2010年3月10日开始试运营收费,收费经营期限暂定为27年;根据鄂政函〔2010〕356号文,荆岳大桥段自2010年12月9日起开始收费,收费年限为20年。

2013年7月,随岳高速公路正式被纳入国高网许(昌)广(州)高速公路,编号G4W2。2015年6月28日零时起,随岳高速公路根据《省交通运输厅省物价局关于高速公路车辆通行费车型分类机载货类汽车计重收费方式与交通运输部相关规定对接的通知》(鄂交财〔2015〕347号)要求,对车辆进行收费。

(五)鄂西高速公路

鄂西高速公路管理处辖区内包括沪渝高速公路鄂西段、三峡翻坝高速公路和沪蓉高速公路宜巴段三条高速公路。沪渝高速公路鄂西段全长320km,于2009年12月19日起全线通车,经省政府批准设站收费;三峡翻坝高速公路全长57km,于2011年1月12日全线通车,经省政府批准设站收费;沪蓉高速宜巴段全长173km,于2014年12月27日全线通车,经省政府批准设站收费。

(六)楚天高速公路

辖区内包括沪渝高速公路汉宜段、麻安高速公路大随段和蕲嘉高速公路黄咸段(武汉城市圈环线高速公路黄石市大冶段和武汉城市圈环线高速公路咸宁东段)三条高速公路。

收费期限:汉荆段于1994年11月5日整体建成通车,交通部《关于汉宜高速公路武汉至荆州段收费权经营期限的批复》(交财发〔2001〕331号)文件,明确同意"湖北楚天高速公路股份有限公司经营汉宜高速公路武汉至荆州段收费权期限为30年,该经营期限自湖北楚天高速公路股份有限公司成立之日起算。"即汉荆段收费期限从2000年11月22日至2030年11月21日。江宜段于1995年11月11日建成通车,根据交通部《关于对有偿转让江陵至宜昌段高速公路收费权经营期限的批复》(交财发〔2004〕508号)文件精神,江宜段自2004年10月由楚天公司以上市募集资金收购转为经营性公路后,收费期限22年,收费截止日期为2026年10月15日。麻安高速大随段于2011年6月28日建成通车,根据《省物价局关于大悟至随州高速公路设站收取车辆通行费的报告》(鄂物价文〔2011〕21号),麻安高速公路大随段收费期为30年,至2041年6月28日止;武汉城市圈环线高速公路黄石市大冶段、武汉城市圈环线高速公路咸宁东段于2013年12月26日建成通车,根据《省人民政府关于设立武汉城市圈环线高速公路黄石市大冶段收费站有关问题的批复》(鄂政函〔2013〕207号),武汉城市圈环线高速公路黄石市大冶段自2013年12月26日开始试运营收费,工程竣工验收和财务决算报告一年内核定正式收费标准,收费期限为30年,自收费之日起计算;根据《省人民政府关于设立武汉城市圈环线高速公路咸宁东段收费站有关问题的批复》(鄂政函〔2013〕206号),武汉城市圈环线高速公路咸宁东段自2013年12月26日开始试运营收费,工程竣工验收和财务决算报告一年内核定正式收费标准,收费期限为30年,自收费之日起计算。

2015年沪渝高速公路汉宜段通行费收入105699.2万元,麻安高速公路大随段入口车流量1026152辆、出口车流量为1009078辆、通行费收入3016万元,蕲嘉高速公路黄咸段入口车流量313935辆、出口车流量306884辆、通行费收入8192.6万元。

(七)武(汉)英(山)高速公路

武英高速公路湖北段全长131km,全线自2009年9月28日起经省政府批准设站收费。

收费标准按省人民政府办公厅印发《关于湖北省高速公路车辆通行费收费标准的通知》(鄂政办发〔2007〕111号),重新制订的《湖北省高速公路、长江大桥车辆通行费车型分类收费标准》《湖北省高速公路、长江大桥载货类汽车计重收费标准》。对于符合"绿色通道"运输政策的运输车辆(整车装载、无超限超载现象且证照齐全有效的鲜活农产品运输车辆),按应收通行费的60%计收。

(八)杭瑞高速公路湖北省阳新至通城段

杭瑞高速公路阳新至通城段收费标准根据《省人民政府办公厅关于全省高速公路车辆通行费有关问题的复函》(鄂政办函〔2010〕130号)精神,暂参照《省人民政府办公厅关于印发湖北省高速公路车辆通行费收费标准的通知》(鄂政办发〔2007〕111号)规定执行。

杭瑞高速公路湖北省阳新至通城段自2010年12月28日开始试运营收费。试运营收费2年后,根据工程竣工验收报告、财务决算报告和实际车流量等,正式核定通行费标准和收费年限。

四、ETC建设

随着科学技术进步,高速公路收费方式及其设施不断发展,形式多样。收费方式从人工收费、半自动向全自动收费及联网收费等方式转变,减少过往司乘的停车次数,提高了高速公路通行能力。

1991年3月4日—2002年9月28日,高速公路使用纸通行券,人工收费;2002年9月28日—2003年1月1日,实行人工判别车型、进口发IC卡,出口验卡、打票收费的封闭式半自动化IC卡收费。2002年12月31日,湖北省宜黄、京珠两条高速公路计算机联网收费运行,湖北省高速公路联网收费"一卡通"工程正式开通。湖北省交通科学研究所承担完成湖北省宜黄高速公路联网收费软件系统和湖北省高速公路联网收费结算中心软件系统开发。宜黄高速公路联网收费软件系统包括132个车道、22个收费站、4个分中心。湖北省高速公路联网收费结算中心软件系统包括网络管理软件、系统管理软件、清分管理软件、数据采集软件、票证管理软件、财务管理软件、IC卡发行软件和IC卡管理软件等。2003年1月1日后,除黄(石)黄(梅)高速以外,全省高速公路实行IC卡联网收费,半自动化收费。

2004年6月26日,湖北省内第一条新开通湖北襄荆高速公路直接与已建高速公路实现联网收费。2004—2005年,省交通科学研究所以技术咨询服务和委托代管等方式,先后承担湖北省沪蓉西高速公路、汉孝高速公路、随岳中高速公路和十漫高速公路等在建高速公路机电系统建设管理服务。长江大桥机电工程建设施工。湖北省交通科学研究所通过公开招投标,中标承担湖北巴东长江大桥机电工程建设。机电工程与大桥主体工程同时完工,于2004年7月1日建成通车,计算机半自动收费。

2006年,湖北省交通厅在高速公路推行联网收费,湖北组建了湖北省高速公路联网收费管理委员会,印发《湖北省交通厅在高速公路推行联网收费审查办法》(鄂高路联委〔2006〕4号),公布其并网条件:已经省人民政府批准设置收费站收取车辆通行费;公路、桥梁主体工程已依法办理交工验收并合格;机电系统已经办理完工验收并合格;收费管理机构、制度健全,人员经过培训考核后达到上岗要求;认可《湖北省高速公路联网收费公约》;申请单位应提交的文件和资料:入网申请书;省人民政府批准设置收费站收取通行费的批文;工程监理单位签字的机电系统完工验收报告(含收费软件安装调试合格报告);主体工程验收、并报省交通厅备案;并网后的全路网费率表;收费计算机系统清单、IP地址、系统拓扑图;机电系统开通的技术方案(含应急方案);财政、税务机关审批票据印刷的批复;收费管理机构、人员设置一览表(电话、传真等);按规定开设银行收、支专户的说明。并网审核程序:申请参与联网收费的各经营管理单位向管委会提交并网申请和相关文件资料;管委会收到并网申请后,抽调联网各成员单位的技术和管理专业人员,组成审查专班,对申请并网路段的条件进行实地检查,组织模拟运行,形成检查评定报告。组织召开管委会会议,各成员单位委员投票表决,决定同意新路并网,形成相关决议。对通过审议同意并网的经营管理单位,签署《湖北省高速公路联网收费公约》后成为联网收费成员单位。为确保湖北省高速公路联网收费的顺利进行,切实维护各成员单位的合法权益,保证高速公路联网收费资金安全、准确、及时结算,2007年6月28日,湖北省高速公路联网收费管理委员会召开2007年第一次会议,审议通过了《湖北高速公路联网收费车辆通行费收入结算办法》。湖北省高速公路联网收费车辆通行费收入实行"集中账户、全额上缴、据实清分、统一划拨"。管委会在指定的银行开设联网收费车辆通行费收入集中专户(简称联网专户),用于各成员单位征收的联网收费车辆通行费收入的统一集中汇缴。高速公路联网收费车辆通行费按照公开、公平、公正的原则,确定科学合理的清分方式,采取分路计价、逐车分配的方式将联网收费车辆通行费收入清分至各成员单位;高速公路联网收费车辆通行费收入清分时间段为每日0时至24时。联网各收费站必须在每日9:00时将前一日联网收费车辆通行费收入实缴等相关信息输入收费站计算机系统;每日产生各成员单位车辆通行费收入初步清分数据;联网收费车辆通行费收入的资金,每五天为一个结算周期,在结算周期结束后的第一天为结算日。在结算日,联网管理部根据每五日清分结果,制作资金划拨表,通过银行结算系统,统一将各成员单位车辆通行费收入足额从联网专户划拨至各成员单位收益户。联网管理部必须确保资金划拨的及时、完整、准确。

为确保高速公路联网收费公开、公平,2008年9月25日,湖北省高速公路联网收费管理委员会印发《湖北省高速公路联网收费系统数据清分管理办法》,重申全省高速公路联网收费管理实行"集中账户、全额上缴、据实清分、统一划拨"的方式。对收费数据上报、数据的清分划拨;收费数据解封、更改、修复;收费数据异常情况通报及处理进一步明确。为进一步规范联网收费管理,提高服务质量,维护收费公路使用者和经营者的合法权益,2011年3月16日,湖北省交通运输厅高速公路管理局印发《湖北省高速公路联网收费管理办法》,明确全省高速公路联网收费的管理由省高管局统一领导,联网部协助具体实施。对收费业务、收费稽查、收费机电、安全应急处置、收费业务考核做了具体规定,确立了全省高速公路联网收费系统升级改造和维护管理费的收费项目和计提标准,出台了ETC电子不停车收费的优惠标准,有效推进了收费管理与服务规范化、标准化、智能化的进程。

湖北高速公路坚持整合路网资源,基本形成了"集中管理、统一清分"的联网收费模式。以湖北省高速公路联网收费管理委员会为平台,实现全省高速公路联网收费,实行"统一账户、集中汇缴、统一清分、分类拨付"的管理模式,切实加强对各路段通行费资金流、数据流、图像信息流的监管,极大地维护了各方权益,提升了高速公路行业的服务水平。已经建成计重收费系统、车牌识别系统、电子稽查系统、ETC不停车收费及电子支付系统四大项目并投入使用。截至2014年底,全省共在57个收费站建成ETC车道102条,拥有电子支付客户数7万个(其中ETC客户5.6万个)。出口日均电子支付车辆1.3万辆次(其中ETC车道4400次),电子支付金额65万元(其中ETC交费15万元),日均电子支付率占4%。

2015年3月30日,湖北省交通运输厅印发《湖北省高速公路推进ETC全国联网工作方案的通知》(鄂交财〔2015〕156号),提出2015半年实现湖北高速公路ETC与全国ETC联网;进一步加快ETC车道建设。按照主线收费站ETC覆盖率100%,匝道收费站ETC覆盖率不低于90%的要求,继续完成168条ETC车道建设,全省ETC车道达到580条以上,全省ETC覆盖率95%以上。覆盖所有的县级行政区,ETC用户确保70万,力争达到100万。全省高速公路快速推进ETC建设,于6月30日顺利实现与全国联网,日均通行ETC车辆6.7万辆。至"十二五"期末,在全省281个收费站,建成ETC车道553条,ETC覆盖率达到94.3%,提前实现90%覆盖率的目标。ETC客服网点达到1400多个,覆盖到所有县级行政区。湖北ETC系统建设和联网工作得到了交通运输部、省政府的充分肯定和厅领导的高度赞扬。

2016年5月5日,湖北省高速公路联网设备监测平台在联网收费中心试运行,该技术在全国同行业中尚属首创。依托该平台,可实现对全省高速公路实行联网管理的核心机电设备设施进行实时监测,以提升路网管理精细化水平。6月底,湖北高速公路成功与全国高速公路ETC联网,实现"一卡走遍全国高速公路",既节约了进出站口的通行时间,又降低了车辆油耗和人工成本。

第三节 养 护 管 理

公路养护是指为保持公路的原有技术状况,保证正常使用而进行的经常性保养、维修,预防和修复灾害性损坏以及为提高使用质量和服务水平而进行的加固和修建。

2003年,湖北省交通厅印发《湖北省高速公路养护管理办法(试行)》(鄂交基〔2003〕608号),明确由省交通厅主管全省高速公路养护行业管理工作,各高速公路和长江公路大桥的经营管理单位负责所辖路段和长江公路大桥的养护管理。

养护管理遵循的原则:坚持"预防为主,防治结合,全面养护"的原则;坚持"管养分离、市场运作"的原则;坚持"科技创新和养护专业化、机械化"的原则;坚持"以人为本、以车为本"的原则。

高速公路养护工程按其工程性质、复杂程度、规模大小划分为小修保养、中修、大修和改建工程;养护范围包括路基、路面、桥梁、涵洞、隧道、沿线设施及绿化等。连续20km以上或者小于20km的整条路段的小修保养、投资100万元以上的养护大中修工程项目,应通过公开招标或邀请招标选择承包商;改建工程项目按照新建工程的规定执行;突发事件、紧急抢险或战备需要而安排的特殊公路养护工程项目可采取指定养护工程施工单位的方式进行。

一、养护体制与机构

面对庞大复杂的高速公路网,高管局充分履行行业管理职能,依托六个管理处对全省高速公路实行区域化管理,对新建成的政府贷款投资的高速公路,进行直接管理;对新建成的民营和社会资本投资的高速公路,实行委托管理,切实加强全省高速公路集中统一规范管理,基本形成"集中统一、运转高效、规范有序、特色鲜明"的养护行业管理体系。

引进沥青路面"精表处"技术试验段作业中

(一)高速公路省直管体系

(1)京珠高速管理处:全线共设养护管理站4个。其管辖范围分别是:孝感养护管理站负责京珠主线九里关—东西湖南桥北(136km);武汉养护管理站负责京珠主线东西湖南桥南——武汉南(不含军山长江大桥)、沪蓉主线(95km);军山大桥养护管理站负责武汉军山长江公路大桥;咸宁养护管理站负责京珠主线武汉南—鄂南(108km);依据养护管理站工作职能,各站分别设立工程办公室、技术办公室及综合办公室。

(2)武黄高速管理处:武黄管理处现管辖里程近450km,其中武黄高速公路全长70.3km,杭瑞高速公路湖北段全长200km,鄂东长江公路大桥全长15.149km;大广南高速公路湖北段全长107km;汉鄂高速公路全长54.652km。管理由一条路辐射为一张网。该处管理下设3个养护管理工区。养护管理站每100km设置1个。其中杭瑞路段设2个养护站。依据养护管理站工作职能,分别设立工程办公室、技术办公室及综合办公室。对各养护站VIS识别系统进行了统一,完善了办公设施,提高了办公效率。

(3)汉十高速管理处:湖北省汉十高速公路管理处管理总里程1433km,占湖北省高速公路总里程的28.26%,内设工程养护科,工程养护科下设4个养护管理站,分驻随州、襄阳、六里坪、十堰,各管段相应设立了2个监理机构及9个施工单位。其中施工单位按照养护类别划分为5个路面综合养护项目部和4个桥涵养护项目部。管理处通过明确工程养护科、工作站两级管理职能,建立了以管理处为责任主体、以施工单位为养护主体、以监理单位为监管主体的管理养护新机制:在施工队伍选择上采取招投标制;项目管理上采取合同制、法人制;施工管理上采取社会监理制。不断健全工程质量保证机制,通过"企业自检、监理监督、养护站巡检、养护科抽查"形成四级质量保证体系。

2012年3月19日,王国生省长(右四)调研汉十高速公路郧西收费站,给予高度评价:"让最美的微笑在湖北,让一流的服务永驻汉十"!

2016年1月31日,随岳高速公路养护站面对雪情同心协力,协同作战

(4)随岳高速管理处:随岳管理处内设工程养护科,下设三个养护管理站,各站管段与高警及路政管段无缝衔接,确保了各项工作的有序对接。3 个养护管理站管辖范围分别是:第一养护管理站负责管理随岳北段及中段一部分里程共 108km;第二养护管理站负责管理随岳中段一部分里程 123.712km;第三养护管理站负责管理荆岳长江大桥里程 5.419km。依据养护管理站工作职能,各站分别设立综合组、技术组、合同组。全线共有养护技术人员 34 人,大专以上土木专业学历达到 100%,其中本科学历 24 人。各站内设技术、合同、综合三个办公室,每站配置技术人员约 10 人。

(5)黄黄高速管理处:黄黄管理处下设 3 个养护管理站,自 2011 年养护站成立以来,针对辖段三条高速不同养护管理情况,管理处负责对养护工作实行统一领导,并设工程养护科负责道路养护业务的归口管理。分路段成立路段养护管理站,分路段实施道路养护工作,养护站负责日常养护工作的现场监督和日常管理。根据养护资金渠道不同,分别为黄黄、武英、麻武,进行严格的社会化招标程序,引进监理单位和承包人,监理单位根据相关监理规范对养护工程进行监理工作,承包人为养护施工的主体和具体实施者。

(6)鄂西高速公路管理处:主在负责沪渝高速公路鄂西段、三峡翻坝高速公路、宜巴高速公路三条高速公路养护管理工作。全线共设养护站 6 个。其中第二养护站负责沪渝高速公路鄂西段八字岭大桥至恩施西共 121km;第三养护站负责沪渝高速公路鄂西段恩施西至白羊塘共 110km;各养护站设有综合办公室、工程管理部以及工程技术部。

2013 年 5 月 25 日,厅领导检查鄂西高速公路安全管理

(二)"管养分离"的社会化养护模式

2005 年,全省 8 条高速公路共有 8 个养护组织,分别是武黄高速养护、黄黄高速养护、汉十高速养护、楚天高速养护、京珠高速养护、襄荆高速养护、樊魏高速养护、武汉绕城

高速养护。具体养护工作采取市场化管理,由施工单位承担。"十一五"期间,湖北省大部分高速公路养护管理实行管养分离的养护模式,养护员工平均每1km不足0.1人,养护管理成本平均每1km不足1万元。全省养护机械投资达5亿多元。省局基本上按标准对各路段的机械设备进行了配置,大力提高了养护施工的机械化水平,提高了养护工作的效率。全省沥青路面大中修工程施工机械化程度达到100%,日常养护的机械化程度达到80%以上。推行养护经费与通行费挂钩的政策,规定养护经费不低于通行费8%的标准。"十一五"期间湖北省高速公路养护资金达25.8亿元,为通行费的8.2%。

"十二五"期间,大力推进养护管理体制改革,全省高速公路社会化养护实现100%全覆盖。至2015年底,全省经营管理单位有36家。其中京珠、随岳、汉十、武黄、黄黄、鄂西等六个高速公路管理处是厅直属单位。实行"管养分离"的社会化养护模式,养护工程的具体实施完全实行社会化,由专业的施工单位完成日常维修养护、专项工程及大、中修工程。同时,委托社会监理全面控制养护质量。这种管理模式有效地克服了事企不分、机构重叠、职能交叉、队伍庞大、机具繁多、效率低下等问题。

(三)其他养护管理模式

宜昌长江大桥、荆州长江大桥、黄石长江大桥等管理单位行政上隶属于当地市政府,行业管理由高管局负责监管,交投下属单位一共6家,分别为保宜、江南、鄂西、谷竹、襄随等公司和鄂黄长江大桥,其他经营管理公司为国企和民企。6个管理处养护管理使用省财政资金,宜昌长江大桥、荆州长江大桥、黄石长江大桥使用市财政资金。其他经营管理单位养护管理资金由单位自行筹措。

鄂黄长江大桥和黄石长江大桥没有并入全省高速公路网,行业管理由高管局负责监管。

(1)楚天公司养护组织:楚天公司共设养护站5个。其管辖范围分别是:北河养护站负责永安—毛嘴段共95.567km;潜江养护站负责汉宜高速公路毛嘴—八岭段共96.135km;枝江养护站负责汉宜高速八岭—宜昌共86.125km;麻安高速公路大随段养护站负责大随高速养护工作共84.4km,蕲嘉高速公路黄咸段养护站负责黄咸高速公路共55.969km。各养护站设有综合管理部、计划合同部以及质量监督部。

(2)岱黄高速养护管理模式:岱黄高速公路于1990年12月建成通车,武汉华益路桥管理有限公司于2001年开始对该路段进行营运管理,养护工作委托给武汉市公路管理处养护管理所完成。岱黄高速的规划设计完成于20世纪80年代,经过20余年的风雨洗礼,全线路面及相关设施早已陈旧,养护工作在早期一直参照普通干线公路的标准执行,直到2006年随着武汉绕城高速公路、福银高速公路通车并形成互通,才开始加入全省联网收费,养护、路政管理的行业规范化轨道。

(3)荆州大桥专班养护模式:荆州大桥局是负责大桥运营管理的正处级全民事业单位。荆州大桥管养二广高速里程5.165km,桩号为1761+274—1766.439。大桥建立完善了养护管理体系。成立了以工程养护科为主的安全养护专班,负责大桥的养护和安全日常管理。成立了两家公司负责日常养护。一个是实业公司,专门负责大桥的小修保养、安全防护和常年保洁工作;一个是鑫桥公司,专门负责大桥的标志标牌维护和大桥广告发布工作。50万元以内的工程由两家公司完成,50万元以上的工程通过招标选择队伍完成。

二、养护工程

全省高速公路养护采用先进养护工艺。武黄高速养护路面结构材料使用美国STRATA应力吸收材料;在桥涵加固上采用挂网喷锚技术,在施工设备上使用德国非接触式平整度控制系统(声呐测距仪)等。黄黄高速养护采取水泥混凝土路面施工采用滑模摊铺新技术,采用小型滑模摊铺机悬臂式施工,硬路肩并连体一次铺筑路缘石和桥面连续摊铺技术。汉十高速养护使用JK24快速修补剂;HZ/HD型补缝材料;碳纤维结构修补材料;混凝土钢纤维材料;聚丙烯高强纤维合成材料修补水泥混凝土路面坑槽和桥面铺装;振动标线;高膨胀土深路堑边坡路段处理技术。楚天高速养护采用保养接缝、维修裂缝、修补板边板角、路面板脱空唧泥处压浆、坑洞修补、更换桥面铺装、处理桥头跳车、增设边坡防护工程等技术手段进行维修保养。襄荆高速养护在进行沥青路面施工及养护过程中,首先对桥头沉降下的现场进行目测及相关调查,对纵断面设计(拉坡),优化施工工艺,采取钻孔压浆工程施工新工艺,从而调整路面横坡将沥青路面的冷接缝转变为热接缝,消除新旧路面接缝处冷折点,从而达到整条路线的平顺。

"十一五"期间,湖北省逐年加大养护科研投入,加大高速公路管理软课题研究,提升管理科技含量,提升管理科学水平。探索形成了特长隧道(群)建设、高墩大跨桥梁建设、高路堤、高陡边坡防护等一系列山区高速公路成套关键技术,省高发公司研发了具有自主知识产权的沥青路面智能养护专家系统,集路面数据自动采集、技术状况评定、病害诊断和预警、养护方案和工程造价编制于一体,实现了智能养护的目标。京珠管理处完成了"基于GIS湖北京珠高速公路养护信息管理系统"和"军山长江公路大桥桥梁管理系统"两项课题的研发,其总体成果均达到国内领先水平。黄黄高速水泥混凝土路面改建工程全部采用SMA结构罩面,沥青加铺上、中、下三个面层全部采用改性沥青,成为湖北省高速公路建设上的一大创新。宜昌大桥钢桥面铺装技术研究被纳入交通运输部西部建设科技项目。

"十二五"期间,坚持养护机械化、自动化,鼓励各高速公路管理单位加大养护科研投入,开展"四新"技术研究,推广以沥青路面就地热再生为代表的新技术。襄荆高速、汉宜高速、武黄高速、黄黄高速等9条路段全面推行沥青路面就地热再生技术,覆盖面达到

60%以上。2015年,对随岳高速等5条高速公路路热再生项目进行统一招标,部分路段公司按路面材料循环利用要求开展就地热再生技术应用。降低了工程成本,提高了养护效率。推广预防性养护技术,薄层罩面、微表处、越薄磨耗层、雾封层、复合封层技术得到了广泛应用。积极探索"四新"技术研究,高发公司研发了具有自主知识产权的沥青路面智能养护专家系统,集路面数据自动采集、技术状况评定、病害诊断和预警、养护方案和工程造价编制于一体,实现了智能养护的目标;汉十管理处研发调试完成汉十移动巡查APP,随岳管理处首次采用摩擦阻荷梁体整体平移新技术,成功组织桥顶复位。全省高速公路废旧材料再生利用项目被纳入全省交通运输发展"十三五"专项规划。"十二五"期间,全省积极推行养护机械化,沥青路面大中修工程施工机械化程度达到100%,日常养护的机械化程度达到80%以上。湖北省高速公路养护进入了检测自动化、养护决策科学化、养护工程机械化、养护管理信息化的良性发展轨道。

(一)小修保养

(1)武黄高速公路被称为湖北高速"试验路"。许多高速公路养护的"疑难杂症"都在武黄高速上率先出现,武黄养护工作者通过不断地摸索总结,为全省高速公路养护工作提供了宝贵的经验。2003年武黄高速在省内率先成功实施了"白加黑"沥青路面加铺大修改造;2007年使用沥青路面微表处治解决了车辙难题;2008年武黄高速在省内率先运用了不中断交通顶升技术更换了桥梁支座;2009年武黄高速在省内率先运用了路基旋喷加固工艺解决了路基沉降问题。新技术、新工艺的有效运用,不仅处治了病害,也为省内其他高速公路提供了诸多可供借鉴的成功经验。2004年至2008年,武黄养护开展了武黄高速复合式路面及旧桥加固技术的课题研究。在总结武黄高速公路沥青路面及加固桥梁的养护方法和施工工艺基础上,在有代表性的路段分别开展不同养护方式的试验性施工。经过不断地研究试验,编制了《武黄高速公路桥梁维修养护施工指南》。2014年武黄高速公路首次实施10km就地热再生技术处治沥青路面病害,实现了高速公路养护施工低碳、环保、资源循环利用。

(2)楚天养护高度重视日常巡查和预防性养护,及时全面掌握路况。做到压浆、灌缝等预防性养护和坑槽跟踪养护及时到位,建立完善路况数据库和实时养护状况评价模型,初步完成桥梁数据库基础资料,包括桥梁识别数据库、桥梁结构数据库、涵洞识别库、桥梁病害数据库、涵洞病害数据库,并与工作站对接联网。自制了灌缝"U型"铲,方便了操作,提高了工作效率和灌缝质量;自制了微波加热器,缩短了微波加热时间,提高了微波加热综合养护车处理路面坑槽病害的修复质量和效率;自主开发出了"养护中心CPMS数据辅助系统"软件。实现了PDA掌上电脑由机械人工传输数据为数据采集网络传输和异地共享,大大提高了工作效率,降低了管理成本;采用彩色防滑粘胶剂再撒布碎石刷乳化沥青的方式处理白色污染和火烧路面,为路面美容;利用沥青还原剂进行处理路面轻微网裂;利用快干早强硫铝酸盐水泥对桥梁伸缩处理,抗渗性能是同标号硅酸盐水泥2~3倍,早期强度是普硅水泥的5~6倍,缩短了道路封闭施工时间,为车辆出行提供方便。

高度重视桥隧安全,对上官隧道进行全方位隐患排查

（3）京珠高速养护实施绿化、亮化、美化基础设施工程,在路面、路基;桥涵、绿化等方面做到路面整洁、路基完好、绿化美观,沿线设施修复及时;加强施工现场管理。以方便驾乘、快捷通行为前提,尽量少改道、长改道,着力加强施工现场管理,建立封道改道审批制度,严格现场安全责任制度、安全责任处罚制度和现场督导制度,切实做到安全施工、文明施工。

（4）武荆高速公路大力推广了沥青路面微表处、路面灌缝、完善防排水体系等日常养护措施,确保养护工作的及时性。有计划、有重点地对武荆高速公路的路面专项工程和大中修工程进行了综合治理。2012年,投入资金1990.09万元,对部分桥头跳车、钢箱梁路面推移、车辙和弯沉不达标路段进行处治。2013年,投入资金1863.12万元,对K1001+500~K1008+000段6.5km软基路段过渡路面工程进行翻修和路基综合病害进行处治。2014年投入资金1082.72万元,对部分路基、路面、桥涵等病害缺陷维修。2015年,投入资金59.1万元对全线标志、标牌进行更换;投入资金3637万元重点对桥头跳车、路面沉陷及网裂、车辙、平整度未达标的路段进行综合处治。先后投入资金622.9万元,对全线绿化带进行补植,对中央分隔带、边坡、服务区进行绿化。

（5）黄黄管理处出台完善了《黄黄高速公路管理处养护管理办法(试行)》《黄黄高速公路管理处养护管理站养护工作管理制度(试行)》《黄黄高速公路管理处公路路况巡查制度(试行)》《黄黄高速公路管理处小修保养工程管理办法(试行)》《黄黄高速公路管理处养护大中修及改建工程管理办法(试行)》《黄黄高速公路管理处突发应急、水毁工程管理办法(试行)》《黄黄管理处施工安全管理办法(试行)》《黄黄高速公路管理处大中修及改建工程竣(交)工验收办法(试行)》等8个养护管理制度与办法,配套制度4个,考核标准5个,流程图7个,建立了养护工程管理、日常巡查、养护工程招投标管理、小修保养、养护大(中)修及专项工程管理、突发应急工程管理、养护施工安全管理、养护管理目标责任制考核、养护工程变更管理、养护工程计量支付、养护工程质量保证体系、养护工程验收流程等12项工作流程,进一步明确了工程科、养护站及养护内外业工作人员的职责。

(6)随岳高速管理处先后在管养路段养护中实施了"采用摩擦阻荷原理的桥梁整体顶升平移技术""陶粒混凝土在桥面铺装养护中的应用""预应力碳纤维板加固桥梁""超早强混凝土应用伸缩缝快速更换""石质边坡中锚喷挂网""有机硅防水剂在随岳高速养护中的应用"以及"抗氧化涂层在荆岳长江大桥预防性养护中的应用"等一批"四新技术"项目,应用研究结果先后在《首届中国桥梁工程技术创新论文集》《中国公路》《湖北公路交通科技》等国家核心期刊和重要学术会议上发表,对于推动湖北省高速公路养护技术进步做出了积极探索。

(7)湖北杭瑞高速公路指挥部于2011年6月18日委托武黄管理处对杭瑞高速公路缺陷责任期进行养护管理工作。分路段设立2个养护站,以标准化养护站、项目部及示范路段建设为抓手,实现质量控制精细化、施工作业精细化。运用不中断交通顶升技术更换桥梁支座,引进"植物纤维毯"技术解决砂性土基防护难题等,既解决了养护发展中遇到的各类疑难杂症,也实现了养护施工低碳、环保、资源循环利用。

(8)武汉绕城高速桥梁众多,包含7座特大桥(含一座六车道特大型双塔单跨吊钢箱梁悬索桥阳逻大桥)、14座大桥,全线桥梁全长共计34982.482m。积极采用新材料、新工艺、新设备。过去桥梁伸缩缝都是选用弹性材料,时间长容易出现破损、开裂等,起不到伸缩效果,经检查发现绕城公路主线K818+738处桥梁伸缩缝出现了以上状况,需要更换长度100m的伸缩缝,管理处投入35万元引进目前最新材料的伸缩缝,CH——MASX系列无螺栓梳齿板三防缝,其性能稳定,防水性能好,创造了不封闭交通进行单位更换,局部维修的施工方法,完工通车后免维护,修复情况良好。养护设备逐步增加,养护机械化水平不断提高。"十一五"期间,自筹资金50万元购置ZTCX—6000后置撒布机3台(其中配备一台专用于尿素的撒布机重点针对阳逻桥进行融冰化雪),日常巡查专用车辆2台。铲雪车福特LC80、清扫车等专业养护机械设备在养护生产中得到应用,同时拥有沥青搅拌站、摊铺机、压路机及发电机组等大型施工机械十余台套。公路养护专业化、机械化程度不断提高。

(9)襄荆高速公路至荆州长江大桥连接线,强化日常巡查。针对该段处于江汉平原腹地,软基路段多、桥梁多、雨水季节长,公路病害易发多发的特点,对沿线桥梁、涵洞、软基路段等重点部位建立了病害观测数据库,定期对桥涵淤积(冲刷)、路面纵横缝、桥梁伸缩缝、桥头搭板、边坡等重点部位进行观测,及时将观测数据录入数据库,并对比以前的观测数据,及时对异动部位进行重点观测分析,一旦确定为病害发生的前期表现,及时制定病害防治方案,组织人员、设备对病害隐患部位进行整改。

汉十高速"新妆"迎国检

(二)路面大修

(1)武(汉)黄(石)高速公路是沪蓉国道主干线的重要路段,1991年2月正式建成通车,至2002年已运营12年。由于交通量逐年增大,超载重载车辆逐年增多,武黄公路路况严重下沉,出现大量病害。

2002年8月,省交通厅、省高速公路集团公司确定成立湖北省武黄高速公路大修工程筹备组,先期负责筹资和建设工作。2002年9月,湖北省金路公司以《关于武黄高速公路路面大修工程的批复》(鄂金路计〔2002〕72号)并同意组建湖北省武黄高速公路大修工程指挥部,负责武黄高速公路大修工程的建设管理工作。武黄大修工程于2002年10月10日正式开工,项目批准概算投资3.03亿元,建设工期2年。大修工程建设资金的筹集,主要是将武黄公路的管养经费提前预支,一次性地投入武黄公路路面的改造和桥梁的维修,提升行车的舒适度,最大限度发挥资金的使用效益,使武黄高速公路发挥更大的经济效益和社会效益。

武黄高速公路大修工程建设项目采取设计与施工分离,分段建设的方式实施。即:由项目业主进行设计、监理委托和施工招标,并签订设计、施工、监理合同,按照桥涵加固、路面综合处治、交通设施、沥青加铺项目"分段施工、交叉作业、滚动推进、安全运行"方式进行。

武黄公路大修工程大胆运用了大量新工艺、新材料、新技术,成功运用了21种沥青混合料(及土工合成材料)组合17种沥青路面结构,完成了"STRATA应力吸收系统首次用于沥青加铺路面结构""喷射混凝土在桥梁加固中研究应用""智能混凝土在高速公路上首次现场试用""钢渣SMA首次应用于高速公路作沥青路面上面层"等10项科研课题研究,各项技术指标均达到部颁标准,成功实现了"改造成一条全新的高速公路;总结一套成功的规范制度;推广一批新材料、新技术、新工艺;树立一批建设与管理新典型"的"四个一"工程总目标,为湖北早期建成的高速公路加铺沥青路面整理了一套技术标准,积累了许多管理和施工的成功经验。

(2)2003年9月,省交通厅成立湖北汉宜高速公路沥青加铺工程指挥部,抓紧开展项目前期工作和勘察设计工作,完成了环境影响评价报告等审核相关要件,2005年3月获省发改委批复。根据核准的工程可行性研究报告,工程概算投资19.39亿元(含调增投资),资金来源为企业自筹和银行贷款。

高速公路路面黑色化

工程从2004年3月开工,于2006年4月完成主线工程加铺。改建工程全长278km,2004年至2005年,陆续投入26.77亿元,其中一期工程由湖北高路集团公司出资,二期工程由楚天公司出资。大修指挥部通过招标选择天津五市政公司、河北路桥公司、路桥集团第二工程局、五峰县交通开发建设公司等单位参加施工。施工期间,采用半幅封闭交通、半幅施工,营运车辆单幅双向行驶方法,加铺工程完工后全面恢复通车。为改善工程施工环境,2004年3月16日,湖北省交通厅与湖北省公安厅联合在《湖北日报》上发布了施工公告。指挥部还与省公安厅交警总队高管支队、楚天路政支队分别签订了安全管理协议,保证全过程、全方位、全天候维持施工作业现场秩序,维护道路交通秩序,预防和减少交通事故,保障道路安全畅通。指挥部、交警、路政三方密切配合,建立互动机制,定期召开安全管理工作会议,及时沟通情况、下达指令。指挥部召开的生产调度会也通知交警、路政部门参加,以掌握工程动态。高管支队还于2004年9月制定了《汉宜高速公路沥青加铺工程交通管理奖惩办法》,并下发到各交警大队,要求各大队加强责任心,热情为施工单位服务,以确保工程顺利进行及施工期间事故处理及时、道路安全畅通。2004年4月22日,指挥部在省交通厅举办新闻座谈会。会上,刘宏友指挥长介绍了汉宜高速公路沥青加铺工程的背景情况、主要项目、工期安排、施工难点。此次新闻座谈会促进了新闻单位和社会各界对工程的理解和支持。2004年5月27日,经省政府同意,汉宜高速公路沥青加铺工程协调会召开。会上,各地政府领导和交警总队、高管支队负责人分别发言,表示将进一步加强宣传力度,强化管理,服从协调,全力以赴,努力创造良好的工作环境,确保道路安全畅通。

为加快进度,指挥部还先后组织开展了"大战六十天"、"百日大战"等活动,通过兵团作战,确保在规定的时间内完成各项任务。从2004年5月10日至2004年7月10日,指挥部以"桥梁加固、综合处治"为主要内容组织开展"大战六十天"活动。按照"先易后难"的原则,指挥部合理安排桥梁加固工程进度,保证施工人员、监理人员、安全设施、标志标牌到位,在桥梁加固项目上,积极应用和推广新技术、新材料、新工艺。为科学解决好桥梁加固的施工难题,指挥部集中工程部、施工单位、监理部门以及专家咨询技术力量进行技术攻关,对梁底挂网喷锚技术进行全面的了解和掌握。通过组织开展"大战六十天"活动,各施工单位认真组织好桥涵加固、路面压浆、路面灌缝、路面板更换,路面洗刨,左缘石处治,原钢板拆除等,做到了施工设备、人员的及时到位,顺利完成了前6个封闭段综合处治项目,各项综合处治、桥梁加固技术指标达到交通部部颁规范的规定要求,为当年全面完成路面摊铺奠定了基础。通过组织开展"六十天大会战"活动,指挥部顺利完成了前6个封闭段综合处治项目,各项综合处治、桥梁加固技术指标达到交通部部颁规范的规定要求,路面压实度大于98%,平整度小于0.8mm,为沥青摊铺创造了良好的施工条件。针对雨水天气较多、梅雨季节长的实际困难,指挥部以"抢晴天、战阴天"为原则,2005年7月10日—10月10日,指挥部组织开展了"百日大战"活动,全面开展综合处治、桥梁加固的同时,狠抓路面的摊铺。指挥部与两家沥青加铺单位精心组织,上足机械和人力,沥青摊铺创下连续30h加铺8km的新纪录。2005年10月15日—12月15日,开展"决战六十天,基本完成沥青加铺工程"的活动。至12月中旬,汉宜高速公路江宜段沥青加铺工程综合处治项目基本完成,沥青加铺工程主体项目完成95%。全线加铺结构主要采用美国科氏沥青公司STRATA应力吸收系统和土工布防裂结构,在原有水泥砼板路面加铺沥青的方式,共处置断板60215块,硬路肩更换353.5km,压浆处理23607.4t,灌缝1976493m,路肩边缘排水531875m,浆砌片石防护工程157185m^3。桥涵加固460座,钢板护栏更新、增设904.28km,标线更新2780071m^2,交通标志更换1122块,防眩板更换111988m。

(3)黄黄高速路面黑色化改造。2004年7月,黄黄高速公路管理处约请湖北高科交通工程咨询有限公司、省交通设计院提出黄黄高速公路大修勘察设计施工图,并于2005年3月、5月、6月前后4次进行评审修改。经省发展和改革委员会批复,于2005年3月开工大修改造工程。施工单位以招标确定。桥涵综合处治由中国路桥集团总公司、武汉桥科院桥梁建筑结构诊治有限公司、武汉港湾工程设计院、四川瑞通工程建设有限公司、武汉二航路桥特种工程有限责任公司承包施工;路面断板综合处治,省广水市路桥工程公司、省高速公路实业开发有限、五峰交通建设有限责任公司承包施工;中央隔离带综合处治和交通安全设施,由湖北金青牛建筑工程有限公司、省高速公路实业开发有限公司、省路桥有限责任公司承包施工;沥青混凝土加铺处治由湖北长江路桥股份有限公司、中国路桥集团第二工程局承包施工。湖北顺达公路工程咨询监理有限公司、省高速公路监理咨询公司监理。对蕲春至黄梅 K756+341~K678+985 段 75.36km 及互通 0.743km 水泥混凝土路面进行沥青混凝土路面改建,路面结构形式为 SMA—13 上面层、AC—20G 中面层、AC—25G 下面层。改造后现全线为沥青混凝土路面。2005 年 12 月竣工,工程总投资 4.02 亿元。

(三)桥梁养护

2002 年 8 月 6 日,湖北省交通厅印发《湖北省公路桥梁养护补充规定》(鄂交基〔2002〕370 号),以结构的安全使用为重点,对桥面系及附属设施、桥体主要承重构件、定期检查及维护管理除严格执行《公路养护技术规范》的规定外,同时应加强本规定所确定项目的检查,做到及时发现问题,消除安全隐患,确保桥梁的结构和使用安全。

(1)湖北武汉军山大桥。该桥是京珠、沪蓉国道主干线共用的跨越长江的一座特大型高速公路桥梁,主桥为五跨连续半漂浮钢箱梁斜拉桥。桥面顶板厚度薄(12mm),桥体结构刚度不大,因此要求桥面铺装结构层更适应于钢板较薄的柔性支撑体系,能有效实现与桥体的协同变形。作为运营高速公路的桥梁的大修养护工程,要求整个钢桥面铺装大修工程必须施工速度快、养护时间尽可能短,以减少大修养护对交通的干扰。同时,还需节约养护成本,降低造价。浇筑式沥青混凝土沥青用量超过 10%,造价很高;环氧沥青混凝土是公认的最为昂贵的铺装材料和技术;只有双层 SMA 铺装体系最为经济,造价最低。

为解决军山长江大桥钢桥面铺装的难题,京珠高速公路管理处与湖北省高速公路实业开发有限公司联合攻关,针对大跨径钢桥面铺装结构特点、受力特性和应用要求,提出了"热固性防水黏结层+橡胶环氧砂浆过渡层+双层 SMA"(TRS)铺装结构体系;申请发明专利 2 项,发表相关科研论文 8 篇。

2010 年,军山大桥原铺装结构病害十分严重。考虑到行车安全、交通通畅、迎国检等因素,京珠管理处采用了这种铺装结构对军山大桥钢桥面铺装进行大修工程养护,并由高开公司负责设计及施工总承包。经 6 年重载交通实验,技术状况仍整体良好,仅局部小面积翻修。随后,这种结构方案又在武汉绕城高速匝道钢桥铺装中应用。2014 年和 2015 年武汉军山长江大桥局部翻修中仍然采用了 TRS 方案,取得良好的应用效果和行业评价。

(2)宜昌长江公路大桥钢桥面大修。钢箱梁桥面铺装是一项国际性的工程技术难题。宜昌大桥于2001年9月建成通车以来,桥面铺装层破损日趋严重,行车安全、舒适性降低,且对桥梁结构安全造成威胁。从2009年7月开始,宜昌长江公路大桥建设开发公司组织相关人员对国内各大型桥梁钢桥面的铺装技术进行了深入的考察,8月邀请有关单位对旧桥面破坏最严重的部位进行了200平方的试验段的铺设,11月委托宜昌市交通规划勘察设计研究院完成了初步设计,12月得到宜昌市交通局宜市《关于宜昌长江公路大桥钢桥面铺装大修工程初步设计的批复》(交基〔2009〕270号),核定本工程概算总投资为1836万元,由宜昌长江公路大桥建设开发公司自筹解决。

该工程项目铺装总面积19680m²。该项目批复概算投资为1836万元、批准建设工期6个月,实际工期3个月,2010年4月15日正式开工,7月18日通过交工验收。2010年的桥面铺装层大修是大桥通车九年来的第一次,经过认真调研、专家评审和科学论证,大胆采用具有国内自主知识产权的ERS钢桥面铺装技术,并以施工简便、确保交通、造价低廉、维护方便的特点被列入交通部西部科研项目,宜昌大桥大修工程列入此项技术研究的依托工程。施工过程中全面动员,周密部署,制定三套保障方案,设立两个现场专班,采取"一线工作法",在边施工边通行期间,未发生车辆严重堵塞和安全事故,提前3个月完工,并节省资金2000万元,为钢桥面大修这一国际性难题积累了宝贵的经验。

2012年6月,在浙江省交工集团、宁波天意钢桥面公司、江苏交科所、同济大学、交通部科研所、中交规划院、浙江省交规院、宁波高速公路指挥部及宜昌长江大桥总公司等9家单位的共同努力下,完成了交通运输部西部交通建设科技项目"树脂沥青组合体系钢桥面铺装"研究报告,项目研究针当时前钢桥面铺装上存在的问题,通过理论分析、室内试验、实体工程验证等方法,系统地对钢桥面铺装的力学分析及设计方法,ERS铺装关键材料性能及结构设置、材料的力学性能等展开了研究,并对高温、低温、水损坏、疲劳等多项路用性能进行验证,建立了ERS关键材料的评价方法,形成一套ERS钢桥面铺装施工技术指南和ERS钢桥面铺装工程的施工质量检验及验收评定方法;研究成果在国内多座桥梁上得到了成功的应用,取得了较好的社会经济效益。

(3)荆州长江公路大桥。管理局针对大桥存在局部表面裂缝、个别构件局部锈蚀等问题,加强对混凝土表面裂缝宽度、深度和发展情况的跟踪观测。2007年,管理局聘请武大巨成加固实业有限公司对大桥部分裂缝进行了灌缝封缝处理;对支座、伸缩缝和拉索及防护装置等重要构件的观测和养护;对索力及主梁变形等进行定期观测;2007年,投入142万元对大桥进行了裂纹处理,由武大巨成加固实业有限公司实施施工,其封闭裂纹9291.56m,裂纹灌胶1637.17m,混凝土缺陷修补2m²,更换支座两个;2008年,由于冰雪灾害影响,大桥22号、44号墩伸缩缝遭到损坏,投入近16万元及时进行了维护;2009年,大桥北岸桥头与顺达公司298m路面在多次维修不能解决根本问题的情况下,投入25.2万元对该路段进行了全面翻修;2009年,对大桥31号墩南面下游幅24号、29号减震器及时进行了维修;2010年,对大桥南岸0.749km的接线路面,由于原来属于软基路段,路面沉陷厉害,且水泥路面已使用8年,路面平整度很差,曾经受到过高管局的通报批评,2010年,投入500多万元对该路面进行了翻修刷黑,路面状况已全面改观,"老大难"问题彻底解决,现在的路面基本达到了畅、安、舒、美的要求。此外,2007年底,在交通部和省交通厅的重视和支持下,对大桥实施了防撞工程,总共投资6318万元,主要对大桥主桥部分34、35、36、37、38、39、40号7个桥墩进行了加固。

(4)鄂东大桥。该桥运行以来,科学有效的养护管理,保证了大桥各项设施功能、性能处于良好状态。接线部分的路基、路面、桥涵构造物、沿线设施使用情况,路基的路肩边沟、边坡、路缘石、排水系统等完好,无路基沉降、路基构造物损坏现象。沥青路面未发现大的龟裂、裂缝、坑槽、松散、沉陷、车辙、拥包等病害。桥涵构造物使用情况良好。沿线设施中未发现防护设施损毁、隔离栅损坏、标志标线缺损等现象,沿线绿化完好。

三、养护质量管理

(一)养护质量评定

坚持公路养护质量评定是提高公路养护质量的重要手段。按照交通部颁发的《公路养护技术规范》《公路养护质量评定标准》,好路率是反映某养护单位的优良等路里程之和所占养护里程的比重,是公路部门检测、评定公路路况质量的主要尺度,它在一定程度上体现了养护工作的最终成果。但由于主观、客观因素的影响,好路率在使用中还存在着一定的局限性。2009年1月1日交通运输部发文,取消好路率的评定,用公路技术状况指标(MQI)代替好路率。这意味着公路好路率的评定从此退出历史舞台。

2015年10月14日,全省高速公路系统养护工技能
竞赛决赛在武英高速举行

根据部颁评定标准,高管局每年对全省所有高速公路技术状况进行检测评定一次,评分计入年底养护大检查总分,并进行全省通报。检查面覆盖全省所有管辖内通车高速公路和长江大桥,组织开展桥梁安全隐患排查治理专项活动,抽取特殊结构桥梁进行检测和评定。

2010年开始开展全系统季度检查。由局领导带队对费收财务、道路养护、路政执法、服务区管理、安全及综合管理等5个方面工作开展了全面检查,每两年对全省所有高速公路路面采用智能检测车进行一次全面测评,对不合格的路段进行通报批评并敦促管理单位限时整改。

"十一五"期间,研究制定了高速公路养护检测、评价和监管办法,加强对高速公路特别是经营性高速公路的养护监管和技术指导。先后出台了《湖北省高速公路日常养护制度》和《湖北省高速公路命名和编号实施技术指南》《湖北省高速公路安全保障工程实施技术指南》等一系列规章制度,提升养护工作标准和考评的尺度;制定《养护计划管理实施办法》,对政府投资的路段实行年初计划审核和年末计划执行的审查,保证养护资金的合理使用;对民营和社会资本投资路段的养护计划实行报备制,通过对公路技术状况进行检查和采用《条例》《养护管理办法》中的处罚措施,保证养护资金的投入和道路的完好。制定《桥梁安全责任追究制度》《桥梁重要病害动态管理制度》等各项制度,保证桥隧处于良好的技术状况。全省高速公路养护逐步向检测自动化、养护决策科学化、养护工程机械化、运营管理信息化方向发展。养护管理水平和技术水平不断提高,全省高速公路的技术状况指数(MQI)和分项指标已达到96以上,圆满地完成了"十一五"养护任务,有效保障了高速公路的安全畅通。

"十二五"期间,全省保持高速公路养护资金投资规模不降低,全省高速公路的技术状况指数(MQI)保持在90以上,分项指标不低于85,专项工程质量合格率达100%,预防性养护里程达到各管理单位里程的15%。逐步提高废旧材料再生利用率,确保养护废旧路面材料循环利用率达到90%以上。2014年底高管局对全省高速公路进行了检测,路面检测结果为:全省高速公路路况综合得分PF为98.87,平整度指标得分PIRI为99.29,路面破损指标得分PDR为97.93,路面车辙指标得分PRD为99.95。评定为优等,优良路率为99.51%,无次差路。此次检查绝大部分路段路面平整整洁、病害处置及时、边坡稳定、桥隧构造物完好,无严重桥头跳车现象,路况质量总体保持稳定。全省路况水平完全满足交通运输部《"十二五"公路养护管理发展纲要》中高速公路平均路面使用性能指数RQI大于90的指标。

(二)路况检评

湖北高速公路各养管单位按照交通部《高速公路养护质量检评方法(试行)》(交公路

发〔2002〕572号）的要求对路况进行检测和自评。各养管单位路况检测自评的频率为每季度一次，检测结果在自评结束后一周内报省交通厅核备。省交通厅每年定期或不定期组织有关单位对各养管单位的养护管理工作和养护工程质量进行检查；交通部每五年组织一次全国公路检查。

"十一五"期间，为了迎接全国公路检查，全省高速公路养护进一步加强。

2011年，按照厅党组的统一部署，全省高速公路系统举全系统之力，从硬软件、内外业各方面积极组织开展养护管理迎国检工作。各高速公路管理单位围绕"路基标准化、路面高级化、路肩实用化、边坡植被化、边沟通畅化、标志标线规范化、施工管理法制化、服务功能优质化"的"八化"要求，规范养护管理程序，统一内业资料格式，强化工程质量控制，做好灾害治理防范，并通过开展自查、交叉检查等方式，高质量完成了养护迎国检的前期工作。5月6日至15日，来自交通运输部、辽宁、内蒙古的专家对湖北省12条高速公路，共计1200km的路段及部分站所、服务区、路政大队进行了检查。参检单位包括汉十、鄂西、京珠管理处和楚天公司，按照国检105条规范化管理工作目标责任分解表及编目，认真做好了参检准备工作，赢得了检查组的高度肯定。随岳管理处在路况检测中，路面平整度和路面破损两项指标扣分最少，位列全省高速公路第一，充分展示了湖北高速公路的良好形象。在这次迎国检中，湖北省高速公路养护成绩跃居全国第4位，全省养护迎国检成绩跃居全国第10位。在2011年10月19日召开的全国公路养护管理工作会议上，省交通运输厅被交通运输部授予"十一五全国干线公路养护管理工作先进单位"荣誉称号。

根据《"十二五"全国干线公路养护管理检查方案》（交公路发〔2014〕243号），普通干线公路路况检查由平时路况检查和2015年路况检查两部分构成。平时路况检查占60%分值，采用2012～2014年度国家干线公路网监测项目检测数据结果；2015年路况检查占40%分值，采用2015年度路况检测数据结果；高速公路路况检查以2015年路况检查数据为准。

2012—2015年，湖北省干线公路检测里程共计3815km，其中普通干线公路2715km，高速公路1100km，各年度湖北省检测里程见表4-2-7。

"十二五"期间湖北省干线公路抽检里程　　　　表4-2-7

年　　度	高速公路(km)	普通干线公路(km)	合计(km)
2012	—	900	900
2013	—	800	800
2014	—	315	315
2015	1100	700	1800
合计	1100	2715	3815

"十二五"湖北省高速公路检评里程共计1100km,路面使用性能指数PQI(以下简称"路面性能PQI")均值92.98,处于优等水平,优良路率为99.98%,无次差路,总体路况达到交通运输部《"十二五"公路养护管理发展纲要》中"高速公路平均路面使用性能指数PQI大于90"的要求。由分项指标看,路面损坏状况指数PCI(简称"路面破损PCI")均值93.23,路面行驶质量指数RQI(简称"平整度RQI")均值93.54,路面车辙深度指数RDI(以下简称"车辙RDI")平均值为90.91,均处于优等水平。

第四节 路 政 管 理

路政管理是指交通主管部门或者授权的公路管理机构,根据国家法律、法规和规章的规定,为保护公路、公路用地和公路附属设施,维护公路秩序所进行的行政管理。高速公路建成通车,必须通过管理才能有效发挥物质功能。

一、管理机构

1992年,湖北省人民政府令第92号颁布《湖北省公路路政管理办法》,明确规定:各级交通行政主管部门设置的公路路政管理机构,负责本行政区域内的公路路政工作。

2001年前,湖北高速公路路政管理工作由当时的省高等级公路管理局实施。2001年3月,经省编办批准,省交通厅成立高速公路路政管理办公室(简称省交通厅路政办),挂牌厅运输安全处,采取派驻方式行使对全省高速公路、长江大桥路政管理工作。省交通厅路政办向全省各条高速公路派驻路政管理机构外,对黄石、鄂黄、荆州、宜昌、巴东长江大桥及武汉绕城高速公路路政管理工作实行具体业务领导。

2001年5月22日,省交通厅发出《关于向宜黄公司和楚天公司派驻路政管理机构的通知》,确定各级路政机构名称和行政级别,省交通厅路政办分别正式向宜黄、京珠高速公路派驻路政执法机构,宜黄、楚天、京珠路政支队及其直属13个路政大队和13个路政中队相继成立。

2002年,湖北省交通厅印发《关于明确高速公路路政管理机构职责范围的通知》(鄂交运安〔2002〕94号)对湖北省交通厅高速公路路政管理办公室及其路政支队的职责范围进行了明确界定:贯彻执行国家、省有关高速公路路政管理方面的各项法律法规和方针政策;研究制定我省高速公路路政管理的各项规章制度;向省内高速公路经营单位派驻路政执法机构和人员(包括费收稽查执法人员),依法保护高速公路路产路权;指导、检查和监督各派出路政机构和人员的业务工作;抓好高速公路路政执法队伍建设;负责高速公路行政执法情况的统计;负责全省高速公路范围内跨区域的超限运输及重大特殊占利用公路等行政许可事项的核批工作;负责协调与相关单位和部门的关系,协助处理涉及高速公路权益的事件或纠纷;协助治理全省高速公路"三乱"现象。

高速公路路政联合交警为过往货车压速带道,确保车辆安全行驶

湖北省交通厅高速公路路政管理办公室路政支队工作职责:贯彻执行上级有关高速公路路政管理方面的各项法律法规规章、方针政策和规章制度;保护所辖高速公路的路产路权,实施高速公路巡查,依法纠正和处理各种违章行为,协助有关部门保障道路安全畅通;接受省厅高速公路路政管理办公室的领导,同时管理下属路政大(中)队的业务工作;负责所辖高速公路范围内超限运输、非公路交通标志牌的设置、临时占道堆物等一般行政许可事项的核批工作,并实施监督管理等。

2003年,湖北省交通厅印发《湖北省高速公路路政管理实施意见》(鄂交运安〔2003〕609号),全省高速公路和长江公路大桥的路政管理作为行政执法工作,实行派驻制,即由厅高速公路路政管理办公室向各高速公路和长江公路大桥派驻路政管理机构,实施路政管理。

规定由国家全资或者控股建设的高速公路,路政管理按现行管理方式实施;由国家控股的长江公路大桥,在改制完成后,由厅路政办派驻路政机构进行管理。在改制前,由地方交通局管理的长江公路大桥,由所在地交通局进行授权执法,厅路政办负责业务指导;以社会资本和民营资本为主投资建设的高速公路和长江公路大桥的路政管理,由厅路政办按规定组建路政支队,为厅路政办派出机构。支队长、大队长由厅路政办选派和任免,人员调进调出需报厅路政办批准。当年,省交通厅路政办重新调整高速公路路政管理机构设置,分别向襄十、武黄和黄黄公司派驻路政管理机构,调整楚天支队的管辖范围。

2005年,省交通厅路政办,向各条高速公路派驻路政支队。其中,武黄路政支队下设2个路政大队,楚天、襄荆路政支队各下设3个路政大队,黄黄路政支队下设4个路政大队,京珠、汉十路政支队各下设6个路政大队,樊魏高速公路路政管理工作省交通厅路政办委托汉十路政支队三大队代管。武汉绕城高速公路管理处路政大队下设3个路政中队,由武汉市交通委员会委托执法。

根据鄂编发〔2006〕54号文规定,经省政府和省编委批准,湖北省交通运输厅高速公路管理局(湖北省交通运输厅高速公路路政执法总队,一门两牌)于2006年10月批复成立、2007年10月正式组建,履行全省高速公路和长江大桥收费、路政、养护、资产、投资等行业管理职能。2009年省高管局成功争取省人大出台《湖北省高速公路管理条例》,按照《条例》授权,创新路政管理体制和运行机制,实现了路政管理由单路段向区域化管理、由分散向集中管理的转变。高管局对32条高速公路、6座长江大桥统一派驻路政机构。兴建基层执法服务大厅、联合执法窗口64个,引进POS机刷卡缴费等便民设施,实现了路政许可"一条龙服务""一站式审批"。

"十二五"期间,探索实施区域路政派驻管理模式,向新开通路段统一派驻路政管理机构和人员,先后向52个路段派驻路政支队14个,路政大队74个,服务区100对、停车区46对,从业人员达1.8万余人。建立了统一派驻、科学规范的高速公路路政管理体系,实现了路政管理由单路段向区域化管理、由分散向集中管理的转变。同时深化行政审批制度改革,五年中分两轮精简合并审批事项10项,占原有审批项目的83%。路政管理实现质的突破。5年来办理路产损失赔(补)偿案件36536起,收回路产损失赔(补)偿费30195万元,路产设施完好率100%,查处违法建(构)筑物286处。争取建成超限治超站2个,规划设置公益宣传牌30块。全省高速公路基本形成了以高管局为行业监管主体、以路段管理处(公司)为经营管理主体的集中统一、规范管理的新格局,为全省高速公路事业又好又快发展奠定了坚实的基础。

(一)湖北省交通运输厅高速公路路政执法总队京珠支队

湖北省交通运输厅路政执法总队京珠支队成立于2001年11月,下设7个大队、2个直属中队、1个超限检测站。现有路政执法人员131人,全部大专以上学历,本科以上学历占80%,均通过交通行政执法岗位培训,获得执法证件。京珠支队承担着京港澳高速公路湖北段、武监高速东荆河大桥段、咸通高速、武深高速通界段、武深高速嘉通段、孝洪高速仙洪段的路政管理工作,管辖里程491.1km,辖区涉及孝感、武汉、洪湖、仙桃、咸宁、通山、赤壁等地区。

(二)湖北省交通运输厅高速公路路政执法总队汉十支队

湖北省交通运输厅高速公路路政执法总队汉十支队成立于2005年6月,承担着G70(福银高速公路)湖北汉十段、十白段,G42(沪蓉高速公路)湖北武荆段、荆宜段,G55(二广高速公路)樊魏段、襄荆连接线、荆东段等1433km高速公路的路政管理职能。汉十路政管理机构实施二级管理,高速路政汉十支队下设路政大队6支,分驻在高速公路沿线。每个大队平均管辖里程达95km。大队内设路政综合办公室、路政外业办公室、路政日常巡逻组。

（三）湖北省交通运输厅随岳高速管理处路政大队

随岳高速全线共设路政大队7个,其中派驻路政大队4个。随岳路政一大队管辖108km,随岳路政二大队管辖123.8km,路政三大队管辖98.15km,路政四大队管辖5.437km,路政五大队管辖106km,襄荆路政一大队管辖88.261km,襄荆路政二大队管辖97.154km,分驻在高速公路沿线。大队内部机构设置大队部、中队。

（四）黄黄管理处设路政执法总队派驻的路政支队

黄黄管理处设湖北省交通运输厅高速公路路政执法总队派驻的路政支队,下设10个路政大队,按照一级核算、二级管理的模式,对全处人、财、物实施集中、高效、统一的区域一体化管理。

（五）鄂西管理处路政大队

鄂西管理处共设路政大队10个,每个大队平均管辖55km,其中路政一大队、二大队、三大队、四大队(隧道大队)、五大队、六大队、七大队、八大队为鄂西管理处辖区内的直管路政大队,路政九大队、十大队为管理处派驻保宜、恩黔、恩来三条高速的委派路政大队。大队内部机构设置大路政综合内业办公室和路政外业办公室,外业办公室设有巡逻小组和事故小组。

在风雪中坚守"荆楚第一隧"洞口,监测温度保障畅通

(六)武黄高速公路管理处路政大队

辖管四路一桥(武黄高速公路、杭瑞高速湖北段、鄂东长江公路大桥、大广南高速湖北段、汉鄂高速),该处管理实行直接管理、全面委托管理、路政派驻管理、收费委托管理多种模式并存格局。武黄高速公路管理处设立8个路政执法大队,其中,杭瑞路段设3个路政大队。

(七)楚天高速公路股份有限公司路政大队

楚天高速公路股份有限公司共设路政大队6个,每个大队平均管辖69.9km,其中路政一大队、二大队、三大队、四大队为楚天公司汉宜段高速路政大队,路政五大队为楚天公司麻安高速大随段路政大队,六大队为楚天公司蕲嘉高速黄咸段路政大队。大队内部机构设置大路政综合办公室、内业办公室和路政外业办公室。

二、管理队伍

2003年,湖北省交通厅印发《湖北省高速公路路政管理实施意见》(鄂交运安〔2003〕609号),明确高速公路路政人员按照1人/5km配置。路政管理人员应具备以下条件:年龄在20周岁以上,但一线路政执法人员的年龄不得超过45岁;身体健康;大专毕业以上文化程度;持有符合交通部规定的岗位培训考试合格证书。

路政执法人员整装待发

为提高路政执法人员素质,省交通厅注重培训教育。从培训需求分析、课程设置、教材编写、师资建设和考核管理等五个方面着手构建执法人员职业化教育培训体系,制定了《湖北省高速公路路政执法人员资质教育培训纲要》,组建全省高速公路路政执法培训内部讲师队伍,培育了24名路政执法内部讲师,开展讲课40余次,高速公路路政人员轮训率达到100%,基本形成了路政总队组织干部培训考试及管理员业务测试、路政支队组织执法人员轮训的长效培训机制。强化执法人员考核测试,组织开展以队列、交通指挥手势、知识竞赛、演讲比赛、体能测试为主要内容的执法技能竞赛活动;坚持训考竞并举提升综合素质,制定印发"三年轮训"工作实施方案,组织执法资格培训与考试,组织路政干部进行了轮训与考试,组织管理员进行了业务测试,执法人员培训与考试逐步常态化。

严格规范执法人员准入、资格培训、岗位考试、执法考核管理,定期开展大队长、三员轮岗交流,组织开展执法督查,多形式开展执法评议考核,不断提高执法队伍整体素质。路政办每年举办2~3期脱产培训班,开展知识讲座、技术比武、岗位练兵等活动,不断提高路政队伍的应急作战能力。优化"大队长讲坛"培训模式,加大执法文书制作、执法语言表述、综合应急等场景模拟训练,强化路政人员写、说等综合能力。2004年底,高速公路路政执法人员通过省交通执法人员考试。2004年1月1日零时,正式启用"湖北高速路政集成办公网络"和"湖北高速路政执法网"。开通"96576"服务热线和高速公路路况广播,公示行政执法的标准、依据、程序及监督电话、信箱等。

为提高路政队伍整体素质,2014年2月20日,省高管局印发《全省高速公路路政执法"六基六化"建设实施方案的通知》,要求在"十二五"后两年,努力实现"四个统一"(软件与硬件的统一、行为与文化的统一、绩效与考核的统一、管理与服务的统一),努力构建"五型路政"(法治路政、科技路政、文化路政、素质路政、服务路政),为"四保职能"(保护公路安全完好、保持行业监管力度、保证公共服务提供、保障公共交通应急)充分有效行使提供有力的全方位保障。对"六基六化"(基层执法队伍职业化建设、基层执法站所标准化建设、基层管理制度规范化建设、基层管理方式信息化建设、基本职能履行法制化建设、基本效能考核系统化建设)提出具体细化内容与实施步骤。2014年11月,省高管局又制定下发《湖北省高速公路路政执法管理规定》,规范高速公路路政执法行为。

2014年高速公路路政管理里程增加830km,根据路政执法人员按5km/人的标准总量,请示省交通运输厅批准增加执法人员96名;按照行业岗位定员标准,增加委托管理派驻人员93名;增加派驻路政执法人员160名;核定楚天支队84人挂靠随岳管理处,武汉绕城支队51人、武汉高速支队25人挂靠京珠管理处。2015年,根据《事业单位人事管理条例》(国务院令第652号)、《湖北省事业单位公开招聘工作人员暂行办法》(鄂人〔2003〕16号)、《湖北省省直事业单位公开招聘工作人员面试工作意见》(鄂人〔2003〕27号)的有关规定,结合高速公路路政执法人员配备标准和实际岗位需求,面向社会公开招聘路政执法人员129名。要求主具有中华人民共和国国籍;遵纪守法,品行端正;具备岗位所需文化水平、专业知识和业务能力;适应岗位要求的身体条件;服从岗位安排和调配;学历要求"全日制大专",指参加工作前具有大专学历的人员。从源头上把好进人关。

"十二五"期间,基本完成路政执法"三基三化"建设(即:基层执法队伍的职业化建设、基层执法站所的标准化建设、基础管理制度的规范化建设),京珠支队被交通运输部确定为"三基三化"建设试点单位。执法形象"四个统一"建设按时完成。汉十支队路政员陈红涛荣获"全国五一劳动奖章"、全国十大"最美职工"、湖北"最美一线职工"特别奖、湖北青年五四奖章;楚天支队路政员张操荣获"湖北省职工职业道德建设先进个人"。

三、路政执法

(一)管理制度

省交通厅先后印发《路政管理工作职责》《高速公路路政装备管理办法》《高速公路占利用管理办法》《高速公路非公路标志管理办法》《高速公路施工作业管理办法》及制定相应配套措施。

开展路警共建　实行联合执法

2009年,在省交通运输厅领导下,省高管局积极争取省人大支持,加快《湖北省高速公路管理条例》修订步伐,汉十、京珠、黄黄支队承办了立法调研具体工作,调研专班深入麻城、大悟、安陆等县市,广泛听取地方政府意见,为《条例》修订奠定了坚实的基础。在此基础上,对照《条例》一审意见,抽调骨干组建工作专班,加班加点集中讨论、反复斟酌修订,总队加强与立法部门沟通协调,积极争取相关省直单位(部门)支持,《湖北省高速公路管理条例》顺利于2009年3月26日经湖北省第十一届人民代表大会常务委员会第九次会议审议通过,于2009年6月1日起正式施行。2012年12月5日,时任省长王国生签发湖北省人民政府令第357号令,颁布《湖北省公路超限运输管理办法》,对超限车辆综合管理、车辆通行、车辆超限检测、法律责任作了具体规定。

为主动适应公路路政执法规范化建设形势,湖北省高速公路管理局制定了《湖北省高速公路路政执法管理规定》《路政执法人员及干部管理有关意见》及《湖北省超限运输车辆行驶高速公路管理办法》等20余项路政执法管理制度。在路政管理运行机制、执法队伍建设、信息化建设、应急处置机制、警路共建机制等12项重点工作方面,基本完成8

项研究课题,取得一批研究成果。对照ISO9001质量体系标准,进一步规范了路政巡查、值班备勤、案卷填制工作流程,更新了34项文书表格填制规范。通过制度建设,形成了一套集知识化业务指南、实用化工作流程、数据化基础资料、规范化管理记录、标准化操作范本为一体的执法规范,为严格按照法定程序,规范执法人员行为确立了管理标准和制度保障。全面规范路政执法管理。严格规范了高速公路路政派驻管理机构及人员配备标准,进一步理顺了高速公路路政管理体制机制。

(二)执法行动

(1)维护路产路权。每季度定期开展非公路标志标牌治理工作,建立行政许可非公路标志标牌档案,实施电子化录入。建成控制区管理数据库,联合沿线地方安全主管部门开展集中治理活动。每年定期对涉及穿(跨)越高速公路及建筑控制区已建成油气输送管线及相关企业进行全面检查,并对新建油气输送管线项目审批严格把关,全力杜绝管道"三乱"问题。每年结合养护专项工程施工,加大施工现场安全管控。分路段安排人员监督、检查养护施工作业现场情况及路政许可核准事项的执行情况,规范作业行为。累计拆除控制区违法建(构)筑物。"十二五"期间,全省高速公路路政部门共办理路产损失赔(补)偿案件36536起,收回路产损失赔(补)偿费30195万元,路产设施完好率100%,查处违法建(构)筑物286处。无重大安全责任事故,无行政复议及行政诉讼败诉案件,无公路"三乱"现象(指在公路上乱设站卡、乱罚款、乱收费的行为)。

(2)隧道专项整治,确保隧道通行安全畅通。每季度联合高速巡警、养护、信息中心、机电等部门成立隧道安全隐患治理工作领导小组,对全省隧道进行全面排查。通过集中开展排查治理,严格落实隧道"每日常规检查、每月集中巡查、每季度联合大检查"的管控要求,建立消防、信息中心、路政多部门隧道联动管理机制。制定隧道专项档案,按时填报《隧道安全设施巡查记录》,切实做到隐患排查痕迹化管理。

(3)超限运输治理。省交通厅路政办按照中央八部委和省厅关于治理超限运输车辆的工作部署,制定《省高速公路"治超"工作方案》。根据省政府要求,在京珠鄂北、鄂南站,黄黄小池、界子墩站,汉宜宜昌站和黄石大桥、荆州大桥设置7个超限运输检测站,其他单位采取流动方式开展灵活检查超限车辆。2004年,全省共检查通行车辆21.95万辆次,查出超限运输车辆4.85万辆次,强制卸载4402辆次,卸载货物1.92万t。2005年,全省共检查通行车辆43.95万辆次,查出超限运输车辆6.45万辆次,强制卸载4402辆次,卸载货物2.92万t。

建立路面超限治理长效机制,设置专项治超点。在荆东高速公路东岳庙收费站、武荆高速公路京山南收费站、樊魏高速公路襄州北收费站、汉十高速公路十堰西收费站开展超限运输专项治理活动,以点带面辐射周边,形成覆盖汉十全线的联动治超网络。在超限超载治理工作中联防严控,严禁车货总重超过55t违法车辆上路过桥,对违法超限超载货运车辆、驾驶人和道路运输企业做好记录,建立公路超限"黑名单"制度,完善公路治超信息管理系统。促进路面执法与源头监管的相互衔接、密切配合和联防联治,依法对治超"黑名单"上的货运车辆、驾驶人和道路运输企业,严格实施行政处罚。

2015年12月19日,全省高速公路路政执法技能竞赛决赛落幕

（4）整治路域环境。高速公路通车里程越长,路域环境管理的盲点越多,违法建筑物、构筑物、广告牌查处阻力极大。根据《湖北省高速公路管理条例》第三十三条、三十四条规定,省高管局加强公路用地及建筑控制区管理。制定了《湖北省高速公路非公路标志标牌设置管理办法》,规范公路用地范围内的广告牌设置,积极维护高速公路经营管理单位广告经营权;制定涉路工程建设管理意见,进一步明确了涉路工程设计有关技术要求、方案审查制度及完工验收办法。加大巡查力度,及时将违法建筑物、构筑物、广告牌制止在萌芽状态;同时,与地方政府规划、城建等相关部门签订共管协议,组织开展路域环境综合治理专项活动,严厉查处违法建筑物、构筑物、广告牌,曾一次性依法拆除高达6500m^2的违建厂房,形成极大震慑效应。

四、信息化建设

1989年,湖北交通专用通信网投入建设。1990年1月,全省交通系统无线电短波通讯网正式开通。该通讯网由26个网点组成,分别在各地、市、州及神农架林区交通局、省公路管理局、省公路运输管理局、省航务管理局、省交通厅机关及省高等级公路管理局和高等级公路沿线设通讯台。1991年10月,全长330km、投资900多万元汉江(襄阳至汉口)微波通信干线正式建成。1991年,架设两个转讯台,覆盖6个地市,沿汉江襄阳、荆门、荆州、孝感、武汉5地市交通局与汉江微波干线联网。省交通厅、省运输管理局、省高等级公路管理局总机相继开通。全省已有基地台、车台、手机2000部,厅机关车辆车台配齐。1992年,湖北省向交通部报送《湖北省交通专用通信网建设规划》,1994年交通部发文《关于湖北省交通专用通信网规划总体规划的批复》,同意湖北省建立以省交通厅机关为中心,以武汉为枢纽,以汉江微波线路、北京——珠海高等级公路湖北段数字微波(或光纤)线路、宜黄公路光纤线路及1条卫星线路为干线,辅以移动通信全省交通专用通信网。1994年,交通部全国卫星通信网湖北省交通厅卫星通信地球站建成并在全国首家开通,具有传输电话、电传、传真、数据、会议电话和图像功能。1996年,省交通厅机关与所属单位等8部数字程控交换机光纤通信联网工程,涉及4种机型,采用NEC光纤传输设备,并承担省交通厅卫星端站建设,与交通部卫星通信网顺利联结和与交通部部属单位和厅直单位内线直拨功能。1997年通过竣工验收,并被评为优良工程。1997年1月,省交通厅通信总站湖北交通宜昌培训中心数字程控交换机设计安装及线路工程竣工,1997年3月通过验收,并被评为优良工程。2002年12月,湖北省交通专网电话网与中国电信并网。建成湖北交通高速宽带光纤数字进出口通道,实现宽带上网,并与中国电信并网,公网电话不通过总机人工接转直拨内线分机。至2005年底,省交通厅机关及其所属系统和全省所有建成通车高速公路经营公司(管理处)内线固定电话联网。联网内线固定电话达到4000多门。2005年11月,湖北省交通厅通信信息中心与湖北移动通信有限公司武汉公司签订移动综合PBX直联业务合作协议书。

《湖北省高速公路路政综合信息管理系统》获省厅正式立项批复。调整路赔机打票据系统,路政执法人员远程教育平台投入试运行。顺利完成全国高速公路信息通信系统联网工程(湖北段)建设任务,与河南、湖南、重庆和安徽四省实现省际光缆对接。配合省厅完成了湖北省交通运输统计分析监测和投资计划管理信息系统工可及方案编制和一期工程实施,初步建立了七大数据库。加强信息的整合应用,提高信息技术在稽查工作中的含量,通过借助收费系统,完善了"黑名单"及"灰名单"系统。联网收费中心组织路网单位开展了多路径精确计费课题的研究和2次测试,为探索完善联网收费管理做出了大胆尝试。京珠管理处率先在全省使用具有摄像、拍照、录音等功能的稽查记录仪,极大地方便了高速公路特情处理的及时取证工作。

"十二五"期间,坚持将信息化作为高速公路未来发展的推动点。出台了湖北省高速公路"十二五"信息化发展规划,完成路政综合信息管理系统平台建设,全面应用GPS指挥调度系统、移动视频无线传输系统、电子智能化巡查等新技术,高速公路路政科技创新能力和应用水平显著提升。开展了"高速公路路网智能监控管理系统"规模性应用测试工作,组织路网单位多次开展多路径精确计费课题测试和研究。配合做好国家高速公路网(湖北段)交通情况调查数据采集与服务系统建设。启动基于"北斗系统"的大跨径连续梁桥形变实时监测系统课题研究。引进智能机器人、无人机为高速特大桥斜拉索、特大桥墩进行"体检",提高了桥梁检测的精准度。积极支持节能减排,大力推进高速公路隧道照明LED节能改造合同能源管理项目,鄂西高速公路隧道LED改造合同能源管理项目全线试点。智慧汉十、随岳通、智真会商系统在高速公路得到较好的运用。

采用无人机检查四渡河特大桥

联网收费中心加强服务热线呼叫平台的软件深度开发工作,融合呼叫系统各项数据资源,提高话务质量和效率。各单位结合实际,加大对政务网、政务微博的管理力度,积极做好高速公路出行信息服务,提高行业服务水平和服务效率。确定联网收费数据中心的建设模式,建立数据备份中心,确保数据的安全性和稳定性,提高收费系统的运行效率。加快推进二代卡第三轮规模性测试。积极开展通行费汇缴银行公开招标工作。修订《通行费现金管理办法》,规范通行费汇缴各类情况处理流程和操作规范。建立并网检测规范,针对新建路段开通检测的要求与程序,编制并网检测须知,方便入网单位的咨询与参考。省高管局编制完成《全省高速公路路政信息化建设方案》并通过专家评审,及时完成工程建设招标工作,组织开展应用需求调研、功能设计讨论,组建工作专班推进系统设计各项工作。着力提升安全应急管理信息化水平,整合媒体、网络、通信三方信息资源,建立多渠道应急管理信息发布体系,优化诱导信息发布渠道、发布方式及站点设置,与专业院校合作开展《交通视频诱导信息发布体系》课题研究,初步拟订课题研发方案。完善治超联合执法点及超限信息管理系统建设,探索开发路政执法电子监察系统,并着眼提高清障施救科学调度水平,强化服务质量监督手段,启动清障施救服务监管系统研究。汉十、随岳支队整合收费站口及路面固定视频等多项管理信息,建立应急视频监控系统,新建成的应急指挥调度中心投入使用。

第五节 应 急 管 理

湖北高速公路应急处置联动体系以全省高速公路应急指挥中心、信息监控平台和路警共建机制为依托,初步构建起了高速公路应急管理防控体系,以警路联合执法为基础,消防、公安、安监、医疗、养护、路政等多部门参与联动,统一指挥,统一调度,资源共享,共同应对各类应急突发事件,有效提升应急处置能力。各养护、施工单位能按省局要求认真做好雨、雪、冰、雾等恶劣气候条件下的安全保障工作,制定应急抢险预案,成立应急抢险领导小组,建立应急抢险通信网络,组建应急抢险突击队,储备充足的抢险物资,加强巡查观测,加强演练,确保应急反应快捷高效。全省高速公路安全应急管理能力得到了较大提高,救援处置与安全防范应对日趋成熟。初步探索形成以警路联勤为基础、以路域联动为保障、以部门联合为手段、以省际联通为方向的高速公路"联动管理"基本方式。省高管局被评为"十一五"全国交通运输行业交通战备先进单位。

一、应急联动机制

（一）警路联勤

湖北高速公路对"警路共建"的探索与研究起步于"十五"初期,2004年召开第一届"警路共建"现场会,在10年里,湖北警路双方坚持"警路共商共建"的基本原则,不断丰富共建内涵,创新共建方式。2008年南方雨雪冰冻灾害期间,湖北高速警路双方共同探索了"除雪清障、重车碾压、路警开道、结队通行、限载限速、科学调度"的24字"高速公路低速行驶法",确保车行湖北不滞留,受到了交通运输部的肯定和推广。2010年在湖北随岳高速成功举行"联动2010"警路联合应急演练,提炼确立了"统一指挥、科学调度、信息通联、整体互动、区域响应、梯级支持"的路网应急联动基本方式;2011年湖北省高管局与湖北省公安交管局共同出台了《湖北省高速公路警路共建指导意见》,在各自职责范围内充分整合双方资源,将基本业务共建扩展为全方位职能共建,将基层管理共建提升为决策管理层面共建,在恶劣天气、重特大事故处置、群体性突发事件、春运交通保畅工作中,一次次发挥出警路联勤的优势,奠定了我省高速公路"联动管理"的基础。2012年春运工作布置会,共同修订警路共建指导意见、路网联动指导意见、应急信息管理规定等制度。汉十、京珠、黄黄、鄂西等支队主动联系省界高速公路路政、交通安全管理机构,召开联席工作会,开展省际应急保畅演练,签订边界安全整治协议书,省界安全应急保畅工作取得新进展。黄黄支队与高速交警联合开展"2011—先行跨越杯"路警执法服务竞赛活动,确立无缝衔接的应急工作机制,对警路应急队伍进行有机整合,全年联合查处冲岗超限车186台,破获路产损失逃逸案件29件,成功处置4起剧毒危化品泄漏事件,掀起新一轮共建热潮。

（二）路域联动

高速公路由于全封闭全立交的特点,在突发事件的应对处置中,设备、物资、队伍的调度受到较大制约,在路网连锁反应下,单一路段的车辆滞留极易引发区域路网的拥堵,传统的资源调度方式根本无法满足新时期应急保畅的现实需求,必须科学部署路域应急资源和力量,充分整合路域应急资源。湖北省高管局得益于"投资多元化、管理一体化"的管理模式,以"整合资源、统一调度、联合行动、快速反应、确保畅通"为目标,按照因地制宜,整合资源,统筹规划,分步实施的原则,结合湖北省高速公路路网管理特点,规划建设了6处区域应急指挥中心,构建信息化的应急指挥体系,全面提高路网运行监管和应急处置指挥协调水平;规划了6处应急养护中心,整合高速公路应急养护资源,实现全省高速公路应急养护资源的统一调度使用,确保及时高效实施应急养护,进一步保障道路通行质量;规划了6处区域清障施救救援基地,进一步整合清障施救市场资源,统筹清障施救力量,实现应急状态下快速清障施救,保障道路迅速恢复畅通,为我省高速公路"联动管理"提供了资源、设备、物资的保障。2011年"12·5京珠高速黑火药爆炸事件"、2012年"6·22福银高速汉十段黑火药爆炸事件",分别以4h、2h疏通拥堵,以38h、24h快速抢通道路,最大限度地减少交通中断对路网的影响,受到了交通运输部和湖北省委省政府的褒奖。2015年,全省高速公路在"东方之星"客船翻沉事故发生后,第一时间启动应急预案,按照"特事特办、救援优先"的原则,开设"应急救援专用通道",并从其他路段紧急抽调人员增援随岳高速公路,确保了随岳高速公路救援通道的畅通。

警、路联合为车辆开道,重点路段做好交通保畅

(三)部门联合

2007年8月30日颁布的《突发事件应对法》确立了"统一领导、综合协调、分类管理、分级负责、属地管理为主"的应急管理体制。高速公路的安全应急管理涉及地方政府、气象、安监、环保、消防、医疗、旅游、武警等多个部门,必须依靠跨行业、跨部门之间的联合协作。2011年4月12日,沪渝高速湖北黄黄段发生严重危化品泄漏事故,省政府应急办、省

交通运输厅、地方人民政府、安监、消防等部门主动沟通、源头处置、多方联动、协调配合，没有造成高速公路车辆拥堵、没有引发任何次生事故、没有出现人员伤亡，确保了沪渝高速湖北黄黄段的安全畅通。

高速公路安全应急管理现场

2012年国庆期间，湖北武当山景区迎来历史最大客流，接待旅客2.86万人次，景区车辆达6000辆，导致湖北汉十高速武当山收费站车辆拥堵。湖北汉十高速采取逐级分流的措施缓解路面拥堵压力，同时将信息向地方政府、交警部门、旅游部门、媒体部门、客运企业、酒店宾馆、车站码头通报，有效引导了游客理性出行，使十堰城区、丹江口、武当山三个景区范围内高速公路、地方道路交通有序联动。2012年10月份以来，湖北省交通运输厅还与湖北省卫生厅联合签订了《高速公路医疗救助联动协议》，在湖北高速公路服务区设置了首批五个医疗救助点，开展快速医疗救助服务；同年12月，湖北省交通运输厅与武警交通指挥部共同签订了《省级交通运输主管部门与武警交通部队应急联动工作机制》，在中部地区开创了武警交通与地方交通联动响应、协同参与应急救援机制的先河。

（四）省际联通

湖北高速努力探索高速公路建立跨省联动与协作机制，主动与安徽、江西、重庆、陕西、湖南等省际高速公路管理部门联系协商，积极推动建立了京港澳、沪渝、福银等高速公路的联动执法管理机制，初步建立了统一的省际联动应急预案，完善了省际路段信息传递和应急资源调配机制，在应急抢险的跨省联动与协作机制方面做出了有益的探索。重点研究了省际出口、特大桥梁及隧道应急保畅存在的薄弱环节，各单位主动与安徽、江西、重庆、陕西、湖南等省际高速公路管理部门联系协商，初步建立了省际出口高速公路应急保畅机制和重点部位应急保畅防范措施。组织开展省际应急保畅演练，应急保畅能力明显提高。汉十支队开展"畅通2011—陕鄂省界突发事件应急演练"，检验和提高了省际路段管理双方的整体应急水平和抢险救援能力;2008年初,一场冰冻雨雪灾害令江西九江长江公路大桥成为全国重点交通"瓶颈"和"南北第一堵点"。2010年10月到2011年清明节,九江大桥发生大堵小堵近30次。2011年12月,湖北黄黄高速与安徽、江西三省六方在黄梅县签订了《鄂赣皖高速公路黄梅区域应急联动运行机制》,在省与省间进行资源共享、措施对接、信息互联,成功破解了九江大桥拥堵难题,在2012年春运、清明、五一、十一等车流高峰时段,呈现出"堵点不再堵、高峰不见峰、集中无滞留"的全新局面,为通车14年来的首次突破。2010年12月9日,鄂湘交界的"荆岳长江大桥"发生群体性事件,湖北随岳高速与湖南高速管理部门联合组织荆岳长江大桥区域分流管制,疏导车辆近4万辆,荆岳长江大桥主桥桥面无一辆车辆滞留,随岳高速公路管制区域无一起交通事故发生。2012年湖北汉十高速公路与陕西商漫高速公路建立了跨省联动协调机制,实行了省际高速行动一致,实现了省际高速交通的有效管控。在2012年公路交通联合应急演练中,湖北省交通运输厅主导中部相邻的江西、安徽、湖南、河南、陕西、重庆交通运输主管部门,共同签订了以省际路网应急联动保畅为主的《中部区域路网应急联动协议》,为中部地区路网协调管控、应急资源对接等奠定了坚实基础。随岳管理处建立"一路三省"联动机制,与河南焦桐、湖南道岳高速达成应急处置框架协议,建立"近端分流、中段管控、远端绕行"的交通管制处置方针。2015年1月27日至30日,京港澳高速公路湖北大悟段、河南信阳段遭遇中雪和大雪,湖北往河南省际高速通道全部通行受阻,湖北省委省政府率交通运输厅、公安厅领导进驻一线,靠前指挥,高速公路管理单位主动作为,多措并举,积极深入河南铲冰除雪,打通省际通道,及时有效化解了严重拥堵现象。

2010年11月,交通运输厅领导视察省高速公路应急养护中心

　　黄黄管理处召开了鄂东区域冬季应急保畅动员会,并在九江二桥成功举行鄂赣省际联动冬季联合应急保畅实战演练,全面提升鄂赣省际高速公路突发事件的联动协作水平和抢险救援能力。京珠管理处积极推进联动机制建设。充分发挥路、警、地三方优势,实

现优势互补,依托"警路共建、路地联合、省际联动",以总支为单位,分路段组建了4个应急联动组。建立联席会议制度,全年与高警、地方政府职能部门、湖南、河南高速管理部门、施工单位召开联席会议28次,积极沟通会商联勤联动工作中出现的新情况、新问题,凝聚应急管理合力,促使多方资源得到充分、合理利用,有力保障了京珠南北大动脉安全应急管理决策科学化、处置高效化。赣鄂皖高速公路所(站)友好交流促进会是由黄黄高速小池管理所等三省高速公路基层单位发起的非官方组织,该组织以"协作、奋进、交流、提高"为宗旨,两年召开一次年会,总结交流高速公路基层所(站)两个文明建设先进经验,探讨高速公路基层经营管理中的新情况、新问题,为高速公路改革、发展出谋献策。联谊会自2003年5月成立以来,先后就堵漏增收、计重收费、抗雪救灾、应急保畅等方面开展了经验交流,加强了省际高速公路单位之间的学习与合作,有效提升了赣鄂皖三方高速公路道路安全管理水平和突发事件的处置能力。

二、应急管理制度

完善应急管理制度,健全警路应急工作机制。省高管局与省交警总队共同拟定了恶劣天气交通管制预案、交通事故应急救援工作规范、安全隐患排查整改程序规定等制度,并正式联合印发了《湖北省高速公路恶劣天气条件下联合交通应急管理工作预案》。各路政管理机构细化恶劣天气、重特大交通事故、群体性事件等应急措施,为高速公路应急处置规范有序实施奠定了基础。制定了"平安高速"创建方案,组织开展"5·12"防灾减灾日系列活动。制定印发了《湖北省高速公路安全隐患督办办法》;修订完善了安全应急处置大纲,拟定了全省高速公路超限检测站设置规划及高速公路消防站规划方案。借鉴ISO9001质量管理体系要求建立健全《路政执法队伍建设实施办法》《路政车辆管理规定》《清障施救作业管理细则》等管理制度19余项,修改《路政装备管理规定》《执法评议考核办法》《应急联动处置管理规定》等办法、预案30余条。武黄管理处制定下发了《突发事件应急管理规定》等6项应急管理制度,修订完善了《低温雨雪天气防冻防滑应急预案》等32项安全应急预案,摸索出了"轻微事故快速处置法""征用过往空车转运货物法""限时清障法",形成快速人员救治、快速事故处理、快速道路清障的良性工作链;建立了重大突发事件处置事后评估机制,按照交通阻断事故"发生一起,总结一起,处置一起,评估一起"的工作方法,对造成交通阻断2h以上的案例进行分析讲评,目前已有15起案例入库。

加快应急基层建设,对全省高速公路应急资源进行了普查,在鄂西高速建立了7个消防应急救助站,在武汉西、鄂州市、荆门市、孝感市、赤壁市、英山县等12个高速公路服务区建立了医疗救护站。组织参加了由省红十字会、协和医院联合举办的高速公路突发事件急救知识培训班。武黄支队成功承办2014年高速公路隧道安全应急联动演练,促成大广南高速鄂赣两省经营管理单位签订《大广高速鄂赣隧道突发事件省际应急联动救援协议》。

省交通运输厅领导检查武黄高速公路春运安全

京珠管理处完善应急制度体系建设。以"平安交通"创建活动为载体,深入开展"路域环境整治""交通安全集中整治""百日大检查"等专项活动,印发了《京珠管理处2013年路政管理及安全应急工作要点》《京珠管理处"平安京珠"创建活动实施方案》等10项指导性文件。修订完善防堵、防冻、防滑、防火、防雾等专项预案,对23项安全应急管理制度进行梳理,完成了《京珠管理处应急管理制度汇编》工作,进一步理顺应急处置流程,形成相互衔接、完整配套的应急预案体系。管理处积极完善总体预案和各类专项预案。在2012年修改完善了消防安全、互联网安全、档案安全、车辆安全、安全生产标准化等28个安全管理制度;完成了《省级交通运输主管部门与武警交通部队应急联动机制》《湖北省高速公路综合应急救援机制》专项课题的研究。

省交通运输厅领导检查武黄高速公路抗冰雪保畅通工作

汉十管理处建立了综合应急管理平台,完善了"一网五库"和应急预案。构建管理处、路段区域两级指挥中心,整合外场视频、站口视频及巡查车移动视频;支队配备多功能路政综合执法车,实现各种终端实时访问、指挥调度;大队统一安装GPS调度系统、无线视频传输系统以及电子巡更系统,可对实时路况、养护施工、事故处置、清障施救进行全方位监管。根据实际情况统一调度、联勤指挥、区域响应、梯级支持,大幅提升了应急处置效能。成功为"联动—2010"全省高速公路应急演练、鄂陕联动应急演练提供了技术保障。提出了构建智能化路政管理平台的工作思路,探索形成了"智能主导、分级预警、网格管控、信息通联"的智能化管理理念。通过整合业务数据、交通流量、气象信息及视频事件检测系统,实现了智能化数据采集。当各类参数达到预警临界值时,系统报警,并自动匹配各类预案,同时根据事件等级向各单位传达交通控制指令和处置流程,实现日常管理工作的"智能主导"。

鄂西管理处组建专班对管理处安全管理相关的 29 项制度、33 项工作手册规范、16 项工作范本、17 项应急手册规范进行修订。历时近两个月,完成了 13 余万字制度规范修订完善和印发工作;根据山区高速的特点,在《应急工作手册》中配有多项流程和图表,现场应急处置规范化水平进一步提高;通过制度修订,新出台了《鄂西管理处隐患排查督办制度》,对重大安全隐患实行挂牌督办,按时限要求进行整改销号。管理处不断完善应急体系建设,修订各项应急预案,逐步实现应急处置"区域一体化",确保各部门分工明确,协调到位,运转高效;切实加强与高警、地方政府、公安、医疗、气象等部门的联勤联动,健全山区高速公路突发事件应急处置合作机制。联合高警部门全面落实"打非治违"行动,在省界白羊塘站开展危化品运输车辆专项治理活动,积极推进白羊塘超限检测站建设,有效降低了道路安全隐患;重点时段和重点路段坚持路、警、养三方联合巡查、错时巡查,不断深化路警共建格局。

三、应急处置能力及效果

(一)应急处置能力

为提升应急处置能力,加快实施总队、支队两级应急平台建设,加大投入购置应急指挥设备,建立了全省高速公路应急调度指挥中心。通过应急指挥平台终端实现了对全路网路况的即时掌握和应急指挥远程调度。2009 年 11 月上旬鄂西北地区出现雨雪天气,全省高速公路系统沉着有序启动预案,以"闻雪即动、全员上路"的扎实举措应对雨雪灾害,继成功应对 2008 年雨雪冰冻灾害后,再一次经受了自然灾害的严峻考验。中央电视台等新闻媒体多次对我省高速公路抗击雪灾和应急反应的经验做法进行了报道。省高管局荣获"十一五"全国交通运输行业交通战备先进单位及 2011 年度全省安全生产先进单位。警路双方更加注重应急保畅,深入挖掘联合应急潜力,随岳支队妥善处置荆岳大桥群体堵路事件及"7·4"特大交通事故、黄黄支队及时疏通小池收费站通行受阻等应急事件;武黄支队高效处置"4·29"危化品泄漏燃烧事故,依据《突发事件应对法》,紧急征用过往车辆,及时转运重大交通事故伤员和抛洒物品,确保了道路安全畅通。

积极开展应急演练,着力提高应急处置综合能力,各单位先后组织了"协同—2009"二广高速公路湖北荆门段应急救援联合实战演练、汉十高速和鄂西高速隧道火灾事故救援演习、楚天高速和随岳高速危化品泄漏事故应急演习、宜昌大桥重大交通事故应急演习等,提高了应急处置综合能力。京珠管理处加强应急演练,提高防冻防滑应对能力。为提升低温雨雪冰冻天气应急处置效率,完善路警双方联动机制,管理处每年初冬交警部门,组织路政和养护召开冬季防冻防滑工作动员会,形成常态化的工作流程,并专门印发了《湖北京港澳高速公路冬季道路联合保畅工作方案》,制定了"湖北京港澳除雪保畅应急物资、人员分布图",成立了十个应急保畅突击队,分片划区,严格落实除雪防冻物资、设备、人员,各应急保畅突击队随时能集结 200 人的保通队伍,确保冰雪天气下道路正常通行。每年京珠管理处组织开展了"防冻防滑应急演练",以演促战,全面检验防冻防滑"指挥调度、队伍集结、联动响应、机械保养"等训练科目,进一步积累应急处置经验,健全和完善管理处雨雪防冻防滑应急处置长效机制。2013 年 12 月 27 日,按照省厅、局要求管理处组织了 60 名应急突击队员、22 台套机械设备,圆满完成应急抢险队伍集结演练任务,受到领导好评。

省交通运输厅领导深入鄂东大桥检查防汛抗洪

京珠高速"12.5"爆炸案发生后,省局和京珠管理处第一时间启动预案,全力以赴,果断处置,仅用 38 小时便抢通修复京珠高速大动脉,交通运输部、省政府和省厅对高速公路应急处置工作给予了充分肯定。高路系统圆满完成了国庆焰火运输、国庆湖北彩车进京、部队演习等多层次交通保障工作。省高管局还被省交战办评为"跨越—2009"部队演习实施交通保障先进单位,另有 3 人被评为先进个人。随岳管理处强化三个完善,提升应急处置能力。完成荆岳长江大桥、汉江特大桥的主桥段架设 LED 照明系统和爆闪警示系统,在 K93、K139、K174 创新安装双向总长 9km 的 AGS 雾区引导装置,在全线建成 13 个气象观测点,平均设置密度达到每 20km 一处,加密升级视频监控终端,实现平均每 2.5km 一处监控,为恶劣天气信息第一时间获取,第一时间发现提供了坚实保障。自主研发"随岳通"应急指挥调度软件平台,实现"现场与后台、管理与服务、指令与行动"三个同步;加强"平战结合"管理,常备"张兵应急保畅突击队",经常性地开展应急培训和模拟实战推演,组织"保畅——2015 防冻防滑道路保畅"综合应急演练;强化应急物资管理,设立随县、京山 8 处应急物资仓库,新增三阳、天门 2 处应急物资存放点,防冻防滑期间共储备 430t 融雪剂、23 台除雪车、上料车、急救药品、应急食品、反光锥(筒)、警示诱导标志标牌等物资和设施全部到位,20 多只 300 余人的应急突击小分队整装待发。

(二)应急救援活动

(1)全国公路交通联合应急演练在湖北举行。2012 年 2 月 13 日,由交通运输部、湖北省人民政府、武警交通指挥部共同主办的 2012 年度公路交通联合应急演练在湖北省武(汉)英(山)高速公路英山县境内成功举行。交通运输部副部长冯正霖、武警部队副司令员戴肃军、副省长许克振,国家发改委、国务院应急办、交通运输部、武警交通部队及湖北、江西、安徽、湖南、河南、陕西、重庆等省市近 500 人现场观摩。

在历时 1h 的演练中,来自武警交通部队、部救捞局、省高速公路管理局、黄黄管理处、高速路政、高速交警、武警消防、清障施救、医疗救护等部门的 800 余名人员、300 余台(套)车辆设备进行了"两个场景、56 个环节"的演练。演练分为视频短片、现场推演两种表现形式,模拟了江西九江长江公路大桥桥墩因受一艘货轮撞击的特情发生后,部省之间、省际之间、路段之间、部门之间依托预案,进行资源共享、措施对接、信息互联,迅速启动预案、迅速组织会商、迅速分流车辆、迅速便民服务等场景。整个演练现场,空中机声隆隆、直升机来回穿梭;地面机械轰鸣,各类车辆,机械各显身手。扣人心弦的交通联合应急演练以持续强降雨引发的"山体滑坡",导致国家主干线高速公路双向交通中断为背景,一辆高速行驶的小客车原地 360°"飘移",一辆大货车紧急刹车,中巴车追尾大货车,紧跟其后的一辆大货车避让不及、操作不当,冲撞穿越中央隔离带,车头停在对向车道超车道,一辆正常行驶的依维柯客车急刹车变向撞击到边坡护栏钢板停住,车体燃烧……相关部门紧急驰援,两架直升机从天而降,抢救"重伤员",武警交通部队的一架无人侦察机传回演练现场真实图像。参演各方先后演示了现场先期处置、医疗救护、立体增援、消防救援、区域调度、现场指挥、清障施救、生命探测、武警爆破、施工抢通、路面清理、恢复交通、队伍集结等 56 个科目,尤其是车辆飘移、应急服务、伤员抢救、空中侦查、人员机降、悬停救助、快速修复路面、滑坡体布网加固、双向抢通道路、机械装运、车辆指挥、标志筒摆放等一个个扣人心弦的演练环节,将演练现场的气氛一次次推向高潮。演练通过科技化、信息化、智能化的表现手段,以点面、平战、虚实、内外结合的表现形式,充分展示多路段、多层次、多部门路网联动应急处置方面的新探索、新实践和新理念,将有效深化区域路网联动机制的健全完善、推动路网管理平台体系的建设,探索综合交通服务保障体系的建立,进一步推动湖北大交通、大联合、大服务综合交通运输体系的形成与发展,全面展示了湖北交通在高速公路突发事件处置路网应急联动机制、警地应急联动工作机制、高速公路综合应急救援机制等建设成果。

2012年2月13日,全国公路交通联合应急演练在湖北举行

(2)湖北省举行应急救援"队伍拉动演练"。2010年10月29日,湖北省应急队伍拉动演练在省公安消防总队特勤训练基地举行。团省委、省公安厅、省民政厅、省交通运输厅等19个单位,总计23支应急救援队,483人参加演练。时任副省长段轮一出席活动,并检阅演练队伍,省交通运输厅时任副厅长田文彪参加本次演练。上午8点30分,演练指挥中心正式向各参演单位发出指令,要求各单位参演队伍向演习指定地点集结。15min后,省交通运输厅应急救援突击队到达指定地点,四辆特种车辆一字排开等待检阅。这四辆新型的多功能特种车,能承担路政执法,牵引车辆,道路养护,道路除雪,打拨桩基等多种任务需要,是交通系统现有特种车辆的"最强阵容"。上午9点,前方指挥部战勤快保障组架设指挥帐篷,设立指挥标志,医疗卫生救援队设置医疗救护站,救灾物资保障队设置救灾物资发放站,准备工作就绪。上午9点30分,所有19个参演单位,483人、86台参演车辆集结完毕,等待检阅。

10时整,副省长段轮一到达演练现场,听取公安消防总队汇报后开始检阅队伍,当检阅省交通运输厅应急救援突击队时,段轮一说:交通系统近几年的应急救援工作取得了可喜的成绩,2008年的冰雪灾害交通系统是立了功的。检阅完毕后,段轮一对本次拉动演练表示了充分肯定,并要求各单位以此为契机,进一步加强全省应急救援队伍的建设。

(3)陕鄂两省举办高速公路联动暨应急演练。2011年3月30日,陕西交通集团商漫分公司和湖北省汉十高速公路管理处联合举办"畅通2011——陕鄂省界高速公路联动暨应急演练"活动,提高双方在处置高速公路突发事件中的联动协作水平和抢险救援能力,确保在突发事件处置中做到"反应快速、信息共享、协同指挥、运转高效",最大限度地为广大司乘和社会提供优质服务。

2010年10月29日,湖北省举行应急救援"队伍拉动演练"

2011年2月,陕西交通集团商漫分公司、湖北汉十高速公路管理处联合制定了《陕鄂高速公路漫川关界联动应急预案》,针对陕鄂省界漫川关、鄂西北两个主线收费站之间7km区域内及其他需要增援的地段,因地质灾害、恶劣天气、危化品泄露、重特大事故、群体性公共事件等所导致高速公路省界路段发生交通堵塞、中断及短时间内无法恢复通行等应急状况,根据紧急程度、可控性和对高速公路通行产生的影响分设了Ⅰ、Ⅱ、Ⅲ级预警级别,双方成立了突发事件应急工作联合指挥部,在遇重大交通事故和突发事件时,联合指挥部实时掌控现场现状,并按照分级响应流程,及时处置各类管理信息、发布公共服务信息,对鄂陕高速公路救援力量、物资等进行统一指挥调配,实现及时决策、实时指挥、联合调度、充分发挥省际路网互动、社会资源联动、最大限度发挥路网应急指挥效能。

此次由陕西省交通集团商漫分公司和湖北汉十管理处共同策划、组织的"畅通2011——陕鄂高速公路突发事件联动应急演练"活动,以实战演练为平台,充分展现了陕鄂双方联动处置高速公路突发事件的整体应急水平和抢险救援能力,切实达到了"资源整合,建立联动机制;快速反应,履行保畅职能;处置有效,提高应变能力;先通后畅,坚持服务为本"的联动应急工作目标。

(4)湖北省高速公路隧道安全应急联动演练。2014年12月15日,省厅举办湖北省高速公路隧道安全应急联动演练。本次演练模拟在鄂赣高速公路省际隧道中,一辆小客车与一辆危化品槽罐车发生追尾,经隧道监控系统和司机报警,鄂赣两省相关部门迅速启动省际应急联动处置预案,演练过程中路警地参演各方按照演练流程安排,迅速开展应急联动救援处置工作,做到了反应快速、分工明确、紧密配合、处置有序,演练共有监测报警、交通管制、信息发布、堵漏稀释、伤员救助、安全评估、恢复交通等七个科目,涉及大广高速公路湖北段和江西段,两省交通、公安、消防、医疗、环保、安监、应急等20多个相关单位和部门共120多人、50多台车辆设备,经过两小时通力协作,圆满完成了演练既定科目内容。

2014年12月15日,湖北省高速公路隧道安全应急联动演练

此次演练由武黄管理处和湖北省广晟高速公路集团有限公司承办,演练采取现场模拟远程观摩的新形式,湖北省广晟高速公路集团有限公司与江西省高速公路投资集团有限责任公司上高管理中心签订了《大广高速鄂赣隧道突发事件省际应急联动救援协议》。本次演练贴近实战,通过高度实战化的模拟检验相关应急联动处置预案的科学性和合理性,锻炼应急处置队伍,加强各单位各部门之间的协调合作,切实增强高速公路隧道安全应急管理意识。

第六节 服 务 区

服务区是为公路上的驾乘人员生活需要及车辆安全运行提供服务的设施,是高等级公路的重要组成部分,主要包括休息、停车和服务辅助设施三个部分。作为高等级公路的功能性设施,其主要作用是为了确保公路行车安全、舒适、快速、经济,使驾乘人员心理、生理上的过度疲劳有所缓解。另外,服务区也是公路交通运输业物质文明与精神文明建设的一个重要组成部分,是现代化公路体系特别是高速公路体系成熟与否的重要标志之一,服务区管理、运营和服务水平的高低,很大程度上体现着公路的管理水平和精神面貌。

一、服务区设置

2004年1月,交通部颁布的《公路工程技术标准》规定,公路交通工程及沿线设施等级为A、B、C、D四级,A级适用范围为"高速公路"。《标准》规定,服务设施配置应符合以下规定:A 级应设置服务区、停车区和公共汽车停靠站,其中服务区应提供停车场、公厕、加油站、车辆修理所、餐饮和小卖部等设施,平均间距应为50km。

随岳高速公路公路天门服务区

(一)G4 京港澳高速公路

(北)京(香)港澳(门)高速公路湖北段北起于孝感市大悟县九里关,南止于咸宁市的赤壁,途径大悟、孝昌、孝感、武汉、江夏、咸宁、赤壁,全长293.664km。全线共设 6 个服务区,3 个停车区,设京珠北和京珠南两个服务区管理所。京珠北服务区管理所负责大悟、孝感、蔡甸服务区以及三里、花园、打靶堤停车区的日常管理工作,京珠南服务区管理所负责江夏、咸安、赤壁服务区及金口停车区的日常管理工作。服务区情况详见表4-2-8。

京港澳高速公路湖北段服务区情况表　　　　表4-2-8

序号	名称	中心桩号	所在行政区	停车位	一次饮食供应人数	加油机台数	备注
1	三里停车区	1022.262	大悟县	30	50×2	2	
2	大悟服务区	1055.743	大悟县	77	100×2	8	
3	花园停车区	1084.144	孝昌县	30	50×2	1	
4	孝感服务区	1112.347	孝南区	272	500×2	14	
5	东西湖服务区	1146.292	东西湖区	88	100×2	12	
6	蔡甸服务区	1165.032	蔡甸区	68	150×2	12	
7	金口停车区	1193.77	江夏区	55	150	无	
8	咸宁服务区	1236.154	咸安区	460	600	18	
9	赤壁服务区	1287.058	赤壁市	236	1000	18	

(二)G45 大广高速公路

大(庆)广(州)高速公路湖北段由河南大广高速公路入境麻城,终点由通山出境至江西,全长266.285km。湖北全线共设4个服务区,4个停车区。服务区情况详见表4-2-9。

大广高速公路湖北段服务区情况表　　　　表4-2-9

序号	名称	中心桩号	所在行政区	停车位（个）	一次饮食供应人数	加油机台数	备注
1	罗铺停车区	2344.79	麻城市	40	0	12	
2	新洲服务区	2379.581	新洲区	200	240	12	
3	淋山河停车区	2400.086	团风县	90	0	—	
4	浠水服务区	2433.186	浠水县	240	450	12	
5	散花停车区	2464.12	浠水县	30	0	—	
6	大冶服务区	2495.329	大冶市	283	280	12	
7	三溪停车区	2528.579	阳新县	130	280	6	
8	燕厦服务区	2562.77	通山县	279	280	12	

（三）G55 二广高速公路

二(连浩特)广(州)高速公路湖北段即襄荆高速,全长185.42km,湖北境全线共设2个服务区,5个停车区。服务区情况详见表4-2-10。

二广高速公路湖北段服务区情况表　　　　表4-2-10

序号	名称	中心桩号	所在行政区	停车位（个）	一次饮食供应人数	加油机台数	备注
1	襄北服务区	1531.857	襄州区	133	600	8	
2	欧庙停车区	1577.9	宜城市	92	80	8	
3	宜城服务区	1617.34	宜城市	60	400	8	
4	荆门服务区	1687.618	荆门市	186	272	8	
5	纪山停车区	1734	荆门市	92	80	8	
6	荆州长江公路大桥服务区	1765.75	公安县	60/80	80/120	6/9	
7	夹竹园服务区	1797.24	公安县	114	120	10	

（四）G42 沪蓉高速公路

沪(上海)蓉(成都)高速公路湖北段东起麻城,西至恩施州巴东县刘家垭火烧庵渝鄂省界,贯穿了湖北东西全境,全长658.764km。全线共设10个服务区,7个停车区。服务区情况详见表4-2-11。

沪蓉高速公路湖公路北段服务区情况表
表4-2-11

序号	名称	中心桩号	所在行政区	停车位（个）	一次饮食供应人数	加油机台数	备注
1	木子店服务区	693.6	麻城市	120	200×2	10	
2	景山河停车区	716.509	麻城市	—	—	—	未运营
3	中馆驿服务区	753	麻城市	190	210×2	10	
4	长岭岗服务区	788.769	黄陂区	111	400	12	
5	鲁台停车区	811.765	黄陂区	90	80	12	
6	横店停车区	828.350	黄陂区	28	—	12	
7	汉川服务区	881.317	汉川市	200	100	18	
8	应城停车区	907.797	应城市	86	80	16	
9	天门北服务区	936.66	天门市	200	100	18	
10	京山停车区	967.899	京山县	86	80	16	
11	钟祥服务区	995.287	钟祥市	180	100	18	
12	石牌停车区	1021.837	石牌镇	100	100	18	
13	白河服务区	1105.098	当阳市	186	160	20	
14	宜昌北停车区	1139.32	夷陵区	10/12	250×2	—	
15	雾渡河服务区	1171.641	夷陵区	48/97	202×2	12\2	
16	兴山服务区	1206.365	兴山县	58/72	120×2	6	
17	巴东服务区	1252.178	巴东县	64/188	200×2	4\5	

雾渡河收费站

（五）G50沪渝高速公路

沪（上海）渝（重庆）高速公路湖北段由黄黄高速公路、武黄高速公路、武汉绕城高速、汉宜高速公路、沪渝高速公路湖北西段组成,全长787.187km,湖北全线共设13个服务区,10个停车区。服务区情况详见表4-2-12。

沪渝高速公路湖北段服务区情况表　　　　　　　　表4-2-12

序号	名称	中心桩号	所在行政区	停车位（个）	一次饮食供应人数	加油机台数	备注
1	界子墩服务区	683.333	黄冈市	160	150×2	20	
2	黄梅服务区	702.043	黄冈市	140	150×2	12	
3	蕲春服务区	755.643	黄冈市	300	300×2	11	
4	鄂州服务区	845.461	华容区	120	340	28	
5	江夏服务区	871.937	江夏区	88	300	8	
6	金口停车区	1193.77	江夏区	55	150	—	京珠桩号共有
7	永安停车区	921	蔡甸区	64	100	4	
8	仙桃服务区	966	仙桃市	244	500	12	
9	潜江服务区	1026	潜江市	419	400	10	
10	八岭停车区	1111.02	荆州区	41	68	4	
11	枝江停车区	1141.451	枝江市	—	—	—	
12	枝江西服务区	1166	枝江市	266	400	12	
13	宜昌大桥服务区	1178.85	猇亭区	77	200	18	
14	高家堰服务区	1213.6	长阳高家堰	93/133	312	3/9	
15	椰坪停车区	1263.3	长阳椰坪	17	50	—	
16	野山关停车区	1209.258	巴东县	90	71×2	—	
17	崔坝服务区	1344.641	恩施市	225	107×2	12	
18	朝阳坡停车区	1366.709	恩施市	40	40×2	—	
19	恩施服务区	1395.909	恩施市	209×2	175×2	6×2	
20	白果坝停车区	1443.63	利川市	16	38	—	未运营
21	凉雾停车区	1467.616	利川市	25	60	—	未运营
22	付家坝停车区	1485.813	利川市	—	—	—	未运营
23	白羊塘服务区	1498.954	利川市	237	300	12	

(六)G5012 利万高速公路

利(川)万(州)高速公路湖北利川段长42.06km,共设一个服务区。

利万高速公路服务区情况表　　　　　　　　表4-2-13

序号	名称	中心桩号	所在行政区	停车位（个）	一次饮食供应人数	加油机台数	备注
1	长乐服务区	10.3	利川市	—	—	—	

(七)G56 杭瑞高速公路

湖北阳新至通城段全长 199.235km,共设 4 个服务区,4 个停车区。服务区情况详见表 4-2-14。

杭瑞高速公路湖北段服务区情况表　　　　表 4-2-14

序号	名称	中心桩号	所在行政区	停车位（个）	一次饮食供应人数	加油机台数	备注
1	枫林停车区	563	阳新县				未运营
2	排市服务区	596.313	阳新县	400	300	12	
3	黄沙铺停车区	634.31	通山县				未运营
4	通山服务区	660.455	通山县	414	0	10	
5	红石桥停车区	680.35	通山县				未运营
6	崇阳服务区	709.517	崇阳县				未运营
7	沙坪停车区	735.6	崇阳县				未运营
8	通城服务区	750.152	通城县				未运营

(八)G70 福银高速公路

福(州)银(川)高速公路湖北段全长 606.543km,共设 11 个服务区,7 个停车区。服务区情况详见表 4-2-15。

福银高速公路湖北段服务区情况表　　　　表 4-2-15

序号	名称	中心桩号	所在行政区	停车位（个）	一次饮食供应人数	加油机台数	备注
1	小池服务区	715.5	黄冈市	240	400×2	10	
2	黄梅服务区	702.043	黄冈市	140	150×2	12	
3	鄂州服务区	845.461	华容区	120	340	28	
4	施岗服务区	916.998	新洲区	190	150	8	
5	鲁台停车区	811.765	黄陂区	90	80	12	
6	孝感服务区	1001.1	孝感区	100	100×2	9	
7	云梦停车区	1030.85	云梦县			—	
8	安陆服务区	1060.85	安陆市	220	150×2	8	
9	何店停车区	1090.1	曾都区				
10	随州服务区	1125	随州市	185	308	10	
11	王城停车区	1145	枣阳市	—			
12	枣阳服务区	1179	枣阳市	60/60		5/5	
13	双沟停车区	126.55	襄阳市	—			
14	钟岗服务区	1259.95	襄阳市	60/62	200×2	4/4	

续上表

序号	名称	中心桩号	所在行政区	停车位（个）	一次饮食供应人数	加油机台数	备注
15	武当山服务区	1338.1	十堰市	76/31	200×2	4/4	
16	郧县停车区	1402.45	郧县	—	—	—	
17	郧西服务区	1432.3	郧西县	50/62	240×2	6/6	
18	香口停车区	1457.35	郧西县	—	—	—	

(九) G7011 十白高速公路

十白高速湖北段全长 58.217km，设 1 个服务区，0 个停车区。服务区情况见表 4-2-16。

十白高速公路湖北段服务区情况表　　　　　表 4-2-16

序号	名称	中心桩号	所在行政区	停车位（个）	一次饮食供应人数	加油机台数	备注
1	鲍峡服务区	33.067	郧县	100/120	200×2	4	

(十) G42S 武英高速公路

沪（上海）鄂（武汉）高速湖北段全长 158.255km，其中武汉至英山高速 132km。设服务区 4 个，停车区 1 个。服务区情况见表 4-2-17。

沪鄂高速公路湖北段服务区情况表　　　　　表 4-2-17

序号	名称	中心桩号	所在行政区	停车位（个）	一次饮食供应人数	加油机台数	备注
1	武湖服务区	16	黄陂区	—	—	8	
2	陈堰停车区	23	浠洲区	22	—	12	
3	总路咀服务区	80.073	团凤区	220	200×2	6	
4	罗田服务区	109.56	罗田县	220	220×2	4	
5	英山服务区	142.633	英山县	260	240×2	4	

(十一) S7 武鄂高速公路

设 1 个服务区，1 个停车区。见表 4-2-18。

武鄂高速公路服务区情况变　　　　　表 4-2-18

序号	名称	中心桩号	所在行政区	停车位（个）	一次饮食供应人数	加油机台数	备注
1	葛店停车区	24.45	鄂州市	66	136	6	
2	黄龙服务区	65.177	鄂州市	242	260	6	

(十二)S11 青郑高速公路

设 1 个停车区。见表 4-2-19。

青郑高速公路服务区情况表　　　表 4-2-19

序号	名称	中心桩号	所在行政区	停车位（个）	一次饮食供应人数	加油机台数	备注
1	青菱停车区	7	江夏区	12	无	12	

(十三)S13 武监高速公路

设 1 个停车区。见表 4-2-20。

武监高速公路服务区情况表　　　表 4-2-20

序号	名称	中心桩号	所在行政区	停车位（个）	一次饮食供应人数	加油机台数	备注
1	小军山停车区	12	武汉	12	—	8	

(十四)S15 汉蔡高速公路

设 1 个服务区。见表 4-2-21。

汉蔡高速公路服务区情况表　　　表 4-2-21

序号	名称	中心桩号	所在行政区	停车位（个）	一次饮食供应人数	加油机台数	备注
1	西湖服务区	21.675	蔡甸区	147	178	12	中石化湖北石油分公司

(十五)G4213 麻安高速公路

麻城至安康高速湖北段即麻竹高速,全长 583.108km,设 7 个服务区,3 个停车区。

麻安高速公路服务区情况表　　　4-2-22

序号	名称	中心桩号	所在行政区	停车位（个）	一次饮食供应人数	加油机台数	备注
1	李店停车区	94.5	广水市	—	—	—	可加油
2	广水服务区	121.521	广水市	156	—	8	
3	浙河停车区	152.2	曾都市	—			
4	大洪山服务区	183.55	随县	173			
5	板桥店服务区	234.309	宜城市	157/157			
6	南营停车区	256.114	宜城市	—			
7	寺坪服务区	397.239	保康县	180	200	设计 5 台	
8	房县服务区	454	房县	150	200	设计 5 台	
9	溢水服务区	509.038	竹山	160	200	设计 5 台	
10	竹溪服务区	561.343	竹溪	190	200	设计 6 台	

（十六）S33 咸通高速公路

设1个服务区，见表4-2-23。

咸通高速公路服务区情况表　　　　　　　　　　表4-2-23

序号	名称	中心桩号	所在行政区	停车位（个）	一次饮食供应人数	加油机台数	备注
1	咸安服务区	13.155	咸安区	190	130×2	12	

（十七）S31 黄鄂高速公路

设1个服务区，见表4-2-24。

黄鄂高速公路服务区情况表　　　　　　　　　　表4-2-24

序号	名称	中心桩号	所在行政区	停车位（个）	一次饮食供应人数	加油机台数	备注
1	华容服务区	34.818	华容区	60	—	8	

（十八）G4E 武深高速公路通界段

武汉至深圳高速公路湖北段全长169.52km，其中通界段23.815km，设1个服务区。服务区情况见表4-2-25。

武汉至深圳高速公路湖北段服务区情况表　　　　　　　　　　表4-2-25

序号	名称	中心桩号	所在行政区	停车位（个）	一次饮食供应人数	加油机台数	备注
1	通城服务区	9.15	通城县	—	—	—	未运营

（十九）G4W2 随岳高速公路

许广高速公路湖北段随州至岳阳全长332.672km，湖北全线共设6个服务区，4个停车区。服务区情况见表4-2-26。

许广高速公路湖北段服务区情况表　　　　　　　　　　表4-2-26

序号	名称	中心桩号	所在行政区	停车位（个）	一次饮食供应人数	加油机台数	备注
1	随州停车区	14.737	曾都区	77	—	—	未运营
2	封江服务区	37.594	随县	248	200×2	8	
3	均川服务区	88.417	曾都区	163	200×2	10	
4	刘畈停车区	116.493	京山县	45	—	—	未运营
5	京山服务区	133.98	京山县	197	200×2	12	
6	京山人停车区	158.107	京山县	13	—	—	
7	天门服务区	200.53	天门市	280	200×2	12	

续上表

序号	名称	中心桩号	所在行政区	停车位（个）	一次饮食供应人数	加油机台数	备注
8	仙桃服务区	241.852	仙桃市	374	200	12	
9	监利服务区	299.717	监利县	530	200	12	
10	柘木停车区	327	监利县	50			

(二十) S58 三峡高速

三峡高速公路服务区情况见表4-2-27。

三峡高速公路服务区情况表　　　　　表4-2-27

序号	名称	中心桩号	所在行政区	停车位（个）	一次饮食供应人数	加油机台数	备注
1	伍家岗停车区	14.858	猇亭区	—	—		

(二十一) G59 呼北高速公路

呼北高速公路湖北段湖北段全长382.775km，设7个服务区，具体见表4-2-28。

呼北高速公路湖北段服务区情况表　　　　　表4-2-28

序号	名称	中心桩号	所在行政区	停车位（个）	一次饮食供应人数	加油机台数	备注
1	谷城服务区		谷城县	220	200	6	未运营
2	店垭服务区		保康	205	216	4	
3	远安服务区		远安	284	152	3	
4	郧阳服务区		郧县	221	200	12	未运营
5	土城服务区	122.209	房县	210	200	5	未运营
6	安福寺服务区	149.824	枝江市	30	50	2	
7	宜都服务区	1533.237	宜都市	30	50	2	

(二十二) S68 三峡翻坝高速公路

三峡翻坝高速公路服务区情况见表4-2-29。

三峡翻坝高速公路服务区情况表　　　　　表4-2-29

序号	名称	中心桩号	所在行政区	停车位（个）	一次饮食供应人数	加油机台数	备注
1	点军服务区	37.7	上30,下64	—	—	6×2	

(二十三)G6911 安来高速公路

安来高速公路全长170.329km,其中恩施至来凤85.318km已建成,服务区情况见表4-2-30。

安来高速公路服务区情况表   表4-2-30

序号	名称	中心桩号	所在行政区	停车位（个）	一次饮食供应人数	加油机台数	备注
1	芭蕉服务区	8.832	恩施市	226	400×2	10	未运营
2	李家河服务区	82.06	宣恩县	396	150×2	12	未运营

(二十四)S78 蕲嘉高速公路

蕲嘉高速公路服务区情况见表4-2-31。

蕲嘉高速公路服务区情况表   表4-2-31

序号	名称	中心桩号	所在行政区	停车位（个）	一次饮食供应人数	加油机台数	备注
1	双溪服务区	76.52	咸宁市	181	200	8	

(二十五)S88 岳宜高速公路

岳宜高速公路服务区情况见表4-2-32。

岳宜高速公路服务区情况表   表4-2-32

序号	名称	中心桩号	所在行政区	停车位（个）	一次饮食供应人数	加油机台数	备注
1	石首服务区	12.641	石首市	223	—	10	未运营
2	大同服务区	51.628	公安县	241	—	10	未运营
3	南海服务区	81.489	松滋市	277	—	10	未运营
4	枝城服务区	113.353	宜都市	30	50×2	2	
5	高坝洲服务区	141.053	宜都市	30	50×2	2	

(二十六)S89 宣黔高速公路

宣黔高速公路服务区情况见表4-2-33。

宣黔高速公路服务区、停车区情况表   表4-2-33

序号	名称	中心桩号	所在行政区	停车位（个）	一次饮食供应人数	加油机台数	备注
1	晓关停车区	9.5	宣恩县	12	—		未运营
2	咸丰服务区	45.3	咸丰县	245			未运营

(二十七)G4E 嘉通高速公路

嘉通高速公路服务区情况见表4-2-34。

嘉通高速公路服务区情况表　　　　表4-2-34

序号	名称	中心桩号	所在行政区	停车位（个）	一次饮食供应人数	加油机台数	备注
1	嘉鱼东服务区	12.600	石首市	343	160×2	12	
2	嘉鱼南区	30.550	公安县	189	—	12	
3	茶庵岭服务区	48.000	赤壁市	260	135×2	12	
4	沙坪服务区	79.400	崇阳县	77	—	12	

（二十八）S29麻阳高速公路

麻阳高速公路服务区情况见表4-2-35。

麻阳高速公路服务区情况表　　　　表4-2-35

序号	名称	中心桩号	所在行政区	停车位（个）	一次饮食供应人数	加油机台数	备注
1	罗田北服务区	19.546	罗田县				
2	浠水服务区	76.885	浠水县				
3	梅川服务区	128.183	梅川县				

（二十九）G4E武嘉高速公路

G4E武嘉高速公路服务区情况见表4-2-36。

G4E武嘉高速公路服务区情况表　　　　表4-2-36

序号	名称	中心桩号	所在行政区	停车位（个）	一次饮食供应人数	加油机台数	备注
1	鲁湖服务区		江夏区				

（三十）S43武嘉高速公路

S43武嘉高速公路服务区情况见表4-2-37。

S43武嘉高速公路服务区情况表　　　　表4-2-37

序号	名称	中心桩号	所在行政区	停车位（个）	一次饮食供应人数	加油机台数	备注
1	仙桃南服务区	159.274	仙桃市	253	50*2	2	

（三十一）S40西四环高速公路

西四环高速公路服务区情况见表4-2-38。

西四环高速公路服务区情况表　　　　表4-2-38

序号	名称	中心桩号	所在行政区	停车位（个）	一次饮食供应人数	加油机台数	备注
1	蔡甸服务区	80.099	蔡甸区	259	200*2		

二、服务区管理

2009年8月26日,省高管局印发《湖北省高速公路服务区管理规范》,明确省高管局履行的职责:依据国家法律、法规和相关政策,负责全省高速公路服务区行业的监督管理和业务指导;制定全省高速公路服务区检查考核办法;组织开展全省高速公路服务区的形象设计、学习交流、人员培训等工作;定期检查考核服务区各项经营管理工作;组织或参与服务区经营招标;审核服务区开通运营、关闭、服务区改扩建等事项;其他依据省级交通主管部门授权的管理工作。由省高管局综合计划处负责全省高速公路服务区的业务管理,各路段管理单位下设服务区管理机构或部门。

省交通运输厅领导指导京珠高速公路信息化管理工作

为强化服务区行业监管,省高管局配合省厅出台了《进一步完善和提升高速公路服务区功能品质塑造全行业良好社会责任和品牌形象的若干意见》的规范性文件,基本形成了规范的管理制度框架。拟写《湖北省高速公路服务区管理办法》报省政府审批;修改出台了《湖北省高速公路服务区管理规范》《湖北省高速公路服务区星级考核评定实施办法》《服务区标准化建设指导性标准》,修订完善了服务区第三方暗访评估通报及流程等相关规章制度。各高速公路服务区不断加强硬件扩充,最大限度地启用了服务区餐饮、超市、汽修等服务功能,普遍配备了电子监控系统、电子查询机、多媒体电视、手机加油站等公益设施,增设了母婴专区、夏季纳凉点、冬季取暖点、急救箱等公益化服务;同时对服务区房屋建筑、公厕、天桥、绿化景观等进行了全面更新和改造,服务功能进一步延伸。全省高速公路服务区服务功能得到增强,服务形象得到提升,服务区环境面貌得到改善,服务品质和内业规范化管理取得明显成效,呈现出特色化、品牌化发展的良好态势,实现了服务区社会效益和经济效益的双赢。

2013年10月,全省高速公路服务区资源整合,湖北省交投集团公司接管全省政府还贷高速公路服务区。2014年1月,成立湖北交投高速公路服务区经营管理公司,主要负责湖北省政府还贷和省交投集团公司投资的高速公路服务区、油站、广告等路衍产业的经营管理,公司拥有已建、在建服务区75对(已开通运营55对),停车区23对,约占湖北高速公路服务区的75%;公司采取二级管理架构,下辖咸宁、孝感、黄冈、恩施、宜昌、十堰等6个服务区管理中心,分区域管辖公司所辖的服务区。建立了统一的运营管理模式、标准化的管理流程、规范化的服务。

省交投集团公司通过自筹、银行贷款和招商引资等资金筹措方式,累计投入近2亿元对全省政府还贷高速公路32对服务区进行了维修改造,其中对13对重点服务区进行重新设计和改造,对15对服务区进行了一般性改造,对其他服务区公共厕所和公益设施进行了改造升级,增设了广场停车棚、服务台、母婴室、驾乘休息点、信息查询等便民服务设施,通过对服务区的公共厕所、空间布局、广场绿化以及其他公共服务设施进行改造升级,大力提升服务形象和服务能力。

全省高速公路服务区资源的高效整合,通过服务区管理体制的改革和创新,建立了统一的运营管理模式、标准化的管理流程、规范化的服务形象,服务区服务硬件设施、管理服务水平、司乘人员满意度等方面得到大幅提升和明显改善。截至2015年底,全省75对服务区中50%以上升级为"星级服务区",社会满意度上升至90%以上。在2015年11月份开展的"全国干线公路养护大检查"中,省交投集团公司所辖服务区在检查中得到满分,受到交通运输部检查组的一致好评。

2015年,全省政府还贷高速公路服务区经营收入较接管前增长近100%,并首次实现了扭亏为盈,服务区社会和经济效益初步显现。

省交通运输厅领导督导宜巴高速公路安全生产

三、星级服务区创建

为加强服务区管理,2008年省高管局下发《湖北省高速公路服务区星级考核评定暂行办法》,2009年8月26日,高管局印发《湖北省高速公路服务区管理规范》《湖北省高速公路服务区星级考核评定实施办法》,明确服务区星级评定标准为:考核期内未发生服务质量有理投诉事件,未发生条例中列举的服务区禁止行为,满足必备条件且考核总分不低于900分的,评定为"五星";未发生服务质量有理投诉事件,未发生条例中列举的服务区禁止行为,满足必备条件且考核总分不低于850分,评定为"四星";未发生服务质量有理投诉事件,未发生条例中列举的服务区禁止行为,考核总分不低于800分的,评定为"三星";考核总分低于800分,或有下列情形之一的,服务区不予评星:考核期内发生恶性服务质量事件或严重有理投诉事件;考核期内被新闻媒体曝光,影响恶劣,并查实的;不配合考核办公室进行检查,经说明后拒不改正的;服务区未按要求建立相应考核档案,导致考核工作无法进行的;弄虚作假,隐瞒情况或提供虚假情况,情节严重的。

2016年"荆楚行、湖北情"高速公路服务区服务竞赛评选

"五星"和"四星"服务区必备条件:"四星"服务区每对占地面积不低于80亩,"五星"每对服务区占地面积不低于100亩,区内绿化率不低于20%,建筑物外观整洁美观,无明显破损;区内各功能区设施完善,布局合理,标识标牌规范清晰;停车区车辆分类停放有序,年均日占用率不超过80%;区内生活用水达标,环保排污设施齐全完备,区内排污指数达标。

湖北省高速公路自1995年开通第一对潜江服务区至2014年,已建成68对服务区和35对停车区。2014年评定星级服务区31对。其中,五星级服务区6对,四星级服务区12

对,3星级服务区13对,星级服务区比例占已开通服务区的65%以上。截至2015年底,全省服务区中50%以上升级为"星级服务区",社会满意度上升至90%以上。2015年9月,在交通运输部组织的"全国百佳示范服务区"评选中,汉十孝感、随岳天门、汉宜潜江3对服务区被评为全国百佳示范服务区,京珠孝感、咸宁等12对服务区被评为全国优秀服务区,其余服务区100%达标。

为适应我省高速公路事业发展,规范和加强高速公路服务区管理,保障服务区功能完善、设施完好、安全环保,省交通运输厅拟订《湖北省高速公路服务区管理办法》。2017年3月上旬,《省人民政府2017年立法项目计划》正式出炉,省交通运输厅《湖北省高速公路服务区管理办法》被列为2017年立法预备项目。

Record of Expressway Construction in
Hubei
湖北高速公路建设实录

第五篇
人 文 篇

篇 首 语

　　文化,是城市的符号和灵魂。每一个城市都有自己的"人文生态",即基于一定的自然禀赋、社会经济活动、社会阶层与群体、日常生活而形成的空间环境。决定一个地区的交通发展及地位的演变,除了有地方经济状况外,也有文化冲击和文化传承的烙印。感悟湖北交通古今变迁,它启示我们:文化是交通发展的重要支撑,是地域交通的重要性格和特色。交通兴盛,包含着文化的力量,史存着文化的光芒。

第五篇 人文篇

第一章 文明创建

湖北为楚文化的发祥地,首义文化的策源地,红色文化的富集地。广袤的荆楚大地,深厚的历史积淀,孕育了璀璨的交通文明。全省交通系统按照党中央关于精神文明建设的要求,认真实施"建设高度物质文明的同时,一定要努力建设高度的社会主义精神文明"战略方针,一项大规模的交通行业精神文明建设有序展开。

第一节 交通精神文明建设综述

改革开放以来,全省交通系统坚持"两个文明"一起抓的战略方针。从"五讲四美三热爱"、"文明礼貌月"活动、集中治理"脏、乱、差"到"弘扬奉献精神,创立交通新风"为主线的文明创建活动,提升了行业管理水平,增强了行业服务功能,提高了交通质量效益;培养树立了一大批劳动模范和先进人物,促进了良好的行业风气和职工队伍建设,受到交通运输部和省委省政府的高度肯定和社会各界的赞誉。

一、抓思想建设,促改革发展

1984年,根据交通部和省委、省政府的有关精神,省交通厅做出了改革交通管理体制、转变政府职能的一项重大决策:下放所属企业,组建行业管理机构,实行行业管理。在基本理顺了行业管理的业务关系之后,提出了"思想政治工作面向全行业"的指导思想,并于1986年开始抓行业性的思想政治工作和精神文明建设。1986—1989年,湖北省交通厅先后召开了全省交通系统思想政治工作座谈会,成立了全省交通职工思想政治工作研究会,开展了职工队伍状况和行业风气调查,组织"四有"报告团到各地巡回演讲,并先后制发了《全省交通系统文明单位标准》《公路客运文明服务规范》《客船文明服务规范》等。1989年6月2日,省交通厅以〔1989〕161号文印发《关于成立湖北省交通厅精神文明建设协调委员会的通知》,原交通厅"五讲四美三热爱"活动委员会撤销。

20世纪90年代,在邓小平南方谈话和党的十四大精神指引推动下,省交通厅确立了"九五"计划"八五"完,跨世纪任务"九五"干的加快交通发展的思路,突出建好以宜黄高速为代表的10条一级以上公路,以长江黄石和汉江郧县桥为代表的10座大桥,以长江为

交通运输厅机关职工参加建国六十周年大合唱

重点的 50 万~500 万吨 10 大港的建设目标。交通改革发展力度加大,只有进一步解放思想,才能为交通建设提供坚强的思想政治保障。湖北交通以深化改革与市场经济形势下加强思想政治工作为重点研究课题,开展调查研究活动,先后组织 12 个调研小组,深入到全省 13 个地市州和 40 余个县市开展调查研究活动,共召开座谈研讨会 94 次,与近 300 名地市县交通部门负责人、企业经理(厂长)和有关职工进行座谈研讨,共完成调研报告、论文 25 篇,并召开全省交通单位"改革与服务"研讨会,取得一定的理论研究成果。对加强新时期行业精神文明建设和思想政治工作,保持广大职工进取向上的精神状态,推进行业改革发展和优质规范化服务起到积极推动作用。2000 年,湖北省交通厅思想政治工作研究会被交通部和湖北省授予先进集体;京珠高速公路建设指挥部被湖北省授予思想政治工作先进集体。

进入 21 世纪,职工思想政治工作的重点是全面落实科学发展观要求,切实转变交通发展理念,创新发展模式,转变交通经济增长方式,提高交通自主创新能力和交通发展的质量和效益,建设资源节约型、环境友好型和质量效益型交通,为使湖北成为促进中部地区崛起的重要战略支点和加快经济社会发展提供强有力的交通物质支撑。2008 年 10 月,全国公路职工思想政治工作研究会第十八届年会在武汉召开。2013 年 5 月 23—25 日,中国交通职工政研会秘书长会议在宜昌召开,省交通运输厅厅长尤习贵致辞,中国思想政治工作研究会副会长王学勤等出席会议。2015 年 1 月 13 日,涵盖湖北水陆空铁的全省交通运输行业精神文明建设委员会第一次全体会议在省交通运输厅召开。同年,省交通运输厅分别在全省深化精神文明创建工作会和全国交通运输行业宣传思想工作会议上交流了经验。

二、抓职业道德,树标杆典型

在两个文明建设工作中,省交通厅始终抓住以人为本这个根本,组织开展一系列的思想政治素质、职业道德、业务技术素质教育。在交通文化建设实践中,高度重视发掘平凡岗位上的先进典型。20世纪90年代,深入开展"弘创"活动,大力培养"四有"职工,重点抓职业道德教育,先后修订完善了包括5大系统40个工程(岗位)在内的《湖北省交通职工职业道德规范》,运用这些教材组织多层次的职业道德培训,开展"交通职业道德规范优胜杯竞赛"活动;把系统的职业道德教育、规范职工行为与改善服务提高质量结合起来,与岗位培训练兵结合起来,开展各工种岗位的技术比武,对优胜者授予"技术能手""服务标兵"等称号,激发职工钻研业务、学技术、练本领的积极性,产生了大批先进单位和先进个人。1995年,省交通厅组织"爱岗敬业、奉献交通"报告团,报告团中有奋不顾身10次跳入长江勇救落难者的全国劳模刘厚民;在汽车驾驶员岗位尽职尽责贡献的全国劳模龚义剪、陆宏;为公路养建做出突出贡献的全国劳模黄少明;全国交通系统"巾帼建功"标兵杨晓娟、聂道兰等10人,奔赴各地巡回演讲16场,历时20天,行程3000km以上,参加听报告的职工达12000多人。劳模们用朴实无华的语言和大量生动的事例,对交通职工进行了一次深刻的思想教育。

"十五"期,重点加强交通职工思想道德教育和行业诚信教育。时任中共中央政治局委员、省委书记俞正声在新华社(国内动态清样)报道的《一位基层公路局长的生命写真》上批示:在开展向曹广辉学习的同时,深入基层调查挖掘培树先进典型。当年全省交通系统共推荐先进典型40余名,其中"时代先锋、全国重大先进典型"陈刚毅及"见义勇为英雄"蒋雪峰、"节油大王"王静及王书凤、王长山、李谊等一批"刚毅式英雄",在全国全省引起强烈反响。

"十一五"期,以时任国家副主席曾庆红同志亲切接见陈刚毅事迹报告团为巨大动力,深入开展"学刚毅精神,创文明新风,创和谐交通"活动,通过广泛开展"宣传刚毅事迹,弘扬刚毅精神,做刚毅式职工"活动,动员全省交通行业广大干部职工以陈刚毅为榜样,学习他生命不息、奋斗不止的拼搏精神;刻苦钻研、勤奋好学的进取精神;不懈探索,敢于变革的创新精神;胸怀祖国,热爱边疆的爱国精神;恪尽职守,忘我工作的敬业精神;淡泊名利、清正廉洁的自律精神。对照陈刚毅先进事迹,广泛开展以"知荣辱、树新风"为主题的道德实践活动,引导交通职工树立与经济社会相适应的思想道德观念,形成爱岗敬业、诚实守信、办事公道、奉献社会的职业道德风尚。

"十二五"期,为培树根植于交通沃土,争创一流业绩的行业典型,展示交通人敬业、进取、拼搏的先进事迹,发挥典型人物的示范引领作用,湖北交通系统深入开展"十佳百行"标兵评选活动;挖掘培树新时期"交通工匠"和技术能手。"陈红涛示范岗""许湘秦工作室""杨丽创新工作室""苏涵工作室""尹少荣勤廉示范工作室"等各具特色的工作室纷纷建立,员工的综合素质不断提升。3名个人被评为"最美中国路姐",2个集体被评为"最美中国路姐班组"称号。全省交通系统共产生100位"十佳百行"标兵。2014年,武

时任省交通厅厅长林志慧(左)与全国先进典型
陈刚毅参加奥运火炬接力

黄管理处收费业务骨干周攀,成功斩获了"全省收费技能大比武"冠军。2017年3月17日,省交通运输厅党组授予用自己的血肉之躯捍卫了国家路产路权的徐军同志全省交通运输系统"公路卫士"荣誉称号。

交通改革开放40余年来,全省交通系统有9人被授予全国劳模称号,51人获全国"五一劳动奖章",216人被授予省劳动模范称号,65人被授予省"五一劳动奖章"。在2015年"东方之星"应急救援工作中,广大交通干部职工冲锋前线、日夜奋战,被誉为"政治坚定,敢于担当"交通铁军。

三、抓创建活动,塑行业形象

1990年以来,以"弘扬奉献精神,创立交通新风"为主线,每年明确一、两个工作重点,突出抓好一两个有影响、能在职工头脑中留下烙印的群众性活动,来激发职工群众的创建热情,形成一种团结进取、奋发向上、全员参与创建的精神风貌。先后组织开展了以"五杯竞赛""规范化服务客运站""治两乱,刹三私""优质服务年""岗位学雷锋,奉献在岗位""高扬主旋律,岗位创一流""舞龙头对手赛""文明示范窗口""创文明单位,做文明职工""三学四建一创""文明样板路创建"等为主题形式多样的创建活动。由于这些活动能紧扣行业特点,吸引广大交通职工积极参与,形成了较大的创建声势,产生了良好的社会影响。"八五"期末,全省有19个汽车客运站被交通部授予"文明汽车站"称号;宜黄高速公路东升段被省委、省政府命名为"省级文明路",107国道湖北段被交通部命名为"文明样板路"。"九五"期末,全省交通示范窗口达到56个,全省交通系统县级以上文明单位达至80%;汉宜路、黄黄路、武黄路通过省级文明单位验收,107国道、312国道被交通部评为文明样板路;实现全省公路基本无"三乱"。

"十五"期,全省交通文明创建实现"三个转变",即由单枪匹马向齐抓共管转变;由单项突破向整体推进转变;由追求数量向转变质量转变。全省交通系统形成"三大文明"创建格局:即以创建文明车、船、港、站、路、航线为主要形式的行业创建格局;以执法达标、创青年文明、安全文明车船、文明工地为主要内容的部门创建格局;以创建文明系统、文明单位、文明处室为主内容的综合创建格局。至2000年,全省交通系统建成全国文明单位、全国精神文明先进单位6个,比上届增加50%;省交通厅、省公路局进入全国文明单位行列。

"十一五"以来,全省交通行业精神文明以"学创建"活动为载体,群众性文明创建活动不断拓展。针对交通行业特色,在行政执法领域开展了执法达标和争当执法标兵活动,在交通建设养护管理领域开展了争创精品工程、文明路、文明样板路、文明航道、星级公路管理站、星级收费站、重点工程、青年文明号信用建设活动,在运输服务领域开展了争创文明车、船、港、站,文明客运(公交)示范线,出租车创十佳企业,百佳标兵,农村路站运一体化示范线等活动,使文明创建活动载体覆盖了交通各行各业、各个领域,为全方位、全员参与文明创建提供了平台。全省交通行业精神文明建设呈现出重点突破、整体推进、亮点频出、蓬勃发展的良好态势,走出了新形势下为民创建、整体创建、联动创建、文化创建、品牌创建的新路子。2015年,省交通运输厅连续三届获得"全国文明单位"荣誉称号。交通运输行业连续三届获得全省文明行业。建成国家级文明单位12个、省部级文明单位145个、省级文明路33条;142个先进集体、111个先进个人获得省部级以上表彰。

2012年9月30日,时任省交通运输厅厅长尤习贵
(前左二)视察国庆高速公路免费现场

四、抓文化引领,铸交通之魂

党的十八大报告提出"提高国家文化软实力,发挥文化引领风尚、教育人民、服务社会、推动发展的作用"。湖北作为楚文化的发祥地,在省委、省政府领导下,吹响"文化强

省"号角。交通行业作为支撑经济发展,促进社会进步的基础性、先导性产业,是财富之脉、文明之母。广袤的荆楚大地、深厚的历史积淀,孕育了璀璨的交通文化,普通公路、高速公路、水路、铁路、民航、港航海事、运管物流、城市公交等十多个领域,一条条历史脉络如涓涓细流,汇入湖北交通历史文化长河,为荆楚文化的浩瀚注入一股不竭的源泉。着力推出一批在社会上"立得住、叫得响"的交通知名品牌,铸造国民之魂、交通之魂。

深化党建品牌。坚持从严治党,铁肩担责,铁腕问责,铁面履责,持续反"四风"、正新风、改作风、树行风,"网上党校""三严三实"专题教育工作经验在全省推广,省交通运输厅连续四届被省委授予党建工作先进单位;以"廉政阳光六长效"工作法为标志的"廉政交通建设"常抓不懈,成功将湖北杭瑞高速公路打造成"全省乃至全国廉政阳光示范工程";2015年七一前夕,湖北电视台《党组书记抓党建》栏目播出省交通厅长专访节目;7月7日,省交通厅在全省党风廉政建设主体责任推进会上进行经验交流。交通运输厅机关连续四届被评为全省党建工作先进单位。

铸造行业品牌。沐浴改革开放的和煦春风,湖北交通千帆竞发,交通建设由"资源消耗型、依赖型"转向"资源节约型、环境友好型";交通发展由"数量规模扩张型"转向"质量安全效益型";交通服务由传统客货运输转向"铁、水、公、空、管"综合立体、高效便捷的现代运输业;从"九省通衢"奋力迈向"九州通衢"。在全国交通运输行业率先构建铁、水、公、空、邮大交通文明创建工作机制。

构建诚信品牌。湖北省交通厅以社会主义核心价值观为引领,构建交通诚信机制,打造"诚信受益、失信受损、违法严惩"的交通诚信环境,提高交通行业的公信力,树立"诚信交通"新形象;通过质量信誉建设,创建"负责任"的政府和"负责任"的行业。具体路径上建设"五个交通",即加快推进综合交通、民生交通、智慧交通、绿色交通、平安交通。"五个交通"既是站在新的起点上制定的全省交通运输发展战略和发展目标,又体现了深厚的文化追求,对行业文化产生深层影响。

厚植文化品牌。湖北交通大力培育行业核心价值体系,从"铺路石精神""航标灯精神"到刚毅精神,文化品牌从星星之火渐成燎原之势。打造出"情满荆楚"等一系列文化品牌:普通公路的"华中经纬、大道通途"使命;"同心同德、创新超越"的港航海事精神;运管物流的"文化进车厢"特色品牌;"楚道行天下""微笑京珠""温馨汉十""和谐鄂西""阳光随岳""活力黄黄""真情武黄"等,书写了湖北一个又一个高速公路服务品牌。"满意在费亭、舒适在路途、服务在沿线、安全到终点""人车路和谐一体"等文化品牌,推动各单位文化品牌逐步向规范化、标准化、品牌化方向发展,湖北省成为全国首个以打造高速公路品牌集群的省份。

提升标杆品牌。树立行业标杆,汲取榜样力量。在湖北乃至全国交通行业树立起一

2016年6月,时任交通运输厅厅长何光中(中)到随岳管理处调研

批耳熟能详,广为流传的名字:七次化疗四次进藏的"工程技术人员楷模"陈刚毅;行车58万km,节油4万L以上的"节油大王"王静;用鲜血粉碎犯罪分子阴谋的"见义勇为英雄"蒋雪峰;从事公交驾驶27年、行车近百万公里的"三零司机"张兵;扎根基层40载,攻克技术难关的"航标灯王"郑启明。这些典型以实际行动促进交通事业发展升华为文化精神内容,点燃广大交通人心中的激情与梦想,成为社会主义核心价值观的践行者、传播者。

创新青年品牌。根据交通"窗口"单位青年人多的特点,省交通厅在公路、航道、公共客运、服务窗口、重点工程等方面开展争创"青年文明号"、"青年岗位能手"活动,让交通青年在改革发展中建功立业。2007年3月27日,湖北省青年文明号活动推进会暨青年文明号示范路授牌仪式在京珠管理处召开,京珠高速公路湖北段成为湖北省首条青年文明号示范路。在湖北最美青年文明号和2013-2014年度湖北省(杰出)青年文明号评选中,高速公路系统共有7家单位获得表彰。至2015年,全省交通系统建成全国青年文明号22个、省部级青年文明号198个,青年岗位能手19名。在全国"岗位建功、创一流服务、文明点亮中国梦"青年文明号二十周年交流展示活动中,湖北交通青年代表全国交通运输行业向社会庄严承诺。省交通运输厅荣获"全国突出贡献青年文明号活动组织单位";团省委、省文明办、省青年文明号组委会联合授予京珠高速公路管理处鄂南所"湖北最美青年文明号"光荣称号;鄂西高速公路管理所职工苏涵荣获"全国最美青工"称号。2017年"五四"青年节前夕,团中央印发了《关于命名2015—2016年度全国青年文明号的决定》,随岳管理处天门管理所和汉江崔家营航电枢纽管理处运行部获此殊荣。

铸魂育人,文化兴业。湖北交通人在传承交通文化血脉中开拓前进,使交通文化的精灵像空气一样弥漫交通各个领域,让文化的精灵在碧波上荡漾,在天空中飞翔,在大路上欢腾,以交通文化为驱动,不断创造超越历史的全新功业。

第二节 高速公路文明创建

按照湖北交通运输"打牢发展大底盘,建设祖国立交桥"的战略部署,坚持"三个文明"一起抓的工作思路,高速公路建设管理传承着文明之风:修一条公路,练一支队伍,树一面旗帜,促一地文明,添一道风景;着力创建景观路、文化路、服务路、效益路、爱心路,巩固提升交通文明创建水平。

一、公路建设,传承文明

(一)修一条路,彰显一种精神

高速公路建设期间,广大建设者积极参加各级政府的文明创建活动,修一条路,促一地文明。从20世纪90年代汉宜高速修建到21世纪的高速公路路网建设,条条高速公路建设传承着文明之风。

鄂东长江大桥创新技术发布会暨湖北交通运输行业
"创先争优迎国庆"成果展

1986年动工兴建的武黄高速公路,是此阶段坚持两个文明建设一起抓的典范。武黄公路建设指挥部高度重视文明建设,建立了一支坚强有力的指挥系统和思想、作风过硬的领导班子;建设管理中坚持两个文明一齐抓,认真做好职工的思想政治工作,做到建成一条路,造就一批人,逐步树立了"艰苦奋斗、团结协作、从严求实、争创一流"的"武黄精神";在工程上坚持精益求精,在工作、生活中坚持简朴节约,凡事精打细算不铺张,各级指挥机关借用交通部门房屋或因陋就简利用民房、仓库办公和居住,不购买不必要的生活用品;坚持秉公办事,热情服务,指挥部领导和工作人员,长期坚持在工地,与筑路工人一道冬战"三九",夏战"三伏",哪里艰苦、困难,他们就出现在哪里,既及时解决施工中问题,又鼓舞了筑路员工的斗志;老建设者们坚持严格认真、一丝不苟的工作作风,带动青年同志冲锋在前,任劳任怨,忘我工作;有些退休同志坚持退而不休,谢绝外单位的高薪聘请,为武黄建设献余热,表现了创业爱业、无私奉献的高风亮节。

随岳高速建设作为一项"利弥两湖,惠及八方"的德政工程,参建各方与当地群众互谅、互敬、互助,共同打造出和谐人文环境。荆岳大桥四川路桥项目部免费为当地学校修建篮球场地,学校师生送给项目部一面印有"奉献爱心,造福学子"字样的锦旗和一份热情洋溢的《感谢信》;荆岳大桥中交二公局项目部出钱出人出机械,将白螺中学校园门前一条泥泞小路修成了3.5m宽的水泥路,解决了2000多名师生出行难问题。

在征地、拆迁、政策补偿方面,指挥部坚持"政策主导、以人为本"的原则,将群众利益摆在首位。每逢传统节日,两地政府和协调指挥部的负责人都到各施工单位上门慰问,还先后组织当地的文艺团体到工地开展慰问演出。相关部门坚持"手续从简、服务从优、收费从低"的原则,在水电供应、闭路电视、网络通信等方面尽可能提供方便。当地百姓也与项目部相处融洽,附近的农户经常将新收获的农副产品送给项目部员工品尝,端午节包了粽子,也是整篮整篮地送上门去。施工中尽可能减少对当地居民的干扰,还多次开展扶贫助学活动,帮助当地村组疏挖河渠、修建道路。四年来,大桥建设者在廉政方面表现出非凡的自律品质,从指挥部到参建各方,没有发现一起违法违纪事件,工程建设管理做到了"零投诉""零举报",实现了工程优质、资金安全、干部清廉的廉政目标。

(二)修一条路,添一道靓丽风景

湖北高速规划建设施工中注重改善沿线生态景观,委托总体设计单位在全社会征集设计方案,邀请景观设计专家、项目建设管理人员及使用者进行方案评审,以进一步优化区域生态环境,美化高速公路行车环境,将工程对自然环境的影响降到最低,使工程与自然环境协调发展,努力将高速公路打造成一条条舒适宜人的生态景观高速路。

宜(昌)巴(东)高速公路建设中,紧紧围绕"3.12"植树节、"4.22"世界地球日、"6.5"环境日等重大活动和重点热点问题,积极开展宣传,邀请专家对全线环保工程师开展培训,提高管理能力。根据世界银行(简称世行,下同)建议和要求,在全线启动了"绿色环保先锋"评选活动,在世行代表监测期间,指挥部隆重举行"绿色环保先锋"风采展示暨评选颁奖仪式。由指挥部领导、世行专家、环境保护管理办公室、环监办、国际监理等组成评委组,对入围的绿色环保先锋集体和个人的风采展示进行了评选颁奖。活动在全线产生了良好反响,营造了全线关心支持和参与环境保护的良好氛围。

随(州)岳(阳)中高速公路突出以人为本的服务理念,服务区停车区选址布局依山临水,功能齐全,最大限度地方便司乘人员;在排水防护工程上,实现全路段生物防护,首次采用浅碟边坡和暗埋边沟,防护线型流畅,外观形式多样,充分体现了山水自然美与地域文化美的特点,营造一种人与自然和谐的宜人景观。

(三)修一条路,整合一地文化资源

黄(石)黄(梅)高速公路建设者站在时代发展的前沿,宣传、继承沿线深厚的名人文化、红色文化、戏曲文化、宗教文化、旅游文化等底蕴,不断整合优化文化资源,设计创作了具有路段特色的路标、路旗、吉祥物,以文化为主线,以路为媒,因地制宜,巧妙结合,将地域文化特色融入黄黄路的建设与生态环境中:将医圣李时珍、黄梅戏董永与七仙女、九骏图等雕塑建在服务区、边坡;还有古色古香的黄梅收费站和办公楼、具有欧式建筑风格的黄梅服务区、九头鸟造型的界子墩收费站等,名人、名戏、名图和九头鸟的传说等聚集在一起,引人无限遐思,让人沐浴在文化氛围的熏陶中,让人品出了荆楚文化及黄黄文化的丰富内涵和魅力。

沪(上海)渝(重庆)高速公路宜(昌)恩(施)段,桥隧比例占路线总长的56%,其中,龙潭河大桥墩高179m,位列世界第一。工程在克服高寒地带、施工场地狭窄、施工用水困难、工程施工条件异常艰难等困难的同时,还全力做好沿线的人文环境和自然资源的保护工作,维持了沿线林木茂密、自然景观优美的原貌,形成了工程建设与民族团结、生态环保的和谐发展。

宜巴高速公路筑路民工技术大比武

(四)修一条路,练一支队伍

(武)汉十(堰)高速公路建设地处偏僻,施工难度大,生产生活条件十分艰苦,各指挥部高度重视培养人才,锻炼队伍。汉十高速公路襄十段指挥部坚持发挥思想政治工作的优势,积极开展青年技术比武及争先创优活动,促进了职工学技术、学业务活动的深入,利用重大节假日组织全线职工开展具有工地特色的体育文娱活动,丰富了职工文化生活,增强了集体主义精神。通过三年的锻炼和培育,广大干部职工中形成了以工地为家,以建好襄十为己任,心往一处想,劲往一处使,吃苦耐劳,不计得失,敢打硬仗的良好氛围,培育出了一种荣辱与共、勇往直前的团队精神,百折不挠、勇挑重担的硬骨头精神,埋头苦干、勇于创新的奉献精神,并在实际工作中不断弘扬和光大。

在高速工程建设中,农民工是建设大军的主力,质量安全的"保护神"。杭瑞指挥部开设"农民工讲堂""农民工夜校",通过视频、播放光碟和交通网上党校等形式,在雨天和晚上组织民工学习,并聘请农民工为质量安全廉政监督员,参与项目管理监督,邀请农民工代表参与项目部及工区的管理,从建党89周年到建党90周年,杭瑞有7名农民工光荣加入党组织。时任省委常委、省委组织部部长潘立刚、侯长安先后通过"网上交通党校"与杭瑞一线民工党员互动对话,极大地推进杭瑞工程创先争优,党组织的先进性和凝聚力、向心力在工程建设中得到了较好发挥。2010年12月31日,中共湖北省委书记李鸿忠在出席"四路一桥"通车会议时,高度赞扬杭瑞农民工。交通运输部副部长翁孟勇在与农民工代表座谈时,赞扬说:"你们湖北杭瑞农民工不简单呀!"

(五)修一条路,树一面旗帜

湖北杭(州)瑞(丽)高速公路被省纪委、监察厅列为的"政府投资重大跟踪督查项目",要求打造成全省乃至全国廉政阳光示范工程。湖北杭瑞一班人按照"打造全省乃至全国廉政阳光示范工程"的总体目标和"安全、优质、廉洁、高效、惠民"的建设理念,群策群力,攒劲拉纤。指挥部先后获得"湖北省文明单位"、"湖北省五一劳动奖状"、全省交通"廉政阳光工程创建示范单位"、湖北省"工人先锋号"、"省直系统先进基层党组织"等荣誉。

武(汉)麻(城)调整公路建设指挥部,提出让工程建设项目在廉政阳光下运行,让众腐败现象无处藏身;使一项工程造福一方百姓,而不是滋生一系列腐败;一个项目培养一批干部,而不是放倒一批骨干。2009年5月23日,在麻城市召开了麻武高速公路"廉政阳光创建工程"动员大会,省纪委副书记余幼明指出,打造"廉政阳光工程",廉政是根本,阳光是关键,创建是途径。不出事、零发案,是创建工作的重要内容和有效途径,出成果、见成效是创建工作的基本要求和努力方向。鉴于交通基础设施建设点多线长面广、投资规模大、生产任务重、工作生活条件艰苦的特点。指挥部以教育为先,机制预警、防控结合,管治兼备、综合监督,多方协作,形成整体监督保障合力,发掘和树立了廉政建设的先进典型,在全行业形成学习先进、争先创优的风气,真正树立起湖北高速公路精神。

二、行业文明,硕果累累

湖北省高速公路管理局组建以来,根据高速公路行业特点,坚持不懈开展群众性精神文明建设活动,取得丰硕成果。

(一)文明创建活动

文明单位创建进档升级。中央精神文明建设指导委员会〔2003〕9号颁发《关于评选表彰全国文明城市、文明村镇、文明单位的暂行办法》,文明单位实行届期制,每届命名有效期为两年。湖北省文明单位建设管理办法中确定文明单位分为省、市(州)、县(市、区)三级,分别设文明单位和最佳文明单位两个档次,由县(市、区)以上党委和政府审批、命名。2005年,交通部《关于全国交通行业2005年精神文明建设工作的意见》(交体法发〔2005〕124号),《交通部关于评选全国交通行业文明行业创建文明行业先进单位文明示范窗口和六个十佳的通知》(交体法发〔2005〕228号),决定开展评选表彰文明行业,创建文明行业先进单位、文明示范窗口和"六个十佳"活动。评选范围:在三个文明建设中成绩突出,精神文明建设工作在本省(区、市)或行业走在前列,2000年以来(含2000年)获得过省部级以上(含省、部级)综合性荣誉称号的先进集体(个人)。综合性荣誉称号包括:省、部级以上先进集体,劳动模范、先进工作者。

2014年5月29日,省交通运输厅领导在鄂西高速希望小学
参加湖北交通青年志愿服务基地揭牌仪式

高速公路各管理单位积极参加各级文明单位创建活动,实现由县市级向省级文明单位的进档升级。京珠管理处自成立以来,先后荣获"全国精神文明建设工作先进单位"、"全国交通运输十佳文明畅通工程"、"全国五一劳动奖状"、省级"青年文明号示范路"等国家级荣誉37项、省级荣誉42项、厅级荣誉113项;青年文明号和文明示范窗口覆盖率100%。

"十一五"期,黄黄公司、楚天公司、武黄公司、汉十管理处蝉联"省级最佳文明单位",高发公司和荆州大桥局被评为"省级文明单位";2011年,2家单位荣获"湖北五一劳动奖状"称号,4家单位荣获"省级最佳文明单位"称号,6家单位荣获"省级文明单位"称号;

2013年,全省高速公路系统获得省部级以上荣誉的单位达80%以上。鄂西管理处自成立以来,共获得国家级荣誉2项、省级荣誉14项、厅级荣誉19项,先后创建成为"省级文明路""省级文明单位""省级安全生产先进单位""省级模范职工之家""全省政府法制信息宣传工作先进单位",并荣获"全国交通建设系统先进工会"和"湖北五一劳动奖状"等荣誉称号。

"十二五"期,全省高速公路系统文明创建活动再上新台阶。2013年,湖北省高速公路管理局通过省级文明单位复核,并获得交通运输部文明单位荣誉称号;2家单位荣获"全国文明单位"称号,4家单位荣获"省级最佳文明单位"称号,6家单位荣获"省级文明单位"称号,23条高速公路荣获"省级文明路"称号,3家单位获得"全国交通建设系统工人先锋号"称号,全省高速公路系统共获得省部级以上荣誉40多项。高管局、鄂西管理处、随岳管理处、大广北公司、襄荆公司、荆州大桥局被评为"省级文明单位",京珠管理处、汉十管理处、武黄管理处、楚天公司蝉联"省级最佳文明单位";黄黄管理处、高管局荣获"湖北五一劳动奖状";省高管局获得交通运输部文明单位荣誉称号。至2015年,省高速公路系统获得省部级以上荣誉的单位达80%以上。

创建"青年文明号"。湖北交通系统根据高速公路行业青年人居多的特点,组织青年职工积极参加共青团湖北省委、省文明办、省青年文明号组委会联合组织的湖北省杰出青年文明号评选。"湖北省杰出青年文明号"评选每两年评选一次。

汉十高速孝襄高速公路建设指挥部制定了《孝襄高速公路争创"青年文明号"、争当"青年岗位能手"活动实施方案》,提高青年职工政治思想素质;推进岗位训练,提高业务技术素质;将推进创建"精品工程"与青年文明号"信用工程"活动紧密结合,努力创造良好工作业绩,工程质量合格率100%,优良率90%以上,未发生重大安全、质量事故;2个下属单位被省交通厅授予"青年文明号"光荣称号。省指挥部孝感工作站荣获国家级"青年文明号"称号。黄黄管理处"全国工人先锋号"红安所和"省级杰出青年文明号"界子墩所接受湖北电视台专题采访。

先进个人层出不穷。各高速公路管理单位立足"管理规范、品牌突出、经济高效,努力为社会提供安全、快捷、舒适、环保、优质的现代化高速公路运行条件"作为管理目标,按照"高起点、高标准、创特色"的思路,发扬"拼搏、进取、务实、奉献"的精神,紧紧围绕建设一支适应高速公路管理的职工队伍,促进"人与人的和谐、人与路的和谐、人与自然的和谐",管理质量、管理水平不断提升。涌现出"全国五一劳动奖章"贾雪峰、"全省五一劳动奖章"杨丽、"全国交通系统劳动模范"程银华、"全国五一巾帼标兵"易志芳、"全省五一劳动奖章"刘利、"张兵式"收费员周晶、湖北省"最美基层安全卫士"郑玉典、湖北交通运输系统"十行百佳"童洪和全国"最美青工"苏涵等特点鲜明、个性明显的典型和先进个人150余人。

省纪委驻湖北省交通运输厅纪检组领导为施工单位授牌

黄黄管理处多年来坚持开展"创先争优"、"五好党团支部"、"党团员示范岗"和"十大标兵"等典型评选活动,每年评树各类先进集体50余个、先进个人200余名。涌现出"全国交通运输系统劳动模范"王晓华、收费过亿元的"全省青年服务先锋"张道红、爱岗敬业的"厅优秀共产党员"吴丰文、扎根费亭20年的"全省高路系统金牌收费员"黄建荣等20余个厅级以上先进典型。2012年9月,尤习贵厅长在听取鄂东高路十余年来"黄黄精神,薪火传承"的创建成果汇报时,欣然提笔写下"黄黄精神,交通灵魂"八个大字,高度肯定了黄黄干部职工的创业激情和工作成效。

(二)主题竞赛活动

(1)"收费站、服务区"优质服务百日竞赛活动。按照省交通厅的统一部署,各高速公路管理单位认真开展了"收费站、服务区"优质服务百日竞赛活动,改善了收费环境,增强了费收业务能力,提高了管理和服务水平。2008年,高速公路管理局发布了《湖北省高速公路服务区管理暂行办法》和《服务区星级考核评定暂行办法》,为服务区的规范管理起到指导作用。各单位也注重服务区的规范管理,提升了服务功能,树立了窗口形象。灾害天气时,为部分滞留车辆提供了力所能及的帮助,得到了司乘人员的广泛好评。

(2)费收"双争双创""竞进杯"竞赛活动。2013年,高速公路系统开展费收"双争双创"竞赛活动,组织客服人员综合技能培训。以提升高速公路系统收费从业人员的业务技能,展示职业风采为主要内容,开展了全省高速公路系统收费业务技能竞赛,经过层层选拔,来自31家经营管理单位的127名选手参加了初赛,有8个代表队进入决赛并分获一、二、三等奖。2014年,组织开展了全省高速公路系统"竞进杯"收费业务技能竞赛,39家路段单位近万名收费员参与,经过4轮比赛,来自武黄、汉十等选手分获前8名。

2009年,全省交通运输行业"祖国颂交通情"歌会

（3）路政执法技能竞赛活动。以提升"五种能力、五类技能、五项水平、五好作风"为目标,2014年,举办了全省高速公路路政执法技能竞赛活动。以"竞进提质,升级增效"为主题,大力开展高速公路养护系统"竞进杯"劳动竞赛活动。制定印发了《路政执法人员"三年轮训"工作实施方案》,组织开展了执法评议考核交叉检查和公路执法专项检查,培育了24名路政执法内部讲师,525余人次路政执法人员参加了执法资格培训与轮训考试,基本形成了执法人员培训、考试、评议的系统化建设机制。

（4）"节能杯"竞赛活动。2008年,全省高速公路行业将推进"节能杯"竞赛活动与学习实践"王静工作法"紧密结合,积极引进节能减排新技术,打造生态环保高速公路。

(三)职工文化体育活动

（1）高速公路系统职工运动会。2008年以来,成功举办了六届全省高速公路系统职工运动会。首届职工运动会共有17个代表团报名参加,在历时10天的比赛中,729名运动员参加了14个单项、6个团体项目的角逐,共决出139块奖牌,丰富了高路职工精神文化生活,展示了良好精神风貌,调动了干部职工的积极性和创造性,增强了全系统凝聚力和战斗力。

（2）大型专题活动。各管理单位积极参与大型专题活动,如京珠管理处、汉十管理处等单位积极参与湖北交通运输行业"祖国颂、交通情"红歌会,黄黄公司积极参与省直机关职工迎国庆60周年歌咏比赛会演并取得优异成绩。按照"活力黄黄,用心服务"的理念,在收费、路政、服务区窗口开展"三亮四比五评"活动;开展"窗口亮起来"、"微笑班组"、"服务明星"评选、"微笑服务我先行"、服务礼仪比赛等活动;在全省高路系统率先成立综合稽查大队强化岗位风纪的考核;坚持手势服务、微笑服务;女职工淡妆上岗成为窗口的一道靓丽风景。实施文化创建"321"工程。坚持每3年组织一次"活力黄黄,激情跨越"文艺会演,每2年举办一次职工运动会,每年组织一次书画摄影手工制作比赛。成立黄黄管理处摄影书画协会,成功举办首届职工运动会和"巧手扮生活,献礼十八大"书画手工制作比赛;自编自演的音诗画节目《高速路上映山红》荣获全省交通运输职工第六届"先行颂"文艺会演一等奖;在"高路杯"全省交通运输系统羽毛球、乒乓球比赛中一举夺得乒乓球男团、女团第一名的优异成绩,展示了黄黄人的风采活力。

湖北省交通运输厅代表队在省总工会主办、湖北省排舞协会承办的
第四届湖北省职工排舞大赛中喜获团体项目一等奖

(3)全员读书活动。各管理处相继成立文学社、读书社,启动"青年讲坛"活动,武黄管理处在基层单位建立了"真情书屋",举行了"三抓一促"与真情武黄主题演讲比赛,开展了《张兵在我身边》《中国梦与真情武黄》征文活动,创办了《真情武黄》季刊,倡导全员阅读、广泛阅读、深度阅读,提出"五项要求"即:端正读书态度、制定读书计划、定期批阅读书笔记、讲究读书方法、建立长效机制,引导职工做到"五学",即学理论、学业务、学文化、学制度、学经验,提倡读点文学、读点艺术、读点科普、读点名著,让员工在阅读优秀作品中享受美感、受到启迪、得到启发、熏陶精神、提升境界、拓展视野、扩大胸怀、增强教化、感悟人生。2013年管理处被评为湖北省学习型标兵单位。

(4)文化送基层,共铸交通梦。"践行价值观、文化送基层"是省交通运输厅为全面践行社会主义核心价值观、丰富基层文化生活的重要内容之一。2015年2月2日,湖北交通艺术团"践行价值观、文化送基层"的首场慰问演出在随岳管理处天门所成功举办。在慰问演出中,湖北交通艺术团和随岳管理处阳光艺术团自编自演了舞蹈、小品、诗朗诵、合唱等节目,为一线职工带去了一场艺术的盛宴。

注重文化品牌与新媒体的融合。省高管局组织"交通微电影"拍摄评奖活动,积极参与省厅"中国梦、交通行、青春情"微电影大赛评比,获得了特别奖1个、一等奖2个、二等奖4个,《天使班组》微电影荣获湖北省总工会年度评比一等奖,湖北省成为首个以打造品牌集群为品牌亮点的省份。

第二章
高速公路文化

交通运输部《交通文化建设实施纲要》指出:大力加强精神文明建设,要在实践中加强探索和研究,系统总结交通文化建设的丰硕成果,确立符合先进文化前进方向和交通事业发展要求的交通行业核心价值体系。湖北高速公路系统按照交通运输部实施"五个一工程"的要求,形成一批交通文化研究成果,提炼出一种高路精神,确定了一个行业徽标,创作出一批交通文艺作品,将行业文化建设提高到一个新水平,增强了行业凝聚力和软实力,为交通事业又快又好发展营造出良好的文化环境。

京珠高速公路主题雕塑

第一节　高速公路文化特色

素有"九省通衢"之称的湖北,在"建成支点,走在前列"发展大战略中吹响了新的发展号角。三十年来,湖北省高速公路发生了翻天巨变:不仅是公路里程的几何倍增,管理模式、运营方式、服务理念也发生了根本性改变,而高速公路文化建设更是从无到有,内涵日益完善,外延不断丰富,处处散发着新时代的气息。

一、传承历史文化

湖北是楚文化的发祥地,中国近现代革命的重要策源地之一,历史文物和革命文物十分丰富,享有"文物大省"之誉。湖北高速公路大力建设文化景观,结合地方特色树立了一系列表现历史文化典故的雕塑、建筑物。一条条高速公路如一条条红丝带,串起湖北历史文化的颗颗珍珠。现在,如果驱车襄(阳)十(堰)高速公路,除了自相映发的佳山秀水使人赏心悦目外,扑面而来的历史人文之风,则更会令人感奋不已。那座座巨型雕塑,分布在沿途互通处,整个襄十路段犹如一条历史文化的长廊,叫人目不暇接,使人仿佛听到现代化建设和人文历史的雄浑交响。襄阳贾洲互通的雕塑"三顾茅庐",将古老的故事与传统的式样巧妙结合,一下子把人们的思绪推远到三国时期;樊城互通的雕塑"卧龙腾飞",刘、关、张三双鞠礼手托起一条腾飞的卧龙,既巧妙地再现了"三顾茅庐"的千古佳话,又透出"人才是中华民族伟大复兴的关键"这一深刻寓意;位于四条高速公路的立体交汇处的部营互通,耸立着一件叫"风樯阵马"的作品,令人如闻萧萧马鸣和大江涛声;另一件叫"隆中对"的作品,用夸张和变形的手法塑造了羽扇纶巾的诸葛亮半身形象。引领眺望的诸葛亮,轻摇羽扇,衣襟飘动,其神情正合"致远"的心志。作品以静示动,动中见静,大气雄浑;老河口仙人渡互通的作品叫"千帆竞发",片片银帆叠加在一起,有乘风破浪之势。整个作品构思简洁,不枝不蔓。以帆代船,以船寓渡。由于特定的地缘环境,有关仙人古渡的神话和传说,由此即可展开无限的遐思和联想;谷城三岔路互通的"双雄会"是一件写实的作品。表现的是明朝末年的两位农民起义者——李自成和张献忠相会谷城重谋起义的史实;武当山下,雕塑中的太极张三丰执剑起舞。壁画上,"七十二峰朝天顶、二十四涧水长流"的武当山气势宏伟,均彰显出博大精深的道家文化。再往前行,路边的浮雕多分为三层,以浅蓝色为底色,呈金字塔状依山体铺设。憨态可掬的神农架猕猴、栩栩如生的侏罗纪恐龙、充满现代气息的车城概貌、风光旖旎的丹江胜景,无不跃然于面积达4万平方米的浮雕、壁画之上。众多雕塑、浮雕、壁画,将三国文化、武当文化、车城文化、荆楚文化、神农文化发挥得淋漓尽致,俨然一座座"文化路标"。

孝(感)襄(阳)高速公路体现出的人文气息也让人浮想联翩。18座反映历史名人和荆楚文化的雕塑在沿线镌刻烙印:随州哺育了炎帝神农,创造了华夏农业的早期文明;枣阳造就了跨牛举事的东汉皇帝刘秀;襄阳出了北宋书法四大家之一的米芾;春秋时期的曾侯乙,留下编钟惊世的音韵神奇。

襄(阳)荆(州)连接线在襄阳互通和樊城互通的显眼位置设置了符合当地历史、地理环境的雕塑各一座。为了把这条高速公路建成湖北省的一条文化长廊,作为其附属工程的房建工程,在各个站点的房屋建筑中力求做到完美大体,既有现代建筑风格,又与当地人文景观相结合。襄阳收费站紧靠襄城市郊,隆中风景区距离襄阳互通仅2km,它有着悠久历史,为了体现这种古代风情,将这一文明展现给人们,襄阳收费站天棚采取仿古造型的格调,以钢结构为主,既轻盈又美观。该站还利用当地自然条件,傍依于山脚,门前小河流过,给人一种舒适的环境。

大新互通雕塑

二、弘扬传统文化

中华文化历史悠久,底蕴深厚,代代相传,历久弥新。从优秀传统文化中汲取向上向善的力量,实现中国五千年的文明和传统美德与现代接壤,让传统文化和传统美德重新走进现代人的心灵,并在传统文化的基础上加入现代元素,加速传统文化的现代化进程,让传统文化继续焕发新时代的光芒,已经成为高速公路的文化追求。

文化植根于湖北交通的文化沃土,凝结着湖北交通人的智慧和心血。各条高速公路以当地的优秀文化感染干部职工,继承和弘扬传统文化。汉十高速公路沿线不仅对外展示孝感忠孝文化、随州炎帝文化、襄阳诸葛文化和武当道教文化的;而且从中国传统文化中汲取精粹,将《道德经》中的"自胜者强、知足者富"与廉德理念做了整合对接,创建了"善为·治道"文化品牌。2013年12月27日,湖北汉十高速公路管理处与30多位文化学者专家共聚江城武汉,针对汉十高速通行十年来的文化积淀,以论道的形式进行了解读和评价,对汉十高速以"道至善,为行远"为核心的"善为·治道"文化体系,给予了高度评价。"自古金风难越秦岭,楚乐不过长安。东西之别,一如隔年。今得千里汉十,蠹飞桥、平广壑、起大泽、穿巨峦……"在汉口解放公园内的天心禅茶居,悠扬古筝的伴奏中,"论道汉十研讨会"由楚天资讯电台主播郑杨朗诵的《千里汉十赋》为开场,用文学和声音勾勒出湖北最长高速公路的时空气势。主创陈源作家随后对《千里汉十赋》引用典故作了相关解读,进一步分析了汉十高速公路从所经沿线历史文化资源中汲取的营养。汉十文化顾问的十堰市文体局长牛孝文阐释了中国传统文化中的"道"、现代交通行业中的"道"

以及汉十高速发展中的"道",对三者之间传承演化做了精彩解读。汉十文化项目主创刘利向与会专家学者汇报了汉十"善为·治道"理念体系的调研、分析、整合建立过程。展示了以"道至善,为行远"为核心的汉十高速文化理念建构:立业之道、修身之道、发展之道、管理之道、服务之道、经营之道、安全之道、人才之道、廉德之道、品牌之道。汉十高速公路管理处党委书记周宇红就"汉十温馨创建"做了说明,提出以"温馨 GPS 文明创建系统"为核心的新三年创建规划,将进一步提升汉十高速窗口形象和服务水准。与会专家学者对汉十《善为·治道》系列作品展开了点评和研讨,会议现场互动交流热烈,精彩观点纷呈。楚文化研究大家、省社科院副院长刘玉堂因故未能到场,委托专人对汉十《善为·治道》做出了中肯的书面评价。会上湖北省交通运输厅副厅长谢强对汉十《善为·治道》提出了独到点评:汉十高速是国家交通骨干网的重要路段,是湖北交通文化的有机部分,《善为·治道》符合交通部队文化建设的指导意见,将优秀传统文化与现代管理科学做了合理对接,在高速公路行业有标杆意义,希望汉十高速下一步将《善为·治道》真正融入实际工作中,让社会大众感受到汉十文化的正能量。与会专家一致认为"汉十文化"风格独特、体系完备、架构合理,对现实工作有明显的指导作用,尤其是把服务大众出行作为最核心的文化理念,反映了汉十人立足高速,修身、齐家、报国的精神追求。

三、彰显地域文化

高速公路沿线景观设计处处彰显浓郁的地域文化,提升高速公路的审美价值。汉十高速路沿线人文景观主要以武当文化、神农文化、车城文化、荆楚文化等 6 大系列为主题,面积达 4 万 m² 的壁画和 3 处风格各异的附属区建筑共同构成了一条漂亮的景观长廊。一路上,栩栩如生的太极张三丰,羽扇纶巾的诸葛亮,李自成和张献忠《双雄会》,把握汽车工业兴起和繁荣的《方向盘》等,使人宛如置身画中。

武许段比邻武当山风景区,为了实现武许段功能性与美观性、服务性与观赏性的统一,武许段整体景观设计将人文景观和自然景观有机结合,提升了环保理念和整体形象。首先,在道路选线时,考虑了对山区高速公路整体轮廓和景观的需要,做到线位、线形选择与沿线地形相协调,对工程防护坡面修改设计,增加了上攀下挂等多种形式的窗台、窗洞,加强生物防护,提供了一个富于变化、蕴藏美感、融于自然的行车环境。其次,武当山收费站天棚采用有道家特色的仿古建筑形式,与当地特色的人文景观有机结合,相得益彰,成为当地一景。六里坪管理所房建设计时恰当地保留了原有的一个水塘,将其改建为观赏性水池,这样既美化了环境,又节约了投资,一举两得;对武当山和六里坪两个互通区的绿化布局,采用了自然式与规则式相结合的手法,以植物选景为主,以草坪为底衬,以公路为纽带,构成了层次分明、色彩鲜艳的绿化空间。三是注重路线的色彩搭配,采用先进的环保材料,以黑色路面、白色标线、蓝色波形护栏、绿色的防眩板和隔离栅、橙红色桥梁钢扶手共同组成了一条"五彩路"。

孝襄高速连接着一条荆楚文化的长廊:"董永与七仙女",弘扬着孝文化的魅力;诗仙李白酒隐安陆,留下诸多千古诗篇;神农故里开创中华农业文明,楚国编钟誉为"世界奇迹";抗日名将张自忠殉国枣阳,载于华夏英杰榜;卧龙诸葛,谋定天下,遗下古隆中、水镜庄等三国胜迹。孝襄沿线矗立起以上述历史文化为题材的18座现代化雕塑,展现着沿线城市的深厚历史底蕴,成为一道新的风景。

黄黄高速公路上,造型各异的收费站,极具童话色彩的服务区,郁郁葱葱的绿化带,新颖别致的壁画、雕塑,不断变幻字幕的电子显示屏,如一串珍珠散落沿线,营造出浓郁的文化氛围,给人以赏心悦目的感观享受,为革命老区增添了一条艺术长廊,成为红土地上一道亮丽的风景线。

四、打造行业文化

湖北高速公路建设中,把文化元素融入技术设计和创新中,提升了工程设计的多元化和艺术性,引领了交通设计与建设的新时尚。湖北京珠高速公路穿孝感、越武汉、跨长江、过咸宁,与横穿湖北境内的沪蓉、沪渝、杭瑞等国家高速公路交错相连,接南纳北,承东启西,奠定了她在湖北境内独一无二的交通枢纽地位。历史承载着设计者的奇思妙想、指挥者的雄才大略、建设者的忘我奉献、管理者的独特思维。湖北京珠以其独特的人文景观与荆楚文化融为一体,风情各异的天桥和收费站,古典美与现代风格相结合的服务区建筑群落,半象征半抽象的互通区雕塑,给人丰富的艺术遐想空间,如同一个桥梁、雕塑博物馆,形成了湖北文化特色与交通行业特点相结合的楚文化艺术长廊,处处如诗如画。

从京珠高速公路驶入孝襄高速公路,映入眼帘的是孝南大型互通独塔无背索弯坡斜拉桥,一南一北,对称而立,宛如两位舞姿摇曳的仙女,动感十足,该桥突破传统型天桥设计方式,采用了具有独塔、弯道、上坡、斜拉、扭曲等五大特点的独塔无背索弯坡斜拉桥这一特殊桥型结构。以她为代表,孝襄高速公路的256座桥梁都造型独特,有的为斜拉索桥,有的是圆拱桥,有的似正在跳跃的鱼腹,有的如冉冉升起的月亮,有的像远扬的风帆,可视范围内没有一种桥型重复。欣赏这些富含孝感、随州、襄樊特色的天桥,仿佛置身于一座桥梁博物馆里,一点也不觉得疲劳。整条高速公路像一条美丽的绸带在绿色的海洋中逶迤绵延,现代化的工程与自然风光和谐相融,不留痕迹。

汉十高速公路在桥梁结构方面,注重应用新的结构形式和设计方法,同时更加注重了桥梁的美观效果,体现了以人为本的设计理念,对全线实施了整体景观设计、大大增强了沿线舒适宜人的景观效果。天桥和上跨主线的分离式立交设计,改变了以往单一而呆板的结构形式,全线天桥形式各异,精彩纷呈,成为高速公路上一道道美丽的风景。附属区依山傍水,风格各异,是人文景观和自然景观的有机结合,蕴含浓郁的文化艺术氛围。如六里坪互通绿化造型为双飞燕,武当山为八卦,武当山收费天棚采用有道家特色的仿古建筑与当地特色人文景观有机结合,相得益彰。

第二节 高速公路品牌创建

一、湖北高速公路:同大道 行天下

(一)文化品牌:楚道行

湖北高速公路文化品牌创建以"楚"作为地域表述,以"道"为行业属性表述,"楚道行"是一种现象描述,意味着湖北高速公路具有较高的行业运营管理水准,形成了成功的模式和体系。"楚道行"是一种品牌诉求,点明了湖北高速公路更高、更远、更优的自我定位。"楚道行"更是一种文学载体,反映着气度不凡的湖北高速公路文化。

2016年8月,省交通运输厅领导调研黄黄高速公路管理处红安党支部党建工作

"楚",从造字本义来看,是穿行于荆棘丛生的林莽中,表达了面对并不优越的物质条件,仍然执着的开拓前行的意境,与湖北高速近年来锐意进取、奋发前行的跨越式发展相互呼应。

"道",承载湖北高速公路的思想体系、文化积淀、精神面貌,反映了人、车、路和谐交融,体现高速公路的发展之道、管理之道、服务之道。

"行",体现"道路畅行、大众乐行、事业远行"三层含义,高速公路畅通的使命是"道路畅行",服务赢取社会大众的宗旨是"大众乐行",健康快速和谐发展的愿景是"事业远行"。

"楚道行"——行在承东启西,连南接北,通达九州的区位优势;
"楚道行"——行在传承历史,吸纳精粹,激扬荆楚的文化优势;
"楚道行"——行在科学高效,创新务实,业内领先的管理优势;
"楚道行"——行在品质卓越,品牌丰富,大众赞誉的服务优势;
"楚道行"——行在人心思进,敢为实干,人才济济的团队优势。

(二)核心理念:同大道、行天下

湖北高速公路以"同大道、行天下"为品牌文化核心理念,体现湖北高速公路文化核心、价值和能量。"同"对于湖北高速公路有着重要的战略价值,是管理理念的核心。"同"表现为和而不同(投资多元化,管理一体化)和同于大道(体制科学化,管理精细化)。"同大道"是湖北高速公路的最高层级的自我诉求,"行天下"是湖北高速公路最高层级的发展愿望,"同大道、行天下"对外含义为社会大众能在快速通行中感受湖北高速公路的巨大发展成就;对内则为湖北高速公路敢于思考、善于行动、富于成果的实践行为。"同大道、行天下"体现出湖北高速公路在"建成支点、走在前列","打牢发展大底盘、建设祖国立交桥"和构建综合运输交通枢纽中的区位优势、重要地位和发展愿景。

(三)服务理念:有路有我、至诚至善

湖北高速公路以"有路有我、至诚至善"为服务理念,"有路有我"主要表现为:湖北高速人,必须具备主人翁意识,"我"就代表湖北高速,有路的地方就有"我",主动服务,无缝服务。湖北高速人还具备强烈的危机意识,只有履行好服务大众出行的根本职责,才有个人价值的实现,单位事业的发展。"至诚至善"则表现为:行路有起点,服务无终点。湖北高速公路始终以提供畅悦通行体验为服务核心,通过服务流程、服务环节的至臻完善,达到形象的优美、服务的完美。

(四)廉洁理念:正心正行、有制有节

湖北高速公路以"正心正行、有制有节"为廉洁理念,正心,人心归向于正,表明了湖北高速公路提倡修养的廉政工作策略。"正行"是指规范人的行为,确立正确的行事准则,达到正确的行为,表明了湖北高速公路重视行为的廉政工作策略。"有制"指防控有制度,腐败被制约,表明了湖北高速公路制度为先的廉政工作策略。"有节"指人人有节操,得以自我防控;贪欲被节制,得以制度防控,表明了湖北高速公路务求实效的廉政工作策略。

二、京珠高速公路:微笑京珠　情满荆楚

京珠管理处负责京港澳高速公路湖北段的收费、养护和经营管理等工作。2007年,

在武汉西所成功试点的基础上,首次提出"微笑京珠"概念,从费收逐步向路政、服务区、养护、机关延伸和拓展,从三个层面对"微笑京珠"进行品牌建设和具体化。近年来,"微笑京珠,情满荆楚"文化品牌建设在提升管理、促进发展方面不断取得新的成效,所辖高速公路成为湖北省筹集资金最多、社会回报率最高、经济和社会效益最好的高速公路、被盛誉为"畅通的京珠、兴鄂的京珠、品牌的京珠、摇篮的京珠"。管理处先后荣获"全国精神文明建设工作先进单位""全国交通运输十佳文明畅通工程""全国档案工作优秀集体""全国五一劳动奖状"等荣誉称号。

京珠管理处荣获"全国交通运输文化建设卓越单位"荣誉称号

（一）文化品牌的定位及内涵

"微笑京珠"品牌的具体内涵。湖北京珠文化品牌的内涵由以路景相融为主要内容的建设文化、以标准化建设为主要内容的管理文化、以微笑京珠为主要内容的服务文化三个部分组成,最终浓缩概括成为"微笑京珠,情满荆楚"的文化理念。"微笑京珠"是文明与素质的体现,微笑传播文明,微笑体现素质,微笑展现品牌,将微笑融入行业管理与品牌创建中,培育员工的服务意识,转变心态和理念,将其视为工作的方向,成为每一个京珠人的行动指南。"情满荆楚"就是用京珠人永不止步的创新服务,让社会司乘体验和感受"忘不了的微笑",领略京珠人热情周到、真诚友善的服务品质,让司乘通行湖北京珠高速享受宾至如归的感觉。

"微笑京珠"品牌的主要内容。"微笑京珠"品牌立足行业特点,重在行为实践。"三尺费亭,微笑服务,把温馨送给司乘",以"微笑相伴、京珠相连"为内容,完善考评体系,提升服务质量,让司乘感受到一种形象美、行为美和气质美;"路政执法,便民服务,把平安带给司乘",以文明执法、热情服务、便民利民为重点,完善警路共建机制,在路政执法、应急救援、现场施救上提高效率,让驾乘人员感受到路政执法的依法性、便捷性和人本性;

"养路护路,通畅服务,把舒适留给司乘",以提升道路通行质量为目标,加大科技投入,严格施工规范,快速高效养护,让司乘在行车中感受到规范美、环境美和舒适美;"示范窗口,优质服务,把诚信传给司乘",通过开展"星级同创、品牌共建"活动,让司乘在服务区的消费和休闲感受到标准化、透明化和温馨化。

(二)文化核心体系的提炼与融合

核心价值观的潜移默化。湖北京珠的核心价值观是"我微笑,你微笑",让微笑成为融入生活、提升素质、实现价值的精神元素,体现了对民生的关爱与尊重,是服务品牌塑造的核心和主导,是高速公路经营理念、管理方式、服务质量、社会责任所渗透的文化内涵。"我微笑"体现在员工自信的神态、端庄的姿态和良好的状态,也是京珠人职业操守和幸福感的自然流露;"我微笑"是面对亲友同事更真诚,面对司乘更友善,面对成就更淡然,面对曲折更豁达,面对责任更担当。"我微笑",不仅仅是外在形象,更重要的是内在服务品质。京珠人用真诚的微笑、贴心的服务,提升司乘人员认同感和满意度,给司乘人员留下难忘的记忆,感染司乘,赢得司乘人员的满意和微笑。

京珠使命的服务定位。使命是一个行业生存和发展的基石。湖北京珠管理处的使命是"建设畅通的京珠、兴鄂的京珠、摇篮的京珠、品牌的京珠"。"畅通的京珠"是运用一系列组合措施,加大科技投入、完善服务设施、健全联动机制,做到养护快速施工、收费道口快速通过、路政执法便捷文明、应急救援及时高效。"兴鄂的京珠"是湖北京珠地理位置赋予的光荣使命,在湖北"建成支点,走在前列"中建功立业,服务于"五个湖北"宏伟蓝图。"摇篮的京珠"是以服务交通大发展为己任,着力培育高水平的管理人才、高层次的技能人才和高素质的业务骨干,使之成为湖北交通人才的摇篮。"品牌的京珠"是不断丰富"微笑京珠,情满荆楚"的文化内涵,成为湖北交通走向全国、展示形象的靓丽名片。

(三)京珠文化的落地与践行

文化建设,内聚人心,外塑形象。经过10多年的文化实践,京珠文化历经"铸魂、聚神、塑形"的锻造,形成了多层次、个性化的文化品位,呈现出生动活泼、健康向上的文化氛围。

铸魂。用社会主义核心价值观引领员工思潮,把赋有行业和时代特点的"勇于担当,敢于创新"的京珠精神,作为培养人、锻炼人、激励人的精神元素植入京珠人的思想意识。持续开展文化建设和精神文明创建活动。京珠网站、《湖北京珠》刊物成为员工文化交流、思想碰撞的主流媒介;一年一度的"十佳标兵""微笑明星"评选机制,发挥了先进典型的强大示范效应;"银华"工作室,"芳式"微笑等工作法,不仅香浓京珠,而且在行业内传播发扬。京珠人视社会需求作为发展己任,积极履行社会责任,回报社会。2008年"抗雪灾、保畅通"的重大考验,"5·12"汶川大地震、"4·20"雅安地震的爱心大捐助,京珠奖学金、关爱留守儿童"七彩圆梦"行动,结对共建文明新村活动,无一不彰显着京珠人服务人民、奉献社会的践行和承诺。

三、汉十高速公路:千里汉十　温馨相伴

汉十管理处主要负责汉十高速公路（G70福州至银川高速公路武汉至十堰段）的费收、路政、养护及其他综合性运营管理工作,另受委托管理荆东、汉孝、荆宜、武荆4条社会资本投资建设的高速公路。作为省内管理里程最长,委管运作机制最完善的高速公路管理单位,汉十管理处不断探索党建与管理、服务的创新结合,深度汲取沿线优秀传统文化,凝练升华了以"道至善,为行远"为核心的"善为·治道"文化体系,打造了蜚声国内的"千里汉十,温馨相伴"高路文化品牌。管理处先后荣获全国五一劳动奖状、全国交通行业文明单位、全国交通行业精神文明建设先进集体、全国创争学习型组织先进单位、省级文明路、省级最佳文明单位等国家级荣誉16项,省部级荣誉37项,厅级荣誉83项。

（一）扎根路域,定位汉十文化坐标

汉十文化涵盖发展思路、管理系统、服务模式、文化理念,体现职工风气、管理风格、服务风貌。汉十文化承载的内涵和使命:体现和践行湖北交通核心价值观。立足湖北省"九州通衢"交通发展战略,瞄准高起点,打造纵横捭阖的"善为·治道"文化,为建设群众满意交通做出积极贡献；展示和推广高速公路行业文化,力求百尺竿头更进一步。通过汉十文化履行行业宗旨,增进社会大众对湖北高速的了解和信赖；继承和弘扬沿线优秀传统文化。汉十高速公路横贯千里时空,串联众多传统文化名胜,沿线得天独厚的历史传统文化资源提升了汉十人的气质修养。通过对沿线孝感忠孝文化、随州炎帝文化、襄阳诸葛文化和武当道教文化进行总结提炼,形成了"忠孝仁爱、崇朴尚和、明志弘毅、图强拓新"的人文之风,对汉十高速公路沿线丰富的传统文化资源兼容并蓄,将传统文化精华引入管理和服务,体现"善为·治道"文化的博大与厚重。基于此,管理处在学习借鉴行业内外和兄弟单位先进经验的基础上,结合实际,对文化进行"功能预定、规划预设、层次预评、效应预估",成立了以省社科院、华师大、东风公司文化大家和各级主管部门领导为顾问的文化工作组,深入开展调研,形成了"汉十文化的溯源及演进分析""汉十文化特质分析"等报告,理顺"发轫萌生、华章初写、大器乃成、馨香千里"的汉十文化发展脉络,形成了传统理念结合现代思想、国际趋势结合中国元素、深远意境结合通俗表达的策划思路,精确设定了汉十文化坐标。

（二）文以载道,展示汉十文化风貌

通过系统总结提炼文化条目,宣传推广文化内容,不断丰富和展示出了汉十文化的独

2016年9月,省领导到汉十高速公路郧西管理所调研

特魅力。创新性地将"道、风、策、铭"对应管理处的顶层理念、精神风尚、执行理念和行为规范,形成了以"道至善、为行远"为核心的"善为·治道"文化体系。其中,将汉十之道分为立身之道(核心理念)、立志之道(发展愿景)、立行之道(汉十精神),反映了汉十及每个员工共同的价值标准和追求;将"汉十之风"分为人文之风(人文修养)和廉德之风(廉政要求),体现了对沿线传统文化的继承和发扬;将"汉十之策"分为五大部分,体现了汉十"以人为本"的理念高度;将"汉十之铭"按照管理处不同层级,提出了"五唯四行六需"的行为规范,对领导提出高要求,对干部职工也提出了新的发展目标。集中推出了以文化主册、简册、千里汉十赋、汉十简介手册、温馨汉十创建手册、VI设计手册为一体的文化套系。此外,还修订了汉十徽标,改版了《温馨汉十》杂志,推出了《汉十之歌》、卡通吉祥物、动漫简介、文化纪念品等系列文化产品。通过省政府门户网、荆楚网、楚天都市报、湖北卫视、湖北交通广播等大众媒体进行宣传发布。在沿线高架桥、情报板、各收费站口和办公生活区规范使用文化标识,在广大职工和社会公众中形成了强烈的视觉冲击,产生了深刻的印象。

(三)大力践行,激扬文化兴路热潮

管理处为加快文化品牌建设践行步伐,确保"善为·治道"文化理念全线铺开、深入人心,使全体干部职工做到应知应会、融会贯通,采取多种形式、多种载体,深入开展文化宣贯工作,促进文化入脑入心。通过分层次组织文化宣讲、制作下发专题讲座光碟、推荐文化书目和精读篇目、中层干部文化研讨、员工文化知识有奖答题等多种形式进行宣传和引导,使全体员工对"善为·治道"的重要性和高度性有了更加明确的认识,并将其变成汉十人自身的自觉追求和行动指南。组织开展了文化节系列活动,如通过"文化连连看"活动,将主线8个党总支分成7支队伍,分诗词首尾创作、制作文化图册、自创文化栏目等

3个竞赛单元同台竞技。按照新的温馨服务标准,开展了更加细化量化的考核验收。开展了"读汉十赋、做汉十人"和费收"五善五治"竞赛活动,通过这些系列活动,使汉十文化更加受欢迎、接地气。努力创新载体,促进文化多方融合。将文化与现有特色品牌无缝链接,极大地丰富了汉十文化的内涵。比如在各基层党支部特色创建的基础上,总结提炼出"七联聚力、五效合一"的党建工作法,加大了省直机关基层党建工作示范单位的创建力度。在指导扶持"隆中青年读书社""枣阳红旗大讲堂"等读书品牌的同时,开设了管理处的"温馨大讲堂",进一步掀起了青年员工读书求知、勤思乐学的热潮。着力整合资源,促进文化亮点纷呈。汉十文化已经被省厅推荐参评全国交通系统文化品牌。温馨品牌创建工作经验也在全国交通系统服务品牌交流会和全国思想政治工作研讨会上交流。该处陈红涛同志的路政执法生涯里,服务为民是永无止境的探索,而始终不渝的是他的内心准则,那就是安全、责任,多年的路政执法生涯中,他累计处理各路涉路案件近400起,挽回各类路产损失60万元,拒收现金礼品不下20次,在危急时刻以大勇之躯写大爱,用自己的身体保护了女乘客的安全,成为湖北交通重大先进典型,先后荣获了"湖北省青年五四奖章""全国五一劳动奖章""全国十大最美职工"光荣称号。廉新星同志从事路政工作10余年的时间里,舍小家顾大家,刻苦学习,文明执法,热情服务,多次受到湖北省厅、省高管局及汉十管理处的表彰,被评为2017年度第九期中国"最美路政人",成为湖北省首位获此称号的路政员。

汉十漫川关所通过开展自查整改、站口普查、专班排查等
方式掀起"治庸问责"活动风暴

四、鄂西高速公路:和谐鄂西 绿色之旅

秉承"五个交通"(综合交通、民生交通、智慧交通、绿色交通、平安交通)和传承行业

特色、地域特征、精神特质的"鄂西精神",鄂西高速管理处逐步形成了"和谐鄂西"品牌文化体系。"和谐鄂西"的内涵,就是鄂西管理处践行科学发展观,将鄂西高速公路打造成服务地方经济社会加快发展的高速路、平安路、生态路和文明路,推动路与自然和谐发展,助力地方经济社会腾飞,从而实现把"和谐鄂西"打造成全国知名的山区高速服务管理品牌。

宜恩段通车暨全省高速公路建设二十周年文艺演出

(一)继承"鄂西精神",打造特色文化品牌

在长期建设实践中,鄂西管理处逐步形成了"拼搏,进取,务实,奉献"文化内核,同时合理继承其他传统管理经验和文化理念。"鄂西精神"是全体员工在建设发展过程中所形成的群体意志、思想境界和理想追求,鄂西高速公路养护唯一女工程师彭玲丽用自己的行动,回答了"我们应当具有什么样的精神状态"。沪渝高速公路鄂西段,沿线重峦叠嶂、沟壑纵横。这里,上百座桥梁和隧道串联,被誉为"中国最美的山区高速公路",同样也是交通环境最为复杂的高速公路,这位80后的娇弱女子,担当起了这份爷们儿之责。彭玲丽所处的第一养护站所管辖的区域,全长101km,海拔从50m一直攀升至1100m以上。全线共有主线桥梁129座,隧道17座,可谓整个沪渝高速公路上交通环境最为复杂的一段。每天,彭玲丽便行走于这段路上,翻护栏、爬桥梁、穿隧道,悉心照料着这段高速公路。大年除夕,她在高速公路上除雪;身怀六甲依然奔波,女儿出生仅3个月便返回了工作岗位。

(二)体现"地域特色",打造特色文化品牌

鄂西高速路段具有非常鲜明的地域文化特色,这里是土家族、苗族的聚居区。恩施土家族苗族自治州、宜昌长阳土家族自治县是鄂西高速经过的两个少数民族偏远区域。因

此,管理处奉行以人为本的管理理念,结合实际深入贯彻。处党委时刻把改善职工生产生活条件放在心上,开办了"周末大讲堂""网上党员论坛""职工论坛""网上职工之家",拓展员工、党员学习交流平台,时刻倾听职工心声。针对职工生产生活中存在的实际困难,管理处大力开展"暖民心"工程,投入资金为各站所购置了乒乓球、篮球、卡拉OK等文化、体育设施,开展丰富多彩的文体活动,为高海拔地区职工增添防寒物资,丰富职工的业余文化生活,让职工安心上班。

山区高速公路管理驻地偏远,青年职工分布不集中,活动空间单一,与外界接触范围狭小。随着时间的推移,鄂西高速公路青年职工婚恋成为突出的问题。鄂西管理处工会、团委结合青年需求特点,在服务青年婚恋手段上不断创新。管理处自成立以来,以"继承传统、服务青年"为目的,已成功举办了三届鄂西高速女儿会,20余对男女青年成功牵手。此外,管理处将进一步探索与兄弟单位建立"单身青年"联谊机构,利用情人节、恩施女儿会等各种节日举办单身青年相亲会,为高速公路职工青年交友婚恋积极地创造条件,提供帮助。

2016年8月,鄂西管理处举办第七届"过河缘,鄂西情"女儿会

(三)体现"天路传奇",打造特色文化品牌

鄂西高速公路具有非常鲜明的山区高速公路特征,在建设过程中也克服了难以想象的困难。这包括很多特殊的地质特征:鄂西高速公路建设项目穿越我国第二道地质阶梯,沿途不仅穿越数十道高山、深谷,还要翻越平均海拔1100m的鄂西高原,且沿线存在滑坡、岩堆、危岩体、地下暗河、崩塌、顺层滑坡、断裂带与冲积扇等各种不良地质情况,号称"集地质病害之大成"。工程技术复杂:桥梁、隧道里程占线路总长的一半以上,尤其是技术复杂的高墩大跨桥梁和特长隧道众多,深路堑边坡和高填石路堤也很突出,需突破的科研技术难点多,工程技术和安全、质量控制难度非常大。施工条件艰难:沿线现有公路坡陡弯急,设计载荷低,大件设备、材料运输困难;施工场地狭小,施工用砂、用水困难,筑路

材料缺乏,工程造价控制难度大;公路、铁路、天然气管线工程施工相互干扰大;项目工点多,施工工艺复杂;民爆物品使用频繁,安全管理难度大。环保水保要求高;项目途经区域是土家、苗族等少数民族聚居区,沿线森林茂密,自然环境优美,生态环境脆弱,弃土弃渣都需要治理,环保水保工作的技术难度和投资都较大。地理环境和施工条件的难度在湖北乃至全国高速公路建设中都是非常罕见的,而建设过程中体现出来的英雄事迹、宝贵经验及施工者的创业精神都在品牌文化创建中体现出来。

(四)体现"和谐、进取",打造特色文化品牌

管理处有48.25%的员工工作时间不足3年,51.75%的员工工作3年及以上。整个员工队伍都很年轻,充满了拼搏进取的激情,而且管理人员从不同行业、岗位汇聚到管理处共同奋斗,体现了一种和谐共赢的良好氛围。在文化建设中,管理处提出并完善"和谐鄂西"品牌文化,适应了管理处提升员工精神风貌、不断开拓进取的实际需要。鄂西高速公路白羊塘收费站"亿元收费员"童洪用"和谐、进取"点亮齐岳山的色彩。白羊塘管理所年均车流通行200余万辆,车流高峰期,日均通行1.8万辆,每小时就有800余辆。这里,收费员一天微笑8h,一天要说5000余次您好,一天挥手弯腰5000余次,而五年收费额过亿元的童洪,就是这么年年、月月、天天坚持,创造了鄂西高速收费员的传奇历程。

2012年4月24日19时56分,在童洪征收第95457辆车时,他的收费额累计过亿,他骄傲地成为鄂西高速"亿元收费员"第一人。至今,他征收的车辆已至29万余辆,征收金额达2亿元。他工作热情、服务真诚、微笑亲和,赢得了过往司乘的一致好评;他态度严谨、任劳任怨、务实求真,深得领导同事的赞许肯定。他多次被鄂西管理处评为先进个人、优秀共青团员、业务标兵;两次在全省高路系统费收竞赛中荣获先进个人荣誉,被省交通厅表彰为2012年度优秀共青团员、2013年全省交通运输行业"十行百佳"标兵。

五、随岳高速公路:阳光相随 大爱如岳

随岳管理处负责随岳、襄荆523km的高速公路运营管理职责(其中襄荆高速负责路政执法管理)。近年来,管理处紧紧围绕社会主义文化建设大发展大繁荣的战略部署,以文化强队伍、以文化促管理、以文化创品牌、以文化谋跨越,全面推进各项事业快速发展,努力将随岳高速公路打造成展示荆楚文化、交通文化、阳光文化的文明高路。

(一)提炼核心理念,在提升品牌凝聚力上下功夫

2010年,继承建设期间阳光廉政工程创建经验,首次提出阳光随岳服务品牌设想,推出"双手递接"服务手势。2011年,开展文化集中攻关,组织封闭研讨,初步形成文化理念体系。2012年,修订并编印文化理念识别手册、形象标识手册。2013年,优化随岳核心价

随岳管理处工会获得全国总工会2015年度"全国模范职工之家"称号

值篇、发展规划篇、管理理念篇、文化践行篇等4个篇章31个具体内容的创建规划。2014年,健全理念、行为、形象3套文化手册,加强标准化站所队争创活动和"阳光标兵"系列典型创建。文化品牌建设做到了:实践→理论→实践的循序创建,做到了一脉相承、持续深入。管理处集思广益,提出"做阳光人、铸平安路、建幸福家、传随岳情"的随岳使命,提炼"勤奋进取、务实奉献、激情工作、追求卓越"的随岳精神,勾勒"争创五个一流、实现四个超前"的随岳愿景,形成"阳光相随、大爱如岳"的核心价值观。随后不断拓展、丰富品牌的文化内涵。使命、精神、愿景、道德、核心价值观是文化理念的内核,各项理念是文化的外延。管理处先后提炼了"至真至诚、尽善尽美"的服务理念,"说干就干、干就干好"执行理念,以及创新、安全、用人、执法和廉政理念等8个管理理念,初步健全形成了独具特色、契合实际的文化理念框架,进一步规范职工的行为,提升文化自信和文化自觉。

(二)健全文化体系,在提升品牌助推力上下功夫

管理处建立了一个长远的目标体系。在"十二五"规划拟定中,初步提出以效益、安全、创新、服务为重点的随岳中长期文化品牌创建蓝图。2013年,管理处探索"创新、品质、安畅、素质、文化"五型随岳创建目标。2014年,结合湖北交通"五个交通"目标,全面形成"品质、智慧、绿色、安畅、素质、人文"等6个随岳目标,积极构建一个更加科学的、系统可持续的创建目标和项目体系。通过定期举办"阳光讲堂",推出了四个项目创建载体,在四个层面宣传"阳光"理念。在党工团组织中推出阳光党支部、阳光工会、阳光团支部创建单元;在站所队单位中推出阳光家园、阳光驿站创建阵地;在班组科室推出阳光科室、阳光班组等项目;在收费、路政、养护等岗位中推出阳光天使、阳光卫士、阳光工程师、阳光先锋、阳光能手等"五岗十佳"荣誉争创,建立层次分明、覆盖全面、载体完善的项目体系,形成比学赶超、你追我赶的争创热潮,促使文化落地生根、开花结果;推出一个全面

的服务体系。在服务司乘方面,结合阳光服务品牌,组建张兵志愿者服务队,组织扶危济困主题活动,依托湖南和河南省界收费站探索异地服务,探索路警共建机制,圆满完成重大节假日免费通行、恶劣天气应急保畅等急难险重任务。在服务职工方面,积极推进标准化站所队建设,开展图书室、健身室、活动室等"三室四室"达标工程,建设亲子房、探亲房,组织送文化到基层和"十件实事"评比,开展全员健康体检,积极为职工解难事、办实事,提升职工幸福指数。

(三)延伸文化触角,在提升文化辐射力上下功夫

打造文化子品牌。为进一步展现荆楚文化、彰显交通文化、融合地域文化,管理处不断延伸文化触角,鼓励基层单位创建各自文化特色,推出了"人文随县""书香天门""绿色珠玑"等13个文化子品牌,进一步调动基层单位创建的积极性和主动性,阳光文化更接地气、更有生机。同时结合"多元化投资、一体化管理"的模式,提炼委托管理的"大道随岳南"子品牌,探索"和而不同带队伍、和谐平安建窗口、和蔼可亲抓服务",以及思想同心、目标同向、行动同步、成果同享的"三和四同"委管文化,得到业主的高度赞同和认可。

制度文化先行。持续推进1SO9001质量贯标工作,推出了11篇127项制度,初步形成了以制度管人、管事、管权的机制。形象文化铺开。结合重新设计后的随岳Ⅵ文化形象标识,统一管理制度、岗位职责、设施配置、文化标识,开展机关文化建设,积极创建标准化收费站、养护站、项目部、路政大队,打造全省一流、示范引领的标准化示范路段。管理文化深入,沿线各站所积极打造了走廊文化、宿舍文化、食堂文化等文化单元,充分发挥文化清风正气、润物无声、潜移默化的积极作用。全体员工不论身在何处,都能受惠于文化建设。

做到文化无缝隙。高速公路廉政风险点多,为进一步强化文化的警示和教育职能,完善"三重一大"决策机制,探索阳光微信党课,建立常态化的廉政短信,完善工程基建、资产采购招投标等重点领域监督制度,全面深化党风廉政建设和反腐败工作。积极推进廉政文化"六进",在荆岳大桥、养护二站建设廉政文化示范点,扩大文化的影响力。

文化建设促进管理全面升级,随着随岳管理处连续6年超额完成通行费目标任务,道路路况综合指数连续两年获得全省高路系统第一名,委托管理、路警共建得到全面推广,先后获得全国工人先锋号、湖北省五一劳动奖状、杰出青年文明号、全国交通运输行业文明单位等荣誉称号。

六、黄黄高速公路:活力黄黄 激情绽放

黄黄高速公路管理处下辖黄黄高速公路、武英高速公路和麻武高速公路,另辖管大广北高速公路路政管理工作,管段里程530km。作为区域高速公路的主管单位,黄黄管理处

成立以来,积极汲取鄂东地区的丰富文化营养和活力基因,把激发活力作为时代赋予高速公路人的发展使命,按照文化立路、文化管路的理念,大力实施品牌战略,提炼推出"活力黄黄"文化品牌。管理处以"活力黄黄"为发展之魄,着力展现用心服务、激情绽放的精神风貌,彰显以路为家、甘于奉献的责任意识,表达勇于创新、追求卓越的远大理想,传递奋发有为、激情跨越的创业意志,全力打造鄂东高路文化高地,构筑黄黄人共同精神家园,有效提升了区域高路管理水平。

（一）精神孕育,立足鄂东、服务中部的行业使命催生"活力黄黄"

活力是鄂东高路与生俱来的独特气质,黄黄管理者通过品牌创建,用活力聚集鄂东人气,承担路网使命,凝聚创业动力。

地域文化、红色文化赋予文化品牌创建使命。作为铺陈于大别山区的高速路网,鄂东4条高路穿行于有着医圣李时珍、民主战士闻一多、"天下祖庭"四祖寺和五祖寺、享誉世界的黄梅戏,以及诞生200名将军和两位国家主席等丰厚文化底蕴的山水之间。浸染了独特的文化灵性,特别是革命老区的红色文化赋予了黄黄人与生俱来的创造活力,增强了推动事业发展的动力和信心,给予了黄黄人"立足红色鄂东、服务中部崛起、实现跨越发展"的品牌创建使命。

2011年1月,黄黄高速公路小池所抗雨雪送温暖便民服务活动

黄黄精神、黄黄文化培植文化品牌成长基因。早在鄂东第一条高速的建设中,建设者们用革命者的魄力和智慧创造了8个湖北乃至全国第一,孕育了"自信自强、科学严谨、坚韧不拔、无私奉献"的黄黄精神。随着黄黄管理处的成立,鄂东高速公路从"人"字形发展壮大为"丰"字形,蕴藏于黄黄管理者心中的"黄黄精神"、黄黄文化迅速在鄂东路网薪火传承、辐射延伸。黄黄人历经10余年锤炼的服务鄂东、服务中部的价值使命,以及树一流高路品牌、立行业创优典范的发展愿景等得到干部职工的广泛认同,成为培植品牌的优厚基因。

(二)价值设计,携手奋进、砥砺同心的团队气场聚造"活力黄黄"

把"活力"落实为发展的愿景。结合区域实际,把"提升活力"落实到管理的方方面面落实为:推动发展的创新力,不断提升管理效能;黄黄精神的辐射力,着力凝聚和激发创业激情;标准建设的推动力,实现硬件、服务和管理标准化;精细管理的执行力,按照"精、准、细、严"标准提升管理科学化、标准化、规范化、流程化和信息化水平;用心服务的感染力,将温馨、阳光、微笑、真情奉献给社会驾乘人员;投资主体的聚合力,立足多元投资、一体管理,实现社会效益、企业利益和谐共赢,切实将"活力"变成了一种助推发展的价值愿景。

把"活力"表现为拼搏的精神。坚持以活力提升能力,坚定干部职工的理想信念,激发岗位争先的创争精神;认真抓好职工队伍业务培训,坚持围绕中心工作开展劳动竞赛、志愿服务、文明创建,以及服务明星评选、优质服务月、服务礼仪比赛等活动,坚持微笑服务、淡妆上岗,以美丽大方的形象和温馨可亲的笑容服务过往驾乘人员,把高路窗口塑造成驾乘人员眼中的风景线。

把"活力"激发成创业的激情。坚持能上能下,促进优秀人才脱颖而出,选派正派、责任心强、能力素质好、群众公认高的优秀党员担任基层书记;坚持在"赛马场上找马",组织了单位主管、路政、养护等多次竞争上岗;开展五好党团支部、党团员示范岗评选,向交通服务明星张兵学习等活动,引导干部职工争当十大标兵、先进个人,每年评树先进集体50余个、先进个人200余人次,培养了一大批"十行百佳""青年服务先锋",以及无差错、无投诉、无违纪的职工身边先进典型,将干部职工的朝气活力转化成了创业激情。

(三)创建载体,立足行业、一体多元的文化体系撑起"活力黄黄"

不断充实完善文化品牌体系。"活力黄黄"文化品牌推出以来,为提升品牌创建的科学性、系统性和效用性,管理处注重顶层设计和体系支撑,创建理念文化、行为文化、形象文化三大基本体系,注重涵盖政治文化、行业文化、地域文化等品牌创建基本要求,包含基本理念、管理理念、行为准则、行为规范、形象标识等内容,注重品牌的愿景、实践、宣传等各个环节,创建了基本品牌体系,为"活力黄黄"文化品牌提供载体和内涵支撑,打造了一系列特色文化品牌。

塑造"青年读书活动"文化品牌。坚持"青年读书活动"10余年来的成功做法,深化推出每天学习一小时、每半月写一篇读书心得、每季度读一本好书、每年写一万字学习笔记的"四个一"读书机制,把青年读书打造为岗位成长成才的平台,促进了优秀干部职工脱颖而出。

实施文化创建"321"工程。即坚持每3年组织一次"活力黄黄,激情跨越"文艺会演,每2年举办一次职工运动会,每年组织一次书画摄影手工制作比赛。成立黄黄管理处书画摄影协会,不断掀起群众性文体活动热潮,激发职工队伍内在活力。

打造"红色高速"党建文化品牌。发挥党建工作的行业特性和区域特色,以革命前辈李先念夫人林佳楣为麻武高速公路题写"红色高速路"为动力,自觉担负起传承老区红色文化、革命精神和党的优良传统的光荣使命,广泛开展"党员志愿服务队""党员巡逻车"等党建创建活动,把高速公路作为延续革命前辈为老百姓创造幸福生活梦想的重要载体,把"红色高速"打造成总揽区域高路党建工作、服务职工群众的党建品牌。

打造"雷锋基金"道德文化品牌。坚持在各站所捐款设立"雷锋基金",在收费广场、执法现场等一线救助受困驾乘人员,10余年来每年帮助过往驾乘人员数百起、发放帮扶资金万余元,取得了良好的社会效应。

开展"文化品牌宣贯年"活动,向各单位发放《VIS视觉识别管理手册》,向全体干部职工发放《活力黄黄文化品牌手册》,制定文化品牌执行标准,在全处开展品牌故事征集、文化理念学习培训、书画摄影手工制作比赛、品牌文化汇报演出、品牌建设成果展等活动,引导职工理解文化品牌、宣传文化品牌、践行文化理念,强化干部职工的理念认同,建立契合品牌内涵的行为模式。坚持通过在收费亭、办公场所、文具用品等处加大VIS视觉识别系统,以及各类运动会、演讲比赛、结对共建等创建活动传播品牌形象,推进品牌宣贯落地。

(四)深化内涵,以人为本、服务惠民的高路形象彰显"活力黄黄"

坚持以人为本,按照"活力黄黄,用心服务"的服务理念,把活力落实为爱心、细心、责任心,塑造了靓丽窗口形象。

提升窗口形象展活力。在全省高路系统率先推出微笑同行歌、健康形体操,制定"扬手问候、转体接卡、挥手送别"等突出细节的收费服务程序,在一线窗口推行"五心"服务,广泛开展"优质服务月""窗口亮起来"、微笑班组、服务明星评选等活动,坚持文明用语、淡妆上岗、窗口微笑与手势礼仪服务;坚持开展志愿服务,设立"雷锋基金"帮扶过往困难驾乘人员。严格按星级标准配置服务区标识设施,增加医疗救助站等服务设施。开展"城乡互联,结对共建"活动,积极与沿线各地共建文明和谐社区,树立了温馨靓丽、惠民利民、富有活力的高路窗口形象。

提升执法形象展活力。着力建立鄂东区域"投资多元化、管理一体化"新模式下的路政制度体系,开展"执法课堂"和"体能练兵",推行路政责任区"双人包保"工作法、"3456"联勤联动现场工作法,统一路政大队办公区、执法大厅、治超站和车辆形象标识,开展路警执法服务竞赛、"有困难找路政"等便民主题活动,坚持业务培训、体能练兵和素质测试常态化,大力推动行为军事化、形象统一化、管理精细化、标准同步化,提升路政人员的"五种能力""五类技能""五项水平"和"五好作风",提升了路政执法形象。

2016年,省档案局确认黄黄高速公路管理处档案工作为省特级

创优通行环境展活力。着力美化路容路貌,在黄黄路段按照星级标准改造沿线服务区;针对武英路段位于风景秀丽的大别山区、沿线植被丰富、林泉密布的实际,因地制宜地处理边坡和隧道绿化布景设计,实现了路与自然景观的和谐交融。根据麻武高速公路沿线红色文化浓厚的实际,在全线中央分隔带种植杜鹃花,在沿线边坡树立革命先烈雕塑,设置100多位将军故里的指示牌、添置黄麻起义烈士纪念碑、战场遗迹指示牌,营造浓厚的红色文化氛围。坚持按照国检标准抓好各路段小修保养,始终保持各路段技术状况指数MQI值在90以上,为司乘人员塑造了如在画中游的行车体验。

(五)创造效益,率先实践、主动履责的管理担当诠释"活力黄黄"

着力文化创效,按照"激情、创新、奉献、高效"的核心价值理念,不断创新超越,实现区域管理的多个率先、突破。

探索建立"多元投资、区域一体"管理模式。按照交通部"投资多元化,管理一体化"的总体思路和省厅"高速公路区域一体化"的总体要求,根据麻武、武英为国家投资建设、黄黄为鄂港合作经营、大广北为央企投资运营这一实际,在鄂东高路事业管理体制和投资利益不变的总体框架下,顺利接管黄黄高速经营业务,不断提升武英、麻武高速管理水平,建立完善大广北路政派驻模式,委托管理鄂东大桥散花所,编制了《黄黄管理处管理制度汇编》,形成规范统一的费收、路政、养护、经营开发管理体系,在省内外率先探索建立了"投资多元、管理一体、利益共存"的高路管理模式。

大力推行"精细管理"机制举措。把精细管理作为一种理念、标准和状态,按照"精、准、细、严"大力推行硬件标准化、服务标准化、执法规范化、工作流程化,开展"多元投资体制下高速公路精细化管理模式的研究与运用"课题研究,紧扣职责、制度、流程和考核4个要素,规范细化收费、路政、养护、资产、财务,以及人事、综合管理等一系列管理制度和

时任湖北省省长李鸿忠(右一)视察武黄高速收费站

流程,依据全国统一的标准样式,统一了执法场所,大力开展了以智真会商系统、应急预警管控平台为代表的信息化高速公路建设,培育了适合区域一体化管理需求的工作机制。

探索建立省际高路应急保畅机制。打破地区分割,联合三省六方签订"鄂赣皖高速公路黄梅区域应急联动运行机制",顺利开展九江二桥并派驻路政管理,探索运用"未堵先疏,远距离分流,近距离控制,现场疏导管控"工作法,依托跨省多部门分工负责、协调联动,成功突破九江二桥拥堵瓶颈,实现"中南第一堵点"——鄂赣省际"堵点不再堵、高峰不见峰、集中无滞留"的全新局面,成为省际应急联动的成功范例,以良好路网条件和应急处置能力承办全国公路交通联合应急演练,进一步锤炼提升突发事件应对能力和区域路面保畅水平。

七、武黄高速:真情武黄 路畅人和

武黄管理处主要负责鄂东南区域"四路一桥"共450km的高速公路管理。其中武(汉)黄(石)高速于1991年2月建成通车,被誉为"楚天第一路"。

(一)打造品牌,丰富内涵,弘扬敢为人先的创新精神

品牌名称:真情武黄·路畅人和

品牌内涵:真情爱岗敬业,真情奉献交通,真情服务社会;道路安全通畅,工作关系顺畅,生活心情舒畅;发展环境和谐,人际关系和谐,团结协作和谐。

武黄精神:尚学修德、务实敬业、团结拼搏、勇争一流。务实敬业:讲实话,干实事,求实效,爱国敬业,爱路敬业,爱岗敬业;团结拼搏指传承艰苦奋斗的创业精神,发扬团结协作的团队精神,坚持自强不息的进取精神,弘扬敢为人先的创新精神;勇争一流:争创一流班子,打造一流队伍,创新一流管理,树立一流作风,建设一流品牌。

核心价值观:便捷高效、安全畅通、服务驾乘、奉献社会。便捷高效:便利、敏捷、优化、快速,实现高速公路人货的空间位移。安全畅通:保障高速公路通畅无阻,确保国家和民众生命财产安全。服务驾乘:让驾乘走得了,走得好,走得满意。奉献社会:热爱社会,感恩社会,回报社会。

管理理念:服务理念:真情服务,情满路途。学习理念:勤学善思、学以致用。人才理念:公平选才,实干育才。创新理念:拓宽思路、勇于探索、敢为人先、创优管理。发展理念:人本发展、民生发展、智慧发展、绿色发展、安全发展。执行理念:实干实为、善做善成。廉政理念:清白做人,干净做事。团队理念:齐心协力、共创佳绩。

武黄高速管理处许湘工作室

(二)创建工作室,以老带新,为干部职工增添越来越多的正能量

管理处高度重视干部职工队伍建设,开展以"许湘秦工作室"为示范的全员读书活动,大力实施全员素质工程,充分发挥文化品牌效应和引领作用。许湘秦工作室于2012年3月在通山党总支正式启动,由业务骨干许湘秦同志担任工作室负责人和主讲人,其目的是在新开通路段以老带新、培养骨干、提升素质,克服职工队伍青黄不接的困难。创建初期主要采取集中授课的形式,对一线职工进行业务培训。创建至今,已开展培训60余次,主题讨论80余次,心理疏导300余人次,以电话指导、夜校培训的形式开展培训500余人次。培养出业务标兵50余人,8名青年通过自学自考获得了在职学历提升,35人通过工人技术等级考试获得技术等级提升。近年来在管理处组织的费收、监控技能比武、业务比赛中,共有4人进入了综合考核前10名,2人进入了数据分析前3名,在全处车牌输入、点钞点卡比赛中两名同志分别获得第一名,培养了一大批知识型、技能型、创新型职工。

针对高速公路点多线长、流动分散、日夜作业、新员工多、社会性强等特点,许湘秦工作室探索出5种工作法。一是"三融三化"工作法。将工作室的学习培训融入中心业务、融入思想教育、融入青年工作;二是"四减五制"工作法。"四减"即减去形式主义的学习活动、减去空洞陈旧的学习理念、减去缺乏情感的教育方式、减去呆板教条的学习方法。"五制"即培训目标制、弹性学习制、现场辅导制、轮流讲授制、即时考核制;三是"梯次结对"工作法。通过签订"一帮一"结对意愿,制定师徒结对方案,让新、老职工根据不同学员不同时期的不同需求结成师徒对子,实现培训的"量身定做";四是共享平台工作法。建立"书库"编写"软件库",组建"培训资料库",强化学习效果;五是"三因"导向工作法。即做到因需施教、因岗施教、因时施教,使培训工作有的放矢。

许湘秦工作室在创建过程中延伸出规范执法、养护技能、机电排障、窗口服务、班组管理等子栏目。工作室的主讲成员逐渐增加至7人,形成系统的培训档案、个人培训跟踪指导规划和电子操作系统,培训阵地从集中教学扩展到线上线下平台讨论、班组交流等。

2013年4月,"许湘秦工作室"由省交通运输工会授牌,成为全省交通运输系统第一个以职工姓名命名的创新型工作室。2014年1月,许湘秦被省文明办、湖北省交通运输厅授予全省交通运输行业"十行百佳"标兵荣誉称号,同年3月,许湘秦工作室被省总工会授予"湖北省女职工建功立业标兵岗"荣誉称号,同年5月,许湘秦受邀参加湖北省交通运输厅第一期"交通讲堂"采访。2016年3月,"许湘秦工作室"被省总工会命名为"湖北省职工(劳模)创新工作室"。同年5月,许湘秦荣获"全国五一劳动奖章"。

在许湘秦工作室的示范作用下,按照管理处党委的统一要求,各党总支结合实际,相继创办了印象武东工作室、梦想工作室、通城党总支凤玲工作室、鄂东南稽查工作室等,以业务骨干为主导的工作室,内容涵盖业务培训、心理辅导、人文关怀、站所文化等方面,为广大干部职工带来越来越多的正能量。

武黄高速管理处启动青年读书示范活动

（三）全员读书，书香武黄、为跨越式发展提供智力支持和人力保障

2012年以来，武黄管理处认真贯彻落实厅党组指示精神，积极开展全员读书活动，扎实创建学习型组织，大力实施全员素质工程，为创建、提升"真情武黄"品牌、实现科学跨越发展提供智力支持和人力保障。

明确五项学习内容：学理论，掌握交通发展新战略、新理念；学先进，开展"张兵在我身边"征文活动，发掘身边的先进典型；学制度，增强法制观念、组织纪律意识，规范做事做人；学业务，掌握业务知识，做到应知应会；学文化，积极倡导职工尤其是青年读点文学、读点艺术、读点传记、读点科普。

探索五种学习方式：述学，领导带头学，开展大队长讲坛、青年讲坛、读书沙龙、电子课堂等；督学，将学习情况作为季度绩效考核的重要内容，各单位、科室负责人定期批阅职工读书笔记；比学，开展费收、路政、养护技术比武，开展主题演讲比赛；荐学，管理处组织送书到一线，并向干部职工推荐阅读优秀书目；联学，管理处与通山县通羊镇泉港村小学结对共建"真情书屋"。管理处通山党总支牵手通山县山口小学开展关注留守儿童读书共建活动。

力求学习效果"五强"。即学习能力增强，管理处网站、期刊等刊登基层读书简讯千余篇、职工学习心得1000余篇。多篇文章在省总工会"爱岗敬业，服务社会"读书征文和全省交通运输系统"张兵在我身边"征文评选中获奖。道德修养增强。即开设道德讲堂。崇阳党总支费收班长陈建平，坚持五年来义务献血、帮扶留守儿童和孤寡老人，并带动身边班员成立志愿服务队，成为基层青年"道德先锋"。2012年，武黄管理处被省总工会评为湖北省第九届职工职业道德建设先进单位。业务技能增强，建立了"许湘秦工作室"等一线职工业务培训阵地，已培养出多名收费比武状元和一批业务骨干；队伍活力增强。两年来39名同志光荣入党，30余名业务骨干走上费收班长岗位；学习阵地增强。建成一线职工"真情书屋"23个、"电子阅览室"23个，庙岭管理所、汀祖管理所、通山管理所、鄂东南管理所职工书屋先后被省总工会列为全省"职工书屋"示范点。一批学习刊物应运而生，如武东所的《武东文苑》、黄石所的《在路上》、汀祖所的《新枫读者》、崇阳团支部的《青葱岁月》等。

管理处2009年、2011年、2013年连续三次被省委、省政府命名为"最佳省级文明单位"，2013年11月，武黄管理处被湖北省总工会、文明办、发改委、教育厅等9部门评为"学习型标兵单位"，同时被授予湖北省"五一劳动奖状"。

八、楚天高速公路：开辟通途永无止境

湖北楚天高速公路股份有限公司作为一个从事业单位脱胎、转制创建的现代企业，从无到有，从小到大，从弱到强，经过10年的沉淀与积累，迅速在现代文明中不断兼收并蓄、

吐故纳新,形成了具有自身特色、厚重而又珍贵的文化成果,推动公司持续健康全面发展。

"开辟通途,永无止境",这是公司的核心理念,更是公司人在企业运营中,对生存理念、管理理念、经营理念、服务理念和团队理念的思考,对管理、市场、资本、服务的理解,和对公司凝聚力、创造力、生命力、竞争力的追求。多年的追求,楚天人正是尊崇着"开辟通途,永无止境"这一企业的核心理念,打造出了一个"目标一致、团结共事"的文化机制,这是楚天人同心同德、为楚天事业而不懈奋斗的行为准则,也是楚天人成为一支开辟通途无止境精英团队的制胜武器。

（一）铸造"开辟通途,永无止境"的企业精神

极目楚天舒,天堑变通途。高速公路在振兴和发展湖北经济中的地位和作用是毋庸置疑的,它已经成为荆楚大地的发展之路、振兴之路、崛起之路。楚天高速作为湖北交通唯一一家高速公路上市公司,肩负着为高速公路乃至湖北交通发展开辟投、融资新渠道的重任。

开辟通途,就是要勇于改革,善于创新。楚天高速必须充分发扬楚人"筚路蓝缕、以启山林"的开拓精神、"路漫漫其修远兮,吾将上下而求索"的探索精神,变墨守成规为积极探索,变循规蹈矩为大胆创新,变乐于轻车熟路为勇于在陌生的坎坷中攀岩,在夹缝中求生存,在变革中谋发展,从而为公司开辟出一条通往资本市场的通途大道。

永无止境,就是要思变求强,追求卓越。在日趋激烈的竞争形势下,要实现楚天高速"立足公路、超越公路"的奋斗目标,就必须在改革创新中不断前进。发扬楚人"虽九死其犹未悔"的执着精神和"一鸣惊人、一飞冲天"的自信精神,不满足于所得,不拘泥于现状,以求真务实、励精图治的顽强作风,孜孜以求、坚忍不拔的拼搏精神,追求卓越永无止境,实现开辟通途的重任。

开辟通途,永无止境,就市场而言,就是要把握市场波诡云谲的变机,始终以"今日的通途可能就是明日的歧路"的危机感和"思变"、"求通"的观念面对市场,找到立足点,找准切入点,使楚天公司在变幻莫测的市场经济中立于不败之地。

开辟通途,永无止境,就资本而言,就是要在以路为根的基础上,牢记股份公司的使命和责任,不断运用资本化运作手段,探求资本运营的道路,促进公司多元化、多角度发展,依据公司的特情,追求公司社会效益和经济效益的完美结合。

开辟通途,永无止境,就管理而言,就是要以建立学习型企业、成就学习型人才为目标,汲取中外管理思想精华,吸纳现代企业成功经验,秉承交通传统使命,强调效益、效率、效能,创造最佳管理成果,在管理丛林中,开辟一条实现社会价值、公司价值和个人价值的通途。

开辟通途,永无止境,就服务而言,就是要充分把握行业特点和职业要求,以市场之脉

湖北省高路系统"品质杯"收费业务技能竞赛

为脉,以客户之心为心,不断提高和完善服务质量,不断改进和升华服务水平,最大限度地满足客户需求,既要提供安全、舒适、快捷、高效的硬性道路,也要开创与客户沟通互联、良性互动、经济互利的软性道路。

(二)夯实现代企业人本管理的基础

现代企业核心竞争力的三驾马车是"战略、人本、文化",优秀的、适应企业发展的文化是现代企业人本管理的基础,是可转化的企业缓释生产力。楚天公司成立以来,一直坚持把企业文化建设提高到战略的高度,在全体员工的共同努力下,楚天公司企业文化建设取得了丰富的成果,已初步形成了具有自身特色的文化体系,建立了以楚天企业精神为核心,以理念文化、行为文化、形象文化为主要内容的企业文化框架,正式推出了《企业文化手册》和视觉识别系统(CI手册)。

楚天公司成立不久,就组织人员认真研究和制定了企业文化建设纲要,并在公司上下采取多种形式学习、宣传企业文化的内涵,邀请大专院校的专家学者举办了企业文化建设专题讲座,各基层单位也通过办黑板报、出专栏的形式,广泛宣传了以楚天精神为核心的企业文化,举办了企业文化征文比赛,组织了转变观念专题演讲赛。随着公司的发展,建立了企业文化建设平台,创办了《管理园地》,建立了公司局域网和互联网站;公司还成立了企业文化工作专班,在广泛吸纳员工智慧、征询专家学者意见的基础上,集中力量对《楚天公司企业文化大纲》进行了修改完善,提出了建设五种文化的目标,即股权文化、创新文化、竞争文化、和谐文化、公路文化。

(三)建立以人文关怀为基础的和谐文化

和谐文化是以和谐为思想内涵、以文化为表现方式的一种文化。和谐文化是人们依附的精神家园,也是和谐社会具有凝聚力、向心力和感召力的源泉之一。楚天公司坚持以人为本,建立了以人文关怀为基础的和谐文化。

构建和谐的人本文化,关心群众冷暖。公司各级领导树立了为基层服务、为群众服务的观念,把尊重人、理解人、关心人和帮助解决基层职工实际困难作为企业文化建设的重要切入点。在资金十分紧张的情况下,公司拨专款对全线各个管理所进行了整修,配备了必要的办公生活设备、设施,基层反应强烈的吃水、吃饭、交通及用电等老大难问题得到了初步缓解,基层环境面貌和职工精神面貌发生了可喜变化。

构建和谐的民主文化,弘扬民主精神。公司认真执行职代会制度,初步建立了平等协商集体合同制度;出台了场务公开规定,完善了司务公开、所务公开制度;坚持重大事项公开、民主决策,充分尊重和保障员工的知情权、参与权、建议权和监督权。

构建和谐的团队文化,公司、所两级班子建设成效显著。按照省委和厅党组的要求,公司深入扎实地开展了领导班子创"五好"班子活动。结合股份制企业班子建设的特点,制定了公司两级"五好班子"创建实施规划,并将创建效果作为考核班子的主要内容,定期进行指导、检查和考核,突出"学习、谈心、奉献"三个重点。健全中心理论组学习制度和班子成员个人学习计划,认真执行了民主集中制度,各级班子做到了大事集体决策、小事经常通气,相互支持、相互谅解,基本形成了"目标一致、团结共事"的良好政治风气。加强了党员队伍建设,开展了廉政教育宣传、党员综合素质展示、党员民主评议、答题竞赛、评选"优秀党员、党务工作者"等系列活动。

2016年8月,交通运输厅领导慰问高温下仍坚守一线的干部职工

构建和谐的精神文化,深入开展了文明创建。为了丰富职工的精神生活和激发职工工作热情,公司开展了形式多样、内容丰富多彩的各项活动。如开展了"承诺守信、优质服务、争创文明示范窗口"、争创"四优文明总部""四优文明所"等文明创建活动,组织了"做文明公民、树湖北形象"的主题教育活动和"勇于挑战自我,争做合格员工"观念转变大讨论;注重发挥榜样的示范作用,组织公司10个模范员工巡回举办了事迹报告会;工会、共青团开展了"爱家、建家、管家"和"弘扬雷锋精神、实践三个代表"活动等。贴近现

实、贴近工作、贴近群众的文明创建活动取得了丰硕成果,也获得了诸多荣誉,如公司2004年被国家人事部、交通部授予"全国交通系统先进集体"称号。

(四)建立以服务社会为基础的公路文化

高速公路具有明显的公益性,社会性,楚天公司企业文化建设完全体现了公路的这一本质特征,建立了以服务社会为基础的公路文化。

坚持履行社会责任,提升了公路品质,完善了相关服务设施。楚天公司高度重视公路品质的保持和提升,不断完善公路公益服务设施。每年投入大量的资金对路面进行有针对性的养护,有力地保证了公路通行质量;为了彻底改善汉宜高速通行环境,公司筹措巨资,从2004年开始,用两年半的时间的对全线进行刷黑;公司投资100多万元,购回3辆牵引车,承诺为行驶在汉宜高速公路上故障车实施免费牵引;公司投入大量资金改善了收费场亭,在全线收费亭增添了许多新便民设施和服务项目,为司乘人员提供交通图、急救包,开通特服电话等;完善了服务区餐饮、加油、修理、厕所、住宿、休闲等服务设施和功能,规范了从业人员的经营行为和经营秩序,展示了热情诚信、文明待客的新形象。

坚持服务至上,寓管理于服务之中。强化以服务为宗旨的经营管理理念,全方位提高服务质量。在全体员工中树立起管理就是服务、服务促进效益的观念,将服务贯穿于经营管理的全方位、全过程。公司出台了《高速公路的服务管理办法》,在全省高速公路系统率先提出了通行服务、收费服务、执法服务、救援服务、信息服务等五个服务,率先推出免费服务热线4008890890(后被采纳统一为96576),并对服务的具体项目、考核标准进行规定,努力为用路者提供全方位、全天候的优质服务。深入开展创"优美环境、优良秩序、优质服务质量"的竞赛活动,以促进服务形象的明显改善。在养护上,合理安排施工点和施工时间,实施快速养护,抓好施工点现场管理,尽量减少养护施工对道路畅通的影响;在路政管理上,将文明执法与为驾乘排忧解难结合起来,开展创建"绿色通道"、路警共创"平安大道"等形式的服务活动,塑造文明执法的路政队伍新形象;在费收上,在搞好"窗口"服务的同时,开展延伸服务。

楚天公司企业文化建设的开展,有力促进了员工思想观念的更新促进了公司凝聚力和竞争力的增强,为公司各项工作的顺利开展提供了良好的观念环境和舆论环境。在以股权、竞争、创新、和谐、公路为主题的企业文化感召下,楚天公司正在走向新的辉煌!

Record of Expressway Construction in
Hubei
湖北高速公路建设实录

附　　录

附录一
湖北高速公路大事记(1985—2017年)

1985年

10月23日,湖北省交通规划设计院完成《武汉至黄石工程建设项目设计任务书》和《武汉至黄石工程建设项目可行性研究报告》的编制并上报交通厅。

12月5日,黄知真省长主持省长办公会议,《省长办公会议纪要》47号决定新建宜昌－黄石一级公路,并将武汉至黄石段列入"七五"期间必须确保建成的重点项目。

12月30日,省交通厅以鄂交函〔1985〕166号文向省计委上报《关于报送武黄公路设计任务书及审查意见的函》,提出建设规模及技术标准为一级汽车专用公路,路基宽度23米,桥涵设计荷载标准汽车—20,挂车—100,交叉道全部立交;总投资1.8亿元。

1986年

1月4日,省计委以鄂计交字〔86〕第007号《关于武汉至黄石公路建设项目任务书的批复》,同意省交通厅以鄂交函〔1985〕166号文提出的建设规模改建武汉至黄石公路。

2月26日,省交通厅以鄂交函〔86〕026号至武汉、鄂州、黄石三市及武昌县,转发85年12月5日《省长办公会议纪要》47号,要求地方支持和协助武黄公路测设工作。

5月21日,宜黄公路修建指挥部成立。副省长段永康任指挥长,省交通厅厅长王连东、省人民政府副秘书长方贤华、省计划委员会主任肖金涛、省经济委员会主任罗德润、省财经办公室主任韩宏树、省军区副司令员王兴隆、荆州地区副专员顾远扬、沙市市副市长赵祖福等任副指挥长。

9月20日,省政府办公厅以鄂政办发〔1986〕58号文印发《关于宜黄一级路建设工程征地动迁补偿问题的通知》。

11月5日,省政府办公厅以鄂政办发〔1986〕70号《转发〈宜黄公路建设指挥部会议纪要〉的通知》,请有关地、市、县人民政府和省直有关部门认真贯彻执行。

1987年

3月18日,交通部副部长王展意在交通厅长王连东陪同下,视察武黄公路施工现场。

9月4日,郭振乾省长主持召开省长办公会议,听取省交通厅关于武汉黄石一级公路施工进展汇报。

12月25日,武黄一级公路正式开工。这是湖北省兴建的第一条一级公路。

1988 年

3月21日,省长郭振乾批示:同意武黄、汉沙两条一级公路暂缓征收耕地占用税。

5月13日,湖北省高等级公路管理处成立。省交通厅批准成立湖北省高等级公路管理处,主任陈前海。隶属省交通厅,时与湖北省宜(昌)黄(石)公路建设指挥部办公室合署办公,主要负责宜黄一级公路管理事宜。

9月21日至10月8日,省交通厅厅长王连东参加交通部组织的第五次中日交流代表团到日本考察高速公路等施工现场。

1989 年

8月23日,省长郭振乾一行在省交通厅厅长王连东等陪同下,视察武汉至黄石一级公路建设工地,要求武黄路1990年通车。建成全立交、全封闭公路,成为示范路和样板工程。

12月7日,省交通厅厅长王连东陪同副省长李大强、徐鹏航视察武黄一级公路。听取宜黄公路工程指挥部汇报,并针对存在的问题提出具体解决方案。

1990 年

8月2日,省政府听取交通厅关于全省公路建设情况汇报后指示:武黄、汉沙两条公路要搞成沈大公路那样,要初步高速化。

8月23日,郭振乾省长带领省计委、经委、物资城乡建设厅、建设银行及省直有关部门负责人在王连东厅长和沿线三市主要领导的陪同下,视察武黄公路建设工地。

9月21日,湖北省高等级公路管理处更名。省机构编制委员会发文《关于省高等级公路管理机构及人员编制的批复》,将湖北省高等级公路管理处改名为湖北省高等级公路管理局,邵洪山任党委书记,陈前海任局长。办公地址,武汉市古田四路21号。下设武东、鄂州、黄石3个管理所。

10月3日,省政府印发鄂政发〔1990〕97号《关于加强高等级公路管理的通知》。

1991 年

1月10日,省交通厅印发《湖北省高等级公路路政管理办法(试行)》,共5章31条。对高等级公路路产保护、经济赔偿、处罚与奖励等均作明确规定。自1月15日起试行。

3月4日,武黄一级公路正式通车。该路1月全线竣工,免费通车试运营,2月1日开征车辆通行费。该路为湖北省第一条全立交、全封闭汽车专用公路。全长70.32km,双向4车道,设计行车速度100km/h。工程总投资3.5亿元(含贷款0.5亿元)。李先念为公路题词:发展现代交通,振兴湖北经济。王任重题词:楚天通途。陈丕显题词:楚天第一路。

10月,黄石长江公路大桥开工建设,该桥为318国道与黄石大道的过江通道,为全长2580米,四车道城市、公路两用桥梁;中交公路规划设计院设计;开启了湖北乃至全国交通部门自主设计建设长江大桥的序幕。

1992年

2月1日、2月29日、3月15日,湖北省长郭树言、省委书记关广富、交通部部长黄镇东先后视察正在紧张施工的黄石长江公路大桥工地,慰问大桥建设者。

7月5日,省人民政府发出《关于加强贷款、集资建设高等级公路管理工作的通知》。规定各地申请用贷款、集资修建高等级公路项目、建成后收费站设置及具体收费标准,由省交通厅审批管理。

7月16日,省宜黄公路修建指挥部举行新闻发布会,宣布宜黄公路东仙段58km竣工通车,该段于1989年动工;仙江段121公路一期工程基本完成,该段于1991年动工;江宜段88.5公里正式动工。省长郭树言等领导及省直有关部门领导人出席。

1994年

4月7日,鄂湘两省京珠高速公路接点方案专题会在咸宁召开。

6月,武汉长江二桥建成通车,于1991年5月开工建设。

10月30日,九江长江大桥全线贯通。铁路桥长7675m,公路桥长4460m。1973年12月26日开工建设。

1995年

6月,武汉长江二桥建成通车,于1991年5月开工建设。

7月7日,湖北省交通基础设施利用世界银行贷款项目建设领导小组成立。

8月15日,转让武黄一级公路收费经营权协议在武汉签字。经交通部、湖北省人民政府批准,湖北省交通厅厅长王远璋、马来西亚丹斯里·拿督李三春分别在转让武黄一级公路收费经营权协议上签字,商定设立"湖北马鄂高速公路经营有限公司",经营武黄一级公路费收和养护管理。转让金额5.8亿元,转让期限25年,转让金额用于湖北新建公路。

11月11日,宜黄高速公路全线通车。国务院总理李鹏、副总理邹家华为通车仪式剪彩。宜黄高速公路全长350km,双向4车道,设计行车时速100km/h。工程总投资29亿多元。1987年4月开工建设。

11月28日,湖北省人民政府在浠水主持召开黄黄高速公路建设协调会,正式拉开黄石黄梅高速公路建设序幕。

12月16日,黄石长江公路大桥建成通车。全长2580.08米,实际造价5.22亿元。

1996年

1月26日,鄂(州)黄(冈)长江大桥初步设计合同签字仪式在赤壁宾馆举行。

8月10日,宜昌西陵长江公路大桥建成通车。全长1118.66m,单跨900m,被称为"神州第一跨"。1993年3月11日,国务院三峡建设委员会批准建设。1993年12月开工建设。

10月1日,全长28.6km的三峡工程对外一级汽车专用公路全线贯通。

11月,宜昌长江公路大桥工程可行性研究报告、设计任务书通过交通部批复。

12月,宜黄高速公路武黄段获"省级文明路"称号。

1997年

1月31日,国家计委正式批准宜昌市兴建城区夷陵长江大桥。

5月11日,交通部"八五"重点科技攻关项目"宜黄一级公路膨胀土路基病害防治技术研究"通过部级鉴定。

7月5日,国家发展计划委员会以交计能[1997]1111号文件批准京珠国道主干线湖北省北段公路项目建议书。

8月5日,省人大常委会审批通过《湖北省高等级公路管理条例》共40条。对高等级公路建设程序、资金筹措、建设用地和建筑物拆迁、设施养护和维修、绿化、车辆运载、收费站设立和收费标准、违反条例处罚等均作明确规定。自公布之日起施行。

1998年

1月8日,国家发展计划委员会以交计能〔1998〕1037号文件批准京珠国道主干线湖北省南段公路项目建议书。

6月26日,财政部与世界银行签订京珠高速公路湖北北段贷款项目协议。同年3月,省交通厅、省财政厅、省计划委员会派人参加财政部组团前往世界银行谈判京珠高速公路湖北北段贷款协定和项目协定。

7月31日,湖北省人民政府以〔1998〕82号文件成立以副省长周坚卫为指挥长的"湖北省京珠高速公路建设指挥部"。

9月28日,我省高速公路第一个BOT项目——湖北襄荆高速公路有限责任公司成立。省公路建设总公司与葛洲坝集团公司合股组建湖北省襄荆高速公路有限责任公司,合资建设管理襄樊至荆州188.2公里高速公路。省公路建设总公司占20%股份。时为省内首次采用合资形式进行高速公路建设。

11月11日,鄂黄长江大桥工程可行性研究报告获国务院批准。

11月25日,湖北省首次利用世行贷款项目——京珠高速公路湖北北段开工建设。

12月30日,黄黄高速公路竣工通车试运行。全长142km,双向4车道,设计行车速度100km/h。1996年11月8日黄黄公路主干线开工建设,1998年12月30日竣工。1997年12月8日,黄梅至九江长江公路大桥(北岸黄梅小池口)开工建设。

1999 年

2月9日,湖北省国有企业改革领导小组批准组建湖北金路高速公路建设开发有限公司。标志着湖北省高速公路新型建设体制建立,使全省在公路国有资产资本营运改革取得突破性进展。同年12月18日,公司正式揭牌。

9月17日,财政部与世界银行签订京珠高速公路湖北南段贷款项目协定。同年4月,省交通厅、省财政厅、省计划委员会派人参加财政部组团前往世界银行谈判京珠高速公路湖北南段项目贷款协定和项目协定。

11月18日,湖北高速公路集团公司在武汉成立。省人民政府发文授权集团公司经营管理汉宜、武黄、黄黄、京珠湖北段等高速公路和九江、军山、黄石、荆州、宜昌、鄂黄长江公路大桥等国有资产。自2000年1月1日起实行统一经营管理。

2000 年

3月3日,湖北省交通厅以鄂交计〔2000〕116号文下达京珠国道主干线湖北省北段、南段、军山长江大桥在等重点工程项目年度计划。京珠高速公路湖北南段开工建设。

8月,武汉市人民政府以武政办〔2000〕159号文,成立以市长为指挥长的"武汉绕城高速公路建设指挥部"。

9月,武汉白沙洲长江大桥建成通车,于1997年5月开工建设。

11月18日,湖北楚天高速公路股份有限公司成立。

12月22日,黄黄高速公路通行费实现IC卡收费。率先进入全省高速公路联网收费。

12月17日,财政部与世界银行签订湖北省孝襄高速公路贷款项目协定。同年7月,省交通厅、省财政厅、省计划委员会派人参加财政部组团前往世界银行谈判贷款协定和项目协定。

2001 年

1月6日,黄石至黄梅高速公路、黄梅至九江长江大桥支线通过由交通部组织的竣工验收。

5月24日,荆州、岳阳两市召开联席会议,就兴建荆岳长江大桥达成共识,并成立前期工作领导小组。

4月8日至19日,世界银行代表一行5人对湖北孝襄高速公路项目进行项目准备。

6月5日,武汉公路建设史上规模最大,投资最多,里程最长的武汉绕城公路正式开工。

7月，经国务院同意，国家计委以计基础〔2001〕1180号文批孝感至襄阳公路建设项目建议书，并纳入世行贷款项目。

9月19日，宜昌长江公路大桥建成正式投入试运行。该桥主桥长1188m，为一跨过江钢箱梁悬索桥，由湖北省交通规划设计院设计，被誉为国内第一座用自己的技术，自行设计施工的桥梁。1998年3月开工建设。

12月16日，京珠高速公路湖北北段、军山长江公路大桥建成通车。该路是湖北省迄今最大的交通项目；是首次利用世行贷款项目；首次进行全程景观设计；首次将高速公路土建工程与服务设施、机电工程同时设计建设；首次进行完善的路基路面排水系统、超限运输系统设计。

12月28日，宜昌夷陵长江大桥建成通车。该桥总长3246m，为双向四车道城市主干道桥梁，1998年11月开工建设。

2002年

5月8日，荆东高速公路建设投资意向书签订。

9月26日，鄂黄长江公路大桥建成通车。全长3245m，双向4车道，工程总投资9.12亿元。1999年10月开工建设，2001年12月全桥合龙。

9月28日，京珠高速公路湖北南段建设工程竣工通车。该工程于2000年3月开工建设。至此国家重点工程京珠高速公路全线贯通。

10月1日，荆州长江公路大桥建成通车。该桥于1998年3月28日开工建设。

12月20日，湖北省人民政府鄂政办函〔2002〕164号文下发关于荆东、荆宜、宜长高速公路征地拆迁补偿标准的通知。

2003年

1月1日，全省高速公路开始联网收费。

1月22日至23日，世界银行考察团考察十漫高速公路建设项目。

5月1日，黄黄高速公路经营有限公司成立，为湖北省首家鄂港合作经营高速公路公司，由湖北省高速公路集团公司与香港新华集团所属福德路桥投资有限公司组建，共同经营管理黄黄高速公路。福德公司一次投入资金13.5亿元，取得49%收费权。鄂港合作经营"黄黄高速公路经营有限公司"转让期限20年，项目利用外资约1.6亿美元。

5月29日，荆东高速公路开工建设。公路北接荆州长江公路大桥，南至湘鄂交界处公安县东岳庙。

7月18日，荆岳长江公路大桥建设投资意向书签约。签约涉及建设里程443.9km，工程概算总投资165.1亿元。

8月8日，阿深南高速公路湖北南段建设投资意向书签订。公路全长112km，工程概算总投资43.1亿元。

8月20日,湖北随岳等三段高速公路建设投资意向书签订。三段为随岳高速公路湖北中段、北段、阿深高速公路湖北北段、宁樟高速公路湖北北段建设的投资意向书。4个项目建设里程578km,工程概算总投资207亿元。

9月24日,随岳高速公路湖北南段工程可行性研究报告通过专家评审。公路总长98km,工程计划总投资36亿元,建设工期4年,由湖北恒通投资有限公司全额出资建设。

12月26日,襄十高速公路建成通车。全长155.9km,双向4车道,设计行车速度平丘100km/h,山岭重丘区80km/h。工程总投资58.18亿元。2001年3月31日开工建设。

2004年

2月18日,沪蓉国道主干线宜昌至恩施公路土建工程设计施工总承包招投标标前会在武汉召开。这是湖北省交通建设项目实施方式上的一大创新。

3月1日至4日,受国家发改委委托,沪蓉国道主干线湖北恩施至利川高速公路工可报告评估会在北京召开。

3月14日至15日,交通部科研所组织以沙庆林院士为首的13名全国知名专家为沪蓉西高速公路建设工程24项科研提供技术咨询。

6月22日,襄荆高速建成通车。线路全长185.43km,工程总投资44.72亿元。于2001年1月开工建设。

7月,巴东长江大桥建成通车,该桥于2001年3月开工建设。

8月20日,沪蓉西高速公路湖北段开工建设。全长320km,线路跨越海拔最高达2000m,其中宜恩段跨越9道深谷,穿越11座高山,桥隧比占路线总长的54.1%。双向4车道,工程概算总投资200亿元。

10月22日,楚天公司收购江宜段收费权。湖北楚天高速公路股份有限公司以8.1亿元收购江宜段(荆州江陵至宜昌)高速公路22年收费权。

2005年

2月10日,全省高速公路下调货运车通行费。根据国家发展和改革委员会文件精神,经湖北省人民政府同意,全省高速公路四类货车(载重10吨以上、15吨及以下)和五类货车(载重15吨以上)车辆通行费标准从2月1日起分别下调11%和17%。

3月28日,二广高速襄荆至荆州长江大桥大桥连接线通车试运行,该工程于2001年10月28日动工。

5月9日,中共中央政治局委员、湖北省委书记俞正声视察沪蓉西建设工地。

6月1日,京珠高速公路湖北段纳入全省还贷公路管理。根据《收费公路管理条例》

有关规定,省人民政府决定即日起执行。

8月30日,武汉三条高速公路出口开工建设。分别是武汉至英山、武汉至麻城、武汉至鄂州。

9月23日,汉洪高速公路开工建设。全长49km,另建汉南互通连接线2.45km。

同年,襄樊至河南南阳高速公路湖北段建成通车。线路全长21.68km,2002年开工建设。

9月30日,交通部部长张春贤宣布孝襄高速公路全线通车。孝襄全长243.52km,2002年11月24日开工建设。

同日,二广高速公路组成部分樊魏高速公路22.813km建成通车,于2002年11月24日开工建设。

12月28日,大广北高速公路麻城至浠水段开工建设。全长147.5km,设计行车速度100km/h,工程概算总投资47.25亿元。

12月28日,武荆高速公路开工建设,公路全长185.5km,设计行车速度100km/h,工程概算总投资约65亿元。

12月30日,沪蓉西高速公路宜长段通车试运营。该段全长16.49km,这是湖北沪蓉西高速公路探索段和试验段。于2003年3月28日开工建设。

2006年

4月1日,全省货车计重收费施行。湖北省所有高速公路和政府贷款修建长江大桥、普通收费公路(含桥梁、隧道)对货车(含客货两用车)"按实载重量计重收费"。

6月26日,中共湖北省委组织部调研全省高速公路管理体制情况。

7月,三峡翻坝专用公路建设项目预可行性方案通过审查。三峡翻坝专用公路在宜昌长江公路大桥南岸接沪蓉西高速公路,全长57km,双向4车道,工程概算总投资36亿元。

8月28日,二广高速公路组成路段荆东高速公路建成通车试运营。于2003年5月29日开工建设。

10月6日,省机构编制委员会办公室发文,同意成立湖北省高速公路管理局,为省交通厅直属事业单位。与湖北省交通厅高速公路路政执法总队一门两牌。

10月9日,沪蓉西高速公路四渡河特大桥火箭抛送先导索成功实施。两枚重达36.5kg的火箭分别仅用3.5s左右时间将两条长达1256m的先导索从大桥巴东岸送达宜昌岸。

10月20日,全省高速公路上调通行费征收标准。零时起,湖北省联网高速公路(包括联网长江大桥、隧道)和黄黄高速公路通行费征收标准按照10%幅度调增。

12月7日,京珠军山长江大桥和鄂黄长江公路大桥双双获得"2006年度国家优质工程银质奖"。

12月12日,全长33km汉孝高速公路建成通车。2004年4月开工建设。工程由港资公司武汉福德路桥管理有限公司负责项目建设和管理。

2007年

1月6日,中共中央政治局委员、湖北省委书记俞正声视察沪蓉西高速公路建设。

3月4日,武汉绕城高速公路东北段通过省交通厅组织的验收,被评为优良工程。

3月27日,湖北省青年文明号活动推进会暨青年文明号示范路授牌仪式在京珠管理处召开,京珠高速公路湖北段成为湖北省首条青年文明号示范路。

5月29日,省长罗清泉视察十漫高速公路建设。

6月中旬,襄樊东外环高速公路公路建设工程可行性研究报告通过专家评审。

6月下旬,京珠高速公路湖北南段荣获"公路交通优质工程奖"一等奖。

9月17日,汉宜高速公路数字化视频监控系统建成并投入试运行,这是湖北省首次,也是规模最大的数字化视频监控系统。

12月3日,汉十高速公路管理处与荆宜高速公路有限公司签订委托管理协议。

12月26日,湖北省"九路一桥"建成通车新闻发布仪式在随岳高速公路随州曾都段隆重举行。宣告随岳中、十漫、荆宜、沪蓉西高速白氏坪至高家堰及高坪至吉心坪段、青郑、汉蔡、汉麻、汉英、汉洪高速公路出口路及阳逻长江公路等"九路一桥",558km高速公路建成通车。

2008年

1月8日,荆宜高速公路建成通车试运营。全长95公里,工程概算总投资24.42亿元,投资方为北京金浩集团和湖北凯比特投资有限公司。2003年10月1日开工建设,2007年12月26日完工。

1月26日,全省高速公路开通"绿色通道"免收通行费。对合法装载运输鲜活农产品和救灾物资车辆实行"绿色通道"免收政策。截止时间由2月5日、3月31日,一直延续到12月31日。

1月30日,中共中央政治局常委李长春视察湖北公路抗击冰雪灾害情况,并到京珠管理处看望坚守抗击冰雪灾害一线干部职工。全省交通系统创造"除雪清障,重车碾压,路警开道,结对放行,限载限速,科学调度"24字"抗冰雪、保安全、高速公路低速行驶法"。

2月29日,襄十高速公路工程质量获第七届中国土木工程詹天佑奖。

4月6日,国务院副总理李克强在省委书记罗清泉、省长李鸿忠陪同下,专程到沪蓉西高速公路工地,看望慰问一线建设者。

4月18日,武汉至监利高速公路洪湖至监利段投资签字仪式在荆州举行。该项目由香港保利达国际有限公司以BOT方式投资建设。

7月1日,麻城至武汉高速公路控制性工程开工建设。全长101.39km,工程概算总投资43.62亿元,设计行车速度100km/h,双向4车道,计划2010年建成通车。

11月5日,省委书记罗清泉视察荆岳长江公路大桥建设。

11月9日,全长约83km的麻竹高速公路大悟至随州段投资协议在武汉签订。

11月,十漫高速公路建成通车。公路全长107.14km,于2004年11月8日开工建设。

12月3日,湖北省高速公路电子支付及不停车收费系统建成启用。

12月28日,全长200km的杭瑞高速公路阳新至通城段控制性工程开工建设。省委书记罗清泉、省委常委兼秘书长李明波、副省长段轮一等参加开工典礼。

2009年

1月9日,汉鄂(武汉左岭至鄂州花湖)高速公路控制性工程开工。项目全长54.65公里,投资31.35亿元。

3月26日,省十一届人大常委会第九次会议表决通过了《湖北省高速公路管理条例》。6月1日正式贯彻实施。

4月16日,大广高速公路麻城至浠水段通车试运行,该段于2005年12月28日动工。

6月10日,楚天公司高速以太网项目通过验收,这标志着湖北省高速公路首套光纤高速以太网系统正式建成并投入使用。

6月28日,随岳北高速公路正式通车。麻竹高速公路(麻城至竹溪)大悟至随州段控制性工程开工仪式在随州举行。

12月19日,沪渝高速公路宜恩段全线贯通,投入试营运。该工程宜长段于2003年3月28日开工;白氏坪至恩施段于2004年8月20日开工。

12月24日,武英高速公路建成通车。该工程于2006年10月9日动工,是湖北省第一条实行代建制建设的高速公路。

12月26日,谷竹、十白、硚孝、天河机场第二通道、天河机场北连接线等5条高速公路控制性工程开工典礼在武汉举行。

12月29日,麻竹高速公路襄樊张家集至欧庙段(襄樊东外环)开工仪式在襄阳区东津镇举行,这标志着全省地级市中第一条环城、襄樊市第一条自主招商引资建设的高速公路项目正式开工。

12月,武汉天兴洲长江大桥建成通车,于2004年9月开工。

2010年

1月28日,十白高速公路开工。该路全长58.3km,总投资57.84亿元。

5月28日,武汉至荆门高速公路建成并投入试运行。该项目是国家实行投资体制改革后,国家发改委核准的首家BOT高速公路项目,于2006年开工建设。

7月27日,麻武高速公路麻城至武汉段建成通车。省人大常委会副主任任世茂、副省长段轮一出席通车典礼。

8月27日,《湖北省高速公路非公路标志标牌设置管理办法》正式出台。

9月8日,"联动-2010"湖北省高速公路路网联动应急演练拉开序幕。本次演练是湖北省高速公路历史上联动范围最大、涉及路段最广、科技应用最多的一次突发事件应急联动演练。

9月28日,鄂东长江公路大桥建成通车,该桥为湖北省第一座多元化投资建设的特大型桥梁工程,于2006年11月20日开工。

9月30日,保宜高速公路投资建设项目在宜昌市桃花岭饭店举行签约仪式。

10月18日,武鄂高速公路和左段开通运营。至此,武汉7条城市高速公路出口全部打通,武汉城市圈1h快速交通网形成。

10月27日,湖北楚天鄂东高速公路有限公司注册成立。

11月18日,十白高速公路最长隧道——黄龙隧道启用隧道人员安全管理系统,这是全省交通建设领域首例采用世界最先进的RFID射频识别技术的隧道人员安全管理系统。

11月29日,全长69.31km,总投资60.38亿元的郧十高速公路正式通过立项。

12月9日,荆岳大桥正式通车。荆岳大桥是湖南、湖北两省的第一座高速公路长江大桥。该桥总长4512.5m,建设总里程5419m,总投资23.42亿元。

12月18日,恩来(恩施至来凤)、恩黔(恩施至黔江)高速公路开工仪式在宣恩县椒园镇王家堡举行。

12月26日,黄冈至鄂州高速公路正式开工建设。

12月27日,省交通投资公司投资建设的荆州江南高速工程、荆州长江二桥连接线控制性工程开工建设。

12月31日,156km杭瑞高速公路建成仪式在咸宁市通山服务区隆重举行。

2011年

1月12日,三峡翻坝高速公路正式开通营运。于2008年4月1日正式开工。

麻武高速公路正式通车运营。麻武高速公路全长101.4km,概算总投资43.62亿元,于2008年8月10日开工。

3月18日,郧十高速公路正式开始施工。

5月26日,省发改委印发《关于保康至宜昌高速公路襄阳段工程可行性研究报告的批复》,同意建设保康至宜昌高速公路襄阳段。

6月28日,麻城至竹溪高速公路大悟至随州段竣工通车。该路于2009年6月28日开工。

6月30日,杭瑞高速公路湖北段竣工通车,该路于2008年12月28日开工建设。

8月8日,麻阳高速公路、武穴长江公路大桥及黄鄂高速公路延长线投资协议签约仪式在黄冈举行。

9月15日,首家ETC固定客服网点在汉宜高速公路潜江服务区正式开业,ETC用户在高速公路服务区即可轻松办理缴费业务。

12月22日,黄鄂高速公路团风段暨麻城至武穴高速公路控制性工程开工仪式在团风举行。

12月28日,麻竹高速公路随(州)襄(阳)段控制性工程开工奠基仪式在宜城市小河镇举行。

同日,武汉二七长江大桥建成通车,该桥于2008年8月开工建设。

2012年

2月19日,一辆满载10t汽油的大型油罐车在麻武高速公路大别山隧道内起火,黄黄高速公路管理处依托应急联运机制快速处置,源头控制并成功处置了特大险情。此次特大隧道险情的成功处置,历时2h,无次生事故发生、无人员伤亡,未造成大规模车辆拥堵。

3月17日,王国生省长一行来到汉十高速公路最末端收费站——郧西收费站,慰问一线员工。省政府秘书长傅德辉、省交通运输厅厅长尤习贵陪同。

5月3日,全长107km的湖北大广南高速公路正式通车,该路于2008年7月开工,采用国内BOT方式建设。

9月22日,武深高速公路嘉鱼至通城段开工,武深高速公路是国家规划的又一条南北运输大通道,全长1083km。

9月24日,湖北高速公路系统重大节假日小型客车免费通行部署会举行。会议公布了湖北省收费公路重大节假日免收通行费的范围为每年春节、清明节、劳动节、国庆节及其连休日。免费时段从第一日的零时开始,最后一日的24时结束。

11月9日,总投资约60亿元的咸宁(嘉鱼)长江公路大桥及武汉城市圈环线高速公路咸宁西段投资协议签约。

11月23日,京港澳高速公路武汉西医疗救护站正式成立,这是湖北省交通部门联合卫生部门建立的第一个高速公路社会联动机制医疗救护站。

11月25日,湖北省高速公路应急指挥中心建成。

12月4日,黄黄高速公路交通气象站完成安装调试,成功传回该站点第一条自动站数据,这标志着湖北省首套专业为高速公路服务的交通气象站点正式建成。

12月18日,武汉城市圈环线高速公路咸宁西段开工仪式在咸宁隆重举行,标志着咸宁首条跨江高速公路、全市第八条高速公路正式开工建设。

12月19日,省交通投资有限公司和宜昌市政府联合举行新闻发布会,宣布岳阳至宜昌高速公路宜昌段正式开工。

12月26日,襄阳绕城高速公路东段、316国道城区段和207国道襄阳北段改建工程正式开工建设,三项目总投资近30亿元。

12月29日,省交投公司、荆州市政府在荆州市召开武汉城市圈环线高速公路洪湖段开工新闻发布会。

12月30日,汉鄂高速公路通车,武汉至鄂州的车程仅需30min,较原来经武黄高速公路节省一半时间。至此,汉孝、汉洪、汉蔡、武麻、武英、青郑、和左等7条武汉高速公路出口以及互通的城市圈高速公路全部通车,武汉"1+8"城市圈1h交通网格局正式形成。

2013年

1月16日至17日,全省高速公路标准化推进会在荆州召开。

3月12日,交通运输厅举行《高速公路建设标准化指导意见》宣传贯彻暨交通建设产业工人大培训启动仪式,全面启动交通产业工人素质提升工程。

3月22日,全国高速公路服务品牌建设座谈会在武汉召开。汉十高速公路管理处"温馨汉十"被列入全国高速公路服务品牌案例研究范围。

3月28日,湖北省政府新闻办召开发布会,宣布湖北省连片特困地区区域发展与扶贫攻坚规划(2011至2020年),加快宜巴、恩来、建恩、利万、宣黔等高速公路项目建设。开工建设宜张、十天、郧十、麻竹、谷竹、保宜等高速公路建设纳入规划。

5月24日,国务院批准《国家公路网规划(2013年—2030年)》。根据该规划,湖北省新调增公路7637公里,比原规划增加一倍。

8月10日,潜江至石首高速公路潜江至江陵段控制性工程在潜江市浩口镇雷场村举行开工仪式。

10月20日至21日,全省高速公路建设中的精英云集武汉,在四环线项目部开展钢筋工、电焊工技术大比武。

10月28日,九江长江二桥(公路大桥)及北引道工程同步建成通车,标志着福银高速公路鄂赣省际"瓶颈"全面打通。

12月5日,黄黄高速公路管理处与江西九江二桥管理机构签订《九江二桥湖北段路政管理协议》,将九江二桥纳入鄂东高速公路一体化管理体系,探索出一条跨省路政派驻管理与省高速公路一体化应急新途径。

12月26日,湖北省咸通(咸宁至通山)高速公路、咸黄(咸宁至黄石)高速公路、十堰至白河高速公路,建成通车试运营。

2014年

2月9日,汉十高速公路第五大队路政员陈红涛在执行除雪保畅通任务时,面对突然失控的大货车奋勇疏散乘客,自己身受重伤。入选中共中央宣传部、中华全国总工会联合表彰的"全国十大最美职工"。

3月28日至30日,应交通运输部邀请,在世界银行有关专家陪同下,埃塞俄比亚交通部部长等一行9人来湖北考察高速公路建设及运营管理情况。

6月10日,连接黄冈、鄂州、武汉三地的重要通道黄冈长江大桥和黄冈至鄂州高速公路开通运营。大桥于2010年2月开工建设。

7月15日,湖北省高速公路首条后置式电子不停车(ETC)收费系统在京珠高速公路武汉西收费站成功运行。

7月20日,沪蓉高速公路宜巴段神龙溪收费站开通运行,标志着湖北到重庆的第二条高速公路通道开通。

9月28日,保康至宜昌高速公路宜昌段正式通车试运营。

9月29日,武汉至深圳高速公路通界段正式通车,成为连接武汉城市圈、长株潭城市群和珠三角地区的重要通道。该路于2010年12月开工建设。

11月4日,全省高速公路连接线移交工作推进会暨武麻路段连接线移交仪式在武麻高速公路麻城东管理所举行。

11月6日,湖北高速公路ETC"通衢卡"正式首发。

12月3日,武汉四环线沌口长江公路大桥正式开工建设。

12月15日,省交通运输厅举办"2014年湖北省高速公路隧道安全应急联动演练",尤习贵厅长观摩演练并作重要讲话。

12月18日,岳阳至宜昌高速公路石首至松滋段(又称江南高速)建成通车运营,该段是国家高速公路网杭瑞、二广、沪渝的横向联络线,全长106.453km。

12月26日,谷城至竹溪高速公路、恩施至来凤高速公路、恩施至黔江高速公路宣恩至咸丰段、十堰至房县高速公路建成通车。

12月27日,宜昌至巴东高速公路界岭隧道正式贯通,全长1966km的沪蓉高速公路全线开通试运行。该路于2009年7月9日开工。

12月28日,恩黔高速公路咸丰至黔江段通车试运行,该路于2011年8月22日开工建设。

同日,武汉鹦鹉长江大桥正式通车,该桥于2010年8月开工建设。

12月31日,黄冈至鄂州高速公路团凤段建成通车。

2015年

1月28日,香溪长江公路大桥项目通过湖北省财政厅、交通运输厅组织的首个"物有所值"专家组投资评价,该评价是PPP项目实施的前提条件。

2月10日,全长66.93km的郧阳区至十堰高速公路,全长102.2km的麻城至竹溪高速公路随州西段、襄阳东段建成通车。

2月11日,国家发改委以发改基础〔2015〕250号文正式核准石首长江大桥及接线项目。该项目全长40.473km,概算总投资84.85亿元。

3月17日至20日,交通运输部专家委员会和综合规划司在武汉市主持召开了棋盘洲长江公路大桥项目申请报告审查会。

4月,国家发改委以发改基础〔2015〕629号文件核准咸宁市(嘉鱼)长江公路大桥项目。

4月28日,湖北省首个高速公路路警联合执法服务站在襄荆高速公路正式启用。

5月10日上午10时,湖北京港澳高速公路蔡甸收费站改扩建工程完成,新站正式开通运营,通行能力提高近2倍,将有效缓解武汉周边交通压力。

6月30日下午,交通运输部副部长冯正霖宣布,湖北并入全国高速公路ETC网。至此,湖北办理了ETC的车辆在通行已联网的其他17个省区市高速公路时,可以不用再为收费排队苦恼。

8月28日,世界第二大跨径拱桥——香溪长江公路大桥在宜昌秭归郭家坝开工建设。2012年10月,国家发改委正式批复立项;2013年6月,批复项目可行性研究报告。

9月9日,《中国高速公路建设实录》(以下简称"实录")编审委员会主任黄镇东一行赴湖北调研指导湖北高速公路建设实录编撰工作。

10月12日,谷竹高速公路青峰隧道通过交工验收,全线通车。该路于2010年4月开工。

11月5日,湖北沪蓉西高速公路四渡河特大桥获2014-2015年度中国建设工程鲁班奖。

11月9日,武汉中法友谊大桥正式通车。副省长甘荣坤和法国外贸部长城市建设特别代表芭芭拉多共同为大桥揭牌。

11月10日至11月18日,按照交通运输部关于开展"十二五"干线公路养护管理检查的有关要求,海南省交通运输厅、宁夏回族自治区交通运输厅组成联合检查组对湖北省国省干线公路养护管理工作进行检查。

12月18日,石首长江大桥施工现场推进会在水中主塔施工平台召开;宣鹤高速公路控制性工程现场推进会在鹤峰县太平镇召开,标志着这两项工程正式开工。

12月23日,武汉市四环线青山长江公路大桥正式开工建设。线路全长148公里,投资400亿元。

12月25日,保康至神农架高速公路项目推进会在神农架林区阳日镇小蛇湾举行,标志着该工程正式启动。

12月28日,连接鄂豫两省的郧十高速公路郧阳北省界站、连接鄂陕两省的麻竹高速公路关垭子省界站开通。郧十高速公路是呼北高速公路(G59)的一段,南接湖北省十堰境内的福银高速公路,向北经三淅高速公路与河南境内的沪陕高速相连。麻竹高速公路是麻安(G4213)高速公路的一段,与陕西平利至安康高速公路对接。

12月30日,连接鄂渝两省的恩黔高速公路朝阳寺省界站开通。

12月31日,连接鄂湘两省的恩来高速公路鄂西南省界站、杭瑞高速公路鄂湘省界站,以及连接鄂皖两省的武英高速公路鄂皖省界站顺利开通。

12月31日,武岳高速公路岳西至英山段正式通车,标志着历经10年建设的武岳高速公路全线贯通。武岳高速公路全长177.4km,英山至岳西段于2012年11月开工建设,投资概算52亿元。

2016年

1月1日,备受社会关注的武汉天河机场二通道与武汉绕城高速公路实现互联互通。从湖北高速公路网经黄花涝收费站,可直达武汉天河机场或武汉市区,不用再从盘龙城收费站绕行。

武黄高速公路新鄂州收费站正式启用。新鄂州站启用后,老鄂州收费站同步封闭停止收费。

1月27日上午,武穴长江公路大桥开工推进会召开,武穴长江公路大桥项目于2015年6月2日核准立项。

2月6日,湖北有10条高速公路建成通车,这些路段分别是:麻城至阳新高速公路麻城至武穴段、潜江至石首高速公路潜江至江陵段、武汉城市圈环线高速公路咸宁西段、武汉城市圈环线高速公路仙桃段、岳阳至宜昌高速公路宜昌段、利川至万州高速公路湖北段、保康至宜昌高速公路襄阳段、麻城至竹溪高速公路宜城至保康段、宜昌至张家界高速公路当阳至枝江段、宜昌至张家界高速公路宜都至五峰(渔洋关)段。

3月29日,鄂州至咸宁高速公路(梁场)开工仪式在鄂州市鄂城区长港镇梁场举行。

5月5日,湖北省高速公路联网设备监测平台在联网收费中心试运行,该技术在全国同行业中尚属首创。依托该平台,可实现对全省高速公路实行联网管理的核心机电设备设施进行实时监测,以提升路网管理精细化水平。

5月21日至25日，《中国高速公路建设实录》丛书编委会主任、原交通部部长黄镇东率实录部分参编人员、专家，在恩施州专题调研山区峡谷大桥有关情况。

5月25日，夷陵区与湖北交投集团宜昌投资公司正式签订太(平溪)至张(家口)高速公路投资协议，该路线全长35.78km，总投资约44.59亿元，为该区近年来投资规模最大的交通基础设施和第一个路产城综合项目。

5月27日，《中国高速公路建设实录》编撰工作交流会在武汉召开。《中国高速公路建设实录》编委会主任、交通部原部长黄镇东出席会议并做了讲话。会议由中国公路建设行业协会理事长周纪昌主持。部公科院、交科院、规划院、中国公路学会、人民交通出版社等单位和来自全国31个省区市的分管领导近120人参加了会议。

6月13日，世界银行高级副行长Kyle Peters先生一行来到湖北省交通运输厅鄂西管理处，考察了湖北宜巴高速及路段监控分中心。

7月1日，麻竹高速公路宜城至保康段全线通车运营，实现了与谷竹高速公路互联互通。

7月18日，宜昌庙嘴长江大桥正式通车(后改为宜昌至喜长江大桥)，这是世界上第二座钢板混合梁悬索桥，也是宜昌的第六座长江大桥，于2012年11月18日开工。

8月8日，宜昌白洋长江公路大桥宣布开工。此为宜昌市第八座跨江大桥。该项目于2015年9月21日通过国家发改委批准立项。

8月28日，武深高速公路嘉鱼至通城段正式全线通车。武深高速公路嘉鱼至通城段是咸宁市委市政府招商引资、由湖北中交嘉通高速公路发展有限公司以BOT+EPC模式投资89.489亿元建设的重点项目，路线全长90.98km。

9月28日，代省长王晓东、副省长许克振赴交通运输部与李小鹏部长会谈，部省达成共识：成立工作小组推进"十三五"发展规划对接，开展部省战略共建，加快湖北交通发展。交通运输部党组成员、规划司司长赵冲久、办公厅主任陈健、公路局局长吴德金、省政府秘书长王祥喜、副秘书长贺盛有、厅长何光中出席会谈。

9月30日，呼北高速公路十堰至房县段63.933km公路建成通车，于2009年动工建设。

10月26日至27日，省厅组织开展全省长江公路大桥施工技术培训。

11月16日，宜昌伍家岗长江大桥开工建设，大桥主跨采用1160m悬索桥方案。

12月29日，湖北省交通厅鄂交建〔2016〕657号文件印发《湖北省高速公路养护代履行的实施意见(试行)》的通知。

2017年

1月1日，阳新县连接兴国镇至富池镇的兴富一级公路正式通车。兴国至富池一级公路是连接滨江工业园和阳新城区的一条快速便捷通道,是麻阳高速公路和大广高速公路的重要连接线。

1月9日,湖北省64条联网高速公路的340个收费站、1015条出口车道(ETC专用车道除外),正式全面受理银联卡闪付、刷卡、手机云闪付、扫码支付交费。湖北省高速公路成为全国首个实现全网受理银联卡和移动支付的省份。

3月6日,硚孝高速公路(S17)径河互通至京港澳高速公路段开通试运营。硚孝高速公路是一条西北向连接武汉二环、三环、四环和外环的快速出城通道,全长34.51km。

5月1日,湖北省对使用高速公路通行卡电子支付的车辆用户,其正常合法装载部分的通行费优惠比例由原来的10%提高到15%。

5月1日,停止征收湖北省高速公路联网收费系统升级改造和维护管理费。

5月24日,《湖北省公路路政管理条例》经湖北省第十二届人民代表大会常务委员会第二十八次会议表决通过,将于2017年9月1日起施行。

6月16日,武汉西四环线高速公路开通试运营,路线全长22.55km。

7月30日,十巫高速公路项目建设动员大会在十堰市竹山县召开,省政协副主席许克振出席大会并宣布项目建设启动,十堰市委书记、市人大常委会主任张维国,省交通投资集团公司党委书记、董事长张嗣义致辞。十巫高速公路是湖北规划高速公路网"纵八"线的组成部分,起于郧西县,止于陕渝省界猫子庙附近,项目道路桥隧比接近80%,按双向4车道标准设计,设计速度80km/h,投资总额约270亿元,计划2021年通车。

8月31日,省长王晓东考察调研嘉鱼长江公路大桥。王晓东一行到嘉鱼长江公路大桥施工平台,察看建设中的11号主塔墩施工情况,听取嘉鱼大桥项目质量、安全、进度等工作汇报,询问安全生产责任制落实情况。

9月8日,宜(都)来(凤)高速公路鹤峰东段开工建设动员会在鹤峰县燕子镇新行村举行。宜来高速公路鹤峰东段,起于鹤峰与五峰分界的马蹄岩隧道,与规划的宜来高速公路五峰段、在建的宣鹤高速公路(宜来高速公路鹤峰至宣恩段)对接。项目全长38.53km,工程投资约60亿元,建设工期42个月。

9月17日,由中铁建大桥局集团承建的建恩高速公路控制性工程二台坪隧道全线贯通。

10月29日,黄石至阳新一级公路正式通车。黄石到阳新车程从原来的1.5h缩短到0.5h。公路全长47.4km、双向4车道、设计速度80km/h,总投资21.3亿元。

10月30日,2017年国际道路联盟(IRF)全球道路成就奖(GRAA)在阿联酋迪拜举行颁奖典礼。湖北省宜昌至巴东高速公路项目获本年度全球道路环境类成就奖,这是国际道路联盟此次颁发的全球唯一一个环境类道路成就奖,也是中国首次获得GRAA环境类奖项。

11月5日,2017中国桥梁博览会在武汉国际博览中心举行,中国、美国、德国、法国、日本、俄罗斯等10多个国家的400多位桥梁专家与会,100多家中国知名桥梁建造企业参展。

11月10日,黄冈公铁两用长江大桥主桥工程获2016—2017年度国家优质工程桥梁类唯一金奖。

11月30日至12月1日,交通运输部在湖北召开全国绿色公路暨钢结构桥梁建设现场推进会,与会代表参观沌口长江公路大桥、武汉市四环线南段建设现场。

12月12日,十淅高速公路湖北段项目建设动员大会在丹江口市丁家营镇召开。项目起于十堰丹江口市丁家营镇,与福银高速公路交叉并设枢纽互通,向北经南沟村、丹江口龙山镇、凉水河镇、石鼓镇后进入河南境内,经淅川仓房镇,与十淅高速公路河南段对接。路线全长42.5km,项目投资估算63.09亿元,建设工期48个月。

12月13日,湖北省交通投资集团公司投资建设的武汉城市圈环线高速公路仙桃段苟美湖特大桥获"2016—2017年度国家优质工程奖"。

12月25日,蕲春至太湖高速公路(以下简称蕲太高速)蕲春西段建设动员大会在蕲春县横车镇召开。蕲太高速在湖北境内分蕲春西段、蕲春东段2个项目。此次启动建设的蕲春西段由省交通投资集团公司投资建设,起于管窑镇红旗岗,止于株林镇陈应龙,全长25km,项目投资21亿元,采用双向4车道高速公路标准建设,路基宽度26m,设计速度100km/h,建设工期36个月。

12月26日,湖北利川至重庆万州高速公路全线通车运营。自此,跨越湖北、重庆、四川3个省市的恩广高速公路(恩施到广元)全线通车,利川至万州车程由原来的2.5h缩短至1h。

12月28日,武汉四环线沌口长江公路大桥、武汉至深圳高速公路武汉段建成通车试运营。

同日,枣潜高速公路襄阳北段正式开工建设。枣阳至潜江高速公路是湖北省"九纵五横三环"高速公路网中"纵五线"的重要组成部分。

12月29日,武汉至阳新高速公路开工建设。武汉至阳新高速公路起于东湖高新技术开发区凤凰山互通,沿凤莲大道跨梧桐湖后进入鄂州,止于武汉至阳新高速公路黄石段。

附录二
重要文件选编

第一部分 全国性重要文件

国家发展改革委关于印发《国家公路网规划(2013年—2030年)》的通知
发改基础[2013]980号

交通运输部,各省、自治区、直辖市及计划单列市发展改革委:

我委会同交通运输部编制的《国家公路网规划(2013年—2030年)》业经国务院批准,现印发给你们,请按照执行,并就有关事项通知如下:

一、突出重点。在实施中要统筹安排,集中力量,加快推进普通国道建设,以既有路线升级改造为主,着力提升技术等级、服务能力和水平。

二、有序推进。要科学论证、量力而行,稳步推进国家高速公路建设,把握好建设节奏,合理确定建设时机,因地制宜确定建设标准。国家高速公路远期展望线要慎重决策,原则上在2030年左右视区域经济社会和交通发展需求适时安排建设,并灵活掌握建设标准。

三、科学管理。具体建设项目在五年规划中统筹安排,并应该按照有关基本建设项目管理程序办理审批或核准手续。对列入规划的国家公路项目视同立项,可直接审批可行性研究报告或核准项目申请报告。

四、协调发展。要加强省级公路和乡村公路规划建设,合理确定规划目标和建设规模,注重与国家公路网的衔接,统筹各层次路网协调发展,提升路网整体服务能力和水平。

附件:《国家公路网规划(2013年—2030年)》前言

国家公路网规划(2013年—2030年)前言

《中华人民共和国公路法》(第一章、第六条)明确,公路按其在公路路网中的地位分为国道、省道、县道和乡道。国家公路指《中华人民共和国公路法》规定的国道,是综合交通运输体系的重要组成部分,包括普通国道和国家高速公路,由具有全国性和区域性政治、经济等意义的干线公路组成。其中,普通国道网提供普遍的、非收费的交通基本公共服务,国家高速公路网提供高效、快捷的运输服务。为加快建设综合交通运输体系、促进现代物流业发展,构建布局合理、功能完善、覆盖广泛、安全可靠的国家公路网络,特编制《国家公路网规划》(以下简称《规划》),规划期限为2013年至2030年。《规划》是公路交通基础设施的中长期布局规划,体现了国家发展综合交通运输的战略方针,是指导国家公路长远发展的纲领性文件。

一、规划基础

(一)发展形势

1981年,原国家计划委员会、国家经济委员会和交通部印发的《国家干线公路网(试行方案)》明确,国道由"12射、28纵、30横"共70条路线组成,总规模约11万公里;2004年,国家发展和改革委员会印发的《国家高速公路网规划》明确,国家高速公路网由"7射、9纵、18横"等路线组成,总规模约8.5万公里。截至2011年底,全国公路总里程达到410.6万公里,其中普通国道10.6万公里,国家高速公路6.4万公里。

公路交通的快速发展,有效缓解了我国交通运输紧张状况,显著提升了国家的综合国力和竞争力。但随着经济社会的快速发展,现有的国家公路网规划与建设仍面临一些亟待解决的问题:一是覆盖范围不全面。全国还有900多个县没有国道连接,有18个新增的城镇人口在20万以上的城市和29个地级行政中心未实现与国家高速公路相连接;二是运输能力不足。部分国家高速公路通道运能紧张、拥堵严重,不能适应交通量快速增长的需要;三是网络效率不高。普通国道路线不连续、不完整,国家公路与其他运输方式之间、普通国道和国家高速公路之间的衔接协调不够,网络效益和效率难以发挥。

(二)发展要求

1.适应经济社会发展的要求。未来我国新型工业化、信息化、城镇化和农业现代化加快发展,人均国民收入稳步增加,经济结构加快转型,交通运输总量将保持较快增长态势,各项事业发展要求提高国家公路网的服务能力和水平。预计到2030年,全社会公路客运量、旅客周转量、货运量和货物周转量将分别是当前的2.7倍、3.2倍、2.2倍和2.4倍,主要公路通道平均交通量将超过10万辆/日,达到目前的4倍以上,京沪、京港澳等繁忙通道交通量将达到20万辆/日以上。

2.促进城乡区域协调发展的要求。未来国家将加快实施区域发展总体战略和主体功能区战略,加快推进城镇化和城乡一体化发展,继续加大对革命老区、民族地区、边疆地区、贫困地区的扶持力度,要求发挥国家公路引导区域空间布局的作用,优化东部地区公路网络结构,加强中部地区东引西联通道建设,扩大西部地区路网覆盖,统筹城乡协调发展,提升公路交通公共服务水平。

3.提高应急保障能力的要求。有效应对重大自然灾害、突发事件,要求从国家层面统筹考虑重要通道及其辅助路线、迂回路线的布设,提高公路网的安全性、可靠性和应急保障能力。

4.构建综合交通运输体系的要求。加快转变交通运输发展方式,优化运输组织结构,合理配置和优化利用交通资源,发挥各种运输方式的比较优势和综合运输的组合效率,促进综合运输协调发展,要求发挥普通公路的基础作用和高速公路的骨干作用,加强与各种运输方式的衔接。

5.实现公路可持续发展的要求。发挥公路网络的整体效率和效益,进而实现可持续发展,要求做好路网顶层设计,明确各层次路网的功能定位,促进国家公路与其他层次路网的协调发展,并为科学制定公路行业发展政策,更好地开展公路建设、管理和养护奠定规划基础。

二、指导思想、基本原则和规划目标

（一）指导思想

以邓小平理论、"三个代表"重要思想、科学发展观为指导,按照转变交通运输发展方式、加快构建综合交通运输体系的要求,扩大覆盖范围、增强通道能力、加强方式衔接、提高运输效率,合理布局国家公路网,加快普通国道建设,构建以非收费公路为主体、收费公路为补充的公路网络,服务经济社会发展,提升国家竞争力。

（二）基本原则

1.布局合理。按照区域发展总体战略、主体功能区战略和生态功能区划要求,与城镇化格局、城镇体系布局、资源分布和产业布局相适应,统筹经济欠发达地区发展和国防建设需要,合理布局国家公路网。

2.结构优化。加强公路网结构顶层设计,注重发挥普通国道的干线作用和国家高速公路的主干线作用,构建层次清晰、功能完备的国家公路网。

3.衔接顺畅。注重与其他运输方式的衔接,加强与城市交通的融合,发挥综合运输整体效率。提高与周边国家路网的连通性,形成国际运输通道,拓展国际合作与发展空间。

4.规模适当。构建综合交通运输体系,科学把握未来公路交通运输需求,合理确定国家公路网总体规模,实现路网供给能力与经济社会发展要求相适应。

5. 绿色发展。统筹规划通道资源,充分利用既有路线,节约集约利用土地;加强生态环境保护,贯彻低碳发展理念,避让环境敏感区和生态脆弱区,走资源节约型、环境友好型发展道路。

(三)规划目标

形成布局合理、功能完善、覆盖广泛、安全可靠的国家干线公路网络,实现首都辐射省会、省际多路连通,地市高速通达、县县国道覆盖。1000km 以内的省会间可当日到达,东中部地区省会到地市可当日往返、西部地区省会到地市可当日到达;区域中心城市、重要经济区、城市群内外交通联系紧密,形成多中心放射的路网格局;有效连接国家陆路门户城市和重要边境口岸,形成重要国际运输通道,与东北亚、中亚、南亚、东南亚的联系更加便捷。其中,

——普通国道全面连接县级及以上行政区、交通枢纽、边境口岸和国防设施。

——国家高速公路全面连接地级行政中心,城镇人口超过 20 万的中等及以上城市,重要交通枢纽和重要边境口岸。

三、规划方案

国家公路网规划总规模40.1 万公里,由普通国道和国家高速公路两个路网层次构成。

(一)普通国道网

由 12 条首都放射线、47 条北南纵线、60 条东西横线和 81 条联络线组成,总规模约26.5 万公里。按照"主体保留、局部优化,扩大覆盖、完善网络"的思路,调整拓展普通国道网;保留原国道网的主体,优化路线走向,恢复被高速公路占用的普通国道路段;补充连接地级行政中心和县级节点、重要的交通枢纽、物流节点城市和边境口岸;增加可有效提高路网运行效率和应急保障能力的部分路线;增设沿边沿海路线,维持普通国道网相对独立。

1. 首都放射线(12 条)

北京—沈阳、北京—抚远、北京—滨海新区、北京—平潭、北京—澳门、北京—广州、北京—香港、北京—昆明、北京—拉萨、北京—青铜峡、北京—漠河、北京环线。

2. 北南纵线(47 条)

鹤岗—大连、黑河—大连、绥化—沈阳、烟台—上海、秦皇岛—深圳、威海—汕头、乌兰浩特—海安、二连浩特—淅川、苏尼特左旗—北海、满都拉—防城港、银川—榕江、兰州—龙邦、策克—磨憨、西宁—澜沧、马鬃山—宁洱、红山嘴—吉隆、阿勒泰—塔什库尔干、霍尔果斯—若羌、喀纳斯—东兴、东营—深圳、同江—哈尔滨、嘉荫—临江、海口—三亚(东)、海口—三亚(中)、海口—三亚(西)、张掖—孟连、丹东—东兴、饶河—盖州、通化—武汉、

嫩江—双辽、牙克石—四平、克什克腾—黄山、兴隆—阳江、新沂—海丰、芜湖—汕尾、济宁—宁德、南昌—惠来、正蓝旗—阳泉、保定—台山、呼和浩特—北海、甘其毛都—钦州、开县—凭祥、乌海—江津、巴中—金平、遂宁—麻栗坡、景泰—昭通、兰州—马关。

3. 东西横线(60 条)

绥芬河—满洲里、珲春—阿尔山、集安—阿巴嘎旗、丹东—霍林郭勒、庄河—西乌珠穆沁旗、绥中—珠恩嘎达布其、黄骅—山丹、文登—石家庄、青岛—兰州、连云港—共和、连云港—栾川、上海—霍尔果斯、乌鲁木齐—红其拉甫、西宁—吐尔尕特、长乐—同仁、成都—噶尔、上海—聂拉木、尚雄—成都、上海—端丽、广州—成都、端安—友谊关、瑞金—清水河、福州—昆明、广州—南宁、秀山—河口、连云港—固原、启东—老河口、舟山—鲁山、洞头—合肥、丹东—阿勒泰、萝北—额布都格、三合—莫力达瓦旗、龙井—东乌珠穆沁旗、承德—塔城、天津—神木、黄骅—榆林、海兴—天峻、滨州港—榆林、东营港—子长、胶南—海晏、日照—凤县、大丰—卢氏、东台—灵武、启东—那曲、上海—安康、南京—德令哈、武汉—大理、察雅—萨嘎、利川—炉霍、台州—小金、张家界—巧家、宁德—福贡、南昌—兴义、福州—巴马、湄洲—西昌、东山—泸水、石狮—水口、佛山—富宁、文昌—临高、陵水—昌江。

此外包括 81 条联络线。

(二)国家高速公路网

由 7 条首都放射线、11 条北南纵线、18 条东西横线,以及地区环线、并行线、联络线等组成,约 11.8 万公里,另规划远期展望线约 1.8 万公里。按照"实现有效连接、提升通道能力、强化区际联系、优化路网衔接"的思路,补充完善国家高速公路网:保持原国家高速公路网规划总体框架基本不变,补充连接新增 20 万以上城镇人口城市、地级行政中心、重要港口和重要国际运输通道;在运输繁忙的通道上布设平行路线;增设区际、省际通道和重要城际通道;适当增加有效提高路网运输效率的联络线。

1. 首都放射线(7 条)

北京—哈尔滨、北京—上海、北京—台北、北京—港澳、北京—昆明、北京—拉萨、北京—乌鲁木齐。

2. 北南纵线(11 条)

鹤岗—大连、沈阳—海口、长春—深圳、济南—广州、大庆—广州、二连浩特—广州、呼和浩特—北海、包头—茂名、银川—百色、兰州—海口、银川—昆明。

3. 东西横线(18 条)

绥芬河—满洲里、珲春—乌兰浩特、丹东—锡林浩特、荣成—乌海、青岛—银川、青岛—兰州、连云港—霍尔果斯、南京—洛阳、上海—西安、上海—成都、上海—重庆、杭州—

瑞丽、上海—昆明、福州—银川、泉州—南宁、厦门—成都、汕头—昆明、广州—昆明。

此外包括6条地区性环线以及若干条并行线、联络线等。

四、规划实施

(一)实施方案

1. 建设需求

普通国道:规划总计26.5万公里,其中利用原国道10.4万公里、原省道12.4万公里、原县乡道2.9万公里,合计占规划里程的97%,其余3%约0.8万公里需要新建;目前达到二级及以上技术标准的普通国道路线约占60%,按照未来基本达到二级及以上标准测算,共约10万公里需要升级改造;

国家高速公路:规划总计11.8万公里,目前已建成7.1万公里,在建约2.2万公里,待建约2.5万公里,分别占60%、19%和21%。

2. 实施安排

"十二五"期间,加快推进普通国道改造,实现通车里程约26万公里,其中二级及以上公路比重达到70%以上;有序推进对加强省际、区域和城际联系具有重要作用的国家高速公路建设,提高主要公路通道的通行能力,国家高速公路通车里程达9.5万公里。基本建成普通国道网和国家高速公路网,大约需要20年。

3. 实施要求

统筹安排,集中力量,加快推进普通国道建设,以既有路线升级改造为主,着力提升技术等级、服务能力和水平。科学论证、量力而行,有序推进国家高速公路建设,把握好建设节奏,合理确定建设时机,因地制宜确定建设标准。慎重决策国家高速公路远期展望线,原则上到2030年左右,视区域经济社会和交通发展需求适时开展建设,灵活掌握建设标准。在满足安全和运输需求的前提下,努力降低公路建设和运营成本。

(二)实施效果

1. 扩大基本公共服务。普通国道规模由10.6万公里调增至26.5万公里,新增连接县(市)900多个,实现全国所有县级及以上行政区都有普通国道连接,提升公路交通基本公共服务能力,改善人民群众出行条件。

2. 有效促进城镇化发展。强化城市群内外交通联系,提升路网对中小城镇的覆盖水平,形成多中心放射的路网格局,为城镇化发展提供有效支撑。

3. 兼顾公平与效率。实现普通国道和高速公路的协调发展,明确普通国道侧重体现基本公共服务,高速公路侧重体现高效服务,加强两个网络在功能和布局上的衔接协调。

4. 实现资源环境协调发展。新增普通国道建设以既有公路升级改造为主,高速公路合理把握建设规模和节奏,有效降低土地占用和环境影响,促进公路建设与资源环境和谐发展。

5. 完善综合交通运输体系。加强与其他运输方式的协调衔接,统筹主要通道运输能力配置,促进综合交通运输体系构建和现代物流业发展。

(三)保障措施

1. 修订公路法律法规

推动修订《公路法》、《收费公路管理条例》等法律法规,在法律上明确国家公路网的地位、性质及其组成结构。

2. 完善投资融资政策

进一步完善国家投资、地方筹资、社会融资相结合的多渠道、多层次、多元化投融资模式。继续实施收费公路政策,鼓励包括民间资本在内的社会资本参与国家高速公路建设。加大各级政府财政性资金投入,提高中央代发地方债券用于普通公路建设的比重,大幅增加中央资金对普通国道建设的补助力度,逐步建立高速公路与普通公路统筹发展机制,促进普通公路持续健康发展。实施差异化的区域投融资政策,加大对革命老区、民族地区、边疆地区、贫困地区的扶持力度。加强资金监管,严格防范债务风险。

3. 节约资源和保护环境

集约节约利用土地等资源,降低对环境的影响。跨江(河、湖、海)的路线尽可能与铁路、城市轨道交通等共用桥位;尽可能利用既有设施扩能改造,必须新建的尽可能利用既有交通走廊,多方案比选、合理布线,少占土地、占补平衡;尽可能避免对具有重要生态功能的生态系统的分割,从严控制穿越禁止开发区域和城市建成区,严禁新建公路穿越自然保护区的核心区,减少对生态脆弱区、环境敏感区的影响,加强生态保护,逐步实现从事后治理向事前规划和保护的转变。

4. 科技引领提升服务

积极推进国家公路网的信息化、智能化建设,提高与铁路、水运、航空等多种运输方式的中转和衔接能力,推进运输方式之间的联程联运,逐步实现交通运输一体化,提高运输服务水平,促进现代物流业发展;加大科技投入力度,支持公路发展关键技术的研发应用;强化公路行业人才队伍建设,加强技能型、管理型人才培养,完善教育培训制度,提高从业人员素质。

5. 促进公路协调发展

深化管理体制改革,落实各级政府在公路建设、运营、养护、管理中的事权和职责,提高公路养护质量和运营管理水平,增强公路的可持续发展能力。统筹安排国家公路网路线编号、线位规划、建设规划和前期工作,稳妥有序推进规划实施。研究建立国家公路网规划动态调整机制,根据经济社会发展变化,适时修订和完善规划。加强省级公路和乡村公路规划建设,合理确定规划目标和建设规模,注重与国家公路网的衔接,统筹各层次路网协调发展,提升路网整体服务能力和水平。

第二部分　地方政策法规(1990—2015年)

湖北省高等级公路管理条例

(1997年8月5日湖北省第八届人民代表大会常务委员会第二十九次会议通过 1997年8月5日公布施行。)

第一条　为加强高等级公路管理,充分发挥其经济效益和社会效益,促进经济和社会发展,根据《中华人民共和国公路法》,结合本省实际,制定本条例。

第二条　本条例适用于本省境内高等级公路的管理。

本条例所称高等级公路是指按照国家技术标准和规范建设的高速公路和全封闭、全立交的一、二级汽车专用公路。

第三条　省人民政府交通主管部门主管全省高等级公路工作。

省交通主管部门可以委托省高等级公路管理机构(以下简称"管理机构")依照本条例规定行使高等级公路行政管理职责。

第四条　高等级公路及其设施受法律保护,任何单位和个人不得侵占、污染和破坏。

任何单位和个人都有爱护高等级公路及其设施的义务,有权制止、检举和控告破坏高等级公路及其设施和影响公路安全畅通的行为。

第五条　省交通主管部门应当根据国民经济和社会发展以及国防建设的需要,编制全省高等级公路发展规划,按审批权限报经批准后实施。

第六条　高等级公路建设必须遵循基本建设程序,严格执行国家规定的工程设计、施工和监理规范及技术标准,确保工程质量。

第七条　高等级公路建设资金的筹集,除国家和地方各级人民政府投资外,可以引进外资,使用贷款,依照国家规定发行股票、债券和有偿转让经营权,接受单位和个人捐款以及利用其他资金。

第八条　高等级公路建设用地和建筑物拆迁,依照有关的法律法规和省人民政府的规定执行。

第九条　修建高等级公路确需影响铁路、市政、水利、电力、通讯、军事等设施的正常使用,或者进入文物、动植物保护区的,建设单位应按国家和省有关规定执行。

第十条 高等级公路两侧应合理布局,修建加油、修理、通讯、生活服务等设施。

第十一条 管理机构应加强高等级公路及其设施的养护和维修,保持公路及其设施完好。任何单位和个人不得借故干扰养护、维修作业。

高等级公路及其设施遭受损坏,管理机构应及时组织力量修复;遭受重大损毁,交通严重受阻时,管理机构必须采取紧急措施,并报请当地人民政府及时组织抢修,尽快恢复交通。

第十二条 高等级公路养护需要自办料场的,应依法办理有关手续,所在地人民政府应予支持和协助。管理机构在自办料场采取养护用料,任何单位和个人不得阻挠和收取费用。

第十三条 高等级公路进行养护、设施维修等项作业时,必须在作业地点设置安全标志或者安全防护设施,作业人员必须着安全标志服,养护车辆应涂橘黄颜色或者安装黄色示警灯。

高等级公路进行改建或者大、中修时,管理机构除必须遵守前款规定外,事先应发布通告,并在施工现场按规定设置标志,来往车辆应严格按照标志示意行驶,保证车辆安全通行。

第十四条 管理机构应加强高等级公路和树木花草的管理,保持路容路貌的整洁、美观。

第十五条 在高等级公路及其用地范围内,禁止从事下列活动:

(一)抛撒、堆放物品,倾倒垃圾,排放污水;

(二)设置棚屋、摊点、维修场及其他临时设施;

(三)取土采石,挖损路面,堵塞通道、涵洞;

(四)种植作物,放养牲畜;

(五)其他侵占、污染等损害性活动。

第十六条 在高等级公路及其用地范围内从事下列活动的,必须报管理机构同意,办理有关批准手续:

(一)设置广告、路牌;

(二)修建跨(穿)越公路的建(构)筑物,架设电线,埋设管道、缆线;

(三)修建出入高等级公路的交叉道口。

第十七条 从高等级公路两侧边沟外沿起,向外延伸的五十米范围内,任何单位和个人不得擅自修建建筑物。因特殊情况确需修建临时性建筑物的,必须事先征得管理机构同意,并按规定办理手续。

第十八条 在高等级公路大中型桥梁所经河道上、下游各二百米范围内,不得修筑堤坝、采挖砂石、爆破作业、倾倒垃圾,或者进行其他压缩、扩宽河床的活动。

第十九条 在高等级公路隧道顶部和洞口两侧向外延伸的一百米范围内,不得取土、采石或者从事其他可能危及隧道安全的作业。

第二十条 车辆运载危险品或者超长、超重、超宽、超高物品通过高等级公路,应按规定办理批准手续,并按指定的路线、时间、车道、时速行驶。

第二十一条 除依法追缉、堵截逃犯和犯罪嫌疑人外,任何单位和个人不得在高等级公路上拦截检查车辆。

第二十二条 高等级公路上除清扫和养护人员外,禁止行人、非机动车、拖拉机、轻便摩托车、电瓶车、履带车、铁轮车、教练车以及明确限制上路的其他机动车辆通行。

第二十三条 在高等级公路上行驶的机动车辆,应按照交通标志示意行驶。禁止试车、倒车、逆行、熄火滑行、调头、违章穿越分隔带;禁止在行车道和匝道上停车;禁止司乘人员和乘客向外抛弃物品。

第二十四条 在高等级公路行车道和匝道上不得检修车辆,因突发故障临时检修的,必须将车辆移入紧急停车带。故障严重,不能驶离行车道的,必须开启危险报警闪光灯,或者设置警告标志,夜间还应开启示宽灯和尾灯,驾驶员和乘车人员应进入紧急停车带,不得在行车道上停留或者拦截车辆。

第二十五条 在高等级公路封闭路段内,禁止设立长途客车、公共汽车站点,禁止上下乘客或者装卸货物。

第二十六条 管理机构应加强对高等级公路的巡查。发生交通事故后,管理机构工作人员应立即赶赴现场维护秩序,牵引排障,配合有关部门处理交通事故,尽快恢复交通。

第二十七条 利用集资、贷款修建的高等级公路,经省人民政府批准,可设置收费站,在批准时限内向过往车辆收取车辆通行费。

国家和省人民政府规定免交通行费的车辆,在通行高等级公路收费站时,经查验后,方可通行。

第二十八条 高等级公路收费站应公布收费时限和经省物价部门批准的收费标准,文明收费,接受群众监督。

第二十九条 车辆通行费票证式样,经省交通、财政主管部门同意后,由省高等级公路管理机构统一印制。票面加盖财政部门的票据专用章。

第三十条 收取的车辆通行费,用于偿还修建高等级公路的贷款、集资,支付公路养护管理开支和发展高等级公路事业。

车辆通行费实行专户储存、专款专用。任何单位和个人不得截留、挪用或者平调。有关部门应加强监督管理。

第三十一条 违反本条例第四条、第十五条、第十六条规定,侵占、污染、损坏高等级公路及其设施和建设用地的,由管理机构责令停止侵害、恢复原状、清除堆积物、拆除设施;造成损失的,应当负责赔偿。对公路及其设施造成较大损害的车辆,必须立即停车,保护现场,拒不停车的,由管理机构强制停车,接受管理机构调查处理后,方可驶离。

第三十二条 违反本条例第十七条规定修建建筑物的,由管理机构责令其限期自行拆除,并可处五万元以下罚款;逾期不拆除的,由管理机构拆除,有关费用由建(构)筑者承担。

第三十三条 违反本条例规定,有下列行为之一的,由管理机构给予警告,并可处以五十元至二百元的罚款,拒不接受处罚的,管理机构可以扣车七天。

(一)拒缴通行费强行上路行驶的;

(二)车辆违章上下乘客、装卸货物的;

(三)不按规定车道或者时速行驶的。

第三十四条 违反本条例规定,有下列行为之一的,由管理机构给予警告,情节严重的,处五十元以下罚款:

(一)司乘人员和乘客向车外抛弃物品的;

(二)行人违章上路或者拦截车辆的;

(三)饲养人管理不善造成禽畜上路或者将禽畜赶上路面的。

第三十五条 违反本条例第二十条、第二十二条、第二十三条规定,造成人身伤亡和财物损失的,由违反者承担责任,正常行驶的机动车一方不负责任。

违反本条例第二十七条规定,未缴纳通行费上路行驶的,应按全程缴纳票款;少缴通行费的,应足额补缴。拒不缴纳的,加收两倍的票款。

第三十六条 当事人对行政处罚决定不服的,可以在接到处罚决定之日起十五日内,向上一级管理部门申请复议。对复议决定不服的,可以在收到复议决定之日起十五日内向人民法院起诉。当事人逾期不申请复议、不起诉、又不履行的,作出处罚决定的管理机构可申请人民法院强制执行。

第三十七条 违反本条例规定,需给予治安管理处罚的,由公安机关依照有关法律法规处理;构成犯罪的,由司法机关依法追究刑事责任。

第三十八条 高等级公路管理人员玩忽职守、滥用职权、徇私舞弊的,由其所在单位或者上一级主管机关给予行政处分;构成犯罪的,由司法机关依法追究刑事责任。

第三十九条 本条例应用中的问题,由省交通主管部门负责解释。

第四十条 本条例自公布之日起施行。

湖北省交通建设管理条例

(2002年1月18日湖北省九届人大常委会第29次会议通过,自2002年3月1日起施行。)

第一条 保证交通建设质量,促进交通建设发展,根据有关法律法规,结合本省实际,制定本条例。

第二条 本省行政区域内从事新建与改建等级公路、水运工程及其配套设施工程建设活动,适用本条例。

第三条 省交通主管部门负责本省交通建设管理工作;县以上交通主管部门负责本行政区域内交通建设管理工作。

县以上交通主管部门设置的公路、港航、公路运输、质量监督管理机构,在各自职责范围内,负责交通建设的具体管理工作。

县以上发展计划、建设、物价、财政、国土资源、审计等部门依据各自职责,对交通建设实施相关管理工作。

第四条 交通建设应当根据国民经济和社会发展的需要,统筹规划,合理布局,节约用地,保护环境,严格执行基本建设程序和质量标准,遵守和维护交通建设市场秩序。

第五条 鼓励采用先进技术、设备、工艺、新型建筑材料和先迎管第五条 各级人民政府应当采取措施,扶持、保护、促进交通建设发展,推行交通建设发展目标责任制,做好征地拆迁、补偿的组织协调工作。征地拆迁的具体补偿标准,由县级以上人民政府按照管理权限依法制定。

第六条 交通建设项目实行项目法人责任制、招标投标制、工程监理制、合同管理制。建立和完善项目质量保证体系。

第七条 交通建设项目法人和从业单位进入交通建设市场,必须具备国家规定的市场准入条件。

项目法人是指享有交通建设项目管理权利,承担相应义务的法人。

从业单位是指从事交通勘察设计、咨询、施工、监理、试验检测业务的单位和社会中介机构。

第八条 进入交通建设市场的项目法人必须具备下列条件:

(一)依法取得项目法人资格;

(二)具有与拟建工程规模相适应的组织、技术、财务管理人员和相应机构;

(三)具有相应的项目策划、资金筹措、建设工程管理的能力;经营性交通建设项目法人还应具有相应的运营管理、债务偿还和资产管理的能力。

第九条 项目法人应当在可行性研究报告批复后至初步设计批准前,向交通主管部门申请资格审查。

对符合前条规定条件的,交通主管部门应在收到资格审查申请之日起30日内批复。

通过资格审查的项目法人可独立享有批准的交通建设项目管理权利,对建设项目的质量、投资和工期负责。

第十条 进入交通建设市场的从业单位必须具备下列条件:

(一)有从事交通建设经营范围的营业执照;

(二)有相应等级的建筑业企业资质证书;

(三)从事交通建设的业绩和信誉良好;

(四)有相应的人员、设备和资金。

符合上述条件的从业单位,由省交通主管部门办理资信登记。应当报国务院交通主管部门登记的,经省交通主管部门初审后上报。

禁止将交通建设项目发包给不具备上述条件的从业单位。

第十一条 交通建设必须坚持先勘察、后设计、再施工的原则,严禁边勘察、边设计、边施工,交通建设程序按照下列规定进行:

(一)进行预可行性研究,编制完成项目建议书;

(二)进行工程可行性研究,编制完成工程可行性研究报告;

(三)编制完成初步设计文件、施工图设计文件;

(四)编制完成项目招标文件,组织项目招标投标;

(五)编制完成项目开工报告,组织项目实施;

(六)办理项目验收,组织项目后评价。

国家对交通建设的程序另有规定的,从其规定。

第十二条 在省人民政府规定限额内资金可自行筹措的交通建设项目,其项目建议书、可行性研究报告、初步设计,由省交通主管部门审批,报省发展计划部门备案。其他交通建设项目的审批按国家和省人民政府有关规定执行。

第十三条 交通建设项目的招标实行资格预审。招标人应当按照交通主管部门制定的资格预审办法,统一审查标准,对潜在投标人的资信、业绩、施工能力等提出公正、客观的审查意见,报交通主管部门核准。

交通建设项目的评标,由招标人依法组建的评标委员会负责。评标委员会的专家应当从国家或者省交通主管部门设立的专家库中随机抽签决定。招标人根据评标委员会提出的书面评标报告和推荐的中标候选人确定中标人。

禁止在交通建设中转包或者违法分包。

第十四条 申请交通建设项目开工必须具备以下条件:

(一)项目法人已经设立;

(二)项目初步设计及总概算已经批复;

(三)项目资本金已经落实;

(四)施工图可满足连续施工需要;

(五)土地审批手续、征地拆迁等工作基本完成;

(六)施工、监理合同已经签订;

(七)工程质量监督、环保措施已经落实。

符合上述开工条件的,交通主管部门应当在收到开工报告之日起15日内予以批复。

第十五条 交通建设实行工程质量责任制。项目法人对工程质量负总责。勘察设计单位对勘察设计质量负责。施工单位对施工质量负责,监理单位承担监理责任。交通主管部门及其他相关管理部门承担监督责任。

第十六条 项目法人和从业单位必须遵守国家有关工程建设质量管理的规定,交通建设合同必须具有工程质量条款,明确质量标准和质员责任。

项目法人和从业单位必须执行交通工程强制性技术标准,严格控制工程造价。基本建设各阶段工作必须达到规定的技术深度和质量要求。

第十七条 交通建设过程中发生工程质量事故,项目法人应在24h内向有管理权限的交通主管部门和质量监督机构报告。

省交通主管部门委托具有相应资质的检测单位出具的质量鉴定检测数据,是解决本省交通工程建设质量争议的最终检测数据。

第十八条 任何单位和个人对交通建设中违反国家法律法规的行为、工程质量事故和质量缺陷,有权投诉、检举、控告。有关部门接到举报后应当及时查处。

第十九条 交通建设项目必须按照国家交通主管部门的规定,进行交工验收和竣工验收。

交工验收合格的,可以试运营。试运营期结束前必须向交通主管部门申请组织竣工验收,经竣工验收合格的项目,可转为正式运营使用。

第二十条 交通主管部门对交通建设工程实施监督检查时,有权要求被检查单位提供有关文件和资料,进入施工现场进行检查,依法收集相关证据材料,处理违法行为。

交通建设监督检查人员执行公务,应当出示行政执法证件。

第二十一条 有关部门在收取交通建设相关费用时,应当出具法律、法规、规章依据和国家或者省级物价财政部门核定的征收标准,无合法依据或者超范围、超标准征收的,交通建设项目法人和从业单位可以拒绝交纳。

第二十二条 交通建设中的违法行为,国家法律法规已有处罚规定的,从其规定。

第二十三条 违反本条例规定,有下列情形之一的,按下列规定分别予以处理:

(一)项目法人将交通建设项目发包给不具有相应资质证书和资信登记的从业单位的,由交通主管部门责令项目法人停止组织施工,并按照发包条件重新发包;

(二)从业单位转包、违法分包工程或者不具有相应资质证书和资信登记承揽工程的,由交通主管部门责令停工、予以清退;情节严重的,按照管理权限取消1—2年的资信登记;

(三)造成工程质量事故的,交通主管部门根据不同情况,分别对项目法人或者从业单位给予警告,责令停工整改或者停止资金拨付;情节严重的,按照管理权限取消1—2年的资信登记。造成重大质量事故的,应当按照国家有关规定同时追究有关管理部门负责人的责任;构成犯罪的,依法追究刑事责任。

第二十四条 交通主管部门工作人员在交通建设管理中,玩忽职守、滥用职权、徇私舞弊的,给予行政处分;构成犯罪的,依法追究刑事责任。

第二十五条 本条例自2002年3月1日起施行。

省人民政府关于印发湖北省公路水路交通运输发展"十二五"规划纲要的通知

湖北省公路水路交通运输发展"十二五"规划纲要

一、"十一五"时期全省公路水路交通运输发展情况

"十一五"时期,全省交通运输系统干部职工在省委、省政府的正确领导和社会各界的大力支持下,坚持以科学发展观为统领,以胡锦涛总书记亲自听取湖北骨架公路网规划汇报为巨大动力,团结拼搏、克难奋进,提前13个月实现"十一五"时期公路水路交通固定资产投资目标,全省公路水路运输与经济社会发展的关系由"基本缓解"转变为"总体适应"。

(一)交通固定资产投资规模创历史新高。完成交通固定资产投资突破1900亿元,是"十五"时期投资的2.41倍,相当于新中国成立后55年交通投资总和的1.6倍。交通保增长、扩内需的主力军作用充分显现。

(二)"四纵四横一环"高速公路网基本形成。新增高速公路里程突破2000km,超过2005年以前全省高速公路建成里程的总和。全省高速公路总里程达到3673km,建成了以沪渝高速宜恩段为代表的一批全国科技示范工程和以鄂东、荆岳等为代表的一批世界级长江公路大桥。高速公路网辐射全省90%的县市区、96%左右的人口和98%左右的经济总量,促进区域经济社会协调发展的作用显著增强。

(三)国省干线公路优质环保。以全国科技环保示范路——神宜公路为标志的"两型交通"建设成效明显,武神、赤壁、大别山红色旅游公路、仙洪试验区公路各具特色。全省公路通车总里程达到199400km,一级公路达到2210km,分别为"十五"期末的2.16倍、2.02倍,全省国省干线公路基本达到二级以上标准,路网结构明显改善,抗灾能力明显增强。

(四)农村交通变化翻天覆地。省政府每年承诺的农村公路建设任务全面超额完成,新增16237个行政村通达沥青(水泥)路,总里程突破10万km;建成通村公路候车亭9655个,招呼站17270个;除恩施州外,全省实现100%的行政村通达沥青(水泥)路、100%的行政村通达客车、100%的乡镇渡口达标,农民群众行路难、乘车难、过渡难问题得到显著改善。

(五)水运振兴工程取得历史性突破。全省港航建设完成投资107亿元,是"十五"时期的9.63倍。武汉长江中游航运中心建设上升为国家战略。以"亿吨大港、千万标箱"为目标的武汉新港建设打破行政区划,30多个在建项目进展顺利,全省港口新增吞吐能

力7200万吨,新增集装箱吞吐能力140万标箱,新增船舶运力391万载重吨。汉江崔家营航电枢纽建成运营,汉江航道整治工程顺利推进,引江济汉通航工程全面开工,千吨级航道圈初现雏形。

(六)公路水路运输生产持续增长。全省公路客运量、旅客周转量、货运量、货物周转量分别比"十五"期末增长46.4%、76.4%、112.1%和329.9%;水路货运量、货运周转量分别比"十五"期末增长103.3%、158.5%。集公路、铁路、公交等多种交通运输方式于一体的杨春湖综合客运换乘中心开通运营,所有市县均为符合规范的三级以上客运站覆盖;以武汉高桥物流中心、宜昌货运中心为代表的物流园区示范效应日益明显,交通枢纽辐射带动能力进一步增强。

(七)交通安全监管与应急体系全面完善。全省运输船舶事故起数及死亡人数均较"十五"时期下降70%以上,水上交通生产和运输安全平稳可控。运营车辆超载超限得到有效遏制。实践创造了"除雪清障、重车碾压、路警开道、结队通行、限载限速、科学调度"24字"抗冰雪、保安全、高速公路低速行驶法",成功应对2008年雨雪冰冻等严重自然灾害,成功保障汶川地震各类救灾物资运输,成功保障奥运会、残奥会和中博会等交通运输安全。节假日旅客运输平稳有序。

(八)多元化筹融资能力显著增强。争取交通运输部"十一五"时期对湖北投资突破210亿元,是"十五"时期的3倍。交通建设投资市场全面开放,企业投资高速公路占全省高速公路通车里程的48%,占在建高速公路的44%;全省港航建设项目中,近三分之二的项目由企业投资建设。"以政府投资为主导、以企业融资为补充、以银行信贷为支撑"的湖北交通GEB(政府—企业—银行)投融资平台为加快湖北交通建设提供了重要保障。

(九)交通科技创新能力明显提升。探索形成了特长隧道(群)建设、高墩大跨桥梁建设、高路堤、高陡边坡防护等一系列山区高速公路成套关键技术。交通公众出行服务、高速公路视频监控、运营车辆GPS监控等一批交通应用系统投入运行并取得了良好的经济社会效益。

(十)行业重大改革平稳有序。公路养路费等"六项规费"全面取消,燃油税改革平稳有序;全省103个政府还贷二级公路收费站全部取消收费;交通投资体制改革、车购税管理体制改革、长江水监体制改革、高速公路建设管理体制改革等重大改革平稳有序推进;省交通运输厅、省交通运输厅物流发展局正式挂牌运行。

(十一)交通规划和法制建设科学规范。省人大颁发了《湖北省道路运输条例》、《湖北省农村公路条例》、《湖北省高速公路管理条例》等法规;省人民政府颁布了《武汉城市圈综合交通规划》、《鄂西生态文化旅游圈综合交通规划》等行业规划,颁发了《关于加快全省高速公路建设的意见》、《关于进一步促进全省水运事业又好又快发展的意见》、《湖北省农村公路管理养护体制改革实施方案》等支持性政策。

(十二)交通行业精神文明建设成果丰硕。树立了"时代先锋、全国重大先进典型"陈刚毅、"见义勇为英雄"蒋雪峰、"节油大王"王静、"文明出租车司机"王书凤、"公路养护标兵"王长山、"平民英雄"李豪等一批"刚毅式英模",以"刚毅精神"为标志的湖北交通精神文明建设日益深化,以"廉政阳光六同长效"工作法为标志的"廉政交通"建设常抓不懈,形成了"想干事、敢干事、会干事、干成事、不出事"的"交通干部干净干事文化",交通干部职工的执行能力和服务意识显著增强。

回顾"十一五"时期交通运输发展,最具创造性的就是以"六个并举、六个统筹"的理念践行科学发展观,最具前瞻性的就是果敢实施"四个转变"的交通体制机制改革,最具基础性的就是交通运输发展规划的科学制定,最具探索性的就是"投资多元化、管理一体化"的模式创新,最具保障性的就是法治交通、廉政交通建设的成功实践,最具影响力的就是陈刚毅这一全国重大先进典型的树立。但发展不够、优势不优仍是湖北交通发展面临的主要问题和最大实际,不进则退、慢进亦是退仍是湖北交通发展面临的最大挑战,交通基础设施规模总量和运输服务质量有待进一步提升,交通运输结构和发展方式有待进一步优化,综合交通运输体系有待进一步完善,交通筹融资机制改革有待进一步深化,交通质量安全和党风廉政建设有待进一步强化。

二、"十二五"时期全省公路水路交通运输发展思路

(一)形势与机遇

"十二五"时期,全省公路水路交通运输发展面临诸多机遇和挑战。强化湖北综合交通运输枢纽地位,加快构建促进中部地区崛起的重要战略支点,迫切需要推进综合运输体系的适度超前发展。实施"两圈一带"等发展战略,保持经济平稳较快增长,迫切需要加快提升交通供给能力。推动经济结构战略性调整,促进产业结构优化升级,迫切需要加快实现由传统运输业向现代交通运输业转型。统筹区域、城乡协调发展,促进基本公共服务均等化,迫切需要加快推进综合交通运输一体化进程。建设"两型社会",实现绿色增长,迫切需要加快转变交通运输发展方式。"十二五"时期仍是湖北交通运输新一轮大建设大发展的战略机遇期,是加快转变发展方式、调整交通运输结构的转型关键期,是构建综合交通运输枢纽、发展现代交通运输业的重要成长期。

其主要阶段性特征:

——基础设施加密成网。"十二五"时期,高速公路已经进入加密联网的关键时期,国省干线公路迫切需要扩大覆盖服务范围,农村公路有继续向自然村延伸和联网的需求,高标准贯通的内河航道运输网络亟待形成,公路水路之间、公路水路与其他运输方式之间的协调衔接亟待加强。

——现代交通运输业加速成长。"十二五"时期,客运的便捷、安全、舒适、经济及个

性化出行的要求以及货运的经济、快捷、安全、专业化的要求越来越高,需要提高客运服务效率与水平,加快推进现代物流业发展,大力发展智能交通运输体系。

——交通发展方式加快转变。"十二五"时期,湖北交通运输业已经进入集约式发展阶段,需要坚持发展速度和结构、质量相统一,坚持将资源节约与保护环境贯穿于公路水路交通发展的全过程,全面推广以科技创新为支撑,以绿色、低碳交通为特征的可持续交通发展模式。

——体制机制改革加力推进。"十二五"时期,政府行业管理将面临多方面挑战,普通公路的债务及未来发展等成为困扰我省交通发展的难点问题,需要以体制机制改革创新为动力,将全省综合交通运输行业管理、普通公路投融资、高速公路投融资、城市公共交通管理、农村公路建设养护管理等行业体制机制的深层次改革向纵深推进。

(二)指导思想

以科学发展观为统领,以推进湖北交通跨越式发展、构建全国重要综合交通运输枢纽为目标,以加快转变交通运输发展方式为主线,以结构调整为主攻方向,以完善综合交通运输体系、振兴湖北水运、促进现代物流发展、提高交通公共服务能力为重点,努力实现全省交通运输与经济社会发展的关系由"总体适应"转向"全面适应"。

(三)基本原则

——坚持适度超前与结构优化相结合。通过增量优化、存量升级以及加强各交通运输方式间的衔接,着力优化交通网络结构。

——坚持快速发展与绿色增长相结合。通过理念创新、科技创新和体制机制创新,着力优化湖北交通运输发展模式。

——坚持统筹兼顾与重点突破相结合。通过差异化发展、比较优势发挥和重大项目突破,着力优化湖北交通运输发展的实施路径。

——坚持经济效益与社会效益相结合。通过经济社会与交通互适发展、经济社会和交通效益共同发挥以及公共服务均等化,着力强化交通运输的支撑引导功能。

(四)发展目标

"十二五"时期,全省公路水路交通固定资产投资规模为3059亿元,其中高速公路1850亿元,普通公路850亿元,港航工程269亿元,综合运输枢纽及交通物流工程90亿元。

到2015年,力争实现100%的县市通高速公路,100%的县市通国道,100%的县级以上城市通一级以上公路,100%的建制乡镇通国省道及二级以上公路,100%的行政村通沥青(水泥)路;武汉城市圈各县市实现15分钟上高速公路,鄂西生态文化旅游圈基本实现

30分钟上高速公路;全面实现"村村通",真正做到农民群众出家门、上车门、进城门;实现铁、水、公、空、管等运输方式高效衔接,内河航运在综合运输体系中的地位显著提升,湖北"得中独厚、得水独厚"的交通区位优势充分发挥,人便于行、货畅其流的现代交通运输全面适应湖北经济社会发展。

具体目标:

——"六个翻番"。全省公路水路交通固定资产投资规模较"十一五"时期翻番,由1330亿元增长到3059亿元;内河航运投资规模翻番,由106亿元增长到269亿元;综合运输枢纽及交通物流工程建设投资规模翻番,由22亿元增长到90亿元;一级公路里程翻番,由2127km增长到5000km;新增高等级航道里程翻番,由60km增长到300km;港口集装箱吞吐能力翻番,由150万标箱增长到400万标箱。

——"六个形成"。形成通江达海、辐射中部、面向全国的武汉长江中游航运中心;形成布局合理、无缝衔接、便捷高效的全国重要综合交通运输枢纽;形成资源集聚、功能健全、管理科学的现代物流基地;形成承东启西、接南纳北、内畅外联的高速公路网;形成四通八达、沟通城乡、安全环保的普通国省干线公路网;形成干支相连、通村达户、惠民便民的新农村公路网。

——"六个提高"。交通行业自主创新能力明显提高;交通发展综合投融资能力明显提高;交通服务质量和效益明显提高;交通依法行政能力明显提高;交通队伍整体素质明显提高;交通应急安全保障水平明显提高。

——"六个转向"。部门职能由单纯的公路水路行业管理转向"铁、水、公、空、管"等综合交通运输协调服务;交通发展由"数量规模扩张型"转向"质量安全效益型";交通建设由"资源消耗型、依赖型"转向"资源节约型、环境友好型";港航建设由"以部省投资为主"转向"多元化筹资";高速公路招商引资及建设由"以省为主"转向"以市州为主";交通服务由传统的客货运输转向现代交通运输业。

三、"十二五"时期全省公路水路交通运输发展实施重点

(一)着力调整结构,振兴湖北水运。按照"畅通大通道、建设大港口、发展大运能、培育大企业、完善大枢纽、构建大物流、集聚大产业、保障大安全"的思路,全力建设航运资源高度集聚、航运服务功能健全、航运市场环境优良、现代物流便捷高效的武汉长江中游航运中心。

——畅通大通道。重点推进长江中游航道治理,力争武汉军山大桥以下航道维护水深达到6m,宜昌至武汉军山大桥段航道维护水深达到4~5m;加强汉江航道整治,加快汉江梯级开发,大幅提升航道通过能力;打通江汉运河,建成连接长江汉江经济带、环绕江汉平原的长江—江汉运河—汉江810km高等级航道圈。继续推进清江、长江和三峡库区重

要支流航道的建设。推进航道养护规范化和制度化建设,坚持分类养护,以高等级航道、运量较大航道、跨省航道为重点,全面提高航道养护和应急保通能力。

——建设大港口。优化港口布局,完善港口功能,扩展港口腹地,加快内河主要港口规模化、专业化、现代化港区建设,重点建设一批集装箱、大宗散货等专业化泊位。武汉新港货物吞吐能力达到1.5亿吨,集装箱吞吐能力达到325万标箱,全省港口吞吐能力达到3亿吨,集装箱吞吐能力达到400万标箱。基本建成以武汉新港为龙头,以宜昌三峡物流中心、鄂东组合港、荆江组合港为支撑的现代港口群,继续推进襄阳等其他重要港口的建设。

——发展大运能。重点加快长江干线、三峡库区船型标准化工作,加快发展集装箱、煤炭、矿石、石油化工、汽车滚装等大型化、专业化运输船舶。全省船舶运力达到1000万载重吨,货船平均吨位达到1300载重吨以上,力争从事集装箱等特种货物运输的专业化船舶、干散货江海直达船舶运力达到450万载重吨。三峡库区船型标准化率达到80%以上,基本实现船型标准化、大型化、环保化、专业化。

——培育大企业。培育一批运力规模达到10万载重吨以上的骨干航运企业和4家吞吐能力达到2000万吨以上的港口企业,推动港航企业向规模化、集约化方向发展,航运市场主体竞争力明显提升。

——完善大枢纽。重点推进规模化港区集疏运体系建设,加强沿江铁路、公路、过江通道等集疏运交通基础设施建设,基本形成以武汉、宜昌、黄石、荆州、襄阳为重点,以高等级公路、高等级航道和铁路为主力的现代港口集疏运体系。

——构建大物流。阳逻港保税物流中心基本建成,形成临港工业区、港口物流园区、仓储保税区、加工包装区等多元综合体,构建中西部地区通江达海、走向世界的现代物流基地。宜昌云池、荆州盐卡、黄石棋盘州等主要港区的物流服务功能显著提升。

——集聚大产业。促进中石化80万吨乙烯、武钢200万吨钢材深加工、三峡1000万吨涂镀板等一批大项目向沿江集聚,形成石化、冶金、建材、化工、汽车工业等有序布局的沿江经济走廊。

——保障大安全。加大内河危险品运输安全监管力度,完善危险品安全检测手段,完成1000艘老旧客渡船更新改造,建立健全"一江十六湖"重点水域搜救体系,确保水上安全平稳可控。

(二)着力完善网络,提高服务品质。坚持"适用就是最好的,自然就是最美的,优质就是最省的"和"建设是发展、养护管理也是发展"的理念,坚持全寿命周期成本理念,着力提升工程的内在质量、服务水平和使用寿命,全面建成6500km的高速公路骨架网、28000km的普通国省干线公路网、170000km的社会主义新农村惠民便民公路网。

"十二五"时期,全省高速公路规划为"七纵五横三环"、7069km,力争实现全省县县通高速公路的目标。

——"七纵":

纵一:麻城至阳新。全长174km。"十二五"时期规划建设。

纵二:麻城至通山。国家高速公路网大广高速公路湖北段,全长266km,已建成大广北、鄂东长江公路大桥158km,大广南108km2011年内建成通车。

纵三:大悟至赤壁。国家高速公路网京港澳高速公路湖北段,全长294km,已建成通车。

纵四:随州至岳阳。全长335km,已建成通车。

纵五:襄阳至公安。国家高速公路网二广高速公路湖北段,全长311km,已建成通车。

纵六:郧县至宜昌。全长449km,在建的郧十、十房、保宜等高速公路达342km。

纵七:建始至来凤。陕西安康至广西铁山港高速公路湖北段,全长174km,在建的恩来高速公路达86km。

——"五横"具体为:

横一:麻城至竹溪。全长569km,已建成麻竹高速大随段20km,在建的黄冈段、孝感段、襄保段、保竹段等高速公路达435km。

横二:麻城至巴东。国家高速公路网沪蓉高速公路湖北段,全长594km,已建成麻武、武荆、荆宜等高速公路421km,在建的宜巴高速公路达173km。

横三:英山至郧西。全长678km,已建成通车。

横四:黄梅至利川。国家高速公路网沪渝高速公路湖北段,全长822km,已建成通车。

横五:阳新至来凤。全长540km,已建成杭瑞高速公路156km,在建的江南高速公路等达149km。

——"三环":

环一:武汉市九峰至吴家山,是沟通武汉市六大新城组群、水港、空港、保税港、物流园区、产业园区等的快速通道。全长135km。

环二:武汉市高速公路外环,是沟通武汉市远城区的快速通道。全长191km,已建成通车。

环三:武汉城市圈高速公路环线,是连接"1+8"城市圈外围8个城市的快速通道。全长554km,已建成149km,在建310km。

"十二五"时期,全省普通国省干线公路规模为28000km。

进一步加强普通国省干线改造力度,主要省际通道、重要经济区的过境路段、部分高速公路连接线以及主要港口、机场、铁路枢纽通道达一级公路标准,建制乡镇通二级以上公路。

进一步完善农村公路网结构,提升整体服务能力,加强断头路、循环路及农、林、渔场公路建设,在有条件的地区实施通自然村公路建设,打造安全舒适、畅洁绿美的170000km社会主义新农村公路网。

进一步创新公路养护管理体制机制,基本建立国省道养护管理科学决策体系,实施公路大中修养护工程,坚持预防性养护和周期性养护相结合,全面提高路网服务水平。落实农村公路养护责任主体和养护资金,建立和完善农村公路养护管理长效机制,实现"有路必养"。

(三)着力整合资源,构筑综合枢纽。以"大交通"理念科学规划交通基础设施,集约有效利用通道资源,着力强化枢纽衔接,充分发挥各交通运输方式的比较优势和整体效率,全面提升湖北在全国综合交通网中的枢纽地位。以武汉、宜昌、襄阳、荆州、黄石、十堰、恩施等7个公路运输枢纽城市为重点,加快构建铁路、公路、水路、航空等多种运输方式高效衔接、城际交通和城市交通相互融合的综合交通运输枢纽。重点支持中心城市、高速铁路客运专线、城际轨道沿线市县及主要机场的综合客运枢纽建设,重点支持与铁路货站、港口、物流园区等衔接的货运枢纽的建设,大力完善枢纽集疏运体系,努力实现"零距离换乘、无缝衔接"。

(四)着力培育市场,发展现代物流。引进、培育和壮大10家专业化、规模化的现代物流企业;建成武汉新港物流园区、宜昌三峡物流中心、襄阳鄂西北物流基地等十大物流示范基地;培育层次分明、类型多样的物流市场主体,引领现代物流业发展。积极推进全省物流标准体系建设,探索建设"交通物联网"。做大做强邮政快递物流,加快推进农村邮政物流发展。优化运输组织,积极发展多式联运以及集装箱、江海直达等先进的运输组织方式,推动甩挂运输发展。

(五)着力转变方式,发展低碳交通。加快构建低碳交通运输体系,力争运营车辆综合单耗下降10%,运营船舶燃油单耗下降10%,港口生产单位吞吐量综合能耗下降10%。充分发挥水运的比较优势,进一步提高岸线利用效率。加强交通运输规划、设计、施工、运营全过程环境保护工作,促进交通运输与生态环境协调发展。大力发展节能环保的运输装备,提高车辆的安全、节能环保准入标准。强化城市交通需求管理,引导私人小汽车的合理使用。

(六)着力夯实基础,保障交通安全。进一步强化水上交通安全监管,加强重点时段、重点船舶、重点河段和重点环节的安全监管。落实地方乡镇政府安全监管责任,继续加强乡镇渡船渡口的安全监管。进一步完善道路运输安全监管体系,认真落实"三关一监督"职责。进一步加强应急保障体系建设,加快区域应急处置中心建设。继续实施公路安保工程、危桥和渡口改造工程、公路灾害防治工程。

(七)着力发展公共交通,强化城市客运管理。加快落实"公交优先"战略,扩大城市公共交通线网通达深度和覆盖面,积极探索合理的出租车管理模式,努力提高公共交通服务能力和质量。武汉市重点发展以轨道交通为骨架,常规公交为主体,出租车、轮渡为补充,多层次、一体化的公共交通服务体系;有条件的大中城市要建设快速公交系统。进一步优化公交车结构,着力提供多层次的公共交通服务,进一步提高城市公共交通服务管理水平。鼓励城市公交向周边延伸覆盖,着力推进城乡客运一体化。

(八)着力加强信息化建设,强化科技引领。进一步完善行业信息基础设施,加强资源整合与信息共享,建设省级数据中心,大力推进安全监管和应急保障平台、物流公共信息平台、综合管理信息平台、公共服务信息平台等行业(领域)信息化重大应用工程建设,提升信息安全保障能力,利用信息化与智能化技术,提高交通管理水平和交通系统运行效率,更好地适应公众多样化的交通出行要求。

四、保障措施

(一)强化组织协调。进一步建立健全综合交通运输各部门工作协调机制,重点加强综合运输体系的规划协调,建立重大项目、重大事项会商制度和基础数据统计制度、信息通报制度等,形成"规划一批、论证一批、在建一批、储备一批"的综合交通发展良性循环机制,促进各交通运输方式紧密衔接,优化全省交通运输布局,加快形成便捷、通畅、高效、安全的综合运输体系。

(二)强化体制创新。按照"综合协调、行业指导,统筹规划、分级管理,法治有效、公平共享"的原则,建立健全更具活力、更富效率的综合交通运输体制机制。着力完善省市合力共建机制。大力推行"投资多元化、管理一体化"的高速公路管理模式。着力创新高速公路投融资模式、普通公路发展模式、内河水运发展模式和城市公共客运管理模式,提高交通管理效能和服务水平。

(三)强化资金保障。建立健全以各级公共财政投入为基础的普通公路投融资模式、以市场化运作为基础的高速公路投融资模式、以多元化投资为基础的内河航运投融资模式、以政府购买公共服务为主的公共交通投融资模式和以政策性引导资金为导向的交通物流投融资模式。进一步深化交通投融资体制改革,充分发挥省交通投资有限公司作为省级交通投融资平台的作用。各级政府应进一步加大财政性资金投入,充分发挥地方各类投融资平台的作用,通过土地捆绑、资源开发等多种形式加大对交通发展的支持。

(四)强化市场服务。建立健全相关政策、制度,完善市场准入、退出和监管机制,促进形成统一开放、公平竞争、规范有序的行业市场。加强行业诚信体系建设,建立和完善大企业直通车服务工作机制。积极运用市场调节机制,促进现有资源有机整合,调整优化运输产业结构,塑造新型的集团化市场主体。

(五)强化科教支撑。坚持人才强交战略,实施人才素质提升、人才聚集、人才载体建设、人才体制机制创新及人才管理服务"五大工程",支持湖北交通职业技术学院建设成为国家骨干高职院校。坚持科技兴交战略,强化科技成果的推广应用和产业化工作,组织开展重大科技成果应用示范工程,不断提升全省交通运输业的现代化水平。

湖北省公路路政管理条例

(1999年1月22日湖北省九届人大常委会第7次会议通过,2001年5月31日湖北省九届人大常委会第25次会议修改)

第一章 总 则

第一条 为加强公路路政管理,保障公路完好、安全畅通,适应经济建设和社会发展的需要,根据《中华人民共和国公路法》(以下简称《公路法》)及有关法规的规定,结合本省实际,制定本条例)。

第二条 本条例适用于本省境内国道、省道、县道及交通部门列养的乡道的路政管理。

路政管理是指交通主管部门或者其授权的公路管理机构,根据国家法律、法规和规章的规定,为保护公路、公路用地和公路附属设施,维护公路秩序所进行的行政管理。

第三条 省人民政府交通主管部门主管全省公路路政管理工作。县级以上人民政府交通主管部门主管本行政区域内的公路路政管理工作。

县级以上交通主管部门可以决定由公路管理机构依照本条例规定行使公路路政管理职责。

第四条 公路、公路用地和公路附属设施(以下统称公路路产)受法律保护,任何单位和个人不得破坏、损坏或者非法占用。

任何单位和个人有保护公路路产的义务,有权制止、检举破坏、损坏以及非法占用公路路产和影响公路畅通的行为。

第五条 禁止任何单位和个人在公路上非法设卡、收费、罚款和拦截车辆。

第六条 各级人民政府应当采取措施,加强对公路路政管理工作的领导和监督检查。

县级以上交通主管部门应当认真履行职责,依法做好公路路政管理工作,并努力采用科学的管理方法和先进的技术手段,提高公路管理水平,逐步完善公路服务设施,保障公路的完好、安全和畅通。

第二章 公路路产管理

第七条 公路正式投入使用前,建设单位应办理路产登记手续,报有关公路管理机构备案。公路线路的名称、起止点等事项由省交通主管部门公布。

第八条 公路使用性质不得擅自改变。确需改变的,必须报经省交通主管部门批准,并依法办理公路产权变更手续。涉及土地权属变更的,需经土地部门同意。

第九条 县级以上人民政府应当依法确定公路用地范围。公路用地范围的宽度从公路两侧边沟(截水沟、坡脚护坡道,下同)外缘起不少于一米。公路管理机构对依法已确定的公路用地应当埋设界桩。

第十条 公路养护、改建所需砂石、土料场、生产用地等,由县级以上人民政府组织有关部门依法划定并办理有关手续。公路养护、施工人员在划定的料场内取土、采石、挖砂,以及在生产用地内建设养护道班(管理站)等设施,任何单位和个人不得阻挠或者非法收取费用。

第十一条 在公路及公路用地范围内,禁止下列损坏、污染和影响公路安全畅通的行为:

(一)挖沟、截水、取土、采石,利用公路、公路边沟进行灌溉或者排放污水,填埋、堵塞、损坏公路设施,利用桥梁、边沟筑坝蓄水、设置闸门;

(二)摆摊设点、占道经营和随意停放车辆,堆放物品,倾倒垃圾和废料,积肥、制坯、种植各类作物;

(三)运输车辆散落物品或者载物拖地行驶;

(四)损坏、移动、涂改公路附属设施及公路标志;

(五)在公路桥梁及隧道内铺设输送易燃、易爆和有毒气体、液体管道及其他类似设施。

第十二条 因特殊原因在公路和公路用地范围内实施下列行为的,必须事先报经县级以上公路管理机构批准,并采取相应的保护措施。影响交通安全的,还应经同级公安交通管理机关批准。对公路路产造成损失的,责任者必须及时负责修复或者补偿:

(一)在公路上试车的;

(二)在公路上设置平面交叉道口的;

(三)除农业机械因当地田间作业需要在公路上短距离行驶外,履带车、铁轮车以及其他可能损害公路路面的车辆、机具横穿公路或者在公路上行驶的;

(四)超过公路、公路桥梁、公路隧道或者汽车渡船的限载标准的车辆确需行驶的;

(五)跨越、穿越公路修建桥梁、渡槽或者架设、埋设管线等设施以及在公路用地范围内架设、埋设管线、电缆等设施的;

(六)在公路用地范围内设置公路标志以外的其他标志的;

(七)因修建铁路、机场、电站、通信设施、水利工程和其他建设工程需要占用、挖掘公路或者使公路改线的。

第十三条 公路管理机构应按规定设置公路、公路桥梁、公路隧道、公路渡口的标志、标线;对被损坏的标志应及时修复,妨碍车辆安全通行的,在修复前应设置明显的警示标志。

第十四条 因改建或者养护公路影响车辆、行人通行时,施工单位应在施工现场设置明显的施工标志和安全标志,需要绕行的,还需设置绕行标志。确需中断交通进行施工的,应按公路等级,分别报经县级以上公路管理机构和公安交通管理机关同意,并向社会公告。

公路养护作业和施工机械、车辆施工时必须设置明显的作业标志;夜间施工,必须设置醒目标志。未设置施工作业标志,给过往车辆和人员造成损害的,施工单位应依法赔偿。

施工单位进行养护作业和工程施工需要在公路上堆放养护、施工物料的,只能堆放在公路一侧;因施工只能单向通行的公路,应设专人指挥,不得影响车辆通行。

车辆通过养护作业、施工现场时,应遵守施工现场交通秩序,服从施工现场管理人员的指挥。

第十五条 公路两侧边沟必须保持畅通。因特殊原因需要占用公路边沟的,应当报经县级以上公路管理机构批准,并按有关标准负责重建排水设施。由此造成公路路产损失的,应当给予相应补偿。

第十六条 交通主管部门负责公路绿化工作。按照统一规划、多方投资、多方建设、统一管理的原则,营建公路绿化带。鼓励单位和个人按交通主管部门的规划在公路两侧种植行道树和花草绿地。

严禁任意砍伐或者损坏公路林木。因公路改建、扩建、路树更新等确需砍伐的,按照《中华人民共和国森林法》及有关法律法规的规定办理。

因抢险、救灾等紧急情况需砍伐公路林木的,砍伐单位应在事后一个月内到当地县级以上林业、公路管理机构备案,并适时完成更新补种任务。

第十七条 架设与公路平行或者交叉的电力和通信缆线时,电力缆线、通信缆线与公路林木的距离,按国家有关规定执行。

第十八条 公安交通管理机关在处理车辆违章或者交通事故时,凡涉及损坏公路路产的,应及时告知公路管理机构协同处理或者移交公路管理机构处理。

禁止在公路上打场晒粮。公安交通管理机关应做好在公路上打场晒粮的治理工作,公路管理机构应积极配合,保障公路安全畅通。

第三章 公路两侧建筑控制区管理

第十九条 公路两侧建筑控制区范围从公路边沟外缘起,国道不少于20m、省道不少于 15m、县道不少于 10m、乡道不少于 5m。

新建、改建的公路两侧建筑控制区范围自建设项目进行初步设计之日起一月内,由公路沿线县级以上人民政府划定并公告。

公路管理机构应在划定的公路两侧建筑控制区外缘设置标桩、界桩。

第二十条　除公路防护、养护需要外,禁止在公路两侧的建筑控制区内修建建筑物和地面构筑物;需要在公路两侧建筑控制区内埋设管线、电缆等设施,设置广告牌、宣传牌、店牌等标志的,应当事先经县级以上公路管理机构批准。

第二十一条　规划和新建村镇、开发区、住宅区以及农贸市场,应当在公路一侧建筑控制区以外的范围进行,与公路保持规定的距离,并避免在公路两侧对应进行,防止造成公路街道化。本条例颁布前已经在公路两侧布局的,不得再与公路平行扩建。

第二十二条　有关部门在审批临近公路两侧建筑控制区的建设用地时,应当按照本条例的规定,注明建筑物与公路的控制距离,并告知公路管理机构;建筑单位开工时,审批单位和公路管理机构应派员进行现场监督。

第二十三条　本条例施行前,在公路两侧建筑控制区内修建的建(构)筑物,按下列规定处理:

(一)《中华人民共和国公路管理条例》颁布后或者在公路修建后修建的房屋等建(构)筑物,由交通主管部门责令修建者自行拆除。逾期不拆除的,由交通主管部门拆除。拆除费用由违章修建者负担;

(二)《中华人民共和国公路管理条例》颁布前或者在公路修建前修建的建(构)筑物,修建者应逐步拆除,交通主管部门应给予适当补偿。

第四章　路政监督检查

第二十四条　公路路政监督检查人员对各种侵占、损坏公路路产及其他违反本条例规定的行为,有权依法进行监督检查。

第二十五条　公路路政监督检查人员依法在公路、公路用地、公路两侧建筑控制区、车辆停放场所、车辆所属单位等进行监督检查时,任何单位和个人不得阻挠。

公路路政监督检查人员在执行公务时,应当着装整齐,佩戴标志,持证上岗。

第二十六条　用于公路路政监督检查的专用车辆,应当设置国家交通主管部门规定的统一车身标志、路政检查标牌和示警灯。

第二十七条　公路路政监督检查人员必须公正廉洁、秉公执法、文明执法,并接受社会监督。交通主管部门和公路管理机构应加强对公路路政监督检查人员执法行为的监督检查,对违法行为应依法纠正和处理。

第五章　法　律　责　任

第二十八条　违反本条例规定,《公路法》有规定的,按《公路法》的规定进行处罚。

第二十九条 违反本条例规定,对公路路产造成较大损害的车辆,必须立即停车,保护现场,报告公路管理机构,接受公路管理机构的调查、处理后方可驶离;拒不接受处理的,公路管理机构可以暂扣车辆,责任者必须到指定地点接受处理。

对暂扣的车辆,公路管理机构应当妥善保管,及时处理;暂扣车辆超过24h的,须报省交通主管部门批准;造成损坏的,按国家有关规定负责赔偿;凡已接受处理的,应立即放行。

第三十条 当事人对行政处罚决定不服的,可依法申请复议或者提起诉讼。逾期不申请复议、不起诉又不履行处罚决定的,交通主管部门可申请人民法院强制执行。

第三十一条 交通主管部门以及公路管理机构的工作人员玩忽职守、徇私舞弊、滥用职权、乱扣车辆,由其所在单位或者上级主管部门给予行政处分;构成犯罪的,依法追究刑事责任。

第六章 附 则

第三十二条 国内外经济组织依法受让公路收费权的公路或者由国内外经济组织依法投资建成的经营性收费公路以及新建、改建公路的路政管理职权,由公路管理机构的派出机构、派出人员行使。

第三十三条 专用公路参照本条例执行。《湖北省高等级公路管理条例》有特殊规定的,从其规定。

第三十四条 本条例规定的各项赔偿的具体标准,由省物价主管部门根据国家和省的有关规定确定。

第三十五条 本条例应用中的问题由省交通主管部门负责解释。

第三十六条 本条例自公布之日起施行。

湖北省高速公路管理条例

(2009年3月26日湖北省第十一届人民代表大会常务委员会第九次会议通过,2009年3月26日湖北省人民代表大会常务委员会公告第九十三号公布,自2009年6月1日起施行。2011年12月1日根据湖北省人民代表大会常务委员会公告第一百二十八号修正)

第一章 总 则

第一条 为规范高速公路管理,保障高速公路安全畅通,维护高速公路投资者、经营者和使用者的合法权益,充分发挥其经济效益和社会效益,根据《中华人民共和国公路法》和其他有关法律法规的规定,结合本省实际,制定本条例。

第二条 本条例适用于本省行政区域内高速公路的规划、投资、建设、养护、经营、使用和管理。

第三条 高速公路管理应当遵循集中统一、安全高效、生态环保、以人为本、便民利民的原则。

第四条 省交通主管部门主管全省高速公路工作。

省交通主管部门所属的省高速公路管理机构依照本条例规定统一行使高速公路行政管理职责。

省公安机关高速公路交通安全管理机构负责全省高速公路交通安全管理工作。

省人民政府其他有关部门和高速公路沿线所在地人民政府应当积极配合,共同做好高速公路相关管理工作。

第五条 省人民政府应当将全省高速公路的发展纳入国民经济和社会发展规划;省交通主管部门在广泛征询社会各界意见的基础上,根据国民经济和社会发展以及国防建设的需要,会同有关部门并商高速公路沿线所在地人民政府编制全省高速公路发展规划,报省人民政府批准后实施,并向社会公布。

第六条 省人民政府应当制定本省高速公路突发事件应急预案。省人民政府有关部门和高速公路沿线所在地人民政府应当按照各自职责负责高速公路突发事件的应急处理工作。

第七条 任何单位和个人不得破坏、损坏或者非法占用高速公路、高速公路用地及高速公路附属设施,不得在高速公路上及服务区内非法设卡、收费、罚款和拦截检查车辆。

任何单位和个人都有爱护高速公路、高速公路用地及高速公路附属设施的义务,有权检举和控告破坏、损坏高速公路、高速公路用地、高速公路附属设施和影响高速公路安全的行为。

第八条 因自然灾害致使高速公路交通中断,高速公路经营管理者应当维持现场秩序,组织养护作业单位及时修复,并依法向省高速公路管理机构和所在地人民政府报告;损坏严重难以及时修复的,所在地人民政府应当及时组织抢修。

第二章 建设和养护

第九条 高速公路建设应当遵循基本建设程序,严格执行国家规定的工程设计、施工和监理规范及技术标准,保证合理设计施工周期,确保工程质量。

高速公路建设项目应当按照国家有关规定实行招投标制度、项目法人及资本金制度、合同管理制度、工程监理制度和工程质量责任追究制度。

第十条 高速公路建设需要移动或者拆迁桥梁、渡槽、管道、杆线、电力和通信设施等以及对其他道路设施造成损害的,高速公路建设单位应当按照不低于该设施原有的技术标准予以修复,或者给予相应的经济补偿。

第十一条 国内外经济组织依法投资建设高速公路的应当实行特许经营。投资经营者的合法权益受法律保护。

特许经营项目应当采取招投标方式选定投资经营者。

省人民政府授权省交通主管部门或者市州人民政府与依法成立的高速公路企业项目法人,签订特许经营协议。特许经营协议规范文本由省交通主管部门制定。

高速公路企业项目法人因自身原因,无法继续投资、建设或者经营特许经营项目的,可以请求解除特许经营协议。未经省人民政府批准,高速公路企业项目法人不得以任何形式转让高速公路特许经营权。

第十二条 国内外经济组织投资建设的高速公路可以采用委托方式经营管理。省高速公路管理机构应当制定和完善委托管理规范,加强指导和监督。

第十三条 在高速公路规划、建设和经营管理过程中,应当采取措施,保护生态环境和文物古迹,防止水土流失,减少污水排放,降低交通噪声,恢复山体植被,做好公路绿化,保持路容路貌整洁美观。

第十四条 省高速公路管理机构应当做好高速公路路网标志、标线的规划,并根据实际情况及时提出变更调整方案,科学合理地引导交通。高速公路经营管理者应当按照国家、省有关规范,清晰、准确设置高速公路标志、标线。

高速公路经营管理者应当按照国家规定的高速公路养护质量标准、技术规范和操作规程,对高速公路进行养护,保障高速公路及其附属设施处于良好的技术状态。

高速公路经营管理者应当加强高速公路养护巡查,高速公路及其附属设施遭受损坏的,应当及时组织力量修复;遭受重大损毁,交通严重受阻时,应当采取紧急措施,并报请省高速公路管理机构或者当地人民政府及时组织抢修,尽快恢复交通。

第十五条 上跨高速公路的公路桥梁、下穿高速公路的道路、收费站连接线,应当在高速公路建成后移交给当地公路部门养护管理。

第十六条 除日常维护外,高速公路经营管理者应当依法通过招投标方式,确定具有相应资质的单位对高速公路进行养护,并报省高速公路管理机构备案。

省高速公路管理机构应当对高速公路及其附属设施的养护情况进行检查,对达不到高速公路养护规范要求的,应当责成高速公路经营管理者限期采取相应措施。

第十七条 高速公路养护作业应当科学调度、统筹安排,确定合理的施工时间和工期,减少对车辆通行的影响。高速公路养护作业需要半幅封闭或者中断交通的,高速公路经营管理者应当报省高速公路管理机构和省公安机关高速公路交通安全管理机构同意,除紧急情况外,提前五天向社会公告,并在高速公路入口处设置公告牌,公告应当包含封闭或者中断交通的原因和施工的具体期限以及交通分流的线路。

高速公路养护作业,应当在作业地点设置规范的施工、限速和导向等交通标志,作业人员应当穿着统一的安全标志服,其车辆、机械应当安装示警灯,喷涂明显的标志图案,作业时应当开启示警灯和危险报警闪光灯。过往车辆应当按照设置的导向标志行驶,注意避让作业车辆、机械和人员。

第三章 经营服务

第十八条 高速公路经营管理者经依法批准后可以收取车辆通行费。通行高速公路的货运车辆,其车辆通行费按照省人民政府的规定,采取计重收费的方式收取。

车辆通行费的收费标准,应当依照价格法律、行政法规的规定进行听证,并按照法定程序审查批准。

第十九条 高速公路收费站应当在显著位置公布收费标准、收费单位、收费起止年限、监督电话等内容,文明收费,接受监督。

通行高速公路的车辆应当足额交纳车辆通行费。车辆通行费的减免按照国家有关规定执行。符合减免规定的车辆,在通行高速公路收费站时,应当主动出示相关证件,经查验后方可通行。任何单位和个人不得随意减免。

第二十条 高速公路收费实行全省联网,统一结算和管理。联网方案、收费流程和结算规范,由省高速公路管理机构制定并组织实施和监督。

新建高速公路项目应当根据全省高速公路联网运行和管理的需要,按照规定标准建设高速公路通信、监控、收费等管理系统和设施,经省高速公路管理机构组织检测合格后方可收取车辆通行费。

已建成通车的高速公路不具备前款设施条件的,由高速公路经营管理者负责建设。

省高速公路管理机构应当定期向高速公路经营管理者公布收费结算信息。高速公路经营管理者有权查询本单位的收费结算信息。

第二十一条 高速公路经营管理者应当按照全省统一规划和要求,不断提高联网收费技术和管理水平。逐步推广高速公路全程监控、智能收费等系统,提高车辆通行能力。

联网收费系统的升级改造和维护管理费用从高速公路车辆通行费中计提,专款专用,具体计提标准由省财政、价格主管部门确定。

第二十二条 高速公路经营管理者应当根据车流量开通足够的收费道口,保证车辆畅通。

高速公路经营管理者应当在收费站口、服务区、重要路段等区域逐步建立和完善电子信息平台,及时发布交通状况、施工作业等有关服务信息,由省高速公路管理机构监督实施。

高速公路经营管理者应当及时向省高速公路管理机构提供收费、还贷、路况、交通流量、养护和管理等有关信息资料。

第二十三条 高速公路经营管理者应当建立健全各项规章制度,依法经营,规范收费,提供优质服务。

高速公路经营管理者应当加强对收费站工作人员的业务培训和职业道德教育,收费人员应当持证上岗,做到文明礼貌、规范服务。

第四章 服务区管理

第二十四条 高速公路服务区的设置应当遵循统筹规划、合理布局、功能完善、适度超前的原则。

高速公路服务区应当与高速公路同步设计、同步建设、同步运营。省高速公路路网内服务区最大间距不得大于60km。

因养护维修等原因确需关闭服务区的,应当报省高速公路管理机构批准。

第二十五条 省高速公路管理机构应当制定全省统一的服务区经营管理规范,加强监督管理工作。高速公路经营管理者负责所属高速公路服务区的建设、经营管理工作。

高速公路服务区可以由高速公路经营管理者自主经营,也可以对外承包经营,对外承包经营的,应当采取服务质量招投标的方式确定经营者,经营者应当按照承诺的服务内容、标准提供服务。

第二十六条 高速公路服务区应当提供下列服务设施:

(一)短暂休息、停车场、饮用水供应、公共厕所等免费使用的公益性基本设施;

(二)加油、购物、餐饮以及汽车维修等经营性基本设施;

(三)绿化、水土保持、夜间照明及给排水、污水处理、备用电设备等功能性基本设施。

服务区经营者应当保证服务区设施处于良好状态,保持服务区的安全、清洁、卫生。

第二十七条 高速公路服务区经营者应当公开服务内容、标准、价格,依法经营,诚实守信,文明服务。禁止下列行为:

(一)擅自扩大收费范围、提高服务收费标准;

(二)强制他人接受有偿服务;

(三)刁难、勒索和敲诈司乘人员;

(四)收费不开具合法有效的票据;

(五)其他违法违规行为。

省高速公路管理机构应当对高速公路服务区承包经营者的承包经营行为是否符合经营服务规范进行监督检查。

高速公路服务区所在地公安、卫生、环保、工商、价格等部门应当依据各自职责加强对服务区治安、食品卫生、经营和服务的监督管理。

第五章 路政管理

第二十八条 省高速公路管理机构应当向各高速公路(含在建)派驻路政管理机构。

高速公路路政执法经费从高速公路通行费中列支,纳入省级财政预算,具体办法由省交通主管部门会同财政主管部门制定。

第二十九条 省高速公路管理机构应当加强对高速公路的监督管理,检查、制止各种非法侵占、损坏高速公路、高速公路用地、高速公路附属设施及其他违反本条例规定的行为。

省高速公路管理机构及有关部门应当建立投诉、举报、奖励制度,公布举报电话、通讯地址、电子邮件地址,为举报者保密,并对举报属实者给予奖励。

高速公路路政执法人员执行公务,应当公正廉洁、热情服务、着装整齐、佩戴标志、持证上岗、文明执法。

第三十条 高速公路监督检查车辆应当按照国家有关规定设置统一的标志和示警灯。

任何单位和个人不得擅自喷印、安装、使用与高速公路监督检查车辆相同或者相似的标志和示警灯。

高速公路监督检查车辆在高速公路上依法执行抢险、救灾等紧急公务时,需要采取紧急通行措施的,应当确保交通安全。

第三十一条 高速公路用地范围按照以下标准确定:

(一)高速公路边沟(隔离栅)外缘起1米的区域;

(二)无高速公路边沟(隔离栅)的,为公路路沿石外缘起5米的区域;

(三)高速公路桥梁为桥梁垂直投影面外缘起1米的区域。

第三十二条 在高速公路及其用地范围内,禁止从事下列活动:

(一)抛洒、堆放物品,倾倒垃圾,排放污水;

(二)设置棚屋、摊点、维修场及其他临时设施;

(三)取土采石,挖损路面,堵塞通道、涵洞、填充边沟;

(四)种植作物,放养牲畜;

(五)擅自安装、拆除、涂改、移动高速公路附属设施、公路标志;

(六)随意上下乘客、装卸货物、载物拖地行驶;

(七)利用高速公路边沟排水、蓄水灌溉、养殖;

(八)其他侵占、污染等损害性活动。

第三十三条 在高速公路及其用地范围内从事下列活动,应当报省高速公路管理机构批准:

(一)设置广告等非公路标志标牌;

(二)修建跨(穿)越公路的建(构)筑物,架设杆线,埋设管道、缆线;

(三)修建出入高速公路的交叉道口;

(四)占(利)用、挖掘高速公路及其公路用地；

(五)更新、砍伐公路树木。

第三十四条 从高速公路用地外缘起50米的区域为高速公路建筑控制区。

除公路防护、养护需要外，禁止在高速公路建筑控制区新建、扩建建筑物和地面构筑物，或者从事爆破、采空作业、取土、挖砂、挖沟、排污等可能危及高速公路安全的行为。控制区内原有的合法的建筑物、构筑物需要拆迁的，高速公路经营管理者应当依法给予补偿。

在高速公路建筑控制区内需埋(架)设管(杆)线、电缆等设施或者设置非公路标志标牌的，应当事先经省高速公路管理机构批准。

第三十五条 高速公路经营管理者应当保证高速公路隧道照明、通风、消防、监控等设施的正常使用，不得随意停止使用，不得影响车辆安全通行。

高速公路消防安全工作由所在地公安消防机构负责。

第三十六条 省高速公路管理机构应当在高速公路出入口、服务区、检测站进行超限运输检查，过往车辆应当按照引导标志行驶到指定地点接受检查，不得强行通过。

高速公路经营管理者应当在高速公路入口、相关跨越高速公路的设施，设置车辆限载、限高、限宽、限长标志。

第三十七条 在高速公路行车道、桥梁、匝道上和隧道内不得检修车辆，因突发故障临时检修的，应当将车辆移入紧急停车带，并对高速公路及其附属设施采取保护措施。

第三十八条 任何单位和个人造成高速公路路产损坏的，应当按照省财政、价格主管部门确定的标准，向省高速公路管理机构交纳路产损坏赔(补)偿费。

第三十九条 车辆在高速公路上发生交通事故时，省公安机关高速公路交通安全管理机构、省高速公路管理机构应当立即派员赶赴现场，组织抢救伤者和保护财产。

省公安机关高速公路交通安全管理机构负责调查事故现场，处理交通事故，维持事故现场的交通秩序并根据需要及时通知清障施救单位进行清障施救。

省高速公路管理机构负责调查处理路产损失情况和相关索赔事宜。省公安机关高速公路交通安全管理机构在处理交通事故涉及路产损失的，应当及时通知省高速公路管理机构；交通事故结案后路产损失赔偿工作仍未处理完毕的，应当将事故车辆交由高速公路管理机构处理。

第四十条 省高速公路管理机构应当统一监督管理和规范高速公路清障施救服务，并向社会公布清障施救服务单位、项目和价格等信息。

清障施救服务应当遵循就近、安全、便捷的原则，清障施救服务标准和规程由省高速公路管理机构会同省公安机关高速公路交通安全管理机构制定。

省价格主管部门按照保本微利的原则核定清障施救服务收费标准。

清障施救服务单位应当遵守清障施救服务标准和规程,严格按照省价格主管部门核定的标准收费,不得擅自增加收费项目、扩大收费范围、提高收费标准。

第四十一条 省公安机关高速公路交通安全管理机构和省高速公路管理机构在交通安全和路政管理工作中,应当加强配合,实现信息资源共享。

因严重自然灾害、恶劣气候或者重特大交通事故等特殊情形影响车辆正常通行的,省公安机关高速公路交通安全管理机构和省高速公路管理机构应当及时相互通报路况信息,采取限制车速、间断放行等措施对车辆进行疏导。

采取措施后仍难以保证交通安全确需封闭高速公路的,省公安机关高速公路交通安全管理机构应当征求省高速公路管理机构意见后实施,并及时向社会公告。

高速公路经营管理者应当根据国家和本省有关应急规定,制定高速公路应急处置方案,组织应急处置队伍并定期开展应急处置方案演练。

因重特大交通事故造成高速公路严重堵塞,难以及时恢复交通的,以及装载危险物品车辆发生故障可能造成严重后果的,高速公路所在地人民政府应当组织调集清障施救力量,协助清障施救,排除危险。

第六章 法 律 责 任

第四十二条 违反本条例规定的行为,法律、行政法规有行政处罚规定的,从其规定;造成损害的,依法承担民事责任;构成犯罪的,依法追究刑事责任。

第四十三条 高速公路企业项目法人违反特许经营协议以及其他双方约定,造成高速公路项目不能满足开工条件、资金不能及时足额到位、工程不能按期进展、高速公路不能如期投入使用等严重后果又不请求解除特许经营协议的,省人民政府有权撤回特许经营权。

第四十四条 违反本条例规定,高速公路经营管理者未按照国家技术规范和操作规程进行公路养护,影响高速公路安全运行的,由省高速公路管理机构责令限期改正;逾期未改正的,由省高速公路管理机构指定其他单位进行养护,所需养护费用由高速公路经营管理者承担;拒不承担的,由省高速公路管理机构申请人民法院强制执行。

第四十五条 违反本条例规定,少交、逃交、拒交高速公路车辆通行费的,高速公路经营管理者有权拒绝其通行,并要求其补交应交车辆通行费,省高速公路管理机构可处以本省路网最远站至本站全程通行费2倍的罚款;故意堵塞收费车道的,实行强制牵移,由此造成的损失和产生的相关费用由当事人承担。

第四十六条 违反本条例规定,高速公路未建立联网收费系统或者联网收费系统未经检测合格就收取车辆通行费的,由省高速公路管理机构责令高速公路经营管理者限期改正;逾期未改正的,没收其通行费收入,并可处以通行费收入所得1倍的罚款。

高速公路经营管理者未按规定上缴通行费,影响全省高速公路联网收费统一结算的,由省高速公路管理机构责令限期上缴;逾期不上缴的,按日收取千分之一的滞纳金。

第四十七条 高速公路经营管理者违反本条例规定,有下列情形之一的,由省高速公路管理机构责令限期改正;逾期未改正或者有其他严重情节的,可处5000元以上2万元以下的罚款:

(一)未开通足够数量的收费道口,造成车辆堵塞的;

(二)擅自减免车辆通行费的;

(三)随意停止使用照明、通风等设施,影响车辆安全通行的;

(四)未按照规定设置电子信息设备,及时向社会发布交通状况、施工作业等相关服务信息的;

(五)养护作业擅自半幅封闭道路或者中断交通的。

第四十八条 违反本条例,未按规定开通或者擅自关闭服务区,影响高速公路运营管理的,由省高速公路管理机构责令限期改正;逾期不改正的,处1万元以上5万元以下的罚款;仍不改正的,由省高速公路管理机构指定其他专业机构代为开通,有关费用由高速公路经营管理者承担。

第四十九条 违反本条例规定,未经批准在高速公路建筑控制区内架设杆线等设施、设置非公路标志标牌的,由省高速公路管理机构责令停止违法行为、限期拆除,并可处以5000元以上2万元以下的罚款;逾期不拆除的,由省高速公路管理机构强制拆除,拆除费用由违法者承担,并可处2万元以上5万元以下的罚款。

第五十条 违反本条例规定,在高速公路上检修车辆未对高速公路及其附属设施采取保护措施的,由省高速公路管理机构责令改正;拒不改正的,可处100元以上300元以下的罚款。

第五十一条 清障施救服务单位违反清障施救服务标准和规程的,由省高速公路管理机构责令改正,并可处1000元以上5000元以下的罚款;情节严重的,取消清障施救服务资格。

第五十二条 国家工作人员有下列行为之一的,由有权机关给予行政处分:

(一)不依法实施行政许可的;

(二)扩大罚款范围、变更罚款标准的;

(三)收取高速公路路产损坏赔(补)偿费或者罚款不开具合法票据的;

(四)利用职务上的便利收受他人财物或者谋取其他利益的;

(五)滥用职权、徇私舞弊、故意刁难管理相对人或者强制他人接受有偿服务的;

(六)玩忽职守使国家、集体财产遭受重大损失的;

(七)发现违法行为不依法查处的;

（八）其他违规违法行为。

第七章 附 则

第五十三条 本条例有关用语含义如下：

（一）"高速公路"是指按照国家公路工程技术标准建设的专供汽车分向、分车道行驶并应全部控制出入的多车道公路（含桥梁和隧道）。

（二）"高速公路附属设施"包括高速公路的防护、安全、排水、养护、绿化、服务、监控、通信、收费、供电、供水、照明和交通标志、标线及管理等设施、设备和专用的建筑物、构筑物。

（三）"非公路标志标牌"包括除国家标准规定公路标志以外的指路牌、地名牌、厂（店）名牌、宣传牌、广告牌、龙门架、霓虹灯、电子显示屏、橱窗、灯箱和其他标牌设施等。

第五十四条 本条例自2009年6月1日起施行。1997年8月5日湖北省第八届人民代表大会常务委员会第二十九次会议通过的《湖北省高等级公路管理条例》同时废止。

湖北省人民政府令

第357号

《湖北省公路超限运输管理办法》已经2012年2月20日省人民政府常务会议审议通过，现予公布，自2013年2月1日起施行。

湖北省公路超限运输管理办法

第一章 总 则

第一条 为了加强公路超限运输管理，维护公路完好，保障公路的安全和畅通，根据《中华人民共和国公路法》《公路安全保护条例》《湖北省公路路政管理条例》《湖北省高速公路管理条例》等有关法律、法规的规定，结合本省实际，制定本办法。

第二条 在本省行政区域内从事公路运输相关活动适用本办法。

第三条 本办法所称公路超限运输，是指超过法律、法规、规章规定，或者超过交通标志标明的限载、限高、限宽、限长标准的车辆在公路上行驶的行为。

第四条 公路超限运输管理工作应当遵循政府主导、部门配合、源头控制、综合治理的原则。

第五条 县级以上人民政府应当将公路超限运输管理所需经费纳入本级财政预算，保障公路超限运输管理工作正常进行。

第六条 县级以上人民政府交通运输主管部门主管本行政区域内公路超限运输工作。交通运输主管部门所属的公路管理机构和道路运输管理机构具体负责公路超限运输的监督检查工作。

县级以上人民政府发展改革、财政、公安、经济和信息化、工商行政管理、价格、质量技术监督、安全生产监督管理、监察等相关部门应当依照各自职责,做好公路超限运输管理的相关工作。

第二章 综合管理

第七条 车辆的外廓尺寸、轴荷和总质量应当符合国家有关车辆外廓尺寸、轴荷、质量限值等机动车安全技术标准,不符合标准的不得生产、销售。

第八条 车辆生产企业制造的车辆应当符合国家强制标准规定,并按照国家规定、设计规范标定车辆的技术数据,严禁虚假标定。车辆生产、销售企业不得销售不符合国家强制标准规定的车辆。经济和信息化、工商行政管理、质量技术监督等行政主管部门应当加强对车辆生产、销售企业的监督检查。

第九条 货运经营者应当加强对车辆的维护和检测,确保车辆符合国家规定的技术标准;不得使用报废的、擅自改装的和其他不符合国家规定的车辆从事道路运输经营。

第十条 公安机关交通管理部门应当严格按照《中华人民共和国道路交通安全法》、《机动车登记规定》的规定,发放机动车登记证书、号牌和行驶证,对不符合机动车安全技术检验标准、《道路车辆外廓尺寸、轴荷及质量限值》和《车辆生产企业及产品公告》的车辆不予登记、发放车辆号牌和通过年检,并将相关信息抄告当地经济和信息化、质量技术监督管理部门。

第十一条 工商行政管理部门应当依法查处非法拼装、改装汽车及非法销售拼装、改装汽车行为,依法取缔非法拼装、改装汽车企业。

第十二条 质量技术监督管理部门应当对公路超限运输管理工作所需的检测设备依法实施计量检定,按照国家规定实施缺陷汽车召回制度和车辆强制性产品认证制度,查处不符合认证要求的汽车生产企业及产品。

第十三条 安全生产监督管理部门应当加强对危险化学品充装单位的监督管理,严禁超载、混装,会同相关部门调查处理因公路超限运输引发的生产安全事故。

第十四条 道路运输管理机构应当加强道路运输站(场)的监督检查,逐步推行对重要货物装卸点、厂矿企业以及蔬菜基地等源头地点的执法人员派驻制度,加强货物装载源头环节监管。

第十五条 煤炭、水泥等货物集散地以及货运站等场所的经营人、管理人应当采取有效措施,防止不符合国家有关载运标准的车辆出场(站)。

道路运输管理机构应当加强对煤炭、水泥等货物集散地以及货运站等场所的监督检查,制止不符合国家有关载运标准的车辆出场(站)。任何单位和个人不得指使、强令车辆驾驶人超限运输货物,不得阻碍道路运输管理机构依法进行监督检查。

第十六条　道路运输管理机构应当建立道路货物运输经营企业及从业人员信息系统及信誉档案,登记超限运输车辆和企业等信息,建立道路运输企业质量信誉考核制度。

公路管理机构应当建立和完善车辆信息登记制度,将超限运输违法信息及时告知道路运输管理机构、公安机关交通管理部门以及其他相关部门和机构,相关部门和机构应当将相关处理信息及时反馈公路管理机构。

第三章　车辆通行

第十七条　超过公路、公路桥梁、公路隧道限载、限高、限宽、限长标准的车辆,不得在公路、公路桥梁或者公路隧道行驶;超过汽车渡船限载、限高、限宽、限长标准的车辆,不得使用汽车渡船载渡。公路管理机构应当按照国家规定设置限载、限高、限宽、限长标志。

公路、公路桥梁、公路隧道限载、限高、限宽、限长标准调整的,公路管理机构、公路经营企业应当及时变更限载、限高、限宽、限长标志;需要绕行的,还应当标明绕行路线。

第十八条　车辆载运不可解体物品,车货总体的外廓尺寸或者总质量超过公路、公路桥梁、公路隧道的限载、限高、限宽、限长标准,确需在公路、公路桥梁、公路隧道行驶的,从事运输的单位和个人应当依法向公路管理机构提出书面申请。除可以当场作出许可决定者外,公路管理机构应当在受理后 20 日内作出是否许可的决定。

第十九条　申请公路超限运输许可按照下列规定办理:

(一)跨设区的市进行超限运输的,向省公路管理机构提出申请,由省公路管理机构受理并审批;

(二)在设区的市范围内跨县、市、区进行超限运输的,向设区的市公路管理机构提出申请,由设区的市公路管理机构受理并审批;

(三)在县、市、区范围内进行超限运输的,向县、市、区公路管理机构提出申请,由县、市、区公路管理机构受理并审批;

(四)跨省、自治区、直辖市进行超限运输的,按照国家有关规定办理。

公路超限运输影响交通安全的,公路管理机构在审批超限运输申请时,应当征求公安机关交通管理部门意见。

第二十条　公路管理机构审批超限运输申请,应当根据实际情况勘测通行路线,需要采取加固、改造措施的,可以与申请人签订有关协议,制定相应的加固、改造方案。公路管理机构应当根据其制定的加固、改造方案,对通行的公路桥梁、涵洞等设施进行加固、改造;必要时应当依法对超限运输车辆进行监管。

公路管理机构进行的勘测、方案论证、加固、改造、护送等措施以及修复损坏部分所需费用,由承运人承担。

第二十一条 申请超限运输许可有下列情形之一的,公路管理机构不予批准,但特殊情形除外:

(一)车货总质量或车辆轴载质量超过国家规定标准;

(二)车辆高、宽、长超过公路、桥梁、隧道技术标准;

(三)行驶路线经过四级公路、等外公路和技术状况低于三类的桥梁。

车辆存在非法改装、拼装、大吨小标等行为的,公路管理机构不予批准。

第二十二条 公路管理机构批准超限运输车辆行驶公路的,应当为超限运输车辆配发由国务院交通运输主管部门统一制式的超限运输车辆通行证。通行证限于单程运输,一车一证。

承运人应当按照超限运输车辆通行证确定的时间、路线、速度进行运输,并悬挂明显标志。

第四章 车辆超限检测

第二十三条 公路管理机构可以设立固定检测站点,采用固定检测和流动稽查相结合的方式,对车辆进行超限检测。设立固定公路超限检测站点应当经省人民政府批准。

第二十四条 固定公路超限检测站和流动稽查所使用的称重计量器具、测量超限几何尺寸的计量器具应当按期由县级以上质量技术监督管理部门进行检定;未按期检定或者检定不合格的计量器具,其检测数据不得作为卸载或者处理的依据。

第二十五条 固定公路超限检测站应当在站内明显位置公示公路超限检测站的批准机关和监督电话、超限认定标准、超限检测程序和处理标准。

第二十六条 车辆应当按照超限检测指示标志或者公路管理机构监督检查人员的指挥接受超限检测,不得故意堵塞固定超限检测站点通行车道、强行通过固定超限检测站点或者以其他方式扰乱超限检测秩序,不得采取短途驳载等方式逃避超限检测。禁止通过引路绕行等方式为不符合国家有关载运标准的车辆逃避超限检测提供便利。

第二十七条 未列入国家规定车辆生产目录的悬浮轴车辆,或者经检测悬浮轴不具备落地承载行驶能力的车辆,在超限检测时,其悬浮轴不计入总轴数。

第二十八条 运输可卸载货物车辆超限的,公路超限检测站应当责令当事人自行卸载;当事人不自行卸载的,由公路超限检测站卸载,卸载费用由当事人承担。

第二十九条 公路超限检测站应当与当事人就卸载货物的保管签订协议。当事人应当在15日内对卸载货物进行处置,逾期不处置的,由公路超限检测站按照规定变卖,所得价款扣除相关费用后退还当事人。

第三十条 有下列行为之一的,公路管理机构可以依法强制拖离或者扣留车辆:

（一）造成公路、公路附属设施损坏，拒不接受公路管理机构现场调查处理的；

（二）采取故意堵塞固定超限检测站点通行车道、强行通过固定超限检测站点等方式扰乱超限检测秩序的；

（三）超限运输车辆采取短途驳载、绕行或其他方式逃避检测的；

（四）经批准进行超限运输的车辆，未按照指定时间、路线和速度行驶的。

第五章 法律责任

第三十一条 违反本办法规定，构成违反治安管理行为的，由公安机关依法给予治安管理处罚；构成犯罪的，依法追究刑事责任。

第三十二条 违反本办法规定，超限运输车辆对公路造成损坏的，当事人应当按照公路赔（补）偿标准给予赔（补）偿。公路赔（补）偿费用统一纳入财政预算管理。公路赔（补）偿标准由省人民政府价格行政主管部门会同省财政部门制定。

第三十三条 违反本办法规定，租借、转让超限运输车辆通行证的，由公路管理机构依法没收超限运输车辆通行证，处1000元以上5000元以下的罚款。使用伪造、变造的超限运输车辆通行证的，由公路管理机构依法没收伪造、变造的超限运输车辆通行证，处3万元以下的罚款。

第三十四条 违反本办法规定，车货总体的外廓尺寸超过法律、法规、规章规定的标准或者交通标志标明的限高、限宽、限长标准的，由公路管理机构责令改正，并可以处3万元以下的罚款。

第三十五条 违反本办法规定，轴荷或者总质量超限的，由公路管理机构责令改正，情节严重的，按照下列标准进行处罚：

（一）超过重量限值30%以下的，可以处500元以下的罚款；

（二）超过重量限值30%以上50%以下的，处500元以上2000元以下的罚款；

（三）超过重量限值50%以上100%以下的，处2000元以上1万元以下的罚款；

（四）超过重量限值100%以上，处1万元以上3万元以下的罚款。

第三十六条 对1年内违法超限运输超过3次的货运车辆，由道路运输管理机构依法吊销其车辆运营证；对1年内违法超限运输超过3次的货运车辆驾驶人，由道路运输管理机构依法责令其停止从事营业性运输；道路运输企业1年内违法超限运输的货运车辆超过本单位货运车辆总数10%的，由道路运输管理机构依法责令道路运输企业停业整顿；情节严重的，依法吊销其道路运输经营许可证，并向社会公告。

第三十七条 违反本办法的规定，货运经营者擅自改装已取得车辆运营证的车辆的，由道路运输管理机构责令改正，并处5000元以上2万元以下的罚款。道路运输站（场）经营者允许无证经营的车辆进站从事经营活动以及超载车辆、未经安全检查的车辆出站或者无正当理由拒绝道路运输车辆进站从事经营活动的,由道路运输管理机构责令改正,并处1万元以上3万元以下的罚款。

第三十八条 对超限运输车辆驾驶人由公安机关交通管理部门给予违章记分处理。

第三十九条 交通运输主管部门、公路管理机构、道路运输管理机构、公安机关交通管理及相关部门的工作人员在履行公路超限运输管理职责的过程中玩忽职守、徇私舞弊、滥用职权的,依法给予行政处分;构成犯罪的,依法追究刑事责任。

第六章 附 则

第四十条 高速公路的超限运输管理工作由高速公路管理机构负责。

第四十一条 本办法自2013年2月1日起施行。

高速公路通行费 湖北省公路规费征收管理条例

(1996年11月22日湖北省第八届人民代表大会常务委员会第二十三次会议通过 1996年11月22日公布施行。)

第一条 为加强公路规费征收管理工作,保障公路规费足额征缴,保护有车单位和个人的合法权益,促进公路建设事业发展,根据国家有关规定,结合本省实际,制定本条例。

第二条 本条例所称公路规费,是指经国家和省人民政府批准征收,用于公路基础设施建设、养护和管理的公路养路费、车辆购置附加费、公路客运附加费、公路货运附加费和公路运输管理费。

国家另有规定的,从其规定。

第三条 本条例适用于本省境内公路规费的征收稽查管理。

第四条 省交通行政主管部门是全省公路规费征收工作的主管部门。县级(含县级)以上交通行政主管部门,按照职责权限,管理本行政区域内公路规费征收工作。

交通行政主管部门设置的公路规费征稽机构(以下简称征稽机构),负责具体实施公路规费的征收稽查工作。其他任何单位和个人无权征收公路规费。

各级公安、财政、审计、监察、物价等有关部门应当按照各自的职责,支持和配合交通部门做好公路规费的征收稽查工作。

第五条 省内凡拥有车辆的单位和个人(以下统称车主),均应按国家和省的规定向征稽机构缴纳公路规费。

第六条 公路规费征收办法和征收标准的制定、调整,按国家和省的有关规定执行。

第七条 凡符合国家和省的规定减征、免征公路规费的,由车主向当地征稽机构提出申请,经省交通行政主管部门核准后执行。未经核准的,任何单位和个人无权决定减征、免征公路规费。

征稽机构对车主提出的减征、免征公路规费的申请,应在接到申请的一个月内作出回复。

经核准减征、免征公路规费的车辆,若改变使用性质、变更使用单位、超出使用范围、参加营业性运输或者未按期办理减征、免征手续的,应当全额缴纳公路规费。

第八条 车主应在规定时间内向车籍地征稽机构按章缴纳公路规费或者办理免缴手续,领取公路规费缴费凭证或者免费凭证。

车主获车籍地征稽机构批准后,可以按自然年度包干缴纳公路规费。包缴比例低于应缴费额百分之八十的,须报省征稽机构批准。

第九条 车辆行驶必须配挂有效的公路规费标志牌,随车携带有效的公路规费缴、免凭证和《中华人民共和国道路运输证》。车辆凭牌证行驶,无牌证不得行驶。

第十条 凡需报停的车辆,车主应于上月二十五日前到车籍地征稽机构申请办理报停手续。经批准后,交存行驶证、标志牌和车辆购置附加费凭证。

凡按自然年度包干缴纳公路规费的车辆,当年不办报停。

第十一条 车主在办理车辆落籍、转籍、过户、改装、报废、驻外省等手续前,应当持车辆有关证件到征稽机构办理缴费或者变更登记手续和标志牌异动等手续。凡未经征稽机构审验签章的车辆,公安部门不予办理年度检审和转籍、过户、改装、报废以及更换牌证手续。

第十二条 未按规定在车籍地征稽机构办理公路规费异动手续,转卖、转让车辆的,由车籍凭证上载明的车主负责缴费;无法查找车主的,则由使用方负责缴费。

第十三条 公路规费票据管理,按国家和省有关规定执行。公路规费缴、免凭证和标志牌,由省交通行政主管部门统一印制,省征稽机构负责领发和管理。

第十四条 交通行政主管部门及其征稽机构应按国家和省有关规定加强对公路规费的管理。公路规费必须专款专用,任何单位不得平调、截留、挤占、挪用、坐支公路规费。

第十五条 征稽人员在本站区内对车辆缴纳公路规费的情况进行检查时,应按国家规定统一着装,佩带和出示省交通行政主管部门制发的标志、证件。不符合本条规定的,车主有权拒绝接受检查。

公路规费稽查专用车辆,应由省交通行政主管部门统一配制专用稽查标志和红蓝两色标志灯。

第十六条 交通行政主管部门需要设置公路征费稽查站的,必须经省人民政府批准。任何单位和个人不得擅自设置公路征费稽查站。

征稽人员应按国家规定文明执法,按章收费,不得刁难车主,不得违反规定随意拦截车辆和乱收费、乱罚款。

第十七条 征稽机构对车辆缴纳规费情况和标志牌进行年度审验,车主须在规定期间内到车籍地征稽机构办理年审手续。凡审验合格的,征稽机构应出具公路规费年度审验合格证明。

第十八条 对违反本条例规定偷逃、拖欠公路规费的,征稽机构责令限期足额补缴公路规费,并按国家和省的规定收取滞纳金。对偷逃公路规费不接受处理的,对抗缴公路规费或者拖欠公路规费超过三个月拒不执行征稽机构处罚决定的,征稽机构可以暂扣车辆,并开具省交通行政主管部门制发的暂扣凭证。

暂扣车辆满三个月以上,车主既不接受处理又不申诉的,征稽机构可将暂扣车辆交拍卖机构拍卖。拍卖所得冲抵应缴费款和滞纳金后,其余额应返还车主。

车主接受处理后,征稽机构应当立即返还暂扣的车辆。在暂扣期间,征稽机构对车辆应妥善保管,不得造成损坏;造成损坏的,按国家有关规定负责赔偿。

第十九条 对违反本条例第九条规定的,征稽机构可暂收相当于应缴费额的抵押金。车主在一个月以内出具有效凭证的,征稽机构应全额退回抵押金。

第二十条 对伪造、倒卖公路规费凭证和标志牌的,没收违法所得,并处违法所得三倍以下的罚款。妨碍执行公务,违反《中华人民共和国治安管理处罚条例》的,由公安机关依法处理。

第二十一条 当事人对交通行政主管部门作出的处罚决定不服的,可以依法向上级交通行政主管部门申请复议或向人民法院起诉。逾期不申请复议或者不起诉,又不执行处罚决定的,由作出处罚决定的交通行政主管部门申请人民法院强制执行。

第二十二条 违反本条例第十四条规定的,应责令限期归还平调、截留、挤占、挪用、坐支的公路规费,并按国家有关规定对直接责任人给予行政处分或者追究相应的法律责任。

交通行政主管部门和征稽机构工作人员违反本条例的规定,玩忽职守、滥用职权、徇私舞弊、贪污挪用公路规费的,由所在单位或者上级主管部门给予行政处分;造成经济损失的,按国家有关规定予以赔偿;构成犯罪的,由司法机关依法追究刑事责任。

第二十三条 本条例应用中的问题由省交通行政主管部门负责解释。

第二十四条 本条例自发布之日起施行。

湖北省收费公路管理暂行办法

(第193号)

《湖北省收费公路管理暂行办法》已经2000年4月30日省人民政府常务会议审议通过,现发布施行。

省长 蒋祝平

二〇〇〇年五月十六日

（湖北省人民政府令第 193 号令）

第一章 总　则

第一条 为加强收费公路的建设和管理,维护收费公路投资者、经营者和使用者的合法权益,促进公路事业的发展,依据《中华人民共和国公路法》(以下简称《公路法》)及其他有关法律法规,结合本省实际,制定本办法。

第二条 在本省境内从事收费公路的建设、养护、收费、经营、使用和管理等活动,适用本办法。

第三条 本办法所称收费公路是指按《公路法》的规定,符合国务院交通主管部门规定的技术等级和规模,依法收取车辆通行费的公路,包括收费公路桥梁和收费公路隧道。

第四条 收费公路分为收费还贷和收费经营公路。

县级以上地方人民政府交通主管部门(以下简称县级以上交通主管部门)利用贷款向企业、个人集资建成的收费公路为收费还贷公路。

国内外经济组织依法受让收费权的收费还贷公路,或依法投资建成的收费公路,为收费经营公路。

第五条 省人民政府交通主管部门(以下简称省交通主管部门)主管全省收费公路管理工作;县级以上交通主管部门按照有关规定履行管理职责。

省公路管理机构具体负责全省收费公路的行业管理工作,其管理职责,由省交通主管部门确定。

第六条 积极鼓励、支持、引导国内外经济组织依法投资、建设、经营收费公路。依法保护收费公路投资者、经营者的合法权益。

收费公路建设应符合国家和省规定的基本建设程序。收费还贷公路的管理者和收费经营公路的经营者,应当依照国家规定的技术标准,保障收费公路的完好、安全和畅通。

第七条 收费公路的发展及收费站的设置,应当遵循统筹规划、讲求效益、合理设置、总量控制、规范管理的原则。

第八条 设立收费公路实行审批制度,设立条件和程序按国家和省有关规定执行。未经批准,任何单位和个人不得建设收费公路,不得收取车辆通行费。

第二章 收费还贷公路

第九条 收费还贷公路的收费期限,由省人民政府按照收费偿还贷款、集资款本息的原则,依照国务院交通主管部门的规定确定。收费期间内利用贷款提高原路段技术等级和规模,需延长收费期限的,应报原审批机关批准。

第十条 通行费收入除用于收费公路的路政、养护管理、收费单位的人员和设施的正常开支外,全部用于偿还贷款、集资款本息,不得挪作他用。

"贫困地区撤站还贷补助资金"由省交通主管部门统一计提,其提取、使用和管理办法,按省政府有关规定执行。

第十一条 收费还贷公路通行费纳入省级财政专户,实行收支两条线管理,并由省交通主管部门集中统一向省地税部门缴纳营业税及其附征税费。

收费还贷公路的计划、财务、票证管理等办法,按照省有关规定执行。

第三章 收费经营公路

第十二条 从事收费经营公路活动的国内外经济组织应当依法成立公路经营企业。

第十三条 公路经营企业投资建设收费公路或有偿转让公路收费权的,应当按国家有关规定办理审批手续。

第十四条 公路经营企业应自觉遵守法律、法规,合法经营,依法纳税,并按交通主管部门的规定报送有关资料。

收费经营公路车辆通行费票证由省地税部门监制,由省公路管理机构统一核发和管理。

第十五条 在收费经营公路上从事可能对公路造成损害或对公路经营企业造成经济损失的有关活动,应事先征求公路经营企业的意见,并报省交通主管部门批准。

对收费公路造成实际损害或对公路经营企业造成经济损失的单位和个人,应按有关规定给予相应的赔偿。

第十六条 转让收费还贷公路收费权,应按国家有关规定进行国有资产评估。

转让收费还贷公路收费权的权益,由省交通主管部门存入省级财政专户,除用于偿还该项目建设贷款外,其余部分按投资主体和投资比例进行分配,主要用于该项目所在地的公路建设。

收费经营公路中交通部门的投资收益,应全额上缴省交通主管部门,由省交通主管部门存入省级财政专户,安排用于偿还被转让经营权的公路建设贷款和新建公路及贫困地区撤站还贷补助。

第十七条 收费经营公路经营期限届满前三个月,省公路管理机构应对其组织鉴定和验收,未达到规定技术标准的,公路经营企业应采取措施在规定期限内达到标准,逾期仍未达到标准的,由省公路管理机构组织有关单位维修,所需费用由公路经营企业承担。

第十八条 收费经营公路经营期限届满,由国家无条件收回,交交通主管部门管理。

第四章 收费管理

第十九条 收费公路建成后,由省公路管理机构组织验收。验收合格后,方可申请设置车辆通行费收费站。设站申请由省交通主管部门会同省财政、物价部门审核后,报请省人民政府批准。

同一收费公路由省内多部门筹资建设或公路经营企业经营的,由建设或经营单位按前款规定共同提出设站申请,由省交通主管部门会同省财政、物价部门按照"统一收费、按比例分成"的原则提出设站方案,报省人民政府批准。

建设单位提出设站申请时,应按规定提交有关文件和资料。

第二十条　收费公路车辆通行费收费标准由省公路管理机构提出方案,省交通主管部门会同省物价、财政主管部门审批,并核发收费站收费许可证。

收费标准可根据物价指数、交通量、还贷、经营性收费公路合理回报等情况的变化,由原审批机关适当调整。

未经批准,任何单位和个人都不得擅自变更收费标准。

第二十一条　机动车辆行驶收费公路,除军车、正在执行紧急任务的警车、正在执行抢险救灾任务的车辆和本省省政府规章规定的免费车辆外,一律交纳通行费。

免费车辆通过收费站时,应主动出示免费车辆凭证,经验证后免费通行,不得冲岗。

第二十二条　经省人民政府批准设置的收费站,应在明显位置悬挂省交通主管部门统一制式的收费站站牌和省物价主管部门核发的收费许可证复印件,并设置公告牌,公布审批机关、主管部门、收费标准、收费期限、收费单位、监督电话等。

第二十三条　收费站应逐步采用先进的管理手段,改善收费条件,并设置必要的服务设计,为过往司乘人员提供方便。

为有效避免冲岗逃费等违章现象,收费站可采用安全可靠的车道开闭系统和电视监控系统。冲岗逃费造成的损失,由冲岗车主承担。

第二十四条　收费站所在地的公安机关应采取措施,维护收费治安秩序,及时处理违反社会治安管理规定的行为。

第二十五条　收费公路停止收费以后,其管理者或经营者应及时拆除收费站设施。

第二十六条　交通主管部门和公路管理机构依法对收费公路的经营者和收费单位执行有关法律、法规和本办法的情况进行检查和监督。

第二十七条　收费站工作人员应着装整齐、持证上岗、遵纪守法、按章收费,自觉接受社会监督。

第二十八条　收费公路管理人员和收费工作人员违反本办法规定,任何单位和个人有权投诉举报。交通主管部门或公路管理机构应按照管理权限及时调查处理。

第二十九条　收费公路的路政、养护工作,应根据其收费还贷或收费经营的性质分别由县级以上交通主管部门设置的公路管理机构和公路经营性企业组织实施。

第五章 罚 则

第三十条 违反本办法,未经审批擅自设站收费的,按《公路法》第七十四条的规定处理。

第三十一条 收费公路的收费期届满或因撤并站点等原因应停止收费而不停止的,由县级以上交通主管部门处以10000元以下罚款。对负有直接责任的主管人员和其他直接责任人员,依法给予行政处分。

第三十二条 违反本办法,已终止收费的公路不及时拆除收费站设施的,交通主管部门应责令其限期拆除,逾期不拆除的,交通主管部门可以组织人员强制拆除,其费用由收费管理单位或公路经营企业承担。

第三十三条 违反本办法规定,未交纳车辆通行费的,由收费人员责令按全程交纳;少交纳票款的,责令其足额补交。拒不交纳通行费或采取弄虚作假手段逃避交纳通行费的,由交通主管部门或公路管理机构给予警告,并依据情节处以50元以上200元以下的罚款。

第三十四条 阻碍车辆正常通行的,由费管理单位可强行排除障碍,并由交通主管部门或公路管理机构处以1000元以下罚款。

第三十五条 违反本办法,损坏收费站设施的,由交通主管部门或公路管理机构责令恢复原状,或赔偿相应的损失。

第三十六条 违反本办法规定,扰乱收费秩序,阻碍、拒绝监督检查人员和收费管理人员依法执行公务的,由公安机关依照《中华人民共和国治安管理处罚条例》的规定进行处罚;构成犯罪的,依法追究刑事责任。

第三十七条 当事人对具体行政行为不服的,可依法申请复议或者提起诉讼,逾期不申请复议或者不起诉,又不履行的,由作出具体行政行为的机关依法强制执行或申请人民法院强制执行。

第三十八条 交通主管部门、公路管理机构、收费公路的管理人员和收费工作人员违反本办法,玩忽职守、徇私舞弊、滥用职权的,由其所在单位或者上级主管部门给予行政处分;构成犯罪的,依法追究刑事责任。

第六章 附 则

第三十九条 省交通主管部门直接管理的高速公路的收费管理另有规定的,从其规定。

第四十条 本办法应用中的问题,由省交通主管部门负责解释。

第四十一条 本办法自公布之日起施行。

省人民政府办公厅关于印发湖北省收费公路重大节假日免收小型车通行费实施方案的通知

湖北省人民政府办公厅　　　　鄂政办函〔2012〕97号

各市、州、县人民政府，省政府有关部门：

为贯彻落实《国务院关于批转交通运输部等部门重大节假日免收小型客车通行费实施方案的通知》（国发〔2012〕37号）精神，确保重大节假日期间小型客车免费通行工作平稳有序实施，经省人民政府同意，现将《湖北省收费公路重大节假日免收小型客车通行费实施方案》印发给你们，请认真组织实施。

2012年9月14日

湖北省收费公路重大节假日免收小型客车通行费实施方案

根据《国务院关于批转交通运输部等部门重大节假日免收小型客车通行费实施方案的通知》（国发〔2012〕37号）要求，为进一步提升收费公路通行效率和服务水平，方便群众快捷出行，结合我省实际，现就我省在重大节假日期间免收小型客车通行费有关问题制定如下实施方案：

一、实施范围和免费方式

（一）免费通行的时间范围为春节、清明节、劳动节、国庆节等四个国家法定节假日，以及当年国务院办公厅文件确定的上述法定节假日连休日。免费时段从节假日第一天的00:00开始，节假日最后一天的24:00结束（普通公路以车辆通过收费站收费车道时间为准，高速公路以车辆驶离出口收费车道的时间为准）。2012年国庆节免费通行时间范围为：9月30日00:00－10月7日24:00。

（二）免费通行的车辆范围为行驶我省收费公路的7座以下（含7座）载客车辆，包括允许在普通收费公路行驶的摩托车。

（三）免费通行的收费公路范围为符合《中华人民共和国公路法》和《收费公路管理条例》规定，经省人民政府批准设置的我省收费公路（含收费桥梁和隧道）。武汉机场高速公路和武汉市城市路桥隧收费所涉道路暂不纳入免费通行范围。

（四）各高速公路收费站（点）仍实行"入口领卡、出口收卡"的收费管理模式，对于免费通行的小型客车，在入口发放通行卡，在出口时收卡免费放行。实施高速公路联网电子不停车收费（ETC）的收费车道，应继续开通运行ETC专用车道，并通过ETC系统升级改造等方式,在确保 ETC 车辆不停车通过的同时,确保小型客车在免费期间驶离高速公路收费道口时显示通行费交费金额为零。

二、工作要求

(一)各地交通运输主管部门、各收费公路经营管理单位要结合本路段重大节假日期间车辆通行特点,制定车辆通行方案.做好前期筹备,优化操作流程,加强收费站和收费公路服务设施运行管理,合理布置、并充分利用现有道口资源,有条件的应在收费广场左侧设置免费专用车道,引导车辆分类分道快速有序通行,确保收费站交通畅通有序。

(二)各地公安交警部门要加强对重大节假日期间的交通安全管理,提前对车流形势进行调查分析,发布交通拥堵预警,引导车辆合理通行。加大对容易造成车辆拥堵的重要收费站口、进城路口等地的重点管控和巡查力度,及时疏导拥堵,确保道路顺畅。

(三)各地监察、纠风部门要加大对相关单位的监督检查力度,确保我省重大节假日期间免收小型客车通行费相关政策严格贯彻执行到位。

(四)各地气象、国土资源部门要及时发布相关气象以及地质灾害信息,在重大节假日期间引导群众驾驶车辆安全出行。

(五)各级地方人民政府以及公安、交通运输等部门、收费公路经营管理单位要制定并完善重大节假日期间车辆出行可能引发的突发事件的应急预案,建立相互间信息共享的机制,加强联动。一旦出现突发事件,要迅速启动应急响应机制,及时采取有针对的应对措施,确保公路收费站正常运行和车辆有序通行。特别是对连接大中城市、景区、陵园、机场、客运站场、港口码头等车流量(客流量)集中、易发生交通拥堵的区域。要制定有效的疏导分流方案,确保道路安全畅通。

三、保障措施

在重大节假日期间免收小型客车通行费是国家调整和完善收费公路政策的重要举措,有利于提高收费公路在重大节假日的通行能力和服务水平,有利于降低公众假日出行成本。各级地方人民政府、有关部门和收费公路经营管理单位要从服务经济社会发展大局、保障和改善民生、促进社会和谐以及建设"五个湖北"的高度出发,精心组织筹划,认真贯彻落实。

(一)加强领导,明确责任。为了切实做好这项工作,省人民政府成立由省交通运输厅、省发展改革委、省公安厅、省监察厅(省纠风办)、省财政厅、省国土资源厅、省物价局、省气象局、省交投公司为成员单位的联合工作小组(小组办公室没在省交通运输厅).加强对我省重大节假日期间免收小型客车通行费工作的指导、协调和督查,及时协调解决出现的问题。各成员单位要根据本部门职责细化实施方案.落实责任,明确分工,密切配合,共同做好实施工作。

（二）注重宣传，营造氛围。各地、各有关部门和单位要结合实际，采取多种形式，加大对重大节假日期间免收小型客车通行费政策的宣传力度和舆论引导，强化收费公路经营管理单位的社会责任意识，使社会各界能够及时、全面了解政策实施的内容和重要意义，全力支持和保障实施工作的平稳顺利推进，共同营造公路交通健康发展、道路安全畅通的良好环境。

关于解决高速公路交警经费问题的通知

湖北省人民政府办公厅　　鄂政办函〔2003〕10号

省交通厅、省财政厅、省公交厅：

关于省公安厅要求参照湖南、河南、陕西等外省作法，从高速公路通行费中拿出一部分用于解决高速公路交警经费问题，经省政府领导同意，现就有关意见通知如下：

一、开办费：高速公路交警办费是组建交警队伍解决必要办公条件的一次性投入，同意按高速公路每公里2万元的标准解决开办费，由高速公路业主单位一次性安排，主要用于该路段交警的办公、生活用房等基本建设和装备。

二、人员经费：2002年人员经费维持原渠道。在燃油税改革出台之前，实行综合财政预算，汽车年检费中提取的高速公路管理专项经费、高速公路各种罚没收入等预算外资金实行收支两条线管理，高速公路巡警人员经费按每人每年4万元标准，从2003年开始，由省财政厅列入预算。燃油税改革出台后，另行研究办法。

关于印发《湖北省高速公路车辆通行费收费标准》的通知

湖北省人民政府办公厅　　鄂政办发〔2007〕111号

各市、州、县人民政府，省政府各部门：

根据《收费公路管理条例》（国务院令第417号）和湖北省高速公路车辆通行费收费标准听证会及一年的试行情况，省物价局、省财政厅、省交通厅制订的《湖北省高速公路、长江大桥车辆通行费车型分类收费标准》、《湖北省高速公路、长江大桥载货类汽车计重收费标准》已经省人民政府同意，现予以印发，请遵照执行。

一、凡通过全省联网高速公路、长江大桥、隧道和黄黄高速公路（以下简称高速公路）的车辆，按照"标准车型、标准装载、标准收费；标准车型、超额装载、超额收费"的原则收取车辆通行费。对免征车辆仍按国家和省有关规定执行。对于符合"绿色通道"运输政策的运输车辆（整车装载、无超限超载现象且证照齐全有效的鲜活农产品运输车辆），按应收通行费的60%计收。

二、对载货类汽车实行"轻车少收、重车多收和大型车优惠"原则。按车货总质量称重合理计费,对超限车辆的超限部分确定合理的加价幅度并逐步加大,用经济手段调节和限制车辆超限超载。对于10吨以上的大型车辆,按照车货总质量线性递减费率实行优惠。根据《超限运输车辆行驶公路管理规定》(交通部令第2号)、《道路车辆外廓尺寸、轴荷及质量限值》(GB 1589—2004)和《交通部印发关于收费公路试行计重收费指导意见的通知》(交公路发〔2005〕492号)的规定,比较车辆总轴重限载与总质量限载,取两者之中的最小值为判别标准。

三、高速公路通行费根据车型分类、计重收费标准按车辆实际行驶收费站间里程(见附件)计算确定,长江大桥通行费根据车型分类、计重收费标准按次收费。通行费收费金额计费不足5元时按5元计收;计重收费时,车货总质量不足5吨时按5吨计收;收费金额尾数<2.50元舍为0;2.50元≤收费金额尾数<7.50元归5元;收费金额尾数≥7.50元归为10元。

四、客、货车车型收费收入总额和载货类汽车正常装载部分计重收费收入总额的9.09%,不作为各高速公路、长江大桥经营管理单位的车辆通行费收入。省高速公路联网收费管理部门在通行费收入拆分时统一将上述收入部分按日全额缴入省交通厅,纳入财政专户,实行"收支两条线"管理,列入省级交通部门预算管理,专项计提,专款专用。

五、各高速公路、长江大桥管理单位在执行本次确定的收费标准前,须到指定的物价部门办理《收费许可证》,按规定分别使用省财政厅统一印制的行政事业性收费票据或税务机关印制的税务票据。

六、本通知从2007年11月10日起执行3年。《省人民政府办公厅关于印发〈湖北省收费公路载货类汽车计重收费实施方案〉的通知》(鄂政办发〔2006〕13号)和《省物价局、省财政厅、省交通厅关于调整全省收费还贷公路车辆通行费收费标准的通知》(鄂价费字〔2000〕269号)中有关高速公路收费标准的规定以及《省物价局、省财政厅、省交通厅关于调整高速公路车辆通行费收费标准有关问题的通知》(鄂价费〔2006〕213号)同时停止执行。

湖北省人民政府办公厅
二〇〇七年十一月五日

省人民政府办公厅关于授权湖北省高速公路集团有限公司行使投资职能的批复

湖北省人民政府办公厅　　部政办函〔2002〕166号

省交通厅:

你厅《关于授权湖北省高速公路集团有限公司行使国有资产投资职能的请示》(鄂交

办〔2002〕537号）收悉。经省政府研究，同意湖北省高速公路集团有限公司（原湖北金路高速公路建设开发有限责任公司）对省政府授权经管的资产行使投资职能。你厅要督促该公司进一步盘活高速公路优质资产，增强筹资融资能力，确保国有资产保值增值，促进全省高速公路建设。

湖北省机构编制委员会关于省交通厅有关事业单位机构编制问题的批复

湖北省机构编制委员会　鄂编发〔2005〕28号

省交通厅：

鄂交人劳〔2005〕187号、鄂交人劳〔2005〕140号文收悉。根据《中华人民共和国收费公路管理条例》的有关规定，省政府决定从2005年6月1日起，将（北）京珠（海）高速公路湖北段、襄（樊）十（堰）高速公路纳入全省还贷公路进行管理（鄂政办函〔2005〕48号），为加强全省还贷高速公路的建设管理工作，经研究，现对省交通厅所属高速公路建设管理的机构编制问题批复如下：

（一）同意成立"湖北省京珠高速公路管理处"，为省交通厅直属事业单位，其人员实行全员合同聘用制，所需经费从京珠高速公路通行费中列支。省京珠高速公路管理处的主要职责是：负责京珠高速公路湖北段的收费、养护及路政管理工作。

（二）同意成立"湖北省汉十高速公路管理处"，为省交通厅直属事业单位，其人员实行全员合同聘用制，所需经费从汉十高速公路的项目经费和通行费中列支。省汉十高速公路管理处的主要职责是：承担汉十高速公路建设的项目法人资格；负责该公路建成后的收费、养护及路政管理工作。上述机构组建后，请按有关规定办理事业单位法人登记。

省人民政府办公厅关于将京珠、襄十等政府性投资的高速公路项目纳入全省收费还贷公路实施统一管理的批复

湖北省人民政府办公厅　鄂政办函〔2005〕48号

省交通厅：

你厅《关于将京珠、襄十等政府性投资的高速公路项目纳入全省收费还贷公路进行统一管理的请示》（鄂交通文〔2005〕6号）收悉。经省政府研究，批复如下：

一、根据《中华人民共和国收费公路管理条例》的有关规定，同意从2005年6月1日起，将（北）京珠（海）高速公路湖北段、襄（樊）十（堰）高速公路纳入全省还贷公路进行

管理。

二、京珠、襄十高速公路收取的车辆通行费收入按照政府还贷公路通行费收入的有关规定进行管理,收取通行费时使用财政部门的收费票据,其收入全部上缴省财政专户,严格实行收支两条线管理。

三、请你厅据此依法撤销湖北京珠高速公路经营有限公司和湖北襄十高速公路经管有限公司,并依法申请设立不以营利为目的的法人组织,对京珠高速公路湖北段和襄十高速公路实施管理。

湖北省机构编制委员会
关于省交道厅高速公路管理局机构编制问题的批复

湖北省机构编制委员会　　鄂编发〔2006〕54号

省交通厅:

鄂交人劳〔2006〕388号文收悉。根据国务院颁发的《收费公路管理条例》有关规定,为适应我省"十一五"期间高速公路发展的要求,经研究,同意将"湖北省交通厅高速公路管理局"(简称"省高管局")主挂牌改为省交通厅直属事业单位,具体"承担全省高速公路的收费、路政、养护、资产,投资等行业管理职能"。同对,为加强路政执法,同意省高管局加挂"湖北省交通厅高速公路路政执法总队"牌子。省高管局下设5个副处级机构:

(一)办公室

负责局行政、党务、人事劳动、后勤服务等工作。

(二)费收财务处

负责全省高速公路通行费征收稽查、联网收费、监控管理、财务审计、资产管理工作,对经营性高速公路通行费征收进行稽查监督等。

(三)路政法规处

负责全省高速公路路政管理和高速公路法制建设,依法维护高速公路路产路权,对经营性高速公路统一派驻路政机构、人员等。

(四)综合计划处

负责全省高速公路发展规划研究、计划、统计、投资、经营开发管理等。

(五)建设管理处

负责全省高速公路建设管理和养护管理,对经营性高速公路建设、养护进行行业指导与监管等。

纪检(监察)、工会等机构按有关规定设置。

核定全额拨款事业编制 30 名,领导职数核定为:局长 1 名(由省交通厅副厅长兼任),副局长 3 名(正处),内设机构副处级领导职数 5 名。

收费站工作人员和养护人员实行全员合同聘用制。路政管理人员原则上按照每 10km 配 1 名路政执法人员,每 100km 设 1 个路政执法队。以上工作人员所需经费,从高速公路通行费收入中列入预算管理。

湖北省机构编制委员会
2006 年 10 月 6 日

省人民政府办公厅关于印发湖北省交通运输厅主要职责内设机构和人员编制规定的通知

湖北省人民政府办公厅　　鄂政办发〔2009〕120 号

各市、州、县人民政府,省政府各部门:

《湖北省交通运输厅主要职责内设机构和人员编制规定》已经省人民政府批准,现予印发。

二〇〇九年十二月八日

湖北省交通运输厅主要职责内设机构和人员编制规定

根据《中共中央办公厅、国务院办公厅关于印发〈湖北省人民政府机构改革方案〉的通知》(厅字〔2009〕8 号)和《中共湖北省委、湖北省人民政府关于印发〈湖北省人民政府机构改革实施意见〉的通知》(鄂文〔2009〕18 号)精神,设立湖北省交通运输厅,为省政府组成部门。

一、职责调整

(一)将原省交通厅的职责、原省建设厅指导城市客运的职责,整合划入省交通运输厅,并承担协调服务民用航空、铁路、邮政等工作。

(二)加强综合运输体系的规划协调职责,优化交通运输布局,促进各种运输方式相互衔接,加快形成便捷、通畅、高效、安全的综合运输体系。

(三)加强统筹城乡交通运输协调发展职责,优先发展公共交通,大力发展农村交通,加快推进城乡交通运输一体化。

(四)继续探索和完善职能有机统一的交通运输大部门体制建设,进一步优化组织结构,完善综合运输行政运行机制。

(五)加强为大企业提供"直通车"服务的职责。

(六)取消公路养路费、航道养护费、公路运输管理费、公路客货运附加费、水路运输管理费、水运客货运附加费等大项交通规费的管理职责。

(七)取消、下放已由省政府公布取消、下放的行政审批事项。

二、主要职责

(一)组织拟订地方性交通运输发展战略、产业政策和法规、省政府规章,指导全省交通运输行政执法和行业有关体制改革工作。

(二)负责全省交通运输行业管理,承担协调服务民用航空、铁路、邮政等工作,承担涉及全省综合运输体系的规划协调工作,承担交通运输行业统计工作。

(三)拟订全省公路、水路等行业发展规划、政策和标准并监督实施。参与拟订物流业发展战略和规划,拟订有关政策和标准并监督实施。

(四)负责全省道路、水路运输市场监管,制定有关政策、准入制度、技术标准和运营规范并监督实施。指导全省城乡客运及有关设施的规划和管理工作,负责地方水上交通安全的监督管理。

(五)负责全省公路、水路建设和养护市场监管。制定公路、水路工程建设和养护相关政策、制度和技术标准并监督实施。组织协调公路、水路有关重点工程建设和工程质量、安全生产监督管理工作。

(六)拟订全省公路、水路固定资产投资规模和建设项目,编制年度计划和省财政性资金预算意见,按省政府规定权限审查、审批交通固定资产投资项目;组织协调全省交通规费征收、使用的监督管理工作。

(七)指导全省公路、水路运输应急管理工作,指导重点干线公路网的运行监测,负责全省高速公路集中统一管理,承担国防动员和交通战备有关工作。

(八)指导全省交通运输信息一化建设,指导全省公路、水路行业科技、环保、节能减排工作。

(九)负责全省公路、水路国际合作与外事工作,开展与港澳台地区的交流与合作。

(十)为大企业提供"直通车"服务。

(十一)承办上级交办的其他事项。

三、内设机构

根据上述职责,省交通运输厅设10个内设机构:

(一)办公室

负责文电、会务、机要、档案等机关日常运转工作;承担综合性报告、文件起草和政务公开、保密、信访、政务值守、督促检查和综合协调等工作;组织办理建议、提案;负责厅机关和厅直单位综合治理工作;负责厅机关行政、财务及资产管理工作;组织协调新闻宣传工作。

(二)政策法规处

组织开展交通运输政策研究,指导有关体制改革工作;组织拟订有关交通运输地方性法规和省政府规章,负责交通运输有关规范性文件的合法性审核工作;指导和承担公路、水路交通行政执法、执法监督和有关行政复议、行政诉讼工作;指导行业节能减排工作;承担交通行政审批制度改革有关工作。

(三)综合交通处

承担涉及综合运输体系的规划协调工作,会同有关部门组织编制全省综合运输体系规划;承担协调服务民用航空、铁路、邮政等工作;组织编制全省公路、水路行业中长期发展规划,参与拟订物流业发展战略和规划,拟订交通运输物流有关政策、标准并监督实施,按规定承担物流审查有关管理工作;负责重点交通建设项目的前期工作。

(四)计划处(交通战备办公室)

拟订全省公路、水路固定资产投资规模、建设项目,编制年度计划,按省政府规定权限审查、审批交通固定资产投资项目;指导农村公路建设管理有关工作;承担港口岸线使用审查、审批工作;负责行业统计工作;指导全省公路、水路行业环境保护和利用外资工作;承担国防动员和交通战备有关工作。

(五)建设管理处

拟订全省交通建设和养护市场、工程质量相关政策、制度和技术标准并监督实施;按规定负责省交通重点工程建设项目的施工许可(开工备案)、竣工验收等工作,指导全省交通建设和养护技术管理工作。

(六)财务处(审计办公室)

指导全省交通运输系统财务管理和内部审计工作,拟订交通财务和审计管理内部制度并监督实施;拟订公路、水路有关规费征收、管理和使用政策并监督实施;负责政府投资交通重点工程建设项目资金筹措和监督管理;承担部门预算、政府采购、投资融资、银行信贷等有关管理工作;承担厅及厅直属单位财务、资产监管和内部审计工作。

(七)运输处

拟订全省道路、水路运输有关政策、制度、标准、规范并监督实施;负责全省道路、水路客货运输及驾驶员培训等相关辅助业的行业管理;指导全省城乡客运及有关设施的规划和管理;指导路政、运政管理工作;按规定组织协调国家重点物资和紧急客货运输。

(八)安全监督处(应急办公室)

拟订全省公路、水路安全生产政策和应急预案并监督实施;指导有关安全生产和应急处置体系建设;负责督促指导全省港口、水上交通安全监督管理及船舶检验工作;组织协调公路、水路有关工程建设安全生产监督管理工作;依法组织或参与重大突发事件的协调处置和有关事故的调查处理工作。

(九)人事劳动处

承担厅机关和直属单位的机构编制管理、人事管理、劳动工资、技术职称、工人考核等工作负责全省公路、水路劳动工资统计工作;指导全省公路、水路行业,水路行业人才队伍建设;承办厅业务主管社会团体相关事务;承担有关智力引进和对外劳务合作工作,负责审核管理出国人员工作。

(十)科技教育处

组织拟订全省公路、水路行业科技、信息、教育发展有关政策、制度并监督管理;组织协调有关重大科技项目研究;组织协调涉及综合交通运输的标准、质量和计量工作;指导厅属专业院校、公路、水路行业职业教育、岗位培训工作。

机关党委　负责厅机关和直属单位的党群工作。设立机关党委办公室,承担机关党委的日常工作。

纪检监察机构和交通工会　按有关规定设置。

离退休干部处　负责厅机关离退休干部工作,指导直属单位的离退休干部工作。

四、人员编制

省交通运输厅机关行政编制为81名。其中:厅长1名、副厅长4名(不含兼职),纪检组长1名,总工程师1名,省交通重点建设领导小组办公室主任(副厅级)1名;正处级领导职数15名(含交通战备办公室专职副主任、机关党委专职副书记、监察室主任、交通工会主任、离退休干部处处长各1名),副处级领导职数18名。

五、其他事项

(一)城市地铁、轨道交通方面的职责分工。省交通运输厅指导城市地铁、轨道交通的运营;省住房和城乡建设厅指导城市地铁、轨道交通的规划和建设。两部门要加强协调配合,确保城市地铁、轨道交通规划与城市公共交通整体规划的有效衔接。

(二)铁路方面的职责分工。省发改委负责提出铁路建设发展规划,负责铁路建设中重大问题的协调,按规定权限审批、核准、备案铁路建设项目,承担省铁路建设领导小组办公室日常工作;省交通运输厅负责铁路行业管理协调,指导铁路运营服务文明窗口建设。

(三)河道采砂管理的职责分工,省水利厅负责全省河道采砂的统一管理和监督检查工作。省公安厅负责水上治安管理工作,依法打击采砂活动中的违法犯罪行为;省交通运输厅负责长江干线以外省境内通航河流航道管理,水上交通安全的监督管理工作。

(四)所属事业单位的设置、职责和编制事项另行规定。

六、附则

本规定由省机构编制委员会办公室负责解释,其调整由省机构编制委员会办公室按规定程序办理。

第三部分 省交通运输厅文件

省交通运输厅文件一览表

序号	日期	文件名	发文单位	文号	主要内容
1	1998.12.3	湖北省交通基本建设造价管理办法(试行)	省交通厅	鄂交法〔1998〕652号	"合理确定投资,有效控制造价"适用于湖北交通基本建设(含新建、改建、扩建)及附属建筑工程建设管理、勘察设计、招标投标、施工、监理、咨询等涉及工程造价的行为
2	1999	关于印发《湖北省交通建设工程质量管理实施细则》和《湖北省交通建设工程施工招标投标管理实施细则(试行)》的通知	省交通厅	鄂交基〔1999〕399号	加强交通建设工程质量管理,确保省交通建设工程质量,根据《中华人民共和国公路法》,交通部《公路工程质量管理办法》,结合本省实际情况制定。适用于全省境内从事交通工程建设活动的建设、设计、施工、监理单位和个人
3	1999.11.12	关于发布《湖北省公路工程节能管理办法(试行)》的通知	省交通厅	鄂交技〔1999〕634号	为加强公路工程的节能管理,降低能源消耗,提高能源使用效率和经济效益,促进公路建设、养护事业的发展,根据交通部《公路工程节能管理规定(试行)》,结合湖北省公路工程节能管理实际制定适用于湖北省公路建设、养护工程中的能源使用与管理
4	2001.1.21	关于认真做好交通建设项目竣工验收工作的通知	省交通厅	鄂交基〔2001〕33号	为进一步规范公路工程试验检测市场,提高试验检测工作质量,确保工程质量,根据交通部颁《公路工程试验检测机构资质管理暂行办法》的要求,进一步强化交通重点工程(高速公路与长、汉江大桥)工地试验室的监督管理

续上表

序号	日期	文件名	发文单位	文号	主要内容
5	2004	关于转发《公路工程竣(交)工验收办法》的通知	省交通厅	鄂交基〔2004〕239号	交通部2004年第3号令发布了《公路工程竣(交)工验收办法》,转发各单位认真组织学习,严格贯彻执行,做好公路工程的交、竣工验收工作
6		湖北省高速公路施工作业安全管理办法	省交通厅	鄂交运安〔2003〕593号	适用于在全省高速公路上进行的养护、大中修工程及其他各种施工作业
7		湖北省占(利)用高速公路管理办法	省交通厅	鄂交运安〔2003〕593号	本办法所称占(利)用高速公路是指除公路防护、养护外,占用、利用或者挖掘高速公路、高速公路用地、高速公路两侧建筑控制区的行为
8		关于严禁交通建设工程转包和违法分包的通知	省交通厅 省监察厅 省建设厅	鄂交基〔2005〕第377号	进一步加强交通建设市场监管,严禁工程转包和违法分包,建立健全规范交通建设市场的长效机制
9		关于印发《湖北省复杂桥梁工程质量鉴定办法(试行)》的通知	省交通厅	鄂交基〔2006〕284号	强调悬臂浇筑(悬臂拼装)连续梁桥(连续刚构桥)、斜拉桥、悬索桥、钢管混凝土拱桥等复杂桥梁工程的质量鉴定工作
10		湖北省公路建设项目精品工程工作大纲(试行)	省交通厅	鄂交基〔2006〕106号	确保公路建设工程质量,把公路建设项目打造成"质优、安全、环保、经济、和谐"的精品工程,提高交通基础设施的服务水平
11		关于印发《湖北省公路工程设计变更管理办法》的通知	省交通厅	鄂交基〔2007〕20号	加强全省公路工程设计变更管理,规范办事程序,控制建设成本,提高投资效益
12		关于印发《湖北省公路建设市场信用体系实施方案(试行)》的通知	省交通厅	鄂交基〔2007〕116号	加强公路建设市场管理,维护统一开放、竞争有序的市场秩序,促进全省公路建设又好又快发展
13	2008.9.14	湖北省高速公路工程施工招标信用奖惩暂行规定	省交通厅	鄂交基〔2008〕613号	提高高速公路工程从业单位和人员的信用意识,褒奖诚信、惩戒失信,探索建立公路建设市场信用奖惩机制
14	2009.7.15	关于印发《湖北省省级高速公路命名和编号》的通知	省交通厅	鄂交科教〔2009〕331号	统一和规范湖北省省级高速公路网路线命名和编号
15	2010.9.30	关于印发《湖北省交通重点建设项目高危工程施工安全管理规定》的通知	省交通运输厅	鄂交建〔2010〕481号	从源头上预防和杜绝生产安全事故的发生,保障施工人员生命安全和工程建设顺利进行,进一步强化交通重点建设项目高危工程施工安全监管

续上表

序号	日期	文件名	发文单位	文号	主要内容
16		关于贯彻实施《湖北省高等级公路管理条例》的若干规定	省交通厅	鄂交法〔1998〕474号	为正确贯彻执行《湖北省高等级公路管理条例》，做到运用法规标准准确、执法程序规范、执法文书正确、文明礼貌服务
17		湖北省高速公路路政装备管理暂行办法	省交通厅	鄂交运安〔2002〕93号	规范省高速公路路政装备管理，提高路政队伍的战斗力，进一步加强和促进路政管理工作
18		关于明确高速公路路政管理机构职责范围的通知	省交通厅	鄂交运安〔2002〕94号	加强我省高速公路路政管理工作，理顺关系，明确职责
19		湖北省高速公路路政管理实施意见	省交通厅	鄂交运安〔2003〕609号	为适应全省多元化投资高速公路建设的发展态势，由此相对应形成的各种高速公路经营公司不断出现。现提出全省高速公路及长江公路大桥路政管理实施的具体意见
20		关于印发《湖北省公路桥梁养护补充规定》的通知	省交通厅	鄂交基〔2002〕370号	本规定以结构的安全使用为重点，桥梁的养护、维修、管理除严格执行《公路养护技术规范》的规定外，同时应加强本规定所确定项目的检查，做到及时发现问题，消除安全隐患，确保桥梁的结构和使用安全
21	2003.11	关于印发《湖北省高速公路养护管理办法（试行）》的通知	省交通厅	鄂交基〔2003〕608号	为加强高速公路养护管理，确保高速公路安全畅通，根据交通部颁布的有关公路养护技术规范和管理办法，结合湖北省实际，制定本办法。本办法适用于全省所有高速公路和长江公路大桥的养护管理
22		关于设立全省交通系统公路、桥梁路产赔偿费行政事业性收费项目的函	湖北省财政厅 湖北省物价局	鄂财综复字〔2002〕442号	同意在全省交通系统设立"公路、桥梁路产赔偿费"收费项目，"公路、桥梁路产赔偿费"的收费范围包括：因单位和个人在公路、桥梁用地范围内对公路、桥梁等路产造成损坏，按照损坏程度给予的补偿而收取的费用；超过公路、公路桥梁、公路隧道或者汽车渡船的限载、限高、限宽、限长标准的车辆经批准需行驶，而不能按规定采取有效防护措施，需要由交通部门帮助其采取防护措施而收取的费用
23		关于公路超限运输车辆赔（补）偿费标准的通知	湖北省物价局	鄂价房服〔2002〕71号	车货总重量应以单车为单位进行称量，轴载质量应采用专门检测设备进行称量，严禁根据经验或目测进行判断
24		关于公路路产损失赔偿收费有关问题的函	湖北省物价局	鄂价房服函〔2002〕25号	在公路用地范围架埋（设）管线，利用桥涵架设（电）线缆，对路面、桥涵造成损坏的，应按规定赔偿

续上表

序号	日期	文件名	发文单位	文号	主要内容
25		关于进一步规范全省高速公路路政执法收费管理的通知	湖北省交通厅 湖北省财政厅	鄂交财〔2002〕165号	自2002年1月1日起,全省高速公路和长江大桥路政执法收费(包括路产损失赔偿费、占(利)用公路和超限运输补偿费)纳入省级预算外资金专户管理
26		关于加强全省高速公路路产损失赔偿费管理的通知	湖北省交通厅	鄂交财〔2003〕303号	高速公路、桥梁路产赔偿费是经省财政厅、省物价局批准的行政事业性收费项目,湖北省交通厅高速公路路政管理办公室及其支队在行政执法过程中按照省财政厅、省物价局批准的收费项目和标准收取的高速公路路产赔偿费为省级收入,必须纳入省级财政专户管理
27		湖北省高速公路征地拆迁资金管理办法	湖北省交通厅	鄂交财〔2005〕372号	加强高速公路征地拆迁资金管理,确保征地拆迁资金依法、安全、合理使用,维护国家、集体和个人的合法权益,保障工程建设的顺利进行
28		关于调整高速公路车辆通行费收费标准有关问题的通知	省物价局 省财政厅 省交通厅	鄂价费〔2006〕213号	全省联网高速公路(含联网长江大桥、隧道)和黄黄高速公路,在现行客、货车车型收费标准和载货类汽车正常装载部分计重收费标准的基础上按照10%的幅度调增车辆通行费收费标准
29		关于授权湖北省高速公路集团有限公司行使国有资产投资职能的请示	省交通厅	鄂交办〔2002〕537号	为进一步理顺产权关系,依法规范经管,管好盘活高速公路庞大的优质资产,更好地履行国有资产保值增值职能,参照兄弟省区市的做法,恳请省政府批准授予高路集团公司对政府授权经营的资产行使投资职能
30		关于规范全省高速公路非主营资产管理的意见	省交通厅	鄂交办〔2004〕307号	结合湖北省高速公路的实际,建立健全科学规范的高速公路非主营资产管理体制,确保国有资产保值增值,全面提高经济效益和社会效益,全面提升高速公路服务功能
31		关于湖北省京珠高速公路管理处机构编制的批复	省交通厅	鄂交人劳〔2006〕401号	管理处机关内设9个科室:办公室、政工科、人事劳动科、计划财务科、收费稽查科、工程养护科、资产管理科、路政管理科(与路政支队一门两牌)、经营管理科。管理处附属单位2个:信息监控中心和后勤服务中心
32		关于湖北省汉十高速公路管理处机构编制的批复	省交通厅	鄂交人劳〔2006〕293号	管理处机关内设9个科室:办公室、政工科、人事劳动科、计划财务科、收费稽查科、工程养护科、资产管理科、路政管理科(与路政支队一门两牌)、经营管理科。管理处附属单位2个:信息监控中心、后勤服务中心
33		关于确定各高速公路管理处2015年机构设置和岗位定员的批复	省交通运输厅	鄂交人劳〔2014〕774号	对京珠、汉十、随岳、鄂西、黄黄、武黄等6条高速公路管理处2015年机构设置和定员调整建议。定员调整应严格控制,一般向基层倾斜,保障一线工作需要,机关定员严格控制,原则上机关定员只减不增

附录三
纪实赋诗选录

第一部分 建设纪实

湖北省交通厅厅长林志慧
向时任中共中央总书记胡锦涛汇报湖北交通规划

(2005年8月21日)

这是一张湖北省骨架公路网规划示意图,它浓缩了湖北省高速公路发展的历史、现状和未来。我们现在所站的位置是武汉至十堰高速公路的襄樊枢纽互通,汉十高速公路东起武汉,西接西安、银川,全长516公里,是国家高速公路网规划的福州至银川高速公路的重要组成部分,也是交通部规划的八条西部大通道之一。2007年全线建成通车之后,将为服务汽车工业走廊、服务西部大开发,发挥重要作用。

自1991年我省第一条高速公路——全长70公里的武黄高速公路建成通车以来,到2005年底,湖北省高速公路里程达1647公里,图上黄色镶红边的线路是已经建成的高速公路,我们可以直观地看到,已经初步形成了以武汉为中心,连接湖北省经济大三角及周边省会城市的"两纵两横一环"高速公路主骨架。

湖北在全国具有"得中独厚"的交通区位优势,省会武汉素有"九省通衢"之称,按照"承东启西、接南纳北、内畅外联、辐射全国"的理念,省委省政府制定了"六纵五横一环"的《骨架公路网规划》,简称"651"工程,总里程7500公里,其中高速公路5000公里(纳入国家高速公路网规划的有3282公里)一级、二级公路2500公里。

六条南北纵线是:

纵一(麻城至通山):"十一五"期间可建成通车。

纵二(大悟至赤壁):是京珠高速公路湖北段。已全部建成通车。

纵三(随州至岳阳):"十一五"期间可建成通车。

纵四(襄樊至荆州):2006年可全线建成通车。

纵五(老河口至宜都):规划2020年前建成。

纵六(十堰至恩施):规划 2020 年前建成。

五条东西横线是:

横一(麻城至竹溪):其中金寨至麻城段"十一五"期间可建成通车。

横二(英山至郧西):全线"十一五"期间可建成通车。

横三(黄梅至巴东):力争"十一五"期间全线建成。

横四(黄梅至利川):"十一五"期间可全线建成通车。

横五(阳新至咸丰):"十一五"期间开工建设。

一环:武汉市外环,已全部建成。

到 2007 年,全省高速公路达 2100~2300 公里,形成武汉城市圈"环形放射状"高速公路网,建成武汉市到圈内县市区"2h 交通经济圈"。

到 2010 年,高速公路里程达到 3442 公里,"651"骨架公路网基本形成。武汉至市(州)均可通达高速公路,湖北与周边 6 省市全部实现高速公路互通,武汉市和江汉平原地区率先基本实现公路交通现代化。

2020 年全省高速公路达 5000 公里,湖北"得中独厚"的区位优势将充分发挥。

在建设大通道、保障大动脉的同时,我们按照"修好农村路,服务城镇化,让农民兄弟走上油路和水泥路"的目标,坚持以"扶持农村、反哺农业、回报农民"为出发点,全面加快农村公路建设步伐,到 2005 年底,全省除恩施州 3 个乡镇外均通了油路和水泥路,96% 的行政村通了公路(还有 815 个不通公路),40% 的行政村通了油路和水泥路,69% 的行政村通达了客运班车。广大农民"行路难""乘车难"的问题得到有效缓解。

我们将以总书记视察湖北交通为巨大动力,进一步以科学发展观统领交通工作,努力建设节约型交通、廉政交通,为促进中部地区崛起当好交通先行。

亲切的关怀　巨大的鼓舞

——时任中共中央总书记胡锦涛总书记视察湖北交通侧记

2005 年 8 月 21 日上午,初秋的细雨无声地滋润着荆楚大地。两条高速公路交会于此的襄樊枢纽互通犹如一朵绽放的菊花,一侧矗立着"卧龙腾飞"的标志性雕塑。

2005 年 8 月 21 日 11 时 43 分,几辆中巴车沿着襄十高速公路徐徐驶来,在尚未开通的襄樊枢纽互通缓缓停稳。在时任中共中央政治局委员、湖北省委书记俞正声,中共中央政治局候补委员、中央书记处书记、中央办公厅主任王刚和湖北省省长罗清泉的陪同下,时任中共中央总书记、国家主席胡锦涛面带笑容走下车来。湖北省交通厅党组书记、厅长林志慧快步迎上前去,"总书记,您好!我们交通职工都向您问好!"总书记亲切地说:

"交通厅长,女同志啊!"他高兴地与林志慧握手。随即林志慧陪同总书记走到高速公路中央隔离带,这里已悬挂起一张大幅湖北省骨架公路网规划示意图。"总书记,我把湖北交通情况做个简要汇报。"林志慧轻举起指示棒,"这是一张湖北省骨架公路网规划示意图,它浓缩了我省高速公路发展的历史、现状和未来。我们现在所站的位置是武汉至十堰高速公路的襄樊枢纽互通。汉十高速公路东起武汉,西接西安、银川……"

风雨之中,林志慧的介绍声清晰流畅:"自 1991 年我省第一条高速公路——全长 70 公里的武黄高速公路建成通车以来,到今年底,湖北省高速公路里程将达 1647 公里……"这时,总书记插话问道:"湖北第一条高速公路是哪一年建成的?"林志慧回答:"是 1991 年,武汉至黄石高速公路建成通车。"总书记额首默许。

"……湖北在全国具有'得中独厚'的交通区位优势,省会武汉素有'九省通衢'之称,按照'承东启西、接南纳北、内畅外联、辐射全国'的理念……"随着话语,林志慧手中的指示棒在规划图上由东向西、从南至北清晰准确地作出示意,这时,总书记脸上露出了笑容。

在凝神倾听完林志慧的汇报后,总书记兴致勃勃地向前跨了一步,指着示意图上的规划线路,问道:"已经通车的两纵两横一环是多少公里?"林志慧回答:"1647 公里。"俞正声插话说:"算大数,1700 公里吧。""2007 年多少公里?""2300 公里。""2010 年呢?"罗清泉接道:"3500 公里。""5000 公里是哪一年?"俞正声答道:"2020 年。"总书记伸出手掌,数道:"嗯,2020 年 5000 公里,2010 年 3500 公里,2007 年 2300 公里,年底 1700 公里。"王刚同志说:"一个省高速公路搞到 1700 公里,不简单!俞正声马上接道:还要加快发展,这个水平不算高的。"

总书记对农村公路建设格外关注。林志慧汇报说:"我们按照交通部'修好农村路,服务城镇化,让农民兄弟走上油路和水泥路'的目标,坚持以'扶持农村、反哺农业、回报农民'为出发点,全面加快农村公路建设步伐。"总书记关切地问:"现在通油路的村是多少?"林志慧回答:"通公路的行政村达到 96%,40% 的行政村通了油路和水泥路。通客车的行政村达到 69%。"总书记欣然道:"哦,到 40% 了!"

感受着总书记对湖北交通发展的强烈关注,林志慧满怀激情地说:"我们将以总书记视察湖北交通为巨大动力,进一步以科学发展观统领交通工作,努力建设节约型交通、廉政交通,为促进中部地区崛起当好交通先行。"

总书记和林志慧亲切交谈着,全然没有注意到雨势渐大。原定十分钟的汇报时间也已经超过了。俞正声提醒道:"总书记,我们上车边问边汇报吧"。总书记笑着点点头,让林志慧陪同上车,坐在对面的座位上。总书记继续认真地询问起通乡油路和通村公路的资金来源情况,林志慧回答说:"交通部关于'通村公路 10 万元/公里通乡公路 30 万元/公里,县际公路 50 万元/公里'的政策,极大地调动了地方建设农村公路的积极性,特别是通村公路建设,地方积极性很高,有的修到村委会后,大家还要求户户通。"总书记略一沉思后说:"户户通,特别是边远山区,还不太现实。"罗清泉补充说:"湖北由于撤乡并镇,改革步伐较早,在通乡公路项目安排上受了影响,少了2000公里。"

俞正声介绍说:"2000年以来,湖北的高速公路发展很快,在建的沪蓉西高速公路建设环境非常艰险,交通行业的同志们真辛苦,但与周边省市比还有差距,江西省现有通车里程就比我省长。"总书记对湖北的"六纵五横一环"骨架公路网规划记忆犹新,面带赞许地说:"你们现在的高速公路通车里程比不上江西,但你们的规划是5000公里啊!而且有3200公里列入了国家高速公路网规划。"林志慧应声道:"我们还有些项目已经纳入中部崛起发展规划。"车上大家你一言我一语,言谈甚欢。不知不觉中,又过去了半个多小时。

总书记视察湖北交通、听取高速公路规划汇报的一幕一幕,总书记慈祥的笑容、亲切的话语、关注的神态、殷切的期望,深深印在了湖北交通干部职工的心中。

(摘自《湖北交通报》2005年8月29日第一版)

高速优质的奥秘

——宜黄公路江宜段纪实

通讯员 白水 记者 赤心

1993年的元月初,宜黄高速公路江(陵)宜(昌)段刚刚开工。那时映入眼帘的是枝江县无尽的平原和宜昌市郊的高山深壑,耳边不时传入大型土石方施工机械的轰鸣。

今年的元月中旬,记者再次来到江宜段。往日喧闹的工地已变得静悄悄,一条巍峨的长龙,安卧在一望无际的平原上,高山深壑已拱手让出宽阔的大道。记者驱车以80公里的时速,在路基竣工的路段上奔驰,跨过平原,越过高山,穿过深谷……

仅仅一年的时间,就发生如此巨大的变化,实在堪称奇迹。

的确,改天换地的公路建设者们,在江宜段已经和正在创造着我省公路建设史上一个又一个新的纪录。

艰巨的工程

江宜段的突出特点,就是工程任务十分艰巨。

一是大填大挖。江宜段要经过宜昌县和市郊的重丘地带,高山要劈开,深壑要填平,深挖最深达30米,高填最高达29米。仅石方量即达200万方,每公里近13万方。这乃为我省公路建设史上之最。

二是膨胀土处理。江宜段有40多公里的膨胀土路段,而膨胀土无水则坚如磐石,遇水则烂如稀泥,怕的是雨水,其技术处理据称乃为世界性的一大难题。

三是地形复杂。其中有一座临江溪桥,根据地形要建成弯坡斜大桥,这乃是我省公路桥梁史上的第一座这样的大桥。

尤其是这一年施工天气最为恶劣。目前,路基土石方施工尚处于靠天吃饭的阶段,下一天雨,往往三五天后才能施工。而1993年却是宜昌地区百年未遇的灾害性天气,一年阴雨不断,连续十天左右不下雨的天气全年仅五次,在7月中旬至11月的五个月里,有效施工日仅廿二个。

还有一个困难是拆迁清障任务重。在67.32公里的路段上,要拆迁民房15万平方米,移栽或砍伐林木78万株。而民房中35%以上是砖混结构、瓷砖或马赛克贴面的2至3层楼房,每平方米的补偿却只有30元;林木中柑桔树占40%以上,每株挂果树也只补偿50元,一般成材树则只补偿5元。即是说,沿线群众要承担极大的牺牲。

而江宜段的质量管理又特别严格。按部颁规范对一期工程进行竣工验收时,齐全合格的竣工资料即出版移交。交通厅一位刚离任的老领导说,他想了几十年的按规范分层铺筑,文明施工,在这里真正得到了实现。

在如此困难的路段、特殊的气候和严格的质量控制之下,建设者们却仅用一年时间,就完成了通常要二年多才能完成的工程,全长220多m的玛瑙河大桥,也在11个月内完成主体工程。省指挥部领导在检查全线后高度评价说,通过一年的努力,江宜段在进度上创造了新纪录,质量上达到了新水平,管理工作跨上了新台阶。那么,江宜段创造这些奇迹的奥秘在哪里呢?

"磁场"效应

"这里具有一个拥有强大凝聚力的领导核心,我们愿意在这里拼命。"不仅年届花甲、参加过武黄、东仙段施工的老同志这样说,连刚从厅长位置退下来的省指挥部副指挥长王连东也由衷地称赞江宜段指挥部的领导有方,措施得力。是啊,作为江宜段指挥长的邱银锁,昔日曾率师转战国内外,先后荣获埃塞俄比亚和省政府的多项奖励,而今已64岁,仍常驻宜昌,亲自处理工程建设中的重大问题。正值壮年的常务副指挥长任必年,统率全省公路系统七年,把我省高等级公路的地位,由全国第24位带到了第7位;在指挥部,他又像普通一兵,和各方面专家研究技术方案,在现场徒步穿行处理各类问题。年过花甲的总工程师尹其潜,是我省公路系统的线路专家,亲身参加把宜黄路从黄石修到宜昌。除了他们的经历和身先士卒的模范行为外,还有他们廉洁自律、秉公办事、关心他人的高尚人格力量,像强大的磁石一样,把大家紧紧地凝聚在一起,年近七旬的老专家刘遵纪,放下每月数千元的收入和轻松的工作,甘愿在这里经常加班到转钟;一些有病或离退休的老同志,也经不住这种力量的吸引,带着药物,投奔到了江宜段指挥部的大旗之下。

敢 超 常 规

在严格遵守客观规律的同时,大胆改革、突破,实行超常规的管理,这是江宜段指挥部管理工作的一大特点。对此,江宜段的同志人人都能列举出一大堆这类实例。

——大胆采取了设计施工一体化的施工组织方案。江宜段工程从开始立项到正式开工,总共不足十个月时间。建设者们为抓住1993年春节前冬干的有利时机,在施工设计还处于测量阶段的情况下,利用未经批准的初步设计,组织数以百计的工程技术人员,由十多名从黄石起,即投身高等级公路建设的老专家带队,深入现场踏勘,配合测量设计人员制定、修改施工技术方案,同时组织施工队伍进场展开试生产,摸索经验和数据,从而抢到了工期,争到了主动。

——首次采取小标段大兵团的方式组织施工队伍。对近10亿元的大工程,习惯上,是分成10公里左右的大标段,由设备齐全、技术力量雄厚的大单位投标,在两年多的时间内完成一期工程。然而,摆在江宜段面前的,却是仅一年的工期和以公路单位为主的施工队伍。在现实面前,指挥部的领导者们经过深入调查,反复研究后,大胆提出了"小标段、大兵团"的施工组织方式,将工程划分为包含20万左右土石方和8~14道构造物,长1~2公里的小标段,将经济招标与行政干预结合起来,以公路交通部门为主,组织施工队伍,同时对外开放建设市场,大胆引进外省区市、外系统的施工力量,确保在一年内基本完成一期工程。于是,30多个县市公路段的施工队伍,匆匆放下各自正在建设的工程,在半个月内开上了江宜段,17家来自铁路、市政、水利甚至核工业的施工队伍赶来了,数千台推土机、装载机、挖掘机、伍路机、空压机、凿岩机等大中型土石方施工机械,从四面八方汇集到了建设工地,展开了一幅马达轰鸣、机械奔忙的壮阔画面。

——边测量,边宣传,边动迁。在没有完整资料的情况下,他们边展开广泛的宣传动员,形成强大的声势,边以施工设计的定测中桩为依据,在两边的一定范围内展开房屋拆迁和柑桔移栽,从而使全线最艰巨的拆迁任务,在一个月时间内全部完成,至今无一户上访。

——大胆改革工程监理办法。工程监理,国际通行的是"菲迪克"条款,国内的经验则是"菲迪克"加指挥部。在江宜段,则对这一模式又进行了进一步的修订:改以往一人一标为几人一组,负责几个标段的工程监理;改旁站签字生效为旁站签字后,经监理站复核签字生效;改旁站与施工单位的监督关系为监督指导关系;改旁站的事后检查为施工单位的事前控制与监理的严格检测相结合。同时严格各项质量管理办法和控制程序,由指挥部、监理站、旁站和施工单位,共同对质量负责,将质量事故防患于未然;对已出现质量问题的工程,坚决推倒重来。从而较好地保证了工程质量。

——实行超常规的工程管理。在工程管理上,首先把指挥部、地方协调机构和施工单位捆在一起,进行考核奖惩,有效地解决了地方利益,施工单位偷工减料争投资的问题。其次,在指挥部与施工单位之间,取消了传统的中间管理层,对施工单位的质进度情况,由指挥部按优质优价的原则,进行直接考核,有问题现场办公解决,从而,保证了建设中出现的各种问题能以最快的速度,最有效的方式,得到直接解决。其三是在指挥部内部,形成了一种顾大局、识大体,以制度管理,不讲节假日,不分上下班,不计份内外,一切以是否有利于提高工程质量,降低工程造价,加快工程进度为标准的工作作风。难怪宜昌市委领导在全市县区三级干部会上,发出了学习宜黄公路作风的号召。

"不穿军装的解放军"

"江宜段一期工程能创造全省公路建设史上的数项新纪录,我们靠的是广大工程建设者从为三峡服务的高度出发,焕发出的顽强拼搏和无私奉献精神。"在谈及江宜段的好质量和高速度时,邱银锁和任必年两位指挥长由衷地说。广水公路段施工处承担的标段,地下水位很高,往往一锹下去,就有明水浸出,在这种极为困难的条件下,他们不计得失,坚持按规范施工,一面在土场周围挖出深沟,用抽水机抽排,一面用人工把土块切碎摊铺晾晒,同时把松铺厚度由30厘米降到20厘米,待达到含水量标准再行碾压密实,终于在全线第一个交工验收。铁十一局二处标段指挥长沈淑章,刚刚脱下军装的汉子,仍然不改军人的本色。1993年春节前大雪封山,然而队伍刚刚放假离去,天又放晴。他立即带领留守的工程队长,请来从京九铁路回宜昌休假的战友帮忙,继续大干,四个人在春节放假期间即完成石方6000方。宜昌县公路段工程队长王万银,为抢在年底全面交工,一个月未换衣服,半个月不出装载机驾驶室,人累瘦了一圈,直到工程合格交工,他才带着疲惫的笑容,由同事扶下装载机那高高的驾驶楼。蒲圻市公路段副段长但光爱子淹溺,他仅回家住了一天,草草处理即赶到工地。像这样的事例,比比皆是,不胜枚举。在采访中,屡屡听到公路沿线的群众把我们的建设者誉为"不穿军装的解放军"。

"一路绿灯"

良好的外部施工环境,是工程顺利进行的重要保证。自工程上马以来,省交通厅、省宜黄公路指挥部的领导既在资金上给予全力保证,又经常深入工地,进行具体的检查指导。为了保证工程的顺利进行,宜昌市专门成立了援建指挥部,沿线各县区均派出主要领导亲自抓协调工作。市援建指挥部向全市人民发出公告:修好江宜段,就是服务大三峡,就是建设新宜昌。市长罗清泉的决心更大:砸锅卖铁也要支持修好宜黄路!市委书记艾光忠甚至宣称:谁对宜黄公路设卡,就撤谁!江宜段在枝江横穿47公里,并设有两处互通立交,县委书记张业玉表示保证一路绿灯!他们说了,也做到了。为了宜黄公路建设,拆房占地,搬迁电杆,砍伐移栽各种经济林木在所不惜,属于地方部分的收入可减免,应归于集体的收入也拿出部分补助群众拆迁的损失,特别是枝江县还采取稳妥措施,在沮漳河大堤上开口修便道,以方便从河滩取土,开创了我省公路建设史上的先例。难怪每每总结工作,江宜段指挥部的领导们总忘不了首先总结"政策好"!

现在,江宜段一期工程已基本完成,我们预祝他们继续努力,以更好的质量,完成好二期、三期工程,早日为三峡工程提供高质量的交通保障。

"五个创新"的成功探索

以崭新面貌展示在人们面前的黄黄高速公路黄梅至小池联络线,于1999年底建成。这是继1998年12月30日黄黄高速公路主线建成通车以后,我省公路交通建设者用全新的建设模式、全新的管理手段、全新的建设技术、全新的精神境界,向新千年献上的力作,向全 省人民奉献的一件精品。

黄黄高速公路是湖北省"九五"计划重点建设工程的启动项目,主线全长110公里,黄梅至九江大桥(小池)联络线(黄小高速公路)全长32公里。主要技术标准为四车道,路基宽24.5米(其中,黄梅至界子墩段长18.7公里,路基宽26.5米),设计速度为100公里/小时。设计总概算27.25亿元。

1995年11月28日,省政府在浠水县主持召开黄黄高速公路建设协调动员会,正式拉开了黄黄高速公路建设的序幕。1996年3月,黄黄高速公路征地动迁工作全面开展,控制工程软基段处理和蕲河大桥试开工。1996年11月8日,省政府在武穴市大金镇隆重举行黄 黄高速公路开工典礼,工程建设全面启动。在交通部、省委、省政府和沿线地方各级党委、政府的大力支持下,省黄黄高速公路指挥部认真贯彻落实党的十四届五中、六中全会和十五大精神,坚持两个文明一起抓,高举团结、发展、廉政的大旗,坚持以"修建一条优质的高速公路,探索一套成功的管理经验,开发一批有价值的科技成果,培育一支过硬的高速公路建设队伍"为指导思想,以"优质、高效、安全、节资、创全优工程"为建设目标,大力弘扬"团结拼搏、求是创新、抢前争先、实干快上"的湖北精神,在黄黄高速公路建设实践中书写了倡导和塑造湖北精神的新篇章。通过广大建设者的奋力拼搏,黄黄高速公路全线142公里提前建成,累计铺设水泥混凝土路面94公里、沥青混凝土路面38公里,并架设一座9.6公里长的龙感湖特大桥。在三年多的建设过程中,省指挥部坚持做到以下几点。

一、观念创新,大胆借鉴国内外先进经验

我省高速公路始建于1986年,十多年来,我省高速公路建设有了长足的发展,通车里程在全国处于前列,但公路整体水平与先进省份高速公路相比仍有差距。黄黄高速公路的广大建设者清醒地认识到,在社会主义市场经济条件下,要建设高质量的黄黄高速公路,必须把起点建立在逐步与国际接轨的市场经济机制的高度上,必须把着力点放在依靠科技进步、提高劳动者素质上,必须把目标放在瞄准国内外先进水平上。省指挥部坚持以改革为动力,以科技为先导,把学习借鉴国内外先进经验同立足湖北实际、开拓创新有机地结合起来,充分利用"后发效应"优势,高起点地探索、创新,在黄黄高速公路建设中实现了"四个突破、四个转向":一是突破传统的筑路观念的束缚,由墨守成规转向敢为人

先;二是突破陈旧的施工工艺的束缚,由劳动密集型转向技术密集型;三是突破落后的生产方式的束缚,由人工修筑转向大型机械化施工;四是突破僵化的发展模式的束缚,由数量速度型转向质量效益型。思想的解放和观念的创新为省指挥部全面实施工艺创新、技术创新、建设创新、管理创新奠定了坚实基础,使黄黄高速公路建设初步实现了由粗放型向集约型的转变。

二、工艺创新,大胆采用先进设备和施工方式

路面工程以其施工技术难度大、要求高而成为高速公路建设的关键。省指挥部坚持依靠科技进步,以提高路面施工工艺水平为突破口,在水泥混凝土路面施工中大胆尝试滑模摊铺新工艺,在沥青混凝土路面施工中大胆尝试沥青玛蹄脂混合料(SMA)新结构,在整个黄黄高速公路建设中大胆尝试大标段、机械化施工,从而为我省高速公路建设技术发展的跨越奠定了基础。

黄黄高速公路水泥混凝土路面施工,采用了当今世界上最先进的滑模摊铺技术。在反复调研、论证的基础上,省指挥部投资3000万元,科学配置并引进了德国维特根的水泥混凝土滑模摊铺机、美国莱克斯康的布料机和中国新津筑机厂研制的两级连续式水泥混凝土拌和机等一批成龙配套的先进设备。抽调专家、总工成立路面施工指导小组,从国内外聘请知名专家担任顾问,共同研究解决了水泥混凝土路面滑模摊铺对原材料的技术要求、高性能道路混凝土配合比设计新技术、粉煤灰利用技术、外加剂使用技术,以及从原材料供应、混凝土拌和、摊铺到拉毛、养生整个生产流程各个工艺环节的质量控制等问题;解决了国内在滑模摊铺施工中只能铺筑路面,不能铺筑缘石,不能摊铺桥面的技术难题,在国内首次采用滑模摊铺机悬臂式施工硬路肩并连体一次铺筑缘石和桥面连续摊铺技术,并获得了成功。1998年10月,交通部在黄黄高速公路主持召开水泥混凝土路面滑模施工技术推广会,对黄黄高速公路创造的日滑模摊铺全国最高纪录和桥面连续摊铺、硬路肩、缘石连体一次铺筑而成的施工技术和工艺给予了充分肯定和较高的评价。

省黄黄高速公路指挥部为确保软基路段施工质量,推进我省高速公路路面结构创新,在黄黄高速公路主线30公里和联络线8公里路段铺筑沥青路面,并在施工中成功采用了沥青玛蹄脂混合料(SMA),填补了我省在这种新型沥青路面结构的空白,实现了我省高速公路沥青混凝土路面零的突破。

龙感湖特大桥是应用新技术和新工艺较多的工程。上构采用宽板新结构,降低了梁高,增加了净空,减少了梁板数量,既节约了工程造价,又缩短了工期;桥面铺装使用了双层钢筋网,其中上层采用焊接网,提高了桥面抗裂性能;同时使用三辊轴提浆整平施工技术,解决了小型机具施工平整度差的缺陷,大大提高了桥面平整度,经检测平整度标准差达到1.30毫米;桥面混凝土配合比除考虑强度外,兼顾了耐磨和防渗要求,延长了桥面的

使用寿命;桥梁中央分隔带还突破了以往只能采用防眩设施的单一模式,在防撞钢板中间种植盆栽花、草树木,既增加了防眩效果,又使桥路绿化浑然一体,使行车时感觉更加美观舒适。

三、技术创新,大胆开拓产学研联合之路

高速公路是现代科学技术的结晶。要确保质量、创出精品,就必须依靠科技进步,不断提高公路建设的科技含量。省指挥部积极推广应用了一批新技术、新材料、新工艺。如在沿线大、中桥上部结构中推广运用"预应力空心板宽梁"新技术;在路面基层施工中首次使用粉煤灰,首次使用水泥稳定土路面基层技术,使用粉喷桩处理软基、桥头地基技术,使用喷锚防护边坡技术,使用混凝土路面刻纹技术,部分路段采用新泽西防撞墙滑模摊铺技术,中央设排水暗沟的路面排水技术等。省指挥部高度重视产学研联合机制的建立,组织松散型科技质量攻关队伍,按照优势互补、利益共享的原则,加强与高等院校、科研机构的联合协作。借助外脑,进行路面材料和结构层的物理、化学等试验,开展成套应用技术的开发,共同研究了"软基路段施工观测及控制""粉煤灰在公路工程上的综合利用"、"水泥混凝土路面滑模施工技术""沥青玛蹄脂混合料(SMA)在高速公路上的应用"和"水泥稳定土"等课题,解决了一系列技术上的疑难问题,使技术创新直接转化为现实生产力。对施工中的这些先进经验,及时总结、推广,编撰了水泥混凝土路面滑模施工技术规程等。这批有价值的科研成果,对指导高速公路建设与施工起到了重要的作用。

四、建设创新,大胆拓展高速公路配套工程新内涵

省指挥部在抓好主体工程建设的同时,注重加强配套工程的建设,拓展了工程内涵。

黄黄高速公路机电工程采用国内外先进技术设备,主要由"光电通信"、"非接触IC卡计算机收费"和"交通信息监控"三大系统组成。通信系统全天候24h开通紧急电话,在发生交通事故、车辆故障或其他紧急情况时,可以及时提供救助;监控系统能自动进行气象和车流量检测,向驾驶员提供黄黄高速公路全线区域内的交通、气象信息服务,并及时将收费广场交通秩序和道路通行状态通过闭路电视监视系统传送到监控中心;收费系统实行计算机管理,大大提高工作效率,减轻劳动强度,缩短收费时间,堵漏增收,降低误差。

黄黄高速公路机电工程建设在我省尚属首次,系统自动化程度高,设备先进,功能完善,大大提高了高速公路的科技含量,使黄黄高速公路成为我省第一条具备现代化管理手段的高速公路。

综合考虑工程、文化、美学等因素的融合,扩充高速公路的社会功能,把公路建设和沿线人文景观协调起来,在房建设施、美化工程中突出黄冈革命老区特色和时代特色,创造出与现代化高速公路相适应的文化精品,是黄黄高速公路文化工程建设的一大特色。蕲

春管理所办公楼如泰坦尼克号游船永久停泊在八里湖;具有欧式建筑风格的黄梅服务区和古色古香的黄梅管理所办公楼遥相呼应;界子墩管理所办公楼和收费雨棚的九头鸟造型别具一格;黄小联络线上边坡绘制的壁画"九骏图"寄寓了湖北高速公路事业兴旺发达、快马加鞭、只争朝夕的美好祝愿,龙感湖大桥两端设置的雕塑"龙翔"成为这座目前国内最长的大桥的忠实守护神;小池收费所耸立的雕塑"金路"高21米,金色的彩带维系3只金色的鸽子,象征迈向21世纪的黄黄高速公路一路连三省,是一条腾飞之路,致富之路,希望之路……文化工程成为黄黄高速公路一道靓丽风景线,以其赏心悦目的感官享受赋予高速公路配套工程新内涵。

五、管理创新,大胆探索建设新模式

黄黄高速公路建设率先试行高速公路项目法人责任制,成立了以省高管局为主体的指挥部,对工程建设全面负责。积极尝试征地动迁合同管理制,以签订委托协议方式,与地方政府签订征地动迁责任合同,依靠地方政府开展征迁工作。严格执行工程招标投标制,参照菲迪克条款,按照公平、公正、公开的原则,开展招标、评标。实行社会监理制,健全了"政府监督、社会监理、企业自检"三级质量监督体系,成立了省交通建设工程质量监督站黄黄高速公路分站,行使政府质量监督职能,建立了独立的工程监理体系,将监理工作交给资质合格的社会监理公司承担,实现了建设、施工、监理单位的三者分离和相互制约。建立了横向到边、纵向到底的约束、激励机制,层层签订目标责任,以每个人工作的高质量来保证工程建设的高质量。建立质量保证金制度,设立优质工程奖、技术创新奖和指挥长奖励基金,形成人人关心重视质量、个个积极抓好质量的氛围。

省指挥部坚持科技兴路、修路育人的管理指导思想,将重点工程与创建"青年文明号""青年突击队"和"岗位建功"活动紧密结合起来,注重培养一支能工能干、能文能武、能上能下的年轻专业,重对人力资源的投资和开发,不断提高管理者和劳动者的素质。指挥部大胆起用年轻技术干部,选调高素质的研究生、大中专毕业生组成路面机械操作青年突击队,担负滑模摊铺等路面机械的操作和管理重任。在滑模摊铺施工中,青年突击队与工人们同吃、同住、同劳动,成为高速公路路面机械化施工的行家里手,有效保证了滑模摊铺的进度和质量。

机制创新、以人为本的管理结出了丰硕成果。省指挥部不仅锻炼了技术和管理人才,而且培育了具有市场竞争能力的施工队伍,出现了潜江公路局、广水公路段、襄樊公路局等一批"提高素质增实力,依靠科技求发展"的先进典型。潜江公路局抢抓重点工程建设的机遇,通过银行贷款、职工集资等方式筹措资金2200万元,从美、韩等国引进了布鲁克斯大型沥青混凝土摊铺机、沥青混凝土拌和站等世界先进筑路设备,承担了20多km的沥青混凝土路面施工任务,成为湖北交通系统第一家具有高速公路沥青混凝土路面施工

业绩的骨干队伍。襄樊公路局采用滑模摊铺机悬臂式施工硬路肩并连体一次铺筑路缘石的施工技术,属国内首创,一个从国外进口需要20万元的模具,襄樊公路局只花了8 000元就研制出来了。企业的技术创新带来了良好的社会、经济效益,吉林省慕名邀请襄樊公路局去该省承接高速公路施工任务,襄樊公路局安排了1台摊铺机、4个操作手,施工3个月就获利100万元。技术创新使黄黄高速公路施工企业增强了活力和后劲,在激烈的市场竞争中上占有了一席之地,成为全省高速公路建设的骨干力量。

随着信息时代、知识经济新世纪的到来,大到一个国家、民族,小到一个团体、企业,创新都已成为发展的动力。在新的世纪,我们将进一步认真贯彻落实党中央和国务院的指示精神,高举创新的大旗,进一步解放思想,充分发挥科学技术作为第一生产力的推动作用,不断开拓进取,大力推进高速公路技术创新,努力实现我省交通事业的腾飞!

(选自林志慧著《先行——交通科学发展观的探索与实践》)

大笔写意展宏图
——写在全省"九路一桥"胜利建成时

2007,湖北交通用大手笔书写了一幅壮阔美景。"九路一桥"的胜利建成,支起了湖北交通的主骨架,一个更快、更美、更爽的交通新平台展现在我们面前。

当一辆辆汽车飞驰在墨龙般的高速公路上,数不清的经济细胞正经由大交通的血脉奔腾雀跃。

惊人一跃
交通版图上的"湖北分量"

荆楚大地,鱼米之乡。湖北在"九省通衢"的美誉中沉醉。"十里帆樯依市立,万家灯火彻夜明"。奔腾的长江、汉水源源不断地承载着各路财神:"茫茫九派流中国、沉沉一线穿南北。"近代京汉、粤汉铁路和解放后武汉长江大桥的兴建,更是把湖北抬上了四通八达的枢纽地位。

时光飞快地划至新世纪。近20年间,随着全国高速公路快速伸展,铁路加密提速,长江黄河汉江上彩虹飞舞,而湖北公路交通也在一直在暗暗发力。

从1991年我省第一条高速公路——全长70公里的武黄高速公路建成通车,到2007年全省高速公路突破2300公里。16年间,湖北交通人负重前行,默默耕耘,终于成就了今年"九路一桥"的大手笔,一年之间新增高速公路558公里,创造了湖北交通史上投资规模最大、新增生产能力最多、经济社会效益最好的纪录。

2007年是全省交通"服务创新年"。从"迎春创优杯"到"学习十七大、大战四季度、攻坚保目标",一个个劳动竞赛让建设者的积极性和创造性充分激发;继陈刚毅后一个个先进英模人物接连涌现,闪光的楷模作用为全体交通人鼓舞士气,确保了既定目标的如期实现。

凭着今年的惊人一跃,湖北高速公路里程一举突破2300公里,在全国交通格局中成功跃入前10名,位居中部六省第二位,改写了全国交通版图上的湖北分量,"九省通衢"的新优势日益凸显。

三纵两横
架起更快更美更爽的连接通道

"九路一桥"的建成,使湖北"三纵两横一环"的交通格局基本贯通,从而支起了湖北交通上骨架。省交通厅厅长林志慧这样评价"九路一桥"和"2300km"的战略地位。

京珠高速,是湖北最繁忙的路段,也是国家最繁忙的南北主干道。京津地区和珠江三角洲两大经济发达地区,通过这条主干道,在每天的车水马龙中,实现着产业的互动和财富的积累。

总长339公里的京珠高速湖北段,占全省高速公路通车里程不到五分之一,每年收费却占了全省高速公路收费总额的四成。

然而,京珠高速在拉动沿线经济的同时,也热切地希望着能分担它的繁忙和重压。

随岳高速,纵贯我省、平行于京珠的又一条南北大通道,便顺应着这种要求而诞生了。

在湖北的经济版图上,分布着一个耀眼的"金三角":三个顶点分别是武汉、黄石片,襄樊、十堰片,以及宜昌、荆州片。然而、位居金三角中部的江汉平原腹地,却没有一条顺畅的纵向高速通道。

随岳中的开通,使随州、京山、天门、仙桃、潜江便捷相连,同时又与汉十、汉宜首尾相接,循环贯通。

随岳中高速公路与明年将建成的随岳南、随岳北高速公路联为一体后,将为江汉平原腹地系上一条绚丽的经济纽带。

一个更快、更美、更爽的交通平台,从这里轻轻托起。

交通动脉
托起区域协调发展新平台

最新的湖北省高速公路版图上,两条横线几乎平行,南北两地向西绵延伸展。

秦巴山用厚重的手臂,将车城十堰护了一层又一层。群山的呵护,造就了山中的汽车城,也终于迫使东风总部外迁。曾经是地理上的优势,演变成了发展的瓶颈。

丹江口市均县镇怀拥满山遍野的柑橘树,生长着农民的希望。然而,由于汽车进不来,城里的市场宠儿在这里的山冈上,几毛钱一公斤仍难出手。

有了路,成袋的柑橘不再哭泣。十漫高速公路与汉十高速公路和在建的武英高速公路连接在一起,成为横跨荆楚东西向的条绵长的经济走廊,一头遥接西安,一头扎向合肥。

设想漫川关至西安的高速公路通车后,从十堰出发,4个小时可达武汉,2个半小时可达西安。届时,十堰将成为鄂、豫、陕、渝四省市的区域性物流中心,人流、物流、资金流、信息流将随交通条件改善而迅速放量。

同样蛰伏在大山中的恩施,也依托沪蓉西高速公路的白氏坪至高家堰、高坪至吉心两段89km的建成通车,终于结束了没有高速公路的历史。从黄梅入境,经武汉、宜昌、恩施再到重庆的沪蓉高速公路,一下子就将群山之中的恩施拉进了东西经济大走廊。

艰险莫过宜恩段。沪蓉高速宜恩段全线重峦叠嶂、沟壑纵横,沿途要跨越9道深谷,穿越11座高山,宜恩段全线通车,从宜昌到恩施,只需2个多小时就可轻松到达。待恩施至利川再到重庆的线路建成后,我省最长的一条西部彩虹将光耀楚天。

为了这一条金色大道,多少交通人勇克艰险在绵绵大山中抛洒血汗,多少建设者长年累月只能与家人遥遥相望。一次次忘我的大奋战,托起了科学发展的新通道,搭成了区域协调发展的新平台。随着无尽的车流,当东部与西部亲密牵手之时,交通人的奉献将把山区昔日的贫穷远远地抛在身后。

而此时,湖北交通正在规划着一幅更加诱人的美景:明年,我省将再投资300亿元,重点推进高速公路骨架工程。

随岳南、随岳北、武英、武荆、大广北(大庆—广州湖北北段)高速公路和荆岳、鄂东两座长江公路大桥共计930公里的高速公路,正在紧张建设;还将新开工武麻、大广南和三峡翻坝高速公路。

武汉阳逻长江大桥:长江上又一道绚丽彩虹

如轻鸿般一跨过江,如竖琴般轻拂水面。26日,武汉阳逻长江大桥将正式通车。

它的通车,宣告中国都市第一环——全长188公里的武汉外环全线画圆。全长10公里的阳逻长江大桥路段,是长江上又一道绚丽彩虹,

也是武汉大外环合龙的"点睛之笔"。

从此,绕城高速公路和即将建成的7条高速公路出口路全面对接,武汉外环成为全省和国家高速公路的转换枢纽。以武汉为圆心,形成了"当日往返经济圈"和"朝发夕至辐射圈"。

"一跨过江"的技术魅力

阳逻大桥"一跨过江"的背后,隐藏着非同一般的技术魅力。

它拥有长达1280m的主跨,是全省第一、国内第三、世界第八的悬索桥。由于其跨度大、桥面宽、主缆的受力大,因而采用国内最大的锚碇。锚碇的开挖面积甚至超过了一个足球场。其中,南锚碇基墩外径73米,深61米,因规模及施工难度之大,被誉为"神州第一锚"。

国内首创的"剪刀撑"新技术在大桥的主塔结构中成功运用。"剪刀撑"用有力的臂膀把两塔柱"攥"在一起，既牢固无比，又比传统 H 形、门形的主塔更显新颖美观。

它还是一座"聪明"的大桥。它拥有武汉市第一个桥梁 GPS 长期健康监测系统，通过四个卫星接收点和一个集成点，塔顶、主缆等位置的细微变化一目了然；通过水压变化，可了解桥梁是否偷偷"下弯"；通过动态测试系统，即使大桥有轻微振动也能及时响应。

长江上的灿烂风景

悬索是火热的红，主跨是耀目的金。晚上驱车上桥，会惊异地发现它戴上了一条条漂亮的项链。它拥有 2666 盏景观照明节能灯，可变幻红、黄、蓝、绿、白等七种主色调，达到如梦似幻般的景观效果。灯光可按平时、节日、重大节假日等不同要求智能控制，组合不同的全桥景观图，并有效节约能源。

如果您在桥上听到身旁传来悦耳的提示音，请不要奇怪。全桥的 172 个灯柱下都安装了音箱，节庆时会播放动听的音乐，平时偶发事故时，可语音提示过往司机。

它既是外环上一道快捷方便的交通线，更是长江上一道灿烂美丽的风景线。

随岳中高速公路：亮丽的环保风景线

工程建设指挥部在设计阶段编制了《环保景观设计手册》指导工程建设，聘请日本咨询专家对环保景观工程进行跟踪咨询。在路线选线上，遵循标准选线、地形选线、地质选线、环保选线和安全选线的原则，合理选择路线走向；在桥梁工程上，突出造型优美，切合自然 环境，曲直顺畅，简洁明快。

随岳中高速突出以人为本的服务理念，服务区停车区选址布局依山临水，功能齐全，最大限度地方便司乘人员；在排水防护工程上，实现全路段生物防护，首次采用浅碟边坡和暗埋边沟，防护线型流畅，外观形式多样，充分体现了山水自然美与地域文化美的特点，营造一种人与自然和谐的宜人景观。

沪蓉西高速公路：跨越西山巅的彩虹

沪蓉西高速公路，是我省迄今为止投资最大、工程最为艰巨、地质最为复杂、建设周期最长的高速公路工程，也是目前全国建设难度最大的高速公路项目之一。工程地形地质特殊，沿线存在各种滑坡、岩堆、危岩体、岩溶、治溶塌陷、地下暗河等不良地质情况，号称"集地质病害之大成"。宜恩段桥隧比例占路线总长的 56%，其中，龙潭河大桥墩高 179m，位列世界第一。工程在克服高寒地带、施工场地狭窄、施工用水困难、工程施工条件异常艰难等困难同时，还全力做好沿线的人文环境和自然资源的保护工作，维持了沿线林木茂密、自然景观优美的原貌，形成了工程建设与民族团结、生态环保的和谐发展。

从进恩施,到达重庆,沪蓉西高速公路如一道彩虹,跨越鄂西山巅,冉冉升起。

十漫高速公路:秦岭山脉集成创新的力作

十漫高速公路地处秦岭山脉南麓,跨越两郧断裂带,地形起伏大,沿线丘壑纵横,山体陡峻,峡谷众多,且地质构造复杂,沿线大部分路段通过破碎岩层、滑坡山体和绢云母片岩等不良地质地带,地质灾害的预防和治理成为工程施工的最大拦路虎。

开工建设以来,建设指挥部针对地质破碎、岩性岩质多变的实际,合理确定了抗滑桩、预应力锚索、锚杆挂网喷射混凝土等多种防护形式,对高墩、弯坡、斜桥梁采用装配化程度高的标准化桥型。对两郧断裂带地质灾害防治等8个方面有针对性地展开技术攻关。指挥部采取分散安置、集中安置和移民安置相结合的方法,集中安置群众1056户,协力铸造了一条技术先进、经济合理、优质安全、生态环保的山区高速公路。

荆宜高速公路:我省交通市场改革开放的又一硕果

荆宜高速公路,是我省交通部门坚持改革开放、实施招商引资建设的高速公路项目之一,全长95公里,总投资24.3亿元,它的建成,将荆门、宜昌、荆州网进一小时交通经济圈。

2003年以来,我省全面开放交通建设市场,积极鼓励社会资金、境内外资本投资我省高速公路建设,先后签订投资项目862公里,投资金额达280.4亿元。目前,我省建成的企业投资项目襄荆、樊魏、荆东、荆宜等高速公路504公里,占了全省高速公路通车里程的五分之一强,在建的武荆、大广北、随岳南、鄂东长江大桥等企业投资项目,占了我省930公里在建高速公路的半壁江山。

大交通助推城市圈

2007年12月,荆楚大地在奋飞的鼓乐中孕育着春的信息。

武汉城市圈成功入选"全国资源节约型和环境友好型建设综合配套改革试验区";全省高速公路总里程突破2300km,"三纵两横一环"高速公路主骨架基本贯通,随岳中、十漫、荆宜、沪蓉西高速白高段和高吉段以及武汉市5条高速出口路接连建成;补齐188km武汉大外环的阳逻长江大桥 如期通车……

"9+1"与"1+8"的不期而遇

仿佛是不经意的巧合,又让人生出遐想无限。不期而遇的两则消息,似乎在传送着春的气息。

7日,在京召开的全国发展和改革工作会议宣布,武汉成为"全国资源节约型和环境友好型建设综合配套改革试验区"。无疑,这是荆楚改革开放史上具有里程碑意义的事件。

也许是对这个信息的应合,20 天之后,我省交通发展也将迎来新的里程碑——随岳中高速公路、荆宜高速公路、十漫高速公路、沪蓉西高速公路宜恩段 的白氏坪至高家堰段和高坪至恩施吉心段,以及武汉市吉郑、汉洪、汉蔡、汉麻、汉英 5 条高速公路出口路和阳逻长江大桥等"九路一桥"基本建成。

如果说"两型"试验区给了"1＋8"武汉城市圈一个跃升的希望,那么"9＋1"的"九路一桥"的建成则为城市圈的腾飞开辟了宽阔的跑道。

阳逻桥通车,补齐了长期"隔水咫尺遥"的188km 武汉外环;5 条出口路,让武汉市与圈内城市群高速相连;随岳中高速、襄荆高 速、十漫高速几条外延通道,让城市圈能够畅快地"深呼吸"。从此,"1＋8"将进入畅快地流动和无缝对接,"1＋8"与外围的十堰、襄樊、宜昌、恩施等增长极也将血脉相连。

一小时行程,演绎新精彩

黄石、黄冈、鄂州、孝感、咸宁、潜江、仙桃、天门。圈内 8 个城市如众星捧月般散布在武汉周边。

"到武汉只用 2 小时,进城却花了 1 个多小时!"进城难,出城难。去年,一位襄樊企业家谈他的遭遇。由于通道不畅,不少车辆常常被堵在了武汉的出口上。

现在,从武汉市外环出发的 7 条高速出口路中,加上去年底通车的汉孝高速,已有 6 条基本建成,和左高速公路也将于明年建成。

从武汉城区出发,半小时左右即可上外环;从外环出发,约一小时即可由几条出口路通达城市圈各市。城市圈各城市之间的"走动"变得简单——不再需要进入车水马龙的武汉主城区,只需在外环线上绕一段即可到达。据预测,外环连通后,每天约有 7 万多辆过境车辆绕城而行。

"两型"试验区为"1＋8"城市群提供了新的动力源。"经济活力的迸发需要纽带和通道,可贵的'1 小时行程'就承担着这一使命。"省交通厅厅长林志慧说。

为了"1 小时行程",每季度一次的武汉城市圈交通发展联席会定期举行,省交通厅会同有关部门,确保各地将推进武汉城市圈交通对接工程建设作为重中之重,科学调度,精心组织;通过比管理创新、保质量安全等硬杠杠,确保一条条城市圈出口路又好又快加紧铺开。

从"1"到"8"的辐射力,由"8"融入"1"的关联度,将在这一小时行程中实现价值的最大化。一小时行程,演绎着经济的新精彩。

内连外扩,不断拓展的纵深

"1 小时行程"之后呢?

这是一个耐人寻味的问号。林志慧厅长巧妙作答。她说:"过去,武汉周边的城市,都争打'武汉牌',提出要做武汉的'后花园',或当武汉市民的'菜篮子',这只是一种依托武汉的观念。而外环和随岳中等高速的建成,将有机会让它们放大自己的声音,把经济的触角伸向更远、更广的范围。"

潜江、仙桃、天门三市,虽然经济实力不俗,但交通走向时感尴尬。南下湖南,越不过天堑长江;北上河南,又遇阻盘基百里的重重大洪山。三个城市要想往南北向发展,只能借道武汉走京珠。随岳高速,为他们打开了一条新的纵向发展的路径。

驱车驶上先期建成的随岳中高速公路中段,蜿蜒疾驰在秀丽风景中,的确是一种难得的享受。

"两型"试验区的理念,在这条高速公路上默默地延伸。公路线形走 向与山川、河流的走势相吻合,不强拉直线、硬切山梁,给人舒适的视觉效果。据说,在其53.5亿元的建设资金中,有3亿元直接用于水土保持和环境保护。

可以想见,富饶的江汉平原,迸发的经济活力,将沿着随岳高速,迅疾地融入万千世界。

城乡,从此走向统筹融合

城市圈九市中,武汉一城独大,各城之间行政相对独立,有着明显的实力落差。

解决城乡二元矛盾需要更多地依靠区域一体化。"两型"试验区的要义之一,就是通过这个"圈",统筹城乡的协调发展。

统筹城乡发展,首先要冲破空间的阻隔。

2005年5月,位于汉川的汉正服装工业城诞生,成为汉正街的后方生产基地;2007年,汉正街品牌服饰批发广场开发商在孝感签下了3000多亩土地,欲建立品牌服装产业园;已建成的黄陂盘龙城佳海工业园、东西湖区武汉中小企业城等和即将开发的蔡甸、江夏等地的服装生产基地,都将成为汉正街的生产基地。将总部设在热闹的汉正街,将厂房迁往成本较低的外地,汉正街6000多个体户结束了20多年"前店后厂"的生产模式。"一小时行程"款款走来,城市圈一体化运输体系也逐渐成形。刚与天河机场联手运营机场大巴的省客集团透露,明年将开通城市圈各市至天河机场的直达大巴。

2007年,武汉、仙桃、大冶的公交车已可相互识别IC卡,2008年底,公交IC卡有望在"8+1"城市圈间通行,一张卡可通行9个城市。

我们相信,随着城市圈交通一体化进程的加快,越来越多的城乡将从此走向融合。"9+1"和"1+8"碰撞出了一个新起点。车流带动物流,物流带动资金流、信息流。随着城市圈深深的"呼吸"声,荆楚大地有如一只巨鹏,腾飞的双翅已高高振起。

选自《"十一五"湖北交通运输史料汇编》

壮哉，沪蓉西
——湖北沪蓉西高速公路建设礼赞

武陵腾巨龙　高路入云端

2010年1月18日，随着最后一处控制性工程——龙潭隧道左洞贯通，沪蓉西高速公路实现全线双向通车运营。从此，跨越我国东中西、长达2000多km的沪汉蓉高速通道打通，长江上游、中游和长江三角洲等三大经济区在陆路"一脉相连"；从此，武陵山不再远，路不再险，数百万土苗儿女有了奔向幸福生活的高速大道。

沪蓉西高速公路全长320km，跨越宜昌市、恩施州两个市州，途经宜都、长阳、巴东、建始、恩施、利川6个县市。它东接宜昌长江大桥，与汉宜高速相连，西出利川，与重庆垫利高速相接，是国家"7918"高速公路网上海至成都公路的重要组成部分，也是湖北"六纵五横一环"高等级公路规划的重要路段、鄂西生态文化旅游圈的交通骨架。

多少汗水，多少辛劳！多少次担惊受怕，多少次化险为夷！为了这一时刻的到来，从2004年8月20日沪蓉西宜恩段开工算起，数万名建设者鏖战深山长达五年零五个月！

这是"工程禁区"里创造的奇迹

沪蓉西高速是迄今为止我省投资最大、工程最艰巨、地质最复杂、建设周期最长的高速公路建设工程，也是全国建设难度最大的高速公路项目。原交通部总工程师考察项目后感叹，在这样的"地质禁区"里施工，"修通就是创造了奇迹"！

五年多里，广大建设者依靠科技、凭着顽强的意志和毅力闯过了一道道"难关"。一是地质难：武陵山区山高谷深，岩溶发育，地质条件异常复杂，沿线滑坡、岩堆、危岩体、岩溶、岩溶塌陷、暗河、裂隙、崩塌、断裂带及冲积扇等不良地质情况比比皆是，堪称"地质病害百科全书"，给项目选线、设计、施工带来严峻挑战。二是抗干扰难：沪蓉西沿线还有宜万铁路、忠武天然气管道工程、220千伏输电线等重点工程，相互之间存在不可避让的干扰。三是建材难：仅长阳至恩施段建设需要钢材50万t、水泥400万t、各类砂石料3000万t，沿线没有这些建材，全靠从山外千里迢迢一点点采购运进。四是运输难：318国道是沿线连接山外的唯一通道，且坡陡弯急，施工设备、建材都要通过它运进，许多大型构件需要拆解才能运输。五是技术难：许多高墩大跨桥梁和特长隧道对设计、施工提出了极高要求。六是取水难：沿线都是喀斯特地区，很多水源含盐，建设者要到几百米深的沟壑抽水，有的用水要经三四级泵升。七是环保难：沿线生态基础脆弱，水土保持和环境保护任务非常艰臣。八是管理难：沪蓉西建设分三段先后推进，不同步的节奏给工程管理带来挑战。

挑战被甩在身后，难关被一一攻克。

这是一部"路的传奇"

339座桥梁、43座隧道挽起320km巨龙穿山越岭,一项又一项工程建设的世界纪录、亚洲纪录、全国纪录在沪蓉西沿线诞生。据介绍,沪蓉西建设者创造了20多项世界、亚洲和全国第一。

2006年10月9日,沪蓉西四渡河特大桥工地,两枚火箭相继发射,拉着高强导索在河谷上空划出优美的抛物线,飞向对岸,开创了世界悬索桥施工运用火箭抛送导索的先河。

2007年3月28日,桥梁建设一项新的世界纪录在沪蓉西高速诞生。迄今世界最高桥墩——龙潭河特大桥墩身178m高的左线7号墩封顶。这一墩身高度较此前世界最高桥墩——陕西延黄高速洛河特大大桥143.5m的最高墩还要高30多m,相当于60层大楼的高度。

支井河特大桥,为上承式钢管混凝土拱桥,跨径430m,是世界同类桥梁跨度之首。它的两头连接分岔式隧道,两端引桥加起来也只有90m,打造出山区高速"桥隧相连"的经典。

支撑起一个个"工程纪录"的是建设者的智慧和心血,是现代交通科技!

沪蓉西高速堪称山区高速建设的"科技博物馆"。她共承担了8项交通部西部交通建设科研项目、11项省交通科技项目,指挥部还有专题科技项目5项。一个工程承载这么多的科研攻关项目,在全国独一无二。

这是一部创造者的恢宏史诗

沪蓉西高速水南特大桥施工中曾进行过动物活体实验,这是公路工程建设中闻所未闻的故事。原来,该桥八号墩桩基正处在古岩溶漏斗与断裂带交合处,两种不良地质交织一起,要掘地100m才能进入稳定岩层,桥桩才能在地里"站稳"。此前,人工挖桩从未达到这个深度,经专家论证,为保证建设者安全,挖到50m深后,每天都要投放鸡鸭等动物活体,以探明是否存在威胁建设者安全的有毒物质。

全长8.7km、穿越复杂地层的龙潭隧道长度仅次于秦岭终南山隧道、台湾雪峰山隧道,列全国公路隧道第三,但其地质条件却比后两者复杂得多。为打通这座隧道,建设者与岩溶、涌水等地质灾害斗争了整整67个月,垮了再建,塌了再撑,挑战人类意志承受的极限!在龙潭河特大桥、铁罗坪特大桥、四渡河特大桥、支井河特大桥的关键部位,建设者预埋一颗颗"科技心脏"——光纤传感器,为公路结构健康监测埋下"伏笔"。未来,运营管理者据此提供的数据确立结构损伤模型,救护、延长桥梁寿命,其经济、社会效益将难以估量。

这是一条希望的大道

五年多里,沪蓉西建设做到了"四个没有":没有发生一起强制性拆迁,没有发生一起群体性上访,没有发生过沿线群众集体阻工的事件,没有生活水平下降的征地拆迁户。

沪蓉西高速已"深度融入"当地群众的生产生活。

地处深山峡谷,行路难一直是鄂西百姓的"老大难"。沪蓉西高速因工程建设需要修筑了600多km施工便道,长度是正线的两倍。在设计便道走向时,指挥部要求在满足工程建设需要的同时,考虑当地农村路网建设,尽可能使便道成为乡村路网的组成部分。

指挥部投资1亿多元建设的600多km施工便道,畅通了几十个"无路村",极大地缓解了当地群众行路难。通往马水河大桥工地的便道是一条循环线,串起了4个村,其中两个是原来的"无路村";通往支井河特大桥的五号、六号便道长达十几公里,连通支井河两岸,被当地庙垭村和支井河村的群众亲切地称为"村中小高速"。在便道进口处,两村村民自发立起一座"富民路"碑,碑上镌刻着他们感恩的心声。

如今,一条适宜人们出行需要的西部山区高速公路如巨龙般崛起,沪蓉西指挥部提出的探索一支适应复杂地区环境的山区高速公路建设管理经验、锻炼一支适应山区建设条件的建设管理队伍、攻克一批中国山区高速公路建设技术难题、创造一个具有中国特色的高速公路建设管理法人品牌、带动一片老少山贫困地区社会经济全面发展的分项目标也一一实现。

似巨龙腾飞,如缎带起舞。

从空中俯瞰,沪蓉西高速公路就像一条黑白相间的巨龙,在鄂西林海中翻转、升腾,跨峡谷,钻山峰,动感十足。她又像一条绵延无尽的美丽缎带,穿过一座座山峰,仿佛串起一颗颗硕大无比的绿色珍珠,美轮美奂。

车行沪蓉西,时而在离地数百米的高桥上奔驰,时而在埋深数百米的隧道"地宫"里穿越,人们感受现代交通的畅快与惬意,会情不自禁地赞叹建设者用智慧和汗水浇筑的"天路传奇"

壮哉!云中天路。伟哉!沪蓉西建设者。

选自《"十一五"湖北交通运输史料汇编》

大别山麓起宏图

——麻武高速公路麻城至武汉段通车走笔

在湖北麻武高速公路麻城至武汉段通车前夕,原国家主席李先念夫人林佳楣在北京专程听取了省交通运输厅对项目建设情况的汇报。得知麻武高速公路直接将当年鄂豫皖苏区红安、麻城、金寨与我国东部地区紧密联系在一起,同时改写了红安不通高速公路的历史后,非常高兴,欣然题字:"红色高速路"。

这是一片伴着枪林弹雨而闻名神州的红色热土。"黄麻起义"、刘邓大军"挺进大别山"……众多革命先烈的热血,将这片土地染得殷红,透着火热。

尽管贫穷依旧,这里却满溢着企盼腾飞的希冀。多少年的交通不便,让地处大别山麓的红安、麻城人民尝尽了发展落后的苦涩。老区的父老乡亲们,多少人盼望能借力便捷的高速公路网,实现他们走出去、奔小康的致富梦想。

今天,全长58km的麻武高速公路麻城至武汉段成功通车,武汉与麻城、红安终于有了高速公路直接连通。待武麻高速全段建成后,它将一端对接活跃的武汉城市圈,一端将老区拉向繁荣的华东经济大走廊。

这条黑色巨龙即将从大别山腹地腾越而起,红色老区必将大展宏图!

革命老区红色路

大别山,一个在新中国历史上占据特殊地理位置的革命老区,一个曾为中国革命事业和当代改革开放事业作出重大贡献的山区,一片诞生了数百位将军的神奇土地,它的传奇色彩和无尽魅力让人深深记忆。

83年前,"黄麻起义"一声枪响,擂响了鄂豫皖地区武装反抗国民党右派的战鼓;1947年,刘邓大军千里挺进大别山,拉开了向国民党统治进攻的序幕,解放战争自此开始伟大转折。

大别山主脉山体陡峻,起伏频繁;岩体兼具火成岩、沉积岩、变质岩三大岩性,不良地质间有分布,浠水、举水和倒水三大水系环绕其间。红色热土的革命成功,正得益于大别山这一天然屏障。

然而,在改革开放的今天,这一天然屏障却也将繁华无奈地挡在了身后。以麻城、红安为代表的鄂东北地区,仿佛远远眺望着繁华的无助孩童,他双手捧着红土地孕育出的花生、板栗、油茶等特产,坐拥大别山特有的奇秀美景,多么希望能在外面的世界一展风采!

正如火如荼向前推进的麻武高速,将为老区人民圆上这个期盼已久的梦。

麻武高速公路,一头由武汉向西,往宜昌、巴东进发,直趋我国中西部地区腹地;一头穿越大别山向东挺进,经安徽一路奔驰入沪。它是连接上海、江苏、安徽等省市与中西部地区交通运输的大动脉,也是我省武汉城市圈与欠发达鄂东北地区间连通的重要高速大通道。它的建设,将沪蓉高速公路安徽段,大庆至广州高速公路湖北段和武汉市绕城高速公路连网成片,对完善国家和我省骨架公路网布局,促进黄冈大别山腹地社会经济发展,增强武汉城市圈的辐射功能,加强我国东部地区与中西部地区的经济联系具有举足轻重的意义。

2006年8月,国家发改委批准了麻城(鄂皖界)至武汉(长岭岗)公路项目建议书,同意麻武高速公路立项建设;2008年7月1日,全长101.387km,概算总投资43.624亿元的麻武高速控制性工程顺利开工。

麻武高速刚一动工，金色财源便滚滚而至。

看 麻 城

借力逐渐加密的高速路网，麻城市引资 3.2 亿元，开发龟峰山、五脑山、九龙山和杏花村，目前，龟峰山"人间四月天，麻城看杜鹃"已成为享誉全国的品牌。在第二届中国·麻城杜鹃文化旅游节上，60 多名国际专家集体建议申报龟峰山古杜鹃群落为世界自然遗产。麻城杜鹃，已经香飘海外。由于运输逐渐便利，麻城市的油茶产业走向全国，2009 年 10 月，该市被中国经济林协会授予"中国油茶之乡"。目前，全市共有油茶种植面积 31 万亩，6 家精炼油企业。"麻城目前正在打造'交通新城'"，麻城市副市长刘立生说。"除了麻武、麻竹和已通车的大广北这 3 条高速公路，我们下步还将规划建设一条高速公路，另外还有 3 条铁路过境。今后麻城的交通区位优势将更明显。"他算了笔账，去年虽然受金融危机影响，麻城市的招商引资仍达到了 20% 的突破性增长，"外来客商来投资，最关注的就是交通。我们距阳逻港仅 70 多 km，今后到武汉，货物通过麻武高速公路或铁路转乘到汉再走水运非常方便。"

看 红 安

高速串起新的路网，新的城区，也激活了红安的区位优势。"将军县"正以新的姿态承接东南沿海及武汉的产业转移。

以红色的名气吸引旅游的人气，以生态人文景点丰富红色之旅。红安引进宜昌红坪公司开发的对天河探险漂流景区，日接待游客高峰时达 5000 人，成为武汉城市圈"第一漂"。引进深圳宝安集团整体开发天台山景区，重点打造六大旅游产品，成为 AAA 景区。山门打开，红安土布、红生、红苕、野菜等特产，成为俏销旅游产品。2009 年，全县接待游客近百万人次，实现旅游收入 2.5 亿元。

借麻武等交通项目的"辐射"效应，红安大手笔策划，争取省政府批准了新型产业园 $18km^2$ 的发展规划。这样，红安开发区面积一下子从 $3km^2$ 扩大到 $21km^2$。仅去年一年，全县就引进 86 个项目，协议投资 55.13 亿元，到位资金 12.45 亿元，创历史最高水平。

又好又快高效路

高速公路一向是耗资"大户"。如果说一条高速公路的修建资金，比国家批复的概算资金还有节余，您相信吗？

麻武高速，就打造了这样一个工程奇迹。指挥长张世飚告诉记者，工程已经严格控制在批复概算之内，还力争节余达亿元。

在同期的重点工程中,麻武刷新两项纪录:一是利用了省厅最少的管理资源完成了项目建设,整个指挥部团队仅18人;二是同等规模的工程中,花了政府最少的平均投入成本。

亿元资金的节余如何来?指挥部独创的精细管理大显其能。

从设计这一源头环节"抠"预算。指挥部紧扣林志慧厅长提出的"适用就是最好的,自然就是最美的,优质就是最省的"建设理念,使工程建设在国家技术规范规程范围内合理确定技术方案。如项目五标的侧路潭隧道,原设计为连拱隧道,指挥部在现场调查核实、合理性论证的情况下,对原设计进行变更,变更为小间距隧道,大大缩短了工期、节约了投资。

捆绑式招标。麻武是我省第一个按九部委令所编制的招标范本进行招标的交通试点项目。综合考虑工程条件和建设可控等因素后,他们将一、二期土建进行捆绑同步招标,机电、房建专项监理在施工图设计前提前招标,机电、房建、绿化、交安资格后审一步招标,监测、监控等专业化强的服务项目及时招标,实现了"合理的价格、合适的队伍,无实质性投诉"的预期招标目标。做到了"队伍进场准备充分,后续工程无缝衔接,三大资源充分利用,工程推进快速有序"。

工程变更慎而又慎。工程变更往往是增加投资的主要方面。指挥部印发《工程变更实施细则》,实行重大、较大工程设计变更专题会议和报批制度。由施工单位或协调机构上报相关变更设计申请,指挥部组织联席会议,进行可行性方案研究并形成纪要。设计单位依据纪要精神编制相关设计变更文件,经指挥部批复后实施。目前,全线下发设计变更文件162份,设计变更合理、程序规范、手续完备。二是在技术变更的基础上,积极审批费用变更。指挥部对费用变更申请上报内容、工作时限和审批程序等作了明文规定。

建设过程中,对工程所必需的银行贷款等投资控制管理,指挥部也提出新思路:"以分项概算保分部概算,以分部概算保总概算"。他们在省内交通建设行业率先对银行"邀标",防止了行政干预,也推进了银行的服务质量的提高,实现了贷款的发放与工程完成量一一对等,严格按照工程进度支付款项,降低了成本。

这样,在工程的各个环节,都紧扣"精细管理"这根主弦,工程资金管理全程可控,建设推进"又好又快"。

优质低碳阳光路

两年多的克难攻坚,麻武高速全线已征程过半。在省交通运输厅正确决策部署和黄冈市委、市政府及沿线各级党委政府的大力支持下,全体建设者在"刚毅"精神引领下,高质量完成了西段58km的建设。"尽管穿越大别山主脉,有5km长隧道和97m高墩大跨桥梁,尤其是项目东段43km桥隧比达46.7%,但与沪蓉西、宜巴等高速公路相比,麻武高速并不算是我省交通建设条件十分困难、技术复杂、规模巨大的建设项目。"采访中,指挥长张世飙坦言。

然而,平实的麻武高速,自有它内秀的闪光之处。

今年初,交通运输部提出,交通运输业是用能大户,也是节能减排的重点领域,"十二五"期间,将大力发展以低碳为特征的交通运输体系。一阵阵低碳交通热浪正在全国掀起。

麻武高速在建设中,创新地将一点一滴的"低碳",从文件纸上实实在在地带到了路上。

设计时最大限度保护,力求"零破坏"。一是追求零弃方精细化设计。设计时结合考虑隧道弃渣、挡墙、桥涵及二期路面基层施工利用等因素,通过多专业相互协调,进行纵坡、边坡、桥涵、隧道的梳理式互动优化,逐桩精细化设计,最终填挖方基本平衡。二是加强绿化恢复设计。公路建设生态影响及恢复节点在边坡,坚持最大限度维护边坡原生态,对零星局部上边坡开挖坡面,均进行了防护与绿化相结合设计。对所有下挡墙及圬工上挡墙均进行专设绿化槽设计,通过栽植草灌,最大范围恢复坡面绿化,同时还将路基两侧视线所及纳入项目绿化设计范围。

施工时最低程度破坏,力求"零浪费"。一是严禁滥砍滥伐,主线周边林木未经当地林业主管部门批准任何施工单位和施工人员不得擅自砍伐。二是严禁滥填滥挖。指挥部严格实行挖填方工程开工许可制度,确因工程需要新增开挖的严格按变更设计规定报批。为尽量减少施工对环境破坏,总监办变被动监理为主动服务,专门举办了爆破技术、爆破安全的培训班,请专家辅导讲座。对爆破作业实行小断面、密布孔、低剂量的施工方式,尽量减少对环境的破坏;对高边坡采用逐级预裂爆破作业,尽量减少对山体的损坏。三是严禁滥弃滥倒。挖出的土石料怎么办?含石量较少的土料集中堆放,用于后期边坡绿化;材质较好的石料清理出来用于浆砌挡墙、稳固边坡和沿线"三改"工程等;其他挖方料及时用于路基填筑,实现了挖填方平衡。

完工时最强力度恢复,力求"零空白"。一是加强路基防护。对路基边坡及时采用了浆砌片石、设置路堑边坡排水沟,以及三维网、土工格、客土喷播及栽植树苗、撒播草籽等综合生态防护,防止冲刷和保持路基稳定,保护公路设施安全。二是加强现场清理。总监办、驻地办监督和指导施工单位加强对施工中产生各种污垢、废料进行清理,恢复自然环境,力求"零污染"。

通过技术方案与组织管理两手并举,麻武项目在全省高速公路建设中刮起一场"低碳"风暴。通过在保证质量的前提下压缩成本,麻武项目较批复概算节约钢材8562t,节约水泥22.7万t,节约各类工程石料74.8万m^3,减少挖填土石95.6万m^3,增加绿化防护面积40.6万m^2,相应减少圬工防护10.8万m^3。按国内平均钢材、水泥生产能耗比计算,可减少二氧化碳排放量20.1万t,这是湖北交通建设史上的一大创举。

红色高速通老区,这是一条名副其实的幸福通道,举足轻重的财富要道和"金光闪闪"的希望大道,关乎老区人民的幸福生活,工程质量尤为重要。

针对社会各界关注的工程质量,麻武高速健全了政府监督、业主管理、社会监理和企业自检的四级质量保证体系,狠抓监理、施工单位进场后工地试验室的规范化和标准化建设,并按规定配备实验检测人员和仪器设备。省指挥部还与地方质量监督局联动,邀请麻城市质量技术监督局技术专家授课,实现指挥部和质量技术监督局技术力量前移,把住工程质量关口,确保工程优质。

质量检测制度成为重中之重。施工单位按规定的频度对工程质量和施工材料进行日常自检,监理机构按自检频度进行抽检,指挥部不定期组织巡检,未经检测合格不得转入下道工序。到目前为止,总监办中心试验室抽查各项试验检测3312项(次),其中土工击实123批(次)、混凝土配合比252批(次)、原材料检测630批(次)、现场检测2307批(次)等。对质量不合格构造物,一经发现坚决处理,共销毁不合格墩柱6根、预制梁5片。

截至目前,项目交验合格率百分之百,优良率达95%以上,全项目未发生重大安全事故,"又好又快"从开工建设之初的追求,逐步成为可预期的现实。

环境优化和谐路

麻武高速的快速推进,与和谐的建设环境密不可分。

麻武高速公路途经麻城、红安两个县市,11个乡镇,永久征地共8517亩,临时征地约3000亩。共需要拆迁457户,粗略一算,8.5万余m²的农户住房将为麻武高速的推进做出牺牲。

老区人深明大义,对征地拆迁倾力支持。半个月时间,坟墓迁移基本完成;1个半时间,完成房屋拆迁;3个月时间,即在2008年8月10日之前,基本完成三杆拆迁,为项目全面顺利展开奠定了坚实的基础。这么快的速度如何打造?

项目开工之初,正值当地合武高速铁路,大广高速公路收尾纠纷不断之时。2008年3月5日,指挥部向黄冈市政府汇报后,与麻城、红安党委政府充分协商,迅速将"优质高效建好麻武高速公路"确立为双方共同的目标,制定了创建"三个好环境,打造健康和谐麻武"的征迁协调工作方针,召开了全线征迁协调工作动员大会,随即进驻现场展开田路分界、征迁调查,全力步入实施阶段。

首先是打造"良好的干部环境"。政策方针确定之后,干部就是决策的力量。沿线党委政府优选一线懂政策、有职权、会管理、善协调的政府和交通干部组成了精干有力的市(县)协调指挥部和乡镇协调小组,同时按阶段目标,多次召开了包括政府和行业在内的专题征迁协调大会,将行业多头管理归口县(市)指挥部统一管理,打造了良好的"干部环境",确保了项目征迁工作组织有力、行动迅速、扎实有效,至今未发现协调干部参与插手工程施目与施工单位争利的行为。

其次,是打造"良好的政策环境"。省指挥部和沿线政府在项目启动之初,把充分发挥双方的建设优势作为推动征迁的强有力的手段,目标一致,力排难事。项目部在双方共同调研近年的同期项目征迁补偿标准和详细分析当地社会生产生活水平的基础上,迅速明确并签订了麻武项目征迁补偿协议,随即麻城、红安政府细化出台了具体的补偿政策标准。通过大会、电台、走村访户等各种途径,很快做到了家喻户晓,深入人心。对行业产权实物动迁,均纳入了政府协调指挥部的统筹范围,依法依规,合理协商解决。真正从政策和措施上体现了政府一盘棋的控制能力。

值得一提的是,麻武项目征迁标准和最终征迁费用的支出,一直处于同期交通建设项目中等水平,较大幅度地低于本地前期动工和后期动工的合武铁路、大广高速、京九铁路改造项目。麻城、红安政府从财力、政策和措施上给予了极大地支持和帮助。

第三个好环境,是打造"良好的社会环境"。在各级党委政府的领导下,公、检、法等职能部门积极配合、鼎力支持,完善、深化、落实治安联防机制,紧密结合工程建设实际,积极开展细致摸排,惩防结合、预防为主,对砂石地材供应等各类违法行为,刚一露出不良苗头,即给予坚决打击,将干扰、阻碍施工现象始终控制在影响较小的程度,妥善解决了征地拆迁、"二改"、复垦、拖欠农民工工资等突出问题,及时调处、化解了各类矛盾纠纷,为工程建设营造和谐社会环境。

58km 的麻城至武汉高速公路已经通车,余下路段正向东崛进。这里,还继续着来老区的期盼与诉说,继续着来自管理一线的大责与探索,更继续着全体施工者的执着与承诺。看,大别山在微笑,红色热土正踏响铿锵足音,向精彩的外界敞开怀抱!

(选自《"十一五"湖北交通运输史料汇编》)

湖 区 坦 途

——记纵跨江汉平原的随岳南高速公路建设

随(州)至岳(阳)高速公路是湖北省规划的"六纵五横一环"公路主骨架网中的"一纵",北起随州市淮河镇,经随州、京山、天门、仙桃、监利等县市,与正在建设的荆岳长江公路大桥连接后进入湖南岳阳,全长约 343km。在湖北省境内由北向南,分别与福银高速公路 G70(汉十高速公路)、在建的沪蓉高速公路 G42(杭兰国家重点公路)和沪渝高速公路 G50(汉宜高速公路)等三条高速公路交叉联网,在全国公路网中具有重要作用。

随岳高速公路湖北省南段是随岳高速公路的一个重要组成部分。该路段由百荣投资控股集团有限公司和百荣世贸商城管理有限公司共同投资建设。百荣投资控股集团有限公司和百荣世贸商城管理有限公司共同出资依法组建的湖北随岳南高速公路有限公司是该路段建设项目的法人,由百荣投资控股集团有限公司董事长蒋柏荣先生兼任董事长。该项目按照"法人负责、政府服务、行业监管、依法行政"的原则,实行项目法人自主负责项目建设管理。沿线的仙桃市、监利县政府分别组建协调指挥部负责协调服务,为项目建设创造良好的投资环境;投资主管部门及相关行业主管部门依法行政,对项目建设过程实行监督管理。

随岳南高速公路北起沪渝高速公路G50(汉宜高速公路桩号区117+547)珠玑枢纽互通,经仙桃市毛嘴、到河、陈场,跨东荆河进入监利县,途经新沟、龚场、分盐、毛市、福田寺、汴河、上车湾、朱河、桥市、柘木、白螺等乡镇,终点与荆岳长江公路大桥北岸接线,全长98.06km。其中仙桃市境内85km,监利县境内74.21km。采用平原微丘区高速公路标准建设,全封闭全立交,设计时速为100km/h,路基宽26m,桥涵设计荷载为公路Ⅰ级。全线包含互通区工程共有1124.693万方(含匝道土方),特大、大桥23座,中桥50座,小桥63座,通道135道,涵洞187道,互通式立交5处,分离式立交6处(含天桥4座);设服务区2处,匝道收费站4处;监利连接线13.823km。

该项目于2005年5月正式具备开工条件,2010年3月10日正式建成通车。概算预计总投资53亿元。这条高速公路建成通车将为我国西部地区及我省中部腹地提供一条北上南下的快捷通道,对促进江汉平原地区的社会主义新农村建设具有重要的作用。该公司还将不断总结经验和教训,与时俱进,不断创新,为全省的高速公路建设管理做出更大的贡献。

和 谐 征 迁

这个建设项目永久性征地8414亩,随岳南高速公路有限公司始终坚持把群众利益放在首位,积极主动做好与地方政府的沟通协调工作,充分发挥征迁协调人员的工作积极性,实事求是的开展各项征迁协调工作,不断创新征迁协调工作理念,以有情征迁、和谐安置为原则,为项目建设营造了良好施工环境。他们的主要做法:一是公司领导重视,各位同仁努力。在省政府文件下发后,公司上下全力围绕开工第一步的征地拆迁工作展开了卓有成效的工作,通过下派指标,成立巡检组,劳动竞赛奖赔结账等方式有效地保证了施工单位的进场作业面。二是地方各级政府积极配合。为了保证随岳南高速公路的建成,各级政府相应成立了协调指挥部,指挥部成员都是从地方政府各部门抽调的精英骨干,有做基层工作的经验,有独当一面的工作能力,有指导全面的政策水平,通过他们下基层、到田角、进农户的艰苦工作,有效地完成了各项征迁协调任务。三是企地配合,执行政策过硬。征迁协调工作政策性强,涉及范围广,协调工作难度大。没有地方各级政府的密切配合,很难保证工作正常进行,该公司讲诚信、守合约、保证征迁补偿资金的及时拨付;各级政府讲政策,做工作,保证了征迁工作的顺利开展。四是实事求是解决后续征迁遗留问题。在大面积征迁工作基本完成,施工单位进场施工后,公司与地方协调指挥部一同积极面对征迁协调工作的实际,陆续进行了三次房屋拆迁,有效解决了施工受阻的难点。通过公与地方协调指挥部的共同努力,在保证工程顺利建成的同时,征迁协调工作也做到了沿线各级政府满意,沿线群众满意,各施工单位满意。

严格管理出优质

为实现"高标准、高质量、高效率,建设一条平原湖区高速公路"的建设目标,随岳南高速公路有限公司坚持以全新的思想、创新的理念、更高的要求、严格的标准来建设这条高速公路,他们的建设理念就是"全力将随岳南高速公路建设成为条外观形象美、内在质量优、科技含量高、环保功能强、文化氛围浓的平原湖区高速公路"。根据建设目标和建设理念,他们提出了"确保单位工程和分部工程质量合格率100%,分项工程合格率100%。消除质量通病,杜绝重大质量事故和隐患。各合同段、建设项目工程质量交工验收评定为合格,竣工验收评定为优良"的质量目标。该项目各合同段交工验收的分项、分部、单位工程合格率100%。

为确保工程建设质量,他们建立健全质量保证体系和安全保证体系,加强现场管理,坚持制度先行.以制度指导实践,以制度规范行业的工作原则。在工程建设中严格实施多项特色制度。

总监办对施工、监理单位的进场实行严格的审查制度,对施工、监理拟进场的人员、机械设备、检测设备等,与投标文件进行对照,经核批准后力可进场。对桥梁支座、钢材、水泥、圆管涵管节、沥青、锚具等重要材料实行准入制度。该公司通过招标或通过对生产厂家考察,选择产品质量好、信誉度高的厂家作为材料供应候选名单或者指定材料供应商。对发现有质量问题的材料坚决清查出场。在工程建设初期,总监办就制定了《巡检工作制度》,成立了三个巡检组对各监理单位所辖施工单位进行定期不定期巡检,现场督办工程质量和工程进度。对质量问题及时发现、及时指出、及时纠正,通过对隐蔽工程开仓检查、现场跟踪核查、现场拍照或摄像、现场填表记录,抽检质量控制等方法,及时发现问题,指令高监办、项目部整改成返工,并进行跟踪检查。对存在的质量通病在全线开展专题会议进行集中演示和通报,较好的遏止了违规施工行为。切实提升工程质量水平,避免不必要的返工损失,他们还根据不同阶段的施工质量控制重点,下发了一系列施工指导意见来规范各项施工,明确质量控制方法及要求,狠抓质量通病,通过每月的工地例会和专题质量分析会对质量问题进行分析,提出防治意见,把工程质量隐患消灭在萌芽状态。

对于重难点工程,该公司还成立施工质量专班,特别聘请经验丰富专业能力强的专家长驻施工现场进行技术服务。并采取走出去请进来的方式,组织施工监理单位到各地考察、学习专业施工技术,多次邀请国内知名专家到现场授课传经送宝,通过专班定向管理,现场指导监督,实地验证生产数据等有效措施,不但提高了施工单位的生产水平和现场质量管理水平,同时也极大地提高了工程质量。

由于这条公路全线位于平原湖区的软弱地层之上,软路基处理成为一期施工中的难点和重点。公司不惜增加工程成本,扩大征地面积,先后到邻近的乡镇和县市及邻省的湖南取土,处理和置换软基1100多万 m^3,从而提高了道路的使用寿命,也为日后的维护和保养清除了隐患,更为重要的是奠定了全线道路坚实稳定的质量基础。

文 明 兴 路

开工建设以来,随岳南高速公路有限公司以争创"省级文明单位"为目标,以"学刚毅精神,创文明新风,建和谐交通"和创建"青年文明号、手"、创建"刚毅突击队"为载体,深入开展文明创建活动,提高了职工队伍的整体素质,加强了工地文化建设。在项目建设中,他们弘扬"刚毅精神",团结一心,战胜了2007年百年不遇的暴雨洪灾的袭击,经受了2008年暴风雪的考验,实现三个文明协调发展,涌现出了一大批优秀集体和个人。在工地文化建设上,他们还先后组织了篮球赛、羽毛球赛、象棋赛、文艺演出、迎春联欢会等各类文体活动15次,组织扶贫帮困、助学募捐、"汶川地震捐款"和抗洪救灾等活动,共组织捐助资金120余万元,成功举办青年工地集体婚礼。通过开展丰富多彩的文体活动和公益活动,丰富了工地文化内涵,陶冶了情操,构建了一个和谐的工作环境。

(选自《"十一五"湖北交通运输史料汇编》)

先行跨越看杭瑞

——湖北杭瑞高速创建廉政阳光示范工程纪实

历史定格在2010年12月31日。

这一天,湖北杭瑞高速公路156km提前建成。沿线广大群众和参建人员3000多人欢聚一堂,敲锣打鼓、燃放鞭炮,共同庆祝这一具有里程碑意义的时刻。

杭瑞高速156km的建成通车,为湖北"四纵四横"路网布局的壮美画卷描绘了精彩的一笔,成就并见证湖北高速公路总里程突破3673km、通车总里程跃居全国第六位这一辉煌而难忘的历史时刻。

二年风雨兼程见证豪迈,700多个日日夜夜刻录先行跨越;剩余的44km正奋力推进,预计6月底建成通车。

"高端"亲莅绘宏图

湖北杭瑞高速公路是国家重点工程,路线起于赣鄂两省交界处的阳新县枫林,止于鄂湘两省交界处的通城县大界,途经黄石市的阳新县和咸宁市的通山、崇阳、通城县共22个乡镇,主线全长200km,概算总投资97.13亿元。它的建成,对构建完善湖北高速公路主骨架网,促进湖北社会与经济发展具有深远的意义。

当改革试点的车轮——湖北武汉"1+8"城市圈综合改革试点获批国家试验区,并交汇国际金融危机爆发的非常时期,国家为拉动内需扩大消费,果断启动杭瑞高速等一批重点工程,杭瑞高速迎来了发展的春天。

千载难逢的战略机遇,为湖北杭瑞高速公路的建设注入了新的生机和活力。

2008年12月28日,在湖北咸宁通山县,时任省委书记罗清泉亲莅杭瑞控制性工程开工奠基剪彩。

这个在试验区中建设里程最长、投资规模最大、技术要求最高的高速公路项目,一动工便倍受各方重视和关注。

省委省政府为让杭瑞早日服务群众,希望杭瑞早日建成通车,并明确提出了高起点、高标准、高要求、高质量、高速度建设杭瑞的殷切期望。

时不我待。2009年3月,省纪委监察厅将杭瑞列为13个政府投资重大项目跟踪督查点之一,并确定为省委常委、省纪委书记黄先耀的联系点;省交通运输厅党组制定下发了《湖北杭瑞高速公路廉政阳光示范工程创建实施方案》,并将杭瑞确定为廉政效能建设联系点。随后,交通运输部将杭瑞列为全国交通重点工程建设领域突出专项治理联系点。

黄先耀同志在湖北杭瑞高速公路"廉政阳光示范工程"建设动员大会上强调:要把湖北杭瑞打造成全省乃至全国廉政阳光示范工程,努力实现工程优质、干部优秀,推动杭瑞高速公路又好又快发展。开工之初,黄先耀书记坚持每月到工地查看一次,为工程建设排忧解难。

2009年9月,交通运输部副部长冯正霖、中纪委驻交通运输部纪检组长杨利民亲赴湖北杭瑞检查指导工作,并寄希望湖北杭瑞经验在湖北乃至全国交通行业开花结果。

2010年1月23日,中纪委副书记、监察部部长兼国家预防腐败局局长马馼深入杭瑞一线检查指导工作,并出席杭瑞全线视频会议,与施工一线建设者和农民工对话,提出了更高要求和殷切期望。

省交通运输厅厅说林志慧亲临杭瑞布置安排廉政阳光示范工程创建工作,厅分管领导具体负责检查督办,厅有关处室派员协助抓,杭瑞指挥部紧锣密鼓、科学安排、周密部署、狠抓落实。

自廉政阳光动员会召开后,湖北杭瑞一班人在指挥长姜友生、党委书记陈刚毅的率领下,按照"打造全省乃至全国廉政阳光示范工程"总体目标,和"安全、优质、廉洁、高效、惠民"的建设理念,群策群力,赞劲拉纤。

日夜鏖战战正酣

思路决定速度,行动决定效益。

杭瑞控制性工程启动以后，指挥部全体上下雷厉风行，领导班子成员身先士卒，深入工地分片包段，落实"一定四保"（定目标，保质量，保安全，保廉政，保目标）责任制，以日保旬、以旬保月、以月保季、以季保年，组织全线参建单位，迅速掀起"双创双优"劳动竞赛活动，抢晴斗雨，夜以继日，科学调度，精心组织，合理交叉，倒排工期，严格考核，奖罚兑现，平行推进，确保了工程又好又快。

在建设高峰期，全线有90多个参建单位，共3万多筑路大军奋斗在工地，逢山开路，遇水架桥，齐心协力，奋力推进工程建设。

每个指挥长具体负责一段路，积极践行"一线工作法"，蹲点督办，狠抓落实。一名党员一面旗，鲜艳的党旗高高飘扬在山冈上。"党员示范岗"显得格外鲜艳，在施工现场悬挂的"党员示范岗"和"刚毅突击队"红旗上，注明党员姓名和工作承诺并公开。

杭瑞人着力打造"刚毅式"服务型指挥部，以"等不起"的紧迫感、"慢不得"的危机感和"坐不住"的责任感，发扬"特别能吃苦、特别能战斗、特别能奉献"的精神，切实转变作风，加强能力建设和效能建设，组织"刚毅突击队"180多个，在"急难险重"中发挥克难攻坚、奋力拼搏的精神风貌，攻克了6项关键技术难题，确保了37102个分项工程、1238个分部工程、197个单位工程验收合格率100%、优良率95%。

为让创先争优在一线深入开展，按照省交通运输厅党组关于"工程建设到哪里，党的组织就跟进到哪里，党的方针政策就宣传普及到哪里，党的先锋模范作用就发挥到哪里"的指示精神，积极践行"强基固本、六位一体"湖北交通党建工作法，探索建立了支部随党员延伸的基层党建新机制，在工地一线设立了6个党（工）委、85个党支部、47个党小组，努力实现党组织在工程建设一线的全覆盖。全面深入开展"创先争优"，创办"网上支部"，搭建"五大平台"，使全线流动党员流动不流失、离乡不离党。

省委组织部潘立刚部长、侯长安部长和林志慧厅长通过"网上党校"与杭瑞一线民工党员互动对话。2010年9月，指挥部党委在省委召开的全省"创先争优"推进会上做了典型发言。

廉政阳光扑面来

杭瑞指挥部始终坚持"抓工程建设必须抓党风廉政建设，抓党风廉政建设就是抓工程建设"的指导思想，将廉政阳光贯穿工程决策管理、投标采购、计量支付、财务等全过程，渗透到工程建设的各环节，确保工程优秀、干部优质。

阳光是腐败的天敌，公开是腐败的克星。为确保公开公平公正，杭瑞指挥部公开招投标，选择一流施工队伍。指挥部主动争取纪检监察、检察机关全程跟踪监督，确定招投标和招标代理，编制资格预审文件、招标文件，均经过专家咨询并由纪检监察人员现场监督。全国50多家大中型企业参与22个土建路面标段投标，除某施工企业因业绩作假被取消资格,两合同段为第二中标候选人中标,其余均为第一中标候选人中标。指挥部先后进行了46个类别的招标,涉及招标金额79亿元,招标结果实现了零投诉。各参建单位公开采购材料10多亿元,没有出现违规采购的现象。

充分运用信息化手段,建立了湖北杭瑞高速公路指挥部门户网站,开通了全线视频调度系统,集成开发了自动化办公系统、工程管理信息系统和项目资金管理系统,全面实行"十公开",即建设项目计划、项目审查审批、招标投标、征地拆迁、计量支付、批量采购、资金拨付、设计变更、质量安全、交竣工验收等公开公本。

在计量、变更、验收等关键部位和环节,推行分权制约、以权制权、网上申报、现场签证、联审联批、网络支付等方式,在沿线主要路口,竖立了大型廉政广告牌,设立了举报箱,公布了举报电话和廉政承诺,在参建单位醒目地方悬挂了廉政文化宣传画,向参建人员人手一册发放了廉政漫画;在全线开展"诚实守信与示范工程"主题演讲比赛和征文、摄影、体育比赛等活动,举办突出廉政教育文艺会演。

同时,指挥部将公开询价、竞价等机制延伸到工程建设、日常采购等多个领域,在签订工程建设合同时,一同签订廉政合同,并制定出台《湖北杭瑞高速公路信用评价暂行规定》,与全体工作人员签订了党风廉政建设责任状,对巡检组长、工程计量员等关键岗位人员实行定期轮岗,并将廉政建设要求细化分解,制定了5个方面共18项内容的考核指标体系,严格奖惩兑现。

为确保廉政阳光抓有成效,指挥部党委完善民主议事规则,制定集体议事规则,实行三大一重决策机制,强化内部教育,与咸宁检察院联合开展了预防职务犯罪工作,在咸宁监狱建立了杭瑞廉政教育基地,分五批次组织参建人员1500多人到咸宁监狱基地,接受教育。

对易腐败的重要领域、重点部门开展预腐防控,全面深入开展岗位职能风险点的查找,指挥部机关共查找风险点130个,各参建单位共查找风险点460个。针对突出问题,指挥部积极开展了专项法理活动,成立了领导小组和工作专班,制定了实施方案,明确了整改内容,先后两次组织各部门、各施工、监理单位进行深入自查,边查边改,并组织7个检查组,由杭瑞指挥部班子成员带队,深入一线现场全面排查,自查和排查共查出12类116个问题,并整改落实。以"十查十治"为整治着力点,作为推进阳光工程的"助推器",对涉及工程建设征地拆迁、招投标、材料采购、分包管理、质量控制、安全生产、工程计量、设计变更、资金拨付、交(竣)工验收等环节进行了"十个全覆盖"。

杭瑞专项治理得到了充分肯定和好评。去年1月和10月,中纪委副书记、监察部部长兼国家预防腐败局局长马馼和中央扩内需 促发展第十三检查组组长、中纪委驻民政部纪检组长曲淑辉等领导先后深入杭瑞一线,对杭瑞专项治理工作和工程建设给予充分肯定和高度评价。

去年6月、10月和今年3月,杭瑞指挥部先后3次在全国交通和湖北省专项治理推进会上做了典型发言。

心系群众惠民生

征地拆迁事关老百姓切身利益,事关沿线十万多群众的生产生活,牵一发而动全身。

杭瑞指挥部制定出台征迁政策文件,开通征迁补偿直通农户"一折通"账户,指定专门银行统一发放,征迁登记由省县两级指挥部、村组和户主五方签字会审,坚持征迁数量补偿标准和安置政策、补偿金额"三公开",并公示到自然村,"一户一卡"直接向农户补偿,接受群众监督。

2万亩永久性征地、30万余建筑物、4万座坟墓、260多万株附着物在80天内全部拆迁,拨付征迁补偿资金8亿多元,未出现任何问题。

杭瑞人没有忘记广大老百姓的倾力支持,积极筹资"反哺"沿线老百姓,让人民分享杭瑞建设惠民成果。省指挥部在政策允许的范围内,集中资金2000多万元,用于拆迁户集中安置点"三通一平"建设,全线建成了200多个居民安置点,其中23个安置点成为新农村建设的示范点,8000多拆迁对象喜迁新居。

同时,注重当地水系、道路、生态区、农田的恢复与保护,注重沿线青山绿水的精心呵护,新增投资6000多万元,用于保护古树、古井、生态环境和历史文物,修建大型深井56口,解决30多个村组世代饮水难的问题,被农民兄弟誉为"惠民井"、"幸福泉"。投资100多万元,建起了一座惠民小学。指挥部还建立了"农民工特困基金",着力构建和谐工程,人民群众得到了实惠。

先行跨越展新姿

质量是工程的灵魂,安全是工程的保障。

"建设杭瑞高速精品工程,共同打造优质杭瑞,不然我们无颜面对全线父老乡亲"。这是杭瑞指挥长姜友生经常挂在嘴边的一句话。

从工程一开始,他反复强调了"三个坚决":不合格的材料和队伍坚决清退出场、不合格的工程坚决推倒重来、不合格的工序坚决不予验收,决不让杭瑞高速公路留败笔、留遗憾、留骂名。

2009年7月,杭瑞指挥部巡检人员在质量巡查时,发现一处墩柱钢筋保护层厚度只有25毫米,比设计要求仅差5毫米,不影响安全,但影响耐久性,指挥部当即决定拆除重建,并组织召开全线质量通病治理现场会,举一反三,在全线深入开展质量通病治理大行动,抓"刚毅工法"落实情况大检查。坚持推广标准化、集中拌和预制,确保工程"内在质量优,外在形象美"。至目前,全线共推倒有质量缺陷的9道小构节段、38片梁板、56个墩柱进行拆除重建,清退出场不合格钢筋、水泥310吨。

为打造"平安杭瑞",指挥部建立了由厅质监局驻项目监督办、指挥部和施工单位三级监管的危险源监控体系。对全线高墩、大跨桥梁、高边坡、隧道等共150多个工程逐个普查、分析,确定了全线27个项目为省指挥部重点监督,泉口骆特大桥、上官隧道等五个危险性较大的项目被列为省厅监督项目。制作了全线危险源分布图,先后在全线六个驻地办,开展了火灾救援、隧道施工坍塌、交通运输事故、触电事故及高温防暑等应急救援演练活动。

在工程建设中,民工是建设大军的主力,质量安全的"保护神"。

杭瑞指挥部开设"民工讲堂"、"民工夜校",通过视频、播放光碟和交通网上党校等形式,在雨天和晚上组织民工学习,编印《钢筋工》等五本技能培训教材和5本《刚毅工法》共1800套,发放到农民工手中,并聘请民工为质量安全廉政监督员,参与项目管理监督,邀请民工代表参与项目部及工区的管理。积极发展一线农民工党员,共5名农民工在党旗下庄严宣誓入党,在广大农民工中激起了强烈反响。

从工程开工以来,黄先耀书记等领导多次到工地一线,检查工程质量安全和廉政建设,亲自察看农民工的食堂、宿舍,给农民工送上御寒羽绒服,与农民工共同进餐,关心农民工的冷暖。

去年12月31日,交通运输部常务副部长翁孟勇到湖北参加"四路一桥"通车会议,一下飞机就与5位接机的农民工代表举行座谈会,翁部长感触地说:"你们湖北杭瑞农民工不简单呀!"

当日,湖北省委书记李鸿忠出席"四路一桥"通车会议时,高度地赞扬杭瑞农民工,他高兴地对杭瑞一标农民工邓继东说:"你们辛苦了!"

面对关怀和信任,农民工邓继东动情地说:到湖北杭瑞务工,在政治上是上了一次党校,业务上是上了一次大学,工作上做了一次主人翁,生活上更是感受到了党的温暖。

一分耕耘,一分收获。指挥部先后荣获"湖北省五一劳动奖状"、"廉政阳光示范工程创建示范单位",指挥部党委被授予"省直系统先进基层党组织"等荣誉。

日前,杭瑞指挥部召开了贯彻全国、全省"两会"精神暨第四次生产调度会,在200km的战线上吹响了向"七·一"之前又好又快建成通车、打造廉政阳光示范工程的冲锋号。气已鼓足,风帆正劲,湖北杭瑞高速公路的全体将士一定会不辱使命,向党和人民交上一份满意答卷。

(选自《"十一五"湖北交通运输史料汇编2006—2010》)

第二部分 赋、诗、歌

《随岳赋》

阳生万物,光耀苍黄,华夏文明,千载辉煌。编钟悠悠,洞庭荡荡,灵秀荆楚,古韵悠长。随岳如虹,纵贯豫湘,长路似画,其景无疆。起跃桐柏,空凌长江,飞架汉水,通达安畅。车水马龙,国运盛昌,驿路馨香,利弥八方。

收费归帑,执法护航,养护保畅,信息共享。明礼诚信,敬业爱岗,忠于职守,勇于担当。服务群众,激情绽放,奉献社会,崇德向上。勤奋进取,自信自强,树人兴路,壮志昂扬。

法治随岳,圭臬之长,智慧随岳,御风翱翔。绿色随岳,持续之章,平安随岳,泰和吉祥。人文随岳,文明之光,文以载道,奋发图强。五型随岳,宏图大展,远谋近施,其功益彰。

阳光相随,大爱如岳,中华之梦,复兴在党。大道同行,富民安邦,大美随岳,百花齐放,大善随岳,千里风尚,大业随岳,蒸蒸日上。

天 路 大 赋

西部开发,震雷始于曜电;巴蜀崛起,大惠受之天恩。天路落成,各民族奉一瓣心香;泽被永世,建设者燃一炷忠诚。夸父追日,千古只余神话;志士兴邦,百年路梦依稀。今古之响,朝夕而应:神话终成现实,依稀路梦得圆。皇皇之功,彰大国民气派;拳拳之祝,洗建设者风尘。松涛撼壑,钧天广乐奏响;木叶应律,天路大赋合鸣。

动脉畅搏,绿蕊生财;资源尽利,清波流金。恩施勿须施恩,贫苦再不苦贫。南北梭掷,西东贯一。白虎长啸天风,苍龙傲吟春阳。月舟荡荡,振桂楫操天舲,自海溯蜀,只须一夜舟力;日车扬扬,挥长策执龙辔,发沪止渝,正是一日车程。重庆黎明,展云锦以偃海月;上古六龙,夷高标以回日车。嫦娥将玉壶敛清辉,煦和扬北斗挹甘霖。车与日月等速,人同日月齐驱。巡礼关山,敬目巉岩。蜀道难,天路建更难。

部省亲督,历寒暑犯霜露;科技支撑,询河岳叩山川。日升月恒,众下仰之;乾定坤运,万物顺之。芜杂归统,榜样得辉其久;纷繁成绪,理念使焕其长。虎贲之师,闯武陵禁区;俊杰之才,拔倚天长剑。轮转高岳,路事西东翼展;轪凌巨堑,工程左右星驰。

扎营蜀道,设帐荒落。天梯石栈,仍是唐时模样;清猿抢砠,不改唐时脾气。深山暮色,焊花、星光、流萤;工地朝氛,安全、进度、质量。猫道窜云,拿云手焊天穹;巨缆系天,登天足上苍旻。热血功臣,红日于巉崖写其影,入江山"麒麟阁";旷世壮士,碧水于深潭绘其形,进土家"墨冲楼"。钢架大跨,赫然冠于路史;火箭引索,炳然彪于路经。严岳推心,浩气穿于长洞;深谷置腹,铁骨擎乎天桥。地质秘笈,天造地设;桥隧经典,珠联璧合。巴山藏慧,高智商长隧道;蜀水映虹,高科技特大桥。巨塔张竖琴,拨响时代之弦;高墩设古筝,挑动天地之心。

天路如铁,青藏无逾其艰;天路载情,诗画难追其义。流动天苑,赏自然大美之丽;空中走廊,观山光水色之绮。百媚千娇,无暇拾翠。莽莽青山,似青娥拂倦眼;荧荧标志,如精灵释善意。桥栏是奔驰之毅力,学飙风作激励;桥柱乃肃立之礼兵,对天路达敬意。嵯峨尽失,蜀险不再。

裁山不避云崖,绕路为护古木。何也?关山是无韵之诗卷,非黑色咒语;天险是造物之伟观,乃价值资源。幽怪奇秀,天工巴山之巧;雄险傲绝,造化惊耸之极。一旦被毁,天路空余快捷;文化失色,天路延展苍白。保护性开发,科学性拓展。灵山之美,不减空灵;原始生态,依旧元贞。

四大服务区,为鲲鹏筑巢;九霄广寒宫,为栖鸾送爽。土家苗侗,美多而综一;民族风格,彩众而和谐。杆栏酒酣,客是异域之彩蝶;火塘歌狂,梦是会飞之花瓣。民族宾馆,牵着悬念,游客费尽缠绵;风雨桥槛,携着明媚,青山无限蜿蜒。流霞可饮,秀色可餐。带走山川神话,觅得幽梦一帘。一张西段票,一份旅游券。

酹酒山川,祭奠英灵。巴渝歌低泣,撒尔荷鸣咽。土家人,以满眼清泪,洒悠悠天路;恩施州,以满山红叶,暄漫漫蜀道。年年岁岁,岁岁年年。

嗟夫,颂天路乃颂盛世。盛世之所以为盛者,社会和谐也,科学发展也,国力强也,胸襟广也,气势宏也,人民康也。

湖北沪蓉西高速公路建设指挥部勒石　蔡元亨撰文
2009 年 10 月

【注释】

1. 震雷始于曜电:喻西部开发,是中央伟大战略决策。

2. 依稀:由中国人自己建造条路,百年前还是一个模糊的梦。

3. 响:回声。

4. 拳拳:诚挚的。

5. 西、东一贯:把东西部连成一个经济共同体。

6. 白虎:(双关)一指土家"白虎图腾";二指西方七宿为白虎,指西部。

7. 苍龙:东方七宿为苍龙,指火车从东至西。

8. 舲:有窗的船

9. 溯:逆水上行,从上海到四川。

10 策:鞭子;辔:缰绳。

11. 六龙回日:李白《蜀道难》有"上有六龙回日之高标",传说日神煦和御六龙驾日车。在西部高山回车。夷:弄成平地。

12. 嫦娥、煦和句:嫦娥将(提着)玉壶(宇宙)收尽清辉(指月光)。煦和(太阳神)扬起北斗这把勺子,把(舀)甘霖(甘露),洒满人间。喻中部崛起普受恩惠。

13. 询河岳句:指勘测调研,与自然对话。

14. 乾定坤运:遵循科学发展观,一切工作就运行顺利。乾:喻中央。

15. 虎贲之师:勇猛的建设大军。

16. 翼展:以吉心村为中心,两端工程像翅膀一样展开。

17. 星驰:指工程速度快,像流星一样奔驰。
18. 清猿抢砸:猴群抢施工队的菜,砸炊事锅。
19. 麒麟阁:汉代为功臣绘图陈列的地方。
20. 墨冲楼:(意为"冲天楼")土家族为民族英雄绘图陈列的地方。
21 铁骨:(双关)既指建设者顽强精神,又指桥梁钢铁结构。
22. 青娥:美丽的少女,也指仙子。
23. 桥栏句:桥栏好像是人的毅力的奔驰态。
24. 酹(lei)酒:把酒洒在大地上。

《天路大赋》译文

"西部开发"这个战略决策,像春雷一样在祖国大地轰响,但激起巨响的电光,是从中央发出的。巴人故里恩州和整个西部地区,都在抓住这个历史机遇,振兴崛起。西部地区得到的重大实惠,(包括在古蜀道上,建高速公路,打开经济发展的瓶颈,等)也是国家投资的。所以在天路落成的盛典上,各族人民把感激之心,化作崇敬之情献给盛世。天路带来的好处,像水一样地汇集,永远享用不完。它落成了,是建设者精诚所至,把它当作一炷香点燃,祝国运昌盛。我们禁不住遥想,远古先民因为对高速度的渴望,才创造了夸父追赶太阳的神话;近百年史上的爱国志士,让中国人自己在巴蜀古道上建成一条通畅的路,所作出的努力,只算得做了一场模糊的梦。速度和路,是先民和志士们共同的呼唤,在今天却迅速地得到了回应:神话变成了现实;梦也变成真的了。这段天路,是盛世的大功业。它的建成,彰显了大国民气概。我们用诚挚祝颂,来为天路的建设者们洗去满身风尘。为此,松涛用激情撼动着山壑,像来自天上音乐;木叶也应着节律,欢快地颤动。合着《天路大赋》,一齐奏响。

天路像西部大动脉一样舒畅地搏动了,山区的绿色产业才能变成财富;天路使民族资源得到充分地开发利用,清江再不会白白流淌,旅游、发电,流淌的是黄金。现在,"恩施"这个概念,再不是靠国家"施恩"了;贫苦地区的人民,再也不会为贫穷所困扰了。几横几纵的高速路相互联通。南来北往的汽车,像织布梭一样穿来穿去;东部和西部连成了一个经济共同体,发展当然迅速。西部的白虎七宿(也指虎虎生机的土家族),因振奋而迎着天风长啸;东部的苍龙七宿(也指东南各省),正处于发展的阳春季节,故而傲吟。嫦娥悠闲地驾着那只有窗的月亮船,划着桂木大桨,从上海到重庆,只要一夜的舟力;太阳神煦和,意气风发地赶着太阳车,挥着长鞭,握着御龙的辔头,从上海出发,在重庆小憩,刚好是沪渝路一天的车程(夸父追上太阳了)。看吧,重庆的黎明,铺好了云霞的锦被,让海上的月亮休息;那拉车的六条龙,从那些被天路夷平的高山,向东方回车了。当嫦娥拿着宇宙这把玉壶,收尽了月亮放出的青辉时,正是太阳神煦和扬起北斗七星这把宇宙的勺子,舀起天上的甘霖洒满人间时。车因为天路而能追上了太阳和月亮,所以人也在跟日月齐头奔跑。今天的人们,都成了夸父呵!向车窗外那些曾经是险阻的关山,一路行礼注目;向那些曾经难以攀登的悬崖峭壁致敬。天路能跟它们蹉肩而过,乘客跟它们零距离接触,为此,建路人付出了多少艰辛呵。李白喟叹蜀道难,可是在古蜀道上建高速公路更加难——

交通运输部、湖北省委、省政府亲临指导、监督,交通厅领导直接署理工程总指挥部工作。无论是严寒的冬天,还是炎热的夏天,冒着风霜雨露,坚守在施工现场。领导和工程技术人员一道,以科学发展观作指导,以高科技作支撑,勘测调研,跟大自然进行最有效的对话。工作状态,像太阳运行一样规律,像月亮运转一样守恒。所以各级员工,都能以他们做榜样。中央有方针,地方循规律,工程自然顺利。就像天有常行,地守规律,万物都会应时而勃发一样。复杂的工程项目能归于统筹,领导有榜样,就能长久地与基层肝胆相照;事务虽然纷乱繁多,但能条分缕析成头绪,坚持科学理念,指挥系统就能长期豁亮。这是一只勇猛精良的工程大军,所以敢于闯进武陵这个地质复杂的筑路禁区;这是一只由精英组成的技术队伍,才有能力拔出高科技这把长剑,斩劈险隘雄关。工程车在丛山峻岭中辗转,以吉星村镇为中点,东到宜昌长江大桥边,西到齐岳山接重庆界,这两段的工程,像翅膀一样地展开;指挥车跟着工程车辙迹,在深山沟里颠来簸去,不辞辛劳,所以两段工程,才像流星一样地飞驰前进。

建路人的扎营地,正在巴蜀古道;帐篷搭在荒山野岭。崎岖像天梯一样陡峭,唐时栈道上的榫眼还在,它就是李白走过的蜀道;猴子凄厉地叫号着,到工棚抢菜、砸锅,它们仍是唐朝时的脾气。深山里,暮霭降临时,焊花飞溅,星光闪烁,流萤穿飞,颇不寂寞;工地的早晨,气氛热烈:强调安全、狠拼进度,保证工程质量,一派勃勃生机。天路人,从"猫道"(固着在巨缆上的踏步)蹿上五百多米的高空,在云雾里摇摇晃晃地焊接,说是"拿云手"在焊接天顶,这绝不只是一个比喻。几百股大钢缆,绞在一起,成为直径有一米多的巨缆,像吊装在天上的两道长虹。建设者那登天的脚,就是要从巨缆攀上青天的。他们是热血功臣,配得上太阳用金色把他们的身影,描绘在巉岩之巅,那是大自然为他们修造的"麒麟阁"(汉代陈列功臣绘像的处所);天路人是从古以来少有的壮士,他们的身形被碧水描绘在明净的潭里,那也是造在水里的土家"墨冲楼"(冲天楼,是陈列民族英雄的地方)。钢铁架成的大跨梁,是世界第一,是筑路史上最显赫的记录;用火箭炮把牵引索抛到巨壑对面山崖,是修路经典上最光辉的一章。威严的山岳敞开了胸怀,让建设者的正气,把长隧道穿透;幽深的山谷坦露出心腹,让天路人的铁臂,把桥梁擎向高天。武陵区地质状况罕见地复杂、不可知,简直是一部神秘的地质书,像自然界专门为天路事先安排好的难题;桥、隧、路三者像珠一样的相串眹,像玉璧一样相匹配。天路使巴山藏满了智慧,只要穿过那些能自动报警、灭火、避险、节能的高智商长隧道就知道了;天路让道道蜀水映满彩虹,只要跨过一座座特大桥就明白了。牵引巨缆的大吊塔,像张拉着弦的触天竖琴,演奏的定是时代的主旋律;那些几百米高的桥墩,托着宽大的桥面,好像琴台上搁着的大古筝,挑抚弹拨奏出的更是使天地为之震撼的现代化强音。

附 录

　　天路工程所遇到的困难,像钢铁般地坚冷扎人,青藏公路的艰难也没有超过它;所以它载满了修路人的豪情、热情、对民族的关爱之情,这是诗和画都无法表达的。车奔驰在天路,像行驶在能流动的、天上才有的大花园中,能随时欣赏到土家山川的自然大美;它的确是一条空中铺锦的走廊,沿途色绮丽无比的山光水色;千娇百媚的层峦叠嶂,翠色醉人,你无法尽收眼底。连绵广阔的青山,像年轻的仙女用青绡不断拂去眼里的审美疲劳,让感觉永远新鲜;路边那荧光标志牌,不断地跟你进行着温馨对话,像无数善良的小精灵,向你提示安全、里程、方位,释放的全是善意。桥栏在奔跑,表演着人们那会奔驰的毅力,其实,桥栏只是在模仿飙风的样子,对乘客、司乘,在意志上作人性化的鼓励。那些锃亮的防撞柱,像整肃地立在间隔墙边的礼兵,向天路表达敬意。巍峨的山峰,用肩扛着天路,看不见它们的峥嵘了,所以蜀道的艰险再也不会有了。

　　天路所通的地方,即使有高耸入云的险阻,也不回避。但是,有时为了保护一根珍稀的古树,却不得不弯绕几公里。为什么呢? 重重关山,是巴人的灵山,虽然险绝,但它的壮美,像没有音韵的诗卷,它们并不是带来灾祸的黑色咒语。那些天然的绝壁险隘,是大自然创造出的伟观,是不可再生的旅游价值资源。幽深、怪异、奇瑰、秀美,是天工在巴山巧妙的创造;雄伟、险峻、孤傲、艳绝,是自然特意造化出的顶级式的惊奇和震撼。如果一旦被毁掉,天路就会跟平原地区的高速路一样,失去大美,剩下只是快捷的速度;山川神化和地域文化都会因而失色,那么,天路向两端延展的,就只是一路文化的苍白了。所以,工程坚持保护性开发的理念。这样就保证了工程结束后,灵山仍然保住了那不可捉摸的变幻,它的诗意一点也没有减损;原始生态,依旧保住了元贞性。

　　三百二十多公里的天路上,四个大型服务区。华美的建筑,是为那些怀着鲲鹏之志而远行的人,筑成的金梦之巢。它们建在傍天路的深山里,像月亮上的广寒宫,为栖息在这里的凤凰,不断送去清爽。它们汇集了土家、苗族、侗族的建筑元素,多样的美相配搭,却很协调;它们运用了多个民族的建筑风格,多样的色彩相辉映,却很和谐。看吧,吊脚楼里,酒饮得好酣畅,客人陶醉在奇风异俗里,像彩蝶飞在花丛,因好奇而翩翩起舞,飘飘欲仙;火塘边歌声热情奔放,客人们做起梦来也像会飞的花瓣。(游客呵!)一当下榻在民族宾馆,它那神秘的魅力,就会永远让你悬念,情牵梦萦,缠绵流连,难以离去。宾馆各小区相连通的,是横跨高速路的风雨桥,桥槛秀尽山川的明媚,凭栏望不断蜿蜒的青山。你一定会感叹:这里流动的云霞,可以接到杯当饮料,这里的秀美,可以盛在碗里当美食。游客们带走的是山川神话,寻觅到的是窗帘内深深的美梦。所以说,一张西段车票,就是一张旅游券。

　　把庆功酒浇洒在恩施州的山川上,用它来奠祭为天路流血牺牲的英灵。土家、苗、侗、汉,各族人会永远记住你们:巴歌在为你们泣诉着感念,撒尔嗬在呜咽着缅怀。土家人用满眼清泪,洒在长长的天路上,恩施州用满山红叶,来温暖英烈们在漫漫古蜀道上建立的功绩。永远,永远!

呵!歌颂天路就是歌颂盛世。盛世强盛的原因,是因为社会和谐,遵循科学规律在发展,有强大的综合国力,人民都有大国民胸襟,有宏远的建设气势,还因为人民富裕快乐

我们走在大路上

(第一段:全体合唱)

  我们走在大路上
  意气风发斗志昂扬
  毛主席领导革命队伍
  披荆斩棘奔向前方
  向前进!向前进!
  革命气势不可阻挡
  向前进!向前进!
  朝着胜利的方向

(第二段:男声合唱一声部,女声合唱二声部)

  五星红旗迎风飘扬
  劳动人民发奋图强
  勤恳建设锦绣河山
  誓把祖国变成天堂
  向前进!向前进!
  革命气势不可阻挡
  向前进!向前进!
  朝着胜利的方向

(第三段:一名男领导领诵,众人合诵)

  我们的朋友遍天下
  我们的歌声传四方
  勤恳建设锦绣河山
  誓把祖国变成天堂
  向前进!向前进!
  革命气势不可阻挡
  向前进!向前进!
  朝着胜利的方向

(第四段:男声合唱一声部,女声合唱二声部)

  我们的道路多么宽广

附 录

我们的前程无比辉煌

我们献身这壮丽的事业

无限幸福无限荣光

向前进！向前进！

革命气势不可阻挡

向前进！向前进！

朝着胜利的方向

大 路 飞 歌

叶 子 词
王原平 曲

1=D 4/4 2/4
1=♭E

(3 2̲3̲ 1̲5̲ | 5 - - - | 3 2̲3̲ 1̲2̲ | 2 - - - | 3̲ 2̲3̲ 1 - | 5̲ 6̲ 1̲ 3̲ 5 - | 3̲ 2̲3̲ 1 - |

5̲ 6̲ 1̲ 3̲ 2 - | 0̲1̲ 6̲5̲ 3̲ 1̲6̲ | 2 - - - | 2 - - -) |

5̲ 6̲ 1̲ 6̲5̲ 3·5̲2̲3̲ 5̲ | 1̲1̲ 6̲5̲3̲ 5̲6̲ 5 · | 5̲ 6̲ 1̲ 6̲5̲ 3·5̲2̲3̲ 5 | 5̲5̲ 2̲3̲2̲ 1 - |
一年(啊)又 一 年 花开花 落， 家园 锦 绣 大路飞 歌，
一段(啊)又 一 段 弯弯折 折， 翻山 越 岭 铺展执 着，

3̲2̲ 3̲ 5̲ 2·3̲1̲2̲ 3 | 1̲1̲ 3̲5̲ 6̲5̲6̲ · | 5̲5̲ 0̲3̲2̲ 1̲2̲3̲ 2 | 5̲5̲ 2̲3̲2̲ | 1 - 1 0 |
一 代 又 一 代 痴心不 改， 劈山 凿 石 以苦为 乐。
一 行 又 一 行 开拓足 迹， 节拍 铿 锵 勇求 索。

5̲ 6̲ 1̲ 6̲5̲ 3·5̲2̲3̲ 5̲ | 1̲1̲ 6̲5̲3̲ 5̲6̲ 5 · | 5̲ 6̲ 1̲ 6̲5̲ 3·5̲2̲3̲ 5 | 5̲5̲ 2̲3̲2̲ 1 - |
一座(啊)又 一 座 彩虹飞 架， 通江 达 海 荆楚气 魄，
一回(啊)又 一 回 创造荣 光， 只事 耕 耘 不问收 获，

3̲2̲ 3̲ 5̲ 2·3̲1̲2̲ 3 | 1̲1̲ 3̲5̲ 6̲5̲6̲ · | 5·5̲ 6̲1̲ 2 - | 2 - 0̲2̲ 1̲6̲ | 5 - - - |
一 条 又 一 条 大道宽 广， 承东启西(呀) 气壮山 河。
一 曲 又 一 曲 长歌浩 荡， 山高水长(呀) 风流远 播。

‖: 3 2̲3̲ 1 - | 1̲1̲ 3̲5̲ 6̲5̲ · | 6̲·6̲ 6̲5̲6̲ 6̲1̲ | 2 2̲1̲2̲ - | 3̲3̲ 2̲3̲ 1 - |
二十 载 如荼如火， 荆楚 交通发展 高奏凯歌， 三千公里路

6̲1̲ 5̲6̲5̲ 6̲ · | 5̲5̲3̲ 5̲3̲ 2̲2̲2̲ 2̲3̲ | 1 - - - :‖ 2 - 3 - | 1 - - - | 1̲ 0̲ 0 0 0 ‖
通往四 方， 托起了 中部 连通了大中 国。 大 中 国。

1111

参 考 文 献

[1] 中华人民共和国交通部. 中国交通 50 年成就. 北京：人民交通出版社，1999.

[2] 中华人民共和国交通部《中国交通运输改革开放 30 年》丛书编委会. 中国交通运输改革开放 30 年(综合卷). 北京：人民交通出版社，2008.

[3] 中华人民共和国交通部《中国交通运输改革开放 30 年》丛书编委会. 中国交通运输改革开放 30 年(地方卷). 北京：人民交通出版社，2008.

[4] 湖北省交通厅，中共湖北省委党史研究室 湖北的交通建设. 北京：中共党史出版社，1997.

[5] 湖北省交通厅. 湖北交通年鉴(1987—2016 年).

[6] 湖北省宜黄公路建设指挥部. 希望之路——武黄一级公路建设资料汇编，1991.

[7] 湖北省宜黄公路江宜段建设指挥部. 楚天腾飞路，1991.

[8] 湖北省宜黄公路建设指挥部. 楚天第一路.

[9] 湖北省黄黄高高速公路建设指挥部. 金路—湖北省黄(石)黄(梅)高速公路. 武汉：湖北科学技术出版社，2000.

[10] 湖北省交通运输厅. 湖北交通发展论坛. 武汉：湖北人民出版社，20000.

[11] 湖北省志地方志编纂委员会办公室. 湖北省情概览. 崇文书局出版，2005.

[12] 《湖北省志·交通》编纂委员会. 湖北交通运输大事记，2009.

[13] 《湖北省志·交通》编撰委员会. 湖北省志·交通，2010.

[14] 湖北省交通运输厅《"十一五"湖北交通运输史料汇编》编委会. 十一五"湖北交通运输史料汇编，2012.

[15] 湖北荆岳长江公路大桥建设指挥部. 牵手—梦圆荆岳长江大桥，2012.

[16] 湖北公路学会秘书处. 湖北公路学会资料汇编(上下册)，2013.

[17] 林志慧. 先行—交通科学发展观探讨与实践. 北京：人民交通出版社出版，2012.

[18] 湖北地方志编撰委员会办公室，湖北省交通运输厅. 湖北桥梁. 北京：中国文史出版社，2014.

[19] 尤习贵. 情系扶贫——湖北省四大山区交通连片扶贫开发新探索. 北京：人民交通出版社股份有限公司，2014.

[20] 尤习贵.湖北交通文化.北京:人民交通出版社股份有限公司,2015.
[21] 湖北省交通运输厅,《湖北交通》编辑部.说说交通这五年——媒体看交通,2016.
[22] 湖北省交通运输厅高速公路管理局.湖北省高速公路电子地图统计资料2016(上、下册),2016

编 后 记

根据交通运输部《交通运输部关于编撰〈中国高速公路建设实录〉的通知》(交公路函〔2014〕867号)和《交通运输部关于推进中国高速公路建设实录编撰工作的通知》(交办公路函〔2015〕110号)精神,2014年湖北省交通运输厅高标准启动高速公路建设实录湖北卷编撰工作。

2014年至2015年,省交通运输厅领导姜友生等分别带队赴京参加《中国高速公路建设实录》编撰工作启动会、推进会。会后湖北省交通运输厅统筹安排,决定由厅建设处、高管局牵头,厅有关部门和社会团体参加,具体研究开展实录编撰相关工作。

2015年5月14日,湖北省交通运输厅印发《关于编撰〈中国高速公路建设实录〉(湖北分册)的通知》(鄂交建〔2015〕273号),成立编审委员会,由时任交通运输厅厅长尤习贵、何光中先后任主任、姜友生总工程师任副主任,各参编单位主要领导为委员。成立由厅建设处牵头,省高管局、公路局、运管局、厅质监局、省交投集团公司、省交规院、六大高速公路管理处、湖北交通历史文化学会等部门参加的编撰工作委员会;湖北交通历史文化学会牵头组建《湖北高速公路建设实录》(以下简称《实录》)总编室,具体负责实录资料汇总和编撰工作。

《实录》总编室根据交通部大纲指导意见和编撰委员会相关要求,起草了《编撰方案》和《编写大纲》,大纲以2013年批准的"71118"国高网规划即G字头编号排列;"块"按地方高速S头编号排列,条块结合全方位对全省所有高速公路逐条开展调查和资料收集工作,先期选择"一桥(鄂东长江公路大桥)、一路(京珠高速湖北段)编写示例范本,于2015年7月完成范本初稿。

2015年9月9—10日,原交通部部长黄镇东亲临湖北调研,检查指导湖北高速公路建设实录编撰工作。对湖北的编撰工作给予了肯定,对下一步编撰工作提出了指导意见。根据黄部长意见,湖北省交通运输厅进一步深化认识,强化领导,细化分工,完善大纲,开展相关资料信息采集。2015年11月6日,实录主要编撰人员参加在北京召开的全国高速公路建设项目信息管理系统培训会议。会后各参编单位按要求对资料进行收集分类整理后上报编撰专班。编撰工作专班对收集上报的资料进行甄别、完善、加工、整合、统筹。

2016年5月27日,《中国高速公路建设实录》全国编撰工作交流会在武汉召开,会前

编后记

交通运输部老部长黄镇东到湖北省交通运输厅与省厅领导、编委会进行了《实录》地方卷编撰工作的对接、沟通、交流,提出了指导意见和建议,编撰工作专班根据会议和黄镇东部长意见再次对《实录》篇目及相关内容作了调整,每个篇章节做一个样本,指导各单位根据样本完善资料上报,并细化内部分工,倒排时间,加快进度,2016年9月完成实录初稿。由编辑室内部各撰稿人交叉进行自审,10月上旬形成送审稿。送审稿设概览,大事记及发展、管理、科技、通途、文化、政策法规六篇约153万字。分送编委会各编委和高管局、交投等相关单位进行初审。2016年12月底收到反馈意见书。

2017年1月开始,《实录》总编室对初审反馈意见进行了综合梳理修订,于2017年10月初形成终审稿,分送各位专家评委审阅,11月上旬,陆续收到14位专家的评审意见书。2017年11月21日,在武汉召开《实录》评审验收会。专家组一致认为:《实录(评审稿)》收录的基础资料齐全,编写体例得当,主体突出,脉络清楚,是湖北省乃至全国高速公路史料整理、汇集和利用有重要价值的成果。同时,要求编辑室在完善过程中能够突出湖北高速公路建设的特色和亮点,合理布局篇幅,核实最新资料。会后,编辑室认真研究落实专家提出的具体修改意见和建议。进一步突出湖北高速公路建设的特色和亮点,进一步调整篇章结构,规范语言文字计量单位,对每个数据重新核对,确保整部文稿翔实无误后定稿付梓。最终定稿的《实录》共设发展、通途、科技、管理、人文五篇,篇前设序、概览,篇后设大事记、附录,并辅以图、表等,全书共100万字,以全方位反映高速公路建设成就与特色。

2018年初,《实录》交由人民交通出版社,10月经编辑人员再次校核后付梓。

本书编辑时间紧、任务重、要求高。在本书编辑过程中省交通运输厅、省交投、各市州交通局(委)、厅直各单位、各参建单位、厅机关相关处室给予了高度重视和大力支持。湖北省交通运输厅厅长何光中、前任厅长尤习贵、省交通运输厅副厅长姜友生进行了周密部署和精心指导,专家审核委员会进行了认真负责的审查;由厅建设处牵头的编撰工作委员会、省交通规划设计院、厅规划室、厅造价站、厅宣传中心、公路学会等单位及部分参加高速公路建设的厅领导提供珍贵的史料并给予具体指导,在此,一并表示衷心的感谢。

历史将永远记住那些为高速公路建设发展做出贡献的人们!

编　者
2018年10月14日